U0402795

國家出版基金項目

教育部哲學社會科學研究重大課題攻關項目

「十一五」國家重點圖書出版規劃項目·重大工程出版規劃

國家社會科學基金重大項目

北京大學「九八五工程」重點項目

精華編六八册
經部禮類

精華編

北京大學《儒藏》編纂與研究中心

《儒藏》精華編第六八册

首席總編纂　季羡林

項目首席專家　湯一介

總　編　纂　湯一介　龐　樸　孫欽善　安平秋（按年齡排序）

本册主編　彭　林

《儒藏》精華編凡例

一、中國傳統文化以儒家思想爲中心。《儒藏》爲儒家經典和反映儒家思想、體現儒家經世做人原則的典籍的叢編。收書時限自先秦至清代結束。

二、《儒藏》精華編爲《儒藏》的一部分，選收《儒藏》中的精要書籍。

三、《儒藏》精華編所收書籍，包括傳世文獻和出土文獻。傳世文獻按《四庫全書總目》經史子集四部分類法分類，大類、小類基本參照《中國叢書綜録》和《中國古籍善本書目》，於個別處略作調整。凡單書已收入入選的個人叢書或全集者，僅存目録，並注明互見。出土文獻單列爲一個部類，原件以古文字書寫者一律收其釋文文本。韓國、日本、越南儒學者用漢文寫作的儒學著作，編爲海外文獻部類。

四、所收書籍的篇目卷次，一仍底本原貌，不選編，不改編，保持原書的完整性和獨立性。

五、對入選書籍進行簡要校勘。以對校爲主，確定内容完足、精確率高的版本爲底本，精選有校勘價值的版本爲校本。出校堅持少而精，以校正誤爲主，酌校異同。校記力求規範、精煉。

六、根據現行標點符號用法，結合古籍標點通例，進行規範化標點。專名號除書名號用角號（《》）外，其他一律省略。

七、對較長的篇章，根據文字内容，適當劃分段落。正文原已分段者，不作改動。千字以内的短文一般不分段。

八、各書卷端由整理者撰寫《校點説明》，簡要介紹作者生平、該書成書背景、主要内容及影響，以及整理時所確定的底本、校本（舉全稱後括注簡稱）及其他有關情況。重複出現的作者，其生平事蹟按出現順序前詳後略。

九、本書用繁體漢字豎排，小注一律排爲單行。

#《儒藏》精華編第六八册

經部禮類

通禮之屬

五禮通考卷第一百八十一

内廷供奉禮部右侍郎金匱秦蕙田編輯
太子太保總督直隸右都御史桐城方觀承同訂
休　寧　戴　震　參校
按察司副使元和宋宗元

嘉禮五十四

觀象授時

蕙田案：堯命羲、和，舜察璣衡，紀數之書，觀象之器，法斯大顯。《周禮·春官·馮相氏》：「掌十有二歲，十有二辰，十日、二十有八星之位，辨其序事，以會天位。」蓋敬天授時，固宗伯職也。月會於辰而成月，日紀於星而成歲，馮相所掌，即唐、虞「日月星辰」之事明矣。夫「寅賓」之類，以測象日。「宅嵎夷，宅南交，宅西，宅朔方」，即後世里差之法。「星鳥」之類，以測象星，即後世歲差之法。「朞三百有六旬有六日，以閏月定四時成歲」，以測象月，即後世歲實及置閏之法。聖王觀象授時，皆隨時測驗，以合《大易》取象于《革》之義。厥後，春秋時置閏無法，食或違朔，兩紀「日南至」，先天者二三日。梓慎、裨竈、史墨之徒，長於機祥，短於推步。漢初，猶踵前弊。東漢末，迄隋唐，漸有改更。減斗分，始於劉洪。覺歲差，始於虞喜。

知日月之不平行，始於張子信。去平朔，用定朔，始於李淳風。僧一行《大衍》，推往古合朔，上符仲康時「季秋月朔，辰弗集房」之文，較諸家得之爲多。元之《授時》，成於郭守敬、許衡、王恂，革去術元日分不用，惟恃制器測景，順天求合，考正者七事，創法者五事，超軼諸家。明之《大統》，襲用《授時》，迄其末季，推步漸差，交食無效。時西法適來，講求雖切，終未施行。惟我聖祖仁皇帝，生知天縱，達象緯之理，探河洛之精，定法著書，正百代之舊章，貽萬世之成憲，唐虞典謨，莫能尚也。茲推本六經，以著其原；遞考累代，以窮其變；會歸本朝，以集其成。凡日月之纏離、交食，❶五星之遲疾、伏見，恒星之行而漸差及受六曜之凌犯，皆有精算密合。惟太陽之本輪均輪，由大而漸小；黄赤二道距度，由闊而漸狹，斯則天行之革，當隨時測驗焉，觀象者可以審所從事矣。

【《易·乾卦·象傳》】天行健，君子以自强不息。【疏】萬物壯健，皆有衰怠，唯天運動，日過一度。蓋運轉混没，未曾休息，故云天行健。

【程子《易傳》】乾道覆育之象甚大，非聖人莫能體。欲人皆可取法也，故取其行健而已。至健，固足以見天道也。

【朱子《本義》】天一而已，但言天行，則見其一日一周，而明日又一周，非至健不能也。

【《語類》】天運不息，非特四時爲然。雖一日一時，頃刻之間，其運未嘗息也。

❶「纏」，疑當作「躔」。

李氏光地曰：「重《乾》之卦，象天道之流行而不已也。以形言之，則日日而周；以氣言之，則歲歲而運；以其命言之，則『於穆不已』者是已。傳取天行之顯爲言，則氣與命皆在其中矣。」

蕙田案：自地而上，皆天也。地爲至静之體，以居人物，由是上之，愈遠則旋轉愈速，日月星麗乎天，終古旋轉不已者，天行至健，使之然也。昔人皆指恒星爲天，今西域言推步者，以爲恒星之上，别有宗動天。據《中庸》云：「日月星辰繫焉。」是恒星亦繫于天之象，而不可專目之爲天。至健者，乃天也，日月星之行，皆天行至健，使之旋轉不息，似不必更别爲之名矣。

附論天體廣袤里數

【《淮南子·天文訓》】天去地五億萬里。

【張衡《靈憲》】八極之維，徑二億三萬二千三百里。南北則短，減千里；東西則廣，增千里。自地至天，半於八極，則地之深亦如之。通而度之，則是渾已。將覆其數，用重句股，懸天之景，薄地之義，皆移千里而差一寸得之。過此而往者，未之或知也。未之或知者，宇宙之謂也。宇之表無極，宙之端無窮。

【王充《論衡》】天行三百六十五度，積凡七十三萬里也。其行甚疾，無以爲驗，當與陶鈞之運、弩矢之流相類似乎？天行已疾，去人高遠，視之若遲。蓋望遠物者，動若不動，行若不行。

【《後漢·郡國志》注】《帝王世紀》曰：「周天三百六十五度四分度之一，一度二千九百三十二里。周天積百七萬九百一十三里，徑三十五萬六千九百七十一里。」

【《廣雅》】天圜，南北二億三萬三千五百里七十五步，東西短，減四步。周六億十萬七百里二十五步。從地至天，億一萬六千七百八十七里半。下度地之厚，與天高等。

【《晉書·天文志》】《洛書甄曜度》、《春秋考異郵》皆云：「周天一百七萬一千里，一度爲二千九百三十二里七十一步二尺七寸四分四百八十七分分之三百六十二。」陸績云：「天東西南北徑三十五萬七千里。」此言周三徑一也。考之徑一不啻周三，率周百四十二而徑四十五，則天徑三十二萬九千四百一里一百二十二步二尺二寸一分七十一分分之十。❶《周禮》：「日至之景，尺有五寸，謂之地中。」鄭衆說：「土圭之長，尺有五寸，以夏至之日，立八尺之表，其景與土圭等，謂之地中，今潁川陽城地也。」鄭玄云：「凡日景于地，千里而差一寸。景尺有五寸者，南戴日下萬五千里也。」以此推之，日當去其下地八萬里矣。日邪射陽城，則天徑之半也。天體圓如彈丸，❷地處天之半，而陽城爲中，則日春秋冬夏，昏明晝夜，去陽城皆等，無盈縮矣。以句股求弦法，得八萬一千三百九十四里三十步五尺三寸六分，天徑之半而地上去天之數也。倍之，得十六萬二千七百八十八里六十一步四尺七寸二分，天徑之數也。以周率乘之，徑率約之，得五十一萬三千六百八十七里六十八步一尺八寸二分，周天之數也。一度凡千四百六里二十四步六寸四分十萬七千五百六十五分分之萬九千四十九。❸

【王氏應麟《困學紀聞》】《三五歷紀》：「天去地九萬里。」《春秋元命包》：「陽極於九，周天八十一萬里。」《孝經援神契》：「周天七衡六間，相去萬九千八百三十三里三分里之一，合十一萬九千里。從內衡以至中衡，中衡以至外衡，各五萬九千五里。」《關令內傳》：「天地南午北子，相去九千萬里；東卯西酉，亦九千萬里。四隅空相去九千萬里。天去地四十千萬里。天有五億五萬五千五百五十里，地亦如之。各以四海爲脈。」《周禮疏》：「案《考靈耀》：『從上臨下八萬里，天以圓覆，地以方載。』《河圖括地象》：『西北爲天門，東南爲地户。天門無上，地户無下，極廣長，南北二億三萬一千五百

❶ 「天徑三十二萬九千四百一里」，《晉書·天文志》校勘記引《考異》：「周天一百七萬一千里，以徑四十五周百四十二之率約之，當曰三十三萬九千四百一里。」

❷ 「天」，原脱，據《晉書·天文志》補。

❸ 「里」下，《晉書·天文志》有「百」字。

里，東西二億三萬一千里。』」《月令正義》：「《考靈耀》云：『一度二千九百三十二里千四百六十一分里之三百四十八。周天百七萬一千里，是天圓周之里數也。以圍三徑一言之，直徑三十五萬七千里，此二十八宿周迴直徑之數也。然二十八宿之外，上下東西各有萬五千里，是爲四遊之極，謂之四表。據四表之内，并星宿内，總三十八萬七千里。天之中央上下正半之處，一十九萬三千五百里。地在於中，是地去天之數也。』」安定胡先生云：「南樞入地下三十六度，❶北樞出地上三十六度，狀如倚杵，此天形也。一晝一夜之間，凡行九十餘萬里。人一呼一吸謂之一息，一息之間，天行八十餘里。人之一晝一夜，有一萬三千六百餘息，是故一晝一夜而天行九十餘萬里。」致堂胡氏謂：「天雖對地而名，未易以智識窺，非地有方所可議之比也。」

【《明史·天文志》】日月五星，各有一重天，其天皆不與地同心，故其距地有高卑之不同。其最高最卑之數，皆以地半徑準之。太陽最高距地爲地半徑者一千一百八十二，最卑一千一百零二。太陰最高五十八，最卑五十二。填星最高一萬二千九百三十二，最卑九千一百七十五。歲星最高六千一百九十，最卑五千九百一十九。熒惑最高二千九百九十八，最卑二百二十二。太白最高一千九百八十五，最卑三百。辰星最高一千六百五十九，最卑六百二十五。若欲得七政去地之里數，則以地半徑一萬二千三百二十四里通之。❷

江氏永曰：「三角八線，割圓之術，因七政之行度，比次其高下，而各重之天，去地之數可得。即恒星以上無法可算者，亦可想而知矣。姑以太陽與土星兩重天言之，西史第谷測太陽行度，得其高卑之中處，距地一千一百五十地半徑。夫地半徑一萬四千一百三十餘里，以一一五乘之，則日去地有一千六百二十五萬七千五百餘里。又地周九萬里，亦以一一五乘之，則日天之周，一萬零三百五十萬里，可謂大矣，而猶未也。火、木、土三星之天，皆在日天之上，而各星所行之歲輪，皆與日天等大。因其行歲輪一象限九十度，視黄道上得幾何度，因以測其本輪、均輪、次輪之半徑，而知此星之天去地，

❶「南樞」，翁元圻注本《困學紀聞》作「南極」。下句「北樞」同此。

❷「二千三百二十四」，原作「四千三百二十」，據《明史·天文志》改。

視日天得若干倍。火星不及約半倍，木星不及約五倍。土星行歲輪九十度，其視度五度半有奇，其切線一萬零四百有奇。夫輪之半徑十萬而五度半有奇之，切線一萬零四百有奇，則不止十之一，其視日天之高，十倍有奇矣。又設土星行最高，而當合伏，其距地心一十一萬六千一百一十七有奇。以太陽本天比例爲十一倍又一三七三二四，地半徑有一萬二千八百零八弱，則土星最高而合伏，距地蓋一萬八千零九十七萬餘里矣。此以星行度實算得之，非荒唐之比也。土星之高，已如此矣，而恒星之天，又在土星之上，雖無歲輪可測算，而以右旋之遲速約略計之，日一歲而一周，火星二年弱一周，高于日天半倍弱；木星十二年弱一周，高于日天不及五倍；土星二十九年半一周，高于日天不啻十倍。恒星右旋二萬五千餘年一周，則高于日天甚遠可知矣。」

【《唐書·天文志》】吴中常侍王蕃，考先儒所傳，以戴日下萬五千里爲句股，斜射陽城，考周徑之率，以揆天度，當千四百六里二十四步有餘。今測日晷，距陽城五千里已在戴日之南，則一度之廣皆三分減二，南北極相去八萬里，其徑五萬里。宇宙之廣，豈若是乎？然則蕃之術，以蠡測海者也。

古人所以恃句股術，謂其有證於近事。顧未知目視不能及遠，遠則微差，其差不已，遂與術錯。

原古人所以步圭影之意，將以節宣和氣，輔相物宜，不在於辰次之周徑。其所以重曆數之意，❶將欲恭授人時，欽若乾象，不在於渾、蓋之是非。若乃述無稽之法於視聽之所不及，則君子當闕疑而不議也。王仲任、葛稚川之徒，區區于異同之辨，何益人倫之化哉！

❶「曆」，原作「術」，避清高宗弘曆諱改，今據《新唐書》改回。後倣此。

【《續文獻通考》】天度不可以里數論。凡圜皆三百六十度，在地面一度爲二百里，在天則距地愈遠而其度愈闊。月天最卑，距地最近者，爲地半徑五十倍有餘，則一度已爲一萬餘里。馬端臨《考》引《帝王世紀》「一度二千九百三十二里，周天一百七萬九百一十三里」，其亦不足據矣。

蕙田案：《中庸》之言天也，曰「及其無窮」。「無窮」之云，盡之矣。日月星辰，天之垂象也。有象可覩，則有數可推。列宿七曜之係乎天，高下不同，而昔人之言天者，或遠或近，專指日之大乎？抑合日月星辰共繫一重天乎？以今日實測校之，古人固甚懸殊。然昔之衆説紛然，各有里步尺寸之數，推至微芒，則亦各有測驗折算之法。法有疎密，是以不等。總之，無關理要，存而勿論可也。《孟子》有曰：「天之高也，星辰之遠也。」夫以至高至遠，而一日一周，則速甚於流矢飛礮。以今法計日之行，一息之間，七八千里，又不止如胡氏所云八十餘里也。此非所謂「天行健」乎？《唐書·天文志》獨持正論，可以爲前後之折衷云。

觀承案：天大無外，原不可以道里計度數求。今所算者，就日月星辰有形象處推測之耳。日月星辰，皆天之文，恒星固非天之體矣。若恒星之上，無形無象，渾然一天而已，豈可復以重數分乎？新法過於求密，又於其中分爲宗動天與靜天爲二，亦太鑿矣。且聖人所以觀象授時者，無非節宣和氣，輔相物宜，以爲民生日用之常經耳。其於視聽所不及者，豈肯妄爲論説以誣民哉？《唐志》所論，最爲明確，蓋出歐公之筆。歐公持論，每多正當不刊，實超出五行、天官諸家之上也。

右天行。

【屈子《天問》】圜則九重，孰營度之？惟兹何功，孰初作之？

朱子曰：「《離騷》有九天之説，注家妄解云有九天。據某觀之，只是九重。蓋天運行，有許多重數，裏面重數較輭，在外面則漸硬，想到第九重，只成硬殼相似，那裏轉得又愈緊矣。」

【《明史·天文志》】《楚詞》言「圜則九重，孰營度之」，渾天家言「天包地如卵裏黄」，則天有九重，地爲渾圓，古人已言之矣。西洋之説，既不背於古，而有驗於天，故表出之。

其言九重天也，曰最上爲宗動天，無星辰，每日帶各重天，自東而西，左旋一周。次曰列宿天，次曰填星天，次曰歲星天，次曰熒惑天，次曰太陽天，次曰金星天，次曰水星天，最下曰太陰天。自恒星天以下八重天，皆隨宗動天左旋。然各天皆有右旋之度，自西而東，與蟻行磨上之喻相符。

【《新法算書》】周天諸曜，位置有高庳，包函有内外，去人有遠近。第一最近爲太陰。太陰能食日，能掩他星，他星不能掩太陰。第二爲水星，第三爲金星，第四爲太陽，第五爲火星，第六爲木星，第七爲土星，第八爲恒星，第九爲宗動天。中世於恒星天上又增東西歲差一天，南北歲差一天，共爲十一重天。此歌白泥所定也。近第谷以來，不復用之。

恒星本天在七曜天之上者，其一，緯星能掩恒星，恒星不能掩緯星；其二，❶緯星有地半徑之差，各去地有遠近，而差有多寡。恒星無地半徑差，以較緯星，必爲極遠極高，其視地球，正爲一點也。

梅氏文鼎《疑問》：「問：《傳》言『日月星辰繫焉』，而今謂七政各有一天，何據？曰：屈子《天問》：『圜則九重，孰營度之？』則古有其語矣。七政運行，各一其法，此其説不始西人也。西人之説，則謂日月五星，各麗一天，而有高下；其天動，故日月五星動，非七政之自動也。且既各麗一天，則皆天也，雖有高下，而總一渾灝之體，於《中庸》所謂『繫焉』者初無牴牾也。然則何以知其有高下？此亦古所有，但言之未詳耳。古今術家，皆言月在太陽之下，故月體能蔽日光，而日爲之食，是日高月下、日遠月近之證也。又步日食者，以交道表裏而論其食分，隨地所見，深淺各異，考此方見食既者，越數千里而僅虧其半，古人立法，謂之東西南北差，是則日之下月之上相距甚遠之證也。又月與五星，皆能掩食恒星，是恒星最在上，而於地最遠也。月又能掩食五星，是月最在下，而於地最近也。五星又能互相掩，是五星在恒星之下、月之上，而其所居又各有高下，於地各有遠近也。嚮使七政同在一規而無高下之距，則相遇之時，必相觸擊，何以能相掩食而過乎？是故居七政之上，最近大圜，最遠於地者，爲恒星。恒星之下，次爲土星，又次爲木星，次爲火星，次爲太陽，爲

❶「二」，原作「一」，據《新法算書》卷三六改。

金，爲水，最近於地者爲月。以視差言之，與人目遠者視差微，近則視差大，故恒星之視差最微，以次漸增，至月而差極大也。以行度言之，近大圜者，爲動天所掣，故左旋速，而右移之度反遲。故左旋之勢，恒星最速，以次漸遲，至月而爲最遲也。右移之度，恒星最遲，以次漸速，至月而反最速也。是二者宛轉相求，其數巧合高下之理，可無復疑。《夢溪筆談》以月盈虧明日月之形如丸，可謂明悉。而又以問者之疑其如丸則相遇而相礙，故輒漫應之曰：「日月，氣也，有形無質，故相值而無礙。」此則未明視差之理，爲智者千慮之失。」

蕙田案：七政各有一天，天動而七政隨之，各有所行之道。各有所行之道，則各有一極，故七曜左旋，非七曜自旋，其極順天左旋也。至於迴環右轉，極未嘗逆移，其本天斜動，則其道側溯而右也。其遲速不等，則因天有重數之故。古人定爲九重，天自爲天，太虛無窮，一也；恒星，二也；鎮星，三也；歲星，四也；熒惑，五也；太陽，六也；太白，七也；辰星，八也；太陰，九也。皆成大圜，而其行有法，故曰「圜則九重」，則，法也。朱子謂「外第九重轉得愈緊」，其理誠然。惟在外左旋勢緊，故在內各天左轉之機漸近而漸舒，右轉之勢反漸疾，皆重數使之然也。

又案：歐邏巴十二重天之説，恒星、七曜而外，曰東西歲差，曰南北歲差，曰宗動，曰常静。歲差二重，步算家不用，梅勿菴亦嘗疑其不足據，而信宗動、常静爲近理。北極赤道，繫之宗動天者也，雖去歲差二重，而顯然可指數猶十重，何以古人但言九天？蓋太虚無窮，十與十二，皆不足以盡之。天數極於九，恒星、七曜，適有八重，併其遠而無所至極者爲九，乃至健之天也。至健運行，以北辰爲之樞紐，以赤道爲之中紘，既動而不息，亦静而有常，《大易》所謂「天行健」，《魯論》所謂「居其所」，其動静合一之理乎？

觀承案：大一而已，安得有許多重數？然以恒星、七政各行一重天而爲八，則并太虚天體一重而爲九，古語「圜則九重」，自然穩確。西法乃於太虚天中分静天與宗動爲二重，又於恒星天上分出東西差、南北差爲二，則有十二重天矣，歐邏巴之説，豈非鑿空已甚乎！今能一一爲之折其中，當爲術家不刊之定論也。

右天九重。

【《易·説卦傳》】乾爲天，爲圜。【疏】天動運轉，故爲圜也。坤爲地。

【《繫辭傳》】天尊地卑，乾坤定矣。卑高以陳，貴賤位矣。【注】天尊地卑之義既列，則涉乎萬物貴賤之位明矣。動静有常，剛柔斷矣。【注】剛動而柔止也。動止得其常體，則剛柔之分著矣。方以類聚，物以羣分，吉凶生矣。【注】方有類，物有羣，則有同有異，有聚有分也。順其所同則吉，乖其所趣則凶，故吉凶生矣。在天成象，在地成形，變化見矣。【注】象况日月星辰，形况山川草木也。懸象運轉，以成昏明，山澤通氣，而雲行雨施，故變化見矣。法象莫大乎天地，變通莫大乎四時，懸象著明莫大乎日月。

天地之道，貞觀者也；日月之道，貞明者也；天下之動，貞夫一者也。

【《禮記·中庸》】今夫天，斯昭昭之多，及其無窮也，日月星辰繫焉，萬物覆焉。今夫地，一撮土之多，及其廣大，載華嶽而不重，振河海而不洩，萬物載焉。【注】昭昭，猶耿耿，小明也。振，猶收也。

【《大戴禮記》】單居離問於曾子曰：「天圓而地方者，誠有之乎？」曾子曰：「天之所生上首，地之所生下首。【注】人首圓足方，因繫之天地。上首之謂員，下首之謂方。參嘗聞之夫子曰：天道曰圓，地道曰方。」【注】❶道曰方圓耳，非形也。

【《素問》】黄帝曰：「地之爲下否乎？」岐伯曰：「地爲人之下，太虚之中也。」曰：「憑乎？」曰：「大氣舉之也。」

【邵子《觀物篇》】曰：天何依？曰：依地。地何附？曰：附天。曰：天地何所依附？曰：自相依附。

朱子曰：「氣之清者便爲天、爲日月、爲星辰，只在外，常周環運轉，地便只在中央不動，不是在下。天運不息，晝夜輥轉，故地榷在中間，使天有一息之停，則地須陷下。」

【《周髀算經》】春分之日夜分，以至秋分之日夜分，極下常有日光。春秋分者，晝夜等。春分至秋分，日内近極，故日光照及也。秋分之日夜分，以至春分之日夜分，極下常無日光。秋分至春分，日外遠極，故日光照不及也。冬至夏至者，日道發斂之所生也。發猶往也。斂猶還也。故日運行處極北，北方日中，南方夜半；日在極東，東方日中，西方夜半；日在極南，南方

❶「注」，原脱，據文義補。

日中，北方夜半；日在極西，西方日中，東方夜半。凡此四方者，晝夜易處，加四時相及，然其陰陽所終，冬至所極，皆若一也。天象蓋笠，地法覆槃。見乃謂之象，形乃謂之法。在上，故準蓋；在下，故擬槃。象、法義同，蓋、槃形等，互文異器，以別尊卑，仰象俯法，名號殊矣。

梅氏文鼎曰：「《周髀算經》雖未明言地圓，而其理其算，已具其中矣。試略舉之。《周髀》言『北極之下，以春分至秋分爲晝，秋分至春分爲夜』。蓋惟地體渾圓，故近赤道則晝夜之長短漸平，近北極則晝夜長短之差漸大。推而至北極之下，遂能以半年爲晝，半年爲夜矣。若地爲平面，則南北晝夜皆同，安得有長短之差，隨北極高下而異乎？一也。《周髀》又言『日行極北，北方日中，南方夜半；日行極東，東方日中，西方夜半；日行極南，南方日中，北方夜半；日行極西，西方日中，東方夜半』。蓋惟地體渾圓，與天體相似，太陽隨天左旋，繞地環行，各以其所到之方正照而爲日中正午，其對衝之方在地影最深之處而即爲夜半子時矣。假令地爲平面，東西一望皆平，則日一出地而萬國皆曉，日一入地而八表同昏，安得有時刻先後之差，而且有此方日中彼爲夜半者乎？二也。《周髀》又言『北極之下，不生萬物，北極左右，夏有不釋之冰，物有朝耕暮穫；中衡左右，冬有不死之草，五穀一歲再熟』。蓋惟與天同爲渾圓，故易地殊觀，而寒暑迥別。北極下地，即以北極爲天頂，而太陽周轉，近於地平，陽光希微，不能解凍，萬物不生矣。其左右猶能生物，而以春分至秋分爲晝，故朝耕而暮穫也。若中衡左右，在赤道下，以赤道爲天頂，春分時日在赤道，其出正卯，入正酉，並同赤道。正午時，日在天頂，其熱如火，即其方之夏。春分以後，日軌漸離赤道而北，至夏至而極，其出入並在正卯酉之北二十三度半有奇，正午時亦離天頂北二十三度半奇，其熱稍減，而凉氣以生，爲此方之秋冬矣。自此以後，又漸向赤道行，至秋分，日復在赤道，出入正卯酉，而正過天頂，一如春分，熱之甚亦如之，則又爲其方之夏矣。秋分後漸離赤道而南，直至冬至，又離赤道南二十三度半奇，而出入在正卯酉南，正午亦離天頂南並二十三度半奇，氣候復得稍凉，又爲秋冬，是故冬有不死之草而五穀一歲再熟也。又其方日軌，每日左旋之圈度，並與赤道平行，而終歲晝夜皆平。上條言地近赤道而晝夜之差漸平，以此故也。赤道既在天頂，則北極南極，俱在地平可見。然但言北極，不言南極者，中土九州，在赤道北，聖人觀象，祇據所見之北極出地，而精其測算，即南極可以類推。然又言北極下地高，旁陀四隤而下，即地圓之大致，可見非不知地之圓也。即如日月交蝕，常在朔望，則日食時日月同度，爲月所掩，亦易知之事。而《春秋》、《小雅》但云『日有食之』，古聖人祇舉其可見者爲言，皆如是也。」

李氏光地曰：「天圓地方之説，蓋以動静、體性言之，實則形氣渾淪相周，古人卵中裹黄之喻是已。術家又以地平爲説，亦即目所察，天在地之上下，隱顯各半，而名之爾。夫至順極厚，非方非平，高下相循，渾淪旁薄者，地之本體然也。

其南北兩端，以去日遠近爲寒暑之差，東西以見日早晚爲晝夜之度，東之夜乃西之晝，南之暑乃北之寒也。如是，則東西南北，安有一定之中？南北或以極爲中，或以赤道爲中者，亦天之中，非地之中也。此理《周髀》言之至悉，而漢氏以下，莫有知者。近新天文家侈爲獨得，痛詆前説，幾數萬言，惜乎無以髀蓋之術告之者。」

觀承案：西法之與古合，不獨一二端也。凡今西人所詫爲獨得者，昔之聖人固知之，而有宋大儒亦已明言之矣。如以地爲渾體，南北東西，隨處改移者，即程子「地形有高下，無適而不爲中」之謂也。又云日月五星，各行一重天，即朱子「天運行有許多重數」之謂也。其云宗動天行有常度，故恒星東移而爲歲差之根，則朱子「要當先論太虚天行」之論，已該之矣。其曰日月五星各有一輪，亦即朱子「大輪小輪，有急有慢」之謂也。又曰月與五星，有本輪，又有次輪，本輪以從天，次輪以法日，即邵子「星法月，月法日，日法天，星月法天又法日」之謂也。又如《九執》、《回回》等書，以整數三百六十度紀周天之行而不用奇零，其實邵子「元會運世」之法已然，蓋本之《大易》「凡三百有六十當朞之日」而定爲整數，非預襲乎西法也。又曰金、水與日同天，而其兩輪包日，是即張子「金水附日，前後進退而行」之謂也。是知儒者之學原無所不包，蓋理明則象數自該，特膚學或未之思耳。

【《續文獻通考》】地圓之説，以古八寸之尺而言，南行二百五十里而北極低一度，北行二百五十里而北極高一度。若以今十寸之尺而論，則二百里而差一度。地全周三百六十度，爲七萬二千里，全徑爲二萬二千九百一十八里又十分里之三，半徑爲一萬一千四百五十九里又二十分里之三。以圓三徑一約略計之，則地之全徑爲二萬四千里，半徑爲一萬二千里也。又東西亦二百五十里而差一度，乃以赤道下地之大徑而言，若赤道南北，則其度漸狹，至南北極之下，則三百六十度，止一轉丸而已。

李氏光地曰：「里差之説，具于《周髀》，而其學不傳，已數千載。郭太史分方測候二十七處，其於里差詳焉。新法以地爲圓體，南北東西，隨處轉移，故南北則望極有高下，東西則見日有早莫。望極有高下，而節氣之寒暑因之矣；見日有早莫，而節氣之先後因之矣。推之四海而外，四方上下，可以按度而得其算，揆象而周其變，其説與《周髀》合。」

梅氏文鼎曰：「南行二百五十里，則南星多見一度，而北極低一度；北行二百五十里，則北極高一度，而南星少見一度。若地非正圓，何以能然？至於水之爲物，其性就下，四面皆天，則地居中央爲最下，水以海爲壑，而海以地爲根，水之附地，又何疑焉？所疑者，地既渾圓，則人居地上，不能平立也。然吾以近事徵之，江南北極高三十二度，浙江高三十度，相去二度，則其所戴之天頂即差二度。江南天頂去北極五十八度，浙江天頂去北極六十度。各以所居之方爲正，則遥看異地，皆成斜立。又況京師極高四十度，瓊海極高二十度，京師以去北極五十度之星爲天頂，瓊海以去北極七十度之星爲天頂。若自京師而觀瓊海，其人立處皆當傾跌，瓊海望京師亦復相同。而今不然，豈非首戴皆天，足履皆地，初無欹側，不憂環立歟？然則南行而過赤道之表，北遊而至戴極之下，亦若是已矣。」

觀承案：西法實多創論，爲舊法所未及，然有言之太過處。夫謂地體渾圓，各以戴天爲天，履地爲地，但就地之南北東西論其高下殊觀之勢則可耳，至謂四方上下各有國土人居而連上下言之，則荒誕之説也。据其法，亦有北極之下，不生草木之云，可知不生草木，即不能有國土人居矣。

江氏永曰：「地爲圓形，周圍九萬里，南北則以二極之低昂而知之，南北行二百五十里，極高下差一度。東西則以月食之蚤晚而知之，地赤道經東西，相距七千五百里，則月食先後差一時。此惟善測者能信。地之綿亘甚廣，其圓也以漸，人雖繞地行一周，恒以足履地，首戴天，必無倒立之時。水之附地而流，❶亦猶是也。今試汎舟於江湖，登舟之高處望之，水之來不見其端，水之去不見其尾，但覺微有灣環之形，惟舟所到，即是高處，此何也？人目能望數十里，此數十里，即以漸而圓故也。而地圓之最可見者，如月食於地景，月之虧，必作灣形，由地景圓故也。使地不圓，何以有此圓景乎？《易大傳》曰：『坤至靜而

❶「流」，原作「繞」，據《數學》卷一改。

德方。」《中庸》曰：『振河海而不洩。』皆地圓之證也。方言其德，則形體非方可知矣。水附於地而流，地振之而不洩，則地面四周有水，非是水載可知矣。」

蕙田案：西域本法，每年三百六十五日，四年而閏一月，即漢時《四分》術法，《周髀》之「經歲」是也。其言地圓，亦皆《周髀》之緒餘，則其術之本于中法明矣。

右天地之體。

【《論語》】子曰：「爲政以德，譬如北辰，居其所而衆星共之。」【注】包曰：德者無爲，猶北辰之不移，而衆星共之。

【朱子《集注》】北辰，北極，天之樞也。居其所，不動也。共，向也。言衆星四面旋繞而歸向之也。

【《語類》】北辰是那中間無星處，這些子不動，是天之樞紐。北辰無星，緣人要取此爲極，不可無箇記認，就其旁取一小星謂之極星，這是天之樞紐。

問：極星動不動？曰：也動，只是近那辰，雖動不覺。又曰：未嘗不動，而動于其所，故注謂之「不動」。邵子曰：「天之無星處皆辰。」

【《爾雅·釋天》】北極謂之北辰。

蕙田案：北極，天之至中，謂之辰者，無星而有其位也。北極正相對爲南極，二極之中紘，古今皆謂之赤道，去南北極四周皆平等，日月星八重之天，循黄道而行，各有所行之道，南北不定，惟赤道爲一定之界。七曜各有一道，則各有一極，其極皆動移，而惟北極不動。赤道云者，赤猶空也，空設此道，以判南北七政不附麗而行也。北辰，今謂之赤極，言其爲赤道之極云耳。俗言「赤手」、「赤貧」，皆取空義。

【《隋書・天文志》】北極五星，鈎陳六星，皆在紫宫中。北極，辰也。其紐星，天之樞也。天運無窮，三光迭耀，而極星不移。故曰：「居其所而衆星共之。」賈逵、張衡、蔡邕、王蕃、陸績皆以北極紐星爲樞，是不動處也。祖暅以儀準候不動處，在紐星之末，猶一度有餘。

【《宋史・天文志》】沈括議曰：「前世皆以極星爲天中，自祖暅以璣衡窺考天極不動處，乃在極星之末猶一度有餘。臣考驗極星更三月，而後知天中不動處遠極星乃三度有餘。」

蕙田案：極星離北辰遠近，自祖暅始考之。祖氏測離一度有餘者，梅氏文鼎以爲真度恐未及一度；宋沈氏測離三度有餘者，梅氏以爲在二度左右：皆言其所用儀器測有未確。《元志》郭守敬測極星離不動處三度。若夫極星所以動移，由於恒星差，言歲差者所當知也。

【《晉書・天文志》】劉洪曰：「周天三百六十五度五百八十九分度之百四十五，半覆地上，半在地下。其二端謂之南極、北極。北極出地三十六度，南極入地三十六度，兩極相去一百八十二度半彊。繞北極徑七十二度，常見不隱，謂之上規。繞南極七十二度，常隱不見，謂之下規。」

李氏光地曰：「上規下規之中，相去一百餘度。其最中爲天之紘帶，紘之内外三十度許爲日月五星之行，謂之中規。」

戴氏震曰：「上下規隨地不同。南行二百餘里，北極差低一度，其上下規周圍各減小一度。北行二百餘里，北極差高一度，其上下規周圍增大一度。凡增減一度，於徑爲二度。唐以後測北極，始詳地體渾圜，與天相應，此其明徵也。」

右北極。

【《周髀算經》】欲知北極樞璿周四極，極，中不動。璿，璣也。❶言北極璿璣，周旋四至。極，至也。常以夏至夜半時，北極南遊所極；游在樞南之所至。冬至夜半時，北游所極；游在樞北之所至。冬至日加酉之時，西游所極；游在樞西之所至。日加卯之時，東游所極。游在樞東之所至。此北極璿璣四游。正北極，璿璣之中；正，北天之中。

戴氏震曰：「今人所謂赤極者，即《魯論》之北辰、《周髀》之北極樞也。今所謂黃極者，黃道之極，即《周髀》之北極璿璣也。《虞書》：『察璿璣玉衡，以齊七政。』蓋設璿璣以擬黃極，故《周髀》即以璿璣爲黃極之名。或言古人不知有黃極，非也。黃極、赤極，古通曰北極而已。此云北極南游，則專指黃極爲北極，而赤極乃謂之正北極。黃極每晝夜環繞赤極一周而又過一度，冬至夜半，黃極在赤極下，正北之位，是爲北游所極；卯時在赤極左，正東之位，是爲東游所極；午時在赤極上，正南之位，是爲南游所極；酉時在赤極右，正西之位，是爲西游所極。此一日之四游所極也。冬至夜半，起于正北，一周而過一度，雖每日之推移甚微，漸進而至四分周之一，則春分夜半實爲東游所極，故夏至夜半南游所極，秋分夜半乃西游所極，此一歲之四游所極也。古者冬夏致日，但舉二至，則二分可知。又錯舉冬至卯西，則每日皆可知矣。日月星隨天左旋，實由於黃極環繞赤極，爲左旋之根。《周髀》數言其《虞書》之義，❷疏乎璿璣玉衡之制，❸可因是而推求矣。」

蕙田案：古人十二月建，當因黃極之一歲而周四游定名。試以赤極爲

❶「璿璣也」，《周髀算經》卷下之一作「璇，璇璣也」。
❷此句疑有脱誤。
❸「疏」，疑當作「庶」。

中，子午卯酉，正嚮順布，均分十有二宫，冬至夜半，黄極在正北子位，是爲建子。每晝夜一周，又過一度。古度法。小寒則過丑宫，大寒正當丑位，是爲建丑。立春過寅宫，雨水正當寅位，是爲建寅。驚蟄過卯宫，春分當正東卯位，是爲建卯。清明過辰宫，穀雨正當辰位，是爲建辰。立夏過巳宫，小滿正當巳位，是爲建巳。芒種過午宫，夏至當正南午位，是爲建午。小暑過未宫，大暑正當未位，是爲建未。立秋過申宫，處暑正當申位，是爲建申。白露過酉宫，秋分當正西酉位，是爲建酉。寒露過戌宫，霜降正當戌位，是爲建戌。立冬過亥宫，小雪正當亥位，是爲建亥。大雪過子宫，冬至復於建子。如此終古不變，非若斗杓所指，隨歲差改移也。

正極之所游，冬至日加酉之時，立八尺表，以繩繫表顛，希望北極中大星，引繩致地而識之。顛，首。希，仰。致，至也。識之者，所望大星、表首及繩至地，參相直而識之也。又到旦明日加卯之時，復引繩希望之，首及繩致地而識其端。其兩端相去，正東西。以繩至地，所謂兩端相直，爲東西之正也。中折之，以指表，正南北。所識兩端之中與表，爲南北之正。加此時者，皆以漏揆度之。冬至日加卯酉者，北極之正東西，日不見矣。以漏度之者，一日一夜百刻，從夜半至日中，❶從日中至夜半，無冬夏，常各五十刻。中分之，得二十五刻。加極卯酉之時。❷揆亦度也。

戴氏震曰：「正極之所游者，正猶定也、準也。近冬至

❶「夜半」，原作「半夜」，據《周髀算經》卷下之一改。

❷「加極」，原作「極加」，據《周髀算經》卷下之一改。

前後，卯酉見星，故於是時，希望以定東西南北，四嚮既準，即黄道之四游所極也。其距赤極之度，恒如黄道距赤道最遠之度。二至，太陽行黄道，距赤道二十三度奇，步算家所謂黄赤距緯者是。」

【《宋書・天文志》】吴太常姚信造《昕天論》曰：「嘗覽《漢書》云：冬至日在牽牛，去極遠；夏至日在東井，去極近。欲以推日之長短，信以太極處二十八宿之中央，雖有遠近，不能相倍。」今《昕天》之説，以爲冬至極低，而天運近南，故日去人遠，而斗去人近；夏至極起，而天運近北，斗去人遠，日去人近。極之起時，日行地中淺，故夜短；極之低時，日行地中深，故夜長。

蕙田案：《漢書》所謂「去極遠近」者，其極，赤極也。姚信所謂「太極處二十八宿之中央而有時低有時起」者，其極，黄極也。冬至夜半，黄極正值子位，在赤極下，是爲極低。日去黄極四分天周之一，去赤極又加二十三度奇，是以日行近南。夏至夜半，黄極正值午位，在赤極上，是爲極起。日去黄極四分天周之一，去赤極則減二十三度奇，是以日行近北。赤極，所謂北辰，常不動者也。黄極，每晝夜環繞赤極而又過一度，則隨四時而遞改，故冬夏至之夜半，或低或起不同。日近北則行地中淺，近南則行地中深，此中土地勢然耳。若赤道之下，四時之晝夜皆平。蓋南北地勢，晝夜不同，寒暑亦異，繫乎赤道之南北二極者也。姚信《昕天論》偶然得解，未深究赤極黄極之分及赤道黄道運旋之所以然，當時概以好奇目之，是以黄道之南北兩極，《周髀》而外，鮮有能推明者矣。姑附其説論之。

江氏永曰：「太陽若宗北極，則恒行赤道，無寒暑進退，何以能生萬物。有北極赤道，又有黄極黄道，所以能成變化也。蓋北極，體也；黄極，用也。北極爲心，黄極繞之而成圈，則又未嘗不宗北極也。」

右黄極。

李氏光地曰：「西法有赤極，又有黄極。愚嘗妄意，不獨黄有極耳，自恒星以至月天，皆有極也。蓋樞紐長繫者，惟宗動爲然，觀極星之離樞漸遠，則恒星又有極可知矣。日月五星，則其明著者也。」

江氏永曰：「七政各行一道，即各有所宗之極。北極爲心，黄極環繞而成一圈。月與五星之極，皆以黄極爲心，各環之而成小圈。水星圈最大，月次之，金次之，土次之，火次之，木次之，皆載於黄極圈之上，各有條理。」小圈自内而外，由近而遠，木、火、土、金、水，似順五行相生之序。月亦水類，在金、水之間。

觀承案：九重天内，五星惟鎮星最在上，則從上數下，當爲土、木、火、金、水。今依江氏此説，又似鎮星在火下，故爲木、火、土、金、水而順五行相生之序。然則重數之次序原無一定，可意爲之矣，其然乎？

右月五星恒星之極。

【《後漢書志》】天之動也，一晝一夜而運過周，星從天而西，日違天而東。日所行與運周，在天成度，在曆成日。日月相推，日舒月速，當其同所，❶謂之合朔。舒先速後，近一遠三，謂之弦。相與爲衡，分天之中，謂

❶「所」，原脱，據《後漢書・律曆下》補。

之望。以速及舒，光盡體伏，謂之晦。日月之行，則有冬有夏；冬夏之間，則有春有秋。故日行北陸謂之冬，西陸謂之春，南陸謂之夏，東陸謂之秋。日道發南，去極彌遠，其景彌長，遠長乃極，冬乃至焉。日道斂北，去極彌近，其景彌短，近短乃極，夏乃至焉。二至之中，道齊景正，春秋分焉。極建其中，道營於外，璇衡追日，以察發斂，光道生焉。孔壺爲漏，浮箭爲刻，下漏數刻，以考中星，昏明生焉。日有九道，月有九行。九行出入，而交生焉。朔會望衡，鄰於所交，虧薄生焉。

戴氏震曰：「日違天而東者，寒暑發斂之所以然。恒星亦有東移之度，但所差甚微，幾於不覺，乃歲差之所以然。漢人未知歲差，故云『星從天而西』耳。若考其實理，則觀於晝夜，日月星皆從天而西，宗北極也；觀於發斂出入，日月星皆違天而東，宗黄極也。」

蕙田案：日月五星右旋，漢以後算家並同。

又案：以上論日月星右旋。

【《宋書・天文志》】《夏紀》列宿日月皆西移，列宿疾而日次之，月最遲。故日與列星昏俱入西方；後九十一日，是宿在北方；又九十一日，是宿在東方；九十一日，在南方。此明日行遲於列宿也。月生三日，日入而月見西方，至十五日，日入而月見東方；將晦，日未出，乃見東方。以此明月行之遲於日，而皆西行也。

蕙田案：列宿日月西移者，晝夜之象也。以晝夜言，日行速於月。宋儒日月星並左旋之説同此。

【劉向《五紀論》】《洪範傳》曰：「晦而月見西方，謂之朓。朓，疾也。朔而月見東方，謂之側匿。側匿，遲不敢進也。星辰西行，史官謂之逆行。」此三説，❶夏紀皆違之，迹其意，好異者之作也。

【《唐書·大衍術議》】日月合度謂之朔。無所取之，取之蝕也。昔人考天事，多不知定朔。假蝕在二日，而常朔之晨，月見東方，食在晦日，則常朔之夕，月見西方。理數然也。而或以爲朓朒變行，或以爲算術疎闊，遇常朔朝見則增朔餘，夕見則減朔餘，此紀曆所以屢遷也。《春秋》日食不書朔者八，《公羊》曰：「二日也。」《穀梁》曰：「晦也。」《左氏》曰：「官失之也。」劉孝孫推俱得朔日，以丘明爲是，乃與劉焯皆議定朔，爲有司所抑，不得行。傅仁均始爲定朔，而曰「晦不東見，朔不西朓」。

梅氏文鼎曰：「月之行有遲疾，日之行有盈縮，皆有一定之數，故可以小輪爲法也。而古惟平度，於是占家曰『晦而月見西方謂之朓，朓則侯王其舒；朔而月見東方謂之仄慝，仄慝則侯王其肅』。」

戴氏震曰：「案《夏紀》云『月生三日見西方』，即《禮記》所謂『三日而成魄』，揚雄所謂『月未望則載魄于西』是也，本不指晦爲言。《夏紀》云『將晦，日未出乃見東方』，即揚雄所謂『既望則終魄于東』是也，亦非指晦。至若朓與側匿逆行之説，則由不知日月五星有高下迴環之行以生遲疾留逆，而誤以爲平行，占家之妄也。劉向所舉三事皆失理，其致辨《夏紀》者，又非《夏紀》本意。」

【張子《正蒙》】天左旋，處其中者順之，少遲則反右矣。

【朱子《語類》】問：「天道左旋，自西而東，日月右行，則如何？」曰：「横渠説日月皆是左旋，説得好。蓋天行甚健，一日一夜，周三百六十五度四分度之一，又進過一度。日行速健次於天，一日一夜，周三百六十五度四分度之一，正恰好比天進一度，則日爲退一度；二日天進二度，則日爲退二度。積至三百六十五日四分日之一，則天所進過之度，又恰周得本數，而日所退之度，亦

❶「此三説」至段末，據《宋書·天文志一》爲史官文，非劉向説。

恰退盡本數，遂與天會而成一年。月行遲，一日一夜三百六十五度四分度之一行不盡，比天爲退十三度有奇，進數爲順天而左，退數爲逆天而右。」

蕙田案：步算家據列宿以考七政行度，故指列宿爲天。《夏紀》但言列宿，不曰天，最分明。蓋一晝夜一周天而常過一度者，列宿也。天至健，不可以周計。列宿七曜，因天旋轉，猶舟浮於水，順流而下，舟行各有遲疾，皆可里計，水流之遲疾則無從里計者也。月行不及十三度奇者，不及列宿也。若論太虚中，從起處起而復于其處，則一晝夜僅差十二度奇爲不及天周，至列宿西移而過滿一歲之日所進過之度，幾及一周而微差。此云「所進過之度，恰周得本數」者，約舉成數而言，未計歲差故也。

問：「經星左旋，緯星與日月右旋，是否？」曰：「今諸家皆如此説。横渠説天左旋，日月亦左旋。看來横渠之説極是，只恐人不曉，所以《詩傳》只載舊説。」或曰：「此亦易見，如以一大輪在外，一小輪載日月在内，大輪轉急，小輪轉慢，雖都是左轉，只有急有慢，便覺日月是右轉。」曰：「然。」又曰：「天道左旋，日月星並左旋。星不是貼天，天是陰陽之氣，在上面，下人看見星隨天去耳。」

蕙田案：朱子此條，别天與列宿五星，不使混同。然則謂天左旋一周而過一度者，特仍步算家之舊耳。

蔡氏沈曰：「天體至圓，周圍三百六十五度四分度之一。繞地左旋，常一日一周而過一度。日麗天而少遲，故日行一日，亦繞地一周，而在天爲不及一度。月麗天而尤遲，一日常不及天十三度十九分度之七。」

【《明史·天文志》】帝與羣臣論天與七政之行，皆以蔡氏左旋之説對。帝曰：「朕自起兵以來，仰觀乾象，天左旋，七政右旋，曆家之論，❶確然不易。爾等猶守蔡氏之説，豈所謂格物致知之學乎？」

蕙田案：蔡氏説本之張子、朱子，明太祖以爲非。在今日則左旋爲儒者之説，右旋爲曆家之説。夫日月五星，附麗於天，何至與天行相反，故以爲順天左旋，况晝夜見之，左旋不已也。此儒者所守之理。及執策推數，立表驗晷，日有發斂，月五星有内外出入，不同一道，不宗一極，逆溯者乃其實象，初非以進爲退，取便積算也，故斷然以爲右旋。此曆家所守之實。今以黄極環繞，明左旋之理；以黄道側遡，明右旋之實：二説並行而不悖矣。附此兩條，以備參考。

【梅氏文鼎《疑問》】問：「天左旋，日月五星右旋，中西兩家所同也。自横渠張子有俱左旋之説，而朱子、蔡氏因之。近者臨川揭氏、建寧游氏又以槽丸盆水譬之。此孰是而孰非？」曰：「皆是也。七曜右旋，自是實測，而所以成此右旋之度，則因其左旋而有動移耳。何以言之？七曜在天，每日皆有相差之度，術家累計其每日差度，積成周天。中西新舊之法，莫不皆然。夫此相差之度，實自西而東，故

❶「曆」，原作「數」，避清高宗弘曆諱改。今據《明史》改回，下同。

可以名之右旋。然七曜每日皆東升西降，故又可以名之左旋。西法謂七曜皆有東西兩動而並出於一時，蓋以此也。夫既云動矣，動必有所向，而一時兩動，其勢不能。古人所以有蟻行磨上之喻，而近代諸家又有人行舟中之比也。七曜如人，天如舟，舟揚帆而西，人在舟中，向舟尾而東行，岸上望之，則見人與舟並西行矣。又天之東升西没，自是赤道；七曜之東移於天，自是黄道。兩道相差，南北四十七度，自短規至長規，合之得此數。雖欲爲槽丸盆水之喻，而平面之行與斜轉之勢，終成疑義，安可以遽廢右旋之實測而從左轉之虚理哉！然吾終謂朱子之言不易者，則以天有重數耳。」曰：「天有重數，何以能斷其爲左旋？」曰：「天雖有層次以居七曜，而合之總一渾體，故同爲西行也。同爲西行矣，而仍有層次，以生微差。層次之高下各殊，則所差之多寡亦異，故七曜各有東移之率也。然使七曜所差，只在東西順逆遲速之間，則槽丸盆水之譬，亦已足矣。無如七曜東移，皆循黄道而不由赤道，則其與動天異行者，不徒有東西之相違，而且有南北之異向，以此推知七曜在各重之天，皆有定所，而其各天又皆順黄道之勢，以黄道爲其腰圍，中廣而與赤道爲斜交，非僅如丸之在槽、沙之在水，皆與其器平行而但生退逆也。丸在槽，與其盤爲平面。沙在水，與其器爲平面。故丸與盤同運而生退逆，水與沙並旋而生退逆，其順逆兩象，俱在一平面。蓋惟其天有重數，故能動移；惟其天之動移皆順黄道，斯七曜東移皆在黄道矣。是故左旋之理，得重數之説而益明。」曰：「謂右旋之度因左旋而成，何也？」

曰：「天既有重數矣，而惟恒星天最近動天，故西行最速，幾與動天相若。六七十年始東移一度。自土星以内，其動漸殺，以及於地球，是爲不動之處。則是制動之權，全在動天，而恒星以内，皆隨行也。使非動天西行，則且無動，無動即無差，又何以成此右旋之算哉！其勢如陶家之有鈞盤，運其邊則全盤皆轉。又如運重者之用飛輪，其運動也，亦以邊制中。假令有小盤小輪，附於大鈞盤大飛輪之上而别爲之樞，則雖同爲左旋，而因其制動者在大輪，其小者附而隨行，必相差而成動移以生逆度，又因其樞之不同也，雖有動移，必與本樞相應而成斜轉之象焉。此之斜轉，亦在平面，非正喻其平斜，但聊以明制動之勢。夫其退逆而右也，因其兩輪相疊；其退轉而斜行也，因於各有本樞；而其所以能退逆而斜轉者，則以其隨大輪之行而生此動移也。若使大者停而不行，則小者之逆行亦止，而斜轉之勢亦不可見矣。朱子既因舊説釋《詩》，又極取張子左旋之説。蓋右旋者，已然之故；而左旋者，則所以然之理也。西人知此，則不必言一時兩動矣。故揭氏以丸喻七曜只可施於平面，而朱子以輪載日月之喻，兼可施諸黄赤，與西説之言層次者，實相通貫。理至者，數不能違，此心此理之同，洵不以東海西海而異也。」

問：「天有重數，則在外者周徑大，而其度亦大，故土木之行遲；在内者周徑小，而其度亦小，故金水月之行速。七政之行勢略同，特其度有大小而分遲速耳。以是爲右旋之徵，不亦可乎？」曰：「此必七政另爲一物，以行於本天之上，故可以度之大小爲遲速也。今七政既與天同體，而非另爲一物，則七政之東升西没，即其本天之東升西没也。且使各天之行，各自爲政，則其性豈無緩急，而自外至内，舒亟之次，如是其有等乎！蓋惟七政之天雖有重數，而總爲一天，制動之權，全在動天。故近動天者，不得不速；近地而遠動天者，不得不遲：固自然之理勢也。」曰：「若是則周徑大小，可勿論矣。」曰：「在外者爲動天所掣而西行速，故其東移之差數遲。又以其周徑大而分度闊，則其差又遲。是故恒星六七十年而始差一度，近動天也。然以周徑之大小准之，此所差之一度，以視月天，將以周計矣。在内者，遠於動天而西行遲，故其東移之差速。又以其周徑小而分度狹，則其差又速。是故月天一日東移十三四度者，近地而遠動天也。然以周徑計之，此所差之十三四度，以視日天，尚不能成一度矣。然則周徑之大小，但可兼論，以考其差，而非所以遲速之原也。左旋之説，可以無疑。」

戴氏震曰：「案天左旋，日月五星右旋，漢以來步算家之通説也。天左旋，處其中者，順之少遲，則反右矣。宋儒張子、朱子之創論也。稽之於古，夏曆已有列宿日月皆西移之言；求之於今，又得梅氏反覆申明其義。然執是以告步算家，知其必不從。試就赤道、黄道論之。赤道正而黄道斜絡之者也，赤極不動而黄極每晝夜必環繞之以成一圈者也。黄極每晝夜環繞赤極一周，日在黄道上因之一周，此之謂順天左旋。其旋也，宗赤極而不宗黄極。黄極者，黄道之樞。樞既乘動機左旋于中，其道則成迴環之勢，右轉於外。假使黄道每晝夜斜行而左旋，黄極居其所不動，則日出没非東西正位，而列宿皆旋繞黄極矣。何以東陞西没必正相對也？列宿皆環繞赤極，不繞黄極也。以是言之，左旋者乃黄極，而不可言日躔黄道爲左旋明矣。又假使黄極既左旋，日在黃道上又自爲左旋，兩者俱左，勢必愈速，則黃極不及繞一周，日所到已成晝夜。恒星既宗黃極，何以能過之？假使恒星亦自左旋，彌速于日，則是黃極不及繞一周者，列宿皆不及一天周，又自爲轉而竟過之，不幾恒星距赤極一晝夜即覺其大差乎？以是言之，黃極晝夜左旋，日躔黃道，未嘗自爲左旋明矣。日躔黃道，不自爲左旋，而假使日竟不動，則日終古止於其處，無有發斂，何以成寒暑往來？以是言之，日躔黃道，必有動移，而其動移也，既不左旋，則必移而右轉明矣。惟日躔黃道有迴環右轉之勢，則一左一右，其勢少遲，日一周而成晝夜，黃極環繞一周而又過一度，列宿皆左旋過日一度，恒星循黃道迴環右轉者甚微，故其距赤極每晝夜不覺差移也。或曰：列宿七曜，既順天左旋矣，又迴環右轉，豈一時兩動之謂乎？曰：非也。左旋者，諸曜未嘗動也，隨黃極環繞而俱左耳。右轉者，黃極未移也，諸曜在其中紘側溯而右耳。其左旋也，赤極居中，赤道正而黃道斜，黃極與日月星皆環繞之。其右旋也，黃極居中，黃道正而月五星之天斜絡之，日每歲一周，而恒星每歲亦有分秒之推移。蓋左旋者，天道本然；而右旋者，動機迴環之勢也。朱子喻以兩輪，梅氏推及不同樞，學者猶疑於其言，似日月星在天，徒隨天左旋而有遲速，無復右旋之實，與實測不合。愚則以樞左旋甚速，明東升西降之本，以輪在外，稍成迴環之勢，明右旋之因，然後左旋右旋，皆實有測驗，不敢爲空談，以斷乎此。」

蕙田案：天體左旋，運行不息，《乾・象傳》提揭最明。蓋「《易》有太極，是生兩儀」。太極動而生陽，合下便是乾體，故其性純陽而至健，自東而西，西而復東，旋轉如輪，晝夜不舍。其所以必自東而西者，《易・說卦》曰：「帝出乎震，齊乎巽，相見乎離，致役乎坤，說言乎兌，戰乎乾，勞乎坎，成言乎艮。」東南陽方，西北陰方，自陽處動起，蓋其性然也，後之人因名曰左旋。左右者，本因人身之手而得名。南北東西，隨其所向，反復出入，更迭互用，原無定體。此所以名曰左者，萬物負陰而抱陽，「聖人南面而聽天下，嚮明而治」。天之運行，恰自左而右，故曰左旋。凡日月五星，悉隨而轉，故《離·象傳》曰：「日月麗乎天。」《中庸》謂：「日月星辰繫焉。」繫也，麗也，明與天爲體，而無異理。《禮記》曰「大明生於東，月生於西，此陰陽之分」，順逆之理也。至若日月五星，别有右轉之度，恒星有東移之差，推原厥故，實由日月星不循赤道而循黄道，有高下遠近疾遲之異，不能不迴環逆溯各自爲勢者。西法謂日月五星各有天，而行皆有輪，雖望之麗天，而實循輪而行，其理如珠逐盤旋，漩隨水去，雖急轉長逝而復自作迴環之勢。此日月五星所以盈縮遲疾，雖左旋而有右轉之象也。

又案：以上論日月星隨天左旋。

右左旋右旋。

五禮通考卷第一百八十一

淮陰吴玉搢校字

五禮通考卷第一百八十二

内廷供奉禮部右侍郎金匱秦蕙田編輯
太子太保總督直隸右都御史桐城方觀承同訂
休寧戴震
按察司副使元和宋宗元 參校

嘉禮五十五

觀象授時

【《易·繫辭傳》】日月運行，一寒一暑。

吴氏澄曰：「離爲日，坎爲月，艮山在西北嚴凝之方，爲寒；兑澤在東南温熱之方，爲暑。左離次以兑者，日之運行而爲暑也。右坎次以艮者，月之運行而爲寒也。」

邵子曰：「日爲暑，月爲寒。《書》曰：『日月之行，則有冬有夏。』」

日往則月來，月往則日來，日月相推，而明生焉。寒往則暑來，暑往則寒來，寒暑相推，而歲成焉。往者屈也，來者信也，屈信相感，而利生焉。

【《書·洪範》】星有好風，星有好雨。【傳】箕星好風，畢星好雨。日月之行，則有冬有夏。月之從星，則以風雨。【注】月經於箕則多風，離於畢則多雨。【疏】正義曰：張衡、蔡邕、王蕃等説渾天者，皆云周天三百六十五度四分度之一，天體圓如彈丸，北高南下，北極出地上三十六度，❶南極入地下三十六度，北極去南極直徑一百八十二度弱，其依天體隆曲。南極去北極一百八十二度彊，正當天之中央。南北二極，中等之處，謂之赤道，去南北極各九十一度。春分日行赤道，從此漸北。夏至赤道之北二十四度，去北極六十七度，去南極一百一十五度，日行黑道。從夏至以後，日漸南，至秋

❶「三」，原作「二」，據《尚書·洪範》孔疏改。

分還行赤道，與春分同。冬至行赤道之南二十四度，去南極六十七度，去北極一百一十五度，其日之行處謂之黃道。又有月行之道與日道相近，交路而過，半在日道之裏，半在日道之表，其當交則兩道相合，交去極遠處，兩道相去六度。此其日月行道之大略也。《詩》云：「月離于畢，俾滂沱矣。」鄭玄引《春秋緯》云：「月離于箕，則風揚沙。」

李氏光地曰：「日行月行，俱經列宿，而獨云『月之從星』何哉？所謂『月之從星』云者，不獨謂風雨陰類，月實主之，蓋其行度，一日而離一宿，故以二十八日偏閱周天二十八舍，此則月從星之義也。」

蕙田案：《洪範》所云「日月之行，則有冬有夏。月之從星，則以風雨」者，有冬有夏，因乎日月之行；以風以雨，因乎月之從星：二語一貫。冬夏有常，故曰「有」；風雨不常，故曰「以」。《易・繫辭傳》曰：「日月運行，一寒一暑。」亦謂一寒一暑之迭爲循環，由日月運行則然，與《洪範》義正同。日月之行有常，故冬夏寒暑有常。自注疏以「有冬有夏」爲有冬行之道有夏行之道，是冬夏二字僅當南北二字，況南北道已包在「日月之行」一句中，下句乃所以明天行之妙，寒暑進退，成變化而生萬物，悉由於日月之行也。若日行有盈縮，月行有遲疾，術家或以「有冬有夏」當之，亦非《洪範》之義。月行每月一南北，借冬夏二字言南北，尤於辭義未瑩。

又案：日道有發斂，是以有冬有夏。何以兼言月？月實寒體故也。日往則寒，日來則暑，寒得月益甚，暑得月稍平，暑屬日，寒屬月也。月以寒體，又去地近，故寒氣至盛，然卒不勝日，日來則寒解矣，日去則寒至矣，「有冬有夏」，所以必兼日月言也。

【《周髀算經》】凡爲日月運行之圓周，七衡周而六間，以當六月節。六月爲百八十二日八分日之五，故日夏至在東井，極內衡；日冬至在牽牛，極外衡也。【注】東井、牽牛，爲長短之限，內外之極也。衡復更終冬至，故曰一歲三百六十五日四分日之一。一歲一內極，一外極。三十日十六分日之七，月一外極，一內極。

【漢趙君卿《七衡圖注》】內第一，❶夏至日道也。出第四，❷春秋分日道也。外第七，冬至日道也。皆隨黃道，冬至從南而北，夏至從北而南，終而復始也。

戴氏震曰：「古未有黃赤道之名，但謂之衡。《虞書》之『璿璣』既爲黃極，則『玉衡』以界黃道而定節氣，黃道必別爲側絡之。衡準黃極取正，赤道準赤極取正也。此七衡皆準赤極取正，以側剖黃道爲六間。《虞書》不必定有七衡，而衡之名出于古無疑。日在內一衡，夏至；右旋發南，交於次二衡，大暑；交於次三衡，處暑；交於次四衡，秋分；交於次五衡，霜降；交於次六衡，小雪；終次七衡，冬至。右旋斂北，交於次六衡，大寒；交於次五衡，雨水；交於次四衡，春分；交於次三衡，穀雨；交於次二衡，小滿；復至內一衡，夏至。七衡者，十二中氣，日所至黃極晝夜左旋而成之規晝也。黃道者，日右旋發斂之本也。七衡，日所至，是謂定氣，與土圭測景相應，然則定氣自古用之矣。至若月道南北之距，或極七衡之外，或僅當內外衡，或在內外衡之內，非七衡，加之而九。日有七衡六間，月有九道八行，漢、唐《志》各自爲説，必有所受。據九道八行乃就黃道上均分四正四維，故八併黃道而九。蓋當交在黃道，去交則各循其道，以八行辨月道出入，明交終所差，驗食限有無，猶振衣之舉其領，治絲之尋其端，至簡易也。律

❶「內」，原脱，據《七衡圖注》補。
❷「出」，疑當作「中」。

家未能盡九道之用，誠因其術久廢。《後漢志》言之矣，沈存中乃以九道爲月行遲速之段目，豈其然哉！　冬至日在牽牛，夏至在東井，特周時爲然。　第四衡曰中衡，即赤道。」

【《漢書・天文志》】日有中道，月有九行。中道者，黄道，一曰光道。光道北至東井，去北極近；南至牽牛，去北極遠；東至角，西至婁，去極中。夏至至於東井，北近極，故晷短；立八尺之表，而晷景長尺五寸八分。冬至至於牽牛，遠極，故晷長；立八尺之表，而晷景長丈三尺一寸四分。春秋分日至婁、角，去極中，而晷中；立八尺之表，而晷景長七尺三寸六分。此日去極遠近之差，晷景長短之制也。去極遠近難知，要以晷景。晷景者，所以知日之南北也。

蕙田案：列宿有歲差之移，晷景有南北之别，此所舉牽牛、東井、婁、角及景長短，據一時一方言之耳。

【《晉書・天文志》】王蕃曰：「赤道帶天之紘，去兩極各九十一度少彊。黄道，日之所行也，半在赤道外，半在赤道内，與赤道東交於角五少弱，西交於奎十四少彊。其出赤道外極遠者，去赤道二十四度，斗二十一度是也。其入赤道内極遠者，亦二十四度，井二十五度是也。日南至在斗二十一度，去極百一十五度少彊。❶是也日最南，❷去極最遠，故景最長。黄道斗二十一度，出辰入申，故日亦出辰入申。日晝行地上百四十六度

❶「百」，原作「北」，據《晉書・天文上》改。

❷「是也日最南」，校點本《晉書・天文上》校勘記云：「依文義，應作『是日日最南』。下文『是日日最北』亦宜作『是日日最北』。」

彊，故日短；夜行地下二百一十九度少弱，故夜長。自南至之後，日去極稍近，故景稍短。日晝行地上度稍多，故日稍長；夜行地下度稍少，故夜稍短。日所在度稍北，故日稍北，以至於夏至，日在井二十五度，去極六十七度稍彊。是日最北，去極最近，景最短。黄道井二十五度，出寅入戌，故日亦出寅入戌。日晝行地上二百一十九度少弱，故日長；夜行地下百四十六度彊，故夜短。自夏至之後，日去極稍遠，故景稍長。日晝行地上度稍少，故日稍短；夜行地下度稍多，故夜稍長。日所在度稍南，故日出入稍南，❶以至於南至而復初焉。斗二十一，井二十五，南北相應四十八度。

春分日在奎十四少彊，秋分日在角五少弱，此黄赤二道之交中也。去極俱九十一度少彊，南北處斗二十一、井二十五之中，故景居二至長短之中。奎十四角五，出卯入酉，故日亦出卯入酉。日晝行地上，夜行地下，俱百八十二度半彊，故日見之漏五十刻，不見之漏五十刻，謂之晝夜同。夫天之晝夜，以日出没爲分；人之晝夜，以昏明爲限。日未出二刻半而明，日入二刻半而昏，故損夜五刻以益晝，是以春秋分漏晝五十五刻。」

蕙田案：春分交於奎十四度少彊，秋分交於角五度少弱，夏至日在井二十五度，冬至日在斗二十一度，特據漢時爲然。其黄道去赤道二十四度之距，今謂之黄赤距緯，古闊而今漸狹。赤道即《周髀》之中衡，出赤

❶「入」，原脱，據《晉書·天文上》補。

道外二十四度，即外衡；入赤道内二十四度，即内衡。

【《元史志》】黄道出入赤道，冬至去極一百一十五度二十一分七十三秒，夏至去極六十七度四十一分一十三秒。

蕙田案：冬至去極度分内減夏至去極度分，得内外衡相距四十七度八十分六十秒，半之即黄赤距緯二十三度九十分三十秒。

【《新法算書》】黄赤二道，位置不等，其各兩極不等。二經二緯，縱横不等，交互不等，故令星行不等，其差亦不等。有名爲有差而絶不可謂差者，黄道之經度是也。恒星依黄道東行，如載籍相傳，堯時冬至日躔約在虚七度，今躔箕四度，四千年間，而日退行若干度者，即星之進行若干度也。古法謂之歲差，各立年率。郭守敬以爲六十六年有奇而差一度。今者斟酌異同，辨析微眇，定爲每歲東行一分四十三秒七十三微二十六纖，六十九年一百九十一日七十三刻而行一度，凡二萬五千二百〇二年九十一日二十五刻而行天一周，終古恒然也。此立名爲差，而實有定法，不可謂差者也。有行度不爽而兩道參差致生違異者，赤道之經度是也。星依黄道行，與赤道諸緯皆以斜角相遇，兩經相較，是生廣狹，因其廣狹，是生疾遲，又因其斜迤而從赤極分經，古今各測，復生參錯，其南北東西，亟舒寬迮，互有乘除，一再迴易，即還故處。此則星經不異而以交道爲異者也。

有星本平行而兩距變易致成升降者，赤道之緯度是也。黄赤兩至之距爲二十三度八十六分有奇，星從南至行北距如是，既迄象限，與赤同行，迨於半周，則其距南，亦復乃爾，計行半周，而南北距差四十七度七十二分有奇，盡一周而復，是其星行不異而以距度爲異者也。

至若黄赤二道兩至之距，古來皆稱二十四度，今測定爲二十三度八十六分七十六秒。考之西史所載，❶周顯王時一測，西漢景帝時一測，東漢順帝時一測，三史折衷爲二十四度一十八分三十秒，以較今測，差三十一分五十四秒，此爲二道之兩至距度二千年間昔遠今近漸次移易之數也。故有不係星行，不關經度，而躔道自爲近就者，黄道之緯度是也。惟黄緯一差，不知遠于何始，不知近于何終。遠極或當先近，不知改于何年；近極或當返遠，不知轉于何日。此則非理數所能窮，非思路所能及也。❷

蕙田案：黄赤距度，古今不同。後漢張衡《靈憲》稱黄道出入赤道二十四度，元郭守敬測爲二十三度九十分三十秒，以今度法約之，爲二十三度三十三分三十二秒。西人第谷所測爲二十三度三十一分三十秒，刻白爾改爲二十三度三十分，後利酌理噶西尼又改爲二十三度二十九分。其漸次移易之故，非巧算所能及，惟在隨時密測，以合天行而已。

又案：黄赤距緯度分，即黄赤二極相去度分，倍之爲内外衡相距之數，即黄極環繞赤極而成規之徑。然則紐星漸遠赤極，亦由黄赤極漸近也。

右黄赤道附黄赤距緯。

❶「西史」，疑當作「古史」。

❷以上四段文字，《新法算書》未見。

【《漢書・天文志》】黑道二，出黄道北；赤道二，出黄道南；白道二，出黄道西；青道二，出黄道東。立春、春分，東從青道；立秋、秋分，西從白道；立冬、冬至，北從黑道；立夏、夏至，南從赤道。

【《唐書・天文志》】❶凡月合朔所交，冬在陰曆，❷夏在陽曆，月行青道；冬至、夏至後，青道半交在春分之宿，當黄道東。立冬、立夏後，青道半交在立春之宿，當黄道東南。至所衝之宿，亦如之。冬在陽曆，夏在陰曆，月行白道；冬至、夏至後，白道半交在秋分之宿，當黄道西。立冬、立夏後，白道半交在立秋之宿，當黄道西北。至所衝之宿，亦如之。春在陽曆，秋在陰曆，月行朱道；春分、秋分後，朱道半交在夏至之宿，當黄道南。立春、立秋後，朱道半交在立夏之宿，當黄道西南。至所衝之宿，亦如之。春在陰曆，秋在陽曆，月行黑道。春分、秋分後，黑道半交在冬至之宿，當黄道北。立春、立秋後，黑道半交在立冬之宿，當黄道東北。至所衝之宿，亦如之。四序離爲八節，至陰陽之所交，行與黄道會，故月有九行。各視月交所入七十二候距交初中黄道日度，蕙田案：初交、中交黄道之日度也。每五度爲限，亦初數十二，每限減一，數終於四，乃一度彊，依平。更從四起，每限增一，終於十二，而至半交，其去黄道六度。又自十二，每限減一，數終於四，亦一度彊，依平。更從四起，每限增一，終於十二，復與日軌相會。凡日，以赤道内爲陰，外爲陽；月，以黄道内爲陰，外爲陽。故月行宿度，入春分交後行陰曆，秋分交後行陽曆，皆爲同名。若入春分交後行陽曆，秋分交後行陰曆，皆爲

❶「天文志」，《新唐書》作「曆志」，此處蓋避清高宗弘曆諱而改。

❷「曆」，原作「律」，避弘曆諱而改。今改回，下文逕改。

異名。

《大衍術議》曰：「推陰陽曆交在冬至、夏至，則月行青道、白道，所交則同，而出入之行異。故青道至春分之宿，及其所衝，皆在黃道正東；白道至秋分之宿，及其所衝，皆在黃道正西。若陰陽曆交在立春、立秋，則月循朱道、黑道，所交則同，而出入之行異。故朱道至立夏之宿，及其所衝，皆在黃道西南；黑道至立冬之宿，及其所衝，皆在黃道東北。若陰陽曆交在春分、秋分之宿，則月行朱道、黑道，所交則同，而出入之行異。故朱道至夏至之宿，及其所衝，皆在黃道正南；黑道至冬至之宿，及其所衝，皆在黃道正北。若陰陽曆交在立夏、立冬，則月循青道、白道，所交則同，而出入之行異。故青道至立春之宿，及其所衝，皆在黃道東南；白道至立秋之宿，及其所衝，皆在黃道西北。其大紀皆兼二道，而實分主八節，合於四正四維。

案陰陽曆中終之所交，則月行正當黃道，去交七日，其行九十一度，齊於一象之率，而得八行之中。八行與中道而九，是謂九道。凡八行正於春秋，其去黃道六度，則交在冬夏；正於冬夏，其去黃道六度，則交在春秋。

日出入赤道二十四度，月出入黃道六度。凡月交一終，退前所交一度及餘八萬九千七百七十三分度之四萬二千五百三少半，積二百二十一月及分七千七百五十三，而交道周天矣。因而半之，將九年而九道終。以四象考之，各據合朔所交，入七十二候，則其八道之行也，以朔交爲交初，望交爲交中。若交初在冬至初候而入陰曆，則行青道。又十三日七十六分日之四十六，至交中得所衝之宿，變入陽曆，亦行青道。若交初入陽曆，則白道也。故考交初所入，而周天之度可知。若望交在冬至初候，則減十三日四十六分，視大雪初候陰陽曆而正其行也。」

蕙田案：月道出入黃道，當其出入過度，謂之初交、中交，乃兩道相交之處也。其初交，自黃道外而入內；其中交，在對衝之處，必自內而出外。其初交，自黃道內而出外；其中交，在對衝之處，必自外而入內。入曰行陰曆，出曰行陽曆。蓋月道斜絡黃道，猶黃道之斜絡赤道，月之交猶日之有春秋分也。月道出入黃道內外，自初交而至中交，由中交而至初交，相距皆一百八十度。其行一象限九十度處爲兩交之半，皆名爲半交，距黃道六度。自初交至半交，距度則自近而遠；自半交而至中交，則自遠而近；自中交至半交、初交亦然。《唐志》所云，每五度爲限而增減之也。《大衍術議》「交在冬至、夏至，則月行青道、白道，所交則同，而出入之行異」者，指當交而言也。「青道至春分之宿，及其所衝，皆在黃道正東；白道至秋分之宿，及其所衝，皆在黃道正西」者，指半交而言也。餘交並同。蓋月行二十七日有奇而一周天，每周則必有初交、中交之兩候，一周則退前所交一度半弱，是離原交處無定所，故各據合朔所交七十二候，準之以陽曆陰曆，而八道可分。其青朱白黑，特以其在黃道四正四維而別其名耳。若推算，則皆以冬至初候爲率也。《宋志》同。

【《元史志》】當二極南北之中，横絡天體以紀宿度者，赤道也。出入赤道，爲日行之軌者，黄道也。所謂白道，與黄道交貫，月行之所由也。古人隨方立名，分爲八行，與黄道而九，究而言之，其實一也。惟其隨交遷徙，變動不居，故强以方色名之。

月道出入日道，兩相交值，當朔則日爲月所掩，當望則月爲日所衝，故皆有食。然涉交有遠近，食分有深淺，皆可以數推之。所謂交周者，月道出入日道一周之日也。日道距赤道之遠，爲度二十有四。月道出入日道，不踰六度；其距赤道也，遠不過三十度，近不下十八度。出黄道外爲陽，入黄道内爲陰，陰陽一周，分爲四象。月當黄道爲正交，出黄道外六度爲半交，復當黄道爲中交，入黄道内六度爲半交，是爲四象。象别七日，各行九十一度，四象周徧，是謂一交之終。以日計之，得二十七日二十一刻二十二分二十四秒。每一交，退天一度二百分度之九十三，凡二百四十九交，退天一周有奇，終而復始。正交在春正，半交出黄道外六度，在赤道内十八度。正交在秋正，半交出黄道外六度，在赤道外三十度。中交在春正，半交入黄道内六度，在赤道内三十度。中交在秋正，半交入黄道内六度，在赤道外十八度。月道與赤道正交，距春秋二正黄赤道正交宿度，東西不及十四度三分度之二。夏至在陰曆内，冬至在陽曆外，月道與赤道所差者多；夏至在陽曆外，冬至在陰曆内，月道與赤道所差者少。蓋白道二交，有斜有直，陰陽二曆，有内有外，直者密而狹，斜者疎而闊，其差亦從而異。今立象置法求之，差數多者不過三度五十分，少者不下一度三十分，是爲月道與赤道多少之差。

【《新法算書》】正中交者，黄白二道之兩交也。正交，亦曰羅睺，亦曰天首，西法謂之龍頭。中交，亦曰計都，亦曰天尾，西法謂之龍尾。月行及于黄道曰交，月本圈之自行度曰轉。而轉終分多於交終分，故轉滿一周，交終未及，恒居其後。交不及轉之度，即兩交退行之度，故謂兩交爲逆行也。月平行一日一十三度一十三分四十六秒，是爲月行距交之度，以交爲界。順行。月平行一日十三度一十分三十五秒奇，是爲月行距宫次之度，以宫次爲界。亦順行。兩數之較，得三分一十一秒，是則兩交一日逆行之數，所謂羅計行度也。交有平行，又有自行，與日月相似。自行有遲有疾，黄白二道之相距，亦時多時少，古來未覺有此。第谷累年密測，得交行，惟朔望時無加減，與日在最高最高衝同理。恒得五度弱。過此漸加，至兩弦而極。自行恒半月滿一周，與太陰次輪行度同理。朔望時，兩交之大距爲四度五十八分三十秒，兩弦時兩交之大距爲五度一十七分三十秒。

蕙田案：西法以白道入黄道北爲正交，出黄道南爲中交，與古法正相反，然名殊而理不殊也。古測黄白大距六度，以今度法約之，則爲五度五十五分，强於西術。

【《新法曆引》】月道惟一，古謂「月行九道」者，乃白道正交行及四正陰陽二曆，各異命之，因有八名，加以公名，共有九耳，非真有九道也。白道兩交黄道，論最遠之距，謂爲五度。此係二曆未甚大差之數。新法測得凡朔望外相距皆過五度，上下二弦則爲五度一十七分三十秒，推知二道相交之角，非定而不動者，要其廣狹之行，恒以十五日爲限也。

【《續文獻通考》】案《尚書·洪範》云：「日月之行，則有冬有夏。」蔡傳本於《漢志》，其言日行四時所至，亦據《漢書》而言，後此則宿度漸差，然其爲「有冬有夏」則一也。至於月行有冬夏，則《周禮》「致月」、《周髀》「七衡」之説，義甚簡明，《漢志》轉與經義相遠。《周禮·馮相氏》：「冬夏致日，春秋致月。」鄭氏注曰：「冬至，日在牽牛，景長三尺。夏至，日在東井，景尺五寸。此長短之極。」賈公彦疏曰：「春分，日在婁，月上弦於東井，望於角，下弦於牽牛。秋分，日在角，月上弦於牽牛，望於婁，下弦於東井。」《周髀》曰：「凡爲日月運行之圜周，七衡周而六間，以當六月節。日夏至在東井極内衡，冬至在牽牛極外衡，故曰三百六十五日四分日之一，❶一歲一外極一内極；三十日十六分日之七，月一外極一内極。」蓋黄道與赤道斜交，出入赤道南北二十四度。今測爲二十三度半。日行黄道，一歲一周天，春秋分正當赤道，夏至入赤道北，冬至出赤道南，《周禮》言「冬夏致日」，《周髀》言日一歲一内極一外極，皆一義也。「七衡六間」云者，内一衡爲夏至之日道，次二衡爲小滿、大暑之日道，次三衡爲穀雨、處暑之日道，次四衡爲春分、秋分之日道，次五衡爲雨水、霜降之日道，次六衡爲大寒、小雪之日道，次七衡爲冬至之

❶「故曰」下，《周髀算經》卷上之一有「一歲」二字。

日道，即隨天西轉之日軌也。月道與日道斜交，出入黄道南北六度。今測爲五度半。兩交正當黄道，出黄道南爲陽曆，爲正交；入黄道北爲陰曆，爲中交。距交一象限，去黄道六度爲半交，月行二十七日有奇，而交一終。每交退天一度半弱，十八年有奇而退天一周。朔當交則日食，望當交則月食。日行一歲，惟兩次值交，而月行一月，必與日一會。如朔在春分，交在二至，則月上弦行夏至道，下弦行冬至道；朔在秋分，交在二至，則月上弦行冬至道，下弦行夏至道。此月行冬極外衡、夏極内衡之正軌也。又如朔在春分入陽曆，望在秋分入陰曆，則月上弦行夏至南六度，下弦行冬至北六度；朔在秋分入陰曆，望在春分入陽曆，則月上弦行冬至北六度，下弦行夏至南六度。此月行冬不及外衡、夏不及内衡之極致也。又如朔在春分入陰曆，望在秋分入陽曆，則月上弦行夏至北六度，下弦行冬至南六度；朔在秋分入陽曆，望在春分入陰曆，則月上弦行冬至南六度，下弦行夏至北六度。此月行冬過外衡、夏過内衡之極致也。然月行雖有過不及之殊，而其爲有冬夏則一。每月亦皆有冬夏，但不能皆在午中，故月行一月之間，有冬有夏，與日行一歲同，而惟春秋得以兩見。

《周禮》言「春秋致月」，《周髀》言「月一月一内極一外極」，亦一義也。《洪範傳》云：「月有九行。」若以過内衡外衡而言，則内衡之北，外衡之南，各有一道，並七衡而爲九，即隨天西轉之月軌也。《前漢・天文志》云：「黑道二，出黄道北；赤道二，出黃道南；此赤道，非天之赤道，唐宋《志》別名曰朱道。白道二，出黃道西；青道二，出黃道東。立春、春分，東從青道；立秋、秋分，西從白道；立冬、冬至，北從黑道；立夏、夏至，南從赤道。」一似一歲始行交一終，又似一歲已徧閲九道，讀者多不可曉。今以唐宋《志》考之，月道以朔交爲交初，望交爲交中，入黃道內爲陰，出黃道外爲陽。內即北，外即南，因月道有方色，故以內外別之。交初在冬至，入陰則月行青道，入陽則月行白道。蓋冬至之朔，日月同在北方之宿，自北而西，入黃道內，則必在黃道東，故爲青道；出黃道外，則必在黃道西，故爲白道。凡月行一道，必匝天一周。交初在冬至之宿，交中必在夏至之宿，而交初後半交則在春分之宿，交中後半交則在秋分之宿；以其出黃道東而爲青道，故專舉春分之宿而言，其實一周皆青道也。以其出黃道西而爲白道，故專舉秋分之宿而言，其實一周皆白道也。八行皆倣此例。

至於合宿，雖每年一周天，而月道之交，每年僅退天二十度弱。月行二十七日有奇而交一終，每年行十三交有奇，每交退天一度半弱，每年約退天二十度弱。計四年半有奇，交行退天九十度，而月道始移一方。自立春之宿，出黃道東南爲青道，行四十五度；至春分之宿，出黃道正東，仍爲青道，行四十五度；至立夏之宿，始爲朱道。故至四年半，交行退天九十度，而月道始移一方也。故率以四年半，行二青道；四年半，行二朱道；四年半，行二白道；四年半，行二黑道。計十八年有奇，而九道一周。然則青朱白黑，特以方色爲名。春夏秋冬，亦各隨方而舉。究之九道，實一道耳。

是故唐宋以來，以九道爲月道之總名，而推算之法則一。元《授時》則直以月道爲白道，明《大統》及西法皆與《授時》同，以推月行經緯，悉無違失。至於測月軌之高下，則必兼論黄道，與《周禮》、《周髀》相合。《後漢志》云：「九道術久廢，永元中，復命史官以九道法候弦望，驗無有差。」亦與《周禮》鄭注近似。馬端臨《考》載沈括云：「月行有遲有速，難可以一術御，故分爲數段，每段以一色名之，以別算位而已。天官家不知其意，遂以爲實有九道，甚可嗤也。」雖未能明言其故，而已心議其非。豈史志九道皆失《洪範》本義，而《周禮》、《周髀》獨存古遺法歟？

蕙田案：月行之出入黄道，猶日行之出入赤道也。赤道正而黄道斜絡之，一歲之中，冬至極南二十四度，夏至極北二十四度，春秋分則交赤道，合二至二分而日道周焉。黄道斜而月行環繞之，一月一周，朔交爲交初，望交爲交中，初交中交之半爲半交，内外皆距黄道六度。交一終而左旋退一度半弱，至十八年有奇而月道周焉。交無定處，而行度有常，古人統之以八節，而交候之大綱舉矣。交有出入，而行有定位，統之以四正四維，而交道之定軌彰矣。自漢迄宋，皆以九道求之，所以表其分也。元以後則以赤道距度求之，而概名曰白道，所以著其合也。一道原有九行，九道實則一道，分而合，合而分者也。《通考》又以七衡準之，意欲明月道之不離黄道，雖與古法異名，其實亦無二指，而《洪範》、《周禮》經義則尤見發明矣。至月道有交行，而交行又有遲疾及距赤緯之不等，其故皆由於月道極環繞黄極也，別詳於後。

右月道。

【《後漢書志》】在天成度，在曆成日。曆數之生也，乃立儀表，以校日景。景長則日遠，天度之端也。日發其端，周而爲歲，然其景不復，四周千四百六十一日，而景復初，是則日行之終。以周除日，得三百六十五度四分度之一，爲歲之日數。日日行一度，亦爲天度。

戴氏震曰：「古書度法，以日一晝夜之行爲一度。《周髀算經》及《四分術》皆周天三百六十五度四分度之一，即爲歲實。而漢《太初法》歲餘一千五百三十九分日之三百八十五，以是爲周天，猶强於《四分》矣。《太初》冬至日起牽牛，其後漸覺在斗，故歸餘分於斗，謂之斗分。後漢劉洪作《乾象術》，謂《四分》於天疎闊，由斗分太多，始減斗分。則整度之外，餘分不及四之一。韓翊以《乾象》減斗分太過，復增其數，然亦不滿四之一也。東晉虞喜始立歲差，劉焯《皇極術》因分天自爲天，歲自爲歲，自是天度復過四之一，歲餘不及四之一。由漢《太初》迄今，一術輒更一天周度下餘分，奇零不齊。且屢更之後，無所適從，故舉天度者，但以《四分》爲言，要其無當於天已久矣，況歲周不及天周，其説非也。日行黄道一周，然後發斂，終而成歲，使有不及，則發斂未終，未成歲矣，是歲周與天周不當分而爲二，日行無有不及故也。一歲之終，星回於天，不能復其原處，昔人謂之歲差者，星自移而東耳。當分星自爲星，不當併星移之度統謂之天周，而以爲日行不及。由是言之，自有歲差之説，而天與歲分，明乎歲差非日行不及，而天與歲復合，天與歲合則在天成度，在曆成日。其法固因乎天之本然，推日躔爲一度法，以恒歲實爲之可也；推月離爲一度法，以經朔爲之可也；二者相乘以通之，爲周天之小分可也。」

【邵子《皇極經世》】圜者六變，六六而進之，故六十變而三百六十矣。冬至之子中，陰之極；春分之卯中，陽之中；夏至之午中，陽之極；秋分之酉中，陰之中。凡三百六十，中分之則一百八十，此二分二至相去之數也。

邵伯温曰：「《皇極經世》，其法皆以十二、三十相乘。十二、三十，日月之數也。」

蔡氏元定曰：「陽數以三十起者，一月有三十日，一世有三十年也。陰數以十二起者，一日有十二辰，一歲有十二月也。或曰：氣盈於三百六十六，朔虛於三百五十四，今《經世》之數概以三百六十爲率，何也？曰：所以藏諸用也。消息盈虛之法在其間矣。」

蕙田案：象數之興，其起於甲子乎？十日十二子，數窮六十，因而六之，則三百六十矣。《易》乾坤之策合之，亦三百六十日之數。十因而三之則三十，以十二、三十相乘亦三百六十。周天分十二次，以日月十二會而成歲也。故十二子謂之十二辰，合乎天位。每一次以三十均分之，則周天三百六十度矣。一歲之日，周乎三百六十之間，故《易》曰：「凡三百有六十，當期之日。」此古人部分天位之定法，非截去奇數不言也。《周禮》十日、十有二辰會合爲候，謂之「天位」。六其六十，以極天位之數，由來久矣。漢後諸家，但以此考氣盈朔虛。每月過三十爲氣盈，不滿三十爲朔虛。至邵子書，乃悉以十二、三十相乘爲用。蔡氏謂「藏諸用」者，得其故矣。消息盈虛在其間，是則以整御零之大用也。

唐時有西域《九執法》，元有札魯馬丁《萬年法》，明初有西域默狄納國王馬哈麻《回回法》。考《回回》曰元，用隋開皇己未，蓋在《九執法》之先，《九執》即其法。明崇禎中議用西洋歐邏巴之法，其法亦本於《回回》。楊光先言歐邏巴以重資從回回得其法，此客與宋人買不龜手之方者也。西域諸法，並用三百六十整度，合乎邵子「藏諸用」之道，數之自然，推而放諸四海而準。有日行之度爲體，有整度爲用，二者並行而不相悖也。

觀承案：數術大抵古疎而今密，獨三百六十度之法，今反以疎而勝古之密。蓋觀象授時，總以定日躔爲主，日躔定而置閏、歲差皆可坐而致矣。舊惟以恒星爲天體，於是天一日一周而又過一度者，日則一日一周恰好，而在天爲不及一度，則奇零參差之數，愈析愈多，而難以齊同。不知太虛天體，本無度可紀，恒星乃自行，而非天體也。故惟以日行爲定，而以周天三百整度準之，則上推而知恒星之東西差、南北差而歲差可見，下推而知月之爲氣盈、爲朔虛而置閏可得，是爲以整馭零，以簡治繁之妙法，似疎而反勝於密者也。宋邵子讀《易》有得，而定爲此數，今法乃循而用之，不得以西域《九執》、《回回》曰元似之而反客爲主焉可耳。

朱子曰：「推步法，蔡季通說當先論天

行，次及七政，此亦未善。要當先論太虚，以見三百六十五度四分度之一，一一定位，然後論天行，以見天度加損虚度之歲分。歲分既定，然後七政乃可齊耳。」

戴氏震曰：「朱子謂『先論太虚，以見三百六十五度四分度之一，一一定位』者，此欲以三百六十五度四分度之一爲太虚之度，使之定而有常也。所謂『然後論天行，以見天度加損虚度之歲分』者，此以日行一周天之歲餘，較之天度不等，加歲分若干而與天度等，或損虚度若干而與歲餘等，是亦分天自爲天歲自爲歲矣。然與歲差之説分之以明其差者，所見不同。此欲定太虚之位，然後驗一歲日行，周此太虚，其歲實分數，必有天度，然後能考較之。歲實滿天度而一，必不及一日天度；滿歲實而一，必過乎一度。在天一度既與日一晝夜之行不齊，猶用此奇零之度，則因前人舊法言之耳。」

【《明史·天文志》】《回回法》：天周度三百六十，每度六十分，每分六十秒。微、纖以下，俱準此。宮十二。每宮三十度。

蕙田案：《唐志》云「《九執術》者，出於西域。周天三百六十度，無餘分」。又言其「名數詭異」，不著其詳。要之，《回回法》在其前矣。又有歐邏巴法，出於《回回》，度分並同，無有更易。整度必用三百六十者，以其與一歲之日相近，每日不及一度，成加損之法，其實生於零度者也。

右古今度法。

梅氏文鼎曰：「問：『古法三百六十五度四分之一，而今定爲三百六十，何也？豈天度亦可增損與？』曰：『天度何可增減，蓋亦人所命耳。有布帛於此，以周尺度之，則於度有餘，以漢尺度之則適足，尺有長短耳，於布帛豈有增損哉！』曰：『天無度，以日所行爲度，每歲之日既三百六十五日又四之一矣，古法據此以紀天度，宜爲不易，奈何改之？』曰：『古法以太陽一日所行命之爲度，然所謂四之一者，訖無定率，故古今公論，以《四分術》最爲疎闊。而累代斗分，諸家互異。至《授時》而有減歲餘、增天周之法，則日行與天度較然分矣。又況有冬盈夏縮之異，終歲之間，固未有數日平行者哉！故與其爲畸零之度而初不能合於日行，即不如以天爲整度而用爲起數之宗，固推步善法矣。周天者，數從所起，而先有畸零，故析之而爲半周天，爲象限，爲十二宮，爲二十四氣、七十二候，莫不先有畸零，而日行之盈縮不與焉，故推步稍難。今以周天爲整數，而但求盈縮，是以整御零，爲法倍易。且所謂度生於日者，經度耳。而術家所難，尤在緯度。今以三百六十命度，則經緯通爲一法，故黄赤雖有正斜，而度分可以互求。七曜之天，雖有内外大小，而比例可以相較，以其爲三百六十者同也。半之則一百八十，四分之則九十，而八線之法，緣之以生。故以製測器則度數易分，以測七曜則度分易得，以算三角則理法易明，吾取其適於用而已矣。三百六十立算，實本《回回》；至歐邏巴，乃發明之耳。況七曜之順逆，諸行進退損益，全在小輪，爲推步之要眇。然而小輪之與大輪，比例懸殊，若鎰與銖，而黍累不失者，以其度皆三百六十也。以至太陰之會望轉交，五星之歲輪，無一不以三百六十爲法，而地球亦然。故以日躔紀度，但可施於黄道之經，而整度之用，該括萬殊，斜側縱横，周通環應，可謂執簡御棼，法之最善者矣。』

問：『古者但言北辰，渾天家則因北極而

推其有南極，今西法乃復立黄道之南北極，一天而有四極，何也？』曰：『求經緯之度，不得不然也。蓋古人言天，以赤道爲主，而黄道從之，故周天三百六十五度，皆從赤道分，其度一一與赤道十字相交，引而長之，以會於兩極。若黄道之度，雖亦匀分周天，三百六十五。而有經度，無緯度，則所分者，只黄道之一線，初不據以分宫。故《授時》十二宫，惟赤道匀分，各得三十度奇，黄道則近二至者一宫，或只二十八度；近二分者一宫，多至三十二度。皆約整數。若是其闊狹懸殊者何哉？過宫雖在黄道，而分宫仍依赤道，赤道之匀度，抵黄道而成斜交，勢有横斜，遂生闊狹。故曰以赤道爲主，而黄道從之也。向使曆家只步日躔，此法已足。無如月五星皆依黄道行，而又有出入，其行度之舒亟轉變，爲法多端，皆以所當黄道及其距黄之遠近内外爲根，故必先求黄道之經緯。西法一切以黄道爲主，其法匀分黄道周天度爲十二宫，其分宫分度之經度線，皆一一與黄道十字相交。自此引之，各成經度大圈，以周于天體，則其各圈相交，以爲各度輳心之處者，不在赤道南北極，而別有其心，是爲黄道之南北極。自黄道兩極出線至黄道，其緯各得九十度而均，極距黄道四面皆均，故分宫分度線上之緯度皆均。以此各線之緯聯爲圈，線皆與黄道平行，自黄道上相離一度起，逐度作圈，但其圈漸小，以至九十度，則成一點，而會於黄極，是爲緯圈。一名距等圈。』曰：『黄道既有經緯，則必有所宗之極，測算所需固已。然則爲測算家所立歟？抑真有是以爲運轉之樞耶？』曰：『以恒星東移言之，則真有是矣。何則？古法，歲差亦只在黄道之一線，今以恒星東移，則普天星斗，盡有古今之差，惟黄道極，終古不動，豈非真有黄極以爲運轉之樞哉！』曰：『然則北辰非黄極也，今曰惟黄極不動，豈北辰亦動歟？』曰：『以每日之周轉言，則周天星度皆東升西没，惟北辰不動；以恒星東移之差言，則雖北辰，亦有動移，而惟黄極不動。蓋動天西旋，以赤道之極爲樞，而恒星東移，以黄道之極爲樞，皆本實測，各有至理也。』

問：『黄道有極以分經緯，然則經緯之度，惟黄道有之乎？』曰：『天地之間，蓋無在無經緯耳。約略言之，則有有形之經緯，有無形之經緯，而又各分兩條。曷言乎無形之經緯？凡經緯之與地相應者，其位置雖在地，而實在無形之天，朱子所謂「先論太虚，一一定位」者此也。曷言乎有形之經緯？凡經緯之在天者，雖去人甚遠，而有象可徵，即黄赤道也。是故黄道有經緯，赤道亦有經緯，兩道之經度，皆與本道十字相交，引而成大圈。經度皆三百六十，兩度相對者，連而成大圈，故大圈皆一百八十。其圈相會相交，必皆會於其極。兩道之緯圈，皆與本道平行而逐度漸小，以至於本極而成一點。此經緯之度，兩道同法也。然而兩道之相差二十三度半，故其極亦相差二十三度半，而兩道緯圈之差數如之矣。以黄緯爲主，則赤緯之斜二十三度半；以赤緯爲主而觀黄緯，則其差亦然。若其經度，則兩道之相同者，惟有一圈。惟磨羯、巨蟹之初度初分，聯而爲一圈。此圈能過黄赤兩極。其餘則皆有相差之度，而其差又不等。惟一圈能過兩極，則黄赤兩經圈合而爲一圈，以黄赤兩極同居磨羯、巨蟹之初也。此外則黄道經圈只能過黄極而不過赤極，赤道經圈亦只過赤極而不過黄極，離磨羯、巨蟹初度益遠，其勢並斜，其差益多，故逐度不等。此其勢如以兩重罾網冒于圓球，則網目交加，縱横錯午，而各循其頂以求之，條理井然，至賾而不可亂。故曰在天之經緯有形而又分黄赤兩條也。』

問：『經緯之與地相應者，一而已矣，何以亦分兩條？』曰：『黄赤之分兩條者，有斜有正也。地度之分兩條者，有横有立也。今以地平分三百六十經度，三十度爲一宫，共十二宫。再剖之，則二十四向。四面八方，皆與地平圈爲十字，而引長之成曲線，以輳于天頂，皆相遇成一點，故天頂者，地平經度之極也。其經度下達而輳于地心亦然。又將此曲線各匀分九十緯度，即地平上高度，又謂之漸升度。而逐度聯之作横圈，與地面平行而漸高則漸小，會于天頂，則成一點，即地平緯圈也。其地平下作緯圈至地心亦然。如太陽朦影十八度而盡、太陰十二度而見之類，皆用此度也。此地平經緯之度，爲測驗所首重，其實與太虚之定位相應者也。然此特直立之經緯耳，其經緯，以天頂地心爲兩極，是直立也。其地平，即腰圍廣處。而緯圈與地平平行，漸小而至天頂，亦成直上之形矣。又有横偃之經緯焉。其法：以卯酉圈均分三百六十度，亦三十度爲一宫。此圈上過天頂，下過地心，而正交地平于卯酉之中，即地平經圈之一也。其三百六十度，亦即經圈上所分緯度，但今所用，只圈上分度之一點，而不更作與地平平行之緯圈。從此度分作十字相交之線，引而成大圈。其圈一百八十，半在地平之上，半在其下。其地平上半圈，皆具半周天度勢，皆自正北趨正南，穹隆之勢，與天相際，度間所容，中闊而兩末鋭，略如剖瓜。其兩鋭在南北，其中闊在卯酉。大圈相遇相交，皆會于正子午而正切地平，即子午規與地平規相交之一點。在地平，直立經緯，原用子午規、卯酉規爲經圈，地平規爲腰圍之緯圈。今則以卯酉規爲腰圍，而子午規與地平規則同爲經度圈。此一點即爲經度之極，而經度宗焉。立象學安十二宮，用此度也。又自卯酉規向南向北，逐度各作半圈，如虹橋狀，而皆與卯酉規平行，地平下半圈亦然。合之則各成全圈。但離卯酉規漸遠亦即漸小，以會於其極，即地平規之正子午一點。是其緯圈也。測算家以立晷取倒影定時用此度也。此一種經緯，則爲橫偃之度。其經緯以地平之子午爲兩極，而以卯酉規爲其腰圍，是橫偃之勢。一直立，一橫偃，其度皆與太虛之定位相應，故曰無形之經緯亦分兩條也。不但此也，凡此無形之經緯，皆以人所居之地平起算，所居相距不過二百五十里即差一度，此以南北之里數言也。若東西則有不二百五十里而差一度者矣。何也？地圓故也。而所當之天頂、地平俱變矣。地平移則高度改，天頂易則方向殊，跬步違離，輾轉異視，殆千變而未有所窮，故曰天地之間，無在無經緯也。』

『凡經緯度之法，其數皆相待而成。有全則有分，有正則有對，即顯見隱，舉一知三，故可以經度求緯，亦可以緯度求經。有地平之經緯，即可以求黃赤；有黃赤之經緯，亦可以知地平。而且以黃之經求赤之經，亦可以黃之緯求赤之經；以黃之緯求赤之緯，亦可以黃之經求赤之緯。用赤求黃，亦復皆然。宛轉相求，莫不脗合。施於用，從衡變化而不失其常；求其源，渾行無窮而莫得其隙。夫是以布之于算而能窮差變，筆之于圖而能肖星躔，制之于器而不違懸象也。』❶曰：『經緯之度既然，以爲十二宫則何如？』曰：『十二宫者，經緯中之一法耳。渾圓之體，析之則爲周天經緯之度；周天之度，合之成一渾圓；而十二分之，則十二宫矣。然有直十二宫焉，有衡十二宫焉，有斜十二宫焉，又有百游之十二宫焉。以天頂爲極，依地平經度而分者，直十二宫也。其位自子至卯左旋，周十二辰，辨方正位，于是焉用之。以子午之在地平者爲極，而以地平、子午二規爲界，界各三宫者，衡十二宫也。其位自東地平爲第一宫起，右旋至地心，又至西地平，而歷午規以復于東，立象安命，于是乎取之。赤道十二宫，從赤道極而分，極出地有高下而成斜立，是斜十二宫也。加時之法，于是乎取之，則其定也；西行之度，于是乎紀之，則其游也。黄道十二宫，從黄道極而分，黄道極繞赤道之極而左旋，而黄道之在地上者從之轉側，不惟日異，而且時移，晷刻之間，周流遷轉，正邪升降之度，于是乎取之，故曰百游十二宫也。然亦有定有游，定者分至之限，游者恒星歲差之行也。知此數種十二宫，而俯仰之間，縷如掌紋矣。然猶經度也，未及其緯，故曰經緯中之一法也。』」

戴氏震曰：「天本無度，因日躔而有度，故曰『在天成度，在曆成日』，此古法也。自歲差之説，謂日躔不及天度，而分天周、歲周，然則天度與日躔既非一致，猶設爲度之奇零者以合天，其於天果合乎否也？今細考之，黄極在天，環繞一歲而周四游，無有不及。黄道每晝夜隨極之左旋而俱左，因又生迴環逆溯之勢。太陽在其上，自春分黄道赤道交點漸斂嚮北，夏至在最北，由北

❶ 此節有答無問，疑有脱誤。

漸發嚮南，至秋分，黄道赤道交點適半周天，秋分後仍漸發嚮南，冬至在最南，由南又漸歛嚮北，而復于春分交點，適一周天。此日躔一歲之發歛，亦無有不及也。以二者相應，所以成寒暑往來，有不及，則未成歲矣。以是言之，分天周歲周者，未密也。推其故，由不知差在恒星，不在太虛中之天周。朱子所云『當先論太虛』，誠步算家之要言。蓋天自爲天，恒星自爲恒星，不可不辨。至若太陽行天一周而成歲，則天周、歲周本一致。古人『在天成度，在曆成日』之意，未始不善，而《授時》減歲餘增天周之法，究與天違也。今周天用三百六十度，無餘分，唐時西域《九執法》已然。昔廢而今始顯，更逐度剖之爲八線表，施於經緯縱横，以盡互相推測之能事，洵算家之至巧。然古度法亦不可廢，古奇零之度，準乎歲實之有奇零本法也。今之以整御零，借法也。兼而用之可也。」

右黄赤道經緯度附地平經緯度。

【《漢書志》】武帝元封七年，漢興百二歲矣，太中大夫公孫卿、壺遂、太史令司馬遷等言：「曆紀壞廢，宜改正朔。」遂詔卿、遂、遷與侍郎尊、大典星射姓等，議造漢曆。迺定東西，立晷儀，下漏刻，以追二十八宿相距於四方，以定朔晦分至，躔離弦望。

角十二。亢九。氐十五。房五。心五。尾十八。箕十一。東七十五度。

斗二十六。牛八。女十二。虛十。危十七。營室十六。壁九。北九十八度。

奎十六。婁十二。胃十四。昴十一。畢十六。觜二。參九。西八十度。

井三十三。鬼四。柳十五。星七。張十八。翼十八。軫十七。南百一十二度。

蕙田案：《周禮·馮相氏》「掌二十八星之位」，則以二十八宿分天位，其來久矣。此漢初所定赤道宿度，宿皆整度。《後漢志》：《四分歷》北方斗七宿又有餘分四之一。想《前漢志》北方七宿亦當有餘分，或略而未載與？

【《舊唐書志》】畢、觜、參及輿鬼四宿，度數與古不同，今並依天以儀測定，用爲常數：畢十七，觜一，參十，鬼三。

【《宋史志》】漢赤道宿度，相承用之。唐初李淳風造渾儀，亦無所改。開元中，一行作《大衍術》，詔梁令瓚作黄道游儀，測知畢、觜、參及輿鬼四宿赤道宿度，與舊不同。自一行之後，因相沿襲，下更五代，無所增損。至仁宗皇祐初，始有詔造黄道渾儀，鑄銅爲之。自後測驗赤道宿度，又一十四宿，與一行所測不同。氐十六度，心六度，尾十九度，箕十度，斗二十五度，牛七度，女十一度，危十六度，室十七度，胃十五度，畢十八度，井三十四度，鬼二度，柳十四度。❶ 蓋古今之人，以八尺圜器，欲以盡天體，決知其難矣。又況圖本所指距星，傳習有差，故今赤道宿度與古不同。

蕙田案：觜、參二宿與唐測同，餘並同漢測。

【崇寧《紀元曆》】亢：九少。房：五太。心：六少。尾：十九少。箕：十半。牛：七少。女：十一少。虛：九少。秒七十二。危：十五半。壁：八太。奎：十六半。昴：十一少。畢：十七少。觜：半。參：十半。井：三十三少。鬼：二半。柳：十三太。星：六太。張：十七少。翼：十八太。

案諸曆赤道宿次，就立全度，頗失真數。今依宋朝渾儀校測距度，分定太、半、少，用爲常數，校之天道，最爲密近。

❶「氐十六度」至「柳十四度」，《宋史·律曆七》爲小字注文。

蕙田案：南斗、營室、胃、氐四宿與皇祐測同，惟角、婁、軫三宿仍漢測之舊。又有元豐所測，在《紀元》之前，房六度，虚九度少强，張十七，翼十九，箕同漢測，畢同唐測，餘並同皇祐。《宋・天文志》又言：「紹聖二年，清臺以赤道度數有差，復命考正。惟牛、尾、室、柳四宿與舊法合。」蓋宋人於宿度屢更而未有定如是。

【《元史志》】列宿著於天，爲舍二十有八，爲度三百六十五有奇。非日躔無以校其度，非列舍無以紀其度，周天之度，因二者以得之。天體渾圜，當二極南北之中，絡以赤道，日月五星之行，常出入於此。天左旋，日月五星遡而右轉。然列舍相距度數，累代所測不同，非微有動移，則前人所測或有未密。古用闚管，今新制渾儀，測用二綫：

角十二度十分，亢九度二十分，氐十六度三十分，房五度六十分，心六度五十分，尾十九度十分，箕十度四十分，東方七十九度二十分。

斗二十五度二十分，牛七度二十分，女十一度三十五分，虚八度九十五分太，❶危十五度四十分，室十七度十分，壁八度六十分，北方九十三度八十分太。

奎十六度六十分，婁十一度八十分，胃十五度六十分，昴十一度三十分，畢十七度四十分，觜五分，參十一度十分，西方八十三度八十五分。

井三十三度三十分，鬼二度二十分，柳十三度三十分，星六度三十分，張十七度二十五分，翼十八度七十五分，軫十七度三十分，

❶「太」，《元史・曆一》無此字，疑是。

南方百八度四十分。

【《明史·天文志》】崇禎元年所測赤道宿度：周天三百六十度，每度六十分。角，十一度四十四分。亢，九度十九分。氐，十六度四十一分。房，五度二十八分。心，六度九分。尾，二十一度六分。箕，八度四十六分。斗，二十四度二十四分。牛，六度五十分。女，十一度七分。虛，八度四十一分。危，十四度五十三分。室，十七度。壁，十度二十八分。奎，十四度三十分。婁，十二度四分。胃，十五度四十五分。昴，十度二十四分。畢，十六度三十四分。參，二十四分。觜，十一度二十四分。井，三十二度四十九分。鬼，二度二十一分。柳，十二度四分。星，五度四十八分。張，十七度十九分。翼，二十度二十八分。軫，十五度三十分。

戴氏震曰：「列宿循黃道東移，其去赤極漸差，以赤極爲中而均分之，嚮之平者，今或轉移而側；嚮之側者，今或轉移而平。平則所當度廣，側則所當度狹。非星距之有變易也，所當度隨體勢而殊觀耳。《元史》疑其微有動移以此。夫既所差甚微，則一經測驗，定其度分，與中星同。法久而後，不得不改；未久，亦不必改也。」

【《續文獻通考》】《明史》云「觜宿距星，唐測在參前三度，《唐書》作「二度」，《元史》作「一度」。元測在參前五分，今測已侵入參宿」者，乃據赤道而言。蓋參宿距星，赤道之歲差少；觜宿距星，赤道之歲差多，故古測觜在參前，今測則觜在參後。然列宿在天，黃道皆有定次，若據赤道而論，非維觜能過參後，鬼亦能過柳後，推之中外各官星，凡二星經度相近者，皆將前後易位，則欲以星紀度者，反以度紊星，烏所謂齊七政而協五紀者乎？ 故列宿之次，當以黃道爲主。且各宿距星，惟人所指，古今亦有不同。《唐書·

天文志》曰：「奎誤距以西大星，故壁損二度，奎增二度；今復距西南大星，即奎、壁各得本度。張中央四星爲朱鳥嗉，外二星爲翼，比距以翼而不距以膺，故張增二度半，七星減二度半；今復距以膺，則七星、張各得本度。」由是觀之，則宿之距星，古已有更易者矣。至於觜、參二宿，其以何星作距，古無明文。《唐書》云「古以參右肩爲距」，失之太遠。《通考》載宋《兩朝天文志》云：「觜三星距西南星，參十星距中星西第一星。」西法觜宿距中上星，參宿亦距中西一星。今案觜宿西南星在中上星前僅一分五十秒，可以不計，而西南星小，中上星大，則以中上星作距可也。若參宿以中西一星作距星，則觜宿黃道度已在參宿後，用歲差推其赤道度，亦與古測不符。惟以參宿中東一星作距星，則觜宿黃道恒在參宿前一度弱，與古法先觜後參之序合，今已依次改正。

蕙田案：以上赤道宿度。

【《後漢書志》】賈逵論曰：「臣前上傅安等用黃道度日月弦望多近。史官一以赤道度之，不與日月同，於今法弦望至差一日以上，輒奏以爲變，至以爲日却縮退行。於黃道，日得行度，不爲變。願請太史官日月宿簿及星度課，與待詔星象考校。奏可。臣謹案：前對言冬至日去極一百十五度，夏至日去極六十七度，春秋分日去極九十一度。《洪範》『日月之行，則有冬夏』，《五紀論》『日月循黃道，南至牽牛，北至東井，率日日行一度，月行十三度十九分度七』也。今史官一以赤道爲度，不與日月行同，其斗、牽牛、東井、輿鬼，❶赤道得十五，而黃道

❶「東井」，原脱，據《後漢書·律曆中》補。

得十三度半；行東壁、奎、婁、軫、角、亢，赤道七度，❶黄道八度；或月行多而日月相去反少，謂之日却。案黄道值牽牛，出赤道南二十五度，❷其直東井、輿鬼，出赤道北二十五度。❸赤道者爲中天，去極俱九十度，非日月道，而以遥準度日月，失其實行故也。以今太史官候注考元和二年九月已來月行牽牛、東井四十九事，無行十一度者；行婁、角三十七事，無行十五六度者，如安言。問典星待詔姚崇、井畢等十二人，皆曰：『星圖有規法，日月實從黄道，官無其器，不知施行。』案甘露二年大司農中丞耿壽昌奏，以圖儀度日月行，考驗天運狀，日月行至牽牛、東井，日過一度，❹月行十五度，至婁、角，日行一度，月行十三度，赤道使然，此前世所共知也。如言黄道有驗，合天，日無前却，弦望不差一日，比用赤道密近，宜施用。上中多臣校。」案逵論，永元四年也。至十五年七月甲辰，詔書造太史黄道銅儀，以角爲十三度，亢十，氐十六，房五，心五，尾十八，箕十，斗二十四四分度之一，牽牛七，須女十一，虚十，危十六，營室十八，東壁十，奎十七，婁十二，胃十五，昴十二，畢十六，觜三，參八，東井三十，輿鬼四，柳十四，星七，張十七，翼十九，軫十八，凡三百六十五度四分度之一。冬至日在斗十九度四分度之一。

【《宋史·天文志》】黄道横絡天體，列宿躔度自隨歲差而增減。中興以來，用《統元》、

❶「七」，原作「十」，據《後漢書·律曆中》改。

❷「五」，校點本《後漢書·律曆中》校勘記曰當作「四」。

❸「二十」，原脱，據《後漢書·律曆中》補。「五」，《律曆中》校勘記曰當作「四」。

❹「一」，原脱，據《後漢書·律曆中》補。

《紀元》及《乾道》、《淳熙》、《開禧》、《統天》、《會元》，每一曆更一黄道，❶其多寡之異有不可勝載者，而步占家亦隨各曆之躔度焉。❷

梅氏文鼎曰：「各宿黄道度，皆生于赤道。赤道三百六十五度二五七五，黄道亦三百六十五度二五七五，而其各宿度數不同者，則以二至二分所躔不同也。赤道近二至，則其變黄道度也損而少；赤道近二分，則其變黄道度也益而多。蓋赤道平分天腹，適當二極之中，所紀之度，終古不易。黄道不然，其冬至則近南極，在赤道外二十三度九十分，其夏至則近北極，在赤道内亦二十三度九十分。其自南而北，自赤道外而入于其内也，則交于春分之宿；其自北而南，自赤道内而出于其外也，則交于秋分之宿。交則斜，以斜較平，視赤道之度必多，此處既多，則二至黄道視赤道之數必少，理勢然也。」

蕙田案：漢以來皆用赤道變黄道，又隨歲差而移，故一法輒更一黄道宿度，皆非實測，無足載也。梅氏猶據舊説，存之以見古術家黄道度之大略。

【《明史·天文志》】崇禎元年所測二十八宿黄赤度分，皆不合於古。夫星既依黄道行，而赤道與黄道斜交，其度不能無增減者，勢也。而黄道度亦有增減者，或推測有得失，抑恒星之行亦或各有遲速歟？

黄道宿度：角，十度三十五分。亢，十度四十分。氐，十七度五十四分。房，四度四十六分。心，七度三十三分。尾，十五度三十六分。箕，九度二十分。斗，二十三度五十一分。牛，七度四十一分。女，十一度三十

❶「曆」，原作「法」，蓋避弘曆諱改。今據《宋史·天文志》改回，下文倣此。

❷「曆」，原作「書」，蓋避弘曆諱改。今據《宋史·天文志》改回，下文倣此。

九分。虚，九度五十九分。危，二十度零七分。室，十五度四十一分。壁，十三度一十六分。奎，十一度二十九分。婁，十三度。胃，十三度一分。昴，八度二十九分。畢，十三度五十八分。參，一度二十一分。觜，十一度三十三分。井，三十度二十五分。鬼，五度三十分。柳，十六度六分。星，八度二十三分。張，十八度四分。翼，十七度。軫，十三度三分。

【《續文獻通考》】案二十八宿距度，古測皆以赤道爲定。前漢未有黄道宿度，後漢雖有黄道宿度，而未知有歲差，無論矣。隋以後知有歲差，而宿距猶以赤道爲定。蓋以恒星爲不動，而節氣西移，則赤道宿度應古今皆同，而黄道宿度應歲有增減，故惟測定赤道度，而黄道度則以比例求之，《隋志》云「赤道常定，紘帶天中，儀極攸準」是也。至於赤道宿度，古今不同，則自唐迄元，皆未能知其故。由今考之，恒星循黄道東行，其東行之度，各宿皆相等，則各宿之相距亦宜恒相等。若赤道與黄道斜交，其歲差之度，各宿皆不同，則各宿之相距自亦古今不同。《宋史》云「赤道古今不移，星舍宜無盈縮」，《元史》云「列宿相距度數，古今所測不同，非微有動移，則前人所測或有未密」，是皆未知赤道度數之本應古今不同也。

蓋天體至大，其行至速，而其度有常。其中微渺之差，必積久而始著。故自唐虞至晉，始覺歲之有差。覺有差矣，而歲之差而西，即天之差而東，日之節氣屬歲，星之次舍屬天。則差之在歲與在天，已難辨。且天帶赤道左旋，日星雖循黄道右旋，而亦隨天西轉，則差之由黄道與由赤道，更難知矣。《宋史》云：「自漢太初後至唐開元初，八百年間，悉無更易。今雖測驗，與古不同，亦歲月未久，新曆兩備其數。」誠知其難矣。至以赤道度求黄道度，用比例率，其術甚疎，則其黄道宿度尤不足據。《宋史》云：「天度不齊，古人特持其大綱，後世漸極於精密。」理固然，亦勢使然也。西法合古今之測候，始知恒星循黄道東行，故宿距專以黄道爲定。黄道宿度既定，每年遞加歲差五十一秒，即得逐年黄道宿度。各宿之歲差皆同，則各宿之相距亦同。至以黄道度求赤道度，用弧線三角法推算，視古爲精，而各宿所差不等，則各宿之相距亦自古今不等也。《明史》云「崇禎元年所測各宿黄赤度分，皆與古不合」，固其宜已。然自崇禎元年至今，黄道宿度亦微有不合，即新法内之各表與指，亦有互異。蓋當時甫經創修，差有纖微，積久始著，惟在隨時精測，順天求合，斯古今不易之良法耳。

蕙田案：以上黄道宿度。

右黄赤道宿度。

【《漢書志》】凡十二次。日至其初爲節，至其中爲中。

星紀，初斗十二度，大雪。中牽牛初，冬至。於夏爲十一月，商爲十二月，周爲正月。終於婺女七度。

玄枵，初婺女八度，小寒。中危初，大寒。於夏爲十二月，商爲正月，周爲二月。終於危十五度。

娵訾，初危十六度，立春。中營室十四度，驚蟄。今曰雨水。於夏爲正月，商爲二月，周爲三月。終於奎四度。

降婁，初奎五度，雨水。今曰驚蟄。中婁四度，春分。於夏爲二月，商爲三月，周爲四月。終於胃六度。

大梁，初胃七度，穀雨。今曰清明。中昴八度，清明。今曰穀雨。於夏爲三月，商爲四月，周爲五月。終於畢十一度。

實沈，初畢十二度，立夏。中井初，小滿。於夏爲四月，商爲五月，周爲六月。終於井十五度。

鶉首，初井十六度，芒種。中井三十一度，夏至。於夏爲五月，商爲六月，周爲七月。終於柳八度。

鶉火，初柳九度，小暑。中張三度，大暑。於夏爲六月，商爲七月，周爲八月。終於張十七度。

鶉尾，初張十八度，立秋。中翼十五度，處暑。於夏爲七月，商爲八月，周爲九月。終於軫十一度。

壽星，初軫十二度，白露。中角十度，秋分。於夏爲八月，商爲九月，周爲十月。❶終於氐四度。

大火，初氐五度，寒露。中房五度，霜降。於夏爲九月，商爲十月，周爲十一月。終於尾九度。

析木，初尾十度，立冬。中箕七度，小雪。於夏爲十月，商爲十一月，周爲十二月。終於斗十一度。

蕙田案：十二次之名，見於《春秋傳》、《國語》、《爾雅》。蓋周時部分天位之法，列宿相距，廣狹不等，十二次則均分之，而其名恒依星象。秦漢間舊法，一歲二十四氣，因繫之十二次，由不知列宿有歲差，十二次漸移而東，則節氣漸退而西，次名從乎列宿，不從節氣也。漢初冬至，日已在斗，猶仍舊法，以爲起牽牛之初，此一誤也。以牽牛初當星紀正中，此又一誤也。《春秋傳》曰：「玄枵，虚中也。」兹則虚非玄枵正中，而

❶「八月」、「九月」、「十月」，原作「七月」、「八月」、「九月」，據庫本改。

危初乃當正中；《春秋傳》「婺女，星紀之維首」，兹則婺女之半乃入星紀。十二次名界，蓋與古相差五六度，雖未甚懸殊，不可據以爲古。

【蔡邕《月令章句》】周天三百六十五度四分度之一，分爲十二次，日月之所躔也。地有十二分，王侯之所國也。每次三十度三十二分之十四，日至其初爲節，至其中爲中氣。自危十度至壁九度，❶謂之豕韋之次，立春、雨水居之，❷衛之分野。自壁八度至胃一度，謂之降婁之次，驚蟄、春分居之，❸魯之分野。自胃一度至畢六度，謂之大梁之次，清明、穀雨居之，趙之分野。自畢六度至井十度，謂之實沈之次，立夏、小滿居之，晉之分野。自井十度至柳三度，謂之鶉首之次，芒種、夏至居之，秦之分野。自柳三度至張十二度，謂之鶉火之次，小暑、大暑居之，周之分野。自張十二度至軫六度，謂之鶉尾之次，立秋、處暑居之，楚之分野。自軫六度至亢八度，謂之壽星之次，白露、秋分居之，鄭之分野。自亢八度至尾四度，謂之大火之次，寒露、霜降居之，宋之分野。自尾四度至斗六度，謂之析木之次，立冬、小雪居之，燕之分野。自斗六度至須女二度，謂之星紀之次，大雪、冬至居之，越之分野。自須女二度至危十度，謂之玄枵之次，小寒、大寒居之，齊之分野。

【皇甫謐《帝王世紀》】自天地設闢，未有經界之制。三皇尚矣，諸子稱神農之王

❶「九」，原作「八」，據《後漢書·律曆下》引《月令章句》改。

❷「雨水」，《後漢書·律曆下》引作「驚蟄」。

❸「驚蟄」，《後漢書·律曆下》引作「雨水」。

天下也，地東西九十萬里，南北八十五萬里。及黄帝受命，始作舟車，以濟不通。乃推分星次，自斗十一度至婺女七度，一名須女，曰星紀之次，於辰在丑，今吴越分野。自婺女八度至危十六度，曰玄枵之次，一名天黿，於辰在子，今齊分野。自危十七度至奎四度，曰豕韋之次，一名娵訾，於辰在亥，今衛分野。自奎五度至胃六度，曰降婁之次，於辰在戌，今魯分野。自胃七度至畢十一度，曰大梁之次，於辰在酉，今趙分野。自畢十二度至東井十五度，曰實沈之次，於辰在申，今晉魏分野。自井十六度至柳八度，曰鶉首之次，於辰在未，今秦分野。自柳九度至張十七度，曰鶉火之次，於辰在午，今周分野。自張十八度至軫十一度，曰鶉尾之次，於辰在巳，今楚分野。自軫十二度至氐四度，曰壽星之次，於辰在辰，今韓分野。自氐五度至尾九度，曰大火之次，於辰在卯，今宋分野。自尾十度至斗十度百三十五分而終，曰析木之次，於辰在寅，今燕分野。凡天有十二次，日月之所躔也。地有十二分，王侯之所國也。故四方方七宿，四七二十八宿，合一百八十二星。東方蒼龍，三十二星，七十五度。北方玄武，三十五星，九十八度四分度之一。西方白虎，五十一星，八十度。南方朱雀，六十四星，百一十二度。周天三百六十五度四分度之一，分爲十二次，一次三十度三十二分度之十四，各以附其七宿。

蕙田案：後漢《四分術》冬至日在斗二十度奇，以星紀中爲冬至所居，故《前志》《三統術》「星紀，初斗十二度」者，《月令章句》用《四分術》退在斗六度，十二次並退六七度，其名界適與古相近，蓋偶合也。皇甫謐復用《三統》分十二次，特以其在前，疑爲出于古耳。自《周禮・保章氏》「以星土辨九州之地，所封封域皆有分星，以觀妖祥」，梓慎、裨竈、史墨之徒，專以是爲，知天道分野之説，固有所從來。然謂之星土、分星，則星爲主，而不主節氣明矣。若十二次與節氣推移，分野不據分星，乃隨節氣而異，古無是法。以是斷之，必不可以節氣定十二次之名界也。

【《宋書志》】祖沖之曰：「臣以爲辰極居中，而列曜貞觀，羣像殊體，而陰陽區别。故羽介咸陳，則水火有位，蒼素齊設，則東西可準，非以日之所在，定其名號也。何以明之？夫陽爻初九，氣始正北，玄武七列，虛當子位。若圓儀辨方，以日爲主，冬至所舍，當在玄枵；而今之南極，乃處東維，違體失中，其義何附。若南北以冬夏稟稱，則卯酉以生殺定號，豈得春躔義方，秋麗仁域，名舛理乖，若此之反哉！因兹以言，固知天以列宿分方，而不在於四時，景緯環序，日不獨守故轍矣。次隨方名，義合宿體，分至雖遷，而厥位不改。」

蕙田案：此論極精覈。漢初未知歲差，故以節氣繫於十二次。後漢賈逵知冬至日在斗不在牽牛，猶未顯然斷爲歲差也。十二次名界轉隨冬至日所在而移。歲差之説，肇自晉虞喜，而祖沖之尤言之詳。厥後，十二次不隨節氣遷徙，但變赤道十二次於黃道，近二至度少，近二分度多，以勢有横有斜，而生廣狹，日躔某次爲太陽過宮。其十二次之界，或據《三統術》，或據《月令章句》損益，其間均非定論，無足載也。

右列宿十二次。

【《明史·天文志》】十二宮之名，見於《爾雅》，大抵皆依星宿而定。如婁、奎爲降婁，心爲大火，朱鳥七宿爲鶉首、鶉尾之類。故宮有一定之宿，宿有常居之宮，由來尚矣。唐以後始用歲差，然亦天自爲天，歲自爲歲，宮與星仍舊不易。西洋之法，以中氣過宮，如日躔冬至，即爲星紀宮之類。而恒星既有歲進之差，於是宮無定宿，而宿可以遞居各宮，此變古法之大端也。茲以崇禎元年各宿交宮之黃赤度，分列于左方，以志權輿云。

赤道交宮宿度：箕，三度零七分，入星紀。斗，二十四度二十一分，入玄枵。危，三度一十九分，入娵訾。壁，一度二十六分，入降婁。婁，六度二十八分，入大梁。昴，八度三十九分，入實沈。觜，一十一度一十七分，入鶉首。井，二十九度五十三分，入鶉火。張，六度五十一分，入鶉尾。翼，一十九度三十二分，入壽星。亢，一度五十分，入大火。心，初度二十二分，入析木。

黃道交宮宿度：箕，四度一十七分，入星紀。牛，一度零六分，入玄枵。危，一度四十七分，入娵訾。室，一十一度四十分，入降婁。婁，一度一十四分，入大梁。昴，五度一十三分，入實沈。觜，一十一度二十五分，入鶉首。井，二十九度五十二分，入鶉火。星，七度五十一分，入鶉尾。翼，一十一度二十四分，入壽星；亢，初度四十六分，入大火。房，二度一十二分，入析木。

戴氏震曰：「歐邏巴之法，本之《回回》，而《回回曆》則本之中土漢時。故中法有二十八宿，彼亦二十八；中法分十二次，彼亦十二；其中氣過宫者，本漢人至其初爲節，至其中爲中氣之法而互易之，猶之午正以後爲次日，及經緯正交、中交之名，一一與古相反，究之同一實耳。中法後用歲差，節氣不復繫于星次，是中法革而不用者，彼猶仍之，遂令十二次之名隨歲差遷徙，名與實爽。中法知有歲差，則顯革之，彼因而暗移其法于黄道；中法即以節氣、中氣爲一歲之界，彼乃襲星次爲界而不知其不可襲也。」

【梅氏《疑問補》】問：「舊法太陽過宫與中氣不同，今何以復合爲一？」曰：「新法之測算精矣，然其中不無可商，當俟後來詳定者，則此其一端也。何則？天上有十二宫，宫各三十度，每歲太陽以一中氣一節氣共行三十度，如冬至、小寒共行三十度，大寒、立春又共行三十度。其餘並同。滿二十四氣，則十二宫行一周，故曆家恒言太陽一歲周天也。然而實考其度，則一歲日躔所行，必稍有不足，雖其所欠甚微，約其差，不過百分度之一有半。積至年深，遂差多度。六七十年差一度，六七百年即差十度。是爲歲差。曆家所以有天周、歲周之名，天上星辰匀分十二宫，共三百六十度，是爲天周。每歲太陽十二中氣，共行三百六十度微弱，是爲歲周。漢人未知歲差，誤合爲一，故即以冬至日交星紀而定之於牽牛。逮晉虞喜等始覺之。五代宋何承天、祖沖之、隋劉焯等，言之益詳。顧治書者株守成説，不敢輒用歲差也。至唐初傅仁均造《戊寅元曆》，始用歲差，而朝論多不以爲然，故李淳風《麟德曆》復去歲差不用。直至玄宗開元某年，僧一行作《大衍曆》，乃始博徵廣證，以大暢厥旨。於是分天自爲天，即周天十二次宫度，其度終古不變。歲自爲歲，即周歲十二中氣，日躔所行天度，其度歲歲微移。累代遵用。所定歲差年數，微有不同，而大致無異。元世祖時，用《授時法》，郭守敬測定六十六年有八月而差一度，《回回》、泰西差法略同。今定爲七十年差一度，數亦非遠。故冬至日，一歲日躔之度已週，尚不能復於星紀之元度，必再行若干日時而至星紀，十二中氣皆同一理。所以太陽過宮與中氣必不同日。其法原無錯誤，其理亦甚易知，徐、李諸公，深於數術，豈反不明斯事，乃復合爲一，真不可解。推原厥故，蓋譯西書時，誤仍《回回曆》太陽年之十二月名耳。」

問：「《回回曆》亦知歲差，何以誤用宫名爲月名？」曰：「《回回曆》既以十二個月爲太陰年而用之，歲紀不用閏月，然如是則四時之寒燠温凉錯亂無紀，因别立太陽年，以周歲日躔匀分三百六十度，又匀分爲十二月，以爲耕斂之節。而起算春分，是亦事勢之不得不然。《堯典》「寅賓出日」，始於仲春。即此一事，亦足徵西法之本於羲和。但彼以春分爲太陽年之第一月第一日，遂不得復用古人分至啟閉之法及春夏秋冬正名，古者以立春、立夏、立秋、立冬、春分、秋分、冬至、夏至爲八節，其四立並在四孟月之首，以爲四時之節，謂之啟閉。二分二至，並在四仲月之中，居春夏秋冬各九十一日之半，皆自然之序，不可移易。今《回回》之太陽年既以春分爲歲首，則是以仲春之後半月爲正旦，而割其前半個月以益孟春，共四十五日奇，遂一併移之於歲終；而孟春之前半改爲十一月之後半，孟春之後半，合仲春之前半，共三十日，改爲十二月，即春夏秋冬之四時及分至啟閉之八節。孟仲季之月名，無一與之相應。名不正則言不順，遂不復可得而用矣。故遂借白羊等十二宫，以名其太陽年之月。彼非不知天度有歲差，白羊不能板定於春分。然以其時春分正在白羊，姑借名之，以紀月數。即此而知，《回回》初起時，其年代去今非遠。歐邏巴之法，因《回回》而加精，大致並同回法，故遂亦因之耳。徐文定公譯西書，謂『鎔西洋之精算，入《大統》之型模』，則此處宜爲改定，使天自爲天，歲自爲歲，則歲差之理明，而天上星辰宮度各正其位矣。如晝夜平即爲二分，晝極長即爲夏至，不必問其日躔是何宮度，是之謂歲自爲歲也。必太陽行至降婁始命爲日躔降婁之次，太陽行至鶉首始命爲日躔鶉首之次，不必問其爲春分後幾日、夏至後幾日，是之謂天自爲天也。顧乃因仍《回回》之宮名，而以中氣日即爲交宮之日，則歲周與天周復混而爲一，於是歲差之理不明，知星紀之次，常有定度，而冬至之日度漸移，是生歲差。若冬至日即躔星紀，歲歲相同，安得復有歲差！而天上十二次宮度，名實俱亂。天上十二宮，各有定星定度，若隨節氣移動，則名實俱左。後篇詳之。是故算法至今日，推步之法，已極詳明，而不無有待商酌以求盡善者，此其一端也。」

江氏永曰：「天上十二宮，當分爲二。有黃道十二宮，有列宿天十二宮。黃道十二宮，亦三百六十度，太陽一歲周徧，未嘗稍有不足。較之列宿天，似微欠者，非太陽之不能周天也，恒星自移而東耳。新法之誤，在去列宿十二宮，專主黃道十二宮，遂合兩爲一，且併星次之名而冒之。勿菴謂誤仍《回回》太陽年之十二月名，固是一說。愚則謂別有其故。太陽者，衆曜之主也。黃道者，諸道之宗也。一歲寒暑進退，皆由太陽行黃道使然，則黃道上自有一定之宮，不惟日與五星遊泊其間，雖普天星宿，亦循黃道而行，閱萬餘年，赤道外二十三度之星且移至赤道内二十三度，則安得不以黃道爲主、星宿爲客乎？」

又曰：「論恒星之宗黄極，循黄道，則太陽爲主，恒星爲客；論七政之躔列宿，則列宿又爲主，七政爲客。蓋黄道之宮虚，而列宿之次實也，七政之天在下，而恒星之天在上也，則亦互爲主客耳。觀一歲七政，書不能虚紀宮度，必以某宿某度記之，則列宿豈不猶州縣，而七政豈不猶人之行程乎！分列宿之宮，猶分天下之省直也。若列宿天之宮界，雖若難辨，而中法與西法，皆以虚六度爲子半，當必有所傳。蓋虚宿十度，六度正當其半，以此爲正北，而各宮之界，皆可定矣。」

【梅氏《疑問補》】問：「天上十二宮，亦人取名，今隨中氣而移，亦何不可之有？」曰：「十二宮名，雖人所爲，然其來久矣。今考宮名，皆依天上星宿而定，非漫設者。如南方七宿爲朱鳥之象，《史記·天官書》「柳爲鳥注」，注即咮，咮者，朱鳥之喙也；「七星，頸，爲員官」，頸，朱鳥頸也，員官，嚨喉也；「張爲素」，素即嗉，鳥受食之處也；「翼爲羽翮」，朱鳥之翼。故名其宮曰鶉首、鶉火、鶉尾。鶉即朱鳥，乃鳳也。東方七宿爲蒼龍，《天官書》：「東宮蒼龍，房、心。心爲明堂。」今案角二星象角，故一名龍角。氐、房、心象龍身，心即其當心之處，故心爲明堂。尾宿，即龍之尾。故其宮曰壽星，《封禪書》：「武帝詔天下尊祀靈星。」《正義》：「靈星，即龍星也。張晏曰：龍星左角曰天田，則農祥也，見而祀之。」曰大火，心爲大火。曰析木。一名析木之津，以尾、箕近天河也。北方七宿爲玄武，《天官書》：「北宮玄武。」其宮曰星紀，古以斗、牛爲列宿之首，故星自此紀也。曰玄枵，枵者，虚也，即虚、危也；又象龜蛇，爲玄武也。曰娵訾。一名娵訾之口，以室、壁二宿各二星，兩兩相對，而形正方，故象口也。西方七宿爲白虎，《天官書》：「奎曰封豕，參爲白虎。」

三星直者，是爲衡石。❶其外四星，左右肩股也。小三星隅置，曰觜觿，爲虎首。」其宮曰降婁，以婁宿得名也。曰大梁，曰實沈。由是以觀，十二宮名，皆依星象而取，非漫設也。《堯典》『日中星鳥』，以其時春分，昏刻朱鳥七宿正在南方午地也；『日永星火』，以其時夏至，初昏大火宮在正午也；火即心宿。『宵中星虛』，以其時秋分，昏中者，玄枵宮也，即虛、危也；『日短星昴』，以其時冬至，昏中者，昴宿也，即大梁宮也。曆家以歲差考之，堯甲辰至今已四千餘歲，歲差之度，已及二宮。以西率七十年差一度約之，凡差六十餘度。然而天上二十八舍之星宿未嘗變動，故其十二宮亦終古不變也。若夫二十四節氣，太陽躔度盡依歲差之度而移，則歲歲不同，七十年即差一度，亦據今西術推之。安得以十二中氣即過宮乎？試以近事徵之。元世祖至元十七年辛巳，冬至度在箕十度，至今康熙五十八年己亥，冬至在箕三度，其差蓋已將七度。而即以箕三度交星紀宮，則是至元辛巳之冬至宿箕十度。已改爲星紀宮之七度。再一二百年，則今己亥之冬至宿箕三度。爲星紀宮之初度者，又即爲星紀宮之第三度，而尾宿且浸入星紀矣。積而久之，必將析木之宮尾、箕。盡變爲星紀，大火之宮氐、房、心。盡變爲析木，而十二宮之星宿，皆差一宮，準上論之，角、亢必爲大火，翼、軫必爲壽星，柳、星、張必爲鶉尾，井、鬼必爲鶉火，而觜、參爲鶉首，胃、昴、畢爲實沈，奎、婁爲大梁，而娵訾爲降婁，虛、危爲娵訾，斗、牛爲玄枵，二十八宿皆差一宮。即十二宮之名與其宿一一相左，又

❶「石」，原脱，據《史記・天官書》補。

安用此名乎？再積而久之，至數千年後，東宫蒼龍七宿悉變玄武，歲差至九十度時，角、亢、氐、尾、心、房、箕必盡變爲星紀。玄枵、娵訾並倣此。南宫朱鳥七宿反爲蒼龍，西宫白虎七宿反爲朱鳥，北宫玄武七宿反爲白虎。國家頒朔授時以欽若昊天，而使天上宿度宫名顛倒錯亂如此，其可以不亟爲釐定乎？又試以西術之十二宫言之。夫西洋分黄道上星爲十二象，雖與羲和之舊不同，然亦皆依星象而名，非漫設者。如彼以積尸氣爲巨蟹第一星，蓋因鬼宿四星，而中央白氣有似蟹筐也。所云天蝎者，則以尾宿九星卷而曲，其末二星相並如蝎尾之有岐也。所云人馬者，謂其所圖星象類人騎馬上之形也。其餘如寶瓶、如雙魚、如白羊、如金牛、如陰陽、如師子、如雙女、如天秤，以彼之星圖觀之，皆依稀彷彿，有相似之象，故因象立名。今若因節氣而每歲移其宫度，積而久之，宫名與星象相離，俱非其舊，而名實盡淆矣。

西法言歲差，謂是黄道東行，未嘗不是。如今日鬼宿已全入大暑日躔之東，在中法，歲差則是大暑日躔退回鬼宿之西也，在西法，則是鬼宿隨黄道東行而行過大暑日躔之東，其理原非有二。尾宿之行入小雪日躔東亦然。夫既鬼宿已行過大暑東，而猶以大暑日交鶉火之次，則不得復爲巨蟹之星而變爲師子矣；尾宿已行過小雪後而猶以小雪日交析木之次，則尾宿不得爲天蝎而變爲人馬宫星矣，即詢之西來知象之人，有不啞然失笑者乎！」

又曰：「周天列宿，分十二宫，古今之法，

各各迥異，要其大端之改易有三。自隋以前，未用歲差，故天之十二宮，皆隨氣而定，如冬至日躔度即爲丑初之類，一也。唐一行始定用歲差，分天自爲天，歲自爲歲，故冬至漸移，而宮度不變。以後術家遵用之，所以明季言太陽過宮，以雨水三朝過亥，二也。若今西法，則未嘗不用歲差，而十二宮又復隨節氣而移，三也。三者之法，未敢斷其孰優。然以平心論之，則一行似勝。何以言之？蓋既用歲差，則節氣之躔度，年年不同。故帝堯冬至日在虛，而今在箕，已差五十餘度。若再積其差，冬至必且在尾、在心、在氐房、在角亢，顧猶以冬至之故而名之曰丑宮，則東方七宿不得爲蒼龍而皆變玄武，北方宿反爲白虎，西方宿反爲朱鳥，而南方朱鳥爲蒼龍，名實盡乖。即西法之金牛、白羊諸宮，皆將易位，非命名取象之初旨，即不如天自爲天、歲自爲歲之爲無弊矣。故新法之推步實精，而此等尚在可酌，不無俟於後來之論定耳。」

蕙田案：十二宮之古今三變，推論其故，皆爲失之未用歲差，以爲日躔列宿天一歲而周十二次無有不足，失在混宿次與黃道爲一。蓋日躔黃道雖適一周，而宿次則有推移，每歲微差也。既用歲差，以爲歲周不及天周，太陽之行一歲猶有未滿，亦失在混宿次與黃道爲一。蓋差不在黃道，乃宿次漸離黃道元處也。西人知歲差由列宿推移矣，而又以中氣爲太陽過宮，襲列宿十二次之名以名黃道上十二宮，失在名實相淆。蓋有宿次之名而不用其實，有黃道十二宫之實而不能正其名也。

【《續文獻通考》】案星紀至析木，十二宫名，皆以二十八宿取義，是宫本因星而定者也。西法以太陽中氣過宫，而恒星歲差有東行之度，於是星行遞進，宫次遞遷，以致名義不符，論者以爲變古法之大端。由今考之，《爾雅》「壽星，角、亢」等名，與北極、北辰並列，蓋皆所以釋星名，與太陽節氣過宫無涉也。《前漢志》云：「星紀，初斗十二度，大雪。中牽牛初，冬至。」蓋宫次固以星名，而初、中非有定度。當其時，大雪日躔斗十二度，冬至日躔牛初度，故即命斗十二度爲星紀初，牛初度爲星紀中耳。《後漢志》注《月令章句》云：「周天分爲十二次，日至其初爲節，至其中爲中氣。自斗六度至須女二度，謂之星紀之次，大雪、冬至居之。」則是後漢之時，星已差東六度矣。《唐志·日度議》云：「古曆，日有常度，天周爲歲終，故係星度於節氣。其説似是而非，故久而益差。虞喜覺之，使天爲天，歲爲歲。」《宋志》云：「自漢太初至今，已差一氣有餘。大約中氣前後，乃得本月宫次。」又云：「説者不知歲差之法，以《堯典》校之《月令》，逮於今日，已不啻差一次。求其説而不得，遂以節氣有初、中之殊，失之遠矣。」❶由是觀之，自漢至宋，已差一氣有餘；而自堯時至漢，又不止差一氣。則是「星紀，初大雪，中冬至」云者，乃前漢時之適然，而前古與後今皆不得合者也。後漢差度無幾，故減星度以

❶「宋志云」至「遠矣」，此文見于《文獻通考》卷二八〇，《宋史·天文志》、《律曆志》無此文。

就宫。唐以後差度漸遠，節氣與星次既不得合，故以天自爲天，歲自爲歲。然日有盈縮，而節氣用平，分星行黄道，而紀宫以赤道，則歲與天猶非其真。元《授時》黄道十二次，皆比前漢少數度，其度不均。明《大統》因之，而弘治間，日躔過宫，乃在中氣後三日至十二日不等。蓋日行有盈縮，黄道有斜正，故交宫之日度，多寡不同。若積之又久，則交宫將過次月節，而交宫之宿度又不可用，則其黄道十二次亦未可爲定率也。西法之興，始於多禄某，於中國爲漢順帝時。其以中氣過宫，亦與漢之節氣過宫正等。蓋當其時，交宫已近中氣，故又移中氣之星度以就宫，而分至爲黄赤起算之端，則以中氣過宫，尤爲整齊簡要。但當時中氣所差之度，未及一宿，而至今則所差之宿，已過一宫，故論者每致辯於名義之不符。然欲不以中氣過宫而仍係宫於星，則又有不可者。蓋古法惟有宿度，故交節與過宫兩不相妨。今法有經度，又有宿度，宫可以不係於宿，而經度不可不係於宫，此其立法之不同而不可以强合者也。今案天有九重，宗動天以赤極爲樞，挈恒星以内八重天左旋，一日一周；恒星以内八重天，又同以黄極爲樞，而各有右旋之度。節氣過宫，太陽天也；列宿歲差，恒星天也。日與恒星，既各居一重天，則日天與恒星天，宜各有十二次，合之則名義不符，分之則日星各正。然則太陽冬至，宜直曰入丑宫，或曰初宫，不必曰星紀之次；大寒宜直曰入子宫，或曰一宫，不必曰玄枵之次。十二氣莫不皆然，則節氣在太陽天有常度而不紊，於恒星是乃歲自爲歲也。其歲差之度，不曰恒星東行，而曰恒星天右旋，蓋以恒星爲東行，故宫有定而星無定。且星惟當黄道者，其東行爲大圈，若在黄道南北者，其東行則皆距等圈。凡日月星在天之行，皆係大圈，無有行距等圈之理。《隋・天文志》葛洪云：「苟辰宿不麗於天，天爲無用，便可言無，何必復曰有之而不動？」今曰恒星天右旋，則天行爲大圈，星與宫在恒星天皆有常位而不紊，於節氣是乃天自爲天也。至於列宿之在天，《前漢》以斗十二度起星紀初，最爲近古，其宿分亦適均。惟以今之實測，黄道宿度均布於十二宫。而以今之曆元，冬至日躔不及斗十二度之差，爲星紀初，距冬至之應與日躔宫度相減，再減曆元後之歲差，即日天當恒星天之度也。如此，則日躔猶是，宿度亦猶是，而前古後今皆合，論定者當有所折衷矣。

蕙田案：列宿亦循黄道而宗黄極，然列宿之天遠，太陽之天近，遠近分而行度遂殊。蓋黄極每晝夜環繞赤極一周而又過一度，古度法。太陽與列宿並隨極之左旋而俱左，是每晝夜皆一周而過一度也。然二者又有迴環右轉之機，列宿遠，左旋勢緊而右轉甚緩，其差幾於不覺；太陽近，左旋勢舒而右轉少疾，其差則及一度。因差一度，而晝夜由是成，乃以太陽爲中數，故黄極爲過一度也。以是言之，列宿左旋，雖過於太陽而不及黄極，故黄極每晝夜左旋過一度者，至一歲而適足一周天。列宿每晝夜左旋幾過一度，至一歲而未及一周天，以成歲差。太陽之每日右轉，則與黃極之左旋相應，而相差一度，故黃極左一周，太陽則右一周適足，此在天之實理。太虛之度，日躔適足，列宿有差，謂日躔稍有不足者，非也。唐一行分「天自爲天，歲自爲歲」。其云天者，指列宿之天耳。若太虛之天，周日躔一歲適足。歲與天本合爲一，當曰「列宿自爲列宿，歲自爲歲」，又曰「天自爲天，列宿自爲列宿」，如是，則分合不致錯誤。又併歲差之名改之，曰列宿差，或曰恒星差。然後考太陽過宮。所過者，太虛中之十二宮，非列宿之十二次。太陽過宮，主乎黃道。均分黃道爲十二宮，其宮逆布，起冬至，最南，是爲第一宮之初。大寒過第二宮，雨水過第三宮。春分交於赤道，是爲第四宮之初。穀雨過第五宮，小滿過第六宮。夏至最北，是爲第七宮之初。大暑過第八宮，處暑過第九宮。秋分交於赤道，是爲第十宮之初。霜降過第十一宮，小雪過第十二宮。冬至復於一宮。自冬至嚮夏至爲斂，自夏至嚮冬至爲發。二至發斂所極，二分發斂之中。寒往暑來，悉準乎是，終古不變者也。故曰太虛之度，日躔適足。太虛中之十二宮既辨，乃可考列宿差。唐虞時虛宿冬至值黃道第一宮之初，今則值第二宮之末；唐虞時昴宿春分值黃道第四宮之初，今則值第五宮之末而近胃、昴諸星，自赤道外漸移在赤道内矣。唐虞時七星夏至值黄道第七宫之初，今則值第八宫之末。唐虞時氐宿秋分值第十宫之初，今則值第十一宫之末而近氐、房諸星，自赤道内漸移至赤道外矣。故曰太虚之度，列宿有差。祖沖之有云：「次隨星名，義合宿體，分至雖遷，而厥位不改。」西人誤以星次之名用之於黄道十二宫，於是冬至日在箕而曰星紀，夏至日在參而曰鶉首，使列宿離次，名與實爽，梅氏欲爲改定甚當。蓋西人雖襲十二次之名，而實暗移之於黄道，固不如各正其名，使黄道自爲黄道，列宿自爲列宿也。

又案：列宿十二次，古法用之。黄道十二宫，今法用之。宿次仰觀即覩，易以明民。而黄道之宫，究隱而難顯；又左旋右轉，時刻變動，欲言其宫度，徒空言之曰「某宫某度」而已。試問在天何所，則已不能定指，此古人所以不用，而止用星次也。況歲差之法，每歲僅差七十分之一，每日躔一宫，僅差八百四十分之一，是的指一宿度爲分至及各節氣日躔，其所差固不多也。若以入算，更減所差之微，則益密矣。此今所以雖用黄道十二宫，而不能不用宿度記日月五星所在也。

觀承案：十二宫次，本以列宿之次得名。今測得列宿東移，則宫次漸離其所，而名實混矣。不知列宿之行有移，而太虚之天不改，太虚之度難分，而太陽之周適足，故當直以十二辰名其宫，則日天與太虚天自合，而列宿之差見矣。但太虛既已無形，則其度不可得而紀，故仍以宿度紀其日月五星之所在，則名實既不相混，而今昔之差數可分也。此論可謂剖析微茫之至。

蕙田案：以上論日躔交宫不當襲宿次之名。

右周天十二宫次。

五禮通考卷第一百八十二

淮陰吴玉搢校字

五禮通考卷第一百八十三

内廷供奉禮部右侍郎金匱秦蕙田編輯
太子太保總督直隸右都御史桐城方觀承同訂
休寧戴震
按察司副使元和宋宗元參校

嘉禮五十六

觀象授時

【《易·革卦·象傳》】澤中有火，革：君子以治曆明時。【注】曆數時會，存乎變也。虞氏翻曰：「天地革而四時成，故君子以治曆明時也。」

程子曰：「革，變也。君子觀變革之象，推日月星辰之遷易，明四時之序也。夫變易之道，事之至大，理之至明，跡之至著，莫如四時。觀四時而順變革，則與天地合其序矣。」

【《朱子語類》】林艾軒説因革卦得曆法，云「曆須年年改革，不改革便於天度有差」。此説不然。天度之差，蓋緣不曾推得曆元定，不因不改而然。曆豈是年年改革也者？「治曆明時」，非謂曆當改革。蓋四時變革中，便具有治曆明時之理。

戴氏震曰：「革與時義合，天地革而四時成，春革而夏，夏革而秋，秋革而冬，冬又革而春。治曆者，明此者也。蓋錯分至啟閉，于朔望弦晦之間，二者不同，或先或後，非治曆無以明。《大象》本指，以變革屬時，非以變革屬曆。先儒或謂三辰有差，曆當改革。使三辰果有差，則巧曆莫之能推矣。惟其無差，千歲之日，至可坐而致。然則術家所謂差者，皆非差也，自然之行如是也。但數有微而未顯，法有久而始精者，初推之而不合，則謂之差。及驗之久，而究其根，則知非差。方其初，未嘗積驗，雖聖人有所不知。久之而後有定算，又久之而後得其根。既得其根，則至常而不可革，此宜隨時修正，而非改革之謂也。」

蕙田案：朱子謂四時改革，便具「治曆明時」道理，不取林氏之説。細思之，四時變革者，治曆之本也；隨時改革者，治曆之法也。聖人之言，義蘊深遠，似當兼此兩義爲足。

附論曆當隨時修改

【《後漢書志》】賈逵論曰：「天道參差不齊，必有餘，餘又有長短，不可以等齊。觀象者方以七十六歲斷之，則餘分消長，❶稍得一日。故《易》金火相革之卦《象》曰：『君子以治曆明時。』又曰：『湯、武革命，順乎天，應乎人。』言聖人必曆象日月星辰，❷明數不可貫數千萬歲，其間必改更，先距求度數，取合日月星辰所在而已。故求度數，取合日月星辰，有異世之術。《太初曆》不能下通於今，新曆不能上得漢元。一家曆法，必在三百年之間。故讖文曰『三百年斗數改憲』。」

【《晉書·天文志》】當陽侯杜預著《春秋長曆》，説云：「天行不息，日月星辰，各運其舍，皆動物也。物動則不一，雖行度有大量可得而限，累日爲月，累月爲歲，以新故相涉，不得不有毫末之差，此自然

❶「消」，原作「稍」，據《後漢書·律曆中》改。

❷「曆」，原脱，據《後漢書·律曆中》補。

之理也。故《春秋》日有頻月而蝕者，有曠年不蝕者，❶理不得一。而算守恒數，故曆無不有先後也。始失於毫毛，而尚未可覺，積而成多，以失弦望晦朔，則不得不改憲以從之。《書》所謂『欽若昊天』，言當順天以求合，非爲合以驗天者也。」

蕙田案：順天求合，則改革中兼有「欽若」之義。

【明鄭世子朱載堉《進書疏》】曆者，歲之積也。歲者，月之積也。月者，日之積也。日者，時之積也。時者，刻之積也。刻者，分之積也。分者，秒之積也。凡有形之物，銖銖稱之，至石必差；寸寸量之，至引必錯，况無形之數乎？夫乾樞斡運無停，七政轉動不齊，而拘之以一定之法，猶膠柱而調瑟，是以既久則不能不差，既差則不可不改。蓋變法以從天，隨時而推數，故法有疏密，數有繁簡，雖條例稍殊，❷而綱目一也。

梅氏文鼎曰：「聖人言『治曆明時』，蓋取於革。故觀象者當順天以求合，不當爲合以驗天。若預爲一定之法，而不隨時修改，以求無弊，是爲合以驗天矣，又何以取於革乎？且吾嘗徵之天道矣。日有朝有禺，有中有昃，有夜有晨，此閱一日而可知者也。月有朔有生明，有弦有望，有生魄，有下弦，有晦，此閱一月而可知者也。時有春夏秋冬，晝夜有永短，中星有推移，此閱一歲而可知者也。乃若熒惑之周天則閱二年，歲星則十二年，土

❶「而蝕者有」，原作「有蝕者」，據《晉書・天文志》改。

❷「條」，原作「調」，據《聖壽萬年曆》卷首改。

星則二十九年。夫至於十二年、二十九年而一周，已不若前數者之易見矣，又其每周之間，必有過不及之餘分，所差甚微，非多周豈能灼見。乃若歲差之行，六七十年始差一度，至二萬五千餘年而始得一周，雖有期頤上壽，所見之差，不過一二度，亦安從辨之。迨其積年既久，差數愈多，然後共見，而差法立焉。此非前人之智不若後人也，前人不能預見後來之差數，而後人則能盡考前代之度分，理愈久而愈明，法愈修而愈密，勢則然耳。」

江氏永曰：「《易》取象於革，久之不能不改，非久亦不能改。各平行率，有積之數十年，微覺其差而即改者；如最卑行。有通前後數百年或千餘年，測準之度分，用以相距，定爲平行，其尾數或有未真，必甚久而後可改者；如七政平行。有前人立法未精，改之而加密者；如日食加時東西差，昔以午正爲限，後改用黄平象限，近又以白道算定交角。有前人用法稍煩，改之而徑捷者。如六曜求初均，昔用平三角，今以直角算。若夫黄赤相距之緯，古闊而今漸狹；黄赤相距，西史第谷測得二十三度三十一分半，今測得二十三度二十九分三十秒。康熙五十三年，臺官密測立表，今又當稍減矣。太陽本輪均輪之半徑，古大而今漸小。太陽本輪、均輪兩半徑，併昔用十萬分之三千五百八十四，或以一千萬爲本天半徑，則爲三十五萬八千四百一十六。日躔加減差表，三宮九宮初度，其均度二度三分一十秒，平春分與定春分相距二日一小時有奇。而今平春分與定春分相距一日二十二小時弱，則最大之均度一度五十五分，比舊例少八分，本輪均輪兩半徑合得三十三萬五千四百有奇耳。此二差出於常理之外，前不知若何而始，後不知若何而極，非法之所能馭。黄道爲諸道之宗，太陽爲衆曜之君，有此二差，則六曜之出入於黃道，離合於太陽者，亦因之而小有改變，惟隨時密測，以合天行耳。」

戴氏震曰：「朱子言『天度之差，緣不曾推得曆元定』，此理固然。至欲推定曆元，則亘古無其法。由漢而下，觀象者七十餘家，各立一元，皆謂自今推定，永爲法典。及用不數年輒差，何也？審之于寸，積而至尺，差矣；修之於尺，積而至丈，又差矣；推而極之，至于無窮，吾未見其差於何止也。然天有參差之數，數有一定之理，不因數之參差而變法以從之，猶之不因計算之差而改吾度量權衡以從之也。今之治法，不在推曆元，而在于求一定之理，以爲不變之法，則庶幾矣。」

觀承案：戴氏謂「天有參差之數，而數有一定之理，不因數有參差而變法以從之」，此論最圓。蓋聖人立常以待變，而不逐變以亂常。惟以有常之法，核無常之變，故參差可得而見。若變法以從，則反無以測其變矣。凡事皆然，於曆術尤甚。《大戴禮》曾子所云，其該之矣。但有常之法雖定，而參差之故難齊，故隨時修改，乃體《大易》澤火之象，則又不可膠柱而鼓瑟焉耳。

【《大戴禮記》】曾子曰：「聖人慎守日月之數，以察星辰之行，以序四時之順逆，謂之曆。」

右觀象名義。

【《春秋》昭公十七年《左氏傳》】郯子曰：「我高祖少皞摯之立也，鳳鳥適至，故紀於鳥，爲鳥師而鳥名。鳳鳥氏，曆正也。**【注】**鳳鳥知天時，故以名官。玄鳥氏，司分者也。**【注】**玄鳥，燕也，以春分來，秋分去。伯趙氏，司至者也。**【注】**伯趙，伯勞也，以夏至鳴，冬至止。青鳥氏，司啟者也。**【注】**青鳥，鶬鴳也，以立春鳴，立夏止。丹鳥氏，司閉者也。」**【注】**丹鳥，鷩雉也，以立秋來，立冬去，入大水爲蜃。上四鳥，皆曆正之屬官。

蕙田案：諸史傳記皆言黄帝迎日推策，考定日星，而少皞之時，有司分至啟閉之官，顓頊命重黎職司天地。今斷自《堯典》以下，而略於上世。古籍云亡，時時見於雜説，非所徵信也，故概置不録。

右上古觀象。

【《書·堯典》】乃命羲和，欽若昊天，曆象日月星辰，敬授人時。【傳】重黎之後，羲氏、和氏，世掌天地四時之官，故堯命之，使敬順昊天。星，四方中星。辰，日月所會。此舉其目，下別序之。【疏】日月所會與四方中星，俱是二十八宿。舉其人目所見，❶以星言之；論其日月所會，以辰言之。

陸氏德明曰：「日月所會，謂日月交會于十二次也：寅曰析木，卯曰大火，辰曰壽星，巳曰鶉尾，午曰鶉火，未曰鶉首，申曰實沈，酉曰大梁，戌曰降婁，亥曰娵訾，子曰玄枵，丑曰星紀。」

李氏光地曰：「王氏充耘以『寅賓』之類爲推步日，『星鳥』之類爲推步星者，極確，然未言測象月辰者在何處也。蓋『曆象日月星辰』一句是總綱，『分命』四節則測象日星之事也，『汝羲暨和』一節則測象月辰之事也。日紀于星而成歲，故有分至啟閉之節；月會于辰而成月，故有朔晦望弦之分。分至啟閉者，民事之所關也，故以定其節候爲先務；朔晦望弦，雖非民事所關，然亦于天道相爲經緯，而于庶政相爲紀綱者，非有以參合而整齊之，則亦五紀亂而理數乖矣。是故測日晷，考中星，是所以測象日星而使分至啟閉之無失節者也；推交會，置閏餘，是所以測象月辰而使朔晦望弦之無失期者也：必至是而後曆事就。」

蕙田案：觀象授時，以日躔爲準，發斂周則歲功成；以月逡爲節，朔望盡則月迭改；以中星爲變，位漸移則時節異；以十二辰爲紀，數不齊則正以閏，明而授之於民，然後民知趨候，不失其時。

❶「目」，原作「日」，據《尚書·堯典》孔疏改。

【《舜典》】在璿璣玉衡，以齊七政。【傳】在，察也。璿，美玉。璣、衡，王者正天文之器，可運轉者。七政，日月五星各異政。【疏】璣、衡者，璣爲轉運，衡爲横簫，漢世以來，謂之渾天儀者是也。馬融云：「渾天儀可旋轉，故曰璣。衡，其横簫，所以視星宿也。」蔡邕云「玉衡長八尺，孔徑一寸，下端望之，以視星辰。蓋懸璣以象天而衡望之，轉璣窺衡以知星宿」，是其説也。七政，謂日月與五星也。木曰歲星，火曰熒惑星，土曰鎮星，金曰太白星，水曰辰星。測天之事，見於經者，惟有此璿璣玉衡一事而已。蔡邕《天文志》云：「言天體者有三家，一曰《周髀》，二曰宣夜，三曰渾天。宣夜絶無師説，《周髀》術數具在，考驗天象，多所違失，故史官不用。惟渾天者，近得其情，今史所用候臺銅儀，則其法也。」王蕃《渾天説》曰：「天之形狀，似鳥卵。天包地外，猶殼之裹黄，圓如彈丸，故曰渾天。」言其形體渾渾然也。其術以爲天半覆地上，半在地下。其天居地上，見有一百八十二度半强，地下亦然。其南北極，持其兩端，其天與日月星宿斜而迴轉。揚子《法言》云：「或問渾天。曰：洛下閎營之，鮮于妄人度之，耿中丞象之，幾乎幾乎，莫之能違也。」閎與妄人，武帝時人。宣帝時，司農中丞耿壽昌始鑄銅爲之象，史官施用焉。後漢張衡作《靈憲》以説其狀，蔡邕、鄭玄、陸績、吴時王蕃、晉世姜岌、葛洪皆論渾天之義，並以渾説爲長。江南宋元嘉年皮延宗又作《是渾天論》，太史丞錢樂之鑄銅作渾天儀，傳之齊、梁，周平江陵，遷其器於長安，今在太史書矣。❶衡長八尺，璣徑八尺，圓周二丈五尺强，轉而望之，有其法也。

【《隋書·天文志》】案《虞書》：「舜在璿璣玉衡，以齊七政。」則《考靈曜》所謂「觀玉儀之遊，昏明主時，乃命中星」者也。《春秋文耀鉤》云：「唐堯即位，羲、和立渾儀。」而先儒或因星官書，北斗第二星名璇，第三星名璣，第五星名玉衡，仍七政之言，即以爲北斗七星。載筆之官，莫之或辨。史遷、班固，猶且致疑。馬季長創謂璣衡爲渾天儀。鄭玄亦云：「其轉

❶「書」，阮元初校引盧文弨曰：「書，當作署。」覆校加案語：「按當作臺。」

運者爲璣，其持正者爲衡，皆以玉爲之。七政者，日月五星也。」故王蕃云：「渾天儀者，羲、和之舊器，積代相傳，謂之璣衡。其爲用也，以察三光，以分宿度者也。又有渾天象者，以著天體，以布星辰。而渾象之法，地當在天中，丌勢不便，故反觀丌形，地爲外匡，於己解者，無異在內。詭狀殊體，而合於理，可謂奇巧。然斯二者，以考於天，蓋密矣。」又云：「古舊渾象，以二分爲一度，周七尺三寸半，❶而莫知何代所造。」今案虞喜云：「洛下閎爲漢孝武帝於地中轉渾天，定時節，作《泰初曆》。」或其所製也。漢孝和帝時，太史揆候，皆以赤道儀，與天度頗有進退。以問典星待詔姚崇等，皆曰《星圖》有規法，日月實從黃道。官無其器。至永元十五年，詔左中郎將賈逵，乃始造太史黃道銅儀。至桓帝延熹七年，太史令張衡，更以銅製，以四分爲一度，周天一丈四尺六寸一分。亦於密室中，以漏水轉之。令司之者，閉户而唱之，以告靈臺之觀天者，璇璣所加，某星始見，某星已中，某星今没，皆如合符。然則渾天儀者，其制有璣有衡，既動靜兼狀，以效二儀之情，又周旋衡管，用考三光之分。所以揆正宿度，準步盈虛，求古之遺法也。則先儒所言圓規徑八尺，漢候臺銅儀，蔡邕所欲寢伏其下者是也。

蔡氏沈曰：「歷代以來，其法漸密。本朝因之，爲儀三重。其在外者，六合儀。平置黑單環，俞氏震曰：「名地平環。此地面四方之象也。」上刻十二辰八干四隅在地之位，以

❶「半」下，《隋書·天文上》有「分」字。

準地面而定四方。側立黑雙環，俞氏震曰：「名天經環。此天半在地上半在地下之象也。」背刻去極度數，陳氏師凱曰：「皆是自北數向南去之度。」以中分天脊，直跨地平，使其半入地下而結於其子午，以爲天經。斜倚赤單環，俞氏震曰：「名天緯環。上下與天經相銜，東西與地平相銜，此天腹赤道之象也。」背刻赤道度數，陳氏師凱曰：「皆是自西數向東去之度。」以平分天腹，横繞天經，亦使半出地上，半入地下，而結於其卯酉，以爲天緯。三環表裏相結不動，其天經之環則南北二極皆爲圓軸，虚中而内向，以挈三辰、四遊之環。以其上下四方於是可考，故曰六合。次其内曰三辰儀，則立黑雙環，俞氏震曰：「制即如天經。黑雙環在内而差小，銜附黄赤二環以轉動。」亦刻去極度數，外貫天經之軸，内挈黄赤二道。其赤道則爲赤單環，俞氏震曰：「制亦如天緯。赤單環在内而差小，上下與三辰雙環相銜。」外依天緯，亦刻宿度，而結於黑雙環之卯酉。其黄道則爲黄單環，俞氏震曰：「上下亦與三辰雙環相銜。」亦刻宿度，而又斜倚於赤道之腹，以交結於卯酉，而半入其内，以爲春分後之日軌，半出其外，以爲秋分後之日軌。又爲白單環，俞氏震曰：「鎖定黄赤二環。」以承其交，使不傾。埶下設機輪，以水激之，使其日夜隨天東西運轉，以象天行。以其日月星辰於是可考，故曰三辰。其最在内者曰四遊儀，亦爲黑雙環，如三辰儀之制，俞氏震曰：「在内而又小。」以貫天經之軸。其環之内，則兩面當中，各施直距，俞氏震曰：「直距者，銅板二，縱置于四遊儀内，上屬北極，下屬南極，中施關軸，以夾望筒。所謂望筒者，即玉衡也。」外指兩軸，而當其要中之内面。又爲小竅，以受玉衡要中之小軸，使衡既得隨環東西運轉，又可隨處南北低昂，以待占候者之仰窺焉。以其東西南北無不周徧，故曰四遊。俞氏震曰：「右渾儀三重：六合不動，以象天地四方。三辰運動，以象天行。四遊則亦運動而窺測焉。雙環雙鑄，一樣二合爲一，故厚，可貫管軸。單環單鑄，故薄。其天經環南北二極之次，有孔銜軸，以穿三辰、四遊于內，使可運轉。軸如管，虛中，其外有臍兩層，以間隔三辰、四遊之位次。」此其法之大略也。沈括曰：『舊法，規環一面刻周天度，一面加銀丁。蓋以夜候天晦，不可目察，則以手切之也。古人以璿飾璣，疑亦爲此。今太史局、秘書省銅儀，制極精緻，亦以銅丁爲之。』歷家之説，又以北斗魁四星爲璣，杓三星爲衡。今詳經文簡質，不應北斗二字，乃用寓名，恐未必然。姑存其説，以廣異聞。」

【《欽定書經傳説彙纂》】「璿璣玉衡」，乃觀天之器也。理非數無以顯，數非象無以明。璿璣玉衡，實具天象。七政麗天，惟月之距地爲近，次日，次金、水，次火，次木，次土，而恒星爲最遠。七政之行，惟月之左旋爲速，次日，次金水，次火，次木，次土，而恒星爲最遲。又就其行度細較之，日有盈縮，月有朓朒，五星復有遲留順逆之不同，必有以齊之而後可焉。然七政之行，必紀於天之度，而天度不離乎黃赤二道之經緯。平分天腰者，赤道也。交于赤道以會于兩極者爲赤經，與赤道平行者爲赤緯。斜交赤道而出其內外者黃道也，交于黃道以會于黃極者爲黃經，與黃道平行者爲黃緯。聖人觀天地之經緯，七政之運行，而爲璿璣以象之，復爲玉衡以窺之，以察日之南北，則節氣之早晚可辨；以察日之出入，則晝夜之永短可分；以察月之周天與會日，則晦朔弦望之期候可定。至于五星之會日沖日而有合伏退望，五星之近日遠日而有順逆遲留，與夫日月五星之互相掩映而爲交食淩犯，俱可推步而不爽，是即所謂「齊」也。蓋璿璣之設，象天體之經緯；玉衡之製，窺七政之運行。雖有《周髀》、宣夜、渾天之異名，要皆與璣衡相爲表裏者也。

李氏光地曰：「七政之行不齊，而一政之行又自不齊。故日則有盈縮，月五星則有遲疾，而五星且有留退。虞、周步推之法，不可聞已。後代考測，至今日而始明。其説曰：七政皆終古平行也，因有高卑遠近而生遲疾，皆視行也。天以圓而運，七政逐天，亦以圓而運，如丸珠之隨盤，皆自作迴環之勢，非逕行也。故因行而生輪，因輪而生高下遠近，仰而視之，贏縮遲疾，以至留退，皆由於此矣。然日者從天，其輪一而已，月五星從天又從日，故有隨天之輪，又有逐日之輪，兩者相加，然後高下之視逕，遲疾之視差，一一可以籌策運算而坐致之。蓋雖古所未講，而其理不誣也。」

戴氏震《書補傳》：「古者測天之器，其制不傳。後世渾天儀，設璣衡以擬其名，未必與古合也。考之《周髀》，有北極樞及北極璿璣之名。所謂北極樞者，今之赤極是也。所謂北極璿璣者，今之黄極是也。釋《周髀》者，不知北極璿璣何指，蓋其名出于古遠，世所莫聞。因思《虞書》之『璿璣』，注疏家徒以爲運轉之機，未得其本象。夫在天有赤極，爲赤道之樞；又有黄極，爲黄道之樞；自中土言之，皆在北方，故通曰北極。北極不動，黄極每晝夜左旋環繞之而過一度，每一歲而周四遊，是赤極又爲黄極之樞也。惟其然，故《周髀》謂赤極爲北極樞而黄極無其名，乃取測器之名以命之。用是知唐虞時作璿璣運旋于中，所以擬夫黄極者也。衡，横也。横帶中圍，《周髀》所謂七衡，以界黄道，其中衡則赤道，或古之遺制與？日月五星，謂之七政，出鄭康成注，後儒悉從之。伏生《尚書大傳》則曰：『七政，謂春、秋、冬、夏、天文、地理、人道，所以爲政也。人道正而萬事順成。』太史公作《天官書》，馬融注《尚書》，又以爲北斗七星。三説參差，惟鄭近是。然稽之于古，實無明證。

《堯典》：『日月星辰。』星，謂中星，初不及五緯。《洪範》『五紀』所謂『星辰』，同乎《堯典》，孔穎達云：『五星所行，下民不以爲候。』其説得之。五緯，至後代推測漸詳，唐虞時恐未及此。即推之不失，亦非正年歲攸關，何以與日月並稱七政乎？今思『政』者，實據人事立名。《堯典》定四時成歲，即繫之以『庶績咸熙』；《皋陶謨》曰『撫于五辰，庶績其凝』。庶績之熙也，凝也，由政之得宜。而政之宜，由于順天。歲、月、五辰而七，凡所以順天出政，不外乎是。《禮運》亦言『播五行于四時』，古人之以五行配時，其來遠矣。推日月之運，循五行之序，于是有歲之政焉，分至啟閉是也；有月之政焉，正朔告月是也；有木火土金水五者之政焉，法制禁令，各順其時之宜是也。分言之，其政有七，約言之，一敬授民時而已。必察璿璣玉衡者，非躬自推算測驗也，觀乎天文以察時變，設器觀象，不違天運，然後爲歲、爲月、爲五辰，一合乎天道，以齊人事。舜攝位之初而言『齊七政』，斯以見政無弗舉，庶績悉在是矣。至若五星之行，無關授時之大，在算家亦宜知之，豈所急哉！」

觀承案：戴氏以歲、月、五辰爲七政，其説似新。然日主歲，月主月，五星即五辰之精，其與以二曜五緯爲七政者亦何異哉？惟不重在術數而歸於授時熙績之大，則於經義爲得之。

【《皋陶謨》】撫于五辰，庶績其凝。【傳】凝，成也。言百官皆撫順五行之時，衆功皆成。【疏】五行之時，即四時也。《禮運》曰：「播五行於四時。」土寄王四季，故爲五行之時也。所撫順者，《堯典》「敬授民時」、「平秩東作」之類是也。

胡氏旦曰：「五行在地爲物，在天爲時。順其時而撫之，則五物皆成其材，而爲人用矣。故仲春斬陽木，仲夏斬陰木，所以撫木辰也；季春出火，季秋納火，所以撫火辰也；司空以時相阪隰，所以撫土辰也；❶秋爲徒杠，春達溝渠，所以撫水辰也；又春盛德在木，布德施惠，所以順木辰；夏盛德在火，勞民勸農，所以順火

❶「辰」，原作「神」，據庫本改。

辰；秋盛德在金，冬盛德在水，禁暴誅慢，謹蓋藏，斂積聚，所以順金水之辰；土寄旺四時，四辰順，土在其中矣。」

《論語》顔淵問爲邦。子曰：「行夏之時。」【注】據見萬物之生，以爲四時之始，取其易知。【疏】夏之時，謂以建寅之月爲正也。

《宋書志》祖沖之曰：「月位稱建，諒以氣之所本，名隨實著，非爲斗杓所指。近校漢時，已差半次，審斗節時，其效安在？或義非經訓，依以成説，將緯候多詭，僞辭間設乎？」

【梅氏文鼎《疑問補》】問：「行夏之時，謂以斗柄初昏建寅之月爲歲首。議者以冬至既有歲差，則斗柄亦從之改度，今時正月，不當仍爲建寅。其説然乎？」曰：「不然也。孟春正月，自是建寅，非關斗柄。其以初昏斗柄建寅者，注釋家未深考也。何則？自大撓作甲子，以十日爲天干，自甲至癸。十二子爲地支。自子至亥。天道圓，故以甲乙居東，丙丁居南，庚辛居西，壬癸居北，戊己居中，《參同契》所謂『青赤白黑，各居一方，皆禀中央，戊己之功』也。十干以配五行，圓轉周流，故曰天干也。地道方，故以寅卯辰列東，巳午未列南，申酉戌列西，亥子丑列北，《易大傳》所謂『帝出乎震，齊乎巽，相見乎離，致役乎坤，説言乎兑，戰乎乾，勞乎坎，成言乎艮』，自東而南，而西，而北，其道左旋，周而復始也。是十二支以配四時十二月，静而有常，故曰地支也。天干與地支相加，成六十甲子，以紀歲、紀日、紀時，而皆準于月，以歲有十二月也。此乃自然而然之序，不可增減，不可動移。是故孟春自是寅月，何嘗以斗柄指寅而後謂之寅月哉？如必以斗柄指寅而謂之寅月，則亦有寅年、寅月、寅時，豈亦以斗柄指寅而後得以謂之寅乎？是故《堯典》『命羲仲，宅嵎夷，平秩東作，以殷仲春』；次『命羲叔，宅南交，平秩南訛，以正仲夏』；次『命和仲，宅西，平秩西成，以殷仲秋』；次『命和叔，宅朔方，平在朔易，以正仲冬』。此四時分配四方，而以春爲歲首之證。夫既有四仲月以居卯午酉子之四正，則自各有孟月、季月以居四隅。仲春既正東，爲卯月，其孟春必在東之北而爲寅月，何必待斗柄指寅乎？故『日中星鳥』、『日永星火』、『宵中星虛』、『日短星昴』，並祇以晝夜刻之永短爲憑，以昏中之星爲斷，未嘗一言及於斗柄也。又考孔子去堯時已及千五百歲，歲差之度已二十餘度。若堯時斗柄指寅，孔子時必在寅前二十度而指丑矣，豈待今日而後知乎？然孔子但言『行夏之時』，蓋以孟春爲歲首，于時爲正，非以斗柄指寅而謂之寅月也。又案斗杓之星，距北極只二十餘度，必以北極爲天頂而後可以定其所指之方，今中土所處，在斗杓之南，仰而觀之，斗杓與辰極，並在天頂之北。其斗杓所指之方位，原難清楚，故古人祇言中星，不言斗杓，蓋以此也。如《淮南子》等書言招摇東指而天下春，不過大概言之，原非以此定月。又案《傳》言『營室之中，土功其始。火之初見，期于司里』，又言『水昏正而栽，日至而畢』，《詩》亦言『定之方中，作于楚宮』，又言『七月流火，九月授衣』。古之人以星象授人時，如此者不一而足也。若以歲差考之，則于今日並相差一二旬矣。然而當其時，各據其時之星象爲之著令，所以使民易知也，而終未有言斗杓指何方而作何事者，則以其方位之難定也，十二月建之非關斗柄明矣。是故斗柄雖因歲差而所指不同，正月之建寅，不可易也。又考歲差之法，古雖未言，然而《月令》昏中之星已不同于《堯典》，則實測當時之星度也。然《堯典》祇舉昏中星，而《月令》兼言旦中，又舉其日躔所在，又于《堯典》四仲月之外，兼舉十二月而備言之，可謂詳矣，然未嘗一語言斗杓指寅爲孟春。又考《史記·曆書》以十律配十二月之所建地支，而疏其義兼八風二十八舍以爲之説，而並不言斗建，惟《天官書》略言之。其言曰：『杓攜龍角，衡殷南斗，魁枕參首。用昏建者杓，夜半建者衡，平旦建者魁。』是則衡亦可言建，魁亦可言建，而非僅斗杓；夜半亦有建，平旦亦有建，而非止初昏。其言甚圓。以是而知正月之爲寅，二月之爲卯，皆一定不可移。而斗之星直之即謂建，固非以初昏斗柄所指而命之爲何月也。然則謂行夏之時，是以斗柄建寅之月爲歲首者，蓋注釋家所據一家之説而未詳厥故也。今乃遂據其説而欲改正月之建寅，可乎？不可乎？」

問：「説者又以各月斗柄皆指其辰，惟閏月則斗柄指兩辰之間。由今以觀其説，亦非歟？」曰：「非也。周天之度，以十二分之，各得三十度奇。在西法爲三十度。凡各月中氣，皆在其三十度之中半，各月節氣，皆居其三十度之首尾。今依其説，斗柄所指，各在其月之辰，則交節氣日，斗柄所指，必在兩辰之間矣。假如立春爲正月節，則立春前一日斗柄所指在丑，立春後一日斗柄指寅，而立春本日斗柄所指必在丑與寅之間。餘月皆然。十二節氣日，皆指兩辰之間，又何以別其爲閏月乎？ 若夫閏月，則只有節氣，無中氣，其節氣之日，固指兩辰之間矣，然惟此一日而已，其前半月後半月並非兩辰之間也。假如閏正月，則雨水中氣在正月晦，春分中氣在二月朔，而閏月只有驚蟄節在月望，則其前半月必指寅，後半月必指卯，惟驚蟄日指寅與卯之交界縫中，可謂之兩辰間。閏在餘月，亦然。 地盤周圍，分爲十二辰，首尾鱗次，如環無端，又何處設此三十度於兩辰間以爲閏月三十日之所指乎？ 凡若此等習説，並由未經實測，而但知斗杓所指爲月建，遂歧中生歧，成此似是而非之解。 天下事每壞於一知半解之人，往往然也。」

蕙田案：斗建之説，始見於汲冢《周書·時訓篇》。既以每月斗正指辰，則閏月不得正指，而在兩辰之間，猶之閏無中氣，前月中氣在晦，後月中氣在朔。 謂閏月在兩中氣之間，未嘗不可，其失不在「斗指兩辰之間」一語，而在於泥以斗杓爲建時節。祖沖之已辨其非，後人未見耳。

【《禮記·禮運》】孔子曰：「我欲觀夏道，是故之杞，而不足徵也，吾得《夏時》焉。」【注】得夏四時之書也，其書存者有《小正》。

蕙田案：《堯典》以四方配四時，《皋陶謨》以五辰言四時，考諸十二子之位，皆歲首寅也。 獨謂建寅謂夏時者，對殷、周言之，亦其書至夏始詳耳。

觀承案：獨謂夏正建寅者，堯、舜、禹三聖相嬗而守一道，正朔未嘗有改。至商、周革命而始改正朔，故對商、周言之。而但舉夏時，則唐虞之建寅不必言矣。至建寅之所以爲時之正、令之善者，不必遠推元會也，有即小而可以見大，即近而可以知遠者焉。一日十二辰，子丑二時，自當爲今日之始。然東方未明，何能有作，則當以建寅爲正月可徵。故三正迭建，而夫子告顔淵，必曰「行夏之時」。

右虞夏觀象。附論月建。

【《書·洪範》】次四曰協用五紀。【傳】協，和也。

四、五紀：一曰歲，【傳】所以紀四時。二曰月，【傳】所以紀一月。三曰日，【傳】紀一日。四曰星辰，【傳】二十八宿迭見以叙氣節，十二辰以紀日月所會。五曰曆數。【疏】一曰歲，從冬至以及明年冬至爲一歲。二曰月，從朔至晦，大月三十日，小月二十九日。三曰日，從夜半以至明日夜半，周十二辰爲一日。四曰星辰，星謂二十八宿，昏明迭見；辰謂日月別行會于宿度，從子至于丑，爲十二辰。五曰曆數，算日月行道，計氣朔早晚，所以爲一歲之曆。凡此五者，皆所以紀天時，故謂之五紀也。五紀不言時者，以歲月氣節正而四時亦自正也。鄭以爲星，五星也。然五星所行，下民不以爲候。天以積氣無形，二十八宿分之爲限，每宿各有度數，合成三百六十五度有餘。日月右行，循此宿度。日行一度，月行十三度有餘，二十九日過半而月一周與日會，每于一會，謂之一月，是一歲爲十二月，仍有餘十一日。爲日行天未周，故置閏以充足。若均分天度以爲十二次，則每次三十度有餘。一次之内，有節氣、中氣。次之所管，其度多于每月之所統，其日入月朔，參差不及，節氣不得在月朔，中氣不得在月半，故聖人曆數此節氣之度，使知氣所在，既得氣在之日，以爲一歲之曆。

【《春秋》昭公七年《左氏傳》】十一月，季武子卒。晉侯謂伯瑕【注】伯瑕，士文伯。曰：「吾所問日食，從矣，可常乎？」【注】衛侯、武子皆卒故。對曰：「不可。六物不同，

【注】各異時。民心不壹，【注】政教殊。事序不類，【注】有變易。官職不則，❶【注】治官居職，非一法。同始異終，胡可常也？《詩》曰：『或燕燕居息，或憔悴事國。』【注】《詩・小雅》。言不同。其異終也如是。」公曰：「何謂六物？」對曰：「歲、時、日、月、星、辰是謂也。」公曰：「多語寡人辰而莫同。何謂辰？」對曰：「日月之會是謂辰。【注】一歲日月十二會，所會謂之辰。【疏】時，謂四時，春夏秋冬也。星，二十八宿也。日月會謂之辰者，辰，時也，言日月聚會有時也。故以配日。」【注】謂以子丑配甲乙。

【《周禮・春官・馮相氏》】掌十有二歲、十有二月、十有二辰、十日、二十有八星之位，辨其序事，以會天位。【注】辨其序事，謂若仲春辨秩東作，仲夏辨秩南訛，仲秋辨秩西成，仲冬辨在朔易。會天位，合此歲日月辰星宿五者，以爲時事之候，若今太歲在某月某日某甲朔日直某也。【疏】十有二辰者，謂子丑寅卯之等。十日者，謂甲乙丙丁之等。二十八星者，東方角、亢、氐、房、心、尾、箕，北方斗、牛之等。以會天位者，五者在天會合而爲候，故謂之天位。

蕙田案：周始以十二歲爲一終，其十二辰即十二子也。當先言「十日」，後言「十二辰」。屬辭之體，因歲月辰皆十二，故先及之。《秋官・哲蔟氏》則先日後辰。此日辰合之以紀日，與《洪範》、《左傳》所言辰不同。

又案：「十有二歲之位」，用之紀年者也。「十有二月之位」，用之紀月者也。「十有二辰、十日之位」，用之紀日者也。「二十有八星之位」，用

❶「則」，原作「測」，據《左傳》昭公七年改。

之紀日躔月逡者也。《秋官・哲蔟氏》：「以方書十日之號，十有二辰之號，十有二月之號，十有二歲之號，二十有八星之號。」注云：「日，謂從甲至癸。辰，謂從子至亥。月，謂從娵至荼。歲，謂從攝提格至赤奮若。星，謂從角至軫。」即此歲、月、辰、日、星五者。屈原賦：「攝提貞於孟陬兮，惟庚寅吾以降。」攝提，歲也。孟陬，月也。庚寅，日辰也。歲、日、月、辰名義，今不可考，要以方位節候定之。馮相氏掌其位以辨候，而哲蔟氏但書其號以逐天鳥。又或舉十二次紀歲，如曰「歲在娵訾之口，其明年乃及降婁」、「歲五及鶉火」之屬。因歲星每歲行一次，故晉侯曰：「十二年矣，是謂一終，一星終也。」十二次雖可紀歲，《周禮》之十二歲當以《爾雅》歲名爲正。終十二歲者五，而歲陽、歲名，合而六十，是爲一周。

【《爾雅・釋天》】歲陽：太歲在甲曰閼逢，在乙曰旃蒙，在丙曰柔兆，在丁曰强圉，在戊曰著雍，在己曰屠維，在庚曰上章，在辛曰重光，在壬曰玄黓，在癸曰昭陽。

歲名：太歲在寅曰攝提格，在卯曰單閼，在辰曰執徐，在巳曰大荒落，在午曰敦牂，在未曰協洽，在申曰涒灘，在酉曰作噩，在戌曰閹茂，在亥曰大淵獻，在子曰困敦，在丑曰赤奮若。

月陽：月在甲曰畢，在乙曰橘，在丙曰修，在丁曰圉，在戊曰厲，在己曰則，在庚曰窒，在辛曰塞，在壬曰終，在癸曰極。

月名：正月爲陬，【注】《離騷》云：「攝提貞于孟陬。」二月爲如，三月爲病，四月爲余，五月爲皋，六月爲且，七月爲相，八月爲壯，九月爲玄，【注】《國語》云「至於玄月」是也。十月爲陽，【注】純陰用事，嫌於無陽，故以名云。十一月爲辜，十二月爲涂。【注】皆月之別名。

顧氏炎武曰：「甲至癸，爲十日。寅至丑，爲十二辰。此二十二名，古人用以紀日，不以紀歲。歲則自有閼逢至昭陽十名爲歲陽，攝提格至赤奮若十二名爲歲名。後人謂甲子歲、癸亥歲，非古也。自漢以前，初不假借。《史記》：『太初元年，年名焉逢攝提格，月名畢聚，日得甲子，夜半朔旦冬至。』其辨晰如此。若《吕氏春秋·序意篇》：『維秦八年，歲在涒灘，秋甲子朔。』賈誼《鵩賦》：『單閼之歲兮，四月孟夏；庚子日斜兮，服集予舍。』許氏《説文後叙》：『粤在永元困頓之年，孟陬之月，朔日甲子。』亦皆用歲陽歲名，不與日同之證。《漢書·郊祀歌》：『天馬徠，執徐時。』謂武帝太初四年，歲在庚辰，兵誅大宛也。自經學日衰，人趨簡便，乃以甲子至癸亥代之，子曰『觚不觚』，此之謂矣。」

又曰：「春秋之世，各國皆自紀其年。發之於言，或參互而不易曉，則有舉其年之大事而爲言者。若曰『會于沙隨之歲』、『叔仲惠伯會郤成子于承匡之歲』、『鑄刑書之歲』、『晉韓宣子爲政聘于諸侯之歲』是也。又有舉歲星而言，若曰『歲五及鶉火』、『歲及大梁』、『歲在娵訾之口』者。從後人言之，則何不曰甲子也，癸亥也？是知古人不用以紀歲也。」

蕙田案：十日十二子，數窮六十，周則更始。古人創此法以紀日，由來遠矣。一歲之日，六易甲子，加大餘五，併小餘而數起焉。紀年紀月，經傳未有稱甲子者。歲別立閼逢及攝提格等名，月别立畢及陬等名。《周禮》歲、月但紀於十二，《爾雅》踵事加密，遂一合乎甲子之法，同實而殊名耳。名所以必殊者，恐其溷淆，慎別之也。

觀承案：古無年號，以閼逢攝提格

等相配，紀年方可辨識。後代既有年號矣，則但取甲子之單名以著其實而省於文，亦何不可。若後人作書而仍以古干支爲目，是欲復結繩之法於書契之代也，不亦迂乎！

【《春官・大史》】正歲年以序事，頒之於官府及都鄙。【注】中數曰歲，朔數曰年。中朔大小不齊，正之以閏。定四時，以次序授民時之事。【疏】云「正歲年」者，謂正歲年以閏，則四時有次序，依之授民以事，故云「以序事」也。一年之内有二十四氣：正月，立春節，啟蟄中；二月，雨水節，春分中；三月，清明節，穀雨中；四月，立夏節，小滿中；五月，芒種節，夏至中；六月，小暑節，大暑中；七月，立秋節，處暑中；八月，白露節，秋分中；九月，寒露節，霜降中；十月，立冬節，小雪中；十一月，大雪節，冬至中；十二月，小寒節，大寒中。皆節氣在前，中氣在後。節氣，一名朔氣。中氣在晦，則後月閏；中氣在朔，則前月閏。節氣有入前月法，中氣無入前月法。中氣帀則爲歲，朔氣帀則爲年。假令十二月中氣在晦，則閏十二月十六日得後正月立春節，此即朔數曰年。至後年正月一日，得啟蟄中，此中氣帀，此即是中數曰歲。周天三百六十五度四分度之一，日一日行一度，月一日行十三度十九分度之七。二十四氣，通閏分之，一氣得十五日。二十四氣分得三百六十度，仍有五度四分度之一。一度更分爲三十二，五度爲百六十。四分度之一者，又分爲八分，通前爲百六十八分，二十四氣分之，氣得七分。若然，二十四氣，氣有十五日七分。五氣得三十五分，取三十二分爲一日，餘三分推入後氣，即有十六日氣、有十五日七分者，故云「中朔大小不齊」。月有大小，一年三百五十四日而已，日餘仍有十一日，是以三十三月已後，❶中氣在晦，不置閏則中氣入後月，故須置閏以補之，故云「正之以閏」。

蕙田案：賈氏疏中數、朔數之説，殊未分曉。蓋中數者，從今年冬至數至後年冬至，凡三百六十五日四分日之一，而十二中氣一帀也。朔數

❶「三十三」，原作「三十二」，據聖環本改。

者，從今年正月朔數至後年正月朔，凡三百五十四日有奇，而十二月朔一周也。孔穎達《月令正義》解中數、朔數最是。以中數、朔數相較，則一歲有閏餘十一日弱，故云「中朔大小不齊，正之以閏」也。賈疏以閏十二月得後年朔氣爲朔數，以後年正月朔得中氣爲中數，其實中氣一帀與節氣一帀皆三百六十五日四分日之一，何有大小之不齊乎？

右殷周觀象。

【《史記》】幽、厲之後，周室微，陪臣執政，史不記時，君不告朔，故疇人子弟分散。如淳曰：「家業世世相傳爲疇。律，年二十三傳之疇官，各從其父學。」索隱曰：「韋昭云：『疇，類也。』孟康云：『同類之人明數者也。』樂彦云：❶『疇昔知星人也。』」或在諸夏，或在夷狄。其後戰國並争，在于彊國禽敵，救急解紛而已，豈遑念斯哉！秦滅六國，兵戎極煩，又升至尊之日，未暇遑也。漢興，天下初定，方綱紀大基，高后女主，皆未遑，故襲秦正朔服色。至今上即位，招致方士唐都，分其天部；《漢書音義》曰：「謂分部二十八宿爲矩度。」而巴落下閎運算轉曆，徐廣曰：「陳術云徵士巴郡落下閎也。」索隱曰：「姚氏案《益部耆舊傳》云：『閎，字長公，明曉天文，隱于落下，武帝徵待詔太史，於地中轉渾天，改《顓頊曆》作《太初曆》，拜侍中，不受也。』」然後日辰之度與夏正同。

觀承案：《史記》此條甚核。疇人子弟既分散，或在夷狄，則後世西域《九執》、《回回》曆數及西洋算法豈非原從中土流散在彼而衍其傳者乎？此可爲西法襲中法之一證也。

❶「彦」，《史記索隱》作「産」。

【《晉書志》】徐岳議效曆之要，要在日蝕。熹平之際，時洪爲郎，欲改《四分》，先上驗日蝕：日蝕在晏，加時在辰，蝕從下上，三分侵二。事御之後如洪言，海内識真，莫不聞見，劉歆以來，未有洪比。

【《隋書志》】張賓所創之曆既行，劉孝孫與冀州秀才劉焯，並稱其失，言學無師法，刻食不中，所駁凡有六條：其一云，何承天不知分閏之有失，而用十九年之七閏。其二云，賓等不解宿度之差改，而冬至之日守常度。其三云，連珠合璧，七曜須同，乃以五星别元。其四云，賓等惟知日氣餘分恰盡而爲立元法，不知日月不合，不成朔旦冬至。其五云，賓等但守立元定法，不須明有進退。其六云，賓等惟識轉加大餘二十九以爲朔，不解取日月合會准以爲定。此六事微妙，曆數大綱，❶聖賢之通術，而暉未曉，此實管窺之謂也。若驗影定氣，何氏所優，賓等推測，去之彌遠。合朔順天，何氏所劣，賓等依據，循彼迷蹤。蓋是失其菁華，得其糠粃者也。

【《唐書志》】高祖受禪，將治新曆。傅仁均善推步之學，大史令庾儉、丞傅奕薦之。詔仁均與儉等參議，合受命歲名爲《戊寅元曆》。乃列其大要，所可考驗者有七，曰：「唐以戊寅歲甲子日登極，曆元戊寅，日起甲子，如漢《太初》，一也。冬至五十餘年輒差一度，日短星昴，合於《堯典》，二也。周幽王六年十月辛卯朔，入蝕限，合於《詩》，三也。魯僖公五年壬子冬至，合《春秋命曆序》，四也。月有三大、三小，則日蝕常在朔，月蝕常在望，五也。命辰起子半，命度

❶「曆」，原作「理」，蓋避清高宗諱改。今據《隋志》改回。

起虚六，符陰陽之始，六也。立遲疾定朔，則月行晦不東見，朔不西朓，七也。」

【《宋史志》】周琮論曰：「古今之曆，❶必有術過於前人，而可以爲萬世之法者，乃爲勝也。若一行爲《大衍曆議》及《略例》，校正累世，❷以來立法强弱，❸爲曆家體要，得中平之數。劉焯悟日行有盈縮之差，舊曆推日行平行一度，至此方悟日行有盈縮，冬至前後定日八十八日八十九分，夏至前後定日九十三日七十四分，冬至前後日行一度有餘，夏至前後日行不及一度。李淳風悟定朔之法，并氣朔、閏餘，皆同一術。舊曆，定朔平注，一大一小，至此以日行盈縮、月行遲疾加減朔餘，餘爲定朔、望加時，以定大小，不過三數。自此後日食在朔，月食在望，更無晦、二。舊曆皆須用章歲、章月之數，使閏餘有差，淳風造《麟德曆》，以氣朔、閏餘同歸一母。張子信悟月行有交道表裏，五星有入氣加減。北齊學士張子信，因葛榮亂，隱居海島三十餘年，專以圓儀揆測天道，始悟月行有交道表裏，在表爲外道陽曆，在裏爲内道陰曆。月行在内道，則日有食之，月行在外道則無食。若月外之人北户向日之地，則反觀有食。又舊曆五星率無盈縮，至是始悟五星皆有盈縮、加減之數。宋何承天始悟測景以定氣序。景極長，冬至；景極短，夏至。始立八尺之表，連測十餘年，即知舊《景初曆》冬至常遲天三日，❹乃造《元嘉曆》，冬至加時，比舊退減三日。晉姜岌始悟以月食所衝之宿，爲日所在之度。日所在不知宿度，至此，以月食之宿所衝，爲日所在宿度。後漢劉洪作《乾象曆》，始悟月行有遲疾數。舊曆，月平行十三度十九分度之七，至是，始悟月行有遲疾之差，極遲則日行十二度强，極疾則日行十四度太，其遲疾極差，五度有餘。宋祖沖之始悟歲差。

❶「之曆」，原作「觀象」，蓋避清高宗諱改。今據《宋史·律曆八》改回。

❷「累」，《宋史·律曆八》作「曆」。

❸「來立」，《宋史·律曆八》作「求曆」。

❹「曆」，原作「算」，蓋避清高宗諱改。今據《宋史·律曆八》改回，後倣此。

《書・堯典》曰：「日短，星昴，以正仲冬。宵中，星虚，以殷仲秋。」至今三千餘年，中星所差三十餘度，則知每歲有漸差之數，造《大明曆》率四十五年九月而退差一度。唐徐昇作《宣明曆》，❶悟日食有氣、刻差數。」舊曆推日食皆平求食分，❷多不允合，❸至是推日食，以氣、刻差數增損之，測日食分數，稍近天驗。

【《元史・郭守敬列傳》】至元十七年，新曆告成，守敬與諸臣同上奏曰：臣等竊聞帝王之事，莫重於曆。自「黄帝迎日推策」，帝堯「以閏月定四時成歲」，舜「在璇璣玉衡以齊七政」。爰及三代，迄無定法。周、秦之間，閏餘乖次。西漢造《三統曆》，百二十年而後是非始定。❹東漢造《四分曆》，七十餘年而儀式方備。又百二十一年，劉洪造《乾象曆》，始悟月行有遲速。又百八十年，姜岌造《三統甲子曆》，❺始悟以月食衝檢日宿度所在。❻又五十七年，何承天造《元嘉曆》，始悟以朔望及弦皆定大小餘。又六十五年，祖沖之造《大明曆》，始悟太陽有歲差之數，極星去不動處一度餘。又五十二年，張子信始悟日月交道有表裏，五星有遲疾留逆。又三十三年，劉焯造《皇極曆》，始悟日行有盈縮。又三十五年，傅仁均造《戊寅元曆》，頗采舊儀，始用定朔。又四十六年，李淳風造《麟德曆》，以古曆章部元首分度不齊，❼始爲總法，進朔以避晦晨月見。又六十三年，一行造《大衍曆》，始以朔有四大

❶「昇」，本卷下文作「昂」，《新唐書・曆志》亦作「昂」。
❷「分」，原作「多」，據《宋史・律曆八》改。
❸「多」，原作「分」，據《宋史・律曆八》改。
❹「二十」，《元史・郭守敬傳》作「三十」。
❺「統」，《元史・郭守敬傳》及《晉書・律曆下》皆作「紀」。
❻「月」，原作「日」，據《元史・郭守敬傳》改。
❼「章部」，《元史・郭守敬傳》作「章蔀」。

三小，定九服交食之異。又九十四年，徐昂造《宣明曆》，始悟日食有氣、刻、時三差。又百三十六年，❶姚舜輔造《紀元曆》，始悟食甚泛餘差數。以上計千一百八十二年，曆經七十改，其創法者十有三家。自是又百七十四年，聖朝專命臣等改治新曆，臣等用創造簡儀、高表，憑真測實數，所考正者凡七事：

一曰冬至。自丙子年立冬後，依每日測到晷景，逐日取對，冬至前後日差同者爲準。得丁丑年冬至在戊戌日夜半後八刻半，又定丁丑夏至在庚子日夜半後三十三刻，❷己卯冬至在戊申日夜半後五十七刻，❸庚辰冬至在癸丑日夜半後八十一刻，❹各減《大明曆》十八刻，遠近相符，前後應準。

二曰歲餘。自《大明曆》以來，凡測景驗氣，得冬至時刻真數者有六，用以相距，各得其時合用歲餘。今考驗四年，相符不差，仍自宋大明壬寅年距至今日八百一十年，每歲合得三百六十五日二十四刻二十五分，其二十五分爲今曆歲餘合用之數。

三曰日躔。用至元四年丁丑四月癸酉望月食既，推求日躔，得冬至日躔赤道箕宿十度，黄道箕九度有奇。仍憑每日測到太陽躔度，或憑星測月，或憑月測日，或徑憑星度測日，立術推算。起自丁丑正月至己卯十二月，凡三年，共得一百三十四事，皆躔於箕，與日食相符。❺

❶「百」上，校點本《元史·郭守敬傳》校補一「二」字。

❷「三十」前，《元史·郭守敬傳》尚有「後七十刻又定戊寅冬至在癸卯日夜半後」十七字。

❸「刻」下，校點本《元史·郭守敬傳》校補一「半」字。

❹「刻」下，校點本《元史·郭守敬傳》校補一「半」字。

❺「日」，校點本《元史·郭守敬傳》校改作「月」。

四曰月離。自丁丑以來至今，憑每日測到逐時太陰行度推算，變從黃道求入轉極遲疾并平行處，前後凡十三轉，計五十一事。内除去不真的外，有三十事，得《大明曆》入轉後天。又因考驗交食，加《大明曆》三十刻，與天道合。

五曰入交。自丁丑五月以來，憑每月測到太陰去極度數，比擬黃道去極度，得月道交於黃道，共得八事。仍依日食法度推求，皆有食分，得入交時刻，與《大明曆》所差不多。

六曰二十八宿距度。自漢《太初曆》以來，距度不同，互有損益。《大明曆》則於度下餘分，附以大半少，皆私意牽就，未嘗實測其數。今新儀皆細刻周天度分，每度爲三十六分，以距線代管窺，宿度餘分，並依實測，不以私意牽就。

七曰日出入晝夜刻。《大明曆》日出入晝夜刻，皆據汴京爲準，其刻數與大都不同。今更以本方北極出地高下，黃道出入内外度，立術推求每日日出入晝夜刻，❶得夏至極長，日出寅正二刻，日入戌初二刻，晝六十二刻，夜三十八刻。冬至極短，日出辰初二刻，日入申正二刻，晝三十八刻，夜六十二刻。永爲定式。

所創法凡五事：一曰太陽盈縮。用四正定氣立爲升降限。依立招差求得每日行分初末極差積度，比古爲密。二曰月行遲疾。古曆皆用二十八限，今以萬分日之八百二十分爲一限，凡析爲三百三十六限，依垛疊招差求得轉分進退，其遲疾度數，逐時不同，蓋前所未有。三曰黃赤道差。舊法以

❶ 上「日」字，原作「月」，據校點本《元史·郭守敬傳》改。

一百一度相減相乘，今從算術句股弧矢方圜斜直所容，求到度率積差，差率與天道實脗合。四曰黄赤道内外度。據累年實測，内外極度二十三度九十分，以圜容方直矢接句股爲法，求每日去極，與所測相符。五曰白道交周。舊法黄道變推白道以斜求斜，今用立渾北量，得月與赤道正交，距春秋二正黄赤道正交一十四度六十六分，擬以爲法。推逐月每交二十八宿度分，於理爲盡。

【《明紀事本末》】神宗四十一年，南京太僕寺少卿李之藻上西洋法：

一曰天包地外，地在天中，其體皆圓，皆以三百六十度算之。地經各有測法。從地窺天，其自地心測算，與自地面測算者，都有不同。

二曰地面南北，其北極出地高低度分不等，其赤道所離天頂亦因而異，以辨地方風氣寒暑之節。

三曰各處地方所見黄道，各有高低斜直之異，故其晝夜長短亦各不同。所得日景，有表北景，表南景，亦有周圍圓景。

四曰七政行度不同，各爲一重天，層層包裹。推算周徑，各有其法。

五曰列宿在天，另有行度，二萬七千餘歲一周。此古今中星所以不同之故，不當指列宿之天爲晝夜一周之天。

六曰五星之天，各有小輪，原俱平行，特爲小輪旋轉于大輪之上下，故人從地面測之，覺有順逆遲疾之異。

七曰歲差分秒多寡，古今不同。蓋列宿天外别有兩重之天，動運不同，其一東西差出入二度二十四分，其一南北差出入一十四分，各有定算。其差極微，從古不覺。

八曰七政諸天之中心，各與地心不同處所。春分至秋分多九日，秋分至春分少九日。此由太陽天心與地心不同處所，人從地面望之，覺有盈縮之差，其本行初無盈縮。

九曰太陰小輪，不但算得遲疾，又且測得高下、遠近、大小之異。交食多寡，非此不確。

十曰日月交食，隨其出地高低之度看法不同，而人從所居地面南北望之又皆不同，兼此二者，食分乃審。

十一曰日月交食，人從地面望之，東方先見，西方後見。凡地面差三十度，則時差八刻二十分，而以南北相距二百五十里作一度，東西則視所離赤道以爲減差。

十二曰日食與合朔不同。日食在午前，則先食後合，在午後，則先合後食。凡出地入地之時近于地平，其差多至八刻；漸近于午，則其差時漸少。

十三曰日月食所在之宫，每次不同，皆有捷法定理，可以用器轉測。

十四曰節氣當求太陽真度，如春秋分日乃太陽正當黄赤二道相交之處，不當計日匀分。

右漢以來觀象。

五禮通考卷第一百八十三

淮陰吴玉搢校字

五禮通考卷第一百八十四

内廷供奉禮部右侍郎金匱秦蕙田編輯
太子太保總督直隸右都御史桐城方觀承同訂
休寧戴震
按察司副使元和宋宗元參校

嘉禮五十七

觀象授時

【《書·堯典》】分命羲仲，宅嵎夷，曰暘谷。【傳】東表之地稱嵎夷。暘，明也。【疏】《禹貢》青州曰：「嵎夷既略。」青州在東，界外之畔爲表，故云「東表之地稱嵎夷」也。寅賓出日，【傳】寅，敬。賓，導也。平秩東作。【傳】秩，序也。

朱子曰：「『宅嵎夷』之類，恐只是四方度其日景，如唐時尚使人去四方觀望。」又曰：「『宅』字古與『度』字通，見《周禮注》等書者非一。『宅嵎夷』之屬，皆謂度日景於此。」

胡氏渭曰：「案《後漢書》：『東夷有九種，曰畎夷、于夷、方夷、黄夷、白夷、赤夷、玄夷、風夷、陽夷。贊曰：宅是嵎夷，曰乃暘谷。巢山潛海，厥區九族。』是以九夷爲嵎夷也。《説文》：『嵎，山，在遼西。一曰嵎銕，暘谷也。』既在遼西，則冀域而非青域，不可以當《禹貢》之『嵎夷』。薛士龍云：『嵎夷，今登州。』《齊乘》因以寧海州爲嵎夷。近世皆宗其説。余案《封禪書》：『秦始皇東遊海上，祠齊之八神，其七曰日主，祠成山。成山斗入海，最居齊東北隅，以迎日出云。』韋昭曰：『成山在東萊不夜縣。』今文登縣東北一百八十里有成山是也。謂羲仲之所宅在此，頗近理。然文登與萊州接壤，禹既略嵎夷，不應越萊夷而西治濰、淄，是則可疑耳。且朝鮮更在成山之東，寅賓出日，尤爲得宜。范史以東夷九種爲嵎夷，必有根據。杜氏《通典》，亦用其説。《通鑑》唐高宗顯慶五年，命蘇定方伐百濟，以新羅王春秋爲嵎夷道行軍總管，是亦以東夷爲嵎夷也。《元史·天文志》言郭守敬爲太史，四海測景之所凡二十七，東極高麗，西至滇池，南踰朱崖，北盡鐵勒，皆古人之所未及。案高麗即古朝鮮，北極出地三十八度，與登州同。後世朝鮮爲外國，測景但可在登州。堯時嵎夷爲青域，測景自當在朝鮮也。」

申命義叔，宅南交。平秩南訛，【傳】申，重也。南交，言夏與春交。訛，化也。【疏】鄭云：「夏不言『曰明都』，三字摩滅也。」伏生所誦與壁中舊本並無此字，非摩滅也。王肅以夏無「明都」，避「敬致」，然即幽足見明，闕文相避。如肅之言，義可通矣。敬致。

司馬氏貞曰：「孔注未是。然則冬與秋交，何故下無其文？且東嵎夷，西昧谷，北幽都，三方皆言地，而夏獨不言地，乃云『與春交』，斯不例之甚也。然南方地有名交阯者，或古文略舉一字名地，南交即是交阯不疑也。」

林氏之奇曰：「《周官》『冬夏致日』，《左氏》曰『日官居卿以底日』，則敬致者，致日之謂也。」

朱子曰：「致日，考日中之景，如《周禮》土圭之法。圭只是量表景底尺，長一尺五寸，以玉爲之，夏至立表，視表景長短，以玉圭量之。」

分命和仲，宅西，曰昧谷。寅餞納日，平秩西成。【傳】昧，冥也。餞，送也。申命和叔，宅朔方，曰幽都。平在朔易。【疏】《釋訓》：「朔，北方也。」李巡云：「萬物盡於北方，蘇而復生。」《釋詁》：「在，察也。」

呂氏祖謙曰：「北方，終其陰而後始其陽，故曰朔方。既承今歲之終，又慮來歲之始，故曰朔易。始而終，終而始，此天地生生不窮之道。」

黃氏度曰：「《禹貢》：『西被流沙。』自流沙以西，皆夷界山川，不紀於職方，故稱『西』以見境域之不止此也。朔則北限沙漠，荒茫悠遠，山川不可見，故稱朔方，以爲大界。或曰《山海經》北荒有幽都山，樂史《寰宇記》幽州有幽都山，皆爲附會。」

梅氏文鼎曰：「日月星辰之行度不變，而人所居有東南西北、正視側視之殊，則所見各異，謂之里差，亦曰視差，自漢及晉，未有知之者也。北齊張子信，始測交道有表裏，此方不見食者，人在月外必反見食。《宣明》本之，爲氣、刻、時三差。而《大衍》有九服測食定晷漏法。元人四海測驗二十七所，而近世歐邏巴航海數萬里，以身所經山海之程，測北極爲南北差，測月食爲東西差，里差之説，至是而確。是蓋合數千年之積測以定歲差，合數萬里之實驗以定里差，距數逾遠，差積逾多，而曉然易辨。且其爲法，既推之數千年、數萬里而準，則施之近用，可以無惑。法至今日，屢變益精以此。然余亦謂定於唐虞之時，何也？不能預知者，差之數。萬世不易者，求差之法。古之聖人，以日之所在，不可以目視而器窺也，故爲之中星以紀之。鳥、火、虚、昴，此萬世求歲差之根數也。又以日之出入發斂不可以一方之所見爲定也，故爲之嵎夷、昧谷、南交、朔方之宅以分候之，此萬世求里差之定法也。」

又曰：「《周髀》所言『東方日中，西方夜半』云云者，皆相距六時，其相去之地，皆一百八十度，地與天應，其周度皆三百六十，則其相對必一百八十。此東西差之極大者也。細考之，則日在極東而東方爲日中午時，則其地在極南者必見日初出地而爲卯時，在極北者必見日初入地而爲酉時，故又云：『此四方者，晝夜易處，加四時相及。』自南方卯至東方午爲四時，自東方日中午至北方酉亦四時，故每加四時，則相及矣。若以度計之，實相距九十。又細分之，則東西相距三十度，必早晚差一時；如日在極南爲午時，其西距三十度之地必見其爲未時。其餘地准此推之，並同。相距十五度，必相差四刻。堯『分命羲仲，寅賓出日；和仲寅餞内日』者，測此東西里差也。「寅賓」、「寅餞」，互文見意，非羲仲但朝測，和仲但暮測也。又《周髀》所言『北極下半年爲晝，中衡下五穀一歲再熟』云云者，其距緯皆相去九十度，乃南北差之極大者也。細考之，北極高一度，則地面差數百十里，屢代所測，微有不同，今定爲二百五十里。而寒暑密移，晝夜之長短各異，和叔、羲叔，分處南北，以測此南北里差也。」

蕙田案：「宅嵎夷」、「宅西」，所以測最東、最西日出入相差時刻也。東方見日早，西方見日晚，如今雲南寅初，朝鮮已寅末；朝鮮酉末，雲南方酉初。是以節朔及月食，幾差一時。然則東西里差者，推節朔及月食所必用也。「宅南交」、「宅朔方」，所以測最南、最北日永短相差，併驗其氣候之有不齊也。如冬至廣東之晝短，山西較之益短，其差不啻半時；夏至廣東之晝長，山西較之益長，其差亦不啻半時。且不但此也，自中土而南，寒漸平，其冬或如春秋焉，而一歲兩夏者有矣。赤道之下。自中土而北，寒愈甚，其夏或如春秋焉，而春秋已同乎中土之冬矣。赤道北四十餘度。然則南北里差者，驗晝夜節候之所參稽也。既分測於南北東西最遠之地，自遠而近，亦當以遞及焉，然後相校以得其率，而法可起矣。致日之義，别詳後。

【《周禮・地官・司徒》】以土圭之灋測土深，正日景，以求地中。日南則景短多暑，日北則景長多寒，日東則景夕多風，日西則景朝多陰。

【注】土圭，所以致四時日月之景也。鄭司農云：「測土深，謂南北東西之深也。」玄謂晝漏半而置土圭，表陰陽，審其南北。景短於土圭謂之日南，是地於日爲近南也。景長於土圭謂之日北，是地於日爲近北也。東於土圭謂之日東，是地於日爲近東也。西於土圭謂之日西，是地於日爲近西也。如是，則寒暑陰陽偏而不和，是未得其所求。凡日景於地，千里而差一寸。【疏】案《玉人職》云：「土圭尺有五寸。」度土之深，深謂日景長短之深也。正日景者，夏日至，晝半，表北得尺五寸景，正與土圭等，即地中，故云「正日景以求地中」也。中表景得正時，東表日已昳矣，晝漏半已得夕景，故云「景夕」。中表景得正時，西表日未中仍得朝時之景，故云「景朝」。

日至之景尺有五寸，謂之地中：天地之所合也，四時之所交也，風雨之所會也，陰陽之所和也。然則百物阜安，乃建王國焉，制其畿方千里而封樹之。【注】鄭司農云：「土圭之長尺有五寸，以夏至之日立八尺之表，其景適與土圭等，謂之地中。今潁川陽城地爲然。」

【《隋書·天文志》】劉焯云：「《周官》夏至日影，尺有五寸。張衡、鄭玄、王蕃、陸績先儒等，皆以爲影千里差一寸。言南戴日下萬五千里，表影正同，天高乃異。考之算法，必爲不可。寸差千里，亦無典説，明爲意斷，事不可依。今交、愛之州，表北無影，計無萬里，南過戴日。是千里一寸，非其實差。」

【《舊唐書·天文志》】案貞觀中，史官所載鐵勒、回紇部在薛延陁之北，去京師六千九百里。又有骨利幹居回紇北方瀚海之北，北距大海，晝長而夕短，既日没後，天色正曛，煮一羊胛纔熟，而東方已曙。開元十二年，太史監南宫説擇河南平地，以水準繩，樹八尺之表而以引度之。始自滑州白馬縣，北至之晷，尺有五寸七分。自滑州臺表南行一百九十八里百七十九步，得汴州浚儀古臺表，夏至影長一尺五寸微强。又自浚儀而南百六十七里二百八十一步，得許州扶溝縣表，夏至影長一尺四寸四分。又自扶溝而南一百六十里百一十步，至豫州上蔡武津表，夏至影長一尺三寸六分半。大率五百二十六里二百七十步，影差二寸有餘。而先儒以爲王畿千里影移一寸，乖舛而不同矣。

李氏光地曰：「土圭條所謂地中及東西南北之偏，就九州以内言之耳。如今南方多熱，北方多寒，近海處多風，近山處多陰。故惟中州氣候爲得其正，而其日景則夏至之日適與土圭齊，故取以爲準。是日景以土中而定，非土中因日景而得也。經云『正景以求地中』，所謂求者，猶標識之義耳。『景短多暑』，言景短時多暑也。『景長多寒』，言景長時多寒也。『景夕多風』，言景夕時多風也。『景朝多陰』，言景朝時多陰也。景短謂夏，景長謂冬，景夕謂午後，景朝謂午前。」

又曰：「『日南則景短多暑』，謂從此中表而南之地，則當景短之時，盛暑不堪。若今廣州，夏時炎赫，倍于他州。蓋景短即夏至，非短于尺有五寸之謂也。『日北則景長多寒』者，謂從此中表而北之地，則當景長之時，隆寒不堪。若今塞外，冬時凛栗亦倍。蓋景長即冬至，非長于尺有五寸之謂也。『日東則景夕多風』者，謂從中表而東之地，則景夕之時多風。蓋東地多水，多水則多風，若吾州午後即海風揚也。風起于夕，故以景夕言之。『日西則景朝多陰』者，謂從此中表而西之地，則景朝之時多陰。蓋西地多山，多山則雲氣盛，若柳子厚所謂『庸蜀之南，恒雨少日』是也。陰霾于朝，故以景朝言之。如此則寒暑陰風，偏而不和，是未得其所求。天地之所合者，地中與天中氣合也。合則四時交而無多暑多寒之患，合則風雨會而無多風，合則陰陽和而無多陰。何以定之？以驗寒、暑、陰、風於五土而知。惟此爲不偏也。然則沖和所會，無水旱昆蟲之災，無凶饑妖孽之疾，兆民之衆，含生之類，莫不阜安，是乃王者之都也。『日至之景尺有五寸，謂之地中』者，非謂必日景尺有五寸乃爲地中，是言地中之處其景尺有五寸，蓋用以爲標識也。」

蕙田案：必求地中者，王者處中以

御天下，即用是得各方定節氣時刻之率也。

又案：寒暑陰風之偏，及四時天地交合，陰陽風雨和會，一皆實驗，先驗其偏，後求之而得其中也。「求」字之義甚實，李安溪謂「求猶標識」，初以其説爲然，細案之語意，乃非也。午後多風、午前多陰之説，亦未確。大概東方多風，西方多陰爾。古人用土圭測黄赤二道，猶今之測北極高下也。寒暑進退，晝夜永短，因之而隨地不同。合《堯典》、《周禮》觀之，古人測里差極詳，測非獨夏至，夏至日中景最短，以最短爲度。及其長若干，皆用是度之。《周髀》有七衡以正十二中氣，必由於實測，然後立爲準的也。

【《春官・典瑞》】土圭以致四時日月，封國則以土地。【注】以致四時日月者，度其景至不至。冬夏以致日，春秋以致月。土地，猶度地也。鄭司農説以《玉人職》曰：「土圭尺有五寸，以致日，以土地。以求地中，故謂之土圭。」【疏】冬至立八尺之表，晝漏半度之，表北得丈三尺景。又《大司徒》云：「日至之景，尺有五寸，謂之地中。」是其景至也。若不依此，或長或短，則爲不至也。

【《夏官・土方氏》】掌土圭之灋，以致日景。【注】致日景者，夏至景尺有五寸，冬至景丈三尺，其間則日有長短。以土地相宅，而建國都鄙。【注】土地，又度地。❶知東西南北之深，而相其可居者。宅，居也。

【《考工記・玉人》】土圭尺有五寸，以致日，以土地。【注】致日，度景至不。夏日至之景尺有五寸，冬日至之景丈有三尺。土猶度也。建邦國以度其地而制其域。【疏】於地中立八尺之表，中漏半，❷夏至日，表北

❶「又」，《周禮・夏官・土方氏》注作「猶」。

❷「中」，浦鏜《十三經注疏正字》以爲當作「晝」。

尺五寸，景與土圭等；冬至日，丈三尺：爲景至。若不依此，皆爲不至，故云「度景至不」也。

【《匠人》】建國，【注】立王國若邦國者。水地以縣，【注】於四角立植，而縣以水，望其高下。高下既定，乃爲位而平地。【疏】植即柱也。柱四畔縣繩以正柱，柱正，然後去柱，遠以水平之法遥望，柱高下定，即知地之高下。然後平高就下，地乃平也。置槷以縣，眡以景。【注】於所平之地中央，樹八尺之臬，以縣正之，眡之以其景，將以正四方也。【疏】槷，亦謂柱也。欲取柱之景，先須柱正，當以繩縣而垂之於柱之四角四中，以八繩縣之，其繩皆附柱，則其柱正矣。爲規，識日出之景與日入之景。【注】日出日入之景，其端則東西正也。又爲規以識之者，爲其難審也。自日出而畫其景端，以至日入，既則爲規測景兩端之内規之規之交，乃審也。度兩交之間，中屈之以指臬，則南北正。【疏】以繩規取景之兩端一帀，則景之遠近定，遠近定則東西乃審。晝參諸日中之景，夜考之極星，以正朝夕。【注】日中之景，最短者也。極星，謂北辰。

蕙田案：土圭尺有五寸，合乎地中夏日至之景。凡建邦土地悉用之者，蓋以是爲法而度其方之日景短長。過乎土圭，則其地近北，不及土圭，則其地近南，而南北氣候不同，可就土圭知之，猶今之測北極高下也。土圭所度，即八尺槷之景也。晝識景，夜考極，蓋定南北西東及隨時隨地昏旦刻分，故曰「以正朝夕」。槷與土圭，合而爲用，舉其一則兩者可見。土圭知景短景長矣，「景朝」、「景夕」何以定？注家但云案漏，❶特其一法耳。今又能驗諸月食，於理尤確。環地南北之度，有北極高下爲準，而東西之度，即《周禮》所謂

❶「案」，疑當作「晝」。

「景朝」、「景夕」者，非有法推之，何以確鑿言之若是乎！《周禮》之法，

惜乎不傳，宜以今日測驗補之。

【《宋史・天文志》】沈括上《景表議》曰：「步景之法，惟定南北爲難。古法置槷爲規，識日出之景，與日入之景。晝參諸日中之景，夜考之極星。極星不當天中，而候景之法，取晨夕景之最長者規之，兩表相去中折以參驗，最短之景爲日中。然測景之地，百里之間，地之高下東西不能無偏，其間又有邑屋山林之蔽，倘在人目之外，則與濁氛相雜，莫能知其所蔽；而濁氛又繫其日之明晦風雨，人間烟氣塵坌變作不常。臣在本局候景，入濁出濁之節，日日不同，此又不足以考見出没之實，則晨夕景之短長，未能得其極數。

參考舊聞，別立新術。候景之表三，其崇八尺，博三寸三分，殺一以爲厚者。圭首剡其南使偏鋭，其趺方厚各二尺，環趺刻渠受水以爲準。以銅爲之。表四方志墨以爲中刻之，綴四繩，垂以銅丸，各當一方之墨。先約定四方，以三表南北相重，令趺相切，表別相去二尺，各使端直。四繩皆附墨，三表相去左右上下以度量之，令相重如一。自日初出，則量西景三表相去之度，又量三表之端景之所至，各別記之。至日欲入，候東景亦如之。長短同，相去之疎密又同，則以東西景端隨表影規之，半折以求最短之景。五者皆合，❶則半折最短之景爲北，表南墨之下爲南，東西景端爲東西。五候一有不合，❷未足以爲正。既得四方，則惟設一表，

❶「五」，原作「三」，據庫本改。

❷「五」，原作「三」，據庫本改。

方首，表下爲石席，以水平之，植表於席之南端。席廣三尺，長如九服。冬至之景，自表趺刻以爲分，分積爲寸，寸積爲尺。爲密室以棲表，當極爲霤，以下午景使當表端。副表併趺崇四寸，趺博二寸，厚五分，方首，剡其南，以銅爲之。凡景表景薄不可辨，即以小表副之，視景墨而易度。」

【《元史·天文志》】正方案，方四尺，厚一寸。四周去邊五分爲水渠。先定中心，畫爲十字，外抵水渠。去心一寸，畫爲圓規，自外寸規之，凡十九規。外規内三分，畫爲重規，徧布周天度。中爲圓，徑二寸，高亦如之。中心洞底植臬，高一尺五寸，南至則減五寸，北至則倍之。凡欲正四方，置案平地，注水於渠，眡平，乃植臬於中。自臬景西入外規，即識以墨影，少移輒識之，每規皆然，至東出外規而止。凡出入一規之交，皆度以線，屈其半以爲中，即所識與臬相當，且其景最短，則南北正矣。復徧閱每規之識，以審定南北。南北既正，則東西從而正。然二至前後，日軌東西行，南北差少，即外規出入之景以爲東西，允得其正。當二分前後，日軌東西行，南北差多，朝夕有不同者，外規出入之景或未可憑，必取近内規景爲定，仍校以累日則愈真。又測用之法，先測定所在北極出地度，即自案地平以上度，如其數下對南極入地度，以墨斜經中心界之，又横截中心斜界爲十字，即天腹赤道斜勢也。乃以案側立，懸繩取正。凡置儀象，皆以此爲準。

圭表，以石爲之，長一百二十八尺，廣四尺五寸，厚一尺四寸。座高二尺六寸。南北兩端爲池，圓徑一尺五寸，深二寸，自表北一尺，與表梁中心上下相直。外一百二十尺，中心廣四寸，兩旁各一寸，畫爲尺寸分，以達北端。兩旁相去一寸爲水渠，深廣各一寸，與南北兩池相灌通以取平。表長五十尺，廣二十四寸，厚減廣之半，植於圭之南端圭石座中，入地及座中一丈四尺，上高三十六尺。其端兩旁爲二龍，半身附表上擎橫梁，自梁心至表顛四尺，下屬圭面，共爲四十尺。梁長六尺，徑三寸，上爲水渠以取平。兩端及中腰各爲橫竅，徑二分，橫貫以鐵，長五寸，繫線合於中，懸錘取正，且防傾墊。案表短則分寸短促，尺寸之下所謂分秒太半少之數，未易分別；表長則分寸稍長，所不便者，景虛而淡，難得實影。前人欲就虛景之中考求真實，或設望筩，或置小表，或以木爲規，皆取端日光，下徹表面。今以銅爲表，高三十六尺，端挾以二龍，舉一橫梁，下至圭面共四十尺，是爲八尺之表五。圭表刻爲尺寸，舊一寸，今申而爲五，釐毫差易分別。

景符之制，以銅葉，博二寸，長加博之二，中穿一竅，若針芥然。以方闆爲趺，一端設爲機軸，令可開闔，榰其一端，使其勢斜倚，北高南下，往來遷就於虛梁之中。竅達日光，僅如米許，隱然見橫梁於其中。舊法，以表端測晷，所得者日體上邊之景。今以橫梁取之，實得中景，不容有毫末之差。至元十六年己卯夏至晷景，四月十九日乙未景一丈二尺三寸六分九釐五毫。至元十六年己卯冬至晷景，十月二十四日戊戌景七丈六尺七寸四分。

闚几之制，長六尺，廣二尺，高倍之。下爲趺，廣三寸，厚二寸，上闆廣四寸，厚如趺。以板爲面，厚及寸，四隅爲足，撐以斜木，務取正方。面中開明竅，長四尺，廣二寸。近竅兩旁一寸分畫爲尺，内三寸刻爲細分，下應圭面。几面上至梁心二十六尺，取以爲準。闚限各各長二尺四寸，廣二寸，脊厚五分，兩刃斜搠，取其於几面相符，著限兩端，厚廣各存二寸，銜入几闑。俟星月正中，從几下仰望，視表梁南北以爲識，折取分寸中數，用爲真景。又於遠方同日闚測取景數，以推星月高下也。

【《明史・天文志》】宣城梅文鼎曰：「極度晷影常相因。知北極出地之高，即可知各節氣午正之影。測得各節氣午正之影，亦可知北極之高。然其術非易易也。圭表之法，表短則分秒難明，表長則影虚而淡。郭守敬所以立四丈之表，用影符以取之也。日體甚大，竪表所測者日體上邊之影，横表所測者日體下邊之影，皆非中心之數，郭守敬所以於表端架横梁以測之也，其術可謂善矣。但其影符之制，用銅片鑽針芥之孔，雖前低後仰以向太陽，但太陽之高低每日不同，銅片之欹側安能俱合。不合，則光不透，臨時遷就，而日已西移矣。須易銅片以圓木，左右以兩板架之，如車軸然，則轉動甚易。更易圓孔以直縫，而用始便也。然影符止可去虚淡之弊，而非其本。必須正其表焉，平其圭焉，均其度焉，三者缺一，不可以得影。三者得矣，而人心有粗細，目力有利鈍，任事有誠僞，不可不擇也。知乎此，庶幾晷影可得矣。西洋之法，又有進焉。謂地半徑居日天半徑千餘分之一，則地面所測太陽之高，必少於地心之實高，於是有地半徑差之加。近地有清蒙氣，能升卑爲高，則晷影所推太陽之高，或多於天上之實高，於是又有清蒙差之減。是二差者，皆近地多而漸高漸減，以至於無，地半徑差至天頂而無，清蒙差至四十五度而無也。」

【《新法算書》】定南北線：本法，用地平經緯儀取最近北極一星，測其東西行所至，兩經度中分之，即正北方也。用句陳大星，西名小熊尾第一，夏至子時在極東，冬至子時在極西；用句陳第五星，西名小熊尾第三，冬至酉時在極西，卯時在極東。用此即定線，一夕可得。若無本器，用兩表之法。兩表者，一定表，其體與地平爲垂線；一游表，其直邊亦與地平爲垂線。先以二表與星相望，參直成一線，若星漸移而東，則遷游表隨東，至不復東而止。移西亦如之。末從定表望兩游表，各以直線聯之，成三角形，平分其角，作南北正線。

西史第谷欲究極日躔行度之理，造大渾儀，測諸經緯度分。每渾儀所測之緯度，高於所算太陽之緯度，乃知真高在視高之下，因悟差高之緣，蓋清蒙之氣所爲也。清蒙之氣者，地中游氣，時時上騰，入夜爲多，水上更多，其質輕微，略似澄清之水。其於物體，不能隔礙人目，使之隱蔽，却能映小爲大，升卑爲高。故日月出入，人從地平上望之，比于中天則大；星座出入，人從地平上望之，比于中天則廣。此映小爲大也。定望日時地，在日月之間，人在地平，無兩見之理，而恒得兩見：或日未西没而已見月食于東，日已東出而尚見月食於西，或高山之上見日月出入，以較算定時刻，每先昇後墜。此升卑爲高也。清蒙之氣，有厚薄，有高下。氣盛則厚而高，氣減則薄而下。厚且高，則映像愈大，升像愈高；薄且下，則映像不甚大，升像亦不甚高。其所繇厚且高者，若海若江湖，水氣多也。或水少而土浮虛，此氣能令輕塵上升，亦厚且高也。地勢不等，氣勢亦不等，故受蒙者，其勢亦不等。欲定日躔、月離、五星、列宿等之緯度，宜先定本地之清蒙差。清蒙之本性，能昇物象，令高于實在之所，不能偏左偏右，故其差恒在緯度，不在經度。

凡七政之視差有二，一爲地半徑差，一爲清蒙氣差。地半徑差，月最大，日、金、水次之，火、木、土則漸遠漸消，恒星天最遠，地居其中，止于一點，故絶無地半徑差而獨有清蒙之差。清蒙地氣，去人甚近，故不論天體近遠，但以高卑爲限。星去地平未遠，人目望之，星爲此氣所蒙，不能直射人目，必成折照，乃能見之。一經轉折，人之見星，必不在其實所，即星體在地平之下，人所目見，乃在其上也。迨升度既高，蒙氣已絶，則直射人目，是爲正照，雖星月之間，微有濕氣，不能爲差也。試用一星，於地平近處測其去北極之度，迨至子午圈上又測之，即兩測必不合；或用兩星于地平近處測其距度，逮至子午圈上又測之，即兩測亦不必合。此其證也。此氣晴明時有之，人目所不見，而能曲折相照，升卑爲高，故名清蒙。若雲霧等濁蒙，直是難測，不論視差矣。

觀承案：測景直推至清蒙氣差，比地半徑差爲更盡矣。正唯如此，則立表測量，亦第能得其大分耳，圭撮芒渺之間，安能使之須眉畢現也哉！故後世雖立法更密，測望更精，而天道幽玄，必非人力所能窮竟者。觀象者但當順天以求合，而不能爲合以驗天。西法雖善，千百年後，安能保其無纖毫差謬也。

江氏永曰：「凡徹體之物，如氣如水，如玻璃水晶，皆能變物之形，遠可使近，小可使大，直可使曲，深可使淺，卑可使高，遠鏡其顯者也。插篙於水，置錢於盂，無不可驗。是以日月出地與將入地，視徑加大，蒙氣映之故也。不唯加大而已，更能升之使高，實未出地而已出地也，雖已入地而猶未入也。故日食於高卑、南北、東西三差之外，更有清蒙氣差、清蒙徑差。此爲帶食言之也。有此二差，則旦暮日食，以東西差加減之，而當食者，蒙氣或升之而不食矣，其不當食者，或升之而見食矣。視徑加大，則能變食限，與加時早晚、食分多少矣。此非臺官所能豫定，必隨方測候而後可知。前史有書當食不食、不當食而食者，其故或由此與？」

蕙田案：《隋書》姜岌言：「地有遊氣，故參伐在旁則其間疎，在上則其間數。日晨夕近地，故色赤而大；無遊氣則色白，大不甚矣。」宋沈括言：「在本局候景，入濁出濁之節，日日不同。」蓋皆以近地之氣能變易實體而謂之遊氣，謂之濁氛，日日有之，且厚薄無常，隨地不等也。西法辨別其間有清蒙、濁蒙，濁蒙則全無準，清蒙尚可得其準差。要之，既爲氣差，詎能一定，隨各地厚薄之常，較驗爲法可也。

右測景之法。

【《舊唐書·天文志》】開元十二年，詔太史交州測景，夏至影表南長三寸三分。測影使者大相元太云：「交州望極，纔出地二十餘度。以八月自海中南望老人星殊高，老人星下，環星燦然，其明大者甚衆，圖所不載，莫辨其名。大率去南極二十度以上，其星皆見，乃古渾天家以爲常没地中，伏而不見之所也。」陽城北至之晷一尺四寸八分弱，冬至之晷一丈二尺七寸一分半，春秋分其長五尺四寸三分，以覆矩斜視，北極出地三十四度四分。凡度分，皆以十分爲法。自滑臺表視之，高三十五度三分；差陽城九分。自浚儀表視之，高三十四度八分；差陽城九分。自武津表視之，高三十三度八分。差陽城九分。雖秒分稍有盈縮，❶難以目校，然大率五百二十六里二百七十步而北極差一度半，三百五十一里八十步而差一度。❷樞極之遠近不同，則黄道之軌景固隨而遷變矣。

自此爲率推之，比歲朗州測影，夏至長七寸七分，冬至長一丈五寸三分，春秋分四尺三寸七分半，以圖測之，定氣長四尺四寸七分。案圖斜視，北極出地二十九度半。差陽城五度二分。蔚州横野軍測影，夏至長二尺二寸九分，冬至長一丈五尺八寸九分，春秋長六尺四寸四分半，以圖測之，六尺六寸三分半。❸案圖斜視，北極出地四十度，差陽城五度二分。凡南北之差十度半，其徑三千六百八十里九十步。自陽城至朗州，一千八百二十六里百九十六步；自陽城至許州横野軍，❹一千八百六十一里二百一十四步。北至之晷，差一尺五寸三分。自陽城至朗州，差七寸二分；自陽城至横野軍，差八寸。南至之晷，差五尺三寸六分。自陽城至朗州，差二尺一寸八分；自陽城至横野軍，差三尺一寸八分。率夏至與南方差少，冬至與北方差多。

又以圖校安南，日在天頂北二度四分，北極

❶「秒」，原作「秋」，據新舊《唐書·天文志》改。

❷「三百五十」，原作「五百三十」，據校點本新舊《唐書·天文志》改。

❸「六尺」上，新舊《唐書·天文志》有「定氣」二字。

❹「許州」，《舊唐書·天文上》作「蔚州」，疑是。

高二十度四分。冬至影長七尺九寸四分，定春秋分影長二尺九寸三分。差陽城十四度三分，其徑五千二十三里。至林邑國，❶日在天頂北六度六分强，北極之高十七度四分，周圜三十五度，常見不隱。影長六尺九寸，❷其徑六千一百一十二里。假令距陽城而北，至鐵勒之地，亦十七度四分，合與林邑正等，則五月日在天頂二十七度四分，北極之高五十二度，周圜一百四度，常見不隱。北至之晷四尺一寸三分，南至之晷二丈九尺二寸六分，定春秋分影長九尺八寸七分。北方日没地纔十五度餘，昏伏於亥之正西，晨見於丑之正東，以里數推之，已在回紇之北，又南距洛陽九千八百一十六里，則五月極長之日，其夕常明。然則骨利幹猶在其南矣。一行因修《大衍圖》，更爲《覆矩圖》：林邑國，北極高十七度四分。冬至影在表北六尺九寸。定春秋分影在表北二尺八寸五分，夏至影表南五寸七分。安南都護府，北極高二十六度六分。冬至影在表北七尺九寸四分。定春秋分影在表北二尺九寸三分，夏至影在表南三寸三分。朗州武陵縣，北極高二十九度五分。冬至影在表北一丈五寸三分。定春秋分景在表北四寸七分，❸夏至影在表北七寸七分。襄州，恒春分影在表北四尺八寸。蔡州上蔡縣武津館，北極高三十三度八分。冬至影在表北一丈二尺三寸八分。定春秋分影在表北五尺二寸八分，夏至影在表北一尺三寸六分半。許州扶溝，北極高三十四度三分。冬至影在表北一丈二尺五寸三分。定春秋分影在表北五尺三寸七分，夏至影在表北五尺四寸四分。❹汴州浚儀太岳臺，北極高三十四度八

❶「國」，原作「圖」，據《舊唐書・天文上》改。下同。

❷「影」上，《舊唐書・天文上》有「冬至」二字，疑是。

❸「四寸七分」，新舊《唐書・天文志》作「四尺三寸七分半」。

❹「五」，《舊唐書・天文上》及《唐會要》卷四二作「一」。

分。冬至影在表北一丈二尺八寸五分。定春秋分影在表北五尺五寸，夏至影在表北一尺五寸三分。滑州白馬，北極高三十五度三分。冬至影在表北一丈三尺。定春秋分影在表北五尺三寸六分，夏至影在表北一尺五寸七分。太原府。北極高三十度。恒春秋分在表北六尺。❶蔚州横野軍，北極高三十度。冬至影在表北一丈五尺八寸九分。定春秋分影在表北六尺六寸三分，夏至影在表北二尺二寸九分。

【《唐書・天文志》】凡晷差，冬夏不同，南北亦異，先儒一以里數齊之，遂失其實。今更爲《覆矩圖》，南自丹穴，北暨幽都，每極移一度，輒累其差，可以稽日食之多少，定晝夜之長短，而天下之晷，皆協其數矣。

【《元史・天文志》】四海測景之所，凡二十有七，東極高麗，西至滇池，南踰朱崖，北盡鐵勒。司天之官，遵而用之，靡有差忒。南海，北極出地一十五度，夏至景在表南，長一尺一寸六分，晝五十四刻，夜四十六刻。衡嶽，北極出地二十五度，夏至日在表端，無景，晝五十六刻，夜四十四刻。嶽臺，北極出地三十五度，夏至晷景長一尺四寸八分，晝六十刻，夜四十刻。和林，北極出地四十五度，夏至晷景長三尺二寸四分，晝六十四刻，夜三十六刻。鐵勒，北極出地五十五度，夏至晷景長五尺一分，晝七十刻，夜三十刻。北海，北極出地六十五度，夏至晷景長六尺七寸八分，晝八十二刻，夜一十八刻。大都，北極出地四十度太强，夏至晷景長二尺三寸六分，晝六十二刻，夜三十八刻。上都，北極出地四十三度少。北京，北極出地四十二度强。益都，北極出地三十

❶「秋分」，《舊唐書・天文上》及《唐會要》卷四二作「分影」。

七度少。登州，北極出地三十八度少。高麗，北極出地三十八度少。西京，北極出地四十度少。太原，北極出地三十八度少。安西府，北極出地二十四度半强。❶興元，北極出地三十三度半强。成都，北極出地三十一度半强。西涼州，北極出地四十度强。東平，北極出地三十五度太。大名，北極出地三十六度。南京，北極出地三十四度太强。河南府陽城，北極出地三十四度太弱。揚州，北極出地三十三度。鄂州，北極出地三十一度半。吉州，北極出地二十六度半。雷州，北極出地二十度太。瓊州，北極出地一十九度太。

【《明史·天文志》】地居天中，其體渾圓，與天度相應。中國當赤道之北，故北極常現，南極常隱。南行二百五十里則北極低一度，北行二百五十里則北極高一度。以周天度計之，知地之全周爲九萬里也。以周徑密率求之，得地之全徑爲二萬八千六百四十七里又九分里之八也。凡北極出地之度同，則四時寒暑靡不同。

崇禎初，西洋人測得京省北極出地度分：北京四十度，周天三百六十度，度六十分立算，下同。南京三十二度半，山東三十七度，山西三十八度，陝西三十六度，河南三十五度，浙江三十度，江西二十九度，湖廣三十一度，四川二十九度，廣東二十三度，福建二十六度，廣西二十五度，雲南二十二度，貴州二十四度。以上極度，惟兩京、江西、廣東四處皆係實測，其餘則據地圖約計之。又以十二度度六十分之表測京師各節氣午正日影：夏至三度三十三分，芒種、小暑三度四十二分，小滿、大暑

❶「二」，聖環本同。《元史·天文一》作「三」。

四度十五分，立夏、立秋五度六分，穀雨、處暑六度二十三分，清明、白露八度六分，春秋分十度四分，驚蟄、寒露十二度二十六分，雨水、霜降十五度五分，立春、立冬十七度四十七分，大寒、小雪二十度四十七分，小寒、大雪二十三度三十分，冬至二十四度四分。

蕙田案：古人憑土圭測景，知各方分至啟閉之景，則知北極出地高下，而各方氣候不同，以土圭知之矣。唐以後漸詳於測北極，與二十四氣所得晷景互相參稽。唐至元，皆據古度法，較今度所差不多也。《唐志》言五百三十餘里差一度，今徑直計之，定爲二百五十里，所用者八寸舊尺，若十寸尺，則二百里而差一度，里數不同，覈實則一。

又案：以上北極高度，即南北里差。

【《明史·天文志》】東西偏度。以京師子午線爲中，而較各地所偏之度。凡節氣之早晚，日食之先後，胥視此。蓋人各以見日出入爲東西爲卯酉，以日中爲南爲午。而東方見日早，西方見日遲。東西相距三十度則差一時。東方之午乃西方之未也。相距九十度則差三時。東方之午乃西方之卯，西方之午乃東方之酉也。相距一百八十度則晝夜時刻俱反對矣。東方之午，乃西方之子。西洋人湯若望曰：「天啟三年九月十五夜，戌初初刻望，月食，京師初虧在酉初一刻十二分，而西洋意大里雅諸國望在晝，不見。推其初虧，在巳正三刻四分，相差三時二刻八分，以里差計之，殆距京師之西九十九度半也。故欲定東西偏度，必須兩地同測一月食，較其時刻。若早六十分時之二則爲偏西一度，遲六十分時之二則爲偏東一度。節氣之遲早亦同。今各省差數未得測驗，據《廣輿圖》計里之方約略條列，或不致甚舛也。南京應天府、福建福州府並偏東一度，山東濟南府偏東一度十五分，山西太原府偏西六度，湖廣武昌府、河南開封府偏西三度四十五分，陝西西安府、廣西桂林府偏西八度半，浙江杭州府偏東三度，江西南昌府偏西二度半，廣東廣州府偏西五度，四川成都府偏西十三度，貴州貴陽府偏西九度半，雲南雲南府偏西十七度。」右偏度，載《崇禎曆書》，未暇分測，度數實多未確，存之以備考訂云。

蕙田案：以上東西偏度，即東西里差。

右測日景求地中以定里差。

五禮通考卷第一百八十四

淮陰吴玉搢校字

五禮通考卷第一百八十五

内廷供奉禮部右侍郎金匱秦蕙田編輯
太子太保總督直隸右都御史桐城方觀承同訂
休寧戴震
按察司副使元和宋宗元參校

嘉禮五十八

觀象授時

【《書·堯典》】日中，星鳥，以殷仲春。【傳】日中，謂春分之日。鳥，南方朱鳥七宿。殷，正也。春分之昏，鳥星畢見，以正仲春之氣節，轉以推季孟則可知。日永，星火，以正仲夏。【傳】永，長也，謂夏至之日。火，蒼龍之中星，舉中則七星見可知。以正仲夏之氣節，季孟亦可知。宵中，星虛，以殷仲秋。【傳】宵，夜也。春言日，秋言夜，互相備。虛，玄武之中星，亦言七星皆以秋分日見，以正三秋。日短，星昴，以正仲冬。【傳】日短，冬至之日。昴，白虎之中星，亦以七星並見，以正冬之三節。【疏】馬融云：「古制，刻漏晝夜百刻。晝長六十刻，夜短四十刻。晝短四十刻，夜長六十刻。晝中五十刻，夜亦五十刻。」融之此言，據日出見爲說。天之晝夜，以日出入爲分。人之晝夜，以昏明爲限。日未出前二刻半爲明，日入後二刻半爲昏。損夜五刻，以裨於晝，則晝多於夜，復校五刻。古今數術，與大史所候，皆云夏至之晝六十五刻，夜三十五刻，冬至之晝四十五刻，夜五十五刻，春分秋分之晝五十五刻，夜四十五刻。此其不易之法也。然今太史細候之法，則校常法半刻也。從春分至於夏至，晝漸長，增九刻半。夏至至於秋分，所減亦如之。從秋分至於冬至，晝漸短，減十刻半。從冬至至於春分，其增亦如之。又於每氣之間，增減刻數，有多有少，不可通而爲率。漢初未能審知，率九日增減一刻，和帝時待詔霍融始請改之。《曲禮》説軍陳象天之行，「前朱雀，後玄武，左青龍，右白虎」。雀即鳥也，武謂龜甲捍禦，故變文玄武焉。是天星有龍、虎、鳥、龜之形也。四方皆有七宿，各成一形。東方成龍形，西方成虎形，皆南首而北尾。南方成鳥形，北方成龜形，皆西首而東尾。以南方之宿象鳥，故言鳥謂朱鳥七宿也。此經舉宿，爲文不類。春言「星鳥」，總舉七宿；夏言「星火」，獨指房、心。虛、昴惟舉一宿。文不同者，互相通也。計仲春日在奎、婁而入於酉地，則初昏之時井、鬼在午，柳、星、張在巳，軫、翼在辰，是朱鳥七宿皆得見也。天道左旋，日體右行，故星見之方，與四時相逆。春則南方見，夏則東方見，秋則北方見，冬則西方見。此則勢自當然。馬融、鄭玄以爲「星鳥、星火，謂正在南方。春分之昏七星中，仲夏之昏心星中，秋分之昏虛星中，冬至之昏昴星中，皆舉正中之星，不爲一方盡見」，此其與孔異也。至于舉仲月以統一時，亦與孔同。王肅亦以星鳥之屬爲昏中之星，其要異者，以所宅爲孟月，日中、星永爲仲月，❶星鳥、星火爲季月，以殷、以正皆總三時之月，讀仲爲中，言各正三月之中氣也。以馬融、鄭玄之言不合天象，星火之屬，仲月未中，故爲每時皆歷陳三月，言日以正仲春，以正春之三月中氣。若正春之三月中，當言「以正春中」，不應言「以正仲春」。王氏之說，非文勢也。孔氏直取畢見，稍爲迂闊，比諸王、馬，於理最優。計七宿，房在其中，但房、心連體，心統其名。《左傳》言「火中」、「火見」，《詩》稱「七月流火」，皆指房、心爲火，故曰「火，蒼龍之中星」；特舉一星，與鳥不類，故云「舉中則七星見可知」。計仲夏日在東井而入於酉地，即初昏之時角、亢在午，氐、房、心在巳，尾、箕在辰，是東方七宿皆得見也。北方七宿則虛爲中，故虛爲玄武之中星。計仲秋日在角、亢而入於酉地，初昏之時斗、牛在午，女、虛、危在巳，室、壁在辰，舉虛中星言之，亦言七星皆以秋分之日昏時並見，以正秋之三月。

齊氏召南曰：「孔疏于『日短，星昴，以正仲冬』，似脱《正義》一段。堯時冬至日躔所在，術家多以意說。宋何承天、隋袁充皆謂日在須女十度，已爲近之。唐一行直謂日在虛一，則星火、星昴，皆以仲月昏中，得其解矣。」

潘氏士遴曰：「凡測星，治地令平，規而圜之，徑二十步一尺七寸四分寸之二，六

❶「星」，聖環本同。《尚書・堯典》孔疏作「日」，疑是。

尺爲步。周三百六十五寸二十五分，一尺爲一度，以象周天之數。立一表於地規之中，命曰中表。不動，從表之北向南而望星。置一表於正南之經頭，命曰遊儀之表。每日逐星西過，以尺量其下去所表之數。每一尺爲一度。候星以牽牛爲始。望星在正南之昏時爲法。從此以後，日西過，經八日，昏時女星來中，故牛爲八度。復候女星，至十二日後，虛星來中，故爲十二度。復候虛星，至十日後，危星來，故虛爲十度。」

【《欽定書經傳説彙纂》】測中星，亦所以測日也。恒星當午，自人視之，爲天之中，故曰中星。蓋因晝有日光而不見星，故於初昏測之。既得中星，計至日入度分，加入昏刻所行，而太陽之真躔，乃得確據。晝測日影，夜考中星，此觀象之要務也。又中星諸方各異，隨時不同，故分測四方，參互考驗，始無差忒。然恒星隨天左旋，自東而西，又有自行度分，自西而東，每歲所行，今定爲五十一秒，即古之歲差也。其自行分秒雖微，久則自著。堯時春分日躔在昴而初昏中星爲鶉鳥，今之春分日躔在室而初昏中星則在東井，自堯至今，四千餘年，而相差若此。是知術不可以一時爲準，法不可以一隅而定，惟使疇人專家，明習其理，隨時隨地，實測互証，常加修改，協於天行，斯無弊之良法也。

【戴氏震《詩補傳》】❶「日中」、「宵中」、「日永」、「日短」，此終古不變者也。「星鳥」、「星火」、「星虛」、「星昴」，此列宿之舉目可見，千百年乃覺其大差，隨時爲書以示民者也。二者相爲經緯。唐虞時，孟春日在奎，仲春在胃，季春在參。《夏小正》：「三月，參則伏。」以日所躔，

❶「詩」，原作「書」，據庫本改。

故伏而不見也。稽諸古籍，惟《夏小正》與《堯典》多合，其時未甚相遠。至周，則恒星東移已及一次。春分日躔降婁，《月令》：「仲春，日在奎，昏弧中。」周末然也，今則又移一次矣。據乎《堯典》，星象爲首，二萬五千四百餘年乃復此象。《夏小正》：「四月，初昏，南門正。」南門，兩大星，横亢下，壽星次也。南門正，則壽星正值午位矣。「五月，初昏，大火中。大火，心也。」夏至日躔鶉火，故房、心昏中，《堯典》、《夏小正》其象合。至周，夏至日躔鶉首，周初日在柳，《月令》：「仲夏，日在東井，昏亢中。」周末然也。《豳風》「七月流火」，則固六月「昏火中」矣。《月令》言於季夏，與《詩》合。《夏小正》：「八月，辰則伏。九月，辰繫于日。」心爲大辰，秋分以後日所躔之宿也，與《堯典》合。至周，秋分日躔壽星。周初，日在亢、氐，《月令》：「仲秋，日在角，昏牽牛中。」周末然也。《夏小正》：「十月，織女正北鄉，則旦。」織女恒鄉降婁，降婁值子，星紀必值卯，日所在之次也。十一月則日在玄枵，《春秋傳》：「玄枵，虚中也。」唐虞時，冬至日蓋在虚五六度，至周，冬至日躔星紀。周初，日在牽牛，《月令》：「仲冬，日在斗，昏東壁中。」周末然也。說者咸謂斗、牛爲列宿之首，故謂之星紀，言星自此紀也。考周初日在牽牛，至周末則在斗，皆星紀之次。由是觀之，日月之行，起于斗、牛，特周時之天象。《堯典》仲冬星昴，日月之行，起于玄枵正中，不以星紀序首矣。十二次之名，必周時始定。《堯典》曰鳥、曰火、曰虚、曰昴，蓋據當時所有之名言之，以鳥爲全舉南陸之宿，火爲全舉大火之宿者，非也。猶之古人但有分、至、啟、閉，後人遂定爲二十四氣，而或存古名，或更立名，事正相類。

蕙田案：唐虞時，春分日在胃末昴初，故初昏七星中。七星，鶉火次也。鶉火值正午，則鶉首值未，鶉尾值巳。夏至日在七星，故初昏心中，大火次也。大火值正午，則壽星值未，析木之津值巳。仲秋日在氐、房，故初昏虚中，玄枵次也。玄枵值正午，則星紀值未，娵訾之口值巳。冬至日在虚五六度，故初昏昴中，大梁次也。大梁值正午，則降婁值未，實沈值巳。馬融、鄭康成之説得之。凡列宿之差，越二千一百餘年則東移一次。孔疏不知列宿有推移，據周末星象以釋《堯典》，疎矣。況巳、午、未爲正南，《堯典》言中星，而舉偏東辰、巳、午三位何哉？王肅以星鳥、星火爲季月者，亦據《月令》釋《堯典》，其説非也。

觀承案：《堯典》中星，只舉鳥、火、虚、昴之四宿而不指天體，則星自星，天自天，而歲差之法，自在其中矣。其以鳥、火、虚、昴循序而分四仲，則天左旋，恒星七曜亦本左旋之理亦明矣。其後人謂恒星右移者，即是古人逆算之截法耳。然其理只一，合來無異，正不必自高其術也。

【《夏小正》】正月，初昏參中，斗柄縣在下。【傳】言斗柄者，所以著參之中也。三月，參則伏。【傳】伏者，非亡之辭也。星無時而不見，我有不見之時，故曰伏云。四月，昴則見。初昏，南門正。【傳】南門者，星也。歲再見，一正。五月，參則見。【傳】參也者，伐星也。❶初昏大火中。【傳】大火者，心也。六月，初昏，斗柄正在上。【傳】五月大火中，六月斗柄正在上，用此見斗柄之不正當心也，蓋當依。案依，尾也。七月，漢案户。【傳】漢也者，天河也。案户也者，直户也。言正南北也。初昏，織女正東鄉。斗柄縣在下，則旦。八月，辰則伏。【傳】辰也者，謂心也。伏也者，入而不見也。參中則旦。九月，辰繫於日。十月，初昏，南門見。【傳】南門者，星也。及此再見也。織女正北鄉，則旦。【傳】織女，星名也。

【《唐書志》】《大衍日度議》曰：《夏小正》雖頗疎簡失傳，乃羲、和遺跡。何承天循《大戴》之説，復用夏時，更以

❶「伐」，原作「牧」，據《夏小正》改。

正月甲子夜半合朔雨水爲上元，進乖《夏曆》，退非周正，故近代推《月令》、《小正》者，皆不與古合。《開元曆》推夏時立春，日在營室之末，昏東井二度中。古曆以參右肩爲距，方當南正。故《小正》曰：「正月初昏，斗杓懸在下。」魁枕參首，所以著參中也。季春，在昴十一度半，去參距星十八度，故曰：「三月，參則伏。」立夏，日在井四度，昏角中。南門右星入角距西五度，其左星入角距東六度，故曰：「四月，初昏，南門正。昴則見。」五月節，日在輿鬼一度半。參在日道最遠，以渾儀度之，參體始見，其肩股猶在濁中，房星正中。故曰：「五月，參則見。初昏，大火中。」「八月，參中則曙」，失傳也。辰伏則參見，非中也。「十月，初昏，南門見」，亦失傳也。定星方中，則南門伏，非昏見也。

蕙田案：建寅之月，夏以爲正月。於時日躔降婁，初昏參已過中，猶云「參中」者，舉大體言之，非若後代求諸度分之細也。「斗柄縣在下」者，《史記》云：「杓攜龍角，衡殷南斗，魁枕參首。」參中，則魁南上，杓北下矣。二月日躔大梁，三月日躔實沈，參伏者，日所在之宿，故伏而不見也。四月日躔鶉首，故昴宿朝覿，南門在亢、氐之南。五月日躔鶉火，故參宿朝覿。「大火中」者，夏以建午之月，周以建未之月，《左傳》張趯曰：「火星中而寒暑退。」謂建丑之月，旦中寒退；建未之月，昏中暑退也。六月日躔鶉尾，斗魁北下，故杓南上也。七月日躔壽星。「漢案户」者，與户南北直也。織女三星，恒嚮降婁，壽星西入，則降婁東陞，故「初昏，織女東嚮」。「斗柄縣在下」者，魁枕參首，魁參相應也。「七月，斗柄縣在下，則旦。八月，參中則旦」，皆略舉大體。八月，日躔大火，「辰則伏」者，《爾雅》：「大火謂之大辰。」日所在之宿，故伏也。旦參中者，已過中，猶言之，舉大體也。九月，日躔析木之津。「辰繫于日」者，日將出，心乃見東方也。十月，日躔星紀，南門二星，朝見於東南隅，非昏見也。「初昏」二字，衍文。「織女北鄉」者，星紀東陞，故降婁值北，織女恒鄉降婁者也。十有一月，日躔玄枵；十有二月，日躔娵訾之口。凡《夏小正》星象，合之《堯典》不殊。《大衍曆》謂《小正》爲「羲、和遺跡」者得之，其所推日躔中星，尚未盡合。

【《詩·鄘風·定之方中》】定之方中，作于楚宮。【傳】定，營室也。方中，昏正四方。【箋】定星昏中而正，於是可以營制宮室，故謂之營室。定昏中而正，謂小雪時，其體與東壁連，正四方。【疏】《釋天》云：「營室謂之定。」孫炎曰：「定，正也。天下作宮室者，皆以營室中爲正。」《釋天》云：「娵觜之口，營室、東壁也。」孫炎曰：「營室、東壁，四方似口，故因名云。」

【戴氏震《詩補傳》】定爲大水，《春秋傳》「水昏正而栽」是也。周時建亥之月，日在尾，故初昏定中。唐虞建戌之月，今建子之月，其象如此。然則土功視定中爲候，據周制爾。營室之名，或亦起於周也。

【《詩·豳風·七月》】七月流火，九月授衣。

【傳】火，大火也。流，下也。九月，霜始降，婦功成，可以授冬衣矣。【箋】大火者，寒暑之候也。火星中而寒暑退，故將言寒，先著火所在。【疏】昭三年《左傳》張趯曰：「火星中而寒暑退。」服虔云：「火，大火，心也。季冬十二月平旦正中在南方，大寒退；季夏六月黄昏火星中，大暑退。」是火爲寒暑之候事也。知此兩月昏旦火星中者，《月令》季夏昏火星中。六月既昏中，以衡反之，故十二月旦而中也。若然，六月之昏，火星始中。而《堯典》云：「日永，星火，以正仲夏。」所以五月得火星中者，《鄭志》孫皓問：「《月令》季夏火星中。季夏中心也，不知夏至中星名。」答曰：「日永，星火，此謂大火也。大火，次名。東方之次，有壽星、大火、析木，三者大火爲中，故《尚書》

舉中以言焉。又每三十度有奇，非特一宿者也。」如此言中，則「日永，星火」謂大火之次，非心星也。《堯典》四時言中星者，春夏交舉其次，言「星鳥」、「星火」；秋冬舉其宿，言「星虚」、「星昴」。故注云：「星鳥，鶉火之方。星火，大火之屬。虚，玄武中虚宿也。昴，白虎中昴宿也。」以其東方、南方皆三次，鶉火、大火居其中；西方、北方俱七宿，虚星、昴星居其中，每時總舉一方，故指中宿與次而互言之耳。其實，仲夏之月，大火之次，亦未中也。是鄭以「日永，星火」，大火之次，與此火之心星别。

【戴氏震《詩補傳》】凡星，每晝夜隨天左旋，至正南爲最高，猶日當午正爲最高也。故未中以前，漸陞而上，既中以後，漸流而下。據周時，季夏昏火中，故孟秋之月初昏已過中，但見其西流耳。若《堯典》之「日永，星火，以正仲夏」，《夏小正》之「五月，初昏，大火中」，則流火自六月矣。此虞夏至周歲差不同也。以心爲寒暑之候，特周時爲然。

觀承案：《七月》乃《豳風》，其時正在夏初，故篇中月數，皆用夏代之正朔。「七月流火」，乃是建申之月，與《堯典》不爲異也。蓋「日永，星火」在五月午位，則六月尚在未位，巳、午、未俱屬南方，直至七月而火在申位，始流於西耳。周公作經，未必不詳考其實。今欲証周時與《堯典》異，而謂周公据當時之星宿以寫夏初之《豳風》，恐未然也。

【《春秋》桓公五年《左氏傳》】龍見而雩。

【注】龍見，建巳之月。蒼龍，宿之體，昏見東方。

【莊公二十九年《左氏傳》】凡土功，龍見而畢務，戒事也。【注】謂今九月，周十一月，龍星角、亢，晨見東方，三務始畢，戒民以土功事。【疏】今之九月，則季秋也。《月令》：「季秋之月，日在房。」《漢志》論星之度數云：「角十二，亢九，氐十五。」自角之初至房初，三十六度。晨，謂夜之將旦，於晨之時，日體在房，故角、亢見在東方也。東方之宿，盡爲龍星，角即蒼龍角也，故角、亢專得龍名。火見而致用，【注】大火，心星，次角、亢見者。【疏】襄九年《傳》曰：「心爲大火。」星度：心五，尾十八。《月令》：「孟冬之月，日在尾。」自心初至於尾末，二十三度。十月之初，心星次角、亢之後而晨見東方也。

水昏正而栽，【注】謂今十月，定星昏而中。【疏】五行北方水，故北方之宿爲水星。言「水昏正」者，夜之初昏，水星有正中者耳，非北方七宿皆正中也。《詩》云：「定之方中，作于楚宮。」《釋天》云：「營室謂之定。」孫炎云：「定，正也。天下作宮室者，皆以營室爲正。」《周語》云：「營室之中，土功其始。」是定星昏而正，爲土功之大候，故知水昏正謂十月定星昏而正中時也。《詩》箋云：「定星昏中而正，謂小雪時。」小雪，十月之中氣。《月令》：「仲冬之月，昏東壁中。」室十六度，日行一度，是十月半而室中，十一月初而壁中。**日至而畢。**【注】日南至，微陽始動，故土功息。

【昭公三年《左氏傳》】譬如火焉，【注】火，心星。**火中，寒暑乃退。**【注】心以季夏昏中而暑退，季冬旦中而寒退。【疏】《月令》：「季夏之月，日在柳，昏心中，旦奎中。季冬之月，日在婺女，昏婁中，旦氐中。」氐後即次房、心，是季冬旦火中也。**此其極也，能無退乎？**

【昭公四年《左氏傳》】申豐曰：古者日在北陸而藏冰，【注】陸，道也。謂夏十二月，日在虛危。【疏】《釋天》云：「北陸，虛也。西陸，昴也。」孫炎云：「陸，中也。北方之宿，虛爲中也。西方之宿，昴爲中也。」杜以「西陸朝覿」謂「奎星朝見」，昴爲西方中宿，則昴未得見。宿是日行之道。《爾雅》：「高平曰陸。」故以陸爲道也。《漢志》載劉歆《三統曆》云：「玄枵之初，日在婺女八度，爲小寒節；在危初度，爲大寒中；終于危十五度。」是夏之十二月，日在虛危也。以此知日在北陸，謂夏之十二月也。**西陸朝覿而出之，**【注】春分之中，奎星朝見東方。【疏】曆法，星去日半次，則得朝見。《三統曆》：「春分，日在婁四度，宿分奎有十六度，乃次婁。」則春分之日，奎之初度，去日已二十度矣。服虔以爲「二月，日在婁四度，春分之中，奎始朝見東方」也。**火出而畢賦。**【注】火星昏見東方，謂三月、四月中。

【昭公十七年《左氏傳》】梓慎曰：「火出，於夏爲三月，【注】謂火見。❶ **於商爲四月，於周**

❶「火」，《左傳》昭公十七年杜注作「昏」。

爲五月。」

【哀公十二年《左氏傳》】冬十二月，螽。季孫問諸仲尼，仲尼曰：「丘聞之，火伏而後蟄畢。【注】火，心星也。火伏在今十月。今火猶西流，司曆過也。」【注】猶西流，言未盡没，知是九月，官失一閏。【疏】《月令》：「季夏之月，昏火星中。」《詩》云：「七月流火。」毛傳云：「流，下也。」謂昏而見于西南，漸下流也。《周禮·司爟》云：「季秋内火。」是九月之昏火始入，十月之昏則伏。火猶西流者，言其未盡没，是夏九月也。《釋例》言：「今推《春秋》，此十二月乃夏之九月，寔周之十一月也。此年當有閏，而今不置閏，此爲失一閏月耳。」

【《國語·周語》】虢文公曰：「農祥晨正，日月底于天廟，土乃脈發。」【注】農祥，房星也。晨正，謂立春之日，晨中于午也。農事之候，故曰農祥。底，止也。天廟，營室也。孟春之月，日月皆在營室。

單子曰：「夫辰角見而雨畢，【注】辰角，大辰蒼龍之角。角，星名也。見者，朝見東方，建戌之初，寒露節也。雨畢者，殺氣日盛，雨氣盡也。天根見而水涸，【注】天根，亢、氐之間也。謂寒露雨畢之後五日，天根朝見，水潦盡竭也。《月令》：「仲秋，水始涸。」天根見，乃盡竭也。本見而草木節解，【注】本，氐也。謂寒露之後十日，陽氣盡，草木之枝節皆理解也。駟見而隕霜，【注】駟，天馬，房星也。謂建戌之中，霜始降。火見而清風戒寒。【注】謂霜降之後，清風先至，所以戒人爲寒備也。故先王之教曰：『雨畢而除道，水涸而成梁，草木節解而備藏，隕霜而冬裘具，清風至而修城郭宫室。』故《夏令》曰：『九月除道，十月成梁。』其時儆曰：『收而場功，治而畚挶，營室之中，土功其始。【注】定，謂之營室。謂建亥小雪之中，定星昏正于午，土功可以始也。火之初見，期于司里。』」【注】期，會也。致其築作之具，會于司里之官。

蕙田案：《左傳》、《國語》所舉數條，蓋周初以星象紀課候之書，與《詩經》合。《月令》則又周末書也。若

《堯典》、《夏小正》星象與此差一次。申豐之言「古者」，指周初爲古耳。夫子亦云「聞之」，特聞於周時有是語。千載以上，千載以下，皆不同也。單襄公所述時儆，亦當謂周初之令，非夏令也。

【《禮記·月令》】孟春之月，日在營室，昏參中，旦尾中。【注】孟，長也。日月之行，一歲十二會，聖王因其會而分之，以爲大數焉。觀斗所建，命其四時。此云孟春者，日月會於諏訾，而斗建寅之辰也。凡記昏明中星者，爲人君南面而聽天下，視時候以授民事。【疏】此言孟春者，夏正建寅之月也。吕不韋在於秦世，秦以十月爲歲首，不用秦正而用夏時者，以夏數得天正，故用之也。周禮雖以建子爲正，其祭祀、田獵亦用夏正也。「日在營室」者，案《三統曆》，立春，日在危十六度；正月中，日在室十四度。《元嘉曆》，立春，日在危三度；正月中，日在室一度。「昏參中」者，案《三統曆》，立春，昏畢十度中，去日八十九度；正月中，昏井二度中，去日九十三度。《元嘉曆》，立春，昏昴九度中，月半昏觜觿一度中，皆不「昏參中」者，《月令》昏明中星，皆大略而言，不與曆正同，但有一月之内有中者，即得載之。計正月昏參中，依《三統曆》在立春之後六日，參星初度昏得中也。但二十八宿，其星體有廣狹，相去遠近。或月節月中之日，昏明之時，前星已過于午，後星未至正南。又星有明暗，見有早晚，明者昏早見而旦晚没，暗者則昏晚見而旦早没，所以暗明之星，不可止依曆法，但舉大略耳。餘月昏明，從此可知。

仲春之月，日在奎，昏弧中，旦建星中。【注】仲，中也。仲春者，日月會於降婁，而斗建卯之辰也。弧在輿鬼南，建星在斗上。【疏】案《三統曆》，二月節，日在奎五度，昏井二十二度中，去日九十七度，旦斗五度中。春分，日在婁四度，昏柳五度中，去日一百二度，旦斗十六度中。案《元嘉曆》，二月節，日在壁一度，昏井十度中，旦箕四度中。春分，日在奎七度，昏東井三十度中，旦斗四度中。弧與建星，非二十八宿，而昏明舉之者，由弧星近井，建星近斗，井有三十三度，斗有二十六度，其度既寬，若舉井斗，不知何日的至井、斗之中，故舉弧星、建星也。然春分之時，日夜中，計春分昏中之星，去日九十一度，今日在奎五度，奎與鬼之初乃一百九度。所以不同者，鄭雖云「弧在鬼南」，其實仍當井之分域。故皇氏云：「從奎第五度爲二月節，數至井第十五度，得九十一度，是弧星當井之十六度也。若從井星十六度至斗之初，一百七十二度，計昏中星與明中之星，春秋分時相去分天之半，應一百八十二度餘。但日入以後二刻半始昏，不盡二刻半爲明，昏明相去，少晝五刻。一刻有三度半强，五刻有十七度餘，則昏之中星，去明之中星，一百六十五度餘，則建星不得在斗初，在斗十度也。」此「仲春之月，昏弧中」，案《尚書》云：「日中，星鳥。」不同者，如鄭康成之意，南方七宿，總爲鳥星，井、鬼則鳥星之分，故云「鳥星」。案「仲夏，昏亢中」，《尚書》云「日永，星火」，不同者，案鄭荅孫顥曰：「星火，非謂心星也。卯之三十度，總爲大火。」《月令》舉其月初，《尚書》總舉一月，故不同也。案「仲秋之月，昏牽牛中」，《尚書》云「宵中，星虛」；其仲冬之月云「昏東壁中」，《尚書》云「日短，星昴」，不同者，亦是《月令》舉其初朔，《尚書》總舉一月之中。

季春之月，日在胃，昏七星中，旦牽牛中。

【注】季，少也。季春者，日月會于大梁，而斗建辰之辰。

【疏】案《三統曆》云：三月之節，日在胃七度，昏張二度中，去日一百七度，旦斗二十六度中。清明，日在昴八度，昏翼四度中，去日一百一十一度，旦女二度中。案《元嘉曆》，三月節，日在婁六度，昏柳十二度中，旦斗十四度中；三月中，日在胃九度。「昏七星中」者，案《志》云：「胃十四度，昴十一度，畢十六度，觜二度，參九度，井三十三度，鬼四度，柳十五度，七星七度。」從胃七度至七星之初度，有九十九度。以日漸長，日没之時，稍在西北，去七星之初九十八度，故昏時七星在南方之中。「旦牽牛中」者，從七星之初，至牽牛之初。

孟夏之月，日在畢，昏翼中，旦婺女中。【注】孟夏者，日月會于實沈，而斗建巳之辰。【疏】《三統曆》四月節，日在畢十二度，昏軫四度中，去日一百一十四度，旦虛三度中。四月中，日在井初度，昏角六度中，去日一百一十七度，旦危六度中。《元嘉曆》，四月節，日在畢十一度，❶昏翼十度中，旦女三度中。四月中，日在畢十五度，昏軫十度中，旦虛九度中。❷

仲夏之月，日在東井，昏亢中，旦危中。【注】

❶「畢」，八行本《禮記·月令》孔疏及《宋書·律曆下》作「昴」。

❷「九」，《宋書·律曆下》作「二」，疑是。

仲夏者，日月會于鶉首，而斗建午之辰也。【疏】案《三統曆》，五月節，日在井十六度，昏氐二度中，去日一百一十九度，旦室三度中。五月中，日在井三十一度，昏房二度中，去日一百一十九度，旦奎十一度中。《元嘉曆》，五月節，日在井三度，昏角十度中，旦危九度中。❶五月中，日在井十八度，昏氐五度中，旦室五度中。

季夏之月，日在柳，昏火中，旦奎中。【注】季夏者，日月會於鶉火，而斗建未之辰也。【疏】案《三統曆》，六月節，日在柳九度，昏尾七度中，去日一百一十九度，旦婁八度中。六月中，日在張三度，昏箕三度中，去日一百一十七度，旦胃十四度中。《元嘉曆》，六月節，日在井三十二度，❷昏房四度中，旦東壁八度中；❸六月中，日在柳十二度，昏尾八度中，旦奎十二度中。

孟秋之月，日在翼，昏建星中，旦畢中。【注】孟秋者，日月會於鶉尾，而斗建申之辰也。【疏】案《三統曆》，七月節，日在張十八度，昏斗四度中，去日一百一十四度，旦畢八度中。七月中，日在翼十五度，昏斗十六度中，去日一百一十一度，旦井初度中。《元嘉曆》，七月節，日在張五度，昏箕二度中，❹旦胃二度中。七月中，日在翼十度，昏斗三度中，旦昴七度中。

仲秋之月，日在角，昏牽牛中，旦觜觿中。【注】仲秋者，日月會於壽星，而斗建酉之辰也。【疏】《三統曆》，八月節，日在軫十二度，昏斗二十六度中，去日一百六度，❺旦井二度中。八月中，日在角十度，昏女三度中，去日一百六度，旦井二十一度中。《元嘉曆》，八月節，日在翼十七度，昏斗十四度中，旦畢十六度中。八月中，日在軫十五度，昏斗二十四度中，旦井九度中。

季秋之月，日在房，昏虛中，旦柳中。【注】季秋者，日月會於大火，而斗建戌之辰也。【疏】《三統曆》，九月節，日在氐五度，昏虛二度中，去日九十七度，旦

---

❶「九」，《宋書·律曆下》作「七」。《禮記》阮校以作「七」是。

❷「井三十二度」，《宋書·律曆下》作「鬼一度」。

❸「八度」，阮校引盧文弨曰：「《宋書》作六度，是。」

❹「昏箕二度中」，阮校引盧文弨曰：「《宋書》『箕三度』非是，下『翼二度』是。」

❺「六」，八行本《禮記注疏》作「二」，阮元《禮記注疏校勘記》是之。

張初度中。九月中，日在房五度，昏危三度中，去日九十三度，旦張十八度中。《元嘉曆》，九月節，日在亢一度，昏牛八度中，旦井二十九度中。九月中，日在氐七度，昏女十一度中，旦柳十一度中。

孟冬之月，日在尾，昏危中，旦七星中。【注】孟冬者，日月會於析木之津，而斗建亥之辰也。【疏】案《三統曆》，十月節，日在尾十度，昏危十四度中，去日八十九度，旦翼初度中。十月中，日在箕七度，昏室十度中，去日八十六度，旦軫五度中。《元嘉曆》，十月節，日在心二度，昏危一度中，旦張八度中。十月中，日在尾十二度，昏危十三度中，旦翼八度中。

仲冬之月，日在斗，昏東壁中，旦軫中。【注】仲冬者，日月會於星紀，而斗建子之辰也。【疏】案《律志》云：仲冬之初，日在斗十二度，故云「日在斗」也。《三統曆》，大雪，日在斗十二度，昏壁五度中，去日八十四度，旦角三度中。冬至，日在牛初度，昏奎十度中，去日八十二度，旦亢七度中。《元嘉曆》，大雪，日在箕十度，昏氐九度中，旦軫八度中。冬至，日在斗十四度，昏東壁八度中，晝漏四十五刻，旦角七度中。

季冬之月，日在婺女，昏婁中，旦氐中。【注】季冬者，日月會於玄枵，而斗建丑之辰也。【疏】案《律志》：季冬初，日在婺女八度。《三統曆》，小寒，日在婺女八度，昏婁十一度中，去日八十四度，旦氐十二度中。大寒，日在危初度，昏昴二度中，去日八十度，旦心五度中。《元嘉曆》，日在牛三度，❶昏奎十五度中，晝漏四十五刻六分，旦亢九度中。大寒，日在女十度，昏胃四度中，晝漏四十六刻七分，旦氐十三度中。是月也，日窮于次，月窮于紀，星回於天，數將幾終。【注】日月星辰，運行於此月，皆周匝於故處也。次，舍也。紀，會也。【疏】「日窮于次」者，謂去年季冬日次于玄枵，從此以來，每月移次他辰，至此月窮盡，還次玄枵，故云「日窮于次」。「月窮于紀」者，紀猶會也，去年季冬，月與日相會于玄枵，自此以來，月與日相會在于他辰，至此月窮盡，還復會于玄枵，故云「月窮于紀」。「星回于天」者，謂二十八宿，隨天而行，每日雖周天一匝，早晚不同，至于此月，復

❶「日在牛三度」，阮刻《禮記注疏》同，阮校引盧文弨曰：「此句前當據《宋書》補『小寒』二字。」

其故處，與去年季冬早晚相似，故云「星回于天」。「數將幾終」者，幾，近也，以去年季冬，至今年季冬，三百五十四日，未滿三百六十五日，未得正終，唯近於終，故云「數將幾終」。歲且更始。

齊氏召南曰：「孔疏引《三統》、《元嘉》二術，以證昏旦中星不同，是也。但云不與律正同，其説未然。夫《月令》之中星不同《堯典》，猶之《三統》、《元嘉》不同《月令》，此則歲差使然。唐宋以來，又去《元嘉》遠矣。」

【《後漢書志》】元和二年二月甲寅制書曰：「史官用太初鄧平術，冬至之日，日在斗二十一度，而曆以爲牽牛。」

【《晉書志》】後秦姚興時，當孝武太元九年，歲在甲申，天水姜岌造《三紀甲子元曆》，其略曰：「治曆之道，❶必審日月之行，然後可以上考天時，下察地化。《殷曆》斗分麤，故不施於今。《乾象》斗分細，故不得通於古。《景初》斗分雖在麤細之中，而日之所在乃差四度。今治新曆，日在斗十七度，天正之首。」岌以月蝕撿日宿度所在，爲曆術者宗焉。

【《宋書志》】宋太祖頗好曆數，❷太子率更令何承天私撰新法。元嘉二十年，上表曰：「漢代雜候清臺，以昏明中星課日所在，雖不可見，月盈則蝕，必當其衝，以月推日，則躔次可知焉。《堯典》云『日永星火，以正仲夏』，今季夏則火中。又『宵中星虚，以殷仲秋』，今季秋則虚中。爾來二千七百餘年，以中星檢之，所差二十七八度。則堯冬令至，❸日在須女十度左右也。漢之《太初曆》冬至在牽牛初。後漢《四分》及魏《景初法》，同在斗二十一。臣以月蝕檢之，則《景

❶「治曆」，原作「觀象」，蓋避清高宗諱改。今據《晉書·天文志》改回。

❷「曆」，原作「象」，蓋避清高宗諱改。今據《宋書志》改回。

❸「冬令」，《宋書·律曆中》作「令冬」。

初》今之冬至，應在斗十七。」

大明六年，南徐州從事史祖沖之上表曰：「《堯典》云：『日短星昴，以正仲冬。』以此推之，唐代冬至，日在今宿之左五十許度。漢代之初，即用秦曆，冬至日在牽牛六度。漢武改立《太初曆》，冬至日在牛初。後漢《四分法》，冬至日在斗二十二。❶ 晉時姜岌以月蝕檢日，知冬至在斗十七。今參以中星，課以蝕望，冬至之日，在斗十一。通而計之，未盈百載，所差二度。舊法並令冬至日有定處，天數既差，則七曜宿度漸與曆舛。乖謬既著，輒應改制，僅合一時，莫能通遠，遷革不已，又由此條。今令冬至所在，歲歲微差，郤檢漢注，並皆審密，將來久用，無煩屢改。」

臣法興議：「《書》云：『日短星昴，以正仲冬。』直以月維四仲，則中宿常在衛陽，羲、和所以正時，取其萬世不易也。」沖之曰：「《書》以四星昏中審分至者，據人君南面而言也。且南北之正，其詳易准，流見之勢，中天爲極。❷ 先儒注述，其義僉同。而法興以爲《書》説四星，皆在衛陽之位，自在巳地，進失向方，退非始見。捨午稱巳，午上非無星也。必據中宿，餘宿豈復不足以正時？若謂舉中語兼七列者，觜參尚隱，則不得言。月盈則食，必在日衝，以檢日則宿度可辨。違衝移宿，顯然易覩。故知天數漸差，則當式遵以爲典，事驗昭晳，豈得信古而疑今？中星見伏，記籍每以審時者，蓋以曆數難詳，而天驗易顯，各據一代所合，以爲簡易之政也。亦猶夏禮未通商典，

❶「二十二」，校點本《宋書·律曆中》校改作「二十一」。

❷「爲」，原作「而」，據庫本改。

《濩》容豈襲《韶》節，誠天人之道同差，則蓺之興，因代而推移矣。」

【《唐書志》】《日度議》曰：古曆，日有常度，天周爲歲終，故係星度于節氣。其說似是而非，故久而益差。虞喜覺之，使天爲天，歲爲歲，乃立差以追其變，使五十年退一度。何承天以爲太過，乃倍其年，而反不及。《皇極》取二家中數爲七十五年，蓋近之矣。考古史及日官候簿，以通法之三十九分太爲一歲之差。自帝堯演紀之端，在虛一度。及今開元甲子，却三十六度，而乾策復初矣。日在虛一，則鳥、火、昴、虛皆以仲月昏中，合于《堯典》。劉炫依《大明曆》四十五年差一度，則冬至在虛、危，而夏至火已過中矣。梁武帝據虞劆曆，百八十六年差一度，則唐、虞之際，日在斗、牛間，而冬至昴尚未中。以爲皆承閏後節前，月却使然。而此經終始一歲之事，不容頓有四閏。故淳風因爲之説曰：「若冬至昴中，則夏至秋分星火、星虛皆在未正之西。若以夏至火中，秋分虛中，則冬至昴在巳正之東。互有盈縮，不足以爲歲差證。」是又不然。今以四象分天，北正玄枵中，虛九度；東正大火中，房二度；南正鶉火中，七星七度；西正大梁中，昴七度。總晝夜刻以約周天，命距中星，則春分南正中天，秋分北正中天。冬至之昏，西正在午東十八度；夏至之昏，東正在午西十八度：軌漏使然也。冬至，日在虛一度，則春分昏張一度中；秋分虛九度中；冬至胃二度中，昴距星直午正之東十二度；夏至尾十一度中，心後星直午正之西十二度。四序進退，不逾午正間。而淳風以爲不叶，非也。又王孝通云：「如歲差自昴至壁，則堯前七千餘載，冬至，日應在東井。井極北，故暑；斗極南，故寒。寒暑易位，必不然矣。」所謂歲差者，日與黄道俱差也。假令至日躔大火之中，❶則春分黄道交於虚九，而南至之軌更出房、心外，距赤道亦二十四度。設在東井，差亦如之。若日在東井，猶去極最近，表景最短，則是分、至常居其所。黄道不遷，日行不退，又安得謂之歲差乎？孝通及淳風以爲冬至日在斗十三度，昏東壁中，昴在巽維之左，向明之位，非無星也。水星昏正可以爲仲冬之候，何必援昴於始覿之際以惑民之視聽哉！

古曆，冬至昏明中星去日九十二度，春分、秋分百度，夏至百一十八度，率一氣差三度，九日差一刻。

【《宋史・天文志》】四時中星，見於《堯典》。蓋聖人南面而治天下，即日行而定四時，虚、鳥、火、昴之度在天，夷隩析因之候在人，故《書》首載之，以見授時爲政之大也。而後世考驗冬至之日，堯時躔虚，至於三代則躔於女，春秋時在牛，至後漢永元已在斗矣。大略六十餘年輒差一度。開禧占測，已在箕宿，校之堯時，幾退四十餘度。蓋自漢太初至今，已差一氣有餘。而太陽之躔十二次，大約中氣前後，乃得本月宫次。蓋太陽日行一度，近歲《紀元曆》定歲差，約退一分四十餘秒。蓋太陽日行一度而微遲緩，一年周天，而微差積累分秒而躔度見焉。曆家考之，萬五千年之後，所差半周天，寒暑將易位，世未有知其説者焉。

蕙田案：歲差者，星辰推移也。寒暑者，日道發斂也。本屬兩事。日

---

❶「令」，《新唐書・曆三上》作「冬」。

行一周天而成歲，於天無差，而以星校之，則歲歲有差者，星自移而東也。《宋志》所云乃求其故不得而爲之辭。

【《元史志》】周天之度，周歲之日，皆三百六十有五。全策之外，又有奇分，大率皆四分之一。自今歲冬至距來歲冬至，積三百六十五日，而日行一周，凡四周，積千四百六十，則餘一日，析而四之，則四分之一也。然天之分常有餘，歲之分常不足，其數有不能齊者，惟其所差至微，前人初未覺知。迨漢末劉洪，始覺冬至後天，謂歲周餘分太强，乃作《乾象曆》，減歲餘分二千五百爲二千四百六十二。至晉虞喜，宋何承天、祖沖之，謂歲當有差，因立歲差之法。其法損歲餘，益天周，使歲餘浸弱，天周浸强，强弱相減，因得日躔歲退之差。歲餘、天周，二者實相爲用，歲差由斯而立，日躔由斯而得，一或損益失當，孰能與天叶哉？

今自劉宋大明壬寅以來，凡測景驗氣得冬至時刻真數者有六，取相距積日時刻，以相距之年除之，各得其時所用歲餘。復自大明壬寅距至元戊寅積日時刻，以相距之年除之，得每歲三百六十五日二十四分二十五秒，比《大明曆》減去一十一秒，定爲方今所用歲餘。餘七十五秒，用益所謂四分之一，共爲三百六十五度二十五分七十五秒，定爲天周。餘分强弱相減，餘一分五十秒，用除全度，得六十六年有奇，日却一度，以六十六年除全度，適得一分五十秒，定爲歲差。

復以《堯典》中星攷之，其時冬至日在女、虛之交。及攷之前史，漢元和二年，冬至日在斗二十一度；晉太元九年，退在斗十七度；

宋元嘉十年，在斗十四度末；梁大同十年，在斗十二度；隋開皇十八年，猶在斗十二度；唐開元十二年，在斗九度半；今退在箕十度。取其距今之年、距今之度較之，多者七十餘年，少者不下五十年，輒差一度。宋慶元間，改《統天曆》，取《大衍》歲差率八十二年及開元所距之差五十五年，折取其中，得六十七年，爲日却行一度之差。施之今日，質諸天道，實爲密近。

然古今曆法，合於今必不能通於古，密於古必不能驗於今。今《授時曆》，以之考古，則增歲餘而損歲差；以之推來，則增歲差而損歲餘。上推春秋以來冬至，往往皆合；下求方來，可以永久而無弊。

日之麗天，縣象最著，大明一生，列宿俱熄。古人欲測躔度所在，必以昏旦夜半中星衡考其所距，從考其所當。然昏旦夜半時刻未易得真，時刻一差，則所距、所當，不容無舛。晉姜岌首以月食衝檢，知日度所在。《紀元曆》復以太白誌其相距遠近，於昏後明前驗定星度，因得日躔。今用至元丁丑四月癸酉望月食既，推求得冬至日躔赤道箕宿十度，黄道九度有奇。仍自其年正月至己卯歲終，三年之間，日測太陰所離宿次及歲星、太白相距度，定驗參考，共得一百三十四事，皆躔箕宿，適與月食所衝允合。以金趙知微所脩《大明曆法》推之，冬至猶躔斗初度三十六分六十四秒，比新測實差七十六分六十四秒。

蕙田案：日月五星右移，術家通説也。恒星亦有右移之度，與七曜同法。故今歲冬至日躔起某宿某度，至明年即少差，其差甚微，幾於不覺，積之七十年而差及一度。此日星相較有差，非日躔於天有差也。損歲餘，益天周，謬於實理。至若一歲小餘，古强今弱，一由日小輪徑差，一由最卑動移。說詳江氏《歲實消長辨》。郭氏增損歲餘、歲差，乃未得其根，而以法遷就，似密實疎，不足爲法。

觀承案：天行萬古無差，日行既一日一周天而適足，於天無差，則日亦無差矣。其歲之有差者，新法謂星自移而東，其差蓋在星也。差在星，則日本無差也。然則星自移而東爲右旋者可知。日自隨乎天而左旋矣，何必執定右旋之説以爲實測也耶？

【《明史·天文志》】古今中星不同，由於歲差。而歲差之説，中西復異。中法謂節氣差而西，西法謂恒星差而東，然其歸一也。今將李天經、湯若望等所推崇禎元年京師昏旦時刻中星列於後：

春分，戌初二刻五分昏，北河三中；寅正一刻一十分旦，尾中。清明，戌初三刻十三分昏，七星偏東四度；昏旦時或無正中之星，則取中前、中後之大星用之。距中三度以内者，爲時不及一刻，可勿論。四度以上，去中稍遠，故紀其偏度焉。寅正初刻二分旦，帝座中。穀雨，戌正一刻七分昏，翼偏東七度；寅初二刻八分旦，箕偏東四度。立夏，戌正三刻二分昏，軫偏東五度；寅初初刻十三分旦，箕偏西四度。小滿，亥初初刻十二分昏，角中；丑正三刻三分旦，箕中。芒種，亥初一刻十二分昏，大角偏西六度；丑正二刻三分旦，河鼓二中。夏至，亥初二刻五分昏，房中；丑正一刻一十分旦，須女中。小暑，亥初一刻十二分昏，尾中；丑正二刻三分旦，危中。大暑，亥初初刻十二分昏，箕偏東七度；丑正三刻三分旦，營室中。立秋，戌正三刻二分昏，箕中；寅初三刻十三分旦，婁偏東六度。處暑，戌正一刻七分昏，織女一中；寅初初刻八分旦，❶婁中。白露，戌初三刻十三分昏，河鼓二偏東四度；寅正初刻二分旦，昴偏東四度。

秋分，戌初二刻五分昏，河鼓二中；寅正一刻十一分旦，畢偏西五度。寒露，戌初初刻十四分昏，牽牛中；寅正三刻一分旦，參四中。霜降，酉正三刻十一分昏，須女偏西五度；卯初初刻四分旦，南河三偏東六度。

立冬，酉正二刻十一分昏，危偏東四度；卯初一刻五分旦，輿鬼中。小雪，酉正一刻十二分昏，營室偏東七度；卯初二刻二分旦，張中。大雪，酉正一刻五分昏，營室偏西八度；卯初二刻一十分旦，翼中。

冬至，酉正一刻二分昏，土司空中；卯初二刻十三分旦，五帝座中。小寒，酉正一刻五分昏，婁中；卯初二刻一十分旦，角偏東五度。大寒，酉正一刻十三分昏，天囷一中；卯初二刻二分旦，亢中。立春，酉正一刻一十分昏，昴偏西六度；卯初一刻五分旦，氐中。雨水，酉正三刻十一分昏，參七中；卯初初刻四分旦，貫索一中。驚蟄，戌初初刻十四分昏，天狼中；寅正三刻一分旦，心中。

梅氏文鼎曰：「天一日一周，自東而西，七曜在天，遲速不同，皆自西而東。此中西所同也。然西法謂恒星東行，比於七曜，今考其度，蓋即古歲差之法耳。歲差

❶「初刻」，《明史·天文一》作「二刻」。

法，昉於虞喜，而暢於何承天、祖沖之、劉焯、唐一行，累代因之，講求加密。然皆謂恒星不動，而黄道西移，故曰天漸差而東，歲漸差而西。所謂天，即恒星；所謂歲，即黄道分至也。西法則以黄道終古不動，而恒星東行。假如至元十八年，冬至在箕十度，至康熙辛未，凡四百十一年，而冬至在箕三度半，在古法，謂是冬至之度，自箕十度西移六度半而箕宿如故也；在西法，則是箕星十度東行，過冬至限六度半而冬至如故也。其差數本同，所以致差者則不同耳。然則何以知其必爲星行乎？曰：西法以經緯度候恒星，則普天星度俱有歲差，不止冬至一處。此蓋得之實測，非臆斷也。然則普天之星度差，古之測星者何以皆不知耶？曰：亦嘗求之於古矣。蓋有三事，可以相證。其一，唐一行以銅渾儀候二十八舍，其去極之度，皆與舊經異。今以歲差考之，一行銅儀成于開元七年，其時冬至在斗十度，而自牽牛至東井十四宿，去極之度皆小於舊經，是在冬至以後至夏至之半周，其星自南而北，南緯增則北緯減，故去北極之度漸差而少也。自輿鬼至南斗十四宿，去極之度皆大于舊經，是在夏至以後至冬至之半周，其星自北而南，南緯減則北緯增，故去北極之度漸差而多也。嚮使非恒星移動，何以在冬至後者漸北，在夏至後者漸南乎？恒星循黄道行，實只東移，無所謂南北之行也。而自赤緯觀之，則有南北之差，蓋横斜之勢使然。其一，古測極星即不動處，齊、梁間，測得離不動處一度强。祖暅所測。至宋熙寧，測得離三度强。沈存中測。詳《夢溪筆談》。至元世祖至元中，測得離三度有半。郭太史候極儀徑七度，終夜見極星循行環内，切邊而行是也。嚮使恒星不動，則極星何以離次乎？其一，二十八宿之距度，古今六測不同，詳《元史》。故郭太史疑其動移。此蓋星既循黄道東行，而古測皆依赤道，黄赤斜交，句弦異視，所以度有伸縮，正由距有横斜耳。不則，豈其前人所測皆不足憑哉！故僅以冬至言差，則中西之理本同。而合普天之星，以求經緯，則恒星之東移有據。何以言之？近兩至處，恒星之差在經度，故可言星東移者，亦可言歲西遷。近二分處，恒星之差，竟在緯度，故惟星實東移，始得有差。若只兩至西移，諸星經緯不應有變也。如此，則恒星之東移信矣。恒星既東移，不得不與七曜同法矣。恒星東移，既與七曜同法，即不得不更有天挈之西行，此宗動所由立也。」

【《欽定協紀辨方書》】今臺官相傳之法，則於日入後八刻起更，日出前九刻攢點，計起更至攢點，共若干時刻，五分之，以爲五更。日出前，減朦影刻分爲旦刻。日入後，加朦影刻分爲昏刻。如春秋分，日入至日出，計四十八刻，減一更距日入後八刻，攢點距日出前九刻，餘三十一刻，以五分之，得六刻三分。自一更遞加之，即得各更時刻也。如以度數而論，日入後八刻起更，在赤道爲三十度；日出前九刻攢點，在赤道爲三十三度四十五分，於地平下赤道半周一百八十度内減之，餘一百一十六度一十五分，以五分之，得二十三度一十五分，爲每更相距赤道度。每一度當時之四分，亦得六刻三分，爲每更相距時刻也。時刻之在赤道，其度常均，而在地平，則闊狹不等。其法爲半徑與時刻距午赤道度切線之比，同於北極出地之正弦與日影距午地平經度切線之比，故子午卯酉四正之位不移，而子午前後則狹，卯酉前後則闊也。日出入昏旦更點時刻，各節不同。

附中星更録

立春，子宫十五度。日出，卯正三刻十二分。晝四十刻六分。日入，酉初初刻三分。夜五十五刻九分。

一更，戌初初刻三分。昴宿第一星偏西十度四十二分，畢宿第一星偏東十七分。

二更，戌正三刻十四分。井宿第一星偏西十六分，天狼偏東六度二十分。

三更，亥正三刻十分。北河第三星偏西八度四十三分，鬼宿第一星偏東三度七分。

四更，子正三刻十分。軒轅第十四星偏西一度十三分，翼宿第一星偏東十一度五十八分。

五更，丑正三刻一分。五帝座偏西四度五十三分，軫宿第一星偏東一度四十七分。

攢點，寅正二刻十二分。角宿第一星偏西九度五十七分，亢宿第一星偏東一度五十六分。

子宫二十度。日出，卯正三刻六分。晝四十一刻三分。日入，酉初初刻九分。夜五十四刻十二分。

一更，戌初初刻九分。畢宿第一星偏西六度十分，❶五車第二星偏東四度五十四分。

二更，亥初初刻二分。井宿第一星偏西五度五十八分，天狼偏東三十八分。

三更，亥正三刻十一分。柳宿第一星偏西十九分，星宿第一星偏東十二度二十四分。

四更，子正三刻四分。軒轅第十四星偏西五度五十五分，翼宿第一星偏東七度十六分。

五更，丑正二刻十三分。軫宿第一星偏西

❶「十」，庫本作「七」。

度二十五分，角宿第一星偏東十四度五十一分。

攢點，寅正二刻六分。大角偏西十二分，氐宿第一星偏東七度五十二分。❶

子宮二十五度。日出，卯正三刻。晝四十二刻。日入，酉初一刻。夜五十四刻。

一更，戌初一刻。參宿第七星偏西一度二十四分，參宿第一星偏東二度四十六分。

二更，亥初初刻六分。天狼偏西五度十四分，南河第三星偏東八度四十六分。

三更，亥正三刻十二分。柳星第一星偏西五度二十六分，星宿第一星偏東七度十七分。

四更，子正三刻三分。軒轅第十四星偏西十度三十二分，翼宿第一星偏東二度三十九分。

五更，丑正二刻九分。軫宿第一星偏西六度十七分，角宿第一星偏東十度五十九分。

攢點，寅正二刻。大角偏西三度四十二分，氐宿第一星偏東四度三十分。

雨水，亥宮初度。日出，卯正二刻九分。晝四十二刻十二分。日入，酉初一刻六分。夜五十三刻三分。

一更，戌初一刻六分。觜宿第一星偏西二度一分，參宿第四星偏東三度三分。

二更，亥初初刻十分。天狼偏西十一度三分，南河第三星偏東一度五十七分。

三更，亥正三刻十三分。柳宿第一星偏西十度三十分，星宿第一星偏東二度十三分。

四更，子正三刻二分。翼宿第一星偏西一度五十五分，五帝座偏東十度十四分。

五更，丑正二刻五分。軫宿第一星偏西六度十七分，角宿第一星偏東七度十分。

攢點，寅正一刻九分。大角偏西七度一分，氐宿第一星偏東一度十一分。

亥宮五度。日出，卯正二刻三分。晝四十三刻九分。日入，酉初一刻十二分。夜五十二刻六分。

一更，戌初一刻十二分。參宿第四星偏西

❶「七」，庫本作「十四」。

三度十二分，井宿第一星偏東三度二十一分。

二更，亥初初刻十三分。北河第三星偏西二度三十六分，鬼宿第一星偏東九度十四分。

三更，亥正三刻十四分。星宿第一星偏西二度四十七分，張宿第一星偏東三度十六分。

四更，子正三刻一分。翼宿第一星偏西六度二十五分，五帝座偏東五度四十四分。

五更，丑正二刻二分。軫宿第一星偏西十四度六分，角宿第一星偏東三度十分。

攢點，寅正一刻三分。氐宿第一星偏西二度四分，氐宿第四星偏東四度三十四分。

亥宫十度。日出，卯正一刻十一分。晝四十四刻八分。日入，酉初二刻四分。夜五十一刻七分。

一更，戌初二刻四分。井宿第一星偏西三度五分，天狼偏東三度三十一分。

二更，亥初一刻二分。北河第三星偏西八度十七分，鬼宿第一星偏東三度三十三分。

三更，子初初刻一分。張宿第一星偏西一度五十五分，軒轅第十四星偏東一度五十八分。

四更，子正二刻十四分。翼宿第一星偏西十度三十六分，五帝座偏東一度三十三分。

五更，丑正一刻十二分。角宿第一星偏西三十一分，亢宿第一星偏東十一度二十二分。

攢點，寅正初刻十一分。氐宿第一星偏西五度，氐宿第四星偏東一度三十八分。

驚蟄，亥宫十五度。日出，卯正一刻五分。晝四十五刻五分。日入，酉初二刻十分。夜五十刻十分。

一更，戌初二刻十分。天狼偏西二度三十九分，南河第三星偏東十度二十一分。

二更，亥初一刻六分。柳宿第一星偏西二十一分，星宿第一星偏東十二度二十二分。

三更，子初初刻二分。軒轅第十四星偏西二度五十七分，翼宿第一星偏東十度十四分。

四更，子正二刻十三分。五帝座偏東二度五十二分，軫宿第一星偏東三度四十八分。

五更，丑正一刻九分。角宿第一星偏西四度

十一分，亢宿第一星偏東七度四十二分。

攢點，寅正初刻五分。氐宿第四星偏西一度三十二分，貫索第一星偏東六度六分。

亥宫二十度。日出，卯正初刻十三分。晝四十六刻四分。日入，酉初三刻二分。夜四十九刻十一分。

一更，戌初三刻二分。天狼偏西九度一分，南河第三星偏東三度五十九分。

二更，亥初一刻十分。柳宿第一星偏西六度三十四分，星宿第一星偏東六度九分。

三更，子初初刻三分。軒轅第十四星偏西七度四十九分，翼宿第一星偏東五度二十二分。

四更，子正二刻十二分。軫宿第一星偏西三十四分，角宿第一星偏東十六度四十二分。

五更，丑正一刻五分。角宿第一星偏西七度四十八分，亢宿第一星偏東四度五分。

攢點，寅初三刻十三分。氐宿第四星偏西四度二十四分，貫索第一星偏東三度十四分。

亥宫二十五度。日出，卯正初刻七分。晝四十七刻一分。日入，酉初三刻八分。夜四十八刻十四分。

一更，戌初三刻八分。北河第三星偏西一度十分，鬼宿第一星偏東十度四十分。

二更，亥初一刻十四分。柳宿第一星偏西十一度九分，星宿第一星偏東一度九分。

三更，子初初刻五分。軒轅第十四星偏西十二度五十五分，翼宿第一星偏東十六分。

四更，子正二刻十分。軫宿第一星偏西四度四十分，角宿第一星偏東十二度三十六分。

五更，丑正一刻一分。角宿第一星偏西十一度五十一分，亢宿第一星偏東二分。

攢點，寅初三刻七分。氐宿第四星偏西七度三十分，貫索第一星偏東八分。

春分，戌宫初度。日出，卯正初刻。晝四十八刻。日入，酉正初刻。夜四十八刻。

一更，戌正初刻。北河第三星偏西七度三十分，鬼宿第一星偏東四度二十分。

二更，亥初二刻三分。星宿第一星偏西四度

二十六分，張宿第一星偏東一度三十七分。

三更，子初初刻六分。翼宿第一星偏西四度三十四分，五帝座偏東七度三十五分。

四更，子正二刻九分。軫宿第一星偏西九度，角宿第一星偏東八度十六分。

五更，丑正初刻十二分。大角偏西一度五十五分，氐宿第一星偏東六度十七分。

攢點，寅初三刻。房宿第一星偏西十八分，心宿第一星偏東五度十七分。

戌宫五度。日出，卯初三刻八分。晝四十八刻十四分。日入，酉正初刻七分。夜四十七刻一分。

一更，戌正初刻七分。柳宿第一星偏西十四分，星宿第一星偏東十二度二十九分。

二更，亥初二刻七分。軒轅第十四星偏西五分，翼宿第一星偏東十三度六分。

三更，子初初刻七分。翼宿第一星偏西九度二十四分，五帝座偏東四度二十五分。

四更，子正二刻八分。軫宿第一星偏西十三度二十分，角宿第一星偏東三度五十六分。

五更，丑正初刻八分。大角偏西五度三十分，氐宿第一星偏東三度五十六分。

攢點，寅初二刻八分。房宿第一星偏西三度八分，心宿第一星偏東二度二十七分。

戌宫十度。日出，卯初三刻二分。晝四十九刻十一分。日入，酉正初刻十二分。夜四十六刻四分。

一更，戌正初刻十三分。柳宿第一星偏西六度二十分，星宿第一星偏東六度二十三分。

二更，亥初二刻十一分。軒轅第十四星偏西五度四十一分，翼宿第一星偏東七度三十分。

三更，子初初刻九分。五帝座偏西二度二十一分，軫宿第一星偏東四度十九分。

四更，子正二刻六分。角宿第一星偏西十分，亢宿第一星偏東十一度四十三分。

五更，丑正初刻四分。氐宿第一星偏西五十四分，氐宿第四星偏東五度四十四分。

攢點，寅初二刻二分。心宿第一星偏西三十

九分，尾宿第一星偏東六度二十七分。

清明，戌宮十五度。日出，卯初二刻十分。晝五十刻十分。日入，酉正一刻五分。夜四十五刻五分。

一更，戌正一刻五分。柳宿第一星偏西八度五十七分，星宿第一星偏東三度四十六分。

二更，亥初三刻。軒轅第十四星偏西十一度十八分，翼宿第一星偏東一度五十三分。

三更，子初初刻十分。軫宿第一星偏西三十三分，角宿第一星偏東六度四十三分。

四更，子正二刻五分。角宿第一星偏西四度三十二分，亢宿第一星偏東七度三十二分。

五更，丑正初刻。氐宿第一星偏西四度三十一分，氐宿第四星偏東二度七分。

攢點，寅初一刻十分。心宿第一星偏西三度三十一分，尾宿第一星偏東三度三十五分。

戌宮二十度。日出，卯初二刻四分。晝五十一刻七分。日入，酉正一刻十一分。夜四十四刻八分。

一更，戌正一刻十一分。張宿第一星偏西六分，軒轅第十四星偏東三度四十七分。

二更，亥初三刻四分。翼宿第一星偏西三度四十七分，五帝座偏東八度二十二分。

三更，子初初刻十一分。軫宿第一星偏西五度二十八分，角宿第一星偏東十一度四十八分。

四更，子正二刻四分。角宿第一星偏西八度五十七分，亢宿第一星偏東二度五十六分。

五更，丑初三刻十一分。氐宿第四星偏西一度三十三分，貫索第一星偏東六度五分。

攢點，寅初一刻四分。心宿第一星偏西六度四十一分，尾宿第一星偏東二十五分。

戌宮二十五度。日出，卯初一刻十二分。晝五十二刻六分。日入，酉正二刻三分。夜四十三刻九分。

一更，戌正二刻三分。軒轅第十四星偏西二度三十九分，翼宿第一星偏東十度三十二分。

二更，亥初三刻八分。翼宿第一星偏西九度二十八分，五帝座偏東三度四十一分。

三更，子初初刻十三分。軫宿第一星偏西

十度三十九分，角宿第一星偏東六度三十七分。

四更，子正二刻二分。大角偏西五分，氐宿第一星偏東八度八分。

五更，丑初三刻七分。氐宿第四星偏西五度十四分，貫索第一星偏東二度二十四分。

攢點，寅初初刻十二分。尾宿第一星偏西二度三十一分，帝座偏東四度四十分。

穀雨，酉宮初度。日出，卯初一刻六分。晝五十三刻三分。日入，酉正二刻九分。夜四十二刻十二分。

一更，戌正二刻九分。軒轅第十四星偏西八度五十四分，翼宿第一星偏東四度十七分。

二更，亥初三刻十一分。五帝座偏西二度四十九分，軫宿第一星偏東三度五十一分。

三更，子初初刻十四分。軫宿第一星偏西十五度三十九分，角宿第一星偏東一度三十七分。

四更，子正二刻一分。大角偏西四度三十五分，氐宿第一星偏東四度三十八分。

五更，丑初三刻四分。貫索第一星偏西一度三十六分，房宿第一星偏東四十八分。

攢點，寅初初刻六分。尾宿第一星偏西五度四十六分，帝座偏東一度二十五分。

西宮五度。日出，卯初一刻。晝五十四刻。日入，西正三刻。夜四十二刻。

一更，戌正三刻。翼宿第一星偏西二度二分，五帝座偏東十度七分。

二更，亥正初刻。軫宿第一星偏西一度五十八分，角宿第一星偏東十五度十八分。

三更，子初一刻。角宿第一星偏西三度二十七分，亢宿第一星偏東八度三十六分。

四更，子正二刻。氐宿第一星偏西五十六分，氐宿第四星偏東五度四十二分。

五更，丑初三刻。房宿第一星偏西三度一分，心宿第一星偏東二度三十四分。

攢點，寅初初刻。帝座偏西一度五十四分，箕宿第一星偏東九度四十三分。

西宮十度。日出，卯初初刻九分。晝五十四刻十二分。日入，酉正三刻六分。夜四十一刻三分。

一更，戌正三刻六分。翼宿第一星偏西八度二十四分，五帝座偏東三度四十五分。

二更，亥正初刻四分。軫宿第一星偏西七度五十分，角宿第一星偏東九度二十六分。

三更，子初一刻一分。角宿第一星偏西八度三十四分，亢宿第一星偏東三度十九分。

四更，子正一刻十四分。氐宿第一星偏西五度三十三分，氐宿第四星偏東一度五分。

五更，丑初二刻十一分。心宿第一星偏西一度十八分，尾宿第一星偏東五度四十八分。

攢點，丑正三刻九分。帝座偏西五度十六分，箕宿第一星偏東六度二十一分。

立夏，酉宫十五度。日出，卯初初刻三分。❶晝五十五刻九分。日入，酉正三刻十二分。夜四十刻六分。

一更，戌正三刻十二分。五帝座偏西二度四十二分，軫宿第一星偏東三度五十八分。

二更，亥正初刻七分。軫宿第一星偏西十三度三十二分，角宿第一星偏東三度四十四分。

三更，子初一刻二分。大角偏西四十二分，氐宿第一星偏東七度三十分。

四更，子正一刻十三分。氐宿第四星偏西三度三十七分，貫索第一星偏東四度一分。

五更，丑初二刻八分。心宿第一星偏西五度三十分，尾宿第一星偏東一度三十六分。

攢點，丑正三刻三分。帝座偏西八度四十三分，箕宿第一星偏東二度五十四分。

酉宫二十度。日出，寅正三刻十三分。晝五十六刻四分。日入，戌初初刻二分。夜三十九刻十一分。

一更，亥初初刻二分。軫宿第一星偏西二度十八分，角宿第一星偏東十四度五十八分。

二更，亥正初刻十分。角宿第一星偏西二度二分，亢宿第一星偏東九度五十一分。

---

❶「三」，庫本作「九」。

三更，子初一刻三分。大角偏西五度五十八分，氐宿第一星偏東二度十四分。

四更，子正一刻十二分。貫索第一星偏西四十五分，❶房宿第一星偏東一度三十九分。

五更，丑初二刻五分。尾宿第一星偏西二度四十分，❷帝座偏東四度三十一分。

攢點，丑正二刻十三分。箕宿第一星偏西五十二分，織女第一星偏東八度四十八分。

酉宫二十五度。日出，寅正三刻八分。晝五十六刻十四分。日入，戌初初刻七分。夜三十九刻一分。

一更，亥初初刻七分。軫宿第一星偏西八度三十八分，角宿第一星偏東八度三十八分。

二更，亥正初刻十三分。角宿第一星偏西七度五十二分，亢宿第一星偏東四度一分。

三更，子初一刻四分。氐宿第一星偏西三度六分，氐宿第四星偏東三度三十二分。

四更，子正一刻十一分。房宿第一星偏西三度十一分，心宿第一星偏東二度二十四分。

五更，丑初二刻二分。尾宿第一星偏西七度，帝座偏東十一分。

攢點，丑正二刻八分。箕宿第一星偏西四度四十二分，織女第一星偏東四度五十八分。

小滿，申宫初度。日出，寅正三刻三分。晝五十七刻九分。日入，戌初初刻十二分。夜三十八刻六分。

一更，亥初初刻十二分。軫宿第一星偏西十五度四分，角宿第一星偏東二度十二分。

二更，亥正一刻一分。大角偏西四十四分，氐宿第一星偏東七度二十八分。

三更，子初一刻五分。氐宿第四星偏西一度五十四分，貫索第一星偏東五度四十四分。

四更，子正一刻十分。心宿第一星偏西二度三十二分，尾宿第一星偏東四度三十四分。

五更，丑初一刻十四分。帝座偏西四度十

❶「索」，庫本作「宿」。

❷「尾」，庫本作「房」。

五分，箕宿第一星偏東七度二十二分。

攢點，丑正二刻三分。箕宿第一星偏西八度三十八分，織女第一星偏東一度二分。

申宮五度。日出，寅正二刻十四分。晝五十八刻二分。日入，戌初一刻一分。夜三十七刻十三分。

一更，亥初一刻一分。角宿第一星偏西四度二分，亢宿第一星偏東七度五十一分。

二更，亥正一刻四分。大角偏西六度四十四分，氐宿第一星偏東一度二十九分。

三更，子初一刻六分。氐宿第四星偏西七度二十三分，貫索第一星偏東十五分。

四更，子正一刻九分。尾宿第一星偏西二十五分，帝座偏東六度四十六分。

五更，丑初一刻十一分。帝座偏西八度四十四分。箕宿第一星偏東二度五十三分。

攢點，丑正一刻十四分。斗宿第一星偏西二度四十八分，河鼓第二星偏東十四度十九分。

申宮十度。日出，寅正二刻十一分。晝五十八刻八分。日入，戌初一刻四分。夜三十七刻七分。

一更，亥初一刻四分。角宿第一星偏西十度五分，亢宿第一星偏東一度四十八分。

二更，亥正一刻五分。氐宿第一星偏西四度四分，氐宿第四星偏東二度三十四分。

三更，子初一刻七分。房宿第一星偏西二度五十三分，心宿第一星偏東二度四十一分。

四更，子正一刻八分。尾宿第一星偏西五度二十八分，帝座偏東一度四十三分。

五更，丑初一刻十分。箕宿第一星偏西二度十分，織女第一星偏東七度三十分。

攢點，丑正一刻十一分。斗宿第一星偏西七度二十一分，河鼓第二星偏東九度四十六分。

芒種，申宮十五度。日出，寅正二刻八分。晝五十八刻十四分。日入，戌初一刻七分。夜三十七刻一分。

一更，亥初一刻七分。大角偏西三度八分，氐宿第一星偏東五度四分。

二更，亥正一刻七分。氐宿第四星偏西三度十八分，貫索第一星偏東四度二十分。

三更，子初一刻七分。心宿第一星偏西二度四十一分，尾宿第一星偏東四度二十五分。

四更，子正一刻八分。帝座偏西三度三十九分，箕宿第一星偏西七度五十八分。❶

五更，丑初一刻八分。箕宿第一星偏西七度二分，織女第一星偏東二度三十八分。

攢點，丑正一刻八分。斗宿第一星偏西十一度五十八分，河鼓第二星偏東五度九分。

申宮二十度。日出，寅正二刻六分。晝五十九刻三分。日入，戌初一刻九分。夜三十六刻十二分。

一更，亥初一刻九分。氐宿第一星偏西五十分，氐宿第四星偏東五度四十八分。

二更，亥正一刻八分。貫宿第一星偏西一度十九分，房星第一星偏東一度五分。

三更，子初一刻八分。尾宿第一星偏西一度十四分，帝座偏東五度五十七分。

四更，子正一刻七分。帝座偏西八度四十八分，箕宿第一星偏東二度四十九分。

五更，丑初一刻七分。斗宿第一星偏西二度七分，河鼓第二星偏東十五度。

攢點，丑正一刻六分。斗宿第一星偏西十六度五十二分，河鼓第二星偏東十五分。

申宮二十五度。日出，寅正二刻五分。晝五十九刻五分。日入，戌初一刻十分。夜三十六刻十分。

一更，亥初一刻十分。氐宿第一星偏西六度三十一分，氐宿第四星偏東七分。

二更，亥正一刻九分。房宿第一星偏西四度三十六分，心宿第一星偏東五十九分。

三更，子初一刻八分。尾宿第一星偏西六度四十分，帝座偏東三十一分。

四更，子正一刻七分。箕宿第一星偏西二度三十七分，織女第一星偏東七度三分。

❶「西」，庫本作「東」。

五更，丑初一刻六分。斗宿第一星偏西七度十八分，河鼓第一星偏東九度四十九分。

攢點，丑正一刻五分。河鼓第二星偏西四度五十六分，牛宿第一星偏東二度十二分。

夏至，未宮初度。日出，寅正二刻五分。晝五十九刻五分。日入，戌初一刻十分。夜三十六刻十分。

一更，亥初一刻十分。氐宿第四星偏西五度二十分，貫索第一星偏東二度十八分。

二更，亥正一刻九分。心宿第一星偏西四度二十八分，尾宿第一星偏東二度三十八分。

三更，子初一刻八分。帝座偏西四度五十六分，箕宿第一星偏東六度四十一分。

四更，子正一刻七分。箕宿第一星偏西八度四分，織女第一星偏東一度三十六分。

五更，丑初一刻六分。斗宿第一星偏西十二度四十五分，河鼓第二星偏東四度二十二分。

攢點，丑正一刻五分。天津第一星偏西一度四十二分，女宿第一星偏東三度三十二分。

未宮五度。日出，寅正二刻五分。晝五十九刻五分。日入，戌初一刻十分。❶夜三十六刻十分。

一更，亥初一刻十分。房宿第一星偏西四十五分，心宿第一星偏東四度五十分。

二更，亥正一刻九分。尾宿第一星偏西二度四十九分，帝座偏東四度二十二分。

三更，子初一刻八分。帝座偏西十度二十三分，箕宿第一星偏東一度十四分。

四更，子正一刻七分。斗宿第一星偏西三度二十七分，河鼓第二星偏東十三度四十分。

五更，丑初一刻六分。河鼓第二星偏西一度五分，牛宿第一星偏東六度三分。

攢點，丑正一刻五分。女宿第一星偏西一度五十五分，虛宿第一星偏東九度八分。

未宮十度。日出，寅正二刻二分。晝五十九刻三分。日入，戌初一刻九分。夜三十六刻十二分。

❶「十」，庫本作「七」。

一更，亥初一刻九分。心宿第一星偏西二十一分，尾宿第一星偏東六度四十五分。
二更，亥正一刻八分。帝座偏西四十九分，箕宿第一星偏東十度四十八分。
三更，子初一刻八分。箕宿第一星偏西四度十二分，織女第一星偏東五度二十八分。
四更，子正一刻七分。斗宿第一星偏西八度五十三分，河鼓第二星偏東八度十四分。
五更，丑初一刻七分。河鼓第二星偏西六度四十六分，牛宿第一星偏東二十二分。
攢點，丑正一刻六分。女宿第一星偏西七度三十六分，虛宿第一星偏東三度二十七分。
小暑，未宮十五度。日出，寅正二刻八分。晝五十八刻十四分。日入，戌初一刻七分。夜三十七刻一分。
一更，亥初一刻七分。心宿第一星偏西五度十五分，尾宿第一星偏東一度五十一分。
二更，亥正一刻七分。帝座偏西五度五十八分，箕宿第一星偏東五度三十九分。

三更，子初一刻七分。箕宿第一星偏西九度二十一分，織女第一星偏東十九分。
四更，子正一刻八分。斗宿第一星偏西十四度三十二分，河鼓第二星偏東二度三十五分。
五更，丑初一刻八分。天津第一星偏西三度四十四分，女宿第一星偏東一度三十分。
攢點，丑正一刻八分。虛宿第一星偏西二度二十七分，危宿第一星偏東六度十二分。
未宮二十度。日出，寅正二刻十一分。晝五十八刻八分。日入，戌初一刻四分。夜三十七刻七分。
一更，亥初一刻四分。尾宿第一星偏西二度四十六分，帝座偏東四度二十五分。
二更，亥正一刻五分。帝座偏西十度五十分，箕宿第一星偏東四十七分。
三更，子初一刻七分。斗宿第一星偏西四度三十九分，河鼓第二星偏東十二度二十八分。
四更，子正一刻八分。河鼓第二星偏西二度四十七分，牛宿第一星偏東四度二十一分。

五更，丑初一刻十分。女宿第一星偏西四度二十二分，虚宿第一星偏東六度四十一分。

攢點，丑正一刻十一分。虚宿第一星偏西八度三十四分，危宿第一星偏東五分。

未宫二十五度。日出，寅正二刻十四分。晝五十八刻二分。日入，戌初一刻一分。夜三十七刻十三分。

一更，亥初一刻一分。帝座偏西八分，箕宿第一星偏東十一度二十九分。

二更，亥正一刻四分。箕宿第一星偏西四度十六分，織女第一星偏東六度四十四分。

三更，子初一刻六分。斗宿第一星偏西九度四十二分，河鼓第一星偏東七度二十五分。

四更，子正一刻九分。牛宿第一星偏西一度十二分，天津第一星偏東二十一分。

五更，丑初一刻十一分。女宿第一星偏西九度五十五分，虚宿第一星偏東一度八分。

攢點，丑正一刻十四分。危宿第一星偏西五度五十八分，北落師門偏東六度四十三分。

大暑，午宫初度。日出，寅正三刻三分。晝五十七刻九分。日入，戌初初刻十二分。夜三十八刻六分。

一更，亥初初刻十二分。帝座偏西四度二十二分，箕宿第一星偏東七度十五分。

二更，亥正一刻一分。箕宿第一星偏西八度四十五分，織女第一星偏東五十五分。

三更，子初一刻五分。斗宿第一星偏西十四度四十一分，河鼓第一星偏東二度二十六分。

四更，子正一刻十分。天津第一星偏西五度八分，女宿第一星偏東六分。

五更，丑初一刻十四分。虚宿第一星偏西四度五十一分，危宿第一星偏東三度四十八分。

攢點，丑正二刻三分。危宿第一星偏西十二度十二分，北落師門偏東二十九分。

午宫五度。日出，寅正三刻八分。晝五十六刻十四分。日入，戌初初刻七分。夜三十九刻一分。❶

❶「一」，庫本作「八」。

一更，亥初初刻七分。帝座偏西八度十八分，箕宿第一星偏東三度十九分。

二更，亥正初刻十三分。斗宿第一星偏西三度七分，河鼓第二星偏東十四度。

三更，子初一刻四分。河鼓第二星偏西二度三十分，牛宿第一星偏東三度三十八分。

四更，子正一刻十一分。女宿第一星偏西五度二十分，❶虚宿第一星偏東五度四十三分。

五更，丑初二刻二分。危宿第一星偏西二度八分，北落師門偏東十度三十三分。

攢點，丑正一刻八分。室宿第一星偏西三度四十八分，壁宿第一星偏東十三度十三分。

午宫十度。日出，寅正三刻十三分。晝五十六刻四分。日入，戌初初刻二分。夜三十九刻十一分。

一更，亥初初刻二分。箕宿第一星偏西三十一分，織女第一星偏東九度九分。

二更，亥正初刻十分。斗宿第一星偏西七度二十七分，河鼓第二星偏東九度四十分。

三更，子初一刻三分。牛宿第一星偏西十二分，天津第一星偏東一度二十一分。❷

四更，子正一刻十二分。女宿第一星偏西十度四十分，虚宿第一星偏東二十三分。

五更，丑初二刻五分。危宿第一星偏西七度五十八分，北落師門偏東四度四十三分。

攢點，丑正二刻十三分。室宿第一星偏西十度八分，壁宿第一星偏東六度五十三分。

立秋，午宫十五度。日出，卯初初刻三分。晝五十五刻九分。日入，酉正三刻十二分。夜四十刻六分。

一更，戌正三刻十二分。箕宿第一星偏西六度十七分，織女第一星偏東三度二十三分。❸

二更，亥正初刻七分。斗宿第一星偏西十一度四十三分，❹河鼓第二星偏東五度二十四分。

❶「女」，庫本作「牛」。

❷末「一」字，庫本作「三」。

❸下「三」字，庫本作「七」。

❹「三」，庫本作「一」。

三更，子初一刻二分。天津第一星偏西三度二十五分，女宿第一星偏東一度四十九分。

四更，子正一刻十三分。虛宿第一星偏西四度五十三分，❶危宿第一星偏東三度四十六分。

五更，丑初二刻八分。北落師門偏西一度三分，室宿第一星偏東一度六分。

攢點，丑正三刻三分。室宿第一星偏西十六度二十四分，壁宿第一星偏東三十七分。

午宮二十度。日出，卯初初刻九分。晝五十四刻十二分。日入，酉正三刻六分。夜四十一刻三分。

一更，戌正三刻六分。箕宿第一星偏西七度四十四分，織女第一星偏東一度五十六分。

二更，亥正初刻四分。斗宿第一星偏西十五度五十五分，河鼓第二星偏東一度十二分。

三更，子初一刻一分。女宿第一星偏西二度五十三分，虛宿第一星偏東八度十分。

四更，子正一刻十四分。危宿第一星偏西一度二十六分，北落師門偏東十一度十五分。

五更，丑初二刻十一分。室宿第一星偏西四度三十六分，壁宿第一星偏東十二度二十五分。

攢點，丑正三刻九分。壁宿第一星偏西五度五十分，土司空偏東一度五十分。

午宮二十五度。日出，卯初一刻。晝五十四刻。日入，酉正三刻。夜四十二刻。

一更，戌正三刻。斗宿第一星偏西一度二分，河鼓第二星偏東十六度五分。

二更，亥正初刻。河鼓第二星偏西二度四十分，牛宿第一星偏東四度二十八分。

三更，子初一刻。女宿第一星偏西七度三十分，虛宿第一星偏東三度三十三分。

四更，子正二刻。危宿第一星偏西六度三十三分，北落師門偏東六度八分。

五更，丑初三刻。室宿第一星偏西十度二十八分，壁宿第一星偏東六度三十三分。

❶「三」，庫本作「四」。

攢點，寅初初刻。奎宿第一星偏西一度十七分，婁宿第一星偏東二度五十五分。

處暑，巳宮初度。日出，卯初一刻六分。晝五十三刻三分。日入，酉正二刻九分。夜四十二刻十二分。

一更，戌正二刻九分。斗宿第一星偏西四度二十一分，河鼓第二星偏東十二度四十六分。

二更，亥初三刻十一分。河鼓第二星偏西六度二十九分，牛宿第一星偏東三十九分。

三更，子初初刻十四分。虛宿第一星偏西一度一分，危宿第一星偏東七度三十八分。

四更，子正二刻一分。危宿第一星偏西十一度三十七分，北落師門偏東一度四分。

五更，丑初三刻四分。室宿第一星偏西十六度十七分，壁宿第一星偏東四十四分。

攢點，寅初初刻六分。奎宿第一星偏西七度三十六分，婁宿第一星偏東六度三十六分。

巳宮五度。日出，卯初一刻十二分。晝五十二刻六分。日入，酉正二刻三分。夜四十七刻九分。

一更，戌正二刻三分。斗宿第一星偏西七度三十六分，河鼓第二星偏東九度三十一分。

二更，亥初三刻八分。天津第一星偏西一度四十八分，女宿第一星偏東三度二十六分。❶

三更，子初初刻十三分。虛宿第一星偏西五度三十一分，危宿第一星偏東三度八分。

四更，子正二刻二分。室宿第一星偏西一度四十七分，❷壁宿第一星偏東十五度十四分。

五更，丑初三刻七分。壁宿第一星偏西四度四十六分，土司空偏東二度五十四分。

攢點，寅初初刻十二分。奎宿第一星偏西十三度五十一分，婁宿第一星偏東二十一分。

巳宮十度。日出，卯初二刻四分。晝五十一刻七分。日入，酉正一刻十一分。夜四十四刻八分。

一更，戌正一刻十一分。斗宿第一星偏西

❶「六」，庫本作「四」。

❷「四」，庫本作「二」。

十度三十二分，河鼓第二星偏東六度三十五分。

二更，亥初三刻四分。女宿第一星偏西十五分，虛宿第一星偏東十度四十八分。

三更，子初初刻十一分。危宿第一星偏西一度三分，北落師門偏東十一度三十八分。

四更，子正二刻四分。室宿第一星偏西六度五十八分，壁宿第一星偏東十度三分。

五更，丑初三刻十一分。土司空偏西二度四十七分，奎宿第一星偏東二十八分。

攢點，寅初一刻四分。婁宿第一星偏西六度五分，胃宿第一星偏東五度五十四分。

白露，巳宮十五度。日出，卯初二刻十分。晝五十刻十分。日入，酉正一刻五分。夜四十刻五分。

一更，戌正一刻五分。斗宿第一星偏西十三度四十二分，河鼓第二星偏東三度二十五分。

二更，亥初三刻。女宿第一星偏西三度五十五分，虛宿第一星偏東七度八分。

三更，子初初刻十分。危宿第一星偏西五度二十八分，北落師門偏東七度十三分。

四更，子正二刻五分。室宿第一星偏西十一度五十三分，壁宿第一星偏東五度八分。❶

五更，丑正初刻。奎宿第一星偏西五度十二分，婁宿第一星偏東九度。

攢點，寅初一刻十分。胃宿第一星偏西十六分，天囷第一星偏東四度五十一分。

巳宮二十度。日出，卯初三刻二分。晝四十九刻十一分。日入，酉正初刻十二分。夜四十六刻四分。

一更，戌正初刻十三分。斗宿第一星偏西十六度三十四分，河鼓第二星偏東三十三分。

二更，亥初二刻十一分。女宿第一星偏西七度三十二分，虛宿第一星偏東三度三十一分。

三更，子初初刻九分。危宿第一星偏西九度五十分，北落師門偏東二度五十一分。

四更，子正二刻六分。室宿第一星偏西十六

❶「八」，庫本作「五」。

度四十五分，壁宿第一星偏東十六分。

五更，丑正初刻四分。奎宿第一星偏西十度四十九分，婁宿第一星偏東三度二十三分。

攢點，寅初二刻二分。天囷第一星偏西一度三十一分，昴宿第一星偏東八度四十二分。

巳宫二十五度。日出，卯初三刻八分。晝四十八刻十四分。日入，酉正初刻七分。夜四十七刻一分。

一更，戌正初刻七分。河鼓第二星偏西三度三十三分，牛宿第一星偏東四度三十五分。

二更，亥初二刻七分。虚宿第一星偏西五分，危宿第一星偏東四度三十四分。

三更，子初初刻七分。北落師門偏西一度十五分，室宿第一星偏東五十四分。

四更，子正二刻八分。壁宿第一星偏西四度五十分，土司空偏東二度五十分。

五更，丑正初刻八分。婁宿第一星偏西一度十三分，胃宿第一星偏東九度四十六分。

攢點，寅初二刻八分。天囷第一星偏西七度三十七分，昴宿第一星偏東二度三十六分。

秋分，辰宫初度。日出，卯正初刻。晝四十八刻。日入，酉正初刻。夜四十八刻。

一更，戌正初刻。河鼓第二星偏西五度二十三分，牛宿第一星偏東一度四十五分。

二更，亥初二刻三分。虚宿第一星偏西三度四十分，危宿第一星偏東四度五十九分。

三更，子初初刻六分。室宿第一星偏西三度二十六分，壁宿第一星偏東十三度三十五分。

四更，子正二刻九分。[1]土司空偏西二度，奎宿第一星偏東一度十五分。

五更，丑正初刻十二分。婁宿第一星偏西七度四十八分，胃宿第一星偏東四度十一分。

攢點，寅初三刻。昴宿第一星偏西三度四十四分，畢宿第一星偏東七度十五分。

辰宫五度。日出，卯正初刻七分。晝四十七刻一

[1]「正」，庫本作「初」。

分。日入，酉初三刻八分。夜四十八刻十四分。

一更，戌初三刻八分。牛宿第一星偏西一度五分，天津第一星偏東二十八分。

二更，亥初一刻十四分。虚宿第一星偏西七度十五分，危宿第一星偏東一度二十四分。

三更，子初初刻五分。室宿第一星偏西七度四十六分，壁宿第一星偏東九度十五分。

四更，子正二刻十分。奎宿第一星偏西三度三十五分，婁宿第一星偏東十度三十七分。

五更，丑正一刻一分。胃宿第一星偏西一度二十四分，天囷第一星偏東三度四十三分。

攢點，寅初三刻七分。昴宿第一星偏西十度四分，畢宿第一星偏東五十五分。

辰宫十度。日出，卯正一刻五分。晝四十五刻五分。日入，酉初二刻十分。夜五十刻十分。

一更，戌初三刻二分。天津第一星偏西二度三十八分，女宿第一星偏東二度三十六分。

二更，亥初一刻十分。危宿第一星偏西二度十二分，北落師門偏東十度二十九分。

三更，子初初刻三分。室宿第一星偏西十一度五十二分，壁宿第一星偏東五度九分。

四更，子正二刻十二分。奎宿第一星偏西八度四十一分，婁宿第一星偏東五度三十一分。

五更，丑正一刻五分。天囷第一星偏西一度五十三分，昴宿第一星偏東八度二十分。

攢點，寅初三刻十三分。畢宿第一星偏西五度十一分，五車第二星偏東五度五十三分。

寒露，辰宫十五度。日出，卯正一刻五分。晝四十五刻五分。日入，酉初二刻二分。夜五十刻十分。

一更，戌初二刻十分。女宿第一星偏西十六分，虚宿第一星偏東十度四十七分。

二更，亥初一刻六分。危宿第一星偏西五度四十九分，北落師門偏東六度五十二分。

三更，子初初刻二分。室宿第一星偏西十六度十四分，壁宿第一星偏東四十七分。

四更，子正二刻十三分。奎宿第一星偏西

十三度三十三分，婁宿第一星偏東三十九分。

五更，丑正一刻九分。天囷第一星偏西七度三十分，昴宿第一星偏東二度四十三分。

攢點，寅正初刻五分。五車第二星偏西二十九分，參宿第七星偏東三十五分。

辰宮二十度。日出，卯正一刻十一分。晝四十四刻八分。日入，酉初二刻四分。夜五十一刻七分。

一更，戌初二刻四分。女宿第一星偏西三度二十六分，虛宿第一星偏東七度三十七分。

二更，亥初一刻二分。危宿第一星偏西九度二十九分，北落師門偏東三度十二分。

三更，子初初刻一分。壁宿第一星偏西三度三十八分，土司空偏東四度二分。

四更，子正二刻十四分。婁宿第一星偏西四度十六分，胃宿第一星偏東九度四十三分。

五更，丑正一刻十三分。昴宿第一星偏西二度五十七分，畢宿第一星偏東八度二分。

攢點，寅正初刻十一分。觜宿第一星偏西五十三分，參宿第四星偏東四度十一分。

辰宮二十五度。日出，卯正二刻三分。晝四十三刻九分。日入，酉初一刻十二分。夜五十二刻六分。

一更，戌初一刻十二分。女宿第一星偏西六度二十二分，虛宿第一星偏東四度四十一分。

二更，亥初初刻十三分。北落師門偏西二十九分，室宿第一星偏東一度四十分。

三更，亥正三刻十四分。土司空偏西九分，奎宿第一星偏東三度六分。

四更，子正三刻一分。婁宿第一星偏西九度二十七分，胃宿第一星偏東二度三十二分。

五更，丑正二刻二分。昴宿第一星偏西八度三十八分，畢宿第一星偏東二度二十一分。

攢點，寅正一刻三分。參宿第四星偏西二度十五分，❶井宿第一星偏東四度十八分。

霜降，卯宮初度。日出，卯正二刻九分。晝四十

❶「四」，庫本作「一」。

二刻十二分。日入，酉初一刻六分。夜五十三刻三分。

一更，戌初一刻六分。女宿第一星偏西九度三十七分，虛宿第一星偏東一度二十六分。

二更，亥初初刻十分。室宿第一星偏西二度二十分，壁宿第一星偏東十四度四十八分。

三更，亥正三刻十三分。奎宿第一星偏西一度二十四分，婁宿第一星偏東十二度四十八分。

四更，子正三刻二分。胃宿第一星偏西二度二十八分，天囷第一星偏東二度三十九分。

五更，丑正二刻五分。畢宿第一星偏西三度九分，五車第二星偏東七度五十五分。

攢點，寅正一刻九分。井宿第一星偏西一度五十七分，天狼偏東四度三十九分。

卯宮五度。日出，卯正三刻。晝四十二刻。日入，酉初一刻。夜五十四刻。

一更，戌初一刻。虛宿第一星偏西一度五十三分，危宿第一星偏東六度四十六分。

二更，亥初初刻六分。室宿第一星偏西六度九分，壁宿第一星偏東十度五十二分。

三更，亥正三刻十二分。奎宿第一星偏西五度五十八分，婁宿第一星偏東八度十四分。

四更，子正三刻三分。天囷第一星偏西二度二十五分，昴宿第一星偏東七度四十八分。

五更，丑正二刻九分。畢宿第一星偏西八度五十八分，五車第二星偏東二度六分。

攢點，寅正二刻。天狼偏西一度四十分，南河第三星偏東十一度二十分。

卯宮十度。日出，卯正三刻六分。晝四十一刻三分。日入，酉初初刻九分。夜五十四刻十二分。

一更，戌初初刻九分。虛宿第一星偏西五度十五分，危宿第一星偏東三度三十四分。

二更，亥初初刻二分。室宿第一星偏西十度一分，壁宿第一星偏東七度。

三更，亥正三刻十一分。奎宿第一星偏西十度三十五分，婁宿第一星偏東三度三十七分。

四更，子正三刻四分。天囷第一星偏西七度

三十二分，昴宿第一星偏東二度四十一分。

五更，丑正二刻十三分。參宿第七星偏西二度四十二分，❶參宿第一星偏東一度二十八分。

攢點，寅正二刻六分。天狼偏西八度二分，南河第一星偏東四度五十八分。

立冬，卯宮十五度。日出，卯正三刻十二分。晝四十刻六分。日入，酉初初刻三分。夜五十五刻九分。

一更，戌初初刻三分。危宿第一星偏西一度三分，北落師門偏東十一度三十八分。

二更，戌正三刻十四分。室宿第一星偏西十四度十三分，壁宿第一星偏東二度四十八分。

三更，亥正三刻十分。婁宿第一星偏西一度五分，胃宿第一星偏東十度五十四分。

四更，子正三刻五分。昴宿第一星偏西二度三十一分，畢宿第一星偏東八度二十八分。

五更，丑正三刻一分。觜宿第一星偏西三度四十二分，參宿第四星偏東一度二十二分。

攢點，寅正二刻十二分。北河第三星偏西三十二分，鬼宿第一星偏東十一度十八分。

卯宮二十度。日出，辰初初刻二分。晝三十九刻十一分。日入，申正三刻十三分。夜五十六刻四分。

一更，酉正三刻十三分。危宿第一星偏西三度四十九分，北落師門偏東八度四十八分。

二更，戌正三刻十一分。壁宿第一星偏西一度二十八分，土司空偏東六度十二分。

三更，亥正三刻九分。婁宿第一星偏西五度五十一分，胃宿第一星偏東六度八分。

四更，子正三刻六分。昴宿第一星偏西七度四十七分，畢宿第一星偏東三度十二分。

五更，丑正三刻四分。參宿第四星偏西四度二十四分，❷井宿第一星偏東二度九分。

攢點，寅正三刻二分。北河第三星偏西六度四十八分，鬼宿第一星偏東五度二分。

❶「七」，庫本作「一」。

❷上「四」字，庫本作「一」。

卯宮二十五度。日出，辰初初刻七分。晝三十九刻一分。日入，申正三刻八分。夜五十六刻十四分。

一更，酉正三刻八分。危宿第一星偏西七度三十九分，北落師門偏東五度二分。

二更，戌正三刻八分。壁宿第一星偏西五度四十八分，土司空偏東一度五十二分。

三更，亥正三刻八分。婁宿第一星偏西十度四十一分，胃宿第一星偏東一度十八分。

四更，子正三刻七分。畢宿第一星偏西二度八分，五車第二星偏東八度五十六分。

五更，丑正三刻七分。井宿第一星偏西三度四十一分，天狼偏東二度五十五分。

攢點，寅正三刻七分。鬼宿第一星偏西一度十八分，柳宿第一星偏東二十八分。

小雪，寅宮初度。日出，辰初初刻十二分。晝三十八刻六分。日入，申正三刻三分。夜五十七刻九分。

一更，酉正三刻三分。危宿第一星偏西十一度三十五分，北落師門偏東一度六分。

二更，戌正三刻五分。土司空偏西二度三十四分，奎宿第一星偏東四十一分。

三更，亥正三刻七分。胃宿第一星偏西三度三十八分，天囷第一星偏東一度二十九分。

四更，子正三刻八分。畢宿第一星偏西七度三十四分，五車第二星偏東三度三十分。

五更，丑正三刻十分。天狼偏西三度一分，南河第三星偏東九度五十九分。

攢點，寅正三刻十二分。柳宿第一星偏西五度五十八分，星宿第一星偏東六度四十五分。

寅宮五度。日出，辰初一刻一分。晝三十七刻十三分。日入，申正二刻十四分。夜五十八刻二分。

一更，酉正二刻十四分。室宿第一星偏西五十九分，壁宿第一星偏東十六度二分。

二更，戌正三刻二分。奎宿第一星偏西三度四十八分，婁宿第一星偏東十度二十四分。

三更，亥正三刻六分。天囷第一星偏西三度三十分，昴宿第一星偏東六度四十三分。

四更，子正三刻九分。參宿第七星偏西五十五分，參宿第一星偏東三度十五分。

五更，丑正三刻十三分。天狼偏西九度，南河第三星偏東四度。

攢點，卯初初刻一分。柳宿第一星偏西十二度十二分，星宿第一星偏東三十一分。

寅宫十度。日出，辰初一刻四分。晝三十七刻七分。日入，申正二刻十一分。夜五十八刻八分。

一更，酉正二刻十一分。室宿第一星偏西五度三十二分，壁宿第一星偏東十一度二十九分。

二更，戌正三刻一分。奎宿第一星偏西八度五十一分，婁宿第一星偏東五度三十一分。

三更，亥正三刻五分。天囷第一星偏西八度三十三分，昴宿第一星偏東一度四十分。

四更，子正三刻十分。觜宿第一星偏西一度四十六分，參宿第四星偏東三度十八分。❶

五更，丑正三刻十四分。北河第三星偏西三十六分，鬼宿第一星偏東十一度十四分。

攢點，卯初初刻四分。星宿第一星偏西五度三十二分，張宿第一星偏東三十一分。

大雪，寅宫十五度。日出，辰初一刻七分。晝三十七刻一分。日入，申正二刻八分。夜五十八刻十四分。

一更，酉正二刻八分。室宿第一星偏西十度九分，壁宿第一星偏東六度五十二分。

二更，戌正二刻十四分。奎宿第一星偏西十三度四十三分，婁宿第一星偏東二十九分。

三更，亥正三刻五分。昴宿第一星偏西三度四十三分，畢宿第一星偏東七度十七分。

四更，子正三刻十分。參宿第四星偏西二度四分，❷井宿第一星偏東四度二十九分。

五更，寅初初刻一分。北河第三星偏西六度二十八分，鬼宿第一星偏東五度二十二分。

---

❶ 「四」，庫本作「一」。

❷ 上「四」字，庫本作「一」。

攢點，卯初初刻七分。軒轅第十四星偏西四十三分，翼宿第一星偏東十二度二十八分。

寅宫二十度。日出，辰初一刻九分。晝三十六刻十二分。日入，申正二刻六分。夜五十九刻三分。

一更，酉正二刻六分。室宿第一星偏西十五度三分，壁宿第一星偏東一度五十八分。

二更，戌正二刻十三分。婁宿第一星偏西四度四十分，胃宿第一星偏東一度五十八分。

三更，亥正三刻四分。昴宿第一星偏西八度五十一分，畢宿第一星偏東二度八分。

四更，子正三刻十一分。井宿第一星偏西一度十分，天狼偏東五度二十六分。

五更，寅初初二分。鬼宿第一星偏西十七分，柳宿第一星偏東一度二十九分。

攢點，卯初初刻九分。軒轅第十四星偏西七度三十七分，翼宿第一星偏東五度三十四分。

寅宫二十五度。日出，辰初一刻十分。晝三十六刻十分。日入，申正二刻五分。夜五十九刻五分。

一更，酉正二刻五分。壁宿第一星偏西三度十三分，土司空偏東四度二十七分。

二更，戌正二刻十二分。婁宿第一星偏西九度五十一分，胃宿第一星偏東二度八分。

三更，亥正三刻四分。畢宿第一星偏西三度十八分，五車第二星偏東七度四十六分。

四更，子正三刻十一分。天狼當中。

五更，寅初初刻三分。柳宿第一星偏西四度十二分，星宿第一星偏東八度三十一分。

攢點，卯初初刻十分。翼宿第一星偏西七分，五帝座偏東十二度二分。

冬至，丑宫初度。日出，辰初一刻十分。晝三十六刻十分。日入，申正二刻五分。夜五十九刻五分。

一更，酉正二刻五分。土司空偏西一度，奎宿第一星偏東二度十五分。

二更，戌正二刻十二分。胃宿第一星偏西三度十九分，天囷第一星偏東一度四十八分。

三更，亥正三刻四分。畢宿第一星偏西八度

四十五分，五車第二星偏東二度十九分。

四更，子正三刻十一分。天狼偏西五度二十七分，南河第三星偏東七度三十三分。

五更，寅初初刻三分。柳宿第一星偏西九度三十九分，星宿第一星偏東三度四分。

攢點，卯初初刻十分。翼宿第一星偏西五度三十四分，五帝座偏東六度三十五分。

丑宫五度。日出，辰初一刻十分。晝三十六刻十分。日入，申正二刻五分。夜五十九刻五分。

一更，酉正二刻五分。奎宿第一星偏西三度十二分，婁宿第一星偏東十一度。

二更，戌正二刻十二分。天囷第一星偏西三度三十九分，昴宿第一星偏東六度三十四分。

三更，亥正三刻四分。參宿第七星偏西二度四分，參宿第一星偏東二度六分。

四更，子正三刻十一分。天狼偏西十度五十四分，南河第三星偏東二度六分。

五更，寅初初刻三分。星宿第一星偏西二度二十三分，❶張宿第一星偏東二度四十分。

攢點，卯初初刻十分。翼宿第一星偏西十一度一分，五帝座偏東一度八分。

丑宫十度。日出，辰初一刻九分。晝三十六刻十二分。日入，申正二刻六分。夜五十九刻三分。

一更，酉正二刻六分。奎宿第一星偏西八度五十三分，婁宿第一星偏東五度十九分。

二更，戌正二刻十三分。天囷第一星偏西九度二十分，昴宿第一星偏東五十三分。

三更，亥正三刻四分。觜宿第一星偏西二度四十八分，參宿第四星偏東二度十六分。

四更，子正三刻十一分。北河第三星偏西二度三十二分，❷鬼宿第一星偏東九度二十七分。

五更，寅初初刻二分。張宿第一星偏西一度三十一分，軒轅第十四星偏東二度二十二分。

❶ 「三」，庫本作「六」。
❷ 下「二」字，庫本作「六」。

攢點，卯初初刻九分。五帝座偏西四度三分，軫宿第一星偏東二度三十七分。

小寒，丑宮十五度。日出，辰初一刻七分。晝三十七刻一分。日入，申正二刻八分。夜五十八刻十四分。

一更，酉正二刻八分。婁宿第一星偏西三十五分，胃宿第一星偏東十一度二十四分。

二更，戌正二刻十四分。昴宿第一星偏西四度四十六分，畢宿第一星偏東六度十三分。

三更，亥正三刻五分。參宿第四星偏西三度二十三分，井宿第一星偏東三度十分。

四更，子正三刻十分。北河第三星偏西七度三十二分，鬼宿第一星偏東四度十八分。

五更，寅初初刻一分。軒轅第十四星偏西二度四十七分，翼宿第一星偏東十度二十四分。

攢點，卯初初刻七分。軫宿第一星偏西二度十七分，角宿第一星偏東十五度三十九分。

丑宮二十度。日出，辰初一刻四分。晝三十七刻七分。日入，申正二刻十一分。夜五十八刻八分。

一更，酉正二刻十一分。婁宿第一星偏西六度四十二分，胃宿第一星偏東五度十七分。

二更，戌正三刻一分。昴宿第一星偏西十度三十八分，畢宿第一星偏東二十一分。

三更，亥正三刻五分。井宿第一星偏西二度十二分，天狼偏東四度二十四分。

四更，子正三刻十分。鬼宿第一星偏西一度三分，柳宿第一星偏東四十三分。

五更，丑正三刻十四分。軒轅第十四星偏西六度三十九分，翼宿第一星偏東六度三十二分。

攢點，卯初初刻四分。軫宿第一星偏西六度五十四分，角宿第一星偏東十度二十二分。

丑宮二十五度。日出，辰初一刻一分。晝三十七刻十三分。日入，申正二刻十四分。夜五十八刻二分。

一更，酉正二刻十四分。胃宿第一星偏西四十六分，天囷第一星偏東四度二十一分。

二更，戌正三刻二分。畢宿第一星偏西五度

十二分，五車第二星偏東五度五十二分。

三更，亥正三刻六分。天狼偏西一度九分，南河第三星偏東十一度五十一分。

四更，子正三刻九分。柳宿第一星偏西四度二十一分，星宿第一星偏東八度二十二分。

五更，丑正三刻十三分。軒轅第十四星偏西十二度四十二分，翼宿第一星偏東二十九分。

攢點，卯初初刻一分。軫宿第一星偏西十一度二十七分，角宿第一星偏東五度四十九分。

大寒，子宫初度。日出，辰初初刻十二分。晝三十八刻六分。日入，申正三刻三分。夜五十七刻九分。

一更，酉正三刻三分。天囷第一星偏西一度五十三分，昴宿第一星偏東八度二十分。

二更，戌正三刻五分。五車第二星偏西七分，參宿第七星偏東五十七分。❶

三更，亥正三刻七分。天狼偏西六度三十八分，南河第三星偏東六度二十二分。

四更，子正三刻八分。柳宿第一星偏西九度二十分，星宿第一星偏東三度二十三分。

五更，丑正三刻十分。翼宿第一星偏西四度，五帝座偏東八度九分。

攢點，寅正三刻十二分。軫宿第一星偏西十五度四十一分，角宿第一星偏東一度三十五分。

子宫五度。日出，辰初初刻七分。晝三十九刻一分。日入，申正三刻八分。夜五十六刻十四分。

一更，酉正三刻八分。天囷第一星偏西八度十九分，昴宿第一星偏東一度五十四分。

二更，戌正三刻八分。觜宿第一星偏西十七分，參宿第四星偏東四度四十七分。

三更，亥正三刻八分。天狼偏西十二度四分，南河第三星偏東五十六分。

四更，子正三刻八分。星宿第一星偏西一度三十三分，張宿第一星偏東四度三十分。

五更，丑正三刻七分。翼宿第一星偏西七度

❶ 上「七」字，庫本作「一」。

五十六分，五帝座偏東四度十三分。

攢點，寅正三刻七分。角宿第一星偏西二度二十一分，亢宿第一星偏東九度三十二分。

子宮十度。日出，辰初初刻二分。晝三十九刻十一分。日入，申正三刻十三分。夜五十六刻四分。

一更，酉正三刻十三分。昴宿第一星偏西四度十一分，畢宿第一星偏東六度四十八分。

二更，戌正三刻十一分。參宿第四星偏西一度三分，井宿第一星偏東五度三十分。

三更，亥正三刻九分。北河第三星偏西三度二十七分，鬼宿第一星偏東八度二十三分。

四更，子正三刻六分。張宿第一星偏西二十分，軒轅第十四星偏東三度三十三分。

五更，丑正三刻四分。五帝座偏西三十七分，軫宿第一星偏東六度三分。

攢點，寅正三刻二分。角宿第一星偏西六度十一分，亢宿第一星偏東五度四十二分。

右測中星考日躔以定歲差。

【《周禮·春官·馮相氏》】冬夏致日，春秋致月，以辨四時之叙。【注】冬至，日在牽牛，景丈三尺。夏至，日在東井，景尺五寸。此長短之極。春分日在婁，秋分日在角，而月弦于牽牛、東井。【疏】春分日在婁，其月上弦在東井，圓于角，下弦于牽牛。秋分日在角，上弦于牽牛，圓于婁，下弦于東井。鄭并言「月弦于牽牛、東井」，不言圓望，義可知也。

梅氏文鼎曰：「日行黄道，有南至北至，月亦有之。月之北至，則陰律是也。月之南至，則陽律是也。夫月之陰陽律，隨時變遷，而必於春秋測之何耶？凡言至者，皆要其數之所極，則必有中數以爲之衷。如日道有南至有北至，相差四十七度奇，而其中數則赤道也。月有陰律、有陽律，出入於黄道各六度弱，而其中數則黄道也。夫黄道之在冬夏，既自相差四十七度奇，則已無定度，又何以爲月道之中數乎？惟春秋二分之黃道與赤道同度，則其東出西没及過午之度，並與赤道無殊，於此測月，可得陰陽律出入黃道之真度矣。假如二分之望月在其衝，春分之望月必在秋分之宿度，秋分之望月必在春分之宿度。則日没於酉正，而月出於卯正，日出於卯正，而月没於酉正，其出没方位，必居卯酉正中，與日相等。然而或等焉，或不等焉，或有時而出没於酉正卯正之南，則知其在陽律也；有時而在卯正酉正之北，則知其在陰律也。又此時日之過午也，必與本處之赤道同高，即冬夏二至日軌高度折中之處。則月亦宜然。然而月之過午，或有時而高於日度，則知其在陰律也；有時而卑於日度，則知其在陽律也。若月之出没在卯酉之正而不偏南北，月之過午一如日軌之度而略無高卑，則爲正當交道而有虧食，故曰惟春秋可以測月也。」

又曰：「但以日軌爲主，則春秋致月亦致日之餘事，即於兩弦立説，亦足以明。若正言致月之理，則必將詳考其交道出入之端，與夫陰陽律遠近之距，則兼望言之，其理益著也。

問：『陰陽律之法，於兩弦亦可用乎？』曰：『可。凡冬夏至表景，既有土圭之定度，夏至尺五寸，即土圭之定度也。冬至景丈三尺，蓋亦以土圭之度度之而知。則月亦宜然。而今測月景，每有不齊，則交道可知。假如春分日在婁而月上弦於東井，秋分日在角而月下弦於東井，則是月所行者，夏至日道也，其午景宜與土圭等。又如春分日在婁而月下弦於牽牛，秋分日在角而月上弦於牽牛，則是月行冬至日道也，其午景宜與土圭所度冬至長景等。而徵之所測，或等焉，或不等焉。其等於定度者，必月交黄道之度也。其短於定度者，必月在日道之北而爲陰律也。其長於定度者，必月在日道之南而爲陽律也。是故兩弦亦可以測陰陽律也。』『然則，陰陽律之變動若此，又何以正四時之叙？』曰：『日道之出入赤道也，距遠至廿四度；月道之出入黄道，最遠止六度。距廿四度，故景之進退也大；夏至尺五寸，冬至一丈三尺，相去懸絶。距止六度，故景之進退也小。陰律陽律之月，景所差于日景者，不過尺許而已。假如月上下弦在東井，而景更短於土圭，其爲夏至之陰律，更無可疑。即使是陽律而景長於土圭，其長不過尺許，無害其爲夏至之黄道也。又如月上下弦在牽牛，景加長於土圭所定之度，其爲冬至之陽律已成確據。即使是陰律而景短於土圭所定之度，其短亦不過尺許，無損其爲冬至之日道也。夫兩弦之月道，既在二至之度，則日躔必在二分而四叙不忒，故曰舉弦立説，亦足以明也。』

或疑洛下閎製渾儀，止知黄道。至東漢永元銅儀，始知月道。至陰陽交道之説，後代始密。《周禮》所言『致月』，或未及此。曰：《洪範》言『日月之行』，則『有冬有夏』，是古有黄道也。『十月之交』，見於《詩》，是古知交道也。洛下閎等草創於祖龍煨燼之餘，故制未備，而以此疑《周禮》乎？夫謂曆術屢變益精者，❶如歲差之類，必數十年始差一度，故久而後

❶「曆」，原脱，蓋避清高宗諱之故，今據《曆算全書》卷六補。

覺。若月之陰陽律，月必一周，視黄道之變，尤爲易見，而謂古人全不之知，吾不信也。

或又疑土圭只尺有五寸，則惟北至時可用，餘三時何以定之？曰：經固言『日北景長，日南景短』矣，其長其短，亦必有數，則皆以土圭之尺寸度之耳。然則夏日至景如土圭者，冬日至景必數倍於土圭，而以土圭度之，無難得其丈尺，故冬夏並言『致日』也。」

李氏光地曰：「曆法之要，惟定二至二分爲先。二至定，則曆元正矣。必也立表測晷，檢驗長短之極，如祖沖之及今曆之密焉，此『冬夏致日』之説也。日行有贏縮，曆自秋分至春分之前縮，自春分至秋分之前贏。若但以百八十二日中分之，以求赤道之交，則晷景不得矣。此亦可以立表參求，而今曆更得一術。用日月東西對望檢之，便得二分之正。蓋冬行南陸，則地上之天少而地下之天多；夏行北陸，則地上之天多而地下之天少。其日月之東西相對者，非望也，惟春分、秋分，行於中道，則日月對衝於地平，即真望矣。以其真望之在何時，檢二分之所在，此『春秋致月』之説也。『冬夏致日』者，於南北；『春秋致月』者，於東西：亦各以其方位。爲此説者，以爲獨得之秘，而不知古之聖人知此久矣。」

蕙田案：《春秋傳》：「日在北陸而藏冰，西陸朝覿而出之。」《爾雅》：「北陸，虚也。西陸，昴也。」推是而言，東陸，鳥也；南陸，火也。四陸，即天之四象。唐、虞時冬至日在虚，行北陸；夏至日在七星，行南陸。《後漢志》：「日行北陸謂之冬，西陸謂之春，南陸謂之夏，東陸謂之秋。」與《春秋傳》同。漢冬至日在斗，北陸之宿也。今冬至日在箕，屬東北維；夏至日在參，屬西南維。至於日道發南，不可謂之行南陸；日道斂北，不可謂之行北陸：相承誤用，非也。「冬夏致日」，測黄道也；「春秋致月」，測月道也。亦名白道。

觀承案：南陸北陸之名，相沿而誤解久矣，榕村亦不免承訛而未覺。日道發南，不可謂行南陸；日道斂北，不可謂行北陸。剖晰豁然，可爲燭龍矣。

右致日月以正節氣。

【《周禮・夏官・挈壺氏》】【注】壺，盛水器也。世主挈壺水以爲漏。凡軍事，縣壺以序聚㰌；❶凡喪，縣壺以代哭者。皆以水火守之，分以日夜。【注】以水守壺者，爲沃漏也。以火守壺者，夜則火視刻數也。分以日夜者，異晝夜漏也。漏之箭，共百刻，冬夏之間有長短焉。

【《秋官・司寤氏》】掌夜時。【注】夜時，謂夜晚早，若今甲乙至戍。❷【疏】此文與下爲目，故注云「謂夜晚早」。甲乙則早時，戍亥則晚時也。以星分夜，以詔夜士夜禁。【注】夜士，主行夜徼候者，如今都候之屬。【疏】以星分夜者，若今時觀參辰知夜早晚，是以《書傳》云：「春昏張中，可以種稷。夏大火中，可以種黍菽。秋虚中，可以種麥。冬昴中，可以收斂蓋藏。」彼雖非分夜以詔夜士，亦是以星知早晚之類也。

蕙田案：《素問》曰：「一日一夜五分之。」《漢書・西域傳》杜欽曰：「斥候士五分夜，擊刁斗自守。」《隋志》曰：「晝有朝，有禺，有中，有晡，有夕。夜有甲、乙、丙、丁、戍。昏旦有中星。」《顏氏家訓》曰：「漢魏以來，謂爲甲夜、乙夜、丙夜、丁夜、戍夜，亦云一更、二更、三更、四更、五更，皆以五爲節。」此鄭注「甲乙至戍」，

❶「聚」，原脱，據《周禮・挈壺氏》補。
❷「戍」，據阮校，當作「戊」。下同。

「戌」譌作「戍」，賈疏遂言「戌亥」，非也。以星分夜者，視星移次某星中，或某星見，爲甲夜、乙夜也。

【《隋書·天文志》】昔黄帝創觀漏水，制器取則，以分晝夜。其後因以命官，《周禮》挈壺氏則其職也。其法，總以百刻，分于晝夜。冬至晝漏四十刻，夜漏六十刻。夏至晝漏六十刻，夜漏四十刻。春秋二分，晝夜各五十刻。日未出前二刻半而明，既没後二刻半乃昏。減夜五刻，以益晝漏，謂之昏旦。漏刻皆隨氣增損，冬夏二至之間，晝夜長短，凡差二十刻。每差一刻爲一箭。冬至互起其首，凡有四十一箭。晝有朝，有禺，有中，有晡，有夕。夜有甲、乙、丙、丁、戊。昏旦有星中。每箭各有其數，皆所以分時代守，更其作役。漢興，張蒼因循古制，猶多踈闊，及孝武考成星曆，下漏以追天度，亦未能盡其理。劉向《鴻範傳》記武帝時所用法云：「冬夏二至之間，一百八十餘日，晝夜差二十刻。」大率二至之後，九日而增損一刻焉。至哀帝時，又改用晝夜一百二十刻，尋亦寢廢。至王莽竊位，又遵行之。光武之初，亦以百刻九日加減法，編於《甲令》，爲《常符漏品》。至和帝永元十四年，霍融上言：「官曆率九日增減一刻，不與天相應。或時差至二刻半，不如夏曆漏刻，隨日南北爲長短。」乃詔用夏曆漏刻，依日行黄道去極，每差二度四分，爲增減一刻。凡用四十八箭，終於魏、晉，相傳不改。宋何承天以月蝕所在，當日之衡，考驗日宿，知移舊六度。冬至之日，其影極長，測量晷度，知冬至移舊四日。前代諸漏，春分晝長，秋分晝短，差過半刻。皆由氣日不正，所以而然。遂議造漏法。春秋二分，昏旦晝夜漏各五十五刻。齊及梁初，因循不改。至天監六年，武帝以晝夜百刻，分配十二辰，辰得八刻，仍有餘分。乃以晝夜爲九十六刻，一辰有全刻八焉。至大同十年，又改用一百八刻。依《尚書考靈曜》晝夜三十六頃之數，因而三之。冬至晝漏四十八刻，夜漏六十刻。夏至晝漏七十刻，夜漏三十八刻。春秋二分，晝漏六十刻，夜漏四十八刻。昏旦之數各三刻。先令祖暅爲《漏經》，皆依渾天黄道日行去極遠近，爲用箭日率。陳文帝天嘉中，亦命舍人朱史造漏，依古百刻爲法。周、齊因循魏漏。晉、宋、梁大同，並以百刻分於晝夜。

隋初，用周朝尹公正、馬顯所造《漏經》。至開皇十四年，鄜州司馬袁充上晷影漏刻。充以短影平儀，均布十二辰，立表，隨日影所指辰刻，以驗漏刻之節。十二辰刻，互有多少，時正前後，刻亦不同。袁充素不曉渾天黄道去極之數，苟役私智，變改舊章。其於施用，未爲精密。

開皇十七年，張胄玄用後魏渾天鐵儀，測知春秋二分，日出卯酉之北，不正當中。與何承天所測頗同，皆日出卯三刻五十五分，入酉四刻二十五分，晝漏五十刻一十分，夜漏四十九刻四十分，晝夜差六十分刻之四十。仁壽四年，劉焯上《皇極曆》，有日行遲疾，推二十四氣，皆有盈縮定日。春秋分定日，去冬至各八十八日有奇，去夏至各九十三日有奇。二分定日，晝夜各五十刻。又依渾天黄道，驗知冬至夜漏五十九刻一百分刻之八十六，晝漏四十刻一十四分，夏至晝漏五十九刻八十六分，夜漏四十刻一十四分。冬夏二至之間，晝夜差一十九刻一百分刻之七十二。胄玄及焯漏刻，並不施用。然其法制，皆著在曆術，推驗加時，最爲詳審。大業初，耿詢作古欹器，以漏水注之，獻於煬帝。帝善之，因令與宇文愷，依後魏道士李蘭所修道家上法稱漏，制造稱水漏器，以充行從。又作候影分箭上水方器，置於東都乾陽殿前鼓下司辰。又作馬上漏刻，以從行辨時刻。揆日晷，下漏刻，此二者，測天地，正儀象之本也。晷漏沿革，今古大殊，故列其差，以補前闕。

【《困學紀聞》】考《五代會要》，晉天福三年，司天臺奏：「《漏刻經》云：『晝夜一百刻，分爲十二時。每時有八刻三分之一。六十分爲一刻。一時有八刻二十分。四刻十分爲正前，十分四刻爲正後，二十分中心爲時正。』上古以來，皆依此法。」

【沈括《晷漏議》】予占天候景，以至驗於儀象，考數下漏，凡十餘年。下漏家常患冬月水澀，夏月水利，以爲水性如此。又疑冰澌所壅，萬方理之，終不應法。予以理求之，冬至日行速，天運已朞而日已過表，故百刻而有餘；夏至日行遲，天運未朞而日已至表，故不及百刻。既得此數，然後覆求晷景漏刻，莫不脗合。此古人之所未知也。

【《宋史志》】淳熙十四年，國學進士會稽石萬言：「《淳熙曆》立元非是，氣朔多差，不與天合。南渡以來，渾儀草創，不合制度，無圭表以測日景長短，無機漏以定交食加時，設欲考正其差，而太史局官尚如去年測驗太陰虧食，自一更一點還光一分之後，或一點還光二分，或一點還光三分以上，或一點還光三分以下，更點乍疾乍徐，隨影走弄，以肆欺蔽。然其差謬，非獨此耳。冬至日行極南，黄道出赤道二十四度，晝極短，故四十刻，夜極長，故六十刻。夏至日行極北，黄道入赤道二十四度，晝極長，故六十刻，夜極短，故四十刻。春秋二分，黄赤二道平而晝夜等，故各五十刻。此地中古今不易之法。至王普重定刻漏，又有南北分野、冬夏晝夜長短三刻之差。今《淳熙曆》皆不然，冬至晝四十刻極短，夜六十刻極長，乃在大雪前二日，所差一氣以上；自冬至之後，晝當漸長，夜當漸短，今過小雪，❶晝猶四十刻，夜猶六十刻，所差七日有餘；夏至晝六十刻極長，夜四十刻極短，乃在芒種前一日，所差亦一氣以上；自夏至之後，晝當漸短，夜當漸長，今過小暑，晝猶六十刻，夜猶四十刻，所差亦七日有餘；及晝夜各五十刻，又不在春分、秋分之下。至於日之出入，人視之以爲晝夜，其長短有漸，不可得而急與遲也。今日之出入增減一刻，近或五日，遠或三四十日，而一急一遲，與日行常度無一合者。請考正《淳熙曆法》之差，❷俾之上不違於天時，下不違於人事。」送秘書省、禮部詳之。

【《明史·天文志》】崇禎二年，禮部侍郎徐光啟兼理曆法，請造象限大儀六，紀限大儀三，平懸渾儀三，交食儀一，列宿經緯天球一，萬國經緯地球一，平面日晷三，轉盤星晷三，候時鐘三，望遠鏡三。報允。已，又言：「定時之法，當議者五事：一曰壺漏，二曰指南鍼，三曰表臬，四曰儀，五曰晷。漏壺，水有新舊滑濇則遲疾異，漏管有時塞時

❶「雪」，《宋史·律曆十五》作「寒」。

❷「曆」，原脱，蓋清人避諱而有意爲之也。據《宋史·律曆十五》補。

磷則緩急異。正漏之初，必於正午初刻。此刻一誤，靡所不誤。故壺漏特以濟晨昏陰晦儀晷表臬所不及，而非定時之本。指南鍼，術人用以定南北，辨方正位，咸取則焉。然鍼非指正子午，曩云多偏丙午之間。以法考之，各地不同。在京師則偏東五度四十分。若憑以造晷，冬至午正先天一刻四十四分有奇，夏至午正先天五十一分有奇。若表臬者，即《考工》匠人置槷之法，識日出入之影，參諸日中之影，以正方位。今法置小表於地平，午正前後，累測日影，以求相等之兩長影爲東西，因得中間最短之影爲正子午，其術簡甚。儀者，本臺故有立運儀，測驗七政高度。臣用以較定子午，於午前屢測太陽高度，因最高之度，即得最短之影，是爲南北正線。既定子午卯酉之正線，因以法分布時刻，加入節氣諸線，即成平面日晷。又今所用員石欹晷，是爲赤道晷，亦用所得正子午線較定。此二晷皆可得天之正時刻，所爲晝測日也。若測星之晷，實《周禮》夜考極星之法。然古時北極星正當不動之處，今時久漸移，已去不動處三度有奇，舊法不可復用。故用重盤星晷，上書時刻，下書節氣，仰測近極二星即得時刻，所謂夜測星也。」

七年，督修曆法右參政李天經言：「輔臣光啟言定時之法，古有壺漏，近有輪鐘，二者皆由人力遷就，不如求端於日星，以天合天，乃爲本法，特請製日晷、星晷、望遠鏡三器。臣奉命接管，敢先言其略。日晷者，礱石爲平面，界節氣十三線，內冬夏二至各一線，其餘日行相等之節氣，皆兩節氣同一線也。平面之周列時刻線，以各節氣太陽出入爲限。又依京師北極出地度，範爲三角銅表置其中。表體之全影指時刻，表中之鋭影指節氣。此日晷之大略也。星晷者，治銅爲柱，上安重盤。内盤鐫周天度數，列十二宫以分節氣，外盤鐫列時刻，中横刻一縫，用以窺星。法將外盤子正初刻移對内盤節氣，乃轉移銅盤北望帝星與勾陳大星，使兩星同見縫中，即視盤面鋭表所指，爲正時刻。此星晷之大略也。若夫望遠鏡，亦名窺筩，其制，❶虚管層疊相套，使可伸縮，兩端俱用玻璃，隨所視物之遠近以爲長短。不但可以窺天象，且能攝數里外物如在目前。至於日晷、星晷，皆用措置得宜，必須築臺，以便安放。」

【《新法曆引》】太陽在地平上，人目可得而覩，謂之晝。太陽漸隱地平之下，人目無見，則謂之夜。是晝夜者，全由人居以分，隨方極出地若干。隨時，太陽躔某宫。其晝夜刻分，皆可依法推算焉。然而法算與目見恒異，蓋太陽體大，算法皆以體心出地爲晝始，而人目以一見日輪即爲晝始。又日出没升降度有斜正不同，又地平各曜出没之界受清蒙氣有變。凡此，皆非人目能辨，故曆家立有視差法也。一晝一夜，平分爲十二時，時各八刻，一日十二時，共刻九十有六。此恒率也。其晝夜永短遞遷之故，則不但日行南陸、北陸不同而已，亦由北極出地高卑互異，而永短因焉。如赤道正過天頂之地，兩極合於地平，其晝夜均停，絶無永短。又極在天頂，赤道與地平平行其下，晝夜，亦無長短之較。但太陽百八十日恒見，百八十日恒隱耳。此外諸方，各有永短。顧其一歲之中，晝夜均停者四日，握算

❶「制」，原作「製」，據《明史·天文志》改。

者引而伸之，據四日之一日，逐漸加減，因得九十日之晝夜長短，隨可以推終歲之數也。晨昏者，分晝分夜之二界也。太陽將出未出數刻之前，其光東發，星光漸爲所奪，是名爲晨。太陽已入，迴光返照，亦經數刻，始逌然滅盡，是名爲昏。其久暫分數，亦因冬夏而分短長。新法以日在地平下十八度内爲晨昏之限，但太陽行此十八度，又各方各宫不等，因有五刻、七刻、十刻之别。若論極高七十二度以上之度，則夏月晨昏相切，雖至丙夜，無甚黯黑也。

【《欽定協紀辨方書》】日出入之早晚，晝夜永短所由分也。而早晚之故有二：一由於日行之内外，一由於人居之南北。蓋日行黄道，與赤道斜交，春秋分，日行正當交點，與地平交於卯酉，地平上下之度相等，故晝夜適均。春分以後，日行赤道内，至夏至而極，其距等圈與地平交於寅戌，地平上下之度，上多下少，故晝長夜短。秋分以後，日行赤道外，至冬至而極，其距等圈與地平交於辰申，地平上下之度，上少下多，故晝短夜長。二分前後，距交不遠，黄道勢斜，則緯行疾，故數日而差一刻。二至前後，黄道勢平，則緯行遲，故半月而差一刻。此由日行之内外而生者也。至於人居有南北，則北極出地有高下，於是見日之出入，早晚隨地不同。中國在赤道北，北極出地上，南極入地下，故夏晝長，冬晝短。自京而北，北極愈高，則永短之差愈多。至於北極之下，則赤道當地平，夏則有晝而無夜，冬則有夜而無晝。蓋以半年爲晝，半年爲夜矣。所居之地愈南，北極漸低，則永短之差漸少，至於赤道之下，則兩極當地平，而晝夜常均矣。赤道以南，與北相反，此由人居之南北而生者也。矇影者，古所謂晨昏分也。太陽未出之先，已入之後，距地平下一十八度皆有光，故以十八度爲矇影限。然十八度同也，而時刻則隨時隨地不同。隨時不同者，天度使然也。蓋十八度者，大圈之度也。赤道亦爲大圈，其度闊，自赤道而南北，皆距等圈，其度狹。近二分者，以闊度當闊度，故刻分少。近二至者，以狹度當闊度，故刻分多也。隨地不同者，地南則赤道距天頂近，太陽正升正降，其度徑；地北則赤道距天頂遠，太陽斜升斜降，其度紆。故愈北則矇影之刻分愈多，愈南則矇影之刻分愈少也。若夫北極出地四十八度半以上，則夏至之夜半猶有光，愈北則愈不夜矣。南至赤道下，則二分之刻分極少，而二至之刻分相等。赤道以南反是。

顧氏炎武曰：「曆家有大刻，有小刻。初一、初二、初三、初四，正一、正二、正三、正四，謂之大刻。合一日計之，得九十六刻。其不盡者，置一初初於初一之上，置一正初於正一之上，謂之小刻，每刻止當大刻六分之一。合一日計之，爲初初者十二，爲正初者十二，又得四大刻，合前爲百刻。

宋王逵《蠡海集》言：百刻之説，每刻分爲六十分，百刻共得六千分。散于十二時，每時得五百分。如此，則一時占八刻零二十分。將八刻截作初、正各四刻，却將二十分零數分作初初、正初微刻各一十分也。

《周禮·挈壺氏》注：『漏箭，晝夜共百刻。』《禮記·樂記》：『百度得數而有常。』注：『百度，百刻也。』《靈樞經》：『漏水下百刻，以分晝夜。』《説文》：『漏，以銅受水，刻節，晝夜百刻。』《五代史·馬重績傳》：『重績言：「漏刻之法，以中星考晝夜爲一百刻，八刻六十分刻之二十爲一時，時以四刻十分爲正，此自古所用也。今失其傳，以午正爲時始，下侵未四刻十分而爲午。由是晝夜昏曉，皆失其正，請依古改正。」從之。』《玉海》：『每時初行一刻至四刻六分之一爲時正，終八刻三分之一則交入次時。《國史志》：「每時八刻二十分，每刻一擊鼓。八鼓後進時牌，餘二十分爲雞唱。唱絶，擊一十五鼓爲時正。」』」

李氏光地曰：「今日用九十六刻，蓋得《易》之真數，八卦六爻，互相乘之數也。」

蕙田案：古刻法，晝夜共百刻。每刻六分之，爲六小刻。每小刻又十分之，故晝夜六千刻，每刻六十分也。其散於十二辰，每一辰四大刻二小刻，共得五百分。漢建平中，改百刻爲百二十刻。若不改分，則五十分爲一刻，十刻爲一辰也。梁天監中，改用整刻九十六，若不改分，則每刻得六十二分有半。二法皆不若古用八大刻二小刻之密。《回回》晝夜刻法，亦用整刻九十六，每一辰八整刻，而以四刻爲一小時，猶夫古法之有初初、初一、初二、初三、初四、正初、正一、正二、正三、正四也。每小時六十分，猶夫古法每刻六十分之意而變用之也。其度法有初度，有一度，亦猶古法有初初、初一、正初、正一也。周天用三百六十度，亦猶晝夜三十六頃之説也。今歐邏巴刻法，悉同《回回》。

右漏刻星晷。

五禮通考卷第一百八十五

淮陰吴玉搢校字

五禮通考卷第一百八十六

内廷供奉禮部右侍郎金匱秦蕙田編輯
太子太保總督直隸右都御史桐城方觀承同訂
休寧戴震
按察司副使元和宋宗元 參校

嘉禮五十九

觀象授時

【《書·堯典》】帝曰：「咨，汝羲暨和！期三百有六旬有六日。」【傳】咨，嗟。暨，與也。匝四時曰期。【疏】周天三百六十五度四分度之一，而日日行一度，則一期三百六十五日四分日之一。此言三百六十六日者，王肅云：「四分日之一又入六日之内，舉全數以言之，故云三百六十六日也。」

蕙田案：此即推步家所謂歲周。歲周者，日行天一周也。亦曰歲實。歲實者，一歲實行之數也。八分之爲八節，二十四分之爲中氣、節氣，七十二分之爲候，每候五日奇。每氣三候，凡十五日奇。每一期之日三百六十。大餘五，小餘不及四分日之一。

【《欽定書經傳説彙纂》】「期三百有六旬有六日」，蓋舉成數言之，即今歲實也。前代諸家，所定歲實不一。《漢志》以天周爲三百六十五度四分度之一。在天爲一度，在曆爲一日，是以天周即歲周也。東晉虞喜分天周爲三百六十五度二十六分，乃四分之一有餘。定歲周爲三百六十五日二十四分，爲四分之一不足。宋何承天改天周爲三百六十五度二十五分半，歲周爲三百六十五日二十四分半。元郭守敬，考古準今，定天周爲三百六十五度二千五百七十五分，歲周爲三百六十五日二千四百二十五分。然天周、歲周，俱用奇零，勢難齊一。惟邵子元會運世以三百六十爲率。蓋天周爲起數之宗，天度既整，然後以整馭零，爲法較易。故今《時憲書》定天周爲三百六十度，度爲六十分，分爲六十秒，秒以下俱以六十遞析。而歲周爲三百六十五日二四二二一八七五。日爲十二時，時爲八刻，刻爲十五分，分爲六十秒，秒以下俱以六十遞析。二四二二一八七五當十二時中二時七刻零三分四十五秒。列代以來，雖餘分多寡，稍有增損，要皆本乎《堯典》之成數而修明之。

附漢以後歲實異同

【《漢書志》】《三統曆》周天五十六萬二千一百二十，統法一千五百三十九。戴氏震曰：「周天即爲歲周，經歲三百六十五日，併小餘也。以統法爲日分，亦名度法。周天滿統法得經歲，其小餘三百八十五，亦名度餘。今設萬萬爲日通分，以較古今歲實。通分乘小餘，省乘進八位，滿統法得二千五百有一萬六千二百四十四奇。」

蕙田案：此較《四分》稍强。後放此推之。

【《後漢書志》】數之生也，乃立儀表，以校日景。景長則日遠，天度之端也。日發其端，周而爲歲，然其景不復，四周千四百六十一日而景復初，是則日行之終。以周除日，得三百六十五日四分日之一，爲歲之日數。日日行一度，亦爲天度。《四分曆》大周三十四萬三千三百三十五，蔀月九百四十。

戴氏震曰：「此以大周爲周天，蔀月爲日分，周天滿日分得經歲，其小餘二百三十五，以萬萬通之，滿日分得二千五百萬。」

【《晉書志》】漢靈帝時，會稽東部尉劉洪始悟《四分》於天疎闊，皆斗分太多故也。更以五百八十九爲紀法，百四十五爲斗分，作《乾象曆》，周天二十一萬五千一百三十。

戴氏震曰：「此以紀法爲日分，周天滿紀法得經歲，其小餘一百四十五。謂之斗分者，歲首冬至，日躔起斗、終斗，故度餘屬之斗，曰斗分，餘宿皆整度。以萬萬通斗分，滿紀法，得二千四百六十一萬七千九百九十六奇。」

蕙田案：是爲減歲餘之始。

魏文帝黃初中，太史丞韓翊以爲《乾象》減斗分太過，後當先天，造《黃初曆》，以四千八百八十三爲紀法，千二百五爲斗分。

戴氏震曰：「以萬萬通斗分，滿紀法，得二千四百六十七萬七千四百五十二奇。」

蕙田案：此强於《乾象》。

《景初曆》周天六十七萬三千一百五十，紀法千八百四十三。又見《宋志》。

戴氏震曰：「周天，滿紀法，得經歲，其小餘四百五十五，以萬萬通之，滿紀法得二千四百六十八萬八千有八奇。」

蕙田案：此强於《黃初》。

武帝時，侍中平原劉智以斗曆改憲，推《四分曆》三百年而減一日。以百五十爲度法，三十七爲斗分。

戴氏震曰：「以萬萬通斗分，滿度法，得二千四百六十六萬六千六百六十六奇。」

蕙田案：此强於《乾象》，弱於《黃

初》。

後秦姚興時，當孝武太元九年，天水姜岌造《三紀甲子元曆》，以二千四百五十一分之六百五爲斗分，周天八十九萬五千二百二十，紀法二千四百五十一。

戴氏震曰：「以萬萬通斗分，滿紀法，得二千四百六十八萬三千八百有二奇。」

蕙田案：此强於《黄初》，弱於《景初》。

【《魏書志》】神龜初，《正光曆》周天分二百二十一萬三千三百七十七。以度法通三百六十五度納斗分。斗分一千四百七十七，蔀法六千六十。十二章爲一蔀。至此年小餘成日，爲度法。

戴氏震曰：「以萬萬通斗分，滿蔀法得二千四百三十七萬二千九百三十七奇。」

蕙田案：此弱於《乾象》。

李業興《甲子元曆》周天六百一十五萬八千一十七，度法通度内斗分之數。斗分四千一百一十七。從斗量周天至此，不成度之分。度法一萬六千八百六十。三十乘章歲得此數。

戴氏震曰：「以萬萬通斗分，滿度法得二千四百四十一萬八千七百四十二奇。」

蕙田案：此强於《正光》，弱於《黄初》。

【《宋書志》】何承天《元嘉曆》以七十五爲室分，周天十一萬一千三十五，度法三百四。

戴氏震曰：「何氏以雨水爲日躔之初，起室終室，故謂度餘爲室分。以萬萬通室分，滿度法得二千四百六十七萬一千有五十二奇。」

蕙田案：此强於劉智，弱於《黄初》。

大明六年，南徐州從事史祖沖之《甲子元曆》周天一千四百四十二萬四千六百六十四，虛分萬四百四十九，歲餘九千五百八十九，紀法三萬九千四百九十一。

戴氏震曰：「祖氏以上元日度發自虛一，故謂度餘爲虛分。以萬萬通虛分，滿紀法，得二千六百四十五萬九千一百九十三萬奇。又以萬萬通歲餘，滿紀法，得二千四百二十八萬一千四百八十一奇。」

蕙田案：此歲餘不及度餘，三萬九千四百九十一分之八百六十，是爲歲差。分天自爲天，歲自爲歲，其法始見於此。蓋定爲四十五六年差一度也。歲餘比《正光》更弱。

【《隋書志》】開皇四年，張賓等新曆，依何承天法，微加增損，斗分二萬五千六十三，蔀法一十萬二千九百六十。

戴氏震曰：「以萬萬通斗分，滿蔀法，得二千四百三十四萬二千四百六十三奇。」❶

蕙田案：此强於祖氏，弱於《正光》。

大業四年戊辰所定算曆，周天分一千五百五十七萬四千四百六十六，斗分一萬八百八十六，度法四萬二千六百四十，歲分一千五百五十七萬三千九百六十三。

戴氏震曰：「以萬萬通斗分，滿度法，得二千五百四十八萬三千一百一十四奇。歲分滿度法得經歲，其小餘一萬有三百六十三，以萬萬通之，滿度法，得二千四百三十萬有三千四百七十奇。」

蕙田案：此强於祖氏，弱於張賓等新曆。歲分不及周天分四萬二千六百四十分之五百有三，是爲歲差。此定八十八九年而差一度。

劉焯《皇極曆》，度法四萬六千六百四十四，氣日法同。周數千七百三萬七千七十六，周分萬二千一十六，歲數千七百三萬六千四百六十六半，周差六百九半。

戴氏震曰：「以萬萬通周分，滿度法，得二千五百七十

❶ 下「三」字，庫本作「四」。

六萬一千有八十三奇。周分即度餘也，在天曰度法，在歲曰氣日法。歲數滿氣日法，得經歲，其小餘一萬一千四百有六半，以萬萬通之，滿氣日法，得二千四百四十五萬四千三百七十七奇。」

蕙田案：此强於李業興《甲子元曆》，弱於《乾象》。歲數不及周數六百有九半，謂之周差，即歲差也。定爲七十六年過半而差一度。

【《唐書志》】唐始終二百九十餘年，而曆八改。初曰《戊寅元曆》，曰《麟德甲子元曆》，曰《開元大衍曆》，曰《寶應五紀曆》，曰《建中正元曆》，曰《元和觀象曆》，曰《長慶宣明曆》，曰《景福崇玄曆》，而止矣。傅仁均《戊寅曆》，周分三百四十五萬六千八百四十五半，斗分二千四百八十五半，歲分三百四十五萬六千六百七十五，歲餘二千三百一十五，度法、氣法九千四百六十四。

戴氏震曰：「以萬萬通斗分，滿度法，得二千六百二十六萬二千六百七十九奇。又以萬萬通歲餘，滿氣法，得二千四百四十六萬一千一百一十五。」

蕙田案：此强於《皇極》，弱於《乾象》。其歲分不及周分九千四百六十四分之一百七十有半，是爲歲差。此定五十五年過半，差一度也。

李淳風《麟德甲子元曆》，推法千三百四十，期實四十八萬九千四百二十八。

戴氏震曰：「期實滿推法，得經歲，其小餘三百二十八，以萬萬通之，滿推法，得二千四百四十七萬七千六百一十一奇。」

蕙田案：此强於《戊寅》，弱於《乾象》。

《開元大衍曆》日法曰通法，歲分曰策實，周天曰乾實，餘分曰虛分。乾實百一十一萬三百七十九太，周天度三百六十五，虛分七百七十九太，歲差三十六太，通法三千四十，策實百一十一萬三百四十三，策餘萬五千九百四十三。

戴氏震曰：「四分一爲少，三爲太，以萬萬通虛分，滿通法，得二千五百六十四萬九千六百七十一奇。策餘者用三百六十日爲整歲，其大餘五日併小餘也，以萬萬通之，滿通法，得五億二千四百四十四萬有七百八十九奇。五億爲大餘五日，二千以下爲小餘。」

蕙田案：此强於李業興《甲子元曆》，弱於《皇極曆》。其歲差，八十年有奇而差一度。

《寶應五紀曆》乾實四十八萬九千四百四十二秒七十，周天度三百六十五，虛分三百四十二秒七十，歲差十四秒七十，策實四十八萬九千四百二十八，策餘七千二十八，通法千三百四十，秒法百。

蕙田案：此即用《麟德甲子元曆》更立歲差耳。策實即《麟德》之期實，通法即《麟德》之推法。策餘滿通法，得大餘五日，小餘同《麟德》，無異法也。以萬萬通虛分，滿通法，得二千五百五十七萬四千六百二十六奇。其歲差，九十一年有奇而差一度。

《建中正元曆》乾實三十九萬九千九百五十五秒二，周天度三百六十五，虛分二百八十秒二，歲差十二秒二，秒母百，通法千九十五，策實三十九萬九千九百四十三。

戴氏震曰：「以萬萬通虛分，滿通法，得二千五百五十七萬二千六百有二奇。策餘滿通法，得大餘五日。小餘以萬萬通之，滿通法，得二千四百四十七萬四千八百八十五奇。」

蕙田案：此强於《皇極》，弱於《麟

德》。其歲差與《五紀》相近。

《長慶宣明曆》謂通法曰統法，策實曰章歲，策餘曰通餘，乾實曰象數。秒法三百，以乘統法曰分統，象數九億二千四十四萬六千一百九十九，周天三百六十五度，虚分二千一百五十三秒二百九十九，歲差二萬九千六百九十九，分統二百五十二萬，秒母三百，章歲三百六萬八千五十五，通餘四萬四千五十五。

戴氏震曰：「象數滿分統，得周天度，其度餘六十四萬六千一百九十九，滿秒母，得虚分及秒。以萬萬通度餘，滿分統，得二千五百六十四萬二千八百一十七奇。以萬萬通通餘滿統法，得大餘五日。小餘以萬萬通之，滿統法，得二千四百四十六萬四千二百八十五奇。」

蕙田案：此强於《戊寅元曆》，弱於《正元曆》。其歲差，八十四五年而差一度。

《景福崇元曆》周天分四百九十三萬九百六十一秒二十四，歲差百六十秒二十四，周天三百六十五度，虚分三千四百六十一秒二十四，歲實四百九十三萬八百一，歲餘七萬八百一，通法萬三千五百。

戴氏震曰：「以萬萬通虚分，滿通法，得二千五百六十三萬八千八百一十四奇。歲餘滿通法，得大餘五日。小餘以萬萬通之，滿通法，得二千四百四十五萬一千八百五十一奇。」

蕙田案：此强於《大衍》，弱於《戊寅》。其歲差，八十三年有奇而差一度。

【《五代史・司天考》】周顯德二年，王朴《欽天曆》軌率二百六十二萬九千八百四十四秒八十，軌策三百六十五分一千八百四十四秒八十，歲率二百六十二萬九千七百六十秒四十，歲策三百六十五分一千七百六十秒四十，歲差八十四秒四十，統法七千二百，通法一百。秒盈通法從分，分盈統法從日。

戴氏震曰：「軌率、軌策，即周天度分秒也。以萬萬通軌策之分秒，滿統法，得二千五百六十二萬二千二百二十二奇。以萬萬通歲策之分秒，滿統法，得二千四百四十五萬。」

蕙田案：此强於《大衍》，弱於《崇元》。

【《宋史志》】《崇天曆》周天分三百八十六萬八千六十五秒二，周天度三百六十五加分二千七百一十五秒二，❶歲差一百二十五秒二，秒法一百。歲周三百八十六萬七千九百四十，歲餘五萬五千五百四十，樞法一萬五百九十。

戴氏震曰：「去天度外，以萬萬通其加分，滿樞法，得二千五百六十三萬七千四百一十二。歲餘滿樞法，得大餘五日。小餘以萬萬通之，滿樞法，得二千四百四十五萬七千有三十四奇。」

蕙田案：此强於《崇元》，弱於《戊寅》。其歲差，八十四五年而差一度。

《明天曆》周天分二十一億七千九百二十萬四百四十七，周天三百六十五，度餘一百六十萬四百四十七，歲差八萬四百四十七，日度母六百二十四萬，歲周一千四百二十四萬四千五百，歲周三百六十五，日餘九千五百，元法三萬九千。

戴氏震曰：「以萬萬通周天度餘，滿日度母，得二千五百六十四萬八千一百八十九奇。以萬萬通歲餘，滿元法，得二千四百三十五萬八千九百七十四奇。」

蕙田案：此强於張賓《新曆》，弱於《正光》。其歲差，七十七年過半而差一度。

❶「加」，《宋史·律曆志》作「虛」。

《觀天曆》周天分四百三十九萬四千三十四秒五十七，周天度三百六十五，餘三千八十四秒五十七，歲差一百五十四秒五十七，秒母一萬，歲周四百三十九萬三千八百八十，歲餘六萬三千八十，統法一萬二千三十。

戴氏震曰：「以萬萬通周天度餘，滿統法，得二千五百六十三萬五千九百五十七奇。歲餘滿統法，得大餘五日。小餘以萬萬通之，滿統法，得二千四百三十五萬五千七百七十七奇。」

蕙田案：此强於張賓，弱於《明天》。其歲差，七十八年有奇而差一度。

《紀元曆》周天分二億一千三百一萬八千一十七，歲差七千九百三十七，期實二百六十六萬二千六百二十六，歲周三百六十五日，餘一千七百七十六，日法七千二百九十。

戴氏震曰：「日法八十倍，得五十八萬三千二百，爲度法。周天分，滿度法，得三百六十五度，餘一十五萬一十七，以萬萬通之，滿度法，得二千五百七十二萬三千七十九奇。以萬萬通歲餘，滿日法，得二千四百三十六萬二千一百三十九奇。」

蕙田案：此强於《明天》，弱於《正光》。其歲差，七十三年有奇而差一度。

《統元曆》周天二百五十三萬一千二百二十六秒八十七，歲差八十八秒八十七，秒法百，歲周二百五十三萬一千一百三十八，歲周日三百六十五，餘一千六百八十八，元法六千九百三十。

戴氏震曰：「周天滿元法，得三百六十五度，餘一千七百七十六及秒八十七，以萬萬通之，滿元法，得二千五百六十四萬有二百五十九，以萬萬通歲餘，滿元法，得二千四百三十五萬七千八百六十四。」

蕙田案：此强於《觀天》，弱於《明

天》。其歲差，七十七八年而差一度。

《乾道曆》周天分一千九十五萬七千七百一十七秒五，歲差四百九秒五，秒法百，期實一千九十五萬七千三百八，歲周三百六十五，餘七千三百八，元法三萬。戴氏震曰：「周天滿元法，得三百六十五度，餘七千七百一十七及秒五，以萬萬通之，滿元法，得二千五百七十二萬三千五百，又以萬萬通歲餘，滿元法，得二千四百三十六萬。」

蕙田案：此强於《明天》，弱於《紀元》。其歲差與《紀元》相近。

《淳熙》推法，乾實三億九百萬七千六百一十三，歲差一萬一千五百一十三，歲實二百五萬九千九百七十四，歲周日三百六十五，餘一千三百七十四，元法五千六百四十。戴氏震曰：「元法一百五十倍，得八十四萬六千爲度法，乾實滿度法，得三百六十五度，餘二十一萬七千六百一十三，以萬萬通之，滿度法，得二千五百七十二萬二千五百七十六奇，歲餘滿元法，得二千四百三十六萬一千七百有二奇。」

蕙田案：此强於《乾道》，弱於《紀元》。其歲差與《紀元》、《乾道》相近。

《會元曆》氣率一千四百一十三萬四千九百三十二，軌差五百二十五秒一十三，秒法百，統率三萬八千七百。戴氏震曰：「氣率滿統率，得經歲，小餘九千四百三十二，以萬萬通之，滿統率，得二千四百三十七萬二千有九十三奇。」

蕙田案：此强於《紀元》，弱於《正光》。其歲差，七十三年過半而差一度。

《統天曆》周天分四百二十八萬三千九十，歲分四百三十八萬二千九百一十，餘六萬二千九百一十，策法萬二千。

戴氏震曰：「周天分，滿策法，得三百六十五度，餘三千有九十，以萬萬通之，滿策法，得二千五百七十五萬。歲餘滿策法，得大餘五日。小餘以萬萬通之，滿策法，得二千四百二十五萬分。」

蕙田案：此更弱於祖沖之《甲子元曆》，其歲差六十六七年而差一度。

《開禧曆》周天率六百一十七萬二千八百五十九秒一，歲差二百五十一秒一，歲率六百一十七萬二千六百八，日法一萬六千九百。

戴氏震曰：「歲率滿日法，得經歲，小餘四千一百有八，以萬萬通之，滿日法，得二千四百三十萬有七千六百九十二奇。」

蕙田案：此强於大業中曆法，弱於張賓等《新曆》。其歲差，六十七年有奇而差一度。

【《金史志》】《大明曆》周天分一百九十一萬二百九十三分五百三十秒，歲差六十九分五百三十秒，秒母一萬，歲實一百九十一萬二百二十四分，歲策三百六十五日，餘一千二百七十四分，日法五千二百三十分。

戴氏震曰：「周天分滿日法，得三百六十五度，餘一千三百四十三分五百三十秒，以萬萬通之，滿日法，得二千五百六十七萬九千七百八十九奇。歲餘滿日法，得二千四百三十五萬九千四百六十四奇。」

蕙田案：此强於《明天》，弱於《乾道》。其歲差，七十五六年而差一度。

【《元史志》】《庚午元曆》周天一百九十一萬二百九十二秒九十八，❶歲差六十八秒九十八，秒母一百，歲實一百九十一萬二百二十四，歲策三百六十五，餘一千二百

❶「天」下，《元史・曆五》有「分」字。

七十四，日法五千二百三十。

戴氏震曰：「此據《大明曆》減天周七十三秒，則歲差亦少七十三秒。」

《授時曆》周天分三百六十五萬二千五百七十五分，歲實三百六十五萬二千四百二十五分，歲差一百五十分，日周一萬。

戴氏震曰：「《授時》之周天、歲實、歲差悉與宋《統天》同，但不用日法，一度即爲萬分，一日亦爲萬分。」

【《明史志》】《回回曆》天周度三百六十。每度六十分，每分六十秒。微纖以下俱準此。宮十二。每宮三十度。日周分一千四百四十，時二十四。每時六十分。刻九十六。每刻十五分。其法不用閏月，以三百六十五日爲一歲，歲十二宮，宮有閏日。凡百二十八年而宮閏三十一日。

戴氏震曰：「百二十八年閏三十一日，則每歲三百六十五日之外，餘百二十八分日之三十一也。即以百三十一爲日法，以萬萬通三十一，滿日法得二千四百二十一萬八千七百五十。」

蕙田案：此弱於《授時》。

【《崇禎新書》】依百分算，定用平行歲實爲三百六十五日二十四刻二十一分八十八秒六十四微。

戴氏震曰：「此刻分秒微，皆以百迭析，以萬萬較之，是爲二千四百二十一萬八千八百六十四。」

蕙田案：此强於《回回》，弱於《授時》。

【《新法書》】西法歲三百六十五日四分日之一，每四歲之小餘成一日，因而置閏。百年中爲整年七十五，閏年二十五，共爲三萬六千五百二十五日。

蕙田案：此西人舊法，即古法三百六十五日四分日之一也。《周髀算經》以三百六十五日謂之經歲，餘四分日之一，故四年而閏一日。西法之初，蓋本乎《周髀》。其言地圓也，亦《周髀》之緒餘，洵乎西法原出自中土，故列之以誌其所起。

當神宗十二年甲申、十三年乙酉，西域測前後兩春分，得歲實三百六十五日二十三刻四分。

戴氏震曰：「每日九十六刻，每刻十五分，法同《回回曆》。以十五通九十六，得一千四百四十分爲日法。以十五通二十三刻納四分，得三百四十九分。又以萬萬通之，滿日法，得二千四百二十三萬六千一百一十一奇。」

蕙田案：此强於《崇禎新書》所定，弱於《授時》。

神宗十六年戊子，第谷測春分時刻，與前弘治元年戊申西域白耳那瓦所測相較，定歲實三百六十五日二十三刻三分四十五秒。

戴氏震曰：「每日九十六刻，以分秒通之，得八萬六千四百秒爲日法。以十五通二十三刻，納三分；又以六十通之，納四十五秒，得二萬有九百二十五秒，又以萬萬通之，滿日法，得二千四百二十一萬八千七百五十，與《回回》同。」

蕙田案：西洋前法，本之《周髀》，後則本之《回回》。雖以爲自測驗得之，要亦有所本而後加以測驗耳。

恒星依黄道東行，六十九年一百九十一日七十三刻而行一度。多禄某測一百餘年而行一度，泥谷老後多禄某一千三百八十六年，又以時史所記，測得六十一年而行一度。第谷用前賢之成法，展轉參訂，得每年行五十一秒，七十年又七閲月而行一度。

蕙田案：西人測恒星東行，或六七十年一度，或逾百年一度，亦如漢以來言歲差者之疏密不一。蓋步算積久漸密，擇其密者用之，隨時測驗損益以合天可也。

又案：第谷所定歲實，本朝脩《時憲書》用之。其後，西人奈端等又謂第谷所減太過，酌定爲三百六十五日五時三刻三分五十七秒四十一微有奇，以萬萬通其小餘，得二千四百二十三萬三千四百四十二奇。在明神宗時，西人前後兩測之間，雍正以來用之。

又案：歲實爲推步最大節目，歲實定然後所推氣候始真。一切諸法，皆輔翼乎此者也。由漢而下，一法輒更一歲實，時損時益，莫不有因。宋《統天曆》暗藏歲實消長之法，以上考下推，元《授時》用之，明《大統曆》一從《授時》，惟不用消長。梅氏仍主《授時曆》，江氏作《辨》，以有恒率者爲平歲實，均分之爲恒氣者也。以隨時實測損益者爲汎歲實，準於定氣者也。氣既有恒有定，則歲實有平有汎宜矣。此千古未明之精義，今録其《辨》如左。

附江氏永《歲實消長辨》

江氏永曰：「歲實消長，前人多論之者。勿菴先生大約主《授時》，而亦疑其百年消長一分，以乘距算，其數驟變，殊覺不倫。又謂今現行之歲實，稍大於《授時》，其爲復長，亦似有據。因爲高衝近冬至而歲餘漸消，過冬至而復漸長之説。蓋存此以俟後學之深思。永別爲之説，謂平歲實本無消長，而消長之故，在高衝之行與小輪之改。兩歲節氣相距，近高衝者，歲實稍贏，近最高者，稍朒。猶定朔定望定弦之不能均，惟逐節氣算其時刻分秒，而消長可勿論也。管見如斯，遂不能強同。爰引先生之言，逐節疏論於下。」

【梅氏文鼎《答問》】《授時》以萬分爲日，故其歲實三百六十五萬二千四百二十五分，其數自至元辛巳歲前天正冬至，積至次年壬午歲前天正冬至，共得三百六十五日二十四刻二十五分。若逆推前一年，亦是如此。此歲實之數，《大統》與《授時》並同。

江氏永曰：「歲實爲算法大綱領，得其真確之數爲難。《四分曆》以前無論已，魏晉以後，漸知一歲小餘不及四分日之一，隨時測驗，一法必更一斗分，不久即有差。此何以故？蓋步天者泥『履端於始』之義，但以歲前冬至，距今年冬至，計其小餘時刻，併入大餘，以爲歲實。不知冬至距冬至所得者，活汎之歲實，而非經恒之歲實也。欲得經恒歲實，宜於近春分時測之。元至元時嘗測定氣春分。今歲春分距來歲春分，苟得真時刻，則得真歲實。又以前後遠年測，準之春分，計其日時分秒，均之各歲，則歲實之恒率確矣。此何也？太陽因有高卑而生盈縮，近數百年間，春分則平行，當郭氏作曆時，定氣春分之時，正當平行之處，此以前以後雖有差，亦甚微。故所得歲實爲恒率。得其恒乃可以求其定。猶之月必有平朔之策，而後可求定朔也。郭太史改法，自言創造簡儀高表，憑所測實數，考正者七事，一曰冬至，二曰歲餘。其於歲實，攷之詳矣。其求冬至也，自丙子年立冬後，依每日測到晷景，逐日取對，冬至前後日差同者爲準，得丁丑年冬至在戊戌日夜半後八刻半。又定戊寅冬至在癸卯日夜半後三十三刻，己卯冬至在戊申日夜半後五十七刻，庚辰冬至在癸丑日夜半後八十一刻，辛巳冬至在己未日夜半後六刻。從甲子日始，五十五日零六刻，氣應五十五萬零六百分爲曆元。 其求歲餘也，自劉宋《大明》以來，測景驗氣，得冬至時刻真數者有六，用以相距，各得其時合用歲餘，考驗四年，相符不差。 仍自宋大明壬寅年，距至今八百一十九年，每歲合得三百六十五日二十四刻二十五分，減《大明曆》一十一秒，其二十五分，爲今曆歲餘合周之數。 愚以此二條攷之，即郭氏當年所定之歲實，已有微差。 稽之於史，又多牴牾。 其可以是爲消長之準乎？ 夫一歲小餘二十四刻二十五分，積之四歲，正得九十七刻，無餘無欠。 丁丑年冬至在戊戌日夜半後八刻半，則辛巳年冬至宜在己未夜半後五刻半，不應有六刻。 如以辛巳之六刻爲確也，則丁丑年宜在九刻，不應只有八刻半。 此四年既皆實測所得，則已多半刻矣，而云『相符不差』何也？ 丁丑年之八刻半，雖約取整數，未必正是半刻。 然已有數十分矣，其本法上考已往百年而長一刻，四年所長甚微，不應有半刻以下。 然則當時冬至歲實刻下之小餘，不止二十五分矣。 又考劉宋孝武帝大明五年辛丑，祖沖之所測十月十日壬戌，景長一丈七寸七分半，十一月二十五日丁未，一丈八寸一分太，二十六日戊申，一丈七寸五分强。 以壬戌、戊申景相較，餘二分二釐半爲實；以丁未、戊申景相較，餘六分五釐爲法。 以法除實，得三十四刻六十分，以減距日四千六百刻，餘四千五百六十五刻四十分，折取其日，二千二百八十二刻七十分。 加半日刻，午正測景，故加半日。得二千三百三十二刻七十分。命壬戌算外，得十一月三日乙酉夜半後三十二刻七十分。劉宋都建康，比元大都里差應後五十七分，則大都此日冬至三十二刻一十三分。○案劉宋時，太陽最高衝在冬至前幾半宮，則取冬至前後二十餘日之景，折取中數，以求冬至，仍有差。詳見《冬至權度》。辰初三刻冬至。大都減半刻奇。大明壬寅，辛丑年之十一月，即壬寅歲之始。下距至元辛巳八百一十九年，以《授時》歲實積之，凡二十九萬九千一百三十三日六十刻七十五分，以乙酉辰初三刻距己未丑初一刻，凡二十九萬九千一百三十三日九十二刻，較多三十三刻。而云『自大明壬寅距今每歲合得此數』何也？如郭氏百年長一之法，以八百一十九總乘所長之數，則壬寅冬至甲申日七十九刻太，較當時所測算者，又先五十餘刻，失之愈遠矣。○詳《冬至權度》。又云『減《大明曆》一十一秒』。考祖沖之《大明曆》紀法與周天，一歲小餘二十四刻二十八分一十四秒，《授時》減去三分一十四秒，亦非一十一秒也。邢士登考，謂金時趙知微重修《大明曆》小餘二十四分三十六秒，實多《授時》一十一秒。郭所減者趙法，非祖法也。其説是。然則《授時》所定歲實，猶是近似活泛之數，而不可以爲恒。欲定經恒之歲實，則西法《恒年表》之恒率是矣。案表，一歲小餘五小時三刻三分四十五秒，一日二十四小時，一小時四刻，一刻十五分，一分六十秒。以分通之，三百四十八分有奇；以秒通之，二萬○九百二十五秒。一日八萬六千四百秒。考其實，則《回回曆》已如此。《回回曆》一歲三百六十五日，歲有十二宫，宫有閏日，一百二十八年閏三十一日。然則一歲閏一百二十八分日之三十一，正西法之歲餘也。以一百二十八乘二萬〇九百二十五，得二百六十七萬八千四百，以八萬六千四百除之，得三十一。《回回曆》以春分爲歲首，其歲餘由累測春分得之。歐邏巴法遂用之，至今不易。雖分下之四十五秒未必無朓朒，當亦甚微矣。以此平率爲準，隨其時之最高衝，與最高之行而進退焉。冬至近高衝，則兩歲冬至之距，必多於平率。今時多一分弱。夏至近最高，則兩歲夏至之距，必少於平率。今時少一分弱，猶之太陰當朔時入轉，兩朔相距之日時必多；當望時近月孛，兩望相距之日時必少。若朔時近月孛，望時近入轉，兩朔相望相距反是。又古時太陽本輪均輪半徑之差大於今日，則加減均數亦大，而冬至歲實當更增。至元辛巳間，高衝約與冬至同度，則歲實尤大。其小餘刻下之分，約有三十分，而《授時》定爲二十五分，宜其自丁丑至辛巳四年之間，即有半刻之差，而郭氏未之覺也。」一年少五分，四年少二十分，幾于半刻之半矣。丁丑年之八刻半，本爲約略之數，半刻以下，固難測算真的也。〇以西法歲餘，依《授時》萬分日較之，只有二十四刻二十一分八十七秒半，少《授時》歲餘三分一十二秒半。當時冬至爲盈初，小輪半徑差又大，其多于平率，必不止三分有奇也。

梅氏又曰：「然《授時》原有消長之法，是其新意。其法自辛巳元順推至一百年，則歲實當消一分；若自辛巳元逆推至一百年，則歲實當長一分。每相距增一百年，則歲實消長各增一分。以是爲上考下求之準。《大統》諸法，悉遵《授時》，獨不用消長之法，上考下求，總定爲三百六十五日二十四刻二十五分，此其異也。」

江氏永曰：「案冬至相距之歲實，大於平率。最高衝有行度，而小輪均數又有大小，宜其歲實有消長分數，然必當時測定之歲實已真確，又知其無可復加，而後知將來之漸消。若《授時》歲餘刻下之二十五分，尚非確數，其差分已見端於丁丑、辛巳四年之間，則辛巳以後，能必其果消乎？郭太史曆考正者七事，創法者五事，皆不數歲實消長，蓋未能真知所以消長之故，但暗用楊忠輔《統天曆》爲活法，以推往古。意謂下考將來，亦如是耳。明《大統曆》悉遵《授時》，獨不用消長之法，當時曆官元統，非有確見實測，知其不當用消分也。以今觀之，猶幸《大統》不用消分，冬至縱有先天，尚未甚遠，倘遽改二十五分爲二十四分，其先天不愈多乎！」當至元時，刻下小餘約有三十分，《授時》一歲少五分，百年約先天五刻。

梅氏又曰：「歲實即一年之日數。自一年以至十百年，共積若干，是爲積日，亦謂之中積。假如今康熙庚午歲，相距四百零九算，依《授時》法，推得積日一十四萬九千三百八十四日零一刻八十九分。《大統》不用消長，則積日爲一十四萬九千三百八十四日一十八刻二十五分。兩法相差一十六刻三十六分。」

江氏永曰：「天行，盈縮進退必以漸，無驟增驟減之理。郭氏百年消長一分，則是百年之内皆無所差，至一百零一年驟增減一分，又越百年，皆平差一分，至二百零一年，又驟增減一分，豈有此數與法乎？即如其法算，數百年後，亦當逐節計其消分，積而數之，不當總計當消之分，而以距算總乘之也。自一百一年至二百年，各消一分，積一百分。自二百一年至三百年，積消二百分，併前爲三百分。自三百一年至四百年，積消三百分，併前爲六百分。又自四百一年至四百九年，積消三十六分，併前總消六百三十六分，爲六刻三十六分。若如郭氏總計消分，以乘距算之法，遂消去一十六刻三十六分，較差一十刻，而先天愈多矣。此分算、總算，兩者皆不成法，而總算尤爲無理。如《大統曆》，康熙庚午冬至癸卯日卯初三刻，《授時》則丑初三刻，查《時憲書》乃是巳初一刻。《大統》、《授時》用消分不用消分，均無當天行。何哉？當年所測歲實刻下小餘，其數不真故也。歲實已弱矣，而又消之，安得不先天乎？使當年改二十五分爲三十分，由辛巳以後漸而消之，或庶幾耳。曰：至元歲餘若果二十四刻三十分，則上考當長乎？消乎？曰：上考亦消也。蓋至元時，高衝與冬至同度，小輪均數又大，故冬至歲實爲長極之時，而上考下考皆當消，但消於三十分之內，非消於二十五分之内也。今時高衝在冬至後七八度，小輪又漸小，冬至歲餘以萬分日計之，約二十四刻二十八九分之間。劉宋大明時，高衝在冬至前半宫，以祖沖之紀法除其歲周，當時歲實三百六十五日二十四刻二十八分一十四秒，可見至元前後皆消于三十分之内，其消甚遲，約四百餘年始消一分。蓋小輪均數在初宫，有若平差故也。至一宫以外，則漸疾矣。若以春分平歲實相較，則冬至歲實上下數千年，皆在長限之中。而至元時尤爲長之極，必俟高衝行至春分，則冬至歲實始平。如今之春分。又數千年，高衝行至夏至，最高行至冬至，則冬至歲實始爲消之極耳。如今之夏至。然冬至歲實消，則春分歲實長。冬至歲實消之極，則夏至歲實又爲長之極矣。抑今日本輪差小，古時差大，則消長中復有消長。苟知此理，則後之推步者，但隨時測高衝之行與小輪之差，以算定氣，而歲實消長俱可勿論。猶之太陰，但實算定朔、定望、定弦，不必復計此月與彼月多於朔策幾何、少於朔策幾何也。」

梅氏又曰：「問：歲實既有一定之數，《授時》何以有消長之法？曰：此非《授時》新法，而宋《統天》之法。然亦非《統天》億創之法，而合古今累代之法而爲之者也。」

江氏永曰：「《統天曆》，宋寧宗時楊忠輔所造，其歲實與《授時》正同。以斗分乘距差，爲躔差。暗藏加減之法，約百年加減一分零六秒弱。然行之未久，鮑澣之造《開禧曆》，臧元震造《成天曆》，皆增歲實，改各率，紛紛迄無定論云。」

梅氏又曰：「古法周天三百六十五度四分度之一，一歲之日亦如之。故四年而增一日。其後漸覺後天，皆以爲斗分太强，因稍損之。」

江氏永曰：「古法四年而增一日，其術甚疏。雖古斗分宜多，亦約百數十年即當後天一日，何以自周迄漢，久而後覺？曰：周之法却失之先天，僖公五年辛亥，日南至；昭公二十年己丑，日南至，皆先天二三日。積數百年，以有餘之歲實，盈其所先天之數，乃適得其平。約在周、秦間。厥後猶執《四分》之曆，漸失之後天，故久而後覺耳。」

梅氏又曰：「自漢而晉，而唐，而宋，每次改法，必有所減，以合當時實測之數。故用前代之法，以順推後代，必至後天，以斗分强也。若用後代之法，據近測以逆溯往代，亦必後天，以斗分弱也。」

江氏永曰：「漢以前之冬至，非實測，先後天或至二三日。後漢末，劉洪始覺其後天而減斗分。東晉虞喜，始立歲差法。後秦姜岌，始知以月蝕衝檢日宿度所在。而劉宋之初，冬至猶後天三日。大明時，祖沖之始詳於測景，以冬至前後二十餘日之景，比對取中，而定冬至，然後冬至日躔，漸得其實，猶不能盡合也。故唐一行謂《麟德曆》已前，實録所記，乃依時書之，非候景所得。郭太史謂自《大明曆》以來，測景驗氣，得冬至時刻真數者有六。然則實測之，能合天者亦鮮矣。」

梅氏又曰：「《統天曆》見其然，故爲之法以通之，於歲實平行之中，加一古多今少之率，則于前代諸法不相乖戾，而又不違於今之實測，此其用法之巧也。然《統天曆》藏其數於法之中，而未嘗明言消長。《授時》則明言之，今遂以爲《授時》之法耳。郭太史自述創法五端，初未及此也。」

江氏永曰：「《授時曆》，實暗用《統天》之法者也。其歲餘二十四刻二十五分，與《統天》同，而上推百年長一之法，亦相似。故《授時曆議》謂自魯獻公戊寅至至元辛巳，冬至日名共四十九事，《授時》法合者三十九，不合者十。《統天》不合者，唯獻公戊寅與《授時》異，餘三十八與《授時》同。二術推冬至，略相似也。然而劉宋《大明》壬寅歲前冬至乙酉夜半後三十二刻七十分，則當時祖沖之測景推算所得者，縱有未確，亦不甚遠。當時所算，約後天十六刻，詳見《冬至權度》。依《授時》、《統天》法，皆推甲申日戌初初刻，先天甚多，豈可謂《大明》非而《授時》、《統天》是歟？郭氏謂自《大明》以來，測景驗氣得冬至時刻真數者有六，用以相距。既以《大明》壬寅之冬至爲得真數之首矣，及用法推算，即失此至，乃謂日度失常，其可乎？以今觀之，一由《授時》所定歲餘本未真，一由長數當漸積，不當總計長分，而以八百一十九距算總乘之也。」《統天》距差乘躔差，減汎積，失亦略同。

梅氏又曰：「然則《大統曆》何以不用消長？曰：此則元統之失也。當時李德芳固已上疏争之矣。然在洪武時，去《授時》立法不過百年，所減不過一分，積之不過一刻，故雖不用消長，無甚差殊也。《崇禎曆書》謂元統得之測驗，竊不謂然。何也？元統與德芳辯，但言未變舊法，不言測驗有差。又其所著《通軌》，雖便初學，殊昧根宗，間有更張，輒違經旨，豈能於冬至加時先後一刻之間而測得真數乎？」

江氏永曰：「明初，李德芳與元統争歲實消長，爲術家一段公案，關係有明二百餘年之法。邢士登恨元統不用消分，致明神宗間節氣後天九刻有奇。愚有以斷之，據《授時》歲實上考，固宜有長分矣。然而《授時》之歲餘本未確，則所據以爲長之端者亦未真。既言每百年長一分，則當以漸而長，乃總計長分，以乘距算，則又無此算法。觀其推至大明壬寅，已違當時之實測，又何論春秋已前乎？德芳所據者，謂魯獻公十五年戊寅天正甲寅冬至，依《授時》法，推得甲寅日夜子初三刻；依《大統》法，推得己未日午正三刻，己未，史誤作「丁巳」。相差四日六時五刻。當用至元辛巳爲元及消長之法，方合天道。夫魯獻公之年，史有舛錯，本難憑信。《漢志》謂獻公十五年甲寅冬至，此自劉歆《三統曆》逆推當年冬至是甲寅耳，豈有實測紀之信史哉！而德芳以此駁元統，其無卓識可知矣。然元統之不用消長也，初無實據，但云『上考下推，不用消長，以合天道』。又云『天道無端，惟數可以推其機。天道至妙，因數可以明其理。理因數顯，數從理出，故理數可相倚而不可相違』。夫既未嘗實測，而憑虛以言天道，言理數，宜其不能服德芳也。今日數學大明，由後觀之，前此二百餘年，猶幸元統不用消分，冬至加時先天尚未甚遠。蓋《授時》歲餘，一歲約少五分。自至元辛巳至洪武甲子，一百零三年，固已先天五刻矣。使《大統》減一分，又越百年二百年而更減之，先天不愈多乎？邢士登謂明神宗間，《大統曆》後天九刻，此非有所測驗，但據用消分與不用消分積算如此，豈知明法皆失之先天乎？觀前所舉康熙庚午年《時憲書》癸卯日巳初一刻冬至，依《大統》算，卯初三刻，則先天一十四刻；若依《授時》算，丑初三刻，則先天三十刻。自辛酉溯戊辰，五十餘年，約減二三刻，則戊辰以前，《大統》率先天十一二刻，若用《授時》法，先天遂至二十七八刻矣，此豈可厚非《大統》乎？」

梅氏又曰：「然則消長必不可廢乎？曰：上古則不可知矣。若《春秋》之日南至，固可考據，而唐宋諸家之實測有據者，史册亦具存也。今以消長之法求之，其數皆合。若以《大統》法求之，則皆後天，而於《春秋》且差三日矣，安可廢乎？」

江氏永曰：「《春秋》算法最疏，置閏或疏或密，日食或不在朔，則步冬至違天可知。僖公五年丙寅正月辛亥朔，日南至，以今法推，此年平冬至乙卯日巳時，定冬至在甲寅。即令此時小輪均數大，能使定氣移前一日半，亦不過癸丑日之夜刻。辛亥實先天二三日，且定朔壬子，亦非辛亥也。昭公二十年己卯二月己丑，日南至。以今法推，此年平冬至壬辰，定冬至辛卯。當時推己丑，亦先天二日。且己丑爲此年正月朔，安得爲二月也。《授時》推僖五年冬至，以歲餘長十九分，乘距算一千九百三十五，加於中積，得辛亥日寅初二刻。是以總長分數乘距算，而非積漸而長，亦因傳有『辛亥日南至』之文，强爲此算以求合，不知辛亥非實測也。唐一行謂：「僖公登觀臺以望，而書雲物，出於表晷天驗，非時史億度。」愚謂傳言「書雲」，未嘗言測景。其推昭二十年冬至，以十八乘距算一千八百零二，則不得己丑，而得戊子日戌初三刻，其先天愈甚矣。此二事，一合一否，皆不足爲據。且既能上合一千九百餘年之冬至矣，何以劉宋元嘉丙子十一月甲戌景長而推癸酉，大明辛丑十一月乙酉冬至即壬寅天正冬至。而推丙申？此二事皆八百餘年，反先天一日，豈非總分乘距算之法非法，故失之乎！」

梅氏又曰：「然則《統天》、《授時》之法同乎？曰：亦不同也。《統天》逐年迭差，而《授時》消長之分以百年爲限，則《授時》之法又不如《統天》矣。」

江氏永曰：「《統天》以距差乘躔差，其失亦與《授時》等。」由其根數未確。

梅氏又曰：「夫必百年而消長一分，未嘗不是。乃以乘距算，其數驟變，殊覺不倫。鄭世子黄鐘推法，所以有所酌改也。」

江氏永曰：「《授時》之誤，勿菴先生亦既覺之矣。抑不唯如此而已，年愈遠則失愈甚。如推至春秋時，一千九百年，則歲餘二十四刻四十四分；若一千九百零一年，歲餘增一分。此一分乘距算一千九百零一，前一歲忽增一十九刻有奇，則歲實有三百六十五日四十三刻有奇，豈不甚可笑乎？况又有遠於此者乎？」

梅氏又曰：「問：歲實消長之法，既通于古，亦宜合於今。乃今實測之家，又以爲消極而長，其説安在？豈亦有所以然之故與？曰：《授時》雖承《統天》之法，而用消長，但以推之舊法而合耳，初未嘗深言其故也。惟《新書》則爲之説曰：『歲實漸消者，由日輪之轂漸近地心也。』余嘗竊疑其説，今具論之。夫西法以日天與地不同心，疏盈縮加減之理。其所謂加減，皆加減於天周三百六十度之中，非有所增損於其外也。如最高則視行見小而有所減，最卑則視行見大而有所加。加度則減時矣，減度則加時矣。然皆以最卑之所減，補最高之所加。及其加減既周，則其總數適合平行，略無餘欠也。若果日輪之轂漸近地心，不過其加減之數漸平耳。加之數漸平，則減之數亦漸平，其爲遲速相補而歸于平行一也。豈有日輪心遠地心之時，則加之數多而減之數少；日輪心近地心時，則減之數少而加之數多乎？必不然矣。」

江氏永曰：「冬至相距之日時，古今有多少，不過汎歲實與平歲實相差，其相差又有舒疾之漸耳。若知冬至有平有定，本必不言消長。必欲言其消長，則其故有二：一由高衝離冬至有遠近，一由日小輪古今有大小也。高衝自秋分行至冬至，此三宫定冬至，皆在平冬至前。自冬至行至春分，此三宫定冬至，皆在平冬至後。總此六宫，上下約萬年，以今時最高衝行約之。皆在長限，以其冬至汎歲實，皆多於平歲實故也。惟高衝正當秋分、春分，此兩歲歲實皆平。即西法三百六十五日五小時四十八分四十五秒是也。離此則漸有差，前三宫由平而漸增多，是爲長中之長。至高衝與冬至同度，則定冬至與平冬至同日同時，是爲長之極。當郭太史定法，正其時也。後三宫由極多而漸減，以至於平，是爲長中之消。今時高衝在冬至後八度，其消尚未多也。若高衝過春分，而行至夏至，此三宫定冬至亦在平冬至後。自夏至行至秋分，此三宫定冬至又在平冬至前。總此六宫，亦約萬年，皆在消限，以其冬至汎歲實，皆少於平歲實故也。前三宫由平而漸減，是皆消中之消，至高衝與夏至同度，則定冬至亦與平冬至同日同時，是爲消之極。後三宫由極少而漸增，以至於平，是爲消中之長。此通高衝行一周天，而總論其消長也。然而太陽兩小輪半徑三千五百八十四，古多而今少。多則小輪稍大，日躔加減，均亦稍大。小則小輪稍小，加減均亦稍小。高衝之行，一年一分一秒十微。西士後測。

此一分一秒十微，若在均數稍大之中，則度分變爲時分之秒數，以加減於平時者必稍多；若在均數稍小之中，則度分變爲時分之秒數，以加減於平時者必稍少。如崇禎戊辰所立之加減差表，初宫之初度，十一宫之末度，每一十分均數二十二秒，高衝一年行一分一秒十微，約均數二秒有奇。此二秒有奇變爲時，約五十七秒，以加于平歲餘五小時三分四十五秒，得五小時四分四十二秒。如小輪稍大，則初度一十分之均不止二十二秒，而一歲高衝之行不止得均二秒有奇，其變時亦不止五十七秒矣。如小輪稍小，則初度十分不及二十二秒，高衝之行得均數不及二秒，則變時亦不及五十七秒矣。此略舉初度之均以爲例。其他可類推。古今小輪之大小，雖不可盡知，以劉宋元嘉、大明間屢年之實測算，當時之不同心差，蓋四千有奇，詳《冬至權度》。則均數必稍强。至元時《授時曆》，冬至盈初加分，多於今日之加分，則當時小輪半徑不止三千五百八十四。自此以後至今日，小輪漸小，均數亦漸少，高衝行度所得之均數以減度加時者，亦稍弱焉。此又因輪轂漸近地心而微有消分也。」

梅氏又曰：「又考《日躔表》，彼固原未有消長之説。日躔指言平歲，用《授時》消分定歲，則用最高差。及查《恒年表》之用，則又只用平率，是其説未有所決也。」

江氏永曰：「曆書非出一手，故有不相應處。其歲實平率出《回曆》，《回曆》得之實測春分。此曆書最緊要處，惜未明白剖析。其《日躔表説》辨論從前，言消長者之非，則固有定説矣。但小餘微有不同耳。」曆書平歲實小餘五小時三刻三分四十五秒，以萬分通之，是二四二一八七五也。今《考成》亦用之。而《日躔表説》二四二一八八六四，較多一一四。

梅氏又曰：「曆書言日輪漸近地心，數千年後將合爲一點。若前之漸消，由于兩心之漸近，則今之消極而長，兩心亦將由近極而遠，數千年後，又安能合爲一點乎？彼蓋見《授時》消分有據而姑爲此說，非能極論夫消長之故者也。」

江氏永曰：「七政皆有小輪，獨日之小輪有改變，竊意久亦必復，豈有與地心合爲一點之理。自至元辛巳以後，正是長極而消，非消極而長也。或曰：今實測之冬至，後於《授時》之中積，分明是長，而以爲消何也？曰：前已言之矣。《授時》歲餘刻下之分當有三十分，而郭氏定爲二十五分也。《授時》之歲實，豈非出於實測？然因其自述，丁丑、辛巳四年冬至，得其自相乖違之處，因以知至元時爲長極而消之大界，與《日躔加減表》十一宮末度以前均數漸減之理，固相符也。」

梅氏又曰：「然則將何以求其故？曰：《授時》以前之漸消，既徵之經史而信矣，而今現行之歲實，又稍大於《授時》，其爲復長，亦似有據。竊考西法最高卑，今定於二至後七度，依永年法，每年行一分有奇，則《授時》立法之時，最高卑正與二至同度。而前此則在至前，過此則在至後，豈非高衝漸近冬至，而歲餘漸消，及其過冬至而東，久復漸長乎？余觀《七政書》於康熙庚申年移改最高卑度弱，而其年歲實驟增一刻半强，此亦一徵也。存此以俟後之知曆者。」

江氏永曰：「歲實消長之故，一由最高衝之有行度。先生因最高改移，歲實驟增，而悟及此，猶云『存之以俟知者』，亦欲後人由此致思也。然其所言消長若與實算相反何也？《日躔加減表》初宮與十一宮同均，而加減異號，至元辛巳以前，高衝行未及冬至，則用初宮之均度分秒，加度而減時；辛巳以後，高衝行已過冬至，則用十一宮之均度分秒，減度而加時。前減時，則定冬至在平冬至前；後加時，則定冬至在平冬至後。初宮之初度與十一宮之末度，其均最大，則一歲高衝之行所得均數最多，變爲時以加減於平時者，亦最多，故此處歲實極大，皆最長之時也。初宮若離初度稍遠，則均漸少，而變時以減平時者亦稍少，歲實亦稍減矣。十一宮若離末度稍遠，則均漸少，而變時以加平時者亦稍少，歲實亦稍減矣。故高衝行漸近冬至，其均由少而多，歲實正漸增，以至於極也，而此謂『歲餘漸消』；高衝已過冬至，其均由多而少，歲實則由極少以漸減也，而此謂『復漸長』，豈非與實算相反乎？蓋先生論消長，不主平歲實爲根耳。」

梅氏又曰：「王寅旭曰：『歲實消長，其説不一，謂由日輪之轂，漸近地心，其數浸消者，非也。日輪漸近，則兩心差及所生均數亦異，以論定歲，誠有損益，若平率歲實，尚未及均數，則消長之源與兩心差何與乎？識者欲以黄赤極相距遠近求歲差，朓朒與星歲相較，爲節氣消長終始循環之法。夫距度既殊，則分至諸限，亦宜隨易，用求差數，其理始全。然必有平歲之歲差，而後有朓朒之歲差；有一定之歲實，而後有消長之歲實。以有定者紀其常，以無定者通其變，始可以永久而無弊。』」

江氏永曰：「古今言歲實消長者，皆從冬至歲實言之，非論平率歲實也。因兩心差及所生均數異而定氣，微有損益，是亦消長之一根，不可謂其無與。若黄赤極相距遠近求差數，此説恐未然。其言『有平歲之歲差，而後有朓朒之歲差；有一定之歲實，而後有消長之歲實』，此數言極中肯綮。一定之歲實，從春分測定之平歲實是也。苟知此，則但言平冬至定冬至，不必言消長亦可矣。」

梅氏又曰：「寅旭此論，是欲據黄赤之漸近，以爲歲實漸消之根。蓋見西測黄赤之緯，古大今小，今又覺稍贏，故斷以爲消極後長之故。然黄赤遠近，其差在緯，歲實消長，其差在經，似非一根。又西測距緯復贏者，彼固自疑其前測最小數之未真，則亦難爲確據。愚則以中法歲實起冬至而消極之時，高衝與冬至同度。高衝離至，而歲實亦增，以經度求經差，似較親切。」

江氏永曰：「經緯之辨最確，而謂『高衝與冬至同度，爲消極之時』，永已論之於前。」

梅氏又曰：「日行盈縮，細考之，則春分距夏至，夏至距秋分，雖皆縮算，而其縮亦不同。秋分距冬至，冬至距春分，雖皆盈算，而其盈亦不同。又且年年不同，細求之，則節節不同。又細求之，且日日不同矣。其故何也？蓋最高一點，不在夏至，而在其後數度，又且年年移動，此太陽盈縮之根，而歲實所以有消長也。」

江氏永曰：「以太陽盈縮之根，推歲實所以有消長，此先生之定見定説也。」

梅氏又曰：「庚申年夏至至冬至，一百八十三日十三刻六分。辛未年夏至至冬至，一百八十三日十四刻九分。十二年中，共長一刻〇三分。壬戌年冬至至次年夏至，一百八十二日九刻九分。庚午年冬至至次年夏至一百八十二日八刻十分。九年中，共消十四分。又合計癸亥夏至至前半周一百八十二日九刻九分，冬至前半周一百八十三日十三刻十分，相較一日〇四刻一分。辛未夏至前半周一百八十二日八刻十分，冬至前半周一百八十三日十四刻九分，相較一日〇五刻十四分。八年中，較數增一刻十三分。」

江氏永曰：「此以半年之氣，前後相較，驗最高之東移。若以兩歲冬至、春分、夏至、秋分及各節氣，兩歲相距，皆各有其歲實，而冬至爲最大，夏至爲最小，春秋分爲近平。又越數十年，而諸歲實亦微有不同矣。前代只知冬至歲實，不知逐節氣皆有歲實也。」

梅氏又曰：「然二分之相距，則無甚差何也？蓋最高移而東，則夏至後多占最高之度而減度加時之數益多，故益長。高衝移而東，則冬至後多占最卑之度而加度減時之數益多，故益消。其近二至處，皆爲加減差最大之處，故消長之較已極也。乃若二分與中距，雖亦歲移，而中距皆爲平度，不係加減，其最高前後，視行小之度，固全在春分後半周。最高衝前後，視行大之度，亦全在春分後半周，毫無移動，故無甚消長也。」

江氏永曰：「二分無甚差，故欲得平歲實，須於近二分時測之。若高衝行至春分，則二分之距又最大，而二至反平矣。」

梅氏又曰：「《授時》消分爲不易之法，今復有長者何耶？西法最高卑之點，在兩至後數度，歲歲東移，故雖冬至，亦有加減，不得以恒爲定也。此是西法中一大節目，其法自《回回》即有之。然了凡先生頗采用《回回》法而不知此。熊礵石先生親與西儒論法而亦不言及何耶？」

江氏永曰：「最高卑之有行度，誠西法中一大節目，袁氏《新書》不知有最高卑，又何以能較論前代諸法之先後天乎？」

梅氏又曰：「袁了凡《新書》，通《回回》之立，成於《大統》，可謂苦心，然竟削去最高之算，又直用《大統》之歲餘，而棄《授時》之消長，將逆推數百年已不效，況數千萬年之久乎？」

江氏永曰：「袁書逆推數百年已不效，誠然。若棄《授時》之消長，則無足論。《授時》本非不刊之法也。今時用《考成》推步，只有求天正冬至與求定冬至之法，而不言消長，紛紛之論，可定矣。」

觀承案：法以疎而漸密，測以久而益精。勿庵之術，兼統中西，誠爲冠絶古今。而江氏此篇，推之更密，測之益精，能補勿庵之所未備者，其爲青冰之出矣乎！

右歲實。

五禮通考卷第一百八十六

五禮通考卷第一百八十七

内廷供奉禮部右侍郎金匱秦蕙田編輯
太子太保總督直隸右都御史桐城方觀承同訂
休寧戴震
按察司副使元和宋宗元
參校

嘉禮六十

觀象授時

【《唐書志》】《日躔盈縮略例》曰：「北齊張子信積候合蝕加時，覺日行有入氣差，然損益未得其正。至劉焯，立盈縮躔衰術，與四象升降。《麟德曆》因之，更名躔差。凡陰陽往來，皆馴積而變。日南至，其行最急，急而漸損，至春分及中而後遲。迨日北至，其行最舒，而漸益之，以至秋分又及中而後益急。急極而寒若，舒極而燠若，及中而雨暘之氣交，自然之數也。焯術於春分前一日最急，後一日最舒，秋分前一日最舒，後一日最急。舒急同於二至，而中間一日平行。其説非是。當以二十四氣晷景，考日躔盈縮而密於加時。」

【《元史志》】北齊張子信積候合蝕加時，覺日行有入氣差，❶然損益未得其正。趙道嚴復準晷景長短，定日行進退，更造盈縮以求虧食。至劉焯，立躔度與四象升降，雖損益不同，後代祖述用之。夫陰陽往來，馴積而變，冬至日行一度强，出赤道二十四度弱，

❶「有」下，原衍「日」字，據《元史·曆一》删。

自此日軌漸北，積八十八日九十一分，當春分前三日，交在赤道，實行九十一度三十一分而適平。自後其盈日損，復行九十三日七十一分，當夏至之日，入赤道内二十四度弱，實行九十一度三十一分，日行一度弱，向之盈分盡損而無餘。自此日軌漸南，積九十三日七十一分，當秋分後三日，交在赤道，實行九十一度三十一分而復平。自後其縮日損，行八十八日九十一分，出赤道外二十四度弱，實行九十一度三十一分，復當冬至，向之縮分盡損而無餘。盈縮均有損益，初爲益，末爲損。自冬至以及春分，春分以及夏至，日躔自北陸轉而西，西而南，於盈爲益，益極而損，損至於無餘而縮。自夏至以及秋分，秋分以及冬至，日躔自南陸轉而東，東而北，於縮爲益，益極而損，損至於無餘而復盈。盈初縮末，俱八十八日九十一分而行一象；縮初盈末，俱九十三日七十一分而行一象；盈縮極差，皆二度四十分。由實測晷景而得，仍以算術推考，與所測允合。

【梅氏文鼎《疑問》】問：「日有高卑加減，始於西法與？」曰：「古法有之，且詳言之矣。但不言卑高，而謂之盈縮耳。」曰：「日何以有盈縮？」曰：「此古人積候而得之者也。秦火以還，典章廢闕，漢、晉諸家，皆以太陽日行一度，故一歲一周天。自北齊張子信積候合蝕加時，始覺日行有入氣之差，而立爲損益之率。又有趙道嚴者，復準晷景長短，定日行進退，更造盈縮，以求虧食。至隋劉焯，立躔度與四序升降，爲法加詳。厥後皆相祖述，以爲步日躔之準。蓋太陽行天三百六十五日，惟只兩日能合平行。一在春分前三日，一在秋分後三日。一年之內，能合平行者，惟此二日。此外，日行皆有盈縮。而夏至縮之極，每日不及平行二十分之一；冬至盈之極，又過於平行二十分之一。兩者相較爲十分之一，以此爲盈縮之宗，而過此皆以漸而進退焉。此盈縮之法所由立也。」曰：「日躔既每日有盈縮，則歲周何以有常度？」曰：「日行每日不齊，而積盈積縮之度，前後自相除補，故歲周得有常度也。細考之，古今歲周亦有微差。此只論其大較，則實有常度。今以《授時》之法論之，冬至日行甚速，每日行一度有奇，歷八十八日九十一刻，當春分前三日，而行天一象限，古法，周天四之一爲九十一度三十分奇。下同。謂之盈初。此後則每日不及一度，其盈日損，積九十三日七十一刻，當夏至之日，復行天一象限，謂之盈末。夫盈末之行，每日不及一度而得爲盈者，以其前此之積盈未經除盡，總度尚過於平行，故仍謂之盈。若其每日細行，固悉同縮初。此盈末、縮初可爲一法也。試以積數計之，盈初日數少而行度多，其較爲二度四十分；盈末日數多而行度少，其較亦二度四十分。以盈末之所少消盈初之所多，則以半歲周之日，共一百八十二日六十二刻奇。行半周天之度，一百八十二度六十二分奇。而無餘度矣。夏至日行甚遲，每日不及一度，積九十三日七十一刻，當秋分後三日，而行天一象限，謂之縮初。此後，則每日行一度有奇，其縮日損，積八十八日九十一刻，復當冬至之日而行天一象限，謂之縮末。夫縮末之行，每日一度有奇而亦得爲縮者，以其前此之積縮未能補完，總度尚後於平行，故仍謂之縮。若其每日細行，則悉同盈初，此縮末、盈初可爲一法也。試以積數計之，縮初日數多而行度少，其較爲二度四十分；縮末日數少而行度多，其較亦二度四十分。以縮末之所多，補縮初之所少，則亦以半歲周之日，行半周天之度而無欠度矣。夫盈縮既皆以前後自相除補而無餘欠，則分之而以半歲周行半周天者，合之即以一歲周行一周天，安得以盈縮之故，疑歲周之無常度哉？

問：「日有盈縮，是矣，然何以又謂之高卑？」曰：「此則《回回》、泰西之說也。其說曰：太陽在天，終古平行，原無盈縮，人視之有盈縮耳。夫既終古平行，視之何以得有盈縮哉？蓋太陽自居本天，而人所測其行度者，則爲黄道。黄道之度外，應太虚之定位，即天元黄道與静天相應者也。其度匀剖而以地爲心。太陽本天，度亦匀剖，而其天不以地爲心，於是有兩心之差，而高卑判矣。是故夏至前後之行度，未嘗遲也，以其在本天之高半，故去黄道近而離地遠，遠則見其度小，謂太陽本天之度。而人自地上視之，遲於平行矣，縮初、盈末半周，是太陽本天高處，故在本天行一度者，在黄道不能占一度，而過黄道遲。是則行度之所以有縮也。冬至前後之行度，未嘗速也，以其在本天之低半，故去黄道遠而離地近，近則見其度大，亦謂本天之匀度。而人自地上視之，速於平行矣，盈初、縮末半周，是太陽本天低處，故在本天行一度者，在黄道占一度有餘，而過黄道速。是則行度之所以有盈也。且夫行度有盈縮，而且日日不同，則不可以籌策御。而今以圜法解之，不同心之理通之，在高度不得不遲，在卑度不得不速，高極而降，遲者不得不漸以速，卑極而升，速者不得不漸以遲，遲速之損益，循圜周行，與算數相會，是則盈縮之徵於實測者，皆一一能得其所以然之故。此高卑之説，深足爲觀象授時之助者矣。太陽之平行者在本天，太陽之不平行者在黄道。平行之在本天者，終古自如。不平行之在黄道者，晷刻易率。惟其終古平行，知其有本天。惟其有本天，斯有高卑，以生盈縮。不平行之率，以平行而生者也。惟其盈縮多變，知其有高卑，惟其盈縮生於高卑，驗其在本天平行，平行之理，又以不平行而信者也。夫不平行之與平行，道相反矣，而求諸圜率，適以相成。是蓋七曜之所同然，而在太陽尤爲明白而易見者也。」月、五星多諸小輪加減，故本天不同心之理，惟太陽最明。

問：「以高卑疏盈縮確矣，然又有最高之行何耶？」曰：「最高非他，即盈縮起算之端也。盈縮之算，既生於本天之高卑，則其極縮處，即爲最高，如古法縮限之起夏至也；極盈處即爲最卑，如古法盈限之起冬至也。亦謂之最高衝，或省曰高衝。然古法起二至者，以二至即爲盈縮之端也。西法則極盈極縮，不必定於二至之度，而在其前後，又各年不同，故最高有行率也。其説曰：上古最高在夏至前，今行過夏至後，每年東移四十五秒。」今又定爲一年行一分一秒十微。「何以徵之？」曰：「凡最高爲極縮之限，則自最高以後九十度及相近最高以前九十度，其距最高度等，則其所縮等。何也？以視度之小於平度者並同也。古法以盈末、縮初通爲一限，亦是此意。高衝爲極盈之限，則自高衝以後九十度及相近高衝以前九十度，其距高衝度等，則其所盈亦等。何也？以視度之大於平度者並同也。古法以縮末、盈初通爲一限，亦是此意。今據實測，則自定氣春分至夏至一象限即古盈末限。之日數，與自夏至後至定氣秋分一象限即古縮初限。之日數，皆多寡不同。又自定氣秋分至冬至一象限即古縮末限。之日數，與自冬至後至定氣春分一象限即古盈初限。之日數，亦多寡不同。由是觀之，則極盈、極縮，不在二至明矣。」曰：「若是，則古之實測皆非與？」曰：「是何言也！言盈縮者，始於張子信。而後之曆家，又謂其損益之未得其正。由今以觀，則子信時有其時盈縮之限，後之曆家，又各有其時盈縮之限，測驗者各據其時之盈縮爲主，則追論前曆，覺其未盡矣。此豈非至高者之有動移乎！又古之盈縮，皆以二十四氣爲限。至郭太史，始加密算，立爲每日每度之盈縮加分與其積度。由今考之，則郭太史時最高卑與二至最相近。自曆元戊辰逆溯至元辛巳，三百四十八年，而最高卑過二至六度。以今率每年最高行一分一秒十微計之，其時最高約與夏至同度。以西人舊率每年高行四十五秒計之，其時最高已行過夏至一度三十餘分，其距度亦不爲甚遠也。故盈縮起二至，初無謬誤。測算雖密，秖能明其盈縮細分，若最高距至之差，無緣可得，非考驗之不精也。」

問：「最高有行能周於天乎？抑只在二至前後數十度中東行而復西轉乎？」曰：「以理徵之，亦可有周天之行也。」曰：「然則何以不徵諸實測？」曰：「無可據也。古西士去今一千八百年，以三角形測日軌，記最高在申宫五度三十五分。

今以年計之，當在漢文帝七年戊辰。自漢文帝戊辰，順數至曆元戊辰，積一千八百算外。此時西法尚在權輿，越三百餘年，至多禄某而諸法漸備。然則所謂古西士之測算，或非精率，然而西史之所據，止此矣。又况自此而逆溯於前，將益荒遠。而高行之周天，以二萬餘年爲率，亦何從而得其起算之端乎？是故以實測而知其最高之有移動者，只在此千數百年之内，其度之東移者，亦只在二至前後一宫之間。若其周天，則但以理斷而已。」曰：「以理斷其周天，亦有説與？」曰：「最高之法，非特太陽有之，而月、五星皆然。其加減平行之度者，亦中西兩家所同也。故中法太陽五星皆有盈縮，太陰則有遲疾。在西法，則皆曰高卑視差而已。然則月孛者，太陰最高之度也。而月孛既有周天之度矣，太陽之最高何獨不然？故曰以理徵之，最高得有周天之行也。」

問：「以最高疏盈縮，其義已足，何以又立小輪？」曰：「小輪即高卑也。但言高卑，則當爲不同心之天，以居日月小輪之法，則日月本天，皆與地同心，特其本天之周，又有小輪，爲日月所居。是故本天爲大輪，負小輪之心，向東而移，日月在小輪之周，即邊也。向西而行。大輪移一度，日月在小輪上亦行一度；大輪滿一周，小輪亦滿一周。而盈縮之度與高卑之距，皆不謀而合。《回回曆》以七政平行爲中心行度，蓋謂此也。凡日月在小輪上半，順動天西行，故其右移之度遲，於平行爲減；在小輪下半，逆動天而東，故其右旋之度速，於平行爲加。五星同理。

若在上下交接之時，小輪之度直下，不見其行，謂之留際。留際者，不東行，不西行，無減無加，與平行等。此小輪上逐度之加減，以上下而分者也。若以入表，則分四限。小輪上半，折半取中，爲最高；小輪下半，折半取中，則爲最卑。最卑最高之點，皆對小輪心與地心而成直線，七政居此，即與平行同度，故爲起算之端。假如七政起最高，在小輪上西行，能減東移之度半象限，後西行漸緩，所減漸少，至一象限而及留際，不復更西，即無所復減。然積減之多，反在留際何也？七政至此，其視度距小輪心之西爲大也。在古法則爲縮初。既過留際而下，轉而東行，本爲加度，因前有積減，僅足相補，其視行仍在平行之西，至一象限而及最卑，積減之數，始能補足，而復於平行，是爲縮末。又如七政至最卑，在小輪下東行，能加東移之度半象限，後東行漸緩，所加漸少，至一象限而又及留際，不復更東，亦無所復加。然積加之多亦在留際何也？七政至此，其視度距小輪心之東爲大也。在古法則爲盈初。過留際而上，復轉西行，即爲減度。然因前有積加，僅足相消，其視行仍在平行之東，至一象限而復及最高，積加之度，始能消盡，而復於平行，是爲盈末。此則表中入算加減，從小輪之左右而分者也。

小輪之用有二。其一爲遲速之行，在古法則爲日五星之盈縮，月之遲疾。西法則總謂之加減，即前所疏者是也。其一爲高卑之距，即《回回》影徑諸差是也。凡七政之居小輪最高，其去人遠，故其體爲之見小焉；其在最卑，去人則近，故其體爲之加大焉。驗之於日月交食，尤爲著明。別條詳之。是故所謂平行者，小輪之心；而所謂遲速者，小輪之邊與其心前後之差。即東西。所謂高卑者，小輪之邊與其心上下之距也。知有小輪，而進退加減之行度，遠近大小之視差，靡所不貫矣。」

「然則何以又有不同心之算？」曰：「不同心之法，生於小輪者也。七政之本天，即小輪心所行之道也。假如七政在小輪最高，小輪心東移一象限，七政之在小輪亦西行一象限，爲留際。小輪心東移滿半周，七政在小輪亦行半周，爲最卑。由是小輪心東移滿二百七十度，七政亦行小輪二百七十度，至留際。小輪心東移滿一周，七政行小輪上亦行滿一周，復至最高。若以小輪上七政所行聯之，即成大圈。此圈不以地心爲心，而別有其心，故曰不同心圈也。兩心之差，與小輪之半徑等，故可以小輪立算者，亦可以不同心立算。而行度之加減，與視徑之大小，亦皆得數相符也。」

問：「二者之算悉符，果孰爲本法？」曰：「晶宇廖廓，天載無垠，吾不能飛形御氣，翱步乎日月之表，小輪之在天，不知其有焉否耶。然而以求朓朒之行，則既有其度矣；以量高卑之距，則又有其差矣：雖謂之有焉可也。至不同心之算，則小輪實已該之何也？健行之體，外實中虛。自地以上，至於月天，大氣所涵，空洞無物。故各重之天，雖有高卑，而高卑兩際，只在本天，七政各共之天，相去甚遠，其間甚厚，故可以容小輪，而其最高最卑，皆不越本重之內。非別有一不同之心遶地而轉也。不同心之天，既同動天西運，則其心亦將遶地而旋。況七政兩心之差，各一其率。若使其不同之心皆繞地環行，亦甚涣而無統矣。故曰不同心之算，生於小輪，而小輪實已該之。觀《回回》但言小輪，可知其爲本法。而第谷於西曆最後出，其所立諸圖，悉仍用小輪爲説，亦足以徵矣。

論相因之理，則不同心之算從小輪而生。論測算之用，則小輪之徑亦從不同心而得。故推朓朒之度，於小輪特親。小輪心即平行度也。從最高過輪心作線，至地心爲平行指線，剖小輪爲二，則小輪右半在平行線西，爲朒；左半在平行線東，爲朓。而求最高之行，以不同心立算最切。最高在天，不可以目視，不可以器測，惟據朓朒之度，以不同心之法測之，而得其兩心之差，是即爲小輪之半徑。於以作圖立算，而朓朒之故，益復犁然。是故不同心者，即測小輪之法也。

小輪心在本天，七政在小輪，體皆相連。小輪心非能自動也，小輪之動，本天之動也。七政亦非自動也，七政之動，小輪之動也。其故何也？蓋小輪心既與本天相連，必有定處，因本天爲動天，所轉與之偕西，而不及其速，以生退度，故小輪心亦有退度焉。曆家紀此退度，以爲平行。《回回曆》所謂中心行度。故曰小輪之動，本天之動也。然則小輪心者，小輪之樞也。樞連於本，天不動，故輪能動。而七政者，又相連於小輪之周者也。小輪動，則七政動矣。故曰七政之動，小輪之動也。

七政之居小輪也，有一定之向。本天挈小輪心東移，而七政在小輪上常向最高。

殆其精氣有以攝之也。故輪心東移一度，小輪上七政亦西遷一度，以向最高。譬之羅金，小輪者，其盤也；小輪心者，置針之處也；七政所居，則針所指之午位也。試爲大圓周，分三百六十度，以法周天。別爲大圈加其上，使與大圓同心而可運，以法同心輪。乃置羅金於大圈之正午，而依針以定盤，則針之午即盤之午。此如小輪在最高，而七政居其頂，與最高同處也。於是運大圈東轉，使羅金離午而東，此如本天挈小輪而東移也。則盤針之指午者，必且西移而向丁向未。因正午所定之盤，不復更置，則此時之丁之未，實爲針之午。如小輪從本天東移，而七政西遷，居小輪之旁，以向最高之方。盤東移一度，針亦西移一度，盤東移一宮，針亦西移一宮，盤東行半周，至大圓子位，則針在盤上，亦西移半周而反指盤之子。此時盤之子，實針之午。此如小輪心行至最高衝，而七政居小輪之底，在小輪爲最卑，而所向者，最高之方也。盤東移三百六十度而復至午，針亦西移一周而復其故矣。是何也？針自向午，不以盤之東移而改其度。自盤上觀之，見爲西移耳。七政之常向最高，何以異是。七政在小輪上，常向最高之方。

小輪以算視行，視行非一，故小輪亦非一也。凡算視行，有二法。或用不同心輪，則惟月五星有小輪，而日則否，何也？以盈縮高卑，即於不同心之輪可得其度，故不以小輪加減，而小輪之用，已藏其中也。或用同心輪負小輪，則日有一小輪，月五星有兩小輪。其一是高卑小輪，爲日五星之盈縮，月之遲疾，即不同心之算，七政所同也。其一是合望小輪，在月爲倍離，即晦朔弦望。在五星爲歲輪，即遲留逆伏。皆以距日之遠近而生，故太陽獨無也。若用小均輪，則太陽有二小輪。其一爲平高卑，二爲定高卑。而月五星則有三小輪，其一二爲平高卑、定高卑，與太陽同。其三爲太陰倍離，五星歲輪，與太陽異也。凡此，皆以齊視行之不齊，有不得不然者。然小輪之用不同，而名亦易相亂。如月離以高卑輪爲自行輪，又稱本輪，又曰古稱小輪。其定高卑輪，五星稱小均輪，月離稱均輪，或稱又次輪。至於距日而生之輪，月離稱次輪，五星或稱次輪，或稱年歲輪，然亦曰古稱小輪。今約以三者別之：一曰本輪，七政之平高卑是也；一曰均輪，七政平高卑之輪上，又有小輪以加減之，爲定高卑。此兩小輪，相須爲用，二而一者也。一曰次輪，月五星距日有遠近而生異行，故曰次輪。而五星次輪，則直稱之歲輪也。」

蕙田案：梅氏疏日行盈縮，辯論不同心天及七政小輪，最爲詳確。日有盈縮，月有遲疾，五星有留退，其理一也。舉日行而月、五星皆可知矣。梅氏之論，實總七政之大綱，故備述之。

觀承案：日月五星，雖統謂之七政，其實五緯以日月爲主，而月離又以日躔爲主，故日躔定而七政始可齊也。梅氏論日行盈縮，舉日行而七政皆可知，斯爲能挈其要，洵不刊之論也。

【《新法曆引》】太陽之行黄道也，論其積歲平分之數，《新法》以天度計，爲五十九分八秒有奇，所謂平行度分是也。然平行齊而實行則固非齊矣，冬盈而夏縮矣。所以然者，蓋緣黄道圈與日輪天不同心，而黄道之心即地球心，是日輪天與地球不同心也。心既不同，則日行距地近遠不等，距近即行疾，疾則所行之度過於平行而爲盈。每冬月一日，計行一度一分有奇，以較平行，盈二分矣。距遠即行遲，遲則所行之度不及平行而爲縮。每夏月一日，計行五十七分有奇，以較平行，則縮二分矣。盈縮相差若此，豈可謂之齊乎？終歲之間，但逢最高限、最卑限二日，平、實二行度數惟一，此外兩行之較，日日不等。《新法》因其或過或不及也，故有加分減分，謂之加減差。蓋以有恒率之平行爲限，而以加減差定之，然後差而不差，非齊而齊矣。至論太陽之入某宮次，以分節氣也，亦有平、實二算。蓋算平行，十五日二十一刻有奇爲一節氣，乃一歲二十四平分之一耳。若用躔度之日以算，則冬夏不齊，冬一節氣爲十四日八十四刻有奇，夏一節氣爲十五日七十二刻有奇，總由夏遲冬疾，故其差如此。

太陽天距地極遠之點，謂之最高；極近之點，謂之最高衝。(亦名最卑。)此二點者，乃盈縮二行之界。古法於冬夏二至，謂其恒在一點，其實非也。案古今諸測，皆各不齊。古測最高在夏至前數度，今則在後六度矣。以此推知，一年之内，太陽自行四十五秒也。

蕙田案：日行盈縮以高卑(又謂之不同心天。)及小輪之法推之，極步算之巧妙。梅氏謂「小輪爲本法，高卑因小輪而生」，誠確論也。西人刻白爾又創撱圓立算，(專主不同心天。)與高卑意同。合古今中西，法雖各殊，要以推日之實行，求其密合耳。既得實行，則定氣可知。定氣之名，見於《隋書》，明氣以此爲定，恒氣非日實行，不得爲定也。其名蓋非漫設。唐以後猶以恒氣註數，而定氣止爲算交食之用，踵一行之謬也。今已用定氣，梅氏尚堅主一行説，得江氏《恒氣註數辨》，千古之疑乃釋。

附江氏永《恒氣註數辨》

江氏永曰：「改憲以來，用定氣註數久矣。勿庵梅氏嘗舉康熙己未以後積年高行及四正相距時日，別爲一卷，而云『治曆首務太陽，太陽重在盈縮』，又云『西法最高卑之點在兩至後數度，歲歲東移，故雖冬至亦有加減，不得以恒爲定』，則梅氏亦重定氣矣。而《疑問補》等書謂當如舊法之恒氣註數，持論甚堅。永深思之，謂恒氣與平氣不同，冬至既不得以恒爲定，則諸節氣亦當用定，不可用恒。爰引梅氏之説，疏論其下。」

梅氏文鼎《疑問補》曰：「問：舊法節氣之日數皆平分，今則有長短何也？曰：節氣日數平分者，古法謂之恒氣；其日數有多寡者，謂之定氣。二者之算，古法皆有之，然各有所用。唐一行《大衍議》曰：『以恒氣註數，以定氣算日月交食。』是則舊法原知有定氣，但不以之註數耳。」

江氏永曰：「案七政在天，皆有平行，有視行。平行爲步算之根，視行爲人事之用。故月必以定朔、定望推交食，五星必以歲輪視度察陵犯。太陽尤爲氣化之主，其用於人最大，雖行於本天者一日一度，此古之日度。無盈縮進退，而輪有高卑，人視黃道上度有盈縮，則氣有長短。一切分至啟閉及諸節氣，皆當用其視行之定氣，不當用其平行之恒氣也。何以言之？如云冬至、夏至，至者，極也，人視日極南極北，立表測之，景極長極短，而晝夜之短長，亦於此日爲極也。春分秋分，黄道與赤道交，日正當其交處，陽曆、陰曆於此分，而晝夜時刻均，亦於此日平分也。若景非極長極短，不得謂之至；日不正當赤道，不得謂之分。故皆當用視度，不用平度。如史紀冬至，有從測景得者，書曰『某日景長』。景長者，定冬至，非平冬至也。平與定之差，隨高衝離冬至遠近而異。元至元以前，定冬至皆在平冬至前。至元以後，定冬至皆在平冬至後。其相差之極，亦如今之春秋分，前後約二日。日躔加減差表，均數最多者，二度有奇，故平氣、定氣能差二日有奇。而曆家紀冬至，必據景長之日。人事之最重大者，如朝會、圜丘，皆以是日爲定。則自古以來，冬至皆用定氣矣。一歲節氣，獨冬至用定，其餘二十三氣皆用恒，寧有是理？況其所謂恒氣者，並非恒氣也。如欲定在天之恒氣，當以太陽本天界爲二十四段，一段均得十五度。據今法整度言之。又以一歲三百六十五日二十三刻三分四十五秒之平歲實，據今歲實平率言之。分爲二十四氣，一氣均得十五日二十刻一十四分三十一秒五十二微半。亦據今之刻分秒微言之。以平冬至起根而均派之，猶曰此在天太陽平行之平氣也。今乃以太陽視行之定冬至與來歲定冬至相距之時日，折半以爲夏至，四折以爲春秋分，又均派以爲諸中氣、節氣。無論春秋分非交赤道之日，即諸中氣、節氣亦無一氣合乎在天之均平者矣。何也？平冬至與定冬至起根不同也。兩歲冬至相距爲活汎之歲實，與平率歲實多寡不同也。如月有平朔平望平弦，有定朔定望定弦，步算者必以月之經朔時日爲根，即平朔。以朔策累加之，爲逐月經朔，朔策折半爲平望，四折爲平弦。若以此月定朔與後月定朔之時日，多者二十九日九時，少者二十九日三時。折半爲望，又折半爲弦，則平者皆非平矣。古法不知定朔，自唐以來，既用定朔、定望推交食，必無復用平朔、平望註數之理。若以定朔爲距，折半爲望，又折半爲弦，無此理，亦無此法。恒氣亦猶是也。古曆家，唯隋劉焯《皇極曆》始用定氣，其法未頒行。《大衍》以後諸家，皆有推定氣之法。然一行之言曰：『凡推日月度及軌漏交蝕依定氣，註數依恒氣。』則唐以後曆家必用恒氣註數者，皆一行此言誤之也。」

梅氏又曰：「譯西法者，未加詳考，輒謂『舊法春秋二分並差兩日』，則厚誣古人矣。夫《授時》所注，二分日各距二至九十一日奇，乃恒氣也。」

江氏永曰：「案《授時》之恒氣，與《大衍》之恒氣，雖若無異，亦微有辨。至元時，平冬至與定冬至時刻略同，則其均派之恒氣，以定冬至爲根，猶之以平冬至爲根也。若一行定法，在至元辛巳前五百五十餘年高衝，約在冬至前十度，其時兩心差又較大，定冬至約在平冬至前四十餘刻。其所謂恒氣者，以定冬至爲距，非以平冬至爲根，則當年恒氣二分加時，或近夜半前後者，與在天之平氣二分，相差亦可一日矣。春分先天，秋分後天。此理一行固未知，郭氏亦未曉。郭氏之時，與天偶符。由太陽有高卑，高卑又有行度，兩心又有微差，重關未啟故也。今日此理已昭晰，固可無疑於定氣。」

梅氏又曰：「其所註晝夜各五十刻者，必在春分前兩日奇，及秋分後兩日奇，則定氣也。定氣二分與恒氣二分原相差兩日，《授時》既遵《大衍議》，以恒氣二分註數，不得復用定氣。故但於晝夜平分之日，紀其刻數，則定氣可以互見，非不知也。且《授時》果不知有定氣平分之日，又何以能知其日之爲晝夜平分乎？」

江氏永曰：「案《授時》固明言四正定氣矣。然自小寒至大雪，二十三氣皆用恒氣註數，由惑於一行之議，亦由當時高衡與冬至同度，最高與夏至同度，冬至爲盈初，夏至爲縮初，意其盈縮之限常如此，故以兩冬至相距之時日，均派爲二十四氣，以爲合於天之平分時日也。設當時以最高、最卑隨時推移之理告之曰：今日之盈初在冬至，縮初在夏至者，由太陽高卑兩點與二至同度故也。向後五十餘年，兩點各東移一度，則平冬至與定冬至不相值，而諸節氣、中氣平定皆不同矣。又細推之，前後一歲、半歲，亦微有不同者矣。及其極也，平冬至與定冬至相差兩日。當是時，猶以兩定冬至相距時日均派爲二十四氣，則小寒至大雪二十三氣，不皆與平氣相差兩日乎？倘或併冬至亦用平，舍景長之日而用景未極長之日，既有所未可，或欲令二十三氣皆從平冬至起根而均派之，則是冬至至小寒，驟減兩日，只有十三日；大雪至冬至，驟增兩日，竟有十七日奇也。寧有是理乎？進退無所據，則欲遵《大衍》，常以恒氣註數者爲舛矣。郭氏聞此論，亦當別立隨時推定氣之法，不當以恒氣註數矣。」❶

❶「當」，原作「常」，據庫本改。

梅氏又曰：「夫不知定氣，是不知太陽之有盈縮也，又何以能算交食？ 何以能算定朔乎？」

江氏永曰：「案經朔猶恒氣，定朔猶定氣，此理極是。 然恒氣與經朔猶有辨，何也？ 經朔以日月平行算其相會，是以平爲根。 今註數之冬至，由日躔加減表與日差表定其加時，則是視行之定冬至，非平行之平冬至矣。 上下數千年，惟至元辛巳間定冬至即平冬至，其他皆有差。 其相差之極至二日，猶執算定之冬至以爲根，逐氣均派，命爲恒氣，而謂其猶經朔，可乎？」

梅氏又曰：「夫西法以最高卑疏盈縮，其理原精，初不必爲此過當之言，良由譯書者並從西法入手，遂無暇參稽古法之源流，而其時亦未有能真知《授時》立法之意者，爲之援據古義，以相與虛公論定，故遂有此等偏説，以來後人之疑義，不可不知也。」

江氏永曰：「《新書》之言固過，然使今日猶執一行之恒氣註數，推其流失，有如前條進退無據之云者，當酌所以處之。」

梅氏又曰：「其所以爲此説者，無非欲以定氣註數，使春秋二分，各居晝夜平分之日，以見《授時》立法之差兩日，以自顯其長。 殊不知《授時》是用恒氣，原未嘗不知定氣不得爲差。 而西法之長於《授時》者，亦不在此。 以定氣註數，不足爲奇，而徒失古人置閏之法，欲以自暴其長，反見短矣。 故此處宜酌改也。 後條詳之。」

江氏永曰：「案《授時》雖知有定氣，未知盈縮二根之有推移。 今時冬至既不爲盈初，則據定氣冬至爲根，均派之一歲二十三氣，似非法矣。」

梅氏又曰：「問：《授時》既知有定氣，何爲不以註數？ 曰：古者註數，只用恒氣，爲置閏地也。」

江氏永曰：「案定氣註數，亦正爲密於置閏地也。 閏以無中氣之月爲的，然必合算定朔、定氣，視其無中氣之月置閏，於此乃爲真閏月。 若只用定朔，不用定氣，則無中氣之月，未必果無中氣也。譬之算定朔，必合太陽盈縮，太陰遲疾，視其相會之日命爲朔，乃爲真定朔。若得其一，遺其一，則或有以晦爲朔，以二日爲朔者矣。古法置閏疎謬，後漸知用定朔，置閏於無中氣之月矣，而不用定氣，則無中氣之月，亦非真。然則堯命羲和『以閏月定四時成歲』之法，必兼用定朔、定氣，始精耳。」

梅氏又曰：「《春秋傳》曰：『先王之正時也，履端於始，舉正於中，歸餘於終。❶履端於始，序則不愆。舉正於中，民則不惑。歸餘於終，事則不悖。』蓋謂推步者，必以十一月朔日冬至爲起算之端，故曰『履端於始而序不愆』也。」

江氏永曰：「履端於始，先生説近是，然不必朔日也。一歲冬至，即履端於始也。杜註『步曆之始，❷以爲術之端首』，似後世之推曆元者，非也。」

梅氏又曰：「十二月之中氣，必在其月。如月内有冬至，斯爲仲冬十一月。月内有雨水，斯爲孟春正月。月内有春分，斯爲仲春二月。餘月並同。皆爲本月之中氣，正在本月三十日之中，而後可名之爲此月，故曰『舉正于中，民則不惑』也。」

江氏永曰：「案『舉正於中』，正即三正之正，舉此正朔示民，使民遵之，故曰『民則不惑』。正月爲歲首，而言舉正於中者，對冬至爲始，歲終爲終，則正朔在其中間也。周之正，雖與冬至同月，而推步猶以冬至爲始，故舉正爲中，且言先王之正時，亦通三正而言之也。杜註云『舉中氣以正月』，果爾，何以不云『舉中』而云『舉正』乎？且古法節氣，亦由略而詳，由疎

❶「餘」，原作「邪」，據庫本改。下同。

❷「步曆」，原作「推步」，蓋避清高宗諱改。今改回。

而密。上古少皞氏以鳥名官，有司分、司至、司啟、司閉。而《左氏》亦云『凡分至啟閉，必書雲物』。啟者，立春立夏；閉者，立秋立冬；併二分二至爲八節，則古時只有八節，未有二十四氣也。二十四氣之名，蓋秦、漢以來始有之。其名義大約有所本，如云『驚蟄』者，本《夏小正》之『啟蟄』，《月令》之『蟄蟲始振』也；『雨水』者，本《月令》之『始雨水』也；『芒種』者，本《周禮》『澤草所生，種之芒種』也；『小暑』者，本《月令》『小暑至』也；『處暑』者，本《楚語》『處暑之既至』也；『白露』者，本《月令》『白露降』也；『霜降』者，本《荀子》『霜降殺内』、《月令》『霜始降』也；『大寒』者，本《魯語》『大寒降』也。而中氣、節氣，漢以來亦有小異。漢始以驚蟄爲正月中，雨水爲二月節，而劉歆《三統曆》始改雨水爲正月中，驚蟄爲二月節。《三統曆》猶以穀雨爲三月節，清明爲三月中。而《易緯通卦驗》則以清明爲三月節，穀雨爲三月中。然則《左氏》時尚未有中氣、節氣，如今法之詳密，不得以舉正爲舉中氣。」

梅氏又曰：「若一月之内，只有一節氣，而無中氣，則不能名之爲何月。斯則餘分之所積而爲閏月矣。閏即餘也。前此餘分，累積歸于此月而成閏月，以爲餘分之所歸，則不致春之月入於夏，且不致冬之月入於明春，故曰『歸餘于終，事則不悖』也。」

江氏永曰：「案《左氏》之意，本謂閏月當在歲終。今文公元年閏三月爲非禮，此《左氏》習見。當時置閏，常在歲終，故爲此言，本非確論，亦可見古法未有中氣、節氣，如後世之詳密，不能定其當閏何月，故不得已，總歸之歲末。秦人以十月爲歲首，閏月則爲後九月。漢初猶仍其失，太初以後始改之。《左氏》『歸餘於終』之言信矣，先生謂歸餘分於無中氣之月，則『終』字之義，似無所指。然先生於此句，本有兩說。其答李祠部云：『閏月之義，大旨不出兩端。其一謂無中氣爲閏月，此據《左氏》「舉正於中」爲說，乃曆家之説也。其一謂古閏月俱在歲終，此據《左氏》「歸餘於終」爲論，乃經學家之詁也。古今法原自不同，推步之理，踵事加密。故自今日言法，則以無中氣置閏爲安。而論《春秋》閏月，則以「歸餘」之説爲長。何則？治《春秋》者當主經文。今考本經書閏月，俱在年終，此其據矣。』案『歸餘於終』，當以此説爲正。然則上句『舉正於中』，非謂舉氣以正月益明矣。」

梅氏又曰：「然惟以恒氣註數，則置閏之理易明。何則？恒氣之日數皆平分，故其每月之內，各有一節氣，一中氣。此兩氣策之日，合之共三十日四十三刻奇。以較每月常數三十日，多四十三刻奇，謂之氣盈。又太陰自合朔至第二合朔，寔止二十九日五十三刻奇，以較每月三十日，又少四十六刻奇，謂之朔虛。合氣盈朔虛計之，共餘九十刻奇，謂之月閏，乃每月朔策與兩氣策相較之差也。積此月閏至三十三個月間，其餘分必滿月策而生閏月矣。閏月之法，其前月中氣必在其晦，後月中氣必在其朔，則閏月只有一節氣而無中氣，然後名之爲閏月，斯乃自然而然，天造地設，無可疑惑者也。一年十二個月，俱有兩節氣，惟此一個月，只一節氣，望而知爲閏月。」

江氏永曰：「案造化之妙，莫妙於均平與參差，二者相爲用也。若無均平之數，則無以爲立算之根；若無參差之行，則無以爲變化之用。故七政各居一重天，各有其本行，而必有本輪、均輪，以生盈縮遲疾，且復有最高、最卑之行度焉，又有兩心差之改焉，所以變動不窮也。使太陽可用恒氣，何不去其小輪，終古只一平行乎？置閏於無中氣之月，用定氣而理愈精。」

梅氏又曰：「今以定氣註數，則節氣之日數多寡不齊，故遂有一月內三節氣之時，又或有原非閏月，而一月內反只有一中氣之時。其所置閏月，雖亦以餘分所積，而置閏之理不明，民乃惑矣。」

江氏永曰：「案一月三節氣甚稀，間有之，今時必在冬月，又必定朔最大，然後有此。其或首尾皆節氣，而中氣在月中也，則去閏月尚遠。其或首尾皆中氣，而節氣在月中也，則置閏在此月之前，不以後月爲閏。此於置閏之法，初無所妨。若一月之內只有一中氣，更無妨於閏月矣。」

梅氏又曰：「然非西法之咎，乃譯書者之疎略耳。何則？西法原只有閏日而無閏月，其仍用閏月者，遵舊法也。亦徐文定公所謂『鎔西洋之巧算，入《大統》之型模』也。」

江氏永曰：「案定氣註數，改憲之大者。當時譯書者之失，惟在星紀等名，係在中氣耳。若以定氣置閏，後世必無追咎譯書者。」

梅氏又曰：「案《堯典》云『以閏月定四時成歲』，乃帝堯所以命羲、和，萬世不刊之典也。今既遵《堯典》而用閏月，即當遵用其置閏之法。而乃不用恒氣用定氣，以滋人惑，亦昧于先王正時之理矣。是故策算雖精，而有當酌改者，此亦一端也。」

江氏永曰：「案羲、和之法，或用恒氣與否，不可攷。使當時惟知用恒氣，今改用定氣，猶平朔改爲定朔，其理益精耳。」

梅氏又曰：「今但依古法，以恒氣註數，亦仍用西法最高卑之差，以分晝夜長短進退之序，而分註於定氣日之下，即置閏之理，昭然衆著，而定氣之用，亦並存而不廢矣。」

江氏永曰：「案定氣之用甚大，一切陰陽

五行自干支出者，或係於月建，則交節氣之日時爲要。未交節氣係前月，既交係今月。或係於年歲，則交立春之日時爲要。未交立春係前年，既交係今年。諸節氣、中氣，各方農家，或以之占候有驗，而禄命三式諸術，不可盡信，亦不可盡廢者。年月干支爲綱維，其交界之際，尤不可不確也。定氣、恒氣之差，小者在時，大者在日，其極差兩日有奇，此豈可不辨其理之是非，以定年月之交界，而姑爲並存之説，使定氣僅爲分晝夜長短之用乎？夫定氣所以必當用者何也？太陽有本輪、均輪，本輪之心，恒平行於本天，而太陽之體，實旋行於輪上。從地心出線至輪心，其度皆平度。若太陽行輪上有加減，則人視黄道上所當之度，非輪心之度，而氣亦非均平之氣。日行卑時，氣策未滿而度已盈，故氣短。日行高時，氣策已滿而度未盈，故氣長。其積差在高卑之中兩日有奇。故定氣之度，即黄道上平剖爲二十四段者，太陽既到其上，即爲實度，其氣即爲真氣。人生於地，安得不稟於其所視，而更從輪心之並行者乎？況又不以平冬至爲根，而以定冬至起算？天上原無此界限，夫以本無之界限，命爲恒氣，而注之書，以爲民用，大者係一年，次者係一月，非前人之失乎？」

梅氏又曰：「案恒氣，在西法爲太陽本天之平行；定氣，在西法爲黄道上視行。平行度與視行度之積差有二度半弱。西法與古法略同，所異者，最高衝有行分耳。古法恒氣註數，即是用太陽本天平行度數分節氣。」

江氏永曰：「案定氣時日不均而度均，若恒氣者，時日均而度反不均矣。且又以定冬至起算，則非本天行度數之分限。」

梅氏又曰：「案古曆，每日行一度，原無盈縮。言盈縮者，自北齊張子信始也。厥後，隋劉焯、唐李淳風、僧一行，言之綦詳。閱宋至元，爲法益密。然不以之註數者，爲閏月也。《大衍議》曰：『以恒氣註數，定氣算日月食。』由今以觀，固不僅交日用盈縮也，凡定朔、定望、定弦，無處不用。但每月中節，仍用恒氣，不似西洋之用定氣耳。西洋原無閏月，祇有閏日，故以定氣註數爲便。若中土之法，以無中氣爲閏月，故以恒氣註數爲宜。治西法者不諳此理，輒訶古法爲不知盈縮，固其所矣。」

江氏永曰：「案定氣註數，無妨於置閏，而置閏得此始真，前已辨之明矣。若唐以來，曆家知有定氣，而仍以恒氣註數者，其故多端。一由不知日之所以盈縮者生於小輪也，一由不知盈縮之初限不恒係二至也，一由不知冬至相距爲活泛歲實而別有恒歲實也，一由不知景長爲定冬至而別有平冬至也，一由不知恒氣起定冬至天上無此界限也。貿貿然用之以註數，豈謂其宜於置閏哉？徐、李諸公，不能明辨恒氣之失，而徒用西人之言，訶古法爲不知盈縮，此則其疎耳。」

蕙田案：二十四氣，皆有平氣，有定氣。平氣者，均分平歲實，古所謂恒氣，以其常久不變，故曰恒；以其二十四均分，故曰平。皆以太陽本輪心平行爲根，或起平春分，或起平冬至。而舊法起定冬至，其失顯然，梅氏未之覺耳。定氣者，人目所視太陽之實行，其日數無定，而以太陽實到其處方爲定，累積之則爲泛歲實。古人既知定氣而不以註書，所謂立一法未盡其法之用也。

觀承案：古人創一法，實已包括無

盡，但渾淪含蓄，未盡説破耳。《堯典》授時，《舜典》璣衡，周公土圭，萬古言天者，不能出其外。更益以《周髀算經》及漢、唐以來諸曆，理數已無不到。但天道幽微，象數雜賾，雖有精心大力，何能搜羅畢盡，故歷代皆互相補備以闡發之。如古人雖知有定氣，而不即以是注書。蓋立一法而未盡其法之用者，大抵皆然，不但定氣之一端。江氏能乘其間而疏明之，所謂勝者即用敗者之棋，誠好學深思人也。

右測日行盈縮以推定氣。

五禮通考卷第一百八十七

淮陰吴玉搢校字

五禮通考卷第一百八十八

內廷供奉禮部右侍郎金匱秦蕙田編輯
太子太保總督直隸右都御史桐城方觀承同訂
休寧戴震
按察司副使元和宋宗元參校

嘉禮六十一

觀象授時

【《孟子》】天之高也，星辰之遠也，苟求其故，千歲之日至，可坐而致也。【注】天雖高，星辰雖遠，誠能推求其故常，千歲日至之日，可坐而致也。星辰，日月之會。致，至也。知其日至在何日也。【疏】雖千歲之後，其日至之日，亦可坐而計之也。

【朱子《集注》】天雖高，星辰雖遠，然求其已然之跡，則其運有常，雖千歲之久，其日至之度，可坐而得。況於事物之近，若因其故而求之，豈有不得其理者，而何以穿鑿爲哉？必言日至者，造曆者以上古十一月甲子朔夜半冬至爲曆元也。

【梅氏文鼎《疑問》】問：造曆者必先立元，元正然後定日法，法立然後度周天。古曆數十家，皆同此術。至《授時》獨不用積年日法，何與？曰：造曆者必有起算之端，是謂曆元。然曆元之法有二。其一遠溯初古，爲七曜齊元之元，自漢《太初》至金重修《大明曆》各所用之積年是也。其一爲截算之元，自元《授時》不用積年日法，直以至元辛巳爲元，而今西法亦以崇禎戊辰爲元是也。二者不同，然以是爲起算之端，一而已矣。然則二者無優劣乎？曰：《授時》優夫所謂七曜齊元者，謂上古之時，歲月日時，皆會甲子，而又日月如合璧，五星如連珠，故取以爲造曆之根數也。使其果然，雖萬世遵用可矣。乃今廿一史中所載諸家曆元，無一同者，是其積年之久近，皆非有所受之於前，直以巧算取之而已。然謂其一無所據而出於胸臆，則又非也。當其立法之初，亦皆有所驗於近事，然後本其時之所實測，以旁證於書傳之所傳，約其合者，既有數端，遂援之以立術。于是溯而上之，至於數千萬年之遠，庶幾各率可以齊同，積年之法，所由立也。然既欲其上合曆元，又欲其不違近測，畸零分秒之數，必不能齊，勢不能不稍爲整頓，以求巧合其始也。據近測以求積年，其既也且將因積年而改近測矣，又安得以爲定法乎？《授時曆》知其然，故一以實測爲憑，而不用積年虛率上考下求，即以至元十八年辛巳歲前天正冬至爲元，其見卓矣！

案唐建中時，術者曹士蔿始變古法，以顯慶五年爲上元，雨水爲歲首，號《符天曆》，行於民間，謂之《小曆》。又五代石晉高祖時，司天監馬重績造《調元曆》，以唐天寶十四載乙未爲上元，用正月雨水爲氣首。此二者，亦皆截算之法，《授時曆》蓋采用之耳。然曹、馬二曆，未嘗密測遠徵，不過因時法之率，截取近用。若郭太史，則製器極精，四海測驗者二十七所，又上考春秋以來至於近代，然後立術，非舍難而就易也。

又案《孟子》「千歲日至」，趙注只云「日

至，可知其日」，孫奭疏則直云「千歲以後之日至可坐而定」，初不言立元。

蕙田案：法未有數百年不差者。蓋立法之始，必不能無差數，但其數甚微，積之久然後著。夫立一法而行之百餘年即差，若所推曆元，大都在數千年以上，安必其無差乎？《孟子》所云「千歲之日至」，謂術家測驗既往，得其常度，可以順推將來，不必主立元爲説也。

觀承案：《孟子》此章極精，只寬説而理數俱該，然並無曆元之説。朱子注亦簡明，惟末載「造曆者」一條反似贅説。羲、和觀象，並無立元之文，至《太初曆》始有之，孟子當時，豈知後世將有《太初》之曆而預言之？夫曆豈無元，然隨代可立，不必追上古十一月甲子朔夜半冬至耳。《授時曆》直以至元辛巳爲元，允爲超絶古今。且《孟子》所謂日至者，亦兼二至在内，非專指冬至也。周之土圭，反專重夏至。《堯典》觀象，亦兼永短二至。其專以冬至爲元者，亦始自《太初》也。孔子删《書》，斷自《堯典》；馬遷作《史》，必欲追至黄帝，而穿鑿附會不少矣。必追上古甲子云云者，正同此病。孟子方惡小智之鑿，豈肯反教人以鑿爲智哉？

【《春秋》僖公五年《左氏傳》】春，王正月辛亥朔，日南至。【注】周正月，今十一月。冬至之日，日南極。公既視朔，遂登觀臺以望。而書，禮也。【注】觀臺，臺上構屋，可以遠觀者也。朔旦冬至，曆數之所始，❶治曆者因此則可以明其術數，審别陰陽，叙事訓民。凡分、至、啟、閉，必書雲物，【注】分，春、秋分也。至，冬、夏至也。啟，立春、立夏。閉，立秋、立冬。爲備故也。【疏】此朔即是至日，故視朔而遂登臺也。日之行天，有南有北，常立八尺之表，以候景之短長。夏至之景，尺有五寸，日最長而景最短，是謂日北至也。自是以後，日稍近南。冬至之景，一丈三尺，日最短而景最長，是謂日南至也。冬至者，十一月之中氣。中氣者，月半之氣也。月朔而已得中氣，是必前月閏，閏前之月，則中氣在晦，閏後之月，則中氣在朔。閏者，聚殘餘分之月，其月無中氣，半屬前月，半屬後月。是去年閏十二月，十六日已得此年正月朔大雪節，故此正月朔得冬至也。而杜《長曆》僖元年閏十一月，此年閏十二月。又閏之相去，曆家大率三十二月耳。杜以此閏相去凡五十月，不與曆數同者，杜推勘《春秋》日月上下置閏，或稀或概，自準春秋時法，故不與常曆同。

【昭公二十年《左氏傳》】春王二月己丑，日南至。【注】是歲朔旦，冬至之歲也。當言正月己丑朔，日南至。時史失閏，閏更在二月後，故經因史而書正月，傳更具于二月，記南至日，以正曆也。【疏】古法十九年爲一章，章首之歲，必周之正月朔旦冬至。僖五年「正月辛亥朔，日南至」，是章首之歲年也。計僖五年至往年，合一百三十三年，是爲七章，今年復爲章首，故云「是歲朔旦，冬至之歲也」。朔旦冬至，謂正月之朔，當言「正月己丑朔，日南至」，今傳乃云「二月己丑日南至」，是錯名正月爲二月也。曆之正法，往年十二月後宜置閏月，即此年正月當是往年閏月，此年二月乃是正月，故朔日己丑，日南至也。時史失閏，往年錯不置閏，閏更在二月之後，傳于八月之下乃云「閏月戊辰」，是閏在二月後也。不言在八月後而云在二月後者，以正月之前當置閏，二月之後即不可，故據二月言之。

【《後漢書志》】黄道去極，日景之生，據儀、表也。冬至晷景丈三尺，小寒晷景丈二尺三寸，大寒晷景丈一尺，立春晷景九尺六寸，雨水晷景七尺九寸五分，驚蟄晷景六尺

❶「曆」，原脱，蓋避清高宗諱删去。今據《左傳注疏》僖公五年補。

五寸，春分晷景五尺二寸五分，清明晷景四尺一寸五分，穀雨晷景三尺二寸，立夏晷景二尺五寸三分，❶小滿晷景尺九寸八分，芒種晷景尺六寸八分，夏至晷景尺五寸，小暑晷景尺七寸，大暑晷景二尺，立秋晷景二尺五寸五分，處暑晷景三尺三寸三分，白露晷景四尺三寸五分，秋分晷景五尺五寸，寒露晷景六尺八寸五分，霜降晷景八尺四寸，立冬晷景丈四寸二分，❷小雪晷景丈一尺四分，大雪晷景丈二尺五寸六分。

【《宋書志》】何承天上表曰：「史官受詔，以土圭測景，考校二至，差三日有餘。從來積歲及交州所上，檢其增減，亦相符驗。然則今之二至，非天之二至也。宜當隨時遷革，以取其合。案《後漢志》，春分日長，秋分日短，差過半刻。尋二分在二至之間，而有長短，因識春分近夏至，故長；秋分近冬至，故短也。楊偉不悟，即用之，上曆表云：『自古及今，凡諸曆數，皆未能並己之妙。』何此不曉，亦何以云。」詔曰：「何承天所陳，殊有理據。可付外詳之。」太史令錢樂之、兼丞嚴粲奏曰：「去十一年起，以土圭測景。其年《景初法》十一月七日冬至，前後陰不見影。到十二年十一月十八日冬至，其十五日影極長。到十三年十一月二十九日冬至，其二十六日影極長。到十四年十一月十一日冬至，其前後並陰不見。❸到十五年十一月二十一日冬至，十八日影極長。到十六年十一月二日冬至，其十月二十九日影極長。到十七年十一月十三日

❶「三」，《後漢書·律曆下》作「二」。

❷「四寸二分」，校點本《後漢書·律曆下》無。

❸「見」，校點本《宋書·律曆中》校勘記云：「依上下文例，『見』下應有『影』字。」

冬至，其十日影極長。到十八年十一月二十五日冬至，二十一日影極長。❶ 到十九年十一月六日冬至，其三日影極長。到二十年十一月十六日冬至，其前後陰不見影。尋校前後，以影極長爲冬至，並差三日，如承天所上。」

【《隋書·天文志》】晷景：古法簡略，旨趣難究，術家考測，互有異同。先儒皆云：「夏至立八尺表於陽城，其影與土圭等。」案《尚書考靈曜》：「日永，景尺五寸；日短，景尺三寸。」《易通卦驗》曰：「冬至之日，樹八尺之表，日中視其晷景長短，以占和否。夏至景一尺四寸八分，冬至一丈三尺。」《周髀》云：「成周土中，夏至景一尺六寸，冬至景一丈三尺五寸。」劉向《鴻範傳》曰：「夏至景長一尺五寸八分，冬至一丈三尺一寸四分，春秋二分，景七尺三寸六分。」後漢《四分曆》、魏《景初曆》、宋《元嘉曆》、大明祖沖之曆，皆與《考靈曜》同。漢、魏及宋，所都皆別，四家曆法，候景則齊。且緯候所陳，恐難依據。劉向二分之景，直以率推，非因表候，定其長短。然尋晷景尺丈，雖有大較，或地域不改，而分寸參差，或南北殊方，而長短惟一。蓋術士未能精驗，馮古所以致乖。梁天監中，祖暅造八尺銅表，其下與圭相連。圭上爲溝，置水，以取平正。揆測日晷，求其盈縮。至大同十年，太史令虞劆，又用九尺表，格江左之景。夏至一尺三寸二分，冬至一丈三尺七分，立夏、立秋二尺四寸五分，春分、秋分五尺三寸九分。陳

❶「二十一日影極長」，校點本《宋書·律曆中》校勘記云：「按上下各例，以土圭測影，冬至各差三日。二十五日冬至，則應『二十二日影極長』。」

氏一代，唯用梁法。齊神武以洛陽舊器，並徙鄴中。以暨文宣受終，竟未考驗。至武平七年，訖干景禮始薦劉孝孫、張孟賓等於後主。劉、張建表測景，以考分至之氣。草創未就，仍遇朝亡。周自天和以來，言曆者紛紛復出。亦驗二至之景，以考曆之精麤。及高祖踐極之後，大議造曆。張冑玄兼明揆測，言日長之瑞。有詔司存，而莫能考決。至開皇十九年，袁充爲太史令，欲成冑玄舊事，案日徐疾，盈縮無常，充等以爲祥瑞，大爲議者所貶。

觀承案：《考靈曜》「日短，景尺三寸」，殊謬，應是「丈三尺」耳。

【《唐書志》】《大衍曆·中氣議》曰：「曆氣始於冬至，❶稽其實，蓋取諸晷景。《春秋傳》僖公五年：『正月辛亥朔，日南至。』以《周曆》推之，入壬子蔀第四章，以辛亥一分合朔冬至，《殷曆》則壬子蔀首也。昭公二十年：『二月己丑朔，日南至。』魯史失閏，至不在正，《左氏》記之，以懲司天之罪。《周曆》得己丑二分，《殷曆》得庚寅一分。《殷曆》南至常在十月晦，則中氣後天也。《周曆》蝕朔差經或二日，則合朔先天也。傳所據者，《周曆》也；《緯》所據者，《殷曆》也。氣合于傳，朔合于《緯》，斯得之矣。《戊寅曆》月氣專合于《緯》，《麟德曆》專合于傳，偏取之，故兩失之。又《命曆序》以爲孔子修《春秋》用《殷曆》，使其數可傳于後。考其蝕朔，不與《殷曆》合，及開元十二年，朔差五日矣，氣差八日矣。上不合于經，下不足以傳于後代，蓋哀、平間治甲寅元曆者

❶「曆」，原作「中」，蓋避清高宗諱改。今據《新唐書·曆志》改回。

託之，非古也。又漢太史令張壽王説黄帝《調曆》以非《太初》，有司劾：『官有黄帝《調曆》，不與壽王同。壽王所治，乃《殷曆》也。』漢自中興以來，圖讖漏泄，而《考靈曜》、《命曆序》皆有甲寅元，其所起在《四分曆》庚申元後百一十四歲。延光初，中謁者亶誦，靈帝時五官郎中馮光等，皆請用之，卒不施行。《緯》所載壬子冬至，則其遺術也。《魯曆》南至，又先《周曆》四分日之三，而朔後九百四十分日之五十一。故僖公五年辛亥爲十二月晦，壬子爲正月朔。又推日蝕密於《殷曆》，其以閏餘一爲章首，亦取合於當時也。開元十二年十一月，陽城測景，以癸未極長，較其前後所差，則夜半前尚有餘分。新曆大餘十九，加時九十九刻，而《皇極》、《戊寅》、《麟德曆》皆得甲申，以《玄始曆》氣分二千四百四十三爲率，❶推而上之，則失《春秋》辛亥，是減分太多也。以《皇極曆》氣分二千四百四十五爲率，推而上之，雖合《春秋》，而失元嘉十九年乙巳冬至及開皇五年甲戌冬至、七年癸未夏至；若用《麟德曆》率二千四百四十七，又失《春秋》己丑，是減分太少也。故新曆以二千四百四十四爲率，而舊所失者皆中矣。漢會稽東部尉劉洪以《四分》疎闊，由斗分多，更以五百八十九爲紀法，百四十五爲斗分，減餘太甚，是以不及四十年而加時漸覺先天。韓翊、楊偉、劉智等皆稍損益，更造新術，而皆依讖緯『三百歲改憲』之文，考經之合朔多中，較傳之南至則否。《玄始曆》以爲十九年七閏，皆有餘分，是以中氣漸差。據渾天，二分爲東西之中，而晷景不等；二

❶「三」，原作「二」，據《新唐書·曆三上》改。

至爲南北之極，而進退不齊。此古人所未達也。更因劉洪紀法，增十一年以爲章歲，而減閏餘十九分之一。春秋後五十四年，歲在甲寅，直應鐘章首，與《景初曆》閏餘皆盡。雖減章閏，然中氣加時尚差，故未合於《春秋》。其斗分幾得中矣。後代曆家，皆因循《玄始》，而損益或過差。大抵古曆未減斗分，其率自二千五百以上。《乾象》至於《元嘉曆》，未減閏餘，其率自二千四百六十以上。《玄始》、《大明》至《麟德曆》皆減分破章，其率自二千四百二十九以上。較前代史官注記，唯元嘉十三年十一月甲戌景長，《皇極》、《麟德》、《開元曆》皆得癸酉，蓋日度變常爾。祖沖之既失甲戌冬至，以爲加時太早，增小餘以附會之。而十二年戊辰景長，得己巳；十七年甲午景長，得乙未；十八年己亥景長，得庚子。合一失三，其失愈多。劉孝孫、張胄玄因之，小餘益强，又以十六年己丑景長爲庚寅矣。治曆者糾合衆同，以稽其所異，苟獨異焉，則失行可知。今曲就其一，而少者失三，多者失五，是捨常數而從失行也。周建德六年，以壬辰景長，而《麟德》、《開元曆》皆得癸巳。開皇七年，以癸未景短，而《麟德》、《開元曆》皆得壬午。先後相戾，不可叶也，皆日行盈縮使然。凡曆術在於常數，而不在於變行。既叶中行之率，則可以兩齊先後之變矣。《麟德》已前，實録所記，乃依時曆書之，非候景所得。又比年候景，長短不均，由加時有早晏，行度有盈縮也。自春秋以來，至開元十二年，冬、夏至凡三十一事，《戊寅曆》得十六，《麟德曆》得二十三，《開元曆》得二十四。」

蕙田案：何承天以景極長爲冬至，

一行謂「律氣始於冬至，實取諸晷景」，此皆所謂定冬至者也。而一行又有日度變常之説，最爲無識。每歲二十四氣，獨冬至用定氣，餘二十三氣，悉用恒氣，非法之善也。詳江氏《恒氣注數辨》。

【《元史志》】天道運行，如環無端。治曆者必就陰消陽息之際，以爲立法之始。陰陽消息之機，何從而見之？唯候其日晷進退，則其機將無所遁。今以銅爲表，高三十六尺，地中八尺表景，冬至長一丈三尺有奇，夏至尺有五寸。今京師長表，冬至之景七丈九尺八寸有奇，在八尺表則一丈五尺九寸六分；夏至之景一丈一尺七寸有奇，在八尺表則二尺三寸四分。雖晷景長短所在不同，而其景長爲冬至，景短爲夏至，則一也。惟是氣至時刻考求不易，蓋至日氣正，則一歲氣節從而正矣。劉宋祖沖之嘗取至前後二十三四日間晷景，折取其中，定爲冬至，且以日差比課，推定時刻。宋皇祐間，周琮則取立冬、立春二日之景，❶以爲去至既遠，日差頗多，易爲推考。《紀元》以後諸曆，爲法加詳，大抵不出沖之之法。新曆積日累月，實測中晷，自遠日以及近日，取前後日率相埒者，參考同異，初非偏取一二日之景，以取數多者爲定，實減《大明曆》一十九刻二十分。

附江氏永《冬至權度》

「履端於始，序則不愆」，曆家詳求冬至，且求千歲以上冬至，證之史傳，或離或

❶「春」，原作「夏」，據庫本及《元史·曆志》改。

合，其故難言。《元史》有六曆冬至，開載魯獻公戊寅至至元庚辰四十九事，紀《大衍》、《宣明》、《紀元》、《統天》、《重修大明》、《授時》時刻之異同，勿菴梅氏因之作《春秋以來冬至考》，刪去獻公一事，各以其曆本法詳衍，算術雖明，而未有折衷。永因梅氏所考定者，用實法推算，有不合者，斷其爲曆誤史誤，名曰《冬至權度》，俟知數者考焉。

一論平歲實。太陽本天有平行，歷黃道一周爲平歲實，❶與月、五星周平朔策，合率同理。別有本輪、均輪、最高最卑之行，以視行加減平行，二十四氣時刻多少，歲歲不同。而古今冬至，不能以一率齊之，是爲活汎之歲實。猶之月有實會，逐月不同；五星有實合，每周不同也。《授時》、《大統》以前，太陽高卑之理未明。雖知一歲之行有盈縮，不悟盈縮之中爲平歲實，但求歲實於活汎之冬至，故一曆必更一周率與歲實。然合今則戾古，合古又違今。《統天曆》遂立距差、躔差之法，暗藏消長，以求上下兩合。《授時曆》本之，有百年長一消一之說。西法本《回回》，以春分相距，測定歲周小餘五小時三刻三分四十五秒，以萬分通之，爲二四二一八七五，此爲平行之歲實小餘。而各節氣之定氣，則以均度加減定之。此不易之法也。欲考往古冬至，當以平歲實爲本，算當年平冬至時刻，乃以定冬至較之，知其距最卑之遠近，或與今法有不合，則知其時本輪、均輪之有半徑差，有相去之遠者，則知史傳所記非實測。所

❶「歷」，原作「盡」，據江永《數學》卷四改。

謂「苟求其故，千歲之日至，可坐而致」者，此爲庶幾焉。倘以《授時》之歲實爲歲實，而以百年長一消一爲準，則非法矣。

一論最卑行。亦曰最高衝，省之則曰高衝。太陽本輪最卑點，爲縮末盈初之端。歲有推移，與月入轉、五星入曆皆有盈度同理。平冬至之改爲定冬至也，視此點之前後遠近，以加度而減時，減度而加時焉。至元辛巳間，最卑與平冬至同度。自是以前，定冬至皆在平冬至前；以後，定冬至皆在平冬至後。最卑有行度故也。郭氏時未悟此理，恒以冬至爲盈初。《大統》承用數百年，誤矣。西法近率，最卑歲行一分一秒十微，以遠年冬至考之，此率似微朒，大約當加二秒。上求古時定冬至，以此爲準焉。

一論輪徑差。最卑既有行度矣，而太陽之體在均輪，均輪之心在本輪，本輪之心在本天。此兩輪半徑，古今又有不同，則距地遠近，兩心有差。西法始定兩輪半徑併千萬分之三十五萬八千四百一十六，而今又漸減，則古時必多於此。半徑大，則加減差亦大。而以均度變時分加減於平冬至者，視今時必稍贏焉。此差率出於恒差之外，曆家亦不能定者也。上考往古，又當以此消息之。余因劉宋大明五年測景，求彼時兩半徑。併詳後。

右三事者，考冬至之權度也。《大統》以前，曆家莫能知，勿菴梅氏亦言之未詳，永竊爲補之，而春秋以來冬至，俱準是考焉。

梅氏文鼎曰：「春秋以來，冬至多矣，而所考只此者，以其測驗之可據也。《律議》原載四十八事，今考獻公在春秋前，無信史可徵，故刪之，而以《左傳》僖公一條爲首，實四十七事也。併至元庚辰，四十八事。」

江氏永曰：「竊疑四十七事，雖有信史可徵，而曆算與紀載未必無誤。若《左傳》所記兩冬至，尤未可信其由於實測。後詳之。」

魯僖公五年丙寅歲，正月辛亥朔旦冬至：唐開元《大衍曆》，辛亥亥正三刻。唐《宣明曆》，辛亥申正初刻。宋崇寧《紀元曆》，壬子戌正一刻。宋《統天曆》，辛亥寅正三刻。金《重修大明曆》，壬子亥初二刻。元《授時曆》。辛亥寅初二刻。

江氏永曰：「傳載是年『正月辛亥朔，日南至』。公既視朔，遂登觀臺以望。而書』。古曆家皆謂至、朔同日之年也。今詳推之。謹案《考成》，康熙甲子天正冬至，氣應七日六五六三七四九二六，爲七日十五小時四十一分十一秒，上距僖公丙寅二千三百三十八年，中積八十五萬三千九百三十六日五小時三十七分三十秒，滿紀法去之，餘一十六日五小時三十七分三十秒，轉減氣應，加一紀減之。餘五十一日十小時七分四十一秒，平冬至乙卯巳正初刻八分。又案元至元辛巳前四年丁丑，高衝即最卑。與冬至同度，上距此年一千九百三十一年，約四百年行七度，則此年高衝在冬至前一宮三度四十八分。於今法當加均一度八分，變時一日三小時三十六分，減平冬至，猶是甲寅日卯時。再約計是時小輪併徑加大，其加均或能至一度二三十分之間，❶變時一日十餘小時，以減平冬至，則定冬至亦止癸丑日亥子之間而已，必不能減至辛亥。

❶「其加均」，江永《數學》卷四作「其加減均」。

則是時所推冬至，先天兩三日矣。又算此月平朔、定朔皆在壬子，而當時誤推辛亥，亦先天一日。《春秋緯命曆序》壬子朔，隋張賓、張胄玄，唐一行，皆從之。實考之，此年正月壬子朔，二日癸丑冬至耳。至、朔何嘗同日乎？張賓依《命曆序》壬子朔冬至。張胄玄謂三日甲寅冬至，既不從《傳》，亦不從《命曆序》，雖甲寅或稍後天，然而胄玄之識卓矣。春秋時，王朝未必頒曆，各國自爲推步，閏餘乖次，日月參差，日食或不在朔。所以考求日至者，必不能如後世之精密，差至二三日，固無足怪。魏、晉以後，曆法漸明。劉宋時，《景初曆》冬至猶後天三日，則春秋無足怪。曆家過信《左氏》，意謂此年特載『日南至』，必當時實測，唐一行謂「僖公登觀臺以望而書雲物，出於表晷天驗，非時史臆度」，此一行之蔽也。傳言「書雲」，未嘗言測景。作法欲求合於古，則多增斗分以就之。《大衍》推辛亥亥正三刻，《宣明》推辛亥申正初刻，皆泥此至之過也。《大衍》號稱善術，行之數年而即差，由斗分太强之故。《紀元》與《重修大明》僅能得壬子，與辛亥差一日，知斗分不可過增，寧失此至，不强求合，猶爲近之。若《統天》創爲距差、躔差之法，巧合此至，而《授時》遂暗用之，有百年長一之率，算此至皆得辛亥日寅時。此未可爲確據。夫總計距算，乘而益之，越百年則有驟增之時刻，年愈遠則驟增之數愈多。勿菴先生亦嘗疑之。《授時》以至元辛巳爲元，上距此年一千九百三十五算，即以一九三五總乘所長之一九而益歲餘。設減三十五算，爲辛丑，當文公七年，距算一千九百，則歲餘二十四刻四十四分矣。前一年庚子，距算一千九百零一，歲餘增一分，此一分乘一千九百零一，凡一十九刻有奇，則當庚子年驟增一十九刻有奇，天道寧有此數乎？況越二千年而驟增者愈多，其長伊於胡底乎？故消長之法，斷不可用，而此年正月辛亥朔，日南至，當以實法考求，決其爲步算之誤，不可過信傳文而舍法以求合也。」

觀承案：江氏謂「春秋時王朝未必頒曆，各國自爲推步」，二語殊無確據。魯自文公始不視朔，而有司猶供餼羊，則王朝原自頒朔，但魯君自不視朔耳。今以《左氏》所載閏餘失次，日月參差，而委其故於王朝之不頒朔者，豈非臆測之耶？

魯昭公二十年己卯歲，正月己丑朔旦冬至：《大衍》，己丑巳正三刻。《宣明》，己丑寅正三刻。《紀元》，庚寅卯正初刻。《統天》，戊子亥正三刻。《重修大明》，庚寅辰初初刻。《授時》。戊子戌初三刻。

江氏永曰：「此年上距僖公五年一百三十三年，平冬至二十八日十五小時一十一分二十六秒，壬辰日申初初刻十一分。約計加均及小輪徑差，減時不過一日八九小時，定冬至不過辛卯日卯辰之間而已，必不能減至己丑。而傳載『己丑，日南至』，以此知春秋時步冬至，恒先天二三日也。且魯曆前年失閏，此年日南至在二月。夫周以子月爲正，日至必無在二月者。當時梓慎輩，徒知望氛祥，占禍福，於時月之易明者猶不能正，何能實測冬至與天脗合乎？《大衍》、《宣明》、《紀元》、《重修大明》斗分有多少，故日名有合有不合。若《統天》、《授時》，皆以活法求之，又先己丑一日，失之愈遠矣。同一《左氏傳》也，丙寅之冬至則合，己卯之冬至則違，亦可見活法之有時窮矣。由今觀之，違者固非，合者亦未盡是。而《元史》立議，乃以此至爲日度失行，不亦誣乎！」

劉宋文帝元嘉十二年乙亥歲，十一月十五日戊辰景長：《大衍》，戊辰辰正二刻。《宣明》，戊辰辰刻三分。《紀元》，戊辰巳初二刻。《統天》，戊辰午正三刻。《重修大明》，戊辰巳初三刻。《授時》。戊辰午初一刻。

江氏永曰：「史記冬至景長始此。是時用《景初曆》，推冬至率後天三日。何承天上表言之。太史令錢樂之言：『是年《景初》推十一月十八日冬至，其十五日景極長。』今推此年平冬至五日九小時四十五分一十一秒，己巳日巳初三刻。今京師時刻，劉宋都當減八分四秒。後陳朝倣此。是時高衡約在平冬至前十四度太，又小輪半徑差多於今，加均減時，不啻半日，定冬至宜在戊辰，與史合。然均度不過三十餘分，減時不能越十五小時，戊辰日加時，大約在酉半以後，是以明年冬至當越六日，甲戌景長。六曆推此年冬至，非不得戊辰，而加時皆早，既在午刻以前，則明年安得甲戌景長乎？」

元嘉十三年丙子歲，十一月二十六日甲戌景長：《景初曆》推二十九日冬至。《大衍》，癸酉未正一刻。《宣明》，癸酉未初三刻。《紀元》，癸酉申初一刻。《統天》，癸酉酉正二刻。《重修大明》，癸酉申初三刻。《授時》。癸酉酉初初刻。

江氏永曰：「今推此年平冬至一十日十五小時三十三分五十六秒，甲戌日申初二刻四分，是時加均減時不能越十五時，是以定冬至亦在甲戌。史紀此日景長，必是實測。而六曆皆先一日癸酉，其不能與天密合，此已見其端矣。」又案後四年庚辰，甲午景長，四年之間，小餘平積二十日二十三時一十五分，庚辰定冬至，未至乙未，則甲午必是夜子初幾刻。逆推此年甲戌，必是子正幾刻。

又曰：「唐一行《議》云：『元嘉十三年十一月甲戌景長，《皇極》、《麟德》、《開元曆》皆得癸酉，蓋日度變常爾。祖沖之既失甲戌冬至，以爲加時太早，增小餘以附會之。而十二年戊辰景長，得己巳；十七年甲午景長，得乙未；十八年乙亥景長，得庚子。合一失三，其失愈多。』愚謂此年甲戌景長可推也，而一行以爲日度變常，非是。」

元嘉十五年戊寅歲，十一月十八日甲申景長：《景初曆》推二十一日冬至。《大衍》，甲申丑正初刻。《宣明》，甲申丑初二刻。《紀元》，甲申寅初初刻。《統天》，甲申卯正一刻。《重修大明》，甲申寅初二刻。《授時》。甲申寅正三刻。

江氏永曰：「推此年平冬至二十一日三小時一十一分二十六秒，乙酉日寅初初刻十一分，定冬至以丙子歲甲戌子正幾刻推之，當在甲申午正前後之間。六曆皆先天。」

元嘉十六年己卯，十一月二十九日己丑景長：《景初曆》推次月二日壬辰冬至。《大衍》，己丑辰初三刻。《宣明》，己丑辰初一刻。《紀元》，己丑辰正三刻。《統天》，己丑午正初刻。《重修大明》，己丑巳初一刻。《授時》。己丑巳正二刻。

江氏永曰：「推此年平冬至二十六日九小時零一十一秒，庚寅日巳初初刻，定冬至當在己丑酉正前。六曆皆先天。」

元嘉十七年庚辰歲，十一月初十日甲午

景長：《景初》推十二日冬至。《大衍》，甲午未初三刻。《宣明》，甲午未初初刻。《紀元》，甲午未正三刻。《統天》，甲午酉正初刻。《重修大明》，甲午申初初刻。《授時》。甲午申正二刻。

江氏永曰：「推此年平冬至三十一日十四小時四十八分五十六秒，乙未日未正三刻四分，加均減時，定冬至當在子初幾刻，減時幾有十五小時，則加均約三十六分。以當時高衡在冬至前十四度有奇推之，而小輪半徑之差，亦大略可知矣。又案《隋志》劉孝孫等言『此年注十三日冬至，❶十一日景長』，則是乙未日矣。」

元嘉十八年辛巳歲，十一月二十一日己亥景長：《景初》推二十五日冬至。《大衍》，己亥戌初二刻。《宣明》，己亥酉正四刻。《紀元》，己亥戌正二刻。《統天》，己亥夜子初三刻。《重修大明》，己亥亥初初刻。《授時》。己亥亥正一刻。

江氏永曰：「推此年平冬至三十六日二十小時三十七分四十一秒，庚子日戌正二刻八分。考元嘉間定冬至加均減時，不能越十五時。此年若己亥景長，則減時二十有奇。蓋史文『二十二日』譌爲『二十一日』，故唐一行《議》與《元史》，沿誤差一日也。錢樂之謂『尋校前後，以景極長爲冬至，並差三日』。此年《景初》推二十五日冬至，景長在二十二日，是差三日。若二十一日，則差四日矣。定冬至宜在庚子日寅卯之間。六曆雖皆推己亥，未足爲據。又《隋書》劉孝孫等云：

❶「此年」，據《隋書·律曆志中》，指元嘉十八年。今江永隸於元嘉十七年條下，疑誤。

『此年陰，❶無景可驗。今曆二十二日冬至。』更可證是庚子。」

元嘉十九年壬午歲，十一月初三日乙巳景長：《景初》推六日冬至。《大衍》，乙巳丑初二刻。《宣明》，乙巳子正四刻。《紀元》，乙巳丑正一刻。《統天》，乙巳卯初三刻。《重修大明》，乙巳丑正三刻。《授時》。乙巳寅正初刻。

江氏永曰：「推此年平冬至四十二日二小時二十六分二十六秒，丙午日丑正一刻十一分，定冬至乙巳午初。」

孝武帝大明五年辛丑歲，十一月乙酉冬至：《大衍》，甲申申正四刻。《宣明》，甲申申正二刻。《紀元》，甲申酉初二刻。《統天》，甲申戌初初刻。《重修大明》，甲申酉正一刻。《授時》。甲申戌初初刻。

江氏永曰：「此年祖沖之詳記測景，推算冬至乙酉日夜半後三十二刻七分。今細推之，當時算冬至稍後天，而六曆推甲申皆先天也。詳推如左。

一推此年平冬至。案大明辛丑，距康熙甲子天正冬至，一千二百二十二年，中積四十四萬六千三百二十五日二十二小時五十二分三十秒，滿紀法去之，餘四十五日二十二小時五十二分三十秒，轉減甲子氣應，加一紀減之。餘二十一日十六小時五十二分四十一秒。平冬至乙酉申正三刻七分四十一秒，建康加八分四秒，酉初初刻四十五秒。

一推此年高衝行。案元至元辛巳前四年丁丑，高衝與冬至同度，上距此年八百一

❶「此年」云云，《隋書·律曆志中》隸元嘉十九年下。今江永隸於元嘉十八年條下，疑誤。

十五年。若依今法，一年行一分一秒十微，則此年高衡在冬至前十三度五十分五十一秒。如此率未的，一年約加二秒，四百年行七度，則此年高衡在冬至前十四度十六分。

一推此年十月十日壬戌景長、高弧距緯并經度。案史，此年祖沖之測景，十月十日壬戌景長一丈七寸七分半。以三率法推算，一率表八尺，二率景一丈七寸七分半，三率半徑全數，四率爲餘切。求得餘切一三四七。檢八線表，此日午正日高弧三十六度三十五分二十四秒。表所得者，太陽上邊之景，宜減太陽半徑一十五分二十九秒，得太陽中心距地平三十六度一十九分五十五秒，日軌高視差二分二十三秒，内減去青蒙氣差二十七秒，餘視差一分五十六秒，加於太陽中心距地平，得實高三十六度二十一分五十一秒，距天頂五十三度三十八分九秒。建康極出地約三十二度，以減距天頂度，餘二十一度三十八分九秒，爲本日午正黄赤距緯。設此時兩道大距二十三度三十九分二十三秒，用三率法，兩道大距正弦爲一率，本日午正黄赤距緯正弦爲二率，半徑全數爲三率，求得四率爲餘弦。求得餘弦九一八九。檢表三十三度一十四分，爲壬戌午正距冬至實經度，減用時，七分二十九秒。爲平時，午初三刻七分半，太陽距冬至實經度。

一推壬戌午時太陽平行度。建康平冬至見前。距壬戌午初三刻七分半二十三日五小時八分二十五秒，太陽平行二十二度五十二分五十秒，以減全周壬戌午初三刻七分半，太陽平行十一宮七度七分十一秒。

一推十一月二十五日丁未景長高弧距緯并經度。案史，丁未景長一丈八寸一分太，以三率法推算，一率表八尺，二率景長一丈八寸一七五，三率半徑全數，四率爲餘切。求得餘切一三五二二。檢表，此日午正日高弧三十六度二十九分三秒，減太陽半徑一十五分二十六秒，太陽中心距地平三十六度一十三分三十七秒，日軌高視差二分二十四秒，減去青蒙氣差二十七秒，餘視差一分五十七秒，加於太陽中心距地平，得實高三十六度一十五分三十四秒。距天頂五十三度四十四分二十六秒，極高三十二度，減距天頂度，餘二十一度四十四分二十六秒，爲本日午正黃赤距緯。設兩道大距二十三度三十九分二十三秒，用三率法，求得餘弦九二三一一，檢表二十二度三十七分六秒，爲本日午正距冬至實經度，加用時二分三十五秒，爲平時，午正初刻二分三十五秒，太陽距冬至實經度。

一推丁未午時太陽平行度。建康平冬至距丁未午正初刻二分三十五秒二十一日十九小時一分五十秒，太陽平行二十一度二十八分四十七秒。

一推此時小輪半徑差。以本年高衝冬至前十四度十六分，減壬戌太陽平行距平冬至二十二度五十二分五十秒，餘八度三十六分五十秒。查舊日躔加減差表，減十八分四十八秒，化作一千一百二十八秒爲一率，以舊表兩心差三五八四爲二率，又於壬戌經度二十三度一十四分内減平行二十二度五十二分五十秒，餘二十一分十秒，化作一千二百七十秒爲三率，求得四率四〇三五二，爲此時兩小輪半徑併。太陽本天一百萬，本輪半徑三萬零三百六十四，❶均輪半徑一萬零八十八，由此可算其均度。

一推乙酉日定冬至。前壬戌日午正，太陽平行十一宫七度七分一十秒，至乙酉日子正二十二日半，平行二十二度一十分三十八秒，加入壬戌午正平行度，此時平行十一宫二十九度一十七分四十八秒。加高衝十四度十六分，滿周天去之，餘一十三度三十四分爲引數。以此時兩小輪半徑併算之，約加均度三十二分奇，加入前子正平行，在十一宫二十九度五十分，未滿周天者十分，爲時約四小時，定冬至在子正後十六刻有奇。當時以前後景折算，乙酉日子正後三十一刻冬至，約後天十五刻。

以冬至前後日景折算取中，求冬至時刻。此法惟郭太史時可用，其時高衝與冬至同度故也。若《大明》時高衝在冬至前十四度有奇，則冬至前之日近高衝，太陽之行速，而景之進退也疾。冬至後之日遠高衝，太陽之行稍遲，而景之漸短亦必稍緩。雖前後之日景大略相同，而中間所閲之時刻必不均。當時欲以均數求冬至，宜其後天十五刻也。冬至前二十餘日，日行較速，時刻宜減。冬至後二十餘日，日行較遲，時刻宜加。若欲均之，則折半處必在所減之後，故後天。然劉宋之初，術法甚疎。《景初》後天至

❶「三百」，原作「二百」，據《數學》卷四改。

三日，猶幸祖氏用景長推算，違天尚未甚遠。又幸史册紀載之詳，去今千有餘年，猶可細推其後天之時刻也。郭太史所定歲周小餘二四二五者，謂自《大明》壬寅距今，每歲合得此數。案此年下距至元辛巳八百一十九年，以《授時》歲周積之，二十九萬九千一百三十三日六十刻七十五分。以辛巳天正冬至己未日子正後六刻逆計之，則當時冬至在乙酉日子正後五十四刻，後天愈加多矣。既不能與當時所測算者密合，又爲百年長一之法以求合乎遠古之冬至，以八百九十一總乘所長之數而益之，則此年冬至又在甲申日七十九刻太，不又先天三十七刻乎！以此知《授時》之歲餘非定率，而《統天》之距差躔差，《授時》之消長，皆謬法也。此年冬至所關者鉅，❶故考論加詳。若《大衍》諸術，先天愈多，則無足論。而《授時》指爲日度失行者，總論之於後云。」

陳文帝天嘉六年乙酉歲，十一月庚寅景長：《大衍》，庚寅寅初初刻。《宣明》，庚寅寅初初刻。《紀元》，庚寅丑初二刻。《統天》，庚寅卯初四刻。《重修大明》，庚寅丑初四刻。《授時》。庚寅寅正初刻。

江氏永曰：「推此年平冬至二十六日二十一時二十二分四十一秒，庚寅亥初一刻八分，定冬至蓋在辰巳間。諸曆推丑寅者，皆太早，《統天》近之。」

臨海王光大二年戊子歲，十一月乙巳景長：《大衍》，乙巳戌正二刻。《宣明》，乙巳戌正三刻。《紀元》，乙巳戌初初刻。《統天》，乙巳夜

❶「鉅」，原作「距」，據《數學》卷四改。

子初二刻。《重修大明》，乙巳戌初二刻。《授時》。乙巳戌初二刻。

江氏永曰：「此年平冬至丙午未正三刻九分，定冬至蓋在乙巳與丙午之間。乙巳之景長於次日，當亦甚微。然以後四歲丁卯景長推之，此年所紀猶可疑。説見後。」

宣帝太建四年壬辰歲，十一月二十九日丁卯景長：《大衍》，丙寅戌正初刻。《宣明》，丙寅戌正一刻。《紀元》，丙寅酉正二刻。《統天》，丙寅亥正三刻。《重修大明》，丙寅酉正三刻。《授時》。丙寅戌正四刻。

江氏永曰：「推此年平冬至三日一十四時三分五十六秒，丁卯未正初刻四分。史紀丁卯景長，則定冬至蓋在子正初刻。以前四歲乙巳景長較之，殊可疑。此年平冬至子正後一十四時四分，而景長猶在本日，是加均減時不能越十四時四分也。光大二年之平冬至在丙午日子正後十四時四十五分，乃能越之，而景長在前一日乙巳。不應四歲之間，差殊如此。此兩歲定冬至皆在子初子正之間，景長最難真確。乙巳與丁卯，當時測驗，有一是必有一非，竊疑乙巳之測未確。」

太建九年丁酉歲，十一月二十三日壬辰景長：《大衍》，癸巳丑初一刻。《宣明》，癸巳丑初二刻。《紀元》，壬辰夜子初三刻。《統天》，癸巳寅正一刻。《重修大明》，癸巳子正初刻。《授時》。癸巳丑正初刻。

江氏永曰：「推此年平冬至二十九日一十九時七分四十一秒，癸巳戌初初刻八分，定冬至蓋在本日寅卯之間，《統天》近之。史紀二十三日壬辰景長，此必史誤。」

太建十年戊戌歲，十一月五日戊戌景長：《大衍》，戊戌辰初一刻。《宣明》，戊戌辰初二刻。《紀元》，戊戌卯初二刻。《統天》，戊戌巳正初刻。《重修大明》，戊戌卯初四刻。《授時》。戊戌辰正初刻。

江氏永曰：「此與丁酉歲相去一年，平冬至己亥，定冬至戊戌，可考而知，故不細推。」

隋文帝開皇四年甲辰歲，十一月十一日己巳景長：《大衍》，己巳酉正二刻。《宣明》，己巳酉正三刻。《紀元》，己巳夜子初一刻。《統天》，己巳戌初初刻。《重修大明》，己巳酉初初刻。《授時》。己巳戌正二刻。

江氏永曰：「推此年平冬至六日一十一時四十八分五十六秒，庚午日午初三刻四分，隋都長安早二刻。後唐朝倣此。定冬至己巳亥子之間。史云此年『在洛州測冬至景，與京師二處，進退絲毫不差。張賓曆推己巳冬至，張冑玄曆推庚午冬至』。」

開皇五年乙巳歲，十一月二十一日乙亥景長：《大衍》，乙亥子正一刻。《宣明》，乙亥子正二刻。《紀元》，甲戌亥正二刻。《統天》，乙亥寅初初刻。《重修大明》，甲戌戌正三刻。《授時》。乙亥丑正二刻。

江氏永曰：「推此年平冬至十一日一十七時三十七分四十一秒，乙亥酉初二刻八分，定冬至在本日寅時。推甲戌者非是。」

開皇六年丙午歲，十一月三日庚辰景長：《大衍》，庚辰卯正初刻。《宣明》，庚辰卯正一刻。《紀元》，庚辰卯正一刻。《統天》，庚辰辰正三刻。《重修大明》，庚辰寅正三刻。《授時》。庚辰辰正一刻。

江氏永曰：「與前年相距一歲，平、定冬

至，皆在庚辰，可考而知。」

開皇七年丁未歲，十一月十四日乙酉景長：《大衍》，乙酉午正初刻。《宣明》，乙酉午正一刻。《紀元》，乙酉巳正初刻。《統天》，乙酉未正三刻。《重修大明》，乙酉巳正二刻。《授時》。乙酉未正初刻。

江氏永曰：「此年平冬至丙戌卯初一刻，定冬至乙酉申時。」

開皇十一年辛亥歲，十一月二十八日丙午景長：《大衍》，丙午午初二刻。《宣明》，丙午午初三刻。《紀元》，丙午巳初二刻。《統天》，丙午未正初刻。《重修大明》，丙午巳初四刻。《授時》。丙午未初二刻。

江氏永曰：「此年平冬至四十三日四時三十分一十一秒，丁未寅正二刻，定冬至丙午申時。」

開皇十四年甲寅歲，十一月辛酉朔旦冬至：《大衍》，壬戌卯初初刻。《宣明》，壬戌卯初二刻。《紀元》，壬戌寅初初刻。《統天》，壬戌辰初二刻。《重修大明》，壬戌寅初二刻。《授時》。壬戌辰初初刻。

江氏永曰：「推此年平冬至五十八日二十一時五十六分二十六秒，壬戌亥初三刻十一分，定冬至本日巳午間。而史記『辛酉朔冬至』，當時術誤推先天。」

唐太宗貞觀十八年甲辰歲，十一月乙酉景長：《大衍》，甲申巳正一刻。《宣明》，甲申午初初刻。《紀元》，甲申辰初二刻。《統天》，甲申午正初刻。《重修大明》，甲申辰初三刻。《授時》。甲申巳正三刻。

江氏永曰：「推此年平冬至二十一日三十三分五十六秒，乙酉子正二刻四分，長安里差二刻，平冬至已是子正初刻矣，減時不啻十時。定冬至當在甲申日未時，而史謂『乙酉景長』，誤。」

貞觀二十三年己酉歲，十一月辛亥景長：《大衍》，庚戌申初二刻。《宣明》，庚戌申正一刻。《紀元》，庚戌午正三刻。《統天》，庚戌酉初一刻。《重修大明》，庚戌未初初刻。《授時》。庚戌申初三刻。

江氏永曰：「推此年平冬至四十七日五時三十七分四十一秒，辛亥卯初二刻八分，定冬至庚戌日酉戌之間，而謂『辛亥景長』，亦誤。」

高宗龍朔二年壬戌，十一月四日己未至戊午景長：《大衍》，戊午戌正初刻。《宣明》，戊午戌正二刻。《紀元》，戊午申正三刻。《統天》，戊午戌正初刻。《重修大明》，戊午酉初初刻。《授時》。戊午戌初三刻。

江氏永曰：「推此年平冬至己未巳初初刻十一分，長安辰正二刻十一分，此時加均減時約十小時。定冬至戊午夜子時，是以戊午景長。當時術推冬至己未，而實測景長在戊午，今推之，果不爽也。」

高宗儀鳳元年丙子歲，十一月壬申景長：《大衍》，壬申卯正初刻。《宣明》，壬申卯正三刻。《紀元》，壬申丑正二刻。《統天》，壬申辰初初刻。《重修大明》，壬申丑正三刻。《授時》。壬申卯初一刻。

江氏永曰：「推此年平冬至八日一十八時三十三分五十六秒，壬申酉正二刻四分，定冬至辰時。」

高宗永淳元年壬午歲，十一月癸卯景長：《大衍》，癸卯酉初一刻。《宣明》，癸卯酉正初刻。《紀元》，癸卯未初二刻。《統天》，癸卯酉正一刻。《重修大明》，癸卯未初四刻。《授時》。癸卯酉初三刻。

江氏永曰：「此年平冬至甲辰卯初一刻

十一分，定冬至癸卯酉戌之間。」

明皇開元十年壬戌歲，十一月癸酉景長：《大衍》，癸酉午初四刻。《宣明》，癸酉午正四刻。《紀元》，癸酉辰初二刻。《統天》，癸酉午初初刻。《重修大明》，癸酉辰初三刻。《授時》，癸酉午初初刻。

江氏永曰：「此年平冬至癸酉亥初三刻十一分，定冬至巳時。」

開元十一年癸亥歲，十一月戊寅景長：《大衍》，戊寅酉初三刻。《宣明》，戊寅酉正三刻。《紀元》，戊寅未初三刻。《統天》，戊寅酉初三刻。《重修大明》，戊寅未初二刻。《授時》。戊寅酉初初刻。

江氏永曰：「此年平冬至己卯，定冬至戊寅。與前間一歲，可考而知。」

開元十二年甲子歲，十一月癸未冬至：《大衍》，癸未夜子初二刻。《宣明》，甲申子正三刻。《紀元》，癸未戌初一刻。《統天》，癸未夜子初三刻。《重修大明》，癸未戌初二刻。《授時》。癸未亥正三刻。

江氏永曰：「此年僧一行陽城測景，癸未最長。今推此年平冬至二十日九時三十三分五十六秒，甲申巳初二刻四分。陽城約早一刻十分，爲巳初初刻九分。此年距元至元丁丑五百五十二年，高衝約行九度四十分。以今加減表考之，加約二十分二十秒，變時八時一十五分，以減平時，餘五十四分，爲甲申子正三刻九分。當時小輪半徑大於今，再減一時有奇，則定冬至在癸未夜子刻。而《大衍曆》推算癸未九十八刻太强。此當年之實測，今固可追步也。案《大衍曆》以三千零四十爲通法，一百一十一萬零三百四十三爲策實，一萬五千九百四十三爲策餘，以通法五減策餘，餘七百四十三爲小餘，以萬分通之，小餘二千四百四十四又七九弱，視《授時》之二四二五者，多一十九太强。當時小餘雖大，必不及此數。是以自此年以前，《大衍》推往古則先天，推後來則後天。」《大衍》欲求合《左傳》兩「日南至」，是以小餘過大。

宋真宗景德四年丁未歲，十一月戊辰日南至：《大衍》，戊辰寅初三刻。《宣明》，戊辰卯正一刻。《紀元》，丁卯酉初三刻。《統天》，丁卯戌初一刻。《重修大明》，丁卯酉正初刻。《授時》。丁卯戌初一刻。

江氏永曰：「推此年平冬至三日二十二時三十分一秒，丁卯亥正二刻。宋都河南，早八分。其時高衡在冬至前，約四度四十二分。又有小輪半徑差，通減時約四時三刻有奇。定冬至蓋在丁卯酉初二刻，《紀元》近之。史紀『戊辰日南至』，斗分太多，誤推後天也。」

仁宗皇祐二年庚寅歲，十一月三十日癸丑景長：《大衍》，癸丑申初二刻。《宣明》，癸丑酉正三刻。《紀元》，癸丑卯初一刻。《統天》，癸丑卯初初刻。《重修大明》，癸丑卯初一刻。《授時》。癸丑卯初三刻。

江氏永曰：「推此年平冬至四十九日八時二十六分一十六秒，癸丑辰正一刻十一分，定冬至寅時。」

神宗元豐六年癸亥歲，十一月丙午景長：《大衍》，丙午酉初二刻。《宣明》，丙午戌正二刻。《紀元》，丙午卯正一刻。《統天》，丙午卯正一刻。《重修大明》，丙午卯正一刻。《授時》。丙午卯正一刻。

江氏永曰：「推此年平冬至四十二日八時一十五分一秒，丙午辰正一刻，定冬至寅卯之間。」

元豐七年甲子歲，十一月辛亥景長：《大衍》，辛亥夜子初一刻。《宣明》，壬子丑正一刻。《紀元》，辛亥午正初刻。《統天》，辛亥午正一刻。《重修大明》，辛亥午正初刻。《授時》，辛亥午正一刻。

江氏永曰：「此與前間一歲，定冬至在辛亥巳時。」

哲宗元祐三年戊辰歲，十一月壬申景長：《大衍》，壬申亥正三刻。《宣明》，癸酉丑初二刻。《紀元》，壬申午初二刻。《統天》，壬申午初二刻。《重修大明》，壬申午初二刻。《授時》。壬申午初二刻。

江氏永曰：「此年平冬至壬申未初一刻四分，定冬至巳時。」

元祐四年己巳歲，十一月丁丑景長：《大衍》，戊寅寅正二刻。《宣明》，戊寅辰初三刻。《紀元》，丁丑酉初一刻。《統天》，丁丑酉初一刻。《重修大明》，丁丑酉初一刻。《授時》。丁丑酉初一刻。

江氏永曰：「此與前間一歲，定冬至丁丑申時。」

元祐五年庚午歲，十一月壬午冬至：《大衍》，癸未巳正二刻。《宣明》，癸未未初二刻。《紀元》，壬午夜子初初刻。《統天》，壬午夜子初一刻。《重修大明》，壬午夜子初一刻。《授時》。壬午夜子初初刻。

江氏永曰：「此與前間一歲，定冬至壬午亥時。」

元祐七年壬申歲，十一月癸巳冬至：《大衍》，癸巳亥正一刻。《宣明》，甲午丑初一刻。《紀元》，癸巳巳正三刻。《統天》，癸巳巳正三刻。《重修大明》，癸巳巳正三刻。《授時》。癸巳巳正三刻。

江氏永曰：「此年平冬至癸巳午正二刻四分，定冬至巳初。」

哲宗元符元年戊寅歲，十一月甲子冬至：《大衍》，乙丑巳初二刻。《宣明》，乙丑午正二刻。《紀元》，甲子亥正初刻。《統天》，甲子亥初三刻。《重修大明》，甲子亥正初刻。《授時》。甲子亥初三刻。

江氏永曰：「此年平冬至甲子二十三時二十六分一十六秒，夜子初一刻十分，定冬至戌時。案《授時》百年長一之率，年遠則所加分漸贏，其所定歲餘刻下二十五分又失之太弱，是以推遠年之冬至恒先天，推近年之冬至恒後天。」開元甲子及此條，斷定《大衍》、《授時》二術之弊，一行、守敬，其何説之辭！

徽宗崇寧三年甲申歲，十一月丙申冬至：《大衍》，丙申戌正三刻。《宣明》，丙申夜子初三刻。《紀元》，丙申巳初初刻。《統天》，丙申辰正三刻。《重修大明》，丙申巳初初刻。《授時》。丙申辰正二刻。

江氏永曰：「此年平冬至丙申巳正一刻四分，定冬至卯辰之間。」

光宗紹熙二年辛亥歲，十一月壬申冬至：《大衍》，癸酉寅初初刻。《宣明》，癸酉卯正二刻。《紀元》，壬申未初三刻。《統天》，壬申午初一刻。《重修大明》，壬申未初三刻。《授時》。壬申午初一刻。

江氏永曰：「此年平冬至壬申午正初刻，都臨安遲一刻，午正一刻，定冬至在己未。」

寧宗慶元三年丁巳歲，十一月癸卯日南至：《大衍》，甲辰未正初刻。《宣明》，甲辰酉初三刻。《紀元》，甲辰子正三刻。《統天》，癸卯亥正一刻。《重修大明》，甲辰子正三刻。《授時》。癸卯亥正一刻。

江氏永曰：「此年平冬至癸卯亥正三刻八分，臨安遲一刻，夜子初初刻八分，定冬至亥初三刻。」

寧宗嘉泰三年癸亥歲，十一月甲戌日南至：《大衍》，丙子丑正一刻。《宣明》，丙子卯初初刻。《紀元》，乙亥午初三刻。《統天》，乙亥巳初初刻。《重修大明》，乙亥午初三刻。《授時》。乙亥巳初一刻。

江氏永曰：「推此年平冬至乙亥巳初三刻，臨安巳正初刻。定冬至約減五刻有奇，在辰正二刻。當時推甲戌，術誤也。」

嘉定五年壬申歲，十一月壬戌日南至：《大衍》，癸亥卯正初刻。《宣明》，癸亥巳初四刻。《紀元》，壬戌申初二刻。《統天》，壬戌未初二刻。《重修大明》，壬戌申正初刻。《授時》。壬戌未初二刻。

江氏永曰：「此年平冬至壬戌未正初刻四分，臨安遲一刻，未正一刻四分。定冬至午正一刻。」

理宗紹定三年庚寅歲，十一月丙申日南至：《大衍》，丁酉申初二刻。《宣明》，丁酉戌初二刻。《紀元》，丁酉丑初三刻。《統天》，丙申亥正一刻。《重修大明》，丁酉丑初三刻。《授時》。丙申亥正一刻。

江氏永曰：「此年平冬至丙申亥正二刻十一分，臨安亥正三刻十一分。定冬至亥正初刻。」

淳祐十年庚戌歲，十一月辛巳日南至：《大衍》，壬午未初初刻。《宣明》，壬午酉初初刻。《紀元》，辛巳亥正三刻。《統天》，辛巳酉正二刻。《重修大明》，辛巳亥正一刻。《授時》。辛巳酉正三刻。

江氏永曰：「此年平冬至辛巳酉正三刻

十一分，臨安戌初初刻十一分。定冬至酉正二刻。」

元世祖至元十七年庚辰歲，十一月己未夜半後六刻冬至：《大衍》，己未亥初初刻。《宣明》，庚申丑初一刻。《紀元》，己未卯初初刻。《統天》，己未丑初初刻。《重修大明》，己未卯正初刻。《授時》。己未丑初一刻。

江氏永曰：「推此年平冬至五十五日一時一十八分四十六秒，己未丑初一刻四分，高衡在冬至後四分奇，約減均十二秒，加時約五分。定冬至丑初一刻九分，與當時郭太史測算氣應五十五日〇六百分者密合。」

梅氏文鼎曰：「以上自魯僖公以來冬至日名共四十七，并至元辛巳有刻爲四十八事，《授時法》合者三十八。不合者，昭公己卯，劉宋元嘉丙子，大明辛丑，陳太建壬辰、丁酉，隋開皇甲寅，唐貞觀甲辰、己酉，宋景德丁未，嘉泰癸亥，共十。《統天》術同。」

江氏永曰：「四十七事日名，或有不合，其間有術誤，有史誤。今以實法考之，合者不約而符，不合者亦灼然可見，非術誤推，即史誤紀，雖去之千百年，猶旦暮也。此如以有法之度度短長，有準之權權輕重，故物莫能遁。若《大衍》諸曆，歲餘或强或弱，如權度未定，既不可以稱量，而《統天》之距差、躔差，《授時》之百年長一，又於執秤執尺之時，參以智巧之私，實爲無理之法。其不合者固不合，其幸合者，亦不知其實未嘗合也。近年冬至時刻可定，去之遠者不能細定分刻，以小輪半徑，古多今少，難得確率耳。若其大致，固可上下參考而知，當不違天甚遠。《孟子》曰『苟求其故』，愚謂恒歲實、最卑行、小輪差，皆其故也。後之言天者，精求諸此而已。若諸家立法，雖不可不知，要之，皆已陳之芻狗，不可再用者也。」

梅氏又曰：「《元史》云：『自春秋獻公以來，凡二千一百六十餘年，用六曆推算冬至，凡四十九事。《大衍》合者三十二，不合者十七；《宣明》合者二十六，不合者二十三；《紀元》合者三十五，不合者十四；《統天》合者三十八，不合者十一；《大明》合者三十四，不合者十五；《授時》合者三十九，不合者十事。案獻公十五年戊寅歲正月甲寅朔旦冬至，《授時》得甲寅，《統天》得乙卯，後天一日；至僖公五年丙寅歲正月辛亥朔旦冬至，❶《授時》、《統天》皆得辛亥，與天合；下至昭公二十年己卯歲正月己丑朔旦冬至，《授時》、《統天》皆得戊子，並先一日。若曲變其法以從之，則獻公、僖公皆不合矣。以此知《春秋》所書昭公冬至，乃日度失行之驗。一也。

江氏永曰：「案獻公之年，史有參差，所推甲寅朔旦冬至，乃劉歆《三統曆》以《四分》之法逆推，非有實測紀之信史，不足爲據。若《左氏傳》二至，則當時之術誤，乃欲曲法以求合。合者一而違者一，不悟其幸合者之非真，而以其不合者諉之於日度失行，此大惑也。」

「《大衍》考古冬至，謂劉宋元嘉十三年丙子歲十一月甲戌日南至，《大衍》與《皇極》、《麟德》三術皆得癸酉，各先一日，乃日度失行，非三曆之差。今以《授時》考之，亦得癸酉。二也。

江氏永曰：「案今以法推正得甲戌，日度何嘗失行？」

「大明五年辛丑歲十一月乙酉冬至，諸曆皆得甲申，殆亦日度之差。三也。

江氏永曰：「此年冬至，祖沖之考之特詳，正賴當年實測，可驗高衡之所在與兩心差之細數。雖推算時刻未甚親，亦可得其所以未親之由。今以法密算，其爲乙酉甚確。郭氏不悟《統天》之活法不足

❶「丙寅歲」，原脱，據《元史·曆志一》補。

憑，獻、僖遠年之幸合未可據，乃以祖氏當年實測指爲日度失行，不亦惑乎！」

觀承案：算術有踈密耳，天行安得有差乎！以爲日度失行，郭氏此説誠謬。此如杜氏解《左傳》，不以爲傳誤而以爲經誤者，同病矣。

「陳太建四年壬辰歲十一月丁卯景長，《大衍》、《授時》皆得丙寅，是先一日；太建九年丁酉歲十一月壬辰景長，《大衍》、《授時》皆得癸巳，是後一日。一失之先，一失之後，若合於壬辰，則差於丁酉，合於丁酉，則差於壬辰，亦日度失行之驗。五也。

江氏永曰：「案壬辰歲不誤，丁酉歲則史誤也。」

「開皇十一年辛亥歲十一月丙午景長，《大衍》、《統天》、《授時》皆得丙午，與天合；至開皇十四年甲寅歲十一月辛酉冬至，而《大衍》、《統天》、《授時》皆得壬戌，若合于辛亥，則失于甲寅，合于甲寅，則失于辛亥。其開皇十四年甲寅歲冬至，亦日度失行。六也。

江氏永曰：「案甲寅歲，乃曆誤。」

「唐貞觀十八年甲辰歲十一月乙酉景長，諸曆得甲申。貞觀二十三年己酉歲十一月辛亥景長，諸曆皆得庚戌。《大衍議》以永淳、開元冬至推之，知前二冬至乃史官依時曆以書，必非候景所得，所以不合，今以《授時》考之亦然。八也。

江氏永曰：「案此二至，若非曆誤，即史誤。」

「自前宋以來，測景驗氣者凡十七事，其景德丁未歲戊辰日南至，《統天》、《授時》皆得丁卯，是先一日；嘉泰癸亥歲甲戌日南至，《統天》、《授時》皆得乙亥，是後一日。一失之先，一失之後。若曲變其數以從景德，則其餘十六事多後天，從嘉泰，則其餘十六事多先天，亦日度失行之驗。十也。

江氏永曰：「案此二至皆曆誤，非日度失行。」

「前十事皆《授時》所不合，以此理推之，非不合矣，蓋類其同則知其中，辨其異則知其變。今于冬至，略其日度失行及史官依時曆書之者凡十事，則《授時》三十九事皆中。

江氏永曰：「日爲七政之主，萬化之宗，必無失行之理。其兩心差之有改變，亦必有恒率，非失行也。郭氏于十事中，以八事爲日度失行，其説原于僧一行，亦近誣矣。其三十九事，自以爲中，未必果皆中也。中其日矣，未必中其時刻。除至元庚辰歲密合天外，推近歲之冬至時刻恒後天，推遠歲之冬至時刻恒先天，其故甚微，非以權度細推，誰其覺之！」

江氏永曰：「案《授時》固密，而有未密者存。」

「以前代諸曆校之，《授時》爲密，庶幾『千歲之日至，可坐而致』云。」

又曰：「曆家最重識見，日度失行之説極紕繆，一行、守敬乃言之，載之史册，遺笑後人，皆由推冬至無權度，平歲實、高衝行、輪徑差三大節目，關竅未啟，是以生此繆論。不得不詳載史文，以爲鑿知者鑒。」

右考冬至以正氣序。

五禮通考卷第一百八十八

淮陰吴玉搢校字

五禮通考卷第一百八十九

內廷供奉禮部右侍郎金匱秦蕙田編輯
太子太保總督直隸右都御史桐城方觀承同訂
休寧戴震
按察司副使元和宋宗元 參校

嘉禮六十二

觀象授時

【《書·堯典》】以閏月定四時成歲。【疏】六曆、諸緯與《周髀》皆云：「日行一度，月行十三度十九分度之七。」爲每月二十九日過半。所以無閏時不定、歲不成者，若無閏，三年差一月，則以正月爲二月。每月皆差，九年差三月，即以春爲夏。若十七年差六月，即四時相反，時何由定，歲何得成乎？故須置閏以定四時。

【《春秋》文公元年《左氏傳》】於是閏三月，非禮也。【注】於曆法，閏當在僖公末年，誤於今年三月置閏，蓋時達曆者所譏。先王之正時也，履端於始，【注】步曆之始，以爲術之端首。舉正於中，【注】朞之日三百六十有六日，日月之行又有遲速，而必分爲十二月，舉中氣以正月。歸餘於終。【注】有餘日則歸之於終，積而爲閏，故言歸餘於終。履端於始，序則不愆；【注】四時無愆過。舉正於中，民則不惑；【注】斗建不失其次，寒暑不失其常，故無疑惑。歸餘於終，事則不悖。【注】四時得所，則事無悖亂。【疏】古今曆法推閏月之術，❶皆以閏餘減章歲，餘以歲中乘之，章閏而一，所得爲積月。命起天正，算外，閏所在也。古法，十九年爲一章，章有七閏：入章三年閏九月，六年閏六月，九年閏三月，十一年閏十一月，十四年閏八月，十七年閏四月，

❶「曆法」，原作「之法」，蓋避清高宗諱改。今改回。

十九年閏十二月。此據元首初章，若于後漸積餘分，大率三十二月則置閏，不必恒同初章閏月。僖五年：「正月辛亥朔，日南至。」治曆者皆以彼爲章首之歲。《漢書志》云：「文公元年距僖五年辛亥二十九歲，是歲閏餘十三，閏當在十一月後而在三月，故《傳》曰『非禮也』。」《志》之所言，閏當在此年十一月後，今三月已即置閏，是嫌閏月大近前也。杜以爲僖三十年閏九月，文二年閏正月，故言於曆法，❶閏當在僖公末年，誤於今年置閏，嫌置閏大近後也。杜爲《長曆》，置閏疏數，無復定準。凡爲曆者，閏前之月，中氣在晦，閏後之月，中氣在朔。僖五年正月朔旦冬至，則四年當閏十二月也。杜《長曆》僖元年閏十一月，五年閏十二月，與常曆不同者，杜以襄二十七年再失閏，司曆過。昭二十年「二月己丑，日南至」，哀十二年「十二月，螽」，云火猶西流，司曆過。則春秋之世，曆法錯失，所置閏月，或前或後，不與常同。杜唯勘經傳上下日月以爲《長曆》，若日月同者，則數年不置閏月；若日月不同，須置閏乃同者，則未滿三十二月頻置閏，所以異於常曆。故《釋例》云：「據經傳微旨，考日辰晦朔，以相發明，爲經傳《長曆》，未必得天，蓋春秋當時之曆也。」是杜自言不與常曆同。日月轉運于天，猶如人之行步，故推曆謂之步曆。步曆之始，以爲術之端首，謂曆之上元，必以日月全數爲始，於前更無餘分，以此日爲術之端首，故言「履端于始」也。朞之日三百六十有六日，謂從冬至至冬至，必滿此數，乃周天也。日月之行，有遲有速，日行遲，月行速。凡二十九日過半，月行及日，謂之一月。過半者，謂一日於曆法分爲九百四十分，月行及日，必四百九十九分，是過半二十九分。今一歲氣周有三百六十五日四分日之一，其十二月一周，唯三百五十四日，是少十一日四分日之一，未得氣周。細而言之，一歲只少弱十一日。所以然者，一月有餘分二十九，一年十二月，有餘分三百四十八，是一歲既得三百五十四日，又得餘分三百四十八。其四分日之一，一日爲九百四十分，則四分日之一爲二百三十五分。今於餘分三百四十八内取二百三十五，以當卻四分日之一，餘分仍有一百一十三。其整日唯有十一日，又以餘分一百一十三減其一日九百四十分，唯有八百二十七分。是一年有餘十日八百二十七分，少一百一十三分，不成十一日也。前朔後朔，相去二十九日餘。前氣後氣，相去三十日餘。每月參差，氣漸不正，但觀中氣所在，以

❶「曆」字，原脱，各本同，據《左傳》文公元年孔疏補。

爲此月之正。取中氣以正月，故言「舉正於中」也。月朔之與月節，每月剩一日有餘，所有餘日歸之於終，積成一月，則置之爲閏，故言「歸餘於終」。

【文公六年《左氏傳》】閏月不告朔，非禮也。閏以正時，【注】四時漸差，則置閏以正之。時以作事，【注】順時命事。事以厚生，【注】事不失時，則年豐。生民之道，於是乎在矣。不告閏朔，棄時政也，何以爲民？

【《漢書志》】朔不得中，是爲閏月。閏，所以正中朔也。

汪氏克寬曰：「有朔而無中者爲閏月。月有晦朔，則自然有閏。無閏則失月行之數，故曰法乎月而有閏也。日月所會是謂辰，以曆言之，則是積餘分而置閏。以日月星辰觀之，則閏月日月亦會於辰，與他月無以異也。」

又曰：「周天三百六十五度四分度之一，日一日一周，在天爲不及一度。積三百六十五日四分日之一，而與天會爲一歲。月一日不及天十三度十九分度之七，積三百五十四日九百四十分日之三百四十八，而與日會者十二，爲一年。大率三百六十日爲常數，一歲多五日九百四十分日之二百三十五，分爲二十四氣，是爲氣盈，而晝夜長短，節氣寒暑，于是定焉。一年少五日九百四十分日之五百九十二，分爲十二月，是爲朔虚，而晦朔弦望，于是定焉。積歲之有餘，就年之不足，而後有閏。三年一閏，尚餘三日有奇。五年再閏，則少五日有奇。積十九年，閏在十二月，則氣、朔分齊。大率三十二月則有閏，閏前之月，中氣在晦，閏後之月，中氣在朔。若不置閏，則弦望晦朔，皆非其正，晝夜平分，不在春秋之中，而寒暑反易矣。故《書》云『以閏月定四時成歲』。《周禮》注：『中數曰歲，朔數曰年。中朔大小不齊，正之以閏。』乃天地自然之理。曆家因其自然，而立積分之數以合之耳。《公羊》謂『閏月，天無是月』，《穀梁》謂『附月之餘日』，皆非是。夫二十九日九百四十分日之四百九十九而晦朔交則爲一月，月非有閏之名，特以日月行天，疾徐之不同，而歲年盈縮之有異，遂謂之閏。天與日月之行，自然有閏，豈可謂『天無是月』哉？月非有餘也，又豈可謂『附月之餘』哉？月之有閏，則由乎天，而月之名閏，乃由於人。故於文，王在門爲閏。《禮》稱天子閏月則聽朔於明堂，闔門左扉，立於其中。王之謹乎閏月者如此，而諸侯安可不告月哉？考之經傳，凡言閏月，多在歲終。蓋是時曆法謬矣，每置閏於歲終。故《左傳》以閏三月爲非禮，則無中者不謂之閏，而名曰閏者，非閏月矣。秦之後九月，實倣於此。」

蕙田案：後代法密於古，月有平朔、亦名經朔。定朔，氣有平氣、亦名恒氣。定氣。平朔、平氣者，日月平行之數也。定朔、定氣者，日月實行之數也。實行，亦名視行。孔疏及汪氏所云，皆據漢《四分曆》，有平行，無實行，其平行亦未密也。十九年氣朔分齊，殊不然，存之以見置閏大概耳。

【《明史志》】崇禎十四年十二月，李天經言：「《大統》置閏，但論月無中氣，新法尤視合朔後先。今所進十五年新曆，其十月、十二月中氣，適交次月合朔時刻之前，所以月内雖無中氣，而實非閏月。蓋氣在朔前，則此氣尚屬前月之晦也。至十六年第二月止有驚蟄一節，而春分中氣，交第三月合朔之後，則第二月爲閏正月，第三月爲二月無疑。」

梅氏文鼎曰：「閏月之議，紛紛聚訟，大旨不出兩端。其一謂無中氣爲閏月，此據《左氏》『舉正於中』爲説，乃曆家之法也。其一謂古閏月俱在歲終，此據《左氏》『歸餘於終』爲論，乃經學家之詁也。若如前推，隱公辛酉冬至，在經朔後三十日，宜閏歲前十二月，即兩説齊同，可無疑議。然有不同者，何以斷之？曰：古今法原自不同，推步之理，踵事加密。故自今日言，則以無中氣置閏爲安，而論《春秋》閏月，則以歸餘之説爲長。何則？治《春秋》者，當主經文，今考本經，書閏月俱在年終，此其據矣。」

蕙田案：閏以正時。時者，因乎日行也。日發斂一周而四時始終，其數闊遠，茫若無界。月與日同行爲朔，相對爲望，一象爲弦，其數既近，仰觀即見，故用之爲界限。日月之會十二終，時亦幾終，故命爲一年，便於明民而已。日一周凡三百六十五日奇，日月之會十二終，凡三百五十四日奇，兩數相差十餘日，非閏月則四時不定，歲不成矣。古但有分、至、啟、閉，未嘗分十二中氣以配月，閏月進退無據，不得不置之歲終。秦、漢之際，曆家乃言二十四氣，漢以無中氣之月置閏。然所用者，平氣、平朔，未知有定氣、定朔。厥後劉洪、張子信、何承天、祖沖之、劉焯諸人，言定氣、定朔詳矣。唐以來曆家，惟用定朔，而不用定氣注書，則置閏之法猶未密也。必得定氣、定朔二者，審之既精，然後視無中氣之月爲閏月，斯不求而知。定氣者，日體實到之節序；定朔者，日體月體實會也。定朔日數不均，必先求經朔爲根，進退增減之。今考自漢以後，經恒朔實異同如左。歲實、朔實，授時之本，是以特詳著之。

右置閏。

【《前漢書志》】《太初曆》：一月之日二十九日八十一分日之四十三。

蕙田案：二十九日，小餘四十三，是爲經朔，亦曰朔策，亦曰朔實。準前較歲實法，以萬萬通小餘，滿日分八十一。而一，得五千三百有八萬六千四百一十九奇。

《三統曆》：月法二千三百九十二。日法八十一。

蕙田案：月法即朔實。滿日法得二十九日，小餘四十三，與《太初》同。

【《後漢書志》】《四分曆》：蔀日月俱發度端，日行十九周，月行二百五十四周，復會於端，是則月行之終也。以日周除月周，得一歲周天之數。以日一周減之，餘十二十九分之七，則月行過周及日行之數也，爲一歲之月。以除一歲日，爲一月之數。蔀月，九百四十。蔀日，二萬七千七百五十九。日法，四。周天，千四百六十一。

蕙田案：以十九通十二，納七，得二百三十五，即章月。以日法乘之，得九百四十，即蔀月。以十九通周天，得二萬七千七百五十九，即蔀日。滿蔀月，得二十九日，小餘四百九十九，以萬萬通之，滿蔀月，得五千三百有八萬五千一百有六奇，弱於《太初》、《三統》。

【《晉書志》】漢劉洪《乾象曆》：通法，四萬三千二十六。日法，千四百五十七。

蕙田案：通法即朔實，滿日法，得二十九日，小餘七百七十三，以萬萬通之，滿日法，得五千三百有五萬四千二百二十一奇，弱於《四分》。

魏《景初曆》：通數，十三萬四千六百三十。日法，四千五百五十九。

蕙田案：通數即朔實，滿日法，得二十九日，小餘二千四百一十九，以萬萬通之，滿日法，得五千三百有五萬九千八百八十一奇，强於《乾象》，弱於《四分》。

後秦姜岌《甲子元曆》：通數，十七萬九千四十四。日法，六千六十三。

蕙田案：通數滿日法，得二十九日，小餘三千二百一十七，以萬萬通之，滿日法，得五千三百有五萬九千五百四十一奇，强於《乾象》，弱於《景初》。

【《魏書志》】《正光曆》：日法，七萬四千九百五十二。經月，大餘二十九，小餘三萬九千七百六十九。日法除周天分得之。日法者一蔀之月數。周天分者一蔀之日數。以蔀月除蔀日，❶得一月二十九及餘，是周天分即爲月通。

蕙田案：以萬萬通小餘，滿日法，得五千三百有五萬九千二百九十一奇，强於《乾象》，弱於姜岌《甲子元》。

❶「以蔀月除蔀日」，原作「以其月除衆日」，據校點本《魏書·律曆上》及其校勘記改。

李業興《甲子元曆》：通數，六百一十五萬八千一十七。日法，二十萬八千五百三十。

蕙田案：通數滿日法，得二十九日，小餘十一萬六百四十七，以萬萬通之，滿日法，得五千三百有六萬有四百七十奇，强於《景初》，弱於《四分》。

【《宋書志》】何承天《元嘉曆》：通數，二萬二千二百七。日法，七百五十二。

蕙田案：通數滿日法，得二十九日，小餘三百九十九，以萬萬通之，滿日法，得五千三百有五萬八千五百一十奇，强於《乾象》，弱於《正光》。

祖沖之《甲子元曆》：月法，十一萬六千三百二十一。日法，三千九百三十九。

蕙田案：月法滿日法，得二十九日，小餘二千有九十，以萬萬通之，滿日法，得五千三百有五萬九千一百五十二奇，强於《元嘉》，弱於《正光》。

【《隋書志》】張賓所造曆法：通月，五百三十七萬二千二百九。日法，一十八萬一千九百二十。

蕙田案：通月滿日法，得二十九日，小餘九萬六千五百二十九，以萬萬通之，滿日法，得五千三百有六萬一千二百三十五奇，强於李業興《甲子元曆》，弱於《四分》。

大業四年戊辰所定算術：月法，三萬三千七百八十三。日法，千一百四十四。

蕙田案：月法滿日法，得二十九日，小餘六百有七，以萬萬通之，滿日法，得五千三百有五萬九千四百四十奇，强於《正光》，弱於姜岌《甲子元》。

劉焯《皇極曆》：朔實，三萬六千六百七十七。朔日法，千二百四十二。

蕙田案：朔實滿朔日法，得二十九日，小餘六百五十九，以萬萬通之，滿朔日法，得五千三百有五萬九千五百八十一奇，强於姜岌《甲子元曆》，弱於《景初》。

【《唐書志》】傅仁均《戊寅曆》：月法，三十八萬四千七十五。日法，萬三千六。

蕙田案：月法滿日法，得二十九日，小餘六千九百有一，以萬萬通之，滿日法，得五千三百有六萬有一百二十六奇，强於《景初》，弱於李業興《甲子元》。

李淳風《麟德曆》：常朔實，三萬九千五百七十一。推法，❶千三百四十。

蕙田案：常朔實滿推法，得二十九日，小餘七百一十一，以萬萬通之，滿推法，得五千三百有五萬九千七百有一奇，强於《皇極》，弱於《景初》。

《開元大衍曆》：朔實曰揲法，日法曰通法，月策曰四象。一象之策，即朔望弦相距也。揲法，八萬九千七百七十三。通法，三千四十。四象之策，二十九，餘千六百一十三。

蕙田案：揲法滿通法，得二十九日，小餘千六百一十三，即四象之策也。其一象七日，小餘千一百六十三少，凡四分一爲少。以萬萬通四象小餘，滿通法，得五千三百有五萬九千二百

❶「推」，《新唐書·曆二》作「總」。

一十奇，强於祖沖之《甲子元曆》，弱於《正光》。

《寶應五紀曆》：揲法，三萬九千五百七十一。通法，千三百四十。四象之策，二十九，餘七百一十一。

蕙田案：四象策餘，以萬萬通之，滿通法，得五千三百有五萬九千七百三十一奇，强於《麟德》，弱於《景初》。

《建中正元曆》：揲法，三萬三千三百三十六。❶通法，千九十五。四象之策，二十九，餘五百八十一。

蕙田案：四象策餘，以萬萬通之，滿通法，得五千三百有五萬九千三百六十奇，强於《正光》，弱於大業戊辰所定數。

《長慶宣明曆》：揲法曰章月。通法曰統法。四象之策曰合策。章月，二十四萬八千五十七。統法，八千四百。合策，二十九，餘四千四百五十七。

蕙田案：以萬萬通合策餘，滿統法，得五千三百有五萬九千五百二十三奇，强於大業戊辰所定數，弱於姜岌《甲子元曆》。

《景福崇玄曆》：揲法曰朔實。四象之策曰平會。朔實，三十九萬八千六百六十三。通法，萬三千五百。平會，二十九，餘七千一百六十三。

蕙田案：以萬萬通平會餘，滿通法，得五千三百有五萬九千二百五十九奇，强於《大衍》，弱於《正光》。

【《五代史·司天考》】王朴《欽天曆》：朔

❶「三千」，原作「二千」，據《新唐書·曆五》改。

率，二十一萬二千六百二秒二十八。❶統法，七千二百。通法，一百。秒盈通法從分，分盈統法從日。朔策，二十九分三千八百二十秒二十八。

蕙田案：以萬萬通朔策分秒，滿統法，得五千三百有五萬九千四百四十四奇，强於大業戊辰所定數，弱於《宣明》。

【《宋史志》】《崇天曆》：朔實，三十一萬二千七百二十九。樞法，一萬五百九十。朔策，二十九，餘五千六百一十九。

蕙田案：以萬萬通朔策餘，滿樞法，得五千三百有五萬九千四百九十奇，强於《欽天》，弱於《宣明》。

《明天曆》：朔實，一百一十五萬一千六百九十三。元法，三萬九千。朔策，二十九，餘二萬六百九十三。

蕙田案：以萬萬通朔策餘，滿元法，得五千三百有五萬八千九百七十四奇，强於《元嘉》，弱於祖沖之《甲子元曆》。

《觀天曆》：朔實，三十五萬五千二百五十三。統法，一萬二千三十。朔策，二十九，餘六千三百八十三。

蕙田案：以萬萬通朔策餘，滿統法，得五千三百有五萬九千有一十九奇，强於《明天》，弱於祖沖之《甲子元曆》。

《紀元曆》：朔實，二十一萬五千二百七十八。日法，七千二百九十。朔策，二十九，餘三千八百六十八。

蕙田案：以萬萬通朔策餘，滿日法，

❶「二秒」，據《五代史·司天考》，疑當作「二十秒」。

得五千三百有五萬八千九百八十四奇，强於《明天》，弱於《觀天》。

《統元曆》：朔實，二十萬四千六百四十七。元法，六千九百三十。朔策，二十九日，餘三千六百七十七。

蕙田案：以萬萬通朔策餘，滿元法，得五千三百有五萬九千一百六十三奇，强於祖沖之《甲子元曆》，弱於《大衍》。

《乾道曆》：朔實，八十八萬五千九百一十七秒七十六。元法，三萬。秒法，三十。❶ 朔策，二十九日，餘一萬五千九百一十七秒七十六。

蕙田案：以萬萬通朔策餘，滿元法，得五千三百有五萬九千二百，强於《統天》，弱於《大衍》。

《淳熙曆》：朔實，一十六萬六千五百五十二秒五十六。元法，五千六百四十。秒法，一百。朔策，二十九日，餘二千九百九十二秒五十六。

蕙田案：以萬萬通朔策餘，滿元法，得五千三百有五萬九千五百七十四奇，强於姜岌《甲子元曆》，弱於《皇極》。

《會元曆》：朔率，一百一十四萬二千八百三十四。統率，三萬八千七百。朔策，二十九日，餘二萬五百三十四。

蕙田案：以萬萬通朔策餘，滿統率，得五千三百有五萬九千四百三十一奇，强於《正元曆》，弱於大業戊辰所定數。

《統天曆》：朔實，三十五萬四千三百六十八。策法，萬二千。朔策，二十九，餘

❶「三十」，原作「百」，據《宋史·律曆十六》改。

六千三百六十八。

蕙田案：以萬萬通朔策餘，滿策法，得五千三百有六萬六千六百六十六奇，强於張賓所造曆，弱於《四分》。

《開禧曆》：朔率，四十九萬九千六十七。日法，一萬六千九百。朔策，二十九，餘八千九百六十七。

蕙田案：以萬萬通朔策餘，滿日法，得五千三百有五萬九千一百七十一奇，强於《統元》，弱於《乾道》。

【《金史志》】《大明曆》：朔實，一十五萬四千四百四十五分。日法，五千二百三十分。朔策，二十九日，餘二千七百七十五分。

蕙田案：以萬萬通朔策餘，滿日法，得五千三百有五萬九千二百七十八奇，强於《崇玄》，弱於《正光》。

【《元史志》】《庚午元曆》。同《大明》。

《授時曆》：朔實，二十九萬五千三百五分九十三秒。日周，一萬分。朔策，二十九日，五千三百五分九十三秒。

蕙田案：以萬萬進之，爲五千三百有五萬九千三百，强於《乾道》，弱於《正光》。

【《新法書》】西史依巴谷考驗，一十二萬六千七日四刻，實兩交食各率齊同之距也。凡爲交會者四千二百六十七，爲法而一，得會望策二十九日五十刻一十四分三秒。

蕙田案：以法推得小餘五千三百有五萬九千三百，與《授時》同。

又案：今《時憲書》改定朔策爲二十九日五三〇五九〇五三，以萬萬進之，爲五千三百有五萬九千有五十三，强於《觀天》，弱於祖沖之《甲子元曆》。

右朔實。

【《後漢書志》】賈逵論曰：「今史官推合朔、弦、望、月食加時，率多不中，在於不知月行遲疾意。李梵、蘇統以史官候注考校，月行當有遲疾，不必在牽牛、東井、婁、角之間。」

【《宋書志》】劉洪造《乾象曆》，又制遲疾曆以步月行。

元嘉二十年，何承天進《元嘉曆》表曰：「月有遲疾，日月蝕不在朔望，❶非曆意也。故《元嘉》皆以盈縮定其小餘，以正朔望之日。」錢樂之、嚴粲奏曰：「承天法，每月有頻三大，頻二小，比舊法殊爲異。舊日蝕不唯在朔，亦有在晦及二日，《公羊傳》所謂『或失之前，或失之後』。愚謂此一條自宜仍舊。」員外散騎郎皮延宗又難承天：「若晦朔定大小餘，紀首值盈，則退一日，便應以故歲之晦，爲新紀之首。」承天乃改新法依舊術，不復每月定大小餘，如延宗所難，太史所上。

【《北齊書·方技列傳》】信都芳私撰書，名爲《靈憲》，算月有頻大頻小，食必以朔，證據甚甄明。每云：「何承天亦爲此法，不能精，《靈憲》若成，必當百代無異議。」書未就而卒。

【《唐書志》】傅仁均《戊寅元曆》月有三大、三小。孝孫使算曆博士王孝通以《甲辰曆》法詰仁均曰：❷「平朔、定朔，舊有二家。三大、三小，爲定朔望；一大、一小，爲平朔望。日月行有遲速，相及謂之合會。晦、朔

❶「日月蝕」，《宋書·律曆中》作「合朔月蝕」。

❷「算曆」，原作「算學」，蓋避清高宗諱改。今據《新唐書·曆志》改回。

無定，由時消息。若定大小皆在朔者，合會雖定，而蔀、元、紀首三端并失。若上合履端之始，下得歸餘於終，合會有時，則《甲辰元曆》爲通術矣。」仁均對曰：「《書》云：『季秋月朔，辰弗集於房。』孔氏云：『集，合也。不合則日蝕可知。』又云：『先時者殺無赦，不及時者殺無赦。』既有先後之差，是知定朔矣。《詩》云：『十月之交，朔日辛卯。』又《春秋傳》曰：『不書朔，官失之也。』自後曆差，莫能詳正。故秦、漢以來，多非朔食。宋御史中丞何承天微欲見意，不能詳究，乃爲散騎侍郎皮延宗等所抑。孝通之語，乃延宗舊説。治曆之本，必推上元，日月如合璧，五星如連珠，夜半甲子朔旦冬至。自此七曜散行，不復餘分普盡，總會如初。唯朔分、氣分，有可盡之理。因其可盡，即有三端。此乃紀其日數之元爾。或以爲即夜半甲子朔冬至者，非也。冬至自有常數，朔名由於月起，月行遲疾匪常，三端安得即合。故必須日月相合與至同日者，乃爲合朔冬至耳。」

【《大衍曆》】《合朔議》曰：「虞劆曰：『所謂朔在會合，苟躔次既同，何患於頻大也？日月相離，何患於頻小也？』《春秋》日蝕不書朔者八，《公羊》曰：『二日也。』《穀梁》曰：『晦也。』《左氏》曰：『官失之也。』劉孝孫推俱得朔日，以丘明爲是，乃與劉焯皆議定朔，爲有司所抑不得行。傅仁均始爲定朔，而曰『晦不東見，朔不西朓』。」

【《元史志》】古曆謂月平行十三度十九分度之七。漢耿壽昌以爲日月行至牽牛、東井，日過度，月行十五度，至婁、角，始平行，赤道使然。賈逵以爲今合朔、弦、望、月食加時，所以不中者，蓋不知月行遲疾意。李梵、蘇統皆以月行當有遲疾，不必在牽牛、東井、婁、角之間，乃由行道有遠近出入所生。劉洪作《乾象曆》，精思二十餘年，始悟其理，列爲差率，以囿進退損益之數。後之作曆者，咸因之。至唐一行，考九道委蛇曲折之數，得月行疾徐之理。先儒謂月與五星，皆近日而疾，遠日而遲。曆家立法，以入轉一周之日，爲遲疾二曆，各立初末二限，初爲益，末爲損。在疾初遲末，其行度率過於平行；遲初疾末，率不及於平行。自入轉初日行十四度半强，從是漸殺，積七日，適及平行度，謂之疾初限。其積度比平行餘五度四十二分。自是其疾日損，又積七日，行十二度微强，向之益者，盡損而無餘，謂之疾末限。自是復行遲度，又積七日，適及平行度，謂之遲初限。其積度比平行不及五度四十二分。自此其遲日損，行度漸增，又歷七日，復行十四度半强，向之益者亦損而無餘，謂之遲末限。入轉一周，實二十七日五十五刻四十六分，遲疾極差皆五度四十二分。舊曆日爲一限，皆用二十八限。今定驗得轉分進退時各不同，今分日爲十二，共三百三十六限，半之爲半周限，析而四之爲象限。

梅氏文鼎曰：「月行遲疾，一周之日數内，分四限入轉。初日太陰行最疾，積至六日八十餘刻，而復於平行，謂之疾初限。厥後行漸遲，積至十三日七十七刻奇，而其遲乃極，謂之疾末限。於是太陰又自最遲以復於平行，亦六日八十餘刻，謂之遲初限。厥後行又漸疾，亦積至十三日七十七刻奇，其疾乃極如初日矣，謂之遲末限。合而言之，共二十七日五十五刻四十六分而遲一周，謂之轉終也。

遲疾分限數何也？太陰行天有遲疾，其遲疾又有初末，與太陽之盈縮同。所不同者，太陽之盈縮，以半歲周分初末，而其盈縮之度，止於二度奇。太陰之遲疾，以十三日七十七刻奇分初末，而其遲疾之度至於五度奇。疾初只六日八十八刻奇，而疾五度；遲初只六日八十八刻奇，而遲五度。曆家以八百二十分爲一限，即八刻奇。一日分十二限十二分，而自朝至暮，逐限之遲疾，細分可得而求矣。

以右旋之度言之，日每日平行一度，月每日平行十三度有奇。合朔時日月同度，積弦策七日，二八二六四八二五。而月度超前，離日一象限，是爲上弦。又積弦策，而月度離日半周天，與日對度，是爲望。自此以後，月向日行，又積弦策，而距日一象限，是爲下弦。更積弦策，而月追日及之，又復周度，而爲合朔矣。凡此者，皆有常度，有常期，故謂之經朔、經望、經弦也。乃若定朔、定望、定弦，則有時而後於常期，故有加差焉；有時而先於常期，故有減差焉。凡加差之因有二。一因於日度之盈。夫日行既越於常度，則月不能及。一因於月度之遲。夫月行既遲於常度，則不能及日。二者皆必於常期之外，更增時刻，而後能及於朔、望、弦之度，故時刻加也。減差之因亦有二。一因於日度之縮。夫日行既緩於常度，則月易及之。一因於月度之速。夫月行既速於常度，則易及於日。二者皆不待常期之至而已及於朔、弦、望之度，故時刻減也。乃若以日之盈，遇月之遲，二者皆宜有加差；以日之縮，遇月之疾，二者皆宜有減差。故盈與遲，縮與疾。並爲同名，而其度宜併。若以日之盈，遇月之疾，在日宜加，在月則宜減。以日之縮，遇月之遲，在日宜減，在月宜加。故盈與疾，縮與遲。並爲異名，而其度宜相減。用其多者爲主也。如上所論，既以盈縮遲疾。二差同名相從，異名相消，則加減差之大致已定。然而又有乘除者，上所言者度也，非時刻也，故必以此所得之度分，即同名相從，異名相消之度分。用每限之時刻八百二十分。乘之，爲實每限之月行度，爲法即遲疾行度。除之，即變爲時刻，而命之爲加減差矣。以異乘同除之理言之，月行遲疾行度，則所積時刻爲八百二十分。今加減之度，有幾个遲疾行度，則月行時刻亦當有幾个八百二十分，故以此乘除，而知加減差之時刻。」

【《新法曆引》】太陰之行，參錯不一，推步籌算，爲力倍艱。苟或分秒乖違，交食豈能密合。故必細審其行度所以然，而後可立法致用也。蓋月較諸曜，本旋之外，行復多種。第一曰平行，一日十三度有奇。但此行之界凡四：一界是從某宫次度分起算，此界定而不動。二界爲本天之最高，此非定界，每日自順天右行七分有奇，是月距本天最高，一日爲十三度三分有奇也。故其平行二十七日三十刻有奇爲一周，已復於宫次元度，又必再行二十三刻有奇，爲二十七日五十三刻，始能及於本天之最高。此行，新法謂之月自行，中法於此周謂之轉周，滿一周謂之轉終。其最高則行八年有奇而周天，謂之月孛。三界爲黄白二道相交之所，所謂正交、中交。此界亦自有行，乃逆行也。自東而西。每日三分有奇，則月平行距正交一日爲十三度十三分有奇，至二十七日二十七刻，減交行之一度二十三分，得二十七日十五刻有奇，月乃回於元界，曆家謂之交終。四界是與太陽去離，太陽一日約行一度，則太陰距太陽爲十二度十分有奇，至二十九日五十三刻有奇，逐及太陽，復與之會，曆家謂朔策是也。凡上四行，總歸第一平行。其第二行曰小輪，每一朔内行滿輪周二次，每日爲二十四度有奇。若以不同心圈論，此即太陰中距圈也。因有此行，復生第二損益加減分。云第二者，蓋於朔望所用加減分外，再加再減故也。此行中法所無。以上太陰諸行，新法定其軌轍不外三者，均圈一，不同心圈一，小輪一。然不同心圈與小輪，名異而理實同，曆家資以推算，兩用互推，所得之數正等也。

各朔後月夕西見，遲疾不一，甚有差至三日者。其故有三。一因月視行度。視行爲疾段則疾見，遲段則遲見。一因黄道升降，或斜或正。正必疾見，斜必遲見。一因白道在緯南緯北。凡在緯北疾見，緯南遲見也。此外，又有極出地之不同，朦朧分與炁差諸異，所以遲疾難齊也。

【《新法表異》】月與五星，本輪之外，皆有次輪，所以行度益繁。就月言之，同心輪負本輪之心而右，本輪又負次輪之心而左，俱一周而復。月復循次輪而右，半周而復。次輪半徑，半於本輪半徑，并之得五度弱，爲二弦。唯朔望月在本輪内規，不須次輪加減，止一加減已足。餘日則於一加減外，另有二三均數，多寡不等。

右月行遲疾。

五禮通考卷第一百八十九

淮陰吴玉搢校字

五禮通考卷第一百九十

内廷供奉禮部右侍郎金匱秦蕙田編輯
太子太保總督直隸右都御史桐城方觀承同訂
休寧戴震
按察司副使元和宋宗元 參校

嘉禮六十三

觀象授時

【《夏書·胤征》】惟時羲、和，顛覆厥德，沉亂於酒，畔官離次，俶擾天紀，遐棄厥司。乃季秋月朔，辰弗集於房。【傳】辰，日月所會。房，所舍之次。集，合也。不合，即日食可知。瞽奏鼓，嗇夫馳，庶人走。【傳】凡日食，天子伐鼓于社。瞽，樂官。樂官進鼓則伐之。嗇夫，主幣之官。馳取幣，禮天神。衆人走，供救日食之百役也。羲、和尸厥官，罔聞知。昏迷于天象，以干先王之誅。《政典》曰：「先時者殺無赦，【傳】《政典》，夏后爲政之典籍，若《周官》六卿之治典。先時，謂曆象之法、四時節氣、弦望晦朔先天時，則罪死無赦。不及時者殺無赦。」【傳】不及，謂曆象後天時。❶ 雖治其官，苟有先後之差，則無赦，況廢官乎？【疏】昭七年《左傳》曰：「晉侯問于士文伯曰：『何謂辰？』對曰：『日月之會是謂辰。』日月俱右行于天，日行遲，月行疾。日每日行一度，月日行十三度十九分度之七，計二十七日過半，月已行天一周，又逐及日而與日聚會。謂此聚會爲辰。一歲十二會，故爲十二辰，即子、丑、寅、卯之屬是也。房，謂室之房也，故爲所舍之次。日月當聚會共舍，今言日月不合于舍，則是日食可知也。日食者，月掩之也。月體掩日，日被月

❶「曆」，原作「推」，蓋避清高宗諱改。今改回。

映，即不成共處，故以『不集』言日食也。或以爲房謂房星。九月日月會于大火之次，房、心共爲大火。言辰在房星，事有似矣。知不然者，以集是止舍之處，言其不集于舍，故得以表日食。若言不集于房星，似太遲太疾，惟可見曆錯，不得以表日食也。且日之所在，星宿不見，止可推算以知之，非能舉目見之。君子慎疑，寧當以日在之宿爲文？以此知其必非房星也。『先時』、『不及』者，謂此『曆象之法，四時節氣、弦望晦朔』不得先天時，不得後天時。四時，時各九十日有餘，分爲八節，節各四十五日有餘也。節氣者，周天三百六十五日四分日之一，四時分之，均分爲十二月，則月各得三十日十六分日之七，以初爲節氣，半爲中氣，故一歲有二十四氣也。計十二月，每月二十九日彊半也。以月初爲朔，月盡爲晦。當月之中，日月相望，故以月半爲望。望去晦、朔，皆不滿十五日也。又半此望去晦、朔之數，名之曰弦。弦者，言其月光正半，如弓弦也。晦者，月盡無月，言其闇也。朔者，蘇也，言月死而更蘇也。先天時者，所名之日在天時之先。假令天之正時，當以甲子爲朔，今曆乃以癸亥爲朔，是造曆先天時也。若以乙丑爲朔，是造曆後天時也。後，❶即是不及時也。其氣、望等，皆亦如此。」

【《大衍議》】《書》曰：「乃季秋月朔，辰弗集于房。」劉炫曰：「房，所舍之次也。集，會也。會，合也。不合則日蝕可知。或以房爲房星，知不然者，日之所在，正可推而知之。君子慎疑，寧當以日在之宿爲文？近代善曆者，推仲康時九月合朔，已在房星北矣。」案古文「集」與「輯」義同。日月嘉會，而陰陽輯睦，則陽不疚乎位，以常其明，陰亦含章示冲，以隱其形。若變而相傷，則不輯矣。房者，辰之所次；星者，所次之名：其揆一也。又《春秋傳》「辰在斗柄」、「天策焞焞」、「降婁之初」、「辰尾之末」，君子言之，不以爲謬，何獨慎疑于房星哉？新曆仲康五年癸巳歲九月庚戌朔，日蝕在房二度。炫

❶「後」上，原衍「律」字，據《尚書・胤征》孔疏删。

以《五子之歌》，仲康當是其一，肇位四海，復修大禹之典，其五年，羲、和失職，則王命徂征。虞劇以爲仲康元年，非也。

蕙田案：掩食爲不安輯，因呈象而置辭耳。房如「皆火房也」之房，非房宿也，仍當從舊説。或因《小雅·十月》之詩有「月食其常，日食不臧」之文，疑古人但推月食，不推日食，非也。《左傳》梓慎曰：「二至二分，日有食之，不爲災。日月之行也，分，同道也；至，相過也。其他月則爲災，陽弗克也。」古人精于天象，其言有本蓋如此。《小雅》詩人去春秋時不甚遠，豈相懸至此，《詩》特爲憂時致儆之詞耳。陳師凱云：「觀篇中有『渠魁』、『脅從』之語，羲、和聚黨助羿明矣。仲康乘日食之變，正其昏迷之罪，羿亦不得而庇之。使非聚黨助逆，則褫職奪邑，司寇行戮足矣，何至興師誓衆哉！」此論雖似得當時情事，特日食亦非借辭也。羲、和司天之官，凡天變皆當測驗，先時後時，乃司天者之大戒，況如交食，又爲顯明，向使羲、和克舉厥職，早爲測定，則君臣上下，預先誡備，何至臨時瞽與嗇夫、庶人忽奏忽馳忽走，爲此倉惶驚駭之狀哉！觀瞽與嗇夫三句，可知伐鼓用幣之禮，古已有之，而日食之必爲推驗無疑矣。況欽若授時，經上古數聖人精心創制，迥非後人沿襲推算者所可及，寧有天象之變如日食之大者而顧不及耶？《堯典》命羲、和乃統舉大綱，語其常而不及其變耳。

觀承案：羲、和之事，引證自無不可，解經則自以陳説爲長。蓋日食失占，鰥官之罪難辭，然非常赦不原者，何至興師動衆，必欲滅此而殺無赦哉！且仲康原是乘其有罪而討之，初非借詞，則知罪固有浮於此者，特因是以誅之，可以泯然無迹，則聖賢自有作用，原非宋襄仁義可比者耳。

【《詩·小雅》】十月之交，朔月辛卯。❶日有食之，亦孔之醜。【傳】之交，日月之交會。醜，惡也。【箋】周之十月，夏之八月也。八月朔日，日月交會而日食，陰侵陽，臣侵君之象。彼月而微，此日而微。【傳】月，臣道。日，君道。【箋】微，謂不明也。【疏】每月皆交會，而月或在日道表，或在日道裏，故不食。其食要于交會，又月與日同道乃食也。日者，太陽之精，至尊之物，不宜有所侵，侵之則爲異。計古今之天，度數一也，日月之食，本無常時，故曆象爲日月交會之術，大率以百七十三日有奇爲限。而日月行天，各自有道，雖至朔相逢，而道有表裏。若月先在裏，依限而食者多；若月先在表，雖依限而食者少。日月之食，于算可推而知，則是數自當然，而云爲異者，人君者，位貴居尊，恐其志移心易，聖人假之靈神，作爲鑒戒耳。夫以昭昭大明，照臨下土，忽爾殲亡，俾晝作夜，其爲怪異，莫斯之甚，故有伐鼓用幣之儀，貶膳去樂之數，皆所以重天變，警人君者也。而天道深遠，有時而驗，或亦人之禍釁，偶與相逢。故聖人得因其變常，假爲勸戒，使智達之士，識先聖之深情，中下之主，信妖祥以自懼。但神道可以助教，而不可以爲教，神之則惑衆，去之則害宜，故其言若有若無，其事若信若不信，期于大通而已矣。

【戴氏震《詩補傳》】交者，月道交于黄道也。月以黄道爲中，其南至，則在黄道南不滿六度。步算家謂之陽曆。其北至，則在黄道北不滿六度。謂之陰曆。其自北而南，

❶「月」，原作「日」，據阮刻《毛詩注疏》及其校勘記改。

古名爲正交，今名爲中交。自南而北，古名爲中交，今名爲正交。斜穿黃道而過，是爲交。交乃有食。以步算之法上推，幽王六年乙丑建酉之月辛卯朔，辰時日食。《詩》據周正十月，非夏正。以爲夏十月、周十二月建亥者，誤也。凡日食，月掩日也。月在日之下，人又在月之下，三者相準，則有日食，故日食恒在朔。日月正相對。而地在中央，三者相準則有月食，故月食恒在望。月食由于地影，日食則主人目。蓋月卑日高，相去尚遠，人自地視之，其食分之淺深，及虧復之時刻，隨南北東西而移。故視會與實會不同。步算家立三差求之：高下差也，東西差也，南北差也。前人之爲術疎，有當食不食，不當食而食之説，占家之妄也。然則日月之行有常度，終古不變。聖人以爲天變而懼何也？曰：日月之主乎明者，常也，其有所掩之者，則爲變也。君道比于日，故以日引喻尤切，宜常明而不宜有蔽者也。聖人恐懼修省，無時不然。所謂日食修德，月食修刑，又其次矣，❶敬天變而加警惕耳。古人鑒白圭之玷而慎言，豈以圭之玷爲災異乎？此詩借日食以警王，欲王自知其掩蔽也。知其爲一時所揜蔽而醜之，則修德而復乎常明之體矣。

日月告凶，不用其行。四國無政，不用其良。【箋】行，道度也。不用之者，謂相干犯也。彼月而食，則惟其常。此日而食，于何不臧！

【戴氏震《詩補傳》】行，道也。日月以常明爲道，有時虧食以告凶于上，是不用其道也。告凶，所謂日月之災是也。君當

❶「次矣」，原脱，據戴震《毛詩補傳》卷一八補。

用善以爲政，今四國無政，是不用其良也。日之所繫大矣，故其食非月食之比，以喻君之所繫大也。《詩》中凡理道皆曰行，如「示我周行」、「女子有行」之類。先儒誤以爲行度，遂有日失行之説，誤矣。

觀承案：行即道也，道即度也。赤道、黄道是日月之道，即是日月之度，各行其道，故日月並明，即交於其道，亦不相掩食，是之謂能用其行也。蓋「行道」之道，即「道理」之道，無二道也。今必謂日月行度，本不失其常，乃是失其常明之道理，試思下人見爲交食而無光者，天上視之，其常明之道理並無少損也。其故全在交道之行，非如常行之度耳，則謂失其常行之度者亦何不可。戴氏此解，不免執己見以改舊説矣。

【《春秋》】隱公三年：「春王二月己巳，日有食之。」《公羊傳》：「何以書？記異也。日食，則曷爲或日或不日？或言朔或不言朔？曰某月某日朔，日有食之者，食正朔也。其或日或不日，或失之前，或失之後。失之前者，朔在前也。【注】謂二日食。失之後者，朔在後也。」【注】謂晦日食。《穀梁傳》：「言日不言朔，食晦日也。其日有食之何也？吐者外壤，食者内壤。【注】凡所吐出者，其壤在外；其所吞咽者，壤入于内。闕然不見其壤，有食之者也。有，内辭也。或，外辭也。有食之者，内于日也。【注】内于日，以壤不見于外。其不言食之者何也？知其不可知，知也。」【疏】徐邈云：「己巳謂二月晦，則三月不得有庚戌也。明宣十年四月丙辰、十七年六月癸卯，皆是前月之晦也。則此己巳正月晦，冠以『二月』者，蓋交會之正，必主于朔。今雖未朔而食，著之此月，所以正其本，亦猶成十七年十月壬申而繫之十一月也。取前月之日而冠以後月，故不得稱晦。以其不得稱晦，知非二月晦也。」《穀梁》之例，書日食凡有四種之別：言日不言朔，食晦日也；言朔不言日，食既朔也；不言日不言朔，夜食也；言日言朔，食正朔也。

李氏光地曰：「日食，書日書朔，朔日食也。書日不書朔，朔後食也。書朔不書日，朔前食也。不書日不書朔，陰雨食也。陰雨食，則國都不見，而他處見之，非靈臺所覘測，則未知其爲正朔與？朔之前後與？是以闕之也。若夫夜食之説則非。日食不占夜，猶月食不占晝。是以唐一行之作曆也，上溯往古，必使千有餘年日食必在晝，月食必在夜也。襄之二十一年連月日食，非變也，蓋史者異文：或曰九月庚戌，或曰十月庚辰，而夫子兩存之以闕疑，如『甲戌、己丑，陳侯鮑卒』之例。」

梅氏文鼎曰：「案古日食每不在朔者，以古用平朔耳。古所以用平朔者，以日月並紀平度也。東漢劉洪作《乾象曆》，始知月有遲疾。北齊張子信積修二十年，始知日有盈縮。有此二端，以生定朔。然而人猶不敢用也。至唐李淳風、僧一行始用之。至今遵用，乃驗曆之要。然非有洛下閎之渾儀，張衡之《靈憲》，則測驗且無其器，又何以能加密測？愚故曰古人之功不可没也。」

桓公三年：「秋七月壬辰朔，日有食之，既。」【杜注】既，盡也。曆家之説，日月同會，月掩日，故日食。食有上下者，行有高下，日光輪存而中食者，相揜密，故日光溢出。皆既者，正相當，而相揜間疏也。然聖人不言月食日，而以自食爲文，闕于所不見。【疏】食既者，謂日光盡也。曆家之説，當日之衝，有大如日者，謂之闇虚。闇虚當月，則月必滅光，故爲月食。張衡《靈憲》曰：「當日之衝，光常不合，是謂闇虚。在星則星微，遇月則月食。」若是應每望常食，而望亦有不食者，由其道度異也。日月異道，有時而交，交則相犯，故日月遞食。交在望前，朔則日食，望則月食；交在望後，望則月食，後月朔則日食。交正在朔，則日食既前，後望不食；交正在望，則月食既前，後朔不食。大率一百七十三日有餘而道始一交，非交則不相侵犯，故朔望不常有食也。道不正交，則日斜照月，故月光更盛；道若正交，則日衝當月，故月光即滅。日月同會，道度相交，月揜日光，故日食。言月食是日光所衝，日食是月體所映，故日食常在朔，月食常在望也。「食有上下者，行有高下」，謂月在日南，從南入食，南下北高，則食起于下；月在日北，從北入食，則食發于高。是其行有高下，故食不同也。故《異義》云「月高則其食虧于上，月下則其食虧于下」也。相揜密者，二體相近，正映其形，故光得溢出而中食也。相揜疎者，二體相遠，月近則日遠，自人望之，則月之所映者廣，故日光不復能見而日食既也。日食者，實是月映之也。但日之所在，則月體不見。聖人不言月來食日，而云有物食之，以自食爲文，闕于所不見也。《公羊傳》：「既者何？盡也。」【注】光明滅盡也。《穀梁傳》：「言日朔，食正朔也。【注】朔日食也。既者，盡也，有繼之辭也。」【注】盡而復生謂之既。

十有七年：「冬，十月朔，日有食之。」【注】甲乙者，曆之紀也。晦朔者，日月之會也。日食不可以不存晦朔，晦朔須甲乙而可推，故日食必以書朔日爲例。《左氏傳》：「『冬，十月朔，日有食之』。不書日，官失之也。天子有日官，諸侯有日御。日官居卿以底日，禮也。日御不失日，以授百官于朝。」《穀梁傳》：「言朔不言日，食既朔也。」

莊公十有八年：「春，王三月，日有食之。」《穀梁傳》：「不言日，不言朔，夜食也。何以知其夜食也？曰：王者朝日。【注】何休曰：「《春秋》不言月食日者，以其無形，故闕疑。其夜食何緣書乎？鄭君釋之曰：『一日一夜，合爲一日。今朔日日始出，其食有虧傷之處未復，故知此自以夜食。夜食則亦屬前月之晦，故穀梁子不以爲疑。』」故雖爲天子，必有尊也。貴爲諸侯，必有長也。故天子朝日，諸侯朝朔。」

二十五年：「夏，六月辛未朔，日有食之。鼓，用牲于社。」《左氏傳》：「夏，六月辛未朔，日有食之。鼓，用牲于社，非常也。【注】

非常鼓之月。《長曆》推之，辛未實七月朔，置閏失所，故致月錯。唯正月之朔，慝未作，【注】正月，夏之四月，周之六月，謂正陽之月。今書六月而傳云「唯」者，明此月非正陽月也。慝，陰氣。日有食之，于是乎用幣于社，伐鼓于朝。」《公羊傳》：「日食則曷爲鼓、用牲于社？求乎陰之道也。以朱絲營社，或曰脅之，或曰爲闇，恐人犯之，故營之。」《穀梁傳》：「言日言朔，食正朔。鼓，禮也。用牲，非禮也。天子救日，置五麾，陳五兵、五鼓；諸侯置三麾，陳三鼓、三兵；大夫擊門；士擊柝：言充其陽也。」【注】凡有聲，皆陽事，以壓陰氣。充，實也。【疏】五麾者，麋信云：「各以方色之旌置之五處也。」五兵者，徐邈云：「矛在東，戟在南，鉞在西，楯在北，弓矢在中央。」麋信與范數五兵與之同，是相傳説也。五鼓者，麋信、徐邈並云：「東方青鼓，南方赤鼓，西方白鼓，北方黑鼓，中央黃鼓。」諸侯三者，則云降殺以兩，去黑、黃二色。

二十有六年：「冬，十有二月癸亥朔，日有食之。」

三十年：「秋，九月庚午朔，日有食之。鼓，用牲于社。」

僖公五年：「秋，九月戊申朔，日有食之。」

十有二年：「春王三月庚午，日有食之。」

十有五年：「夏五月，日有食之。」《左氏傳》：「『夏五月，日有食之』。不書朔與日，官失之也。」

文公元年：「春，二月癸亥，日有食之。」

十有五年：「夏，六月辛丑朔，日有食之。鼓，用牲于社。」《左氏傳》：「『六月辛丑朔，日有食之。鼓，用牲于社』，非禮也。【注】得常鼓之月，而于社用牲爲非禮。日有食之，天子不舉，伐鼓于社；諸侯用幣于社，伐鼓于朝，以昭事神、訓民、事君，示有等威，古之道也。」

宣公八年：「秋，七月甲子，日有食之。」

十年：「夏，四月丙辰，日有食之。」

十有七年：「夏，六月癸卯，日有食之。」

成公十有六年：「夏，六月丙寅朔，日有食之。」

十有七年：「冬，十有二月丁巳朔，日有食之。」

襄公十有四年：「春，二月乙未朔，日有食之。」

十有五年：「秋，八月丁巳，日有食之。」

二十年：「冬，十月丙辰朔，日有食之。」

二十有一年：「秋，九月庚戌朔，日有食之。冬，十月庚辰朔，日有食之。」

二十有三年：「春，王二月癸酉朔，日有食之。」

二十有四年：「秋，七月甲子朔，日有食之，既。」【疏】七月日食既，而八月又食，于推步之術，必無此理。蓋古書磨滅，致有錯誤。劉炫云：「漢末以來，八百餘載，考其注記，莫不皆爾，都無頻月日食之事。計天道轉運，古今一也。後世既無其事，前世理亦當然。此與二十一年頻月日食，理必不然。但其字則變古爲篆，改篆爲隸，書則縑以代簡，紙以代縑，多歷世代，或轉寫誤，失其本真，執文求義，理必不通。後之學者，宜知此意也。」

八月癸巳朔，日有食之。」

二十有七年：「冬，十有二月乙亥朔，日有食之。」【注】今《長曆》推十一月朔，非十二月。《傳》曰「辰在申，再失閏」，若是十二月，則爲三失閏，故知經誤。

《左氏傳》：「十一月乙亥朔，日有食之。辰在申，司曆過也，再失閏矣。」【注】文十一年三月甲子，至今年七十一歲，應有二十六閏。今《長曆》推得二十四閏，通計少再閏。【疏】古法十九年爲一章，章有七閏。從文十一年至襄十三年，凡五十七年，已成三章，當有二十一閏。又從襄十四年至今，爲十四年，又當有五閏，故爲應有二十六閏也。魯之司曆，漸失其閏，至此年日食之月，以儀審望，于是始覺其謬，遂頓置兩閏，以應天正，以敘事期。然則前閏月爲建酉，後閏月爲建戌，十二月爲建亥，而歲終焉。是故明年經書「春，無冰」，傳以爲時災也。若不復頓置二閏，則明年春是今之九月、十月、十一月也。今之九月、十月、十一月無冰，非天時之異，無緣總書春也。

昭公七年：「夏，四月甲辰朔，日有食之。」

《左氏傳》：「『夏，四月甲辰朔，日有食之』。晉侯問于士文伯曰：『誰將當日食？』對曰：『魯、衛惡之，衛大魯小。』公曰：『何故？』對曰：『去衛地，如魯地。【注】衛地，豕韋也。魯地，降婁也。日食于豕韋之末，及降婁之始乃息，故禍在衛大，在魯小也。周四月，今二月，故曰在降婁。【疏】娵訾之次，一名豕韋。于是有災，魯實受之。【注】災發于衛，而魯受其餘禍。其大咎，其衛君乎？魯將上卿。』【注】八月，衛侯卒。十一月，季孫宿卒。公曰：『《詩》所謂「彼日而食，于何不臧」者何也？』對曰：『不善政之謂也。國無政，不用善，則自取謫于日月之災。』」

十有五年：「夏，六月丁巳朔，日有食之。」

十有七年：「夏，六月甲戌朔，日有食之。」

《左氏傳》：「夏，六月甲戌朔，日有食之。祝史請所用幣。昭子曰：『日有食之，天子不舉，伐鼓于社；諸侯用幣于社，伐鼓于朝：禮也。』平子禦之曰：『止也。唯正月朔，慝未作，日有食之，于是乎有伐鼓、用幣，禮也。其餘則否。』太史曰：『在此月也。【注】正月，謂建巳正陽之月也。于周爲六月，于夏爲四月。四月純陽用事，陰氣未動而侵陽，災重，故有伐鼓、用幣之禮也。平子以爲六月非正月，故太史答言在此月也。日過分而未至，【注】過春分而未夏至。三辰有災，于是乎百官降物，君不舉，辟移時，樂奏鼓，祝用幣，史用辭。故《夏書》曰：「辰不集于房，瞽奏鼓，嗇夫馳，庶人走。」此月朔之謂也。當夏四月，是謂孟夏。』平子弗從。昭子退曰：『夫子將有異志，不君君矣。』」

二十有一年：「秋，七月壬午朔，日有食之。」《左氏傳》：「秋，七月壬午朔，日有食之。公問于梓慎曰：『是何物也？禍福何爲？』對曰：『二至二分，日有食之，不爲災。日月之行也，分，同道也；至，相過也。

【注】二分，日夜等，故言同道。二至，長短極，故相過。

【疏】日之行天，一日一周。月之行天，二十九日有餘，已得一周。日月異道，互相交錯。月之一周，必半在日道裏，從外而入内也；半在日道表，從内而出外也。或六入七出，或七入六出，凡十三出入而與日一會，曆家謂之交道。通而計之，一百七十三日有餘而有一交。交在望前，朔則日食，望則月食；交在望後，望則月食，後月朔則日食。此自然之常數也。交數滿則相過，非二至乃相過也。

其他月則爲災，陽不克也，故常爲水。』于是叔輒哭日食。昭子曰：『子叔將死，非所哭也。』八月，叔輒卒。」

二十有二年：「冬，十有二月癸酉朔，日有食之。」【杜注】此月有庚戌。又以《長曆》推校前後，當爲「癸卯朔」，書「癸酉」，誤。【疏】案《傳》「十二月庚戌，晉籍談」云云，庚戌上去癸酉，三十七日，若此月癸酉朔，其月不得有庚戌也。又《傳》十二月下有「閏月，晉箕遺」云云，又云「辛丑伐京」。辛丑，是壬寅之前日也。二十三年《傳》曰：「正月壬寅朔，二師圍郊。」則辛丑是閏月之晦日也。又計明年正月之朔與今年十二月朔，中有一閏，相去當爲五十九日。此年十二月當爲癸卯朔，經書「癸酉」，明是誤也。故言《長曆》推校，❶十一月小，甲戌朔。傳有乙酉，十二日也；又有己丑，十六日也。十二月大，癸卯朔，傳有庚戌，八日也。閏月小，癸酉朔，傳有「閏月辛丑」，二十九日也。明年正月壬寅朔，則上下符合矣。

二十四年：「夏，五月乙未朔，日有食之。」《左氏傳》：「夏，五月乙未朔，日有食之。梓慎曰：『將水。』昭子曰：『旱也。日過分而陽猶不克，❷克必甚，能無旱乎？陽不克莫，將積聚也。』」

---

❶「校」，原作「交」，據《左傳注疏》改。

❷「不」，原作「未」，據庫本改。

三十有一年：「冬，十有二月辛亥朔，日有食之。」《左氏傳》：「十有二月辛亥朔，日有食之。是夜也，趙簡子夢童子贏而轉以歌。旦，占諸史墨，曰：『吾夢若是，今而日食，何也？』對曰：『六年及此月也，吴其入郢乎？終亦弗克。入郢必以庚辰。【注】庚日有變，❶日在辰尾，故曰「以庚辰」。定四年十一月庚辰，吴入郢。【疏】于天文，房、心、尾爲大。辰尾是辰後之星也。日在辰尾，自謂在辰星。庚辰入郢，乃謂日是辰日。二辰不同，而以日在辰尾配庚爲庚辰者，二辰實雖不同，而同名曰辰，以其名同，故取以爲占。此則史墨能知，非是人情所測。此十二月日食，彼十一月入郢，則是未復其月，而云「及此月」者，《長曆》定四年閏十月，庚辰吴入郢，是十一月二十九日。杜云「昭三十一年傳曰『六年十二月庚辰吴入郢』，今十一月者，并閏數也」。然則彼是新閏之後，且十一月二十九日，又其月垂盡，故得爲「及此月」也。日月在辰尾。【注】辰尾，龍尾也。周十二月，今之十月。日月合朔于辰尾而食。庚午之日，日始有謫。火勝金，故弗克。』」【注】謫，變氣也。庚午，十月十九日，去辛亥朔四十一日，雖食在辛亥，更以始變爲占也。午，南方，楚之位也。午，火；庚，金也。日以庚午有變，故災在楚。楚之仇敵惟吴，故知入郢必吴。火勝金者，金爲火妃，食在辛亥，亥，水也。水數六，故六年也。【疏】《長曆》此年十月壬子朔，故庚午是十月十九日也。從庚午下去十二月辛亥朔爲四十一日，雖食在辛亥之日，而更以庚午爲占，舍近而取遠，自是史墨所見，其意不可知也。

定公五年：「春，王三月辛亥朔，日有食之。」

十有二年：「冬，十有一月丙寅朔，日有食之。」

十有五年：「秋，八月庚辰朔，日有食之。」

陸氏九淵曰：「《春秋》日食三十六，而食之既者三。日之食與食之深淺，皆曆家所能知，是蓋有數，疑若不爲變也。然天人之際，實相感通，雖有其數，亦有其道。

❶「日」，原作「午」，據庫本改。

昔之聖人，未嘗不因天變以自治。『洊雷震，君子以恐懼修省』，『君子無終食之間違仁，造次必于是，顛沛必于是』，所以修其身者素矣。然洊震之時，必因以恐懼修省，此君子所以無失德，而盡事天之道焉，❶況日月之眚見于上乎？遇災而懼，側身修行，欲銷去之，此宣王之所以中興也。知天災有可銷去之理，則無疑于天人之際，而知所以自求多福矣。日者，陽也。陽爲君，爲父，苟有食之，斯爲變矣。食至于既，變又大矣。言日不言朔，食不在朔也。日之食，必在朔，食不在朔，曆差也。」

觀承案：象山此論，至爲精當。此天人感通之理，非有道者不能知。考禮者雖得其數，不可不以此理立其本也。

【哀公十有四年《左氏傳》】夏，五月庚申朔，日有食之。

【《後漢書志》】朔會望衡，鄰于所交，虧薄生焉。

【《宋書志》】日行黃道，陽路也。月者陰精，不由陽路，故或出其外，或入其內，出入去黃道不得過六度。入十三日有奇而出，出亦十三日有奇而入，凡二十七日而一入一出矣。交于黃道之上，與日相掩，則蝕焉。

【《唐書志》】《大衍日蝕議》：《小雅》：「十月之交，朔日辛卯。」虞劆以曆推之，在幽王六年。《開元曆》定交分四萬三千四百二十九，入蝕限，加時在晝。交會而蝕，數之常也。《詩》云：「彼月而食，則維其常。此日而食，于何不臧。」日，君道也，無朏魄之變；月，臣道也，遠日益明，近日益虧。望與日軌相會，則徙而寖遠，遠極又徙而近交，所以著臣人之象也。望而正于黃道，是

❶「事」，原作「是」，據陸九淵《象山集》卷二三《太學春秋講義》改。

謂臣干君明，則陽斯蝕之矣。朔而正于黄道，是謂臣壅君明，則陽爲之蝕矣。且十月之交，于曆當蝕，君子猶以爲變，詩人悼之。然則古之太平，日不蝕，星不孛，蓋有之矣。若過至未分，月或變行而避之；或五星潛在日下，禦侮而救之；或涉交數淺，或在陽曆，陽盛陰微則不蝕；或德之休明，而有小眚焉，則天爲之隱，雖交而不蝕。此四者，皆德教之所由生也。

四序之中，分同道，至相過，交而有蝕，則天道之常。如劉歆、賈逵，皆近古大儒，豈不知軌道所交，朔望同術哉？以日蝕非常，故闕而不論。黄初已來，治曆者始課日蝕疎密，及張子信而益詳。劉焯，張冑玄之徒，自負其術，謂日月皆可以密率求，是專于曆紀者也。以《戊寅》、《麟德曆》推《春秋》日蝕，大最皆入蝕限。于曆應蝕而《春秋》不書者尚多，則日蝕必在交限，其入限者不必盡蝕。開元十二年七月戊午朔，于曆當蝕半彊，自交趾至于朔方，候之不蝕。十三年十二月庚戌朔，于曆當蝕太半，時東封泰山，還次梁、宋間，皇帝徹膳，不舉樂，不蓋，素服，日亦不蝕。時羣臣與八荒君長之來助祭者，降物以需，不可勝數，皆奉壽稱慶，肅然神服。雖算術乖舛，不宜如此。然後知德之動天，不俟終日矣。若因開元二蝕，曲變交限而從之，則差者益多。

自開元治曆，史官每歲較節氣中晷，因檢加時小餘，雖大數有常，然亦與時推移，每歲不等。晷變而長，則日行黄道南；晷變而短，則日行黄道北。行而南，則陰曆之交也或失；行而北，則陽曆之交也或失。日在黄道之中，且猶有變，況月行九道乎！杜預云「日月動物，雖行度有大量，不能不小有盈縮。故有雖交會而不蝕者，或有頻交而蝕者」是也。故較曆必稽古史，❶虧蝕深淺、加時朓朒陰陽，其數相叶者，反覆相求，由曆數之中，以合辰象之變；觀辰象之變，反求曆數之中。類其所同，而中可知矣；辯其所異，而變可知矣。其循度則合于曆，失行則合于占。占道順成，常執中以追變，曆道逆數，常執中以俟變。知此之説者，天道如視諸掌。使日蝕皆不可以常數求，則無以稽曆數之疎密。若皆可以常數求，則無以知政教之休咎。今更設考日蝕或限術，得常則合于數。又日月交會大小相若，而月在日下，自京師斜射而望之，假中國食既，則南方戴日之下所虧纔半，月外反觀，則交而不蝕。步九服日晷以定蝕分，晨昏漏刻與地偕變，則宇宙雖廣，可以一術齊之矣。

蕙田案：日食雖云數有定，而其爲天變，固顯然者。不知其數一定，非也；知其一定而不謹天變，不加警惕，亦非也。唐時推日食猶未能密合，又不知變差、氣差等在尋常食法之外，而亦具一定之故，謬爲月變行、五星禦侮之説，弗知妄作矣。其言里差，則有可取，略識梗概而已。

【《宋史志》】四正食差：正交如累璧，漸減則有差。在内食分多，在外食分少；交淺則間遥，交深則相薄；所觀之地又偏，所食之時亦别。苟非地中，皆隨所在而漸異。縱交分正等同在南方，冬食則多，夏食乃少。假均冬夏，早晚又殊，處南北則高，❷居

❶「較曆」，原作「交」，據《新唐書·曆三下》改。
❷「北」，原作「辰」，據《宋史·律曆七》改。

東西則下。視有斜正，理不可均。

【《元史志》】曆法疎密，驗在交食。然推步之術，難得其密，加時有早晚，食分有淺深，取其密合，不容偶然。推曆加時，必本于躔離朓朒；考求食分，必本于距交遠近；苟入氣盈縮、入轉遲疾未得其正，則合朔不失之先，必失之後。合朔失之先後，則虧食時刻，其能密乎？日月俱東行，而日遲月疾，月追及日，❶是爲一會。交直之道，有陽曆陰曆；交會之期，有中前中後；加以地形南北東西之不同，人目高下邪直之各異，此食分多寡，理不得一者也。今合朔既正，則加時無早晚之差；氣刻適中，則食分無强弱之失。推而上之，自《詩》、《書》、《春秋》及三國以來所載虧食，無不合焉者。合于既往，則行之悠久，自可無弊矣。

【《明史志》】正德十五年，禮部員外郎鄭善夫言：「日月交食，日食最爲難測。蓋月食分數，但論距交遠近，別無四時加減，且月小闇虛大，八方所見皆同。若日爲月所揜，則日大而月小，日上而月下，日遠而月近。日行有四時之異，月行有九道之分，故南北殊觀，時刻亦異。必須據地定表，因時求合。如正德九年八月辛卯日食，臺官報食八分六十七秒，而閩、廣之地，遂至食既。時刻分秒，安得而同？今宜案交食以更曆元，時刻分秒，必使奇零剖析詳盡。不然，積以歲月，躔離朓朒，又不合矣。」

【鄭世子書】日道與月道相交處有二，若正會于交，則食既；若但在交前後相近者，則食而不既。此天之交限也。又有人之交限。假令中國食既，戴日之下，所

❶「追及」，原作「及追」，據《元史・曆二》乙正。

虧纔半，化外之地，則交而不食。易地反觀，亦如之。何則？日如大赤丸，月如小黑丸，共縣一線，日上而月下，即其下正望之，黑丸必揜赤丸，似食之既；及旁觀有遠近之差，則食數有多寡矣。春分已後，日行赤道北畔，交外偏多，交内偏少。秋分已後，日行赤道南畔，交外偏少，交内偏多。是故有南北差。冬至已後，日行黄道東畔，午前偏多，午後偏少。夏至已後，日行黄道西畔，午前偏少，午後偏多。是故有東西差。日中仰視則高，旦暮平視則低。是故有距午差。食于中前見早，食于中後見遲。是故有時差。凡此諸差，唯日有之，月則無也。故推交食，惟日頗難。欲推九服之變，必各據其處，考晷景之短長，揆辰極之高下，庶幾得之。《曆經》推定之數，徒以燕都所見者言之耳。舊云：「月行内道，食多有驗。月行外道，食多不驗。」又云：「天之交限，雖係内道，若在人之交限之外，類同外道，日亦不食。」此説似矣，而未盡也。假若夏至前後，日食于寅卯、酉戌之間，人向東北、西北觀之，則外道食分反多于内道矣。日體大于月，月不能盡揜之，或遇食既，❶而日光四溢，形如金環，故日無食十分之理。雖既，亦止九分八十秒。《授時曆》日食，陽曆限六度，定法六十，陰曆限八度，定法八十。各置其限度，如其定法而一，皆得十分。今于其定法下，各加一數以除限度，則得九分八十餘秒也。

❶「食」，原作「日」，據庫本改。

崇禎四年夏四月戊午，❶夜望月食，光啟預推分秒時刻方位。奏言：「日食隨地不同，則用地緯度算其食分多少，用地經度算其加時早宴。月食分秒，海内並同，止用地經度推求先後時刻。臣從輿地圖約略推步，開載各布政司月食初虧度分。蓋食分多少既天下皆同，則餘率可以類推，不若日食之經緯各殊，必須詳備也。又月體一十五分，則盡入闇虛亦十五分止耳。今推二十六分六十秒者，蓋闇虛體大于月，若食時去交稍遠，則月體不能全入闇虛，止從月體論其分數。是夕之食，極近于交，故月入闇虛十五分方爲食既，更進一十一分有奇，❷乃得生光，故爲二十六分有奇。如《回回曆》推十八分四十七秒，略同此法也。」

冬十月辛丑朔日食，新法預推順天見食二分一十二秒，應天以南不食，大漠以北食既，例以京師見食不及三分，不救護。光啟言：「月食在夜，加時早晚，苦無定據。惟日食案晷定時，無可遷就。故曆法疎密，❸此爲的證。臣等纂輯新法，漸次就緒，而向後交食爲期尚遠，此時不與監臣共見，至成書後，將何徵信？且是食之必當測候，更有説焉。舊法，食在正中，則無時差。今此食既在日中，而新法仍有時差者，蓋以七政運行，皆依黄道，不由赤道。舊法所謂中，乃赤道之午中，非黄道之正中也。黄赤二道之中，獨冬夏至加時正午，乃得同度。今

❶「崇禎四年夏四月戊午」以下至本篇末「所見食分亦異焉」，原皆低一格刻，與上文連排，今查此乃《明史·曆一》文，與「鄭世子書」無涉，故據本書體例頂格排。

❷「一十一」，原作「一十五」，據《明史·曆一》改。

❸「曆」，原作「立」，蓋避清高宗諱改。今據《明史·曆一》改回。

十月朔去冬至度數尚遠，兩中之差，二十三度有奇，豈可因加時近午，不加不減乎？適際此日，又值此時，足可驗時差之正術，一也。本方之地經度，未得真率，則加時難定，其法必從交食時測驗數次，乃可較勘畫一。今此食依新術測候，其加時刻分，或前後未合，當取從前所記地經度分，斟酌改定，此可以求里差之真率，二也。時差一法，但知中無加減，而不知中分黄赤，今一經目見，人人知加時之因黄道，因此推彼，他術皆然，足以知學習之甚易，三也。即分數甚少，亦宜詳加測候，以求顯驗。」帝是其言。至期，光啟率監臣預點日晷，調壺漏，用測高儀器測食甚日晷高度。又于密室中斜開一隙，置窺筩、遠鏡以測虧圓，晝日體分數圖板以定食分，其時刻、高度悉合，惟食甚分數未及二分。于是光啟言：「今食甚之度分密合，則經度里差已無煩更定矣。獨食分未合原推者，蓋因太陽光大，能減月魄，必食及四五分以上，乃得與原推相合。然此測，用密室窺筩，故能得此分數，倘止憑目力，或水盆照映，則眩耀不定，恐少尚不止此也。」

又曰：「宋仁宗天聖二年甲子歲，五月丁亥朔，曆官推當食不食，❶諸曆推算皆云當食。夫于法則實當食，而于時則實不食。今當何以解之？蓋日食有變差一法，月在陰曆，距交十度强，于法當食。而獨此日此地之南北差，變爲東西差，故論天行，則地心與日月相參值，實不失食。而從人目所見，則日月相距近變爲遠，實不得食。

❶「曆官」，原作「司天」，蓋避清高宗諱改。今據《明史·曆一》改回。

顧獨汴京爲然。若從汴以東數千里，則漸見食，至東北萬餘里外，則全見食也。夫變差時時不同，或多變爲少，或少變爲多，或有變爲無，或無變爲有，推步之難，全在此等。」

五年九月十五日，月食，監推初虧在卯初一刻，光啟推在卯初三刻，回回科推在辰初初刻。三法異同，致奉詰問。至期測候，陰雲不見，無可徵驗。光啟具陳三法不同之故，言：「時刻之加減，由于盈縮、遲疾兩差。而盈縮差，舊法起冬夏至，新法起最高，最高有行分，惟宋紹興間與夏至同度。郭守敬後此百年，去離一度有奇，故未覺。今最高在夏至後六度。此兩法之盈縮差所以不同也。遲疾差，舊法只用一轉周，新法謂之自行輪。自行之外，又有兩次輪。此兩法之遲疾差所以不同也。至于《回回》又異者，或由于四應，或由于里差，臣實未曉其故。總之，三家俱依本法推步，不能變法遷就也。將來有宜講求者二端：一曰食分多寡。日食時，陽晶晃耀，每先食而後見。月食時，游氣紛侵，每先見而後食。其差至一分以上。今欲灼見實分，有近造窺筩，日食時，于密室中取其光景，映照尺素之上，初虧至復圓，分數真確，畫然不爽。月食用以仰觀二體離合之際，鄞鄂著明，與目測迥異。此定分法也。一曰加時早晚。定時之術，壺漏爲古法，輪鐘爲新法，然不若求端于日星，晝則用日，夜則任用一星。皆以儀器測取經緯度數，推算得之。此定時法也。二法既立，則諸術之疎密，毫末莫遁矣。古今月食，諸史不載。日食，自漢至隋，凡二百九十三，而食于晦者七十七，晦前一日者三，初二日者三，其疎如此。唐至五代凡一百一十，而食于晦者一，初二日者一，❶稍密矣。宋凡一百四十八，無晦食者，更密矣，猶有推食而不食者十三。元凡四十五，亦無晦食，猶有推食而不食者一，食而失推者一，夜食而書晝者一。至加時差至四五刻者，當其時已然。可知高遠無窮之事，必積時累世，乃稍見其端倪。故漢至今千七百歲，立法者十有三家，而守敬爲最優，尚不能無數刻之差，而況于沿習舊法者，何能責其精密哉？」

六年，李天經進交食之議四：一曰日月景徑分恒不一。蓋日月有時行最高，有時行最卑，因相距有遠近，見有大小。又因遠近得太陰過景，時有厚薄，所以徑分不能爲一。二曰日食午正非中限，乃以黄道九十度限爲中限。蓋南北東西差俱依黄道，則時差安得不從黄道論其初末以求中限乎？且黄道出地平上，兩象限自有其高，亦自有其中。此理未明，或宜加反減，宜減反加，凡加時不合者由此也。❷三曰日食初虧復圓，時刻多寡恒不等，非二時折半之説。蓋視差能變實行爲視行，則以視差較食甚前後，鮮有不參差者。夫視差既食甚前後不一，又安能令視行前後一乎？今以視行推變時刻，則初虧復圓，其不能相等也明矣。四曰諸方各以地經推算時刻及日食分，蓋地面上東西見日月出没，各有前後不同，即所得時刻亦不同。故見食雖一而時刻異，此日月食皆一理。若日食則因視差隨地不一，即太陰視距不一，所見食分亦異焉。

【《新法曆書》】步交食之術有二：一曰加時

❶「一」下，《明史·曆一》有「初三日者一」五字。
❷「凡加」二字，原脱，據《明史·曆一》補。

早晚，一曰食分淺深。加時者，日食于朔，月食于望，當豫定其食甚在某時刻分秒也。食分者，月所借之日光食于地景，地所受之日光食于月景，當豫定其失光幾何分秒也。加時早晚，非在日月正相會相望之實時，而在人目所見、儀器所測之視時。乃視時無均度可推，故日月兩食，皆先求其實時。既得實時，然後從視處密求日食之定時，惟月食則實時即近視時也。然日與月實相會之度分未定，即欲求其實時，無從可得。故須先推中會時，計其平行及自行而得均數，然後以均數加減，求得其實會，因得其實時矣。若食甚之前爲初虧，食甚之後爲復圓，此兩限間，亦應推定時刻分秒。其法，于前後數刻間推步日躔月離，求其實行、視行，月有遲疾，經時則生變易，故宜近取。以得起復之間時刻久近也。食分多寡，謂日食時月體掩日體若干，月食時月體入地景若干也。其法，以日月兩半徑較太陰距黃道度分，得其大小，次求二曜距交遠近，與古法不異。第日月各有最高庳，景徑因之小大，黃白距度有廣狹，食限爲之多少。至於日食三差，尤多曲折。此爲異矣。

欲定本地之日食分，必先定本地之蒙氣差，以限本地之視徑。又宜累驗本地之食分加時，然後酌量消息，蒙差、視徑，可得而定也。今所考求酌定者，太陽在最高，得徑三十〇分，在最庳，徑三十一分。太陰不分朔望，蒙氣稍薄故也。在最高，視徑三十〇分三十〇秒，在最庳，視徑三十四分四十〇秒。地景最小者四十三分，最大者四十七分。日月行最高、最庳處之間，視徑亦漸次不一。

食限者，日月行兩道，各推其經度距交若

干，爲有食之始也。而日與月不同，月食則太陰與地景相遇，兩周相切，以其兩視半徑較白道距黄道度，又以距度推交周度，定食限。若日食，則太陽與太陰相遇，雖兩周相切，其兩視半徑未可定兩道之距度，爲有視差，必以之相加而得距度。故特論半徑，則日食之二徑狹，月食之二徑廣。論日食之限，反大于月食之限，以視差也。

太陰食限。表中地景半徑最大者，先定四十七分。太陰半徑最大者，一十七分二十○秒，并得一度○四分二十○秒。日月兩道之距在此數以内，可有月食。可食者，可不食也。以此距度推其相值之交常，得一十二度二十八分，爲月食限。推法最大距度，四度五十八分半。與象限九十度，若距度與交常之弧也。其最小者地半景定四十三分，月半徑一十五分一十五秒，并得五十八分一十五秒。若距度與之等者，依前法推交常度，得一十一度一十六分。此限以内月過景，必有食也。必食者，無不食也。抑此兩者皆論實望時之食限耳，若論平望，其限尤寬。

太陽食限。表中太陽之最大半徑一十五分三十○秒，太陰之最大半徑一十七分二十○秒，并得三十二分五十○秒，所謂二徑折半也。以此推相值之交常，爲六度四十○分，是太陽不論視差，不分南北，正居實會之食限也。第日食不在天頂，即有高庳視差。太陰每偏而在下，交會時以此差故，或就近於太陽，或移遠，隨地隨時，各各不同，安得以實度遽定日食之限乎？測太陰交食時，最大高庳差，得一度○四分，因距遠五十四地半徑故。減太陽之最大高庳差三分，餘一度○一分，此爲太陰偏南之極多者。凡日食時，必有一方能見其然，是爲大地公共之最大差。以加二徑折半，得總視距度一度三十三分五十〇秒。外此即無日食，在其内則可食。依前法求食限，得兩交前後各一十八度五十〇分，爲兩大視徑折半之限也。若以小半徑求食限，與前差度并，得一度三十一分有奇，推相值之交周度一十七度四十八分，爲小視徑折半之日食限。若日月會入此限内者日必食，但非總大地能見，必有地能見耳。若以中會論食限，又須加入實會距中會之度，其最大弧三度，則中會有食之限二十餘度。欲知此月内有無交食，則以食限求之。欲知此食食分幾何，則以距度求之。距度者，在月食，爲太陰心實距地景之心，兩心愈相近，月食分愈多。在日食，爲日月兩心以視度相距，其近其遠，皆以目視爲準，不依實推。蓋定朔爲實交會，天下所同，而人見日食，東西南北各異，所以然者，皆視度所爲也。

太陰在食限内過地景，其兩心最相近時爲食甚，而食分必多。欲知食甚之處，用距度求之。蓋距度與地半景及月半徑相減，得月入景之分。此言分者，天周度數之分，非平分月徑之分也。如兩半徑得一度，距度四十〇分相減，餘二十分，爲所求月入景之分也。但距度與半景或等，或不等，若過不及之分，小于月半徑，則月不全入景，而止食其半，或大半，或少半而已。若距度小于半景者，爲太陰之正半徑，則雖全食，隨復生光。其食分，即太陰之全徑。以月自行推之，若絶無距度，即太陰遇景，正在兩交，則并其兩半徑，可推月食之分也。

食甚前初虧也，食甚後復圓也，兩限間之時刻多寡，其緣有三。一在太陰本時距度。因距度或多或寡，每食不同，即太陰入景淺深不同，淺則時刻必少，深則時刻必多。其二在月及景兩視半徑。半徑小，太陰過之，所須時刻少；半徑大，太陰過之，所須時刻多。其三在太陰自行。自行有時速，有時遲，雖則距度同，視徑同，而自行遲疾不同，即所須時刻不同矣。

月食生於地景，景生於日。故天上之實食，即人所見之視食，無二食也。日食不然，有天上之實食，有人所見之視食，其食分之有無多寡，加時之早晚先後，各各不同。推步日食，難于太陰者以此。其推算視食，則依人目與地面爲準。凡交會者，必參相直。不參直，不相揜也。日之有實食也，地心與月與日，參居一線之上也。其有視食也，人目與月與日，參居一線之上也。人目居地面之上，與地心相距之差，爲大地之半徑。則所見日食與實食，恒偏左偏右，其所指不得同度分，是生視差。而人目所參對之線，不得爲實會，而特爲視會。視會與實會無異者，惟有正當天頂之一點。過此，以地半徑，以日月距地之遠，測太陽及太陰，實有三等視差。其法，以地半徑爲一邊，以太陽、太陰各距地之遠爲一邊，以二曜高度爲一邊，成三角形，用以得高庳差，一也。又偏南而變緯度，得南北差，二也。以黄道九十度限偏左偏右，而變經度，得東西差，三也。因東西視差，故太陽與太陰會，有先後遲速之變。二曜之會，在黄平象限東，即未得實會，而先得視會。若在黄平象限西，則先得實會，而後得視會。所謂中前宜減，中後宜加者也。因南北視差，故太陰距度有廣狹，食分有大小之變。如人在夏至之北測太陰，得南北視差，即以加于太陰實距南度，以減於實距北度。又東西南北兩視差，皆以黄平象限爲主。蓋正當九十度限，絶無東西差，而反得最大南北差。距九十度漸遠，南北差漸小，東西差漸大。至最遠，乃全與高庳差爲一也。三差恒合爲句股形，高庳其弦，南北其股，東西其句，至極南，則弦與股合，至極東極西，則弦與句合也。

東西、南北、高庳，三差之外，復有三差。不生於日月地之三徑，而生於氣。氣有輕重，有厚薄，各因地因時，而三光之視差爲之變易有三。一曰清蒙高差。是近於地平，爲地面所出清蒙之氣變易高下也。二曰清蒙徑差。亦因地上清蒙之氣，而人目所見太陽本徑之大小爲所變易也。三曰本氣徑差。本氣者，四行之一，即《内經・素問》所謂「大氣，地面以上，月天以下，充塞太空者」是也。此比於地上清蒙，更爲精微，無形質，而亦能變易太陽之光照，使目所見之視度，隨地隨時，小大不一也。

【梅氏文鼎《日食附説》】《恒年表》以首朔爲根何也？曰：首朔者，年前冬至後第一朔也。因算交會，必于朔望，故以此爲根也。太陽平引與其經度不同何也？曰：太陽引數，從最高衝起算，經度從冬至起算也。冬至定于初宫初度，最高衝在冬至後六七度，且每年有行分。此西法與古法異者也。日定均者，即古法之盈縮差也。月定均者，遲疾差也。距弧者，平朔與實朔進退之度也。距時者，平朔實朔進退之日時也。因兩定均生距弧，因距弧生距時，即古法之加減差也。平朔既有進退矣，則此進退之時刻内，亦必有平行之數，故各以加減平行而爲實引也。實引既不同平引，則其均數亦異，故又有實均以生實距弧及實距時也。夫然後以之加減平朔而爲實朔也。平朔，古云經朔。實朔，古云定朔。然古法定朔，即定于加減差，定盈縮，定遲疾，則惟于算交食用之，而西法用于定朔，此其微異者也。朔有進退，則交周亦有進退，故有實交周。案古法亦有定交周，其法相同。

問：平朔者，古經朔也。實朔者，古定朔也。何以又有視朔？曰：此測驗之理，因加減時得之，古法所無也。何以謂之加減時？曰：所以求實朔時，太陽加時之位也。時刻有二：其一爲時刻之數，其一爲時刻之位。凡布算者，稱太陽右移一度稍弱爲一日，又或動天左旋行三百六十一度稍弱爲一日。此則天行之健，依赤道而平轉，其數有常。于是自子正，歷丑寅，復至子正，因其運行之一周而均截之爲時、爲刻，以紀節候，以求中積，所謂時刻之數也。凡測候者，稱太陽行至某方位爲某時爲某刻，此則太虚之體，依赤道以平分，其位一定，于是亦自子正歷丑寅，復至子正。因其定位之一周而均分之爲時爲刻，以測加時，以候凌犯，所謂時刻之位也。之二者並宗赤道，宜其同矣。然惟二分之日，黄赤同點；經緯並同。二至之日，黄赤同經。緯異經同。則數與位合，所算時刻之數，太陽即居本位，與所測加時之位，一一相符。不用加減時。其過此以往，則二分後有加分。加分者，太陽所到之位在實時西。二至後有減分。減分者，太陽所到之位在實時東也。然則所算實朔尚非實時乎？曰：實時也。實時何以復有此加減？曰：正惟實時，故有此加減。若無此加減，非實時矣。蓋此加減時分，不因里差而異，九州萬國，加減悉同。非同南北東西差之隨地而變。亦不因地平上高弧而改，高弧雖有高下，加減時並同。非若地半徑及蒙氣等差之以近地平多，近天頂少。而獨與實時相應。但問所得實時入某節氣，或在分至以後，或在分至以前，其距分至若同，即其加減時亦同。是與實時相應也。故求加減時者，本之實時。而欲辨實時之真者，亦即徵諸加減時矣。其以二分後加、二至後減何也？曰：升度之理也。凡二分以後，黃道斜而赤道直，故赤道升度少，升度少則時刻加矣。二至以後，黃道以腰圍大度，行赤道殺狹之度，故赤道升度多，升度多則時刻減矣。加減時，即視時也，一曰用時。其實朔時，一曰平時。加減時之用有二。其一，加減實時爲視時，則施之測驗，可以得其正位。其一，反用加減，以變視時爲實時，則施之推步，可以得其正算。然其理無二，故其數亦同也。古今測驗而得者，並以太陽所到之位爲時，故曰加時。言太陽加臨其地也，然則皆視時而已。

月距地者何？即月天之半徑也。月天半徑而謂之距地者，地處天中故也。地恒處天中，則半徑宜有恒距，而時時不同者，生于小輪也。月行小輪，在其高度，則距地遠矣；在其卑度，則距地近矣。每度之高卑各異，故其距地，亦時時不同也。

日半徑、月半徑者，言其體之視徑也。論其真體，日必大于月；論其視徑，日月略相等。所以能然者，日去人遠，月去人近也。然細測之，則其兩視徑，亦時時不等。此其故，亦以小輪也。日月在小輪高處，則以遠目而損其視徑，在其卑處，則以近目而增其視徑矣。并徑者，日月兩半徑之總數也。兩半徑時時不同，故其并徑亦時時不同，而食分之深淺因之，虧復之距分因之矣。

總時者何也？以求合朔時，午正黃道度分也。何以不言度而言時？以便與視朔相加也。然則何不以視朔變爲度？曰：日實度者，黃道度也。時分者，赤道度也。若以視朔時變赤道度，亦必以日實度變赤道度，然後可以相加。今以日實度變爲時，即如預變赤道矣。此巧算之法也。其必欲求午正黃道何也？曰：以求黃平象限也。即表中九十度限。何以爲黃平象限？曰：以大圈相交，必互相均剖爲兩平分，故黃赤二道之交地平也，必皆有半周百八十度在地平之上，黃道、赤道、地平，並爲渾圓上大圈，故其相交，必皆中剖。其勢如虹。若中剖虹腰，則爲半周最高之處，而兩旁各九十度，故謂之九十度限也。此九十度限，黃赤道並有之。然在赤道，則其度常居正午，以其兩端交地平，常在卯正、酉正也。黃道則不然，其九十度限，或在午正之東，或在午正之西，時時不等，惟二至度在午正，則九十度限亦在午正，與赤道同法。此外，則無在午正者，而且時時不同矣。其兩端交地平，亦必不常在卯正、酉正，亦惟二至度在午正，爲九十度限，則其交地平之處，即二分點。而黃道與赤道同居卯酉，此外則惟赤道常居卯酉，而黃道之交于地平，必一端在赤道之外而居卯酉南，一端在赤道之内而居卯酉北。而時時不等故也。黃道東交地平在卯正南，其西交必酉正北，而九十度限偏于午規之西。若東交地平在卯正北，其西交地平必酉正南，而九十度限偏于午正之東，則半周如虹，時時轉動，勢使然也。蓋黃道在地平上，半周之度，自此中分，則兩皆象限。若從天頂作線，過此以至地平，必成三角，而其勢平，過如十字，故又曰黄平象限也。地平圈爲黄道所分，亦成兩半周。若從天頂作弧線過黄平象限而引長之，成地平經度半周，必分地平之兩半周爲四象限。而此經線必北過黄極，與黄經合而爲一。　問：黄平象限在午正，必二至日，有之乎？　曰：否，每日有之也。　凡太陽東陞西没，成一晝夜，則周天三百六十度，皆過午正而西，故每日必有夏至、冬至度在午正時，此時此刻，即黄平象限與子午規合而爲一，每日只有二次也。自此二次之外，二至必不在午正，而黄平象限亦必不在二至矣。　黄平象限表以極出地分何也？　曰：地平上黄道半周，中折之，爲黄平象限，其兩端距地平不等。而自非二至在午正，則黄道之交地平，必一端近北，一端近南。極出地漸以高，則近北之黄道漸以出，近南之黄道漸以没，而黄平象限亦漸以移。　此所以隨地立表也。　求黄平象限，何以必用總時？　曰：黄平象限，時時不同，即午規之度，亦時時不同。　是午正黄道與黄平象限同移也，則其度必相應，是故得午正，即得黄平。黄平限爲某度，其午正必爲某度，謂之相應。然則午正爲某度，即黄平限必某度矣，故得此可以知彼。　而總時者，午正之度也。　此必用總時之理也。　日距限分東西何也？　曰：所以定時差之加減也。凡用時差，日在限西則加，日在限東則減。　日距地高何也？　曰：所以求黄道之交角也。時差、氣差，並生于交角，又生于限距地及限距日。　二者交食之關鍵，而非黄平象限，無以知之矣。

日距地高何也？　謂合朔時太陽之地平

緯度也。亦曰高弧。高弧之度，隨節氣而殊，故論赤緯之南北。赤緯之南北同矣，又因里差而異，故論極出地。極出地同矣，又以加時而變，故又論距午刻分。極出地者，南北里差；距午刻分者，東西里差也。合是數者，而日距地平之高可見矣。其必求高弧者何也？所以求月高下差也。高下差在月，而求日距地高者，日食時經緯必同度，故日在地平之高，即月高也。何以爲月高下差？曰：合朔時太陰之視高，必下于真高。其故何也？月天在日天之内，其間尚有空際，故地心與地面各殊。地面所見謂之視高，以較地心所見之真高，往往變高爲下，以人在地面旁視而見其空際也，故謂之月高下差。地心見食，謂之真食。地面見食，謂之視食。真食有時反不見食，見視食時反非地心之真食。縱使地心、地面同得見食，而食分淺深，亦必不同。凡此，皆月高下差所爲也。月高下差，時時不同，其緣有二。其一爲月小輪高卑。在小輪卑處，月去人近，則距日遠而空際多，高下差因之而大矣。在小輪高處，月去人遠，則距日近而空際少，高下差因之而小矣。其一爲高弧。高弧近地平，從旁視而所見空際多，則高下差大矣。高弧近天頂，即同正視，而所見空際少，則高下差小矣。若高弧竟在天頂，即與地心所見無殊，無高下差。小輪高卑，天下所同。高弧損益，隨地各異。故當兼論也。

兩圈交角何也？曰：日所行爲黄道圈，以黄極爲宗者也。人在地平上所見太陽之高下，爲地平經圈，以天頂爲宗者也。此兩圈者，各宗其極，則其相遇也，必成交角矣。因此交角，遂生三差。日食必求三差，故先論交角也。三差之内，其一爲地平緯差，即高下差。其一爲黄道經差，即東西差。其一爲黄道緯差，即南北差。此三差者，惟日食在九十度限，則黄道經圈與地平經圈相合爲一，而無經差，故但有一差。無經差，則但有緯差，是無東西差而有南北差也。而兩經緯既合爲一，則地平之高下差，又即爲黄道之南北差，而成一差。若日食不在九十度，而或在其東，或在其西，則兩經圈不能相合爲一，遂有三差。月高下差，恒爲地平高弧之緯差。而黄道經圈自與黄道爲十字正角，不與地平經合，以生經度之差角，是爲東西差。又黄道上緯度自與黄道爲平行，不與地平緯度合，以生緯度之差角，是爲南北差。東西南北，並主黄道爲言，與地平之高下差相得而成句股形，則東西差如句，南北差如股，而高下差常爲之弦，合之則成三差也。因此三差，有此方見日食，彼方不見，或此見食分深，彼見食分淺之殊。故交食重之，而其源皆出于交角。三差既爲句股形，則有兩圈之交角，即有其餘角，而交角所對者爲氣差，即南北差。餘角所對者爲時差。即東西差。

定交角何也？所以求三差之真數也。何以爲三差真數？曰：日食三差，皆人所見太陰之視差，而其根生于交角，則黄道之交角也。殊不知太陰自行白道，與黄道斜交，其交于地平經圈也，必與黄道之交不同角，則所得之差，容有未真。今以月道交黄道之角，加減之，爲定交角，以比兩圈交角之用爲親切耳。

時差，古云東西差。其法，日食在東，則差而東，爲減差。減差者，時刻差早也。日食在西，則差而西，爲加差。加差者，時刻差遲也。其故何也？太陽之天在外，太陰之天在内，並東升而西降。而人在地面所見之月度既低于真度，則其視差之變高爲下者，必順于黄道之勢，故合朔在東，陞之九十度，必未食而先見。限東一象限，東下西高，故月之真度，尚在太陽之西，未能追及于日，而以視差之變高爲下，亦遂能順黄道之勢，變西爲東，見其掩日矣。若合朔在西，降之九十度，必先食而後見。限西一象限，黄道西下東高，故月之真度，雖已侵及太陽之體，宜得相揜，而以視差之故，變高爲下，遂順黄道之勢，變東而西，但見其在太陽之西尚遠，而不能揜日矣。而東西之界，並自黄道九十度限而分，此黄平象限之實用也。問：日月以午前東升，午後西降，何不以午正爲限而用黄平象限乎？曰：此西法之合理處也。何以言之？日月之東升西降，自午正而分者，赤道之位，終古常然者也。日月之視差，東減西加，自九十度限而分者，黄道之勢，頃刻不同者也。若但從午正而分，則加減或至于相反。《授時》古法之交食，有時而疎，此其一端也。問：加減何以相反？曰：黄平限既與午正不同度，則在限爲西者，或反爲午正之東；在限爲東者，或反爲午正之西。日食遇之，則加減相違矣。

近時距分者何也？即視朔時或加或減之時刻分也。所以有此加減者，時差所爲也。然何以不徑用時差？曰：時差者，度分也。以此度分求月之所行，則爲時分矣。近時何也？所推視朔時與真朔相近之時也。食在限東，此近時必在視朔時以前，故減；食在限西，近時必在視朔時以後，故加。

近總時何也？近時之午正黄道度也。朔有進退，午正之黄道亦因之進退，故仍以近時距分加減視朔午正度爲本，求之近時午正度。既有近時，又有近時之午正度，則近時下之日距限及限距地高，日距地高以及月高下差，兩圈交角，凡在近時應有之數，一一可推，因以得近時之時差矣。既得時差，可求視行。

視行者何也？即近時距分内人目所見月行之度也。何以有此視行？曰：時差所爲也。蓋視朔既有時差，則此時差所到之度，即視朔時人所見月行所到差于實行之較也。視朔既改爲近時，則近時亦有時差，而又即爲人所見近時月行所到差于實行之較矣。此二者必有不同，則此不同之較，即近時距分内，人所見月行差于月實行之較矣。故以此較分加減時差爲視行也。本宜用前後兩小時之時差較加減月實行，爲視行，如用距分減視朔者，則取視朔前一小時之時差。若距分加視朔者，則取視朔後一小時之時差。各取視朔時差相減，得較，以加減月實行，即爲一小時之視行。再用三率比例，得真時距分，法爲月視行與一小時，若時差度與真時距分也。今以近時内之視行取之，其所得真時距分等。何以明其然也？曰：先得時差，即近時距分之實行也。實行之比例等，則視行之比例亦等。問：視行之較一也，而或以加，或以減，其理云何？曰：凡距分之時刻變大，則所行之度分變少，故減實行爲視行。若距分之時刻變小，則所行之度分變大，故加實行爲視行。假如視朔在黄平限之東，時差爲減差，而近時必更在其東，其時差亦爲減差，乃近時之時差所減，大于視朔所減，是爲先小後大，其距分必大于近時距分，而視行小于實行，其較爲減。又如視朔在黄平限之西，時差爲加差，而近時必更在其西，時差亦爲加差，乃近時之時差所加，大于視朔所加，是亦爲先小後大，其距分亦大于近時距分，而視行亦小于實行，故其較亦減。二者，東西一理也。若視朔在黄平限東，其時差爲減，而近時時差之所減，反小于視朔所減。又若視朔在黄平限西，其時差爲加，而近時時差之所加，反小于視朔所加。此二者並先大後小，則其距分之時刻變小矣。時刻變小，則視行大于實行，而其較應加，東西一理也。

真時距分者何也？即視朔時或加或減之真時刻也。其數有時而大于近時距分，亦有時而小于近時距分，皆視行所生也。視行小于實行，則真時距分大于近時距分矣。視行大于實行，則真時距分小于近時距分矣。其比例爲視行度于近時距分，若時差度與真時距分也。真時何也？所推視朔之真時刻也。真時在限東，則必早于視朔之時。真時在限西，則必遲于視朔之時。此其于視朔，並以東減西加，與近時同。惟是真時之加減，有時而大于近時，有時而小于近時，則惟以真時距分爲斷，不論東西，皆一法也。若真時距分大于近時距分，而在限東，則真時更先于近時；在限西，則真時更後于近時。是東減西加，皆比近時爲大也。若真時距分小于近時距分，而在限東，則真時後于近時；在限西，則真時先于近時。是東減西加，皆比近時爲小也。

真總時何也？真時之午正黄道也。故仍以真時距分加減視朔之總時爲總時。即是改視朔午正度爲真時午正度。近時既改爲真時，即食甚時也。然容有未真，故復考之。考之，則必于真時復求其時差，而所以求之之具，並無異于近時。所異者，皆真時數耳。謂日距限、限距地高、日距地高、月高下差、兩圈交角等項，並從真時立算。是之謂真時差。既得真時差，乃別求真距度以相參考，則食甚定矣。考定真時，全在此處。何以爲真距度？曰：即真時距分内應有之月實行也。蓋真時差是從真時逆推至視朔之度，真時距分内實行是從視朔順推至真時之度。此二者必相等，故以此考之。考之而等，則真時無誤，故即命爲食甚定時也。其或有不等之較分，則以法變爲時分而損益之，于是乎不等者亦歸于相等，是以有距較度分考定之法也。距較度分者，距度之較也。損益分者，時之較也。其比例亦如先得時差度與真時距分，故可以三率求也。真時差大者，其距時亦大，故以益真時距分。益之則減者，益其減。原在限東而真時早者，今乃益早，若加者，亦益其加。原在限西而真時遲者，今則益遲矣。真時差小者，其距時亦小，故以損真時距分。損之則減者，損其減。原在限東而真時早者，今改而稍遲，若加者，亦損其加。原在限西而真時遲者，今改而稍早矣。如是考定真時距分，以加減視朔爲真時，即知無誤，可謂之考定食甚時也。

氣差，古云南北差。準前論，月在日内，人在地内，得見其間空際，故月緯降高爲下。夫降高爲下，則亦降北爲南矣。此所以有南北差也。南北差生于地勢，中國所居在赤道之北，北高南下故也。然又與高下差異者，自天頂言之曰高下，自黄道言之曰南北，惟在正午，則兩者合而爲一，高下差即爲南北差。其餘則否。氣差與時差同根，故有時差，即有氣差。而前此諸求，但用時差者，以食甚之時未定，重在求時也。今則既有真時矣，當求食分，故遂取氣差也。時差、氣差，並至真時始確。

定交周者何也？真時之月距交度也。食甚既定于真時，則一切視差，皆以食甚起算，故必以實朔交周改爲食甚之交周，斯之謂定交周也。月實黄緯者，食甚時，月行實距黄道南北之緯度也。月視黄緯者，食甚時，人所見月距黄道南北緯度，則氣差之所生也。月行白道，日行黄道，惟正交、中交二點，月穿黄道而過，正在黄道上，而無距緯。其距交前後，並有距緯，而每度不同。然有一定之距，是爲實緯。實緯因南北差之故，變爲視緯，即無一定之距，隨地隨時而異。但其變也，皆變北爲南。假如月實緯在黄道北，則與黄道實遠者，視之若近焉，故以氣差減也；若月實緯在黄道南，則與黄道實近者，視之若遠焉，故以氣差加也。至若氣差反大于實緯，則月雖實在黄道北，而視之若在南，故其氣差内減去在北之實緯，而用其餘數，爲在南之視緯也。

并徑、減距者何也？并徑所以定食分，減距所以定不食之分也。距者何也？即視緯也。并徑，則日月兩半徑之合數也。假令月行黄道北，其北緯與南北差同，則無視緯可減，而并徑全爲食分，其食必既。其餘則皆有距緯之減，而距大者所減多，其食必淺；距小者所減少，其食必深。是故并徑減餘之大小，即食分之所由深淺也。若距緯大于并徑，則日月不相及；或距緯等于并徑，則日月之體相摩而過，不能相掩，必無食分矣。并徑內又先減一分何也？曰：太陽之光極大，故人所見之食分，必小于真食之分，故預減一分也。然則食一分者，即不入算乎？曰：非也。并徑之分，度下分也。每六十分爲一度。食分之分，太陽全徑之分也。以太陽全徑十平分之，假令太陽全徑三十分，則以三爲一分。是故并徑所減之一分，于食分只二十餘秒。問：日月兩半徑既時時不同，則食分何以定？曰：半徑雖無定，而比例則有定，但以并徑減餘，與太陽全徑相比，則分數覩矣。分太陽全徑爲十分，即用爲法，以分并徑、減距之餘分，定其所食爲十分中幾分。有時太陰徑小于太陽，則雖兩心正相掩，而四面露光，曆家謂之金環。是其并徑亦小于太陽全徑，雖無距緯可減，而不得有十分之食故也。

日食月行分者何也？乃自虧至甚之月行度分也。自甚至復同用。其法，以并徑減一分常爲弦，視緯常爲句，句弦求股，即得自食甚距虧與復之月行度分矣。

前總時何也？即食甚前一小時之午正度也。得此午正度，即可得諸數，以求前一小時之時差，謂之前時差。前時差與真時差之差分，即視行與實行之差分。故以差分加減實行，得視行也。假如日在限西，而前時差大于真時差，是初虧所加多，而食甚所加反少也。以此求虧至甚之時刻，則變而小矣。時刻小則行分大，故以差分加實行爲視行。若日在限西，而前時差小于真時差，是初虧所加少，而食甚所加漸多也。以此求虧至甚之時刻，則變而大矣。時刻大則行分必小，故以差分減實行爲視行。日在限東，而前時差大于真時差，是初虧所減多，而食甚所減漸少也。以此求虧至甚之時刻，則變而大矣。時刻大者行分小，故以差分減實行爲視行。若日在限東，而前時差小于真時差，是初虧所減少，而食甚所減反多也。以此求虧至甚之時刻，則變而小矣。時刻小者行分大，故以差分加實行爲視行。食甚定交角，滿象限不用差分何也？無差分也。何以無差分？曰：差分者，時差之較也。食甚在限度，即無食甚時差，無可相較，故初虧徑用前時差，復圓徑用後時差。又食甚在限度，則初虧距限東，而前時差恒減，復圓距限西，而後時差恒加。減時差，則初虧差而早；加時差，則復圓差而遲。其距食甚之時刻，並變而大也。時刻大者行分小，故皆減實行爲視行。又若初虧、復圓時，定交角滿象限，亦無差分，而徑用食甚之時差，減實行爲視行，與此同法。其初虧、復圓距食甚之刻分亦皆變大，而行分變小也。視行之理，此爲較著。初虧距時分者，初虧距食甚之時刻也。用上法得視行，爲食甚前一小時之數，而初虧原在食甚前，則其比例爲視行之于一小時。猶日食月行之于初虧距時，故可以三率取之也。既得此初虧距分，則以減食甚，而得初虧時刻也。

後總時者，即食甚後一小時之午正度分也。用此午正度得諸數，以求後一小時之時差，爲後時差。又以後時差與真時差相較得差分，以加減實行爲視行，並同初虧。但加減之法，並與初虧相反。假如日在限西，而後時差大于真時差，是食甚所加少，而復圓所加多，則甚至復之時刻亦變而大矣。時刻大者行分小，故以差分減實行爲視行。若日在限西，而後時差小于真時差，是食甚所加多，而復圓所加反少，則甚至復之時刻亦變而小矣。時刻小者行分大，故以差分加實行爲視行。假如日在限東，而後時差大于真時差，是食甚所減少，而復圓所減反多，則甚至復之時刻變而小矣。時刻小者行分大，故以差分加實行爲視行。若日在限東，而後時差小于真時差，是食甚所減多，而復圓所減少，則甚至復之時刻變而大矣。時刻大者行分小，故以差分減實行爲視行。復圓距時分三率之理，並與初虧同。惟復圓原在食甚後，故加食甚時刻，爲復圓時刻。

問：定交角滿象限以上，反其加減何也？曰：此變例也。西法西加東減，並以黄道九十度限爲宗。今用定交角，則是以白道九十度限爲宗，而加減因之變矣。問：白道亦有九十度限乎？曰：以大圈相交割之理徵之，則宜有之矣。何則？月行白道，亦分十二宫，則亦爲大圈。其交于地平也，亦半周在地平上，則其折半之處，必爲白道最高之處，而亦可名之爲九十度限矣。或可名白道度限。若從天頂作高弧，過此度以至地平，則成十字正角，而其圈必上過白道之極，成白道經圈，與黄平象限同。黄平象限上十字經圈，串天頂與黄道極，故亦成黄道經圈，與此同理。月在此度，即無東西差，而南北差最大，與高下差等。前論月在黄平象限無東西差，而即以高下差爲南北差，其理正是如此。但月行白道，當以白道爲主，而論其東西南北，始爲親切。若月在此度以東，則差而早，宜有減差。在此度以西，則差而遲，宜有加差。但其加減，有時而與黃平象限同，有時而與黃平象限異，故有反其加減之用也。問：如是則白道亦有極矣。極在何所？曰：白道有經有緯，凡東西差，皆白道經度。南北差，皆白道緯度。則亦有南北二極，爲其經緯之所宗。但其極與黃極恒相距五度，以爲定緯。雖亦有小小增減，而大致不變。其經度則歲歲遷動，至滿二百四十九交而徧於黃道之十二宫，則又復其始。約其數，十九年有奇。法當以黃極爲心，左右各以五緯度爲半徑，作一小圓，以爲載白道極之圈。再以正交、中交所在宫度，折半取中，即于此度作十字經圈，必串白道極與黃道極矣。則此圈之割小圓點，即白道極也。問：何以知此圈能過黃白兩極也？曰：此圈于黃道白道，並作十字正角故也。凡大圈上作十字圈，必過其極。問：此圈能串兩極，則限度常在此度乎？曰：不然也。此度能串黃白兩極，而未必其串天頂，如黃道上極至交圈也。若限度則必串天頂，以過白極，而未必其過黃極，如黃道上之黃平限也。是故白道上度，處處可爲限度，亦如黃道上度，處處可爲黃平限。但今在地平上之白道半周，某度最高，即其兩邊距地平各一象限。從此度作十字經圈，必過天頂。而串白道之兩極何也？此圈過地平處，亦皆十字角，即與地平經圈合而爲一，所謂月高下差，即在此圈之上矣。惟白道半交爲限度，能與黃平限同度，此外則否，況近交乎？故必用定交角也。

問：定交角者，所以變黃道交角爲白道交角也。然何以不先求白道限度？曰：交角者，生於限度者也。交角變，則限度移矣，故先得限度，可以知交角。交角之向背，以距限東西而異。交角之大小，以距限遠近而殊。而既得交角，亦可以知限度，故不必復求限度也。其加減以五度何也？曰：取整數也。古測黄白大距爲六度，以西度通之，得五度五十四分奇。西測只五度奇，而至于朔望，又只四度五十八分半。今論交角，故祇用整數也。若用弧三角法，求白道限度所在及其距地之高，並可得交角細數，然所差不多。蓋算交食必在朔望，又必在交前交後故也。

問：五度加減後，何以有異號不異號之殊？曰：近交時，白道與黄道，低昂異勢者也。惟月在半交，能與黄道平行，亦如二至，黄道之與赤道平行也。若交前交後，斜穿黄道而過，不能與黄道平行，亦如二分，黄道之斜過赤道也，故低昂異勢。然又有順逆之分，而加減殊焉。其白道斜行之勢，與黄道相順者，則恒減。減惟一法。減者，角損而小也，雖改其度，不變其向。若白道與黄道相逆者，則恒加。加者多變，遂有異號之用矣。加者，角增而大也。增之極，或滿象限，或象限以上，遂至改向。是故限西黄道，皆西下而東高；限東黄道，皆西高而東下。此黄道低昂之勢，因黄平象限而異者也。而白道正交，初宫十一宫也，即古法之中交。自黄道南而出于其北，亦爲西下而東高。黄道半周在地平上者，偏于天頂之南，以南爲下，北爲上。正交白道自南而北，如先在黄道之下，而出于其上，故比之黄道，爲西下而東高也。白道中交，五宫六宫也，即古法之中交。自黄道北而出于其南，亦爲西高而東下。白道自北而南，如先在黄道之上而出于其下，故比之黄道，爲西高而東下也。假如日食正交而在限西，日食中交而在限東，是爲相順。相順者，率于交角減五度，爲定交角，是角變而小矣。角愈小者，東西差愈大，故低昂之勢增甚而其向不易也。限西黄道本西下東高，而正交白道又比黄道爲西下東高，則向西之角度變小，而差西度增大，其時刻遲者益遲矣。限東黄道本西高東下，而中交白道又比黄道爲西高東下，則向東之角度變小，而差東之度增大，其時刻早者益早矣。是東西之向不易，而且增其勢也。假如日食正交而在限東，日食中交而在限西，是爲相逆。相逆者，率于交角加五度爲定交角，是角變而大矣。交角愈大者，東西差愈小，故低昂之勢漸平，而甚或至于異向也。限東黄道本西高東下，而正交白道比黄道爲西下東高，則向東之角漸大，而差東度改小，時刻差早者亦漸平。若加滿象限，則無時差。乃至滿象限以上，則向東者改而向西，時刻宜早者反差遲矣。限西黄道本西下東高，而中交白道爲西高東下，則向西之角漸大，而差西度改小，時刻差遲者亦漸平。若加滿象限，則無時差。乃至滿象限以上，則向西者改而向東，而時刻宜遲者，反差而早矣。凡東西差，爲見食甚早晚之根。如上所論，定交角所生之差，與黄道交角無一同者，則欲定真時刻，非定交角不可也。若但論黄道交角，時刻不真矣。凡東西差與南北差，互相爲消長，而南北差即食分多少之根，如上所論，則欲定食分，非定交角不能也。但論黄道交角，食分亦誤矣。

右日月交食。

五禮通考卷第一百九十

淮陰吴玉搢校字

五禮通考卷第一百九十一

内廷供奉禮部右侍郎金匱秦蕙田編輯
太子太保直隸總督右都御史桐城方觀承同訂
翰林院編修嘉定錢大昕
按察司副使元和宋宗元　參校

嘉禮六十四

觀象授時

【《書·舜典》】在璿璣玉衡，以齊七政。【傳】七政，日、月、五星各異政。【疏】七政，謂日、月、五星也。木曰歲星，火曰熒惑，土曰鎮星，金曰太白，水曰辰星。

蕙田案：《史記·天官書》、馬融《尚書注》以北斗七星爲七政，《尚書大傳》以春、秋、冬、夏、天文、地理、人道爲七政，皆未甚的。今以孔、鄭之説爲正。

【《詩·小雅·大東》】東有啟明，西有長庚。【傳】日旦出謂明星爲啟明，日既入謂明星爲長庚。庚，續也。【疏】《釋天》云：「明星謂之啟明。」孫炎曰：「明星，太白也。旦出東方，高三舍，命曰明星。❶昏出西方，高三舍，命曰太白。」然則啟明是太白矣，長庚不知是何星也。或一星出在東西而異名，或二者別星，❷未能審也。

【朱子《集傳》】啟明、長庚，皆金星也。以其先日而出，故謂之啟明；以其後日而入，故謂之長庚。蓋金、水二星，常附日

❶「命」，原作「今」，據阮刻《毛詩注疏》校勘記改。下文「命曰太白」同。

❷「星」，原作「名」，據阮刻《毛詩注疏》改。

行，而或先或後，但金大水小，故獨以金星爲言也。

何氏楷曰：「太白名號甚多，獨不見長庚之稱。其廣如一匹布著天者，亦名長庚。此妖異之星，非常見者，不應與啟明對言。鄭樵則以長庚爲水星，謂金、水二星，附日而行，金在日西，故日將出則東見；水在日東，故日將没則西見。夫水星自名辰星，古來載籍，未聞以長庚呼水星也。且據《史記》稱太白出以辰戌，入以丑未；辰星出入亦常以辰戌、丑未，安得每日東西見乎？及考張揖《廣雅》，則云：『太白謂之長庚，或謂之太囂。』始知長庚、啟明，本是一星。而李白之生，母夢長庚星，因以白爲名，而字太白，非無據也。特從來解説『東』、『西』二字不明，似乎每日東西兩見者然。夫東西原非同時，當其晨見東方，去夕見之期甚遠；及其夕見西方，去晨見之期甚遠。啟明、長庚，正因東西見而異其名乎？」

【《鄭風・女曰雞鳴》】子興視夜，明星有爛。【傳】言小星已不見也。

【《爾雅・釋天》】明星謂之啟明。【注】太白星也。晨見東方爲啟明，昏見西方爲太白星。

【《春秋》襄公九年《左氏傳》】晉侯以公宴於河上，問公年。季武子對曰：「會於沙隨之歲，寡君以生。」晉侯曰：「十二年矣，是謂一終，一星終也。」【注】歲星十二歲而一周天。【疏】直言一星終，知是歲星者，以古今曆書推步五星，金、水日行一度，土三百七十七日，行星十二度；火七百八十日，行星四百一十五度。四者皆不得十二年而一終。唯木三百九十八日，行星三十三度，❶十二年而强一周。舉其大數，十二年而一終，故知是歲星。

蕙田案：古今曆家皆以歲星一年行一次有奇，云「十二年一終」者，舉其成數，非密率也。

【《國語・周語》】昔武王伐殷，歲在鶉火，【注】歲，歲星也。鶉火，次名，周分野也。從柳九度至張十七度爲鶉火。星在天黿。【注】星，辰星也。天黿，

❶「三十三」，原作「三十二」，據《左傳注疏》襄公九年改。

次名，一曰玄枵。從須女八度至危十五度爲天黿。謂周正月辛卯朔。二日壬辰，辰星始見。二十九日己未晦，冬至，辰星與須女伏天黿之首。❶

【《漢書志》】《三統》，上元至伐紂之歲，十四萬二千一百九歲，歲在鶉火張十三度。故傳曰：「歲在鶉火，則我有周之分野也。」周正月辛卯朔，明日壬辰，晨星始見。師古曰：「晨，古晨字。」癸巳，武王始發。丙午還師，❷戊午度於孟津。孟津去周九百里。明日己未冬至，晨星與婺女伏，歷建星及牽牛，❸至於婺女，天黿之首，故傳曰：「星在天黿。」

蕙田案：《三統曆》推武王克商之歲，歲星及辰星所在與《國語》合。五星惟歲星見於經傳獨多，蓋古人用以紀歲，然亦僅約其大率，非實測其伏見之行。此云「星在天黿」，劉子駿以五步求之，得是歲天正冬至日辰星伏于婺女，正當天黿之首。然則五緯之伏見，古人亦必有推步之術，今不可考矣。

【《晉語》】董因曰：「君之行，歲在大火。【注】謂魯僖公五年，重耳出奔，時歲在大火。君以辰出而以參入，必獲諸侯。」❹【注】辰，大火也。參，伐也。參在實沈之次。

重耳處狄十二年而行，過衛五鹿，乞食於壄人。壄人舉土以與之，❺子犯曰：「天事必象。十有二年，必獲此土，二三子志之。歲在壽星及鶉尾，其有此土乎！天以命矣，

❶「與」，原作「在」，據《國語·周語下》改。
❷「還」，原作「逮」，據《漢書·律曆志第一下》改。
❸「歷」，原作「閱」，蓋避清高宗嫌名而改。今據《漢書·律曆志》改回。下同。
❹「獲」，《國語·晉語四》作「霸」。
❺「土」，《國語·晉語四》作「塊」。

復於壽星，必獲諸侯。天之道也。」【注】歲在壽星，謂得塊之歲，魯僖十六年也。後十一年，歲在鶉尾，必有此五鹿地也。魯僖二十七年，歲在鶉尾。二十八年，歲復在壽星，晉文公伐衛，正月六日戊申取五鹿。周正月，夏十一月也，正天時以夏正，故歲在鶉尾。歲復在壽星，謂魯僖二十八年也。是歲，文公敗楚師于城濮，王策命之以爲侯伯，故得諸侯。

【《春秋》襄公二十八年《左氏傳》】春，無冰。梓慎曰：「今兹宋、鄭其饑乎？歲在星紀，而淫於玄枵。【注】歲，歲星也。星紀在丑，斗牛之次。玄枵在子，虛危之次。十八年，晉董叔曰：「天道多在西北。」是歲，歲星在亥。至此年十一歲，故在星紀。明年乃當在玄枵。今已在玄枵，淫行失次。【疏】天有十二次，地有十二辰，丑、子、亥，北方之辰也，次之與辰，上下相值，故云「星紀在丑，玄枵在子」。《漢書志》載劉歆《三統曆》，以爲歲星一百四十四年行天一百四十五次，計一千七百二十八年爲歲星歲數。❶言數滿此年，剩得行天一周也。《三統》之曆，以庚戌爲上元，此年距上元積十四萬二千六百八十六歲。置此歲數，以歲星歲數一千七百二十八除之，得積終去之，歲餘九百九十，❷以百四十五乘歲餘，得十四萬三千五百五十。以百四十四除之，得九百九十六爲積次，不盡一百二十六爲次餘。以十二除之，得八十三，去之盡，是爲此年更發初在星紀也。欲知此入次度者，以次餘一百二十六乘一次三十度，以百四十四除之，得二十六度餘，是歲星本平行，此年之初已入星紀之次，二十六度餘，當在婺女四度，於法未入於玄枵也。傳言「淫于玄枵」，未知已在玄枵幾度，此舉其大率耳。而五星之行，有遲有疾，有留伏、逆順，于法更自別有推步之術，此不可詳也。以有時菑，陰不堪陽。蛇乘龍。龍，宋、鄭之星也，宋鄭必饑。玄枵，虛中也。枵，耗名也。土虛而民耗，不饑何爲？」

裨竈曰：「今兹周王及楚子皆將死。歲棄其次，而旅於明年之次，以害鳥帑。周、楚

❶「計」，原脱，據阮刻《左傳注疏》襄公二十八年校勘記補。

❷「九十」，原作「四十」，據《左傳注疏》襄公二十八年改。

惡之。」【注】旅，客處也。歲星棄星紀之次，客在玄枵。歲星所在，其國有福，失次于北，禍衝在南。南爲朱鳥，鳥尾曰帑，周、楚之分。

蕙田案：《三統曆》法以歲星每歲行天一次又百四十四分次之一。歲行一次，既有餘分，則星行一歲之内，常跨兩次，所云歲在某次者，以通率約之，非歲内常居此次也。襄公二十八年，以《三統曆》推之，已入星紀宫之二十七度。又星行有遲疾不同，其過次而在玄枵，理所應有。至其占驗之法，則未之詳焉。

【襄公三十年《左氏傳》】於子蟜之卒也，【注】在十九年。將葬，公孫揮與裨竈晨會事焉。過伯有氏，其門上生莠。❶子羽曰：「其莠猶在乎？」於是歲在降婁，降婁中而旦。【注】降婁，奎婁也。周七月，今五月，降婁中而天明。裨竈指之，曰：「猶可以終歲，【注】指降婁也。歲星十二年而一周。歲不及此次也已。」及其亡也，歲在娵訾之口。【注】娵訾，營室東壁也。二十八年，歲星淫在玄枵。今三十年，在娵訾，是歲星停在玄枵二年。其明年，乃及降婁。

蕙田案：襄公二十八年，歲在星紀，據通率而言也。其淫于玄枵，據曆官實測見伏之行而言也。此傳所云「歲在娵訾之口」，仍舉通率言之，杜氏謂「歲星停在玄枵二年」者非也。

【昭公八年《左氏傳》】晉侯問於史趙曰：「陳其遂亡乎？」對曰：「未也。」公曰：「何故？」對曰：「陳，顓頊之族也。歲在鶉火，是以卒滅，陳將如之。【注】顓頊氏以歲在鶉火而滅，火盛而水滅。【疏】顓頊崩年，歲星在鶉火之次，于

❶「生」，原作「有」，據《左傳》改。

時猶有書傳言之，❶故史趙得而知也。歲星，天之貴神，所在必昌。鶉火得歲而火益盛。顓頊水德，故以此年終也。今在析木之津，猶將復由。」【注】箕、斗之間有天漢，故謂之析木之津。由，用也。【疏】襄三十年傳稱：「歲星在娵訾之口。其明年，乃及降婁。」歲星歲行一次，降婁距此九年，故此年歲在析木之津也。

【九年《左氏傳》】夏四月，陳災。鄭裨竈曰：「五年，陳將復封。封五十二年而遂亡。」子產問其故。對曰：「陳，水屬也。火，水妃也，而楚所相也。今火出而火陳，逐楚而建陳也。❷妃以五成，故曰五年。歲五及鶉火，而後陳卒亡，楚克有之，天之道也，故曰五十二年。」【注】是歲，歲在星紀，五歲及大梁，而陳復封。自大梁四歲而及鶉火，後四周四十八歲，凡五及鶉火，五十二年。天數以五爲紀，故五及鶉火，火盛水衰。【疏】如杜所注，歲星每年而行一次，至昭三十二年，則歲星在寅，未至於丑。其傳云「越得歲而吳伐之」，故服氏以爲「有事于武宮之歲，龍度天門」，謂十五年歲星從申越未而至午。曆家以周天十二次，次別爲百四十四分。歲星每年行一百四十五分，是歲星行一次外剩得一分，積一百四十四年，乃剩行一次。故昭十五年得超一辰。今杜氏既無此義，而三十二年歲星得在丑者，歲星之行，天之常數，超辰之義，不言自顯，故杜不注。若然，楚卒滅陳，在哀十七年，歲星當逾鶉火至鶉尾，而云「五及鶉火」者，以顓頊歲在鶉火而滅，故裨竈舉大略而言云「五及鶉火」，不復細言殘數。

【十年《左氏傳》】春王正月，有星出於婺女。❸鄭裨竈曰：「今茲歲在顓頊之虛，【注】歲，歲星也。顓頊之虛，謂玄枵。姜氏、任氏實守其地。【注】姜，齊姓。任，薛姓。齊、薛二國守玄枵之地。居其維首，而有妖星焉。」【注】客星居玄枵之維首。【疏】玄枵次有三宿，女爲其初，女是次之綱維也。居其維首，謂星居之也。

❶「時」，原作「是」，據《左傳注疏》改。
❷「楚」，原作「火」，據庫本改。
❸「出」，原作「孛」，據庫本改。

【十一年《左氏傳》】景王問於萇弘曰：「今兹諸侯，何實吉？何實凶？」對曰：「蔡凶。此蔡侯般弒其君之歲也，歲在豕韋，【注】襄三十年，蔡世子般弒其君，歲在豕韋，至今十三歲，歲復在豕韋。般即靈侯也。弗過此矣。楚將有之，然壅也。歲及大梁，蔡復楚凶，天之道也。」【注】楚靈王弒立之歲，歲在大梁，到昭十三年，歲復在大梁。美惡周必復，故知楚凶。

【三十二年《左氏傳》】❶吴伐越，始用師于越也。史墨曰：「不及四十年，越其有吴乎！【注】歲星三周，三十六歲，故曰「不及四十年」。哀二十二年，越滅吴，至此三十八歲。越得歲而吴伐之，必受其凶。」【注】此年歲在星紀。星紀，吴、越之分也。歲星所在，其國有福，吴先用兵，故反受其殃。【疏】十一年傳，萇弘對景王云：「歲在豕韋。」言十一年歲星在豕韋也。又云：「歲在大梁，蔡復楚凶。」謂十三年，歲星在大梁也。十三年距此，十九年耳。歲星歲行一次，十二年而行天一周，則二十五年復在大梁。從彼而數之，則此年始至析木之津，而此年歲在星紀者，❷歲行一次，舉大數耳，其實一歲之行有餘一次。故劉歆《三統》之曆以爲歲星一百四十四年行天一百四十五次，計一千七百二十八年爲歲星歲數，言數滿此年，剩得行天一周。《三統曆》從上元至襄二十八年，積十四萬二千六百八十六歲，以歲星歲數去之，歲餘九百九十，❸以百四十五乘歲餘，以百四十四除之，得九百九十六爲積次，不盡一百二十六爲次餘。從襄二十八年至昭十五年，合有一十八年，歲星年行一次，年有一餘，以次加次，得一千一十四，以餘加餘，得一百四十四，❹餘數滿法，又成一次，以從積次，得一千一十五也。以十二去之，餘七命，起星紀，算外得鶉火，是昭十五年歲星在鶉火也。計十三年在大梁，十五年當在鶉首而在鶉火者，由其餘分數滿，剩得一次，如閏餘滿而成一月也。以十五年歲在鶉火而數之，則二十七年復在鶉火，故此年在星紀也。于十二次分野，星紀是吴、越之分也。

---

❶「二」，原脱，據《左傳注疏》補。

❷「歲」，原作「數」，據《左傳注疏》改。

❸「九十」，原作「四十」，據《左傳注疏》改。

❹「百」，原作「千」，據《左傳注疏》改。

蕙田案：以歲星十二年一終之率約之，是歲當在析木之津，未及星紀之次。而史墨已有越得歲之占，可知五緯行天，古來亦必有推步之術。而劉歆《三統曆》定五星一周歲數及伏見日數，要亦有所傳授，非臆造也。

又案：以上經傳紀五星之事。

【《星備》】歲星一日行十二分度之一，十二歲而周天。熒惑日行三十三分度之一，三十三歲而周天。鎮星日行二十八分度之一，二十八歲而周天。太白日行八分度之一，八歲而周天。辰星日行一度，一歲而一周天。

蕙田案：此條見《周禮疏》，其云熒惑三十三歲一周天、太白八歲一周，皆疏謬之甚。

【《史記・天官書》】歲星歲行三十度十六分度之七，率日行十二分度之一，十二歲而周天。填星歲行十三度百十二分度之五，❶日行二十八分度之一，二十八歲周天。太白，大率歲一周天。

【《漢書志》】木，壹見，三百九十八日五百一十六萬三千一百二分，行星三十三度三百三十三萬四千七百三十七分。通其率，故曰日行千七百二十八分度之百四十五。金，壹復，五百八十四日百二十九萬五千三百五十二分，行星亦如之，故曰日行一度。土，壹見，三百七十七日千八百三萬二千六百二十五分，行星十二度千三百二十一萬五百分。通其率，故曰日行四千三百二十分度之百四十五。火，壹見，七百八十日千五百

❶ 「三」，原作「二」，據《史記・天官書》改。

六十八萬九千七百分，行星四百十五度八百二十一萬八千五分。通其率，故曰日行萬三千八百二十四分度之七千三百五十五。水，壹復，百一十五日一億二千二百二萬九千六百五分，行星亦如之，故曰日行一度。

蕙田案：五星步術，古法已無考。《三統曆》始定各星見、復日數及順逆遲疾之率。後代因其成法，加以實測，更立盈縮損益之限，以求密合。然較其合見日率，相去亦不甚遠，則創始之功，固未可没也。

【《後漢書志》】月有晦朔，星有合見，月有弦望，星有留逆，其歸一也，步術生焉。金、水承陽，先後日下，速則先日，遲而後留，留而後逆，逆與日違，違而後速，速與日競，競又先日，遲速順逆，晨夕生焉。見伏有日，留行有度，而率數生焉。參差齊之，多少均之，會數生焉。❶

蕙田案：五星合見之行，皆由距日而生。星與日同度謂之合，星光爲日所揜，故伏而不見，如月之合朔也。既合以後，星行遲，日行速，星在日後，故晨見東方，如月之生明東方也。始見順行最疾，已而漸遲，及距日一象限而留不行，如月之上弦也。既留之後，星始退行，由遲而疾，距日半周，謂之衝日，如月之望也。衝日以後，星之退行，由疾而遲，日又漸與星近，至距日一象限而復留不行，如月之下弦也。既留之後，又復順行，由遲而疾，去日漸近，復與日同度而伏，是爲一終。合伏

❶「數」，《後漢書·律曆下》作「終」。

以後，星後于日，謂之晨見。衝日以後，星先于日，謂之夕見。此土、木、火伏見之理也。金、水之行速於日，無與日衝之時，方其與日同度，亦爲合伏。既合之後，星速日遲，星在日前，故夕見西方。始見順行，由疾而遲，距日漸遠，始留不行。自是漸退行，亦由遲而疾，復與日同度而伏，謂之退合。退合以後，星在日後，故晨見東方。退行由疾而遲，距日漸遠，復留不行。自是復順行，由遲而疾，追及於日，復與同度而伏，是爲一終。土、木、火有合有衝，金、水有晨夕兩合，此其異也。秦、漢之際，古法失傳，班固《天文志》以爲五星無逆行之理，乃天變使然，由未明數術故也。劉歆《三統曆》始有五步之術，《四分曆》因之，又以月之晦朔弦望與星之合見留逆爲例，其理最確。古今步法，雖疎密不同，要無有易其説者矣。

【《晉書志》】五星者，木曰歲星，火曰熒惑，土曰填星，金曰太白，水曰辰星。凡五星之行，有遲有疾，有留有逆。遲疾留逆，互相遞及。星與日會，同宿共度，則謂之合。從合至合之日，則謂之終。

【《北史·藝術傳》】張冑玄術超古獨異者有七事：其一，古曆五星行度，皆守恒率，見伏盈縮，悉無格準。冑玄候之，各得真率，合見之數，與古不同。其差多者，至加減三十許日。即如熒惑，平見在雨水氣，即均加二十九日；見在小雪氣，則均減二十五日。加減平見，以爲定見。諸星各有盈縮之數，皆如此例，但差數不同。特其積候所知，時人不能原其旨。其二，辰星舊率，一終再見。凡諸古曆，皆以爲然。應見不見，人未能測。冑玄積候，知辰星一終之中，有時一見。及同類感召，相隨而出。即如辰星，平晨見在雨水者，應見即不見；若平晨見在啟蟄者，去日十八度外，三十六度內。晨有木火土金一星者，亦相隨見。其三，古歷步術，行有定限，自見已後，依率而推，進退之期，莫知多少。冑玄積候，知五星遲速留退真數，皆與古法不同。多者差八十餘日，留回所在，亦差八十餘度。即如熒惑，前疾初見在立冬初，則二百五十日行一百七十七度，定見在夏至初，❶則一百七十日行九十二度。追步天驗，今古皆密。

蕙田案：五緯步術，以盈縮差分加減恒率，自張冑玄始發之。

【《宋史志》】五星見伏，皆以日度爲規。日度之運，既進退不常，星行之差，亦隨而增損。是以五星見伏，先考日度之行，今則審日行盈縮，究星躔進退，五星見伏，率皆密近。舊説，水星晨應見不見在雨水後、穀雨前，夕應見不見在處暑後、霜降前。又云，五星在卯酉南則見遲伏早，在卯酉北則見早伏遲，蓋天勢使之然也。

【鄭世子書】古法推步五緯，不知變數之加減。北齊張子信仰觀歲久，知五緯有盈縮之變，當加減以求逐日之躔。蓋五緯出入黃道內外，各自有其道，視日遠近爲遲疾，其變數之加減，如里路之徑直斜曲也。宋人有言曰：『五星行度，惟留退之際最多差。自內而進者，其退必向外；自外而進者，其退必由內。其迹如循柳葉，兩末鋭于中間，往還之道相去甚

❶「在」，原脱，據《北史・藝術上・張冑玄傳》補。

遠。故星行兩末度稍遲，以其斜行故也。中行度稍速，以其徑捷故也。』前代修曆，❶止增損舊法而已，未嘗實考天度。其法須測驗每夜昏曉夜半，月及五星所在度秒，置簿録之。滿五年，其間去陰雲晝見日數外，可得三年實行，然後可以算術綴之也。

【《明史志》】崇禎六年，李天經進五緯之議三：一曰五星應用太陽視行，不得以段目定之。蓋五星皆以太陽爲主，與太陽合則疾行，衝則退行。且太陽之行有遲疾，則五星合伏日數，時寡時多，自不可以段目定其度分。二曰五星應加緯行。蓋五星出入黄道，各有定距度。又木、土、火三星，衝太陽緯大，合太陽緯小。金、水二星，順伏緯小，逆伏緯大。三曰測五星，當用恒星爲準則。蓋測星用黄道儀外，宜用弧矢等儀。以所測緯星視距二恒星若干度分，依法布算，方得本星真經緯度分。或繪圖，亦可免算。

【《新法算書》】測五星經度平行：凡星之距太陽度分等，或皆在日之左，或皆在日之右，其在黄道經度亦等，則其行必滿周而復於故處，其中積之年日數必等。所以欲得距太陽等度者，星之次行，以太陽爲行動之原，距有遠近，則行有遲疾高庳。若距度等者，即星之前後兩測，其遲疾等，其高庳亦等，其行必滿周也。所以求黄道經度等者，謂太陽亦在元經度，則太陽無高庳遲疾之差，又日同經度，則星在本圈之故處也。

古史依上法算各星平行：土星，以五十九平年又一日四分日之一弱，行次行圈五十

❶「修曆」，原作「之書」，蓋避清高宗諱改。今據《明史・曆法》改回。

七周，會日五十七次，對衝亦五十七次。行天周二周又一度四十三分。木星，以七十一年不及四日又六十分日之五十四，行次行圈六十五周，星行本圈六周不及四度又五十分。火星，以七十九年又三日六十分日之一十六，行次行圈三十七周，經周行四十二周又三度一十分。右三星皆于中積年數，減本星次行之周數，其較爲星本行周天之數。金星，以八年不及二日又六十分日之一十八，行次行圈五周；水星，以四十六年又一日六十分日之三，行次行圈一百四十五周，其平行皆與太陽同。

【《新法曆引》】五緯之行，各有二種。其一爲本行。如填星，約三十年行天一周，日二分；歲星，約十二年一周天，日五分；熒惑，將滿二年一周天，日三十五分；太白、辰星，皆隨太陽每年旋天一周。各有盈縮，各有加減分，各有本天之最高與最高衝。即其最高，又各有本行。論其行界，亦分四種，非若《回回曆》總一最高也。其二在於本行之外，西法稱爲歲行。蓋各星會太陽一次成一周也。因此歲行之規，亦名小輪。推知各星順逆留疾諸情。故依《新法》圖，五緯各有一不同心圈，一均圈，一小輪。凡星在小輪極遠之所，必合太陽，其行順而疾，其體見小。凡在小輪極近之所，其行逆而疾，其體見大。土、木、火行逆則衝太陽，金、水行逆，夕復而合，行順，晨伏而合。其各順行轉逆、逆行轉順之兩中界爲留，留非不行，乃際於極遲行之所也。留段前後，或順或逆，皆有遲行。其土、木、火行逆即衝太陽，而金、水則否者，緣土、木、火之本天大，皆以太陽爲心而包地，得與太陽衝，而金、水之本天雖亦以太陽爲心而不包地，不能衡太陽也。金、水不能衡太陽而能與之離，金離太陽四十八度，水離二十四度。

梅氏文鼎曰：「七政皆從天以生本輪，而月、五星又從乎日以生次輪。天西行，故七政之本輪皆從天而西轉，其行皆向最高也。日、月、五星之在本輪，俱向本天最高。其本輪心離最高一度，本輪周亦行一度，似爲所攝。日天東移，故月、五星之合望次輪，皆從日而東運，其行皆向日也。月、五星離日若干，次輪度亦行若干，是爲日所攝。惟本輪從天，于是有最高卑之加減，而其行度必始于最高。本輪行始于本天最高，而均輪即始于本輪之最高卑，故本輪、均輪至最高卑，皆無加減，爲起算之端。惟次輪從日，于是有離日之加減，而其行度必始于會日。月次輪行始于朔望，星次輪始于合伏，故月至朔望，五星合日冲日，皆無次輪加減。是故七政皆以半周天之宿度行縮歷，半周天之宿度行盈歷。歷宿度三百六十，而本輪一周起最高、終最高也。因最高有行分，故視周天稍贏，然大致不變。月之遲疾亦然。次輪則月以閱黃道一周而又過之，凡三百八十九度奇，而行二周，起朔望、終朔望也。五星歲輪，即次輪。則土以行黃道十二度奇，木以三十三度奇，火以四百〇八度奇，金以五百七十五度奇，水以一百十四度奇，而皆一周，起合伏、終合伏也。治曆者用三小輪以求七政之視行，惟此二者，故曰兩事也。金、水二星會日後，皆行黃道，宿一周又復過之，然後再與日會。

問：諸家多以五星自行度爲距日度，然乎？曰：自行度生于距日遠近，然非距日之度。何也？星在黃道，有順有逆，有疾有遲，其距太陽，無一平行。而自行度終古平行，故但可謂之距合伏之行，而非距日之度也。此在中土舊法，則爲段目。其法，合計前後兩合伏日數以爲周率，周率析之爲疾行、遲行、退行及留而不行諸段之目，疾與遲皆有順行度數，退則有逆行度數，其度皆黄道上實度也。《回曆》不然，其法則以前合伏至後合伏成一小輪，小輪之心，行于黄道，而星體所行，非黄道也，乃行于小輪周耳。近合伏前後，行輪上半，順輪心東行而見其疾。衝日前後，行輪下半，則逆輪心西行，而見其遲留且退。其實，星在輪周，環轉自平行也。故以輪周匀分三百六十度爲實，前合伏至後合伏日率爲法，除之得輪周每日星行之平度，是之謂自行度也。若以距太陽言，則順輪心而見疾，距日之度必少，逆輪心而遲退，距日之度必多，安所得平行之率哉！故曰自行者，星距合伏之行，而非距日度，又謂其生于距日何也？曰：星既在輪周行矣，而輪之心實行于黄道，與太陽同爲右旋，而有遲速。當合伏時，星與輪心與太陽，皆同一度，星在輪之頂，作直線過輪心至太陽，直射地心，皆在黄道上。同度，如月之合朔。然不過晷刻之間而已。自是以後，太陽離輪心而東，輪心亦隨太陽而東。太陽速，輪心遲，輪心所到，必在太陽之後。以遲減速，而得輪心每日不及太陽之恒率，是則爲距日行也。即平行距日。然而輪心隨太陽東行，星在輪周，亦向太陽而東行。太陽離輪心相距一度，黄道上度。星在輪周從合伏處，輪頂。東行亦離一度。小輪上度。太陽離輪心一象限，如月上弦。星在輪周，亦離合伏一象限。乃至太陽離輪心半周，與輪心冲，星在輪周，亦離合伏半周，居輪之底，復與輪心同度而衝太陽。自輪頂合伏度作綫，過輪心，至星之體，又過地心，以至太陽。黄道上躔度皆成一直綫，如月之望。再積其度，太陽離輪心之衝度而東，輪心亦自太陽之衝度而東。然過此以往，太陽反在輪心之後。假如輪心不及太陽，積至三象限，則太陽在輪心後只一象限。因其環行，故太陽之行速，在前者半周，以後太陽反在輪心之後，若追輪心不及者然，如月下弦。星在輪周亦然。自輪底行一象限，則離輪頂合伏爲三象限，而將復及合伏尚差一象限。逮太陽離輪心之度滿一全周，而輪心與太陽復爲同度，則星在輪周，亦復至合伏之度，而自行一周矣。星、輪心、太陽，三者皆復同爲一直綫，以直射地心，如月第二合朔。凡此星行輪周之度，無一不與輪心距日之度相應。主日而言，則爲太陽離輪心之度。主星而言，則爲輪心不及太陽之距度。其義一也。故曰自行之度，生于距日。然是輪心距日，非星距日也。

問：輪心距日與星距日，何以不同乎？曰：輪心距日平行，星距日不平行。惟其不平行，是與自行度之平行者判然爲二，故斷其非距日度也。惟其平行，是與自行度相應，故又知其生於距日也。

然則自行度不得爲星距日度，獨不得爲輪心距日度乎？曰：輪心距日，雖與自行相應，能生其度，然其度不同。輪心是隨日東行，倒算其不及于日之度。星在輪周環行，是順數其行過合伏之度。不同一也。又輪心距日是黄道度，七政所同。星離合伏自行，是小輪周度，小於黄道度。又各星異率，小輪小于黄道，而小輪周亦匀分三百六十度，其度必小于黄道度，而各星之小輪周徑各異，度亦從之而異。不同二也。若但以自行之初，與日同度，自行半周，每與日冲，而徑以距日與自行混而爲一，豈不毫釐千里哉！」

蕙田案：以上論五星平行及伏見行之理。

梅氏文鼎曰：「問：五星天皆以日爲心，然乎？曰：西人舊説，以七政天各重相裹，厥後測得金星有弦望之形，故新圖皆以日爲心。但上三星輪大，而能包地；金、水輪小，不能包地，故有經天、不經天之殊。然以實數考之，惟金、水包日爲輪，確然可信。若木、火、土亦以日爲心者，乃其次輪上星行距日之跡，非真形也。凡上三星合伏後，必在太陽之西而晨見，于是自歲輪最遠處東行而漸向下，及距日之西，漸遠至一象限内外。星在歲輪，行至下半，爲遲留之界。再下而退行衝日，則居歲輪之底。此合伏至衝日，在日西半周也。衝日以後，轉在日東而夕見，又自輪底行而向上，過遲留之界，而復與日合矣。此衝日至合伏，在日東半周也。故歲輪上星行高下，本是在歲輪上下，而自太陽之相距觀之，即成大圓而爲圍日之形，以日爲心矣。其理與本輪行度成不同心天者同也。但如此則上三星之圓周左旋，與金、水異。夫七政本輪，皆行天一周，而高卑之數以畢。雖有最高之行，所差無幾。故可以本輪言者，亦可以不同心天言也。若歲輪則不然。如土星歲輪一周，其輪心行天不過十二度奇，木星則三十三度奇，上下旋轉，止在此經度内，不得另有天周之行，故知爲距日之虚跡也。又如金星歲輪一周，其輪心平行五百七十餘度，則大于天周二百餘度。水星歲輪一周，輪心平行一百一十五度奇，則居天度三之一。皆不可以天周言。惟火星歲輪之周，其平行四百餘度，與天周差四十度，數略相近，故《曆指》竟云『以太陽爲心而要之，總是借虚率以求真度』，非實義也。

問：五星之法，至西曆而詳明。然其舊説五星各一重天，大小相函，而皆以地爲心。其新説五星天雖亦大小相函，而以日爲心。若是其不同何也？曰：無不同也。西人九重天之説，第一宗動天，次恒星，次土，次木，次火，次太陽，次金，次水，次太陰，是皆以其行度之遲速，而知其距地有遠近，因以知其天周有大小，理之可信者也。星之天有大小，既皆以距地之遠近而知，則皆以地心爲心矣。是故土、木、火三星距地心甚遠，故其天皆大於太陽之天而包于外；金、水二星距地心漸近，故其天皆小于太陽之天而在其内，爲太陽天所包。是其本天皆以地爲心，無可疑者。惟是五星之行，各有歲輪，歲輪亦圓象，五星各以其本天載歲輪，歲輪心行于本天之周，星之體則行於歲輪之周，以成遲疾留逆。歲輪心行于本天周，皆平行也。星行于歲輪之周，亦平行也。人自地測之，則有合有冲，有疾有遲，有留有逆，自然之理也。若以歲輪上星行之度聯之，亦成圓象，而以太陽爲心。西洋新説謂五星皆以日爲心，蓋以此耳。然此圍日圓象，原是歲輪周行度所成，而歲輪之心，又行于本天之周，本天原以地爲心，三者相待而成，原非兩法，故曰無不同也。上三星在歲輪上右旋，金、水在歲輪上左旋，皆挨度平行。夫圍日圓象，既爲歲輪周星行之跡，則遲留逆伏之度，兩輪皆有之，故以歲輪立算，可以得其遲留逆伏之度。以圍日圓輪立算，所得不殊。立法者溯本窮源，用法者從簡便算。如曆書上三星用歲輪，金、水二星用伏見輪，皆可以求次均。立算雖殊，其歸一也。或者不察，遂謂五星之天，真以日爲心，失其指矣。夫太陽去地，亦甚遠矣。五星本天既以地爲心，而又能以日爲心，將日與地，竟合爲一乎？必不然矣。西人又嘗言火星天獨以日爲心，不與四星同。予嘗斷其非是，作圖以推明地谷立法之根，原以地爲本天之心，其説甚明。其金、水二星，舊説多淆，亦久疑其非。今得門人劉允恭，悟得金、水二星之有歲輪，其理的確而不可易，可謂發前人之未發矣。

蕙田案：以上論五星皆以地爲心。

問：金、水二星之求次均也，即遲、疾、留、逆。用伏見輪，《曆指》謂其即歲輪，其説非歟？曰：非也。伏見輪之法，起于《回回》，而歐邏因之。若果即歲輪，何爲別立此名乎？由今以觀，蓋即歲輪上星行繞日之圓象耳。王寅旭書亦云伏見輪非歲輪。然則伏見輪既爲圍日之跡，上三星宜皆有之，何以不用，而獨用之金、水？曰：以其便用也。蓋五星行于歲輪，起合伏，終合伏，皆從距日而生，故五星之歲輪，並與日天同大。而歲輪之心，原在本天周，故其圍日象，又並與本天同大。上三星之本天，包太陽外，其大無倫。又其行皆左旋，所以左旋之故，詳具後論。頗費解説，故只用歲輪也。至于金、水，本天在太陽天內，伏見輪既與之同大，又其度順行，故用伏見輪。亦即繞日圓象。若用歲輪，則金、水之歲輪反大于本天，以歲輪與日天同大，故皆大于本天。故不用歲輪，非無歲輪也。承用者未能深考立法之根，輒謂伏見輪即歲輪，其説似是而非，不可不知也。伏見亦起合伏，終合伏，有似歲輪之心行于本天之周。而伏見輪以太陽爲心，故遂以太陽之平行爲平行，皆相因而誤者也。然則金、水既非以太陽之平行爲平行，又何以求其平行？曰：歲輪之心行于本天，是爲平行，乃實度也。實度者，周度也。以本天分三百六十度，而以各星周率平分之，則得其每日平行。如土星二十九年奇，而行本天一周，則二十九日而行一度，每日平行二十九分度之一，是爲最遲。木星十二年周天，每日平行約爲十二分度之一。火星二年周天，約爲每日平行半度。金星二百二十餘日周天，約每日平行一度半强。水星八十八日奇而周天，約每日平行四度。皆平行實度。若歲輪及伏見輪，雖亦各分三百六十度，亦各有其平行，然而非實度也，既非本天上平行之度，又非從地心實測之平行度。乃各星之離度耳。因此離度，用三角法從地心測之，則得其遲留伏逆之狀，亦爲實度矣。此實度不平行，與本天之平行實度不同。本天之度，平行實度也。歲輪及伏見，乃離度也。離度爲虛數，故皆以半徑之大小爲大小。伏見輪上行度與歲輪同，所不同者半徑也。伏見之半徑，皆同本天歲輪之半徑，皆同日天。

問：何以謂之離度？曰：於星平行内，減去太陽之平行，故曰離度，乃離日之行也。以太陰譬之，其每日平行十三度奇者，太陰平行實度；每日十二度奇者，太陰之離度也。於太陰平行内減太陽平行。是故金星每日行大半度奇，水星每日約行三度，皆于星平行内減太陽之平行。因金、水行速，其離度在太陽之前，乃星離于日之度，故其度右旋順行，與太陰同法也。若上三星，則當于太陽平行内減去星行，是爲離度。蓋以上三星行遲，在太陽之後，乃星不及于日之度。其度左旋而成逆行，與太陰相反，然其爲離日之行度，一而已矣。平行者，對實行而言也。然實行有二。一是本天最高卑之行，亦曰實行。一是黄道上遲、留、逆、伏實測，亦曰視行。是二者，皆必以本天之平行爲宗，若金、水獨以太陽之平行爲行，是廢本天之平行矣，又何以求最高卑乎？圜日之輪，即伏見輪。起合伏，終合伏，是即古法之合率也。本天之行，則古法之周率也。最高卑，則古法之曆率也。又有正交、中交，以定緯度，即如古法之太陰交率也。此一法，是西法勝中法之一大端。是數者，皆必以本天取之，故不得以圜日之輪爲本天。《曆指》言金星正交定于最高前十六度，水星正交與最高同度。其所指皆本天之度，非伏見行之度，則伏見輪不得爲本天明矣。今以七政書徵之，不惟最高卑之盈縮有定度，即其交南北亦有定度。故金星恒以二百二十餘日而南北之交一終，水星則八十八日奇而交終。此皆論本天實度，原不論伏見行，是尤其較著者矣。」

江氏永曰：「七政皆有本天，本天皆有平行之實度。月與五星皆有次輪，而五星次輪亦曰歲輪，皆因離日遠近而生離度。月之離度，起合朔，終合朔。五星離度，起合伏，終合伏。土、木、火三星，在日之上，其本天大，其右行之度遲，則於太陽平行度内，減其心之行度，是爲歲輪上離度。合伏至衝日半輪，星西而日東。衝日至合伏半輪，星東而日西。金、水二星，在日之下，其本天小，其右行之度速，則于本天平行度内減太陽平行度，爲歲輪上離度。合伏至衝日，星東而日西。衝日至合伏，星西而日東。金、水本天雖小，而歲輪亦如上三星，與日天等大，星在歲輪上半周，則歲輪負星出日上；至下半周，乃在日天下。其繞日之圓象，實由歲輪上星行軌迹所成，與上三星成繞日大圓者同理。而曆家别名爲伏見輪，但於伏見輪上離度，算其距日實行，則與歲輪所得不殊。又即以太陽之平行爲二星之平行，皆徑捷之權法，而承用者遂以伏見當歲輪，以日天爲二星本天，且置本輪、均輪於日天上。由是二星之本天與歲輪皆隱矣。

凡星體皆載於歲輪上，歲輪之心在均輪，均輪之心在本輪，本輪之心在本天。其大、遲、速，在本天之行；其小、盈、縮，在本輪之轉，五星皆同。歲輪由星爲太陽所攝而生，歲輪隨本天旋轉，聯其行迹，自成繞日之輪，其輪各與本天等大。若主太陽言之，似星本繞日。因星在繞日輪上旋轉，而成與太陽本天等大之歲輪。西士謂五星皆以日爲心。若主本天言之，則繞日輪生于歲輪。勿菴先生始謂上三星之繞日爲虛跡，非實象；後又謂金、水伏見輪亦如圍日之圓象，實爲歲輪周行度所成。然則本天與歲輪，猶表也；繞日圈、伏見輪，猶景也。置本輪、均輪於金水歲輪上，與伏見輪上所算之黃道度不殊。然則上三星亦可置本輪、均輪於繞日圈上立算，此天能之巧妙。若上三星用歲輪，金、水用伏見輪，則步算之權宜也。各星本輪、均輪止一耳，何以隨人兩置之而皆可？由其本同故也。其所以然者，不出三角之理。曆家於金、水，何以不用歲輪立算？伏見顯而歲輪隱也。然則曆家既便於伏見立算矣，必不用歲輪之隱而曲。勿菴先生之説，亦可置勿論乎？曰：不然。疇人之所便用者，法也。儒家之所講求者，理也。有勿菴之説，而後知二星亦有本天，有歲輪，與上三星一貫。因其本天在日天下，故其左旋者漸遲，右旋者漸速。下至太陰，上至恒星，高下遲速，各以其等。而西人始言天有重數之説，得此益明。故愚以爲甚有功也，否則，但以二星之行與日等其本天，與日天混而爲一，烏覩所謂九重者乎？伏見輪雖曰以太陽爲心，其實亦非真以太陽之形體爲心也，乃是太陽本輪之心爲之心耳。故算次均角，不因太陽之盈縮高卑而改變，惟算合伏與退合兩日，以太陽實行定其實合伏、實退合之時刻。以此例之，土、木二星繞日圈，其真心亦是太陽本輪心，非太陽之形體也。惟火星不然耳。」

蕙田案：以上論金、水二星自有歲輪。

又案：七曜之平行，有遲速不同，由其本天自有高下。土星天最高，故右移之度最遲。木星天在土星之下，故其遲次之。火星天在木星之下，故其遲又次之。太陽天在火星之下，故其遲又次之。太陰天最卑，故右移亦最速。金、水二星天在太陽之下，太陰之上，其右移之度宜遲於太陰，速於太陽。古今曆家測金、水平行，皆與太陽等。此就星所當黄道之度測之，非本天之平行也。梅氏、江氏始謂二星各有歲輪，歲輪心行本天之周，金以二百二十餘日而一周，約日行一度有半。水以八十八日奇而一周，約日行四度。是爲二星平行之度。然則五星之行，可以一理通之，由高下而生遲速，亦各以其等而不紊。雖不可以目測，而可以理信，可以算得，實爲古今未發之精義。

【《新法曆引》】五星之道，雖相距緯度各異，而其斜絡黄道，則與月道同理，故皆借月道諸名名之。其兩交之所，亦謂正交、中交；其在南在北兩半周，亦謂陰陽二限。審是而五星緯行，庶可詳求矣。蓋各本道外之歲行小輪，恒與黄道爲平行，而又斜交於本道。其上半恒在黄、本二道中，凡星躔於此，則減本道之緯。其下半恒在本道外，星躔於此，則加其緯。然此小輪之緯向則恒不變。如土星三十年行天一周，其在正、中二交之下，必無緯度分，十五年恒北，十五年恒南耳。凡衝太陽，因在小輪下半，即加本道緯度。凡會太陽，因在小輪上半，即減緯度。他星亦猶是也。其或行近於地，小輪加緯益多。太白至夕伏合之際，因其近地，其緯幾及八度矣。中法不諳緯行之原，一見金星在緯南北七八九度，即詫謂本星失行，豈非誣乎！

【《新法表異》】金星或合太陽而不伏，水星離太陽而不見。所以然者，金緯甚大，凡逆行，緯在北七度餘。而合太陽於壽星、大火二宮，則雖與日合，其光不伏。一日晨夕兩見者，皆坐此故。水緯僅四度餘，設令緯向是南，合太陽於壽星，嗣後雖離四度，夕猶不見也。合太陽於降婁，嗣後雖離四度，晨猶不見也。此二則用渾儀一測便見，非舊法所能知也。

江氏永曰：「水星與金星不同有二事。其一則均輪也。他星均輪最高時起最近點，右旋而倍引數。獨水星均輪最高時起最遠點，右旋三倍引數。引數一度，均輪三度。其一則交角也。金星交角三度二十九分，惟一耳。水星交角，則時時不同。伏見輪心在大距與黃道交角五度四十分，伏見輪心在正交，當黃道北則減，南則加；伏見輪心在中交，當黃道北則加，南則減。其加減各有與大距交角相較之數，以距交實行逐度算其交角差，加減交角而得實交角。此二事蓋相因，其理極精微。」

右五星。

蕙田案：以上論五星交周及緯度。

五禮通考卷第一百九十一

淮陰吴玉搢校字

五禮通考卷第一百九十二

内廷供奉禮部右侍郎金匱秦蕙田編輯
太子太保總督直隸右都御史桐城方觀承同訂
翰林院編修嘉定錢大昕
按察司副使元和宋宗元　參校

嘉禮六十五

觀象授時

【《春秋》】莊公七年：「夏，四月辛卯，夜，恒星不見。」【注】恒，常也，謂常見之星。辛卯，四月五日，月光尚微，蓋時無雲，日光不以昏没。【疏】夜者，自昏至旦之總名。但此經下言「夜中」，則此言「夜」者，夜未至中，謂初昏之後耳，非竟夜不見星也。《穀梁》「夜」作「昔」，傳曰：「日入至於星出謂之昔。不見者，可以見也。」必如彼言，星出以前名之曰昔，則名昔之時，法當未有星矣，何以怪其不見而書爲異也？明經所言夜者，夜昏之後，星應見之時而不見耳。夜中，星隕如雨。【注】如，而也。夜半乃有雲，星落而且雨，其數多，皆記異也。日光不匿，恒星不見，而云夜中者，以水漏知之。【《左氏傳》】夏，恒星不見，夜明也。星隕如雨，與雨偕也。【注】偕，俱也。【《公羊傳》】恒星者何？列星也。【注】恒，常也。常以時列見。列星不見，何以知夜之中？星反也。【注】反者，星復其位。【疏】謂星反附在半夜之後，則知鄉者不見之時，是夜中矣。如雨者何？非雨也。非雨則曷爲謂之如雨？不脩《春秋》曰：「雨星不及地尺而復。」君子脩之曰：「星霣如雨。」【注】明其狀似雨爾。何以書？記異也。【注】列星者，天之常宿，分守度，諸侯之象。周之四月，夏之二月，昏，參伐、狼注之宿當見。參伐主斬艾立義，狼注主持衡平也。皆滅者，法度廢絶，威信陵遲之象。星霣未墜而夜中星反者，房、心見其虚、危、斗。房、心，天子明堂布政之宫也。虚、危，齊分，其後齊桓行霸。【《穀梁傳》】恒星者，經星也。【注】經，常也，謂常列宿。日入至於星出謂之昔。不見者，可以見也。夜中星隕如雨。【注】如，而也。星既隕而復雨。其隕也如雨，是夜中與？《春秋》著以傳著，疑以傳疑。中之，幾也，而曰夜中，著焉爾。何用見其中也？失變而録其時，則夜中矣。【注】失星變之始，而録其已隕之時，檢録漏刻，以知夜中。其不曰恒星之隕何也？我知恒星之不見，而不知其隕也。我見其隕而接於地者，則是雨説也。著于上，見于下，謂之雨。著於下，不見於上，謂之隕，豈雨説哉？【注】解經不得言雨星而言隕星也。

蕙田案：恒星不見之説，當以《左氏》爲長。蓋列宿有名之星無隕墜之理，隕而旋復，益復誕妄。惟夜中以前，日光已没，星當見而不見，故以爲異而記之。其云「夜中星隕」者，自謂無名之星或有隕墜者，不當以恒星之不見爲全隕也。

【《詩·召南·小星》】嘒彼小星，三五在東。【傳】嘒，微貌。小星，衆無名者。三，心。五，噣。四時更見。【箋】衆無名之星，隨心、噣在天，猶衆妾隨夫人以次進御于君也。心在東方，三月時也。噣在東方，正月時也。如是終歲，列宿更見。【疏】列宿之大，房、心、參伐，心三星，故知三爲心也。《綢繆》傳曰「三星，參也」者，以其刺昏姻不得其時，舉正時以刺之。冬日之昏，在天在户，唯參爲然，故知非心也。箋則三皆爲心，以其心實三星，而列宿之尊，故《元命苞》曰：「心爲天王。」《公羊》又云：「心爲大辰。」故言三星。此及《綢繆》、《苕之華》皆云「心」也。《元命苞》云：「柳五星。」《釋天》云：「咮謂之柳。」《天文志》云：「柳謂鳥喙。」則喙者，柳星也。以其爲鳥星之口，故謂之喙。心，東方之宿；柳，南方之宿，著明者。

嘒彼小星，維參與昴。【傳】參，伐也。昴，留也。

【箋】此言衆無名之星，亦隨伐、留在天。【疏】《天文志》云：「參，白虎宿。三星直。下有三星，鋭，曰伐。其外四星，左右肩股也。」則參實三星，故《綢繆》傳曰「三星，參也」。以伐與參連體，參爲列宿，統名之，若同一宿然。但伐亦爲大星，與參互見，皆得相統。故《周禮》「熊旂六旒以象伐」，明伐得統參也。是以《演孔圖》曰「參以斬伐」，《公羊傳》曰「伐爲大辰」，皆互舉相見之文，故言「參，伐也」，見同體之義。《元命苞》云「昴六星。昴之爲言留，言物成就繫留」是也。

【《唐風・綢繆》】綢繆束薪，三星在天。【傳】三星，參也。在天，謂始見東方也。三星在天，可以嫁娶矣。【箋】三星，謂心星也。心有尊卑、夫婦、父子之象，又爲二月之合宿，故嫁娶者以爲候焉。昏而火星不見，嫁娶之時也。今我束薪于野，乃見其在天，則三月之末、四月之中見於東方矣，故云不得其時。【疏】參有三星，《漢書・天文志》云「參，白虎宿，三星」是也。毛以秋冬爲昏時，故云三星在天，可以嫁娶。王肅云：「謂十月也。」《孝經援神契》云：「心三星，中獨明。」是心亦三星也。《天文志》云：「心爲明堂。大星天王，前後星子屬。」然則心之三星，大者尊，小者卑，大者象夫、父，小者象子、婦也。二月日體在戌，而斗柄建卯，初昏之時，心星在於卯上。二月之昏，合於本位，故稱合宿。昏而火星不見，謂仲春之月，嫁娶之正時也。

綢繆束芻，三星在隅。【傳】隅，東南隅也。【箋】心星在隅，謂四月之末，五月之中。

綢繆束楚，三星在户。【傳】參星正月中直户也。

【箋】心星在户，謂五月之末，六月之中也。

【《小雅・巷伯》】哆兮侈兮，成是南箕。【傳】哆，大貌。南箕，箕星也。【箋】箕星哆然，踵狹而舌廣。

【疏】箕四星，二爲踵，二爲舌。若使踵本太狹，舌雖小寬，不足以爲箕。由踵之二星已哆然而大，舌又益大，所以成爲箕也。

【《大東》】維天有漢，監亦有光。【傳】漢，天河也。有光而無所明。跂彼織女，終日七襄。【傳】跂，隅貌。襄，反也。【箋】襄，駕也。駕謂更其肆也。從旦至莫，七辰一移，因謂之七襄。【疏】《河圖括地象》云：「河精上爲天漢。」楊泉《物理論》云：「星者，元氣之英也。漢，水之精也。氣發而著，精華浮上，宛轉隨流，名曰天河，一曰雲漢。」《大雅》「倬彼雲漢」是也。孫毓云：「織女三星，跂然如隅。」然則三星鼎足而成三角，望之跂然，故云「隅貌」。「襄，反」者，謂從旦至暮，七辰而復反于夜也。天有十二次，日月所止舍也。在天爲次，在地爲辰，每辰爲肆，晝夜雖各六辰，數者舉其終始，故七即自卯至酉也。言終日，是晝也。晝不見而言七移者，據其理當然矣。

雖則七襄，不成報章。【傳】不能反報成章也。【箋】織女有織名爾，駕則有西無東，不如人織相報，反成文章也。睆彼牽牛，不以服箱。【傳】睆，明星貌。何鼓謂之牽牛。服，牝服也。箱，大車之箱也。【箋】以，用也。牽牛不可用于牝服之箱。【疏】「何鼓謂之牽牛」，《釋天》文也。李巡曰：「何鼓、牽牛，皆二十八宿名也。」孫炎曰：「何鼓之旗十二星，在牽牛之北也。或名爲何鼓，亦名爲牽牛。」如《爾雅》之文，則牽牛、何鼓一星也；如李巡、孫炎之意，則二星，今不知其同異也。

有捄天畢，載施之行。【傳】捄，畢貌。畢所以掩兔也，何嘗見其可用乎？【箋】祭器有畢者，所以助載鼎實。今天畢則施于行列而已。【疏】捄，長貌。此亦言畢之長也。《鴛鴦》曰「畢之羅之」，《月令》「禁羅網畢翳，無出國門」，是田器有畢也。《特牲饋食禮》曰：「宗人執畢。」是祭器有畢也。彼注云：「畢，狀如叉。蓋爲其似畢星，取名焉。」掩兔、祭器之畢，俱象畢星爲之。孫毓云：「祭器之畢，狀如畢星，名象所出也。畢弋之畢，又取象焉，❶而因施綱于其上，雖可兩通，箋義爲長。」

維南有箕，不可以簸揚。維北有斗，不可以挹酒漿。【傳】挹，㪺也。維南有箕，載翕其舌。維北有斗，西柄之揭。【傳】翕，合也。【箋】翕猶引也。引舌者，謂上星相近。【疏】二十八宿連四方爲名者，唯箕、斗、井、壁四星而已。壁者，室之外院。箕在南，則壁在室東，故稱東壁。鄭稱參傍有玉井，則井星在參東，故稱東井。推此則箕、斗並在南方之時，箕在南，而斗在北，故言南箕北斗也。以箕、斗是人之用器，故令相對爲名。

【《漸漸之石》】月離于畢，俾滂沱矣。【傳】畢，

❶「象」，原作「名」，據《毛詩注疏》改。

噣也。❶月離陰星則雨。【疏】以畢爲月所離而雨，是陰雨之星，故謂之陰星。《洪範》曰「星有好風，星有好雨」者，即此畢是也。《春秋緯》云：「月離于箕，風揚沙。」則好風者箕也。

【《苕之華》】三星在罶。【傳】三星在罶，言不可久也。【箋】喻周將亡，如心星之光耀，見于魚笱之中，其去須臾也。

【《大雅·棫樸》】倬彼雲漢，爲章于天。【傳】倬，大也。雲漢，天河也。

【《雲漢》】倬彼雲漢，昭回于天。【傳】回，轉也。【箋】雲漢，謂天河也。倬然天河水氣也，精光轉運于天。

【《春秋》襄公九年《左氏傳》】古之火正，或食于心，或食于咮，以出内火。是故咮爲鶉火，心爲大火。【疏】南方七星，有井、鬼、柳、星、張、翼、軫七者，共爲朱鳥之宿星，即七星也。咮謂柳也。《春秋緯文耀鉤》云：「咮謂鳥陽，七星爲頸。」宋均注云：「陽猶首也。柳謂之咮，咮，鳥首也。七星爲朱鳥頸也。」咮與頸共在于午者，鳥之止宿，口屈在頸，七星與咮，體相接連故也。東方七宿，角、亢、氐、房、心、尾、箕七者，共爲蒼龍之宿。《釋天》云：「大辰，房、心、尾也。大火謂之大辰。」孫炎曰：「龍星明者，以爲時候。大火，心也，在中最明，故時候主焉。」

【昭公元年《左氏傳》】昔高辛氏有二子，伯曰閼伯，季曰實沈，居于曠林，不相能也。日尋干戈，以相征討。后帝不臧，遷閼伯于商丘，主辰。【注】主祀辰星。辰，大火也。商人是因，故辰爲商星。遷實沈于大夏，主參。唐人是因，以服事夏、商。及成王滅唐而封太叔焉，故參爲晉星。

【昭公十七年《左氏傳》】衛，顓頊之虚也，故爲帝丘，其星爲大水。【注】衛星營室。營室，水也。

蕙田案：列宿之名，見于《書》者，曰鳥，曰火，曰虚，曰昴；見于《詩》者，

❶「噣」，原作「蠋」，據阮刻《毛詩注疏》改。

曰參，曰昴，曰定，曰火，曰南箕，曰織女，曰牽牛，曰天畢，曰北斗；見于《月令》者，曰營室，曰東壁，曰奎，曰婁，曰胃，曰畢，曰觜觿，曰參，曰東井，曰弧，曰柳，曰七星，曰翼，曰軫，曰角，曰亢，曰氐，曰房，曰火，曰尾，曰斗，曰建星，曰牽牛，曰婺女，曰虚，曰危；見于《夏小正》者，曰參，曰斗，曰昴，曰南門，曰大火，曰織女；見于《春秋内外傳》者，曰龍，曰火，曰大水，曰龍尾，曰咮，曰辰，曰參，曰農祥，曰天廟，曰辰角，曰天根，曰本，曰駟。其有關於中星及日躔者，別見前卷，不重載。

【《爾雅·釋天》】星名。壽星，角、亢也。【注】數起角、亢，列宿之長，故曰壽。天根，氐也。【注】角、亢下繫于氐，若木之有根。天駟，房也。【注】龍爲天馬，故房四星謂之天駟。大辰，房、心、尾也。【注】龍星明者，以爲時候，故曰大辰。大火謂之大辰。【注】大火，心也，在中最明，故時候主焉。析木謂之津。❶箕、斗之間。漢津也。【注】箕。龍尾。斗，南斗，天漢之津梁。星紀，斗、牽牛也。【注】牽牛、斗者，日月五星之所終始，故謂之星紀。玄枵，虚也。【注】虚在正北，北方黑色。枵之言耗，耗亦虚意。顓頊之虚，虚也。【注】顓頊水德，位在北方。北陸，虚也。【注】虚星之名凡四。營室謂之定。【注】定，正也。作宫室皆以營室之中爲正。娵觜之口，營室、東壁也。【注】營室、東壁，星四方似口，因名云。降婁，奎婁也。【注】奎爲溝瀆，故名降。大梁，昴也。西陸，昴也。【注】昴，西方之宿，別名旄頭。濁謂之畢。【注】掩兔之畢，或呼

❶「謂」，原脱，據庫本補。

爲濁，因星形以名。咮謂之柳。【注】咮，朱鳥之口。❶柳，鶉火也。【注】鶉，鳥名。火屬南方。何鼓謂之牽牛。【注】今荆楚人呼牽牛星爲檐鼓。檐者，荷也。

蕙田案：《爾雅》十二次，闕實沈、鶉首、鶉尾。實沈，參也。牧星，參也。鶉首，東井、輿鬼也。鶉尾，軫也。龍角謂之靈星。婺女謂之嬃女。尾謂之依。昴謂之留。軫謂之帑。營室謂之大水。娵訾之口，謂之豕韋。玄枵謂之天黿。壽星、大火、析木之津，東陸也。星紀、玄枵、娵訾之口，北陸也。降婁、大梁、實沈，西陸也。鶉首、鶉火、鶉尾，南陸也。軫至氐曰壽星。氐至尾曰大火。尾至南斗曰析木之津。南斗至婺女曰星紀。婺女至危曰玄枵。危至東壁曰娵訾之口。東壁至婁曰降婁。婁至畢曰大梁。畢至東井曰實沈。東井至柳曰鶉首。柳至張曰鶉火。張至軫曰鶉尾。建星，星紀之維首也。婺女，玄枵之維首也。虚，北陸之中也。《爾雅》所略，用是補之。

又案：《史記·律書》二十八舍，有建星，無南斗；有罰，無觜觿；有狼弧，無東井、輿鬼。《月令》所紀諸星，有弧、建星，無箕、昴、輿鬼、張。

【《漢書·天文志》】凡天文在圖籍昭昭可知者，經星常宿中外官凡百一十八名，積數七百八十三。

【《晉書·天文志》】馬續云：「天文在圖籍昭昭可知者，經星常宿中外官凡一百一十

❶「口」，原作「名」，據《爾雅注疏·釋天》改。

八名，積數七百八十三，皆有州國官宮物類之象。」張衡云：「文曜麗乎天，其動者有七，日月五星是也。日者，陽精之宗；月者，陰精之宗；五星，五行之精。衆星列布，體生於地，精成於天，列居錯峙，各有攸屬。在野象物，在朝象官，在人象事。其以神著，有五列焉，是爲三十五名。一居中央，謂之北斗。四布於方各七，爲二十八舍。中外之官，常明者百有二十四，可名者三百二十，爲星二千五百，微星之數蓋萬有一千五百二十。」後武帝時，太史令陳卓摠甘、石、巫咸三家所著《星圖》，大凡二百八十三官，一千四百六十四星，以爲定紀。

【《隋書·天文志》】後漢張衡爲太史令，鑄渾天儀，總序經星，謂之《靈憲》。其大略曰：「中外之官，常明者百有二十，可名者三百二十，爲星二千五百，微星之數萬有一千五百二十。」衡所鑄之圖，遭亂堙滅，星官名數，今亦不存。三國時，吴太史令陳卓始列甘氏、石氏、巫咸三家星官，著於圖録，并注占贊，總有二百五十四官，一千二百八十三星，并二十八宿及輔官附坐一百八十二星，總二百八十三官，一千五百六十五星。宋元嘉中，太史令錢樂之所鑄渾天銅儀，以朱墨白三色，用殊三家，而合陳卓之數。高祖平陳，得善天官者周墳，并宋氏渾儀之器。乃令庾季才等，參校周、齊、梁、陳及祖晅、孫僧化官私舊圖，刊其大小，正彼疎密，依準三家星位，以爲蓋圖。以墳爲太史令。自此，太史觀生，始能識天官。

蕙田案：晉、隋二《志》述陳卓星圖，總數只差一星，未知孰是。

【《明史·天文志》】崇禎初，禮部尚書徐光啟督修曆法，❶上《見界總星圖》。以爲回回《立成》所載，有黄道經緯度者止二百七十八星，其繪圖者止十七座九十四星，並無赤道經緯。今皆崇禎元年所測，黄赤二道經緯度畢具。後又上《赤道兩總星圖》。其説謂常現常隱之界，隨北極高下而殊，圖不能限。且天度近極則漸狹，而《見界圖》從赤道以南，其度反寬，所繪星座，不合仰觀。因從赤道中剖渾天爲二，一以北極爲心，一以南極爲心。從心至周，皆九十度，合之得一百八十度者，赤道緯度也。周分三百六十度者，赤道經度也。乃依各星之經緯點之，遠近位置形勢皆合天象。至於恒星循黄道右旋，惟黄道緯度無古今之異，而赤道經緯則歲歲不同。然亦有黄赤俱差，甚至前後易次者。如觜宿距星，唐測在參前三度，元測在參前五分，今測已侵入參宿。故舊法先觜後參，今不得不先參後觜，不可强也。又有古多今少，古有今無者。如紫微垣中六甲六星今只有一，華蓋十六星今止有四，傳舍九星今五，天厨六星今五，天牢六星今二。又如天理、四勢、五帝内座、天柱、天牀、大贊府、大理、女御、内厨，皆全無也。天市垣之市樓六星今二。太微垣之常陳七星今三，郎位十五星今十。長垣四星今二。五諸侯五星全無也。角宿中之庫樓十星今八。亢宿中之折威七星今無。氐宿中之亢池六星今四，帝席三星今無。尾宿中天龜五星今四。斗宿中之鼈十四星今十三，天籥、農丈人俱無。牛宿中之羅堰三星今二，天田九星俱無。女宿中之趙、周、秦、

❶「曆法」，原作「天文」，蓋避清高宗諱改。今據《明史·天文一》改回。

代各二星，今各一，扶匡七星今四，離珠五星今無。虚宿中之司危、司禄各二星今各一，敗臼四星今二，離瑜三星今二，天壘城十三星今五。危宿中之人五星今三，杵三星今一，臼四星今三，車府七星今五，天鉤九星今六，天錢十星今四，蓋屋二星今一。室宿中之羽林軍四十五星今二十六，螣蛇二十二星今十五，八魁九星今無。壁宿中之天廐十星今三。奎宿中之天溷七星今四。畢宿中之天節八星今七，咸池三星今無。觜宿中之座旗九星今五。井宿中之軍井十三星今五。鬼宿中之外厨六星今五。張宿中之天廟十四星今無。翼宿中之東甌五星今無。軫宿中之青丘七星今三，其軍門、土司空、器府俱無也。

又有古無今有者。策星旁有客星，萬曆元年新出，❶先大今小。南極諸星，古所未有，近年浮海之人至赤道以南，往往見之，因測其經緯度。其餘增入之星甚多，並詳《恒星表》。

其論雲漢，起尾宿，分兩派。一經天江、南海、市樓，過宗人、宗星，涉天津，至螣蛇。一由箕、斗、天弁、河鼓、左右旗，涉天津，至車府而會於螣蛇，過造父，直趨附路、閣道、大陵、天船，漸下而南行，歷五車、天關、司怪、水府，傍東井，入四瀆，過闕丘、弧矢、天狗之墟，抵天社、海石之南，踰南舡，帶海山，貫十字架、蜜蜂，傍馬腹，經南門，絡三角、龜、杵，而屬於尾宿，是爲帶天一周。以理推之，隱界自應有雲漢，其所見當不誣。又謂雲漢爲無數小星，大陵鬼宿中積尸亦

❶ 「萬曆」，原作「神宗」，蓋避清高宗諱改。今據《明史·天文一》改回。

然。考《天官書》言星漢皆金之散氣，則星漢本同類，得此可以相證。又言昴宿有三十六星，皆得之於窺遠鏡者。凡測而入表之星共一千三百四十七，微細無名者不與。其大小分爲六等：内一等十六星，二等六十七星，三等二百零七星，四等五百零三星，五等三百三十八星，六等二百一十六星。悉具黄赤二道經緯度，列表二卷。

【《續文獻通考》】明季，西洋法入中國。崇禎元年所測諸星，悉具黄赤經緯度，載於《崇禎新書》，《明史》撮其大要，入於《天文志》。今案馬端臨《象緯考》云：「古今志天文者，述天官星之名義，大略皆同《兩朝志》，亦出入《晉》、《隋》二史，但能言其去極若干度、某宿若干度爲異。」然亦惟赤道經緯度耳。西法所測，悉具黄赤經緯度，至所上《星圖》，其《見界總星圖》，即一行《蓋天圖》也。然赤道以外，衆星疎密之狀，《唐書》已云與仰觀小殊，則從赤道分爲南北二圖，豈非著圖之良法歟？《明史》云：「恒星有古多今少、古有今無者。」《後漢書》註引張衡《靈憲》云：「三光有似珠玉，神守精存，麗其職而宣其明。及其衰，神歇精斁，於是乎有隕星。」恒星之隱顯有無，豈亦猶其説歟？梅文鼎《文集》云：「西法黄道十二象，與中土異，而《回回》與歐邏巴復自不同。至黄道内外之星，或以爲六十象，或以爲六十二象。而貫索一星，《回回》以爲缺椀，歐邏巴以爲冕旒。其餘星名，亦多互異。今所傳之圖，皆因西法所列而變從中法之星座星名，或以西星合古圖而有疑似，不敢輒定，遂並收之。而有增附之星，或以古星求西圖而弗得其處，不能强合，遂芟去之，而成古有今亡之星。要之，皆徐、李諸公譯西星而酌爲之，非西傳之舊。」此論最爲明確。今又有即其增附之星收入本座而與古合者矣。惟大贊府，古無是星。《步天歌》云：「上衛少衛次上丞，後門東邊大贊府。」蓋或以垣牆丞衛諸星爲贊襄之府，或訛「輔」爲「府」，今不可考。至近南極諸星，與隱界雲漢，理宜有之。廣東諸省，已有見者。

觀承案：紫宫垣十五星，東八而西七，若以大贊府爲星名，則多一星，而成十六星矣。《宋志》載石氏説，則東西兩蕃總十六星，蓋於西蕃七星内添一太尉星，亦非所謂大贊府也。可知大贊府只是虛句，而非星名也。

【梅氏文鼎《揆日候星紀要》】大西儒測算，凡可見可狀之星一千二十二。若微小者，或不常見者，或朦黑者，不與焉。其大小分爲六等。又因其難以識認，盡假取人物之像以别其名。星非真有象也，但人借名之耳。每合數星，以成一像。凡四十八像，其多寡大小不等。在黄道北者二十一像：第一曰小熊，内有七星，外有一星。二曰大熊，内二十七，外八。三曰龍，凡三十一星。四曰黄帝，内十一，外二。五曰守熊人，内二十二，外一。六曰北冕旒，凡八星。七曰熊人，内二十九，外一。八曰琵琶，凡十星。九曰鴈鵞，内二十二，外一。其十曰岳母，凡十三星。十一曰大將，内二十六，外三。十二曰御車，凡十四星。十三曰醫生，又曰逐蛇。一醫常取蛇合藥以救世，其星如人逐蛇狀。内二十四，外五。十四曰毒蛇，凡十八星。十五曰箭，凡五星。十六曰日鳥，性喜視日。内九，外六。十七曰魚將軍，性好人，聞人歌樂即來聽，呼其名，漸來就。人溺水，則載之岸邊。人取魚，彼即領衆魚至，呼之，彼先躍過網，衆魚則罹網矣。凡十星。十八曰駒，凡四星。十九曰飛馬，凡二十星。二十曰公主，凡二十四星。二十一曰三角形，凡四星。共在北者三百六十星，一等三，二等十八，三等八十四，四等一百七十四，五等五十八，六等十三，昏者十。在黄道中者十二像：即十二宫。一曰白羊，即春分、清明，内十三，外五。二曰金牛，即穀雨、立夏，内三十三，外十一。三曰雙兄，即小滿、芒種，内十八，外七。四曰巨蟹，即夏至、小暑，内九，外四。五曰獅子，即大暑、立秋，内二十七，外八。六曰列女，即處暑、白露，内二十六，外六。七曰天秤，即秋分、寒露，内八，外九。八曰天蝎，即霜降、立冬，内十一，外三。九曰人馬，即小雪、大雪，凡三十一星。十曰磨羯，羊頭魚尾。即冬至、小寒，凡二十八星。十一曰寶瓶，即大寒、立春，内四十二，外三。十二曰雙魚，即雨水、驚蟄，内三十四，外四。共在中者三百四十六星，一等五，二等九，三等六十四，四等一百三十四，五等一百〇六，六等二十九，昏者三。在黄道南者十五像：一曰海獸，凡二十二星。二曰獵户，凡三十八星。三曰天河，凡三十四星。四曰天兔，凡十二星。五曰大犬，内十八，外十一。六曰小犬，凡二星。七曰船，凡四十五星。八曰水蛇，内二十五，外二。九曰酒缾，凡七星。十曰烏雅，凡七星。十一曰半人牛，凡三十七星。十二曰豺狼，凡十九星。十三曰大臺，凡七星。十四曰南冕，凡十三星。十五曰南魚，内十二，外六。共在南者三百十六星，一等七，二等十八，三等六十，四等一百六十八，五等五十三，六等九，昏者一。三方共一千二十二星，分其大小，一等共十五，二等共四十五，三等共二百缺八，❶四等共四百七十四，五等共一百十七，六等共四十九，昏者共十四。

新增十二像，係近南極之星：火鳥十，水委三，蛇首、蛇腹、蛇尾十五，小斗七，飛魚七，南船五，海山六，十字架四，馬尾四，馬腹三，蜜蜂四，三角形三，海石五，金魚四，夾白二，❷附白一，❸異雀十，孔雀十，波斯十一，鳥喙六，鶴十二，共一百三十四星。

據西書言，彼地天文家原載可見之星分爲四十八象，後自弘治十年丁巳，有精於天文吴默哥者，行至極南，見有無名多星，復有西士安德肋者，亦見諸星之旁尚有白氣二塊如天漢者。嗣于明神宗十八年庚寅，有西士胡本篤始測定南極各《星經》緯度數，新增一十二像。至四十八年庚申，湯、羅兩公航海過赤道南三月有奇，見南極已高三十餘度，將前星一一對測，經緯皆符。但據云一十二像，今又有二十一名何耶？

蕙田案：南極旁諸星，自古未有，西人以目驗得之。

右恒星總論。

❶「二百缺八」，梅文鼎《揆日候星紀要》作「二百〇八」。

❷「白」，原作「臼」，據梅文鼎《揆日候星紀要》改。

❸「白」，原作「臼」，據梅文鼎《揆日候星紀要》改。

紫微垣

北極五星

中元北極紫微宮，北極五星在其中。大帝之坐第二珠，第三之星庶子居。第一號曰爲太子，四爲后宮五天樞。

【《史記·天官書》】中宮天極星，其一明者，太乙常居也；旁三星三公，或曰子屬。【《晉書·天文志》】北極五星，鈎陳六星，皆在紫宮中。北極，北辰最尊者也，其紐星，天之樞也。第一星主月，太子也。第二星主日，帝王也；亦太乙之坐，謂最赤明者也。第三星主五星，庶子也。【《隋書·天文志》】賈逵、張衡、蔡邕、王蕃、陸績皆以北極紐星爲樞，是不動處也。祖暅以儀準候不動處，在紐星之末，猶一度有餘。【《宋史·天文志》】今清臺測去極四度半。【《宋兩朝天文志》】太子星，去北極十五度，入心宿三度。【《通志》】其第四星爲后宮，第五星爲天樞。張衡云二星並爲后宮。

蕙田案：《史記》所云「其一明者」，謂第二星也；云「旁三星」，即第一、第三、第四附近大星者也。紐星最小，第五，《史記》未言，諸志以紐星當北辰，祖暅已覺其誤。《宋中興天文志》欲從紐星爲第一數之，「初一曰帝，次二曰后，次三曰妃，次四曰太子，乃其赤明者也，次五曰庶子」，徒附會北辰之説，更改前人。夫紐星既非北辰，則帝星自取明大者，前人立義，似不可破。

四輔四星

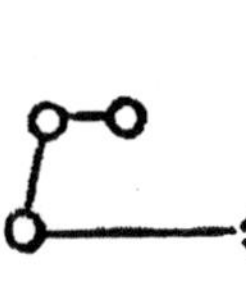

左右四星是四輔。

【《星經》】四輔四星，抱北極樞星。【《宋史·天文志》】四輔四星，在極星側，去極各四度。【《通志》】張衡云：抱極之細星也。

天一太一各一星

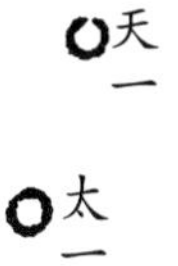

天一太一當門路。

【《星經》】天一星在紫微宮門外右星南，爲天帝之神，主戰鬭，知吉凶。【《宋兩朝天文志》】天一去極二十度半，入亢宿一度半。【《星經》】太一星在天一南半度。【《宋兩朝天文志》】太一去極二十一度，入亢宿一度。

東藩八星

西藩七星

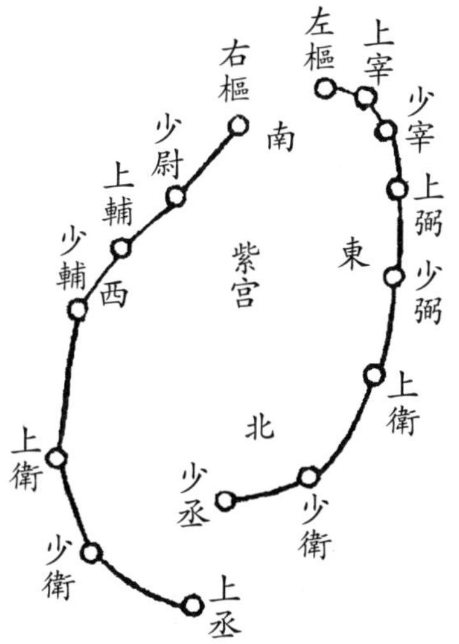

左樞東一。右樞西一。夾南門，兩面營衛一十五。上宰東二。少尉西二。兩相對，少宰東三。上輔東四。《宋志》作「上弼」，西三。次少輔。東五。《宋志》作「少弼」，西四。上衛東六西五。少衛東七西六。次上丞，西七。後門西邊大贊府。門東喚作一少丞，東八。以次却向門前數。

【《史記·天官書》】環之匡衛十二星，藩臣。皆曰紫宮。【《晉書·天文志》】紫宮垣十五星，其西藩七，東藩八，在北斗北。一曰紫微，大帝之坐也，天子之常居也，主命主度也。一曰長垣，一曰天營，一曰旗星，爲蕃衛，備蕃臣也。【《通志》】張衡云：紫微垣十五星，東藩八，西藩七。其東藩近閶闔門第一星爲左樞，第二星爲上宰，第三星爲少宰，第四星爲上輔，第五星爲少輔，第六星爲上衛，第七星爲少衛，第八星爲少丞。其西藩近閶闔門第一星爲右樞，第二星爲少尉，第三星爲上輔，第四星爲少輔，第五星爲上衛，第六星爲少衛，第七星爲上丞。兩藩正南，開如門象，名閶闔門。【《宋兩朝天文志》】左樞去極二十七度半，入房宿一度。右樞去極二十一度，入亢宿八度。

陰德二星

陰德門裏兩黄聚。

【《星經》】陰德二星，在尚書西。【《史記·天官書》】前列直斗口三星，隨北端兑，若見若不，曰陰德，或曰天一。【《晉書·天文志》】尚書西二星曰陰德、陽德，主周急振撫。【《宋史·天文志》】甘氏云：陰德外坐在尚書右，陽德外坐在陰德右，太陰太陽入垣翊衛也。【《宋兩朝天文志》】陰德二星，距東星去極十九度，入房宿二度。

尚書五星

尚書以次其位五。

【《星經》】五尚書在東南維，主納言、夙夜諮謀事也。【《晉書·天文志》】門内東南維五星曰尚書。【《宋史·天文志》】在紫微東藩内，大理東北。一云在天柱右稍前。【《宋兩朝天文志》】距西南星去極一十九度，入尾宿十四度。

柱史女史各一星

柱史在東藩垣外

女史在垣内

女史、柱史各一户。

【《星經》】女史一星，在天柱下，柱史北，掌記禁中傳漏動静，主時要事也。【《晉書·天文志》】柱史北一星曰女史，婦人之微者，主傳漏，故漢有侍史。【《宋兩朝天文志》】女史去極十七度半，入斗宿二度。

【《星經》】柱下史在北辰東，主左右史，記過事也。【《晉書·天文志》】極東一星曰柱下史。【《宋史·天文志》】一云在天柱前，司上帝之言動。【《宋兩朝天文志》】去極十八度，入斗宿十三度。

御女四星今無

天柱五星今無

御女四星五天柱。

【《星經》】御女四星在鉤陳北，主天子八十一御妻也，妃后之官。【《晉書·天文志》】鉤陳北四星曰女御宫，八十一御妻之象也。【《宋史·天文志》】女御四星，在大帝北，一云在鉤陳腹，一云在帝坐東北，御妻之象也。

【《宋兩朝天文志》】距西南星去極一十三度半，入奎一度。

【《星經》】天柱五星在紫微宫内，近東垣，主建教。【《晉書・天文志》】東垣下五星曰天柱。【《宋史・天文志》】一曰在五帝左稍前。【《宋兩朝天文志》】距東南星去極十三度半，入危宿初度。

大理二星今無

大理兩星陰德邊。

【《星經》】大理二星在宫門内，主刑獄事也。【《晉書・天文志》】宫門左星内二星曰大理。❶【《宋史・天文志》】一云在尚書前。【《宋兩朝天文志》】距東星去極二十三度半，入心宿五度。

句陳六星

天皇一星

六甲六星今一星

句陳尾指北極顛，句陳六星六甲前。天皇獨在句陳裏。

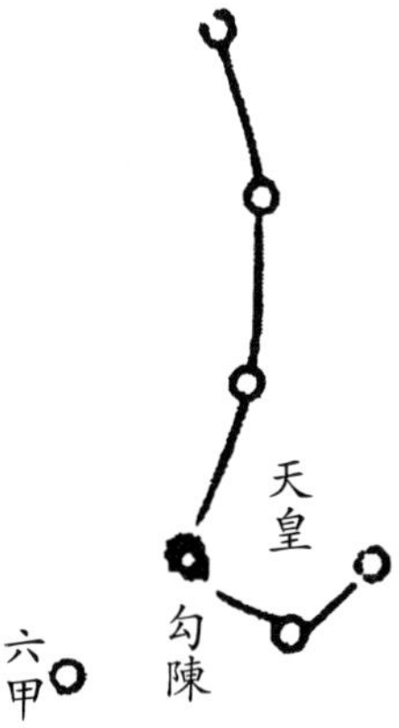

【《星經》】句陳六星在五帝下，爲後宫大帝正妃，又主天子六軍將軍，又主三公。【《史記・天官書》】天極星後句四星，末大星正妃，餘三星後宫之屬也。【《宋史・天文志》】六星比陳，象六宫之化，其端大星曰元始，餘星乘之曰庶妾。【《宋兩朝天文志》】去極六度半，入壁宿五度。

【《星經》】六甲六星，在華蓋之下，杠星之旁。【《晉書・天文志》】華蓋杠旁六星曰六甲。【《宋兩朝天文志》】距南星去極一十五度，入奎宿四度。

【《星經》】天皇大帝一星，在句陳中央也，不記數，皆是一星，在五帝前坐，其神曰耀魄寶。【《晉書・天文志》】鉤陳口中一星曰天皇大帝。【《宋兩朝天文志》】去極八度半，入室宿十一度。

五帝内座五星今無

五帝内座後門是。

【《星經》】五帝内座，在華蓋下，覆帝座也。五帝同座

❶「左星」，校點本《晉書・天文上》校勘記云：「『左』下『星』疑衍。」

也。【《晉書・天文志》】華蓋下五星曰五帝内座，設敘順帝所居也。【《宋兩朝天文志》】距中大星去極十二度半，入室宿六度。

華蓋十六星今四星

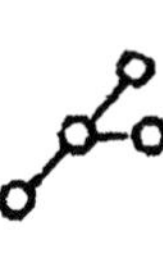

華蓋並杠十六星，杠作柄象華蓋形。

【《星經》】華蓋十六星，在五帝座上。杠九星，爲華蓋之柄也。上七星，爲庶子之官。【《晉書・天文志》】大帝上九星曰華蓋，所以覆蔽大帝之坐也。蓋下九星曰杠，蓋之柄也。【《宋史・天文志》】華蓋七星，杠九星，如蓋有柄下垂，以覆大帝之坐也，在紫微宫臨句陳之上。【《宋兩朝天文志》】距中大星去極二十六度，入婁宿四度。

傳舍九星今八星

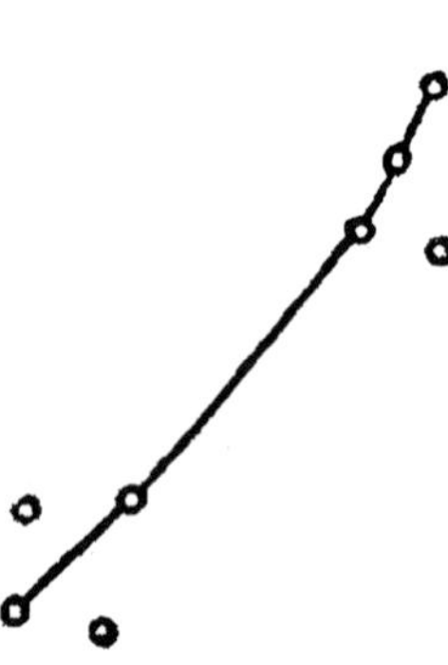

蓋上連連九箇星，名曰傳舍如連丁。

【《星經》】傳舍九星，在華蓋上，奚仲北，近天河，主賓客之館。【《宋兩朝天文志》】距西第四星去極二十八度半，入胃宿五度。

内階六星

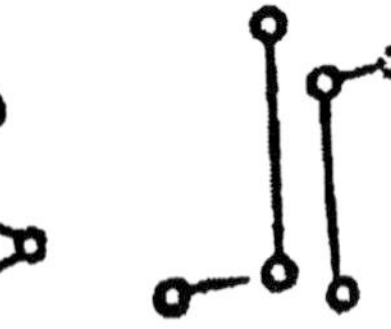

天厨六星

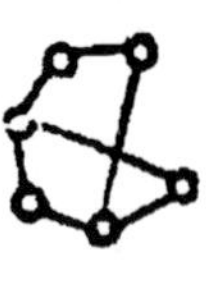

垣外左右各六珠，右是内階左天厨。

【《星經》】内階六星在文昌北。【《晉書・天文志》】文昌北六星曰内階，天皇之陛也。【《宋史・天文志》】在文昌東北。【《宋兩朝天文志》】距西南星，去極二十三度，入井宿二十六度。

【《星經》】天厨六星，在紫微宫東北維，近傳舍，北百官厨，今光禄厨像之。【《晉書・天文志》】東北維外六星曰天厨。【《宋史・天文志》】在扶筐北。【《宋兩朝天文志》】距大星去極二十四度，入斗宿二十二度。

八穀八星

階前八星名八穀。

【《晉書·天文志》】諸王西八星曰八穀，主候歲八穀。【《隋書·天文志》】厲石北八星曰八穀。【《宋史·天文志》】八穀八星，在華蓋西，五車北，一曰在諸王西。武密曰：「主候歲豐儉，一稻，二黍，三大麥，四小麥，五大豆，六小豆，七粟，八麻。」甘氏曰：「八穀在宫北門之右，司親耕，司候歲，司尚食。」【《宋兩朝天文志》】距西南星去極三十一度半，入畢宿三度。

天棓五星

厨下五箇天棓宿。

【《星經》】天棓五星，入氐一度，去北辰二十八度。【《史記·天官書》】紫宫右五星曰天棓。【《晉書·天文志》】天棓五星，在女牀北，天子先驅也。槍、棓，皆所以備非常也。【《宋兩朝天文志》】距南星去極四十四度，入箕宿三度。

天牀六星今無

天牀六星左樞在。

【《星經》】天牀六星在宫門外。【《宋史·天文志》】一曰在二樞之間。【《宋兩朝天文志》】距西南星去極二十二度，入氐宿二度半。

内厨二星今無

内厨兩星右樞對。

【《星經》】内厨二星在西北角。❶【《晉書·天文志》】西南角外二星曰内厨。【《宋兩朝天文志》】距西南星去極十九度半，入軫宿十一度。

❶「内厨二星在西北角」，《星经》同，《開元占經》卷六九：「甘氏曰：内厨二星在紫微宫西南角外。」按：考此卷及下卷所引《星經》，乃明程榮刻《漢魏叢書》本，清代學者早已指出，此本爲後人僞託，採晉隋二《志》而成。今於所疑處參攷别書出校，凡出校處先出《星經》異同。

文昌六星

文昌斗上半月形，稀疎分明六箇星。

【《星經》】文昌七星，❶如半月形，在北斗魁前，天府主營計天下事。其六星各有名，六司法大理。【《史記·天官書》】斗魁戴匡六星，曰文昌宮。一曰上將，二曰次將，三曰貴相，四曰司命，五曰司中，六曰司祿。【《晉書·天文志》】文昌六星，天之六府也，主集計天道。一曰上將，大將軍建威武。二曰次將，尚書正左右。三曰貴相，太常理文緒。四曰司祿、司中，司隸賞功進。五曰司命，司怪、太史主滅咎。六曰司寇，大理佐理寶。所謂一者，起北斗魁前近內階者也。【《宋兩朝天文志》】距西南星去極三十四度半，入柳宿二度半。

三師三星

文昌之下曰三師。

【《晉書·天文志》】魁第一星西三星曰三公。【《宋兩朝天文志》】距西星去極二十一度，入張宿初度半。

太尊一星

太尊只嚮三公明。

【《晉書·天文志》】中台之北一星曰太尊，貴戚也。

天牢六星 今一星

天牢六星太尊邊。

【《星經》】天牢六星，在北斗魁下，貴人牢。【《宋史·天文志》】甘氏云：賤人之牢也。【《宋兩朝天文志》】距西北星去極二十八度半，入張宿六度。

太陽守一星

勢四星 今無

太陽之守四勢前。

❶「七星」，《星經》同，庫本作「六星」。

【《星經》】太陽守在西北，主大臣大將，備天下不虞。入張十三度，去北極四十五度。【《宋史・天文志》】太陽守一星，在相星西北，斗第三星西南，大將大臣之象。一曰在下台北，太尉官也，在朝少傅行大司馬者。【《晉書・天文志》】太陽守西北四星曰勢。勢，腐刑人也。【《宋史・天文志》】一曰在璣星北，主助宣王命，內常侍官也。【《宋兩朝天文志》】去極三十一度，入翼宿二度。

蕙田案：勢四星，《宋兩朝志》不載距星。

宰相一星

一箇宰相太陽側。

【《星經》】相星在北斗南，入翼一度，去北辰三十一度。【《宋史・天文志》】相一星，在北斗第四星南。一曰在中斗文昌之南，在朝少師行太宰者。【《宋兩朝天文志》】去極三十三度，入軫宿四度。

三公三星

更有三公相西偏。

【《星經》】三公三星，在斗柄東。《晉書・天文志》杓南三星及魁第一星西三星皆曰三公。【《宋史・天文志》】三公三星，在北斗杓南及魁第一星西。一云在斗柄東，爲太尉、司徒、司空之象。在魁西者名三師。【《宋兩朝天文志》】距東星去極三十五度少，入角宿六度。

玄戈一星

即是玄戈一星圜。

【《星經》】玄戈一星，在招搖北。一名巨戈。入氐一度，去北辰四十二度。【《隋書・天文志》】玄戈二星，❶在招搖北。【《宋史・天文志》】天戈一星，又名玄戈。

天理四星

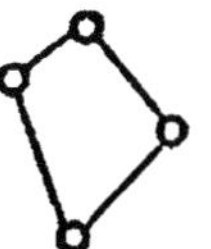

天理四星斗裏暗。

【《星經》】天理四星，在北斗魁中，主貴人牢，爲執法官。【《晉書・天文志》】魁中四星爲貴人之牢，曰天理也。

❶「二」，疑當作「一」。

【《宋兩朝天文志》】距東南星去極二十八度，入翼宿九度。

輔一星

輔星近著開陽淡。

【《星經》】輔星象親近大臣。【《晉書・天文志》】輔星傅乎開陽，所以佐斗成功，丞相之象也。【《隋書・天文志》】輔一星，在太微北。又曰：主危正，矯不平。【《宋史・天文志》】北斗第八星曰弼星，在第七星右，不見，《漢志》主幽州。第九星曰輔星，在第六星左，常見，《漢志》主并州。案：北斗與輔星爲八，而《漢志》云九星，武密及楊維德皆采用之。《史記索隱》云：「北斗星間相去各九千里。其二陰星不見者，相去八千里。而丹元子《步天歌》亦云九星，《漢書》必有所本矣。」【《宋兩朝天文志》】去極三十度，入角宿三度。

北斗七宿

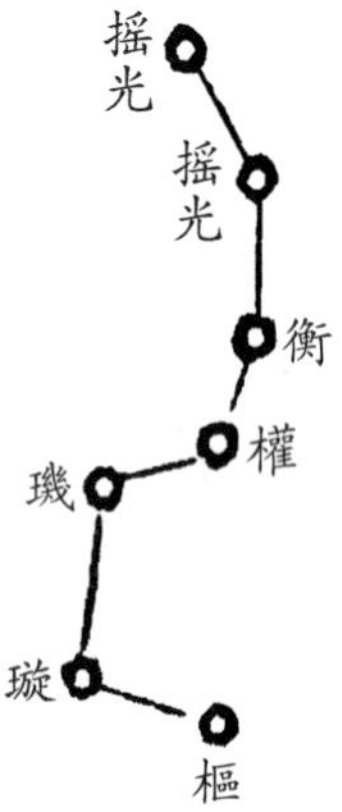

搖光
搖光
衡
權
璣
璇
樞

北斗之宿七星明，第一主帝名樞精，第二第三璇璣星，第四名權第五衡，開陽搖光六七名。

【《星經》】北斗星謂之七政，天之諸侯，亦爲帝車。魁四星爲璇璣，杓三星爲玉衡。齊七政，斗爲人君號令之主，出號施令，布政天中，臨制四方。第一名天樞，亦曰政星也，是天子象。第二名璇，女主之位。第三名璣，亦名令星。第四名權，爲伐。第五名衡，爲殺。第六名開陽，第七名搖光，亦爲應星。樞入張一度，去北辰十八度也。衡去極十五度，去辰十一度。斗第六七指角，第四五六指南斗，第一二指觜。【《史記・天官書》】北斗七星，所謂「璇、璣、玉衡以齊七政」。杓攜龍角，衡殷南斗，魁枕參首。用昏建者杓；杓，自華以西南。夜半建者衡；衡，殷中州河、濟之間。平旦建者魁；魁，海岱以東北也。斗爲帝車，運于中央，臨制四方。分陰陽，建四時，均五行，移節度，定諸紀，皆繫于斗。【《晉書・天文志》】北斗七星，在太微北。魁第一星曰天樞，二曰璇，三曰璣，四曰權，五曰玉衡，六曰開陽，七曰搖光。一至四爲魁，五至七爲杓。樞爲天，璇爲地，璣爲人，權爲時，玉衡爲音，開陽爲律，搖光爲星。石氏曰：

「第一曰正星，主陽德，天子之象也。二曰法星，主陰刑，❶女主之位也。三曰令星，四曰伐星，五曰殺星，六曰危星，七曰部星，亦曰應星。」又：「一主天，二主地，三主火，四主水，五主土，六主木，七主金。」又曰：「一主秦，二主楚，三主梁，四主吴，五主燕，六主趙，七主齊。」【《宋史・天文志》】一，《漢志》主徐州；二，主益州；三，主冀州；四，主荆州；五，主兖州；六，主揚州；七，主豫州。【《宋兩朝天文志》】天樞去極二十三度半，入張宿十度。摇光去極三十五度，入角宿九度。

天槍三星

摇光左三天槍紅。

【《星經》】天槍三星，在北斗柄東，主天鋒武備，在紫微宫右以御也。【《史記・天官書》】紫宫左三星曰天槍。【《晉書・天文志》】天槍，一曰天鉞。【《宋兩朝天文志》】距大星去極三十二度半，入氐宿初度。

蕙田案：《通志》、《文獻通考》俱無此一句，今《協紀辨方書》有之。

觀承案：末句有天槍星，自宜補入。但「紅」字非韻，應是「横」字，以北地聲相近而致訛耳。若古韻，則紅亦可讀横，然此歌本不用古韻，不宜獨叶此字，似當正作「横」字爲允。

紫微垣合象 中央黑點近天樞星爲赤極

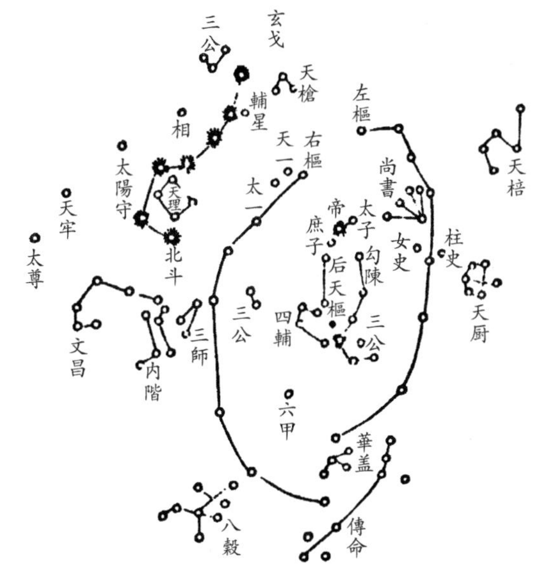

❶「刑」，原作「形」，據《晉書・天文上》改。

【《宋史·天文志》】案《步天歌》載，中宮紫微垣經星常宿可名者三十五坐，積數一百六十有四。而《晉志》所載太尊、天戈、天槍、天棓皆屬太微垣，八穀八星在天市垣，與《步天歌》不同。

蕙田案：《晉志》無以中官諸星分屬三垣之説，以八穀屬天市，尤於方位不合。説見下。

右紫微垣。

太　微　垣

左右執法各一星

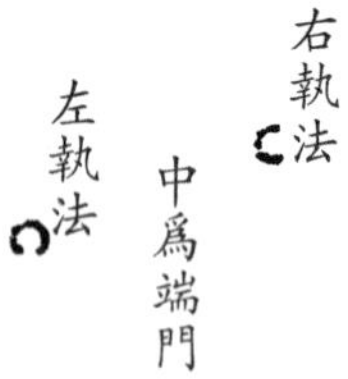

上元太微宮：昭昭列象在蒼穹，端門只是門之中，左右執法門西東。

今測左執法黄經九宮初度二十六分，緯北一度二十五分。

右執法黄經八宮二十二度四十二分，緯北初度四十三分；赤經八宮二十三度三十五分，緯北三度三十四分。

【《史記·天官書》】衡，太微，三光之廷。匡衛十二星，藩臣：西，將；東，相；南四星，執法；中，端門；門左右，掖門。【《晉書·天文志》】太微，天子庭也，五帝之座也。一曰太微爲衡，衡主平也。又爲天庭，理法平辭，監升授德，列宿受符，諸神考節，舒情稽疑也。南蕃中二星間曰端門。東曰左執法，廷尉之象也。西曰右執法，御史大夫之象也。執法，所以舉刺凶姦者也。【《宋兩朝天文志》】右執法去極八十四度，入翼宿十二度半。左執法去極八十六度，入軫宿初度半。【《通志》】太微垣在翼、軫北。

謁者一星

門左皂衣一謁者。

【《晉書·天文志》】左執法東北一星曰謁者，主贊賓客也。【《宋史·天文志》】《乾象新書》：在太微垣門内，左執法北。【《宋兩朝天文志》】去極八十三度，入軫宿一度。

三公三星

以次即是烏三公。

【《晉書·天文志》】謁者東北三星曰三公內坐，朝會之所居也。【《宋兩朝天文志》】距東星去極八十四度半，入軫六度。

九卿三星

三黑九卿公背旁。

【《晉書·天文志》】三公北三星曰九卿內坐，治萬事。【《宋史·天文志》】《乾象新書》：在內五諸侯南。【《宋兩朝天文志》】距西北星去極七十五度，入軫七度。

五諸侯五星今無

五黑諸侯卿後行。

【《晉書·天文志》】九卿西五星曰內五諸侯，內侍天子，不之國也。【《宋史·天文志》】《乾象新書》：在郎位南。【《宋兩朝天文志》】距西星去極七十度，入軫一度。

內屏四星

四箇門西主軒屏。

今測內屏一星黃經八宮一十八度五十四分，緯北六度零七分；赤經八宮二十二度一十四分，緯北一十度零一分；二星黃經八宮一十九度四十三分，緯北四度三十七分；三星黃經八宮二十三度一十七分，緯北八度三十四分；四星黃經八宮二十三度一十七分，緯北六度一十分。

【《晉書·天文志》】屏四星，在端門之內，近右執法。屏，所以壅蔽帝庭也。【《宋兩朝天文志》】距西南星去極八十度，入翼十度。

五帝座五星

五帝內坐於中正。

今測五帝座大星黃經八宮一十七度一十三分，緯北一十二度一十八分；赤經八宮二十三度一十三分，緯北一十六度二十一分。

【《晉書·天文志》】黃帝坐在太微中，含樞紐之神也。四帝星俠黃帝坐：東方蒼帝靈威仰之神也，南方赤帝赤熛怒之神也，西方白帝白招拒之神也，北方黑帝叶光紀之神也。【《宋兩朝天文志》】距中大星去極七十一度半，入翼十一度。

太子從官幸臣各一星

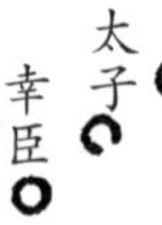

幸臣太子并從官，烏列帝後從東定。

【《晉書·天文志》】五帝坐北一星曰太子，帝儲也。太子北一星曰從官，侍臣也。帝坐東北一星曰幸臣。【《宋兩朝天文志》】太子一星，去極六十六度半，入翼十一度半。從官一星，去極六十四度，入翼八度半。幸臣一星，去極六十六度半，入翼十五度。

郎將虎賁各一星

郎將虎賁居左右。

【《晉書·天文志》】郎將在郎位北，主閱具，所以爲武備也。武賁一星，在太微西蕃北，下台南，静室旄頭之騎官也。【《宋兩朝天文志》】郎將一星，去極四十七度半，入軫十一度。虎賁一星，去極六十二度少，入翼二度。

常陳七星今三星

郎位十五星今十星

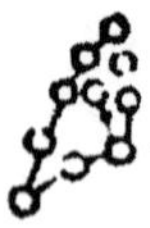

常陳郎位居其後，常陳七星不相誤，郎位陳東一十五。

【《史記·天官書》】帝坐後聚一十五星，蔚然，曰郎位。【《晉書·天文志》】郎位十五星，在帝坐東北。一曰依烏郎府也。周官之元士，漢官之光禄、中散、諫議、議郎，三署郎中，是其職也。郎，主守衛也。常陳七星，如畢狀，在帝坐北，天子宿衛武賁之士，以設彊禦也。【《宋兩朝天文志》】郎位十五星，距西南星去極六十度，入翼十八度。常陳七星，距東星去極五十一度半，入軫初度。

西藩五星

東藩五星

兩面宮垣十星布，左右執法是其數。

今測東上相黃經九宮五度四十六分，緯北二度五十分；赤經九宮六度二十五分，緯北初度一十八分；東次相黃經九宮七度零五分，緯北八度四十分；赤經九宮九度五十七分，緯北五度零九分；西上將黃經八宮一十四度一十八分，緯北一度四十二分；西次將黃經八宮一十三度零八分，緯北六度零七分；西次相黃經八宮九度，緯北九度四十二分。

【《晉書・天文志》】左執法之東，左掖門也。右執法之西，右掖門也。東藩四星，南第一曰上相，其北，東太陽門也；第二星曰次相，其北，中華東門也；第三星曰次將，其北，東太陰門也；第四星曰上將，所謂四輔也。西蕃四星，南第一星曰上將，其北，西太陽門也；第二星曰次將，其北，中華西門也；第三星曰次相，其北，西太陰門也；第四星曰上相，亦曰四輔也。

蕙田案：《天官書》及《漢志》俱稱「匡衛十二星」，與《晉》、《隋》以下諸志不合。

明堂三星

宮外明堂布政宮。

今測明堂一星黃經八宮一十七度零七分，緯南初度三十三分；二星黃經八宮二十度三十七分，緯南三度零三分；三星黃經八宮一十九度五十八分，緯南五度四十一分。

【《晉書・天文志》】太微西南角外三星曰明堂，天子布政之宮。

靈臺三星

三箇靈臺候雲雨。

今測靈臺一星黃經八宮一十度零五分，緯北一度二十分；二星黃經八宮九度三十三分，緯南初度一十三分；三星黃經八宮一十度三十分，緯南二度二十九分。

【《晉書・天文志》】明堂西三星曰靈臺，觀臺也，主觀雲物，察符瑞，候災變也。

少微四星

少微四星西南隅。

【《史記・天官書》】廷藩西有隋星五，曰少微，士大夫。【《漢書・天文志》】廷藩西有隋星四，名曰少微。【《晉書・天文志》】少微四星，在太微西，一名處士。或曰博士官，一曰主衛掖門。南第一星處士，第二星議士，第三星博士，第四星大夫。【《宋兩朝天文志》】距東南大星去極六十五度半，入張宿十五度半。

長垣四星

長垣雙雙微西居。

【《晉書・天文志》】少微南四星曰長垣，主界域。【《宋兩朝天文志》】距南星去極七十六度，入張宿十四度。

三台六星

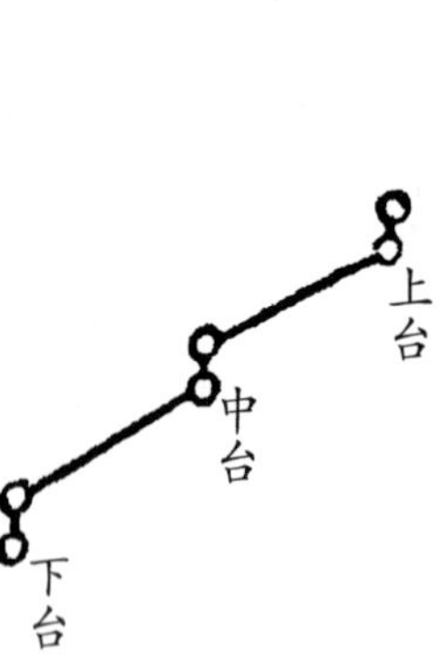

北門西外接三台，與垣相對無兵災。

【《史記・天官書》】斗魁下六星，兩兩相比者，名曰三能。蘇林曰：「能，音台。」【《晉書・天文志》】三台六星，兩兩而居，起文昌，列抵太微。一曰天柱，三公之位也。在人曰三公，在天曰三台，主開德宣符也。西近文昌二星曰上台，爲司命，主壽。次二星曰中台，爲司中，主宗室。東二星曰下台，爲司禄，主兵。又曰三台爲天階，太一躡以上下。一曰泰階。上階，上星爲天子，下星爲女主；中階，上星爲諸侯三公，下星爲卿大夫；下階，上星爲士，下星爲庶人。【《宋史・天文志》】案上台二星在柳北，其北星入柳六度。中台二星其北入張二度。下台二星在太微垣西蕃北，其北星入翼二度。武密書：三台屬鬼，又屬柳、屬張。《乾象新書》：上台屬柳，中台屬張，下台屬翼。

太微垣合象

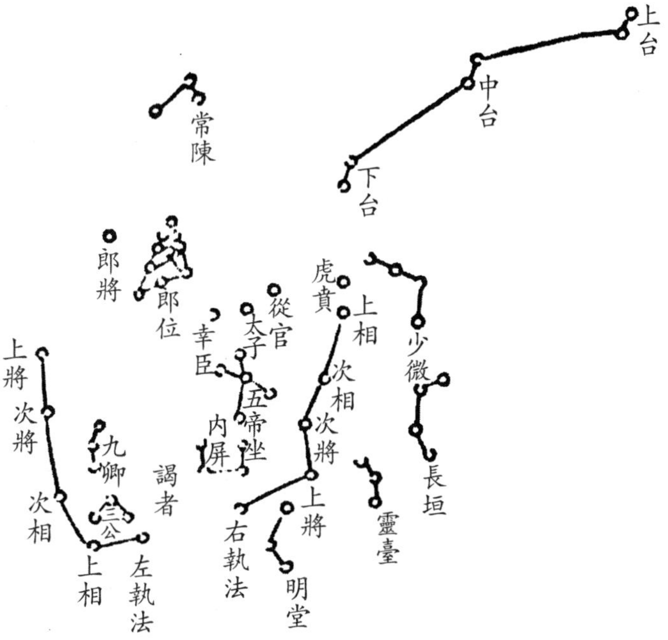

【《宋史·天文志》】右上元太微宫常星一十九座，積數七十有八，而《晉志》所載，少微、長垣各四星，屬天市垣，與《步天歌》不同。

蕙田案：《晉志》天文經星分爲三段，一爲中官，一爲二十八舍，一爲星官在二十八舍之外者。古謂之外官。其中官之星，以北極紫宫爲首，而北斗次之，文昌諸星在斗魁前者也，太微諸星與斗衡相直者也，自攝提、大角以至貫索、天紀、織女、漸臺、輦道，皆在斗杓下者也，故次于北斗之後。自平道以下至少微、長垣俱在二十八宿之上，故亦屬之中官。其序則自東而北，而西，而南焉。《隋志》星名較多於《晉史》，至其分目次第，一與《晉志》同。蓋古無以太微、天市配紫宫爲三垣者。《史記·天官書》祗有中宫，而天市屬東宫，太微屬南宫。《晉》、《隋》二志則分中外官與二十八舍爲三條，而太微、天市亦雜敘於中官之内。《晉》、《隋志》俱出李淳風之手，别無云三垣者，則三垣之名，在淳風以後矣。上元太微，下元天市，始見於《步天歌》。歌不著撰人名氏，相傳以爲唐王希明自號丹元子者所撰，鄭夾漈獨非之，以爲丹元子，隋之隱者。然唐初尚無三垣之説，則非隋人所撰審矣。後世以中官之星分屬三垣，又以二十八宿内外諸星，案其經度，分屬諸宿，俱始於《步天歌》，晉、隋以前，所未有也。修《宋史》者，不加詳考，乃云《晉志》「某星屬太微垣」、「某星屬天市垣」，誣甚矣。即如扶筐、織女、漸臺、輦道，北方之星也，豈得越紫宫而南屬於太微乎？大陵、積尸、天船、積水、天大將軍、軒轅、酒旗諸星，西方南方之星也，豈得越紫宫而東屬於天市乎？略舉一二，其謬顯然。後皆放此。

觀承案：天官星象，《史》、《漢》、《晉》、《隋》諸志，或但分爲五宫，或又區爲三列，從無以太微、天市、配紫宫爲三垣者。然天本無度，自人測之而立度；地本無州，自人畫之而分州。其或增或減，或合或分，亦各隨其時，以便於觀察綜理而已。自丹元子分出三垣以統乎中宫，分隸二十八宿以環于四野，尤爲綱舉目張，而易于尋省，斯亦以簡馭繁之捷徑也。第《宋志》反據此以例《晉》、《隋》諸志，不免以漢官之號而上議周官之名，則是偶不經思而倒其前後之序耳，後人分别觀之可也。

右太微垣。

天市垣

西蕃十一星

東蕃十一星

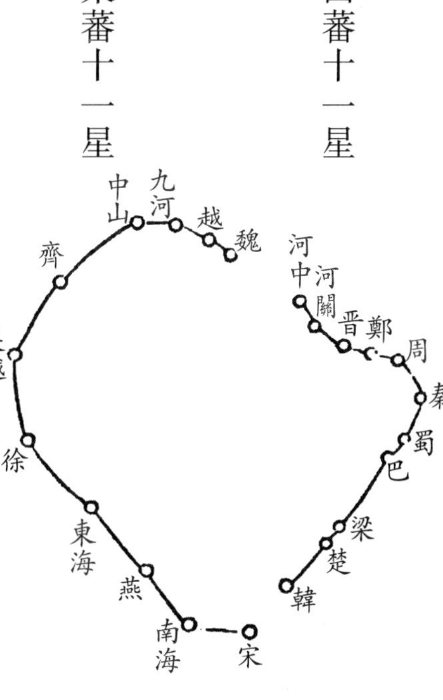

下元一宮名天市，兩扇垣牆二十二。

今測韓黄經十一宮四度四十九分，緯北一十一度三十分；赤經十一宮四度五十八分，緯南九度五十分；楚黄經十宮二十九度零七分，緯北一十六度三十一分；赤經十一宮初度二十七分，緯南三度五十一分。梁黄經十宮二十七度五十五分，緯北一十七度一十九分；赤經十宮二十九度三十分，緯南二度五十分。巴黄經十宮一十九度五十七分，緯北二十四度零六分；赤經十宮二十三度五十分，緯北五度三十分；蜀黄經十宮一十七度四十分，緯北二十五度三十六分；赤經十宮二十二度一十四分，緯北七度三十分；宋黄經十一宮一十三度三十二分，緯北七度一十八分；南海黄經十一宮二十度零七分，緯北八度零四分；東海黄經初宮一度二十三分，緯北二十度三十八分；赤經初宮一度一十八分，緯南二度五十一分；徐黄經初宮一十一度二十分，緯北二十六度五十九分；赤經初宮一十度零七分，緯北三度五十三分。

【《星經》】天市垣五十六星，在房、心東北，❶主權衡。一名天旗。門左星入尾一度，去北辰九十四度。【《宋兩朝天文志》】天市垣二十二星，東西列，各一十一星。其東垣：南第一星曰宋，第二星曰南海，第三星曰燕，第四星曰東海，第五星曰徐，第六星曰吴越，第七星曰齊，第八星曰中山，第九星曰九河，第十星曰趙，第十一

❶「東」，原脱，《星經》同，據《晉書・天文上》及《隋書・天文上》補。

星曰魏。其西垣：第一星曰韓，第二星曰楚，第三星曰梁，第四星曰巴，第五星曰蜀，第六星曰秦，第七星曰周，第八星曰鄭，第九星曰晉，第十星曰河間，第十一星曰河中。東垣：南第一星宋，去極一百五度半，入尾宿七度。西垣：第一星韓，去極九十八度半，入心宿五度。

市樓六星 今二星

當門六箇黑市樓。

【《史記·天官書》】天市中六星曰市樓。【《星經》】市樓六星，在市門中，主闤闠之司，今市曹官之職。【《宋兩朝天文志》】距東南星去極九十八度，入尾宿十二度。

車肆二星

門左兩星是車肆。

【《星經》】車肆二星，在宮門門垣左星之西，主市易價直之官。【《隋書·天文志》】車肆，主衆賈之區。【《宋兩朝天文志》】距西大星去極一百度，入尾宿三度。

宗正二星

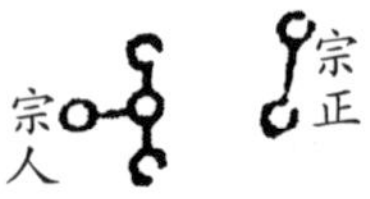

宗人四星

兩箇宗正四宗人。

宗正 宗人

今測宗正一星黄經十一宫二十度五十五分，緯北二十八度零一分；赤經十一宫二十一度五十八分，緯北四度四十七分；二星黄經十一宫二十二度一十五分，緯北二十六度一十一分；赤經十一宫二十三度零三分，緯北二度五十三分。

【《星經》】宗正二星，在帝座東南，主宗正卿、大夫。宗人四星，在宗正東，主祠享先人。【《宋兩朝天文志》】宗正二星，距北星去極八十五度半，入尾十六度。宗人四星，距大星去極八十六度，入箕一度。

宗二星

宗星一雙亦依次。

【《星經》】宗二星，在候東，主宗室，爲帝血脉之臣。【《宋兩朝天文志》】宗室二星，距北大星去極八十度半，入箕五度。

帛度二星

屠肆二星

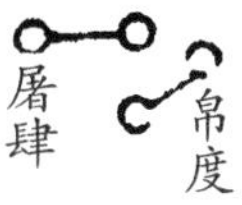

帛度　屠肆

帛度兩星屠肆前。

【《星經》】帛度二星，在宗星東北，主平量也。【《宋史·天文志》】《乾象新書》：在屠肆南。【《宋兩朝天文志》】距西星去極六十九度少，入箕三度。

【《星經》】屠肆二星，在帛度北，主屠殺之位也。【《宋史·天文志》】《乾象新書》：在天市垣内十五度。【《宋兩朝天文志》】距西星去極六十八度半，入箕三度。

候一星

候星還在帝座邊。

【《星經》】候星在市東，主輔臣、陰陽、法官。入箕三度，去北辰七十二度。【《晉書·天文志》】候一星，在帝坐東北，主伺陰陽。【《宋史·天文志》】候，一作后。【《宋兩朝天文志》】去極七十八度半，入尾十六度。

帝座一星

帝座一星常光明。

今測帝座星黃經十一宫一十二度四十分，緯北三十七度二十三分；赤經十一宫一十五度五十分，緯北一十四度四十五分。

【《星經》】帝座一星在市中，入尾十五度，去北辰七十一度。【《隋書·天文志》】帝座在天市中，候星西，天庭也。【《宋兩朝天文志》】去極七十五度，入尾十度。

宦者四星

四箇微芒宦者星。

【《星經》】宦官四星，❶在帝座西南，侍帝之傍，入尾十二度。【《宋兩朝天文志》】宦者四星，距南星去極七十六度半，入尾九度半。

列肆二星

以次兩星名列肆。

❶「官」，《星經》同，疑當作「者」。

【《星經》】列肆二星，在斛西北，主貨珍寶金玉等也。【《隋書·天文志》】斛西北二星曰列肆，主寶玉之貨。【《宋兩朝天文志》】距東星去極八十六度，入心宿三度半。

蕙田案：諸書皆云「列肆在斛西北」，今圖乃在斛西南，與古異。

斗五星

斛四星

斗斛帝前依其次，斗是五星斛是四。

【《星經》】斗五星，在宦星西南，主稱量。【《宋史·天文志》】《乾象新書》：在帝座西。【《宋兩朝天文志》】距東大星去極七十九度，入尾六度半。

【《星經》】斛四星，在斗南，主斛食之事。【《隋書·天文志》】市樓北四星曰天斛，主量者也。【《宋兩朝天文志》】距西南星去極八十七度半，入尾宿三度。

【《宋中興天文志》】天市垣中一星明大者，謂之帝座。帝座東北一星爲后，舊誤作「候」。西南三星爲妃，舊失其位。妃北一星在帝右，后北一星在帝左，是爲左右常侍。妃南四星爲宦寺。宦寺南一星爲閹人。閹人南四星爲内屏。此其别也。而舊乃以右常侍一星及妃三星爲宦者，又以宦寺、閹人合五星爲斗，又以内屏四星爲斛，皆誤也。

蕙田案：此宫名天市，故有列肆斗斛之名。《星經》、《步天歌》、《隋志》並同。《宋中興志》獨爲異説，於古無據，今不取。

貫索九星

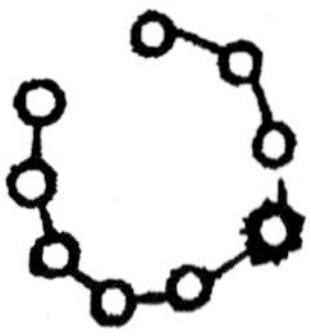

垣北九箇貫索星。

今測貫索一星，黄經十宫七度四十九分，緯北四十四度二十三分；赤經十宫二十度二十分，緯北二十七度五十分。

【《星經》】貫索九星，在七公前，爲賤人牢。右星入尾一度，去北辰五十五度。【《史記·天官書》】有句圜十五星，屬杓，曰賤人之牢。《索隱》曰：「其形如連環，即貫索星也。」【《晉書·天文志》】貫索，一曰連索，一曰連營，一曰天牢，主法律，禁暴彊也。牢口一星爲門，欲其開也。

七公七星

索口横著七公成。

【《星經》】七公七星，在招摇東，氐北，爲天相，主三公、七政善惡。西星入氐四度，去北辰四十九度。【《通志》】張衡曰：「七公横列貫索之口，主執法，列善惡之官也。」

天紀九星

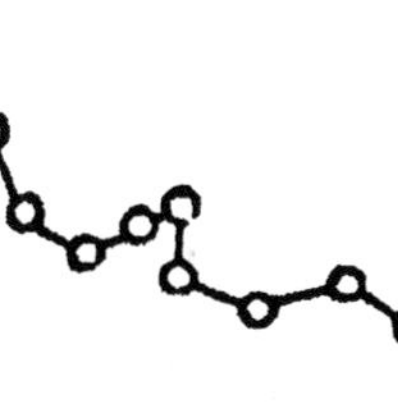

天紀恰似七公形，數著分明多兩星。

【《星經》】天紀九星，在貫索東，主九卿、萬事綱紀，掌理怨訟。西入尾五度，去北辰五十一度。

女牀三星

紀北三星名女牀，此座還依織女旁。

【《星經》】女牀三星，在天紀北，主後宮生女事。侍帝及皇后。入箕一度，去北辰五十三度。

天市垣合象

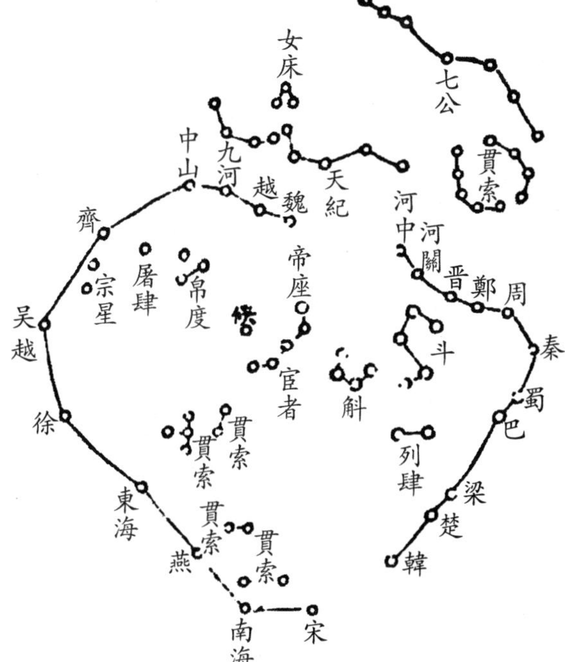

【《宋史·天文志》】右天市垣常星可名者一十七坐，積數八十有八。而市樓、天斛、列肆、車肆、斗、帛度、屠肆等星，《晉志》皆不載，《隋志》有之，屬天市垣，與《步天歌》合。又貫索、七公、女牀、天紀，《晉志》屬太微垣。案《乾象新書》：天紀在天市垣北，女牀屬箕宿，貫索屬房宿，七公屬氐宿。武密以七公屬房，又屬尾；貫索屬房，又屬氐、屬心；女牀屬於尾、箕，説皆不同。

蕙田案：《天官書》以天市諸星屬東宫，而貫索屬中宫。《晉志》貫索、七公、女牀、天紀次於招摇、梗河之後，以其近北斗也。天市垣諸星次於平道、進賢、東西咸、鍵閉、鉤鈐之後，以其近東方房、心之宿也，與《天官書》略同。《宋史》乃謂貫索諸星《晉志》以屬太微，失之甚矣。

右天市垣。

五禮通考卷第一百九十二

淮陰吴玉搢校字

五禮通考卷第一百九十三

内廷供奉禮部右侍郎金匱秦蕙田編輯
太子太保總督直隸右都御史桐城方觀承同訂
翰林院編修嘉定錢大昕
按察司副使元和宋宗元　參校

嘉禮六十六

觀象授時

東方蒼龍七宿

角宿二星

角兩星南北正直著。

今測角一星黄經九宫一十九度二十六分，緯南一度五十九分；赤經九宫一十七度一十分，緯南九度二十七分；二星黄經九宫一十七度四十三分，緯北八度四十二分；赤經九宫一十八度二十三分，緯北一度零一分。

【《星經》】角二星，爲天門、壽星，蒼龍角也。南左角名天津，北右角爲天門，中間名天關。左主天田，右主天祇。【《史記·天官書》】左角，李；右角，將。【《宋史·天文志》】漢永元銅儀，以角爲十三度；而唐開元游儀，角二星十二度。舊經去極九十一度，今測九十三度半。距星正當赤道，其黄道在赤道南，不經角中。今測角在赤道南二度半，黄道復經角中，即與天象合。景祐測驗，角二星十二度，距南星，去極九十七度，在赤道外六度。

平道二星

天田二星

中有平道上天田，總是黑星兩相連。

今測平道一星黄經九宫一十三度四十七分，緯北一度四十五分。

【《星經》】平道二星在角間，主路道之官。【《宋兩朝天文志》】距東星，去極九十一度，入角二度。

【《星經》】天田二星在角北，主天子畿内地。【《宋史·天文志》】武密曰：「天子籍田也。」【《宋兩朝天文志》】距西星，去極八十二度半，入角二度半。

進賢一星

別有一烏名進賢，平道右畔獨淵然。

【《星經》】進賢一星，在平道西，主卿相薦舉逸士。【《通志》】平道西一星曰進賢，在太微宫東。

周鼎三星

最上三星周鼎形。

【《星經》】周鼎三星，在攝提、大角西，主神鼎。【《宋兩朝天文志》】距東北星，去極六十四度半，入角宿七度半。

天門二星

平星二星

角下天門左平星，雙雙横於庫樓上。

今測天門一星黄經九宫一十八度二十三分，緯南七度五十一分；二星黄經九宫二十一度四十八分，緯南六度一十六分。

【《星經》】天門二星，在左角南，主天門，侍宴應對之所。

【《宋兩朝天文志》】距西星去極一百四度半，入軫十六度。

【《晉書·天文志》】平星二星，在庫樓北，平天下之法獄事，廷尉之象。【《宋兩朝天文志》】距西星，去極一百九度半，入軫十六度。

庫樓十星今九星

柱十五星今十四星

衡四星

庫樓十星屈曲明，樓中五柱十五星。三三相似如鼎形，其中四星别名衡。

【《星經》】庫樓星，二十九星：庫樓十星，柱十五星，衡四星。在角南，軫東南。【《晉書·天文志》】庫樓十星，其六大星爲庫，南四星爲樓，在角南。一曰天庫，兵甲之府也。旁十五星三三而聚者，柱也。中央四小星，衡也。【《宋兩朝天文志》】庫樓二星，距西北星，去極一百二十三度，入軫十五度半。

蕙田案：《協紀辨方書》云「庫樓今九星」，以圖校之，止八星。

南門二星

南門樓外兩星橫。

【《晉書·天文志》】南門二星，在庫樓南，天之外門也。【《宋兩朝天文志》】距西星，去極一百三十七度，入軫十一度。

蕙田案：《天官書》「亢爲疏廟，其南北兩大星，曰南門」，自指亢宿上下兩星而言，《正義》以庫樓南之南門釋之，疑非是。

角宿之屬合象

【《宋史·天文志》】案《晉志》以左角爲天田，别不載天田二星，《隋志》有之。平道、進賢、周鼎《晉志》皆屬太微垣，庫樓并衡星、柱星、南門、天門、平星皆在二十八宿之外。唐武密及景祐書乃與《步天歌》合。

亢宿四星

亢四星恰似彎弓狀。

今測亢一星黃經十宮初度零三分，緯北二度五十八分；赤經九宮二十八度五十九分，緯南八度四十四分；三星黃經九宮二十九度一十九分，緯北七度一十九分；四星黃經十宮二度三十二分，❶緯北初度三十二分。

【《星經》】亢四星，名天府，一名天庭。【《史記·天官書》】亢爲疏廟，主疾。《索隱》曰：「《元命包》云『亢四星爲廟廷』，《文耀鉤》『爲疏廟』。宋均以爲疏，外也；廟，或爲朝。」【《晉書·天文志》】亢，天子之内朝也，總攝天下奏事，聽訟理獄録功者也。一曰疏廟，主疾疫。【《宋兩朝天文志》】距南第二星去極九十六度。【《宋史·天文志》】亢宿四星，漢永元銅儀十度，唐開元游儀九度。舊去極八十九度，今九十一度半。景祐測驗，亢九度，距南第二星去極九十五度。

大角一星

大角一星直上明。

今測黃經九宮一十九度五十分，緯北三十一度零三分；赤經十宮初度二十二分，緯北二十度五十六分。

【《星經》】大角一星，天棟，在攝提中，主帝座。入亢三度半，去北辰五十九度也。《史記·天官書》大角者，天王帝廷。【《宋兩朝天文志》】去極六十六度，入亢二度半。

折威七星今無

折威七子亢下横。

【《星經》】折威七星在亢南，主詔獄斬殺邊將死事。【《宋兩朝天文志》】距西第三大星，去極一百三度，入亢三度。

左右攝提各三星

大角左右攝提星，三三相似如鼎形。

❶「二度」，庫本作「三度」。

【《星經》】攝提六星，在角、亢東北。【《史記・天官書》】大角兩旁，各有三星，鼎足句之，曰攝提。攝提者，直斗杓所指以建時節，故曰攝提格。【《隋書・天文志》】攝提，直斗杓之南，主建時節，伺機祥。攝提爲楯，以夾擁帝席也，主公卿。❶【《宋兩朝天文志》】攝提六星，其右距北大星，去極六十七度，入亢七度；其左距南星，去極七十二度半，入亢七度。

頓頑二星

折威下左頓頑星，兩箇斜安黄色精。

【《晉書・天文志》】頓頑二星，在折威東南，主考囚情狀，察詐僞也。【《宋兩朝天文志》】距東南星，去極一百一十二度半，入亢四度。

陽門二星

頑下二星號陽門，色若頓頑直下存。

【《星經》】陽門二星，在庫樓東北，隘塞外寇盜之事。【《晉書・天文志》】庫樓東北二星曰陽門，主守隘塞也。【《宋兩朝天文志》】太陽門二星，距西星去極一百一十三度，入角十度。

亢宿之屬合象

大角　右攝提　左攝提　亢宿　陽門　頓頑

【《宋史・天文志》】案《晉志》以大角、攝提屬太微垣，折威、頓頑在二十八宿之外，陽門則見於《隋志》，而《晉史》不載。武密書以攝提、折威、陽門皆屬角、亢。《乾象新書》以右攝提屬角，左攝提屬亢，餘與武密書同。景祐測驗，乃以大角、攝提、頓頑、陽門皆屬于亢，其説不同。

蕙田案：《晉志》載陽門二星在二十八宿之外，與《隋志》同，此志疑誤。

❶「公」，《隋書・天文上》作「九」。

氐宿四星

氐四星似斗側量米。

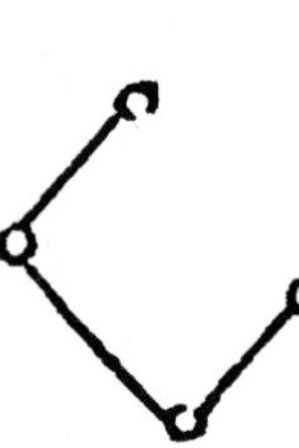

今測氐一星黃經十宮一十度四十一分，緯北初度二十六分；赤經十宮八度二十四分，緯南十四度三十九分；二星黃經十宮一十六度三十四分，緯南一度一十八分；三星黃經十宮二十度四十分，緯北四度二十八分；四星黃經十宮十四度五十八分，緯北八度三十五分；赤經十宮十五度零二分，緯南八度零九分。

【《星經》】氐四星爲天宿宮，一名天根，二名天符，主皇后妃嬪。前二大星正妃，後二左右。【《史記·天官書》】氐爲天根，主疫。《正義》曰：「《星經》云：『氐四星爲路寢，聽朝所居。其占，明大，則臣下奉度。』」《合誠圖》云：『氐爲宿宮也。』」【《晉書·天文志》】氐四星，王者之宿宮，后妃之府，休解之房。前二星，適也；後二星，妾也。【《宋兩朝天文志》】距西南星，去極一百四度半。【《宋史·天文志》】漢永元銅儀，唐開元游儀，氐宿十六度，去極九十四度。景祐測驗與《乾象新書》皆九十八度。

天乳一星

天乳氐上黑一星，世人不識稱無名。

【《星經》】天乳在氐北，主甘露。去北辰九十六度。【《宋兩朝天文志》】天乳一星，去極九十二度，入氐十四度。

招搖一星

一箇招搖梗河上。

【《星經》】招搖星，在梗河北，入氐二度，去北辰四十一度。【《隋書·天文志》】招搖一星，一曰矛楯。【《宋兩朝天文志》】去極五十一度，入亢四度半。

梗河三星

梗河橫列三星狀。

【《星經》】梗河三星，在大角、帝座北。【《隋書·天文志》】梗河者，天矛也。一曰天鋒。【《宋兩朝天文志》】距大星，去極五十九度，入氐二度。

帝席三星今無

帝席三黑河之西。

【《星經》】帝席三星，在大角北。【《晉書·天文志》】大角北三星曰帝席，主宴獻酬酢。【《宋兩朝天文志》】距東星，去極六十七度半，入氐宿一度半。

亢池六星今四星

亢池六星近攝提。

【《星經》】亢池六星，在亢北，主度送迎之事。【《隋書·天文志》】亢北六星曰亢池。亢，舟航也。池，水也。主送往迎來。【《宋史·天文志》】武密云：「主斷軍獄，掌棄市殺戮。」與舊史異說。【《宋兩朝天文志》】距北大星，去極七十度半，入亢三度。

騎官二十七星今七星

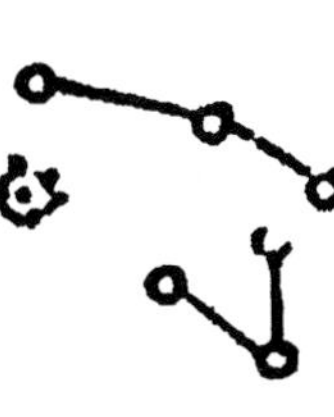

氐下衆星騎官出，騎官之衆二十七，三三相連十欠一。

【《星經》】騎官二十七星，在氐南，主天子騎虎賁。入北辰一百十五度。【《史記·天官書》】房南衆星曰騎官。【《宋兩朝天文志》】距西北星，去極一百二十度，入氐宿初度。

陣車三星

陣車氐下騎官次。

今測陣車一星黃經十宮一十六度一十五分，緯南七度三十七分；二星黃經十宮一十八度三十七分，緯南一十度。

【《星經》】陣車三星，在氐南，主革車、兵車。【《晉書·天文志》】陣車三星，在騎官東北。

車騎三星

騎官下三車騎位。

【《星經》】車騎三星，在騎官南，總領車騎行軍之事。【《宋兩朝天文志》】距東南星，去極一百四十度，入氐二度。

天輻二星

天輻兩星在陣傍。

今測天輻一星黄經十宫二十四度一十分，緯南八度二十七分；二星黄經十宫二十四度五十三分，緯南九度五十四分。

【《星經》】天輻二星，在房西，主鑾駕乘輿之官。【《宋史·天文志》】天輻在房西斜列，主乘輿，若《周官》巾車官也。一作天福。

騎陣將軍一星

將軍陣裏振威霜。

【《星經》】車騎將軍星，在騎官東南，主車騎將軍之官。

【《晉書·天文志》】騎官東端一星，騎陣將軍，騎將也。

【《宋史·天文志》】將軍一星，騎將也，在騎官東南，總領車騎軍將、❶部陣行列。

蕙田案：《星經》作「車騎將軍」，《晉》、《隋》二志俱作「騎陣將軍」，惟《宋志》止稱「將軍」，與《步天歌》合。

氐宿之屬合象

招摇
梗河
亢地
天乳
氐宿
陣車
天輻
騎官
車騎
騎陣將軍

【《宋史·天文志》】《步天歌》，已上諸星俱屬氐宿。《乾象新書》以帝席屬角，亢池屬亢。武密與《步天歌》合，皆屬氐，而以梗河屬亢。《占天録》又以陣車屬於亢，《乾象新書》屬氐，餘皆與《步天歌》合。

房宿四星

房四星直下主明堂。

今測房一星黄經十宫二十八度三十一分，緯南五度二十三分；赤經十宫二十五度零二分，緯南二十五度零八分；二星黄經十宫二十八度四十三分，緯南五度二十三分；三星黄經十宫二十八度四十六分，緯北一度

❶「軍」，原作「車」，據《宋史·天文志三》改。

零五分；四星黄經十宫二十八度零八分，緯南一度五十五分。

【《星經》】房四星，名天府，管四方。一名天旗，二名天駟，三名天龍，四名天馬，五名天衡，六爲明堂。房爲四表，表三道。日月五星，常道也。上第一星名爲右服，次將，其名陽環。上道二星名右驂，上相其名。中道三名左服，次將其名。下道四名左驂，上相總四輔。【《史記・天官書》】房爲府，曰天駟。其陰，右驂。【《晉書・天文志》】房四星，爲明堂，天子布政之宫，亦四輔也。下第一星，上將也；次，次將也；次，次相也；上星，上相也。南二星君位，北二星夫人位。又爲四表，中間爲天衢，爲天關，黄道之所經也。南間曰陽環，其南曰太陽；北間曰陰間，其北曰太陰。七曜由于天衢，則天下平和。亦曰天駟，爲天馬，主車駕。南星曰左驂，次左服，次右服，次右驂。【《宋兩朝天文志》】距南第二星，去極一百一十四度半。【《宋史・天文志》】漢永元銅儀，唐開元游儀，房宿五度。舊去極百八度，今百十度半。景祐測驗，房距南第二星，去極百十五度，在赤道外二十三度。《乾象新書》在赤道外二十四度。

鍵閉一星　○

鍵閉一黄斜向上。

今測黄經十一宫初度零八分，緯北一度四十二分。

【《星經》】鍵閉星在房東北，主管籥。【《宋兩朝天文志》】去極一百八度，入房四度。

鈎鈐二星　○

鈎鈐兩箇近其旁。

今測黄經十宫二十九度一十七分，緯北初度二十四分。

【《星經》】鈎鈐二星，主法。第一名天健，二名天宫，去北辰一百四度半。【《史記・天官書》】房旁有兩星曰衿。讀爲鈐。【《宋兩朝天文志》】鈎鈐二小星，去極一百九度半，入房二度半。

蕙田案：鈎鈐二星，今圖止一星。

罰三星

罰有三星直鍵上。

【《星經》】罰三星，在東咸西下，西北而列，主受金罰贖、市布租也。【《宋史・天文志》】罰三星，在東、西咸正南。【《宋兩朝天文志》】距南星，去極一百八度，入心一度半。

西咸四星

東咸四星

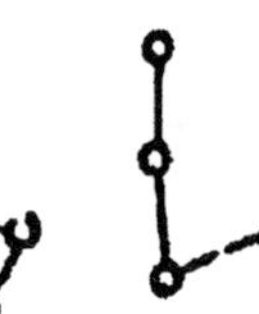

兩咸夾罰似房狀。

今測西咸一星黃經十宮二十二度五十五分，緯北四度零四分；二星黃經十宮二十五度二十六分，緯北三度三十三分；三星黃經十宮二十五度五十八分，緯北六度一十一分；四星黃經十宮二十六度五十一分，緯北九度一十九分。東咸一星黃經十一宮四度，緯北五度二十分；二星黃經十一宮三度三十二分，緯北三度二十分；三星黃經十一宮一度五十七分，緯北一度四十分；四星黃經十一宮三度零五分，緯北一度四十分。

【《星經》】西咸四星，在氐東，主治淫泆。南星入氐五度，去北辰九十三度。東咸四星，在房東北，主防淫泆。南星入心二度，去北辰一百三度。【《宋史・天文志》】東咸在心北，西咸在房西北。【《宋兩朝天文志》】東咸距西南星，去極一百一十一度，入心一度。西咸距西南星，去極一百四度半，入氐十五度。

日一星

房下一星號爲日。

今測黃經十宮二十二度三十八分，緯北初度零一分。

【《宋史・天文志》】日一星，在房宿南，太陽之精，主昭明令德。❶【《宋兩朝天文志》】去極一百一十三度，入氐十四度半。

從官二星

從官兩箇日下出。

【《隋書・天文志》】從官二星，在積卒西北。【《宋兩朝天文志》】距西星，去極一百二十二度，入氐十四度。

房宿之屬合象

罰
西咸
鍵閉
東咸
日
鈎鈐
房宿
從官

❶「明」，原脱，據《宋史・天文三》補。

【《宋史·天文志》】案《步天歌》，以上諸星俱屬在房。日一星，《晉》、《隋志》皆不載，以他書考之，雖在房宿南，實入氐十二度半。武密書及《乾象新書》惟以東咸屬心，西咸屬房，與《步天歌》不同，餘皆脗合。

心宿三星

心三星中央色最深。

今測心一星黃經十一宮三度二十一分，緯南三度五十五分；赤經十一宮初度二十九分，緯南二十四度四十三分；二星黃經十一宮五度一十九分，緯南四度二十七分；三星黃經十一宮六度五十九分，緯南五度五十九分。

【《星經》】心三星，中天王，前爲太子，後爲庶子。一名大火，二名大辰，三名鶉火。【《史記·天官書》】心爲明堂，大星天王，前後星子屬。【《宋史·天文志》】漢永元銅儀，唐開元游儀，心三星皆五度，去極一百八度。景祐測驗，心三星五度，距西第一星，去極百十四度。

積卒十二星 今二星

下有積卒共十二，三三相聚心下是。

【《星經》】積卒星十二，在氐東南。星西入氐十三度，去北辰一百二十四度。【《晉書·天文志》】積卒十二星，在房、心南，主爲衛也。【《宋兩朝天文志》】距大星，去極一百二十六度半，入氐宿十五度。

心宿之屬合象

心宿

積卒

【《宋史·天文志》】案《步天歌》，積卒十二星屬心，《晉志》在二十八宿之外，唐武密書與《步天歌》合。《乾象新書》乃以積卒屬房宿，爲不同。

尾宿九星

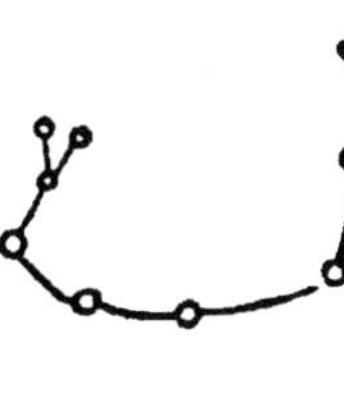

尾九星如鉤蒼龍尾。

今測尾一星黃經十一宮一十度五十四分，緯南一十五度；赤經十一宮六度四十二分，緯南三十六度五十七分。

【《星經》】龍尾九星，爲後宮。第一星后，次三夫人，次九嬪，次嬪妾。【《史記·天官書》】尾爲九子。【《晉書·天文志》】尾九星，後宮之場，妃后之府。【《宋兩朝天文志》】去極一百二十七度半。【《宋史·天文志》】漢永元銅儀，尾宿十八度，唐開元游儀同。舊去極百二十度，一云百四十度。今百二十四度。景祐測驗，亦十八度，距西行從西第二星，去極百二十八度，在赤道外二十二度。《乾象新書》二十七度。

蕙田案：《宋兩朝志》無距星，蓋傳寫失之。

龜五星

下頭五點號龜星。

【《星經》】天龜六星，在尾南漢中，主卜吉凶，明君臣。入尾十二度，去北辰一百四十一度。【《晉書·天文志》】龜五星，在尾南，主占吉凶。【《宋兩朝天文志》】龜五星，距南第二星，去極一百一十四度半，入尾宿十度。

蕙田案：龜五星，惟《星經》作六星，疑誤。

天江四星

尾上天江四横是。

今測天江一星黃經十一宮一十五度一十一分，緯南二度一十二分；二星黃經十一宮一十六度五十七分，緯南一度四十四分；三星黃經十一宮一十八度二十二分，緯南初度二十九分；四星黃經十一宮一十八度四十六分，緯南初度五十八分。

【《星經》】天江四星，在尾北，主太陰。入尾六度，去北辰一百一十一度。

傳說一星

尾東一箇名傳說。

【《晉書·天文志》】傳說一星，在尾後。傳說主章祝，巫官也。【《宋兩朝天文志》】去極一百八度半，入尾宿十四度。【《宋中興天文志》】石氏云：傅説者，章祝，女巫官，一名太祝，司天王之内祭祀，以祈子孫，故有太祝。以傅説于神宫，或讀傅爲傳，遂謂之殷相，説自莊周妄言。【《通志》】傅説一星，惟主後宫女巫禱祠求子之事，謂之傅説者，古有傅母，有保母。傅説者，謂傅母喜之也。今婦人求子皆祀婆神，此傅説之義也。偶商之傅説與此同音，諸家不詳審其義，則曰傅説騎箕尾而去。

魚一星

傅説東畔一魚子。

今測黄經十一宫一十七度三十七分，緯南六度一十分。【《星經》】天魚一星，在尾河中，主雲雨，理陰陽。【《宋兩朝天文志》】去極一百二十六度，入尾宿十五度半。

神宫一星

尾西一室是神宫，所以列在后妃中。

【《晉書・天文志》】尾第三星傍一星，名曰神宫，解衣之内室。

尾宿之屬合象

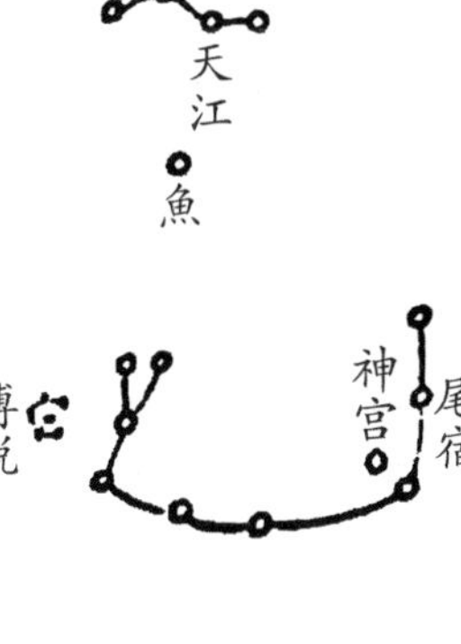

【《宋史・天文志》】案神宫、傅説、魚各一星，❶天江四星，龜五星，《步天歌》與他書皆屬尾。而《晉志》列天江于天市垣，以傅説、魚、龜在二十八宿之外，其説不同。

箕宿四星

箕四星形狀似簸箕。

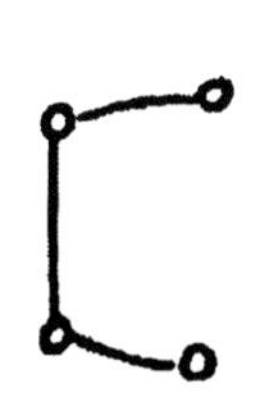

今測箕一星黄經十一宫二十六度五十分，緯南六度五十六分；赤經十一宫二十五度五十九分，緯南二十九度五十七分。

❶「各」，原脱，據《宋史・天文三》補。

【《星經》】箕四星，主後別府，二十七世婦，八十一御女，爲相天子后也，亦爲天漢、九江口。【《史記・天官書》】箕爲敖客，曰口舌。【《晉書・天文志》】箕四星，亦後宮妃后之府。亦曰天津，一曰天雞，主八風。【《宋兩朝天文志》】距西北星，去極一百二十一度半。【《宋史・天文志》】漢永元銅儀，箕宿十度。唐開元游儀，十一度。舊去極百十八度，今百二十度。景祐測驗，箕四星十度，距西北第一星去極百二十三度。

杵三星

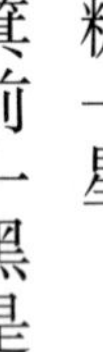

箕下三星名木杵。

【《星經》】杵三星，在箕南，主杵臼舂米事。入箕一度，去北辰一百四十三度。【《宋兩朝天文志》】距中心大星，去極一百三十八度，入箕宿三度。

糠一星

箕前一黑是糠皮。

今測黄經十一宮二十一度三十七分，緯南四度一十分。

【《晉書・天文志》】糠星在箕舌前，杵西北。【《宋兩朝天文志》】糠一星，去極一百一十七度半，入尾宿十七度半。

箕宿之屬合象

【《宋史・天文志》】案《晉志》，糠一星、杵三星在二十八宿之外。《乾象新書》與《步天歌》皆屬箕宿。

右東方蒼龍七宿。

北方玄武七宿

斗宿六星

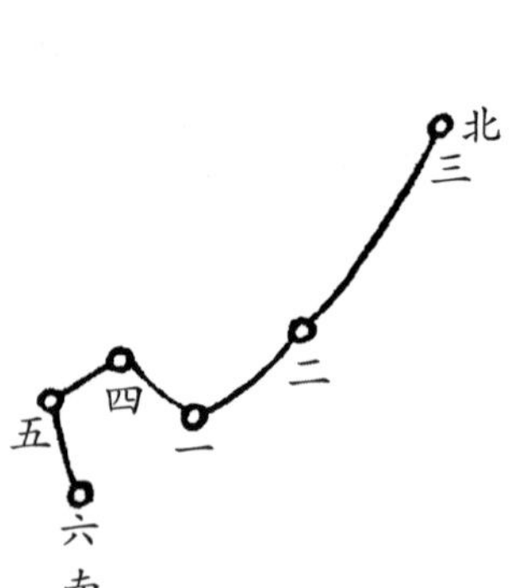

斗六星其狀似北斗。

今測斗一星黄經初宫五度五十分，緯南三度五十分；赤經初宫六度三十三分，緯南二十七度一十二分；二星黄經初宫一度五十八分，緯南二度；四星黄經初宫七度五十八分，緯南三度二十四分；五星黄經初宫一十度二十五分，緯南五度零二分；六星黄經初宫九度一十分，緯南六度五十二分。

【《星經》】南斗六星，主天子壽命。亦曰宰相爵禄之位。一名天府，二名天關，三名天機。【《史記・天官書》】南斗爲廟。【《晉書・天文志》】北方。南斗六星，天廟也，丞相太宰之位，一曰天機。南二星魁，天梁也。中央二星，天相也。北二星，杓天府庭也，亦爲壽命之期也。【《宋史・天文志》】南斗第一星曰北亭，一曰天關，一曰鈇鑕。石申曰：「魁第一主吴，二會稽，三丹陽，四豫章，五廬江，六九江。」漢永元銅儀，斗二十四度四分度之一。唐開元游儀，二十六度，去極百一十六度。今百十九度。景祐測驗，亦二十六度，距魁第四星，去極百二十二度。【《宋兩朝天文志》】距西第三星，去極一百一十九度。

建六星

魁上建星三相對。

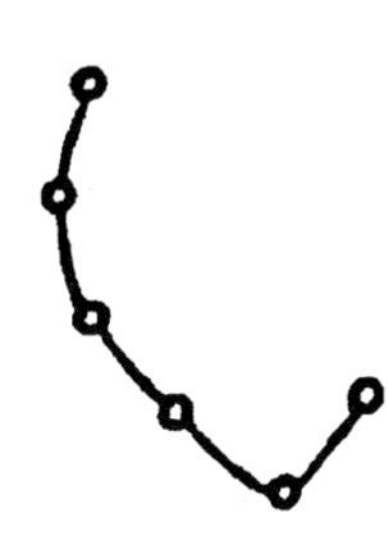

今測建一星黄經初宫九度零二分，緯北一度四十五分；二星黄經初宫一十度三十六分，緯北初度五十九分；三星黄經初宫一十一度五十一分，緯北一度三十一分；五星黄經初宫一十五度零二分，緯北四度一十七分；六星黄經初宫一十五度二十一分，緯北六度一十分。

【《星經》】建六星，在南斗北，天之都關，三光道也。星入斗七度，去北辰一百十三度。【《史記・天官書》】南斗，其北建星。建星者，旗也。【《正義》曰】臨黄道。【《晉書・天文志》】建星六星，在南斗北，亦曰天旗，天之都關也。爲謀事，爲天鼓，爲天馬。南二星，天庫也。中央二星，市也，鈇鑕也。上二星，旗跗也。斗建之間，三光道也。【《宋兩朝天文志》】距西星，去極一百一十三度，入斗宿四度。

天弁九星

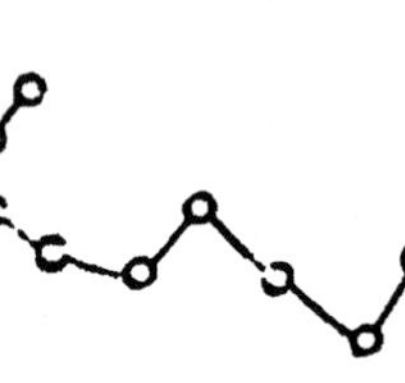

天弁建上三三九。

今測天弁一星黃經初宫一十二度五十六分，緯北一十七度四十一分；赤經初宫一十二度二十二分，緯南五度一十五分。

【《星經》】天弁九星，在建北，近河，爲市官之長，主市易也。【《晉書・天文志》】天弁九星，在建星北，市官之長也，以知市珍也。【《隋書・天文志》】主列肆、闤闠若市籍之事。【《宋兩朝天文志》】距西大星，去極九十九度半，入斗宿初度。

鼈十四星今十三星

斗下圜安十四星，雖然名鼈貫索形。

【《星經》】鼈十五星，在斗南，主太陰水蟲。右入斗一度，去北辰一百二十七度。【《晉書・天文志》】鼈十四星，在南斗南。鼈爲水蟲，歸太陰，主有水令。【《宋兩朝天文志》】距東大星，去極一百三十度，入斗五度。

天雞二星

天雞建背雙黑星。

【《星經》】天雞二星，在狗國北，主異鳥。【《晉書・天文志》】狗國北二星曰天雞，主候時。【《宋史・天文志》】在牛西。【《宋兩朝天文志》】距西星，去極一百一十度，入斗宿十六度半。

天籥八星今無

天籥柄前八黄精。

【《星經》】天籥七星，在斗杓第二星西，主關籥開閉。【《晉書・天文志》】天籥八星，在斗柄西。【《宋兩朝天文志》】距西大星，去極一百一十四度半，入尾宿十九度。

狗國四星

狗國四方雞下生。

今測狗國一星黃經初宮二十一度一十六分，緯南五度二十二分；二星黃經初宮二十二度零八分，緯南五度二十六分；三星黃經初宮二十一度三十一分，緯南六度零八分；四星黃經初宮二十二度三十九分，緯南七度一十分。

【《星經》】狗國四星，在建東南，主鮮卑、烏丸。【《宋兩朝天文志》】距西北星，去極一百二十度，入斗宿十八度。

天淵十星

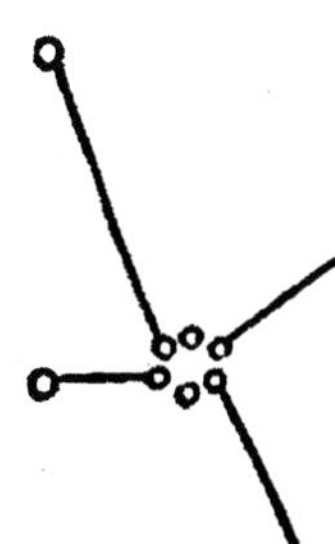

天淵十星鼈東邊。

【《星經》】天泉十星，❶在鼈東，一曰大海，主灌溉溝渠之事也。【《晉書·天文志》】九坎間十星曰天池，一曰三池，一曰天海，主灌溉田疇事。【《宋史·天文志》】天淵十星，一曰天池，一曰天泉，一曰天海，在鼈星東南九坎間，又名太陰。【《宋兩朝天文志》】距中北星，去極一百二十九度，入斗宿十七度。

狗二星

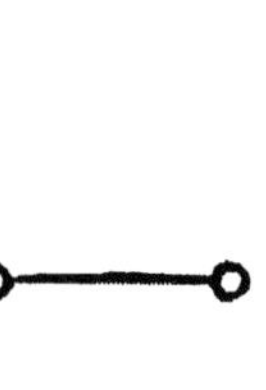

更有兩狗斗魁前。

今測狗二星黃經初宮一十四度五十五分，緯南二度二十七分。

【《星經》】狗二星，在斗魁前。【《宋兩朝天文志》】距東大星，去極一百一十八度半，入斗宿十二度。

農丈人一星今無

農家丈人狗下眠，天淵十黃狗色玄。

【《星經》】農丈人一星，在斗南，主農官正，政司農卿等之

❶「天泉十星」，原作「天泉十五」，據《星經》改。「淵」作「泉」者，恐與唐人避諱有關。

職。【《晉書・天文志》】在南斗西南，老農主稼穡也。【《宋兩朝天文志》】去極一百二十四度半，入箕宿六度半。

斗宿之屬合象

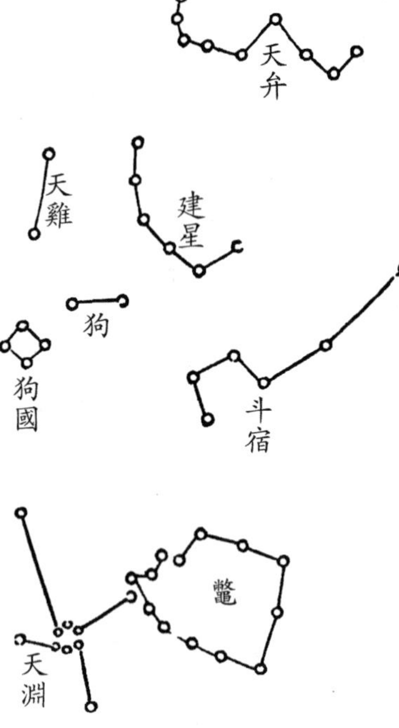

【《宋史・天文志》】【《步天歌》】已上諸星皆屬南斗。《晉志》以狗國、天雞、天弁、天籥、建星皆屬天市垣，餘在二十八宿之外。《乾象新書》以天籥、農丈人屬箕，武密又以天籥屬尾，互有不同。

牛宿六星

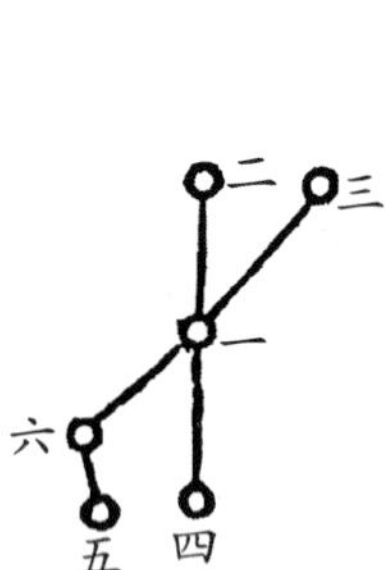

牛六星近在河岸頭，頭上雖然有兩角，腹下從來欠一脚。

今測牛一星黃經初宮二十九度三十七分，緯北四度四十一分；赤經一宮初度五十一分，緯南一十五度四十一分；二星黃經初宮二十九度二十八分，緯北七度零三分；四星黃經一宮初度一十八分，緯北初度五十九分；五星黃經一宮初度四十八分，緯北初度三十一分。

【《星經》】牽牛六星，主關梁。八度，去北辰一百十度。【《史記・天官書》】牽牛爲犧牲。【《晉書・天文志》】牽牛六星，其北二星，一曰即路，一曰聚火。又曰：上一星主道路，次二星主關梁，次三星主南越。【《宋史・天文志》】漢永元銅儀，以牽牛爲七度。唐開元游儀，八度。舊去極百六度，今百四度。景祐測驗，牛六星八度，距中央大星，去極百十度半。

天田九星今無

牛下九黑是天田。

【《星經》】天田九星，在牛東南，主畿內田苗之職。【《通志》】在牽牛南，太微東。【《宋史·天文志》】在斗南，❶一曰在牛東南，天子畿内之田。【《宋兩朝天文志》】距西北星，去極一百一十六度半，入斗宿二十二度。

九坎九星 今四星

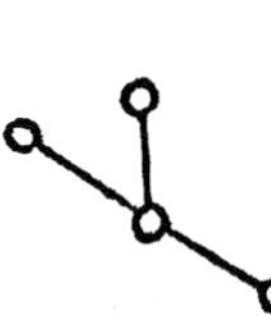

田下三三九坎連。

【《星經》】九坎九星，在牛南，主溝渠水泉流通。西入斗四度，去北辰一百二十六度。【《宋兩朝天文志》】距大星，去極一百四十一度半，入斗宿二十五度。

河鼓三星

牛上直建三河鼓。

今測河鼓一星黄經初宫二十八度零三分，緯北二十六度五十分；赤經初宫二十四度五十七分，緯北五度四十五分；二星黄經初宫二十七度一十九分，緯北二十九度二十二分；赤經初宫二十三度五十分；緯北八度零七分；三星黄經初宫二十六度三十六分，緯北三十一度一十八分；赤經初宫二十二度五十一分，緯北九度五十四分。

【《星經》】河鼓三星，中大星爲將軍，左星爲左將軍，右爲右將軍。【《史記·天官書》】牽牛，其北河鼓。河鼓大星，上將；左右，左右將。【《晉書·天文志》】河鼓在牽牛北，天鼓也，主軍鼓，主鈇鉞。【《宋史·天文志》】在牽牛西北。

織女三星

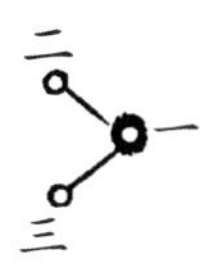

鼓上三星號織女。

今測織女一星黄經初宫一十度二十七分，緯北六十一度四十八分；赤經初宫六度一十八分，緯北三十八度三十二分。

【《星經》】織女三星，在天市東端。天女主瓜果絲帛，收藏珍寶，❷及女變。去北辰五十二度也。【《史記·天

❶「南」，原作「内」，據《宋史·天文三》改。
❷「收」，原作「故」，據《星經》卷下改。

官書》】婺女，其北織女，天女孫也。【《正義》曰】在河北天紀東。【《宋兩朝天文志》】距大星，去極五十二度半，入斗宿五度。

右旗九星 今八星

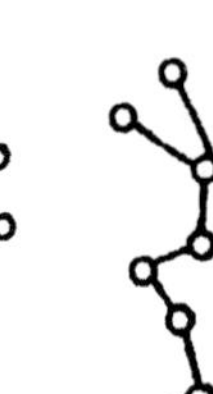

左旗九星

左旗右旗各九星，河鼓兩畔右邊明。

今測右旗三星黃經初宮一十九度一十一分，緯北二十四度五十六分；赤經初宮一十七度二十一分，緯北二度三十六分；五星黃經初宮二十一度二十八分，緯北二十度一十五分；赤經初宮二十度零六分，緯南一度四十五分；六星黃經初宮二十度二十七分，緯北一十四度二十八分；赤經初宮一十九度五十八分，緯南七度三十七分。

【《星經》】左右旗，各九星，並在牛北，枕河，主軍鼓。左旗黑色，主陰幽之處，備警急之事。【《史記·天官書》】房東北曲十二星曰旗。【《正義》曰】兩旗者，左旗九星，在河鼓左也；右旗九星，在河鼓右也。【《宋史·天文志》】左旗九星，在河鼓左旁；右旗九星，在牽牛北，河鼓西南。天之鼓旗旌表也。主聲音、設險、知敵謀。【《宋兩朝天文志》】左旗距西第四大星，去極七十三度半，入斗宿二十四度。

天桴四星 今二星

更有四黃名天桴，河鼓直下如連珠。

【《星經》】天桴四星，在左旗南，南北列，主漏刻。【《晉書·天文志》】旗端四星南北列，曰天桴，鼓桴也。【《宋史·天文志》】天桴四星，在牽牛東北，橫列。武密曰：主桴鼓之用。【《宋兩朝天文志》】距大星，去極九十四度，入斗宿二十四度半。

羅堰二星

羅堰三烏牛東居。

今測羅堰二星黃經一宮三度二十四分，緯北初度二十分。

【《星經》】羅堰二星，在牛東。【《晉書·天文志》】羅堰九星，在牽牛東，岠馬也，以壅蓄水潦溉渠也。【《宋兩朝天文志》】羅堰三星距北星，去極一百九度，入牛宿四度。

蕙田案：羅堰，《星經》云二星，《晉志》九星，《宋志》及《步天歌》俱三星，互有不同。

漸臺四星

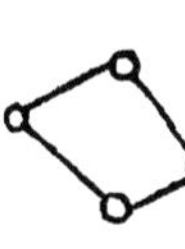

漸臺四星似口形。

【《星經》】漸臺四星，屬織女東足，主晷漏、律呂、陰陽事。❶【《晉書・天文志》】織女東足四星曰漸臺，臨水之臺也。【《宋兩朝天文志》】距東南星，去極五十八度，入斗宿十度。

輦道五星

輦道東足連五丁，輦道漸臺在何許，欲得見時近織女。

【《星經》】輦道五星屬織女西足，主天子遊宮嬉樂之道也。【《宋兩朝天文志》】距西北星，去極四十七度半，入斗宿十一度半。

牛宿之屬合象

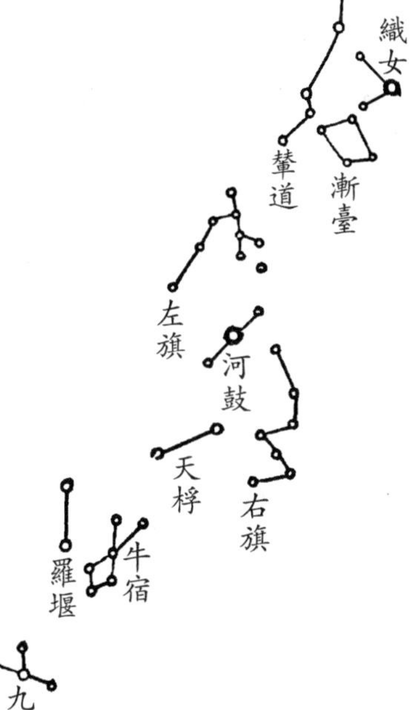

【《宋史・天文志》】案《步天歌》，已上諸星俱屬牛宿。《晉志》以織女、漸臺、輦道皆屬太微垣，以河鼓、左旗、右旗、天桴屬天市垣，餘在二十八宿之外。武密以左旗屬箕屬斗，右旗亦屬斗，漸臺屬斗，又屬牛，餘與《步天歌》同。《乾象新書》則又以左旗、織女、漸臺、輦道、九

❶「漏」，原脱，據《星經》卷下補。

坎皆屬于斗。

女宿四星

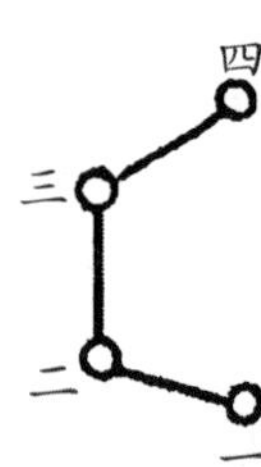

女四星如箕主嫁娶。

今測女一星黄經一宮七度二十三分，緯北八度一十分；赤經一宮七度四十一分，緯南一十度三十三分；二星黄經一宮八度三十九分，緯北八度一十九分。

【《星經》】須女四星，主布帛爲珍寶。❶【《晉書·天文志》】須女四星，天少府也。須，賤妾之稱，婦職之卑者也。主布帛裁製、嫁娶。【《宋史·天文志》】漢永元銅儀以須女爲十一度，❷景祐測驗十二度。距西南星，去極百五度，在赤道外十四度。【《宋兩朝天文志》】去極一百四度半。

十二國十六星今十二星

秦 代 周 晉 韓 魏 趙 燕 越 楚 鄭 齊

十二諸國在下陳，先從越國向東論。東西兩周次二秦，今並一星。雍州南下雙雁門。即代也，今一星。代國向西一晉伸，韓魏各一皆北輪。楚之一國魏西屯，楚城南畔獨燕軍。燕西一郡是齊鄰，齊北兩邑平原君。即趙也，今一星。欲知鄭在越下存，十六黄精細區分。

【《星經》】越一星在婺女之南，鄭一星在越星南，趙二星在鄭之南，齊二星在越星南，周二星在越星東，楚二星在魏星南，燕一星在楚星南，秦二星在周星東南，魏二星在韓星北，韓一星在晉星北，晉一星在代星北，代二星在秦星南。【《隋書·天文志》】九坎東列星：北一星曰齊，齊北二星曰趙，趙北一星曰鄭，鄭北一星曰越，越東二星曰周，周東南北列二星曰秦，秦南二星曰代，代西一星曰晉，晉北一星曰韓，韓北一星曰魏，魏西一星曰楚，楚南一星曰燕。【《宋史·天文志》】十二國十六星，在牛女南，近九坎，各分土居列國之象。【《宋兩朝

❶「四」，原作「西」，據庫本改。

❷「一」，原脱，據庫本補。

天文志》】十二諸侯十六星，其趙距西星，去極一百二十三度，入牛宿四度。

蕙田案：十二國方位，今圖與古所傳不盡合，俟考。

離珠五星今無

五箇離珠女上星。

【《星經》】離珠五星，在女北，主藏府，以御後宮。西入女一度，去北辰九十四度也。【《宋兩朝天文志》】距東北大星，去極九十五度，入牛宿六度半。

瓠瓜五星

敗瓜五星

敗瓜珠上瓠瓜生，兩箇各五瓠瓜明。

【《星經》】瓜瓠五星，在離珠北。敗瓜五星，在瓜瓠南。入女一度，去北辰七十一度。【《史記索隱》】《荆州占》云：「瓠瓜，❶一名天雞，在河鼓東。」【《宋兩朝天文志》】敗瓜距南星，去極八十二度半，入牛宿六度。瓠瓜距西星，去極七十九度，入牛宿七度。

天津九星

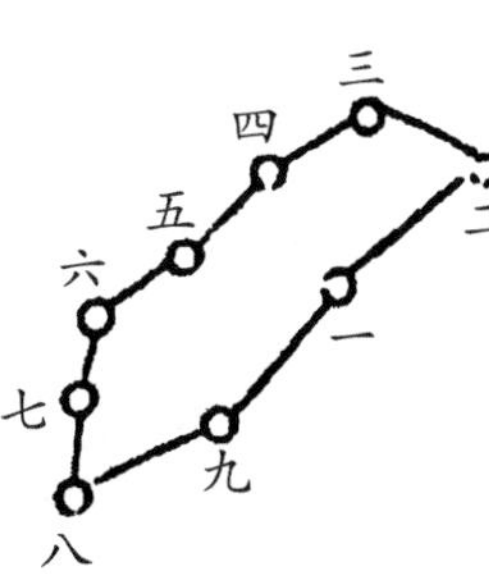

天津九箇彈弓形，兩星入牛河中橫。

今測黃經一宫二十度三十五分，緯北五十七度一十分；赤經一宫二度四十六分，緯北三十九度一十分。

【《星經》】天津九星，在虛北河中，主津瀆津梁，知窮危通濟度之官。西入牛二度，去北辰四十九度也。【《史記・天官書》】營室旁有八星，絶漢，曰天潢。【宋均云】天潢，天津也。【《晉書・天文志》】天津九星，橫河中，一曰天漢，一曰天江。【《宋兩朝天文志》】距西消星，去極四十七度半，入斗宿二十三度。

❶「瓠」，《史記・天官書》索隱作「匏」。

奚仲四星

四箇奚仲天津上。

【《星經》】奚仲四星，在天津北。【《隋書·天文志》】天津北四星如衡狀，曰奚仲，古車正也。【《宋兩朝天文志》】距西北星，去極三十八度，入斗宿十八度。

扶筐七星今四星

七箇仲側扶筐星。

【《星經》】扶筐七星，在天柱東，主桑蠶之事。【《晉書·天文志》】天棓東七星曰扶筐，盛桑之器，主勸蠶也。【《宋兩朝天文志》】距南第一星，去極三十二度半，入斗宿六度。

女宿之屬合象

【《宋史·天文志》】案《步天歌》，已上諸星俱屬須女，而十二國及奚仲、匏瓜、敗瓜等星，《晉志》不載，《隋志》有之。《晉志》又以離珠、天津屬天市垣，扶筐屬太微垣。《乾象新書》以周、越、齊、趙屬牛，秦、代、韓、魏、燕、晉、楚、鄭屬女。武密以離珠、匏瓜屬牛又屬女，❶以奚仲

❶「匏」，原作「瓠」，據庫本改。下同。

屬危。《乾象新書》以離珠、匏瓜屬牛，敗瓜屬斗又屬牛，以天津西一星屬斗，❶中屬牛，東五星屬女。

虛宿二星

虛上下各一如連珠。

今測虛一星黄經一宫一十九度零一分，緯北八度四十二分；赤經一宫一十八度四十四分，緯南六度五十二分。

【《星經》】虛二星，主廟堂哭泣。一名玄枵，二名顓頊，三名大卿。❷【《史記·天官書》】虛爲哭泣之事。【《晉書·天文志》】虛二星，冢宰之官也，主北方主邑居、廟堂、祭祀、祝禱事。【《宋史·天文志》】漢永元銅儀以虛爲十度，唐開元游儀同。舊去極百四度，今百一度。景祐測驗，距南星，去極百三十度，在赤道外十二度。【《宋兩朝天文志》】距南星，去極一百度半。

司命司禄司危司非各二星今司危一星

司非 司危 司禄 司命

命、禄、危、非虛上陳。

【《星經》】司命、司禄、司危、司非各二星，已上在虛北。【《隋書·天文志》】虛北二星曰司命，北二星曰司禄，又北二星曰司危，又北二星曰司非。司命主舉過行罰，滅不祥。【《宋兩朝天文志》】司命距西星，去極九十二度，入虛宿三度。

【《星經》】司禄次司命北。【《隋書·天文志》】司禄主增年延德。【《宋兩朝天文志》】司禄距西星，去極九十度，入虛宿四度。

【《星經》】司危次司禄北。【《宋史·天文志》】司危主矯失正下，又主樓閣臺榭、死喪流亡。【《宋兩朝天文志》】司危距西星，去極八十五度半，入女宿八度。

【《星經》】司非次司危北。【《宋史·天文志》】司非主司候內外，察愆尤，主過失。❸《乾象新書》：命、禄、危、非八星，主天子已下壽命、爵禄、安危、是非之事。【《宋兩朝天文志》】司非距西星，去極七十九度半，入女宿九

❶「西」，原脱，據《宋史·天文三》補。
❷「名」，原脱，據《星經》卷下補。
❸「主」，原脱，據《宋史·天文三》補。

度半。

哭二星

泣二星

虛危之下哭泣星，哭泣雙雙下壘城。

【《星經》】哭二星，在虛南，主死哭之事。【《宋兩朝天文志》】距西星，去極一百一十七度半，入女宿九度。

今測泣二星黃經一宮二十八度五十分，緯北二度四十六分。

【《星經》】泣二星，在哭東。《晉書·天文志》泣、哭皆近墳墓。【《宋兩朝天文志》】距南星，去極一百四度半，入危宿三度。

天壘城十三星 今五星

天壘團圜十三星。

今測天壘城一星黃經一宮一十九度四十二分，緯北六度零二分；三星黃經一宮二十度三十九分，緯北二度零三分。

【《星經》】天壘十三星，如貫索狀，在哭、泣之南，主北夷丁零、匈奴之事也。【《宋史·天文志》】圜如大錢，形若貫索。【《宋兩朝天文志》】距西星，去極一百二十六度，入女宿十一度。

敗臼四星 今二星

敗臼四星城下横。

【《星經》】敗臼四星，在虛、危南。西南入女十三度，去北辰一百三十一度。【《宋史·天文志》】敗臼四星，兩兩相對。【《宋兩朝天文志》】距北星，去極一百三十九度半，入虛宿八度。

離瑜三星 今二星

臼西三箇離瑜明。

【《星經》】璃瑜三星，在秦、代東，南北列，主王后衣服。【《隋書·天文志》】秦、代東三星南北列，曰離瑜。離，圭衣也；瑜，玉飾：皆婦人之服星也。❶【《宋史·天文志》】離瑜三星，在十二國東，《乾象新書》在天壘城南。【《宋兩朝天文志》】距西星，去極一百二十八度，入女宿九度。

虚宿之屬合象

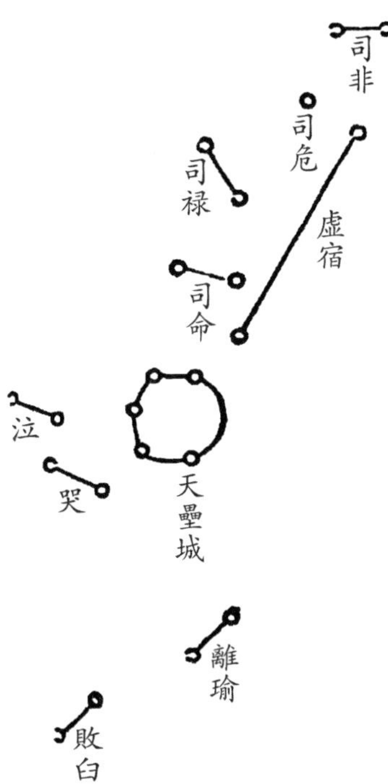

【《宋史·天文志》】案《步天歌》，已上諸星俱屬虚宿。司命、司禄、司危、司非、離瑜、敗臼，《晉志》不載，《隋志》有之。《乾象新書》以司命、司禄、司危、司非屬須女，泣星、敗臼屬危。武密書與《步天》合。

危宿三星

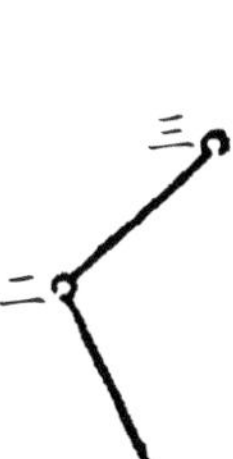

危三星不直舊先知。

今測危一星黄經一宫二十九度，緯北一十度四十二分；赤經一宫二十七度二十六分，緯南一度四十八分；三星黄經一宫二十七度三十二分，緯北二十二度零八分；赤經一宫二十二度一十二分，緯北八度二十八分。

【《星經》】危三星，主宫室、祭祀。【《史記·天官書》】危爲蓋屋。【《索隱》曰】宋均云：危上一星高，旁兩星墮下，似乎蓋屋也。【《晉書·天文志》】危三星，主天府、天市、架屋。【《宋史·天文志》】危宿三星，在天津東南，爲天子宗廟祭祀，又爲天子土功，又主天府、天市、架屋、受藏之事。漢永元銅儀，以危爲十六度；唐開元游儀，十七度。舊去極九十七度，距南星，去極九十八度，在赤道外七度。

❶「人」，原脱，據《隋書·天文中》補。

人星五星今四星

危上五黑號人星。

【《星經》】人五星，在危北，主天下百姓。【《隋書·天文志》】車府東南五星曰人星，主静衆庶，柔遠能邇。一曰卧星，主防淫。【《宋史·天文志》】人五星，在虚北，車府東，如人形。【《宋兩朝天文志》】距西南星，去極七十度，入虚宿六度半。

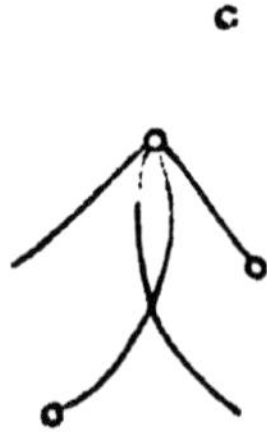

臼四星今三星

杵三星今一星

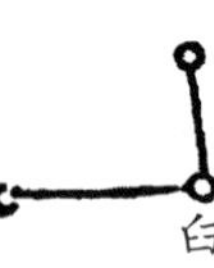

人畔三四杵臼形。

【《星經》】杵、臼星，在人旁，主春軍糧。臼四星，在杵下。【《隋書·天文志》】人星南三星曰杵，東南四星曰杵臼。❶【《宋史·天文志》】杵三星，在人星東，一云臼星北，❷主春軍糧。臼四星，在杵星下，一云危東。【《宋兩朝天文志》】杵距南星，去極六十一度半，入危宿三度。臼距西南星，去極六十九度半，入危宿三度半。

車府七星今五星

人上七烏號車府。

【《星經》】車府七星，在天津東，近河，主官車之府也。【《宋史·天文志》】車府七星，東西列，主車府之官，又主賓客之館。【《宋兩朝天文志》】距西第一星，去極五十六度半，入虚宿四度半。

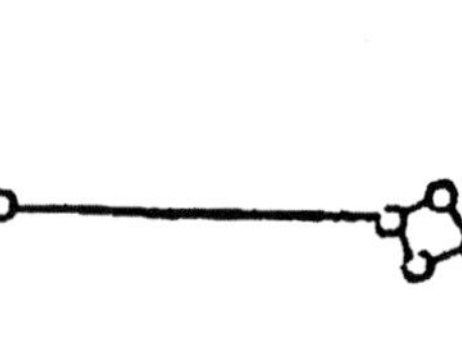

天鉤九星今六星

❶「東南四星曰杵臼」，校本及《隋志》同，然據文意，疑「杵」字衍。

❷「云」，原作「在」，據庫本改。下「一云危東」之「云」同此。

府上天鉤九黄晶。

【《星經》】鉤九星，在造父西，河中。【《晉書·天文志》】造父西河中九星如鉤狀，曰鉤星。【《宋史·天文志》】一曰主輦輿服飾。【《宋兩朝天文志》】距大星，去極二十四度，入危宿初度。

造父五星

鉤下五鵶字造父。

【《星經》】造父五星，在傳舍南，主御之官。【《晉書·天文志》】傳舍南河中五星曰造父，御官也。一曰司馬，或曰伯樂。【《宋史·天文志》】一曰在騰蛇北。【《宋兩朝天文志》】距北星，去極三十八度，入危宿十一度。

墳墓四星

危下四星號墳墓。

今測墳墓四星黄經二宫二度二十分，緯北八度一十八分；赤經二宫一度二十一分，緯南二度五十五分。

【《星經》】墳墓四星，在危下，主山陵悲慘事。【《晉書·天文志》】墳墓四星，屬危之下，主死喪哭泣，爲墳墓也。【《宋史·天文志》】大曰墳，小曰墓。【《宋兩朝天文志》】距中星，去極九十六度，入危宿五度半。

虚梁四星

墓下四星斜虚梁。

今測虚梁一星黄經二宫五度零二分，緯北四度零九分。【《星經》】虚梁四星，在危南，主園陵寢廟，非人所居。【《晉書·天文志》】蓋屋南四星曰虚梁，園陵寢廟之所也。【《宋兩朝天文志》】距東西星，去極一百度半，入危宿八度。

天錢十星今四星

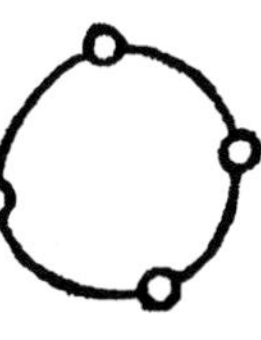

十箇天錢梁下黄。

【《星經》】天錢十星，在虚梁南。【《晉書·天文志》】北落西北有十星，曰天錢。【《宋史·天文志》】主錢帛所聚，爲軍府藏。【《宋兩朝天文志》】距東北星，去極一百一十八度，入危宿三度。

蓋屋二星 今一星

墓旁兩星能蓋屋，身著黑衣危下宿。

今測黄經一宫二十七度四十二分，緯北九度一十三分。

【《星經》】蓋屋二星，在危宿之南，主宫室之事也。【《晉書·天文志》】天壘城南二星曰蓋屋。【《宋史·天文志》】在危宿南九度。【《宋兩朝天文志》】距西星，去極九十七度，入虚宿九度。

危宿之屬合象

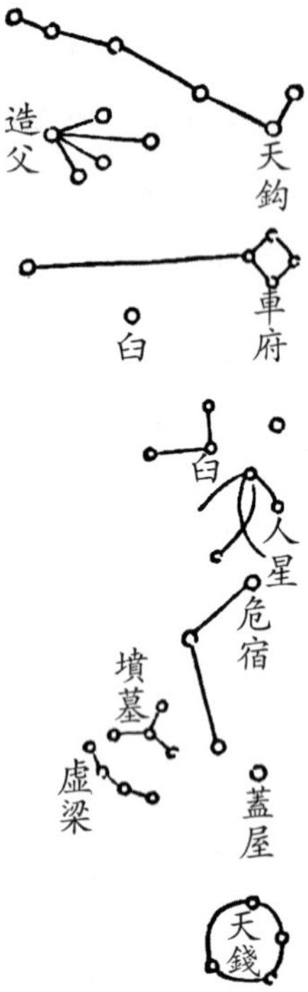

【《宋史·天文志》】案《步天歌》，已上諸星俱屬危宿。《晉志》不載人星、車府，《隋志》有之。杵、臼星，《晉》、《隋志》皆無。造父、鈎星，《晉志》屬紫微垣，蓋屋、虚梁、天錢在二十八宿外。《乾象新書》以車府西四星屬虚，東三星屬危。武密書以造父屬危又屬室，餘皆與《步天歌》合。案《乾象新書》又有天綱一星在危宿南，入危八度，去極百三十二度，在赤道外四十一度。《晉》、《隋志》及諸家星書皆不載，止載危、室二宿間與北落師門相近者。近世天文乃載此一星，在鬼、柳間，與外厨、天紀相近。然《新書》兩天綱雖同在危度，其説不同，今姑附于此。

蕙田案：杵、臼星，《隋志》有之，《宋志》誤。

室宿二星

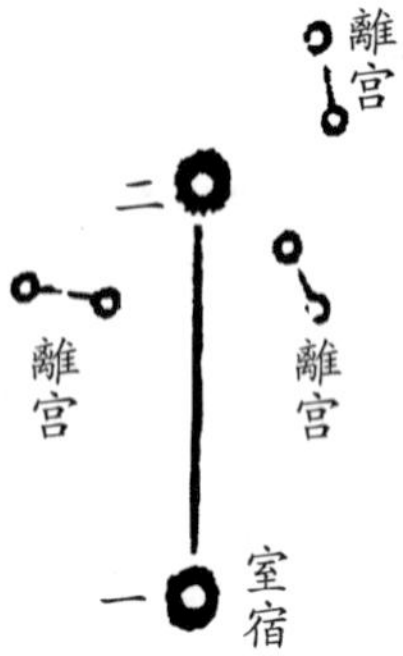

離宫六星

室兩星上有離宫出，遶室三雙有六星。

今測室一星黄經二宫一十九度零七分，緯北一十九度二十六分；赤經二宫一十二度一十七分，緯北一十三度三十三分。

【《星經》】營室二星，主軍糧。離宫上六星，主隱藏。一名宫，一名室。上六星名離宫，主六宫妃后位。【《史記・天官書》】營室爲清廟，曰離宫、閣道。【《晉書・天文志》】營室二星，天子之宫也。一曰玄宫，一曰清廟，又爲軍糧之府及土功事。離宫六星，天子之别宫，主隱藏休息之所。【《宋史・天文志》】一曰室一星爲天子宫，一星爲太廟，爲王者三軍之廩，故爲羽林以衛。又爲離宫閣道，故有離宫六星在其側。漢永元銅儀，營室十八度；唐開元游儀，十六度。舊去極八十五度。景祐測驗，室十六度，距南星，去極八十五度，在赤道外六度。離宫六星，兩兩相對爲一坐，夾附室宿上。【《宋兩朝天文志》】距南星，去極八十度半。

雷電六星

下頭六箇雷電形。

今測雷電六星黄經二宫一十三度五十四分，緯北一十五度四十四分；赤經二宫九度零七分，緯北八度一十一分。

【《星經》】雷電六星，在室西南，主興雷電也。【《隋書・天文志》】室南六星曰雷電。【《宋兩朝天文志》】距西南星，去極八十七度，入危宿十二度。

壘壁陣十二星

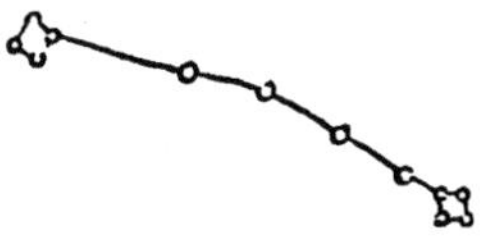

壘壁陣次十二星，十二兩頭大似井。

今測壘壁陣一星黄經一宫一十五度四十六分，緯南四度五十三分；二星黄經一宫一十七度一十二分，緯南四度四十九分；三星黄經一宫一十七度二十二分，緯南二度二十六分；四星黄經一宫一十九度零七分，緯南二度二十九分；五星黄經一宫二十四度二十三分，緯南二度；六星黄經二宫初度五十八分，緯南一度一十分；七星黃經二宮七度一十分，緯南初度二十分；八星黃經二宮一十二度四十五分，緯南一度；九星黃經二宮二十三度五十六分，緯南三度零七分；十星黃經二宮二十四度四十七分，緯南二度五十四分；十一星黃經二宮二十四度三十二分，緯南五度四十二分；十二星黃經二宮二十三度三十八分，緯南五度四十分。【《星經》】壘辟十二星，在室南，主翊衛天子之軍。西入室五度，去北辰一百二十三度也。【《晉書·天文志》】壘辟陣十二星，在羽林北，羽林之垣壘也，主軍衛，爲營壅也。【《宋史·天文志》】一作壁壘。【《宋兩朝天文志》】距西第一星，去極一百十五度，入女宿十一度。

羽林軍四十五星今二十六星

陣下分布羽林軍，四十五卒三爲羣。

今測羽林軍三星黃經二宮四度二十七分，緯南八度一十分；四星黃經二宮四度一十一分，緯南五度三十七分；六星黃經二宮一十二度四十分，緯南二度四十九分；七星黃經二宮一十一度五十三分，緯南三度五十九分；八星黃經二宮一十二度二十一分，緯南四度一十三分；九星黃經二宮一十二度二十五分，緯南四度四十四分。【《星經》】羽林軍星，四十五星，在室南。【《史記·天官書》】虛、危。其南有衆星，曰羽林天軍。【《晉書·天文志》】一曰天軍，主軍騎，又主翼王也。【《宋史·天文志》】三三而聚，散出壘壁之南。一曰在營室之南，東西布列，北第一行主天軍，軍騎翼衛之象。【《宋兩朝天文志》】距大星，去極一百一十七度，入危宿十五度半。

北落一星

北落師門

鈇鉞三星

鈇鉞

軍西四星多難論，子細歷歷看區分。三粒黃金名鈇鉞，一顆真珠北落門。

【《星經》】鈇鑕三星，在八魁西北，一名斧鉞，主斬刈亂行，誅誑詐僞人。【《史記·天官書》】軍西爲壘，或曰鉞。【《宋史·天文志》】斧鉞三星，在北落師門東，芟刈之具也。主斬芻藁，以飼牛馬。【《隋志》、《通志》皆在八魁西北，主行誅拒難，斬伐姦謀。《宋兩朝天文志》】距北星，去極一百三十度，入室宿一度。

今測北落師門黄經一宫二十九度二十二分，緯南二十一度；赤經二宫九度五十六分，緯南三十一度一十三分。

【《星經》】北落師門一星，在羽林軍西，主候兵。入危九度，去北辰一百二十度。【《史記・天官書》】鉞旁有一大星，爲北落。【《晉書・天文志》】北落師門一星，在羽林西南。北者，宿在北方也；落，天之藩落也；師，衆也；師門，猶軍門也。長安城北門曰北落門，以象此也。主非常以候兵。【《宋兩朝天文志》】去極一百二十六度，入危宿十一度半。

八魁九星今無

門東八魁九箇子。

【《星經》】八魁九星，在北落東南，主獸之官。【《宋兩朝天文志》】距南星，去極一百三十九度，入壁宿四度半。

天綱一星

門西一宿天綱是。

【《星經》】天綱一星，在北落西南，主天繩張幔，野宿所用也。【《晉書・天文志》】北落西南一星曰天綱，主武帳。【《宋史・天文志》】一曰在危南，主武帳宫舍，天子游獵所會。【《宋兩朝天文志》】去極一百二十九度，入危宿五度。

土功吏二星 今一星

電旁兩箇土功吏。

【《星經》】土吏三星，在室西南，主備設司過農事。【《隋書・天文志》】室西南二星曰土功吏，主司過度。【《宋史・天文志》】土功吏，一曰在危東北。

蕙田案：《步天歌》室宿之屬有土功吏，壁宿之屬有土公，《宋志》溷合爲一。

騰蛇二十二星

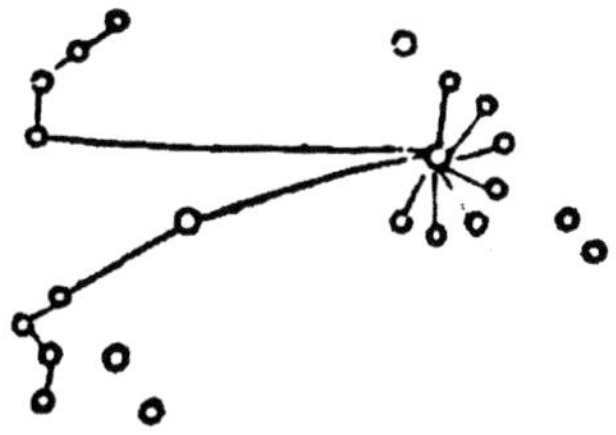

騰蛇室上二十二。

【《星經》】騰蛇二十三星，❶在室北，枕河，主水蟲。頭入室一度，去北辰五十度也。【《晉書·天文志》】騰蛇二十二星，在營室北，天蛇也。【《宋兩朝天文志》】距中大星，去極四十四度少，入危宿九度半。

室宿之屬合象

【《宋史·天文志》】案《步天歌》，已上諸星皆屬營室。雷電、土功吏、鈇鉞，《晉志》皆不載，《隋志》有之。壘壁陣、北落師門、天綱、羽林軍，《晉志》在二十八宿外，騰蛇屬天市垣。武密書以騰蛇屬營室又屬壁宿。《乾象新書》以西十六星屬尾、屬危，東六星屬室；羽林軍西六星屬危，東三十九星屬室；以天綱屬危，斧鉞屬奎。《通占録》又以斧鉞屬壁、屬奎。説皆不同。

蕙田案：騰蛇，北方之星，無屬尾宿之理。《宋志》云「《乾象新書》以西十六星屬尾、屬危」者，蓋衍「屬尾」二字，當删。

壁宿二星

壁兩星下頭是霹靂。

今測壁一星黄經三宫四度四十八分，緯北一十二度三十五分；赤經二宫二十九度一十八分，緯北一十三度二十六分。

【《星經》】東壁二星，主文章圖書。【《宋史·天文志》】漢永元銅儀，東壁二星九度。舊去極八十六度。景祐

❶ 「二十三」，《星經》同，庫本作「二十二」。

測驗，壁二星九度，距南星，去極八十五度。【《宋兩朝天文志》】距南星，去極八十度半。

霹靂五星

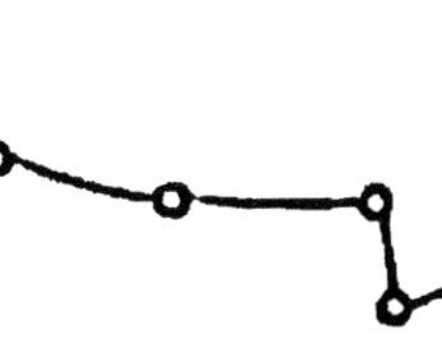

霹靂五星橫著行。

今測霹靂一星黃經二宮一十四度一十二分，緯北九度零四分；二星黃經二宮一十七度零一分，緯北七度一十八分；三星黃經二宮二十度四十八分，緯北九度零三分；四星黃經二宮二十三度一十三分，緯北七度一十四分。

【《星經》】霹靂五星，在雲雨北，主天威擊擘萬物。❶【《隋書・天文志》】土公西南五星曰礔礰。【《宋史・天文志》】霹靂五星，在雲雨北，一曰在雷電南，一曰在土功西，主陽氣大盛，擊碎萬物。【《宋兩朝天文志》】距西星去極九十三度，入危十五度。

雲雨四星

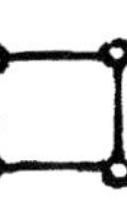

雲雨次之口四方。

今測雲雨一星黃經二宮一十八度三十一分，緯北四度二十七分；二星黃經二宮二十二度一十五分，緯北三度二十五分。

【《星經》】雲雨四星，在雷電東，主雨澤萬物成之。【《隋書・天文志》】礔礰南四星曰雲雨，在壘壁北。【《宋兩朝天文志》】距西北星，去極九十五度，入室宿五度。

天廄十星 今三星

壁上天廄十圜黃。

【《星經》】天廄十星，在壁北，主天子馬坊廄苑之官也。【《晉書・天文志》】東壁北十星曰天廄，主馬之官，若今驛亭也，主傳令置驛，逐漏馳鶩，謂其行急疾，與晷漏競

❶「主」，原脱，據《星經》卷下補。

馳也。【《宋兩朝天文志》】距西星，去極四十九度半，入壁宿初度。

鈇鑕五星

鈇鑕五星羽林旁。

【《通志》】鈇鑕五星，在天倉西南，刈具也，主斬芻，飼牛馬。

土功二星

土功兩黑壁下藏。

【《星經》】土公二星，在壁南，主營造宮室，起土之官。

蕙田案：《通志》、《文獻通考》俱無此一句，今《協紀辨方書》有之。

壁宿之屬合象

【《宋史·天文志》】案《步天歌》，壁宿下有鈇鑕五星，《晉》、《隋志》皆不載。《隋志》八魁西北三星曰鈇鑕，又曰鈇鉞，其占與《步天歌》室宿内斧鉞略同，恐即是此誤重出之。霹靂五星、雲雨四星，《晉志》無之，《隋志》有之。武密書以雲雨屬室宿，天廄十星《晉志》屬天市垣，其説皆不同。

右北方玄武七宿。

五禮通考卷第一百九十三

淮陰吴玉搢校字

五禮通考卷第一百九十四

内廷供奉禮部右侍郎金匱秦蕙田編輯
太子太保總督直隸右都御史桐城方觀承同訂
翰林院編修嘉定錢大昕
按察司副使元和宋宗元參校

嘉禮六十七

觀象授時

西方白虎七宿

奎宿十六星

奎腰細頭尖似破鞵，一十六星繞鞵生。

今測奎一星黄經三宫一十七度五十四分，緯北一十五度五十八分；赤經三宫一十分，緯北二十一度四十七分。

【《史記·天官書》】奎爲封豕，爲溝瀆。【《晉書·天文志》】奎十六星，天之武庫。一曰天豕，亦曰封豕，主以兵禁暴，又主溝瀆。西南大星，所謂天豕目，亦曰大將，欲其明。【《宋兩朝天文志》】距西南大星，去極七十二度。【《宋史·天文志》】漢永元銅儀，以奎爲十七度，唐開元游儀十六度。舊去極七十六度，景祐測驗同。

外屏七星

外屏七烏奎下横。

今測外屏一星黄經三宫九度四十六分，緯北二度一十一分；二星黄經三宫一十三度零八分，緯北一度零六分；三星黄經三宫一十五度二十九分，緯南初度一十二分；四星黄經三宮一十八度四十三分，緯南三度零三分；五星黄經三宮二十一度零六分，緯南四度四十一分；六星黄經三宮二十三度零八分，緯南七度五十六分；七星黄經三宮二十四度五十八分，緯南九度零五分；赤經三宮二十六度二十七分，緯北一度一十四分。

【《隋書・天文志》】奎南七星曰外屏。【《宋史・天文志》】外屏在奎南，主障蔽臭穢。【《宋兩朝天文志》】距西星，去極八十九度，入壁宿八度半。

天溷七星今四星

屏下七星天溷明。

【《隋書・天文志》】外屏南七星曰天溷，厠也。【《宋兩朝天文志》】距西南星，去極九十七度，入奎宿三度。

土司空一星

司空左畔土之精。

今測黄經二宮二十八度零六分，緯南二十度四十七分；赤經三宮六度五十四分，緯南一十九度四十四分。

【《隋書・天文志》】天溷南一星曰土司空，主水土之事。【《宋史・天文志》】土司空一星，在奎南，一曰天倉，主土事。【《宋兩朝天文志》】去極一百一十五度少，入壁宿九度。

軍南門一星

奎上一宿軍南門。

【《晉書・天文志》】天將軍南一星曰軍南門，主誰何出入。【《宋兩朝天文志》】去極六十六度，入奎宿十五度。

閣道六星

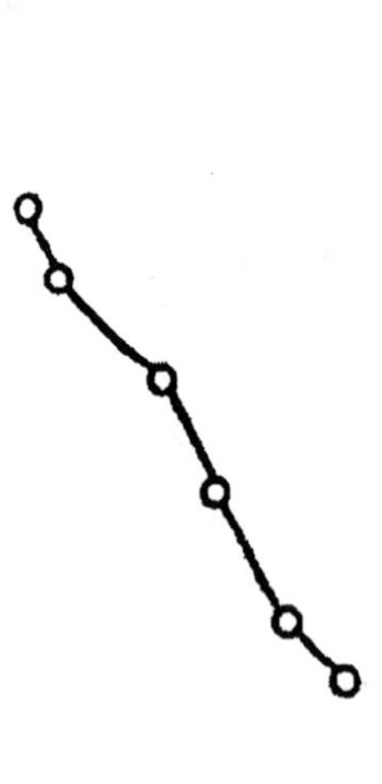

河中六箇閣道形。

【《史記・天官書》】紫宮後六星絶漢抵營室，曰閣道。【《晉書・天文志》】閣道六星，在王良前，飛道也，從紫宮至河，神所乘也。一曰閣道星，天子游別宮之道也。【《宋兩朝天文志》】距南星，去極四十八度，入奎宿四度半。

附路一星

附路一星道旁明。

【《晉書·天文志》】傳路一星，在閣道南旁，别道也。【《宋史·天文志》】附路一星，在閣道南，一曰在王良東。【《宋兩朝天文志》】去極三十五度半，入奎宿五度。

王良五星

五箇吐花王良星。

【《史記·天官書》】漢中四星，曰天駟；旁一星，曰王良。【《晉書·天文志》】王良五星，在奎北，居河中，天子奉車御官也。其四星爲天駟，旁一星曰王良，亦曰天馬。亦曰梁，爲天橋，主禦風雨水道。【《宋兩朝天文志》】距西星，去極三十七度，入壁宿初度。

策一星

良星近上一策明。

【《晉書·天文志》】王良前一星曰策星，王良之御策也，主天子之僕。【《宋兩朝天文志》】去極三十三度半，入壁宿五度。

奎宿之屬合象

【《宋史·天文志》】案《步天歌》，以上諸星俱屬奎宿。以《晉志》考之，王良、附路、閣道、軍南門、策星俱在天市垣，别無外屏、天溷、土司空諸星，《隋志》有之。而武密以王良、外屏、天溷皆屬于壁，或以外屏又屬奎。《乾象新書》以王良西一星屬壁，東四星屬奎，外屏西一星屬壁，東六星屬奎，與《步天歌》各有不合。

婁宿三星

婁三星不匀近一頭。

今測婁一星黄經三宫二十九度三十三分，緯北八度二十九分；赤經三宫二十四度一十八分，緯北一十九度一十五分；二星黄經三宫二十八度四十七分，緯北七度零九分；三星黄經四宫三度一十六分，緯北九度五十七分。

【《史記・天官書》】婁爲聚衆。【《晉書・天文志》】婁三星，爲天獄，主苑牧犧牲，供給郊祀。【《宋兩朝天文志》】婁三星，距中星，去極七十五度半。【《宋史・天文志》】漢永元銅儀，以婁爲十二度；唐開元游儀，十三度。❶ 舊去極八十度，景祐測驗，婁宿十二度，距中央大星去極八十度，在赤道内十一度。

左更右更各五星

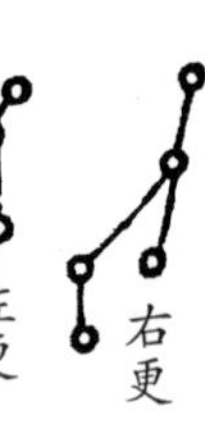

左更右更烏夾婁。

今測右更一星黄經三宫二十二度四十四分，緯北九度二十四分；二星黄經三宫二十二度二十四分，緯北五度二十一分；三星黄經三宫二十二度三十一分，緯北一度五十二分；四星黄經三宫二十三度二十二分，緯北一度三十九分；五星黄經三宫二十三度一十八分，緯南一度三十九分。

【《隋書・天文志》】婁東五星曰左更，山虞也，主澤藪竹木之屬，亦主仁智。婁西五星曰右更，牧師也，主養牛馬之屬，亦主禮義。二更，秦爵名也。【《宋兩朝天文志》】左更，距西南星，去極七十六度半，入婁宿四度半。右更，距東北星，去極七十五度，入奎宿十四度。

天倉六星

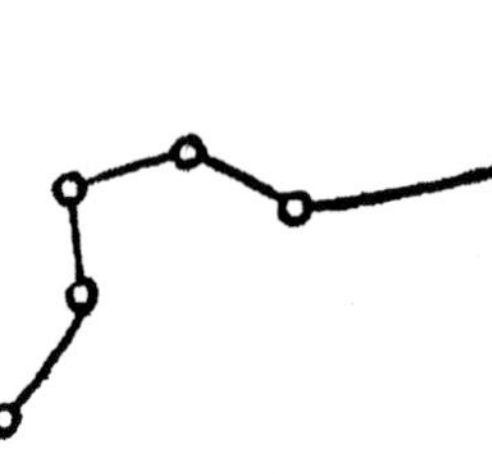

天倉六箇婁下頭。

今測天倉一星黄經二宫二十六度三十三分，緯南一十度零一分；赤經三宫初度五十三分，緯南一十度三十三分；三星黄經三宫一十一度五十三分，緯南一十五度四十七分；赤經三宫一十七度零八分，緯南九度四十九分。

❶「十三度」，原作「十二度」，據《宋史・天文四》及《舊唐書・天文上》改。

【《晉書·天文志》】天倉六星，在婁南，倉穀所藏也。【《宋兩朝天文志》】距西北星，去極一百四度半，入奎宿十一度。

天庾三星

天庾三星倉東脚。

【《晉書·天文志》】天倉南四星曰天庾，積厨粟之所也。【《宋兩朝天文志》】天庾三星，距中大星，去極一百二十五度半，入婁宿五度。

蕙田案：《晉》、《隋》、《宋》諸史志俱云「天庾四星」，惟《宋兩朝志》與《步天歌》合，今靈臺測驗同。

天大將軍十一星

婁上十一將軍侯。或作十二。

【《晉書·天文志》】天將軍十二星，在婁北，主武兵。中央大星，天之大將也。【《宋史·天文志》】天大將軍十一星。【《宋兩朝天文志》】天大將軍十二星，距大星，去極六十度半，入婁宿四度。

婁宿之屬合象

【《宋史·天文志》】案《晉志》，天倉、天庾在二十八宿之外，天大將軍屬天市垣，左更、右更惟《隋志》有之。《乾象新書》以天倉屬奎。武密亦以屬奎，又屬婁。《步天歌》皆屬婁宿。

胃宿三星

胃三星鼎足河之次。

今測胃一星黃經四宮一十二度三十三分，緯北一十一度一十六分；赤經四宮六度一十七分，緯北二十六度二十分。

【《史記・天官書》】胃爲天倉。【《晉書・天文志》】胃三星，天之廚藏，主倉廩，五穀府也。【《宋史・天文志》】漢永元銅儀，胃宿十五度，景祐測驗十四度。【《宋兩朝天文志》】距西南星，去極六十七度半。

天廩四星

天廩胃下斜四星。

今測天廩一星黃經四宮一十九度一十分，緯南五度五十七分；三星黃經四宮一十七度二十八分，緯南八度五十分；四星黃經四宮一十六度四十六分，緯南九度二十三分。

【《晉書・天文志》】天廩四星在昴南，一曰天廥，❶主蓄黍稷，以供饗祀，《春秋》所謂御廩也。【《宋兩朝天文志》】距南星，去極八十五度半，入胃宿十二度。

天囷十三星

天囷十三如乙形。

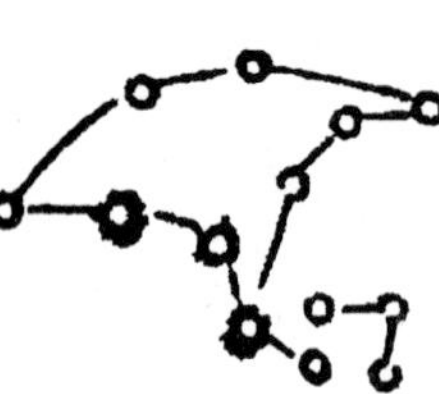

今測天囷一星黃經四宮九度五十七分，緯南一十二度三十七分；赤經四宮一十一度三十分，緯北二度五十分；三星黃經四宮一十度四十一分，緯南七度五十分；四星黃經四宮七度一十七分；緯南五度二十六分；❷五星黃經三宮二十九度三十七分；緯南四度一十九分；六星黃經四宮三度零四分，緯南五度五十二分；七星黃經四宮三度五十八分，緯南九度一十三分；八星黃經四宮五度零四分，緯南一十二度零三分；赤經四宮六度四十七分，緯北一度五十二分；九星黃經四宮三度一十二分，緯南一十四度三十二分；

❶「廥」，原作「倉」，據《晉書・天文上》改。

❷「二」，庫本、光緒本作「三」。

赤經四宫五度五十四分，緯南一度零五分。

【《晉書·天文志》】天囷十三星，在胃南。囷，倉廩之屬也，主給御糧也。【《宋兩朝天文志》】距大星，去極九十一度半，入胃宿六度半。

大陵八星

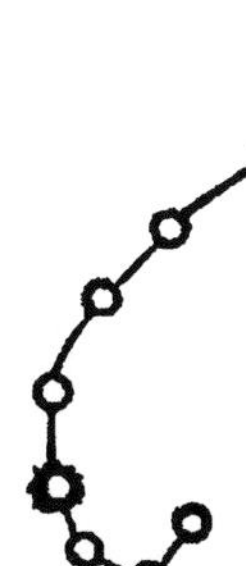

河中八星名大陵。

【《晉書·天文志》】大陵八星，在胃北，亦曰積京，主大喪也。【《宋兩朝天文志》】距大星，去極五十四度，入胃宿七度。

天船九星

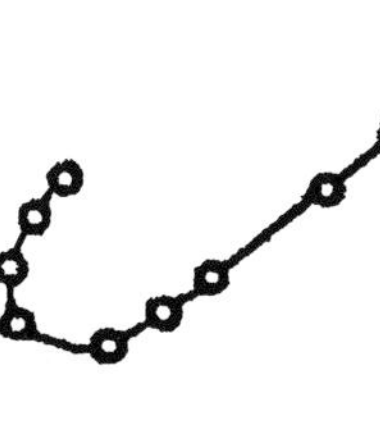

陵北九箇天船名。

【《晉書·天文志》】大陵北九星曰天船，一曰舟星，所以濟不通也。【《通志》】天船九星居河中。【《宋兩朝天文志》】距大星，去極五十四度半，入胃宿十度。

積尸一星

陵中積尸一箇星。

【《晉書·天文志》】大陵中一星曰積尸。【《通志》】張衡云一名積廩。【《宋兩朝天文志》】去極五十五度，入胃宿四度。

積水一星

積水船中一黑精。

【《晉書·天文志》】天船中一星曰積水，主候水災。【《宋兩朝天文志》】去極五十三度，入昴宿初度。

胃宿之屬合象

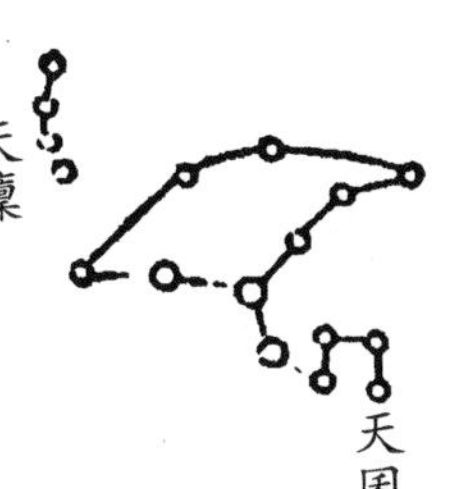

【《宋史・天文志》】案《晉志》，大陵、積尸、天船、積水，俱屬天市垣；天囷、天廩在二十八宿之外。武密以天囷、大陵屬婁，又屬胃；天船屬胃，又屬昴。《乾象新書》天囷五星屬婁，餘星屬胃，❶大陵西三星屬婁，東五星屬胃，與《步天歌》互有不同。

昴宿七星

昴七星一聚實不少。

今測昴一星黃經四宮二十四度四十八分，緯北四度一十分；赤經四宮二十一度二十分，緯北二十三度零三分；五星黃經四宮二十五度二十五分，緯北四度。

【《史記・天官書》】昴曰髦頭，胡星也，爲白衣會。【《晉書・天文志》】昴七星，天之耳也，主西方，主獄事。又爲旄頭。昴畢間爲天街，天子出，旄頭罕畢以前驅，此其義也。【《通志》】甘氏云：主口舌奏對。【《宋史・天文志》】漢永元銅儀，昴宿十二度；唐開元游儀，十一度。舊去極七十四度。景祐測驗，昴宿十一度，距西南星，去極七十一度。【《宋兩朝天文志》】去極七十度。

天阿一星

○天阿

月一星

○月

阿西月東各一星。

【《晉書・天文志》】天高西一星曰天河，主察山林妖變。【《宋史・天文志》】天阿一星，一作天河，在天廩星北。【《宋兩朝天文志》】天河一星，去極六十六度，入胃宿十度。

今測月一星黃經四宮二十九度零三分，緯北一度一十二分。

【《隋書・天文志》】天街西一星曰月。【《通志》】月一星，在昴東。【《宋史・天文志》】在昴宿東南，蟾蜍也，主日月之應，女主臣下之象，又主死喪之事。【《宋兩朝天文志》】月一星去極七十一度半，入昴宿五度。

天陰五星

月下五黃天陰名。

今測天陰一星黃經四宮一十六度二十五分，緯北一度四十七分；二星黃經四宮一十七度三十一分，緯北二度五十分。

❶「乾象新書天囷五星屬婁餘星屬胃」十四字，原脱，據庫本補。

【《隋書·天文志》】畢柄西五星曰天陰。【《宋史·天文志》】天陰五星，主從天子弋獵之臣。【《宋兩朝天文志》】距西星，去極七十五度半，入胃宿七度。

芻藁六星

陰下六鳥芻藁營。

【《隋書·天文志》】天苑西六星曰芻藁，以供牛羊之食也。【《通志》】一曰天積，天子之藏府也。【《宋兩朝天文志》】距西行中星，去極一百八度，入婁宿十一度。

天苑十六星

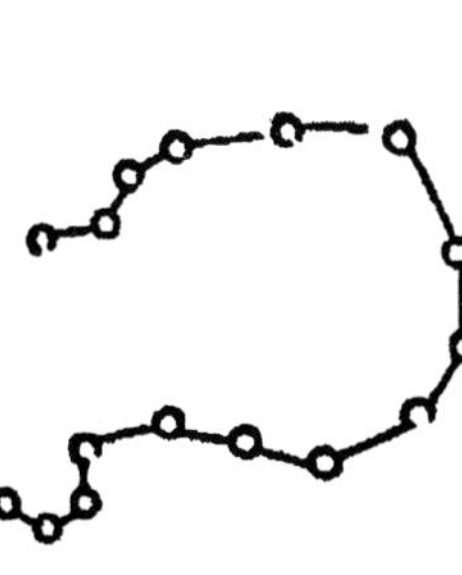

營南十六天苑形。

今測天苑三星黃經四宮一十六度一十七分，緯南二十八度四十七分；赤經四宮二十一度五十五分，緯南一十度五十四分；四星黃經四宮一十三度五十五分，緯南二十七度四十七分；赤經四宮一十九度三十六分，緯南一十度三十二分；五星黃經四宮九度二十六分，緯南二十五度五十九分；赤經四宮一十五度一十分，緯南一十度零二分；六星黃經四宮四度二十分，緯南二十四度三十四分；赤經四宮一十度一十六分，緯南一十度一十一分。

【《晉書·天文志》】天苑十六星，昴畢南，天子之苑囿，養獸之所也。【《通志》】天苑十六星，如環狀。【《宋兩朝天文志》】距東北星，去極一百七度半，入昴宿七度。

卷舌六星

河裏六星名卷舌。

【《晉書·天文志》】卷舌六星，在昴北，主口語，以知佞讒也。【《通志》】張衡云：主樞機。【《宋兩朝天文志》】去極五十三度，入昴宿初度。

蕙田案：《宋兩朝志》不載距星。

天讒一星

舌中黑點天讒星。

【《隋書·天文志》】卷舌中一星曰天讒，主巫醫。【《宋兩朝天文志》】天讒一星，去極六十一度半，入昴宿半度。

礪石四星

礪石舌傍斜四丁。

今測礪石一星黄經五宮初度五十四分，緯北七度五十五分；三星黄經五宮三度四十二分，緯北三度五十七分。

【《隋書·天文志》】五車西五星曰厲石。【《宋史·天文志》】礪石四星，在五車星西，主百工磨礪鋒刃，亦主候伺。【《宋兩朝天文志》】距南第二星，去極六十五度，入昴宿六度。

蕙田案：《隋志》「礪」作「厲」；諸家皆云「四星」，惟《隋志》五星，亦不同。

昴宿之屬合象

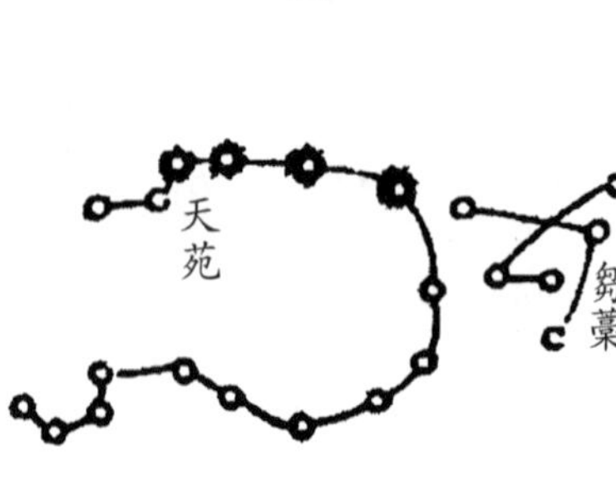

【《宋史·天文志》】案《晉志》，天河、卷舌、天讒，俱屬天市垣，天苑在二十八宿之外，芻藁、天陰、月、礪石，《晉志》不載，《隋史》有之。武密又以芻藁屬胃，卷舌屬胃又屬昴。《乾象新書》以芻藁屬婁，卷舌西三星屬胃，東三星屬昴，天苑西八星屬胃，南八星屬昴。《步天歌》以上諸星皆屬昴宿。互有不合。

畢宿八星

畢恰似爪叉八星出。

今測畢一星黃經五宮四度零三分，緯南二度三十七分；赤經五宮二度三十四分，緯北一十八度二十六分；二星黃經五宮一度二十三分，緯南五度四十七分；三星黃經五宮二度二十七分，緯南四度零二分；四星黃經五宮三度三十二分，緯南五度五十三分；五星黃經五宮五度二十三分，緯南五度三十分；六星黃經四宮二十六度一十三分，緯南八度零三分。

【《史記・天官書》】畢曰罕車，爲邊兵，主弋獵。【《晉書・天文志》】畢八星，其大星曰天高，一曰邊將，主四夷之尉也。【《通志》】甘氏云：「畢主街巷陰雨，天之雨師也。」張衡云：「畢爲天馬。」【《宋史・天文志》】漢永元銅儀，畢十六度。舊去極七十八度。景祐測驗，畢宿十七度，距畢口北星去極七十七度。【《宋兩朝天文志》】距右股第一星，去極七十五度。

附耳一星

附耳畢股一星光。

今測黃經五宮六度零五分，緯南六度一十四分。

【《史記・天官書》】畢大星旁小星爲附耳。【《晉書・天文志》】附耳一星，在畢下，主聽得失，伺僣邪，察不祥。【《宋兩朝天文志》】去極七十七度，入畢宿三度。

天街二星

天街兩星畢背傍。

今測天街一星黃經五宮三度四十八分，緯北初度三十五分。

【《史記・天官書》】昴、畢間爲天街。其陰，陰國；陽，陽國。【《晉書・天文志》】昴西二星曰天街，三光之道，主伺候關梁中外之境。【《宋史・天文志》】天街二星，在昴、畢間，一曰在畢宿北。街南爲華夏，街北爲外邦。【《宋兩朝天文志》】距南星，去極七十一度，入昴宿十度。

天節八星

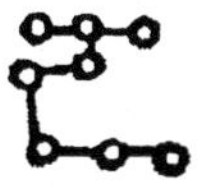

天節耳下八烏幢。

今測天節一星黃經五宮二度五十二分，緯南六度五十七分；二星黃經五宮四度三十八分，緯南七度零五分；三星黃經五宮初度三十三分，緯南六度三十三分；四星黃經五宮三度零八分，緯南八度四十一分；

五星黃經五宮五度二十三分，緯南五度三十分。

【《晉書·天文志》】畢附耳南八星曰天節，主使臣之所持者也。【《宋兩朝天文志》】距北星，去極七十度，入畢宿三度。

諸王六星

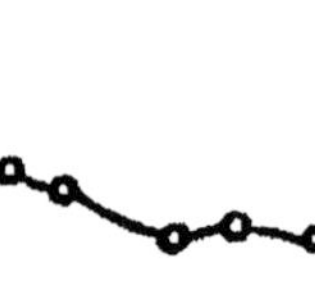

畢上横列六諸王。

今測諸王一星黃經五宮二十四度零八分，緯北四度零六分；二星黃經五宮二十一度零二分，緯北二度二十八分；三星黃經五宮一十八度二十三分；緯北二度四十分；四星黃經五宮七度四十五分，緯北初度四十分；六星黃經五宮二十一度零七分，緯北一度。

【《晉書·天文志》】五車南六星曰諸王，察諸侯存亡。【《宋兩朝天文志》】距西星，去極七十度，入畢宿三度。

天高四星

王下四皂天高星。

今測天高一星黃經五宮一十二度二十一分，緯南一度一十五分。

【《晉書·天文志》】坐旗西四星曰天高，臺榭之高，主遠望氣象。【《通志》】天高四星在參旗西，北近畢。【《宋史·天文志》】《乾象新書》在畢口東北。【《宋兩朝天文志》】距東星，去極七十四度半，入畢宿六度。

九州殊域

節下團圓九州城。

【《晉書·天文志》】天節下九星曰九州殊口，曉方俗之官，通重譯者。

蕙田案：《晉》、《隋》、《宋》諸志俱作「九州殊口」，今星圖作「九州殊域」；又諸志皆云「九星」，以今星圖攷之，亦不足數。

五車五星

三柱九星

畢口斜對五車口，車有三柱任縱橫。

今測五車二星黄經五宫一十七度二十六分，緯北二十二度五十二分；赤經五宫一十三度二十一分，緯北四十五度三十八分；五星黄經五宫一十八度一十分，緯北五度二十分。

【《晉書・天文志》】五車五星，三柱九星，在畢北。五帝車舍也，五帝座也，主天子五兵，一曰主五穀豐耗。西北大星曰天庫，主太白，主秦。次東北曰獄，主辰星，主燕趙。次東星曰天倉，主歲星，主魯衛。次東南星曰司空，主填星，主楚。次西南星曰卿星，主熒惑，主魏。三柱，一曰三泉。【《宋史・天文志》】三柱，一曰天淵，一曰天休，一曰天旗。【《宋兩朝天文志》】五車五星、三柱九星，距大星，去極四十七度半，入畢宿八度半。

天潢五星

車中五箇天潢精。

【《晉書・天文志》】五車中五星曰天潢。【《宋史・天文志》】天潢在五車中，主河梁津渡。【《宋兩朝天文志》】距西北星，去極五十八度，入畢宿十一度。

咸池三星今無

潢畔咸池三黑星。

【《晉書・天文志》】天潢南三星曰咸池，魚囿也。【《宋兩朝天文志》】距南星，去極五十一度，入畢宿十一度半。

天關一星

天關一星車脚邊。

今測黄經五宫二十度二十二分，緯南二度一十四分。

【《晉書・天文志》】天關一星，在五車南，亦曰天門，日月之所行也，主邊事，主關閉。【《宋兩朝天文志》】去極七十一度半，入觜宿初度。

參旗九星

參旗九箇參車間。

今測參旗一星黄經五宫九度零七分，緯南八度一十七分；二星黄經五宫九度五十八分，緯南九度零七分。

【《晉書・天文志》】參旗九星，在參西，一曰天旗，一曰天弓，主司弓弩之張，候變禦難。【《宋兩朝天文志》】距南第一星大星，去極八十七度，入畢宿六度。

九斿九星今八星

旗下直建九斿連。

【《晉書・天文志》】玉井西南九星曰九斿，天子之旗也。【《宋史・天文志》】一曰在九州殊口東，南北列。【《宋兩朝天文志》】距南星，去極一百一十三度，入畢宿十二度。

天園十三星

斿下十三烏天園，九斿、天園參脚邊。

【《晉書・天文志》】天苑南十三星曰天園，植果菜之所也。【《宋兩朝天文志》】距東北星，去極一百二十四度，入畢宿五度。

畢宿之屬合象

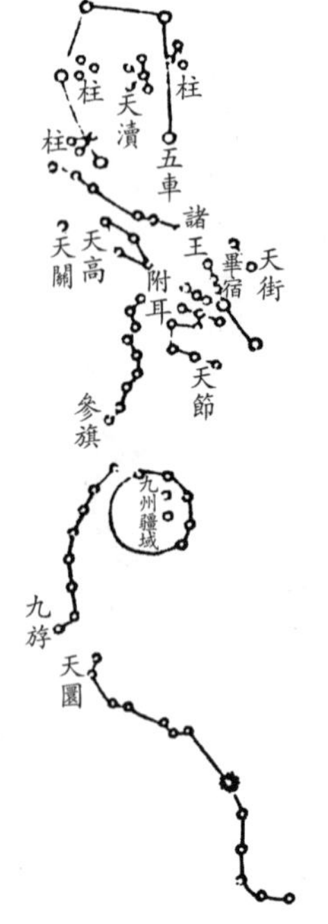

【《宋史・天文志》】案《步天歌》，以上諸星皆屬畢宿。武密書以天節屬昴，參旗、天關、五車、三柱皆屬觜，與《步天歌》不同。《乾象新書》以天節、參旗皆屬畢，天園西八星屬昴，東五星屬畢，五車北西南三大星屬畢，東二星及三柱屬參。說皆不同。

蕙田案：《晉志》五車、三柱、天潢、咸池、諸王、天高、天關、天街俱屬中官，天節、參旗、九斿、天園、九州殊口在二十八宿之外。

觜宿三星

觜三星相近作參蘂。

今測觜一星黃經五宮一十九度二十二分，緯南一十三度二十六分；赤經五宮一十九度三十一分，緯北九度四十分。

【《史記·天官書》】小三星隅置，曰觜觿，爲虎首，主葆旅事。【《晉書·天文志》】觜觿三星，爲三軍之候，行軍之藏府，葆旅收，斂萬物。【《宋史·天文志》】漢永元銅儀、唐開元游儀，皆以觜觿爲三度。舊去極八十四度。景祐測驗，觜宿三星一度，距西南星去極八十四度，在赤道内七度。【《宋兩朝天文志》】去極八十二度半。

座旗九星

觜上座旗直指天，尊卑之位九相連。

【《晉書·天文志》】司怪西北九星曰坐旗，君臣設位之表也。【《宋兩朝天文志》】距南星，去極六十一度半，入參宿八度。

司怪四星

司怪曲立坐旗邊，四鴉大近井鉞前。

今測司怪一星黄經五宫二十五度零八分，緯北二度二十六分；二星黄經五宫二十六度三十二分，緯南初度一十三分；三星黄經五宫二十六度三十二分，緯南三度二十一分；四星黄經五宫二十四度一十九分，緯南三度一十三分。

【《晉書·天文志》】東井鉞前四星曰司怪，主候天地、日月、星辰變異及鳥獸草木之妖。【《宋兩朝天文志》】距西星，去極七十一度，入參宿六度半。

觜宿之屬合象

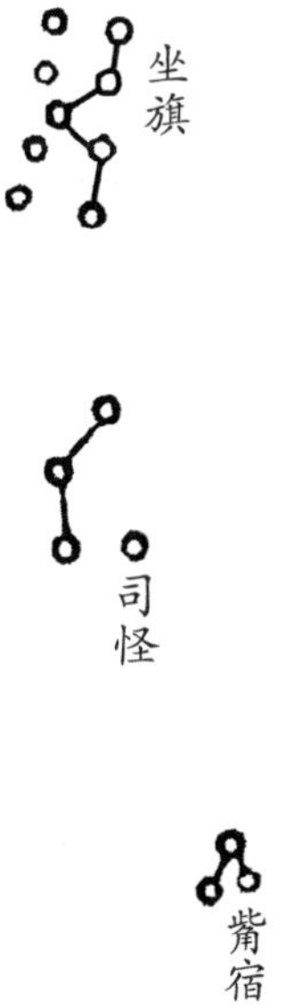

觜宿
坐旗
司怪

【《宋史·天文志》】案《步天歌》，坐旗、司怪俱屬觜宿，武密書及《乾象新書》皆屬于參。

蕙田案：《晉志》坐旗、司怪俱屬中官。

參宿七星

伐三星

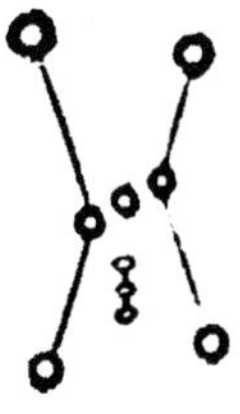

參總是七星觜相侵，兩肩雙足三爲心，伐有三星足裏深。

今測參一星黄經五宫一十八度零一分，緯南二十三度三十八分；赤經五宮一十九度零二分，緯南初度三十六分；二星黃經五宮一十九度零四分，緯南二十四度三十四分；赤經五宮二十度零四分，緯南一度二十七分；三星黃經五宮二十度一十七分，緯南二十五度二十二分；赤經五宮二十一度一十三分，緯南二度一十分；四星黃經五宮二十四度二十二分，緯南一十六度零六分；赤經五宮二十四度三十三分，緯北七度一十七分；五星黃經五宮一十六度三十三分，緯南一十六度五十三分；赤經五宮一十七度零四分，緯北六度；六星黃經五宮二十二度，緯南三十三度零八分；赤經五宮二十三度一十三分，緯南九度五十分；七星黃經五宮一十二度二十七分，緯南三十一度一十二分；赤經五宮一十四度五十三分，緯南八度三十八分。伐二星黃經五宮一十八度三十五分，緯南二十八度四十五分；赤經五宮一十九度五十八分，緯南五度三十九分；三星黃經五宮一十八度三十八分，緯南二十九度一十七分；赤經五宮二十度零四分，緯南六度一十一分。

蕙田案：《考成》以參宿中西一星爲距星，故參先於觜，而參宿度少，觜宿度多。今改用中東一星作距星，與古法先觜後參之序合，則以第三星爲第一，而第一星爲第三矣。

【《史記·天官書》】參爲白虎。三星直者，是爲衡石。下有三星，兑，曰罰，爲斬艾事。其外四星，左右肩股也。【《晉書·天文志》】參十星曰參伐，一曰大辰，一曰天市，一曰鈇鉞，主斬刈。又爲天獄，主殺伐。又主權衡，所以平理也。又主邊城，爲九譯。參，白獸之體。其中三星横列，三將也。東北曰左肩，主左將；西北曰右肩，主右將；東南曰左足，主後將軍；西南曰右足，主偏將軍。中央三小星曰伐，天之都尉也，主戎狄之國。【《宋史·天文志》】漢永元銅儀，參八度。舊去極九十四度。景祐測驗，參宿十星十度，右足入畢十三度。【《宋兩朝天文志》】參十星，距中星西第一星，去極九十二度半。

玉井四星

玉井四星右足陰。

【《晉書·天文志》】玉井四星，在參左足下，主水漿以給廚。【《宋兩朝天文志》】距西北星，去極九十八度少，入畢宿十一度半。

屏二星

屏星兩扇井南襟。

【《隋書·天文志》】屏二星，在玉井南。【《宋史·天文志》】一作天屏，一云在參右足。【《宋兩朝天文志》】距南星，去極一百一十五度，入畢宿十三度半。

軍井四星

軍井四星屏上吟。

【《晉書·天文志》】玉井東南四星曰軍井，行軍之井也。【《宋兩朝天文志》】距西南星，去極一百五度半，入畢宿十四度。

天廁四星

左足下四天廁臨。

【《史記·天官書》】參南有四星，曰天廁。【《隋書·天文志》】天廁四星，在屏東，溷也，主觀天下疾病。【《宋兩朝天文志》】距西北星，去極一百一十度半，入參宿二度。

屎一星

廁下一物天屎沈。

【《史記·天官書》】廁下一星曰天矢。【《隋書·天文志》】天矢一星在廁南。【《宋兩朝天文志》】去極一百一十五度，入參宿三度半。

參宿之屬合象

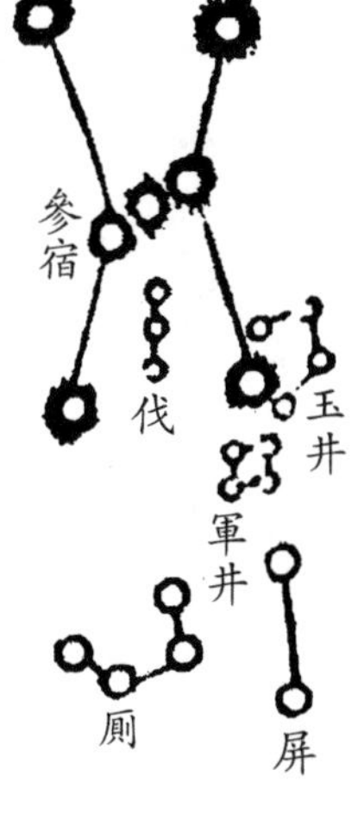

【《宋史·天文志》】案《晉志》，玉井在參左足，武密書屬觜，《乾象新書》屬畢。軍井，《晉志》在玉井南，武密亦屬觜，《乾象新書》亦屬畢，唐開元游儀在玉井東南。

屏、厠、天矢，《晉志》皆不載，《隋志》屏在玉井南，開元游儀在觜，《隋志》厠在屏東，屎在厠南，《乾象新書》皆屬參，與《步天歌》互有不合。

右西方白虎七宿。

南方朱鳥七宿

井宿八星

井八星横列河中静。

今測井一星黄經六宫初度五十五分，緯南初度五十三分；赤經六宫一度，緯北二十二度三十六分；二星黄經六宫二度二十四分，緯南三度零八分；三星黄經六宫四度四十一分，緯南六度四十九分；五星黄經六宫五度二十九分，緯北二度零一分；七星黄經六宫一十度三十六分，緯南二度零七分；八星黄經六宫一十四度二十三分，緯南五度四十一分。

【《史記·天官書》】東井爲水事。【索隱曰】《元命包》云：「東井八星，主水衡也。」【《晉書·天文志》】東井八星，天之南門，黄道所經，天之亭候，主水衡事，法令所取平也。【《通志》】井，三十四度。甘氏云：「井八星，在河中，主泉水，日月五星貫之爲中道。石氏謂之東井，亦曰天井，主諸侯帝戚三公之位。」【《宋史·天文志》】漢永元銅儀，井宿三十度；唐開元游儀，三十三度，去極七十度。景祐測驗，亦三十三度，距西北星去極六十九度。

鉞一星

一星名鉞井邊安。

今測黄經五宫二十九度零三分，緯南初度五十八分。

【《史記·天官書》】井西曲星曰鉞。【《晉書·天文志》】鉞一星，附井之前，主伺淫奢而斬之。【《宋兩朝天文志》】去極六十九度少，入參宿八度半。

南河三星

北河三星

兩河各三南北正。

北河

南河

今測北河一星黄經六宫一十四度三十九分，緯北九度四十五分；二星黃經六宮一十五度五十一分，緯北一十度零二分；三星黃經六宮一十八度五十一分，緯北六度四十分；赤經六宮二十一度三十一分，緯北二十八度四十三分。

南河二星黃經六宮一十七度五十分，緯南一十三度三十四分；赤經六宮一十七度三十二分，緯北八度五十一分；三星黃經六宮二十一度二十九分，緯南一十五度五十七分；赤經六宮二十度四十四分，緯北六度。

【《史記·天官書》】鉞北，北河；南，南河。【《晉書·天文志》】南河、北河各三星，夾東井，一曰天高，天之關門也，❶主關梁。南河曰南戍，一曰南宮，一曰陽門，一曰權星，主火。北河曰北戍，一曰北宮，一曰陰門，一曰衡星，主水。兩河戍間，日月五星之常道也。【《宋兩朝天文志》】北河，距東大星，去極六十一度半，入井宿二十度。南河，距東大星去極八十三度半，入井宿二十一度。

天罇三星

天罇三星井上頭。

今測天罇二星黃經六宮一十四度零六分，緯南初度一十四分。

【《晉書·天文志》】五諸侯南三星曰天樽，主盛饘粥，以給貧餒。【《宋兩朝天文志》】距西星，去極六十八度，入井宿十六度。

五諸侯五星

罇上橫列五諸侯。

今測五諸侯二星黃經六宮一十一度零二分，緯北七度四十三分；三星黃經六宮一十四度三十四分，緯北五度四十三分；四星黃經六宮一十六度五十七分，緯北五度一十分；五星黃經六宮二十度五十二分，緯北五度四十四分。

【《晉書·天文志》】五諸侯五星，在東井北，主刺舉，戒不虞。又曰理陰陽，察得失，亦曰主帝心。一曰帝師，

❶「天」，原脱，據《晉書·天文上》補。

二曰帝友，三曰三公，四曰博士，五曰太史。此五者，常爲帝定疑議。【《宋兩朝天文志》】距西星，去極五十六度半，入井宿六度半。

積水一星今無

侯上北河西積水。

【《晉書・天文志》】積水一星，在北河西北，水河也，所以供酒食之正也。【《宋兩朝天文志》】去極五十四度半，入井宿十八度。

積薪一星

欲覓積薪東畔是。

今測黄經六宮一十九度一十六分，緯北三度零三分。

【《晉書・天文志》】積薪一星，在積水東北，供庖厨之正也。【《宋兩朝天文志》】去極六十五度半，入井宿二十七度。

水府四星

鉞下四星名水府。

今測水府一星黄經五宮二十八度三十四分，緯南九度一十五分；二星黄經五宮二十七度二十八分，緯南八度四十四分。

【《晉書・天文志》】東井西南四星曰水府，主水之官也。

【《宋史・天文志》】主隄塘、道路、梁溝，以設隄防之備。

【《宋兩朝天文志》】距西星，去極七十六度半，入參宿七度半。

水位四星

水位東邊四星序。

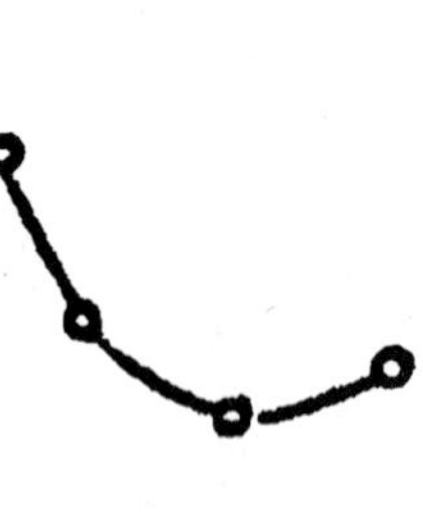

今測水位三星黄經六宮二十六度一十分，緯南七度零五分；四星黄經六宮二十六度五十三分，緯南二度一十八分。

【《晉書・天文志》】水位四星，在積薪東，主水衡。【《宋史・天文志》】一曰在東井東北。【《宋兩朝天文志》】距西星，去極七十三度半，入井宿十八度。

四瀆四星

四瀆横列南河裏。

【《晉書·天文志》】東井南垣之東四星四瀆，江、淮、河、濟之精也。【《宋兩朝天文志》】距西南星，去極八十六度，入井宿二度。

軍市十三星

野雞一星

南河下頭是軍市，軍市團圓十三星，中有一箇野雞精。

【《晉書·天文志》】軍市十三星，在參東南，天軍貿易之市，使有無通也。【《宋史·天文志》】軍市十三星，狀如天錢。【《宋兩朝天文志》】距西北星去極一百七度半，入井宿初度。

【《晉書·天文志》】野雞一星，主變怪，在軍市中。【《宋兩朝天文志》】去極一百九度半，入井宿四度半。

蕙田案：軍市十三星，今圖止七星。

丈人二星

子二星

孫二星

孫子丈人市下列，各立兩星從東説。

【《晉書·天文志》】軍市西南二星曰丈人，丈人東二星曰子，子東二星曰孫。【《通志》】丈人，主壽考之臣。子與孫，皆侍丈人之側，相扶而居。【《宋兩朝天文志》】丈人，距西星去極一百二十八度，入參宿四度。子，距西星去極一百二十八度，入參宿九度。孫，距西星去極一百二十五度，入井宿六度。

闕丘二星

闕丘兩星南河東。

【《晉書·天文志》】南河南二星曰闕丘，主宮門外象魏也。【《宋史·天文志》】闕丘在南河南，天子雙闕，諸侯兩觀也。【《宋兩朝天文志》】距大星，去極九十一度少，入井宿十五度。

天狼一星

丘下一狼光蒙茸。

今測黃經六宮九度四十六分，緯南三十九度三十分；赤經六宮七度五十分，緯南一十六度一十六分。

【《史記·天官書》】天旗東有大星，曰狼。【《晉書·天文志》】狼一星，在東井東南，狼爲野將，主侵掠。【《宋兩朝天文志》】去極一百七度半，入井宿十度。

弧矢九星

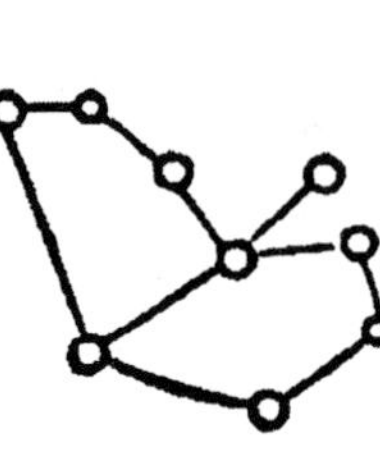

左畔九箇彎弧弓，一矢擬射頑狼胷。

【《史記·天官書》】狼下有四星曰弧，直狼。【《晉書·天文志》】弧九星，在狼東南，天弓也，主備盜賊，常向于狼。【《宋兩朝天文志》】去極一百一十四度，入井宿十五度。

蕙田案：《天官書》弧四星，與諸家不同。《宋兩朝志》不載距星，蓋傳寫失之。

老人一星

有箇老人南極中，春秋出入壽無窮。

【《史記·天官書》】狼比地有大星，曰南極老人。《晉書·天文志》】老人一星，在弧南，一曰南極，常以秋分之旦見于丙，春分之夕没于丁。【《宋兩朝天文志》】去極一百四十三度，入井宿三度。

井宿之屬合象

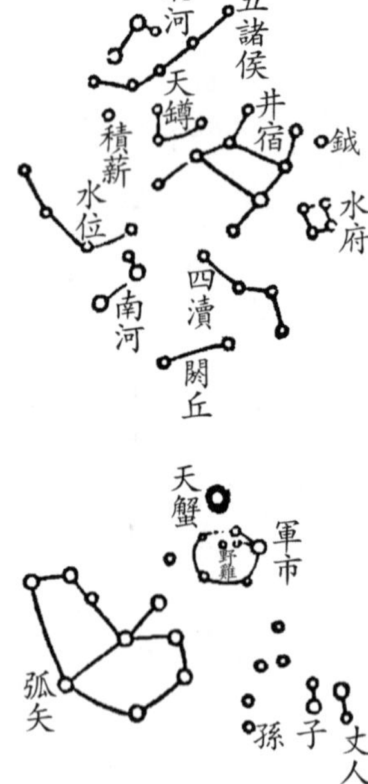

【《宋史·天文志》】案武密書以丈人二星，子、孫各一星屬牛宿。《乾象新書》以丈人與子屬參，孫屬井，又以水府四星亦屬參。❶ 武密以水府屬井。餘皆與《步天

❶「四」，原作「西」，據《宋史·天文志四》改。

歌》合。

蕙田案：《天官書》以狼、弧、老人屬西宮。《晉志》以南北河、闕丘、五諸侯、天樽、積水、積薪、水位屬中官，其軍市、野雞、丈人、子、孫、水府、四瀆、狼、弧、老人在二十八舍之外。

鬼宿四星

鬼宿　積尸氣

鬼四星册方似木櫃，中央白者積尸氣。

今測鬼一星黃經七宮一度二十分，緯南初度四十八分；赤經七宮三度二十四分，緯北一十九度零八分；二星黃經七宮初度五十九分，緯北一度三十二分；三星黃經七宮三度零七分，緯北三度零八分；四星黃經七宮四度一十八分，緯南初度零四分；積尸氣黃經七宮二度五十七分，緯北一度一十四分。

【《史記・天官書》】輿鬼，鬼祠事；中白者爲質。【《晉書・天文志》】輿鬼五星，天目也，主視，明察姦謀。東北星主積馬，東南星主積兵，西南星主積布帛，西北星主積金玉，中央星爲積尸，主死喪祠祀。一曰鈇鑕，主誅斬。【《宋兩朝天文志》】鬼四星，距西南星去極六十九度半。【《宋史・天文志》】漢永元銅儀，輿鬼四度。舊去極六十八度。景祐測驗，輿鬼三度，距西南星，去極六十八度。積尸氣一星，在鬼宿中，孛孛然入鬼一度半，去極六十九度，在赤道内二十二度。

爟四星

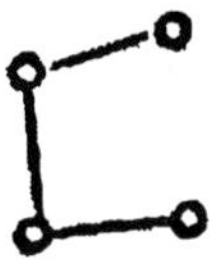

鬼上四星是爟位。

今測爟一星黃經六宮二十七度零九分，緯北四度一十六分。

【《晉書・天文志》】軒轅西四星曰爟，爟者，烽火之爟也，邊亭之警候。【《宋史・天文志》】爟四星，在鬼宿西北。【《宋兩朝天文志》】距西北星，去極六十度半，入井宿二十九度。

天狗七星

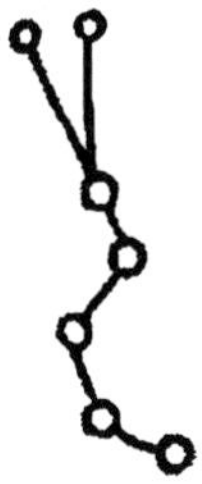

天狗七星鬼下是。

【《晉書·天文志》】狼北七星曰天狗，主守財。【《通志》】天狗七星，在鬼西南，狼之北，橫河中，以守賊也。【《宋兩朝天文志》】距西星，去極一百二度，入井宿二十二度。

外厨六星

外厨六間柳星次。

今測外厨一星黃經七宮四度二十分，緯南二十三度；赤經七宮一度二十分，緯南三度一十分。

【《晉書·天文志》】柳南六星曰外厨。【《宋史·天文志》】外厨六星，爲天子之外厨，主烹宰以供宗廟。【《宋兩朝天文志》】距大星，去極九十二度半，入鬼宿二度。

天社六星

天社六星弧東倚。

【《晉書·天文志》】弧南六星爲天社。昔共工氏之子句龍能平水土，故祀以配社，其精爲星。【《宋兩朝天文志》】距西南星，去極一百三十四度，入井宿十二度。

天紀一星

社東一星名天紀。

【《晉書·天文志》】外厨南一星曰天紀，主禽獸之齒。【《宋兩朝天文志》】去極一百一度半，入柳宿五度。

鬼宿之屬合象

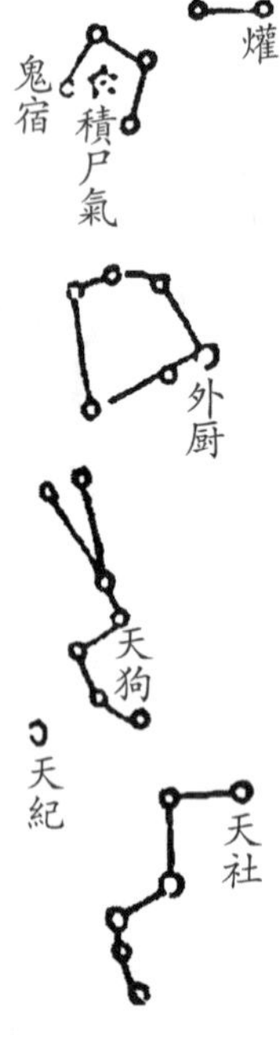

【《宋史·天文志》】案《晉志》，爟四星屬天市垣，天狗七星在七星北。武密以天狗屬井宿，又屬輿鬼，《乾象新書》屬井。外厨六星，《晉志》在柳宿南，武密書亦屬柳，《乾象新書》與《步天歌》皆屬輿鬼。天紀一星，武密書及《乾象新書》皆屬柳，❶惟《步天歌》屬鬼宿。天社六星，武密書屬井，又屬鬼。《乾象新書》以西一星屬井，

❶「新」，原脱，據文意補。

中一星屬鬼，末一星屬柳。今從《步天歌》以諸星俱屬輿鬼，而備存衆說。

蕙田案：《晉志》以天狗在狼北，《宋史》引作「七星北」，誤也。❶又天狗、外厨、天社、天紀，《晉志》在二十八舍之外。

柳宿八星

柳八星曲頭垂似柳。

今測柳一星黄經七宫五度五十六分，緯南一十二度一十七分；赤經七宫五度一十五分，緯北六度四十五分。

【《史記・天官書》】柳爲鳥注，主木草。【《索隱》曰】《漢書・天文志》注作喙。【《晉書・天文志》】柳八星，天之厨宰也，主尚食，和滋味，又主雷雨。【《通志》】甘氏云：主飲食、倉庫、酒醋之位。【《宋兩朝天文志》】距西第三星，去極八十二度半。【《宋史・天文志》】漢永元銅儀，以柳爲十四度；唐開元游儀，十五度。舊去極七十七度。景祐測驗，柳八星一十五度，❷距西頭第三星，去極八十三度。

酒旗三星

近上三星號爲酒，享宴大酺五星守。

今測酒旗一星黄經七宫一十九度零五分，緯北初度二十分；二星黄經七宫一十七度一十四分，緯南三度一十分；三星黄經七宫一十七度零八分，緯南五度四十分。

【《晉書・天文志》】軒轅右角南三星，曰酒旗，酒官之旗也，主享宴飲食。五星守酒旗，天下大酺。【《宋兩朝天文志》】距西北星，去極七十七度，入柳宿十四度。

❶「宋史引作七星北誤也」，案殿本、校點本《宋史・天文四》俱引作「在狼星北」。

❷「五」，原作「三」，據《宋史・天文四》改。

柳宿之屬合象

【《宋史・天文志》】案《晉志》，酒旗在天市垣。《步天歌》，以酒旗屬柳宿。以《通占鏡》考之，亦屬柳，又屬七星。《乾象新書》亦屬七星，❶與《步天歌》不同。

星宿七星

星七星如鈎柳下生。

今測星一星黃經七宮二十二度五十六分，緯南二十二度二十四分；赤經七宮一十八度零三分，緯南七度一十九分。

【《史記・天官書》】七星，頸，爲員官，主急事。【《索隱》曰】案宋均云：頸，朱鳥頸也。員官，嚨喉也。物在嚨喉，終不久留，故爲急事。【《晉書・天文志》】七星七星，一名天都，主衣裳文繡，又主急兵盜賊。【《通志》】甘氏云：主后妃御女之位，亦爲賢士。【《宋史・天文志》】景祐測驗，七星七度，距大星，去極九十七度。【《宋兩朝天文志》】去極九十六度。

軒轅十七星

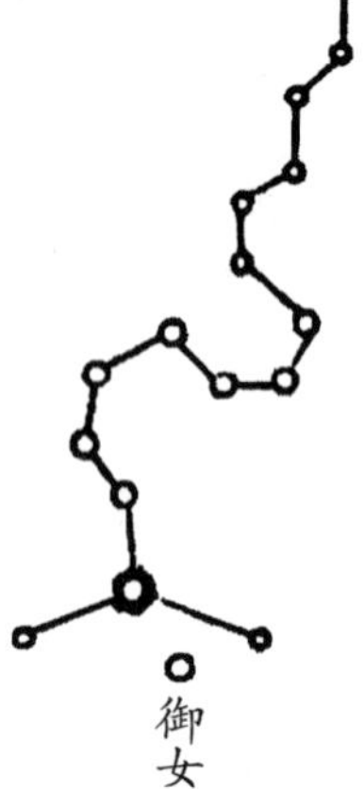

星上十七軒轅形。

今測軒轅八星黃經七宮一十三度二十七分，緯北七度五十二分；九星黃經七宮一十六度一十五分，緯北九度四十分；十二星黃經七宮二十五度零九分，緯北八度四十七分；十三星黃經七宮二十三度三十分，緯北四度五十分；十四星黃經七宮二十五度二十五分，緯北初度二十七分；赤經七宮二十七度五十三分，緯北一十三度二十九分；十五星黃經七宮一十九度五十分，緯南三度四十七分；十六星黃經八宮一度五十八分，緯北初度零八分。

【《史記・天官書》】權，軒轅，黃龍體。前大星，女主

❶ 「七」，原作「柳」，據《宋史・天文志四》改。

象，旁小星，御者後宮屬。【《晉書・天文志》】軒轅十七星，在七星北。軒轅，黄帝之神，黄龍之體也；后妃之主，士職也。一曰東陵，一曰權星，主雷雨之神。南大星，女主也。次北一星，夫人也，屏也，上將也。次北一星，妃也。其餘諸星，皆次妃之屬也。女主南一星，女御也。左一星少民，后宗也。右一星大民，太后宗也。【《宋兩朝天文志》】軒轅十七星，距大星，去極七十五度，入張宿二度。

内平四星

軒轅東頭四内平。

【《晉書・天文志》】爟北四星，曰内平，平罪之官。【《宋史・天文志》】在三台南，一曰在中台南。【《宋兩朝天文志》】距西星，去極五十二度，入張宿六度。

天相三星

平下三箇名天相。

【《晉書・天文志》】酒旗南三星曰天相，丞相之象也。【《宋史・天文志》】在七星北。【《宋兩朝天文志》】距北星，去極九十五度，入星六度。

天稷五星今無

相下稷星横五靈。

【《晉書・天文志》】稷五星，在七星南。稷，農正也，取乎百穀之長以爲號也。【《宋兩朝天文志》】距大星，去極一百三十七度，入柳宿十三度。

星宿之屬合象

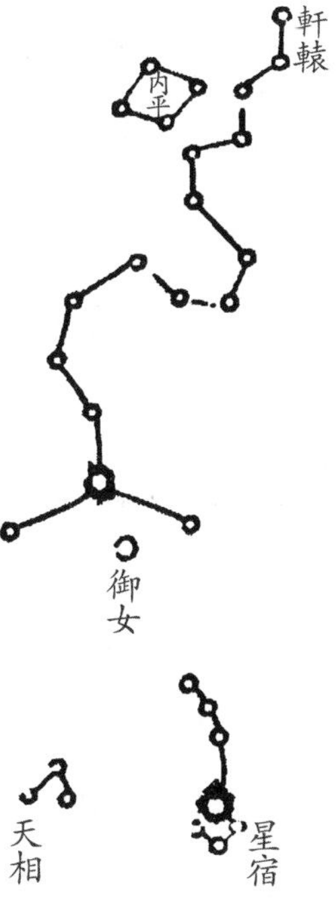

【《宋史・天文志》】案軒轅十七星，《晉志》在七星北，而列于天市垣；武密以軒轅屬七星，又屬柳；《乾象新書》以西八星屬柳，中屬七星，末屬張。天稷五星，《晉志》在七星南，武密亦以天稷屬七星，又屬柳；《乾象新書》以西二星屬柳，餘屬七星。天相三星，《晉志》在天市垣，武密書屬七星，《乾象新書》屬軫宿。内平四星，

《晉志》在天市垣，武密書屬柳，《乾象新書》屬張，《步天歌》屬七星。❶諸説皆不同。

蕙田案：《宋中興志》據石氏《星書》以軒轅爲中宫，黄帝之精，又據張衡《靈憲》云「蒼龍連蜷于左，白虎猛據于右，朱雀奮翼于前，靈龜圈脊于後，黄龍軒轅于中」，因謂黄龍軒轅配蒼龍、朱鳥、白虎、玄武而五，以爟、積水、積薪、五諸侯、天樽、闕丘、北河、南河、四瀆、水位諸星屬焉，説與諸家不同。

張宿六星

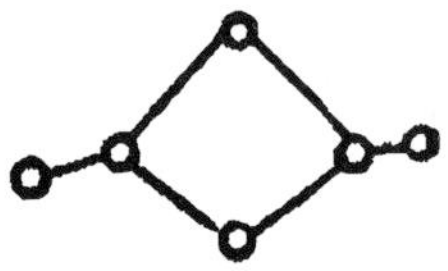

張六星似軫在星旁。

今測張一星黄經八宫一度一十九分，緯南二十六度一十二分；赤經七宫二十四度零三分，緯南一十三度二十九分。

【《史記・天官書》】張，素，爲厨，主觴客。【《索隱》曰】素，嗉也。【《晉書・天文志》】張六星，主珍寶、宗廟所用及衣服，又主天厨飲食、賞賚之事。【《通志》】甘氏云：主天廟、明堂御史之位，上爲天之中道。【《宋史・天文志》】漢永元銅儀，張宿十七度；唐開元游儀，十八度。舊去極九十七度。景祐測驗，張十八度，距西第二星，去極一百三度。【《宋兩朝天文志》】去極一百二度半。

天廟十四星今無

張下只是有天廟，十四之星册四方。

【《晉書・天文志》】張南十四星，曰天廟，天子之祖廟也。【《宋兩朝天文志》】天廟十四星，距西北星，去極一百十三度半，入柳宿十三度。

長垣少微雖向上，星數欹在太微旁，太尊一星直上黄。

❶「張步天歌屬」五字，原脱，據《宋史・天文四》補。

蕙田案：長垣、少微各四星，已見太微垣。太尊一星，已見紫微垣。不重載。

翼宿二十二星

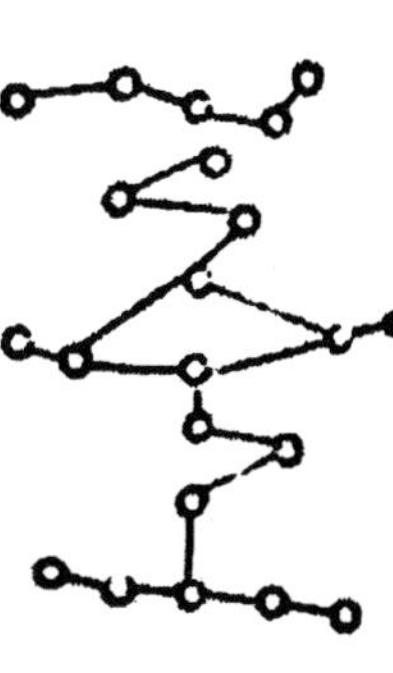

翼二十二星大難識，上五下五横著行。中心六箇恰似張，更有六星在何許。三三相連張畔附，必若不能分處所，更請向前看野取。

今測翼一星黄經八宫一十九度二十三分，緯南二十二度四十一分；赤經八宫一十一度零九分，緯南一十六度三十七分。

【《史記・天官書》】翼爲羽翮，主遠客。【《晉書・天文志》】翼二十二星，天之樂府俳倡，又主夷狄遠客、負海之賓。【《通志》】甘氏云：主太微三公，化道文籍。【《宋史・天文志》】漢永元銅儀，翼宿十九度；唐開元游儀，十八度。舊去極九十七度。景祐測驗，翼宿十八度，距中央西第二星，去極百四度。

東甌五星今無

五箇黑星翼下頭，欲知名字是東甌。

【《晉書・天文志》】翼南五星曰東區，蠻夷星也。【《宋兩朝天文志》】東甌五星，距西南星去極一百二十九度，入張宿七度。【《宋史・天文志》】東甌五星。《晉志》在二十八宿之外，《乾象新書》屬張宿。武密書屬翼宿，與《步天歌》合。

軫四星

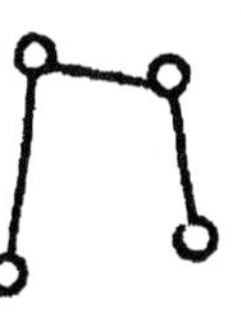

軫四星似張翼相近。

今測軫一星黄經九宫六度二十三分，緯南一十四度二十五分；赤經八宫二十九度五十八分，緯南一十五度四十四分。

【《史記・天官書》】軫爲車，主風。【《晉書・天文志》】軫四星，主冢宰輔臣也，主車騎，主載任，又主風，主死喪。【《通志》】甘氏云：軫七星，主將軍樂府歌讙之事。【《宋史・天文志》】漢永元銅儀，以軫宿爲十八度。舊去極九十八度。景祐測驗，亦十八度，去極一百度。【《宋兩朝天文志》】軫四星，距西北星，去極一百三度半。

蕙田案：甘氏云「軫七星」，蓋兼左右轄及長沙言之。

長沙一星

中央一箇長沙子。

【《史記・天官書》】軫旁有一小星，曰長沙。【《晉書・天文志》】長沙一星，在軫之中，主壽命。

右轄一星

左轄一星

左轄右轄附兩星。

【《晉書・天文志》】轄星傅軫兩傍，主王侯。左轄爲王者同姓，右轄爲異姓。【《宋兩朝天文志》】右轄星去極一百一十度半，入翼宿十六度半；左轄星去極一百一度半，入軫宿五度。

軍門二星今無

軍門兩黃近翼是。

【《晉書・天文志》】土司空北二星曰軍門，主營候彪尾威旗。【《宋史・天文志》】軍門二星，在青丘西，天子六軍之門。【《宋兩朝天文志》】距西南星，去極一百一十二度半，入翼宿十三度。

土司空四星今無

門下四箇土司空。

【《晉書・天文志》】青丘西四星曰土司空，主界域，亦曰司徒。【《宋兩朝天文志》】距南星，去極一百二十度，入翼宿十四度。

青丘七星今三星

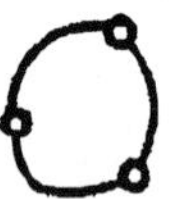

門東七烏青丘子。

【《晉書・天文志》】青丘七星，在軫東南，蠻夷之國號也。【《宋兩朝天文志》】距西北星，去極一百二十四度半，入軫宿五度。

器府三十二星今無

青丘之下名器府，器府之星三十二。已上

便是太微宮，黃道向上看取是。

【《晉書・天文志》】軫南三十二星曰器府，樂器之府也。

【《宋兩朝天文志》】距西北星，去極一百三十七度半，入翼宿八度半。

軫宿之屬合象

【《宋史・天文志》】案《晉志》，惟轄星、長沙附于軫，餘在二十八宿之外。《乾象新書》以軍門、器府、土司空屬翼，青丘屬軫。武密書以軍門屬翼，餘皆屬軫。

蕙田案：鄭夾漈稱丹玄子《步天歌》，以爲「句中有圖，言下成象」，後代言天文者咸宗之。今依《通志》、《文獻通考》之例，以《步天歌》爲綱，而以康熙甲子測定黃赤經緯度附于下，次以歷代史志之文，擇其簡要者録之。甘氏、石氏《星經》，今所傳者，出於後人僞託，又非完本，然相承已久，故亦取之。恒星經緯，惟黃道緯度，終古不變，其經度每年東移五十一秒，即歲差之根也。黃經既移，則赤道經緯，歲歲不同，法當以積年乘歲差，得數遞加於黃道經度，得逐年之黃道經度；次用弧三角法，有黃赤距緯，有黃緯爲兩邊，有黃經爲所夾之角，可求逐年之赤道經緯矣。

觀承案：自《史記》述《天官書》後，列代史家各有《天文》一志，然多雜以吉凶害福之説，反有支離附會之病。惟丹元子《步天歌》，以三垣列宿分部，既如網之在綱，又但標星象名數，而不混以占驗之文，尤爲潔浄可喜。鄭氏謂「句中有圖，言下成象」，其言可韙也。然《通志》、《通考》中又復加以占驗，不免淩雜米鹽，失其作歌之本意矣。是編悉刊去之，而但附以星圖，首以今測，可以一目了然，洵爲博而有要，約而不遺者矣。欲識天官者，先奉此爲指南可也。

右南方朱鳥七宿。

五禮通考卷第一百九十四

淮陰吴玉搢校字

五禮通考卷第一百九十五

內廷供奉禮部右侍郎金匱秦蕙田編輯
太子太保總督直隸右都御史桐城方觀承同訂
翰林院編修嘉定錢大昕
按察司副使元和宋宗元參校

嘉禮六十八

觀象授時

【《大清會典》】推步法。

推日躔法

用數

康熙二十三年甲子天正冬至爲曆元。

江氏永曰：「曆必有元，所以爲步算之端。古術先爲日法，以今日月五星之行推而上之，必得甲子歲前十一月甲子朔夜半冬至七曜齊動之年以爲元。荒遠無徵，自漢《太初》、《三統》而後，一術輒更一元。元《授時曆》始革其失，測定氣應、閏應、轉應、交應、五星合應、曆應，即以至元辛巳爲元，不用積年日法。明《大統曆》因之。季年用西法擬改憲，以崇禎戊辰爲元。我朝因其新法，諸平行歲，歲有根數，隨年皆可爲元。此定康熙甲子紀首之年爲元，用《授時》立應之法，上考下求，皆以是年諸應爲根。天正冬至者，甲子年前之平冬至，實癸亥年十一月。推步必以年前冬至爲首，履端於始之義也。」

周天度，三百六十。入算化作一百二十九萬六千秒，平分之爲半周，四分之爲象限，十二分之爲宮。

江氏永曰：「此周天整度也。古法用日度三百六十五度有奇。奇零之數，不便分析，故以三百六十整齊之。或曰：天本無度，因日之行而生度，可以臆縮之乎？曰：天道恒以整齊者爲體，以奇零不齊者爲用。如十干十二支相配而爲六十，此整齊者也。六其六十，則爲三百六十矣。一歲必多五日有奇，天之用數也。要其體數，則恒爲三百六十。故《易》曰：『《乾》之策二百一十有六，《坤》之策百四十有四，凡三百有六十，當期之日。』亦以其體數言之，實則當期之度也。自太陽一日右旋之軌迹而觀之，似一日平行一度而無餘；自體數三百六十度而觀，乃是一日平行一度而不足。即謂周天實止三百六十度，因日行有不足之數而生五日有奇之贏數，亦無不可也。天者，統而言之。七政恒星，各居一重天，皆以三百六十度爲周天，經度如斯，緯度亦然。即地之經緯度亦然。凡諸天之小輪，皆可析爲十二宫，剖爲三百六十度。又若三角八線，萬有不齊之數，皆可以整齊者御之。」

度法，六十。分、秒、微以下，皆以六十迭析。

江氏永曰：「三百六十度者，六其六十度。分以下，亦皆以六十爲法。其不用百分何也？八線表及渾儀，以六十析度，爲得疎密之中。又一小時六十分，與度法相當，亦取便於變時也。」

歲周，三百六十五日二四二一八七五。歲周小餘係五時三刻三分四十五秒。將時刻分化秒，用萬分通之，得二千四百二十一分，小餘八七五。凡此者，所以便布算也。後平行諸應通法皆倣此。

江氏永曰：「歲周即歲實，此太陽平行之平歲實也。今時太陽最卑近冬至，平行處近春分，測累年春分前後相距，則得平歲實如是。若以定冬至相距，其小餘必稍贏，猶之月朔當轉終，則時刻必多於朔策。且太陽小輪，古更大於今，其贏數愈多。《回回》之法，三百六十五日爲平年，多一日爲閏年，一百二十八年閏三十一日。此小餘萬分日之二四二一八七五，正合一百二十八分之三十一。又考《崇禎新書・日躔表説》云：『新法依百分算定，用平行歲實爲三百六十五日二十四刻二十一分八十八秒六十四微，尾數多一秒一十四微，截去不用。』豈欲取五時三刻三分四十五秒之整數，秒下之微，其數可省與？一秒一十四微，僅當六微弱耳，雖積之久，其數不多也。通分之法，以五時三刻三分四十五秒，化作二萬零九百二十五秒，與萬相乘爲實，以一日八萬六千四百秒爲法除之，得二四二一八七五。」

歲差，五十一秒。

江氏永曰：「太陽行黄道已周，尚有不及列宿天之數，謂之歲差，實由恒星天日日有東行之細數，積之一歲，行五十一秒也。七十年，行五十九分三十秒，幾及一度。」

日法，一千四百四十。

江氏永曰：「古法一日百刻，不便於均派十二時。今法定爲九十六刻，刻十五分，合之一千四百四十分。一刻用十五分者，合四刻爲一小時六十分，與度法相當也。分下秒、微，亦以六十迭析。一日化秒，八萬六千四百秒。」

日周通法，一萬。

江氏永曰：「萬分者，《授時》之法。今仍用爲通法。」

紀法，六十。

江氏永曰：「甲子六十日也。」

宿法，二十八。

江氏永曰：「日有值日之宿，猶之六甲值日。古法無之。」

太陽每日平行，三千五百四十八秒三三〇五一六九。

江氏永曰：「以周天一百二十九萬六千秒乘日周通法，以歲周除之，得每日平行秒數及小餘，以六十分法約之，五十九分八秒一十九微奇也。」

最卑歲行，六十一秒一六六六六。

江氏永曰：「最卑者，太陽本輪底之一點，舊曰最高衝，或曰高衝，今定名最卑。此點亦有行度，與月孛五星最高同理。不用最高而用最卑者，近冬至故也。歲行一分一秒一十微，五十九年弱行一度。」

最卑日行，十分秒之一又六七四六九。

江氏永曰：「太陽距最卑，爲自行引數，每日之行雖甚微，亦當加之。」

本天半徑，一千萬。

江氏永曰：「日月五星，各麗一重天，則各有其本天。自下而上，一太陰，二水星，三金星，四太陽，五火星，六木星，七土星。本天皆以地心爲心，其半徑大小甚相懸。常設一千萬者，整數便于算也。太陽本天距地比例數，見推月食法。」

本輪半徑，二十六萬八千八百一十二。

均輪半徑，八萬九千六百〇四。

江氏永曰：「本輪、均輪，太陽盈縮之所由生也。本輪之心在本天，均輪之心在本輪。太陽實體在均輪，遇最卑，在均輪之頂，遇最高，在均輪之底。其行也，本天隨動天左旋，不及動天之速，因有右旋之度。本天右旋，則本輪之心亦隨之右旋。太陽每日平行之數，即本輪心行於本天之數，其歲周，即本輪心隨本天一周之數也。然本輪心又有逐日離最卑之度，則本輪又自左旋。本輪左旋，而均輪心亦隨之左旋。歲周之外，有餘分逐及最卑，則本輪帶均輪一周矣。然均輪心雖隨本輪左旋，而均輪又自右旋，太陽在均輪上亦隨之右旋，其度恒以倍。本輪左旋一度，均輪右旋兩度，本輪一周，均輪則兩周也。太陽隨均輪在本輪心之左，則加於平行，在本輪心之右，則減於平行。其加減之度分秒必均，故謂之均輪。月五星之本輪、均輪半徑有定，太陽則不然，古大而今漸小。此本輪、均輪半徑之數，蓋崇禎戊辰所測。其加減最大之均數，二度三分有奇。今時似不及此數。本輪半徑約二十五萬一千五百九十六，均輪半徑約八萬三千八百六十五。最大之均，一度五十五分而已。顧其大不知何時始，其小不知何時復，此則非今日所能知，惟隨時測驗修改耳。均輪常居本輪三之一。」

氣應，七日六五六三七四九二六。

江氏永曰：「曆元天正，冬至辛未日也。初日起甲子，七日爲辛未，其小餘剩八萬六千六百秒，以萬分法除之，五萬六千七百一十秒七九三六零六四，以時分秒收之，十五小時四十五分一十秒四十七微三十六纖奇，平冬至，辛未日申初三刻零一十一秒。」

宿應，五日六五六三七四九二六。

江氏永曰：「辛未日，尾值宿也。初日起角宿，五日爲尾。」

最卑應，七度一十分一十一秒一十微。

江氏永曰：「辛未次日子正時最卑行也。以減太陽平行，爲太陽自行。自元至元以前，最卑在冬至前。至元以後，最卑在冬至後。惟至元間，與冬至同度。至是年，行七度有奇，冬至後八日，乃當最卑；夏至後，亦八日當最高。是爲盈縮之初。恒以冬至爲盈初、夏至爲盈初者，非也。」

求天正冬至。江氏永曰：「求平冬至也。若求定冬至，須實算日躔初宮初度。見後求節氣時刻條。」**置歲周以距曆元之積年，**下求將來，則從曆元順推。上考往古，則從曆元逆溯。**減一乘之，**江氏永曰：「距年恒數，算外須減一，乃是實距。如甲戌距甲子十一年，實距十年。」得中積分。江氏永曰：「積日併小餘。」加氣應，上考往古，減氣應。江氏永曰：「加減七日有奇之氣應，乃得甲子後幾日。」滿紀法去之，江氏永曰：「六旬周故也。」餘爲天正冬至日分。上考往古，則以所餘轉與紀法相減，餘爲天正冬至日分。自初日起甲子，其小餘以日法通之，如法收爲時刻。日周通法爲一率，小餘爲二率，日法爲三率，求得四率，爲時分。滿六十分，收爲一小時，十五分，收爲一刻。江氏永曰：「三率法，見後條註。分下有秒，其數小，可略。小數過半收爲分，未過半棄之。後凡求時刻相同。」初時起子正，一時爲丑初，以至二十三時爲夜子初。江氏永曰：「求天正冬至小餘，爲後條求年根秒數張本。若小餘當某時某刻某分，此爲平冬至。不以註書，亦求之者，重歲始，且與定冬至時刻相較先後也。小寒後二十三平氣，則可略之矣。凡最卑在冬至前者，平冬至在定冬至後。最卑在冬至後者，反之。」

求平行。以日周通法爲一率，太陽每日平行爲二率，天正冬至小餘與日周通法相減餘爲三率，江氏永曰：「如氣應小餘六五六三七四九二六與日周通法相減，餘爲三四三六二五零七四。」求得四率，二率與三率相乘，一率除之，即得四率。後倣此。江氏永曰：「此三率法，即異乘同除之法。相乘者實數，除之者法數也。二率、三率可互易。凡三率中有百千萬之整數爲二三率者，進位即可省乘，爲一率者，退位即可省除。」爲年根秒數。江氏永曰：「平冬至次日子正時，太陽平行若干秒也。以平冬至小餘與日周通法相減之餘爲三率，其餘數之時刻，太陽平行得若干秒，是爲次日子正時之秒，亦即爲一年之根。年根必次日子正時者，便於相加得整日，所求皆得子正時之度秒也。」又置太陽每日平行，以本日距天正冬至之日數乘之，得數爲秒，與年根相併，以宮度分收之爲平行。江氏永曰：「一十萬八千秒爲宮，三千六百秒爲度，六千秒爲分。」

求實行。置最卑歲行，以積年乘之，又置最卑日行，以距天正冬至之日數乘之，兩數相併內加最卑應，上考則減最卑應。以減平行，得引數。江氏永曰：「太陽平行距最卑之數，亦即均輪心行本輪周之數。」用直角三角形，江氏永曰：「小句股形也。」以本輪半徑三分之二爲對直角之邊，江氏永曰：「本輪半徑減去均輪半徑，其餘三分之二，如以八九六零四減二六八八一二，其餘一七九二零八也。此邊爲小弦，從本輪心抵均輪底，與正方角相對。」以引數爲一角，江氏永曰：「此角輳本輪心引數度，在本輪周，即其角之度。」求得對角之邊，江氏永曰：「此邊爲小句，用正弦比例檢八線表，半徑千萬爲一率，引數度正弦爲二率，對直角之邊爲三率，求得四率，爲對角之邊。從直角抵均輪底，與小弦相交。引數過一象限者，與半周相減；過二象限者，減去半周；過三象限者，與全周相減。皆用其餘爲二率。」倍之，江氏永曰：「凡引數左旋一度，則均輪右旋兩度。太陽實體在其上，前求對角之邊雖抵均輪之底，尚未抵太陽，故更引長而倍之。所以用倍數何也？合本輪、均輪半徑三五八四一六，與本輪半徑三分之二，加一倍，故此邊恒用倍。其所加之一倍，即均輪上倍引數度之通弦，爲太陽實體所在。」又求得對餘角之邊，江氏永曰：「此邊爲小股，用餘弦比例半徑千萬爲一率，引數度餘弦爲二率，對直角之邊爲三率，求得四率，爲對餘角之邊。從直角抵本輪心。用第二率之法同上。」與半徑相加減，引數三宮至八宮則相加，九宮至二宮則相減。江氏永曰：「本天之半徑也。本輪上六宮相加，下六宮相減。」復用直角三角形，江氏永曰：「大句股形也。」以加倍之數爲小邊，加減半徑之數爲大邊，直角在兩邊之中。江氏永曰：「小邊爲大句，大邊爲大股。」求得對小邊之角爲均數。江氏永曰：「用切線比例大邊爲一率，小邊爲二率，半徑千萬爲三率，求得四率爲正切。以正切檢表，得角度。此角輳地心。」置平行，以均數加減之，引數初宮至五宮爲加，六宮至十一宮爲減。江氏永曰：「初宮起最卑，故與月、五星之加減相反。」得實行。江氏永曰：「平行者，本輪心當黃道之度。實行者，太陽實體當黃道之度。」

求宿度。以積年乘歲差，得數加黃道宿鈐，鈐見卷後。以減實行，餘爲日躔宿度。若實行不及減宿鈐，退一宿減之。江氏永曰：「積年乘歲差，加黄道宿鈐者，加入相近之經度宿也。以減太陽實行，則得日躔宿度矣。然所得皆本日子正時宿度，若當兩宿交界之際，欲求易宿時刻，當倣後求節氣時刻之法，於易宿之日，以本日太陽實行與次日實行相減，餘爲一率，日法爲二率，本日子正實行與本宿相減餘爲三率，求得四率，爲距子正後分數。乃以時刻收之，即得次宿時刻。」

求值宿。置中積分，加宿應，滿宿法，去之，餘數加一日，爲值宿，初日起角宿。江氏永曰：「如三百六十有奇，滿宿法，去三百六十四日，餘一日有奇，加一日，是亢宿。」

求節氣時刻。日躔初宫丑初度爲冬至，十五度爲小寒；一宫子初度爲大寒，十五度爲立春；二宫亥初度爲雨水，十五度爲驚蟄；三宫戌初度爲春分，十五度爲清明；四宫酉初度爲穀雨，十五度爲立夏；五宫申初度爲小滿，十五度爲芒種；六宫未初度爲夏至，十五度爲小暑；七宫午初度爲大暑，十五度爲立秋；八宫巳初度爲處暑，十五度爲白露；九宫辰初度爲秋分，十五度爲寒露；十宫卯初度爲霜降，十五度爲立冬；十一宫寅初度爲小雪，十五度爲大雪。江氏永曰：「此黄道上分界定度，太陽實行到此爲真節氣。因太陽有加減之度，故黄道上度均而時日不均。古法不知太陽盈縮者固非，知盈縮有定氣而仍以恒氣注曆者亦非，況其所爲恒氣者，又不以平冬至爲根而以定冬至起算，其所爲盈縮者，又不知有推移，而常定於二至，則恒氣固謬，而定氣亦非真。」皆以子正日躔未交節氣宫度爲本日，已過節氣宫度爲次日。推時刻之法，以本日實行與次日實行相減爲一率，日法爲二率，本日子正實行與節氣相減爲三率，如推立春，則以本日實行與一宫十五度相減。餘倣此。求得四率，爲距子正後之分數。乃以時刻收之，即得節氣初正時刻。如實行適與節氣宫度相符而無餘分，即爲子正初刻。江氏永曰：「後推月離、交食皆有求用時之法，此求節氣，即以平時爲真時矣。若密測太陽時刻方位，仍當用求時差之法。」至於各省節氣時刻，皆以京師爲主，視偏度加減之。偏東一度，加時之四分。偏西一度，減時之四分。江氏永曰：「地是圓形，人所居，東西不同經，則時刻異。如此方視太陽正中爲午正，東方視之已過中，西方視之未至中，故節氣時刻，西早而東晚。地經差十五度者，時差四刻，故一度加減四分。」

求日出晝夜時刻。以本天半徑爲一率，北極高度之正切以高度查八線表得之。表詳《數理精蘊》。後倣此。爲二率，本日距緯度以實行查黃赤距緯表得之。表詳後。之正切爲三率，求得四率，爲赤道之正弦。江氏永曰：「從圓心出線至北極爲半徑，則極高切線與赤道平行，而距緯切線與半徑線平行，其勢同，故能爲句股比例。距緯切線最大者，四三四六四也。必求赤道者，時以赤道爲宗也。」檢八線表，得日出入在卯酉前後赤道度，變爲時分，一度變時之四分，十五分變時之一分。凡言變時者倣此。江氏永曰：「太陽與赤道平行左旋，繞地一周三百六十度，分十二時，故一宫當一大時，十五度當一小時，一度當時四分，此赤道度變時之理也。」以加減卯酉時，即得日出入時刻。春分前、秋分後，以加卯正爲日出時刻，以減酉正爲日入時刻。春分後、秋分前，以減卯正爲日出時刻，以加酉正爲日入時刻。自日出至日入爲晝刻，與九十六刻相減，餘爲夜刻。江氏永曰：「南方極出地度少，晝夜之差漸平。北方極出地度多，晝夜之差漸增。地圓之故也。如求出入地平方位，則以本天半徑爲一率，北極高度之正割爲二率，本日距緯度之正弦爲三率，求得四率爲正弦。檢八線表，得出入卯酉地平經度，春分後在卯酉北，秋分後在南。」

二十八宿黃道經緯度鈐

黃道經度	黃道緯度
斗初宫五度五十分	南三度五十分
牛初宫二十九度二十七分	北四度四十一分
女一宫七度二十三分	北八度一十分
虛一宫十九度〇一分	北八度四十二分

危一宫二十九度　北十度四十二分
室二宫十九度〇七分　北十九度二十六分
壁三宫四度四十八分　北十二度三十五分
奎三宫十七度五十四分　北十五度五十八分
婁三宫二十九度三十三分　北八度二十九分
胃四宫十二度三十三分　北十一度十六分
昴四宫二十四度四十八分　北四度一十分
畢五宫四度〇三分　南二度三十七分
參五宫十八度〇一分　南二十三度三十八分
觜五宫十九度二十二分　南十三度二十六分
井六宫初度五十五分　南初度五十三分
鬼七宫一度二十分　南初度四十八分
柳七宫五度五十二分　南十二度二十七分
星七宫二十二度五十六分　南二十二度二十四分
張八宫一度十九分　南二十六度十二分
翼八宫十九度二十三分　南二十二度四十一分
軫九宫六度二十三分　南十四度二十五分
角九宫十九度二十六分　南一度五十九分
亢十宫初度〇三分　北二度五十八分
氐十宫十度四十一分　北初度二十六分
房十宫二十八度三十一分　南五度二十三分
心十一宫三度二十一分　南三度五十五分
尾十一宫十度五十四分　南十五度
箕十一宫二十六度五十分　南六度五十六分

右二十八宿鈐，乃曆元甲子年之黄道經緯度分。其緯度距黄道之南北，千古不移，而經度則每歲東行五十一秒，所謂歲差也。故求宿度，必須以距曆元積年與歲差五十一秒相乘，得數加入宿鈐，方得所求年各宿實在之度分。江氏永曰：「赤道宗北極，黄道宗黄極，而恒星天亦以黄極爲宗。星距黄極有定度，其經度之東移者，恒與黄道平行，故距黄道之南北千古不移。而距赤道時時不同，古在赤道南者，今或在北，古在北者，今或在南。術家但知天樞一星去極遠近不同，不知普天星宿皆有移動也。每歲東行五十一秒，由積候而得，雖或稍有贏朒，亦必遲之又久，而後可見。此二十八宿度數，與崇禎戊辰所測者，間有損益。」

黃赤距度表

上	數（右行）	數（左行）	下
黃道度	○一二三四五六七八九○一二三四五六七八九○一二三四五六七八九○	一一一一一一一一一一二二二二二二二二二二三	右順
三宮北秒 九宮南	○五九三六七七四九○九四四○二八九四二四九六六七○四九四九四七	○五四四三二一○四三○四一四○一二三三二○四一三五五四三○三四	二宮南 八宮北
分	三七一五九三七○四八一五八二五八一四七○二五七九一三五七八九	二四一三五二四一五五二四○三五一四○二五一三五一四○二四○二	
度	一一一二二三三三四四五五六六七七七八八八九九九○○○一一	一一一一一	
四宮北秒 十宮南	七○一○七一一九二六六○九一七六八三九七六六七八九○九八五一	四五四二四○○四二四四三一二三一四五五二四四二四四二五四二四四	一宮南 七宮北
分	九○一二二三三二二一○九八六四二九六三○六二八三八三七一五八一	二五一三五一三五一三五○二四○二三五一三四○一三四○一三四五一	
度	二一二三二三三三四四四五五五六六六七七七八八八九九九九九○	一一一一一一一一一一一一一一一一一一一一一一一一一一一一二	
五宮北秒 十一宮南	一四五四九一○五五一三○二八○五四八五六○八○二九九二七五六○	四一二一二四二三二五五三四二五四一一五○五○五二一四五二三一三	初宮南 六宮北
分	一四六八九○一一○九八六四一八五一六二六一四八一三五七八九九	一二三四五一二三四五五○一二三三四五五○○一一二二二二二二二	
度	○○○○○○一一一一二二二二三三三三三三三三三三三三三	二二二二二二二二二二二二二二二二二二二二二二二二二二二二二二	
黃道度	○九八七六五四三二一○九八七六五四三二一○九八七六五四三二一○	三二二二二二二二二二二一一一一一一一一一一	左逆

距度表按二分二至，分順逆列之。二分後各宮列於上，三宮至五宮爲春分後，係北緯；九宮至十一宮爲秋分後，係南緯。二至後各宮列於下，六宮至八宮爲夏至後，係北緯；初宮至二宮爲冬至後，係南緯。太陽實行在上六宮，則用右行順度；在下六宮，則用左行逆度。用表之法，以實行之宮對實行之度，其縱横相遇之數，即爲所求之距度也。江氏永曰：「假如太陽實行七宫一十一度，于下列七宫對左行一十一度横查之，一十七度三十分二十九秒，係北緯。又如實行十一宫八度，於上列十一宫對右行八度横查之，二十一度四十一分二十五秒，係南緯。」表只列整度，其分數，用中比例法求之。江氏永曰：「六十分化三千六百秒爲一率，實行零分化秒爲二率，本度距緯與次度距緯相減餘分化秒爲三率，求得四率爲秒，以分收之，視次度多于本度者加之，少於本度者減之。」算表之法，以本天半徑爲一率，黃赤大距之正弦三九八六二爲二率，距春秋分黃道度之正弦爲三率，求得四率爲正弦。以正弦減八線表，得黃赤距度分。分下之秒，視表内次一分之數，用中比例法求之。黃赤大距，古多今少，古測日度二十四度，當今整度二十三度三十九分。元至元時，日度二十三度九十分，當今整度二十三度三十三分。

明季測整度二十三度三十一分半。此表大距二十三度二十九分半，今時所測，向後又當漸減。此一事亦不知何時而起，何時而止者也。」

蕙田案：以上推日躔法。

推月離法

用數

太陰每日平行，四萬七千四百三十五秒〇二一一七七。

江氏永曰：「用前後兩月食諸行相近者，計其積日，得日平行十三度一十分三十五秒奇。」

太陰小時四刻平行，一千九百七十六秒四五九二一五七。

江氏永曰：「日平行二十四分之三十二分五十六秒二十七微奇。」

月孛每日平行，四百〇一秒〇七七四七七。

江氏永曰：「月本輪最高點也。其對衝，即古法入轉。日平行六分四十一秒五微奇，以減太陰日平行，爲月自行。」

正交每日平行，一百九十〇秒六四。

江氏永曰：「月道交黃道，自南而交，入於北之一點也。其對衝爲中交。日平行三分一十秒三十六微奇，其行左旋。正交謂之羅睺，中交謂之計都。古法以正交爲中，中交爲正。」

本天半徑，一千萬。

江氏永曰：「本天距地比例數，見推月食法。」

本輪半徑，五十八萬。

均輪半徑，二十九萬。

江氏永曰：「本輪之心在本天，均輪之心在本輪。均輪半徑，得本輪半徑之半。本輪左旋，均輪右旋。」

負圈半徑，七十九萬七千。

江氏永曰：「負圈者，所以負均輪而轉次輪者也。其半徑，合均輪全徑及次輪半徑，其心在均輪上，當次輪最近點對衝之處。負圈隨均輪右旋，則次輪亦隨之。後雖不用負圈，而負圈在其中。無負圈，則次輪無爲帶動者矣。」

次輪半徑，二十一萬七千。

江氏永曰：「次輪者，月離日之輪也。五星次輪心在均輪上，獨月次輪心在負圈上。其周恒與均輪相切。負圈帶之右旋，而次輪之度自左旋，月離日一度，次輪上兩度，謂之倍離。朔至望，望至朔而兩周。」

次均輪半徑，一十一萬七千五百。

江氏永曰：「次均輪者，月實體所在也。五星實體在次輪上，月獨有次均輪，其心在次輪上。一月兩周，朔望時最近於均輪心，兩弦時最遠于均輪心。月在次均輪上左旋，從輪心出線，距地心作十字線於輪面，朔望時恒當直線之下，兩弦時恒當直線之上，朔弦與望弦間，恒在横線之左，弦望與弦朔間恒在横線之右，亦一月而兩周。」

黄赤大距，二十三度二十九分三十秒。

江氏永曰：「康熙甲午年所測也。」

朔望黄白大距，四度五十八分三十秒。

兩弦黄白大距，五度一十七分三十秒。

江氏永曰：「白道者，月道也。朔望月在次均輪之底，故兩道稍斂而狹。兩弦月在次均輪之頂，故兩道稍張而闊，其中數五度八分。」

太陰平行應，一宫〇八度四十分五十七秒一十六微。

江氏永曰：「曆元天正冬至次日壬申子正時，太陰平行宫度也。《授時曆》諸應皆起冬至日時刻，此諸應起冬至次日子正，便于積算整日也。後月孛正交及五星諸應倣此。」

月孛應，三宫〇四度四十九分五十四秒〇九微。

正交應，六宫二十七度一十三分三十七秒四十八微。

求天正冬至。詳日躔。

求太陰平行。置中積分，詳日躔。加氣應小餘，江氏永曰：「六五六三七四九二六也。」減天正冬至小餘，江氏永曰：「所求天正冬至日之餘數也。」得積日。上考往古，則減氣應小餘，加天正冬至小餘。與太陰每日平行相乘，滿周天秒數，去之，餘數收爲宫度分，以加太陰平行應，得太陰年根。上考往古則減。江氏永曰：「加氣應小餘者，從曆元辛未日子正時起也。減天正冬至小餘者，欲得整日也。曆元冬至日子正至今年冬至日子正，得積日若干，猶之曆元冬至次日子正至今年冬至次日子正也。太陰平行應實曆元冬至次日子正之宮度分，以加積日之平行，即是今年冬至次日之平行矣，故爲太陰年根。」又置太陰每日平行，以距天正冬至之日數乘之，得數爲秒，以宮度分收之，與年根相併，滿十二宮去之。爲太陰平行。

求月孛平行。以積日與月孛每日平行相乘，滿周天秒數除之，餘數收爲宮度分，以加月孛應，得月孛年根。上考往古則減。又置月孛每日平行，以距天正冬至之日數乘之，得數爲秒，以宮度分收之，與年根相併，滿十二宮收之。爲月孛平行。

求正交平行。以積日與正交每日平行相乘，滿周天秒數去之，餘數收爲宮度分，以減正交應，正交應不足減者，加十二宮減之。得正交年根。上考往古則加。江氏永曰：「交行左旋，故順減逆加。」又置正交每日平行，以距天正冬至之日數乘之，得數爲秒，以宮度分收之，以減年根，年根不足減者，加十二宮減之。爲正交平行。

求用時太陰平行。以本日太陽均數變時，得均數時差。均數爲加者，時差爲減；均數減者，時差爲加。江氏永曰：「假如均數一度四十五分三十秒，一度變四分，四十五分變三分，三十秒變二秒，併之，得七分零二秒。」又以本日太陽黃赤經度黃經即實行。詳日躔求赤經法。見後求月出入時刻條。相減，餘數變時，得升度時差。二分後爲加，二至後爲減。乃以兩時差相加減，爲時差總。兩時差同爲加者則相併爲總，其號仍爲加；同爲減者亦相併爲總，其號爲減。兩時差一加一減者，則相減爲總，加數大爲加號，減數大爲減號。化秒，與一小時太陰平行相乘爲實，以一度化秒爲法除之，江氏永曰：「一度當作一小時，一小時平行若干秒，則今有之時差，當得若干秒也。」得數爲秒，以分收之，得時差行，以加減太陰平行，時差總爲加者則減，爲減者則加。江氏永曰：「時分與度分加減，每相反。」爲用時太陰平行。江氏永曰：「用時何也？凡時刻有二，一爲時刻之數，一爲時刻之位。太陽左旋，依赤道平轉，閱太虚天三百六十度，其數有常。因其一周之運而截之爲時刻，此時刻之數也。隨人所居之地，必有正子午圈，太陽一日之軌迹必過此圈，加臨於正子正午，乃爲子午，則亦依赤道均分之爲時刻，此時刻之位也。二者同宗赤道，而常有差。其差之根有二：一由太陽有平行、實行。平行者輪心，實行者日體，其與時刻之數相符者，乃本輪心所到，而日體或在其左右，均數減則方位已過，而時有加分，均數加則方位未及，而時有減分矣。一由黄赤道有升度差。二分後，黄道斜而赤道直，赤道之升度少，則太陽所到之位已過而時有加分；二至後，黄道度大，赤道度狹，赤道之升度多，則太陽所到之位未及而時有減分矣。前所算每日子正時者，乃時刻之數，而日體未必正加於子之位，故合兩種時差，定其加減之分，乃爲用時。從用時至平時，其間太陰必有行分，故以加減子正之平行爲用時太陰平行。太陽實行惟最卑最高無時差，而時差最大者，今時在二分後八日。黄赤升度惟二至二分無時差，而時差最大者，恒在四立節。故二差參差不齊，必合而求其總，乃爲真時差。《崇禎新書》日差表既舛誤，月離、交食皆有加減時表，又止算升度之時差，不以均數時差相較，皆未爲精密也。」

求初實行。置用時太陰平行，減月孛平行，江氏永曰：「太陰平行不及減者，加十二宫減之。後倣此。」得引數，江氏永曰：「太陰距月孛度。」用直角三角形，以本輪半徑之半爲對直角之邊，江氏永曰：「均輪半徑二十九萬，居本輪半徑之半，故本輪内減去均輪半徑，其餘爲本輪半徑之半。」以引數爲一角，求得對角之邊。江氏永曰：「半徑千萬爲一率，引數正弦爲二率，對直角之邊爲三率，求得四率爲對角之邊。引數過象限以後，用二率之法。詳日躔求實行條。」三因之，江氏永曰：「本輪半徑之半二十九萬，合本輪、均輪半徑八十七萬，是三其二十九萬也，故小邊無論大小，皆三因之。三之一爲對角之邊，三之二即均輪上倍引數度之通弦。均輪右旋，必倍引數，其理與太陽同。此邊所抵，即次輪最近點所在。」又求得對餘角之邊，江氏永曰：「半徑千萬爲一率，引數餘弦爲二率，對直角之邊爲三率，求得四率爲對餘角之邊。用二率之法，同上。」與半徑相加減。引數九宫至二宫相加，三宫至八宫相減。江氏永曰：「初宫起最高，故與太陽加減異。」復用直角三角形，以三因數爲小邊，加減半徑數爲大邊，直角在兩邊之中。求得對小邊之角爲初均數，江氏永曰：「大邊爲一率，小邊爲二率，本天半徑爲三率，求得四率爲正切。以正切線檢表，得均角度。言初均者，對後二、三均也。」并求得對直角之邊，爲次輪最近點距地心線，爲求次均數之用。江氏永曰：「本天半徑爲一率，初均數度之正割線爲二率，大邊爲三率，求得四率爲次輪最近點距地心線。次輪與均輪相切最近點，謂最近於均輪心。」置用時太陰平行，以初均數加減之，引數初宫至五宫爲減，六宫後爲加。爲初實行。江氏永曰：「初實行者，次輪最近點所到之度。惟定朔、定望，此點即爲次均輪之心，月在次均輪之底與距地心線正相值，即以初實行爲月實行，非定朔、定望，更有二三均加減。」

求白道實行。置初實行，減本日太陽實行，得次引。即月距日度。江氏永曰：「太陽實行，求日躔時所得。必用實行，乃得實距。後五星同。」用三角形，江氏永曰：「斜三角也。」以次輪最近點距地心線爲一邊，江氏永曰：「此線爲初實行之界線。」倍次引之通弦千萬爲一率，次引之正弦爲二率，次輪半徑爲三率，求得四率，倍之即通弦。江氏永曰：「月距日一度，次輪上左旋二度，故用倍次引之通弦。通弦者，正弦之倍也。」爲一邊，江氏永曰：「此邊所指，即次均輪心所到。」以初均數與引數減半周之度引數不及半周，則與半周相減；如過半周，則減去半周。江氏永曰：「引數減半周之度，即均輪心距最卑之度。」相加，江氏永曰：「初均數有加有減。此與引數減半周之度恒相加何也？凡次輪最近點距地心線，惟初宫、六宫之初度無初均數者，其線正；有初均數，則線必斜。其斜線之數，即初均之數。試置最近點于次均輪心，借次均輪上作度，初均爲加者，度在輪之左半，斜線穿心至近頂，分輪爲兩，其左半必一百八十度也。而計度必從輪之正頂始，正頂在斜線之右，則當加此數矣。初均爲減者，度在輪之右半，斜線穿心至近頂，亦分輪之右半爲一百八十度，而正頂在斜線之左，則亦當加此數矣。故無論初均爲加爲減，恒用加。」**又以次引距象限度**次引不及象限，則與象限相減；如過象限及過三象限，則減去象限及三象限，用其餘；如過二象限，則減去二象限，餘數仍與象限相減。江氏永曰：「次輪上爲倍離度，次引一象限倍之則半周。次引距象限度，猶之倍次引距半周度也。次引二象限，則次輪一周矣，故過二象限與不過象限同，過三象限與過一象限同。」**加減之**，初均數減者，次引過象限或過三象限則相加，不過象限或過二象限則相減。初均加者反是。江氏永曰：「初均數與引數減半周之度相加，即次引倍度之角，故次引適足一象限者無加減。其有距象限度如初均減者，次引未及象限則相減，已過象限則相加。初均加者，次引未及象限則相加，已過象限則相減。所作角左右低昂之勢異也。假如初均數與引數減半周之度相加爲一百五十度，是初均數減，則與象限相減爲六十度，自六十度順數至一百五十度，皆相減，過此則相加。又如初均數加引數減半周之度爲三十度，亦是初均數減，則與象限相減爲六十度。次引六十度距象限三十度相減無餘，過此仍與三十度相減，滿象限而後相加。又如初均數加引數減半周之度爲二百一十度，減去半周，餘三十度，是初均數加，則與象限相加爲一百二十度。自一百二十度逆數至三十度，皆相加，過此則相減。又如初均數加引數減半周之度爲三百三十度，減去半周，餘一百五十度，亦是初均數加，加一象限爲二百四十度，自二百四十度逆數至一百五十度，皆相加。其間，次引六十度距象限三十度相加，適足半周，過此仍相加，加一象限而後相減。」**爲所夾之角**。若相加過半周，則與全周相減，其餘則爲所夾之角。若相加適足半周，或相減無餘，則無二均數。若次引爲初度，或一百八十度，亦無二均數。江氏永曰：「所夾之角，外角也。相加過半周與全周相減，減其餘爲所夾之角，亦外角也。以外角減半周，即本角將用半外角切線求二均，故即以外角爲所夾之角。次輪之角在輪周，借次均輪可顯角度相加，適足半周，或相減無餘者，與次輪最近點距地心線正相值，故無二均。次引爲初度與一百八十度者，定朔定望也，與距線合爲一，故亦無二均。朔望距線穿月體，無二均則無三均，非朔望而線相值者，不穿月體，雖無二均，仍有三均。」求得對通弦之角爲二均數，如無初均數者，以次輪心距地心線爲一邊，次輪半徑爲一邊，次行倍度爲所夾之角。江氏永曰：「二均數者，次均輪心所到也，當用切線分外角法求之。距地心線與倍次引之通弦相併爲一率，相減之餘爲二率，半外角切線爲三率，求得四率爲半較角切線。以半較角減半外角，其餘爲對通弦之角。無初均者，初宮與六宮之初度也。次輪心距地心線以相減得之，本輪半徑内減去均輪、次輪兩半徑五十萬七千，餘七萬三千。初宮初度與半徑相減爲九百九十二萬七千，次引倍度爲所夾之角，亦外角也。求二均，亦倣前法，邊總與邊較，若半外角切線與半較角切線，以半較角減半外角，得對次輪半徑之角。」隨定其加減號，以初均數與均輪心距最卑之度相加爲加減。泛限適足九十度，則二均加減與初均同。如泛限不及九十度，則與九十度相減，餘數倍之爲加減限。初均減者，以次引倍度；初均加者，以次引倍度減全周之餘數，皆與限相較，並以大於限度，則二均之加減與初均同。小於限度者反是。江氏永曰：「泛限適足九十度者，本輪三宮九宮之初也。此際次輪皆出距地心線之外，三宮初均減，而次輪又在其右，則同爲減。九宮初均加，而次輪又在其左，則同爲加。其他上下諸宮距地心線，皆有割入次輪之度，至初宮六宮之初度，割次輪各半而止，皆以此線所割之度爲限，其度皆與九十度減餘之倍數也。二均與限相較而大者在距線之外，故與初均之加減同，相較而小者入距線之内，故減變爲加，加變爲減。」并求得對角之邊，爲次均輪心距地心線。江氏永曰：「二均角之正弦爲一率，次引倍度之通弦爲二率，夾角之正弦爲三率，求得四率爲次均輪心距地心線。」又以此線及次引，用三角法求得三均數，次均輪心距地心線爲一邊，次均輪半徑爲一邊，次引倍度倍爲所夾之角，求得對次均輪半徑之角爲三均數。江氏永曰：「三均數，月體所值也。次均輪度亦左旋，與次引倍度相應。其度從輪下起，所夾之角爲本角，過半周者，與全周相減，用其餘爲所夾之角，亦本角也。本角減半周爲外角，亦用切線分外角法求之。邊總與邊較，若半外角切線與半較角切線，以半較角減半外角，其餘爲所求之三均角。」隨定其加減號，次引倍度不及半周爲加，過半周爲減。江氏永曰：「不及半周者，月在輪左，故加；過半周者，月在輪右，故減。」乃以二均數與三均數相加減，爲二三均數，兩均數同號則相加，異號則相減。江氏永曰：「月離二三均加減表即此數。」以加減初實行，二均三均同爲加號者仍爲加，同爲減號者仍爲減。如一爲加號，一爲減號者，加數大則加，減數大則減。爲白道實行。

求黄道實行。用弧三角法，江氏永曰：「斜弧三角也。」求得黄白大距及交均，以黄白大距中數爲一邊，黄白大距半較爲一邊，次引倍度爲所夾之角，求得對邊爲黄白大距，並求得對半較之角爲交均。江氏永曰：「朔望黄白大距小，兩弦黄白大距大，其較一十九分，折其中數五度八分，半較則九分半也。欲求每度之黄白大距，有兩邊夾一角，求對角之邊，正法須用兩次乘除，捷法以加減代一次乘除。其法，兩邊相加爲總弧，相減爲較弧，以兩弧餘弦相減，折半爲初數，視所夾角不過象限者用正矢，過一象限者用大矢，過二象限與過一象限同，過三象限與不過象限同。以其矢與初數相乘，半徑爲法除之，得對弧較弧兩矢之較，以矢較加入較弧矢，得對弧矢，以矢減半徑爲餘弦，以餘弦減八線表，得所求黄白大距。前有兩邊，又求得一邊，因以求對半較之角，是三邊求角也。亦倣前法而倒用四率，以黄白大距中數爲一邊，求得黄白大距爲一邊，兩邊相較爲總弧，相減爲較弧，各以餘弦相減，折半爲初數，以半較對弧與較弧兩矢之較與半徑相乘，初數爲法除之，得所求角之矢。得矢即得餘弦，因以得對半較之角。其謂之交均何也？兩交亦有加減均度也。黄白大距中數一邊爲緯，半交一邊爲經，兩交點皆在經圈，惟朔望兩弦二邊相合，無交均角，則兩交點如其平行之度，過此即有次引倍度角，亦必有交均角，而交點漸離其平行之處矣。次引倍度滿象限即半較，亦成正線，與白道經圈平行，而均度最大得一度四十六分。此一度四十六分，即半較九分半所成。蓋半較在五度有奇之處則小，在九十度處則大故也。」以交均加減正交平行，次引倍度不及半周爲減，過半周爲加。江氏永曰：「交行左旋，減者更進而前，加者則却而後也。」得正交實行，江氏永曰：「交行常爲前却之行，惟朔望兩弦平行即實行。」又加減六宮，爲中交實行。江氏永曰：「正交移則對宮者亦移。」置白道實行，減正交實行，得距交實行。江氏永曰：「白道實行不及減者，加十一宮減之。距交只論正交，後以距交查切線，或距正交，或距中交。」以本天半徑爲一率，黄白大距之餘弦爲二率，距交實行之正切爲三率，求得四率，爲黄道之正切。江氏永曰：「此正弧三角，兩角與一邊，求對餘角之邊也。黄白大距爲黄白交角，距交實行爲白道一邊，又黄白距緯從黄極出線，截白道，交黄道，其交必成正角，又爲一角。今求對餘角之黄道，同升度法，以兩角之正弦餘弦比兩邊之正切，亦即句股形大弦與大句，若小弦與小句也。後凡求黄赤五星本道求黄，皆倣此。本天半徑爲一率，即正角之正弦也。後凡正弧三角用半徑者，倣此。」檢八線表，得度分，與距交實行相減，餘爲升度差，以加減白道實行，距交實行不過象限或過二象限爲減，過象限或過三象限爲加。江氏永曰：「此與前求用時條，黄赤升度時差，二分後加，二至後減同理。距交不過象限或過二象限，猶之二分後也。過象限或過三象限，猶之二至後也。時與度相反，故彼爲加者，此爲減；彼爲減者，此爲加。」爲黄道實行。江氏永曰：「月不行黄道，然求宿度，求合朔弦望，求交，宫皆論黄道度，故必先求黄道實行。」

求黄道緯度。以本天半徑爲一率，黄白大距之正弦爲二率，距交實行之正弦爲三率，求得四率爲距緯之正弦。檢八線表，得黄道緯度。距交實行初宫至五宫爲黄道北，六宫至十一宫爲黄道南。江氏永曰：「距交實行之正弦謂黄道距交度也。凡正弧三角四率俱用正弦者，正角有所對之角，而所求之邊又有所對之角也。」

求宿度。依日躔求宿度法，江氏永曰：「各宿每年加五十一秒。」求得本年黄道宿鈐。以黄道實行、月孛正行及正交中交實行各度分，視其足減宿鈐内某宿則減之，餘爲各種宿度。

求合朔弦望。太陰實行江氏永曰：「謂黄道實行。」與太陽實行同宫同度爲合朔，限距三宫爲上弦，限距六宫爲望，限距九宫爲下弦。

限皆以太陰未及限度爲本日，已過限度爲次日。求時之法，以太陽本日實行與次日實行相減，又以太陰本日實行與次日實行相減，兩減餘數相較爲一率，江氏永曰：「兩減餘數相較，是交限日太陰距太陽之實行也。以一日實行爲法，比出距限餘分應得若干時刻。」日法爲二率，本日太陽實行加限度，上弦加三宫，望加六宫，下弦加九宫。減本日太陰實行，餘爲三率，江氏永曰：「求合朔，即于本日太陽實行内減太陰實行，餘爲三率。一率、三率皆以度化分，分下有秒，約三爲五，六爲十。後求交宫時刻倣此。」求得四率，爲距子正之分數。如法收之，得合朔弦望時刻。

求交宫時刻。以太陰本日實行與次日實行相減，未過宫爲本日，已過宫爲次日。餘爲一率，日法爲二率，太陰本日實行不用宫。與三十度相減，餘爲三率，求得四率，爲距子正之分數。如法收之，得交宫時刻。

求正升、斜升、横升。合朔日，太陰實行自子宫十五度至酉宫十五度爲正升，江氏永曰：「春分前後一宫半也。」自酉宫十五度至未宫初度爲斜升，江氏永曰：「夏至前一宫半也。」自未宫初度至寅宫十五度爲横升，江氏永曰：「夏至後五宫半也。」自寅宫十五度至子宫十五度爲斜升。江氏永曰：「冬至前半宫，後一宫半也。」

求太陰出入時刻。以本日太陽黄道經度，求其赤道度。以本天半徑爲一率，黄赤大距之餘弦爲二率，本日太陽距春秋分黄道經度之正切爲三率，求得四率，爲赤道經度之正切。江氏永曰：「時刻宗赤道，故必先求太陽赤道度。其求法與白道求黄道同理。」又用弧三角法，江氏永曰：「斜弧三角也。」以太陰距黄道爲一邊，江氏永曰：「前既求得黄道距緯度分矣，距緯在北減九十度，距緯在南加九十度，爲太陰距黄極度。」黄赤大距爲一邊，江氏永曰：「黄赤大距與黄極距北極等，北極爲心，黄極爲界，規一小輪。大距正弦，恒爲半徑，此一邊即小輪半徑度。」太陰距冬至黃道經度爲所夾之外角，過半周者與全周相減，用其餘。江氏永曰：「外角減半周，即本角。求對邊，用本角取矢，鋭角用正矢，鈍角用大矢。」求得對邊，江氏永曰：「對所夾本角之邊。」爲太陰距北極度，江氏永曰：「求法：兩邊相併爲總弧，相減爲較弧。兩弦各取餘弦相加，折半爲初數，與角之矢相乘，半徑千萬除之，得對弧較弧兩矢之較。以矢較加較弧矢，得對弧矢。以矢減半徑爲餘弦，以餘弦檢表得對邊。」加減九十度，得赤道緯度。不及九十度者與九十度相減，餘爲北緯。過九十度者，減去九十度，餘爲南緯。又求得近北極之角，爲太陰距冬至赤道經度。江氏永曰：「前有兩邊，又求得距北極一邊，用三邊以求又一角，爲近北極之角，其度即太陰距冬至赤道經度。求法：以黃赤大距爲一邊，太陰距北極爲一邊，兩邊相併爲總弧，相減爲較弧，各取餘弦，視總弧過象限，兩餘弦相加，不過象限，相減，折半爲初數。又以較弧矢與對邊之矢相減，半徑乘之，初數爲法除之，得所求角之矢，矢減半徑爲餘弦，檢表得太陰距冬至赤道經度。」乃以本天半徑爲一率，北極高度之正切爲二率，太陰赤道緯度之正切爲三率，求得四率，爲赤道正弦。江氏永曰：「赤道緯度正切與半徑平行，赤道正弦與極高正切平行，故能爲句股比例，與求日出入卯酉前後赤道度同理。」檢八線表，得太陰出入在卯酉前後赤道度。太陰在赤道北，出在卯正前，入在酉正後。太陰在赤道南，出在卯正後，入在酉正前。江氏永曰：「與春秋分前後太陽出入同理。」以加減前減後加。太陰距太陽赤道度，太陰赤道經度内減去太陽赤道經度即得，不足減者，加十二宫減之。得數變時，江氏永曰：「假令距太陽九十度，則變爲六小時。」自卯正酉正後計之，出地自卯正後，入地自酉正後。再加本時太陰行度之時刻，約一小時行三十分，變爲時之二分。江氏永曰：「月離不平行，所差者微，可用約數。如六小時約行三度，爲時十二分。」即得太陰出入時刻。

江氏永曰：「日躔、月離兩篇不言求閏月者，既求得定氣、定朔，視無中氣之月置閏，不必求也。古法置閏，常在歲終。至漢《太初曆》，始改用無中氣之月，然猶未知定朔也。自唐以來，始用定朔。然不用定氣，則無中氣之月，未必果無中氣也。至我朝始兼定朔定氣以置閏，而閏始真。百餘年來，正月與十月、十一月、十二月未置閏者，太陽最卑，近冬至，此數月，日行速，節氣縮，與閏不相值故也。」

蕙田案：以上推月離法。

右推步法上。

五禮通考卷第一百九十五

淮陰吴玉搢校字

五禮通考卷第一百九十六

內廷供奉禮部右侍郎金匱秦蕙田編輯
太子太保總督直隸右都御史桐城方觀承同訂
翰林院編修嘉定錢大昕
按察司副使元和宋宗元　參校

嘉禮六十七

觀象授時

《會典》：推月食法。江氏永曰：「月食無視差，較易於日食，故先之。」

用數

朔策，二十九日五三〇五九三。江氏永曰：「日月平行相會之日數也。小餘與《授時》、《大統》同，十二小時四十四分三秒十四微有奇。」

望策，一十四日七六五二九六五。江氏永曰：「小餘十八小時二十二分一秒三十七微有奇。」

太陽平行朔策，一十〇萬四千七百八十四秒三〇四三二四。半之爲望策。下三條同。江氏永曰：「二十九度六分二十四秒十八微奇。平行望策，五萬二千三百九十二秒一五二一六二。」

太陽引數朔策，一十〇萬四千七百七十九秒三五八八六五。江氏永曰：「二十九度六分十九秒奇。引數望策，五萬二千三百八十九秒六七九四三二五。」

太陰引數朔策，九萬二千九百四十〇秒二四八五九。江氏永曰：「滿周天去之，得二十五度四十九分奇。引數望策，當加半周六十四萬八千秒，再折半，凡六十九萬四千四百七十秒一二四二九五。」

太陰交周朔策，一十一萬〇四百一十四秒

○一六五七四。

江氏永曰：「滿周天去之，得一宮零四十分十四秒奇。交周望策，當加半周六十四萬八千秒，再折半，凡七十萬三千二百零七秒○○八二八七。」

太陽小時平行，一百四十七秒八四七一○四九。

江氏永曰：「二分二十七秒奇也。」

太陽小時引數，一百四十七秒八四○一二七。

太陰小時引數，一千九百五十九秒七四七六五四二。

江氏永曰：「三十二分三十九秒奇也。」

太陰小時交周，一千九百八十四秒四○二五四九。

江氏永曰：「三十三分四秒奇也。」

月距日小時平行，一千八百二十八秒六一二一一○八。

江氏永曰：「三十分二十八秒奇也。」

太陽光分半徑，六百三十七。

江氏永曰：「地半徑設一百，太陽實半徑五百零七，而光體四溢，更有餘分一百三十。以此照地體，能侵入下半，而地景亦因之瘦小也。」

地半徑，一百。

江氏永曰：「設整數，便於算也。地圓周九萬里，半徑二萬四千一百三十餘里。」

太陰實半徑，二十七。

江氏永曰：「比太陽半徑少一十九倍有奇也。日月實體甚相懸，而視徑略相等。全徑約半度有奇，月稍大於日焉。最高、最卑，則各有加減。」

太陽最高距地一千○一十七萬九千二百○八，與地半徑之比例爲一十一萬六千二百。

江氏永曰：「太陽本天半徑加本輪半徑，減去均輪半徑，爲太陽最高距地數。其比例爲一千一百六十二地半徑，高卑之中，一十一萬四千一百五十四奇。本輪、均輪漸小，則此數亦微差。」

太陰最高距地一千○一十七萬二千五百，

與地半徑之比例爲五千八百一十六。

江氏永曰：「太陰本天半徑加本輪半徑，減去均輪、次均輪兩半徑，爲太陰最高距地數，其比例爲五十八地半徑奇也，高卑之中，五千七百一十七四奇。」

朔應，二十六日三八五二六六六。

江氏永曰：「曆元天正冬至辛未，是十一月初四日。此從初五日壬申子正算起，距十二月戊戌，平朔二十六日有奇也。其小餘九小時十四分四十六秒有奇。」

首朔太陽平行應，初宮二十六度二十分四十二秒五十七微。太陰同。

江氏永曰：「首朔者，曆元甲子年前十二月朔也。」

首朔太陽引數應，初宮一十九度一十〇分二十七秒二十一微。

江氏永曰：「太陽距最卑度也，以減太陽平行應，爲首朔最卑所在。」

首朔太陰引數應，九宮一十八度三十四分二十六秒一十六微。

江氏永曰：「太陰距月孛度也。太陰平行應加十二宮，以引數應減之，爲首朔月孛所在。」

首朔太陰交周應，六宮初度三十〇分五十五秒一十四微。

江氏永曰：「太陰距正交度也。太陰平行應加十二宮，以交周應減之，爲首朔正交所在。」

求天正冬至。詳日躔。

求首朔。置積日，詳月離。江氏永曰：「曆元冬至次日子正，至所求年冬至次日子正也。」減朔應，得通朔。上考往古，加朔應。江氏永曰：「積日内減二十六日有奇，是從曆元十二月首朔起也。通朔者，未計積朔之名。」以朔策除之，得數加一爲積朔餘數，轉減朔策爲首朔。上考往古，則除得之數，即爲積朔，不用加一，餘數即爲首朔，不用轉減朔策。江氏永曰：「得數者，除得若干朔也。加一者，得數之外加一朔，乃爲十二月朔也。前所除，仍有不盡之日分，於所加一朔内減之，即得所求之首朔。距天正冬至次日後若干日及分，通計積朔日分，從曆元十二月戊戌平朔起算，上考往古，亦以此朔爲根也。」

求太陰入食限。以積朔與太陰交周朔策相乘，滿周天秒數去之，餘爲積朔太陰交周應。上考往古，則置首朔太陰交周應，減積朔太陰交周。江氏永曰：「首朔太陰交周應不足減者，加十二宮減之。後倣此。」又加太陰交周望策，再以太陰交周朔策迭加十三次，得逐月望太陰平交周。江氏永曰：「加十三次者，十二月望至十二月望也。」視某月交周入可食之限，即爲有食之月。交周自五宮十五度〇六分至六宮十四度五十四分，自十一宮十五度〇六分至初宮十四度五十四分，皆爲可食之限。江氏永曰：「初宮、五宮，陰曆也。六宮、十一宮，陽曆也。皆以距交十四度五十四分爲虚寬之限，較《授時》十三度五分者加大。」再於實交周詳之。江氏永曰：「一年入食限者，有二次或三次而不皆食者，有定望加減也。定望在晝，不算也。或已入食限而日月地景半徑有減差，亦不食也。」

求平望。以太陰入食限之月數與朔策相乘，加入望策，再加首朔日分及紀日，天正冬至加一日，即紀日。江氏永曰：「天正冬至，從甲子日起，又加一日爲紀日何也？前算積日，從曆元辛未日子正起，而朔應從次日壬申子正起，中間差一日，故於天正冬至日加一日爲紀日。」滿紀法去之，餘爲平望日分。自初日起甲子，得平望干支，以日法通其小餘，如法收之，得時刻分秒。

求太陽平行。置積朔，加太陰入食限之月數，與太陽平行朔策相乘，滿周天秒數去之，爲積朔太陽平行。加首朔太陽平行應，上考往古，則以積朔平行減平行應。又加太陽平行望策，即得。

求太陽平引。置積朔，加太陰入食限之月數，與太陽引數朔策相乘，滿周天秒數去之，爲積朔太陽平引。加首朔太陽引數應，上考往古，則以積朔平引減引數應。又加太陽引數望策，即得。

求太陰平引。置積朔，加太陰入食限之月

數，與太陰引數朔策相乘，滿周天秒數去之，爲積朔太陰平引。加首朔太陰引數應，上考往古，則以積朔平引減引數應。又加太陰引數望策，即得。

求太陽實引。以太陽平引，依日躔法求得太陽均數；以太陰平引，依月離法求得太陰初均數。兩均數相加減爲距弧，兩均同號相減，異號相加。江氏永曰：「平望時，或未及望，或已過望之弧。」以小時月距日平行爲一率，一小時化秒爲二率，江氏永曰：「一小時三千六百秒。」距弧化秒爲三率，江氏永曰：「一分化六十秒，一度化三千六百秒。」求得四率，爲距時秒。江氏永曰：「此以度秒求時秒也。」隨定其加減號。兩均同加，日大則加，日小則減。兩均同減，日大則減，日小則加。兩均一加一減，其加減從日。江氏永曰：「日月本輪，以最高最卑爲界，左六宮爲加，右六宮爲減。兩均同加者皆在左，兩減者皆在右，一加一減者，或日左月右，或月左日右也。此欲加減太陽之平引數，進退皆從日。」又以一小時化秒爲一率，太陽小時引數爲二率，距時化秒爲三率，求得四率爲秒。江氏永曰：「此以時秒求度秒也。」以度分收之，爲太陽引弧，依距時加減號。以加減太陽平引，得實引。江氏永曰：「爲求日實均之用。」

求太陰實引。以一小時化秒爲一率，太陰小時引數爲二率，距時化秒爲三率，江氏永曰：「即上條距時也。」求得四率爲秒。以度分收之，爲太陰引弧。依距時加減號。以加減太陰平引，得實引。江氏永曰：「爲求月實均之用。」

求實望。以太陽實引，復求太陽均數，爲日實均，江氏永曰：「如日躔求實行之法，用直角三角形兩次求之，其小直角用實引爲一角。」并求得太陽距地心線。直角三角形對直角之邊。詳日躔。江氏永曰：「此大直角三角形也。既求得直角之句與股，其斜弦爲太陽距地心線。法用本天半徑爲一率，實均數度之正割線爲二率，大邊爲三率，求得四率爲太陽距地心線。此線爲後求地影半徑之用。」以太陰實引，復求太陰初均數，爲月實均，江氏永曰：「如月離求初實行之法，用直角三角形兩次求之，其小直角用實引爲一角，朔望求得初均，即得太陰實行，故不復求二三均。」并求得太陰距地心線。詳月離。江氏永曰：「此謂次均輪心距地心，非謂月之實體也。求法已解于月離求初實行條。朔望時，月與次均輪心同一直線上，故亦可謂之太陰距地。此線爲後求太陰半徑之用。」兩均相加減爲實距弧，與距弧同。江氏永曰：「亦兩均同號相減，異號相加。」依前求距時法，求得四率爲秒。以時分收之，爲實距時。置平望，以實距時加減之，加減法與距時同。得實望。加滿二十四時，則實望進一日。不足減者，借一日作二十四時減之，則實望退一日。江氏永曰：「進一日爲次日。退一日者，子正前爲昨日。」

求實交周。以一小時化秒爲一率，太陰小時交周爲二率，日距時化秒爲三率，求得四率爲秒。以度分收之，爲交周距弧。以加減平交周，依實距時加減號。又以月實均加減之，爲實交周。江氏永曰：「以交周距弧加減平交周者，從平望至實望，月距交進退之度也。而月實均爲月之實行，故又以實均依其加減號加減之，爲實望時月距正交或中交之度。」視實交周入必食限，爲有食。實交周自五宮十七度四十三分〇五秒至六宮十二度十六分五十五秒，自十一宮十七度四十三分〇五秒至初宮十二度十六分五十五秒，爲必食之限。不入此限者，不必算。江氏永曰：「中交正交，陰律陽律，皆以距交十二度十六分五十五秒爲必食之限，此以地影及月兩半徑之最大者，算其所當之度如是也。地影必在日之衝，隨人所居，影即因之高下，無地面地心之視差，故月食不論陰陽食分，九服皆同。」

求太陽黃赤實經度。以一小時化秒爲一率，太陽小時平行爲二率，實距時化秒爲三率，求得四率爲秒。以度分收之，爲太陽距弧。依實距時加減號。以加減太陽平行，又以日實均加減之，爲黃道經度。江氏永曰：「以太陽距弧加減太陽平行者，從平望至實望日進退之平度也。而日實均爲實行，故又以實均加減之，爲實望時日距冬至之經度。」即求得赤道經度。法詳月離求太陰出入時刻條。江氏永曰：「以本天半徑比黃赤大距之餘弦，若太陽距春秋分黃道經度之正切與赤道經度之正切也。春分後，黃道經度内減三宫爲距春分黃道經度，秋分後減九宫，春分前加三宫，爲距秋分黃道經度。」

求實望用時。以日實均變時爲均數時差，以升度差黃赤經度相減。變時爲升度時差，兩時差相加減爲時差總，加減之法，詳月離求太陰用時條。以加減實望，爲實望用時。距日出後、日入前九刻以内者可以見食，九刻以外者全在晝，即不必算。江氏永曰：「可見食者，帶食也。」

求食甚時刻。以本天半徑爲一率，黃白大距之餘弦爲二率，江氏永曰：「黃白大距之餘弦，九九六二二。」實交周之正切爲三率，求得四率爲正切。江氏永曰：「與月離求黃道實行條同。亦猶日躔黃求赤也。」查八線表，得食甚交周，與實交周相減，爲交周升度差。江氏永曰：「實交周者，白道上月距交之度。食甚交周者，黃道上距交之度也。黃與白有升度差，猶赤與黃有升度差也。」又以太陰小時引數與太陰實引相加，依月離求初均法算之爲後均，以後均與月實均相加減，兩均同號相減，異號相加。得數又與小時月平行相加減，兩均同加，後均大則加，小則減。兩均同減，後均大則減，小則加。兩均一加一減，其加減從後均。爲月距日實行。江氏永曰：「此於食甚之後，設一小時，算其月距日行分若干，以爲升度差，當得若干時分之比例也。此一小時月距日實行，又爲後初虧復圓時刻之用。」乃以月距日實行化秒爲一率，江氏永曰：「度分之秒。」一小時化秒爲二率，江氏永曰：「時分之秒。」升度差化秒爲三率，江氏永曰：「度分之秒。」求得四率爲秒。江氏永曰：「時分之秒。」以分收之，得食甚距時，以加減實望用時，實交周初宫六宫爲減，五宫十一宮爲加。江氏永曰：「實交周初宮六宮，月已過交宜減，時分差早；五宮十一宮，月未至交宜加，時分差晚。」爲食甚時刻。江氏永曰：「既得實望用時，復求食甚時刻者，白道黄道有升度差，則時刻亦小異也。」

求食甚距緯。以本天半徑爲一率，黄白大距之正弦爲二率，江氏永曰：「黄白大距四度五十八分三十秒，正弦八六七三。」實交周之正弦爲三率，求得四率爲正弦。江氏永曰：「此以大股大句比小股小句也。」查八線表，得食甚距緯。實交周初宮五宮爲北，六宮十一宮爲南。江氏永曰：「距交十二度十六分五十五秒以内，所當二道之闊也。遠交緯大，近交緯小。如正當其交，則無距緯，月心與地影心合爲一。」

求太陰半徑。以太陰最高距地爲一率，地半徑比例數爲二率，太陰距地心線求月實均時所得。内減去次均輪半徑爲三率，求得四率爲太陰距地。江氏永曰：「此以最高時月距地半徑有奇，求其漸卑之距地也。前所求太陰距地心線者，次均輪心距地心線也。定朔望時，月體在次均輪之底，故須減去次均輪半徑一十一萬七千五百，乃爲月實體所在。」又以太陰距地爲一率，太陰實半徑爲二率，本天半徑爲三率，求得四率爲正切。查八線表，得太陰半徑。江氏永曰：「太陰視半徑，舊表最小者一十五分一十五秒，最大者一十七分二十秒。」

求地影半徑。以太陽最高距地爲一率，地半徑比例數爲二率，太陽距地心線求日實均時所得。爲三率，求得四率爲太陽距地。江氏永曰：「此以最高時日距地一千一百六十二地半徑，求其漸卑之距地也。」又以太陽光分半徑減地半徑所餘爲一率，太陽距地爲二率，地半徑爲三率，求得四率爲地影之長。江氏永曰：「太陽光分半徑，大於地半徑五倍有奇。地影漸遠漸小，成角形，自日心至地影之盡處爲大股，光分半徑爲大句，又於大句股中分爲兩句股，光分半徑減地半徑所餘，次大句也；太陽距地，次大股也；地半徑，小句也；地影長，小股也。」又以地影長爲一率，地半徑爲二率，本天半徑爲三率，求得四率爲正切。檢八線表，得地影角。江氏永曰：「地影之角度引影線至本天，滿半徑，其度在本天之弧。」又以本天半徑爲一率，地影角之正切爲二率，地影長減太陰距地之餘爲三率，求得四率爲太陰所當地影之闊。江氏永曰：「大股比大句，若小股與小句也。」乃以太陰距地爲一率，地影之闊爲二率，本天半徑爲三率，求得四率爲正切。檢八線表，得地影半徑。江氏永曰：「舊表，地影半徑最小者四十三分，最大者四十七分。」

求食分。太陰全徑爲一率，十分爲二率，太陰半徑與地影半徑相併爲併徑，江氏永曰：「舊表，併徑最小者五十八分一十五秒，最大者一度四分二十秒。」内減食甚距緯，併徑不足減距緯，即不食。江氏永曰：「距緯大於併徑不食，與併徑等亦不食。」餘爲三率，求得四率，即食分。江氏永曰：「地影半徑内減太陰半徑，其餘距緯與之等，自此以上，皆能食既。」

求初虧復圓時刻。以食甚距緯之餘弦爲一率，併徑之餘弦爲二率，半徑千萬爲三率，求得四率爲餘弦。檢八線表，得初虧復圓距弧。江氏永曰：「初虧至食甚，食甚至復圓，其距弧等。正弦縱，餘弦横，月食至地影中横過，故以餘弦半徑爲比例。八線之理，正弦、餘弦，相爲消長，正弦大者餘弦小，正弦小者餘弦大，極而至於無正弦，則餘弦與半徑等。假令食甚正當交點，無距緯，則一率與三率皆半徑，而二率四率之餘弦必等。餘弦等，正弦亦等，以併徑之正弦爲半徑，規一小圓於本天大圓之中，地影包其内，是距弧正弦與半徑等，月食必從影之正右横過，且穿其心。又設距緯與併徑等，則一率與二率之餘弦等，三率與四率皆半徑，則小圓之半徑盡無距弧，月從影之上下相切而過，不食矣。其他有距緯未至等於併徑者，三率半徑必稍大於一率，則四率之餘弦亦必稍大於二率。餘弦大者正弦小，距弧，月從影之偏右横過，不穿心矣。」又以月距日實行化秒爲一率，江氏永曰：「前求食甚時刻所得。」小時化秒爲二率，初虧復圓距弧化秒爲三率，求得四率爲秒。以時分收之，爲初虧復圓距時，以加減食甚時刻，得初虧復圓時刻。減得初虧，加得復圓。

求食既生光時刻。食甚距緯之餘弦爲一率，地影太陰兩半徑較江氏永曰：「相減之餘也。」之餘弦爲二率，半徑千萬爲三率，求得四率爲餘弦。檢八線表，得食既生光距弧。又以月距日實行化秒爲一率，小時化秒爲二率，食既生光距弧化秒爲三率，求得四率爲秒。以時分收之，爲食既生光距時，以加減食甚時刻，得食既生光時刻。減得食既，加得生光。

求食限總時。以初虧復圓距時倍之，即食總時。

求太陰黃道經緯度。置太陽黃道經度，加減六宮，過六宮則減去六宮，不及六宮則加六宮。江氏永曰：「月在日之對衝，故加減六宮。」再加減食甚距弧，江氏永曰：「食甚距時之弧也。以一小時化秒爲一率，月距日實行化秒爲二率，食甚距時化秒爲三率，求得四率爲秒。以度分收之，爲食甚距弧。其加減依食甚距時。」又加減黃白升度差，求升度差法，詳月離求黃道實行條。得太陰黃道經度，即求緯度。詳月離。江氏永曰：「前已求食甚距緯矣。」

求太陰赤道經緯度。詳月離求太陰出入時刻條。江氏永曰：「本天半徑爲一率，黃赤大距之餘弦爲二率，太陰距春秋分黃道經度之正切爲三率，求得四率，爲赤道經度之正切。赤緯後無所用，如欲求之，依弧三角兩邊夾一角求對邊之法。」

求宿度。求得本年黃赤道宿鈐，求黃道宿鈐法，詳日躔。有黃道經緯度，即可求赤道經緯度，與太陰求赤道法同。江氏永曰：「求宿赤道經度，用弧三角法，以本宿黃道緯度南則加九十度，北則減九十度，爲距黃極之一邊，黃赤大距爲一邊，本宿距冬至黃道經度爲所夾之外角，過半周者，與全周相減，用其餘，依太陰求赤道緯度法求得對角之邊，爲宿距北極度。不及九十度者，減去九十度，餘爲南緯。宿有數星，所求者距星也。」以太陰黃赤道經度各如法減之，詳日躔。即得太陰黃赤道經度。

求黃道地平交角。江氏永曰：「此下二條，皆爲求定交角，以辨初虧、復圓方向也。」以食甚時刻江氏永曰：「從子正起。」變赤道度，每時之四分變作一度，每時之一分變度之十五分。又於太陽赤道經度内減三宫，不及減者，加十二宫減之。江氏永曰：「經度起冬至，故減三宫爲春分。不及減者，在春分前也。」餘爲太陽距春分赤道度，兩數相加，滿全周去之。爲春分距子正赤道度，加減半周，得春分距午正東西赤道度。過半周者，減半周，爲午正西。不及半周者，與半周相減，爲午正東。春分距午正東西度過象限者，與半周相減，餘爲秋分距午正東西度。秋分距午東西，與春分相反。以春秋分距午正東西度與九十度相減，江氏永曰：「午正赤道距地平九十度故也。」餘爲春秋分距地平赤道度。乃用爲弧三角形之一邊，江氏永曰：「斜弧三角也。地平截赤道黃道不能成直角，故爲斜弧三角。」以黃赤大距度江氏永曰：「即春秋分之角度。」及赤道地平交角，以極高減象限得之。春分午西、秋分午東者用此。若春分午東、秋分午西者，則以此度與半周相減，用其餘。江氏永曰：「赤道去天頂，與極高同，故以極高減象限，即得赤道地平交角。如京師極高四十度，則交角五十度。凡角度，必兩邊皆滿九十度，乃見對角之弧度。午正赤道距地平，地平正東正西距午正皆九十度，故赤道地平交角，其度在子午圈。黃道地平交角亦同理。赤道交角，必向黃道，春分午西、秋分午東者，赤道包黃道，得用其本角以向黃道；春分午東、秋分午西者，黃道包赤道，故赤道用其外角以向黃道也。本角鋭，外角鈍，鈍角之正弦、餘弦，即鋭角之正弦、餘弦，但鋭角之矢爲正矢，鈍角之矢爲大矢。大矢者，半徑加餘弦也。」爲邊傍之兩角，江氏永曰：「兩角夾一邊也。」求得對邊之角，爲黃道地平交角。春分午東、秋分午西者，得數即爲黃道地平交角。如春分午西、秋分午東者，則以得數與半周相減，餘爲黃道地平交角。江氏永曰：「即黃道九十度限距地高也。皆用形外垂弧法求之。形外垂弧者，從天頂出線，過春秋分角，至地平成直角，以爲用半徑比例也。春分午東、秋分午西者，赤角鈍而黄角鋭，作垂弧於近赤道邊，以本天半徑爲一率，赤道地平交角之正弦爲二率，春秋分距地平赤道度之正弦爲三率，求得四率爲正弦。檢表，得度爲垂弧。又以春秋分距地平赤道度之餘弦爲一率，本天半徑爲二率，赤道地平交角之餘切爲三率，求得四率爲正切。檢表，得虚角。以春秋分角併虚角爲總角，又以本天半徑爲一率，總角之正弦爲二率，垂弧之餘弦爲三率，求得四率。檢表，得度爲黄道地平交角。春分午西、秋分午東者，赤角鋭而黄角鈍，作垂弧於近黄道邊，亦以本天半徑爲一率，赤道地平交角之正弦爲二率，春秋分距地平赤道度之正弦爲三率，求得四率爲正弦。檢表，得垂弧。又以春秋分距地平赤道度之餘弦爲一率，本天半徑爲二率，赤道地平交角之餘切爲三率，求得四率爲正切。檢表，得總角。於總角内減春秋分角，餘爲虚角。又以本天半徑爲一率，虚角之正弦爲二率，垂弧之餘弦爲三率，求得四率，爲餘弦。檢表，得黄道地平交角之外角。以外角與半周相減，餘爲黄道地平交角。右法，皆三求而後得角。若用次形法，則易邊爲角，易角爲邊，可用加減捷法求之。春秋分角度爲一邊，赤道地平交角度爲一邊，春秋分距地平赤道度爲所夾之角，兩邊相併爲總弧，相減爲存弧，各取餘弦。視總弧過象限，兩餘弦相加，不過象限，相減。折半爲初數，以半徑爲一率，角之矢爲二率，初數爲三率，求得四率，爲對弧存弧兩矢較。以矢較加入存弧矢，爲對弧矢，得正矢，與半徑相減，得大矢，於矢内減半徑，爲餘弦。以餘弦檢表，得對弧。易弧爲角，視得正矢爲鋭角，得大矢爲鈍角。此法較捷。」

求黄道高弧交角。以黄道地平交角之正弦爲一率，赤道地平交角之正弦爲二率，春秋分距地平赤道度之正弦爲三率，求得四率爲正弦。檢表，得春秋分距地平黄道度。江氏永曰：「黄道地平交角對春秋分距地平赤道一邊，赤道地平交角對春秋分距地平黄道一邊，此亦斜弧三角，角有所對之邊。又一角對所求之邊，則皆用正弦比例。」又以太陰黄道經度視春、秋。分在地平上者，與三、九。宫相減，餘爲太陰距春、秋。分黄道度。春秋分宫度大於太陰宫度，爲距春秋分前，反此則在後。又以太陰距春秋分黄道度，與春秋分距地平黄道度相加減，爲太陰距地平黄道度。春秋分在午正西者，太陰在分後則加，在分前則減。春秋分在午正東，反是。江氏永曰：「食甚時，太陰所當黄道度，即影心距地平黄道度也。」隨視其距限之東西，春秋分在午西者，太陰距地平黄道度不及九十度爲限西，過九十度爲限東。春秋分在午東者，反是。乃以太陰距地平黄道度之餘弦爲一率，本天半徑爲二率，黄道地平交角之餘切爲三率，求得四率爲正切。檢表，得黄道高弧交角。江氏永曰：「從天頂出線，過影心，至地平，與黄道交成角。此角對下兩角間之地平弧，弧度未得，不能用正弦法，當如此求之，猶前求虚角、總角之法也。此交角於地影上作之大圓之角度，即影邊之角度。食在限東者，角在左偏下；限西者，角在右偏下。」

求初虧復圓定交角。置食甚交周，以初虧復圓距弧加減之，得初虧復圓交周。減得初虧，加得復圓。乃以本天半徑爲一率，黄白大距之正弦爲二率，初虧復圓交周之正弦各爲三率，各求得四率爲正弦。江氏永曰：「亦如求食甚距緯之法。」檢表，得初虧復圓距緯。交周初宫五宫爲緯北，六宫十一宫爲緯南。又以併徑之正弦爲一率，初虧復圓距緯正弦各爲二率，半徑千萬爲三率，求得四率爲正弦。江氏永曰：「併徑對直角，距緯對緯差角，故皆以正弦比例。」檢表，得初虧復圓緯差角，各與黄道高弧交角相加減，爲初虧復圓定交角。太陰在限東，初虧緯南則加，緯北則減。太陰在限西，初虧緯南則減，緯北則加。復圓加減，反是。江氏永曰：「影上所作之交角，限東在左下，限西在右下。而月入影皆從右出，影皆從左。其以緯差角加減交角也，限東，視其右上之對角，初虧緯南，白道在下，則兩角加大。緯北，白道在上，則對角減小矣。限西，視其右下之本角，初虧緯南，白道在下，本角減小。緯北，白道在上，本角加大。復圓相反，倣此可知。」若初虧復圓，無緯差角，江氏永曰：「正當交點也。」即以黄道高弧交角爲定交角。

求初虧復圓方向。食在限東者，初虧復圓定交角在四十五度以内，初虧下偏左，復圓上偏右；四十五度以外，初虧左偏下，復圓右偏上；適足九十度，初虧正左，復圓正右；過九十度，初虧左偏上，復圓右偏下。食在限西者，初虧復圓定交角在四十五度以內，初虧上偏左，復圓下偏右；四十五度以外，初虧左偏上，復圓右偏下；適足九十度，初虧正左，復圓正右；過九十度，初虧左偏下，復圓右偏下。江氏永曰：「近地平則交角小，近限則交角大。正當限適足九十度。有過之者，因緯南緯北有加也。月體不可分東西而可分左右，其偏正上下，分爲八向，皆視定交角度也。」

求帶食。以本日日出或日入時分，初虧或食甚在日出前者，爲帶食出地；食甚或復圓在日入後者，爲帶食入地。帶食出地者用日出分，帶食入地者用日入分。與食甚時分相減，餘爲帶食距時。以小時化秒爲一率，小時月距日實行化秒爲二率，帶食距時化秒爲三率，求得四率爲秒。以度分收之，爲帶食距弧。江氏永曰：「地平距食甚之弧也。日出帶食在西者，初虧未食甚，食甚點在地平上；食甚未復圓，食甚點在地平下。日入帶食在東者，初虧未食甚，食甚點在地平下；食甚未復圓，食甚點在地平上。」又以半徑千萬爲一率，帶食距弧之餘弦爲二率，食甚距緯之餘弦爲三率，求得四率爲餘弦。檢表，得對食兩心相距之弧，江氏永曰：「月心與影心相距也。正當食甚時，距緯即兩心相距，因帶食有距弧，或初虧未至食甚，或食甚未至復圓，則兩心相距必大於食甚距緯，別成斜弧，帶食距弧與距緯相交成直角，直角與兩心相距弧對，求法當以一半徑三餘弦爲比例。」乃以太陰全徑爲一率，十分爲二率，併徑內減帶食兩心相距餘爲三率，求得四率爲帶食分秒。

求各省月食時刻。以京師月食時刻，按各省東西偏度加減之。與推各省節氣時刻法同。江氏永曰：「月食分秒無異，惟時刻西早而東晚。」

求各省月食方向。以各省赤道高度及各省

時刻，如法推之。江氏永曰：「先以各省偏度，加減食甚時，乃依求黄道地平交角以下四條推之。」

蕙田案：以上推月食法。

推日食法

用數

太陽實半徑，五百〇七。餘詳月食。江氏永曰：「地半徑設一百，太陽半徑大於地半徑五倍零七，故爲五百零七。」

求天正冬至。詳日躔。

求首朔。詳月食。

求太陽入食限。與月食求逐月望平交周之法同，惟不用望策，即爲逐月朔平交周。視某月交周入可食之限，即爲有食之月。交周自五宫九度〇八分至六宫八度五十一分，又自十一宫二十一度〇九分至初宫二十度五十二分，皆爲可食之限。江氏永曰：「陰律二十度五十二分，陽律八度五十一分，此虚寬可食之限。日食限，陰律度多，陽律度少，由人在地面視月有視差。月不當天頂，則視之恒降而下。初宫五宫，月在黄道北，去交尚遠，實度本不食，視度減之則見食；六宫十一宫，月在黄道南，去交近，實度本當食，視度加之反不見食矣。後推三差詳之。」

求平朔。與月食求平望之法同，惟不加望策，後三條同。

求太陽平行。

求太陽平引。

求太陰平引。

求太陽實引。

求太陰實引。

求實朔。

求實交周。以上四條，皆與月食法同，惟食限不同。實交周自五宫十一度四十五分，至六宫六度十四分，又自十一宫二十三度四十六分，至初宫十八度十五分，爲的食限。實交周入此限者爲有食，不入限者不必布算。然亦有入限而不食者，因三差故也。後詳之。江氏永曰：「陰律十八度十五分，陽律六度十四分，爲的食限。」

求太陽黃赤實經度。與月食法同。下二條倣此。

求實朔用時。實朔用時在日出前或日入後五刻以内，可以見食。五刻以外，全在夜，不必布算。江氏永曰：「五刻以内，可見帶食。」

求食甚用時。與月食求食甚時刻法同。按月食無視差，故以食甚距時加減實望用時，即得食甚時刻。若日食，則視差多端，其時刻因之進退，故復有近時、定時之求。此則只名用時也。此後則因用時求視差，以推定時。

求用時春秋分距午赤道度。以太陽赤道經度減三宫，不足減者加十二宫減之。爲太陽距春分後赤道度。又以食甚用時變爲赤道度加減半周，過半周者減去半周，不及半周者加半周。江氏永曰：「過半周者午正後，不及半周者午正前。」爲太陽距午正赤道度。兩數相加，滿全周去之。其數不過象限者，爲春分距午西赤道度；過一象限者，與半周相減，餘爲秋分距午東赤道度。過二象限者，則減去二象限，餘爲秋分距午西赤道度。過三象限者，與全周相減，餘爲春分距午東赤道度。江氏永曰：「如用時爲巳正，赤道度一百五十度，加半周一百八十度，爲三百三十度。假令太陽距春分二十度，相加三百五十度，是過三象限，與全周相減，餘十度，爲春分距午東赤道度。如太陽距春分四十度，相加三百七十度，滿全周去之，餘十度，是不過象限，爲春分距午西赤道度。過一象限、過二象限倣此。」

求用時春秋分距午黃道度。以黃赤大距之餘弦爲一率，江氏永曰：「黃赤大距之餘弦，九一七一二。」本天半徑爲二率，用時春秋分距午赤道度之正切爲三率，求得四率爲正切。檢表，得用時春秋分距午黃道度。江氏永曰：「此即月離太陰出入時刻條黃求赤之法反用之也。八線之理，餘弦與半徑，若半徑與正割，如欲用半徑爲法以省除，則以本天半徑爲一率，黃赤大距之正割一○九○三七爲二率。」

求用時午位黃赤距緯。以本天半徑爲一率，黃赤大距之正弦爲二率，江氏永曰：「黃赤大距之正弦，三九八六二。」用時春秋分距午黃道度之正弦爲三率，求得四率爲正弦。檢表，得用時午位黃赤距緯。江氏永曰：「此以大股大句比小股小句也。」

求用時黃道與子午圈交角。以用時春秋分距午黃道度之正弦爲一率，本天半徑爲二率，用時春秋分距午赤道度之正弦爲三率，求得四率爲正弦。檢表，得用時黃道與子午圈交角。江氏永曰：「午圈交赤道，成直角，則有半徑正弦與黃道弧對，而赤道弧則對黃道午圈交角者也，故皆以正弦比例。如欲易半徑爲一率以省除，則以春秋分距午黃道度之餘割爲二率。」

求用時午位黃道宮度。置用時春秋分距午黃道度，視春分在午西者加三宮，秋分在午西者加九宮，春分在午東者與三宮相減，秋分在午東者與九宮相減，得用時午位黃道宮度。江氏永曰：「午位黃道宮度，從冬至初宮起，故如此加減。」

求用時午位黃道高弧。以用時午位黃赤距緯，與赤道高弧北極高度減象限之餘。江氏永曰：「如極高四十度，與九十度相減，餘五十度。」相加減，得用時午位黃道高弧。黃道三宮至八宮則相加，九宮至二宮則相減。江氏永曰：「春分後北緯，故加；秋分後南緯，故減。」

求用時黃平象限距午度分。以用時黃道與子午圈交角之餘弦爲一率，本天半徑爲二率，用時午位黃道高弧之正切爲三率，求得四率爲正切。檢表，得度與九十度相減，餘爲用時黃平象限距午度分。江氏永曰：「黃道在地平上恒半周，其九十度限爲最高之處，謂之黃平象限。一日，惟春秋分二點正當地平時，九十度限在正午。若春秋分在地平上，此限或在午東，或在午西。日食推食分食時之差，先求此限所在爲要。既求得黃道與子午圈交角爲一角，午位黄道高弧爲一邊，又有子午圈交地平之直角，是爲兩角夾一邊，求對直角之黄弧，亦如前春秋分距午黄道度之法求之。如欲用半徑爲一率以省除，則以黄道與子午交角之正割爲二率也。求得四率，爲午位黄道距地平之度，與九十度相減，則得限距午度分，春分在地平上，限在午東；秋分在地平上，限在午西。」

求用時黄平象限宫度。以用時黄平象限距午度分，與用時午位黄道宫度相加減，得黄平象限宫度。午位黄道宫度，初宫至五宫爲加，❶六宫至十一宫爲減。若午位黄道高弧過九十度，則反其加減。江氏永曰：「初宫至五宫，春分在地平上；六宫至十一宫，秋分在地平上。午位黄道高弧過九十度者，極高二十三度半以下之方也。北向視日，故反其加減。」

求用時月距限。以太陽黄道經度與用時黄平象限宫度相減，餘爲月距限度。隨視其距限之東西，太陽黄道經度大於黄平象限宫度者爲限東，小者爲限西。江氏永曰：「此時未求東西差，太陽黄道經度，即太陰黄道經度。」

求用時限距地高。以本天半徑爲一率，用時黄道與子午圈交角之正弦爲二率，用時午位黄道高弧之餘弦爲三率，求得四率爲餘弦。檢表，得用時限距地高。江氏永曰：「限距地高，即黄道地平交角。此以兩角夾一邊，求對邊之角也。午位黄道高弧，即午位黄道距天頂之餘度。限距地高，即限距天頂之餘度。如從天頂算之，則爲半徑與黄道子午圈交角之正弦。若午位黄道距天頂之正弦與限距天頂之正弦以減象限，而得限距地高，此用高弧算之，故用餘弦。此兩餘弦，即彼兩正弦也。從天頂算，亦有半徑正弦者。黄極出線過天頂，至黄平象限，成直角。黄極出線至黄道，無非直角。他處不過天頂，惟交黄平象限乃過天頂。月食求黄道地平交角，既得春秋分距地平赤道度後，三求可得。此須委曲求之者，必求黄平象限故也。」

求用時太陰高弧。以本天半徑爲一率，用時限距地高之正弦爲二率，用時月距限之

❶「五」，原作「午」，據文義改。

餘弦爲三率，求得四率爲正弦。檢表，得用時太陰高弧。江氏永曰：「高弧交地平爲直角，與月距地平黄道度之弧對，而限距地高即黄道地平交角，與所求高弧對。皆以正弦比例。此用月距限之餘弦，即月距地平黄道度之正弦也。」

求用時黄道與高弧交角。以用時月距限之正弦爲一率，用時限距地高之餘切爲二率，本天半徑爲三率，求得四率爲正切。檢表，得用時黄道與高弧交角。江氏永曰：「從天頂出線，交黄道經度，至地平之角也。有月距地平黄道度爲一邊，有限距地高，即黄道地平交角，又有太陰高弧交地平爲直角，是以兩角與對直角之邊而求又一角，法當以月距地平黄道度之餘弦爲一率，此用月距限之正弦，即月距地平黄道度之餘弦也。此角作之於日體上角，當日心角度在邊，食在限東，角在日之左下，在限西，角在日之右下。」

求用時白道與高弧交角。置用時黄道與高弧，以黄白交角即朔望黄白大距度。江氏永曰：「朔望黄白大距，四度五十八分三十秒，近五度。」加減之，交周初宫十一宫月距，限東則加，限西則減。交周五宫六宫反是。江氏永曰：「初宫十一宫爲正交，白道自南而交入於北。五宫六宫爲中交，白道自北而交出於南。月體偏南，以南爲下，北爲上。月距限東者，交角向東南。黄道西高而東下，遇正交，逆其勢，白道昂而出於上，則黄道高弧交角本小者，增大約五度矣。遇中交，順其勢，白道愈低而下，則交角愈變小，減約五度矣。月距限西者，交角向西南。黄道東高而西下，遇正交，順其勢，交角愈小；遇中交，逆其勢，交角變大。此東西加減之理也。」得用時白道與高弧交角。如過九十度者，限東變爲限西，限西變爲限東。不足減者，反減之。限距地高在天頂北者，白平象限變爲天頂南；限距地高在天頂南者，白平象限變爲天頂北。江氏永曰：「白道高弧交角適足九十度者，正當白道限處，即白平象限也。如黄道交角已有八十五度一分半，加入四度五十八分半，滿九十度，則無東西差。若過九十度，則交角改向，本在東南者，變爲西南，而月在限西；本在西南者，變爲東南，而月在限東；本用加者，變而減矣；不足減者，反減之。此謂月距限甚近地平，黄道交角不及四度五十八分半，則置黄白距度，而以黄道交角反減之。黄平象限近天頂，有白道之加減，能變北爲南，南爲北也。交角與距限相因，限近者交角大，限遠者交角小。後求東西差，其關鍵在交角之餘弦。既得白道高弧交角，則可不必求白平象限矣。日食加時，古法以正午爲限，午後先會後食時用加，午前先食後會時用減，正午則無加減。此未明九十度限之理也。九十度限，黄道在地平上最高之處，日月距限有遠近，黄道高弧交角由此變，時差多少由此生，非以正午爲限也。一日之間，惟春秋分二點正當地平，限與午圈合爲一，其餘皆在午東午西。距午度分多少，又視極之高下。極高四十度之地限距午最多者，二十四度有奇。如用古法，則食時近午前，或在限西，當加者誤減之；食時近午後，或在限東，當用減者誤加之矣。西法始以黄道九十度爲限，然猶未密也。日食由月掩，月之視差又大，當論白道之九十度限，乃爲親切。白平象限在黄平象限之左右，朔望時黄白交角四度五十八分半，即是二限相距之度分。既以黄平象限求得黄道高弧交角，乃以黄白交角加減之，而得白道高弧交角，以爲後求東西差之用，於理爲盡，於法爲最密。」

求太陽距地。詳月食求地影半徑條。

求太陰距地。詳月食求太陰半徑條。

求用時高下差。以地半徑爲一邊，江氏永曰：「地半徑，一百。」太陽太陰距地爲一邊，用時太陰高弧與九十度相減爲所夾之角，江氏永曰：「太陰距天頂之度也。太陽之地半徑差小，食時日月相去甚近，故求太陽地半徑差，亦同用太陰之高弧，雖微有高下，不論也。」求得對地半徑之角，爲太陽太陰地半徑差。用太陽距地爲邊，求得者，爲太陽地半徑差。用太陰距地爲邊，求得者，爲太陰地半徑差。江氏永曰：「日食有東西南北差，皆生於高下差。高下差由於地半徑歷所算食甚時當食幾分者，地心視日月也。人從地面視日月，非正當天頂，則有差。從地心出線，指日月，又從地面出線，指日月，并地半徑線直上，至人所立處，爲三邊，自地平以上，皆爲斜平三角形。求對地半徑之角，有本法，有捷法。本法：作垂線，分爲兩句股形，先求垂線爲小股，本天半徑爲一率，夾角之正弦爲二率，地半徑爲三率，求得四率爲垂線。次及小句，以本天半徑爲一率，夾角之餘弦爲二率，地半徑爲三率，求得四率爲小句。以小句減日月距地線，餘爲大句。乃以大句爲一率，垂線爲二率，本天半徑爲三率，求得四率爲正切。檢表，得對地半徑之角。捷法：用切線分外角法求之，以夾角減半周，餘爲外角，折半，檢表，取正切線，以地半徑與日月距線相加爲一率，相減爲二率，半外角正切爲三率，求得四率爲正切。檢表，得半較角。以半較減半外角，其餘即對地半徑之角。本欲求視日月之差角，今反求對地半徑之角何也？此倒算法也。凡角相對者必等，地面、地心視日月之差，猶從日月視地面、地心之差也。」兩地半徑差相減，餘爲用時高下差。江氏永曰：「日遠月近，日差小，近地平三分有奇。月差大，近地平一度有奇。兩差相減，乃爲高下差。」

求用時東西差。以本天半徑爲一率，用時白道高弧交角之餘弦爲二率，用時高下差之正切爲三率，求得四率爲正切。檢表，得用時東西差。江氏永曰：「日月正當白平象限，則高下差即爲南北差，而無東西差。有距限，則有東西差，有南北差。三差似句股形，高下差爲弦，南北差爲股，東西差爲句。直角對高下差，交角對南北差，餘角對東西差。直角者，從白極出線，過原月心，至視白道，成直角也。交角者，從天頂出線，過原月心，至視白道，與白道交，即白道高弧交角之對角也。餘角者，原月心距極、距頂二線相交之角也。高下差在距頂線上，南北差在距白極線上，東西差在視白道線上。如白道過天頂北者，距極線先過降下之視白道，而後至原白道，東西差在原白道上也。餘角對東西差，故以交角餘弦爲比例。交角小者，餘弦大，東西差多；交角大者，餘弦小，東西差少。至滿九十度，則餘弦與半徑等，兩正切亦等，而無東西差矣。」

求食甚近時。以月距日實行化秒爲一率，江氏永曰：「前求食甚用時所得。見月食求食甚時刻條。」小時化秒爲二率，用時東西差化秒爲三率，求得四率爲秒。以時分收之，爲近時距分。江氏永曰：「近地平距分，大者過六十分。」以加減食甚用時，用時月距限西則加，限東則減。仍視白道高弧交角變限不變限爲定。江氏永曰：「變限雖西亦減，東亦加。舊法未用白道高弧交角，則有加誤爲減，減誤爲加者矣。」得食甚近時。按近時已較用時爲親切矣，然視差頃刻變幻，其時刻猶未可定，故復因近時求視差，以推定時。

求近時春秋分距午赤道度。以食甚近時變赤道度求之，餘與前用時之法同。後諸條倣此。但皆用近時所當度數立算。

求近時春秋分距午黄道度。

求近時午位黄赤距緯。

求近時黄道與子午圈交角。

求近時午位黄道宫度。

求近時午位黄道高弧。

求近時黄平象限距午度分。

求近時黄平象限宫度。

求近時月距限。置太陽黄道經度，加減用時東西差，依近時距分加減號。爲近時太陰黄道經度，與近時黄平象限宫度相減，爲近時月距限度。餘與前同。

求近時限距地高。

求近時太陰高弧。

求近時黄道與高弧交角。

求近時白道與高弧交角。

求近時高下差。

求近時東西差。

求食甚視行。以用時東西差倍之，減近時東西差，餘爲視行。江氏永曰：「此爲求定時距分比例設也。假令用時東西差三十分，近時東西差三十一分，則近時比用時多一分矣。夫月距日，此時三十分而多一分，則由近時至定時月行三十分，又必多一分，并前爲二分，其數恒倍。故於用時東西差先倍之，然後減之，而以其餘爲視行。如用時東西差三十分，倍之六十分，減去近時三十一分，餘二十九分，爲視行。如近時差分少於用時差分，亦倍而減之，而視行大於用時差分。」

求食甚定時。以視行化秒爲一率，近時距分化秒爲二率，用時東西差化秒爲三率，求得四率爲秒。以時分收之，爲定時距分。江氏永曰：「視行化秒與用時東西差化秒，相較之差，猶近時距分與定時距分相較之差也。」以加減食甚用時，得食甚定時。加減與近時距分同。江氏永曰：「加減法，見前求食甚近時條。」按食甚時刻，須求時差而定，則食分之深淺，亦必因視差而變。故復因定時求視差，以定食分。

求定時春秋分距午赤道度。以食甚定時變赤道度求之，餘與用時之法同。後諸條倣此。但皆用定時所當度數立算。

求定時春秋分距午黃道度。

求定時午位黃赤距緯。

求定時黃道與子午圈交角。

求定時午位黃道宮度。

求定時午位黃道高弧。

求定時黃平象限距午度分。

求定時黃平象限宮度。

求定時月距限。置太陽黃道經度，加減近時東西差，依定時距分加減號。爲定時太陰黃道經度。餘同前。江氏永曰：「定時太陰黃道經度，與定時黃平象限宮度相減，爲定時月距限度。」

求定時限距地高。

求定時太陰高弧。

求定時黃道與高弧交角。

求定時白道與高弧交角。

求定時高下差。

求定時東西差。

求定時南北差。江氏永曰：「前未得定時，不必求南北差。至此然後求之，以定食分。」以本天半徑爲一率，定時白道高弧交角之正弦爲二率，定時高下差之正弦爲三率，求得四率爲正弦。檢表，得定時南北差。江氏永曰：「東西南北差，皆因月有距限度，從高下差而生。其理與其形象已解，見求用時東西差條。凡四率皆用正弦者，角與邊相對也。半徑即直角之正弦。此直角對高下差，白道高弧交角對南北差，故如此求之。」

求食甚視緯。依月食求食甚距緯法推之，

得實緯。江氏永曰：「以本天半徑爲一率，黄白大距之正弦爲二率，實交周之正弦爲三率，求得四率爲正弦。檢表，得實緯。按食甚定時有東西差，則太陰距交亦有進退，而求實緯必仍用原算之實交周正弦爲三率。實交周者，實朔用時、太陰距交之白道度也，至以定時南北差加減之爲視緯，則距交進退之度，亦在其中矣。」以定時南北差加減之，爲食甚視緯。白平象限在天頂南者，實緯在黄道南則加，而視緯仍爲南；在黄道北則減，而視緯仍爲北。若實緯在北，而南北差大於實緯則反減，而視緯變爲南。白平象限在天頂北者，實緯在黄道北則加，而視緯仍爲北；在黄道南則減，而視緯仍爲南。若南北差大而反減者，視緯即變南爲北。江氏永曰：「交周初宫五宫爲北，六宫十一宫爲南。反減者，以實緯減南北差也。人在地面視月，恒降而下，月在天頂北，則降下於北，實緯多者反少，少者反多，故加減相反。」

求太陽半徑。以太陽距地爲一率，江氏永曰：「求太陽距地，見月食求地影半徑條。」太陽實半徑爲二率，本天半徑爲三率，求得四率爲正弦。檢表，得太陽半徑。江氏永曰：「舊表，最小者十五分，最大者十五分三十秒。」

求太陰半徑。詳月食。

求食分。以太陽全徑爲一率，十分爲二率，江氏永曰：「分太陽全徑爲十分，但以直徑線上截之，未論圓容之積也。月食亦然。」太陽、太陰兩半徑併内減食甚視緯餘爲三率，求得四率，即食分。江氏永曰：「一分又分六十秒。視緯之餘，亦當化分爲秒。求得四率，以分收之，其餘爲秒。」

求初虧復圓用時。以食甚視緯之餘弦爲一率，併徑太陽、太陰兩半徑併。之餘弦爲二率，半徑千萬爲三率，求得四率爲餘弦。檢表，得初虧復圓距弧。江氏永曰：「初虧至食甚之弧，食甚至復圓之弧也。」用餘弦之理。解見月食。又以月距日實行化秒爲一率，小時化秒爲二率，初虧復圓距弧化秒爲三率，求得四率爲秒。以時分收之，爲初虧復圓距時，以加減食甚定時，得初虧復圓用時。減得初虧，加得復圓。

求初虧春秋分距午赤道度。以初虧用時變赤道度求之，餘如前法。後諸條倣此。但皆用初虧所當度數立算。

求初虧春秋分距午黄道度。

求初虧午位黄赤距緯。

求初虧黄道與子午圈交角。

求初虧午位黄道宫度。

求初虧午位黄道高弧。

求初虧黄平象限距午度分。

求初虧黄平象弦宫度。

求初虧月距限。置太陽黄道經度，減初虧復圓距弧，又加減定時東西差，依定時距分加減號。得初虧太陰黄道經度。餘同前。江氏永曰：「太陰黄道經度大於黄平象限者爲限東，小者爲限西。」

求初虧限距地高。

求初虧太陰高弧。

求初虧黄道與高弧交角。

求初虧白道與高弧交角。

求初虧高下差。

求初虧東西差。

求初虧南北差。

求初虧視行。以初虧東西差與定時東西差相減併初虧、食甚同限則減，初虧限東、食甚限西則併。江氏永曰：「食近限則有變限。日月左旋，故初虧限東，食甚限西。復圓倣此。」爲差分，以加減初虧復圓距弧，爲視行。相減爲差分者，食在限東。初虧東西差大則減，小則加。食在限西，反是。相併爲差分者，恒減。江氏永曰：「初虧視食甚，却而西，其加減宜如此。」

求初虧定時。以初虧視行化秒爲一率，初虧復圓距時化秒爲二率，初虧復圓距弧化秒爲三率，求得四率爲秒。以時分收之，爲初虧距分，江氏永曰：「有餘爲秒。」以減食甚定時，得初虧定時。江氏永曰：「初虧、復圓，用時已近密矣，而視差頃刻有變，故復以兩東西差求定時，爲最密。」

求復圓春秋分距午赤道度。以復圓用時變赤道度求之，餘如前法。後諸條倣此。但皆用復圓所當度數立算。

求復圓春秋分距午黄道度。

求復圓午位黄赤距緯。

求復圓黄道與子午圈交角。

求復圓午位黄道宫度。

求復圓午位黄道高弧。

求復圓午位黄平象限度分。

求復圓黄平象限宫度。

求復圓月距限。置太陽黄道經度，加初虧復圓距弧，又加定時東西差，依定時距分加減號。得復圓太陰黄道經度。餘前同。

求復圓限距地高。

求復圓太陰高弧。

求復圓黄道與高弧交角。

求復圓白道與高弧交角。

求復圓高下差。

求復圓東西差。

求復圓南北差。

求復圓視行。以復圓東西差與定時東西差相減併爲差分，復圓、食甚同限則減，食甚限東、復圓限西則併。以加減初虧復圓距弧，爲視行。相減爲差分者，食在限東，復圓東西差大則加，小則減。食在限西反是。相併爲差分者則恒減。江氏永曰：「復圓視食甚，進而東，則加減宜如此。」

求復圓定時。以復圓視行化秒爲一率，初虧復圓距時化秒爲二率，初虧復圓距弧化秒爲三率，求得四率爲秒。以時分收之，爲復圓距分，以加食甚定時，得復圓定時。

求食限總時。以初虧距時與復圓距時相併，即得食限總時。

求太陽黄赤宿度。與月食同。

求初虧復圓定交角。求得初虧復圓各視緯，與食甚法同。江氏永曰：「置食甚交周，以初虧、復圓距弧加減之，得初虧、復圓交周。乃以本天半徑爲一率，黄白大距之正弦爲二率，初虧、復圓交角之正弦各爲三率，各求得四率爲正弦。檢表，得初虧、復圓實緯，各以初虧、復圓南北差加減之，爲視緯。加減法，詳食甚視緯。實交周加減升度差，即爲食甚交周。求法見月食食甚時刻條。此用食甚交周者，初虧、復圓距弧皆黄道上度分故也。」以求緯差角，江氏永曰：「太陽、太陰兩半徑之正弦爲一率，初虧、復圓視緯之正弦各爲二率，半徑千萬爲三率，求得四率爲正弦。檢表，得初虧、復圓緯差角。」各與黄道高弧交角相加減，爲初虧及復圓之定交角，法與月食同。江氏永曰：「太陽體上作十字交角，限東在左下，限西在右下。而月虧，日皆從右，復圓皆從左。其以緯差角加減交角也，限東視其右上之對角，初虧緯南，白道在下，對角加大，緯北白道在上，對角減小。限西視其右下之本角，初虧緯南，白道在下，本角減小，緯北白道在上，本角加大。復圓加減反此。」

求初虧、復圓方向。食在限東者，初虧、復圓定交角在四十五度以內，初虧上偏右，復圓下偏左；四十五度以外，初虧右偏上，復圓左偏下；適足九十度，初虧正右，復圓正左；過九十度，初虧右偏下，復圓左偏上。食在限西者，初虧、復圓定交角在四十五度以內，初虧下偏右，復圓上偏左；四十五度以外，初虧右偏下，復圓左偏上；適足九十度，初虧正右，復圓正左；過九十度，初虧右偏上，復圓左偏下。京師北極高四十度，黄平象限在天頂南，故其方向如此。若北極高二三十度以下，黄平象限有時在天頂北，則方向與此相反。江氏永曰：「日體不可分東西而可分左右，其方向與月食相反。」

求帶食。以初虧、復圓距時化秒爲一率，初虧、復圓視行化秒爲二率，帶食在食甚前，用初虧視行；帶食在食甚後，用復圓視行。帶食距時以食甚定時，如月食法求之。江氏永曰：「初虧或食甚在日出前者，爲帶食出地；食甚或復圓在日入後者，爲帶食入地。帶食出地者用本日日出時分，帶食入地者用本日日入時分，與食甚時分相減，餘爲帶食距時。」化秒爲三率，求得四率爲秒。以度分收之，爲帶食距弧。江氏永曰：「地平距食甚之弧也。帶食出地者，初虧未食甚，食甚點在地平下；食甚未復圓，食甚點在地平上。帶食入地者，初虧未食甚，食甚點在地平上；食甚未復圓，食甚點在地平下。」又以半徑千萬爲一率，帶食距弧之餘弦爲二率，食甚視緯之餘弦爲三率，求得四率爲餘弦。檢表，得對食兩心相距。江氏永曰：「正當地平時，日月兩心相距也。食甚時視緯，即兩心相距。因帶食有距弧，則兩心相距必大於視緯，別成斜弧，帶食距弧與視緯相交成直角，而兩心相距之弧與直角對。求法，當以一半徑三餘弦爲比例也。」乃以太陽全徑爲一率，十分爲二率，併徑内減對食兩心相距餘爲三率，求得四率爲帶食分秒。江氏永曰：「求帶食，論本法當如此。而日月近地平，恒有青蒙氣掩映。蒙氣能升卑爲高，日未出地，或已入地，而猶在地平上。又能展小爲大，如此則加時早晚，食分多少，有與原算不合者矣。不必帶食，即正食時近地平，在蒙氣内者亦然。蒙氣高卑厚薄，各隨其方，須積候之久，以意消息。又或隨日隨時有游氣，謂之本氣，雖近天頂亦然。故日食三差之外，猶有三差：一曰青蒙氣差，一曰青蒙徑差，一曰本氣徑差。此非法所能御，故不論也。月食亦然。」

求各省日食時刻及分。以京師食甚用時，按各省東西偏度加減之，得各省食甚用時。江氏永曰：「偏東一度，遲時之四分；偏西一度，早時之四分。」乃按各省北極高度，如法推近時、定時食分，及初虧復圓定時，即得。江氏永曰：「推算止及各省治。細論之，各府州縣，亦不同也。」

求各省日食方向。以各省黄道高弧交角及初虧、復圓視緯，如法求之即得。

蕙田案：以上推日食法。

右推步法中。

五禮通考卷第一百九十六

淮陰吴玉搢校字

五禮通考卷第一百九十七

内廷供奉禮部右侍郎金匱秦蕙田編輯
太子太保總督直隸右都御史桐城方觀承同訂
翰林院編修嘉定錢大昕
按察司副使元和宋宗元參校

嘉禮六十八

觀象授時

《會典·推木、火、土三星法》：

土星用數：

土星，每日平行一百二十〇秒六〇二二五五一。

江氏永曰：「土星距地最遠，行最遲。算土、木、火三星平行之法，用前後兩測取其距恒星之度分等，距太陽之遠近左右亦等，乃計其前後相距中積若干時日，及星行滿次輪若干周，即可得其平行之率。《新法算書》載古測定二萬一千五百五十一日又十分日之三，土星行次輪五十七周。置中積日分爲實，星行次輪周數五十七爲法，除之，得周率三百七十八日零一百分日之九分二九八二。乃以每周三百六十度爲實，周率三百七十八日零爲法，除之，得五十七分零七秒四十二微四十一纖四十四忽三十三芒，爲每日土星距太陽之行，與每日太陽平行五十九分零八秒一十九微四十九纖五十一忽三十九芒相減，餘二分零三十六微零八纖零七忽零六芒，爲每日土星平行經度。凡星平行者，本輪心平行於本天也。」

最高，每日平行十分秒之二又一九五八〇三。

江氏永曰：「諸星皆有本輪，即有最高。最高即有行度，猶太陽之最卑行，太陰之月孛行也。其行右旋。」

正交，每日平行十分秒之一又一四六七

二八。

江氏永曰：「諸星各有本道，與黄道交。正交者，自南而交，入於北也。交行左旋。」

本天半徑，一千萬。

江氏永曰：「各本天大小極不等，半徑恒設一千萬者，整數便算也。欲得其距地之數，以太陽距地高卑之中數，與次輪半徑，較而可知。如太陽距地一千一百四十一，地半徑而土星次輪一百零四萬有奇，則本天半徑比太陽本天半徑，約大十倍弱也。木、火本天倣此。」

本輪半徑，八十六萬五千五百八十七。

均輪半徑，二十九萬六千四百一十三。

江氏永曰：「本輪之心在本天，均輪之心在本輪，本輪左旋，均輪右旋。均輪半徑，比本輪半徑三之一而稍强。」

次輪半徑，一百〇四萬二千六百。

江氏永曰：「次輪所以載星而右旋，其頂合日，其底衝日，其心在均輪上。次輪原與太陽本天等大，因星之本天甚大，故其半徑僅當本天半徑十之一有奇。」

本道與黄道交角二度三十一分。

江氏永曰：「猶黄道與赤道，白道與黄道有距度也。諸交角倣此。」

土星平行應，七宫二十三度十九分四十四秒五十五微。

江氏永曰：「曆元，天正冬至次日壬申子正時，土星平行宫度也。諸應倣此。」

最高應，十一宫二十八度二十六分〇六秒〇五微。

正交應，六宫二十一度二十〇分五十七秒二十四微。

木星用數：

木星，每日平行二百九十九秒二八五二一九六八。

江氏永曰：「測木星平行之法，亦用前後兩測，與土星同。《新法算書》載古測定二萬五千九百二十七日又千分日之六百一十七。木星行次輪六十五周，置中積日分爲實，星行次輪周數六十五爲法，除之，得周率三百九十八日零十分日之八分八六四一五，乃以每周三百六十度爲實，周率三百九十八日零爲法，除之，得五十四分零九秒零二微四十二纖四十七忽三十二芒，爲每日木星距太陽之行，與每日太陽平行相減，餘四分五十九秒一十七微零七纖零四忽零七芒，爲每日木星平行經度。」

最高，每日平行十分秒之一又五八四三三。

正交，每日平行百分秒之三又七二三五五七。

本天半徑，一千萬。

本輪半徑，七十萬五千三百二十。❶

均輪半徑，二十四萬七千九百八十。

江氏永曰：「均輪半徑比本輪半徑三之一而强。」

次輪半徑，一百九十二萬九千四百八十。

江氏永曰：「次輪亦與太陽本天等大，半徑比本天半徑五之一而弱。」

本道與黄道交角，一度一十九分四十秒。

本星平行應，八宮〇九度一十三分一十三秒一十一微。

最高應，九宮〇九度五十一分五十九秒二十七微。

正交應，六宮〇七度二十一分四十九秒三十五微。

火星用數：

火星，每日平行一千八百八十六秒七七〇〇三五八。

江氏永曰：「測火星平行之法，亦用前後兩測，與土、木二星同。《新法算書》載古測定二萬八千八百五十七日又千分日之八百八十三。火星行次輪三十七周，置中積日分爲實，星行次輪周數三十七爲法，除之，得周率七百七十九日零十分日之九分四二七八三。乃以每周三百六十度爲實，周率爲法，除之，得二十七分四十一秒三十九微三十七纖四十三忽五十五芒，爲每日火星距太陽之行，與每日太陽平行相減，餘三十一分二十六秒四十微一十二纖零七忽四十四芒，爲每日火星平行

❶「七十」下，原有「〇」，據《曆象考成》下編卷六删。

經度。」

最高，每日平行十分秒之一又八三四三九九。

正交，每日平行十分秒之一又四四九七二三。

本天半徑，一千萬。

本輪半徑，一百四十八萬四千。

均輪半徑，三十七萬一千。

江氏永曰：「均輪半徑比本輪半徑四之一。」

最小次輪半徑，六百三十萬二千七百五十。❶

江氏永曰：「火星次輪，時時不同。本輪高而太陽又高者最大，本輪卑而太陽又卑者最小，二者皆在高卑之中，則與太陽本天等大。此設星在最卑，又當太陽行最卑，次輪最小半徑如此。」

本天高卑大差，二十五萬八千五百。

太陽高卑大差，二十三萬五千。

江氏永曰：「合兩大差，四十九萬三千五百，半之，二十四萬六千七百五十，加於最小次輪半徑，凡六百五十四萬九千五百，爲次輪不大不小之半徑，亦與太陽本天等大，而在本天只得三之二弱耳。」

本道與黄道交角，一度五十分。

火星平行應，二宮一十三度三十九分五十二秒十五微。

最高應，八宮初度三十三分一十一秒五十四微。

正交應，四宮一十七度五十一分五十四秒〇七微。

求天正冬至。詳日躔。

求本星平行。以積日詳月離。與本星每日平行相乘，滿周天秒數去之，餘數收爲宮度分，爲積日平行，以加平行應，得本星年根。上考往古，則置平行應，減積日平行。又置本星每日

❶「三十」下，原有「〇」，據《曆象考成》下編卷七删。

平行，以所設距天正冬至之日數乘之，得數與年根相併，得本星平行。

求最高平行。以積日與最高每日平行相乘，得數爲積日平行，以加最高應，得最高年根。上考往古，則置最高應，減積日平行。又置最高每日平行，以所設距天正冬至之日數乘之，得數與年根相併，得最高平行。

求正交平行。以積日與正交每日平行相乘，得數爲積日平行，以加正交應，得正交年根。上考往古，則置正交應，減積日平行。又置正交每日平行，以所設距天正冬至之日數乘之，得數與年根相併，得正交平行。

求初實行。置本星平行，減最高平行，得引數。江氏永曰：「本輪心平行，距最高之數，亦即均輪心左旋於本輪，距初宫初度之數也。」用直角三角形，江氏永曰：「小句股形也。」以本輪半徑内減去均輪半徑，爲對直角之邊。江氏永曰：「土星本輪半徑，八十六萬五千五百八十七，減均輪半徑，餘五十六萬九千一百七十四。木星本輪半徑，七十萬五千三百二十，減均輪半徑，餘四十五萬七千三百四十。火星本輪半徑，一百四十八萬四千，減均輪半徑，餘一百一十一萬三千。此邊爲小弦，從本輪心抵均輪底，與直角相對。」以引數爲一角，江氏永曰：「此角輳本輪心引數度，在本輪周，即其角之度。」求得對引數角之邊，江氏永曰：「此邊爲小句，用正弦比例，半徑千萬爲一率，引數度正弦爲二率，對直角之邊爲三率，求得四率爲對角之邊。從直角抵均輪底，與小弦相交。引數過象限以後，用二率之法。詳日躔實行條。」及對餘角之邊。江氏永曰：「此邊爲小股，用餘弦比例，半徑千萬爲一率，引數度餘弦爲二率，對直角之邊爲三率，求得四率爲對餘角之邊。從直角抵本輪心，用二率之法同上。」又用直角三角形，江氏永曰：「大句股形也。」以對引數角之邊與均輪之通弦相加，求通弦，詳月離。江氏永曰：「本輪左旋一度，均輪右旋兩度，故均輪上用通弦。通弦者，引數之倍度也。求法，半徑千萬爲一率，引數角之正弦爲二率，均輪半徑爲三率，求得四率，倍之，即通弦。火星均輪半徑得本輪半徑四之一，則對引數角之邊，三分去一，即爲通弦。」爲小邊，江氏永曰：「此邊爲大句，從本輪心横抵均輪，倍度之處，即次輪心所在。」以對餘角之邊，與本天半徑相加減，引數三宫至八宫相加，九宫至二宫相減。江氏永曰：「引數起最高。初宫在頂，六宫在底，當云『九宫至二宫相加，三宫至八宫相減』。此註偶誤。」爲大邊，直角在兩邊中。江氏永曰：「此邊爲大股。」求得對小邊之角，爲初均數。江氏永曰：「用切線比例，大邊爲一率，小邊爲二率，半徑千萬爲三率，求得四率爲正切。以正切檢表得角度，此角輳地心。」并求得對直角之邊，爲次輪心距地心線。爲求次均之用。江氏永曰：「從地心出斜線，至次輪心，爲大句股之弦。用割線比例，本天半徑爲一率，初均數度之正割爲二率，大邊爲三率，求得四率爲次輪心距地心線。」以初均數，加減本星平行，引數，初宫至五宫爲減，六宫至十一宫爲加。得初實行。江氏永曰：「次輪心所當本天之度也。次輪心距地心線，已過本天，截至本天，當其度未至本天，當引長之至本天當其度。」

求本道實行。置本日太陽實行，減初實行，得次引。即星距太陽度。江氏永曰：「土、木、火皆在太陽上，星與太陽合，伏在次輪之頂。自是逐日有距太陽度，其行右旋，距度即次輪上之宫度。」用三角形，江氏永曰：「斜三角也。」以次輪心距地心線爲一邊，次輪半徑爲一邊，惟火星次輪，時時不同，須加減用之。法詳後。江氏永曰：「火星與太陽有定距，故次輪因高卑而有大小。」次引爲所夾之外角，過半周者，與全周相減，用其餘。求得對次輪半徑之角，爲次均數。江氏永曰：「當用切線分外角法求之。兩邊相併爲一率，兩邊相減之餘爲二率，半外角切線爲三率，求得四率爲半較角切線。以半較角減半外角，其餘爲對次輪半徑之角。」并求得對次引角之邊，爲星距地心線。爲求視緯之用。江氏永曰：「此次引角，皆謂兩邊所夾之本角，從地心出斜線，指星對之次均角正弦爲一率，次引角正弦爲二率，次輪半徑爲三率，求得四率爲星距地心線。」乃以次均數加減初實行，次引，初宫至五宫爲加，六宫至十一宫爲減。得本道實行。江氏永曰：「星體行於本道也。」

求火星次輪半徑。以火星本輪全徑命爲二千萬。江氏永曰：「即最大之矢也。」爲一率，本天高卑大差爲二率，均輪心距最卑之矢爲三率，引數與半周相減，即均輪心距最卑度，不過象限，則以餘弦減半徑爲正矢；若過象限，以餘弦加半徑爲大矢。江氏永曰：「八線表無矢線，以餘弦加減半徑即得。」求得四率，爲本天高卑。又以太陽全徑亦命爲二千萬。江氏永曰：「太陽之本輪全徑。」爲一率，太陽高卑大差爲二率，本日太陽引數之矢爲三率，引數過半周者，與全周相減，用其餘。江氏永曰：「太陽引數起最卑。」求得四率，爲太陽高卑差。乃置火星次輪最小半徑，以兩高卑差加之，得次輪半徑。江氏永曰：「他星繞日，繞其本輪心耳。火日同類，獨以太陽實體爲心，故次輪大小，兼論太陽之高卑。」

求黄道實行。置初實行，減正交平行，得距交實行。次輪心距正交之度。乃以本天半徑爲一率，本道與黄道交角之餘弦爲二率，江氏永曰：「土星交角餘弦，九九九〇四。木星交角餘弦，九九九七三。火星交角餘弦，九九九四九。」距交實行之正切爲三率，求得四率爲正切。檢表得黄道度，與距交實行相減，餘爲升度差。以加減本道實行，距交實行，不過象限及過二象限，爲減；過象限及過三象限，爲加。得黄道實行。江氏永曰：「星行本道，與黄道相當之經度也。」

求視緯。以本天半徑爲一率，本道與黄道交角之正弦爲二率，江氏永曰：「土星交角正弦，〇四三九一；木星交角正弦，〇二三一七；火星交角正弦，〇三一九九。」距交實行之正弦爲三率，求得四率爲正弦。檢表爲初緯。江氏永曰：「此次輪心距交遠近之本緯也，正當交無緯，滿九十度緯最大，各如交角。」又以本天半徑爲一率，初緯之正弦爲二率，次輪心距地心線爲三率，求得四率爲星距黄道線。江氏永曰：「此次輪有高下，而初緯變在本天半徑之上者，緯加大，半徑之下者，緯變小。是爲星距黄道線。星者，通次輪言之，猶非星之實體也。」乃以星距地心線爲一率，星距黄道線爲二率，本天半徑爲三率，求得四率爲正弦。檢表得視緯。江氏永曰：「此人視星之緯也。星有高下，而距線又變，在本天半徑之上者距線變小，半徑之下者距線加大也。」隨定其南北。距交實行，初宫至五宫爲黄道北，六宫至十一宫爲黄道南。

求晨夕伏見定限度。置黄道實行，與太陽實行同宫同度爲合伏，合伏後距太陽漸遠，爲晨見東方。江氏永曰：「星遲日速，故在太陽之西而晨見。」順行，順行漸遲。江氏永曰：「星之本輪心，行于本天者，恒平行，無遲疾。人視星行於輪上，則有遲疾，且有順逆。合伏後行次輪上半之左次輪心，已隨本輪行，而星復向左行，則疾矣。近象限，其勢迤而下，則漸遲。」遲極而退，爲留退初。江氏永曰：「星行次輪至象限，其勢直下，似不行，而猶有本輪心之行。入下半，深近輪底，星之向右行度分，與輪之向左行度分相減適盡，則似不行而留。既留，則星右行之度分多於輪左行之度分，人視星爲退行矣。留之頃，即退之初，但積久乃及一度耳。舊法，星留數日，或數十日。其法粗疎，理不如此也。」退行距太陽半周爲退衝，江氏永曰：「當次輪之底，火星近退衝，割入太陽本天之内。」退衝之次日爲夕見。江氏永曰：「過衝在太陽之東，夕見東方。」退行漸遲，遲極而順，爲留順初。江氏永曰：「輪底向右之勢速，漸向上漸遲，輪左行度分與星右行度分相減適盡而留。既留，則輪左行之度分多於星右行之度分，復見爲順，留之頃即順之初。」順行漸疾，江氏永曰：「過三象限以上，輪左行而星亦向左，故漸疾。」復近太陽，以至合伏，爲夕不見。江氏永曰：「星近日爲陽光所爍，日入而星未見，日入地深而星亦没也。日夕星可見而星當地平，爲夕不見之始。」其伏見限度，土星爲十一度，木星爲十度，火星爲十一度三十分。江氏永曰：「因星體大小，約爲此限。」合伏前後某日，太陽實行與本星實行相距，近此限度，即以本日本星黃道實行，依日食法求得限距地高。江氏永曰：「黃道在地平上九十度之限，所謂黃平象限也。必求此限者，不得限距地高，則無黃道地平交角，不能算星距日黃道度也。求法，先依日躔篇，以本日太陽實行，查距緯，求得本日日出入時刻。如求晨見，用日出時刻，約減三刻。求夕不見，用日入時刻，約加三刻。次依月食篇，以本時黃道實經度，求赤道經度，乃依日食篇，以本時變赤道度，求本時春秋分距午赤道度，次求本時春秋分距午黃道度，次求本時午位黃赤距緯，次求本時黃道與子午圈交角，次求本時午位黃道高弧，次求本時限距地高，即黃道地平交角也。本時變赤道度以後，亦可依月食法，求之較省。徑伏見時，星在地平，太陽在地下，宜求地下之限距地。今求地上之限距地者，倒算借算法也。黃道在地平上與地下等。地上近南之限距地，即地下近北之限距地，故借地上倒算之。」乃用正弧三角形，江氏永曰：「有直角爲正弧。」有直角，江氏永曰：「置星於地平，設太陽在地上，從天頂出線，過太陽至地平，交成直角，猶太陽在地下，從天頂出線，過太陽至地平，交成直角也。」有黃道地平交角，即限距地高。有本星伏見限度爲對交角之弧，江氏永曰：「設太陽在地上，其高弧爲本星伏見限度。」求得對直角之弧，江氏永曰：「黃道地平交角之正弦爲一率，本天半徑爲二率，本星伏見限度之正弦，土一九〇八一，木一七三六五，火一九九三七，各爲三率，求得四率爲正弦，檢表得弧度。」爲距日黃道度。若星當黃道，無距緯，即爲定限度。又用正弧三角形有直角，江氏永曰：「有距緯從黃極出線，交黃道，成直角。」有黃道地平交角，以本星距緯爲對交角之弧，江氏永曰：「置星於地平，或緯南，或緯北，距緯直角設於地平上，距緯弧與直角相對。」求得兩角間之弧，江氏永曰：「兩角間之弧，無所對而已。有兩角一弧求法，本天半徑爲一率，黃道地平交角之餘切爲二率，距緯之正切爲三率，求得四率爲正弦，檢表得兩角間之弧。」爲加減差，以加減距日黃道度，緯南則加，緯北則減。江氏永曰：「從地平上視之，緯南爲減，緯北爲加。地下之南北相反，故南加北減。」得伏見定限度，視太陽與星相距度，近定限度如在合伏前某日，即爲某日夕不見；在合伏後某日，即爲某日晨見。

求合伏時刻。視太陽實行，將及星實行，爲合伏本日。已過星實行，爲合伏次日。求時刻之法，於太陽一日之實行內，減星一日之實行爲一率，江氏永曰：「同向東行，故相減。」餘與月離求朔望時刻之法同。江氏永曰：「日法爲二率，太陽距星爲三率，求得四率爲合伏時刻。」

求退衝時刻。以星黄道實行，與太陽實行相距，將及半周爲退衝本日；已過半周，爲退衝次日。求時刻之法，以太陽一日之實行，與本星一日之實行相加爲一率。江氏永曰：「一東一西，故相加。」餘同前。江氏永曰：「亦以日法爲二率，太陽距星爲三率。」

求交宫時刻。與月離同。

求同度時刻。以兩星一日之實行相加減爲一率，兩星同行則減，一順一逆則加。日法爲二率，兩星相距爲三率，求得四率，爲距子正之分數，以時刻收之即得。

求黄道宿度。與日躔同。江氏永曰：「亦以積年，乘差得數，加黄道宿鈐，以減本星黄道實行，餘爲本星所躔宿度。」

蕙田案：以上推土、木、火三星法。

推金、水二星法：

金星用數：

金星，每日平行三千五百四十八秒三三〇五一六九。

江氏永曰：「與太陽每日平行同五十九分零八秒奇也。金、水二星之本天，原在太陽本天之下，其次輪原與太陽本天等大，與上三星同理，而星行次輪有時在日上，有時在日下，繞日成圓象。離日不甚遠，不能衝日，則即借太陽之本天爲二星之本天，以太陽之平行爲二星之平行。而其繞日之圈，別爲伏見輪，亦曰次輪，其實借象亦借算也。上三星亦有繞日圈，以其甚大，不便用，則用歲輪本象算之。金、水亦自有本天，有歲輪，以其本天隱而伏見輪顯，則於伏見輪算之。」

最高，每日平行十分秒之二又二七一〇九五。

江氏永曰：「金、水正交與最高相距有定度，故不列正交行及正交應。」

伏見，每日平行二千二百十九秒四三一一八八六。

江氏永曰：「金星離日之行也，古測定二千九百一十九日又千分日之六百六十七。金星行次輪五周，置中積日分爲實，星行次輪周數五爲法，除之，得周率五百八十三日零十分日之九分三三四。乃以每周三百六十度爲實，周率五百八十三日零爲法，除之，得三十六分五十九秒二十五微五十二纖一十六忽四十四芒，爲每日金星在次輪周之平行，一名伏見行。」

本天半徑，一千萬。

江氏永曰：「即太陽之本天也。」

本輪半徑，二十三萬一千九百六十二。

均輪半徑，八萬八千八百五十二。

江氏永曰：「本輪之心在本天，均輪之心在本輪，亦如上三星。」

次輪半徑，七百二十二萬四千八百五十。

江氏永曰：「次輪，又名伏見輪。星體行其上，右旋，其心在均輪。金星原有次輪，與太陽本天等大。而金星本天在日天之下者，其半徑即此次輪之半徑。今既用太陽之本天爲星本天，❶則原本天半徑，遂爲此次輪之半徑矣。星在原次輪上左旋，今以伏見輪爲次輪，則星仍右旋矣。」

次輪面與黃道交角三度二十九分。

金星平行應，初宮初度二十分十九秒十八微。

江氏永曰：「即曆元冬至次日壬申子正時，太陽平行宮度也。」

最高應，六宮〇一度三十三分三十一秒〇四微。

伏見應，初宮十八度三十八分十三秒〇

❶「天」，原作「大」，據光緒本改。

六微

水星用數：

水星，每日平行。與金星同。

最高每日平行，十分秒之二又八八一一九三。

伏見每日平行，一萬一千一百八十四秒一一六五二四八。

江氏永曰：「古測定一萬六千八百零二日又十分日之四。水星行次輪，一百四十五周。置中積日分爲實，以次輪周數一百四十五爲法，除之，得周率一百一十五日零十分日之八分七八六二一。乃以每周三百六十度爲實，周率爲法，除之，得三度零六分二十四秒零六微五十九纖二十九忽二十二芒，爲每日水星在次輪周之平行，一名伏見行。金、水各以伏見行，加太陽一日之平行，則金、水之本行也。」

本天半徑，一千萬。

江氏永曰：「亦即太陽之本天。」

本輪半徑，五十六萬七千五百二十三。

均輪半徑，一十一萬四千六百三十二。

次輪半徑，三百八十五萬。

江氏永曰：「此亦水星本天半徑，借爲伏見輪半徑也。」

次輪心，在大距與黄道交角五度四十分。

江氏永曰：「大距離正交、中交各九十度。」

次輪心在正交，當黄道北，交角五度〇五分一十秒，其交角較三十四分五十秒。與大距交角相較。後倣此。當黄道南，交角六度三十一分〇二秒，其交角較五十一分〇二秒。

江氏永曰：「正交本道，自南而交入於北，交角北狹而南闊。」

次輪心在中交，當黄道北，交角六度十六分五十秒，其交角較三十六分五十秒。當黄道南，交角四度五十五分三十二秒，其交角較四十四分二十八秒。

江氏永曰：「中交本道，自北而交出于南，交角北闊而南狹。」

水星平行應。與金星同。

最高應，十一宮〇三度〇三分五十四秒五十四微。

伏見應，十宮〇一度十三分十一秒十七微。

求天正冬至。詳日躔。

求本星平行。與土、木、火三星法同。下條倣此。

求最高平行。

求伏見平行。江氏永曰：「亦倣求本星平行之法。」

求正交平行。置最高平行，金星則減十六度，水星則加減六宮，得正交平行。江氏永曰：「《曆指》言水星正交與最高同度，是誤以中交爲正交也。」

求金星初實行。用引數求初均數，江氏永曰：「金星本輪半徑，二十三萬一千九百六十二，減去均輪半徑，餘一十四萬三千一百一十，爲對直角之邊。」以加減平行爲初實行，及求次輪心距地心，皆與土、木、火三星同。

求水星初實行。用三角形，江氏永曰：「他星均輪，起最近點，輪心左旋，輪邊右旋。水星均輪，起最遠點，輪心、輪邊皆左旋。他星引數一度，均輪上兩度。引數半周，均輪一周。水星引數一度，均輪上三度。引數四宮，均輪一周。故算法異。」以本輪半徑爲一邊，均輪半徑爲一邊，以引數三倍之，爲所夾之外角，過半周者，與全周相減，用其餘。求其對角之邊，并對均輪半徑之角。江氏永曰：「先求對均輪半徑之角，用切線分外角法。以邊總六十八萬二千一百五十五爲一率，邊較四十五萬二千八百九十一爲二率，半外角切線爲三率，求得四率，爲半較角切線。以半較角減半外角，其餘即對均輪半徑之角。乃以此角之正弦爲一率，三倍引數所夾本角之正弦爲二率，均輪半徑爲三率，求得四率，爲對角之邊。」又用三角形，以本天半徑爲大邊，以求得對角之邊爲小邊，以求得對均輪半徑之角，與均輪心距最卑度相加減，引數不及半周者，與半周相減；過半周者，減去半周，即均輪距最卑度。加減之法，視三倍引數度，不過半周則加，過半周則減。江氏永曰：「三倍引數度，不過半周者，其度在引數度之外，故加；過半周者，其度在引數度之内，故減。」爲所夾之角，求得對小邊之角，爲初均數。江氏永曰：「亦用切線分外角法求之。」并求得對角之邊，爲次輪心距地心線。江氏永曰：「均數角之正弦爲一率，所夾本角之邊爲二率，次輪半徑爲三率，求得四率，爲對角之邊。」以初均數加減水星平行，引數，初宮至五宮爲減，六宮至十一宮爲加。得初實行。

求伏見實行。置伏見平行，加減初均數，引數，初宮至五宮爲加，六宮至十一宮爲減。江氏永曰：「減星行則加伏見行，加星行則減伏見行。」得伏見實行。

求黄道實行。用三角法。以次輪心距地心線爲一邊，次輪半徑爲一邊，伏見實行爲所夾之外角，過半周者，與全周相減，用其餘。求得對次輪半徑之角，爲次均數。江氏永曰：「亦用切線分外角法求之。」并求得對角之邊，江氏永曰：「以次均角之正弦爲一率，亦如求次輪心距地心線之法。」爲星距地心線。爲求視緯之用。以次均數加減初實行，伏見實行，初宮至五宮爲加，六宮至十一宮爲減。得黄道實行。江氏永曰：「金、水次輪之心，在黄道上，故以次均加減初實行，即黄道實行。」

求距次交實行。置初實行，減正交平行，爲距交實行。以伏見實行相加，加滿全周，去之，用其餘。得距次交實行。初宮至五宮爲黄道北，六宮至十一宮爲黄道南。江氏永曰：「此原有之次輪心距正交實行也。合星平行，與伏見平行爲輪心本行，則合星實行與伏見實行，爲輪心實行也。今雖不用原有之次輪，而算距交必加伏見實行，謂之距次交實行，猶之用原有次輪也。」

求視緯。以本天半徑爲一率，次輪面與黄道交角之正弦江氏永曰：「金星交角正弦○六○七六。」爲二率，金星交角惟一，水星交角則時時不同，須求實交角用之。法詳後。距次交實行之正弦爲三率，求得四率爲正弦。檢表得次緯。江氏永曰：「此亦初緯也。以距次交求得，謂之次緯。」又以本天半徑爲一率，次緯之正弦爲二率，次輪半徑爲三率，求得四率，爲星距黄道線。江氏永曰：「上三星求星距黄道線，以次輪心距地心線爲三率，則有時大于初緯，此以次輪半徑爲三率，則必小于次緯。金星可用别法求之，先以次輪半徑七二二四八五乘交角正弦，半徑千萬除之，得四三八九八二，以此爲次輪大距正弦，乘各度距交之正弦，半徑千萬除之，即得星距黄道線。可省一求。」乃以星距地心線爲一率，星距黄道線爲二率，本天半徑爲三率，求得四率爲正弦。檢表得視緯，隨定其南北。距次交實行，初宮至五宮爲黄道北，六宮至十一宮爲黄道南。

求水星實交角。以半徑千萬爲一率，交角較化秒爲二率，距交實行，九宮至二宮，用次輪心在正交之交角較；三宮至八宮，用次輪心在中交之交角較，仍視其南北用之。江氏永曰：「距交實行，乃伏見輪心距正交，非原有之次輪心距正交也。故雖自有其宮，不以此宮分南北，必查距次交實行，初宮至五宮爲北，六宮至十一宮爲南。」距交實行之正弦爲三率，求得四率，爲交角差。置交角，用交角之法，與交角較同。以交角差加減之，距交實行，九宮至二宮，星在黄道北則加，南則減。三宮至八宮反是。江氏永曰：「水星正交在最卑，九宮至二宮在本輪之下半，三宮至八宮在上半，故用交角較與交角較以此定，而南北加減亦以此分。」得實交角。江氏永曰：「求次緯用爲二率。」

求晨夕伏見定限度。星實行，與太陽實行同宮同度，爲合伏。合伏後距太陽實行漸遠，夕見西方，江氏永曰：「星與太陽同行之外，仍有伏見行，故過太陽而先夕見。」順行。順行漸遲，遲極而退，爲留退初。江氏永曰：「星行次輪，亦以漸近象限而遲，過象限入下半深伏見行，與輪心行相減適盡而留，留際即爲退初。」退行，漸近太陽，江氏永曰：「在太陽之下，漸近太陽也。」則夕不見，復與太陽同度，爲合退伏。江氏永曰：「輪之底與太陽合也。」自是又漸遠太陽，江氏永曰：「在太陽西。」晨見東方，退行。退行漸遲，遲極而順，爲留順初。

江氏永曰：「亦以漸向上而遲退，度與輪心行相減適盡而留，留際即爲順初。」順行漸疾，江氏永曰：「亦以輪上半輪行，而星亦行之故。」復近太陽。以至合伏，爲晨不見。其伏見限度，金星爲五度，江氏永曰：「星體大故。」水星爲十度。其求定限度之法，與土、木、火三星同。江氏永曰：「亦先求距日黄道度，次求定限度。」視星與太陽相距度，近定限度，如在合伏前某日，即爲某日晨不見，合伏後某日，即爲某日夕見。合退伏前某日，即爲某日夕不見。合退伏後某日，即爲某夕晨見。

求合伏時刻。視星實行，將及太陽實行，爲合伏本日。已過太陽實行，爲合伏次日。江氏永曰：「土、木、火，太陽追星；金、水，星追太陽，故相反。」求時刻之法，與月離求朔望時刻之法同。

求合退伏時刻。星退行，視太陽實行，將及星實行，爲合退伏本日。已過星實行，爲合退伏次日。求時刻之法，與土、木、火三星求退衝時刻之法同。

求交宫時刻。與月離同。

求同度時刻。詳土、木、火三星。

求黄道宿度。與日躔同。

蕙田案：以上推金、水二星法。

推陵犯法：

求陵犯入限。太陰陵犯恒星，以本日太陰經度，與次日太陰經度，查本年陵犯恒星經緯度表，江氏永曰：「星近黄道内外，太陰可相及者也。」某星在此限内，爲陵犯入限。復查太陰在入限各星之上下，視兩緯同在黄道北者，緯多爲在上，緯少爲在下。同在黄道南者，緯少爲在上，緯多爲在下。一南一北者，緯北爲在上，緯南爲在下。江氏永曰：「皆以在星北爲上，在星南爲下。」太陰在上者，一兩緯相距二度以内取用；太陰在下者，一度以内取用。江氏永曰：「太陰恒有視差降下，故在北取二度，在南取一度。猶日食陰曆限寬，陽曆限窄之理也。」相距十七分以内爲陵。江氏永曰：「太陰半徑大者可十七分。陵者，相及而未掩也。」十八分以外爲犯。江氏永曰：「過一度則不爲犯。」緯同爲掩。

太陰陵犯五星，以本日太陰經度在星前，次日在星後，爲入限。餘與前同。五星陵犯恒星，以兩緯相距一度以内取用。相距三分以内爲陵，江氏永曰：「五星大者約三分。」四分以外爲犯。餘與前同。五星日相陵犯，以行速者爲陵犯之星，行遲者爲受陵犯之星。如遲速相同而有順逆者，以順行者爲陵犯之星，逆行者爲受陵犯之星。皆以此星經度本日在彼星前，次日在彼星後爲入限。餘同前。

求日行度。太陰陵犯恒星，即以太陰一日之行度爲日行度。以本日經度與次日經度相減即得。星倣此。太陰陵犯五星，以太陰一日之行度相加減，星順行則減，逆行則加。得日行度。五星陵犯恒星，以本星一日之行爲日行度。五星自相陵犯，以兩星一日之行相加減，兩星同行則減，一順一逆則加。得日行度。

求陵犯時刻。以日行度有度者化分。爲一率，日法爲二率，相距度爲三率，求得四率爲分。如法收之，爲時刻。江氏永曰：「晝陵犯，當不論。」

求視差。以日法爲一率，太陽一日之行爲二率，陵犯時刻化分爲三率，求得四率，與本日太陽實行相加，爲本時太陽黄道度。依日食求視差法求得東西差及南北差。江氏永曰：「以太陽黄道經度，依月離篇求得赤道經度，乃以陵犯時爲用時，如日食篇，求用時。春秋分距午赤道度以下十七條，求得東西差，乃以本天半徑爲一率，用時白道高弧交角之正弦爲二率，用時高下差之正弦爲三率，求得四率爲正弦。得用時南北差推陵犯，不必如日食之密，不求近時定時可也。」

求視緯。置太陰實緯，以南北差加減之，加減之法，與日食同。得視緯。

求太陰距星。以太陰視緯與星緯相加減，南北相同則減，一南一北則加。得太陰距星。取相距一度以内者用。

求陵犯視時。以太陰實行化秒爲一率，以太陰日行度二十四除之即得。江氏永曰：「一日分爲二十四時，故日行度亦以二十四除。」一時化秒爲二率，東西差化秒爲三率，求得四率爲秒，收爲分，以加減陵犯時刻，太陰距限，西則加，東則減。得陵犯視時。江氏永曰：「太陰視差，皆由地心地面不同，與日食同理。五星亦有微差，可不論。」

蕙田案：以上推陵犯法。

京師及各省北極高度：

京師北極高三十九度五十五分。江氏永曰：「觀象臺之極高也。」

暢春園北極高三十九度五十九分三十秒。

盛京四十一度五十一分。

山西三十七度五十三分三十秒。

朝鮮三十七度三十九分十五秒。

山東三十六度四十五分二十四秒。

河南三十四度五十二分二十六秒。

陝西三十四度十六分。

江南三十二度四分。

四川三十度四十一分。

湖廣三十度三十四分四十八秒。

浙江三十度十八分二十秒。

江西二十八度三十七分十二秒。

貴州二十六度三十分二十秒。

福建二十六度二分二十四秒。

廣西二十五度十三分七秒。

雲南二十五度六分。

廣東二十三度十分。江氏永曰：「極高度，皆以測影測星定，各以本方極高度之正切。京師八二六六二，盛京八九五六七，山西七七八二四，朝鮮七七一六一，山東七四六九二，河南六九六九三，陝西六八一三，江南六二六四九，四川五九三三六，湖廣五九〇九三，浙江五八四四八，江西五四五六七，貴州四九八七，福建四八八五九，廣西四七〇九六，雲南四六八四三，廣東四三七九一，與黃赤大距度正切四三四六四相乘，半徑千萬除之，爲赤道度之正弦，得二至日出入卯酉前後赤道度。以一度變時之四分加減，卯酉正初刻得日出入時刻分。」

各省東西偏度：凡偏東一度，節氣遲時之四分；偏西一度，節氣早時之四分。

盛京偏東七度十五分。江氏永曰：「遲一刻十四分。」

浙江偏東三度四十一分二十四秒。江氏永曰：「遲一刻。」

福建偏東二度五十九分。江氏永曰：「遲十二分。」

江南偏東二度十八分。江氏永曰：「遲九分。」

山東偏東二度十五分。江氏永曰：「遲九分。」

江西偏西三十七分。江氏永曰：「早二分。」

河南偏西一度五十六分。江氏永曰：「早八分。」

湖廣偏西二度十七分。江氏永曰：「早九分。」

廣東偏西三度三十三分十五秒。江氏永曰：「早十四分。」

山西偏西三度五十七分四十二秒。江氏永曰：「早一刻一分。」

廣西偏西六度十四分四十秒。江氏永曰：「早一刻十分。」

陝西偏西七度三十三分四十秒。江氏永曰：「早二刻。」

貴州偏西九度五十二分四十秒。江氏永曰：「早二刻九分半。」

四川偏西十二度十六分。江氏永曰：「早三刻四分。」

雲南偏西十三度三十七分。江氏永曰：「早三刻九分。」

朝鮮偏東十度三十分。江氏永曰：「遲二刻十二分。」

江氏永曰：「偏東西度，蓋屢測月食時刻定之。節氣近子半，東西可差一日，則朔望弦亦然。而月大小，惟據順天府時刻定者，尊京師也。各省交食時刻，則以東西偏度定。地球周九萬里，一度二百五十里。此南北緯度里數也。若東西經度，惟南海外當赤道之下者，里數如之。中國當赤道之北，則里數漸少。愈近北，則愈少。如圓球上作距等圈，近腰者大，近頂者小。至頂，則成一點矣。各省相距，東西相望，或正或斜，欲求其里數，皆可以弧三角法算之。法用各省北極高度，減象限，其餘爲距地北極度。如求京師與盛京相去之里數，京師距地北極五十度五分爲一邊，盛京距地北極四十八度九分爲一邊，偏度七度一十五分，爲所夾之角，兩邊相併，九十八度一十四分，爲總弧餘弦一四三二，兩邊相減一度五十六分，爲存弧餘弦九九九四二，併之一○一三七四，折半五○六八七，與角之矢八○○相乘爲實，半徑十萬爲法，除之四○五爲對弧，存弧兩矢較以較，加存弧矢五八，爲四六三，即所求對弧矢。以矢減

半徑爲餘弦九九五三七，查表五度三十一分。以五度三十一分化里，得一千三百八十里，爲盛京距京師斜望之實里數。考之驛程一千四百四十五里，蓋人迹紆曲，多六十五里也。他省算經度里數，倣此。」

蕙田案：以上北極高度及東西偏度。

右推步法下。

附戴氏震《勾股割圜記》吴氏思孝解。

蕙田案：《史記》：「黄帝迎日推策。」《世本》：「黄帝之臣隸首作算數。」策，謂日月躔離之可推者是也。數，謂自一至九，因而九之，以盡乘除之用是也。二者相資以成能。考之《周官經》，九數之計，於六藝居其一，而保氏掌之，以教國子；司徒掌

之，以教萬民。數之用，句股爲尤大。故《周髀算經》記周公訪問於商高，於是得勾廣三、股修四、徑隅五之率。其書中指要則曰：「數之法，出於圜方。圜出於方，方出於矩，矩出于九九八十一。」又曰：「方數爲典，以方出圜。」又曰：「智出於句，句出於矩。」此數言者，古今推步家莫能出其範圍。蓋步算之大端有二，曰象，曰形。象者，日月星經緯之行，昭昭可覩也。形者，方圜句股，所以測此象也。古人有句股術，有弧矢術。今爲平三角，弧三角。平三角即句股之異名，弧三角即弧矢之異名。句股、弧矢，方圜之義備矣。習其術不得其理，則繁碎而近於蓺。戴氏《句股割圜記》三篇，上篇古之句股法，今之平三角也；中篇古之弧矢法，今之正弧三角也；下篇亦古弧矢法，今之斜弧三角也。其於平三角正弦比例，以同度六句股明之，於斜弧三角之兩邊俠一角及三邊求角，用兩矢較不用餘弦，皆前此所未發。又以爲諸術之巧一同度，句股相權之外，更無餘術，總以《周髀》首章之言，衍而極之，稱名立法，一用古義，以補《九章》之亡。蓺也，進乎道矣，因取以附推步之後而步算之大全舉焉。

【《句股割圜記》上】割圜之法，中其圜而觚分之。截圜周爲弧背，絙弧背之兩端，曰弦。弦截圜徑得矢，弦矢之内成相等之句股二。半弧弦爲句，減矢於圜半徑，餘爲股。絙句股之兩端曰徑隅，亦謂之弦。句股之弦，得圜半徑也。

第一圖

弧背
矢一
弦六
句三
股四
徑隅五
句三
徑隅亦名弦

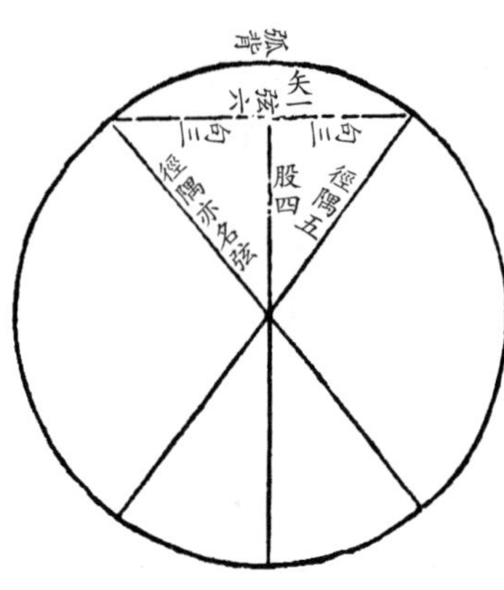

設矢一、弦六，圖之爲句三、股四、弦五。起其率，隨矢弦之短長。圜之大小倣此。

句股弦三矩，凡有分數刻識者皆謂之矩。方之，各自乘得方冪。合句與股二方，適如弦之大方。

第二圖

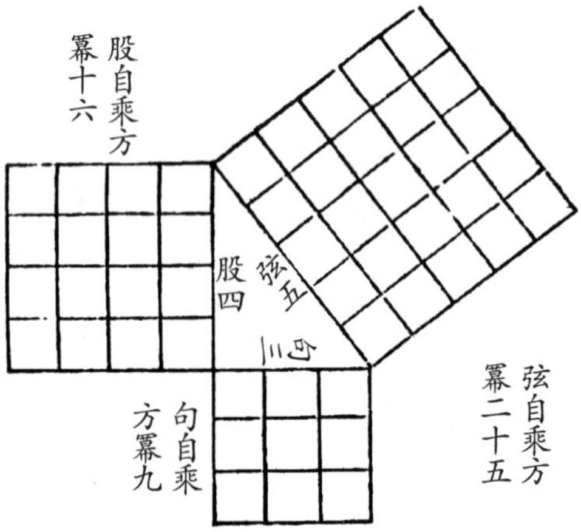

股自乘方冪十六
弦五
股四
句三
弦自乘方冪二十五
句自乘方冪九

設句三、股四、弦五，圖之。三矩互求，弧率隨其所變，準此。

句股第一術

句與股，求其弦：句自乘，股自乘，併之爲弦實，開方得弦。

句股第二術

句與弦，求其股：句自乘，弦自乘，相減餘爲股實，開方得股。

句股第三術

股與弦，求其句：股自乘，弦自乘，相減，餘爲句實，開方得句。與第二術同。

減矢於圜徑，餘爲股弦和矢，恒爲股弦。較和較相乘，爲句之方。

第三圖

句股第四術

股與弦，求其句：用和較率，股弦相加爲和，相減爲較，以較乘和爲句實，開方得句。句與弦求其股，用和較率術同。

句股第五術

句與股弦較，求其股，或求其弦句，自乘股弦較，除之，得股弦。和和較相減，餘爲倍股。半之，得股。若相加，則爲倍弦。半之，得弦。股與句弦較，求句弦術同。

句股第六術

句與股弦和，求其弦，或求其股句，自乘股弦和，除之，得股弦較。以加股弦和，半之，得弦。以減股弦和，半之，得股。股與句弦和，求句弦術同。凡句與股之名，可互易，故不兩列。

句股第七術

截圜徑得矢，求弧背之弦：用第四術，命矢爲小矢，於圜徑減小矢，餘爲大矢，以小矢、大矢相乘，四之，開方得弧背之弦，若不四其實，則得半弧弦。凡方面倍其積，必四倍。

或不用和較率，則矢與圜半徑相減，餘爲股，圜半徑爲弦，用第三術得句。倍句，爲弧背之弦。

句股第八術

弧背之弦與矢，求其圜徑：用第五術，弦折半自乘，矢除之，若弦自乘，則四其矢除之。加矢爲圜徑。

減句於圜半徑，餘爲次弧背之矢。倍股，爲次弧弦。減次弧背之矢於圜徑，餘爲句，弦和其矢爲句弦，較和較相乘爲股之方。

第四圖

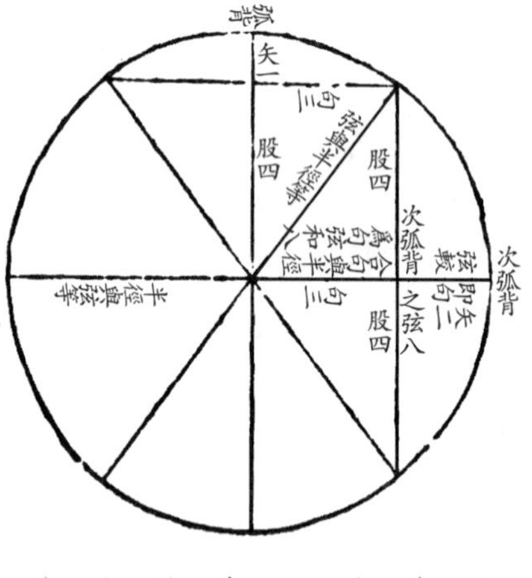

吴曰：「次半弧背，今名餘弧。是《記》，凡大弧以減半周，或以減圜周之餘爲餘弧半弧背，減象限餘爲次半弧背。」

句股第九術

圜徑平截之，得弧背之弦，求其矢：弦折半，與圜半徑相減，得次弧背之矢。即句弦較。若相加，則得句弦和。用第七術，得次半弧背之弦。於圜半徑減次半弧背之弦，得矢。

或不用和較率，則弧背之弦半之，爲句，圜半徑爲弦，用第二術得股，股即次半弧背之弦也。

引徑隅於弧背外，成句股弦。弧背外之句，謂之矩分，弦謂之徑，引數股得圜半徑也。次弧背外之股，謂之次矩分，弦謂之次，引數句得圜半徑也。

第五圖

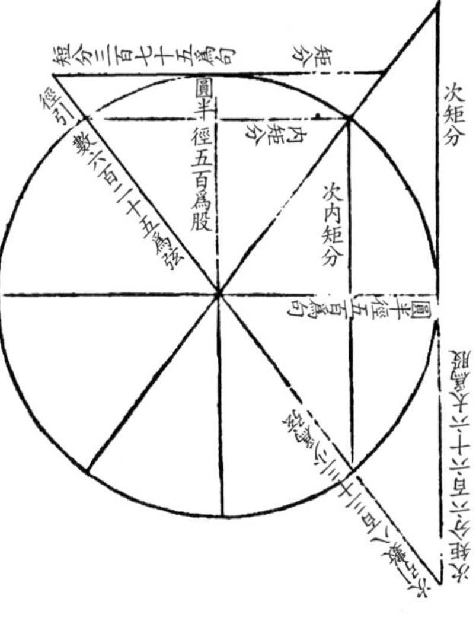

凡數，三之一爲少，三之二爲太。據句三、股四、弦五之率，爲内矩分三百，次内矩分四百，徑隅五百，弧之外内相應，各成同度大小句股。

方圜相函之體，用圜一帀，而函句股和較之率。四分圜周之一如之。方四帀，而函圜之周，凡四觚如之。句股弦三帀，而函圜之半周，凡三觚如之。

第六圖

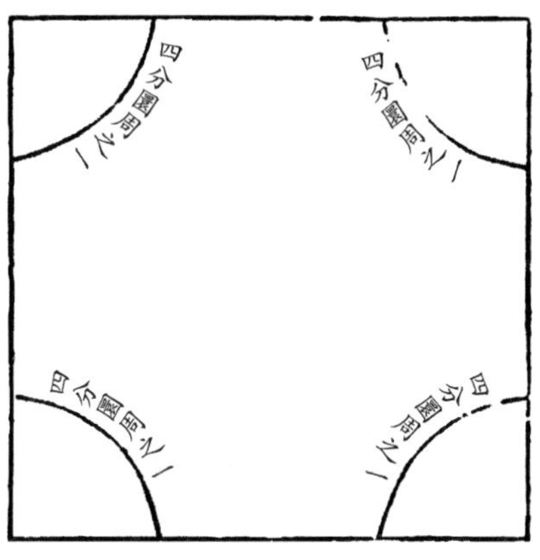

合四隅所規之弧，適得圜之周。《周髀》云：「數之法，出於圜方。」此其一端也。

第七圖

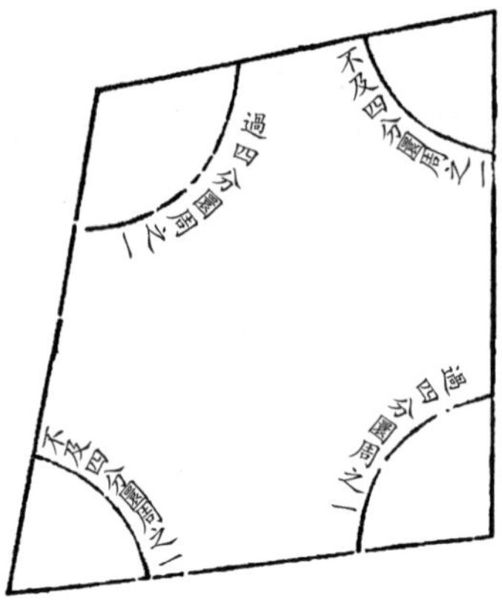

四觚不成正方者，或倨或句，所規之弧，或過四分圜周之一，或不及四分圜周之一，合四弧，適得圜之周。

第八圖

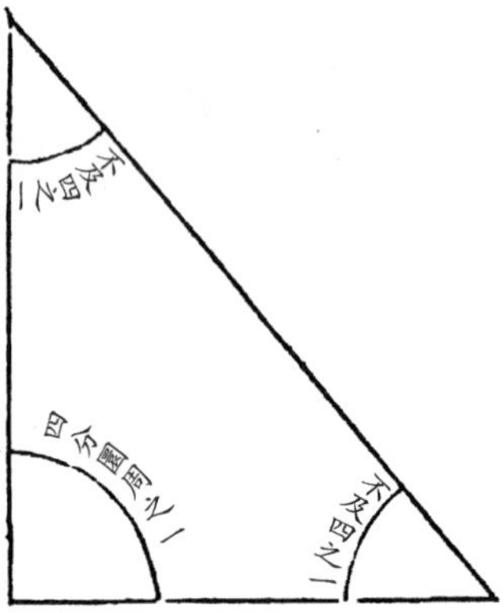

句股形，一觚適四分圜周之一，合二小觚，亦適四分圜周之一。併之，得圜半周。凡方形，剖之成兩句股，故半於方形所函。

第九圖

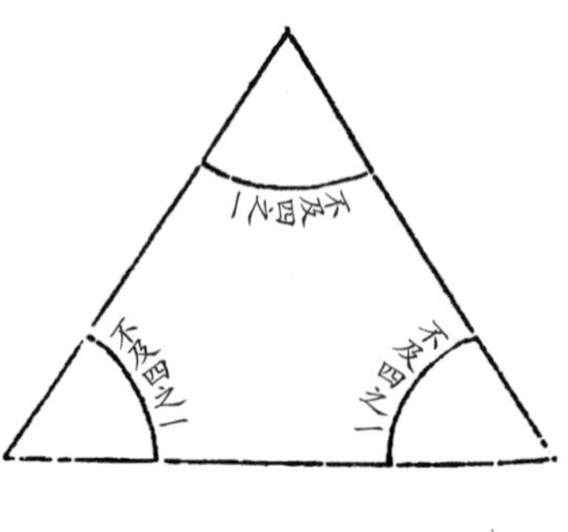

三觚不成句股，而其觚皆句於句股者，所規之弧皆不及四分圜周之一，併之適得圜半周。凡四觚形剖之成三觚者二，故半於四觚所函。四觚既與方形同，則三觚亦與句股同也。

第十圖

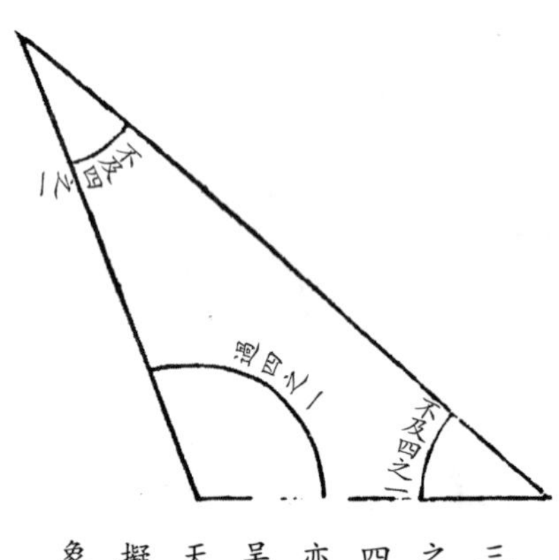

三觚有一弧過四分圜周之一，餘兩弧合之必不及四分圜周之一，併三弧，亦適得圜半周。

吴曰：「今推步之法，周天三百六十整度，測器皆擬之。半周百八十度，一象限九十度。」

句股第十術

凡準望折而成方者，皆爲句股形。其方折倨句中矩，吴曰：「今亦名直角，又名正方角。」適四分圜周之一，餘兩觚，測知一觚弧度，以減四分圜周之一，餘爲所未測一觚之度。

若三觚形，不折而成方，其觚或倨，吴曰：「今名鈍角。」或句，吴曰：「今名鋭角。」於圜半周，減一觚弧度，餘爲兩觚之和，減兩觚則餘一觚。

圜周之外內，所成句股弦，皆方數也。隨徑隅所指，割圜周成弧背，皆圜度也。度同則外內相權，句股弦三矩通一爲道，外內相權，句股弦三矩通一爲道，斯可以小大互求矣。

小句	小股	小弦	表一
大句	大股	大弦	表二

句股第十一術

以原有之兩矩定其率，今有之一矩與之相權，異乘同除，如前表，隔表相權，異名乘，同名除。凡用表倣此。得所求之一矩。凡推步之法生於此。吴曰：「古異乘同除，今名三率者是也。二率與三率，異名相乘爲實；一率與三率，同名爲法，除之，得所求之數，爲第四率。凡四率，可以迭更互求。」

小股與大句相乘，小句除之，得大股。

小句與大股相乘，小股除之，得大句。

大股與小句相乘，大句除之，得小股。

大句與小股相乘，大股除之，得小句。已上句與股互求。

小弦與大句相乘，小句除之，得大弦。

小句與大弦相乘，小弦除之，得大句。大弦與小句相乘，大句除之，得小弦。大句與小弦相乘，大弦除之，得小句。已上句與股互求。

小弦與大股相乘，小股除之，得大弦。小股與大弦相乘，小弦除之，得大股。大弦與小股相乘，大股除之，得小弦。大股與小弦相乘，大弦除之，得小股。已上股與弦互求。

吴曰：「凡準望，於表長減人目高，以乘表距所測處之遠，人目去表之數除之，加表，得所測之高；即小股乘大句，小句除之，得大股也。若重測，於表長減人目高，以乘兩表閒，前後表相去之數。古人謂之表閒積。人目前後去表兩數相減爲較，除之，加表，得所測之高。此小股乘兩大句之較，兩小句之較除之，得大股也。若以人目去前表之數，或去後表之數，乘表閒，人目前後去表兩數較除之，得前表或後表距所測處之遠。此任以一小句乘兩大句之較，兩小句之較除之，各得其一大句也。凡表爲小股，人目去前後表各爲一小句，其較爲兩小句之較，所測高爲大股，前後表距所測處各爲一大句，兩表閒爲兩大句之較。其前後各成同度之大小句股，故能以小知大，迭更互求，無所不通。高深廣遠一理，皆句股比例之一端，附論之。」

附圖一

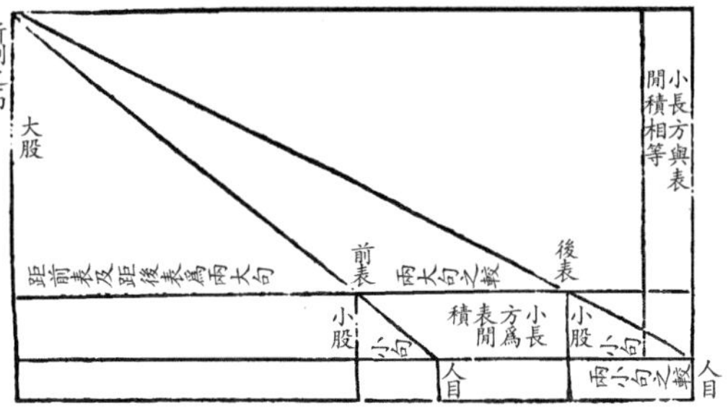

若用象限儀測，則不必立表。兩表皆爲儀之半徑全數。人目前後去表之數，爲兩測所得切綫，其較爲兩切綫相減之較，所得高與遠，即人目距所測處之高遠，但加人目去地爲所測高也。

圜之半容句股，則圜徑爲句股之弦，句與股復爲弦，而析之成同度之句股三。

吴曰：「第七、第八、第九三術之理，以所成之句股同度，故可互求。圜内函同度三句股，即以爲句股弦和較之率，又即句實股實併之，適與弦實相等之故。蓋第一術至第九術，一理相貫也。」

第十一圖

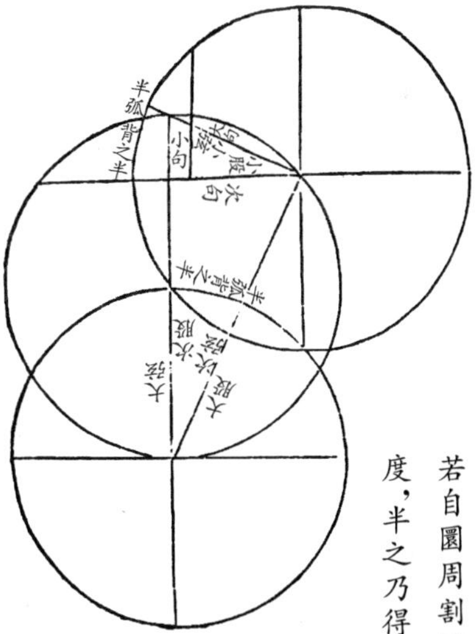

凡句股遞析之，皆成同度之句股。凡弧度，必自圜之正中割圜得之。若自圜周割圜，則爲倍度，半之乃得其觚弧度。

四分圜周之一，隨徑隅所指，成同度之句股三。

句	股	弦
内矩分	次内矩分	徑隅表一
矩分	圜半徑	徑引數表二
圜半徑	次矩分	次引數表三

用表互求，如前第十一術。

第十二圖

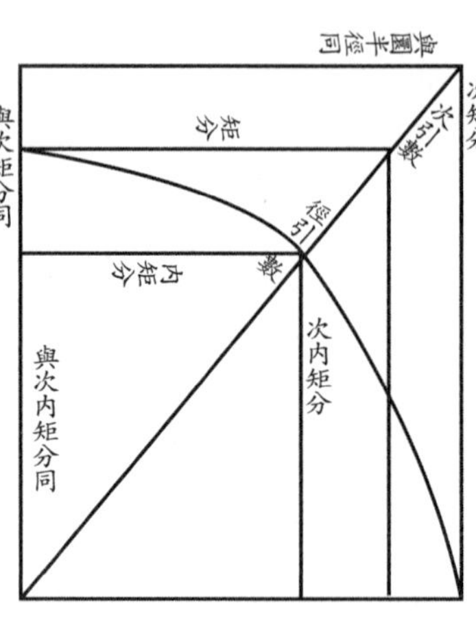

外内矩分成同度之句股四，兩兩相對而六，倒順觀之，各併二爲一，故同度三句股。吴曰：「是《記》之矩分、内矩分、徑引數，即八綫表正切、正弦、正割也。次矩分、次内矩分、次引數，即餘切、餘弦、餘割也。擬《周髀》準望之矩，故方者名分，圜者名度，直數爲矩，斜數爲徑隅及其引長之數。」矩製，别詳準望簡法。弧度及諸數，視器即得，與八綫表一理，各隨所便用之。

凡同度相權之法，句股之大恒也。句股應矩之方。變而三觚，不應矩之方。以句股御之，截爲句股六，而同度者各二。三三交錯，是以展轉互權。三觚句於句股，吴曰：「今之三鋭角。」内弧。吴曰：「凡鋭角，用本角弧度。」三觚一倨於句股，吴曰：「今之一鈍角，二鋭角。」外弧。吴曰：「惟鈍角用外角弧度。」

第十三圖

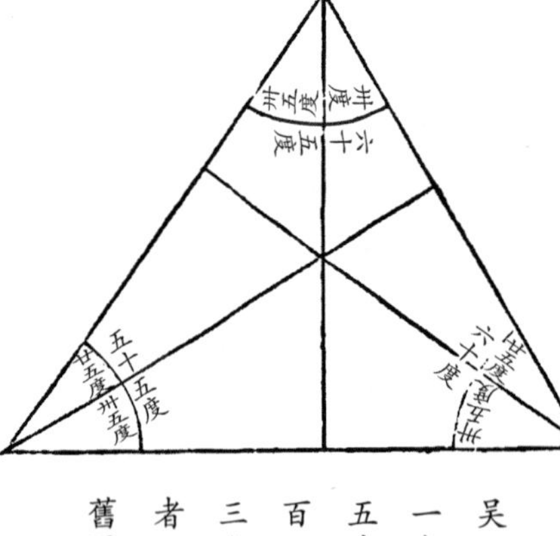

吴曰：「設用象限儀測一角六十度，一角五十五度，一角六十五度，共百八十度，截爲六，句股三十五度者二，三十度者二，二十五度者二。舊圖不設度，今補。」

第十四圖

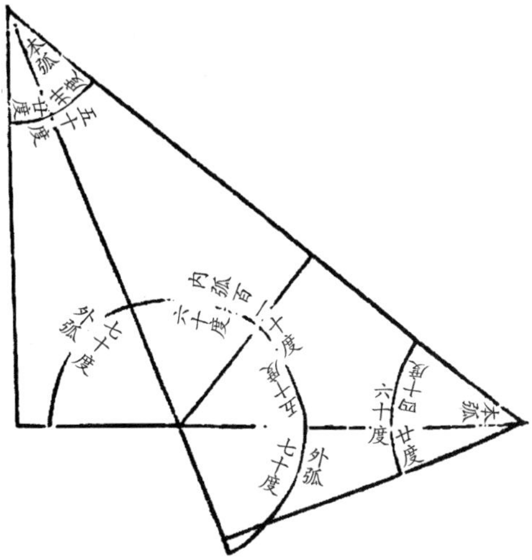

吴曰：「設一角四十度，一鈍角百一十度，一角三十度，共百八十度，截爲六，句股五十度者二，七十度者二，六十度者二。」

凡三觚三距，對所知之距，其觚曰正觚，弧度曰正弧。餘兩觚，或右或左。正弧内矩分爲句，對正觚之距，爲之弦。右弧内矩分爲句，對右觚之距，爲之弦。若左弧内矩分爲句，則對左觚之距，爲之弦。以句求弦，其先知兩觚者也。知兩觚一距。以弦求句，其先知兩距者也。知一觚兩距。

第十五圖

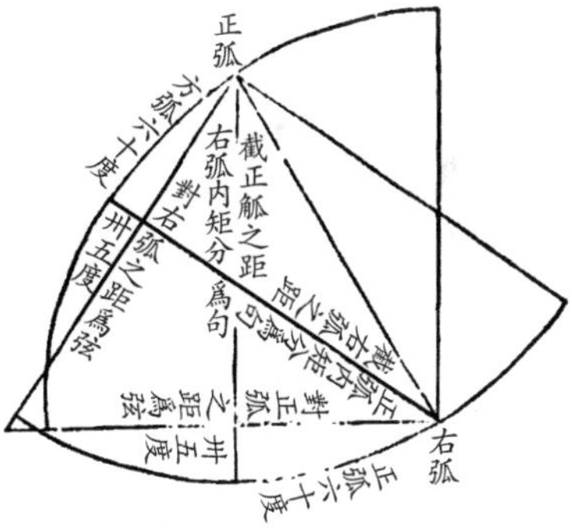

第十六圖

任以一爲正觚，展轉變易，悉做乎此。

吴曰：「設度，今所補。」

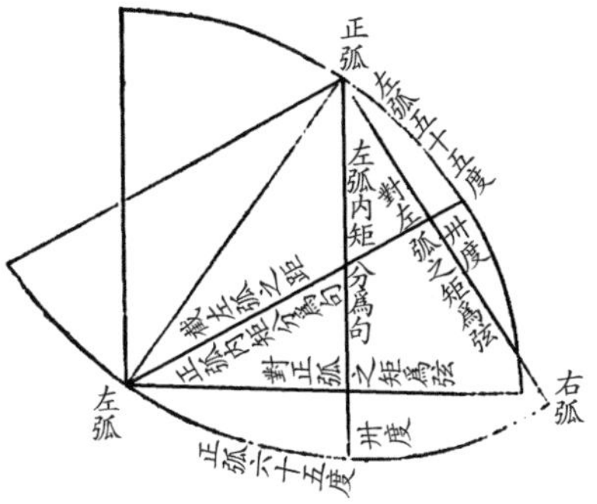

第十七圖

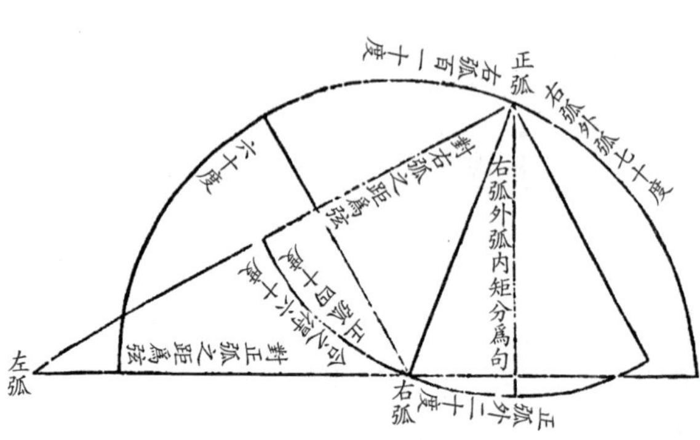

第十八圖

任以一爲正觚，悉準此。

吴曰：「設度，今所補。」

句矩與形通一爲道	句此形之實數	弦
正弧内矩分	截右觚之距	對正觚之距表一
右弧内矩分	截正觚之距	對右觚之距表二
句	句	弦
正弧内矩分	截左觚之距	對正觚之距表一

左弧内矩分　截正觚之距　對左觚之距表二

句　　句　　弦

右弧内矩分　截左觚之距　對右觚之距表一

左弧内矩分　截右觚之距　對左觚之距表二

句股第十二術吴曰：「今名兩角夾一邊，求餘角、餘邊。所知之兩角，不夾所知之一邊，術同。」

凡三距成三觚之形，自右至左，兩測所得弧度，及兩測相距之數，求餘兩距於圜半周，減兩測弧度，餘爲對所知一距之觚弧度，是爲正觚。正弧兩測爲對所求兩距之觚弧度，以所知之距，乘對所求一距之觚弧度内矩分，正弧内矩分除之，得所求之距。凡倨於句股之一觚，其弧過四分圜周之一，用外弧内矩分互求之術並同。

句股第十三術吴曰：「今名兩邊一角，角有所對之邊，求餘角、餘邊。」

知兩距及一觚弧度，所知之一距，與所知之觚相對，其觚爲正觚，弧度爲正弧。其距爲對正觚之距，餘一距與所求之觚相對。以正弧内矩分乘餘一距，所知兩距之一。對正觚之距除之，得所求之觚弧度内矩分。既知兩觚兩距，則如前第十二術，可推其餘。

若先知兩距一觚，而無正觚，則所知之觚曰本觚，弧度曰本弧。以弧矢術御之，於圜半周減本弧，餘爲兩弧之和。割圜成弧背，弧背之弦，與兩弧内矩分成同度之句股二。兩弧内矩分，爲句弧背之弦，爲其兩弦之和。半之，得半弧背，内矩分爲半和，弦句與弦通一爲道，半弧背之外内矩分通一爲道。半弧背也者，所求兩觚之半和度也。所知之兩距寔，對所求兩觚之距，故兩距之和較，與半和度半較度之矩分，通一爲道。

第十九圖

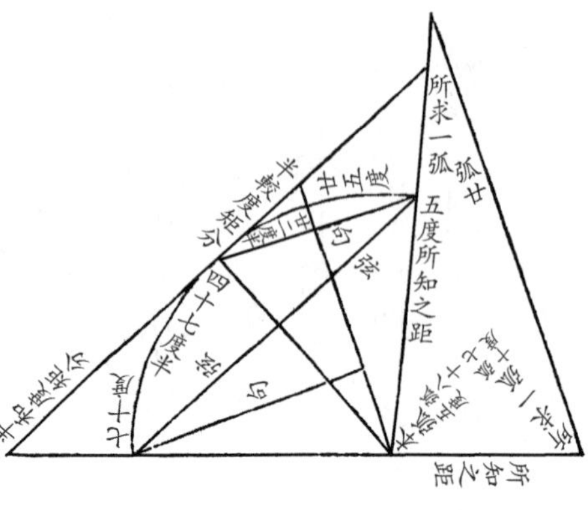

吴曰：「設所知之觚八十五度，以減百八十度，餘九十五度，爲所求兩弧之和度，半之，四十七度半，爲半和度。所得之半較度，設二十二度半，以加半和度，得七十度，爲對所知大距之觚弧度，以減半和度，得二十五度，爲對所知小距之觚弧度。一象内減半和度，餘四十二度半，爲弧背内兩句股一端之度。七十度之弧，其弧背内句股一端二十度；二十五度之弧，其句股一端六十五度。皆與四十二度半相減，各餘二十二度半，爲同度兩句股，與半較度適相等。舊圖不設度，今補。」

句股第十四術吴曰：「今名兩邊夾一角，求餘角、餘邊。用梅勿菴切綫分外角法。」

知兩距及一觚弧度，不知其觚所對之距及兩距所對之觚，於圜半周減所知一觚弧度，餘爲所求兩觚弧度之和。吴曰：「亦名外角。」半之，爲半和度。以所知兩距相減之較，乘半和度矩分，所知兩距相併之和除之，得半較度矩分。以半較度、半和度相減，得對所知小距之觚弧度。若相加，則得對所知大距之觚弧度。既知三觚兩距，則如前第十二術，可推其一。凡矩分，隨數之和、較，得以相權。凡内矩分，不隨和、較，全半相權也。

吴曰：「三角形任以兩邊爲弦，餘一邊或爲兩句之和，銳角形之邊，或對鈍角之邊。或爲兩句之較，鈍角旁之邊。截之成句股二。兩弦之和、較相乘，得長方冪，同於兩句之和、較相乘所得長方冪也。以兩句之和除之，得兩句之較。若較除之，則得和。以是爲三邊求角之率。分三角形爲兩句股，然後用句股求角法，以八綫表之半徑全數，或十萬，或千萬。與句相乘，弦除之，得句弦所交之角餘弦。此術爲平三角法邊角互求之一，《記》中所不載者。」

附圖二

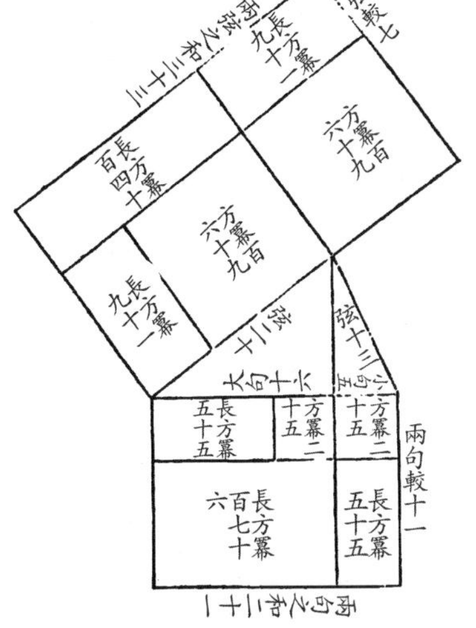

設大邊二十一，爲兩句之和；次邊二十，小邊十三，皆爲弦。兩弦各自乘相減，餘二百三十一，爲和較相乘之數。兩句各自乘相減，同是爲鋭角形。

若大邊二十，次邊十三，任以此兩邊爲弦，而小邊十一爲兩句之較，以較得其和，必二十一。兩弦之和較相乘，得二百三十一。兩句之和較相乘，同是爲鈍角形。凡鋭角形，以和求較；鈍角形，以較求和也。

又術：凡三角之容圜，半徑截三邊爲六，而相等者各二，成角旁相等之邊，以爲股；皆以容圜之半徑爲之句。三邊相併，半之，爲半和。三邊各與半和相減，而得三較。角所對邊之較，即邊所對角兩旁相等之邊也。先知三邊求其角，以三較連乘，連乘者，兩較相乘得數，餘一較又乘之。半和除之，開方得容圜半徑。以八綫表半徑全數，與容圜半徑相乘，角所對邊之較除之，得半角之正切。倍之，得角。若三較連乘，又乘以半和，則開方得三角形積。半和除之，得容圜半徑。三角形積者，容圜半徑與半和相乘之冪也。此求角、求積及容圜三術交通，皆不論角之鋭鈍，頗爲便用，附存之。

附圖三

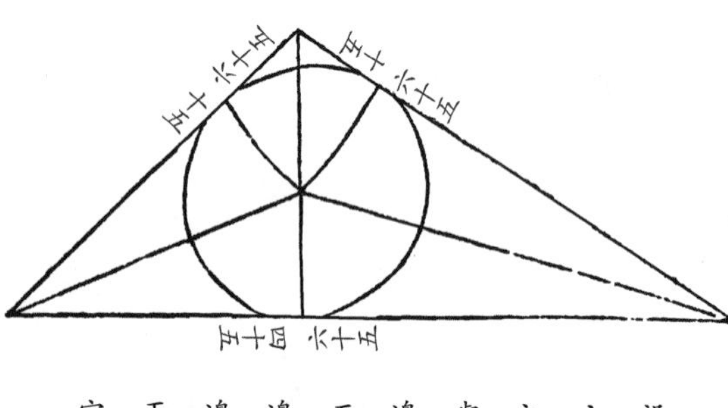

設大邊百一十，次邊八十，小邊六十，相併，共二百五十。半之，百二十五，爲半和。三邊各與半和相減，大邊之較十五，次邊之較四十五，小邊之較六十五。合次邊、小邊之較，即大邊；合大邊、小邊之較，即次邊；合大邊、次邊之較，即小邊。兩兩相等而會於角之兩旁，與容圜半徑成句股。

【《句股割圜記》中】渾圜，中其圜而規之。二規之交，循圜半周而得再交。如赤道爲一規，黃道爲一規。赤道即《周髀》之中衡，黃道自南而北交於春分，自北而南交於秋分。二分相距半天周。距交四分圜周之一，規之，翕闢之節也。

如分、至相距，四分天周之一。更爲一規過二至、二極，爲玉衡之中維。吴曰：「今名二極、二至交圈。」赤道距北極，黄道距北極璿璣，吴曰：「今名黄道極。」皆四分天周之一。北極璿璣距正北極，與黄道距赤道相等。

第二十圖

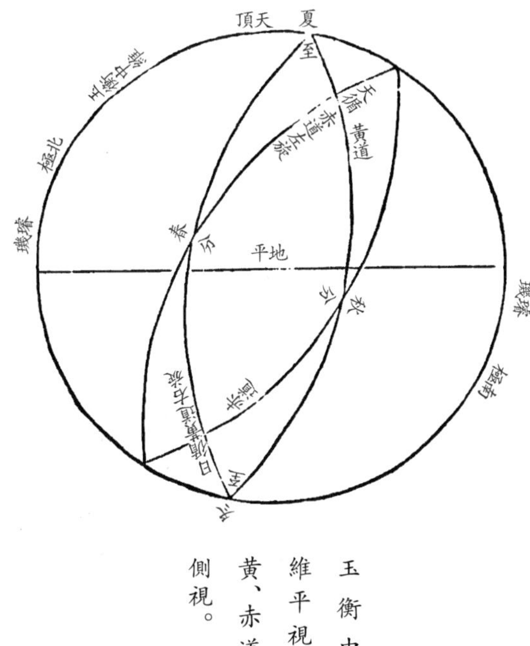

玉衡中維平視，黄、赤道側視。

第二十一圖

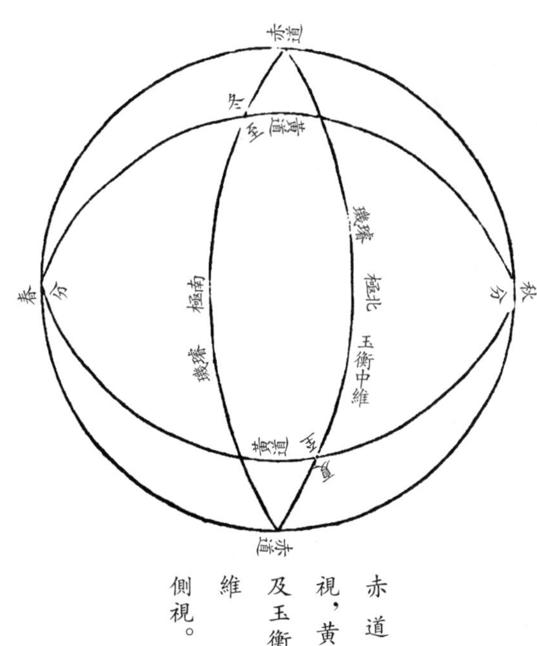

赤道平視，黄道及玉衡中維皆側視。

緣是以爲經，謂之經度。横截經度之外，謂之緯度。

《太傅禮》：「東西爲緯，南北爲經。」故古法皆以黄、赤道之度爲緯度，二道、二極相距之度爲經度。吴曰：「今歐邏巴反之。」緯度之宗，赤道是也。經度之宗，玉衡中維是也。黄、赤道二至相距之度，《授時曆草》謂之二至内外半弧背。夏至爲内，冬至爲外。吴曰：「今名黄赤大距。」赤道離二至之度，《授時曆草》謂之赤道半弧背。吴曰：「今從二分起數，則爲赤道餘弧。」

經之内規之，謂之經弧。緯之内截其規，謂之緯弧。

經弧如各度黄、赤道相距之數，《授時曆草》謂之黄、赤道内外半弧背。春分後爲内，秋分後爲外。吴曰：「今名黄赤距緯。」緯弧如日躔黄道離二至之數，《授時曆草》謂之黄道半弧背。吴曰：「今爲黄道餘弧。」

第二十二圖

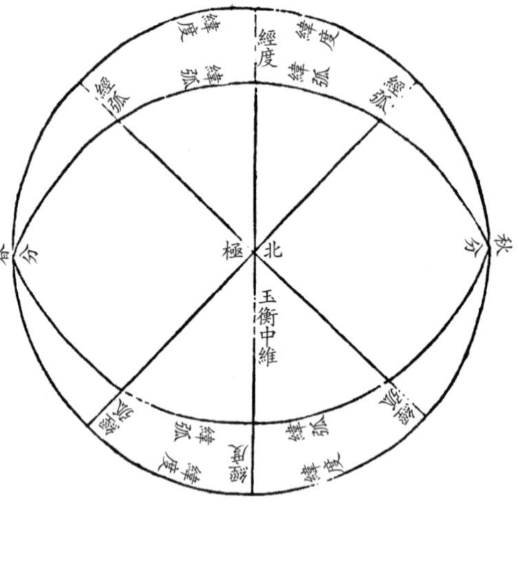

赤道平視，黄道側視，截二道之規，皆正視。以北極爲渾圜之頂，自頂視下，則赤道爲其中圜。黄道側勢如張弓，交于北極之規，但成一直綫而已。

經、緯之度界其外，經、緯之弧截其内，是爲半弧背者四，以句股御之。半弧背之外内矩分平行相應，得同度之句股弦各四，古弧矢術之方直儀也。

第二十三圖

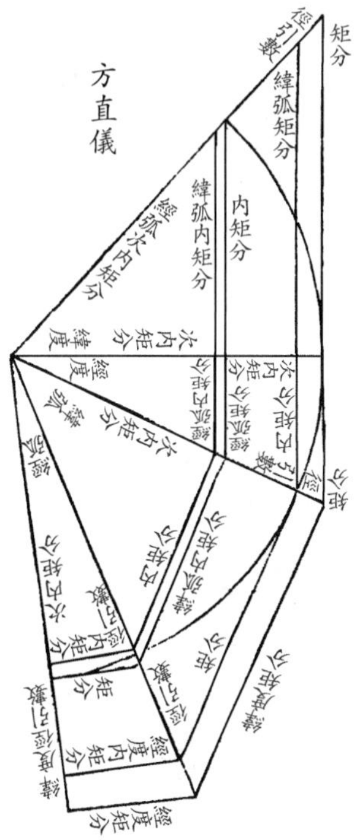

矩分　徑引數　緯弧矩分　内矩分　緯弧内矩分　經弧次内矩分　方直儀

儀不具次矩分之句股弦面各一，圜半徑爲句，次矩分爲股，次引數爲弦，與本弧外内矩分之句股弦，三三相應。詳上篇第十二圖。方直儀所不必具而可知者。加一於四而五，是故參其體，兩其用。用也者，旁行而觀之也。旁行以用於經度，則經弧矩分爲句，緯度次内矩分爲之股，經弧内矩分爲句，緯弧次内矩分爲之弦。

句	股	弦	互求率一
經度矩分	圜半徑	經度徑引數	表一
經度内矩分	經度次内矩分	徑隅	表二
圜半徑	經度次矩分	經度次引數	表三
經弧矩分	緯度次内矩分	虚	表四
經弧内矩分	虚	緯弧次内矩分	表五

表一、表二、表三，皆經度本有之句股弦，所謂參其體也。表四、表五，平行相應之句股弦，所謂兩其用也。體與用，可以按表互求。

旁行用於緯度，則緯弧矩分爲句，經度次内矩分爲之股；緯弧内矩分爲句，經弧次内矩分爲之弦。

句	股	弦	互求率二
緯度矩分	圜半徑	緯度徑引數	表一
緯度内矩分	緯度次内矩分	徑隅	表二
圜半徑	緯度次矩分	緯度次引數	表三
緯弧矩分	經度次内矩分	虚	表四

緯弧内矩分　虚　經弧次内矩分　表五

旁行用於經弧，則經度矩分爲句，緯度徑引數爲之股；經度内矩分爲句，緯弧徑引數爲之弦。

句　股　弦　互求率三

經弧矩分　圜半徑　經弧徑引數　表一

經弧内矩分　經弧次内矩分　徑隅　表二

圜半徑　經弧次矩分　經弧次引數　表三

經度矩分　緯度徑引數　虚　表四

經度内矩分　虚　緯弧徑引數　表五

旁行用於緯弧，則緯度矩分爲句，經度徑引數爲之股；緯度内矩分爲句，經弧徑引數爲之弦。

句　股　弦　互求率四

緯弧矩分　圜半徑　緯弧徑引數　表一

緯弧内矩分　緯弧次内矩分　徑隅　表二

圜半徑　緯弧次矩分　緯弧次引數　表三

緯度矩分　經度徑引數　虚　表四

緯度内矩分　虚　經弧徑引數　表五

儀之立也，爲方四成，旁行而得同度之句股四。經度矩分爲句，則緯度矩分爲之股；經度内矩分爲句，則緯弧矩分爲之股；經弧矩分爲句，則緯度内矩分爲之股；經弧内矩分爲句，則緯弧内矩分爲之股。

第二十四圖

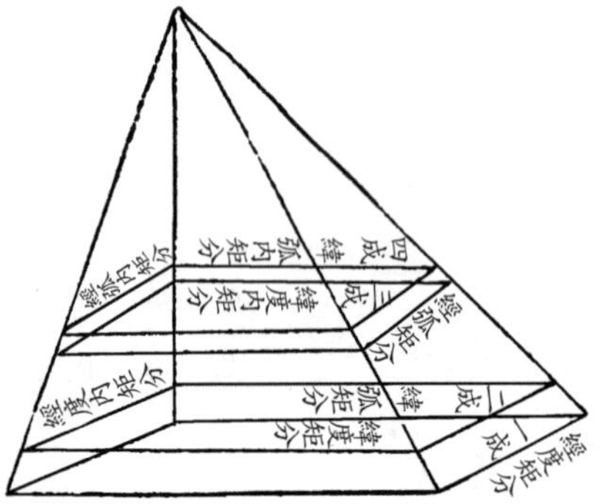

第二十五圖

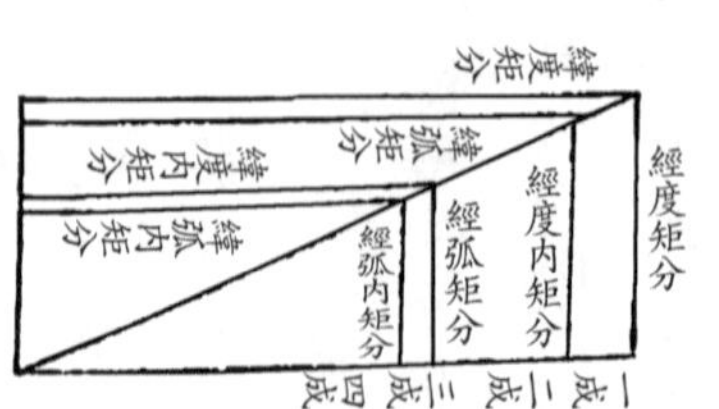

句	股	弦	互求率五
經度矩分	緯度矩分	虛	表一
經度内矩分	緯弧矩分	虛	表二
經弧矩分	緯度内矩分	虛	表三
經弧内矩分	緯弧内矩分	虛	表四

凡句股二十有四，爲互求之率五。遵古已降，推步起日至，斯其本法也。

句股第十五術

有經度，吴曰：「如黄赤大距，亦名黄赤交角。」有緯弧，吴曰：「如黄道離二至度。若起二分，則爲黄道餘弧。」求經弧：吴曰：「如黄赤距緯。」以經度内矩分乘緯弧次内矩分，徑隅除之，得經弧内矩分。於前表中擇其用徑隅半徑省除者，餘並不具列。

《授時曆草》云：「置黄赤道小弦，緯弧次内矩分，旁行用於經度，故名黄赤道小弦。以二至内外半弧弦即經度内矩分。乘之爲實，黄赤大弦即經度徑隅。爲法，除之，得黄赤道内外半弧弦。」即經弧内矩分。

句股第十六術

有經度，有緯弧，求緯度：吴曰：「如起二至，❶赤道離度。若起二分，則爲赤道餘弧。」以緯弧矩分乘經度徑引數，圜半徑除之，得緯度矩分。

句股第十七術

有經度，有經弧，求緯弧：以經度次引數乘經弧内矩分，圜半徑除之，得緯弧次内矩分。

句股第十八術

有經度，有經弧，求緯度：以經度次矩分乘經弧矩分，圜半徑除之，得緯度次内

❶「二至」，原作「一至」，據張岱年主編《戴震全書·句股割圜記中》改。

矩分。

句股第十九術

有緯度，有經弧，求緯弧：以緯度内矩分乘經弧次内矩分，徑隅除之，得緯弧内矩分。

句股第二十術

有緯度，有經弧，求經度：以經弧矩分乘緯度徑引數，圜半徑除之，得經度矩分。

句股第二十一術

有經度，有緯度，求緯弧：以緯度矩分乘經度次内矩分，圜半徑除之，得緯弧矩分。

句股第二十二術

有經度，有緯度，求經弧：以經度矩分乘緯度次内矩分，圜半徑除之，得經弧矩分。

句股第二十三術

有緯度，有緯弧，求經弧：以緯度次引數乘緯弧内矩分，圜半徑除之，得經弧次内矩分。

句股第二十四術

有緯度，有緯弧，求經度：以緯度次矩分乘緯弧矩分，圜半徑除之，得經度次内矩分。

句股第二十五術

有經弧，有緯弧，求緯度：以緯弧内矩分乘經弧徑引數，徑隅除之，得緯度内矩分。

或以緯弧内矩分與徑隅相乘，經弧次内矩分除之，得緯度内矩分。列此以明古法。《授時曆草》云：「置黄道半弧弦，即緯弧内矩分。以周天半徑即緯度徑隅。乘之爲實，赤道小弦經弧次内矩分旁行用於緯度，故名赤道小弦。爲法，除之，得赤道半弧弦。」即緯度内矩分。

句股第二十六術

有經弧，有緯弧，求經度：以經弧内矩分乘緯弧徑引數，徑隅除之，得經度内矩分。

吴曰：「就黄、赤道言之，古推步起二至，或先知二至黄赤距及黄道，有經度，有緯弧。或先知二至黄赤距及各度黄赤距，有經度，有經弧。或先知赤道及各度黄赤距，有緯度，有經弧。或先知二至黄赤距及赤道，有經度，有緯度。或先知赤道、黄道，有緯度，有緯弧。或先知各度黄赤距及黄道，有經弧，有緯弧。皆以其二得其四。古謂之二至黄赤距者，今之大距。古謂之各度黄赤距者，今之距緯。」

引而伸之，以經度爲節者，其二規皆緯也。自交已至經弧，謂之次緯儀。以緯度爲節者，其二規皆經也。自交已至緯弧，謂之次經儀。儀各爲半弧背者三，成圜度之句股弦。吴曰：「今之正弧三角。」於是命半弧背之外内矩分，曰方數句股弦圜度。句股弦也者，古弧矢術也。必以方數句股弦御之，方數爲典，以方出圜，立術之通義也。次緯儀，經弧爲其句度，緯度之次半弧背爲其股度，緯弧之次半弧背爲其弦度。

第二十六圖

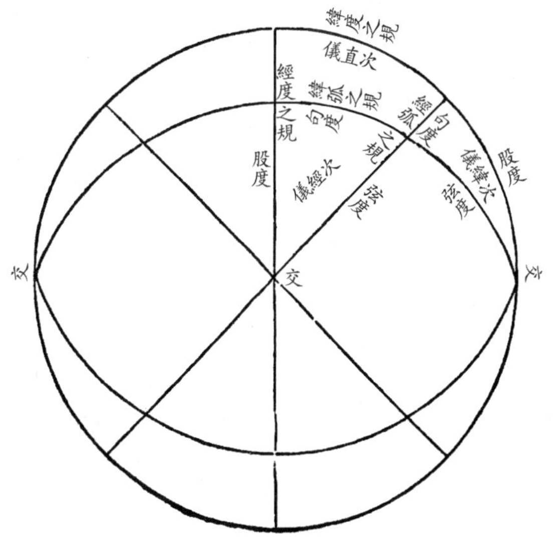

圜度句股弦，其外内矩分平行相應，得同度之方數句股弦各三。

第二十七圖

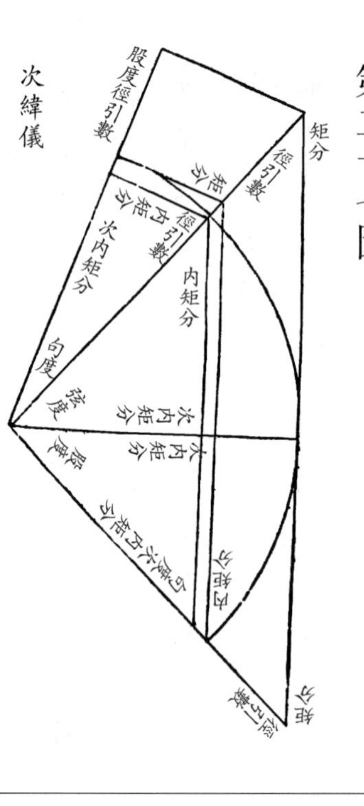

儀不具次矩分之句股弦面各一，加一於三而四。旁行觀之，股度徑引數爲股，則弦度徑引數爲之弦，以用於句度。

互求率一

	句	股	弦
表一	句度矩分	圜半徑	句度徑引數
表二	句度内矩分	句度次内矩分	徑隅
表三	圜半徑	句度次矩分	句度次引數
表四	虚	股度徑引數	弦度徑引數

句度次内矩分爲弦，則弦度次内矩分爲之股，以用於股度。

互求率二

	句	股	弦
表一	股度矩分	圜半徑	股度徑引數
表二	股度内矩分	股度次内矩分	徑隅
表三	圜半徑	股度次矩分	股度次引數
表四	虚	弦度次内矩分	句度次内矩分

股度次内矩分爲股，則句度徑引數爲之弦，以用於弦度。

互求率三

	句	股	弦
表一	弦度矩分	圜半徑	弦度徑引數
表二	弦度内矩分	弦度次内矩分	徑隅
表三	圜半徑	弦度次矩分	弦度次引數
表四	虚	股度次内矩分	句度徑引數

儀之立也，旁行而得同度之方數句股弦三，爲三成。股度矩分爲股，則弦度矩分爲之弦；句度矩分爲句，則股度内矩分爲之股；弦度内矩分爲弦，則句度内矩分爲之句。取節於方直儀之經度，以爲

其度。合方直儀次緯儀成斜剖之立方形，兩端必成同度句股形。

吳曰：「此一條備正弧三角之理與法。就此七十有八字，神而明之，可以盡推步之能事矣。」

第二十八圖　　第二十九圖

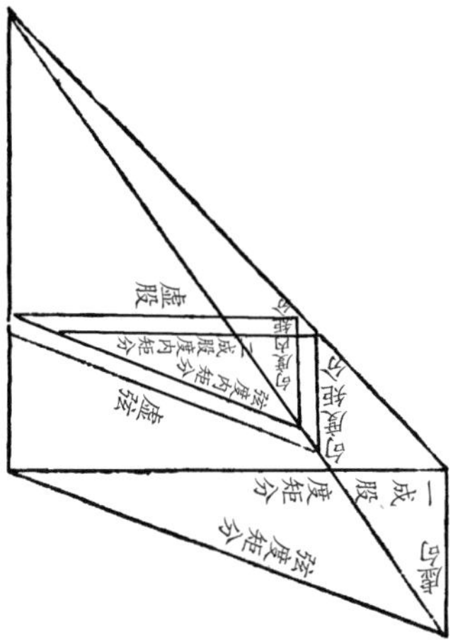

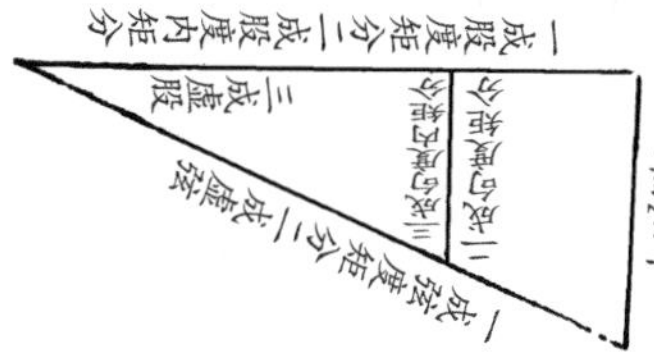

互求率四

句	股	弦	
經度矩分	圜半徑	經度徑引數	表一
經度內矩分	經度次內矩分	徑隅	表二
圜半徑	經度次矩分	經度次引數	表三
虛	股度矩分	弦度矩分	表四
句度矩分	股度內矩分	虛	表五
句度內矩分	虛	弦度內矩分	表六

凡句股十有八，爲互求之率四。次經儀亦如之。次緯儀翕闢之節，經度也。是故有經度互求之率。次經儀翕闢之節，緯度也，有緯度互求之率。

方直儀、次緯儀，梗概之法略有。餘諸儀之圜度與外內方數句股弦，但存方直儀、次緯儀之弧度。本稱而理自見。其製並倣是二者爲之，不別具圖表。檢五儀通率及十儀通率，則各得其用矣。

距經、緯之弧四分圜周之一，規之，謂之外規。

如交於北極璿璣爲一規。

爲總儀，凡構綴之規法五。皆四分之，以爲其限，而交加前郤之。

第三十圖

總儀

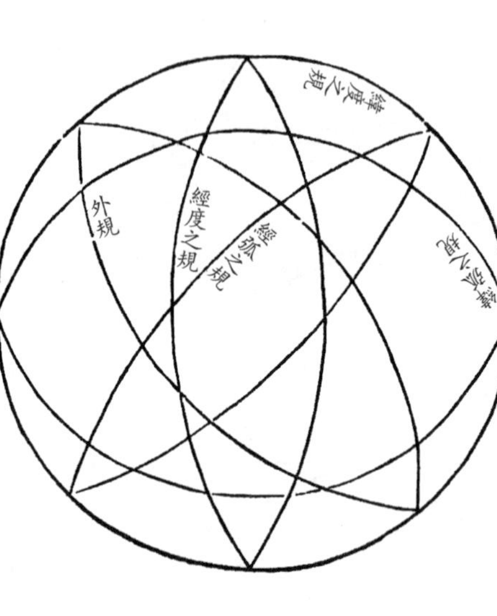

分儀半弧背四，合而爲儀者五：曰方直儀，曰右方儀，曰右次方儀，曰左方儀，曰左次方儀。

右方儀：經弧次半弧背爲其經度，外規度爲其緯度，緯弧爲其經弧，緯度次半弧背爲其緯弧。

右次方儀：緯弧次半弧背爲其經度，緯度次半弧背爲其緯度，經度次半弧背爲其經弧，外規次半弧背爲其緯弧。

左方儀：外規度爲其經度，緯弧次半弧背爲其緯度，經度次半弧背爲其經弧，經弧爲其緯弧。

左次方儀：緯度爲其經度，經弧次半弧背爲其緯度，外規次半弧背爲其經弧，經度次半弧背爲其緯弧。

左平面　右平面　右欹面　左欹面　五儀通率

經度　緯度　經弧　緯弧

方直儀

經弧次半弧背　外規度　緯弧　緯度次半弧背

右方儀

緯弧次半弧背　經度　緯度次半弧背　外規次半弧背

右次方儀

外規度　緯弧次半弧背　經度次半弧背　經弧

左方儀

緯度　經弧次半弧背　外規次半弧背　經度次半弧背

左次方儀

半弧背三，合而爲儀者十：曰次緯儀，曰次經儀，曰兩緯儀，曰兩經儀，曰次經緯度儀。儀之句度、股度互易，則外内矩分各旋而易，故五名而其儀十。

次緯儀爲方直儀之右儀，旋而爲右方儀之左儀。則易句度爲股度，股度爲句度。有外規度互求之率。

次經儀爲方直儀之左儀，弦度次半弧背爲其句度，即緯弧主次緯儀爲之通率。經度次半弧背爲其股度，句度次半弧背爲其弦度。即經弧次半弧背。有股度次半弧背互求之率。即緯度。

旋而爲左方儀之右儀，則經度次半弧背爲其句度，弦度次半弧背爲其股度，句度次半弧背爲其弦度。有外規度互求之率。

兩緯儀爲右方儀之右儀，弦度次半弧背爲其句度，外規次半弧背爲其股度，股度次半弧背爲其弦度。有句度次半弧背互求之率。

旋而爲右次方儀之左儀，則外規次半弧背爲其句度，弦度次半弧背爲其股度，股度次半弧背爲其弦度。有經度互求之率。

兩經儀爲左方儀之左儀，句度爲其句度，外規次半弧背爲其股度，經度爲其弦度。有弦度互求之率。

旋而爲左次方儀之右儀，則外規次半弧背爲其句度，句度爲其股度，經度爲其弦度。有股度次半弧背互求之率。

次經緯度儀爲右次方儀之右儀。股度爲

其句度，經度次半弧背爲其股度，外規度爲其弦度。有弦度互求之率。旋而爲左次方儀之左儀，則經度次半弧背爲其句度，股度爲其股度，外規度爲其弦度。有句度次半弧背互求之率。

十儀通率	句	股	弦
股度弦度二規翕闢之節			
次緯儀	經度	句度	股度	弦度
次緯儀之旋	外規度	股度	句度	弦度
次經儀	股度次半弧背	弦度次半弧背	經度次半弧背	句度次半弧背
次經儀之旋	外規度	經度次半弧背	弦度次半弧背	句度次半弧背
兩緯儀	句度次半弧背	弦度次半弧背	外規次半弧背	股度次半弧背
兩緯儀之旋	經度	外規次半弧背	弦度次半弧背	股度次半弧背
兩經儀	弦度	句度	外規次半弧背	經度
兩經儀之旋	股度次半弧背	外規次半弧背	句度	經度
次經緯度儀	弦度	股度	經度次半弧背	外規度
次經緯度儀之旋	句度次半弧背	經度次半弧背	股度	外規度

吳曰：「今之正弧三角法，有三角、三弧，凡六事。借黃、赤道名之曰黃道弧者，次緯儀之弦度也；曰赤道弧者，股度也；曰黃赤距弧者，亦名距緯弧。句度也；有直角，其度適一象限，是爲句度、股度交處；有黃、赤交角，其度即黃赤大距，方直儀之經度也，是爲弦度、股度交處；有黃道交極圈角，右方儀、左方儀之外規度爲其度，是爲句度、弦度交處。方直儀之經弧，即黃赤距弧，緯度爲赤道餘弧，緯

弧爲黄道餘弧。斯《記》設諸儀於渾圜，循環一徧，極正弧三角法所未備，亦補梅勿菴《塹堵測量》所未備。雖不必盡用於正弧三角法之用，八綫比例，無或遺矣。」

第三十一圖

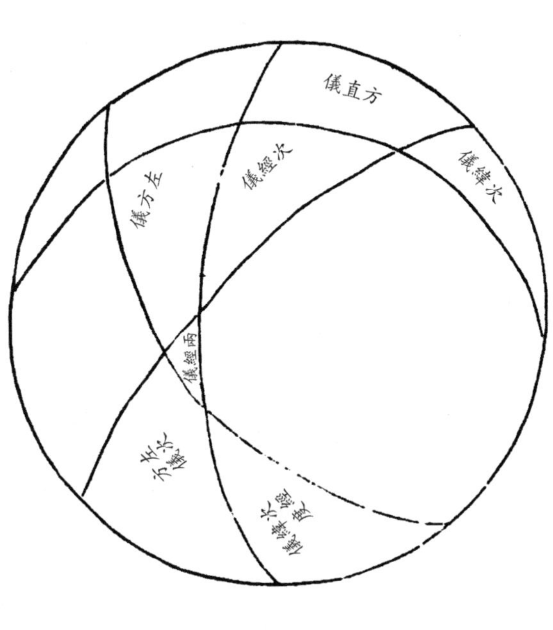

第三十二圖

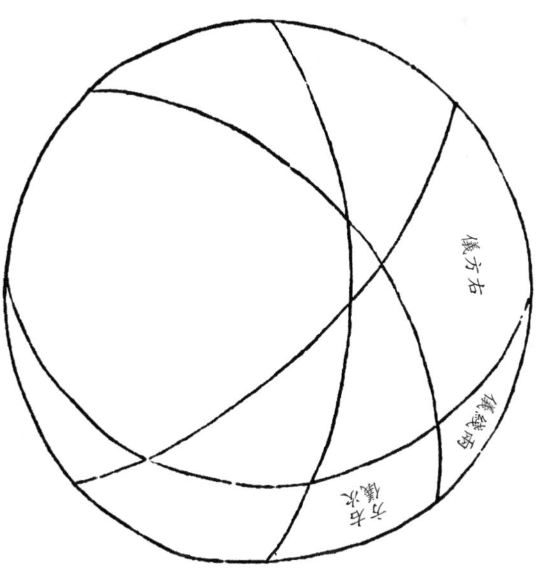

凡爲儀十有五，是謂一終，得方數之句股弦三百，弧矢術之正整之就叙矣。

句股第二十七術第十九術通用

有句度，有股度，求弦度：以句度徑引數乘股度徑引數，圜半徑除之，得弦度徑引數。

句股第二十八術第二十五術通用

有句度，有弦度，求股度：以弦度次内矩分乘句度徑引數，徑隅除之，得股度次内矩分。

句股第二十九術第二十三術通用

有股度，有弦度，求句度：以股度徑引數乘弦度次内矩分，圜半徑除之，得句度次内矩分。句度、股度之名可互易，則與前術同。

已上三距互求者三。吴曰：「如黄道離二分度、赤道同升度、❶黄赤距度三者互求，用次緯儀。」

句股第三十術第十七術通用

有經度，有句度，求弦度：以經度次引數乘句度内矩分，圜半徑除之，得弦度内矩分。

句股第三十一術第十八術通用

有經度，有句度，求股度：以經度次矩分乘句度矩分，圜半徑除之，得股度内矩分。

句股第三十二術第二十一術通用❷

有經度，有股度，求弦度：以經度徑引數乘股度矩分，圜半徑除之，得弦度矩分。

句股第三十三術第二十二術通用

有經度，有股度，求句度：以經度矩分乘股度内矩分，圜半徑除之，得句度矩分。

句股第三十四術第十五術通用

有經度，有弦度，求句度：以經度内矩分乘弦度内矩分，徑隅除之，得句度内矩分。

❶「同升度」，《戴震全書・句股割圜記中》作「離二分度」。

❷「二十一」，《戴震全書・句股割圜記中》校注：「疑爲『十六』之誤。」

句股第三十五術第十六術通用❶

有經度，有弦度，求股度：以經度次内矩分乘弦度矩分，徑隅除之，得股度矩分。

已上一觚、一距，求其餘距者六。經度恒爲所知之一觚規度。吴曰：「如經度爲黄赤交角度，則黄赤距爲句，赤道爲股，黄道爲弦。經度當黄道交極圈角度，則赤道爲句，黄赤距爲股，黄道爲弦。皆用次緯儀，已備。」

句股第三十六術第二十術通用

有句度，有股度，求經度：以圜半徑乘句度矩分，股度内矩分除之，得經度矩分。❷或用兩經儀之旋吴曰：「今之又次形法。」爲股度、經度、弦度。同第三十二術。以股度次引數乘句度矩分，圜半徑除之，得經度矩分。

句股第三十七術第二十六術通用

有句度，有弦度，求經度：以徑隅乘句度内矩分，❸弦度内矩分除之，❹得經度内矩分。❺或用兩經儀，爲句度、經度、弦度。同第三十術。以弦度次引數乘句度内矩分。圜半徑除之。得經度内矩分。

句股第三十八術第二十四術通用

有股度，有弦度，求經度：以圜半徑乘弦度矩分，股度矩分除之，得經度徑引數。或用次經緯度儀，爲句度、經度、股度。同

❶「十六」，《戴震全書・句股割圜記中》校注：「疑爲『二十一』之誤。」

❷「經度矩分」，《戴震全書・句股割圜記中》校注：「疑爲『經度次矩分』之誤。」

❸「句度内矩分」，《戴震全書・句股割圜記中》校注：「疑爲『弦度内矩分』之誤。」

❹「弦度内矩分」，《戴震全書・句股割圜記中》校注：「疑爲『句弦度内矩分』之誤。」

❺「經度内矩分」，《戴震全書・句股割圜記中》校注：「疑爲『經度次引數』之誤。」

第三十一術。以弦度次矩分乘股度矩分，圜半徑除之，得經度次内矩分。

已上兩距求一觚者三。經度恒爲所求之一觚規度。吴曰：「如求黄赤交角，則黄赤距爲句，赤道爲股，黄道爲弦。求黄道交極圈角，則赤道爲句，黄赤距爲股，黄道爲弦。」凡一觚一距與餘距互求，其術九，餘一觚如之。

句股第三十九術

有經度，有句度，求外規度：用次經緯度儀之旋爲句度、經度、弦度。同第三十術。以句度徑引數乘經度次内距分，圜半徑除之，得外規度内矩分。

句股第四十術

有經度，有股度，求外規度：用兩緯儀之旋爲經度、弦度、句度。同第三十四術。以經度内矩分乘股度次内矩分，徑隅除之，得外規度次内矩分。

句股第四十一術

有經度，有弦度，求外規度：用次經緯度儀爲股度、經度、弦度。同第三十二術。以弦度徑引數乘經度次矩分，圜半徑除之，得外規度矩分。

已上一觚一距，求一觚者三。經度恒爲所知之觚規度，外規度恒爲所求之觚規度。吴曰：「如求黄道交極圈角，以經度爲黄赤交角度，黄赤距爲句，赤道爲股，黄道爲弦。或黄道交極圈角，求黄赤交角，則經度又當黄道交極圈角，外規度當黄赤交角，易赤道爲句，黄赤距爲股，而弦不改。」

句股第四十二術

有經度，有外規度，求弦度：用兩緯儀之旋爲經度、句度、股度。同第三十一術。以經度次矩分乘外規度次矩分，圜半徑除之，得弦度次内矩分。

句股第四十三術

有經度，有外規度，求句度：用次經儀之旋爲句度、經度、弦度。同第三十術。以外規度次引數乘經度次内矩分，圜半徑除之，得句度次内矩分。

句股第四十四術

有經度，有外規度，求股度：用兩緯儀之旋爲經度、句度、弦度。同第三十術。以經度次引數乘外規度次内矩分，圜半徑除之，得股度次内矩分。若所求之一距不論句度、股度，恒以句度當之，經度恒爲對所求一距之觚規度，則與前術同。

已上兩觚求一距者三。吴曰：「如黄赤交角及黄道交極圈角，求黄道、赤道、黄赤距。」凡兩觚與距互求，其術六。擇諸儀省便於算者用之，不可勝用也。術中無煩具列。

吴曰：「就黄、赤道起二分言之，黄道、赤道、黄赤距爲正弧三角之三邊。其三角：一直角，爲赤道交極圈角；兩鋭角，爲黄、赤交角，黄道交極圈角。置直角不須求，三邊互求者三，黄赤交角與三邊互求者九，黄道交極圈角與三邊互求者亦九，理同黄赤交角與三邊互求。合兩角與邊互求者，又得九，黄、赤交角與三邊求黄道交極圈角者三，黄道交極圈角與三邊求黄赤交角者亦三，同屬一理。共三十事。斯《記》約其術十有八。」

【《句股割圜記》下】三觚非弧矢術之正，以句股弧矢御之。渾圜之規度，正視之中繩，側視之隨其高下而羨，惟平視之中規。胥以平寫之，循規度之端，竟半周得圜徑。衡截圜徑，齊規度之末，抵外周，得規度所爲半弧弦。弧與弦易，正側之勢以爲平，於是命外周之度爲其規度。

第三十三圖

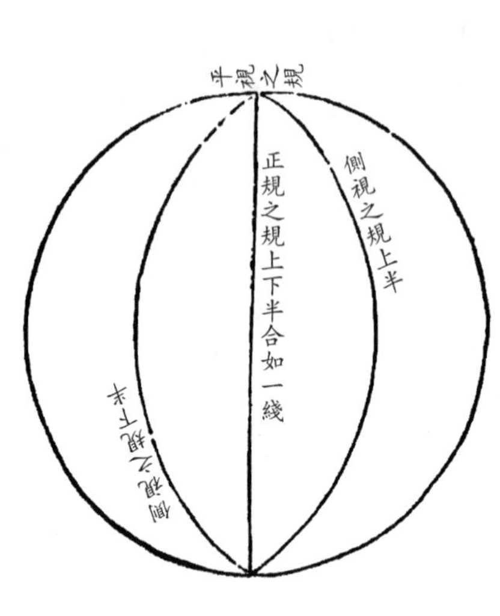

第三十四圖

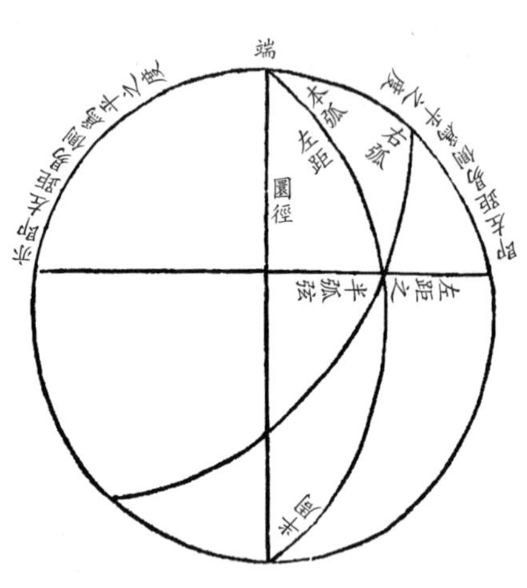

第三十五圖

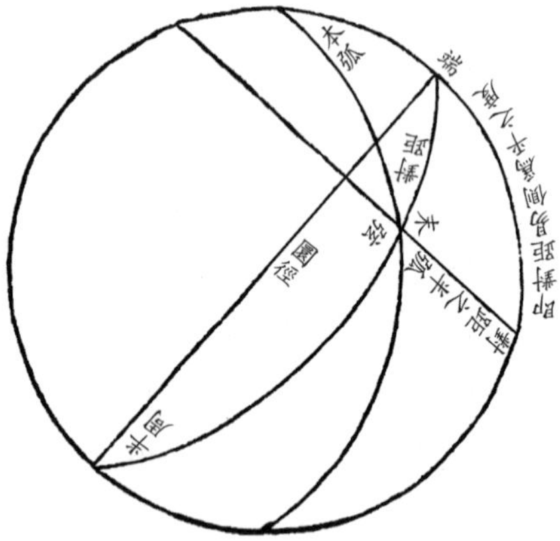

凡矢屬於規度之端，弦屬於規度之末，一從一衡相遇也。用矢，用内矩分，準是率率之。過四分圜周之一，用大矢；過半周如之。適四分圜周之一，矢與半弧弦皆適圜半徑，用半徑爲矢，爲内矩分；適四分圜周之三，如之。適圜半周，大矢宜甚大，滿圜徑，用圜徑爲矢。過四分圜周之三，猶往而復，仍用小矢。

凡過四分圜周之一，以減半周而得餘弧；過半周，以半周減之，而得剩弧。減餘弧、剩弧之矢於圜徑，得大矢。惟過四分圜周之三，以減圜周，用其餘弧之矢。

第三十六圖

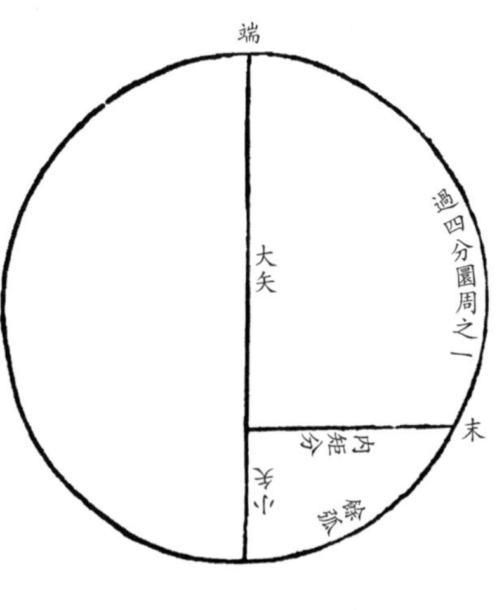

第三十七圖

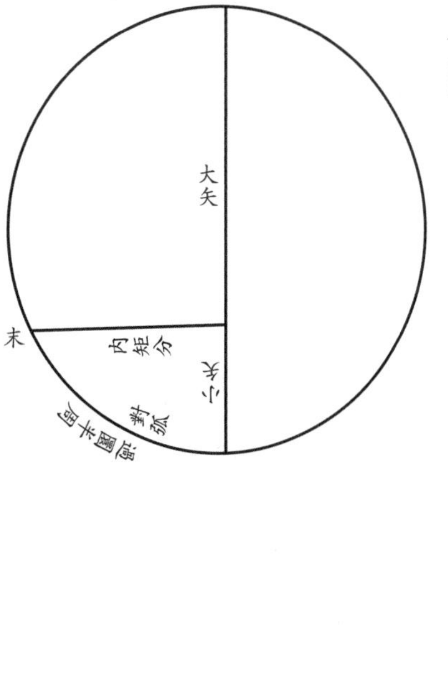

第三十八圖

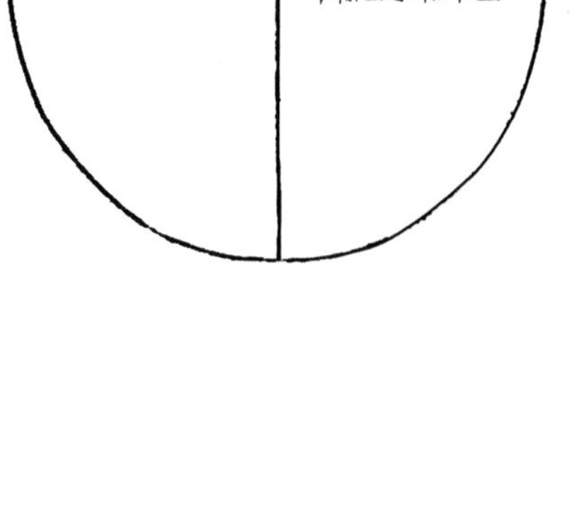

第三十九圖

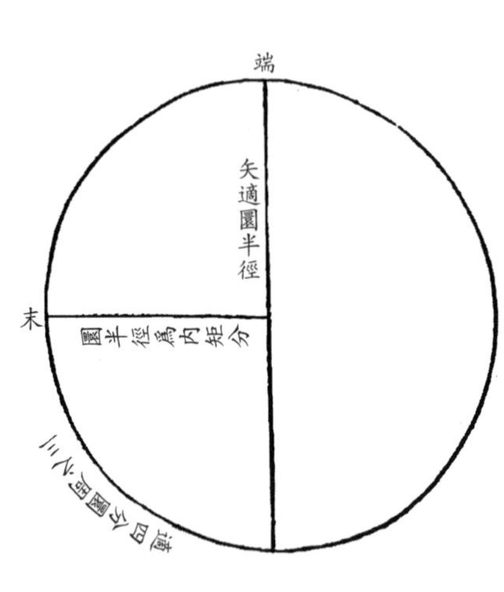

第四十圖

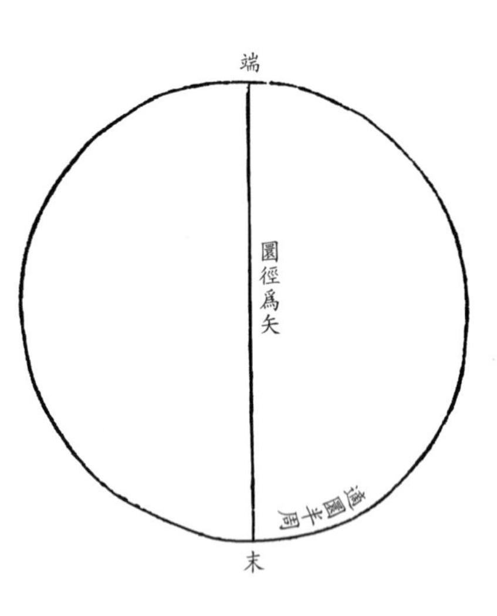

第四十一圖

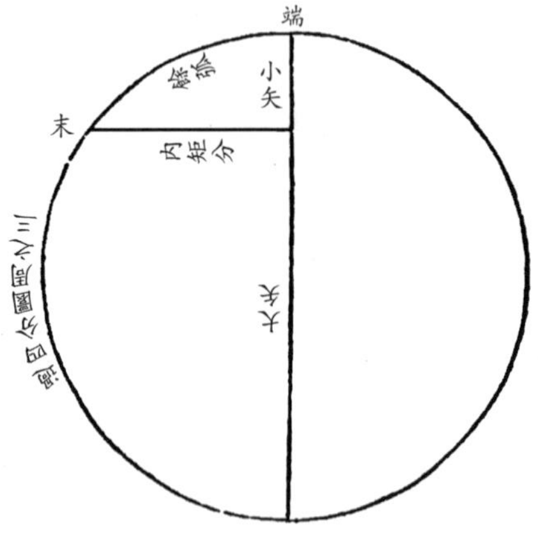

端
小矢
餘弧
末
内矩分
大矢
適四分圜周之三

四分圜周之一，古推步法謂之一象。周天分四象。是爲規度之大限。率之變也，減兩距於圜半周，用其餘弧爲兩距；減對兩距之觚於圜半周，用其外弧，爲兩觚内矩分共用之半弧弦也。餘一距及其對觚，共用之觚與距也。

第四十二圖

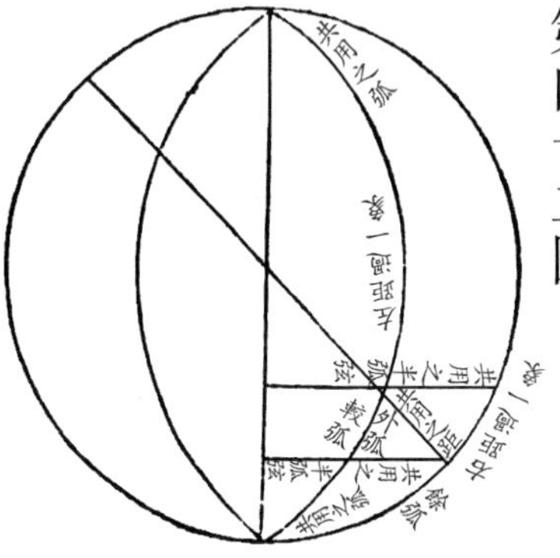

第四十三圖

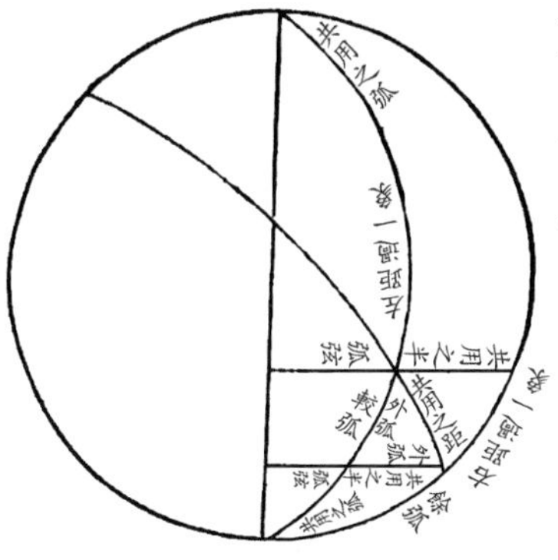

吴曰：「上圖，正弧三角法之變率，共用之距即句度，兩餘弧，一爲股度，一爲弦度。其直角無内外弧之别。下圖，斜弧三角法之變率，理同。今名次形法。」

若三觚各以爲渾圜之一極，距觚四分圜周之一規之，三規之交，成三觚三距。則觚同其距之規度，距同其觚之規度。

第四十四圖

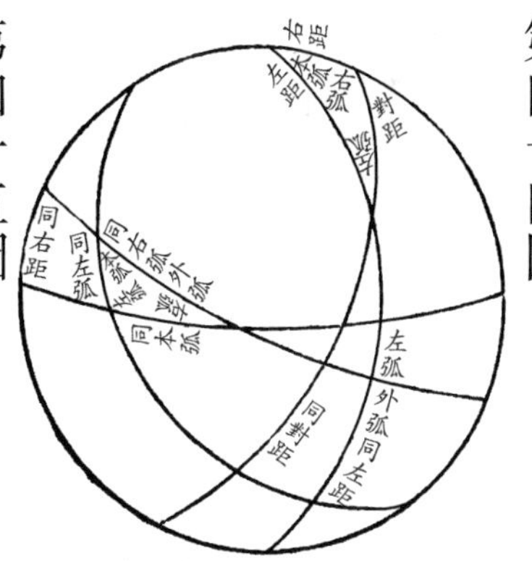

第四十五圖

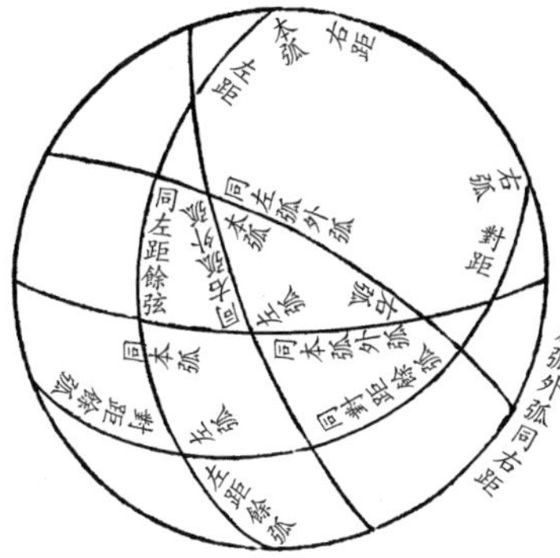

吴曰：「上圖，三角俱鋭，三邊俱小。下圖，三角俱鈍，兩大邊，一小邊，皆斜弧。三角法之邊，盡易爲角，角盡易爲邊，以入算者，今亦名次形法。餘倣此求之。」

前術大小倨句之體更也，後術觚與距之體更也。

吴曰：「今之斜弧三角法，有鋭角，有鈍

角。或三角俱鋭，或兩鋭一鈍，或兩鈍一鋭，或三角俱鈍。其三邊或俱不滿一象，或一邊過之，或兩邊過一象，或三邊俱過。約其大致，有相對之邊、角，及對所求之邊、角，用邊角互求法。有相對之邊、角，又有一邊或一角非對所求之邊、角，則用垂弧法，截爲兩正弧三角。若有兩邊一角求對角之邊，或有三邊求角，則用矢較法。不能直用三法者，如上前後二術，易大邊爲小邊，易鈍角爲鋭角，及邊易爲角，角易爲邊，然後隨其體勢，總不出三法之範圍矣。」

句股相權之大恒：觚之規度内矩分，各與對距相應；三距爲渾圜之規度，則觚之内矩分與對距之内矩分相應。相應而展轉互權矣。

所知之觚與所知之距，爲相對之觚與距，其觚曰正觚，其距曰對正觚之距。所知之觚與所求之距，爲相對之觚與距，其觚曰對所求一距之觚。或所知之距與所求之觚相對，其距曰對所求一觚之距。

凡觚與距適四分圜周之一者，内矩分適圜半徑。

句股第四十五術吴曰：「此邊角互求法，以對角求對邊。」

以對正觚之距内矩分，乘對所求一距之觚内矩分，正觚内矩分除之，得所求之距内矩分。

句股第四十六術吴曰：「此亦邊角互求法，以對邊求對角。」

以正觚内矩分乘對所求一觚之距内矩分，對正觚之距内矩分除之，得所求之觚内矩分。若所求爲倨於句股之觚，則所得爲其外弧内矩分。以外弧減圜半周，得所求之觚。

所求非對距、對觚，則截之成圜度句股弦者二，各視次緯儀之率通之。

第四十六圖

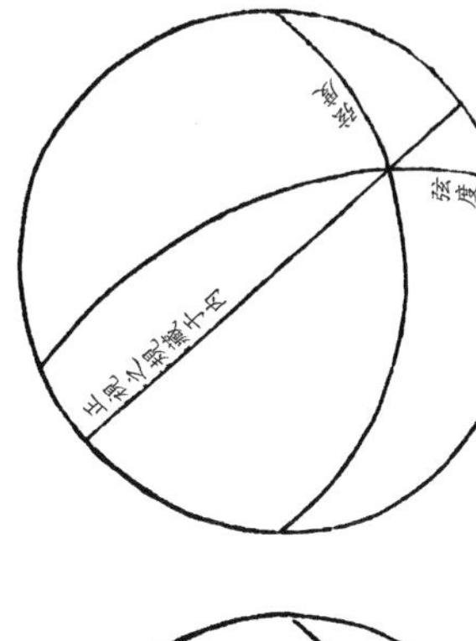

第四十七圖

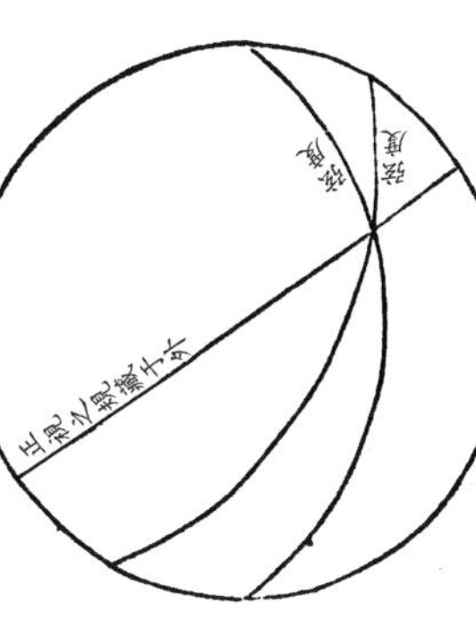

吴曰：「如圖，側視之規，俱成弦度。正視之規，所謂垂弧，與平視之規相遇成直角，可互易爲句度、股度。凡垂弧，或在形内，或在形外，須細辨之。」

句股第四十七術吴曰：「此垂弧法及作垂弧于次形法。」

三觚皆句於句股，自内截之，分一觚及其對距爲二，成圜度之句股弦者二。三觚一倨於句股，或自内截之，分倨於句股之一觚及其對距爲二；或自外截之，而倨於句股之觚有外弧，亦皆成圜度之句股弦者二。若兩觚倨於句股，或三觚並倨，用前變率大小倨句之體，更別成一三觚，然後或截其内，或截其外。既得圜度之句股弦，隨其體勢，無不與次緯儀相應。按中篇諸術求之。

凡内矩分爲半弧弦，其弧背渾圜大規也。半弧弦不滿圜半徑者，以矢爲樞，以半弧弦規之，成渾圜之小規，吴曰：「今名距等圈。其周徑距大圈之周徑平行相等。」衡截正視、側視之規。移其度爲平視。側視之規亦截小規，而與中圍之大規相應。截小規之徑爲大、小矢，則與中圍大規之徑爲大、小矢相應。

第四十八圖　　第四十九圖

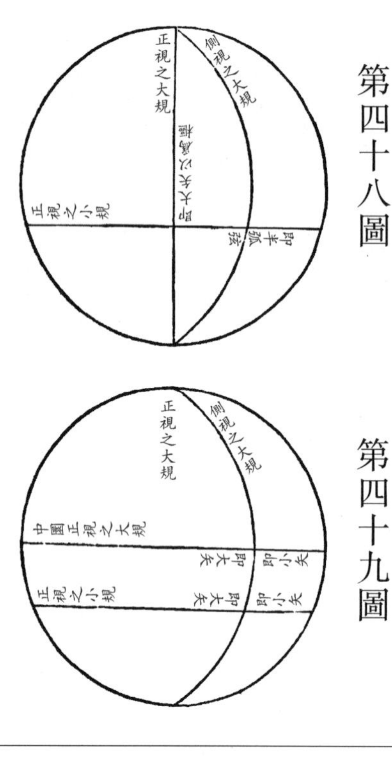

吴曰：「凡正視之規，規與徑視之如一綫。故施于圖既爲大小規，又即爲半弧弦及矢也。」

三觚之用兩距和、較也。所求之觚，或所知之觚，所知之兩距旁之，其觚謂之本觚。旁於本觚之右距以平寫之，爲平視之規，則左距爲側視之規。截左距之末，成小規，而識左距於平。兩距和度、較度之矢較，半之，爲矢半較，以爲句；小規之半徑爲之弦。

第五十圖　　第五十一圖

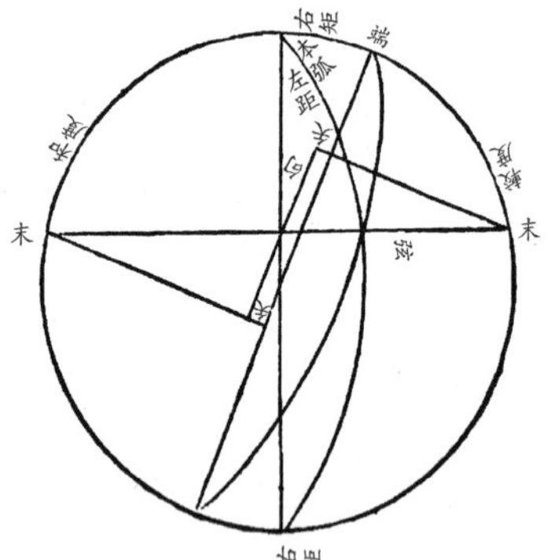

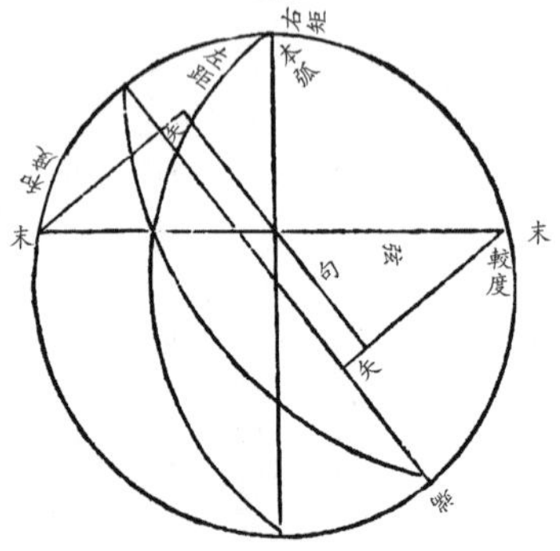

吴曰：「上圖三角俱鋭，三邊俱小。下圖三角俱鈍，兩大邊，一小邊。所用和度、較度之矢半較爲句，小規半徑爲弦則一也。」

以較度與對本觚之距兩矢較爲句，左距側視之規，截小規之徑成大、小矢，爲之弦。

第五十二圖　　第五十三圖

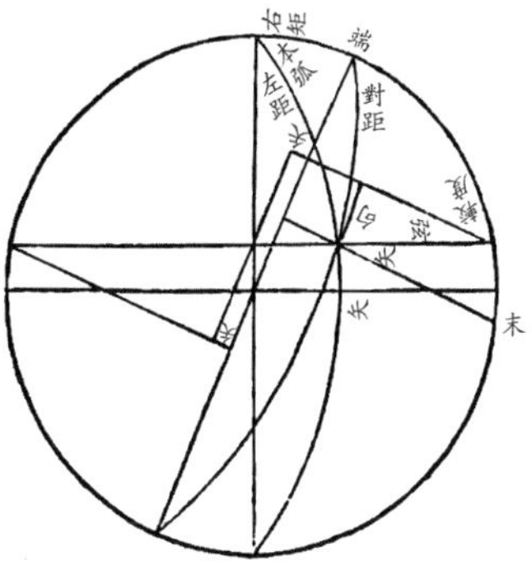

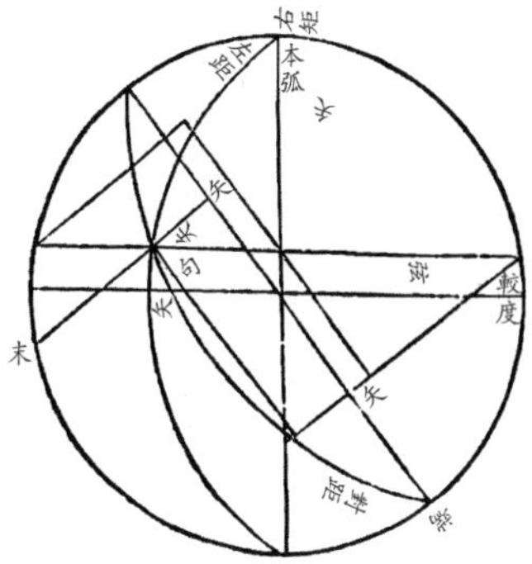

前兩圖，矢半較、小規半徑成句與弦。此兩圖，矢較、小規之矢，成句與弦。而兩句與中圍大規矢、半徑互求，猶兩弦與之互求也。大規之矢，即本觚之矢。

如是得同度之句股二，而句與弦通一爲道。凡觚之規度，中圍大規也。大小規之半徑及其矢，並通一爲道。

句	弦	本觚規度	
矢半較和度較度	小規半徑	大規半徑	表一
矢較較度對距	小規之矢	大規之矢	表二

若左距適四分圜周之一，則所成之規適爲中圍大規。小規之半徑，即左距所爲半弧背之弦。凡半弧背適四分圜周之一者，半弧弦亦適圜半徑。若左右距相等，無較度，則和度之矢，半之爲句，小規之半徑爲之弦；對距之矢爲句，小規之大小矢爲之弦。若無較度，而左距又適四分圜周之一，和度必適圜半周。以圜徑爲之矢，半之，即半徑，不復成句股。對距之矢即爲本觚之矢，亦不復成句股。對距之度即本觚規度，直不須求矣。

第五十四圖

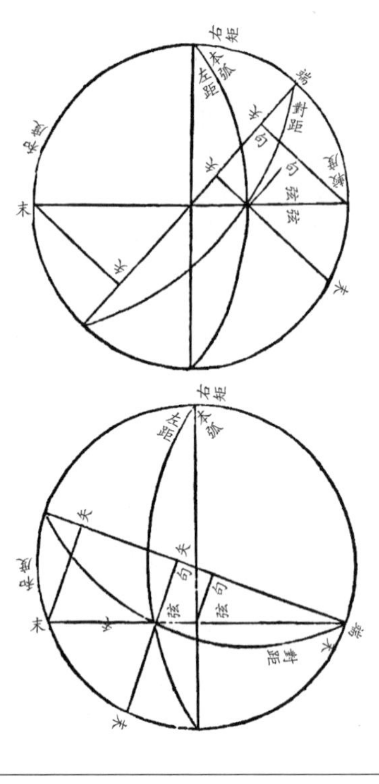

第五十五圖

上圖無小規，尤足明大小規之矢、半徑通一爲道。下圖無較度，和度之矢半之爲句，而對距之矢即爲句，以與中圍大規矢半徑互求。

吳曰：「據八綫表，減餘弦於半徑全數爲正矢，即小矢，併餘弦半徑爲大矢。梅勿菴《環中黍尺》卷五云：『角旁兩弧度，即左距、右距。相加爲總，即兩距之和度。相減爲存。即兩距之較度。視總弧過象限，以總存兩餘弦相加；不過象限，則相減並折半爲初數。若總弧過兩象限，與過象限法同。其餘弦仍相加。過三象限，與在象限内同。其餘弦仍相減。若存弧亦過象限，則反其加減。總弧過象限，或過半周，宜相加，今反以相減。若總弧過于三象限，宜相減，今反以相加。並以兩餘弦同在一半徑，相減，不然則加也。』如勿菴法，用時宜審餘弦同在半徑，不同在半徑。蓋過一象限，過半周，餘弦皆在外半徑。不過象限，過三象限，餘弦皆在内半徑。知此，庶幾加減不誤。又過一象限，過半周，皆與半周相減，而用餘弧、剩弧之餘弦。過三象限，與圜周相減，而用其餘弧之餘弦。知此，庶幾用餘弦不誤。二條當爲勿菴補其例。其書又云：『或總弧適足半周，用半徑爲總弧餘弦。若角旁兩弧同數，則無存弧，用半徑爲存弧餘弦。』此勿菴遷就之法，非算理也。適足半周無餘弦，戴君所謂大矢宜甚大，滿圜徑耳，不當設半徑爲餘弦。又無存弧者，無由有存弧之餘弦，而空設半徑以入加減。二者不可以算理揆之。因知兩餘弦加減立法之根，殆屬假借。斯《記》立新法，改用兩矢較半之，與勿菴所得初數同。不須强設，且免詳審加減之煩。」

以觚求距，求對距之矢也。以距求觚，求本觚規度之大、小矢也。

句股第四十八術吴曰：「此矢較法，今名兩邊夾一角求對邊，及兩角夾一邊求對角。」

知一觚、兩距，而距在觚之左右，求對觚之距：其觚曰本觚，以左右兩距相併爲和度，相減爲較度。和度、較度之矢相減，半之，爲矢半較。吴曰：「即所謂初數，又名中數。但彼用餘弦，此用矢，立法不同耳。」乘本觚之矢，圜半徑除之，得對距與較度之兩矢較。加較度矢，即對距之矢。凡無較度，則用和度之矢半之，乘本觚之矢，所得即對距之矢。若知兩觚一距，而觚在距之兩端，準前易觚爲距，易距爲觚，則其術同。

句股第四十九術吴曰：「此亦矢較法，今名三邊求角及三角求邊。」

知三距求觚，所求之觚曰本觚。以旁兩距相併爲和度，相減爲較度。對距之矢與較度之矢相減，爲兩矢較，與圜半徑相乘，和度、較度之矢半較除之，得本觚之矢。凡無較度，則圜半徑乘對距之矢，和度之矢半之，除得本觚之矢。若三觚求距，準前易觚爲距，易距爲觚，則亦三距求觚矣。

凡矢，或小矢，或大矢，例已見前。

總三篇，凡爲圖五十有五，爲術四十有九，記二千四百一十四字。因《周髀》首章之言，衍而極之，以備步算之大全，補六藝之逸簡。治經之士於博見洽聞，或有涉乎此也。

吴曰：「《準望簡法》首章云：爲矩以準望，凡百分大其器，則分十之謂之小分。矩積其分萬，小分百萬。以矩之百分爲圜半徑，自一觚規之，規度適四分圜周之一。其觚設垂綫，截規度成半弧背者二。弧背外方謂之矩分，半弧弦謂之内矩分。垂綫在弧内，謂之徑隅。圜半徑、徑隅一也。抵弧外與矩分相應，謂之徑引數。矩分過滿百，不與垂綫值，垂綫所指知次弧背之矩分。矩積爲實，次矩分爲法，實如法而一，得過滿百之矩分。減半弧背於規度，是爲次半弧背。半之，以其矩分加於半弧背之矩分，得徑引數。内矩分與弧外方數平行相應也。規度全圜凡百，應晝夜之數。度六十分，以十分爲一小度，應晝夜之刻分。分不容六千，則參分其小度。命以太、少：三之一，曰少半度；三之二，曰太半度。一矩之規，小度百有五十，方圜之致備矣。非圜，無以盡方之變；非方，無以明圜之用。」

又曰：「天本無度，步算家設度，以推測日月星之行。古法三百六十五度四分度之一。古歲實三百六十五日四分日之一，略舉大致耳，蓋隨宜修改，不與天争時。每晝夜日右旋一度。度也者，行而過之之名。今用三百六十整度，則每晝夜日行不及一度。雖失名度之義，算器無妨用之。此擬《周髀》製矩，故用古刻法爲度法。古晝夜百刻，刻六十分，凡十分爲一小刻。隸十二辰，每一辰八大刻、二小刻。梁天監中改爲晝夜九十六整刻，今刻法用之。得名度者，日左旋一刻所度也。」

附圖四

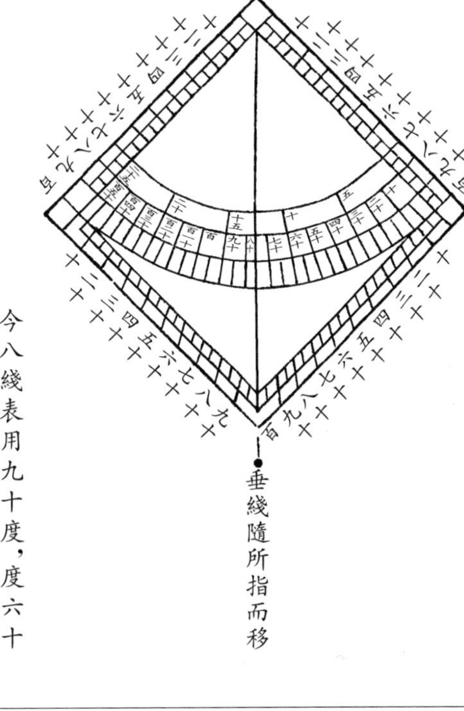

此《準望簡法》之矩製方圜度分，作矩時細分之。

今八綫表用九十度，度六十分，分六十秒，已下皆以六十遞析。則六度當此十度，一度當一度大半度。此一度當其三十六分，少半度當其十二分。

五禮通考卷第一百九十七

淮陰吴玉搢校字

五禮通考卷第一百九十八

内廷供奉禮部右侍郎金匱秦蕙田編輯
太子太保總督直隸右都御史桐城方觀承同訂
翰林院編修嘉定錢大昕
按察司副使元和宋宗元 參校

嘉禮七十一

觀象授時

【《書·舜典》】協時月正日。

蕙田案：「時月正日」與「律度量衡」對言，似屬四項事。竊意時，四時也；月，十二月也；正，三正也；日，三百有六旬有六日也。有正而後時可協，如建子則子丑寅爲春，建丑則丑寅卯爲春，建寅則寅卯辰爲春也。有正而後月可協，建子則子月爲正，建丑則丑月爲正，建寅則寅月爲正也。時與月，皆以三正而協，則日之協不待言矣。古者三正通于民俗，所以奉天道、符地理、授民時。「正」字似作三正爲是。《注疏》、蔡《傳》以「正」字作虚字解，恐未的。三正不協則萬事隳，故《甘誓》數有扈之罪曰「怠棄三正」也。

【《日知録》】「三正」之名，見于《甘誓》。蘇氏謂：「自舜以前，必有以建子、建丑爲正者。」其來尚矣。《微子之命》曰「統承先王，修其禮物」，則知杞用夏正，宋用商正。若朝覲會同，則用周之正朔。其於本國，自用其先王之正朔也。三正之所以異者，疑古之分國，各有所受，故公劉當夏后之世，而一之日、二之日，已用建子爲紀。《舜典》「協時月正日」，即協此不齊之時月。

【《甘誓》】有扈氏威侮五行，怠棄三正。

蔡氏沈曰：「三正，子、丑、寅之正也。夏正建寅。怠棄者，不用正朔也。案此章，則三正迭建，其來久矣。舜『協時月正日』，亦所以一正朔也。子丑之建，唐、虞之前，當已有之。」

【《欽定傳説彙纂》】三正，《注疏》主天地人，而後人以夏以前無改正朔事。林之奇則謂「不必求之太深，但言其廢三綱五常」。或以爲三正必有所指，如三綱、三事之類；或以爲不用夏時之正，亦不用唐、虞以前之正，如秦用亥爲正；或以爲三正本兼用，如《周禮》有正月，又有正歲。《豳風》一之日、二之日是一陽、二陽之月，亦得爲正。《春秋》雖用周正，而祭祀、田獵仍用夏時。紛紛之説，總以蔡之説，其來已久，則爲子、丑、寅之正，亦不必多疑矣。即《注疏》天地人，亦三正取義之原也。有扈既不遵正朔，又何知三正之義乎？「怠棄三正」，兼言之宜也。

蕙田謹案：「不遵正朔，何知三正之義？怠棄三正，宜兼言之」，洵不磨之論。

【《尚書大傳》】夏以孟春月爲正，殷以季冬月爲正，周以仲冬月爲正。夏以平旦爲朔，殷以雞鳴爲朔。不以二三月爲正者，萬物不齊，莫適所統，故必以三微之月爲歲之三正也。

又曰：「王者存二代之後，與己爲三，所以通三統，立三正。」鄭注：「所存二王後者，命使郊天，以天子禮祭其始祖受命之王，❶自行其正朔服色，此謂通天三統。」

又曰：「周以至動，殷以萌，夏以芽。鄭注：「謂三王之政也。至動，冬至日物始動也。」物有三變，故正色有三，天有三生三死。鄭注：「異時生者，恒異時死。」是故周人以日至爲正，殷以日至三十日爲正，夏以日至六十日爲正。天有三統，土有三王。王特一生死。鄭注：「統，本也。」三統者，所以序生也。三王者，所以統天下也。是故三統三正也，若循連環，周則又始，窮則反本也。夏以孟春爲正者，貴形也。」

蕙田案：此《大傳》古本，世多未之見。今考其說，則知《注疏》之未審矣。其曰「通三統，若循連環」，極足以發明三正並用精義。

【《宋書·禮志》】高堂隆曰：「自古帝王之興，受禪之與干戈，皆改正朔。《易》曰：『《革》，元亨利貞，有孚改命，吉。湯武革命，應乎天，從乎人。』其義曰，水火更用事，猶王者必改正朔易服色也。《易通卦驗》曰：『王者必改正朔，易服色，以應天地三氣三色。』《書》：『曰若稽古帝舜曰重華，建皇授政改朔。』❷初，高陽氏以十一月爲正，薦玉以赤繒。』❸《尚書傳》

❶「祭」，原作「樂」，據鄭玄《駁五經異義》改。

❷「建皇授政改朔」，校點本《宋書·禮志一》校勘記云：「錢大昕《廿二史考異》據李善《文選注》，謂此乃《尚書中候》之語，作『建皇授政改朔』。並云：『建皇』，《文選》注作『建黄』。皇甫謐謂以土承火，色尚黄也。此作『皇』，疑誤。」

❸「赤」，原作「白」，據《宋書·禮志一》改。

曰：『舜定鍾石，論人聲，乃及鳥獸，咸變于前。故定四時，改堯正。』《詩》曰：『一之日觱發，二之日栗烈，三之日于耜。』傳曰：『一之日，周正月。二之日，殷正月。三之日，夏正月。』以前檢後，爲軒轅、高辛、夏后氏、漢皆以十三月爲正；少昊、有唐、有殷皆以十二月爲正，高陽、有虞、有周皆以十一月爲正。《禮·大傳》曰：『聖人南面而治天下，必正度量，考文章，改正朔，易服色，殊徽號。』是以舜、禹雖繼平受禪，猶制禮樂，改正朔，以應天從民。」

楊氏時曰：「三代正朔，如忠質之尚，循環無端，不可增損也。斗綱之端，連貫營室，織女之紀，指牽牛之初，以紀日月，故曰星紀。五星起其初，日月起其中。其時爲冬至，其辰爲丑。三代各據一統，明三統常合，而迭爲首。周據天統，以時言也。商據地統，以辰言也。夏據人統，以人事言也。」

劉氏瑾曰：「《夏書》有『怠棄三正』之語，則自夏以前，已有子丑之正。是三正通于民俗，其來既遠。故豳公創國偏方，亦有十月改歲之俗也。」

吕氏祖謙曰：「三正通于民俗尚矣，周特舉而用之耳。」

蔡氏德晉曰：「九峰謂三正並建，其來久矣。子丑之建，唐虞之前，當已有之。東萊《詩·豳風》之紀曰，三正通于民俗尚矣。二説固然，抑又有説焉。昔先王創制顯庸，既立爲一代之法，而于前代典章，必兼存而不廢。其焦、薊、英、六、祝、陳、杞、宋之封，皆所以使其子孫，各修先代之禮物。至于朝野所奉行，則祭祀備六代之舞，養老具三代之禮，士喪兼三代之祝，魯用四代之服器官。蓋聖人以德化民，惟欲納之于至善，初不必廢棄禁絶前代之典章以自伸也。故三代之時，自伏羲甲曆，以至神農、黄帝、少昊、顓頊、帝嚳、堯、舜之曆，具存而可考。觀于秦政坑焚，操、懿兵燹，而杜預所見十曆，自黄帝、顓頊以及夏、商、周、魯之曆猶在，則其前可知也。夫黄帝《調曆》建子，伏羲、顓頊之曆建寅。若神農、少昊諸曆，今雖不可考，當必有建丑者。鄭康成謂『堯正建丑，舜正建子』，其言必有所受。況三正既爲累代所迭用，亦復爲一朝所兼存，故誥誓臣民並言之而不以爲雜，秉筆之史臣，臨文之學士，隨意書之而亦不以爲倍。今考三正之錯見于六經者：《周易·臨》之《彖》曰『至于八月，有凶』，用周正也。《説卦傳》曰『《兑》，正秋也』，則用夏正也。《夏書·甘誓》言『怠棄三正』，是夏並用三正也。《盤庚》『若農服田力穡，乃亦有秋』，是商兼用夏正也。《金縢》『秋大熟』，《君牙》『夏暑雨，冬祁寒』，是周亦兼用夏正也。《豳風》言民俗，在夏商之交，乃有『一之日』至『四之日』及『十月改歲』之語，是亦兼用周正也。《左傳》叙事用周正，而僖五年晉卜偃以童謡推虢之亡，謂在『九月十月之交』，是亦用夏正也。《禮記·月令》用夏正，而季秋『爲來歲受朔日』，亦用周正也。蓋周制，近者于十二月頒朔，遠者于十一月頒之也。《雜記》引孟獻子言『正月日至，可以有事于上帝。七月日至，可以有事于祖』，亦用周正也。《論語》用夏正，『暮春者，春服既成』是也。《孟子》用周正，『七八月旱則苗槁』及徒杠、❶輿梁成於十一月、十二月是也。至于《春秋》，純用周正，以史官紀事，當用王朝正朔也。《周禮》純用夏正，以夏數得天，百王所同。《逸周書》云『敬授民時，巡狩祭享，猶是夏焉』者，是三正並行之明徵也。」

蕙田案：自甲子作而有歲月日時，有歲月日時即有正朔。正朔者，歲月日時之首也。《虞書》曰「正月」，曰「月正」，曰「上日」，曰「元日」，曰「朔旦」；《周禮》曰「正歲」，曰「正月」。以其爲一歲之首，曰正歲。以其爲十二月之首，曰正月。以其爲正歲正月之首日，曰元日、上日、朔旦。❷此與《易》稱「乾元」同義，所爲「大哉乾元！萬物資始，聖人所以先天而不違，後天而奉若」也。古人論三正曰「三微成著，以成三統」。三微成著，即資始之意。然其用，各有所當焉。黄鍾始于子，曆元始于冬至，天之統也。《靈樞》五運六氣，始于大寒，地之統也。平秩東作，以殷仲春，人之統也。蔡氏謂三正迭建，固爲得之。其實不止迭建，實並行而不可缺。故泠倫造律，則用天正；岐伯論醫，則用地正；神農教稼，則用人正。三者並行，是爲不怠棄。若建其一而棄其二，何以罪有扈者曰「怠棄三正」哉！是知迭建者，止就一代之正朔而言。若其奉

❶「槁」，原作「稿」，據《孟子·梁惠王上》改。

❷「旦」，原脱，據上文補。

天道，修人事，則非合三正用之不可。故曰「怠棄三正」，則不惟不奉正朔而已也。

【《易·臨卦》】至于八月，有凶。【注】八月，陽衰陰長，故曰有凶。

蕙田案：八月之説有三。蜀才云：「自建丑之月至建申之月，凡閱八月，則成否，否則天地不交，萬物不通，是至于八月有凶。」唐孔氏從之而傳義去之，至何玄子，復用其説，謂：「本卦傳云：『消不久也。』《否》、《泰》傳皆有道消、道長之文，于此卦互見之。文王殷人而從殷正。」其説可信。然細觀卦義，《否》、《泰》消長之文，乃二卦自相反對之象。本卦《象》云「消不久」，則于二陽必有關會，不得混爲消長之説也。程《傳》及紫岩、漢上、草廬、孟敬俱指《遯》説，謂「天正建子之月，一陽始生爲《復》。其二建丑之月，二陽長而爲《臨》。其七建午之月，一陰始生爲《姤》。至其八建未之月，則二陰長而爲《遯》。《遯》者，《臨》之正對，《臨》卦六爻變盡也。❶自《復》至《遯》，凡八月，二陽消矣」。《臨》、《遯》反對，似得之。然何玄子謂：「卦主《臨》言，自《臨》距《遯》僅七月，其八月有凶，應于《復卦》言之。」此其説之可疑者也。其一説則謂，夏正八月，于卦爲《觀》，自一陽《復》十一月，至《臨》十二月，二陽浸長，逼四陰。當此之時，陽勢方盛。至

❶「變」，原脱，據吴澄《易纂言》補。

于八月建酉，卦爲《觀》，四陰浸長，逼二陽，則《臨》之二陽，至《觀》危矣。序卦相承，《臨》、《觀》反對。」王秋山謂：「自六三，八變而至《觀》，爲八月卦。《臨》則二陽長于下，四陰剥于上；《觀》則四陰長于下，二陽剥于上矣，故曰有凶。聖人于此二陽長而陰消之初，爲二陽消而陰長之慮也。蓋方盛而慮衰，則盛可久，若既衰而後爲之慮，則無及矣。」此八變之説，于八月之數合，于八月之時亦合。趙汴水曰：「『消不久』之義，專以二陽之消息爲主，以《臨》與《觀》反也，《臨》爲二陽之長，《觀》爲二陽之消，少進一位，即爲《剥》，而陽之消不久矣。當《臨》之時，人皆喜陽剛之浸長，而聖人于此際已垂浸消之戒，視《剥》、《復》、《否》、《泰》言消長于二卦者，其憂深慮遠爲尤切。浸長者原始，有凶者要終，言當制于未亂也。」解《彖傳》「消不久」之義，于卦中二陽，尤有關會。朱子兼存之。來矣鮮、焦弱侯、潘去華俱從之。惟何玄子謂：「文王彖《易》而從夏正，朱子亦心疑焉。」不知古者三正並用，故啟數有扈之罪曰「怠棄三正」，而《逸周書》言「夏數得天，百王所同」，是以六經中，皆三正錯見，而用夏正居多。即如《易·説卦》云：「《兑》者，正秋也。」亦用夏正也，何獨《臨》之《彖》不可以夏正言乎！

【《説卦傳》】《兑》，正秋也。【疏】兑位是西方之卦，斗柄指西，是正秋八月也。

張氏以寧曰：「『兑，正秋』，夏時也。夏時，百王所同。不曰『兑，正秋』而曰『兑，孟冬』，于理不可也。此與魯史奉周正朔而書之以紀事者，自不同。」

蕙田案：文王於殷時演《易》而用夏正，孔子於周時贊《易》亦用夏正，此三正通用之證。

觀承案：《説卦》以兑爲正秋，亦可見夏時之善。所謂三正迭用，惟夏得天。凡天道春秋之序，以建寅爲得其正。故《周禮》、《春秋》不得不奉時王之正朔，而《詩》、《書》、《易象》非一代之書，不妨多據夏時爲言，所以損益百王，特告顔子以行夏之時也。

【《禮記・大傳》】立權度量，考文章，改正朔，易服色。【疏】改正朔者，正謂年始，朔謂月初。周子、殷丑、夏寅，是改正也。周夜半、殷雞鳴、夏平旦，是易朔也。

【《春秋》昭公十七年《左氏傳》】冬，有星孛于大辰。梓慎曰：「火出，于夏爲三月，于商爲四月，于周爲五月。」

【《後漢書・陳寵傳》】元和二年，寵奏曰：「夫冬至之節，陽氣始萌，故十一月有蘭、❶射干、芸、荔之應。《時令》曰：『諸生蕩，安形體。』天以爲正，周以爲春。十二月陽氣上通，雉雊雞乳，地以爲正，殷以爲春。十三月陽氣已至，天地已交，萬物皆出，蟄蟲始振，人以爲正，夏以爲春。三微成著，以通三統。周以天元，殷以地元，夏以人元。」

【《白虎通》】王者受命，必改朔何？明易姓，示不相襲也。明受之于天，不受之于人，所以變易民心，革其耳目，以助化也。

❶「一」，原作「二」，據《後漢書・陳寵傳》改。

是以舜、禹雖繼太平，猶宜改以應天。《春秋瑞應傳》曰：「敬受瑞應而王，改正朔，易服色。」《易》曰「湯、武革命，順乎天而應乎民」也。正朔有三何本？天有三統，謂三微之月也。朔者，蘇也，革也，言萬物革更于是，故統焉。三微者何謂也？陽氣始施黄泉，萬物動微而未著也。十一月之時，陽氣始養根株黄泉之下，萬物皆赤。赤者，盛陽之氣也，故周爲天正，色尚赤也。十二月之時，萬物始芽而白。白者，陰氣，故殷爲地正，色尚白也。十三月之時，萬物始達，孚甲而出，皆黑，人得加功，故夏爲人正，色尚黑也。

【《論語》】顔淵問爲邦。子曰：「行夏之時。」

【朱子注】夏時，謂以斗柄初昏建寅之月爲歲首也。天開於子，地闢於丑，人生於寅，故斗柄建此三辰之月，皆可以爲歲首，而三代迭用之。夏以寅爲人正，商以丑爲地正，周以子爲天正也。然時以作事，則歲月自當以人爲紀。故孔子嘗曰：「吾得夏時焉。」而説者以爲《夏小正》之屬。蓋取其時之正與其令之善，而於此又以告顔子也。

【《孔叢子》】縣子問子思曰：「顔回問爲邦，孔子曰『行夏之時』。若是，殷、周異政，爲非乎？」子思曰：「夏數得天，堯、舜之所同也。殷、周之王，征伐革命，以應乎天，因改正朔，若云天時之改耳，故不相因也。夫受禪於人者則襲其統，受命于天者則革之，所以神其事，如天道之變然也。三統之義，夏得其正，是以夫子云。」

右三正統論。

【《書·舜典》】正月上日，受終于文祖。【傳】上日，朔日也。【疏】每月皆有朔日，此是正月之朔，故云上日，言一歲日之上也。鄭玄以爲帝王易代，莫不改正。堯正建丑，舜正建子。此時未改堯正，故云「正月上日」。即位乃改堯正，故云「月正元日」。先儒王肅等以爲殷、周改正，易民視聽。自夏已上，皆以建寅爲正。孔意亦然。

【《北史·李業興傳》】天平四年使梁。梁武帝問：「《尚書》『正月上日，受終文祖』，此時何正？」業興對曰：「此夏正月。」梁武帝問：「何以得知？」業興曰：「案《尚書中候運衡篇》云『日月營始』，故知夏正。」又問：「堯時以前，何月爲正？」業興對曰：「自堯以上，書典不載，實所不知。」梁武又云：「『寅賓出日』，即是正月；『日中星鳥，以殷仲春』，即是二月。此出《堯典》，何得云堯時不知用何正？」業興對曰：「雖三正不同，言時節者，皆據夏時正月。《周禮》：『仲春二月，會男女之無夫家者。』雖自周書，月亦夏時。堯之日月，亦當如此。」

蕙田案：李業興據《中候》之文，證正月上日爲建寅之月，以《月令》孟春日在營室故也。考堯時冬至日在虛，則建寅之月，日躔當在奎、婁，已過營室一次，不得云「營始」也。《晉志》載董巴之言云：「顓頊以今之孟春正月爲元，❶其時正月朔旦立春，五星會于天律，❷營室也。」顓頊又在唐、虞之前，正月日躔，去營室尤遠。凡爲此説者，皆不通於歲差之故者

❶「項」，原作「帝」，據《晉書·律曆中》改。
❷「律」，《晉書·律曆中》作「廟」。

也。鄭氏謂堯正建丑，此時未改堯正，故云「正月上日」。以《中候》日在營室推之，則建丑爲近是。其云「三正不同，言時節者，皆據夏時」，此誠千古定論也。

月正元日，舜格于文祖。【疏】王肅云：月正元日，猶言正月上日，變文耳。

【大禹謨】正月朔旦，受命于神宗。

蕙田案：鄭康成及高堂隆等以爲，堯正建丑，舜正建子，而《堯典》以二分、二至正四仲之月。蓋敬授人時，故用人統，正所謂「夏數得天，百王所同」者也。然竟謂以寅爲正，則夫子告顏淵，不當但取《韶》舞而曰行夏之時矣。若王肅等，謂自夏以前，俱以建寅爲正，則又不然。《甘誓》明言「怠棄三正」，則不待商、周始創改之也。

觀承案：唐、虞建寅，《堯典》經文自有明據。二月東巡，重華繼治，亦別無改正之文。夫子每舉夏時爲言者，以三代相連，對商、周言之，但舉夏爲便，亦以唐、虞已遠，其令或尚踈略，夏王承之，而典制益詳。今夏禮雖亡，而尚傳《小正》一書，可知夏時最爲明備，故時行夏而舞用《韶》，蓋各舉其盛以爲言也。康成堯正建丑、舜正建子之云，洵爲穿鑿無據。夫三正迭建，其來久矣，唐、虞以前，豈無子丑爲正者，何必斷歸堯、舜耶？

右唐、虞、夏正朔。

【《書·伊訓》】惟元祀十有二月乙丑，伊尹祠于先王，奉嗣王祇見厥祖。【傳】此湯崩踰月，太甲即位，奠殯而告。

蔡氏沈曰：「元祀者，太甲即位之元年。十二月者，商以建丑爲正，故以十二月爲正也。乙丑，日也。不繫以朔者，非朔日也。三代雖正朔不同，然皆以寅月起數。蓋朝覲會同，頒律授時，則以正朔行事，至于紀月之數，則皆以寅爲首。或曰：孔氏言『湯崩踰月，太甲即位』，則十二月者，湯崩之年建子之月也，豈改正朔而不改月數乎？曰：此孔氏惑于序書之文也。太甲繼仲壬之後，服仲壬之喪，而孔氏曰『湯崩，奠殯而告』，固已誤矣。至于改正朔而不改月數，則于經史尤可考。周建子矣，而《詩》言『四月維夏』、『六月徂暑』，則寅月起數，周未嘗改也。秦建亥矣，而《史記》『始皇三十一年十二月，更名臘曰嘉平』。夫臘必建丑月，秦以亥正，則臘爲三月，云十二月者，則寅月起數，秦未嘗改也。至三十七年，書『十月癸丑，始皇出游。十一月，行至雲夢』，繼書七月、九月者，知其以十月爲正朔，而寅月起數，未嘗改也。且秦史制書謂『改年始朝賀，皆自十月朔』。夫秦繼周者也，若改月數，則周之十月爲建酉月矣，安在其爲建亥乎？漢初史氏所書，舊例也。漢仍秦正，亦書曰『元年冬十月』，則正朔改而月數不改，亦已明矣。且經曰『元祀十有二月乙丑』，則以十二月爲正朔而改元何疑乎！惟其以正朔行事也，故後乎此者，復政厥辟，亦以十二月朔奉嗣王歸于亳。蓋祠告復政，皆重事也，故皆以正朔行之。孔氏不得其説，而意湯崩踰月，太甲即位，奠殯而告，是以崩年改元矣。蘇氏曰：『崩年改元，亂世事也，不容在伊尹而有之，不可以不辨。』」

張氏以寧曰：「改正即是改月。商改夏正，以十二月爲正月。周改商正，以十一月爲正月。子正以夜半爲朔，丑正以雞鳴爲朔，寅正以平旦爲朔。烏有改正朔而不改月數之理乎？虞、夏受禪，皆以正月行事。至商、周革命，皆改正朔，以歲首之一月爲正月。人君重居正也，月必書正，猶年必書元。今于歲首但書『冬十二月』而不書正，則是商一代皆無正矣，何以號令天下、整齊萬國乎？」

【《太甲》中】惟三祀十有二月朔，伊尹以冕服奉嗣王歸于亳。【傳】湯以元年十一月崩，至此二十五月，三年服闋。【疏】周制，君薨之年屬前君，明年始爲新君之元年。此殷法，君薨而新君即位，即以其年爲元年。湯以元年十一月崩，至此年十一月爲再期，至十二月服闋，三年之喪，二十五月而畢也。

張氏以寧曰：「若以元祀爲踰年即位改元之年，則方其改元，既已踰年矣。又加以元祀至三祀之二十五月，則爲四年而非三祀。《孟子》明言『三年復歸于亳』，非四年也。而況營桐之舉，乃人臣之大變，不得已之事，伊尹固幸其君之終喪而急迎以歸，故不待歲首正月也。由是以觀，《伊訓》之元祀，非踰年改元之年，而十二月爲商之十二月，夏之十一月信矣。」

顧氏炎武曰：「胡氏引《伊訓》、《太甲》『十有二月』之文，以爲商人不改月之證，與孔傳不合，亦未有明據。孔傳未嘗以十二月爲歲首。」

蕙田案：改朔不改月之說，始于胡文定之《春秋傳》，繼以蔡仲默之《書傳》。先儒援引經傳之文以駁之，而卒未有所據，以斥其秦人建亥不改月及《商書》十二月之說者。考顧氏炎武《日知録》謂：「胡氏引秦人以亥爲正，不改時月爲證，則不然。《漢書·高帝紀》『春正月』注，師古云：『凡此諸月號，皆太初正曆之後，紀事者追改之，非當時本稱也。以十月爲歲首，即謂十月爲正月。今此真正月，當時謂之四月耳。他皆類此。』《叔孫通傳》：『諸侯羣臣朝十月。』師古云：『漢時尚以十月爲正月，故行朝歲之禮。史家追書十月。』又曰：『漢元年冬十月，五星聚于東井。』當是建申之月。劉攽云：『案曆，太白、辰星去日，率不過一兩次，今十月而從歲星于東井，無是理也。然則五星以秦之十月聚東井耳。秦之十月，今七月，日當在鶉尾，故太白、辰星得從歲星也。❶據此，足明記事之文，皆是追改，惟此一事失于追改，遂以秦之十月爲漢之十月。夫以七月誤爲十月，正足爲秦人改月之證，而胡氏非矣。』此説足以破其秦人不改月之謬。」獨《商書·伊訓》及《太甲》中篇一云「元祀十有二月」，一云「三祀十有二月朔」，似可以爲不改月之證。而世之駁蔡《傳》者，第據孔安國湯崩踰月改元之文，以爲殷、周禮有不同，或又以崩年改元，亂世之事，遂詆後出古文未足深信。是二説者，俱未能得其要領，無以折九峰之辨，而息後學之疑。今案《漢書志》引《伊訓》篇云：「惟太甲元年十有二月乙丑朔，伊尹祀于先王，誕資有牧方明。」其下文又釋之曰：「言雖有成湯、太丁、外丙之喪，以冬至越茀祀先王於方明以配上帝，是朔旦冬至之歲也。」乃知《伊訓》所稱十二月者，正建子之月，在夏爲十一月，在商則爲十二月也。《禮》云：「喪三年不祭，惟天地社稷越紼而行事。」此所云「祀于先王」者，乃冬至配天之祭。故祭畢稱烈祖之成德，克配上帝，以訓戒嗣君，而非正朔告廟之祭也。劉歆《三統術》推是年商十二月乙丑

❶「得」，原作「謂」，據《日知録》卷四《改月》改。

朔旦冬至，與《伊訓》正合。然則《伊訓》之文，正足爲殷人改月之證。《尚書》、《春秋》，紀事之體，本自若合符節。若夫桐宮之放，乃聖人不得已之事，一朝悔悟，便當復辟，何必俟歲首之月！張敷言有云：「放桐之事，人臣大變，周公之聖，猶被流言，阿衡之心，爲何如哉！朝而自怨，夕當復辟，尤不須于正月也。」此足以破胡氏、蔡氏據《太甲》以爲殷人不改月之謬矣。

觀承案：《漢書》「元年冬十月」師古注最明，劉攽説亦更詳暢，然實本之《北史·高允傳》也。可知古人原無不改月之説，胡氏偶不及檢耳。至《漢志》引「太甲元年十二月」，謂正是建子之月，在夏爲十一月者，在商則爲十二月，尤足爲殷人改月之證，破後人不改月之疑矣。

右商正朔。

【《書·泰誓》】惟十有三年春，大會于孟津。

【注】此周之孟春。【疏】知是周之孟春，建子之月者，案劉歆《三統曆》以殷之十二月武王發師，至明年二月甲子咸劉商王紂。彼十二月，即周之正月，夏之十一月也。

蔡氏沈曰：「春者，孟春建寅之月也。案漢孔氏以春爲建子之月，蓋謂三代改正朔，必改月數，改月數，必以其正爲四時之首。序言『一月戊午』，既以一月爲建子之月，而經又繫之以春，故遂以建子之月爲春。夫改正朔不改月數，于《太甲》辨之詳矣。而四時改易，尤爲無藝。冬不可以爲春，寒不可以爲暖，固不待辨而明也。或曰：鄭氏箋《詩》『惟莫之春』，亦言『周之季春，于夏爲孟春』。曰：此漢儒承襲之誤耳。❶且《臣工》詩言『惟莫之春，亦又何求。如何新畬，於皇來牟，將受厥明』，蓋言莫春則當治其新畬矣，今如何哉！然牟麥將

❶「承」，原作「丞」，據文意改。

熟，可以受上帝之明賜。夫牟麥將熟，則建辰之月，夏正季春審矣。鄭氏于《詩》且不得其義，則其考之固不審也。不然，則商以季冬爲春，周以仲冬爲春，四時反逆，皆不得其正，豈三代聖人奉天之政乎？」

朱氏鶴齡曰：「蔡《傳》解春爲建寅之月，又力辨商、周時月俱不改。愚考《春秋》經傳之文，凡十餘條，語多不録。而知其説非也。蔡氏謂冬不可爲春，十一月不可爲正月。夫黄鐘初九，律之首，陽之變也。林鐘初六，吕之首，陰之變也。子者，一陽之生，于卦爲《復》，至午而陽極焉。午者，一陰之生，于卦爲《姤》，至子而陰極焉。子爲星紀之次，五星起其初，日月起其中，律曆皆以子爲首，則何不可以首月令乎？三正迭建，時無失次，夏正，用木之著者也；殷、周二正，用木之微者也，皆陽位也，特孟陬之月，尤切民事，故夫子曰『行夏之時』，而豈謂子丑必不可爲正哉！秦人改建亥月，蓋自以水德代周，且五行木生于亥，故用之。雖事不師古，然改時與月，必循三代之舊。《本紀》『元年冬十月』，顔師古謂是太初正曆以後史臣追書。蔡氏顧引之，以爲不改時月之證，其亦踈矣。唐順之曰：「考秦改正朔，在始皇二十六年庚辰，周之亡已三十六年矣。周在時正朔已不行于天下，況既亡乎！《秦紀》所云『冬十月』，恐是周亡之後，因民間私稱夏正而書之。此于周改月之説自不相礙，不足以爲據也。」蔡氏又據《伊訓》『惟元祀十有二月乙丑』與《泰誓》『惟十有三年春』，以爲皆不改時月，而駁漢孔氏之非。愚謂據此二端，則時月之改，尤章章也。夫商人建丑，十有二月，夏正之十一月也。下云『伊尹祠于先王，奉嗣王祗見厥祖』。先王，自契、玄冥以下；厥祖，湯也。商人宗廟之禮，不可詳考。《祭法》云『殷人禘嚳而郊冥，祖契而宗湯』，安知不以其月至日，伊尹攝行郊祀配天之禮，因而陳訓太甲乎？班固以《三統曆》推之，湯伐桀之歲，在大火房五度，故《左傳》曰：『大火，閼伯之墟，實紀商人。』❶後十三年，十二月乙丑朔旦冬至，《伊訓》不言朔，則乙丑非朔日也。此恐誤。其日伊尹祀先王于方明方明見《儀禮》。以配上帝。此其證也。十有三年之春，即《春秋》『春王正月』之春，謂十一月也。何以明之？《武成》：『惟一月壬辰旁死魄，越翌日癸巳，王朝步自周，于征伐商。』戊午，師渡孟津。癸亥，陳于商郊牧野。一月，二孔氏以爲周正建子之月是也。師渡孟津，即大會于孟津也。癸巳至戊午，凡二十六日，皆在十一月。癸亥，則十二月之四日也。《國語》引伶州鳩言『武王克商，歲在鶉火，《周語》注：「歲，歲星也。鶉火，次名，周分野。」日在析木，月在天駟，辰在斗柄，星在天黿』。班固以《三統曆》推之，師方發，爲殷十一月戊子日，日在析木、箕七度，其夕月在房五度。房，天駟也。後三日，得正月辛卯朔，合辰在斗前一度，斗柄也。明日壬辰，晨星始見。戊午，渡孟津。明日己未冬至，晨星與婺女伏，閱建星、牽牛，至于婺女、天黿之首。至庚申，二月朔日也。癸亥，陳牧野。甲子，合戰。與書傳無一不符者，此又其證也。蔡氏又引《臣工》詩『莫春來辫』語以爲夏月未嘗改，則愚于此有説矣。古者

❶「紀」，原作「配」，據《國語·晉語四》及《漢書·律曆志第一下》改。

天子受命，凡改元、頒曆、朝覲、會同諸大政，皆以正朔行之。至于分至啟閉，民事早晚所關者，未嘗不遵《夏小正》之書，東萊吕氏所云『三正通于民俗，周人兼而用之』是也。蓋史書記時事則從周正，月令紀歲功則從夏正。從周正者多出于朝廷政令之施設，從夏正者多出于民間士女之話言。《詩》、《書》、三禮所舉夏正，難更僕數，安得援之爲不改時月之證乎？信如蔡説，則商、周正朔，名改實不改，夫子何必云『行夏之時』乎！」

【《周禮·天官·太宰》】正月之吉，始和布治於邦國都鄙，乃縣治象之法於象魏，使萬民觀治象，挾日而斂之。【注】正月，周之正月。以正月朝日布治于天下，至正歲又書而懸于象魏，使萬民觀焉。

【《小宰》】正歲，帥治官之屬而觀治象之法，狥以木鐸，曰：「不用法者，國有常刑！」【注】正歲，謂夏之正月，得四時之正。以出教令者，審也。

【《宰夫》】歲終則令羣吏正歲會，正歲則以法警戒羣吏。【注】歲終，謂周季冬。【疏】知是周之季冬者，以正月之吉始和，是周正月布治于天下，至今歲終考之，是盡一歲十二月之事，故知非夏之歲終也。後凡言歲終，倣此。

【《凌人》】掌冰。正歲十有二月，令斬冰，三其凌。【注】正歲，季冬大寒，冰方盛之時。【疏】周雖以建子爲正，行事則皆用夏之正歲。若據殷、周，則十二月冰猶未堅也。

華氏學泉曰：「《周禮》『正月之吉』，或云周正。以經文『凌人十二月斬冰』斷之，則十二月爲夏正建丑之月，雖鄭氏無能立異説也。既十二月爲夏正建丑之月，而正月爲周正建子之月，有是理乎？既正月爲夏正建寅之月，則歲終爲十二月建丑之月，而正歲當即正月。而或言正月，或言正歲，亦通稱耳。」

蔡氏德晉曰：「正歲即正月。以其爲十二月之首，爲正月；以其爲一歲之首，曰正歲。《太宰職》『正月之吉，懸治象法』，《小宰職》『正歲帥治官之屬而觀治象法』，明係一時事，可見康成以布治象爲建子月，乃懸治象爲建寅月，則暗改經文『乃』字爲『正歲』二字。至『凌人掌冰政』，『政』字則明改爲『正』，連下『歲』字讀，皆徒生葛藤耳。」

蕙田案：《周禮》六官内，《宫正》、《内宰》、《山虞》、《司馬》、《司爟》、《司烜》、《柞氏》、《薙氏》等職，凡言四時者，皆用夏令，則正月亦夏正也。夏正建寅之月爲孟春，三陽漸盛，東風解凍，故云「始和」。若建子正，天氣閉塞而成冬，《豳風·七月》詩「一之日觱發」，是其時也，安得云「始和」？康成因此二字不協，遂訓爲改造之意，殊屬牽强。又《月令》在秦人未改朔之先，其序十二月于季冬則曰：「是月也，數將幾終，歲且更始，天子乃與公卿大夫飭國典，論時令，以待來歲之宜。」孟春月則曰「命相布德和令」，與此正同。

【《地官·大司徒》】正月之吉，始和布教于邦國都鄙，乃縣教象之法于象魏，使萬民觀教象，挾日而斂之。【注】周正月朔日。【疏】《周禮》凡言正歲者，則夏之建寅正月；直言正月者，則周之建子正月也。

正歲，令于教官曰：「各供爾職，修乃事，以聽王命。其有不正，則國有常刑！」【注】正歲，夏正月朔日。

【《小司徒》】正歲則帥其屬而觀教法之象，

狗以木鐸，曰：「不用法者，國有常刑！」

【《鄉師》】正歲，稽其鄉器。

【《鄉大夫》】正月之吉，受教法于司徒，退而頒之於其鄉吏，使各以教其所治。正歲，令羣吏考法于司徒，以退，各憲之于其所治。

【《州長》】正月之吉，各屬其州之民而讀法。正歲，則讀教法如初。【注】雖以正月讀之，至正歲猶復讀之，因此四時之正，重申之。

【《黨正》】及四時之孟月吉日，則屬民而讀邦法，以糾戒之。正歲，屬民讀法。

【《遂大夫》】正歲，簡稼器，修稼政。【注】稼政，孟春之《月令》所云「修封疆，審端徑術，善相丘陵、阪險、原隰土地所宜，五穀所殖，以教道民，必躬親之」。

【《春官·太史》】正歲年以序事，頒之于官府及都鄙，頒告朔于邦國。【注】中數日歲，朔數日年。中、朔大小不齊，正之以閏，若今作曆也。

【《眡祲》】正歲則行事，歲終則弊其事。【注】占夢以季冬贈惡夢，此正月而行安宅之事，以順民心。弊，斷也。

【《夏官·大司馬》】正月之吉，始和布政于邦國都鄙，乃縣政象之法于象魏，使萬民觀政象，挾日而斂之。

【《訓方氏》】正歲，則布而訓四方，而觀新物。

【《秋官·大司寇》】正月之吉，始和布刑于邦國都鄙，乃懸刑象之法於象魏，使萬民觀刑象，挾日而斂之。

【《小司寇》】正歲，率其屬而觀刑象，令以木鐸，曰：「不用法者，國有常刑！」

【《士師》】正歲，帥其屬而憲禁令于國及郊野。

張氏以寧曰：「《凌人》『正歲十有二月』，夏季冬也。《遂大夫》、《訓方氏》『正歲』，夏正月也。《小司寇》、《士師》先『歲終』

而後『正歲』，《眂祲》先『正歲』而後『歲終』，考之，皆夏正月、夏季冬也，所謂『猶自夏焉』者也。」

【《逸周書·周月解》】惟一月，既南至，昏昴畢見，日短極，基踐長，微陽動于黄泉，陰慘于萬物。❶是月，斗柄建子，始昏北指，陽氣虧，草木萌蕩，日月俱起于牽牛之初，右回而行。月周天起一次而與日合宿。❷日行月一次周天，歷舍于十有二辰，❸終則復始，是謂日月權輿。周正歲道，數起於時一而成於十，❹次一爲首，其義則然。凡四時成歲，有春夏秋冬，各有孟仲季，以名十有二月。中氣以著時應。春三月中氣，雨水、春分、穀雨；夏三月中氣，小滿、夏至、大暑；秋三月中氣，處暑、秋分、霜降；冬三月中氣，小雪、冬至、大寒。閏無中氣，斗指兩辰之間。萬物春生夏長，秋收冬藏，天地之正，四時之極，不易之道。夏數得天，百王所共。其在商湯，用師于夏，除民之災，順天革命，改正朔，變服殊號，一文一質，示不相沿，以建丑之月爲正，易民之視，若天時大變，亦一代之事。亦越我周王，致伐于商，改正異械，以垂三統。至於敬授民時，巡狩祭享，猶自夏焉。是謂《周月》，以紀於政。

王氏樵曰：「子月爲一歲之始，猶子時爲一日之始，安在子之不可以爲春乎？夫正朔者，十二月之首，史官紀年之所始

❶「陰」下，朱右曾《逸周書集訓校釋》有「降」字。

❷「起」，《逸周書集訓校釋》作「進」。

❸「歷」，原作「洎」，蓋避清高宗嫌名改，今據《逸周書集訓校釋》改回。

❹「時」，《逸周書集訓校釋》無此字。

也。正月者，十二月之首，曆官紀年之所始也。正朔有改，三代迭建三正，以新民視聽。月朔有改，有不改，有改于上，不改于下，從民間之便。乃若《春秋》，則史官之書，必用時王正朔，而曆法要爲不可亂，時必與月合，時月必與所書之事合。或者乃必欲旁引曲證，以爲周不改時與月，其亦踈且固矣！」

華氏泉曰：「六經、《論》、《孟》所稱，或用周正，或用夏正，參錯不一。惟《周禮》則斷從夏正，《春秋》則斷從周正。《汲冢·周月解篇》云：『夏數得天，百王所同。至于敬授人時，巡狩祭享，猶自夏焉。』故先儒謂商、周革命，建子、建丑，有改正朔之名，而授時祭享，有用夏時之實。《春秋》，史官紀事之體，必書本朝正朔，尊王也。其民俗通行，悉從夏令。」

蔡氏德晉曰：「或問：經文有『正月』，有『正歲』，鄭康成以『正月』爲周正，『正歲』爲夏正。葉秀發以『正月』爲夏正，『正歲』爲周正。吴德方以『正月』、『正歲』皆爲周正。王昭明以『正月』、『正歲』皆爲夏正。果孰爲是？曰：昭明之説近是。據《逸周書》『授時祭享，猶是夏焉』，《周禮》正授時祭享之書，凡四時皆用夏令，則『正月』用夏正可知。況《凌人》『十二月令斬冰』，康成亦以爲用夏正矣。十二月既用夏正，『正月』安得用周正也！」

【《詩·唐風·蟋蟀》】蟋蟀在堂，歲聿其莫。今我不樂，日月其除。【傳】蟋蟀九月在堂。聿，遂也。　【疏】《小明》云：「歲聿云暮，采蕭穫菽。」采穫亦是九月之事。九月歲未爲暮，而云聿暮者，言過此則歲將暮耳。謂十月以後爲歲暮也。

張氏以寧曰：「周以十一月爲歲首，故此

言九月以後爲歲暮，周正也。」

顧氏棟高曰：「『日月其除』，除者，除舊布新。今人以臘月三十日爲除夕是。《詩》明言九月爲歲將莫，十月爲歲除，是以十一月爲歲首之明證也。」

【《豳風·七月》】一之日觱發，二之日栗烈，三之日于耜，四之日舉趾。【傳】一之日，周正月也。二之日，殷正月也。三之日，夏正月。四之日，夏二月，周四月也。

朱子曰：「一之日，謂斗建子一陽之月。二之日，謂斗建丑二陽之月也。蓋周之先公，已用此以紀候。故周有天下，遂以爲一代之正朔也。」

顧氏棟高曰：「據此，則公劉當夏之時，已自以子月起數，以夏之十一月爲正月，以夏之正月爲三月矣。一之日、二之日，猶言一月之日、二月之日，不曰正而曰一者，避時王之正朔也。後武王伐商，猶曰『惟一月壬辰旁死魄』。蓋此時未革殷命，猶從舊號，實昉于此。」

十月蟋蟀入我牀下。穹窒熏鼠，塞向墐户。嗟我婦子，曰爲改歲，入此室處。【疏】「曰爲改歲」者，以仲冬十一月，陽氣始萌，可以爲年之始，故改正朔，以建子爲正。歲亦莫止，謂十月爲歲莫，是過十月則改歲，乃大寒，故言改歲之後，觱發栗烈，大寒之時，方始入此室而居之也。

顧氏棟高曰：「《豳風》凡言月者，皆夏正；言日者，皆周正。此于十月之下即云『穹窒熏鼠』，『曰爲改歲』，是明言公劉當夏時已自以十一月爲歲首，不待注疏，而本文已是顯然。」

【《小雅·采薇》】采薇采薇，薇亦作止。曰歸曰歸，歲亦莫止。采薇采薇，薇亦剛止。曰歸曰歸，歲亦陽止。【箋】十月爲陽，時純坤用事，嫌于無陽，故名此月爲陽月。

張氏以寧曰：「首章曰『莫止』，而三章曰『陽止』，則周十二月，夏之十月也。周以夏之十月爲歲莫，以十一月爲歲首也。」

【《出車》】春日遲遲，卉木萋萋。倉庚喈喈，采蘩祁祁。

張氏以寧曰：「諸詩皆屬周正無異詞，獨此一章有不合。蓋周正雖改，而夏正之迭用已久，故民間之話言，猶不能忘而稱道之。」

吕氏曰：「見三正之通于民俗。此皆述民俗之話言，非史官之紀事也。」

【《十月》】十月之交，朔日辛卯。日有食之，亦孔之醜。【箋】周之十月，夏之八月也。

張氏以寧曰：「下文云『爗爗震電』，蓋八月雷乃收聲之時，而震電見焉。亦爲變異，此時亦周正也。」

【《小明》】我征徂西，至于艽野。二月初吉，載離寒暑。昔我往矣，日月方除。曷云其還，歲聿云莫。昔我往矣，日月方奥。曷云其還，政事愈蹙，歲聿云莫，采蕭穫菽。

張氏以寧曰：「周二月，夏十二月也。言自我之徂西，至於艽野之地，其時十二月朔旦，今則已離閱冬寒夏暑，尚未得歸，此心之所以憂而且苦也。曰至者，據已至彼地而言。曰往者，據在家始發而言。二章、三章乃追叙其始發之時也。『日月方除』，除者，除舊布新之謂。『日月方奥』，奥與『厥民隩』之義同。周以十一月爲歲首，民寒而聚居于隩，我之始，亦自謂其時即歸，何至今歲將莫而尚未得歸，至九月采蕭穫菽，以爲卒歲之用也。蓋《小明》大夫以夏十一月始發徂西，以十二月至于艽野，至明年之九月尚未得歸，經閲踰年之久，所以憂也。此詩首尾相應，次序甚明，與周正合。若以夏正二月而説，則仲春非歲首，不得以爲除舊而布新。自二月至九月，則二月氣已暖，至九月肅霜而肇寒，亦不得以爲離閲寒暑也。」

顧氏棟高曰：「張氏此章，發明周正之旨，十分精當。若毛傳以『方奥』爲二月之初，訓爲煖，則二月尚未可云煖。鄭又據《爾雅》文『四月爲除』，尤無當。上甫言二月，此忽言四月，且自四月至九月，皆煖日，無寒時，又何言『載離寒暑』乎？孔疏于《蟋蟀》篇引此『采蕭穫菽』爲歲莫九月之事，明以此爲周正，則此二月爲周二月，夏之十二月，信矣。」

【《周頌・臣工》】嗟嗟保介，維莫之春。亦又何求？如何新畬。於皇來牟，將受厥明。明昭上帝，迄用康年。命我衆人，庤乃錢鎛，奄觀銍艾。【箋】周之莫春，于夏爲孟春。諸侯春朝用孟月，故于周之晚春遣之。敕其車右保介以時事，當歸勸農趨時也。【疏】知非夏之季春者，以夏之季春非復朝王之月，故知此爲夏之正月也。夏之孟春，耕期已逼，故敕其車右以時事歸，即耕田是也。

張氏以寧曰：「蔡氏《書傳》引此，以爲麰麥將熟，其爲夏之莫春三月可知。今考之，全篇止曰『將受厥明』，不曰來牟將熟。『將』之云者，未至而預期之辭，見于經傳甚多。況其曰『如何新畬，命我衆人，庤乃錢鎛』，即《七月》之詩言『于耜』、『舉趾』，《周官・遂大夫》『正歲，簡稼器，修稼政』之事。『嗟嗟保介』，即《月令》『孟春祈穀，天子載耒耜措之于保介之御間』，皆夏正孟春事也。若待建辰之三月始治新畬，始庤錢鎛，不亦晚乎！『將受厥明』，乃期之之辭，非即時賦物之比，不可以文害辭也，則此『莫春』爲夏之正月信矣。」

蕙田案：《詩》三百篇，或用夏正，或用周正，參差不一。蓋三正通乎民俗，非如史官編年紀事，必遵時王之制也。張氏以寧解『六月棲棲』、『四月維夏』諸詩，《論語》『莫春者春服既成』，俱以爲周正，支離牽合，反滋後人之惑，今皆不取。

【《春秋》】隱公元年，春王正月。【疏】王者革前代，改正朔。夏以建寅之月爲正，殷以建丑之月爲正。三代異制，正朔不同，唯時王所建，故以「王」字冠之，言是今王之正月也。「王」不在「春」上者，月改則春移，春非王所改，故王不先春，王必連月，故王處春下。周以建子爲正，則周之二月、三月皆是前世之正月也，故于春每月書王。王二月者，言是我王之二月，乃殷之正月也。王三月者，言是我王之三月，乃夏之正月也。既有正朔之異，故每月稱王以別之也。【《左氏傳》】元年春王周正月。【注】言周以別夏、殷。【《公羊傳》】春者何？歲之始也。曷爲先言王而後言正月？王正月也。何言乎王正月？大一統也。

胡氏安國曰：「案《左氏》曰『王周正月』，周人以建子爲歲首，則冬十有一月是也。前乎周者，以丑爲正，其書始即位曰『惟元祀十有二月』，則知月不易也；後乎周者，以亥爲正，其書始建國曰『元年冬十月』，則知時不易也。建子非春，亦明矣，乃以夏時冠周月何哉？聖人語顏回以爲邦，則曰『行夏之時』，作《春秋》以經世，則曰『春王正月』，此見諸行事之驗也。或曰：非天子不議禮。仲尼有聖德，無其位，而改正朔，可乎？曰：有是言也。不曰春秋天子之事乎，以夏時冠月，垂法後世，以周正紀事，示無其位，不敢自專也，其旨微矣。」

《朱子語類》：「問：古者改正朔，如以建子月爲歲首，則謂之正月，抑只謂之十一月。曰：此亦不可考。如《詩》之月數，即今之月。《孟子》『七八月之間旱』，乃今之五六月；『十一月徒杠成，十二月輿梁成』，乃今之九十月。《國語》：『《夏令》曰：九月除道，十月成梁。』即

《孟子》之十一月、十二月。若以爲改月，則與《孟子》、《春秋》相合而與《詩》、《書》不相合；若以爲不改月，則與《詩》、《書》相合而與《孟子》、《春秋》不相合。如秦元年以十月爲首，末又有正月，又似不改月。」

蕙田案：朱子注《詩》及《孟子》，皆主改月。此條猶屬未定之論。

【《語類》】某親見文定公《家説》、文定《春秋説》：夫子以夏時冠月，以周正紀事。謂如「公即位」，依舊是十一月，只是孔子改正作「春正月」，某便不敢信。恁地時，二百四十二年，夫子只證得「行夏之時」四箇字。據今《周禮》，有「正月」，有「正歲」，則周實是元改作「春正月」。夫子所謂「行夏之時」，只是爲他不順，欲改從建寅。

蕙田案：此駁胡氏夏時冠周月之説極精。

【《朱子文集·與張敬夫書》】《春秋》正朔事，比以書考之，凡書月，皆不著時，疑古史記事例只如此。至孔子作《春秋》，然後以天時加王月，以明上奉天時，下正王朔之義。而加春于建子之月，則行夏時之意，亦在其中。觀伊川先生、劉質夫之意，似是如此。但「春秋」兩字，乃魯史之舊名，又似有所未通。

蕙田案：史家編年之例，以日繫月，以月繫時，以時繫歲。書月可不書日，未有日而不月者也。書時可不書月，未有月而無時者也。以《春秋》之文證之，隱公元年「春王正月」、「夏五月」、「秋七月」、「冬十有二月」，皆時月並書。謂春、夏、秋、冬，孔子所增加，猶可通也。二年，「春，公會戎于潛」；三年，「秋，武氏子來求賻」，皆有時而無月。若元年不書春，至二年始書春，三年始書秋，有是例乎？《春秋》之名，孔子以前已有之，則春字非孔子所加審矣。《尚書》係記言之文，與編年者不同，故書月、書時、書日，恒無定例。如《泰誓》、《金縢》書時不書月，《伊訓》、《太甲》、《武成》、《康誥》、《召誥》、《多士》、《多方》、《顧命》、《畢命》書月不書時。或以爲古史時月例不兼書。果爾，則《泰誓》中云「惟戊午」，《牧誓》云「時甲子昧爽」，洛誥云「戊辰，王在新邑」，及《詩·小雅》「吉日庚午」之類，皆有日無月，豈得云古人日月亦不兼書乎？孔穎達曰：「《春秋》主書動事，編次爲文，於日、月、時、年皆具。《尚書》惟記言語，不爲編次，故不具。」真通儒之論也。朱子因伊川假天時立義之説，故爲此論，而又云「春秋」兩字

乃魯史之舊名，則已知其不然矣。

【又《答吴晦叔書》】《春秋》書正，據伊川説，則只是周正建子之月，但非春而書春，則夫子有行夏時之意，而假天時以立義耳。文定引《商書》「十有二月」、《漢史》「冬十月」爲證，以明周不改月。此固然矣。然以《孟子》考之，則七八月乃建午建未之月，暑雨苗長之時，而十一月十二月乃建戌建亥之月，將寒成梁之候，又似并改月號，此又何耶？或是當時二者並行，唯人所用。但《春秋》既是國史，則必用時之正。其比《商書》不同者，蓋後世之彌文，而秦、漢直稱十月者，則其制度之闊略耳。

蕙田案：《春秋》既是國史，必用時之正。其餘散見于他書者，則三正通用，此不易之論也。殷及秦、漢，亦皆改月。胡氏所引證，俱未可信。

【又】前書所論周正之説，終未穩當。《孟子》所謂「七八月」乃今之五六月，所謂「十一月十二月」乃今之九月十月，是周人固已改月矣。但天時則不可改。故《書》云「秋，大熟，未穫」，此即止是今時之秋。蓋非酉戌之月，則未有以見夫歲之大熟而未穫。以此考之，今《春秋》月數，乃魯史之舊文，而四時之序，則孔子之微意。伊川所謂「假天時以立義」者，正謂此也。若謂周人初不改月，則未有明據。故文定只以商、秦二事爲證。以彼之博洽精勤，所取猶止於此，則無他可考必矣。今乃欲以「十月隕霜」之異證之，恐未足以爲不改月之驗也。蓋隕霜在今之十月則不足怪，在周之十月則爲異矣，又何必史書八月然後爲異哉！況魯史不傳，無以必知其然。不若只以《孟子》、《尚書》爲據之明且審也。若尚有疑，則不若且闕之之爲愈，不必强爲之説矣。

蕙田案：此書，疑周人改月而不改時，與伊川之説略同。考周時列國之史皆名《春秋》。《晉語》「司馬侯對晉悼公曰：羊舌肸習于《春秋》」，是晉有《春秋》；《楚語》「申叔時論傅太子之法曰：教之以《春秋》」，是楚有《春秋》。既以《春秋》名其書，必無書月不書時之理。《春秋》書「春無冰」，則周以冬爲春之證也。《孟子》稱「秋陽以暴之」，則周以夏爲秋之證也。如謂月可改，時不可改，周人初不改時，故魯史亦不書時，而孔子特加，以寓行夏時之意，則必加「冬」於「王正月」之上，加「春」於「王三月」之上，然後可也。以建子爲春，既非夏時；以夏時冠周月，又非所以從周。湯潛菴所謂不夏不周之間，孔子何以自處者，其説簡而當矣。《金縢》所云「秋大熟」，自據夏正；《春秋》所書「春王正月」，自據周正。三正通用，由來已久，不必執《書》以難《春秋》也。

【又《答林擇之書》】三代正朔，以「元祀十有二月」考之，則商人但以建丑之月爲歲首而不改月號；以《孟子》「七八月」、「十一月」、「十二月」之説考之，則周人以建子之月爲正月而不改時；以《書》「一月戊午」、「厥四月哉生明」之類考之，則古史例不書時；以程子「假天時以立義」之云考之，則是夫子作《春秋》時特加此四字以繫年，見行夏時之意；若如胡《傳》之説，則是周亦未嘗改月，而孔子特以夏正建寅之月爲歲首，月下所書之事却是周正建子月事。自是之後，月與事常相差兩月。恐聖人制作之意不如是之紛更煩擾，其所制作亦不如是之錯亂無章也。愚見如此。而考之劉質夫説，亦云先書「春王正月」而後書二百四十二年之事，皆天理也，似亦以「春」字爲夫子所加。但魯史本謂之《春秋》，則又似元有此字。而杜元凱《左傳後序》載《汲冢竹書》乃晉國之史，却以夏正建寅之月爲歲首，則又似胡氏之説可爲據。此間無《竹書》，煩爲見拙齋扣之，或有此書，借録一兩年示及，幸甚幸甚！又《漢書》「元年冬十月」，注家以爲武帝改用夏時之後史官追正其事，亦未知是否。此亦更煩子細心考也。

蕙田案：此條辨胡氏夏時冠周月之説極明快。又謂「春秋」二字，魯史元有之，皆不易之論。然猶不能無疑於《竹書》晉正建寅之説。顧氏棟高嘗論之曰：「《汲冢書》曲沃莊伯之十一年十一月，爲魯隱之元年正月，其紀年皆用夏正。先儒謂晉封太原，沿唐堯之故俗，理或有之。然看來成周盛時，原所不禁。不特周也，亦通三代所不禁。《豳風》稱『一之日』、『二之日』，公劉當夏之時，便已自以子月起數，但不曰『正』，而曰『一』，以避時王之尊號。至武王伐商之年。商命未改。猶曰『惟一月壬辰』，不敢遽用『正』字。《詩》、《書》所稱，同一揆也。夏、殷時不禁豳周之用子正，周時獨禁晉之用寅正乎？若三代果有此禁，則啟之罪狀，有扈氏當云『怠棄夏正』，不當云『怠棄三正』矣。」此言可以釋考亭之疑。《漢書》注稱漢初所書「冬十月」皆史官追改，顧炎武據以證秦、漢之亦改月。然朱子亦已見及之，大儒讀書細心，非他人所及也。

【趙氏汸《周正考》】《春秋》雖修史爲經，猶存其大體，謂始年爲元年，歲首爲春，一月爲正月，加王于正，皆從史文。傳獨釋「王正月」者，見國史所書，乃時王正朔，月爲周月，則時亦周時，孔氏謂「月改則春移」是也。後于僖公五年春，記「正月辛亥朔，日南至」；昭十七年夏六月，記「太史曰：在此月也，日過分而未至，當夏四月，是謂孟夏」；又記梓慎曰：「火出，于夏爲三月，于商爲四月，于周爲五月。」皆以周人改時改月，春夏秋冬之序則循周正，分至啟閉之候則仍夏時。其經書「冬十月雨雪」、「春正月無冰」及「冬十月隕霜殺菽」之類，皆爲記災可知矣。《汲冢竹書》有《周月解》，亦曰「夏數得天，百王所同。商以建丑爲正，亦越我周作正，以垂三統。至于敬授民時，巡狩烝享，猶用夏焉。」其言損益之意甚明。經書冬烝、春狩、夏蒐以此。蓋三正之義備矣。而近代説者，往往不然。夫以《左氏》去聖人未遠，終春秋二百四十二年以及戰國之際，中國無改物之變，魯未滅亡，傳于當時，正朔豈容有差。《漢書志》據《三統曆》，商十二月乙丑朔旦冬至，即書《伊訓篇》：「太甲元年十有二月乙丑朔，伊尹祠于先王。」以冬至越茀行事。其所引《書》辭有序。又言「後九十五歲，十二月甲申朔旦冬至，無餘分。《春秋曆》，周文王四十二年十二月丁丑朔旦冬至，後八歲，爲武王伐紂克殷之歲。二月己丑晦。大寒，閏月庚寅朔。三月二日庚申驚蟄。周公攝政五年，正月丁巳朔旦冬」。至《禮記》孟獻子亦曰「正月日至、七月日至」。其説皆與傳合。夫冬至在商之十二月，在周之正月；大寒在周之二月，驚蟄在三月，夏至在七月。而《太初曆》，其在立冬、小雪，則曰于夏爲十月，商爲十一月，周爲十二月。唐人《大衍曆》追算《春秋》冬至，亦皆在正月。孰謂殷、周不改月乎？陳寵曰：「陽氣始萌，有蘭、射干、芸、荔之應。天以爲正，周以爲春。陽氣上通，雉雊雞乳，地以爲正，殷以爲春。陽氣已至，天地已交，萬物皆正，❶蟄蟲始振，人以爲正，夏以爲春。」蓋天施于子，地化于丑，人生于寅。三陽雖有微著，三正皆可言春。此亦術家相承之説。所謂「夏數得天」，以其最適四時之中爾，孰謂建子非春乎？乃若夫子答顔子爲邦之問，則與作《春秋》事異，蓋《春秋》即當代之書，以治當代之臣子，不當易周時以惑民聽；爲邦爲後王立法，故舉四代禮樂而酌其中，夫固各有攸當也。如使周不改時，則何必曰「行夏之時」？使夫子果欲用夏變周，則亦何以責諸侯之無王、譏桓文而斥吴楚哉！而或者猶以爲千古不決之疑，則以《詩》、《書》、《周禮》、《論語》、《孟子》所言時月不能皆合故也。夫三正通于民俗久矣，《春秋》本侯國史記，書王正以表大順，與頒朔告朔爲一體，其所書事，有當繫月者，有當繫時者，與他經不同。《詩》本歌謡，又多言民事，故或用夏正，以便文通俗。《周禮》所書「正月」、「正歲」，皆夏正也。諸官制職掌，實循二代而損益之，其著時月者，又多民事，與巡狩烝享，自夏者同，故仍夏時，以存故典，見因革。蓋非赴告策書，定爲一代之制者，皆得通言之，則又不可論於《春秋》矣。若《論語》言「莫春」，亦如《詩》、《書》言春夏，皆通民俗之恒辭也，不可據以爲周不改時。《孟子》言「七八月之間旱，十一月徒杠成，十二月輿梁成」，在《左傳》後，則周改月猶自若。《竹書》又記晉曲沃莊伯之十

❶「正」，《後漢書·陳寵傳》作「出」。

一年十一月，魯隱公之元年正月也。《竹書》乃後人用夏正追録舊史，故與《春秋》之時不同，然亦未嘗輒以夏正亂《春秋》之時月也。自啖、趙而後，學者往往習攻左氏，而「王周正月」爲甚，以其尤害于經，特詳著焉。

蕙田案：趙氏之論，頗爲貫串。

熊氏朋來曰：「孔子所謂『行夏之時』，見于答顔淵問爲邦者然也。至于因魯史作《春秋》，乃當時諸侯奉時王正朔以爲國史，所書之月爲周正，所書之時亦周正。經傳日月，自可互證。而儒者猶欲執夏時之説以棄之，譬如孔子言車，豈必止言殷輅哉！《小戴記》孟獻子之言曰：『正月日至，可以有事于上帝。七月日至，可以有事于祖。』此言冬至在周正之春正月，而夏至在周正之秋七月。《明堂位》所言『孟春』，即建子月；所言『季夏六月』，即建巳月。《禮記》尚然，況《春秋》乎！證于《左傳》可見矣。若拘夏時周正之説，則正月二月須書冬，而三月乃可書春爾。且如桓四年『春正月，狩于郎』，周人用仲冬狩田，此以『春正月』書之，即建子之月書春也。哀十四年『春西狩』，亦以周正之春行仲冬之狩。桓十四年『春正月，無冰』，若夏正春正月，則解凍矣。惟建子之月無冰，故紀異而書。成元年『春二月，無冰』，襄二十八年『春，無冰』，皆可爲證。定元年『冬，十月隕霜殺菽』，此夏正秋八月而書冬也。若建亥之月，則隕霜不爲異，而亦無菽矣。大抵周人雖以夏時並行，《豳詩》、《周禮》則然，唯《春秋》魯史，專主周正。陽生于子，即爲春；陰生于午，即爲秋。學者惑夏時之説，謂至朔同日，僅見于傳，而經無有也。不思經傳所書月日，參考相同。試以僖五年經傳言之。正月辛亥，至朔月日，《左氏》欲以見分至之例，故書『春，王正月，辛亥朔，日南至』。自正月以後，日月可證者，經書『九月戊申朔，日有食之』，傳書『八月甲午，晉侯圍上陽』，又書『冬，十二月丙子朔，晉滅虢』，以六十甲子數之，自隔年十二月戊申晉有申生之事，越三日，即正月辛亥朔，魯聞晉難，必在正月，故經以春書也。是年歲在丙寅，正月辛亥朔，大；二月辛巳朔，大；三月辛亥朔，小；四月庚辰朔，大；五月庚戌朔，小；六月己卯朔，大；七月己酉朔，小；八月戊寅朔，大；九月戊申朔，小；十月丁丑朔，大；十一月丁未朔，小；十二月丙子朔，大；閏十二月丙午朔，小。以八月戊寅朔，至甲午晉圍上陽，八月十七日也。由八月甲午數至九月朔，正得戊申；由九月戊申朔至十二月朔，除兩小月，該八十八日，故以十二月朔得丙子。其言『丙子旦，日在尾』，以冬十二月而日在尾，此時尾度多在卯，且後逼閏月，宜其尚以建戌中氣而合朔于卯之尾宿，所謂『九月、十月之交』者，以夏正言之，所謂『冬十二月』者，以周正書之。以經傳日月參考，可無疑矣。或謂昭二十年己卯，傳亦書『春王二月己丑，朔，日南至』，自僖五年至朔同日爲始，數至此年得第七，章本注以爲失閏。案本年十一月乙酉朔，故經于此月有辛卯，乃初七日也。閏當在隔年十二月而在是年八月，則正月至七月，皆以失閏而差一月。二十一年庚辰，經書『秋，七月壬午朔，日有食之』。自二月己丑朔數至次年七月壬午，中間爲己丑者，退小盡八箇月，自壬午去己丑，恰退八日，經傳正是相同。觀僖五年《左氏》南至之書，即孟獻子所謂『正月日至』也；觀昭二十一年梓慎日食以對，孟獻子所謂『七月日至』也。冬日至而傳稱『春正月』，夏日至而經書『秋七月』，則《春秋》所書時月皆用周正明甚。」

【王氏守仁《春王正月説》】《春秋》書「元年春王正月」，蓋仲尼作經始筆也。説者或以爲周雖建子而不改月，或以爲周改月不改時。其最有據爲世所宗者，則以夫子嘗欲行夏之時，此以夏時冠周月，益見諸行事之實也。紛紛之論，遂使聖人明白簡實之訓，反爲千古不決之疑。夫子嘗曰「吾從周」，又曰「非天子不議禮，不制度。生乎今之世，反古之道，災及其身者」。仲尼有聖德，無其位，而改周之正朔，是議禮制度，自己出矣，其得爲「從周」乎？夫子患天下之諸侯强，皆不復知有天王也，于是乎作《春秋》以誅僭亂，尊周室，正一王之大法而已，乃首改周之正朔，其何以服亂臣賊子之心！《春秋》之法，變舊章者必誅，若宣公之税畝；紊王制者必誅，若鄭莊之歸祊；無王命者必誅，若莒人之入向。是三者之有罪，固猶未至于變易天王正朔之甚。使魯宣、鄭莊之徒，舉是以詰夫子，則將何辭以對？豈《春秋》忠恕，先自治而後治人之意乎？今必泥于「行夏之時」一言而曲爲之説，以爲是固見諸行事之驗，又引《孟子》「《春秋》，天子之事。罪我者其唯《春秋》」之言而證之。夫謂《春秋》爲天子之事者，謂其時天王之法不行于天下，而夫子作是以明之耳。其賞人之功，罪人之罪，誅人之惡，與人之善，蓋亦據事直書而褒貶自見，若士師之斷獄，辭具而獄成。然夫子猶自嫌于侵史之職，明天子之權，而謂天下後世且將以是而罪我，固未嘗取無罪之人而論斷之，曰「吾以明法于天下」，取時王之制而更易之，曰「吾以垂訓于後人」。法未及明，訓未及垂，而已自陷于殺人，比于亂逆之黨矣。或曰：子謂周之改月與時也何據？曰：吾據《春秋》之文也。夫周不改月與時也，則《春秋》必不書曰「春王正月」；《春秋》而書曰「春王正月」，則其改月與時也何疑！況《禮記》稱「正月、七月日至」，而《前漢志》「武王伐紂之歲，周正月辛卯朔，合辰在斗前一度。戊午師度孟津。明日己未冬至」。考之《泰誓》「十有三年春」，《武成》「一月壬辰」之説，皆足以相爲發明，證周之改月與時。而予意直據夫子《春秋》之筆，有不必更援是以爲證者。今舍夫子明白無疑之直筆，而必欲旁引曲據證之于穿鑿可疑之地，是惑之甚也。曰：如子之言，則冬可以爲春乎？曰：何爲而不可！陽生于子而極于巳午，陰生于午而極于亥子。陽生而春始盡于寅，而猶夏之春也；陰生而秋始盡于申，而猶夏之秋也。自一陽之《復》，以極于六陽之《乾》，而爲春夏；自一陰之《姤》，以極于六陰之《坤》，而爲秋冬。此文王之所演，而周公之所繫，武王、周公，其論之審矣。若夫仲尼夏時之論，則以其關于人事者比之，建子爲尤切，而非謂其爲不可也。啟之征有扈曰「怠棄三正」，則三正之用，在夏而已然，非始于周矣。曰：夏時冠周月，此安定之論，而程子亦嘗云爾。曾謂程子之賢而不及是哉？曰：非謂其知之不及也。程子蓋泥于《論語》「行夏之時」，亦推求聖言之過耳。夫《論語》者，夫子議道之書，而《春秋》者，魯國記事之史。議道自夫子，則不可以不盡；紀事在魯國，則不可以不實。道並行而不相悖者也。且令周雖建子而不改時與月，則固夏時矣，而夫子又何以「行夏之時」云乎？程子之云，蓋亦推求聖言之過耳，庸何傷！夫子書曰「君子不以人廢言」，使程子而猶在也，其殆不廢予言矣。

蕙田案：此據筆削大義，立言極正大。

【顧氏炎武《日知録》】《春秋》時月並書，于古未之見。考之《尚書》，如《泰誓》「十有三年春，大會于孟津」，《金縢》「秋，大熟，未穫」，言時則不言月；《伊訓》「惟元祀十有二月乙丑」，《太甲》中「惟三祀十有二月朔」，《武成》「惟一月壬辰」，《康誥》「惟四月哉生魄」，《召誥》「惟三月丙午朏」，《多士》「惟三月」，《多方》「惟五月丁亥」，《顧命》「惟四月哉生魄」，《畢命》「惟十有二年六月庚午朏」，言月不言時。其他鍾鼎古文多如此。《春秋》獨並舉時月者，以其爲編年之史，有時有月有日，多是義例所存，不容于缺一也。或疑夫子特筆，是不然。舊史既以《春秋》爲名，自當書時。且如隱公二年「春，公會戎于潛」，不容二年書春，元年乃不書春，是知謂以時冠月出于夫子者，非也。朱文公《答林擇之》亦有古文例不書時之説。建子之月而書春，此周人謂之春矣。《後漢書·陳寵傳》曰：「天正建子，周以爲春。」元熊朋來《五經説》曰：「陽生于子即爲春，陰生于午即爲秋。」此之謂天統。未爲天子，則雖建子而不敢謂之正，《武成》「惟一月壬辰」是也。已爲天子，則謂之正，而復加王以別于夏、殷，《春秋》「王正月」是也。《左氏傳》曰「元年春王周正月」，以一字盡之矣。

【湯氏斌《春王正月辨》】聖人之書，明白簡易。而後儒推求過甚，遂成不決之疑者，如「春王正月」之類是也。注《春秋》者不下數十家，置「春王正月」四字不論者固有之，其以周改月兼改時者，則漢孔安國、鄭康成，至明趙子常、王陽明、賀景瞻也。以周改月不改時者，則宋程伊川、胡康侯，至明劉文成也。以周不改時兼不改月者，則宋蔡仲默、魏華父，至明章本清也。諸家引經據傳，自以爲確不可易，而予則直以《春秋》本文斷之而已矣。《春秋》桓公八年「冬，十月，雨雪」。十月者，以周正爲建酉月，故雨雪爲非時。若夏之十月建亥，雨雪亦常耳，何足書？成公元年「二月，無冰」，此建丑月也。若建卯月，無冰又何異焉？莊公七年「秋，大水。無麥、苗」。如周不改月，不改時，麥、苗何得至秋？定公元年「冬，十月，隕霜殺菽」。若夏之十月，菽已穫矣，隕霜亦非失時。如此之類甚多。更有可證者，僖公五年《左氏傳》曰「春王正月辛亥朔，日南至」。日南至者，子月也，此又改月改時之的據也。夫子特書曰「王正月」，而《左傳》亦釋曰「王周正月」者，蓋明其爲周天子之正月，非夏之正月、殷之正月也。而又于二月、三月亦繫之王，見丑月爲周之二月，寅月爲周之三月，非同于殷正同于夏正也。過此前代無以之爲正者，則亦不必書王以别之矣。胡氏泥于冬之不可以爲春也，故有夏時冠周月之説，以爲孔子告顔淵以「行夏之時」，此爲見于行事之驗，則又謬甚。如胡氏之説，周改月不改時，是雖以子月爲歲首，而四時之序，猶夫夏也。以冬爲春，乃自孔子始。以夏時冠周月，非所以尊周，以仲冬爲孟春，豈可謂「行夏之時」乎？不夏不周之間，孔子何以自處焉？夫行夏時者，師友平日論道之言，所謂損益百王，垂訓萬世者也。《春秋》者，聖人尊周室，明王制之書也。王制固未有大于正朔者。孔子爲當時諸侯强横、大夫陪臣僭亂而作《春秋》，乃首改周天子之正朔也，恐聖人亦有所不敢矣。或曰：《孟子》不云乎：「《春秋》，天子之事也。」庸何傷！曰：所謂「天子之事」者，謂賞功討罪，以明天子之法，使諸侯不敢悖天子，大夫不敢悖諸侯耳，非必變易四時之序，改本朝正朔而後爲天子之事也。胡氏以此爲垂法後世，吾恐法未可垂而先犯爲下不倍之戒矣。且此亦空言耳，烏在其爲見諸行事之驗乎！故周不改月，則孔子必不敢以十一月爲正月；以十一月爲正月，則周之必改月可知也。周不改時，則孔子必不敢以周正月爲春；以周正月爲春，則周之必改時可知也。左氏、公羊、穀梁，皆周人也，于此獨不加論焉，亦以爲不必論也。使當時以正月爲冬而孔子獨書曰春，三子能已于言哉！

蕙田案：此以《春秋》本文證據，最的確。

又案：「春王正月」，當以改時改月

之説爲正。《左傳》曰「春王周正月」，杜注：「周正建子。正月，子月也。」是明以周爲改月矣。《公羊傳》曰：「春者何？歲之始也。」何休注：「春者，天地開闢之端，養生之首。」是明以周爲改時矣。《左氏》言周正月而屬于春，《公羊》言春而曰歲之始，其義互見。合諸家之説參之，可以祛胡氏之障矣。

又案：史伯璿、陳定宇、張敷言、陳廷敬、蔡德晉諸家著論以證改時改月之説者甚衆，其文繁多，所徵引經傳，大略相同，不能悉載。至如魏了翁之《正朔考》，家鉉翁之《原夏正》，周洪謨之《周正辨》，吕坤、徐芳之《春王正月論》，則又承胡、蔡之謬，强爲駁辨，殊足以疑誤學者，概置不録。

【《春秋》隱公三年《左氏傳》】四月，鄭祭足帥師取温之麥。秋，又取成周之禾。【注】四月，今二月也。秋，今之夏也。麥、禾皆未熟，言取者，蓋芟踐之。【疏】以此傳之下有「八月，宋公和卒」，則知此是七月，故爲今之夏，謂今之五月也。

隱公九年：「三月癸酉，大雨，震電。庚辰，大雨雪。」

【《漢書·五行志》】劉向以爲周三月，夏正月也。雷電未可以發，既以發，則雪不當復降，皆失節，故謂之異。

汪氏克寬曰：「或謂《春秋》用夏正，❶故建辰之月雨雪爲異。然苟實建辰之月，則震電不必書矣。」

桓公四年：「春，正月，公狩于郎。」【《左

❶「正」下，原衍「月」字，據汪克寬《春秋胡傳附録纂疏》卷三删。

氏傳》】書，時，禮也。【注】冬獵曰狩。周之春，夏之冬也。田狩皆夏時也。常事不書，此何以書？譏，遠也。【《公羊傳》】冬曰狩。

張氏以寧曰：「周春正月，夏十一月也。冬曰狩。不以不時書，以譏遠書也。」

五年：「秋，大雩。」【《左氏傳》】書不時也。

張氏以寧曰：「《春秋》凡書秋者，周九月，夏七月也。七月雩，故云不時。」

六年：「秋，八月壬午，大閱。」

張氏以寧曰：「周八月，夏六月也，故曰不時。」

八年：「春，正月己卯，烝。」【注】《左傳》：「閉蟄而烝。」閉蟄係建亥之月，此正月是夏之仲冬月，何爲不得烝？非以不時書，爲下文五月復烝見瀆書也。

張氏以寧曰：「周正月，夏十一月也，故不以不時書。」

夏五月丁丑，烝。【《穀梁傳》】烝，冬事也，春、夏興之，黷祀也。

張氏以寧曰：「周五月，夏之春三月也。《穀梁》皆主夏時，此誤也。」

冬十月，雨雪。【注】今八月也。書失時。【《公羊傳》】記異也。【注】今八月未當雨雪，此陰氣太盛，兵象也。

張氏以寧曰：「案《漢書·五行志》劉向曰：『周冬，夏秋。周十月，今八月也。』」

十四年：「春正月，無冰。」【《公羊傳》】記異也。【注】周之正月，夏之十一月，法當堅冰，無冰，温也。

秋八月，御廩災，乙亥嘗。

【胡《傳》】《春秋》用周月，以八月嘗，不時也。

張氏以寧曰：「周八月，夏六月也，故曰不時。」

莊公七年：「秋，大水，無麥、苗。」【注】周之秋，今五月。平地出水，漂殺熟麥及五稼之苗。【疏】直言「無麥苗」，似是麥之苗。而知麥、苗別者，蓋此秋是今之五月，麥已熟矣，不得方云麥苗，故知熟麥及五稼之苗皆爲水漂殺也。

十七年：「冬，多麋。」【注】麋多則害五稼，故以災書。

張氏以寧曰：「周之冬，夏之秋也，故麋多則稼害。」

十八年：「秋，有蜮。」

張氏以寧曰：「《漢五行志》以爲蜮，盛暑所生，非自越來。案盛暑爲夏之六月，周八月也。六月而生，七月見異而書。」

二十五年：「六月辛未朔，日有食之。鼓，用牲于社。」【《左氏傳》】非常也。惟正月之朔，慝未作，日有食之，于是乎用幣于社，伐鼓于廟。【注】正月，夏之四月，周之六月，謂正陽之月。今書六月而傳云唯者，明此月非正陽月也。辛未實七月朔，因置閏失所，誤以七月爲六月，故《左》曰「非常」，謂非常鼓之月也。

二十八年：「冬，大無麥禾。」【注】書于冬者，五穀畢入，計食不足而後書。

張氏以寧曰：「冬，周十月也。《豳風》『十月納禾稼』，故曰『五穀畢入，計食不足』。」

湛氏若水曰：「周之冬，乃夏之八九十月也。至收成之時，而後知麥禾皆無，故曰大無也。」

三十一年：「冬，不雨。」

張氏洽曰：「莊公無閔雨之志，獨酉戌亥之月不雨，故不得歷時而言也。」

僖公三年：「春王正月，不雨。夏四月，不雨。」【《穀梁傳》】一時言不雨者，閔雨也，有志乎民者也。

趙氏鵬飛曰：「正月，今之十一月。四月，今之二月。此時不雨，無害于農而必書者，又見僖公之念雨也。」

三年：「六月，雨。」

高氏閌曰：「周六月，夏四月。建巳之月，萬物始盛，待雨而大。古者以是月雩而祈雨，則六月之雨，尤爲可喜。」

【僖公五年《左氏傳》】春王正月辛亥朔，日南至。【注】周正月，今之十一月。月之一日冬至也。

張氏以寧曰：「周之春，夏之冬也。至日在夏十一月，書『日南至』，不書『冬至』者，周十一月，非冬也。」

晉侯圍上陽。卜偃曰：「克之。」公曰：「何時？」對曰：「其九月、十月之交乎？丙子旦，日在尾，月在策，鶉火中，必此時也。」冬十二月丙子朔，晉滅虢。【注】以星驗推之，知九月、十月之交，謂夏九月、十月也。周十二月，夏之十月。

顧氏棟高曰：「卜偃對君之言乃是夏正，先儒謂晉行夏時，此其證也。」

十年：「冬，大雨雪。」

張氏以寧曰：「周十月也。孟冬水始冰，地始凍。書大雨雪，寒甚過度也。」

黄氏仲炎曰：「雨雪，常也，惟大而爲害，故書。獨桓八年『冬十月，雨雪』不言大者，周之十月，今之八月，非雨雪之時，故以異書也。」

湛氏若水曰：「周之冬，酉戌亥月，夏之八九十月也。是時陰結而未凝，故以爲異。」

三十三年：「十二月，隕霜不殺草，李、梅實。」【《公羊傳》】書不時也。【注】周之十二月，夏十月也。

張氏以寧曰：「《漢書·五行志》劉向曰：『周十二月，今十月。君誅不行，舒緩之應。』」

黄氏仲炎曰：「經書『隕霜』二：一曰『隕霜不殺草』，一曰『隕霜殺菽』。蓋周之十二月，夏十月也，霜當殺草而不殺草，異也。周之十月，夏八月也，未當隕霜而殺菽，亦異也。」

文公二年：「自十有二月不雨，至于秋七月。」【注】周七月，今五月也。不雨，是爲災。

宣公十五年：「秋，螽。冬，蝝生。」

孫氏覺曰：「蝝者，螽之子。《春秋》之秋，夏時之夏也。《春秋》之冬，夏時之秋也。螽爲災于夏，而蝝生于秋，一歲而再見，故謹志之。《左氏》、《公羊》皆曰『幸之』，以蝝生于冬，物皆已收而不爲災。案秋乃五穀大成之時，安得曰不爲災乎？且生而不爲災，亦無用書矣。」

成公元年：「春二月，無冰。」【注】周二月，今之十二月也，而無冰，書冬温。【疏】襄二十八年「春無冰」，則是竟春無冰。此亦應終一春無冰，而書在二月下者，以盛寒之月書之也。今之十二月寒最甚，此月無冰，是終無冰矣。

七年：「冬，大雩。」

劉氏敞曰：「《穀梁》曰『冬無爲雩也』非也。周之十月，今之八月，若久不雨，可得不雩乎？」

【十年《左氏傳》】六月丙午，晉侯欲麥，使甸人獻麥。【注】周六月，夏四月，麥始熟。

十六年：「春王正月，雨木冰。」❶【注】記寒過節。【疏】正月是今之仲冬十一月，時猶有雨，未是盛寒，雨下即著樹爲冰，記寒甚之過其節度。

十七年：「九月辛丑，用郊。」【《公羊傳》】用者，不宜用也。正月，非所用郊也。【注】周之九月，夏之七月，非郊時，故加用之。

吴氏澂曰：「九月乃夏時孟秋建申之月，

❶「木」，原作「水」，據《左傳》成公十六年改。

豈郊之時乎？不卜日，不卜牲，而强用其禮，故曰用，非時之甚也。」

襄公二十七年：「冬十有二月乙亥朔，日有食之。」【《左氏傳》❶】十一月乙亥朔，日有食之。辰在申，司曆過也，再失閏矣。【注】周十一月，夏九月，斗當建戌而在申，故知再失閏也。【疏】經言十二月而傳言十一月，今杜以《長曆》推之，知乙亥是十一月朔，非十二月也。若是十二月，當爲辰在亥，以申爲亥，則是三失閏，不止再失矣。

二十八年：「春，無冰。」【注】前年知其再失閏，頓置兩閏，以應天正。故此年正月仍復建子，得以無冰爲災而書。

張氏以寧曰：「周之春，夏之冬也。杜氏明以建子爲春矣，不書『正月』，疑脱文。」

湛氏若水曰：「周之春，子丑寅月也。子丑之月，氣方寒，正鑿冰之時，故以無冰見異。」

昭公十七年：「夏六月甲戌朔，日有食之。」【《左氏傳》】祝史請所用幣。平子禦之，曰：「唯正月朔，慝未作，日有食之，於是乎有伐鼓用幣，禮也。其餘則否。」太史曰：「在此月也。日過分而未至，三辰有災，於是乎百官降物，君不舉，辟移時，樂奏鼓，祝用幣，史用辭。故《夏書》曰：『辰不集于房，瞽奏鼓，嗇夫馳，庶人走。』此月朔之謂也。當夏四月，是謂孟夏。」【注】正月，謂建巳正陽之月，于周爲六月，于夏爲四月。平子以爲六月非正月，故太史答言「在此月也」。言此六月，當春分夏至之中，爲夏家之四月，是謂孟夏之月。

【二十年《左氏傳》】春王二月己丑，日南至。【注】是歲朔旦冬至之歲也，當言「正月己丑朔，日南至」。時史失閏，閏更在二月後，傳特具于此，以正曆之矣。

顧氏棟高曰：「案周若不改時月，豈有春正月冬至之理乎？合之僖五年，《春秋》

❶「左氏」，原作「公羊」，據《左傳》襄公二十七年改。

之用周正益信。」

二十四年：「夏五月乙未朔，日有食之。」【《左氏傳》】梓慎曰：「將水。」昭子曰：「旱也。日過分【注】五月建辰，故曰已過春分之節。而陽猶不克，克必甚，能無旱乎？」

顧氏棟高曰：「案經書『夏五月』，而傳云『日過分』。僅過春分之節，則周之五月，爲夏之春三月，亦周正也。」

定公元年：「冬十月，隕霜殺菽。」【《公羊傳》】記異也。【注】周十月，夏八月，微霜用事，未可殺也。

哀公十二年：「冬十有二月，螽。」【《左氏傳》】火伏而後蟄者畢。今火猶西流，司曆過也。【注】周十二月，今十月。是歲失不置閏，雖書十二月，實今之九月。火伏在今十月，九月初尚温，故有螽。

張氏以寧曰：「《漢五行志》劉歆曰：『周十二月，夏十月，火星既伏，蟄蟲皆畢，天之見異也。』」

十四年：「春，西狩獲麟。」【注】冬獵曰狩。

【疏】《釋天》云：「冬獵曰狩。」周之春，夏之冬，故稱狩也。

【張氏叙《春秋正朔辨》】古者三正迭用，建寅、建丑、建子，皆一代之正朔也。既爲正朔，則各以子月、丑月、寅月爲正月矣。正者，十二月之始。而春者，四時之始。月改則春移。陽生子月即爲春，陰生午月即爲秋。周之正朔，在十一月，一陽已復，原可爲春。譬之夜半子初，當爲明日之始，無可疑也。而説《春秋》者，因夫子「行夏時」之語，而引《商書》「元祀十有二月」爲不改月，《漢書》「元年冬十月」爲不改時。顧以《左氏》有「王周正月」之文，則周但改月而時不改。夫既不改時矣，是舊史本據夏時而書「冬正月」，夫子反易爲「春」以亂之，千載而下，且不知周之正朔爲何月何時，又何自知以夏時冠周月，使人欽其善而行之乎？案經，襄公二十八年春書「無冰」。若夏時之春，則無冰不爲異也。僖公十年冬書「大雨雪」，若夏時之冬則大雨雪亦非異也。《左傳》昭十七年夏六月，太史曰：「日過分而未至。」當夏四月，是爲孟夏。梓慎曰：「火出，于夏爲三月，于商爲四月，于周爲五月。」是則周之正朔，改月並改其時之明驗，不待呂氏、熊氏、李氏廣引他經書傳證之而已了然也。雖然，正者王之正，則春亦王之春，若但記周之正朔，何不曰「王春正月」乎？而乃冠王於月，特升春於王，則先儒所謂行夏時者，亦非無因矣。蓋正者，王之事也。春者，天之時也。系之王者，王可得而改；不系之王者，王不可得而改。故先書「春」而後書「王正月」，明此之爲春，以其爲王之正月耳。三正迭用，惟夏得天，則行夏時之意，實于是寓焉。此之謂化工之筆，徒以爲記周之正朔，則亦考之不詳矣。《周禮》又有「正月」、「正歲」之異則何也？「正月」即王之正月，「正歲」則夏正之歲耳。《凌人》「正歲十有二月令斬冰」，如周正之歲，則十二月未可斬冰矣。夏時遵行已久，故《詩》、《書》亦兼用夏時。惟《春秋》及《周禮》爲一王之法，則純用周正，故別之爲「正歲」。謂之正歲，則夏時之正亦可見矣。若《春秋》而竟以夏時冠周月，則是孔子本欲正諸侯之僭竊者，而反敢先自變亂周之正朔也歟？

【《禮記·明堂位》】魯君孟春乘大輅，建弧韣，祀帝于郊。季夏六月，以禘禮祀周公于太廟。【注】孟春，建子之月。魯之始郊，日以至。季夏，建巳之月。

張氏以寧曰：「建子是十一月而謂之孟春，建巳是四月而謂之季夏六月，則《春秋》建子之爲春明矣。」

【《雜記》】孟獻子曰：「正月日至，可以有事于上帝。七月日至，可以有事于祖。」七月而禘，獻子爲之也。【疏】❶周正月，建子之月。七月日至，夏至日也。獻子欲以兩至相對，建子冬至既祭上帝，則建午夏至亦可禘祖，非也。魯之祭祀宗廟，亦猶用夏家之法，大祭宜用首時，應禘于孟月，于夏是四月，于周爲六月。傳記禮之所由失。

張氏以寧曰：「建子之月冬至而曰『正月日至』，不曰『冬至』，以周十一月不爲冬也。建子之月夏至而曰『七月日至』，不

❶「疏」，原作「注」，據《禮記注疏》改。

曰『夏至』，以周五月不爲夏也。然則《春秋》建子之月不以爲冬而以爲春亦明矣。」

顧氏棟高曰：「此篇言『七月而禘，獻子爲之』，爲禮之所由失，則禘宜在季夏六月明矣。周之六月，夏之孟夏四月也。祭宗廟宜在首時，禘應于孟月，所謂『祭享猶自夏焉』。二篇相爲表裏，而此篇之言，證周改時改月，尤明白。」

【《論語》】莫春者，春服既成，冠者五六人，童子六七人，浴乎沂，風乎舞雩，詠而歸。【注】包曰：莫春者，季春三月也。

【《孟子》】七八月之間旱。【注】周七八月，夏之五六月也。

秋陽以暴之。【注】秋陽，周之秋，夏之五六月，盛陽也。

歲十一月徒杠成，十二月輿梁成。【注】周十一月，夏九月。周十二月，夏十月也。

朱子曰：「《夏令》曰：『十月成梁。』蓋農功已畢，可用民力，又時將寒沍。」

七八月之間雨集。【注】周七八月，夏五六月也。

公都子曰：「冬日則飲湯，夏日則飲水。」

顧氏棟高曰：「此冬日、夏日，當指夏正言。若周之夏日，是夏之二三四月，豈宜飲水乎？」

右周正朔。

【《史記·秦始皇本紀》】秦初并天下，改年始，朝賀皆自十月朔。

蕙田案：趙氏汸、萬氏斯大以殷周曰改正朔，則以所改之月爲正月。秦改年始，則仍以夏時紀月，而以十月爲年始，是改年始與改正朔有别也。此由不知史遷作《本紀》在太初正曆以後，以夏時追改其月名，非秦史所紀如此，故妄生分别耳。

右秦正朔。

【《封禪書》】高祖初起，禱豐枌榆社。徇沛，爲沛公，祠蚩尤，釁鼓旗。遂以十月至灞上，與諸侯平咸陽，立爲漢王，因以十月爲年首。

【《漢書·高帝本紀》】元年冬十月，五星聚于東井。沛公至霸上。春正月，羽陽尊懷王爲義帝。

顔氏師古曰：「凡此諸月號，皆太初正曆之後，紀事者追改之，非當時本稱也。以十月爲歲首，即謂十月爲正月。今此真正月，當時謂之四月耳。他皆類此。」

【《天文志》】漢元年冬十月，五星聚于東井，以曆推之，從歲星也。

劉氏攽曰：「案曆，太白、辰星去日，率不能一兩次耳。今十月而從歲星于東井，非也。然則五星以秦之十月聚東井耳。秦之十月，今七月，日當在鶉尾，故太白、辰星得從歲星也。」

【《叔孫通傳》】漢七年，長樂宮成，諸侯羣臣朝十月。

顔氏師古曰：「漢時尚以十月爲正月，故行朝歲之禮。史家追書十月。」

【《武帝本紀》】太初元年夏五月正曆，以正月爲歲首，色上黄，數用五。

顔氏師古曰：「謂以建寅之月爲正也。未正曆之前，謂建亥之月爲正。今此言以正月爲歲首者，史追正其月名。」

【《丹鉛總録》】《文選·古詩十九首》非一人之作，亦非一時也。其曰「玉衡指孟冬」，而上云「促織」，下云「秋蟬」，蓋漢之孟冬，非夏之孟冬矣。漢襲秦制，以十月爲歲首。漢之孟冬，夏之七月也。其曰

「孟冬寒氣至，北風何慘慄」，則漢武帝已改秦朔，用夏以後時也。三代改朔不改月，古人辨證，博引經傳多矣，獨未引此耳。又唐儲光羲詩：「夏王紀冬令，殷人乃正月。」此亦一證。

右漢改正朔。

【《魏志·辛毗傳》】文帝踐祚，毗遷侍中，賜爵關内侯。時議改正朔。毗以魏氏遵舜、禹之統，應天順民；至于湯、武，以戰伐定天下，乃改正朔。孔子曰「行夏之時」，《左氏傳》曰「夏數爲得天正」，何必期于相反。帝善而從之。

【《宋書·禮志》】魏文帝雖受禪于漢，而以夏數爲得天，故黄初元年詔曰：「孔子稱『行夏之時，乘殷之輅，服周之冕，樂則《韶舞》』。此聖人集羣代之美事，爲後王法制也。《傳》曰：『夏數爲得天。』朕承唐、虞之美，至于正朔，當依虞、夏故事。若殊徽號，異器械，制禮樂，易服色，用牲幣，自當隨土德之數。每四時之季月，服黄十八日。臘以丑，牲用白，其飾節旄，自當赤，但節幡黄耳。其餘郊祀天地朝會四時之服，宜如漢制。宗廟所服，一如《周禮》。」尚書令桓階等奏：「據三正周復之義，國家承漢氏人正之後，當受之以地正，犧牲宜用白。今從漢十三月正，則犧牲不得獨改。今新建皇統，宜稽古典先代，以從天命，而告朔犧牲，一皆不改，非所以明革命之義也。」詔曰：「服色如所奏。其餘宜如虞承唐，但臘日用丑耳，此亦聖人之制也。」

【《魏志·明帝本紀》】景初元年春正月壬辰，山茌縣言黄龍見。❶ 于是有司奏，以爲

❶「茌」，原作「荏」，據《三國志·魏書·明帝紀》改。

魏得地統，宜以建丑之月爲正。三月，定曆，改年爲孟夏四月。服色尚黄，犧牲用白，戎事乘黑首白馬，建大赤之旂，朝會建大白之旗。其春夏秋冬孟仲季月雖與正歲不同，至于郊祀、迎氣、礿祀、蒸嘗、巡狩、蒐田、分至啟閉、班宣時令、中氣早晚、敬授民事，皆以正歲斗建爲曆數之序。

【《齊王本紀》】景初三年正月丁亥，即皇帝位。十二月，詔曰：「烈祖明皇帝以正月棄背天下，臣子永惟忌日之哀，其復用夏正。雖違先帝通三統之義，斯亦禮制所由變改也。❶又夏正于數爲得天正，其以建寅之月爲正始元年正月，以建丑月爲後十二月。」

右魏改正朔。

【《唐書・武后本紀》】天授元年正月庚辰，大赦，改元曰載初，以十一月爲正月，十二月爲臘月，來歲正月爲一月。久視元年十月甲寅，復唐正月，大赦。

【《舊唐書・武后本紀》】聖曆三年五月癸丑，改元爲久視。冬十月甲寅，復唐正朔，改一月爲正月，仍以爲歲首，正月依舊爲十一月。大赦天下。

【《唐書・肅宗本紀》】上元二年九月壬寅，以十一月爲歲首，月以斗所建辰爲名。寶應元年建巳月乙丑，復以正月爲歲首，建巳月爲四月。

右唐改正朔。

五禮通考卷第一百九十八

淮陰吴玉搢校字

❶「禮制」，原作「禮志」，據《三國志・魏書・齊王本紀》改。

五禮通考卷第一百九十九

內廷供奉禮部右侍郎金匱秦蕙田編輯
太子太保總督直隸右都御史桐城方觀承同訂❶
翰林院編修嘉定錢大昕
按察司副使元和宋宗元　參校

嘉禮七十二

觀象授時

蕙田案：王者奉若天道，莫先於敬授人時。堯正四仲，舜齊七政，周用五紀，其道一也。因寒暑之發斂，節氣之早晚，而驗草木禽獸之變，辨作訛成易之期，古聖人所以亮天工而熙庶績者，其事特重焉。今采《堯典》、《詩·七月》、《夏小正》、《月令》諸篇，存累代之舊章，備因時之善制。自東漢以下，有讀時令之儀，杜氏《通典》入之嘉禮，兹亦附見於後云。

【《書·堯典》】敬授人時。【傳】敬記天時，以授人也。

蔡氏沈曰：「人時，謂耕穫之候，凡民事早晚之所關也。」

平秩東作，日中星鳥，以殷仲春。厥民析，鳥獸孳尾。【傳】歲起于東而始就耕，謂之東作。平均次序東作之事，以務農也。冬寒無事，並入室處。春事既起，丁壯就功。厥，其也。言其民老壯分析。乳化曰孳，

❶「總督直隸」，原作「直隸總督」，據光緒本改。卷第二百同此。

交接曰尾。平秩南訛，敬致。日永星火，以正仲夏。厥民因，鳥獸希革。【傳】平序南方化育之事，敬行其教，以致其功。因，謂老弱因就在田之丁壯以助農也。夏時，鳥獸毛羽希少改易。革，改也。平秩西成，宵中星虚，以殷仲秋。厥民夷，鳥獸毛毨。【傳】秋，西方，萬物成，平序其政，助成物。❶夷，平也。老壯在田，與夏平也。毨，理也。毛更生整理。平在朔易，日短星昴，以正仲冬。厥民隩，鳥獸氄毛。【傳】易，謂歲改易于北方。平均在察其政，以順天常。隩，室也。民改歲入此室處，以辟風寒；鳥獸皆生耎毳細毛以自温焉。

朱子曰：「平秩東作之類，只是如今穀雨、芒種之節候類。」

又曰：「析、因、夷、隩，乃是驗之於人以審氣候之寒温，與下句驗之於物以審時物之變遷，語意相似。若謂此句爲定農事之早晚，則下句爲欲定何事耶？大抵命此四官皆考天時以作曆之事。曆正則可以授民時，治百官，而農桑田役之務，飲食居處之宜，無不得其序，不必於此遽指一事而言也。」

林氏之奇曰：「鳥獸孳尾、希革、毛毨、氄毛，蓋萬物之微，感天地至和之氣而動作應時，故作曆者觀此以候天時之早晚。如《禮記·月令》云『魚上冰』、『獺祭魚』、『倉庚鳴』、『鴻雁來』之類，是《堯典》之遺法也。」

蔡氏沈曰：「東作，春月歲功方興，所當作起之事也。蓋以曆之節氣早晚，均次其先後之宜，以授有司也。訛，化也，謂夏月時物長盛，所當變化之事也。西成，秋月物成之時，所當成就之事也。朔易，冬月歲事已畢，除舊更新，所當改易之事也。」

【《尚書大傳》】主春者，張昏中，可以種稷。主夏者，火昏中，可以種黍。主秋者，虚昏中，可以種麥。主冬者，昴昏中，可以收

❶「助成物」，阮元《尚書注疏校勘記》引盧曰：「古本『物』上有『萬』字。」

斂。蓋藏、田獵、斷伐，當告于天子，而天子賦之民。故天子南面而視四方星之中，知民之緩急。急則不賦籍，不舉力役，❶故曰「敬授民時」，此之謂也。

【《夏小正》】正月：啟蟄。【傳】言始發蟄也。

金氏履祥曰：「今二月始驚蟄，而漢始以驚蟄爲正月中。《月令》孟春蟄蟲始振，豈古者陽氣特盛，啟蟄獨早與？《國語》謂『陽癉憤盈，土氣震發』，則蟄蟲之動固宜。然啟者，始震之謂，非出蟄也。」

蔡氏德晉曰：「冬時蟄蟲皆塞其户，至春時始開之。」

雁北鄉。【傳】先言雁而後言鄉者何也？見雁而後數其鄉也。鄉者何也？鄉其居也，雁以北方爲居。何以謂之爲居？生且長焉爾。「九月遰鴻雁」，先言遰而後言鴻雁，何也？見遰而後數之則鴻雁也。何不謂南鄉也？曰：非其居也，故不謂南鄉。記鴻雁之遰也，如不記其鄉，何也？曰：鴻不必當《小正》之遰者也。

蔡氏德晉曰：「《月令》季冬雁北鄉，孟春鴻雁來，此合而記之也。」

方氏矩曰：「數之，猶言詳視之也。」

蕙田案：《月令》「孟春，鴻雁來」，《吕氏春秋》、《淮南子》俱作「候雁北」，與《小正》合。

雉震呴。【傳】震也者，鳴也。呴也者，鼓其翼也。正月必雷，雷不必聞，惟雉爲必聞之。何以謂之？雷則雉震呴，相識以雷。

金氏履祥曰：「震，振也。呴，鳴也。《書》曰『越有呴雉』，蓋其音云。」

蔡氏德晉曰：「震，聲之高也。小寒雉始呴，至此則其聲高矣。」

方氏矩曰：「雉震呴者，言雉于雷始發聲之時而呴也。呴，雊通。」

魚陟負冰。【傳】陟，升也。負冰云者，言解蟄也。

孔氏穎達曰：「謂魚從水下升于水上而負冰。」

金氏履祥曰：「《月令》『魚上冰』是也。魚冬則氣在腹，故降；春則氣在背，故升。負冰者，春冰薄，魚既升，背若負之也。」

❶「不」上，原衍「則」，據《尚書大傳》卷一刪。

蔡氏德晉曰：「魚冬則降而伏于水底，春則升而游于水上。」

農緯厥耒。【傳】緯，束也。束其耒云爾者，用是見君之亦有耒也。

金氏履祥曰：「古者立春，先時命農大夫咸勸農用。注：田器也。」

初歲祭耒，始用暢。【傳】暢也者，終歲之用祭也。其曰初云爾者，言是月之始用之也。初者，始也。或曰：祭韭也。

蕙田案：「其曰初云爾者」句，❶本在「暢也者」之上，作「其用初云爾」，今從朱子本。

傅氏崧卿曰：「關本作『暘』。案：暘，不生也。暢訓達，作暢者爲是。」

金氏履祥曰：「祭始爲耒耜之人也。古者先立春，王將耕藉，則鬱人薦鬯，王祼鬯。鬯之言暢也。祭耒而用鬯也。」

囿有見韭。【傳】囿也者，園之燕者也。

金氏履祥曰：「韭，陽菜，春有之。見，露也。」

蔡氏德晉曰：「囿有籓曰園，有牆曰囿。見，始生也。案《豳風》『四之日獻羔祭韭』。祭禮，庶人春薦韭而祀，號韭曰豐本，則韭爲祀禮所重，故特誌其見也。」

時有俊風。【傳】俊者，大也。大風，南風也。何大乎南風也？曰：合冰必於南風，解冰必於南風，生必於南風，收必於南風，故大之也。

蔡氏德晉曰：「大風，謂東風也。東風居八風之首，能轉嚴冬而爲陽春，故以大言之。《月令》『東風解凍』是也。」

寒日滌凍塗。【傳】滌也者，變也，變而煖也。凍塗者，凍下而澤上多也。

金氏履祥曰：「日滌凍解而爲塗泥也。」

王氏廷相曰：「滌，除也。如《豳風》『十月滌場』之滌。冬時雨雪著地皆冰，故塗凍。春時日煖，則凍釋而爲塗泥矣，故及寒日而除之。」

蕙田案：「寒日滌」三字爲句，「凍塗」二字爲句。日之寒者變而暄，土

❶「爾」，原作「也」，據庫本及《尚書大傳》改。

之涑者融而釋，二者皆陽和之應也。

田鼠出。【傳】田鼠者，嗛鼠也。記時也。

徐氏巨源曰：「萬物之理，有盈則耗，有羸則絀。絀伏于未羸之前，而耗兆于爲盈之日。故有木則有蠹，有田則有鼠。孟春伊始，農方相率均田，而田鼠已出焉。先言鼠出而後言均田，以著消息之理，明未兆之謀也。」

戴氏震曰：「嗛鼠，《爾雅》作『鼸鼠』，郭注：『以頰裹藏食。』」

農率均田。【傳】率者，循也。均田者，始除田也。言農夫急除田也。

金氏履祥曰：「率，相率也。均，《月令》所謂『皆修封疆，審端徑遂』也。夏后氏一夫受田五十畝，均田所以修其疆畔，分其遂畎，不相侵越，同賴利澤也。」

張氏直清曰：「仁政之行，在正經界。而經界不能久而不亂，此夏先王所以每歲孟春必令農大夫率農夫以均理其田也。夫然後豪强不能兼并，貪暴不得多取，而民實受恒産之利矣。」

蔡氏德晉曰：「農，農大夫也。率，率農夫也。」

獺獸祭魚。【傳】其必與之獸何也？曰：非其類也。祭也者，得多也。善其祭而後食之。十月豺祭獸謂之祭，獺祭魚謂之獸祭何也？豺祭其類，獺祭非其類，故謂之獸，大之也。

蕙田案：傳「其必與」，「與」字朱子曰疑作「謂」。又諸本正文作「獺祭魚」，無「獸」字。其傳文俱作「謂之獻」。或疑「祭魚」當爲「獻魚」之誤。考《月令》、《吕氏春秋》、《淮南子》、《汲冢書》俱無作「獻魚」者。且祭與獻，其義無别。今從傳崧卿本增「獸」字，則經傳上下文義俱可通矣。

鷹則爲鳩。【傳】鷹也者，其殺之時也。鳩也者，非其殺之時也。善變而之仁也，故具言之也。曰「則」，盡其辭也。鳩爲鷹，變而爲不仁也，故不盡其辭也。

蔡氏德晉曰：「《月令》『仲春，鷹化爲鳩』，舉其晚者。此正月『鷹則爲鳩』，舉其早者。謂之則者，明變化之速也。」

農及雪澤。【傳】言雪澤之無高下也。

金氏履祥曰：「雪澤，猶凍解也。及，傳所謂汲汲也。及此凍解，便往治也。」

王氏廷相曰：「積雪之澤未消，則土田膏潤，可及時服農也。」

蔡氏德晉曰：「雪澤，雪化而爲水也。及此時往治田，不敢緩也。」

初服于公田。【傳】古有公田焉者，古言先服公田而後服其田也。

金氏履祥曰：「《孟子》曰：『《詩》云：「雨我公田，遂及我私。」由此觀之，雖周亦助也。』《夏小正》曰『初服于公田』，由此觀之，雖夏亦助也。」

蔡氏德晉曰：「夏用貢法而亦有公田者，傳言井田始于黄帝，堯遭洪水，井田制度廢壞。禹時水土初平，不得不行貢法，以阡陌溝洫未盡治也。然苟有可井之處，則固已畫之爲井，但貢處多，助處少耳。」

采芸。【傳】爲廟采也。

傅氏崧卿曰：「舊注云：『似邪蒿，可食。』」

蔡氏德晉曰：「芸，香草也，生熟皆可食。故《吕氏春秋》云：『菜之美者，陽華之芸。』十一月芸始生，至此月采之以薦寢廟也。」

鞠則見。【傳】鞠者何也？星名也。鞠則見者，歲再見爾。

金氏履祥曰：「案天文書，不見鞠星。是時初昏參中，則晨見也，危室諸星耳。古『鞠』、『菊』通用。蓋謂菊始苗，故九月云『榮鞠』，則菊華也。」

蕙田案：以「四月昴則見」、「五月參則見」之例推之，則鞠爲星名無疑。若云「榮鞠」之鞠，當云「始生」，不當云「鞠則見」也。

初昏參中，斗柄縣在下。【傳】蓋記時也。言斗柄者，所以著參之中也。

王氏廷相曰：「斗魁枕參首，參中則斗柄在下矣。言斗柄在下，所以著參中也。」

蕙田案：《夏小正》所記星象與《堯典》多合，說見「論歲差」條。後俱放此。

柳稊。【傳】稊也者，發孚也。

王氏廷相曰：「稊，芽也。」

梅杏杝桃則華。【傳】杝桃，山桃也。

傳氏崧卿曰：「關本『杝』作『柂』，非是。杝，音移，木名也。」

緹縞。【傳】縞也者，莎隨也。緹也者，其實也。先言緹而後言縞者何也？緹先見者也。何以謂之？《小正》以著名也。

金氏履祥曰：「《爾雅》：『薃侯，莎。其實緹。』薃即莎。又《廣雅》：『莎隨，地毛也。』」

王氏廷相曰：「縞乃香附子之苗也，此時成實。」

蕙田案：緹縞，《爾雅》「緹」作「媞」，「縞」作「薃」。莎隨，《爾雅》作「莎蓨」，傳文「緹先見者也」之下有云「何以謂之？《小正》以著名也」凡十字，殊不可解。朱子《儀禮經傳》移在《夏小正》篇名之下，戴氏震《考正》以爲北宋《大戴禮》本無之，乃《爾雅疏》之文，校書者誤編入於此。未知是否，今仍載之，以俟考。

雞桴粥。【傳】粥也者，相粥之時也。或曰：桴，嫗伏也；粥，養也。

王氏廷相曰：「案《説文》：『孚，卵孚也。從爪從子。』鳥抱卵，恒以爪反覆其卵也。桴粥者，鷄抱卵以粥子也。」

蔡氏德晉曰：「大寒雞始乳，至此則皆桴粥也。」

二月：

往耰黍，禪。【傳】禪，單也。

金氏履祥曰：「二月漸煖，耰黍者可單衣也。」

蔡氏德晉曰：「耰，覆種也。黍有早晚，早者二月可耰，五月可熟；晚者五月而種，七月始熟。禪，衣之無裏者也。」

戴氏震曰：「耰黍，往耰其種黍之地也。先言耰黍而後言禪何也？見農之力于田，春煥而先解褐也。」

初俊羔，助厥母粥。【傳】俊也者，大也。粥也者，養也。言大羔能食草木而不食其母也。羊羔非其子而後養之，善養而記之也。或曰：夏有煮祭，祭也者用羔。是時也不足喜樂，喜羔之爲生也而記之，與羊牛腹

時也。❶

蔡氏德晉曰：「大羔能食草木而不食母乳，則羔母得自養矣，故曰『助厥母粥』。」

綏多女士。【傳】綏，安也。冠子取婦之時也。

金氏履祥曰：「《周禮》『仲春會男女』，即此也。女有家，士有室，所以安之也。」

丁亥，萬用入學。【傳】丁亥者，吉日也。萬也者，干戚舞也。入學也者，大學也。謂今時大舍采也。

金氏履祥曰：「《月令》所謂『上丁，命樂正習舞釋菜』也。二月不必皆有丁亥，豈以是月釋菜卜日，以干取丁，或以支取亥與？」

蔡氏德晉曰：「六丁以亥爲末，舉丁亥以例其餘。」

蕙田案：蔡氏之説較長。古者擇日以干不以支，《月令》云「上丁」，固不必拘丁亥日也。

祭鮪。【傳】祭不必記，記鮪何也？鮪之至有時，美物也。鮪者，魚之先至者也。而其至有時，謹記其時。

蔡氏德晉曰：「《周禮·漁人》所謂『春獻王鮪』者也。《月令》『季春薦鮪于寢廟』，蓋鮪于仲春、季春皆可取以祭也。」

榮堇。【傳】堇，菜也。

金氏履祥曰：「郭璞《爾雅注》云：『堇葵，葉似柳，子如米，汋食之滑。』《本草》唐本注云：『此菜野生，非人所種，俗謂之堇菜。』榮，華也。」

采蘩。【傳】蘩，由胡。由胡者，蘩母也。蘩，方勃也。皆豆實也，故記之。

金氏履祥曰：「《爾雅》：『蘩，皤蒿。』即白蒿也。或曰蘩所以生蠶。」

王氏廷相曰：「蘩，白蒿，春初最先諸草而生，可以爲俎實。」

蕙田案：《爾雅》：「蘩，由胡。」郭注云：「未詳。」蓋偶不檢《小正》之文耳。《春秋疏》引《小正》「由胡」作「游胡」，「方勃」作「旁勃」。

昆小蟲，抵蚳。【傳】昆者，衆也，由魂魂也。由魂魂

❶「羊牛」，黄懷信《大戴禮記彙校集注》作「羔羊」。

也者，❶動也，小蟲動也。其先言動而後言蟲者何也？萬物至是，動而始著。抵猶推也。蚳，螘卵也，爲祭醢也。取之則必推之，推之不必取，取必推而不言取。

金氏履祥曰：「案《爾雅注疏》螘子在卵者爲蚳。然此云昆及小蟲之微，大抵皆卵粥也。」

來降燕，乃睇。【傳】燕，乙也。降者，下也。言來者何也？莫能見其始出也，故曰來降。言乃睇何也？睇者，眄也。眄者，視可爲室者也。百鳥皆曰巢，突穴取與之室何也？操泥而就家，入人内也。

蔡氏德晉曰：「燕高飛而來降，睇視人之堂宇，欲營巢而粥子也。即《月令》『玄鳥至』也。」

剥鱓。【傳】以爲鼓也。

顧氏起經曰：「鼉，狀如守宫而大，長一二丈，灰五色，背尾皆有鱗甲，其聲如鼓，其肉白如雞，其皮堅厚，宜以冒鼓。《詩》云『鼉鼓逢逢』，李斯亦云『樹靈鼉之鼓』，是周秦皆以冒鼓也。《考工記·韗人》云：『凡冒鼓，必以啟蟄之日。』正此時也。」

有鳴倉庚。【傳】倉庚者，商庚也。商庚者，長股也。

金氏履祥曰：「黄鸝也。」

榮芸，

金氏履祥曰：「芸至是華也。」

時有見稊，始收。【傳】有見稊而後始收，是《小正》序也。《小正》之序時也，皆若是也。稊者，所爲豆實。

蔡氏德晉曰：「稊者，草木始生之芽，可食者收之，以爲豆實。」

三月：

參則伏。【傳】伏者，非亡之辭也。星無時而不見，我有不見之時，故曰伏云。

攝桑。【傳】桑攝而記之，急桑也。

王氏廷相曰：「攝，取也。取桑以飼蠶也。」

委楊。【傳】楊則花而後記之。❷

徐氏巨源曰：「楊葉茂而下垂委委然也。」

蕙田案：委，傳本作「萎」，言楊之華落於地，或謂之飛絮也。

---

❶ 「由魂魂也」，原脱，據《大戴禮·夏小正》補。

❷ 「花」，黄懷信《大戴禮記彙校集注》作「苑」。

䍧羊。【傳】羊有相還之時，其類䍧䍧然，記變爾。或曰：䍧，羝也。

王氏廷相曰：「羊性寒則散處，熱則環聚如圍。此時天將熱，乃環聚，故曰䍧羊。」

蔡氏德晉曰：「䍧羊，相環貌。陸農師以爲羊性善羣，故于文，羊爲羣，犬爲獨也。」

螜則鳴。【傳】螜，天螻也。

金氏履祥曰：「《爾雅》：『螜，天螻。』注云：『螻蛄也。』」

蔡氏德晉曰：「《月令》『孟夏之月，螻蟈鳴』，此舉其早者言也。」

頒冰。【傳】頒冰者，分冰以授大夫也。

金氏履祥曰：「《月令》仲春開冰，而夏用三月。」

采識。【傳】識，草也。

金氏履祥曰：「識，當作『蘵』。《爾雅》：『蘵，黃蒢。』注：『蘵草，葉似酸漿，花小而白，中心黃，江東以作菹食。』」

妾子始蠶。【傳】先妾而後子何也？曰：事有漸也。言自卑事者始。

皇氏侃曰：「妾，謂外內命婦。子，謂外內子女。」

傅氏崧卿曰：「當云『事自卑者始』。」

徐氏巨源曰：「妾子，猶曰婢子，女賤者之通稱，舉賤以包貴也。」

執養宮事。【傳】執，操也。養，長也。

皇氏侃曰：「謂操持長養蠶宮之事。」

徐氏巨源曰：「三月，后妃親蠶。女之賤者，皆執桑養蠶以從事于宮中也。」

祈麥實。【傳】麥實者，五穀之先見者，故急祈而記之也。

蔡氏德晉曰：「因其將成而祈之。《月令》『季春薦鮪于寢廟，乃爲麥祈實』是也。」

越有小旱。【傳】越，于也。記是時恒有小旱。

金氏履祥曰：「所以祈麥實者，恐或有小旱也。」

田鼠化爲鴽。【傳】鴽，鵪也。變而之善，故盡其辭也。鴽爲鼠，變而爲不善，❶故不盡其辭也。

拂桐芭。【傳】拂也者，拂也，桐芭之時也。或曰：言桐芭始生，貌拂拂然也。

❶「爲」，《大戴禮·夏小正》作「之」。

蔡氏德晉曰：「芭，華也。《月令》『季春桐始華』是也。」

鳴鳩。【傳】言始相命也。先鳴而後鳩何也？鳩者鳴而後知其鳩也。

四月：

昴則見。初昏，南門正。【傳】南門者，星也。歲再見，壹正，蓋大正所取法也。

鳴札。【傳】札者，寧縣也。鳴而後知之，故先鳴而後札。

金氏履祥曰：「案《爾雅》如蟬而小有文者謂之蚻。蟬之小者謂之麥蚻。」

顧氏起經曰：「仲夏蟬始鳴，孟秋寒蟬鳴，今四月而札先鳴，皆蟬之先也。」

蕙田案：《爾雅》：「蚻，蜻蜻。」郭氏注引《小正》云「鳴蚻虎懸」，與今本異，未知孰是。

囿有見杏。【傳】囿者，山之燕者也。

徐氏巨源曰：「杏，春華夏實，四月則其實見矣。」

鳴蜮。【傳】蜮也者，或曰屈造之屬也。

蕙田案：「蜮」與「蟈」，古字通用。《周禮·秋官·蟈氏》鄭司農注云：「蟈，讀爲蜮，蝦蟇也。故云『掌去鼃黽』。鼃黽，蝦蟇屬也。」《月令》：「孟夏，螻蟈鳴。」高誘以螻爲螻蛄，蟈爲蝦蟇，與《小正》「鳴蜮」合。蔡氏德晉以爲短狐者非是。

王萯莠。

金氏履祥曰：「案《呂令》注當作萯秀。王萯，即王瓜，《本草》陶注云：『即今土瓜也。』」

蔡氏德晉曰：「王萯，草名。《唐書·渾瑊傳》：『登黃萯原。』《通鑑》注『其地多黃萯草，因以名原』是也。舊說作王瓜，誤。」

取荼。【傳】荼也者，以爲君薦蔣也。

蔡氏德晉曰：「《周禮·地官》有掌荼，『掌以時聚荼，以共喪事』。鄭康成謂：『荼，茅莠也。《既夕禮》「茵著用荼」。』」

莠幽。

徐氏巨源曰：「莠者，秀之訛也，象形再傳而加草。幽者，葽之訛也，諧聲再傳而變韻。莠幽，即《詩》『四月秀葽』是也。」

蕙田案：金仁山以「取荼莠」爲句，「幽」爲句，疑非是。

越有大旱。【傳】記時爾。

執陟攻駒。【傳】執也者，始執駒也。執駒也者，離之去母也。執而升之君也。攻駒也者，教之服車數舍之也。

五月：

參則見。【傳】參也者，牧星也，❶故盡其辭也。

蜉蝣有殷。【傳】殷，衆也。蜉蝣殷之時也。蜉蝣者，渠略也，朝生而暮死。稱有何也？有見也。

蔡氏德晉曰：「案傳以蜉蝣爲朝生暮死，而《淮南子》謂『蜉蝣不飲不食，三日而死』，蓋死之速者。即在生之日，其遲者亦不過三日也。」

鴂則鳴。【傳】鴂者，百鷯也。鳴者，相命也。其不辜之時也，是善之，故盡其辭也。

金氏履祥曰：「《離騷》：『恐鶗鴂之先鳴兮，使夫百草爲之不芳。』蓋五月一陰生，則鴂鳴乃百草不芳之候也。」

徐氏巨源曰：「凡禽皆屬陽，惟鴂與鴞，禽中之陰者也。故鴞望昏而嘯，鴂夏至則鳴。」

時有養日。【傳】養，長也。一則在本，一則在末，故其記曰「時養日」云也。

朱子曰：「《大戴》日作白，以『十月養夜』考之，作日近是。」

乃衣瓜。【傳】乃者，急瓜之辭也。瓜也者，始食瓜也。

王氏廷相曰：「案《曲禮》：『爲天子削瓜者副之，巾以絺；爲國君華之，巾以綌。』疏曰：『削，刊也。副，析也。刊其皮而析爲四解又横解，而以細葛巾覆之而進也。華，半破也。諸侯禮降，故破而不四析，亦横斷之，用粗葛巾覆也。』」

蔡氏德晉曰：「衣瓜，以巾覆瓜也。此時瓜可食，故衣之以進于君也。」

蕙田案：朱子本無「衣」字，傳崧卿

❶ 「牧」，王聘珍《大戴禮記解詁》作「伐」。黄懷信《大戴禮記彙校集注》：「戴校本作『伐』，各本從，是。」

本有之。又云一本有「衣也者，始創衣也」七字。王氏、蔡氏據《曲禮》證衣瓜之文，其説較通。

良蜩鳴。【傳】良蜩也者，五采具。

金氏履祥曰：「案《爾雅》當作『蜋蜩』。」

蔡氏德晉曰：「《月令》『仲夏蜩始鳴』是也。」

匽之興五日翕，望乃伏。【傳】其不言生而稱興何也？不知其生之時，故曰興。以其興也，故言之興。五日翕也。望也者，月之望也。而伏云者，不知其死也，故謂之伏。五日也者，十五日也。翕也者，合也。伏也者，入而不見也。

蔡氏德晉曰：「匽，疑即伏翼也，一名蝙蝠，形似鼠，夏出冬蟄，畏摯鳥，故日伏夜飛。翕，飛貌。翕以五日，伏以望，未詳。傳言『燕辟戊巳，蝠伏庚申』，殆此類與？」

蕙田案：傳以匽爲唐蜩，蓋有所本，郭氏注《爾雅》亦引用之。蔡氏疑爲伏翼，特以臆測，不如從舊説爲安。

啟灌藍蓼。【傳】啟者，别也，陶而疏之也。灌者，聚生者也。記時也。

熊氏安生曰：「言開闢此叢生藍蓼，分移使之稀散。」

金氏履祥曰：「啟灌者，取其汁也。藍，可以染者，五月取以爲澱。蓼，草名，取以爲麴。」

蔡氏德晉曰：「啟，拔也。藍，染草。蓼，小藍也。藍蓼初種時皆叢生，既長，皆當移栽而疏植之，方得長茂。」

鳩爲鷹。

王氏廷相曰：「復化也。」

徐氏巨源曰：「鷹之爲鳩也纔四月而復爲鷹，然則一歲中，八月爲鷹，四月爲鳩矣。物之性，固善時少而不善時多與？」

唐蜩鳴。【傳】唐蜩鳴者，匽也。

金氏履祥曰：「良蜩者，蟬聲清長者也。唐蜩則今嘹也。」

初昏大火中。【傳】大火者，心也。

種黍菽糜。【傳】心中，種黍菽糜時也。

金氏履祥曰：「菽，豆也。糜，赤粱粟也。」

王氏廷相曰：「今登麥之後，亦種此三者，蓋晚田也。《月令》此月『農乃登黍』，蓋仲春往稪之黍。」

煮梅。【傳】爲豆實也。

金氏履祥曰：「《書》云：『若作和羹，爾惟鹽梅。』古人飲食用鹽梅，猶今之必用醋也。」

顧氏起經曰：「古者以梅實薦饋食之籩，《周官》所謂乾䕩也。又梅實酸，故以爲和，《商書》所謂鹽梅也。」

蓄蘭。【傳】爲沐浴也。

蔡氏德晉曰：「蘭，香草也，能辟不祥，故蓄之。《楚詞》云『紉秋蘭以爲佩』，是佩用蘭也。又云『浴蘭湯兮沐芳』，是沐浴用蘭也。《荀子》云『天子大路，側載睪芷』，又『天子代睪而食』，然則蘭之用廣矣。」

菽糜。【傳】以在經中矣，又言之時何也？是食矩關而記之。

蕙田案：「矩關」，傳本作「短閔」，朱子作「短關」，俱不可通。或謂「矩關」乃「豆粥」二字之誤，此說近之。

頒馬。【傳】分夫婦之駒也。將間諸則，或取離駒納之。則，法也。

王氏廷相曰：「《周禮·校人》：『頒良馬而養乘之。❶』」

蕙田案：「將間諸則」，《詩》所謂「比物四驪，閑之維則」是也。間、閑二字，古多通用。

六月：

初昏，斗柄正在上。【傳】五月大火中，六月斗柄正在上，用此見斗柄之不正當心也。蓋當依。依，尾也。

煮桃。【傳】桃也者，杝桃也。杝桃也者，山桃也。煮以爲豆實也。

傅氏崧卿曰：「《爾雅》：『椵，柂。』郭璞注云：『白椵也，樹似白楊。』而古今字書有『杝』而無『柂』。釋云木名，亦無有訓山桃者。《爾雅》：『榹桃，山桃。』音斯，《唐韻》亦云。此書云『柂桃也者山桃也』，『柂』當作『榹』，蓋傳寫之誤。」

顧氏起經曰：「《周官》饋食之籩曰『其實棗、栗、桃、乾䕩、榛實』。《家語》云『桃不登郊廟，祭祀不用』何與？」

❶「乘」，原作「成」，據《周禮·校人》改。

鷹始摯。【傳】始摯而言之何也？諱殺之辭也，故言摯云。❶

金氏履祥曰：「始攫搏也。」

徐氏巨源曰：「正月鳩，三月鳴，五月鷹，六月摯，從善難而不仁易也。」

七月：

莠萑葦。【傳】未莠則不爲萑葦，莠然後爲萑葦，故先言莠。

朱子曰：「莠，讀爲秀。」

貍子肇肆。【傳】肇，始也。肆，遂也。言其始遂也。或曰：肆，殺也。

金氏履祥曰：「案《字林》：『貍，伏獸。』蓋至此時而始肆也。」

湟潦生苹。【傳】湟，下處也。有湟然後有潦，有潦而後有苹草也。

蔡氏德晉曰：「穀雨萍始生，至此則湟潦皆生苹也。」

爽死。【傳】爽也者，猶疏也。

蔡氏德晉曰：「《周禮·太宰職》云『臣妾，聚斂疏材』，《掌荼職》云『徵野疏材之物以待邦事』，此時疏材既死，則可收斂矣。」

苹莠。【傳】苹也者，馬帚也。

蕙田案：苹有三種，《爾雅》「苹，蓱」注云：「水中浮萍，江東謂之薸。」此水生之萍，《月令》「萍始生」，《夏小正》「湟潦生苹」是也。《爾雅》又云：「苹，馬帚。」注：「似蓍，可爲掃彗。」即此文「苹秀」是也。《爾雅》又云：「苹，藾蕭。」注：「今藾蒿也。初生亦可食，《詩》『呦呦鹿鳴，食野之苹』是也。」此二種皆陸生，與湟潦所生之苹迥別。金仁山、蔡敬齋俱誤合以爲一，不知水萍無花，不得言秀也。

漢案户。【傳】漢也者，河也。案户也者，直户也。言正

❶「言」，原脱，據王聘珍《大戴禮記解詁》補。

南北也。

金氏履祥曰：「古者户皆南向，則是時初昏，天漢直南也。」

寒蟬鳴。【傳】寒蟬也者，蝭蠑也。

金氏履祥曰：「案《爾雅》疏，寒蜩也，即蜺也，一名寒螿，似蟬而小，青赤色者也。」

初昏，織女正東鄉。

王氏廷相曰：「織女三星，在斗柄之東。斗柄南指，則織女正東也。」

時有霖雨。

王氏廷相曰：「淫雨謂之霖。《月令》『完隄防，謹壅塞，以備水潦』，以此。」

蔡氏德晉曰：「雨三日以上爲霖。」

灌荼。【傳】灌，聚也。荼，萑葦之秀，爲蔣褚之也。萑未秀爲菼，葦未秀爲蘆。

斗柄縣在下則旦。

八月：

剥瓜。【傳】蓄瓜之時也。

玄校。【傳】玄也者，黑也。校也者，若緑色然。婦人未嫁者衣之。

顧氏起經曰：「凡染，當及盛暑熱潤，三月而後可用。則玄校之衣，染于六月，而用于八月者耳。」

剥棗。【傳】剥也者，取也。

栗零。【傳】零也者，降也。零而後取之，故不言剥也。

蔡氏德晉曰：「《周禮·籩人》饋食之籩，其實用棗栗；加籩之實用栗。又《儀禮》婦人始見舅姑，其贄用棗栗。則棗栗之用廣矣。」

丹鳥羞白鳥。【傳】丹鳥者，謂丹良也。白鳥者，謂蚊蚋也。其謂之鳥何也？重其養者也。有翼者爲鳥。羞也者，進也。不盡食也。

孔氏穎達曰：「皇氏以丹良是螢火。今案《爾雅·釋蟲》郭氏等諸釋皆不云螢火是丹良，未知皇氏何所依據。」

蔡氏德晉曰：「舊説丹鳥，螢火也。丹鳥以白鳥爲珍羞而食之。然螢火未聞食蚊蚋。徐巨源以丹鳥爲蝙蝠，未知是否。」

辰則伏。【傳】辰也者，謂星也。伏也者，入而不見也。

蕙田案：《爾雅・釋天》云：「大辰，房、心、尾也。」又云：「大火謂之大辰。」《尚書大傳》云：「若參辰之錯行。」揚雄《法言》云：「吾未睹參辰之相比也。」以大辰爲東方之宿，參爲西方之宿，故常不並見也。夏時八月，日在大火，以日之所在，故伏而不見。徐巨源以水星當之。水星雖亦名辰星，然五緯之見伏無常期，不可以之紀候。而水星之行尤速，一歲中合伏常四五次，亦不得獨于秋令言之。徐説謬矣。

鹿人從。【傳】鹿人從者，從羣也。鹿之養也離，羣而善之。離而生，非所知時也，故記從不記離。君子之居幽也不言。或曰人從。人從也者，大者于外，小者于內，率之也。

金氏履祥曰：「鹿人者，古山虞掌獸之官。從，從禽也，謂始從禽也。」

顧氏起經曰：「鹿人，即迹人之官也。」

方氏矩曰：「鹿人從者，從王秋獮。以嗇人不從例之，傳説非也。」

鴽爲鼠。

王氏廷相曰：「復化也。」

參中則旦。

九月：

內火。【傳】內火也者，大火。大火也者，心也。

金氏履祥曰：「古者三月，大辰旦見，故出火。八月辰伏，故九月納火。」

徐氏巨源曰：「《周禮》『季春出火，季秋納火』，即此謂也。蓋因于夏。鄭司農謂：『以三月本時昏，心星見于辰，使民出火。九月本黄昏，伏于戌，使民納火。故《春秋傳》曰「以出納火」。』心爲大火，火見而出，火伏而納。」

遰鴻雁。【傳】遰，往也。

傅氏崧卿曰：「案《唐韻》：『迢遰，去也，避也。』」

徐氏巨源曰：「迢遞而來，迤邐而飛之謂遰。道遠而翔徐，狀其羣而成列之容也。」

蔡氏德晉曰：「《月令》『仲秋鴻雁來，季秋鴻雁來賓』，此亦合而記之。」

主夫出火。【傳】主夫也者，主以時縱火也。

金氏履祥曰：「夫，當作火。古者季春出火，所以焚萊。于是民之用火于田野者不禁。季秋雖内火，然而火之用有不可廢者，如昆蟲既蟄而以火田之類。于是主火度其用而出之，民不得擅其用而不禁也。」

蔡氏德晉曰：「夫，夫遂也。《周禮·司烜氏》『掌以夫遂取明火于日』是也。」

蕙田案：主夫者，主火之夫。《周禮》司爟、司烜之屬是也。仁山改「主夫」爲「主火」，似不必，蔡以夫爲夫遂尤曲。

陟玄鳥蟄。【傳】陟，升也。玄鳥者，燕也。先言陟而後言蟄何也？陟而後蟄也。

金氏履祥曰：「古人重玄鳥，當其至而祠之，故其來也書降，其去也書陟，皆貴之也。蟄者，玄鳥去則多蟄于島岸間土穴中，沈存中《筆談》嘗載其事。」

蕙田案：《月令》「仲秋玄鳥歸」，此云「九月玄鳥蟄」者，燕以仲秋之月去巢，以季秋之月始畢蟄也。

熊羆貊貉鼬鼪則穴。【傳】若蟄也。

金氏履祥曰：「此《周官》所謂蟄獸也。」

榮鞠。【傳】鞠，草也。

金氏履祥曰：「《月令》『鞠有黃花』是也。」

樹麥。【傳】鞠榮而樹麥，時之急也。

蔡氏德晉曰：「《月令》：『仲秋之月，乃勸種麥。』舉其早者。此舉其晚者言之也。」

王始裘。【傳】王始裘者何也？衣裘之時也。

蔡氏德晉曰：「授衣之候也。《周禮·司裘》云：『仲秋獻良裘，季冬獻功裘。』良裘，王所衣；功裘，卿大夫之服也。《月令》『孟冬天子始裘』，今于季秋言之，張直清謂即單子所謂『隕霜而冬裘具』之意，非必其服之也。」

蕙田案：夏都安邑，北地也。九月霜降，則寒氣至，衣裘宜也。蔡氏謂「非必其服之」，泥矣！

辰繫于日。

蕙田案：辰者，大辰也。夏時九月，日在析木之津，將旦，辰始見東方，如繫于日然。

雀入于海爲蛤。【傳】蓋有矣，非常入也。

十月：

豺祭獸。【傳】善其祭而後食之也。

金氏履祥曰：「古人豺祭獸，然後田獵。蓋古人于禽獸每有不忍殺之意，惟天地肅殺之時，豺獸自相食，故取之以爲乾豆、賓客之用。」

初昏，南門見。❶【傳】南門者，星名也。及此再見矣。

黑烏浴。❷【傳】黑烏者何也？烏也。浴也者，飛乍高乍下也。

徐氏巨源曰：「十月氣寒日煖，烏乘暄而浴也。」

時有養夜。【傳】養者，長也，若日之長也。

玄雉入于淮爲蜃。【傳】蜃者，蒲盧也。

蔡氏德晉曰：「《月令》『雉入大水爲蜃』是也。」

織女正北鄉，則旦。【傳】織女，星名也。

十有一月：

王狩。【傳】狩者，言王之時田。冬獵爲狩。

陳筋革。【傳】陳筋革者，省兵甲也。

蔡氏德晉曰：「案《考工記·弓人》：『夏治筋，春液角。』而函人鍛革，不詳其時。則此陳筋革，蓋因田獵用獸之後，取所餘之筋革陳列而相察之，將以爲甲爲弓耳，非于是月即治筋革也。函人察革，弓人相筋，殆于此時與？」

嗇人不從。【傳】不從者，弗行于時月也。

蔡氏德晉曰：「嗇人，謂嗇夫。不從者，言不復從禽也。」

方氏矩曰：「農事未畢，不從狩，重農事也。言不從者，以見二之日乃同也。」

萬物不通。

蔡氏德晉曰：「重陰在上，陽氣雖微動于下，而天地猶

❶「見」，原作「正」，據庫本及《大戴禮記》改。

❷「烏」，戴震校本改作「烏」，黄懷信《大戴禮記彙校集注》：「戴校是，當從改。」下同。

閉塞，故萬物不通。」

隕麋角。【傳】隕，墜也。日冬至，陽氣至始動，諸向生皆蒙蒙符矣。故麋角隕，記時焉耳。

蔡氏德晉曰：「《月令》『仲冬麋角解』是也。」

十有二月：

鳴弋。【傳】弋也者，禽也。先言鳴而後言弋者何也？鳴而後知其弋也。

金氏履祥曰：「弋，當作鳶。今雪霽霜風之晨則鳶鳴。一説鳴弋猶言鳴弦。弋者，以生絲繫矢而射，謂獵禽也。」

玄駒賁。【傳】玄駒也者，螘也。賁者何也？走于地中也。

金氏履祥曰：「螘，《方言》：『齊魯之間謂之蚼蟓，西南梁益之間謂之玄駒。』」

顧氏起經曰：「玄駒是螘之大者，以其色黑，故謂之玄；以其體健，故謂之駒。俗云馬蚍蜉是也。」

納卵蒜。【傳】卵蒜也者，本如卵者也。納者何也？納之君也。

金氏履祥曰：「納者，收藏之。」

蔡氏德晉曰：「卵蒜，小蒜也，其根如卵。」

虞人入梁。【傳】虞人，官也。梁者，主設罔罟者也。

蔡氏德晉曰：「虞人，澤虞也。梁，絶水以取魚者。入梁，始漁也。《月令》『季冬命漁師始漁』是也。」

隕麋角。【傳】蓋陽氣旦睹也，故記之也。

孔氏穎達曰：「若節氣早則麋角十一月解，若節氣晚則十二月麋角解。」

傅氏崧卿曰：「《月令》『仲冬，麋角解』，與《小正》十一月記『隕麋角』合。十二月又記之，蓋衍文。戴氏因誤爲之傳，失之矣。」

金氏履祥曰：「案孔子曰：『我欲觀夏道，是故之杞，而不足徵也。吾得夏時焉。』學者多傳《夏小正》云。《小正》者，其紀候之書。謂之小，則固非其大者也。豈亦夏時之一端與？聖人得之，以説夏禮，則必有大于此者。單子曰：『《夏令》曰：「九月除道，十月成梁。」其時儆曰：「收而場功，偫而畚梮，營室之中，土功其始。火之初見，期于司里。」』然則舉一端而推，所謂夏時者，當必有制度，教條之詳，不可得而聞矣。」

蕙田案：《夏小正》之文，見於《大戴

禮》，其傳，或云子夏所作，或云大戴所作，未之詳也。宋傅崧卿始分經傳爲二，朱子因之。後儒説《小正》者有數家，今摭采其要，俾言夏時者有考焉。

【《詩·豳風·七月》】七月流火，九月授衣。【傳】九月霜始降，婦功成，可以授冬衣矣。一之日觱發，二之日栗烈，無衣無褐，何以卒歲？【傳】觱發，風寒也。栗烈，寒氣也。【箋】此二正之月，人之貴者無衣，賤者無褐，將何以終歲乎？是故八月則當績也。三之日于耜，四之日舉趾，同我婦子，饁彼南畝，田畯至喜。【傳】豳土晚寒。于耜，始修耒耜也。四之日，民無不舉足而耕矣。饁，饋也。田畯，田大夫也。

朱子曰：「此章首言七月暑退將寒，故九月授衣以禦之。蓋十一月以後，風氣日寒，不如是則無以卒歲也。正月則往修田器，二月則舉趾而耕。少者既皆出而在田，故老者率婦子而餉之。❶治田早而用力齊，是以田畯至而喜之也。」

朱氏善曰：「大寒之候，在于丑月，而慮之於建申之時。收成之候，在于酉月，而慮之建寅之日。其爲豫備可知。若寒至而後索衣，飢至而後索食，則其爲計亦晚矣。」

七月流火，九月授衣。【箋】將言女功之始，故又本于此。春日載陽，有鳴倉庚。女執懿筐，遵彼微行，爰求柔桑。【傳】倉庚，離黃也。懿筐，深筐也。微行，牆下徑也。【箋】陽，温也。温而倉庚又鳴，可蠶之候也。柔桑，穉桑也。蠶始生，宜穉桑。春日遲遲，采蘩祁祁。女心傷悲，殆及公子同歸。【傳】遲遲，舒緩也。蘩，白蒿也，所以生蠶。傷悲，感事苦也。

何氏楷曰：「春日，孔以爲建辰之月。案《月令》云『仲春之月，倉庚鳴』，《夏小正》云『二月采蘩』，則此章兩春日，皆謂二月也。」

❶「之」，原脱，據朱熹《詩集傳》補。

七月流火，八月萑葦。【傳】薍爲萑，葭爲葦。豫蓄萑葦，可以爲曲也。【箋】將言女功自始至成，故亦又本於此。蠶月條桑，取彼斧斨，以伐遠揚，猗彼女桑。【傳】斨，方銎也。遠，枝遠也。揚，條揚也。角而束之曰猗。女桑，荑桑也。【箋】條桑，枝落之采其葉也。女桑，少枝，長條不枝落者，束而采之。七月鳴鵙，八月載績。載玄載黄，我朱孔陽，爲公子裳。【傳】鵙，伯勞也。載績，絲事畢而麻事起矣。【箋】伯勞鳴，將寒之候也，五月則鳴。豳地晚寒，鳥物之候，從其氣焉。凡染者，春暴練，夏纁玄，秋染夏。

程子曰：「蠶月，當蠶長之月也。計歲氣之早晚，不可指定某月也。」

何氏楷曰：「蠶月，治蠶之月。以《月令》、《祭義》考之，正謂三月也。陸佃云：『倉庚知分，鳴鵙知至，故陽氣分而倉庚鳴，可蠶之候也；陰氣至而鵙鳴，可績之候也。』」

四月秀葽，五月鳴蜩。八月其穫，十月隕蘀。【傳】不榮而實曰秀葽。葽，草也。蜩，螗也。穫，禾可穫也。隕，墜。蘀，落也。【箋】《夏小正》：「四月王萯秀。」葽其是乎？四者皆物成而將寒之候。一之日于貉，取彼狐貍，爲公子裘。【傳】于貉，謂往取狐貍也。【箋】于貉，往搏貉以自爲裘也。狐貍以共尊者。言此者，時寒，宜助女功。二之日其同，載纘武功。言私其豵，獻豜于公。【傳】豕一歲曰豵，三歲曰豜。大獸公之，小獸私之。【箋】其同者，君臣及民因習兵俱出田也。豕生三曰豵。

王氏應麟曰：「『四月秀葽』，諸儒不詳其名，惟《說文》引劉向說以爲苦葽。曹氏以《爾雅》、《本草》證之，知其爲遠志。」

錢氏天錫曰：「因天時之變而物化隨之，寒于冬而萌于夏，豳民早計如此，蓋不止履霜而知堅冰矣。」

何氏楷曰：「于貉，往祭貉也。案《周禮·大司馬》之職：『中冬，教大閱，有司表貉于陳前。』舊說：『貉，師祭也。立表以祭，故謂之表貉。』周人將獵，則先祭貉，故謂獵爲貉。《穆天子傳》曰：『天子獵于漆澤，❶于是得白狐玄貉

❶ 「漆」，《穆天子傳》卷一作「滲」。

焉，以祭于河宗。』此《周禮》獵祭貉之驗也。」

五月斯螽動股，六月莎雞振羽，七月在野，八月在宇，九月在户，十月蟋蟀入我牀下。【傳】斯螽，蚣蝑也。莎雞羽成而振訊之。【箋】自七月在野至十月入我牀下，皆謂蟋蟀也。言此三物之如此，著將寒有漸，非卒來也。　穹室熏鼠，塞向墐户。【箋】爲此四者以備寒。　嗟我婦子，曰爲改歲，入此室處。【箋】歲終，而「一之日觱發，二之日栗烈」，當避寒氣而入所穹室墐户之室而居之。至此而女功止。

朱子曰：「斯螽、莎雞、蟋蟀，一物隨時變化而異其名。動股，始躍而以股鳴也。振羽，能飛而以翅鳴也。宇，簷下也。暑則在野，寒則依人。」

楊氏時曰：「堯命羲、和以昏中之星正四時，鳥獸氄毛、希革之類爲之應。《七月》所陳，以倉庚、鳴鵙爲蠶績之候，以秀葽、其穫隕蘀爲取皮之候，以斯螽、蟋蟀爲處室之候，亦此意也。」

蕙田案：《爾雅·釋蟲》及陸璣《詩疏》，斯螽、莎雞、蟋蟀，三者實非一類。斯螽，亦名蜇螽，亦名蚣蝑，《周南》所云螽斯是也。莎雞，《爾雅》謂之天雞，亦名酸雞，羅願以爲即絡緯，今人呼爲絡絲娘者是也。蟋蟀，一名促織，一名蜻蛚。《月令》季夏云「蟋蟀居壁」，是從壁内出在野；《唐風》云「蟋蟀在堂」，是從野入居室内。此云「入我牀下」與《唐風》云「在堂」者相合。先言在野在宇，後言「蟋蟀入我牀下」，互文見義也。朱《傳》謂「一物隨時而異名」，殊不然。

六月食鬱及薁，七月亨葵及菽，八月剥棗。十月穫稻，爲此春酒，以介眉壽。【傳】鬱，棣屬。薁，蘡薁也。剥，擊也。【箋】既以鬱下及棗助男功，❶又穫稻而釀酒以助其養老之具。　七月食瓜，八

❶「下」，原作「薁」，據阮刻《毛詩注疏》改。

月斷壺，九月叔苴。采荼薪樗，食我農夫。【傳】壺，瓠也。叔，拾也。苴，麻子也。樗，惡木也。【箋】瓜瓠之畜，麻實之糝，乾荼之菜，惡木之薪，亦所以助男養農夫之具。

朱子曰：「此章果酒嘉蔬，以供老疾，奉賓祭；瓜瓠苴荼，以爲常食。少長之義，豐儉之節然也。」

嚴氏粲曰：「優老而薄壯，豳俗之厚也。」

九月築場圃，【傳】春夏爲圃，秋冬爲場。【箋】場圃同地。自物生之時，耕治之以種菜茹，至物盡成熟，築堅以爲場。十月納禾稼，黍稷重穋，禾麻菽麥。【傳】後熟曰重，先熟曰穋。【箋】治于場而内之。囷，倉也。嗟我農夫，我稼既同，上入執宫功。【傳】出爲下，入爲上。【箋】于是時，男之野功畢。晝爾于茅，宵爾索綯，【箋】女當晝日往取茅歸，夜作絞索，以待時用。亟其乘屋，其始播百穀。【傳】乘，升也。

朱子曰：「宫，邑居之宅也。古者民受五畝之宅，二畝半爲廬在田，春夏居之；二畝半爲宅在邑，秋冬居之。功，葺治之事也。或曰公室官府之役也，古者用民之力，歲不過三日。」

二之日鑿冰沖沖，三之日納于凌陰，四之日其蚤，獻羔祭韭。【傳】冰盛水腹，則命取冰于山林。【箋】上章備寒，故此章備暑。后稷、先公，禮教備也。九月肅霜，十月滌場。朋酒斯饗，曰殺羔羊。【傳】肅，縮也。霜降而收縮萬物。滌場，功畢入也。躋彼公堂，稱彼兕觥，萬壽無疆！

張子曰：「此章見民忠愛其君之甚，既勸趨其藏冰之役，又相戒速畢場功，殺羊以獻于公，舉酒而祝其壽也。」

右時令上。

五禮通考卷第一百九十九

淮陰吴玉搢校字

五禮通考卷第二百

內廷供奉禮部右侍郎金匱秦蕙田編輯
太子太保總督直隸右都御史桐城方觀承同訂
翰林院編修嘉定錢大昕
按察司副使元和宋宗元 參校

嘉禮七十三

觀象授時

【《禮記・月令》】【疏】案鄭《目録》云：「名曰《月令》者，以其紀十二月政教之所行也。本《吕氏春秋・十二月紀》之首章也，以禮家好事抄合之，後人因題之名曰《禮記》，言周公所作。其中官名、時事，多不合周法。此于《別録》屬《明堂陰陽》。」此卷所出，解者不同。案《吕氏春秋》篇首皆有月令，與此文同，是一證也。又周無太尉，惟秦官乃有太尉，此《月令》云「乃命太尉」，是官名不合周法，二證也。又秦以十月建亥爲歲首，而《月令》云「爲來歲受朔日」，即是九月爲歲終，十月爲受朔，是時不合周法，三證也。又周有六冕，郊天迎氣則用大裘，乘玉輅，建太常日月之章，而《月令》服飾、車旂並用時令，是事不合周法，四證也。然案秦始皇二十六年并天下，❶以十月爲歲首，時不韋已死五年，不韋不得以十月爲正。又《周書》先有《月令》篇，何得云不韋所造？又秦并天下立郡，何得云「諸侯」？秦以好兵殺害，毒被天下，何能布德施惠，春不興兵？鄭必謂不韋作者，不韋集諸儒所作，爲一代大典，亦採擇善言，遵立舊章，但秦自不能依行，何怪不韋所作也？秦爲水位，其來已久。案文公獲黑龍以爲水瑞，何怪未平天下前不以十月爲歲首乎？

陸氏德明曰：「此是《吕氏春秋・十二月紀》之首，後人删合爲此記。蔡伯喈、王肅云周公所作。」

❶「二」字，原脱，據魏了翁《禮記要義》補。

張子曰：「《月令》大率秦法，然采三代之文而爲之，不無古意。《月令》儘有美意，未易可破。若春行賞，秋行刑，止舉大綱如此。如云冬日則飲湯，夏日則飲水，豈曰冬日不得飲湯，夏日不得飲水也？」

馬氏晞孟曰：「『曆象日月星辰，敬授民時』，自堯以來，未之有改也。舜齊七政，周用五紀，其究一也。蓋日月星辰之往來不窮，進退相代，終始相循，天以是命萬物，而人奉之爲令，亦因是也。夏之政典，先時與不及時，其罪至于殺，蓋欲百官萬民謹其令而順承之也。《月令》一書，亦後儒祖先王之餘而傅會成之。」

高氏曰：「《月令》一篇，大體與《洪範》相通。『初一曰五行』，即《月令》金木水火土之運也。『次三曰農用八政』，即《月令》之勸課農桑、聚畜財貨、祭祀神祇、安養民居、習合禮樂、逐捕姦慝、敬禮賓客、簡練師徒之意也。『次四曰協用五紀』，即《月令》歲月日星辰曆數之事也。『次六曰乂用三德』，即《月令》布德行惠，戮有罪，嚴斷刑，以順天時者也。『次七曰明用稽疑』，即《月令》『命大史釁龜筴，占兆審卦吉凶』是也。『次八曰念用庶徵』，即《月令》之風雨寒燠，各以時若，草木昆蟲，各以時遂，皆休徵也。每時令錯行而有猋風、暴雨、大旱、凶荒之類，皆咎徵也。『次九曰嚮用五福』，即《月令》養衰老，禮賢者，行爵出禄，必推所尊禮者也。至于『威用六極』，即時令失宜，民多疾疫，遷徙、流亡之類是也。若夫人君于二至之時，盡齋戒之誠，止聲色，薄滋味，節嗜慾，定心氣，則所以涵養此心，一毫無累，俾視、聽、言、貌、思之間，有肅乂哲，謀聖之德，而所謂『五皇極』者，即《月令》每月之發政施令，毋有不當，毋有枉撓，毋有差貸，毋有阿黨，舉歸于大中至正者皆是也。然則合而論之，謂之《洪範》；散而舉之，謂之《月令》。故《月令》所以著入六經，垂訓萬世者，其在斯乎！」

蔡氏德晉曰：「《周禮·内宰》：『上春，詔王后帥六宫之人而生穜稑之種，而獻之于王。』《龜人》：『上春，釁龜，祭先卜。』《筮人》：『上春，相筮。』《牧師》：『孟春，焚牧。』《大司馬》：『仲春，教振旅。』《羅氏》：『仲春，羅春鳥，獻鳩以養國老，行羽物。』《媒氏》：『仲春，令會男女。』《籥章》：『仲春，晝逆暑。』《内宰》：『仲春，詔后帥内外命婦治蠶于北郊。』《司爟》：『季春，出火。』《大司馬》：『仲夏，教茇舍。』《山虞》：『仲夏斬陰木。』《大司樂》：『夏日至，于澤中方丘祭地。』《司裘》：『仲秋，獻良裘，王乃行羽物。』《籥章》：『仲秋，夜迎寒。』《司裘》：『季秋，獻功裘以待頒賜。』《司爟》：『季秋，内火。』《小司寇》：『孟冬，祀司民，獻民數于王，王拜受之。』《大司馬》：『仲冬，教大閱。』《大司樂》：『冬日至，于地上圜丘祀天。』《占夢》：『季冬，聘王夢，獻吉夢于王，王拜而受之。乃舍萌于四方，❶以贈惡夢。』皆《月令》所未及。」

蕙田案：《周官》爲朝廷政治之典章，藏于天府，民間多未之見。故孔子問禮，必于柱下史官。及漢滅秦，蕭何收圖籍，亦藏之秘閣。至劉歆校書，始得而上之。不韋《春秋》衹集魯諸生所爲，宜其未及也。

孟春之月，日在營室，昏參中，旦尾中，其日甲乙。【注】甲，孚甲。乙之言軋也。其帝太皞，其神勾芒，其蟲鱗。【注】象物孚甲將解。鱗，龍蛇之屬。其音角，律中太簇，其數八。【注】木，生數三，成數八。但言八者，❷舉其成數。其味酸，其臭羶。其祀户，祭先脾。東風解凍，蟄蟲始振。魚上冰，獺祭魚，鴻雁來。【注】皆記時候也。《夏小正》：「正月啟蟄，魚陟負冰。」漢始亦以驚蟄爲正月中。天子居青陽左个，乘鸞路，駕倉龍，載青旂，衣青衣，服倉玉，食麥與羊，其器疏以達。【注】皆所以順時氣也。麥實有孚甲，屬木。羊，火畜也。時尚寒，食之以安性也。器疏者，刻鏤之象，物當貫土而出也。是月也，以立春。先立春三日，大史謁之天子曰：『某日立春，盛德在木。』天子乃齊。立春之日，天子親帥三公、

❶「舍」，原作「令」，據《周禮·春官·占夢》改。

❷「但」，原脱，據《禮記·月令》鄭注補。

九卿、諸侯、大夫以迎春于東郊。還反，❶賞公卿、諸侯、大夫于朝。命相布德和令，行慶施惠，下及兆民。慶賜遂行，毋有不當。乃命大史，守典奉法，司天日月星辰之行，宿離不貸，毋失經紀，以初爲常。是月也，天子乃以元日，祈穀于上帝。乃擇元辰，天子親載耒耜，措之于參保介之御間，❷帥三公、九卿、諸侯、大夫躬耕帝藉。天子三推，三公五推，❸卿諸侯九推。反，執爵于大寢，三公、九卿、諸侯、大夫皆御，命曰勞酒。是月也，天氣下降，地氣上騰，天地和同，草木萌動。【注】此陽氣蒸達，可耕之候也。王命布農事，命田舍東郊，皆修封疆，審端徑術。【注】田，謂田畯，主農之官也。舍東郊，順時氣而居，以命其事也。術，《周禮》作遂。夫間有遂，遂上有徑。善相丘陵、阪險、原隰，土地所宜，五穀所殖，以教道民，必躬親之。田事既飭，先定準直，農乃不惑。【注】説所以命田舍東郊之意也。是月也，命樂正入學習舞。乃修祭典，命祀山林川澤，犧牲毋用牝。【注】爲傷妊生之類。禁止伐木。【注】盛德所在。毋覆巢，毋殺孩蟲、胎、夭、飛鳥，毋麛毋卵。【注】爲傷萌幼之類。毋聚大衆，毋置城郭。【注】爲妨農之始。掩骼埋胔。【注】謂死氣逆生也。是月也，不可以稱兵，稱兵必天殃。兵戎不起，不可從我始。毋變天之道，毋絶地之理，毋亂人之紀。孟春行夏

❶ 「還反」，《釋文》出「還乃」，《唐石經》同。《石經考文提要》：「按《正義》曰：『孟夏云還乃行賞，孟秋云還乃賞軍帥武人，孟冬云還乃賞死事。』是四時皆作『還乃』也。」萬斯大、王念孫、張敦仁等也都認爲當作「還乃」，「乃」字屬下讀。

❷ 「于參」，王引之《經義述聞》：「《吕氏春秋》『于參』作『參于』，當從。」

❸ 「三」，王引之《經義述聞》以爲「三」字衍。

令，則雨水不時，❶草木早落，國時有恐。【注】巳之氣乘之也。行秋令，則其民大疫，猋風暴雨總至，藜莠蓬蒿並興。【注】申之氣乘之也。行冬令，則水潦爲敗，霜雪大摯，首種不入。【注】亥之氣乘之也。【疏】從上以來，論當月施令之事。若施之順時，則氣序調釋；若施令失所，則災害滋興。❷故此論政失致災之事。

皇氏侃曰：「金木水火，得土而成。水數一，得土數五，故六。火數二，得土數五，爲成數七。木數三，得土數五，爲成數八。金數四，得土數五，爲成數九。」

陳氏祥道曰：「日以辰爲子，辰以日爲母。母爲幹，子爲支。《月令》言日而不言辰者，以辰統于日故也。古者祭祀，必有配。四時迎氣，不可以無配也。五帝以德，五神以功。」

馬氏晞孟曰：「味生于形，臭生于氣。故形成而後有味，氣化而後有臭。春以陽中生木，木成形而曲直，曲直作酸，故其味酸。物以木化，則其氣爲羶。秋以陰中生金，金成形而從革，從革作辛，故其味辛。物以金化，則其氣爲腥。夏以陽極生火，火成形而炎上，炎上作苦，故其味苦。物以火化，則其氣爲焦。冬以陰極生水，水成形而潤下，潤下作鹹，故其味鹹。物以水化，則其氣爲朽。中央以陰陽之中氣生土，土成形而可以稼穡，稼穡作甘，故其味甘。物以土化，則其氣爲香。土主四時，而分王焉，故五味以甘爲主，五臭以香爲主。」

方氏慤曰：「凍結于重陰之時，東風蓋發散之氣也。東風既解凍，則物之藏于密者起而振，潛于深者躍而上矣。德令慶惠，出于君。而布和行施，以下及者，相也。德主于宣利，故曰布。令貴于無乖，故曰和。慶則必致用，故曰行。惠則必有與，故曰施。慶主禮，施主物。度土而積謂之封，界畫以守謂之疆。封疆久則壞，故曰修。高曰丘，平而可陵曰陵，陂而不平曰阪，水所行曰險，廣平曰原，下濕曰隰。所宜，若山林宜皂，川澤宜橐。所殖，若黍宜高燥，稌宜下濕。教之使能其事，道之使達其理。十有二月之令，行乎天地之間，人君奉之，以成位乎中也。苟當此一月之中而行彼三時之令，

❶「雨水」，王引之《經義述聞》、張敦仁《撫本鄭注禮記考異》並謂《正義》本作「風雨」。

❷「興」，原作「生」，據庫本改。

則是變天之道，絶地之理，亂人之紀矣。故三者之災，以類應焉。何也？氣之所召者然耳。」

蕙田案：古人以啟蟄爲正月之候，雨水爲二月之候。《夏小正》「正月啟蟄」，《左傳》「啟蟄而郊」，《月令》「孟春之月，蟄蟲始振」，是啟蟄在正月。其改啟蟄爲驚蟄，以漢初避景帝諱故也。《月令》：「仲春之月，始雨水。」是雨水在二月也。鄭氏云：「漢始以驚蟄爲正月中，雨水爲二月節。」《正義》云：「太初以後，更改氣名，以雨水爲正月中，驚蟄爲二月節，迄今不改。」案《漢書》載《三統曆》正月驚蟄，二月雨水，與《月令》同。而班固注云：「驚蟄，今曰雨水。雨水，今曰驚蟄。」然則太初以後之術，仍是先驚蟄，後雨水。至東漢行《四分曆》，乃更其先後耳。《易通卦驗》、《周書・時訓解》、《淮南子・天文訓》俱先雨水，後驚蟄。緯書出於東漢，《時訓》一篇，亦後人所託。惟《淮南子》係武帝時書，疑亦後人以時術追改之，非《淮南》之舊也。唐初，傅仁均《戊寅曆》、李淳風《麟德曆》用古法，以啟蟄在雨水之前。開元修《大衍曆》，復以雨水爲寅月中，驚蟄爲卯月節，至今因之。《周書》所記七十二候，於二月不取始雨水者，既以雨水爲正月中氣，則不得以紀二月之候故也。又案孟春行夏令之類，自當主人君政令失時而言。蓋天人一理也，天道錯而人事應，君政失而天變應，上下相通之機，感移至速。《洪範》之咎徵，與

《月令》所言，其理如合符節。或乃指此爲迂怪之説，以爲天之時令錯行，非人事之失，慢矣！

又案：《唐石經·月令》：「正月之節，日在虚，昏昴中，曉心中，斗建寅位之初。正月中氣，日在危，昏畢中，曉尾中，斗建寅位之中。」改「旦」爲「曉」，避睿宗諱也。所記中星與此不同者，蓋據當時測驗改之。後皆放此。唐本又有「是月也，命有司祭風師。是月也，命有司釁龜筴，占兆審卦吉凶」。其移孟冬釁龜一條於此月，則用鄭氏注也。

【《淮南子》】東方，木也。其帝太皞，其佐句芒，執規而治春。其神爲歲星，其獸蒼龍。

孟春之月，招摇指寅。盛德在木。東風解凍，蟄蟲始振蘇，魚上負冰，獺祭魚，候雁北。服八風水，爨萁燧火。東宫御女青色，衣青彩，鼓琴瑟。其兵矛，其畜羊。朝於青陽左个，以出春令。布德施惠，行慶賞，省徭賦。立春之日，天子親率三公、九卿、大夫以迎歲於東郊，修除祠位，幣禱鬼神，犧牲用牡。正月官司空，其樹楊。

蕙田案：《淮南·時則訓》與《月令》文多同，今取其異者附于每月之後。

【《王居明堂禮》】出十五里迎歲。

【《易通卦驗》】立春，雨水降，條風至，雉雊，雞乳，冰解。正月中，猛風至，獺祭魚，倉庚鳴。

【氾勝之《農書》】土長冒橛，陳根可拔，耕者急發。

【《孝經鉤命訣》】先立春七日，敕獄吏決詞訟，有罪當入，無罪當出。立春，敕門欄無扃鑰，以迎春之精。下弓戴楯，鼓示時聲，動昆蟲也。

仲春之月，日在奎，昏弧中，旦建星中。其日甲乙，其帝太皞，其神勾芒。其蟲鱗。其音角。律中夾鐘。其數八。其味酸，其臭羶。其祀户，祭先脾。始雨水，桃始華，倉庚鳴，鷹化爲鳩。【注】皆記時候也。漢始以雨水爲二月節。天子居青陽大廟，乘鸞路，駕倉龍，載青旂，衣青衣，服倉玉，食麥與羊，其器疏以達。是月也，安萌芽，養幼少，存諸孤。【注】助生氣也。擇元日，命民社。命有司，省囹圄，去桎梏，毋肆掠，止獄訟。【注】順陽寬也。是月也，玄鳥至。【注】玄鳥，燕也。至之日，以太牢祠于高禖，天子親往。后妃帥九嬪御。乃禮天子所御，帶以弓韣，授以弓矢，于高禖之前。是月也，日夜分，雷乃發聲，始電，蟄蟲咸動，啟户始出。【注】又記時候。發猶出也。先雷三日，奮木鐸以令兆民曰：「雷將發聲，有不戒其容止者，生子不備，必有凶災！」【注】主戒婦人有娠者也。日夜分，則同度量，鈞衡石，角斗甬，正權概。【注】因晝夜等而平當平也。同、角、正，皆謂平之也。是月也，耕者少舍，乃修闔扇，寢廟畢備。【注】因蟄蟲啟户，耕事少閑而治門户也。毋作大事，以妨農之事。❶【注】大事，兵、役之屬。是月也，毋竭川澤，毋漉陂池，毋焚山林。【注】順陽養物也。天子乃鮮羔開冰，先薦寢廟。上丁，命樂正習舞，釋菜。天子乃帥三公、九卿、諸侯、大夫親往視之。仲丁，又命樂正入學習樂。❷是月也，祀不用犧牲，用圭璧，更皮幣。❸【注】爲季

❶「之」，王引之《經義述聞》以爲是衍字。

❷「又」，原作「乃」，據《禮記·月令》改。

❸「幣」，原作「帛」，據庫本改。

春將選而合騰之也。更猶易也。當祀者告以玉帛而已。

仲春行秋令，則其國大水，寒氣總至，寇戎來征。【注】酉之氣乘之也。行冬令，則陽氣不勝，麥乃不熟，民多相掠。【注】子之氣乘之也。行夏令，則國乃大旱，煖氣早來，蟲螟爲害。【注】午之氣乘之也。

馬氏晞孟曰：「始雨水，陰陽交而成和也。凡植物，始茁爲萌，浸長爲芽。動物始生爲幼，未壯爲少。植物欲其無踐履，故曰安。動物欲其無殄滅，故曰養。」

朱氏申曰：「鷹以秋殺，仲春仁氣盛，故化爲鳩。」

方氏慤曰：「日，陽也。夜，陰也。陽長而陰消，則日長夜短。陰長而陽消，則夜長日短：皆非陰陽之中也。春秋之分，陰陽適中，而日夜無長短之差，故言『日夜分』。春分以陽爲主，故繼言『雷乃發聲』。秋分以陰爲主，故繼言『雷始收聲』。乃者，繼事之辭。始者，肇事之辭。始必有終，終則有始故也。川澤之物，非竭其水，則不可以盡取，故曰竭。陂池之物，漉之以網罟，則可以盡之矣，故曰漉。『毋竭川澤，毋漉陂池』，主漁者言之。『毋焚山林』，主田者言之。」

蕙田案：《淮南子》高誘注「耕者少舍」：「言耕皆出在野，少有在都邑者也。」與鄭氏注異。《尚書》「仲春，平秩東作」，《詩》「四之日舉趾」，則建卯之月，正耕作之時，未可云稍休也。高説較長。

又案：《唐月令》：「二月之節，日在營室，昏東井中，曉箕中，斗建卯位之初。二月中氣，日在奎，昏東井中，曉南斗中，斗建卯位之中。」又有「是月也，祀朝日于東郊。是月也，命有司祭馬祖」。

【《淮南子》】仲春之月，招搖指卯。桃李始華，蟄蟲咸動蘇。二月官倉，其樹杏。

【《王居明堂禮》】帶以弓韣，禮之禖下，其子必得天材。

【《易通卦驗》】二月，候雁北，鷩蟄。《大壯》初九，桃始華，倉庫多火。

【《詩氾律樞》】梅柳驚春，羊牛來暮。

【《説文》】祀高禖以請子，請子必以乙至之日者，春分來，秋分去，開生之候，鳥帝少昊司命之官也。❶

季春之月，日在胃，昏七星中，旦牽牛中。其日甲乙。其帝太皞，其神句芒。其蟲鱗。其音角，律中姑洗。其數八。其味酸，其臭羶。其祀户，祭先脾。桐始華，田鼠化爲鴽，虹始見，蓱始生。【注】皆記時候也。鴽，鵪母。蝃蝀謂之虹。天子居青陽右个，乘鸞路，駕倉龍，載青旂，衣青衣，服倉玉，食麥與羊，其器疏以達。是月也，天子乃薦鞠衣于先帝。命舟牧覆舟，五覆五反，乃告舟備具于天子焉。天子始乘舟，薦鮪于寢廟，乃爲麥祈實。【注】於含秀求其成也。是月也，生氣方盛，陽氣發泄，句者畢出，萌者盡達，不可以内。【注】時可宣出，不可收斂也。句，屈生者。芒而直曰萌。天子布德行惠，命有司發倉廩，賜貧窮，振乏絶。開府庫，出幣帛，周天下。勉諸侯，聘名士，禮賢者。是月也，命司空曰：「時雨將降，下水上騰，循行國邑，周視原野，修利隄防，道達溝瀆，開通道路，毋有障塞。【注】溝瀆與道路，不得不通，所以除水潦，便民事也。田獵罝罘、羅網、畢翳、餧獸之藥，毋出九門。」【注】爲鳥獸方孚乳，傷之逆天時也。是月也，命野虞毋伐桑柘。【注】愛蠶食也。鳴鳩拂其羽，戴勝降于桑。【注】蠶將生之候也。鳴鳩飛且翼相擊，趨農急也。戴勝，織紝之鳥，是時恒在桑。具曲植蘧筐，后妃齋戒，親東鄉躬桑，禁婦女毋觀，省婦使，以勸蠶事。蠶事既登，分繭稱絲效功，以共郊廟之服，毋有敢惰。是月也，命工

❶「祀高」至「官也」，出鄭樵《通志·文字略》。

師，令百工，審五庫之量，金、鐵、皮、革、筋、角、齒、羽、箭、幹、脂、膠、丹、漆，毋或不良。百工咸理，監工日號：「毋悖于時，毋或作爲淫巧，以蕩上心！」是月之末，擇吉日，大合樂。天子乃帥三公、九卿、諸侯、大夫親往視之。是月也，乃合累牛騰馬，遊牝于牧。犧牲駒犢，舉書其數。命國難，九門磔攘，以畢春氣。季春行冬令，則寒氣時發，草木皆肅，國有大恐。【注】丑之氣乘之也。行夏令，則民多疾疫，時雨不降，山陵不收。【注】未之氣乘之也。行秋令，則天多沈陰，淫雨蚤降，兵革並起。【注】戌之氣乘之也。

陳氏祥道曰：「孟春生氣未盛之時，故命相布德施惠而已。季春生氣方盛之時，故天子布德行惠焉。孟春兼言布令行慶，而此言德惠者，詳在于臣，要在于主也。」

陸氏佃曰：「桐始華，蔡邕曰：『木之後華者也。穉之，故曰始。』王城面各三門，南北九經，東西九緯，若今朱雀門三經，經各一門是也。毋出九門，謂毋出此門也。」

馬氏晞孟曰：「田鼠化爲鴽，則陰類之慝者遷乎陽，而其性和也。萍始生，則陰物之浮以承陽者也。」

方氏慤曰：「虹者，天地訌潰之氣。陰干陽所，乃見而出，故又謂之蝀焉。氣以有所干而交，以無所干而辨。季春則陰陽向乎交矣，故始見。孟冬則陰陽極乎辨矣，故藏而不見也。」

陳氏澔曰：「在内則命有司奉行，在外則勉諸侯奉行，凡此，皆天子之德惠。」

吴氏澄曰：「南三門，王之正門。平日罝罘之物皆不得出，餘門則出。此月則皆禁之。」

蕙田案：「九門」，《吕氏春秋》作「國門」，《唐石經》同。鄭氏解九門，謂路門、應門、雉門、庫門、臯門、城門、近郊門、遠郊門、關門。然羅網毒藥豈宜出自路門？又天子五門，但云毋出臯門，則路、應、雉、庫已在其内矣，合五門與郊、關諸門以足九數，殊覺牽强。當以陸氏、吴氏之説爲是。

又案：《唐月令》：「三月之節，日在婁，昏柳中，曉南斗中，斗建辰位之初。三月中氣，日在胃，昏張中，曉南斗中，斗建辰位之中。」

【《淮南子》】季春之月，招摇指辰。行是月令，甘雨至三旬。三月官鄉，其樹李。

【《王居明堂禮》】季春出疫于郊，以攘春氣。

【氾勝之《農書》】三月榆莢雨，高地彊土可種禾。

孟夏之月，日在畢，昏翼中，旦婺女中。其日丙丁。【注】丙之言炳也。萬物皆炳然著見而强大。其帝炎帝，其神祝融。其蟲羽。【注】象物從風鼓翼，飛鳥之屬。其音徵，律中中吕。其數七。【注】火，生數二，成數七，但言七者，亦舉其成數。其味苦，其臭焦。其祀竈，祭先肺。螻蟈鳴，蚯蚓出，王瓜生，苦菜秀。【注】皆記時候也。螻蟈，蛙也。王瓜，萆挈也。天子居明堂左个，乘朱路，駕赤駵，載赤旂，衣赤衣，服赤玉，食菽與雞，其器高以麤。【注】菽實孚甲堅合，屬水。雞，木畜，時熱食之，亦以安性也。麤猶大也。器高大者，象物盛長。是月也，以立夏。先立夏三日，太史謁之天子曰：「某日立夏，盛德在火。」天子乃齊。立夏之日，天子親帥三公、九卿、大夫以迎夏于南郊，還反，行賞，封諸侯，慶賜遂行，無不欣説。乃命樂師，習合禮樂。命太尉贊傑俊，遂賢良，舉長大。【注】助長氣也。三王之官有司馬，無太尉，秦官則有太尉。今俗人皆云周公作《月令》，未通于古。行爵出禄，必當其位。是月也，繼長增高，毋有壞墮。【注】亦爲逆時氣。毋起土功，毋發大衆，【注】爲妨蠶農之事。毋伐大樹。【注】亦爲逆時氣。是月也，天子始絺，【注】初服暑服。命野虞出行田原，爲天子勞農勸民，毋或失時。命司徒循行縣鄙，命農勉作，毋休于都。【注】急趨于農也。是月也，驅獸毋害五穀，毋大田獵。【注】謂傷蕃廡之氣。農乃登麥，天子乃以彘嘗麥，先薦寢廟。是月也，聚畜百藥。靡草死，麥秋至，【注】舊説云：靡草，薺、葶藶之屬。斷薄刑，決小罪，出輕繫。【注】崇寬。蠶事畢，后妃獻繭，乃收繭税，以桑爲均，貴賤長幼如一，以給郊廟之服。是月也，天子飲酎，用禮樂。孟夏行秋令，則苦雨數來，五穀不滋，四鄙入保。【注】申之氣乘之也。行冬令，則草木蚤枯，後乃大水，敗其城郭。【注】亥之氣乘之也。行春令，則蝗蟲爲災，❶暴風來格，秀草不實。【注】寅之氣乘之也。

高氏誘曰：「螻，螻蛄。蟈，蝦蟇也。四月陰氣始動于下，故鳴。王瓜色赤，感火之色而生。苦菜味苦，感火之味而成。」

張氏虙曰：「王瓜，大瓜也。種最多，有大有小，以大者爲善。」

方氏慤曰：「蚯蚓，至陰之物，感正陽之氣而出焉。王瓜，南方之果也，而其色赤。苦菜，南方之菜也，故其味苦。一則感火之色而生，一則化火之味而秀。太尉，古司馬也。司馬政官，命之取人者，取人將以爲政故也。《王制》言『司馬辨論官材』，與此同意。四時之田，夏曰苗，以其爲苗除害故也。故曰『驅獸毋害五穀』。又曰『毋大田獵』者，雖可田獵，不可大爲之也。若秋獮、冬狩，則爲大矣。物感陽而生者，則强而立；感陰而生者，則柔而靡。謂之靡草，則至陰之所生也，故不勝至陽而死。凡物生于春，成于秋。麥獨成于夏，云『麥秋』者，于時爲夏，于麥爲秋也。」

馬氏晞孟曰：「萬物所以長而高者，陽上達故也。長之高之者，天地；繼之增之者，人。欲其長則勿壞，欲其高則勿墮。起土功，發大衆，伐大樹，皆所以壞墮之也。」

徐氏師曾曰：「天氣始炎，恐罪人之繫于圜土者，或以

---

❶「蝗蟲」，王引之《經義述聞》：「蝗蟲，當作『蟲蝗』，猶上『蟲螟』，今人言蟲蟻耳。後人不知而改爲『蝗蟲』，謬矣。《唐月令》、《吕氏春秋》並作『蟲蝗』。」

鬱蒸而生疾，故刑之薄者即斷決之，不久繫也。罪之小者，即決遣之，不收繫也。繫之輕者，即縱出之，不復繫也。今時熱審減刑，即其制。」

蕙田案：《唐月令》：「四月之節，日在昴，昏翼中，曉牽牛中，斗建巳位之初。四月中氣，日在畢，昏軫中，曉須女中，斗建巳位之中。」又云：「是月也，命樂正習盛樂，大雩帝。命有司禱祠山川、古之卿士有益于人者，❶以祈穀實。是月也，命有司祀雨師。」其移仲夏大雩於此月，亦用鄭説。又「以彘嘗麥」之下多「羞以含桃」一句。

【《淮南子》】南方，火也。其帝炎帝，其佐朱明。執衡而治夏。其神爲熒惑。其獸朱雀。孟夏之月，招摇指巳。盛德在火。服八風水，爨柘燧火。南宫御女赤色，衣赤采，吹竽笙。其兵戟。其畜雞。朝于明堂左个，以出夏令。立夏之日，天子親率三公、九卿、大夫以迎歲于南郊，還，乃賞賜，封諸侯，修禮樂，饗左右。命太尉贊傑俊，選賢良，舉孝悌，行爵出禄，佐天長養。四月官田，其樹桃。

【《逸禮》】夏則衣赤衣，佩赤玉，乘赤輅，駕赤龍，載赤旗，以迎夏于南郊。其先祭黍與鳩，居明堂正廟，啟南户。

仲夏之月，日在東井，昏亢中，旦危中。其日丙丁。其帝炎帝，其神祝融。其蟲羽。其音徵，律中蕤賓。其數七。其味苦，其臭焦。其祀竈，祭先肺。小暑至，螳螂生，鵙始鳴，反舌無聲。【注】皆記時候也。螳螂，螵蛸母也。鵙，博勞也。反舌，百舌鳥。天子居明堂太廟，

❶「古」，原作「方」，據庫本改。

乘朱路，駕赤騮，載赤旂，衣朱衣，服赤玉，食菽與雞，其器高以觕。養壯佼。【注】助長氣也。是月也，命樂師修鞀鞞鼓，均琴瑟管簫，執干戚戈羽，調竽笙箎簧，飭鐘磬柷敔。命有司爲民祈祀山川百源，大雩帝，用盛樂。乃命百縣雩祀百辟卿士有益于民者，以祈穀實。農乃登黍。是月也，天子乃以雛嘗黍，羞以含桃，先薦寢廟。【注】此嘗雛也，而云「以嘗黍」，不以牲主穀也。必以黍者，黍，火穀，氣之主也。含桃，櫻桃也。【疏】如鄭此言，黍非新成，直取舊黍。孟秋「農乃登穀」注云：「黍稷于是始熟。」明仲夏未熟也。令民毋艾藍以染，【注】爲傷長氣也。此月藍始可別。【疏】種藍之體，初必叢生。若及早栽移，則有所傷損。此月藍既長大，始可分移布散。毋燒灰，【注】爲傷火氣也。毋暴布。【注】不以陰功干太陽之事。門閭毋閉，關市毋索。【注】順陽敷縱，不難物。挺重囚，益其食。【注】挺，猶寬也。游牝別羣，則縶騰駒。班馬政。是月也，日長至，陰陽争，死生分。【注】争者，陽方盛，陰欲起也。分猶半也。君子齋戒，處必掩身，毋躁。止聲色，毋或進。薄滋味，毋致和。節嗜慾，定心氣。百官静事無刑，以定晏陰之所成。鹿角解，蟬始鳴，半夏生，木堇榮。【注】又記時候也。半夏，藥草。木堇，王蒸也。是月也，毋用火南方。【注】陽氣盛，又用火于其方，害微陰。可以居高明，可以遠眺望，可以升山陵，可以處臺榭。【注】順陽在上也。仲夏行冬令，則雹凍傷穀，道路不通，暴兵來至。【注】子之氣乘之也。行春令，則五穀晚熟，百螣時起，其國乃饑。【注】卯之氣乘之也。行秋令，則草木零落，果實早成，民殃於疫。【注】酉之氣乘之也。

蔡氏邕曰：「此時黍新熟，今蟬鳴黍是也。」

許氏慎曰：「黍以暑得名。小暑至，農遂登黍。」

高氏誘曰：「雛，新雞也。毋燒炭，草木未成，不欲夭物也。是月炎氣盛猛，布暴則脆傷之。」

馬氏晞孟曰：「一陰生而慝作，螳蜋生，則慝之有見于形者也。鵙始鳴，則慝之有聞于聲者也。反舌無聲，則以陽數而作者，以陰收而息。門閭毋閉，利宣也。關市毋索，不恃察以窮民隱也。挺重囚，益其食，不以其罪廢不忍人之政也。」

張氏虙曰：「火流則暑退，暑極于火中，此時方至也。」

方氏慤曰：「陰陽争者，陰方來，與陽始遇也。仲冬亦言之者，陽方來，與陰始遇也。陽主生，陰主死，微陰既生，則萬物向乎死矣，故死生之理，於是分也。君子以陰陽方争，故宜潔誠居内，退聽以待其定也。仲冬不言毋躁者，暑爲躁，寒爲静，故于此特戒之。鹿，陽類，夏至感陰生而角解；麋，陰類，冬至感陽生而角解。言木堇，別于堇草也。」

蕙田案：《月令》「小暑至」在仲夏之月，日長至之前，知古不以小暑爲六月節。《逸周書・時訓解》又以此句爲小滿後之第三候，《唐石經》亦因之。蓋因孟夏時候不足六數而取此以補之耳。「農乃登黍」，注疏以此時黍猶未熟，故云「舊黍」。蔡邕《月令章句》以「蟬鳴黍」當之，則黍自別有一種先熟者。二説不同。但玩經文與「農乃登麥」、「農乃登穀」之文一例，當是新黍，非舊黍，蔡説較長。「毋燒灰」，《淮南》「灰」作「炭」，《吕氏春秋》同。以季秋草木黄落，故伐薪爲炭；仲夏樹木方盛，故禁燒炭，其理亦可通也。

又案：《唐月令》：「五月之節，日在參，昏角中，曉危中，斗建午位之初。五月中氣，日在東井，昏亢中，曉營室中，斗建午位之中。」又云：「是月也，祀皇地祇于方丘。是月也，命有司祭先牧。」又删去「農乃登黍，天子以雛嘗黍」一節，以是月黍未熟也。

又改「大雩帝」及「挺重囚」兩條入孟夏之月，而移孟夏「聚畜百藥」一條於此月。

【《淮南子》】仲夏之月，招摇指午。存鰥寡，振死事，禁民無發火。五月官相，其樹榆。

【《易通卦驗》】夏至，小暑，博勞鳴，蝦蟇無聲。博勞性好單棲，其飛猣，其聲嗅嗅，夏至應陰而鳴，冬至而止。夏至，人主從八能之士，或調黄鐘，或調六律，或調五音，或調五聲，或調五行，或調律紀，或調陰陽，或調正德所行，作樂五日。

季夏之月，日在柳，昏火中，旦奎中。其日丙丁。其帝炎帝，其神祝融。其蟲羽。其音徵，律中林鐘。其數七。其味苦，其臭焦。其祀竈，祭先肺。温風始至，蟋蟀居壁，鷹乃學習，腐草爲螢。【注】皆記時候也。鷹學習，謂攫搏也。螢，飛蟲螢火也。天子居明堂右个，乘赤路，駕赤駵，載赤旂，衣朱衣，服赤玉，食菽與雞，其器高以麤。命漁師伐蛟、取鼉、登龜、取黿。命澤人納材葦。是月也，令四監大合百縣之秩芻，以養犧牲，令民無不咸出其力。以共皇天上帝、名山大川、四方之神，以祠宗廟社稷之靈，以爲民祈福。是月也，命婦官染采，黼黻文章，必以法故，無或差貸。黑黄蒼赤，莫不質良，毋敢詐僞。以給郊廟祭祀之服，以爲旂章，以別貴賤等級之度。是月也，樹木方盛，乃命虞人入山行木，毋有斬伐。【注】爲其未堅刃也。不可以興土功，不可以合諸侯，不可以起兵動衆。【注】土將用事，氣欲静。❶毋舉大事，以摇養氣。【注】大事，興徭役以有爲。毋發令而

❶「静」，原作「盡」，今據《禮記·月令》鄭注改。

待，以妨神農之事也。【注】發令而待，謂出徭役之令，以豫驚民。民驚則心動，是害土神之氣。土神稱曰神農者，以其主于稼穡。水潦盛昌，神農將持功，舉大事則有天殃。是月也，土潤溽暑，【注】潤溽，謂塗濕也。大雨時行，燒薙行水，利以殺草，如以熱湯。【注】謂欲稼萊地，先薙其草，草乾燒之。至此月大雨流，水潦畜于其中，則草死不復生，而地美可稼也。可以糞田疇，可以美土彊。❶季夏行春令，則穀實鮮落，國多風欬，民乃遷徙。【注】辰之氣乘之也。行秋令，則丘隰水潦，禾稼不熟，乃多女災。【注】戌之氣乘之也。行冬令，則風寒不時，鷹隼蚤鷙，四鄙入保。【注】丑之氣乘之也。

應氏鏞曰：「物得氣之先，殺氣未肅，而鷙猛之鳥已習于擊，迎殺氣之微也。涼氣未至，而鳴陰之物已居于壁，迎涼氣之微也。」

方氏慤曰：「神農者，農之神，興農功而用之于明者人，持農功而主之于幽者神。水潦盛昌，則百穀被其澤而向于成，是神農將守其成也。苟舉大事以妨之，則是違神逆天，而天之災適當之矣。」

吴氏澄曰：「田疇，謂熟耕而其田有界域者；土彊，謂耕難而其土磽确者。」

蕙田案：《唐月令》：「六月之節，日在東井，昏氐中，曉東壁中，斗建未位之初。六月中氣，日在柳，昏尾中，曉奎中，斗建未位之中。」又唐本改「命澤人納材葦」入孟秋之月，改「命漁師伐蛟」及「令四監大合秩芻」二節入季秋之月。

【《淮南子》】季夏之月，招搖指未。其位中央，其日戊己。盛德在土。其蟲蠃。其音宫，律中黄鐘。其數五。其味甘，其臭香。其祀中霤，祭先心。涼風始至，蟋

❶「彊」，原作「疆」，據景宋本《禮記正義》、阮刻《禮記注疏》改。

蟀居奥，鷹乃學習，腐草化爲蚈。天子衣苑黄。服八風水，爨柘燧火。中宫御女黄色，衣黄采。其兵劍。其畜牛。朝于中宫。命滂人入材葦。行惠，令弔死問疾，存視長老，行桴鬻，厚席蓐，以送萬物歸也。六月官少内，其樹梓。

蕙田案：《淮南》無中央令，即見于季夏之月，與《月令》異。

中央土。【注】火休而盛德在土也。其日戊己。【注】戊之言茂也，己之言起也。萬物皆枝葉茂盛，其含秀者，抑屈而起。其帝黄帝，其神后土。其蟲倮。【注】象物露見不隱藏，虎豹之屬，恒淺毛。其音宫，律中黄鐘之宫。其數五。【注】土，生數五，成數十，言五者，土以生爲本。其味甘，其臭香。其祀中霤，祭先心。天子居太廟大室，乘大路，駕黄駵，載黄旂，衣黄衣，服黄玉，食稷與牛，其器圜以閎。【注】稷，五穀之長。牛，土畜也。器圜者，象土周帀于四時。❶閎，謂中寬，象土含物。

張子曰：「五行之氣，分主四時，土固多于四者，然其運行之氣則均同。中央土在季夏之末者，以《易》言之，八卦之位，《坤》居西南，當《離》、《兑》之間，《離》、《兑》則金、火也，是以在季夏之末。」

吴氏澄曰：「倮，人類也。人類之貴于羽、毛、鱗、介，猶土之尊于木、火、金、水也。」

蕙田案：《唐月令》有「是月也，祀黄帝于南郊」。

【《淮南子》】中央，土也。其帝黄帝，其佐后土，執繩而治四方。其神爲鎮星，其獸黄龍。

孟秋之月，日在翼，昏建星中，旦畢中。其日庚辛。【注】庚之言更也，辛之言新也。萬物皆肅然改更，秀實新成。其帝少皞，其神蓐收。其蟲毛。【注】象物應涼氣而備寒。狐貉之屬，生旃毛者。

❶「帀」，原作「布」，據《禮記注疏》改。

其音商，律中夷則。其數九。【注】金，生數四，成數九，但言九者，亦舉其成數。其味辛，其臭腥。其祀門，祭先肝。涼風至，白露降，寒蟬鳴，鷹乃祭鳥，用始行戮。【注】皆記時候也。寒蟬，寒蜩，謂蜺也。鷹祭鳥者，將食之，示有先也。既祭之後，不必盡食，若人君行刑，❶戮之而已。天子居總章左个，乘戎路，駕白駱，載白旂，衣白衣，服白玉，食麻與犬，其器廉以深。【注】麻實有文理，屬金。犬，金畜也。器廉以深，象金傷害物入藏。是月也，以立秋。先立秋三日，大史謁之天子曰：「某日立秋，盛德在金。」天子乃齊。立秋之日，天子親率三公、九卿、諸侯、大夫以迎秋於西郊，還反，賞軍帥、武人于朝。❷天子乃命將帥選士厲兵，簡練桀俊，專任有功，以征不義，詰誅暴慢，以明好惡，順彼遠方。是月也，命有司修法制，繕囹圄，具桎梏，禁止姦，慎罪邪，務搏執。【注】順秋氣，政尚嚴。命理瞻傷察創視折【注】理，治獄官也。有虞氏曰士，夏曰大理，周曰司寇。審斷。決獄訟，必端平。戮有罪，嚴斷刑。天地始肅，不可以贏。是月也，農乃登穀。天子嘗新，先薦寢廟。【注】黍稷之屬，于是始熟。命百官始收斂。【注】順秋氣，收斂物。完隄防，謹壅塞，以備水潦。修宮室，坏牆垣，補城郭。【注】象秋收斂，物當藏也。是月也，毋以封諸侯，立大官。毋以割地，行大使，出大幣。孟秋行冬令，則陰氣大勝，介蟲敗穀，戎兵乃來。【注】亥之氣乘之也。行春令，則其國乃旱，陽氣復還，五穀無實。【注】寅之氣乘之也。行夏令，則國多火災，寒熱不節，民多瘧疾。【注】巳之氣乘之也。

馬氏晞孟曰：「涼風至，則天地之仁氣散矣。白露降，

❶「行」，原脱，據《禮記·月令》鄭注補。

❷「朝」，原作「廟」，據《禮記注疏》改。

則陰乘陽，而其候交矣。寒蟬鳴，則物之生于暑者，其聲變矣。鷹乃祭鳥，用始行戮，則時主殺，而物之司殺者，應是而動也，于是可以設罻羅矣。」

方氏愨曰：「穀，謂稷也。孟夏之麥，仲秋之麻，季秋之稻，皆穀，獨于稷言穀，以稷爲五穀之長也。稼穡之官謂之后稷，土穀之神謂之社稷，皆以此爾。」

蕙田案：「命理瞻傷察創視折審斷」，當於「斷」字絶句。蔡邕云：「皮曰傷，肉曰創，骨曰折，骨肉皆絶曰斷。」蓋此四者，其受傷有輕重之殊，故曰瞻，曰察，曰視，曰審，亦有深淺之別。刑官相驗之法，大略盡于此矣。注疏本以「審斷決」爲句，陳氏澔《集説》亦同。惟陸佃、吴澄、徐師曾皆從蔡氏，今從之。

又案：《唐月令》：「七月之節，日在張，昏尾中，曉婁中，斗建申位之初。七月中氣，日在張，昏箕中，曉昴中，斗建申位之中。」又，唐本于「具桎梏」下有「斷薄刑，決小罪」六字，無「禁止姦」以下三十一字。蓋因鄭氏注以純陽之月斷刑決罪爲非，故移置此月也。又于「命百官始收斂」下增入「命澤人納材葦」六字，無「完隄防」以下十字。又「毋以封諸侯」一條，唐本亦無之。

【《淮南子》】西方，金也。其帝少昊，其佐蓐收，執矩而治秋。其神爲太白。其獸白虎。孟秋之月，招摇指申。盛德在金。服八風水，爨柘燧火。西宮御女白色，衣白采，撞白鐘。其兵戈，其畜狗。朝于總章左个，以出秋令。求不孝不悌，戮暴傲悍而罰之，以助損氣。行是月令，涼風至三旬。七月官庫，其樹楝。

【《尚書大傳》】天子以秋，命三公、將帥選士厲兵，以征不義，決獄訟，斷刑罰，趣收斂，以順天道，以佐秋殺。

《詩記律樞》蟋蟀在堂，流火西也。立秋促織鳴，女工急促之候也。

《春秋考異郵》立秋，趣織鳴。

《尚書考靈曜》虚爲秋後，昴爲冬期，陰氣相佐，德乃不邪。子助母教，母合子符。

仲秋之月，日在角，昏牽牛中，旦觜觿中。其日庚辛。其帝少皞，其神蓐收。其蟲毛。其音商，律中南吕。其數九。其味辛，其臭腥。其祀門，祭先肝。盲風至，鴻雁來，玄鳥歸，羣鳥養羞。【注】皆記時候也。盲風，疾風也。歸，謂去蟄也。羞，謂所食也。天子居總章太廟，乘戎路，駕白駱，載白旂，衣白衣，服白玉，食麻與犬，其器廉以深。是月也，養衰老，授几杖，行糜粥飲食。乃命司服，具飭衣裳，文繡有恒，制有大小，度有長短。衣服有量，必循其故。冠帶有常。乃命有司，申嚴百刑，斬殺必當。毋或枉橈，枉橈不當，反受其殃。是月也，乃命宰祝循行犧牲，視全具，案芻豢，瞻肥瘠，察物色，必比類，量大小，視長短，皆中度。五者備當，上帝其饗。天子乃難，以達秋氣。以犬嘗麻，先薦寢廟。【注】麻始熟也。是月也，可以築城郭，建都邑，穿竇窖，修囷倉。【注】爲民將入，物當藏也。乃命有司趣民收斂，務畜菜，多積聚。【注】始爲禦冬之備。乃勸種麥，毋或失時。其有失時，行罪無疑。【注】麥者，接絶續乏之穀，尤重之。是月也，日夜分，雷始收聲，蟄蟲坏户，殺氣浸盛，陽氣日衰，水始涸。【注】又記時候也。雷始收聲在地中，動内物也。坏，益也。蟄蟲益户，謂稍小之也。涸，竭也。此甫八月中，雨氣未止，而云水竭，非也。《周語》曰：「天根見而水涸。」天根見，九月末也。日夜分，則同度量，平權衡，正鈞石，角斗甬。

是月也，易關市，來商旅，納貨賄，以便民事。四方來集，遠鄉皆至，則財不匱，上無乏用，百事乃遂。凡舉大事，毋逆大數，❶必順其時，慎因其類。仲秋行春令，則秋雨不降，草木生榮，國乃有恐。【注】卯之氣乘之也。行夏令，則其國乃旱，蟄蟲不藏，五穀復生。❷【注】午之氣乘之也。行冬令，則風災數起，收雷先行，草木蚤死。【注】子之氣乘之也。

方氏慤曰：「盲者，閉暗之稱。當建酉闔户之月，故其風謂之盲風，又謂之閶闔。玄鳥至以陽中，故歸以陰中也。羞，謂所美之食，養之以備冬藏也。」

陳氏澔曰：「水本氣之所爲，春夏氣至故長，秋冬氣返故涸。」

徐氏師曾曰：「農事畢，故可以興土功。城郭、都邑，功之作于上者；竇窖、囷倉，功之作于下者。」

蕙田案：《唐月令》：「八月之節，日在翼，昏南斗中，曉畢中，斗建酉位之初。八月中氣，日在軫，昏南斗中，曉東井中，斗建酉位之中。」又，唐本有「是月也，命樂正習吹。上丁，釋奠于國學。天子乃率公卿大夫親往視之。是月也，命有司上戊釋奠于太公廟。是月也，擇元日，命人社。是月也，祀夕月于西郊。是月也，命有司享壽星于南郊。是月也，命有司祭馬社」。自「乃命司服」以下三十二字及「命有司趣民收斂，務蓄菜」，俱改入季秋之月；「築城郭」以下四句，「易關市」以下九句，俱改入孟冬之月。

【《淮南子》】仲秋之月，招摇指酉。涼風

❶「大數」，王引之《經義述聞》：「當從《呂氏春秋》作『天數』。高注：『天數，天道也。』今作『大』者，涉上文『大事』而誤。」

❷「復生」，原作「不生」，據《禮記・月令》改。

至，候雁來，玄鳥歸，羣鳥翔。八月官尉，其樹柘。

【《王居明堂禮》】仲秋，九門磔攘，以發陳氣，禦止疾疫。

仲秋，農隙，民畢入于室，曰時殺將至，毋罹其災。　仲秋，乃命國醵。

【《春秋感精符》】八月，白露降，鶴即高鳴相儆。

季秋之月，日在房，昏虚中，旦柳中。其日庚辛。其帝少皞，其神蓐收。其蟲毛。其音商，律中無射。其數九。其味辛，其臭腥。其祀門，祭先肝。鴻雁來賓，爵入大水爲蛤，鞠有黄華，豺乃祭獸戮禽。【注】皆記時候也。來賓，言其客止未去也。大水，海也。戮猶殺也。天子居總章右个，乘戎路，駕白駱，載白旂，衣白衣，服白玉，食麻與犬，其器廉以深。是月也，申嚴號令。命百官貴賤無不務內，以會天地之藏，無有宣出。【注】內，謂收斂入之也。會猶聚也。　乃命冢宰，農事備收，舉五穀之要，藏帝藉之收于神倉，祗敬必飭。是月也，霜始降，則百工休。【注】寒而膠漆之作不堅好也。　乃命有司曰：「寒氣總至，民力不堪，其皆入室。」上丁，命樂正入學習吹。是月也，大饗帝。嘗犧牲，告備于天子。合諸侯，制百縣，爲來歲受朔日，與諸侯所稅于民，輕重之法，貢職之數，以遠近土地所宜爲度，以給郊廟之事，無有所私。【注】秦以建亥之月爲歲首，于是歲終，使諸侯及鄉遂之官受此法焉。　是月也，天子乃教於田獵，以習五戎，班馬政。命僕及七騶咸駕，載旌旐，授車以級，整設于屏外。司徒搢扑，北面誓之。天子乃厲飾，執弓挾矢以獵。命主祠祭禽于四方。是月也，草木黄落，乃伐薪爲炭。【注】伐木必因殺氣。　蟄蟲咸俯在内，皆墐其户。【注】墐，謂塗閉之，辟殺氣。乃趣獄刑，毋留有罪。【注】殺氣已至，有罪者即決也。收禄秩之不當，供養之不宜者。【注】天氣殺而萬物咸藏，可以去之也。是月也，天子乃以犬嘗稻，先薦寢廟。【注】稻始熟也。季秋行夏令，則其國大水，冬藏殃敗，民多鼽嚏。【注】未之氣乘之也。行冬令，則國多盜賊，邊境不寧，土地分裂。【注】丑之氣乘之也。行春令，則煖風來至，民氣解惰，師興不居。【注】辰之氣乘之也。

方氏慤曰：「萬物皆華于陽，獨鞠華于陰，故言『有』。《春秋傳》曰：『有者，不宜有也。』獨言其色者，其色正應陰之盛也。」

陳氏澔曰：「雁以仲秋者爲主，季秋後至者爲賓。如先登者爲主人，從之以至者爲客也。專務收斂諸物于内，以合天地閉藏之令也。宣出則悖時矣。」

張氏虙曰：「爲政無取乎督促，獄刑則惡乎留滯。入秋以來，孟月則嚴之，仲月又申嚴之，季月乃趣之。桎梏之苦，箠楚之痛，望而畏之，此豈可留者？《易》曰：『山上有火，旅，先王以明慎用刑而不留獄。』旅，不處也，聖人以不留獄象之，信矣。」

【《欽定義疏》】《月令》紀雁爲詳，以生于陰而能從陽，故重之，重之故詳之。十二月「雁北鄉」，則七月南鄉可知。鄉之未啟行也。正月鴻雁歸，啟行未至北也。八月鴻雁來，啟行未至南也。九月則若賓之至矣。九月來賓，則三月至其鄉可知。詳于南，其所見也。略于北，其所不見也。于北曰鄉，曰歸，歸其鄉也。于南曰來，曰來賓，客之也。

蕙田案：高誘注《淮南子》云：「賓爵，老雀也。棲息于人房户之間，有似賓客，故云賓爵。」《春秋正義》引張叔皮論有「賓爵下革，田鼠上騰」之語，蓋主高氏，與注疏不同，未知孰是。

又案：《唐月令》：「九月之節，日在角，昏牽牛中，曉東井中，斗建戌位之初。九月中氣，日在氐，昏須女中，曉柳中，斗建戌位之中。」又，唐本有「是月也，命有司伐蛟取鼉登黿取龜。是月也，命有司具飭衣裳，文繡有恒，衣服有量，冠帶有常，必循其故。是月也，命有司合秩芻，以養犧牲，以供皇天上帝、名山大川、四方之神，以祠宗廟社稷之靈，爲人祈福。是月也，趣人收斂，務蓄菜」，而無「爲來歲受朔日，教田獵，趣獄刑，收禄秩不當，供養不宜」諸文。

【《淮南子》】季秋之月，招摇指戌。九月官候，其樹桃。

【《王居明堂禮》】季秋，除道致梁以利農。

【《詩記曆樞》】❶天霜，樹落葉而鴻雁南飛。

【《春秋感精符》】霜，殺伐之表。季秋霜始降，鷹隼擊，王者順天行誅，以成肅殺之威。若政令苛則夏霜，誅伐不行則冬霜不殺草。

孟冬之月，日在尾，昏危中，旦七星中。其日壬癸。【注】壬之言任也，癸之言揆也。萬物懷任于下，揆然萌芽。其帝顓頊，其神玄冥。其蟲介。【注】介，甲也，象物閉藏地中，龜鼈之屬。其音羽，律中應鐘。其數六。【注】水，生數一，成數六。但言六者，亦舉其成數。其味鹹，其臭朽。其祀行，祭先腎。水始冰，地始凍，雉入大水爲蜃，虹藏不見。【注】皆記時候也。大水，淮也。大蛤曰蜃。天子居玄堂左个，乘玄路，駕鐵驪，載玄旂，衣黑衣，服玄玉，食黍與彘，其器閎以

❶「記曆樞」，原作「記律樞」，蓋避清高宗諱改。又此《詩緯》書名一般寫作「氾曆樞」。

奄。【注】黍秀舒散，屬火，寒時食之，亦以安性也。彘，水畜也。器閎而奄，象物閉藏也。是月也，以立冬。先立冬三日，大史謁之天子曰：「某日立冬，盛德在水。」天子乃齊。立冬之日，天子親帥三公、九卿、大夫以迎冬于北郊，還反，賞死事，恤孤寡。是月也，命太師釁龜筴占兆，審卦吉凶。【注】《周禮·龜人》：「上春釁龜。」謂建寅之月也。秦以其歲首使太史釁龜，與周異矣。是察阿黨，則罪無有掩蔽。是月也，天子始裘。【注】九月授衣，至此可以加裘。命有司曰：「天氣上騰，地氣下降，天地不通，閉塞而成冬。」【注】使有司助閉藏之氣。命百官謹蓋藏，命司徒循行積聚，無有不斂。坏城郭，戒門閭，修鍵閉，慎管籥，固封疆，備邊竟，完要塞，謹關梁，塞徯徑。飭喪紀，辨衣裳，審棺槨之薄厚，塋丘壟之大小、高卑、厚薄之度，貴賤之等級。【注】此亦閉藏之具，順時飭正之也。是月也，命工師效功，陳祭器，案度程，毋或作爲淫巧，以蕩上心，必功致爲上。物勒工名，以考其誠。功有不當，必行其罪，以窮其情。是月也，大飲烝。天子乃祈來年于天宗，大割祠于公社及門閭，臘先祖、五祀。勞農以休息之。天子乃命將帥講武，習射御，角力。是月也，乃命水虞、漁師收水泉池澤之賦，毋或敢侵削衆庶兆民，以爲天子取怨于下。其有若此者，行罪無赦。【注】因盛德在水，收其稅。孟冬行春令，則凍閉不密，地氣上泄，民多流亡。【注】寅之氣乘之也。行夏令，則國多暴風，方冬不寒，蟄蟲復出。【注】巳之氣乘之也。行秋令，則霜雪不時，小兵時起，土地侵削。【注】申之氣乘之也。

方氏慤曰：「冰即水也。水以陽釋，冰以陰凝，凍氣閉而陽不能熙也。孟冬，重陰之始，故言水始冰，地始凍焉。水虞，即《周禮》澤虞；漁師，即《周禮》𩞁人。命是二官者，各以其職故也。仲秋言『行罪無疑』，無疑未至于無赦也。失時之罪小，故止于無疑，取怨之罪大，故曰無赦。」

馬氏晞孟曰：「雉，火屬。蜃，水屬。陽不勝陰，而並與遷焉，故化；虹以陰干陽，故見；至是，陽升陰降而弗通，故藏。」

蕙田案：《唐月令》：「十月之節，日在房，昏虛中，曉張中，斗建亥位之初。十月中氣，日在尾，昏危中，曉翼中，斗建亥位之中。」又，唐本有「是月也，可以築城郭，造宮室，穿竇窖，修囷倉。是月也，祭神州地祇于北郊。是月也，命有司祭司寒。是月也，命有司祭司中、司命、司人、司禄。是月也，易關市，來征旅，納貨賄，以便人事，四方來集，遠鄉皆至，則財不匱，上無乏用，百事乃遂。是月也，命有司秫稻必齊，麴蘖必時，湛齊必潔，水泉必香，陶器必良，火齊必得。兼用六物，酒官監之，無有差貸」。其移仲冬「乃命大酋」一節于此月，則取《豳詩》「十月穫稻，爲此春酒」之文也。又改「太史釁龜」入孟春之月，改「天子祈來年于天宗，命將帥講武，習射御，角力」入季冬之月。

【《淮南子》】北方，水也。其帝顓頊，其佐玄冥，執權而治冬。其神爲辰星。其獸玄武。孟冬之月，招摇指亥，盛德在水。服八風水，爨松燧火。北宮御女黑色，衣黑采。擊磬石。其兵鍛。其畜彘。朝于玄堂左个，以出冬令。命有司修羣禁，禁外徙，閉門閭，❶大搜客，斷罰刑，殺當罪，

❶「門」，原脱，據《淮南子·時則訓》補。

阿上亂法者誅。十月官司馬，其樹檀。

【《王居明堂禮》】孟冬之月，命農畢積聚，繫牧牛馬。

【《尚書大傳》】天子以冬，命三公并固封境，以望冬固地藏也。

【《逸禮》】冬則衣黑衣，佩玄玉，居明堂後廟，啟北户。

仲冬之月，日在斗，昏東壁中，旦軫中。其日壬癸。其帝顓頊，其神玄冥。其蟲介。其音羽，律中黄鐘。其數六。其味鹹，其臭朽。其祀行，祭先腎。冰益壯，地始坼，鶡旦不鳴，虎始交。【注】皆記時候也。鶡旦，求旦之鳥也。交猶合也。天子居玄堂太廟，乘玄路，駕鐵驪，載玄旂，衣黑衣，服玄玉，食黍與彘，其器閎以奄。飭死事。【注】飭軍士，❶戰必有死志。命有司曰：「土事毋作，慎毋發蓋，毋發室屋及起大衆，以固而閉。」地氣沮泄，❷是謂發天地之房，諸蟄則死，民必疾疫，又隨以喪，命之曰暢月。【注】暢猶充也。太陰用事，尤重閉藏。是月也，命奄尹申宫令，審門閭，謹房室，必重閉。省婦事，毋得淫，雖有貴戚近習，毋有不禁。乃命大酋，秫稻必齊，麴蘗必時，湛熾必絜，水泉必香，陶器必良，火齊必得。兼用六物，大酋監之，毋有差貸。天子命有司祈祀四海、大川、名源、淵澤、井泉。【注】順其德盛之時祭之也。是月也，農有不收藏積聚者，馬牛畜獸有放佚者，取之不詰。【注】此收斂尤急之時，人有取者不罪，所以警懼其主也。山林藪澤，有能取蔬食、田獵禽獸者，

❶「士」，原作「事」，據景宋本《禮記正義》、阮刻《禮記注疏》改。

❷「沮」，《唐石經》作「且」，阮元《禮記注疏校勘記》、張敦仁《撫本禮記鄭注考異》、黄侃《手批白文十三經》皆以作「且」是。

野虞教道之；其有相侵奪者，罪之不赦。【注】務收斂野物也。是月也，日短至，陰陽争，諸生蕩。【注】争者，陰方盛，陽欲起也。蕩，謂物動萌芽也。君子齋戒，處必掩身，❶身欲寧，去聲色，禁嗜欲，安形性，事欲静，以待陰陽之所定。芸始生，荔挺出，蚯蚓結，麋角解，水泉動。【注】又記時候也。芸，香草也。荔挺，馬韰也。水泉動，潤上行。日短至，則伐木取竹箭。【注】此其堅成之極時。是月也，可以罷官之無事，去器之無用者。【注】謂先時權所建作者也。天地閉藏而萬物休，可以去之。塗闕廷門閭，築囹圄，此以助天地之閉藏也。【注】順時氣也。仲冬行夏令，則其國乃旱，氛霧冥冥，雷乃發聲。【注】午之氣乘之也。行秋令，則天時雨汁，瓜瓠不成，國有大兵。【注】酉之氣乘之也。行春令，則蝗蟲爲敗，水泉咸竭，民多疥癘。【注】卯之氣乘之也。

高氏誘曰：「始坼，凍裂也。鶡旦，山鳥，陽物也，是月陰盛，故不鳴。虎，陽中之陰，陰氣盛，以類發也。」

朱子曰：「暢月，謂陽久屈而得伸也。」

張氏虙曰：「寒氣增于地之上，故冰益壯。暖氣生于地之下，故凍者坼。游惰之民爲人所取，上未嘗加問，惡其惰也。勤力之民，爲人侵奪，上爲之罪其人，喜其勤也。上之示民好惡者如此。」

馬氏晞孟曰：「夏爲正陽，陰始閒之；冬爲正陰，陽始閒之：有争道焉。于冬至曰諸生蕩，見陽足以勝陰；于夏至曰死生分，見陰之來不過與陽爲敵而已。」

陳氏澔曰：「此與夏至同，而有謹之至者。仲夏之陰猶微，陽未至于甚傷；此時之陰猶盛，❷微陽當在于善保故也。」

方氏慤曰：「芸、荔挺，皆香草。凡物之氣，感陰者腥，感陽者香。蚯蚓感正陽之氣而後出，故微陽始生而猶結，言形之未解也。是月陰極而終，故冰益壯。陽生而始，故水泉動。壯，其形然；動，其氣然也。」

❶「處必掩身」，按《吕氏春秋》、《淮南子》皆無「身」字。

❷「盛」，原作「甚」，據陳澔《禮記集説》改。

蕙田案：《呂氏春秋》、《淮南子》、《唐月令》俱無「飭死事」三字，朱子定以爲衍文。蓋因孟冬有「賞死事」之文誤重出于此。

又案：《唐月令》：「十一月之節，日在箕，昏營室中，曉軫中，斗建子位之初。十一月中氣，日在南斗，昏東壁中，曉角中，斗建子位之中。」又，唐本有「是月也，祀昊天上帝于圜丘。是月也，命有司祭馬步」。自「乃命大酋」以下改入孟冬之月，又删去「命之曰暢月」句、「省婦事毋得淫」句及「塗闕庭門閭」三句。

【《淮南子》】仲冬之月，招摇指子。十一月，官都尉，其樹棗。

【《易通卦驗》】荔挺不出，則其國多火災。冬至之前五日，商賈不行，兵甲仗匿，人主與羣臣左右從樂。冬至日，使八能之士鼓黄鐘之琴瑟，用槐木，長八尺一寸。冬至之日，立八神，樹八尺之表，日中視其晷。晷如度者，則歲美人和，不則歲惡人惑。晷入則水，晷退則旱，進二寸則月食，進尺則日食。

【《孝經援神契》】仲冬，昴星中，取莒芋。

季冬之月，日在婺女，昏婁中，旦氐中。其日壬癸。其帝顓頊，其神玄冥。其蟲介。其音羽，律中大吕。其數六。其味鹹，其臭朽。其祀行，祭先腎。雁北鄉，鵲始巢，雉雊，雞乳。【注】皆記時候也。雊，雉鳴也。天子居玄堂右个，乘玄路，駕鐵驪，載玄旂，衣黑衣，服玄玉，食黍與彘，其器閎以奄。命有司大難，旁磔，出土牛，以送寒氣。征鳥厲疾。【注】殺氣當極也。征鳥，題肩也。或名曰鷹，仲春化爲鳩。乃畢山川之祀，及帝之大臣、天之神祇。是月也，命漁師始漁，天子親往。乃嘗魚，先薦寢廟。【注】此時魚潔美。冰方盛，水澤腹堅，命取冰，【注】腹，厚也。此月日在北陸，冰堅厚之時也。冰以入。令告民，出五種，命農計耦耕事，修耒耜，具田器。【注】明大寒既過，農事將起也。命樂師大合吹而罷。乃命四監收秩薪柴，以共郊廟及百祀之薪燎。是月也，日窮于次，月窮于紀，星回于天，數將幾終，【注】言日月星辰運行于此月，皆周匝于故處也。次，舍也。紀，會也。歲且更始。專而農民，毋有所使。【注】言專一女農民之心，令之豫有志于耕稼之事，不可徭役。徭役之，則志散失業也。天子乃與公卿大夫共飭國典，論時令，以待來歲之宜。【注】《周禮》以正月爲之，建寅而縣之。今用此月，則所因于夏、殷也。乃命大史次諸侯之列，賦之犧牲，以共皇天上帝社稷之饗。乃命同姓之邦，共寢廟之芻豢。命宰歷卿大夫至于庶民土田之數，❶而賦犧牲，以供山林名川之祀。凡在天下九州之民者，無不咸獻其力，以共皇天上帝、社稷寢廟、山林名川之祀。季冬行秋令，則白露早降，介蟲爲妖，四鄙入保。【注】戌之氣乘之也。行春令，則胎夭多傷，國多固疾，命之曰逆。【注】辰之氣乘之也。行夏令，則水潦敗國，時雪不降，冰凍消釋。【注】未之氣乘之也。

馬氏晞孟曰：「雁北鄉，則順陽而復也。雉，火畜也，感于陽而後有聲。雞，木畜也，麗于陽而後有形。」

方氏慤曰：「冰之入也，爲陰事之終。種之出也，爲陽事之始。以冰入之期而告民出五種，終則有始也。」

蕙田案：《唐月令》：「十二月之節，日在南斗，昏奎中，曉亢中，斗建丑位之初。十二月中氣，日在須女，昏

❶「歷」，原作「列」，蓋避清高宗嫌名改。今據《禮記・月令》改回。

婁中，曉氏中，斗建丑位之中。」又，唐本有「命將帥講武，習射御，角力，乃教田獵，以習五戎。班馬政，命僕及七騶咸駕，載旌旐，授車以級，整設于屏外。有司搢扑，北面以誓之。天子乃厲飾，執弓挾矢以獵。命有司修祭禽之禮。天子乃禮百神于南郊，爲來年祈福于天宗。命有司出土牛，以示農耕之早晚。是月也，合諸侯，制百縣，爲來歲受朔日，與諸侯所稅于人，輕重之法，貢職之數，以遠近土宜爲度，以給郊廟之事，無有所私」。其移季秋頒朔于此月者，以頒朔當在歲終也。移孟冬祈年天宗於此月，亦以祈年當在歲終也。唐本又删去「乃畢山川之祀」以下三句、「乃命同姓之邦」以下六句。

【《淮南子》】季冬之月，招搖指丑。雁北鄉，鵲始巢，雉雊，雞呼卵。十二月官獄，其樹櫟。

【《王居明堂禮》】季冬，命國爲酒，以合三族，君子説，小人樂。

【《説文》】冬至後三戌，爲臘祭百神也。

【《易通卦驗》】小寒，虎始交，豺祭獸。鵲者陽鳥，先物而動，先時而應，見于木，風之象。

【《尚書大傳》】東方之極，自碣石東至日出榑桑之野，帝太皞、神句芒司之。自冬日至數四十六日，迎春于東堂，距邦八里，堂高八尺，堂階八等，青稅八乘，旂旐尚青，田車載矛，號曰「助天生」。倡之以角，舞之以羽，此迎春之樂也。孟春之月，御青陽左个。禱用牡，索祀于艮隅。貌必恭，厥休時雨。朔令曰：「挺羣禁，開閉闔，通窮窒，達障塞，行優游，❶其禁毋伐林木。」仲春之月，御青陽正室。牲先脾，設主于户，索祀于震正。朔令曰：「棄怒惡，解役辠，免優患，休罰刑，閉關梁。其禁田獵不宿，飲食不享，出入不節，奪民農時及有姦謀。」季春之月，御青陽右个。薦用鮪，索祀于巽隅。朔令曰：「宣庫財，和外怨，撫四方，行柔惠，止剛强。九門磔禳，出疫于郊，❷以禳春氣。」

南方之極，自北户南至炎風之野，帝炎帝、神祝融司之。自春分數四十六日，迎夏于南堂，距邦七里，堂階七等，赤税七乘，旂旐尚赤，田車載弓，號曰「助天養」。倡之以徵，舞之以鼓鞉，迎夏之樂也。孟夏之月，御明堂左个。嘗麥用彘，索祀于巽隅。視必明，厥休時燠。朔令曰：「爵有德，賞有功，惠賢良，舉力農。其禁毋隳隄防。」仲夏之月，御明堂正室。牲先肺，設主于竈，索祀于離正。朔令曰：「振貧窮，惠孤寡，慮囚疾，出大禄，行大賞。其禁棄法律，逐功臣，殺太子，以妾爲妻。」乃令民雩。季夏之月，御明堂右个。牲先心，設主于中霤，索祀于坤隅。思必睿，厥休時風。朔令曰：「起毀宗，立無後，封廢國，立賢輔，卹喪疾。」

中央之極，自崑崙中至大室之野，帝黄帝、神后土司之。土王之日，禱用牲，迎中氣于中室。樂用黄鐘之宫，爲民祈福。命世婦治服章，令民□其禁治宫室，飾臺

❶「行優游」，原作「待優」，據皮錫瑞《尚書大傳疏證》改補。

❷「疫」，原作「役」，據皮錫瑞《尚書大傳疏證》改。

榭，内淫亂，犯親戚，侮父兄。

西方之極，自流沙西至三危之野，帝少皞、神蓐收司之。自夏日至數四十六日，迎秋于西堂，距邦九里，堂高九尺，堂階九等，白税九乘，旌旄尚白，田車載兵，號曰「助天收」。倡之以商，舞之以干戚，此迎秋之樂也。孟秋之月，御總章左个。嘗穀用犬，索祀于坤隅。言必從，厥休時暘。朔令曰：「審用法，備盜賊，禁姦衺，飾羣牧，謹貯聚。其禁毋弛戎備。」仲秋之月，御總章正室。牲先肝，設主于門，索祀于兑正。朔令曰：「謹功築，遏溝瀆，修囷倉，決刑獄，趣收斂。其禁好攻戰，輕百姓，飾城郭，侵邊竟。」乃令民畋醵。庶虻畢入于室，曰時殺將至，毋罷其蓄。季秋之月，御總章右个。薦用田禽，索祀于乾隅。朔令曰：「除道路，守門閭，陳兵甲，戒百官，誅不法。除道成梁，以利農夫。」

北方之極，自丁令北至積雪之野，帝顓頊、神玄冥司之。自秋分數四十六日，迎冬于北堂，距邦六里，堂高六尺，堂階六等，黑税六乘，旂旄尚黑，田車載甲鐵，號曰「助天誅」。倡之以羽，舞之以干戈，此迎冬之樂也。孟冬之月，御玄堂左个。祈年用牲，索祀于乾隅。聽必聰。厥休時寒。朔令曰：「申羣禁，修障塞，畢積聚，繫牛馬，收澤賦。其禁無作淫巧。」仲冬之月，御玄堂正室。牲先腎，設主于井，索祀于坎正。朔令曰：「搜外徒，止夜樂，❶誅詐僞，省醞釀，謹閉關。其禁簡宗廟，不禱祠，廢祭祀，逆天時。」乃令民

❶「樂」，原作「禁」，據皮錫瑞《尚書大傳疏證》改。

罷土功。季冬之月，御玄堂右个。薦用魚，索祀于艮隅。朔令曰：「省牲牷，修農器，收秸薪，築囹圄，謹蓋藏。」乃大儺以禳疾。命國爲酒，以合三族，君子説，小人樂。

蕙田案：此《洪範五行傳》篇中之文，與《月令》大同。

又案：四仲之月，索祀于震、離、兑、坎四正，四孟、四季之月，索祀于艮、巽、坤、乾四隅，此以後天八卦方位定四方。其實四隅之祭，各有不同。孟春之艮兼寅，季冬之艮兼丑，季春之巽兼辰，孟夏之巽兼巳，季夏之坤兼未，孟秋之坤兼申，季秋之乾兼戌，孟冬之乾兼亥也。後世術家以八卦配干支，定爲二十四，干去戊己，土無正位也。八卦去子午卯酉，坎、離、震、兑四正也。或疑後天卦位出于方外陳摶之傳而未信之，難與語仰觀俯察之妙矣。

【《逸周書・時訓解》】立春之日，東風解凍。又五日，蟄蟲始振。又五日，魚上冰。風不解凍，號令不行。蟄蟲不振，陰氣奸陽。❶魚不上冰，甲胄私藏。雨水之日，獺祭魚。又五日，鴻雁來。又五日，草木萌動。獺不祭魚，國多盜賊。鴻雁不來，遠人不服。草木不萌動，果蔬不熟。驚蟄之日，桃始華。又五日，倉庚鳴。又五日，鷹化爲鳩。桃不始華，是謂陽否。倉庚不鳴，臣不從主。鷹不化鳩，寇戎數起。春分之日，玄鳥至。又五日，雷乃發聲。又五日，始電。玄鳥不至，婦

❶「氣」字，原脱，據朱右曾《逸周書集訓校釋》補。

人不振。❶ 雷不發聲，諸侯失民。❷ 不始電，君無威震。❸ 清明之日，桐始華。又五日，田鼠化爲鴽。又五日，虹始見。桐不華，歲有大寒。田鼠不化鴽，國多貪殘。虹不見，婦人苞亂。穀雨之日，萍始生。又五日，鳴鳩拂其羽。又五日，戴勝降于桑。萍不生，陰氣憤盈。❹ 鳴鳩不拂其羽，國不治兵。戴勝不降于桑，正教不中。立夏之日，螻蟈鳴。又五日，蚯蚓出。又五日，王瓜生。螻蟈不鳴，水潦淫漫。蚯蚓不出，嬖奪后命。❺ 王瓜不生，困于百姓。小滿之日，苦菜秀。又五日，靡草死。又五日，小暑至。苦菜不秀，賢人潛伏。靡草不死，國縱盜賊。小暑不至，是謂陰慝。芒種之日，螳螂生。又五日，鵙始鳴。又五日，反舌無聲。螳螂不生，是謂陰息。鵙不始鳴，令奸壅偪。反舌有聲，佞人在側。夏至之日，鹿角解。又五日，蜩始鳴。又五日，半夏生。鹿角不解，兵戈不息。蜩不鳴，貴臣放逸。半夏不生，民多厲疾。小暑之日，温風至。又五日，蟋蟀居壁。又五日，鷹乃學習。温風不至，國無寬教。蟋蟀不居壁，急迫之暴。鷹不學習，不備戎盜。大暑之日，腐草化爲螢。又五日，土潤溽暑。又五日，大雨時行。腐草不化爲螢，穀實鮮落。土潤不溽暑，物不應罰。大雨不時行，國無恩澤。立秋之日，涼風至。又五

❶「振」，原作「□」，據《儒藏・精華編》黄懷信校點《逸周書》改。
❷「失」，原作「□」，據黄懷信《逸周書》改。
❸「無」，原作「臣」，據朱右曾《逸周書集訓校釋》改。
❹「盈」，原作「生」，據《逸周書集訓校釋》改。
❺「命」，原脱，據《逸周書集訓校釋》改。

日，白露降。又五日，寒蟬鳴。涼風不至，國無嚴政。❶白露不降，民多邪病。寒蟬不鳴，人皆力争。處暑之日，鷹乃祭鳥。又五日，天地始肅。又五日，禾乃登。鷹不祭鳥，師旅無功。天地不肅，君臣乃□。農不登穀，暖氣爲災。白露之日，鴻雁來。又五日，玄鳥歸。又五日，羣鳥養羞。鴻雁不來，遠人背畔。玄鳥不歸，家室離散。羣鳥不養羞，下臣驕慢。秋分之日，雷始收聲。又五日，蟄蟲培户。又五日，水始涸。雷不始收聲，諸侯淫佚。蟄蟲不培户，民靡有賴。❷水不始涸，甲蟲爲害。寒露之日，鴻雁來賓。又五日，爵入大水化爲蛤。又五日，菊有黄華。鴻雁不來，小民不服。爵不入大水，失時之極。菊無黄華，土不稼穡。霜降之日，豺乃祭獸。又五日，草木黄落。又五日，蟄蟲咸俯。豺不祭獸，爪牙不良。草木不黄落，是爲愆陽。蟄蟲不咸俯，民多流亡。立冬之日，水始冰。又五日，地始凍。又五日，雉入大水爲蜃。水不冰，是爲陰負。地不始凍，咎徵之咎。雉不入大水，國多淫婦。小雪之日，虹藏不見。又五日，天氣上騰，地氣下降。又五日，閉塞而成冬。虹不藏，婦不專一。天氣不上騰，地氣不下降，君臣相嫉。不閉塞而成冬，母后淫佚。大雪之日，鶡旦不鳴。❸又五日，虎始交。又五日，荔挺生。鶡旦猶鳴，國有訛言。❹虎不始交，

❶「國」，原脱，據《逸周書集訓校釋》補。

❷「民」，原作「□」，據黄懷信校點本《逸周書》改。

❸「鶡旦不鳴」，原作「鶡鳥鳴」，據《逸周書集訓校釋》改。

❹「鶡旦猶鳴國有訛言」，原作「鶡鳥不鳴□□」，據《逸周書集訓校釋》改補。

將帥不和。❶荔挺不生，卿士專權。冬至之日，蚯蚓結。又五日，麋角解。又五日，水泉動。蚯蚓不結，君政不行。麋角不解，兵甲不藏。水泉不動，陰不承陽。小寒之日，雁北鄉。又五日，鵲始巢。又五日，雉始雊。雁不北鄉，民不懷土。鵲不始巢，國不寧。雉不始雊，國大水。大寒之日，雞始乳。又五日，鷙鳥厲疾。又五日，水澤腹堅。雞不始乳，淫女亂男。鷙鳥不厲，國不除兵。水澤不腹堅，言乃不從。

王氏應麟曰：「《周書·時訓》：『雨水之日，獺祭魚。驚蟄之日，桃始華。』《易通卦驗》先雨水，後驚蟄。此漢太初後曆也。又案《三統曆》，穀雨三月節，清明中。而《時訓》、《通卦驗》清明在穀雨之前，與今曆同。然則二書皆作于劉歆之後，《時訓》非周公書明矣。是以朱子集《儀禮》，取《夏小正》而不取《時訓》。」

蕙田案：《逸周書》本非古書，而《時訓》一篇，尤爲淺陋。蓋漢儒剽取《月令》之文，分爲七十二候，傅會以占驗之説。後之術家言五日一候者，率準乎此。唐開元中，御定月令乃以竄入《禮記》正文，無識甚矣。《月令》以天時、草木、鳥獸記每月之候，此古法也。每月中，少者四五候，多者七八候，節氣與中氣交，則候隨應之，豈有五日而一候應，又五日而一候應之理乎？又每月既定爲六候，不可增多，故仲夏則去「木堇榮」一候，仲秋則去「盲風至」一

❶「將帥不和」，原闕，據《逸周書集訓校釋》補。

候，仲冬則去「冰益壯」、「地始坼」、「芸始生」三候矣。亦不可減少，故孟夏則以次月之「小暑至」補之，而與《月令》之文相矛盾矣；孟秋則以「天地始肅」爲一候，孟冬則以「天氣上騰，地氣下降」與「閉塞而成冬」分爲二候。然《月令》所云「天氣下降，地氣上騰，天地和同」，未嘗以紀孟春之候，何獨於此月紀之？且「閉塞而成冬」，即上騰下降之驗，尤不可分爲兩事。其支離雜湊如此。至占驗之法，出于讖緯家言，尤無可取也。

右時令下。

【《後漢書・禮儀志》】每月朔旦，太史上其月曆，有司、侍郎、尚書見讀其令，奉行其政。

【《宋書・禮志》】漢制，太史每歲上其年曆。先立春、立夏、大暑、立秋、立冬，常讀五時令。皇帝所服，各隨五時之色。帝升御座，尚書令以下就席位，尚書三公郎中以令置案上，奉以先入，就席伏讀訖，賜酒一卮。

【《通典》】魏明帝景初元年，通事奏曰：「前後但見讀四時令，至于服黄之時獨闕。」太史令高堂隆以爲：「黄屬土也，土旺四季各十八日。土生于火，故于火用事之末服黄，三季則否。其令則隨四時，❶不以五行爲分也，❷是以服黄無令。」斯則魏代不讀大暑令也。

【《宋書・禮志》】晉成帝咸和五年六月，有司奏讀秋令。侍中散騎侍郎荀奕、兼黄門

❶「四」，原脱，據《通典》卷一二四補。

❷「五」，原作「土」；「分」，原作「令」，據《通典》卷一二四改。

侍郎散騎侍郎曹宇駮曰：「尚書三公曹奏讀秋令儀注。新荒以來，舊典未備。臣等參議，光禄大夫華恒議，武皇帝以秋夏盛暑，常闕不讀令，在春冬不廢也。夫先王所以順時讀令，蓋後天而奉天時。正服，尊嚴之所重，今服章多闕如。比熱隆赫，臣等謂可如恒議，依故事闕而不讀。」詔可。六年三月，有司奏：「今月十六日立夏。案五年六月門下駮，❶依武皇夏闕讀令。今正服漸備，四時讀令，是祇述天和隆赫之道。謂今故宜讀夏令。」奏可。

宋太祖常讀土令，三公郎中每讀時令，皇帝臨軒，百僚備位，多震悚失常儀。唯世祖世劉勰、太宗世謝緯善於其事，人主及公卿並屬目稱歎。

【《隋書·禮儀志》】北齊制，立春日，皇帝服通天冠、青介幘、青紗袍，佩蒼玉，青帶、青袴、青襪舃，而受朝于太極殿，西廂東向。尚書令等坐定，三公郎中詣席，跪讀時令訖，典御酌卮酒，置郎中前，郎中拜，還席伏飲，禮成而出。立夏至立秋，則施御座于中楹，南向。立冬如立春，❷東向。各以其時之服色，儀並如春禮。

【《通典》】唐貞觀十一年，復修四時讀令。開元十六年，命太常少卿韋縚每月進《月令》一篇。是後，孟月朔日，御宣政殿，側置一榻，東西置案，令韋縚坐而讀之，諸司長官亦升殿列坐聽焉。歲除罷之。

杜氏佑曰：「讀時令，非古制也，自東漢始焉。其後，因而沿襲。案《太宰職》：『正月之吉，懸治象之法於象魏，使人觀

❶「六」，原作「三」，據《宋書·禮志二》改。

❷下「立」字，原脱，據《隋書·禮儀志》補。

之。』又《春官・太史》：『頒告朔于邦國。』《玉藻》復云：『聽朔于南門之外。』並無讀時令故事。而辟閭仁諝云『元日受朝讀令，此則聽朔禮畢，合于《玉藻》之文』。王方慶雖有所駁，大旨與仁諝不異，皆臆説也。凡言時者，謂四時耳。若正月之朔讀令，則合云歲令，何以謂之時邪？其夏秋冬，又何爲不讀？斯則辟閭輩誤矣。」❶

【《開元禮》】皇帝於明堂讀五時令。

陳設

禮部尚書先讀令三日，奏讀《月令》，承以宣告。前三日，尚舍直長施大次于青龍門外道北，南向。仲春于青陽太廟；季春于青陽右个；孟夏于朱雀門外道東，西向；仲夏于明堂太廟；季夏于明堂右个；孟秋于白虎門外道北，南向；仲秋于總章太廟，季秋于總章右个，孟冬于玄武門外道西，東向；仲冬于玄堂太廟；季冬于玄堂右个。尚舍奉御設御座。守宮設文武官次于大次之後，文官在左，武官在右，俱南向。夏俱西向，秋俱北向，冬俱東向。設羣官次于璧水東門之外，夏南門之外，秋西門之外，冬北門之外。文官在北，夏在東，秋在南，冬在西。武官在南，夏在西，秋在北，冬在東。俱西上。夏北上，秋東上，冬南上。

前一日，尚舍奉御設御幄座于青陽左个，仲春于青陽太廟，季春于青陽右个。孟夏于明堂左个，仲夏于明堂太廟，季夏于明堂右个，季夏土王日讀土令于太廟太室。孟秋于總章左个，仲秋于總章太廟，季秋于總章右个。孟冬于玄堂左个，仲冬于玄堂太廟，季冬于玄堂右个。近西，東向。夏近北，南向。秋近東，西向。冬近南，北向。守宮設三品以上及諸司長官坐于

❶「斯」，原作「邪」，據《通典》卷一二四改。

堂上，文官于御座東北，武官于御座東南，俱重行西上。夏北上，秋東上，冬南上。無官長者，次官一人升。判官不合。設刑部郎中讀令座于御座東南，北向，有案。夏西南，東向。秋西北，南向。冬東北，西向。設文官解劍席于丑陛之左，仲春于寅陛之左，季春于卯陛之左，孟夏于辰陛之左，仲夏于巳陛之左，季夏于午陛之左，孟秋于未陛之左，仲秋于申陛之左，季秋于酉陛之左，孟冬于戌陛之左，仲冬于亥陛之左，季冬于子陛之左。設武官解劍席于卯陛之右，仲春于辰陛之右，季春于巳陛之右，孟夏于午陛之右，仲夏于未陛之右，季夏于申陛之右，孟秋于酉陛之右，仲秋于戌陛之右，季秋于亥陛之右，孟冬于子陛之右，仲冬于丑陛之右，季冬于寅陛之右。皆内向。太樂令展宫懸于青陽左个之庭，仲春于青陽太廟之庭，季春于青陽右个之庭，孟夏于明堂左个之庭，仲夏于明堂太廟之庭，季夏于明堂右个之庭，季夏土王之日讀土令于太廟太室之庭，孟秋于總章左个之庭，仲秋于總章太廟之庭，季秋于總章右个之庭，孟冬于玄堂左个之庭，仲冬于玄堂太廟之庭，季冬于玄堂右个之庭。設舉麾位于堂上寅陛之南，北向，仲春于堂上卯陛之南，季春于堂上辰陛之南，俱北向。孟夏于堂上巳陛之西，仲夏于堂上午陛之西，季夏于堂上未陛之西，俱東向。孟秋于堂上申陛之北，仲秋于堂上酉陛之北，季秋于堂上戌陛之北，俱南向。孟冬于堂上亥陛之東，仲冬于堂上子陛之東，❶季冬于堂上丑陛之東，俱西向。一位于樂懸東北，南向。夏于樂懸東南，西向。秋于樂懸西南，北向。冬于樂懸西北，東向。典儀設三品以上及應升堂者位于懸東，夏于懸南，秋于懸西，冬于懸北。文左武右，俱重行西向，夏北向，秋東向，冬南向。相對爲首。設非升堂者位：文官四五品于懸北，夏懸東，秋懸南，冬懸西。六品以下于其東，夏于其南，秋于其西，冬于其北。絶位，俱南向；夏俱西向，秋俱北向，冬俱東向。武官四品五品于懸

❶「陛」下，原有「庭下」二字，據《開元禮》卷一〇三删。

南，夏懸西，秋懸北，冬懸東。六品以下于其東，夏于其南，秋于其西，冬于其北。當文官，俱北向，夏東向，秋南向，冬西向。皆重行西上。夏北上，秋東上，冬南上。設典儀位于懸之西北，夏于懸東北，秋于懸東南，冬于懸西南。贊者二人在東，差退，俱南向。夏俱西向，秋俱北向，冬俱東向。奉禮設門外位各于次前，俱每等異位，重行相向，西上。夏北上，秋東上，冬南上。

鑾駕出宫

前出宫三日，本司宣攝内外，各供其職。守宫設從駕之官五品以上次于承天門外東西朝堂如常。前二日，太樂令設宫懸之樂於殿庭如常儀。

其日未明七刻，搥一鼓爲一嚴。三嚴時節，前一日侍中奏裁。侍中奏開宫殿門及城門。未明五刻，搥二鼓爲再嚴。侍中版奏「請中嚴」。奉禮設從駕羣官五品以上位：文官于東朝堂之前，西向；武官于西朝堂之前，東向，俱重行北上。從駕羣官五品以上，俱集朝堂次，❶各服其服。其六品以下並發駕之前先赴朝堂所，❷俱就次，各服其服。所司陳小駕鹵簿。未明二刻，搥三鼓爲三嚴。諸衛之屬各督其隊與鈒戟以次入陳于殿庭。謁者引從駕羣官各就朝堂前位，❸諸侍衛之官各服其器服，侍中、中書令以下俱詣西閤奉迎。侍中負寶如式。❹乘黄令進金輅于西閤外，南向。千牛將軍一人執長刀立于輅前，北向。黄門侍郎一人在侍臣之前，贊者二人又在黄

❶「集」，原脱，據《開元禮》卷一〇三補。
❷「並」下，原有「從」字，據《開元禮》卷一〇三删。
❸「前」，原脱，據《開元禮》卷一〇三補。
❹「負」，原作「奉」，據《開元禮》卷一〇三改。

門之前。侍中版奏：「外辦。」太僕卿奮衣而升，正立執轡。皇帝服通天冠，青紗袍，夏絳紗，季夏土王之日黄紗，秋白紗，冬黑紗。佩蒼玉，夏佩赤玉，季夏土王之日佩黄玉，秋佩白玉，冬佩玄玉。御輿以出，曲直華蓋警蹕侍衛如常儀。皇帝將出，仗動，太樂令令撞黄鐘之鐘，右五鐘皆應。協律郎跪，俛伏，舉麾，鼓柷，奏《太和》之樂。千牛將軍前執轡，皇帝升輅，太僕卿立授綏，侍中、中書令以次侍如常儀。❶黄門侍郎進當鑾駕前跪，奏稱：「黄門侍郎臣某言，請鑾駕發引。」俛伏，興，退復位。凡黄門侍郎奏請，皆進當鑾駕前跪，奏稱「具官某言」，俛伏，興。鑾駕動，又稱警蹕，黄門侍郎與贊者夾引以出，千牛將軍夾路而趨。駕至太極門，偃麾，戛敔，樂止。出太極門，鼓柷，奏《采茨》之樂；出嘉德門，戛敔，樂止。凡樂，皆協律郎舉麾，❷工鼓柷而後作，❸偃麾，戛敔而後止。至順天門外，于明堂讀令，則至承天門。侍臣上馬所，黄門侍郎奏：「請鑾駕權停，敕侍臣上馬。」侍中前承詔，退，稱：「制曰可。」黄門侍郎皆上馬。諸侍衛之官，各督其屬左右翊駕，在黄麾内。符寶郎奉六寶與殿中監後部從。侍中、中書令以下夾侍于輅前，贊者在供奉官人内。❹侍臣上馬畢，黄門侍郎奏稱：「請敕車右升。」侍中前承詔，❺退，稱：「制曰可。」❻黄門侍郎退復位。千牛將軍升訖，黄門侍郎奏稱：❼「請鑾駕發引。」退復位。

❶「次」，《通典》卷一二四校改作「下夾」二字。
❷「郎」字，原脱，據《通典》卷一二四補。
❸「後」，原作「復」，據《通典》卷一二四改。
❹「供奉」，原作「奉供」，據《通典》卷一二四乙正。
❺「詔」，原作「制」，據《通典》卷一二四改。
❻「制」，原作「詔」，據《通典》卷一二四改。
❼「奏稱」，原脱，據《開元禮》卷一〇三補。

鑾駕動，稱警蹕、鼓傳音如常。鼓吹振作而行。其從駕官在玄武隊如常儀。

讀　令

其日，依時刻諸衛勒所部屯門列仗及青陽左个之庭如常。仲春，青陽太廟之庭。季春，青陽右个之庭。孟夏，明堂左个之庭。仲夏，明堂太廟之庭。季夏，明堂右个之庭。孟秋，總章左个之庭。仲秋，總章太廟之庭。季秋，總章右个之庭。孟冬，玄堂左个之庭。仲冬，玄堂太廟之庭。季冬，玄堂右个之庭。先置羣官俱集次，各服其服。駕將至，典謁各引先置羣官俱就門外位。駕至大次門外，迴輅南向，千牛將軍降立于輅右。侍中進當鑾駕前，跪奏稱：「侍中臣某言，請降輅。」俛伏，興，還侍位。皇帝降輅，御輿之大次，繖扇、華蓋、侍衛、警蹕如常儀。典謁引文武五品以上從駕之官皆就門外位。太樂令帥工人入就位，協律郎入就舉麾位。典儀帥贊者先入就位。典謁引羣官非升座者入就位。刑部郎中以《月令》置于案，覆以帊。令史二人俱絳公服，對舉案立于武官五品以上東南，郎中立于案後，北面。夏，令史對舉案于五品武官西南，郎中立于案後，東面。秋，于五品武官西北，郎中立于案後，南面。冬，于武官東北，郎中立于案後，西面。侍中版奏：「外辦。」皇帝御輿出次，曲直華蓋侍衛警蹕如常儀。入自青龍門，夏入自朱雀門，秋入自白虎門，冬入自玄武門。皇帝初入門，太樂令令撞蕤賓之鐘，左五鐘皆應，鼓柷，奏《太和》之樂，皇帝升自寅陛，夏升自巳陛，秋升自申陛，冬升自亥陛。入即御座，東向坐。夏南向坐，秋西向坐，冬北向坐。符寶郎奉寶置于御座，侍臣夾侍如常儀。戛敔，樂止。典儀一人升，立于左个東北，南向。夏東南，西向。秋西南，北向。冬西北，東向。典謁引公王以下入就西面位。夏北面位，秋東面位，冬南面位。上公初入門，《舒和》之樂作。凡公行，皆作《舒和》之樂。公至位，樂止。羣官立定，典儀曰「再拜」，贊者承傳，凡典儀有詞，贊者皆承傳。在位者皆再拜。侍中前跪，奏稱：「侍中臣某言，請延公王等升。」俛伏，興。又侍中稱：「制曰可。」侍中詣左个東北，南面。夏東南，西面。秋西南，北面。冬西北，東面。稱「詔延公王等升」。堂上典儀承傳，❶堂下贊者又承傳，在位者皆再拜。典謁以次引西面位者夏典謁引北面位者，秋引東面位者，冬引南面位者。各詣其階。公初行，樂作；至解劍席，樂止。公王以下俱升席，跪解劍，俛伏，興，脱舄。通事舍人各引升，立于座後。

刑部郎中引案進，❷立于卯陛下。侍中跪奏：「請讀《月令》。」俛伏，興。侍中稱：「有制曰可。」侍中退復位。刑部郎中再拜，就解劍席，跪解劍，俛伏，興，脱舄，取令，持案者仍立于下。通事舍人引刑部郎中奉令升自卯陛，詣席南，北向跪，置令于案，俛伏，興，立于席後。堂上典儀唱「就座」，公王以下及刑部郎中並就座，俛伏，興，坐。刑部郎中讀令，每句一絶，使言聲可了。讀令訖，堂上典儀唱「可起」公王以下皆起。通事舍人引公王以下及刑部郎中俱降。刑部郎中以令置于案，❸與羣官俱跪佩劍，俛伏，興，納舄。典謁各引還本位。公初行，樂

❶「堂上」，原作「俛伏興又侍中」，據《開元禮》卷一〇三改。

❷「引」，原作「奉」，據《開元禮》卷一〇三、校點本《通典》卷一二四改。

❸「公王以下皆起」至「以令置于案」三十一字，原作「公王以下及刑部郎中以令置于案」十四字，據《開元禮》卷一〇三改補。

作。至位，樂止。立定，典儀曰「再拜」，在位者皆再拜。典謁引西面位者出。夏北面，秋東面，冬南面。公初行，樂作。出門，樂止。侍中跪奏稱：「侍中臣某言，禮畢。」俛伏，興，還侍位。皇帝興，太樂令令撞黃鐘之鐘，右五鐘皆應，《太和》之樂作，皇帝降座，御輿出之便次，警蹕侍衛如來儀。出門，樂止。典謁引南北面位者以次出。夏引東西面，秋引南北面，冬引東西面。

春令。其文具《小戴禮》篇，故不繁載。

鑾駕還宮

皇帝既還大次，侍中版奏：❶「請解嚴。」將士不得輒離部伍。❷皇帝停大次一刻頃，搥一鼓爲一嚴，轉仗衛于還塗如來儀。三刻頃，❸搥二鼓爲再嚴，將士布隊仗。侍中版奏：「請中嚴。」五刻頃，搥三鼓爲三嚴。謁者、贊引各引羣官序立于次前，文武侍臣詣大次奉迎，乘黃令進金輅于大次門外，南向，夏北向，秋西向，冬東向。千牛將軍立于輅右。侍中版奏：「外辦。」太僕卿升執轡，皇帝御輿出次，繖扇、侍衛、警蹕如常儀。皇帝升輅，太僕卿立授綏。黃門侍郎奏稱：「請鑾駕發引。」退復位。鑾駕動，稱警蹕如來儀。黃門侍郎、贊者夾引，千牛將軍夾路而趨。至侍臣上馬所，黃門侍郎奏稱：「請鑾駕權停，敕侍臣上馬。」侍中前承詔，退稱：「制曰可。」黃門侍郎退稱「侍臣上馬」，贊者承傳，文武侍臣皆上馬訖。黃門侍郎奏稱：

❶「侍中」，原作「持節」，據《開元禮》卷一〇三改。
❷「伍」，原作「位」，據《開元禮》卷一〇三改。
❸「搥一鼓」至「三刻頃」十八字，原脱，據《開元禮》卷一〇三補。

「請敕車右升。」侍中稱：「制曰可。」黃門侍郎退復位。千牛將軍升訖，黃門侍郎奏稱：「請鑾駕發引。」退復位。鼓傳音，鑾駕動，鼓吹振作而還，文武羣官皆從如來儀。鑾駕至承天門外侍臣下馬所，鑾駕權停，❶文武侍臣皆下馬，千牛將軍降立于輅右。訖，鑾駕動，千牛將軍夾輅而趨。駕入嘉德門，太樂令令撞蕤賓之鐘，左五鐘皆應，鼓柷，奏《采茨》之樂。至太極門，戛敔，樂止。入太極門，鼓柷，奏《太和》之樂。駕至橫街北，當東上閤，❷迴輅南向。侍中進當鑾駕前，跪奏稱：「臣某言，請降輅。」俛伏，興，還侍位。皇帝降輅，御輿以入，繖扇、侍衛、警蹕如常儀。侍臣從至閤，戛敔，樂止。初，文武羣官至朝堂，通事舍人承旨，敕羣官並還。皇帝既入，侍中版奏：「請解嚴。」叩鉦，將士各還其所。

皇帝於太極殿讀五時令

禮部尚書先讀令三日，奏讀時令，承以宣告。

前一日，尚舍奉御設御幄座于太極殿北廂，南向。尚舍直長設一品以下三品以上及諸司長官座于殿上，❸文東武西，重行相向，北上。無長官者，次官一人升，判官不合。設刑部郎中讀令座于御座西南，東向，有案，去御座二丈。設解劍席于東西階下如常儀。太樂令展宮懸于殿庭，設舉麾位于殿上西階之西，

❶「權」，原脱，據《開元禮》卷一〇三補。
❷「上」，原脱，據《開元禮》卷一〇三補。
❸「三」，原作「五」，據《通典》一二四改。

東向，❶一位于樂懸東南，西向，並如朔朝之儀。典儀設文武三品以上及應升殿者位于南横街之南，道東；設武官位于道西，俱每等異位，重行北向，相對爲首。設非升殿者位于殿庭，❷文東武西如常。設典儀位于北横街之南，贊者二人在南，差退，俱西向。奉禮設門外位：文官于東朝堂近南，西面；武官于西朝堂近南，東面，每等異位，重行北上。其日，❸依時刻諸衛勒所部屯門列仗及陳于殿庭如常。❹文武官依時刻集朝堂，俱就便次，各服其服。侍中量時版奏：「請中嚴。」鈒戟近仗入陳于殿庭。太樂令帥工人入就位。協律郎就舉麾位。諸侍衛之官各服其器服，❺符寶郎奉寶，俱詣閤奉迎。❻典儀帥贊者入就位。典謁引羣官各就門外位，刑部郎中以時令置於案。覆以帊。令史二人俱公服，對舉案立于右延明門内道北，郎中立于案後，東面。典謁者引非升殿者入就位。侍中版奏：「外辦。」皇帝服通天冠，絳紗袍，御輿出自西房，曲直華蓋警蹕侍衛如常儀。皇帝將出，仗動，太樂令令撞黄鐘之鐘，右五鐘皆應。協律郎跪，俛伏，舉麾，鼓柷，奏《太和》之樂。皇帝出自西房，即御座，南向坐。符寶郎奉寶置于御座如常儀。偃麾，戛敔，樂止。典儀一人升就東階上，西面立。侍臣夾侍如常儀。典謁引公王以下入就北面位。公初入門，《舒

❶「殿上西階之西東向」，原作「殿西階之東西向」，據《通典》卷一二四補改。

❷「設」，原脱，據《通典》卷一二四補。

❸「其日」，原作「俱」，據《開元禮》卷一〇三改。

❹「時」，原脱，據《開元禮》卷一〇三補。

❺「各」，原作「入」，據《開元禮》卷一〇三改。

❻「俱」，原脱，據《開元禮》卷一〇三、《通典》卷一二四補。

和》之樂作。至位，樂止。羣官立定，典儀曰「再拜」，贊者承傳，在位者皆再拜。侍中前跪，奏稱：「侍中臣某言，請延公王以下等升。」俛伏，興。又侍中稱：「制曰可。」侍中詣東階上，西向稱「詔延公王等升」。殿上典儀承傳，階下贊者又承傳，❶在位者皆再拜。典謁以次引北面位者詣東西階。公初行，樂作。至解劍席，樂止。公王以下俱升席，跪解劍，俛伏，興，脱舄。通事舍人以次引升殿者立于座後。刑部郎中引案進，立于西階下。侍中跪奏：「請讀時令。」俛伏，興。又侍中稱：「制曰可。」侍中退復位。刑部郎中再拜，就解劍席，跪解劍，俛伏，興，脱舄，取令，持案者仍立于階下。通事舍人引刑部郎中奉令升自西階，詣席西，東向跪，置令于案，俛伏，興，立于席後。殿上典儀唱「就座」，公王以下及刑部郎中並就座，俛伏，坐。❷刑部郎中讀令，每句一絶，使言聲可了。讀令訖，殿上典儀唱「可起」，公王以下皆起。通事舍人引公王以下及刑部郎中退降。刑部郎中以令置于案，興。羣官俱跪佩劍，俛伏，興，納舄。典謁各引還本位。❸典儀曰「再拜」，在位者皆再拜。典謁引北面位者出，持令案者自右延明門而出。侍中跪奏稱：「侍中臣某言，禮畢。」俛伏，興，還侍位。皇帝興，太樂令令撞蕤賓之鐘，左五鐘皆應，《太和》之樂作。皇帝降座，御輿入自東房，警蹕、侍衛如來儀。侍臣從至閤，❹樂止。典謁引東西面位者以次出。讀夏令與春令同，讀秋令與冬令同。設刑

❶「下」，原作「上」，據《開元禮》卷一〇三改。
❷「坐」，原作「興」，據《開元禮》卷一〇三改。
❸「引」，原作「司」，據《開元禮》卷一〇三改。
❹「侍臣」，原脱，據《開元禮》卷一〇三補。

部郎中讀令座于御座東南，西向。令案立于右延明門內道北，郎中立于案後，西面。升降自東階。❶餘與讀春令同。皇帝若御翼善冠，則羣官皆袴褶服，陳解劍席。若不設樂懸，去警蹕。

【《通典》】乾元二年十二月丙寅，❷立春，御宣政殿，命太常卿于休烈讀春令，常參官五品以上正員並升殿與坐。

右後漢至唐讀時令。

五禮通考卷第二百

淮陰吴玉搢校字

❶「降」，原作「階」，據《開元禮》卷一〇三改。

❷「二年」，《舊唐書・禮儀四》、《唐會要》卷二六作「元年」。

五禮通考卷第二百一

内廷供奉禮部右侍郎金匱秦蕙田編輯
太子太保總督直隸右都御史桐城方觀承同訂
翰林院編修嘉定錢大昕
按察司副使元和宋宗元 參校

嘉禮七十四

體國經野

蕙田案：《周禮》六官之職，皆冠以「辨方正位，體國經野」。而《夏官·職方氏》「掌天下之圖，以掌天下之地」，著其疆域、山藪、川浸、人民、畜牧之事最詳。朱子《儀禮經傳·王朝禮》有《制國》、《建侯》二篇，蓋亦爲國以禮之一鉅典也。第古今沿革既多，載籍浩衍。《虞書·九共》，先儒以爲《九丘》，其篇軼矣。今《虞書·禹貢》、《周禮》及《史記·河渠書》、班史《地理志》而下列代史志，以及桑氏欽《水經》、杜氏佑《通典》、《元和郡國志》、《寰宇記》、鄭氏樵《通志》、馬氏端臨《通考》、王氏應麟《通釋》，下至各省府州縣志書並遊覽記載之語，不可勝數，其言猶河漢而無極也。近代爲專家之學者，有胡氏渭、閻氏若璩、黄氏儀，研精地理，於經皆有著述，其功賢於曩哲。今爲舉其要領，自虞十二州、《夏·禹貢》、商「九有」、《周·職方》、《春秋》三傳，凡地之見於經者，集諸賢之説，略爲箋疏，以通古今之郵。而《禹貢》以山川定疆界，爲萬世不可易之書。其中如九河、三江、九江、黑水等，論議紛如，有關經義，而導河一節，尤爲列代治河之祖，特詳著之。秦、漢而下，史志無缺，第摘其統要，以見於後云。

【《書·舜典》】肇十有二州，封十有二山，濬川。【傳】禹治水之後，舜分冀州爲幽州、并州，分青州爲營州，始置十二州。封，大也。每州之名山殊大者，以爲其州之鎮。有流川，則深之，使通利。【疏】《禹貢》治水之時，猶爲九州，今始爲十二州，知禹治水之後也。以境界太遠，始別置之。《周禮·職方氏》九州之名，有幽、并，無徐、梁。幽、并山川，於《禹貢》皆冀州之域，知分冀州之域爲之也。《爾雅·釋地》：「燕曰幽州，齊曰營州。」齊即青州之地，知分青州爲之。於此居攝之時，始置十有二州，蓋終舜之世常然。宣三年《左傳》云：「昔夏之方有德也，貢金九牧。」則禹登王位，還置九州，其名蓋如《禹貢》。

朱子曰：「舜攝帝位，命禹平水土，以冀、青地廣，分冀東恒山之地爲并州，恒山在今直隸真定府定州曲陽縣西北百四十里。并州，直隸真定、保定府，山西太原、大同府境是。又東北醫無閭之地爲幽州。醫無閭山在盛京廣寧縣西五里。幽州，今直隸順天永平府及遼東之廣寧。又分青州東北遼東之地爲營州。」遼東，地在遼水東也。營州，即遼東定遼等衛。

胡氏渭曰：「《舜典》：『肇十有二州。』傳：『禹治水之後，舜分冀州爲幽州、并州，分青州爲營州，始置十二州。』正義云：『以境界太遠，始別置之。』馬融曰：『禹平水土，置九州。舜以冀州之北廣大，分置并州。燕、齊遼遠，分燕置幽州，分齊爲營州，於是爲十二州。』見《史記集解》。鄭康成曰：『舜以青州越海，分齊爲營。冀州南北太遠，分衛爲并，燕以北爲幽。』金氏《通鑑前編》曰：『九州之來舊矣，而冀爲其北。自陶唐都冀，其聲名文教，自冀四達，冀之北土，所及固廣矣。及水土既平，人民加聚，於是分冀州自衛水以北爲并州，醫無閭之地爲幽州，碣石以東接青州之北爲營州，是爲十二州焉。考《詩》、《書》、傳記所紀，其後復爲九州。蓋九州爲正，而幽、并、營不過分統青、冀之故地，是以殷之制，分并爲幽，❶合青爲營，分梁以入于雍、荆。周之制，合梁爲雍，合徐爲青，而并與幽、冀復三焉。略見《爾雅》，詳見《職方氏》所記。《職方》：「幽州，其山鎮曰醫無閭，其川河、泲。并州，其山鎮曰恒山，其川虖池、嘔夷。」然則營州，其山碣石，其川遼水與？』渭案：虖池，即衛水；嘔夷，即恒水也。康成云『分衛爲并』，殊不分明。《通典》指爲衛水以北，而金氏因之，復舉恒山、虖池以證，尤確。若以爲康叔所封之衛，則并、冀當以衡漳爲界，而冀域北盡於平陽，無是理也。」

又曰：「《日知録》曰：『幽、并、營三州，在《禹貢》九州之外，先儒謂以冀、青二州地廣而分之，殆非也。幽則今涿、易以北至塞外之地，并則今忻、代以北至塞外之地，營則今遼東大寧之地，其山川皆不載之《禹貢》，故靡得而詳。然而《益稷》之書，謂「弼成五服，至于五千」，則冀方之北，不應僅數百里而止。《遼史·地理志》言「幽州在渤、碣之間，并州北有代，朔，營州東暨遼海」，《營衛志》言「冀州以南，歷洪水之變，夏后始制城郭，其人土著而居。并、營以北，勁風多寒，隨陽遷徙，歲無寧居，曠土萬里」，或其説之有所本也。劉三吾《書傳》謂：「因高山大川以爲限之意，蓋幽、并、營三州皆分冀州之地。」今亦未有所攷。』渭嘗與閻百詩論及此

❶「分」，《通鑒前編》卷一作「合」，疑是。

事，百詩曰：『寧人著書，言幽在今桑乾河以北至山後諸州，并在今石嶺關以北至豐、勝二州，營在今遼東大寧並有塞外之地。舜蓋至此始有。先儒謂以冀、青地廣而分者，殆非。』予時同客太原，面質之曰：『此不過從「肇者，始也」臆度耳，其實《周禮・職方氏》「并州，其澤藪曰昭余祁」，在今介休縣東北二十二里，俗名鄔城泊，吾與君所共游歷者，非石嶺關以南乎？且亦知先儒之釋經苦心處乎？知分冀東恒山之地爲并州，則以周并州鎮曰恒山故；知分冀東北醫無閭之地爲幽州，則以周幽州鎮曰醫無閭故，又知分青東北遼東等處爲營州，則以《爾雅・釋地》「齊曰營州」故也。不然，微《周禮》、《爾雅》二書，欲于禹九州外枚舉舜三州之名且不可得，況疆理所至哉！鄭康成云「舜以青州越海，分置營州」，《晉・地理志》同。然以青之分而爲營也，不獨以地廣，實以吏民艱于涉海，故別置一州，以避其險。漢光武以遼東等郡屬青州，後還幽州，與明嘉靖十三年改遼陽附順天鄉試者略同。蓋古今情形，亦不相遠云。今案恒山、虖池、嘔夷，皆并之山川，而並載于《禹貢》，安得謂其地非冀域？自此以北，禹功所未及，故醫無閭不書，非以其山在外國而略之也。經紀揚州，止于震澤，豈可以會稽之山不載《禹貢》而謂浙江以南非揚域耶？幽爲冀之東北境也明甚，《後漢書》及杜氏《通典》皆以嵎夷地，在漢樂浪、玄菟郡界。而青州首書「嵎夷既略」，則朝鮮、句麗諸國，禹時實皆在青域，況遼東渡海僅數百里乎？堯遭洪水，天下分絶，謂冀之東北，前閉而後通，前距而後服，於理亦無礙，但不可謂三州之地從古所未有，至舜而始開耳。且禹「弼成五服，至于五千」，自堯都以北，當有二千五百里之地，三州非其固有，冀北要荒二服將何所容哉？先儒釋經，未必皆是，苟有確據，不妨改從。若此之類，則又不如仍舊之爲安矣。』」

蕙田案：《漢・地理志》云：「黄帝旁行天下，方制萬里，畫野分州，得百里之國萬區。」《帝王世紀》云：「冀、兖、青、徐、荆、揚、豫、梁、雍，顓帝所建，帝嚳受焉。」《通典》宗其說，亦謂顓帝置九州。其說不見於經。然《祭法》云：「共工氏之霸九州也，其子曰后土，能平九州。」則九州之名，由來已久。然删書斷自唐虞，故今以舜十二州爲首。至《淮南·墜形訓》所稱天地之間九州：「東南神州曰農土，正南次州曰沃土，西土戎州曰滔土，正西弇州曰并土，正中冀州曰中土，西北台州曰肥土，正北濟州曰成土，東北薄州曰隱土，正東陽州曰申土。」《周禮疏》亦云：「自神農以上，有大九州：桂州、迎州、神州之等。至黃帝以來，德不及遠，惟於神州之内，分爲九州。」此與騶衍説「中國名爲赤縣神州，赤縣神州内自有九州。中國外如赤縣神州者九，有裨海環之，一區中爲一州，如此者九，乃有大瀛海環其外」之説相似，皆儒者所弗道。今西洋人所繪《坤輿全圖》，準南北極黃赤道度數，渾圓之内，海外之地，正與《淮南》、騶衍之義同。莊子云「存而不論」，可謂善於持論者矣。

【《地理通釋》】帝堯都。《世紀》：「帝堯始封於唐，今中山唐縣是也，堯山在焉。」《郡縣志》：「定州唐縣，古唐侯國，堯初封於此。今定州北有古唐城。」唐水在西北入唐河。南有望都縣，山即堯母慶都之所居也。相去五十里。都山，一名亘山。北登堯山，南望都山，故名縣曰望都。《地理志》：「堯山在唐縣南。」張晏以堯山在唐東北，望都北。《史記》「堯作游成陽」，正義：「濮州雷澤縣是。❶」後又徙晉陽，今太原縣也。於周，在并州之域。《通志》：「今平定軍有古晉陽城，是其地。」及爲天子，都平陽。於《詩》風，爲唐國，武王

❶ 正義此注，非爲「堯作游成陽」而發，乃爲下文「舜漁於雷澤」而發。詳《史記·貨殖列傳》。

子叔虞封焉。季札聞唐之歌，曰：「思深哉！其有陶唐氏之遺民乎！」《括地志》「今晉州所治平陽故城」是也。《輿地廣記》：「晉州臨汾縣，本平陽，隋改平陽河水，一名晉水。」韋昭云：「陶、唐，皆國名。或曰堯先居陶，後居唐。陶，今廣濟軍定陶縣。唐，今中山府唐縣，猶有唐城存焉。或曰唐城在絳州翼城西二里。」《括地志》：「定州唐縣，堯後所封。」《漢書音義》：「唐，今河東永安，去晉四百里，即堯也。」《詩譜》曰：「唐，帝堯舊都之地，今曰太原、晉陽，堯始居此，後遷河東平陽。」《書》：「惟彼陶唐，有此冀方。」正義：「堯都平陽，舜都蒲坂，禹都安邑，相去不盈二百，皆在冀州。」《通志》曰：「自開闢以來，皆河南建都，雖黃帝之都，堯、舜、禹之都，於今皆爲河北，在昔皆爲河南。大河故道，自碣石入海。碣石，今平州也。所以幽、薊之邦，冀、并之壤，皆爲河南地。周定王五年以後，河道堙塞，漸移南流。至漢元光三年，徙從頓丘入渤海。渤海，今濱、滄間也。」

帝舜都。《史記》：「舜耕歷山。《書》：「帝初于歷山，往于田。」《郡國志》：「河東蒲坂有雷首山。」【注】縣南二十里有歷山，舜所耕處。《括地志》：「蒲州河中府河東縣雷首山，亦名歷山，南有舜井。又越州餘姚縣有歷山、舜井，濮州雷澤縣有歷山、舜井。又有姚墟，云生舜處也。嬀州外城中有舜井，城北有歷山。皆云舜所耕處。未詳也。」南豐曾氏曰：「鄭康成釋歷山在河東，世之好事者因嬀水出於雷首，遷就附益，謂歷山爲雷首之別號，不攷其實矣。孟子謂『舜，東夷之人』，則陶漁在濟陰，作什器在魯東門，就時在衛，耕歷山在齊，皆東方之地，合於《孟子》。《圖記》謂齊之南山爲歷山，舜所耕處，故其城名歷城，今濟南府。」漁雷澤。《括地志》：「雷夏澤在濮州雷澤縣郭外西北。」鄭康成云：「在濟陰。」《地理志》：「《禹貢》雷澤在濟陰成陽縣西北。」《墨子》曰：「舜漁于濩澤。」《通典》：「澤州陽城縣有濩澤水。」陶河濱。皇甫謐曰：「濟陰定陶西南陶丘亭是也。」今廣濟軍。《括地志》：「陶城在蒲州河東縣北三十里，即舜所都也。南去歷山不遠，何必定陶。」作什器於壽丘。壽丘在魯東門之北，今在兗州曲阜縣東北六里。附寳生黃帝于壽丘。就時於負夏。」《孟子》云：「遷於負夏。」鄭康成云「衛地」。《堯典》：「釐降二女于嬀汭，嬀，水名，在今河中府河東縣，出歷山，入河。《爾雅》：「水北曰汭。」《括地志》：「嬀州有嬀水，源出城中。《耆舊傳》曰即舜嬀汭。」《水經注》：「《世本》曰『舜居鐃內』，在漢中西城。或言嬀墟在西北，舜所居也。」《通典》：「金州西城縣有嬀墟。《帝王世紀》謂之姚墟。」《世本》曰鐃汭。《古文尚書》、《周語》「嬀內」音嬀汭。《括地志》又云：「姚墟，在濮州雷澤縣東十三里。《會稽舊記》云上虞三十里有姚丘，即舜所生也。」嬪于虞。」《括地志》：「故虞城在陝州河北縣東北五十里虞山之上。」今平陸縣。皇甫謐曰：「堯以二女妻舜，封於虞，今河東太陽山西虞城是也。舜居虞地，以虞爲氏。」《郡國志》：「太陽有吴山，上有虞城。」《括地志》：「宋州虞城縣，舜後所封。」《外紀》：「本處虞之嬀汭，號曰有虞氏。」《世紀》：「舜所營都，或言蒲坂，即河東縣。」今河中府南二里河東縣界蒲坂故城是也。或言平陽，今晉州城是也。或言潘，今上谷嬀州城是也。《外紀》都蒲坂。

右虞十二州。

【《書·禹貢》】禹敷土，隨山刊木，奠高山大川。【傳】洪水汎濫，禹分布治九州之土，隨行山林，斬木通道。高山，五岳。大川，四瀆。定其差秩，祀禮所視。

【蔡氏《集傳》】敷，分也。分別土地，以爲九州也。奠，定也。定高山大川，以別州境也。

冀州。

【《錐指》】傳曰：「堯所都也。」《正義》曰：「史傳皆云堯都平陽。《五子之歌》云：『惟彼陶唐，有此冀方。』是冀州堯所都也。」又曰：「兖州云『濟、河』，自東河以東也。豫州云『荆、河』，自南河以南也。雍州云『西河』自西河以西也。明東河之西，西河之東，南河之北，是冀州之境也。」

【《地理今釋》】冀州，今山西之太原、平陽、汾州、潞安、大同五府，澤、遼、沁三州，直隸之順天、永平、保定、廣平、順德、宣化六府，及真定、河間二府西北境，大名府濬縣西境，盛京之錦州府，河南之懷慶、衛輝、彰德三府，其北直抵塞外陰山下之北，❶東訖於大遼水也。

胡氏渭曰：「堯都平陽，今山西平陽府臨汾縣西南平陽故城是也。冀西距河，河自今塞外東受降城南而東，至山西大同府廢東勝州界折而南，經平虜衛及太原府之河曲，保德、興縣，汾州府之臨縣、永寧、寧鄉、石樓，平陽府之永和、大寧、吉州、鄉寧、河津、滎河、❷臨晉、蒲州，是爲西河，與雍分界。冀南亦距河，河自蒲州過雷首山，折而東經芮城、平陸、垣曲及河南懷慶府之濟源、孟縣、温縣、武陟，衛輝府之獲嘉、新鄉、汲縣，是爲南河，與豫分界。冀東亦以河與兗分界。自周定王五年河徙之後，禹河故道堙廢，而冀、兗之界難分。今案《漢志》魏郡鄴縣下云：『故大河在東，❸北入海。』故大河者，即王横所云『禹之行河水，本隨西山下東北去』者也。河自汲縣南，東北流，至黎陽縣西南，出大伾、上陽、三山之間，大伾山，一名黎陽山，今在濬縣東南二里，即賈讓所謂東山也。枉人山，一名善化山，在縣西北二十五里，俗名上陽山，即賈讓所謂西山也。濬縣舊志云：『在縣西十里，蓋禹迹也。』河徙由縣東，故稱此爲西河。自此而北，歷蕩陰、安陽、鄴縣、斥丘，東接内黄、魏縣。至列人、斥章之境，左會衡漳，經所謂『北過降水』也。應劭曰：「斥章縣，漳水出治北，入河。」杜佑曰：「漳水横流，至肥鄉縣界入河。」

❶「之」上，《尚書地理今釋》有「西起東受降城」六字。
❷「滎」，原作「營」，據庫本改。
❸「大河」下，原有「向」字，據庫本删。

斥章，今曲周縣地。肥鄉，漢列人縣地。蓋漳水由二縣境注於河也。河自此東北入海。及定王時南徙，則衡漳東出，循河故道而下，至東光縣西，與大河合。王莽時，河益徙而南，漳水遂專達於海。蓋禹河之故道也。以今輿地言之，濬縣、屬直隸大名府。湯陰、安陽、臨漳、並屬河南彰德府。成安、肥鄉、曲周、並屬直隸廣平府。平鄉、廣宗、鉅鹿、並屬順德府。南宮、新河、冀州、並屬真定府。東鹿、屬保定府。深州、衡水、武邑、武强、並屬真定府。阜城、獻縣、交河、滄州、青縣、靜海、天津、並屬河間府。皆禹時冀東瀕河之地，中流與兖分界。《王制》謂之『東河』。『北播爲九河』，其經流，《爾雅》謂之徒駭；又『同爲逆河』，東至碣石入海，後世謂之渤海者也。」

蕙田案：冀之東西南皆距河，與雍、豫、兖分界處，胡氏考之詳矣。若冀之東北與青分界，及冀之北境，則傳記俱無可考，胡氏謂遼東爲青域，遼西爲冀域，而北當至陰山，近是。

既載壺口，治梁及岐。

【《錐指》】傳曰：「壺口在冀州，梁、岐在雍州，從東循山治水而西。」《正義》曰：「《漢書·地理志》云：『壺口在河東北屈縣東南，梁山在左馮翊夏陽縣西北，岐山在右扶風美陽縣西北。』然則壺口西至梁山，梁山西至岐山，從東而向西言之也。』」

【《地理今釋》】壺口，今山西平陽府吉州西南七十里，有壺口山。黄河之水注其中，如壺然。案孔傳「梁、岐在雍州」，今陝西西安府韓城縣西北九十里之梁山、鳳翔府岐山縣東北四十里之岐山也。蔡傳疑雍州之山不當載於冀州，指今山西汾州府永寧州東北之吕梁山一名骨脊山者爲梁山，汾州府孝義縣西之狐岐山一名薛頡山者爲岐山。然二山去河甚遠，不得謂河水所經。曾旼云：「壺口、梁、岐，一役也，其施功皆同時，不可分言於二州，故并言於冀州。」得此可釋蔡氏之疑。

胡氏渭曰：「吉州，漢北屈，韓城則夏陽，岐山則美陽也。《尸子》、《吕氏春秋》、《淮南子》皆言『龍門未闢，吕梁未鑿，河出孟門之上』。龍門之上口爲孟門，在今吉州西，西直陜西延安府之宜川縣，其下口即今河津縣壺口山盡處，近世亦謂之龍門者，西與韓城之龍門相對。上口至下口，約一百六十餘里。三子所稱吕梁山，即《禹貢》之梁山也。《春秋》成公五年『梁山崩』，《公羊》曰：『梁山，河上山。』《穀梁》曰：『壅遏河三日不流。』《水經·河水》『南至龍門口』注云：❶『昔大禹導河積石，疏決梁山，謂斯處也，即經所謂龍門矣。』

冀州有三壺口：一在吉州西南，《禹貢》之壺口也；一爲汾陰縣西南之平山，平水所出，亦名壺口山，又名姑射山。酈道元謬以爲《尚書》之壺口；一在長治縣東南，《左傳》哀四年『齊國夏伐晉，取壺口』，杜注：『潞縣東有壺口關。』潞縣，即今潞城縣，關以山爲名。此二山皆非《禹貢》之壺口也。雍州有二梁山，一在韓城縣西北，《詩》所云『奕奕梁山』也；一在乾州西北，西南接岐山縣界，即《孟子》云

❶「至」，《水經注》卷四作「出」。

『太王居邠，踰梁山』者，非《禹貢》之梁山也。《元和志》誤以此山爲『治梁』之梁。壺口山，《漢志》在北屈縣東南。《括地志》云『在吉昌縣西南五十里』。吉昌，今吉州也。後魏延興四年，於此置定陽郡及縣。《元和志》云『北屈故縣在定陽郡二十里』，正今州直北之地，山當在其西南，《漢志》云『東南』，誤也。梁山，《漢志》在夏陽縣西北，而諸志所言皆不同。蓋是山綿亘百里，自今郃陽縣西北，抵韓城縣西北之麻線嶺，皆梁山。然向南則益西，而去河愈遠，唯韓城西北之山，首枕西河，北連龍門，當以是爲禹鑿之跡耳。」

蕙田案：胡氏考梁、岐在雍州，較蔡傳爲優。

觀承案：「治梁及岐」，仍以冀州之呂梁、狐岐二山爲是。方序冀州，不應越冀而攙入雍州之山也。夫治水施功，當自下流始，則宜首事於兖。因尊帝都，故先冀，而下文即次以兖，可徵。何得既尊帝都，倏爾突入雍州上游。吾恐下流未洩，而上游之水忽來，則帝都不將反爲其壑乎？則此亦統言壺口既載，而呂梁、狐岐諸山亦經略而整理之，不必專以治河爲言也。即專主治河，亦不必專以河岸之山爲事也。即如其說，梁山枕河，而岐山在鳳翔，則去河亦已遠矣，何獨呂梁、狐岐宜以遠河爲嫌耶？

既修太原，至於岳陽。

【《錐指》】傳曰：「高平曰太原，今以爲郡名。岳，太岳，在太原西南。山南曰陽。」

《正義》曰：「太原，原之大者，《漢書》以爲郡名，即晉陽縣是也。下文導山云『壺口、雷首，至於太岳』，知此岳即太岳也。《地理志》河東彘縣有霍太山，《周禮·職方氏》『冀州，其山鎮曰霍山』，即此太岳是也。」

【《地理今釋》】太原，即晉陽縣也，今山西太原縣是。東北去太原府治四十里。蔡傳以爲今河東路太原府者，亦統同言之也。岳陽，太岳，一名霍太山，今爲中鎮，在山西平陽府霍州東三十里。山周二百餘里，南接岳陽、趙城二縣，北接靈石縣，東接沁源縣界。

胡氏渭曰：「岳陽，就附近山南者言之，則爲今岳陽、趙城二縣，蔡氏主岳陽一縣固非，然經之所指，亦不止此二縣。揚雄《冀州牧箴》曰『岳陽是都』，則堯都平陽亦岳陽也。且如華山之陽，附近者爲商州，而山南之地非商州所可盡；衡山之陽，附近者爲衡陽縣，而荊之南界，非此縣所可盡。至若岷山之陽，更不知其所届，安得專指灌縣爲岷陽哉！夫岳陽亦猶是也，直抵南河，又何疑焉！」

閻氏若璩曰：「後『至於太岳』，專指山言。此『至於岳陽』，『陽』字所包者廣。蓋『既修太原』二句，直舉一千餘里用功而言也。」

蕙田案：岳陽，胡氏、閻氏之説是。

覃懷底績，至於衡漳。

【《錐指》】傳曰：「覃懷，近河地名。漳水横流入河，從覃懷致功至横漳。」《正義》曰：「《地理志》河内郡有懷縣，在河之北。蓋『覃懷』二字共爲一地，故云近河地名。衡即古『横』字。漳水横流入河，故云横漳。漳在懷北五百餘里。《地理志》清漳水出上黨沾縣，濁漳水出長子縣，東至鄴縣入清漳。」

胡氏渭曰：「懷縣故城，在今河南懷慶府武陟縣西。衡漳，一名降水，其入河，在今直隸廣平府肥鄉、曲周二縣界，經所謂『北過降水』者也。《漢志》鄴縣東有故大河，北入海。又廣平斥章縣注，應劭曰：『漳水出治北，入河。』《通典》云：『衡漳入河，在肥鄉縣界。』蓋河由鄴東而北，漳從鄴北横流，至肥鄉、斥章二縣界入河，故酈氏以爲《禹貢》之衡漳也。以今輿地言之，濁漳水出山西長子縣發鳩山，縣在潞安府西少南五十里。東流經長治縣西，又東北經屯留、潞城、襄垣、黎城、平順，又東經河南林縣，至涉縣東南，清漳水注之。清漳出山西樂平縣沾嶺，縣在太原府平定州東南五十里，縣西南有沾縣故城。南流經和順、遼州、黎城，又東經河南林縣，至涉縣，與濁漳合流，東經安陽、彰德府治。臨漳，在府東北八十里。又東北經直隸成安縣，在廣平府西南六十里。入肥鄉、曲周二縣界。肥鄉在府東南四十里，曲周在府東北四十里。《禹貢》之漳、降，盡於此矣。」

【《地理今釋》】覃懷，今河南懷慶府地，《通典》云「懷州，《禹貢》覃懷之地」是也。衡漳，清漳水，出今山西太原府樂平縣西南三十里沾嶺，《水經注》所謂「少山大龜谷」也，❶東南至河南彰德府涉縣交漳口，會濁漳水，又東北流入直隸界，至廣平縣

❶「龜」，當作「要」。庫本《水經注》校曰：「案：要，近刻訛作黽。」此「龜」字則爲「黽」之再訛。《説文》「漳」字下亦作「要」。

分二支，一支東行入衞河，一支爲經流，東北行，經山東丘縣界，復分二支，一支北行，入大陸澤，一支爲經流，東北行，經直隸清河、阜城、交河，至青縣，合衞河，北流至天津西沽，合桑乾諸水東行入海，所謂老漳河也。其一支入大陸者，亦東北行，至天津西沽，合諸水入海，所謂新漳河也。濁漳水出今山西潞安府長子縣西五十里發鳩山，亦東南流，至交漳口，會清漳。

觀承案：衡漳有清濁二水，濁漳出山西長子縣西五十里之發鳩山，清漳出山西樂平縣西南二十里之少山，皆經潞安府，入河南彰德府，至臨漳縣，合流爲交彰口，由磁州入直隸境。陸清獻《畿輔地圖記》謂漳河自磁州三臺口爲二支，一支東流入成安縣，逕肥鄉，抵曲周，合滏陽河；一支北流，入邯鄲縣，逕永年，至曲周，合滏陽河，歷雞澤、平鄉、任縣、隆平、寧晉，至冀州，滙滹沱河。康熙中，漳河南徙，惟滹、滏滙流，今成安故瀆，土人稱古漳河；而廣平、丘縣、清河、南宫、武邑、武强、阜城、交河皆有漳河舊瀆，稱老漳河。廣宗、鉅鹿亦有漳河舊瀆，稱小漳河。大抵古漳河、老漳河，皆當日之經流，而小漳河則其支流也。又大名府有新舊二漳河，皆自魏縣流入新漳，又舊漳之支流也。

又案：舊時漳河自臨漳縣東北入直隸廣平府境，歷成安、廣平、肥鄉、曲周、雞澤，過平鄉，合沙、洺諸河。過南河，合澧河。至任縣，入大陸澤。

歷隆平、寧晉、新河、南宫、冀州、衡水、武邑、武强、阜城、交河，合滹沱河。此其經流也。其自臨漳縣東入直隸大名府境，歷魏縣、大名，東北入山東東昌府境，至館陶入衛河者，其支流也。今則經流幾絶，支流日盛。蓋自黄河南徙，漳行河之故道，漳復南徙，以支流爲經流，亦古今水道一大變更也。

又案：漳河，《水經注》亦曰衡水。今衡水縣，古時爲漳河下流，以此得名。下文導河云「北過洚水」，《水經注》引《地理志》曰：「洚水，❶發源屯留，下亂章津。」是乃與章俱得通稱。❷《方輿紀要》冀州有「洚河枯瀆」。又漳水至寧晉縣，歷南宫、冀州、衡水、武邑、武强，又名胡盧河。又新河縣長蘆水，即漳河支流也。《括地志》：「濁漳水，亦名柳河。」歐陽忞曰：「漳河過魏縣，亦謂之魏水。」《畿輔地圖記》謂衛水爲直隸諸河之綱，直隸西南諸水莫大於漳與滹沱，而皆入衛。《錐指》謂：「永濟渠即古之清河，《漢志》之國水，《水經》之清、淇二水，曹公自枋頭遏淇水爲白溝，一名白渠，隋導爲永濟渠，一名御河，今稱衛河者也。《水經注》清河，即淇河口也。蓋互受通稱耳。」又云：「白溝又東北，漳水注之，謂

❶「洚」，《禹貢錐指》卷一三中之下云：「渭按：降，《漢書》作洚，字之誤也。」下同。

❷「章」，《水經注》卷一〇作「漳」，疑是。

之利漕口。自下清漳、白溝、淇河，咸得通稱也。」《方輿紀要》：「衛河源出河南輝縣西北七里之蘇門山，❶過衛輝府，東北入直隸大名府濬縣境，謂之白溝，亦曰通濟渠，一名永濟渠，即隋大業中所開淇、衛諸水之下流也，亦曰御河，又曰清河。」《寰宇記》：「衛河、淇水合流，亦曰黎水，又曰濬水。」今全漳皆入衛，至山東臨清州，合會通河，東北入於海。

恒、衛既從，大陸既作。

【《錐指》】傳曰：「二水已治，從其故道，大陸之地，已可耕作。」《正義》曰：「《地理志》云恒水出常山上曲陽縣，東入滱水。衛水出常山靈壽縣，東入滹沱。大陸在鉅鹿縣北。《釋地》『十藪』云『晉有大陸』，孫炎等皆云『今鉅鹿縣廣阿澤也』。」

胡氏渭曰：「上曲陽，今爲曲陽縣，屬直隸真定府之定州，其故城在縣西。靈壽縣，今屬真定府，其故城在縣西北。恒即滱水，衛即滹沱也，古今異名耳。」

【《地理今釋》】恒水，一名長溪，源出恒山，自直隸真定府阜平縣龍泉關北迤邐流經大派山，爲大派水，亦曰沙水。又東南至保定府祁州界，合滋河入於唐水，唐水即滱水也。衛水，今名雷溝河，出真定府靈壽縣良同村，南流至縣東南，入滹沱河。大陸，一名廣阿澤，跨今直隸保定府東鹿縣、《元和志》：「大陸澤在深州鹿城縣南。」順德府鉅鹿縣、《元和志》：「大鹿澤，一名鉅鹿澤，在邢州鉅鹿縣西北五里。」真定府隆平縣、《通典》趙

❶「衛」，原作「御」，據《明史・河渠志五》改。

州昭慶縣有大陸澤。《元和志》：「廣阿澤在趙州昭慶縣東二十五里。」寧晉縣、《明一統志》寧晉縣有葫蘆河，即大陸澤。深州，《通典》深州陸澤縣：「《禹貢》大陸澤在此。」《元和志》：「深州陸澤縣南三里，即大陸之澤。」上承滹沱、滏陽、漳、唐諸河水，滙爲巨浸。又東北流，爲新漳河，至大城縣爲子牙河，至天津衞入海。《漢書・溝洫志》：「禹之行河水，本隨西山下東北去。」鉅鹿正在西山之下，自是大河所經。程大昌以爲鉅鹿去河絶遠，未嘗逕邢以行，非也。當從孫炎之説爲是。

胡氏渭曰：「《周禮・職方氏》：『并州，山鎮曰恒山，其川虖池、嘔夷。』嘔夷，即後世所謂滱水也。《山海經》曰：『高是之山，滱水出焉，東流注於河。』《漢志》代郡靈丘縣下云：『滱河，東至文安，入大河。文安，屬勃海郡。《寰宇記》云：「文安故城，在今縣東北三十里。」過郡五，行九百四十里，并州川。』《禮記》：『晉人將有事於河，必先有事於惡池。』注云：『惡，當爲「虖」字誤也。』《山海經》曰：『大戲之山，滹池之水出焉。』《戰國策》蘇秦説燕曰：『南有嘑沱、易水。』《漢志》代郡鹵城縣下云：『虖沱河，東至參合，入虖沱別，并州川。從河東至文安入海，過郡六，行千三百七十里。』「參合」，當作「參户」，蓋傳寫者因郡有參合而誤。參合在漢雁門郡平城縣東，今大同府陽和衞北。鹵城與參合，大山隔絶，虖沱不得至其地。今河間府青縣南有參户故城，應劭云：「平舒縣西南五十里有參户亭，故縣也。」《水經注》：漳水自成平縣南，又東北，左會虖沱別河故瀆，又東北合清河，又東北逕章武故城西，枝瀆出爲穢水。又東北逕參户亭，分爲二瀆，一水逕參户亭北，又東北逕平舒縣，注虖沱，蓋即《漢志》所謂東至參户入虖沱別，從河東至文安入海者也。此即《禹貢》之恒、衞也。然禹主名山川，曲陽以下之滱，本名恒；靈壽以下之滹沱，本名衛。其出高是、泰戲者，則恒、衛之別源也。自周以虖池、嘔夷爲并州之川，其名著，而恒、衛之名遂隱，於是冀州二大川，以恒陽溪、雷溝河數十里之原委當之，蔡氏因目恒、衛爲小水，而經義不可通矣。

滱水出代郡靈丘縣西北高氏山，❶即嘔夷之水也。以今輿地言之，渾源、靈丘、廣昌、並屬山西大同府。曲陽、屬直隸真定府。唐縣、定州、慶都、祁州、博野、蠡縣、高陽、安州、新安、並屬保定府。任丘、屬河間府。文安屬順天府。諸州縣界中，皆古滱水之所行也。宋初猶未改，自咸平中，何承矩興塘濼以限契丹戎馬之足，於是始引水歸北，而文安之瀆遂空。其後滱水仍自蠡縣改流，經肅寧、河間、雄縣、任丘以至文安，而不復北行。明時則又自雄縣改流，入霸州、保定界爲玉帶河，不復入文安矣。此恒水下流變徙之大略也。

滹沱，大川也，《水經》當自爲一篇。頃閱《寰宇記》鎮州真定縣蒲澤下引《水經注》云：『滹沱河水，東逕常山城北，又東南爲蒲澤，濟水有梁焉，俗謂之蒲澤口。』又滋水下引《水經》云：『滋水，又東至新市縣，入滹沱河。』又深州饒陽縣枯白馬渠下引《水經》云：『滹沱河又東，有白馬渠出焉。』又瀛州河間縣大浦淀下引《水經注》云：『大浦下導，陂溝競奔，咸注滹沱。是故人因決入之處，謂之百道口。』此四條，檢今本無之，則似《水經》元有《滹沱水篇》，宋初尚存，而其後散逸，滹

❶「高」，原作「青」，據庫本改。

沱原委，不可得詳，惜哉！歐陽玄《補正水經序》引《崇文總目》云：「酈注四十卷，亡其五。」蓋涇、洛、滹沱等篇，皆在此五卷之中。今本仍爲四十卷，則後人析之以充其數耳。《漢志》代郡之鹵城，常山郡之蒲吾、靈壽、南行唐、新市，信都國之信都，河間國之弓高、樂成，勃海郡之成平、東光、參户、東平舒、文安，皆有滹沱河；弓高、樂成、參户，又有滹沱別水，而發源經過之地未悉。今據《元和志》所載，以補《水經》之闕。

滹沱水出代州繁畤縣泰戲山，一名武夫山，在縣東南九十里。繁畤，本漢葰人縣，屬雁門郡，漢末荒廢。晉改置繁畤縣，周省，隋復置。葰，音璅。滹沱，一名派水。許氏《説文》：「派水出葰人縣戍夫山。」郭景純以爲鹵城縣武夫山，《括地志》以爲孤阜山，《寰宇記》以爲平山，蓋皆泰戲之別名也。西南流逕唐林縣東，縣東北至代州一百十里，本漢廣武縣，隋爲五臺、崞二縣地。今州西有廣武廢縣，蓋即唐林縣界也。又西南逕崞縣東，縣東北至代州五臺十里，水去縣二百步。又西南逕秀容縣東。縣爲忻州治。水去縣三十二里。東轉逕定襄縣北，縣西至忻州四十五里，今治即陽曲故城。水去縣五里。又東逕五臺縣西南，縣西北至代一百二十里，水去縣三十五里。又東逕盂縣北，❶縣西南至太原府二百二十里。水西自五臺縣界流入，南去縣百里。又東南逕靈壽縣西南，衛水注之。縣東至恒州五十里，水去縣二十里。《縣志》云：「衛水在縣東十里，俗名雷溝河。源出縣東北十四里良同村，南流至縣東南，合滹沱河。」又東南逕真定縣北，縣爲恒州治。水去縣一里。又東南逕九門縣西，縣西至恒州三十里。水去縣四十九里。今藁城縣西北二十五里有九門城。又東南逕藁城縣東，縣西北至州五十八里，❷水去縣二十九里。又東逕鼓城縣

❶「盂」，原作「孟」，據庫本改。

❷「五」，原作「三」，據庫本改。

北，縣西至恒州九十五里，水去縣十三里。《寰宇記》云：「隋開皇六年，分藁城地，置昔陽縣。十八年，改爲鼓城。」又東逕深澤縣南，縣西北至定州九十里，水去縣二十五里，即冰合渡光武處，俗謂之危渡口。又東逕無極縣北，縣北至定州八十里，水去縣三十里。又東北逕鹿城縣西北，縣東至深州二十五里，水去縣四十二里，與博野縣分水。《寰宇記》：「滹沱河在博野縣東南三十五里。」又東逕安平縣南，縣東南至深州五十三里，水去縣二十三里。派水，今名礓河，西自定州義豊縣界流入。又東北逕饒陽縣北。縣西至深州三十里，水去縣四十五里。縣治晉魯口城也。公孫淵叛，司馬宣王征之，鑿滹沱入派水以運糧，因築此城。蓋滹沱有魯沱之名，因號魯口。後魏道武皇始三年，車駕幸魯口，即此地也。自此以下，當入瀛、莫二州境，而《元和志》亦闕。案《寰宇記》，瀛州河間縣西二十里，高陽縣東北十四里，莫州鄚南二里，霸州大城縣北一百三十里，文安縣西北三十里，皆有滹沱水。此即《漢志》所云『從河東至文安入海』者。以今輿地言之，繁畤、代州、崞縣、忻州、定襄、五臺、盂縣、❶並屬山西太原府。靈壽、真定、藁城、深澤、無極、並屬直隸真定府。束鹿、博野、並屬保定府。安平、饒陽、並屬真定府。高陽、屬保定府。任丘、屬河間府。大城、文安，並屬順天府。諸州縣界中，皆古滹沱水之所行也。宋初猶未改，自塘濼既興，引水歸北，而文安之瀆堙廢，遂以欒成今獻縣。之滹沱別水爲滹沱之正流，而故道不可復問。明天啟後，漸徙而南。至本朝順治二年，自東鹿南決入冀州，與漳水渾濤，而安平、饒陽之地不復有滹沱矣。滹沱在河北羣川

❶「盂」，原作「孟」，據庫本改。

中，溢決尤甚，未有數年不變。而從冀州合於漳水，亦猶黄河之與淮合，均爲古今水道之極變也。」

觀承案：恒入滱，衛入滹沱，自古而然，諸書無異，獨《錐指》謂恒即滱，衛即滹沱。蓋以今恒水由唐縣入滱，衛水由正定縣入滹沱，源流甚近，不足當禹功荒度，故以蔡傳稱小水者爲非，不知滄桑異勢，泥今論古，多有未合。康熙二十三年，陸清獻宰靈壽，爲《衛水尋源記》，適歲旱源竭，以爲非但無唐虞之汎濫，比班孟堅、酈道元之時亦迥然不侔。又謂：「今松陽、淤泥、慈汊諸河，皆近於衛，安知禹時不同滙於此，豈可據目前所見而遥斷數千年以前之形勢。」此真大儒之言。胡氏又謂曲陽以下之滱，本名恒；靈壽以下之滹沱，本名衛，其出高是、泰戲者，乃恒、衛别源，言尤鑿空。考古者以清獻爲法可矣。

又案：《山海經》：「高是之山，滱水出焉。」《水經注》：「滱水出代郡靈丘縣正北高是山，即嘔夷之水也。」《明史·地理志》：「渾源州，南有翠屏山，滱水出焉，與嘔夷水合。靈丘縣有槍峯山，即高是山，嘔夷水出焉。」其説與二經不同。《讀史方輿紀要》：「唐河，在唐縣西三十里，古嘔夷水也。」與二經合。《錐指》引《蔚州志》，謂「州南七里有翠屏山，滱水出其東，即高是之别名，南接靈丘縣界」。與《明史》又異，要當以《山海經》、《水經》爲正。

又案：《地理今釋》謂「恒水自直隸正定府阜平縣龍泉關北流，經大派山，爲大派水，亦曰沙水」云云，蓋本晁氏「今之恒水，西南流至正定府行唐縣，東流入於滋」之説。考沙水發源山西繁峙縣白坡頭，流逕直隸阜平、曲陽、行唐、新樂。《讀史方輿紀要》：「大派山，在阜平縣西北五十里。稍東爲小派山。派，音孤。以派水所逕而名。」是山以水爲名。《畿輔通志》：「沙河流逕大派山，又名派水。」是水以山爲名。二説雖不同，然恒與沙迥然兩水，固不可合而爲一也。

又案：滱水，今名唐河，出山西靈丘縣，入直隸廣昌縣，逕唐縣，過完縣、曲陽、定州，至祁州，合滋、沙二水。過博野、安平、蠡縣、高陽，由安州入白洋淀。考《水經》叙滱水所逕，先曲陽，後唐縣。今唐河自入倒馬關，由唐縣北逕完縣西，又由完縣西逕唐縣南，再逕曲陽縣東，與昔少異。當是古今疆域不同故也。至《山海經》謂滱水入河，《水經》謂滱水入易，而今入淀。蓋滱自合滋、沙二水於祁，東逕博野、蠡縣，又東逕肅寧、高陽，自河間北流歸淀。明正德中，藺家圈口北決，遂由玉田緒口北入高陽，❶是爲馬家河，至安州之桐口村入淀，逕肅寧之河遂廢。康熙四年又決布裏河，北流至安州之馮村

❶「緒」，《讀史方輿紀要》卷一二《蠡縣》及《畿輔通志》卷二二《川》皆作「渚」。

入淀，馬家河上下流亦淤。《畿輔通志》謂「唐河故瀆，在河間、任丘二縣境」，此合易之故瀆也。自明迄今，入淀之處，又凡再徙，而入河故瀆，不可考矣。此恒水下流之變遷也。又案：衞水出靈壽縣良同村，流四十里入滹沱。滹沱出山西太原府繁畤縣泰戲山，由雁門入直隸，流逕二省，幾及千里，大小判别，尤非恒、滱之比。故《水經》於恒、滱有通稱之説，而衞、滹沱不聞是也。陸清獻《畿輔地圖記》：「滹沱河在正定府南八里，發源山西，流經直隸靈壽、平山，遶正定府城南，歷藁城、晉州、束鹿，至冀州，會滏、漳二河。過衡水、武邑、武强，至河間府獻縣爲二支，一東流爲鹽河，一南流交河縣，抵青縣岔河口入衞。」《水經注》：「漳水逕武邑郡南，又東逕武强縣北，又東北逕武隧故城南，白馬河注之，上承虖池，東逕樂鄉縣北、饒陽縣南，又東南逕武邑郡北而東入衡水，謂之交津口。」此滹沱、衡漳滙流處也。《方輿紀要》：「衡漳、滹沱，皆入大陸澤。正德十年，漳徙而南，明年，滹沱徙而北。萬曆中，滹沱復南徙武强，合漳河後，又滙漳、滏於冀州。」今漳河南徙，已不復與滹沱滙，而滹沱至冀州入滏，以大就小，下流不暢，上流之勢彌横矣。又案：《方輿紀要》：「饒陽北有鐵燈竿河，滹沱自此决入蠡縣，與滋、沙、唐混流，謂之鐵燈竿水。」是則明代滹沱不徒南滙漳，且北滙唐矣。所謂「決入蠡縣」者，其支流，而非經流也。《方輿紀要》又謂晉州之鵶兒河、饒陽之饒河，皆滹沱支流云。又案：滹沱南徙滙漳河，在順治初。漳河南徙，不復與滹沱滙，在康熙中。其入衞則如故，故陸清獻以衞、白二河爲直隸諸河之綱。百年來，水道變遷，不一而足，然今京北諸河，猶皆入白，京西南諸河，猶皆入衞，於至變之中，有不變者存，豈非天地自然之道耶！

又曰：「冀州有三大陸。一在鉅鹿郡北，班固繫諸《禹貢》，又名鉅鹿澤。《吕氏春秋》云『趙有鉅鹿』。又名廣阿澤。《爾雅》『晉有大陸』，孫炎云：『今鉅鹿縣廣阿澤是也。』此真《禹貢》之大陸也。一在河内修武縣。古甯邑，秦置修武縣，其故城在今獲嘉縣西北。《左傳》定公元年：『魏獻子田於大陸，還，卒於甯。』杜預云『大陸，疑即吴澤陂，近甯』是也。一在太原鄔縣。今爲介休縣地。班固云：『九澤在縣北，是爲昭餘祁，并州藪。』酈道元云『《吕氏春秋》謂之大陸』是也。斯二者，皆非《禹貢》之大陸也。」

觀承案：大陸澤，《錐指》考之最悉，今在任縣境東北隅，纔八百頃耳。西南受順、廣二府之水，北歸寧晉泊。泊之大，三倍於澤。相去三十餘里，其間村落碁布，秋水時至，常苦泛溢。考古時大陸澤，起自鉅鹿，訖於束鹿，中跨平鄉、任縣、隆平、寧晉、冀州、深州，而今止任、寧二邑，已分爲二，奪澤之地，以田以廬，水發無所容焉，得不爲民患？《方輿紀要》：「胡盧河，在寧晉縣東南二十里，即《禹貢》之大陸澤。」今乃以澤歸任縣，而寧晉稱泊，亦流俗之譌也。

又案：禹時大陸爲河所經，故一曰「大陸既作」，一曰「至於大陸」，其不言澤者，舉澤不足以概大陸，舉大陸則澤在其中，省文也。《爾雅》：「高平曰陸。」河逕高平之地，瀦而爲澤，故又曰廣河澤。是則澤以地得名。胡氏釋《禹貢》，必謂是地非澤，固哉高叟之爲詩也！

夾右碣石，入於河。

【《錐指》】傳曰：「碣石，海畔山。」《正義》曰：「《地理志》碣石山，在北平驪城縣西南。是碣石爲海畔山也。」蘇氏曰：「河自碣石山南、渤海之北入海。夾，挾也。自海入河，逆流而西，右顧碣石，如在挾掖也。」

【《地理今釋》】碣石，案《漢書·地理志》云：「大碣石山，在右北平郡驪城縣西南。」《武帝紀》注文穎云：「碣石，在遼西絫縣。絫縣今罷入臨渝。此石著海旁。」蓋驪城即今直隸永平府撫寧縣，絫縣即今昌黎縣，二縣壤地連接，杳無碣石踪跡，而海水蕩滅之説又荒誕不可信。考《肇域志》云：「山東濟南府海豐縣有馬谷山，即古碣石。」劉文偉亦以馬谷山在古九河之下，合於《禹貢》入河入海之文，斷爲碣石無疑。近世論碣石者，惟此説庶幾近之。

蕙田案：碣石，自《漢志》後，其説不一。據《漢志》右北平驪成縣下云：「大碣石山，在縣西南，莽曰碣石。」

遼西郡絫縣下云：「有碣石水，南入官。」不言有山。及文穎注《武紀》，始有絫縣之説，與班異。其地當在今昌黎縣東絫縣故城之南。《水經》曰：「碣石在遼西臨渝縣南水中。」酈注云：「大禹鑿其石，右夾而納河，秦始皇、漢武帝皆常登之。海水西侵，歲月逾甚，而苞其山，故言水中矣。」又云：「漢司空掾王璜言碣石在海中，信而有徵。」胡朏明宗其説，辨論極詳，謂今海中無此山，碣石之亡，當在魏、齊之世。此主海水蕩滅之説者也。而元王充耘有「合口御河入海處，❶石山聳立，俗呼爲碣石」。明劉世偉又云海豐縣北馬谷山，疑即古之碣石。胡朏明皆非之。至於《括地志》謂在盧龍縣南，《唐志》及《寰宇記》則又云「石城縣有碣石」，都無足據，學者闕其疑可也。

觀承案：「碣石」自當闕疑，「夾右」亦不可强解。然有一説，「夾」即古「陜」字，此蓋總序冀州貢道，西自陜右，東自碣石，俱已入於河，入河則達帝都矣。如西河、渭汭，總括雍州之例耳。此説固自可存。

胡氏渭曰：「冀州爲中土，古軒轅、陶唐、有虞、夏后、殷人所都，及實沈、臺駘、孤竹之封皆在焉。春秋時可考者，晉、古實沈之虚，唐人是因，以服事夏、商。及周成王滅之，以封弟叔虞爲唐侯，至子燮，改名曰晉。魏、霍、冀、黎、《書·西伯戡黎》即此，今爲黎城縣。揚、郇、或作「荀」。賈、沈、姒、蓐、黄、帝封臺駘于汾川，沈、

❶「合」，元王充耘《讀書管見》卷上作「谷」。

姒、蓐、黄，實守其祀。潞、赤狄、邶、鄘、衛、始封在朝歌。邢、共、凡、原、雍、邘、虞、檀、温、中山、鼓、肥、鮮虞、薊、北燕、韓，無終、山戎，凡三十五國。戰國時屬燕、趙、魏，而秦、衛亦兼得其地。秦并天下，置三十六郡，此爲鉅鹿、邯鄲、上谷、漁陽、右北平、遼西、河東、上黨、太原、代郡、雁門、雲中、三川。北境是。漢武置十三州，此爲冀州、領郡國九。幽州、領郡國十。并州。領郡九。後漢、魏、晉並因之。晉冀州領郡國十三，幽州七，并州六。南北朝土地分裂，增置漸多，不可勝紀。唐承隋制，州即是郡。貞觀初，因山川形便，分天下爲十道。開元中，又析爲十五道，此爲河北道之汲郡、衛州。鄴郡、相。廣平、洺。鉅鹿、邢。信都、冀。趙郡、趙。常山、鎮。博陵、定。河間、瀛。文安、莫。饒陽、深。上谷、易。范陽、幽。順義、順。歸化、分順州置。歸德、燕。嬀川、嬀。漁陽、薊。密雲、檀。北平、平。柳城營。等郡，河東道之河東、蒲州。絳郡、絳。陝郡、陝北境是。平陽、晉。高平、澤。上黨、潞。樂平、儀。陽城、沁。大寧、隰。文城、慈。西河、汾。太原、并。昌化、石。雁門、代。定襄、忻。安邊、蔚。馬邑、朔。雲中雲。等郡，又都畿之河内郡、懷州。關内道之單于大都護府。案以上《通典》所列，信都當全屬兖，鄴郡之内黄、堯城、臨河，汲郡之黎陽東境，當分屬兖。以今輿地言之，山西太原、平陽、汾州、潞安、大同五府，澤、遼、沁三州，河南則懷慶、衛輝、彰德三府，唯衛輝之胙城縣舊在大河之南，當屬兖。直隸則順天、永平、保定、廣平、順德五府及真定、河間二府之西北境，當以漢時漳水故道爲界，水西屬冀，水東屬兖。大名府濬縣之西境，以宿胥故瀆爲界，西屬冀，東屬兗。又新置宣化府，舊爲萬全都司。及故遼東都司之西境，以大遼水爲界，西屬冀，東屬青。其北則踰塞，直抵陰山下，西起東受降城之北，東訖於大遼水，皆古冀州域也。」

濟、河惟兗州。

【《錐指》】傳曰：「東南據濟，西北距河。」

渭案：濟自菏又東北，會於汶，又北，東入於海。此兗之東南與豫、徐、青、分界處。河自大伾，北過降水，至於大陸，又北播爲九河，同爲逆河，入於海，此兗之西北與冀分界處。東南據濟，與豫分界，當自兗州府之曹州始。何以知之？案「導水，濟入河，溢爲滎，東出於陶丘北，又東至於菏」。菏澤在今定陶縣境，經繫諸豫；雷夏在今曹州境，經繫諸兗，故知二澤之間，爲兗、豫之界也。濟水至曹州西，分爲二水：一水東南流，爲菏水；一水東北流，入鉅野澤，爲濟瀆。《春秋》僖公三十一年：「取濟西田。」《左傳》云：「分曹地，自洮以南，東傅於濟。」酈道元云：「濟水自是東北流，出巨澤。」即此地也。濟水又北過東昌府之濮州范縣，東與徐分界。又北爲陽穀、茌平，東與青分界。轉東爲濟南府之齊河、濟陽、齊東、青城，又東爲青州府之高苑、博興、樂安，樂安縣東北一百十里有琅槐故城，漢屬千乘郡，濟水入海處也。南與青分界。今歷城以東有小清河，❶即濟水入海之故道，其北爲兗，南爲青也。西北距河與冀分界，河自今河南衛輝府胙城縣北，東至直隸大名府濬縣大伾山

❶「清」，原作「青」，據庫本改。

西折而北，經河南彰德府界中，又東北經直隸廣平、順德、真定、河間四府界中，東入於海。此禹河之故道。曲周以下，即漢時漳水之所行也。

九河既道，

【《錐指》】傳曰：「河水播爲九道，❶在此州界，平原以北是。」《正義》曰：「河從大陸東畔北行，而東北入海。冀州之東境，至河之西畔。水分大河，東爲九道，故知在兖州之界平原以北是也。《釋水》載九河之名云：『徒駭、太史、馬頰、覆釜、胡蘇、簡、絜、鉤盤、鬲津也。』《漢書・溝洫志》：『成帝時，河隄都尉許商上書曰：古記九河之名，有徒駭、胡蘇、鬲津，今見在成平、東光、鬲縣界中。自鬲津以北至徒駭，其間相去二百餘里。』是知九河所在，徒駭最北，鬲津最南。蓋徒駭是河之本道，東出分爲八枝也。許商上言三河，下言三縣，則徒駭在成平，胡蘇在東光，鬲津在鬲縣，其餘不復知也。《爾雅》九河之次，從北而南。既知三河之處，則其餘六者，太史、馬頰、覆釜在東光之北，成平之南；簡、絜、鉤盤在東光之南，鬲縣之北也。其河填塞，時有故道。鄭玄云：『今河間弓高以東，至平原鬲津，往往有其遺處。』」夏氏曰：「九河之名，出於一時之偶然，初無義訓。李巡、孫炎、郭璞皆附會，曲爲之説。渭案：漢成平、東光屬勃海郡，鬲縣屬平原郡，弓高屬河間國。今直隸河間府交河縣東有成平故城，東光縣東有東光故城，阜城縣西南有弓高故城，山東濟南府德州北有鬲縣故

❶「播」，原作「合」，據《禹貢錐指》卷三改。

城，皆漢縣也。蓋河自大陸以北，禹疏爲九道，以殺其勢，然後恒、衛可得而治，大陸盡爲良田也。」

【《地理今釋》】案孔穎達九河《疏》：「徒駭在成平，胡蘇在東光，鬲津在鬲縣。」此祖漢許商徒駭最北、鬲津最南之言也。其餘六者，復據《爾雅》九河之次，謂太史、馬頰、覆釜在東光之北，成平之南；簡、絜、鉤盤在東光之南，鬲縣之北。蔡傳以太史河不知所在，又合簡、絜爲一，與孔疏異。今考直隸河間府滄州自唐迄元，滄州治清池縣。之西交河縣漢成平縣。之東北六十里，有徒駭河，《漢書·地理志》所謂「滹沱河，民曰徒駭河」是也。山東濟南府平原縣北有篤馬河，東北經陵縣、德平、商河、隋、唐爲滴河縣。樂陵諸縣界，其流或斷或續，相傳即馬頰河也。濟南府德州有覆釜河，東北至海豐縣入海。河間府東光縣東南有胡蘇河，東經寧津縣、唐臨津縣。滄州、漢饒安縣。在州東南。慶雲縣隋、唐爲無棣縣。界，至海豐縣入海。河間府南皮縣城外有簡河、絜河二河，相去最近。濟南府樂陵縣東南有鉤盤河，自平原、德平二縣界流入，至海豐縣東入海。德州西南有鬲津河，東經吴橋、寧津、德平、樂陵、慶雲諸縣界，至海豐縣大沽口入海。其太史河，據《齊乘》在清、滄二州之間，《明一統志》亦云在南皮縣北。今其地雖無顯跡，然以孔疏參之，《明一統志》亦非無據。蓋九河故道，自春秋時已湮廢遷徙。漢、唐以來，諸儒訪求古跡，就所見之斷港絶潢，指爲某河某河似乎，是非不可知。然河自大陸以北，順勢下趨，禹時九河，自當在德州以上河間數百里之地，考之於古，驗之於今，是亦可信也已。

閻氏若璩曰：「余嘗往來燕、齊，西道河間，東履清、滄，熟訪九河故道。蓋昔北流，衡漳注之，河既東徙，漳自入海，北流之漳，古徒駭河歟？踰漳而南，清、滄二州之南有古河，隄岸數重，地皆沮洳沙鹵，太史等河，當在其地。滄州之南，有大連澱，西踰東光，東至海，此非胡蘇河歟？澱南至西無棣縣，百餘里間，有曰大河，曰沙河，皆瀕古隄，縣北地名八會口，縣城南枕無棣溝，兹非簡、絜等河歟？東無棣縣北有陷河，闊數里，西通德棣，東至海，兹非所謂鉤盤河歟？濱州北有士傷河，西踰德棣，東至海，兹非鬲津河歟？士傷河最南，比他河差狹，是爲鬲津無疑也。此本夏彝仲之言。蔡氏《集傳》乃曰：『自漢以來，講求九河，皆無依據。』祖王横之言，引碣石爲證，謂九河已淪於海。余案《禹貢》文：『北過降水，至於大陸。又北播爲九河，同爲逆河，入於海。』大陸在邢、趙、深三州之地，《爾雅》之廣阿澤也，去海岸已數百里。又東至海中，始叙九河，則大陸與九河，相離千里，如是之遠，而絶無表志，不合《禹貢》之文，其不可信一也。王横謂『海溢出，浸數百里』，而青、兖、營、平，郡邑不聞有漂没之處，而獨浸九河，其不可信二也。今平原迤北，清、滄之間，雖爲樹藝，城邑相望，而地形河勢高隱曲折，往往可尋。但禹初爲九，厥後或三或五，遷變多寡不同。必欲按名而索，故致後儒紛紛之論。」

胡氏渭曰：「漢時言九河以爲不可考者，

平當云『九河今皆寘與填同。滅』，馮逡云『九河今既滅難明』，王橫云『九河之地，已爲海所漸』是也。然許商所言，實有其地。就三河推之，其餘大概可知，九河豈真湮滅無遺迹邪！而近世學者，又患求之太詳，凡後人所鑿以通水，而被新河以舊號者，悉據以爲禹之九河。杜氏《通典》於許商所得之外，又得其三。鉤盤在景城郡界，馬頰、覆釜在平原郡界，惟太史、簡、絜三河未詳處所。而《史記正義》云『簡在貝州歷亭縣界』，《輿地廣記》云『簡、絜在臨津』，《金・地理志》云『南皮縣有潔河』，《明一統志》云『太史河在南皮縣北』，則此三河者，亦皆犂然有其處所矣。以漢人所不能知，而一一臚列如此，可信乎？不可信乎？蔡傳云：『或新河而載以舊名，或一地而互爲兩説，皆似是而非，無所依據。』此言是也。求九河者，正不必尺寸皆合於禹之故道，亦不必取足於九。許商言『自鬲以北至徒駭間，相去二百餘里』，今河雖數移徙，不離此域，韓牧以爲『可略於《禹貢》九河處穿之，縱不能爲九，但爲四五，宜有益』，此真通人之見。知此者，可與窮經，可與治水矣。」

雷夏既澤，灉、沮會同。

【《錐指》】傳曰：「雷夏，澤名。灉、沮，二水，會同此澤。」《正義》曰：「《地理志》云『雷澤在濟陰成陽縣西北』。」渭案：今山東兗州府曹州東北六十里有成陽故城，北與東昌府濮州接界，雷夏在曹之東北，濮之東南。《史記》云「堯作游成陽，舜漁於雷澤」，即此。灉、沮二水，《漢志》無文。《括地志》曰：「雷夏澤在濮州雷澤縣郭外西北。《通典》：「雷澤縣，本漢成陽縣。」《元和志》：「雷澤縣西北至濮州九十里。」案北齊廢成陽，隋復以其地置雷澤縣，唐宋因之，金又廢。今曹州東北六十里故雷澤城是。　灉、沮二水，在澤西北平地。」《元和志》曰：「灉水、沮水，二源俱出雷澤縣西北平地，去縣十四里。」又曰：「雷夏澤在縣北郭外，灉、沮二水會同此澤。」與孔傳符矣。

【《地理今釋》】雷夏，今山東東昌府濮州東南有雷澤，接曹州界。《水經注》云：「雷澤在大成陽故城西北十餘里，其陂東西二十餘里，南北十五里，即舜所漁也。」《元和志》：「灉水、沮水，俱在濮州雷澤縣西北平地，去縣四十里。」《九域志》濮州有沮溝，即「《禹貢》灉、沮會同」是也。　宋時河決曹、濮間，灉、沮源適當其衝，久而泥滓填淤，二水遂涸。　蔡傳乃欲以汳、睢當之，非是。　韓汝節云：「汳、睢在豫、徐之境，無與於兖州，而兖州自有灉、沮也。」

浮於濟、漯，達於河。

【《錐指》】傳曰：「濟、漯，兩水名。」《正義》曰：「《地理志》云：『漯水出東郡東武陽縣，至樂安千乘縣入海，過郡三，行千二十里。』其濟，則下文具矣。」渭案：今山東東昌府朝城縣西有東武陽故城，青州府高苑縣北有千乘故城，皆漢縣。　河謂南河之尾，漯首受河處也。《孟子》曰：「禹疏九河，瀹濟、漯。」皆在兖域。而經於濟、漯不言施功，以貢道見之，曰「浮於濟、漯」，則二水之治可知矣。

【《地理今釋》】漯，今山東東昌府朝城縣北有漯河，❶濟南府禹城縣西二里有漯

❶「北」，《尚書地理今釋》卷一作「南」。

河，一名源河，俗又名土河，東北入臨邑縣界。案朝城，漢之東武陽縣；高苑，漢之千乘縣；禹城，漢之高唐縣也。蓋漯水本出高唐，至千乘入海。自禹導河，至大伾，始分河之一支，《史記》禹「厮二渠以引其河」，注：「其一則漯川。」東北流，首經東武陽，至高唐，合漯水。自合漯水，則高唐以南、武陽以北之河，皆被以漯名矣。故《漢志》於平原郡高唐注則云「漯水所出」，於東郡東武陽則云「禹治漯水，東北至千乘入海」，疏解漯水源流，固自瞭然。蔡傳未究斯旨，又誤解程大昌「此河乃漢河，元非禹河」之語，竟不知漯水所在。善乎陳師凱《書傳旁通》曰：「程氏之意，非指漯爲漢河，蓋指漯入河處所受河水，乃漢以後所徙頓丘之河，非禹時澶、相以北之河，其漯水仍以東武陽爲是也。」

胡氏渭曰：「兖州有古帝顓頊之虚，杜預曰：「東郡濮陽縣，故帝顓頊之虚，故曰帝丘。」鬲、觀、有窮、昆吾、韋、顧之封，皆在焉。春秋時可考者，衛、文公遷于楚丘，成公又遷于帝丘。郕、胙、燕，南燕，姞姓。凡四國。戰國時，爲衛、魏、宋、齊、趙五國地。秦并天下，置東郡、碭郡、東北境是。齊郡、北境是。鉅鹿、上谷。二郡東境是。漢復置兖州。領郡國八。後漢、魏、晉並因之。唐爲河南道之靈昌、滑州。濮陽、濮。濟陽、濟。東平鄆。等郡，河北道之清河、貝州。魏郡、魏。博平、博。平原、德。樂安、棣。景城滄。等郡。案以上《通典》所列，有當往屬者。東平之須昌、鉅鹿、宿城及壽張之東境，此爲東原大野之地。須昌、宿城、壽張三縣故城並在今東平州界，鉅野故城在今鉅野縣西。魯郡之任城、龔丘，任城，今爲濟寧州及嘉祥縣之東境。龔丘，今爲寧陽縣。並在古濟水東。改屬徐。濟陰之南華，在菏澤西，今爲東明縣。靈昌之匡城，在南華西，今爲長垣縣。改屬豫。濟陽之長清今屬濟南府。及東阿之東境，今東阿縣是。平陰之北境，改屬青，其南境改屬徐也。平陰側岱，跨南北，故分屬青、徐。又有當來屬者。冀域信都郡及鄆郡之内黄、堯城、臨河，内黄、堯城二縣故城並在今内黄縣界，臨河故城在今滑縣北。汲郡之黎陽東境，其豫域則濟陰之乘氏也。乘氏在菏澤東，今爲曹州。以今輿地言之，河南衛輝府之胙城縣，胙城本在河南，自金明昌五年河徙出縣南，而縣始爲河北地。直隸大名府，唯濬縣之西境當屬冀，長垣、東明二縣當屬豫。及真定、河間二府之東南境，當以漢時漳水故道爲界，東南屬兖，西北屬冀。山東則東昌府，其兖州府則曹州、陽穀、壽張、鄆城，濟南、青州二府則西北境，當以漢時濟水故道爲界，西北屬兖，東南屬豫、徐、青。皆古兖州域也。」

海、岱惟青州。

【《錐指》】傳曰：「東、北據海，西南距岱。」顔氏師古。曰：「岱，即太山也。」渭案：成王賜太公履，曰：「東至於海。」季札聞齊音，曰：「表東海者，其太公乎！」齊湣王謂張儀曰：「齊僻陋，隱居東海之上。」是東據海也，而傳兼言「北」。楚子謂齊侯曰：「君處北海。」蘇秦説齊王曰：「北有勃海。」蓋自今成山以至樂安者是也，故云「東北據海」。然自朝鮮以至日照，皆青也，所遺多矣。專言東，則固可該琅邪與朝鮮也。《地理志》岱在泰山郡博縣西北。今山東濟南府泰安州東南有博故城，山在州北五里，於故城爲西北也。《公羊傳》曰：「越在岱陰齊。」蘇秦説齊王曰：「南有泰山。」《史記》曰：「泰山之陽則魯，其陰則齊。」岱主南言，與徐分界也，而傳兼言「西」，則岱不足以表其界。蓋青西以濟爲兗界，《齊語》「正封疆，西至於濟」，其明徵也。北自琅槐以西，亦以濟爲兗界，故王莽改漢齊郡曰濟南。而經不言濟者，蒙兗「濟、河」之文，從可知也。傳兼言西，則欲密而反踈。甚矣，説經之難也！

青之東境，登、萊二府之地，斗入大海中，東西長八九百里，形如吐舌。《史記・齊世家》云：「齊自泰山，屬之琅邪，北被於海，膏壤二千里。」蓋并登、萊計之也。海水自日照縣東與徐分界。

岱南與徐分界處，嘗考齊長城故址而約略得之。《管子》曰：「長城之陽，魯也。長城之陰，齊也。」是春秋時已有長城矣。《竹書紀年》曰：「梁惠成王二十年，齊築防以爲長城，城緣河，徑泰山千餘里，東至琅邪臺入海。」《齊記》曰：「齊宣王乘山嶺之上築長城，東至海，西至濟州，千餘里。」《水經注》云：「濟水自臨邑縣東，又北逕平陰城西。京相璠曰：平陰，齊地，在濟北盧縣故城西南十里。今長清縣西南二十五里有盧縣故城。南有長城，東至海，西至濟，河道所由，名防門，去平陰三里，齊侯『塹防門』，即此也。其水引濟故瀆尚存。」又云：「朱虛縣泰山上有長城，泰山，東泰山也，亦名小泰山，在臨朐縣南百里，朱虛故城在縣東。西接岱山，東連琅邪巨海，千有餘里，蓋田氏之所造。」《括地志》云：「長城，西北起濟州平陰縣，緣河，歷泰山北岡上，經齊州、淄州，❶東至密州琅邪臺入

❶「齊州」，《史記・楚世家》正義引《括地志》作「濟州」。

海。」臺在州治諸城縣東南百四十里琅邪山上。《元和志》云：「故長城，首起平陰北二十九里。」《通典》云：「盧縣有長城，東至海。蘇代説燕王曰『齊有長城鉅防』。鉅防，即防門也。」《寰宇記》云：「諸城縣南四十里有長城，東南自海，迤邐上大朱山，盡州南界二百五十里。」大朱山，南距琅邪臺六十里。今案：齊長城橫絶泰山，緜地千餘里，❶自平陰而東，歷肥城、在縣北。長清、在縣南。泰安、在州西北六十里。萊蕪、在縣北。淄川、在縣南。沂水、在縣北九十五里。臨朐、在縣南。又有穆陵關，在大峴山上，西接沂水縣界。莒州，在州北。以訖於諸城，在縣南七十里。皆有故阯。此雖後人所築，然皆因岡阜自然之勢爲之，禹時青、徐分界，亦必以此也。

青西及北，以濟爲界。鄭漁仲云：「不言濟者，以兖州見之也。」案《水經注》濟水自臨邑過平陰、盧縣、歷城、臺縣、梁鄒、臨濟、安平、樂安、利縣，至琅槐入海。以今輿地言之，平陰、長清、齊河、歷城界中之大清河，及章丘、鄒平、長山、❷新城、高苑、博興、樂安界中之小清河，即漢時濟水會汶入海之故道，古青、兖分界處也。青之東北界，無可考。疏云「越海而有遼東之地」，恐未盡。《通典》云：「青州之界，東跨海，從岱山東歷密州，東北經海曲萊州，越海分遼東、樂浪、三韓之地，❸西抵遼水。」此説近是。然三韓地太遠，而玄菟不可遺。竊疑漢武所開二郡，皆

❶「地」，原作「縣」，據庫本改。
❷「長」，原作「常」，據庫本改。
❸「浪」，原作「琅」，據庫本改。

古嵎夷之地在青州之域者，而三韓不與焉。蓋嵎夷，羲和之所宅，朝鮮箕子之所封，不應在化外。先儒但云有遼東，非也。《漢書》言「東夷，天性柔順，異於三方之外。故孔子悼道不行，設桴於海，欲居九夷」。《後漢書》言「東夷率皆土著，喜飲酒歌舞，或冠弁衣錦，器用俎豆，所謂中國失禮求之四夷者也」。觀其土俗，則青之東北界，不止於遼東明矣。《史記·秦始皇本紀》云：「地東至海暨朝鮮，北據河爲塞，並陰山至遼東。」《朝鮮列傳》云：「自始全燕時，略屬真番、朝鮮，爲置吏，築鄣塞。秦滅燕，屬遼東外徼。」燕、秦之所經略，蓋《禹貢》嵎夷之地，唐一行所謂「北戒山河，抵恒山之右，乃東循塞垣，至濊貊、朝鮮，以限戎狄」者是也。明遼東都指揮使司兼轄漢遼東、西二郡之地，都司城西四百二十里爲廣寧衛，本遼東無慮縣也。衛西，幽州域；衛東，營州域。都司城東至鴨緑江五百六十里，與高麗分水。《太康地志》云：「樂浪遂成縣有碣石，長城所起。」《通典》云：「在今高麗舊界。」蓋即蒙恬所築，起臨洮至遼東者也。東漢以來，故阯湮没，都司城北至三萬衛三百三十里，古肅慎氏地。衛西有開元城，金置會寧府，號爲上京。《禹貢》青州之北界，當極於此。衛東北距長白山千餘里，其水北流爲混同江，南流爲鴨緑江。《唐書·東夷傳》云：「高麗，馬訾水出靺鞨之白山，色若鴨頭。」即此江也。都司城南至旅順海口七百三十里，去登州不遠，順風揚帆，信宿可達。明初，遼東士子附山東鄉試，後以渡海之艱，改附順天，猶周之并營於幽也。

嵎夷既略，

【《錐指》】傳曰：「嵎夷，地名。」《正義》曰：「即《堯典》『宅嵎夷』是也。」金氏曰：「青州實跨海而有東夷，兼堯『命羲、和宅嵎夷』，以候正東之景，故特表於前。」

濰、淄其道。

【《錐指》】傳曰：「濰、淄二水，復其故道。」❶《正義》曰：「《地理志》云：『濰水出琅邪箕屋山，山見《説文》，班《志》無之，此誤增。北至都昌縣入海。過郡三，行五百二十里。淄水出泰山萊蕪縣原山，東北至博昌縣入海。』」今《漢書》本作『入泲』。渭案：都昌屬北海郡，博昌屬千乘郡。今山東青州府莒州東有箕縣故城，益都縣西南有萊蕪故城，博興縣東南有博昌故城，萊州府昌邑縣西有都昌故城，皆漢縣也。

【《日知録》】顧氏炎武曰：「濰水出琅邪郡箕屋山，在今莒州西北九十里。《書·禹貢》『濰、淄其道』、《左傳》襄公十八年『晉師東侵及濰』是也。其字或省水作『維』，或省糸作『淮』，又或从心作『惟』，總是一字。」

【《地理今釋》】淄水出今青州府益都縣西南顔神鎮東南二十五里岳陽山，即原山也。其山接濟南府章丘、淄川、萊蕪三縣。淄水出於山之東谷，東北流至青州府壽光縣北，由清水泊入海。禹時淄水入海，不入濟，《水經注》叙述甚明，《史記·河渠書》亦云禹治水之後，「於齊，則通菑、濟之間」，是二水不通可知。蔡氏因《漢書》「淄水入泲」一語云「淄水東入

❶「濰淄二水復其故道」八字，原脱，據文例補。

濟」，非是。

萊夷作牧。

【《錐指》】顔氏曰：「萊夷，萊山之夷也。」林氏曰：「《史記·齊世家》：『太公東就國，萊夷來伐，與之爭營丘。』《左傳》夾谷之會，萊人欲以兵刼魯侯，孔子曰：『兩君合好，而裔夷之俘，以兵亂之。』萊之爲夷無疑矣。先儒但以爲地名，非也。」渭案：今萊州、登州二府皆《禹貢》萊夷之地。

浮於汶，達於濟。

【《錐指》】《正義》曰：「《地理志》云汶水出泰山萊蕪縣原山，西南入濟。」渭案：此經蒙兖之文曰「達於濟」，則由漯以入河可知矣。其東北境徑浮濟，不必從汶也。以今輿地言之，汶水自萊蕪歷泰安、肥城、寧陽，至東平入濟，合流以注於海。此禹迹也。迨元人引汶絶濟爲會通河，明永樂中又築戴村壩，遏汶水盡出南旺以資運，而安山入濟之故道填淤久矣。

【《地理今釋》】汶水出今山東濟南府萊蕪縣，其源非一，合流於泰安州之静安鎮，謂之大汶。又有小汶，出新泰縣宫山之下，至徂徠山，南入大汶。《水經注》有牟汶、北汶、柴汶。汶水舊由安民亭合濟水東北入海，自明永樂九年於東平州東六十里築戴村壩，盡遏汶水出南旺，南北分流，南流達於濟寧州，會沂、泗諸水入淮者十之四，北流達於臨清州，會漳、衛諸水入海者十之六矣。

胡氏渭曰：「青州有古爽鳩氏之虚，爲季崱、有逢伯陵、蒲姑氏之所因，及斟灌、斟尋、寒、過之封，皆在焉。春秋時可考者，齊、紀、譚、州、夷、介、萊，凡七國。戰國時，爲齊、燕二國地。秦并天下，置齊郡、琅邪、東境是。遼東。漢復置青州。領郡國六。後漢、魏並因之。領郡國五。晉分置平州，青州領郡國六，平州領郡國五。後改曰幽州。唐爲河南道之北海、青州。濟南、齊。淄川、淄。高密、密。東萊、萊。東牟登。等郡，河北道之安東都護府。案以上《通典》所列，高密之莒縣及諸城之南境，當往屬徐。又有當來屬者，兖域濟陽之盧縣及東阿之東境，後漢穀城縣地在濟東者，即今東阿縣。平陰之北境，徐域魯郡乾封、萊蕪之北境是也。以今輿地言之，山東登州、萊州二府，其青州府則益都、臨淄、昌樂、安丘、壽光、臨朐及諸城、高苑、博興、樂安之南境，濟南府則肥城、長清、歷城、章丘、鄒平、長山、新城、淄川及泰安、萊蕪之北境，兖州府則唯東阿及平陰之北境，三府之地，南以齊長城故址與徐分界，西及北以漢時濟水故道與兖分界。其東北跨海爲故遼東都司之東境及朝鮮國，皆古青州域也。」

右《禹貢》冀、兖、青三州。

五禮通考卷第二百一

淮陰吴玉搢校字

五禮通考卷第二百一

内廷供奉禮部右侍郎金匱秦蕙田編輯
太子太保總督直隸右都御史桐城方觀承同訂
翰林院編修嘉定錢大昕
按察司副使元和宋宗元　參校

嘉禮七十五

體國經野

【《書·禹貢》】海、岱及淮惟徐州。

【《錐指》】傳曰：「東至海，北至岱，南及淮。」渭案：《地理志》桐栢大復山，在南陽平氏縣東南，淮水所出。東南至淮陵入海，「陵」當作「陰」，字之誤也。過郡四，行三千二百四十里。徐西不言所至，然《爾雅》云「濟東曰徐州」，則知其西亦距濟。海自江南山陽縣東折而西北，爲淮水入海之口，其北岸則安東縣也，是爲徐域。海自縣東而北，歷海州東，中有鬱林山。亦名鬱洲，北齊置東海縣，《元和志》云本漢贑榆縣地，俗謂之鬱洲，亦謂之田横島。又北歷贑榆縣東，又東北歷山東日照縣東，又東北歷諸城縣東，至琅邪臺，過此則爲青域矣。徐，北至岱。岱之西南爲東平，其南爲泰安，所謂「汶陽之田」者也。東南爲萊蕪、新泰、沂州、莒州、諸城，❶皆以長城故阯與青分界。淮水今自鳳陽府壽州界州在淮南。東流，

❶「莒州」，原脱，據庫本補。

經懷遠、五河、泗州南，又東北經淮安府清河縣，南與黄河合，又東經安東縣南，而東北入於海。中流與揚分界，故曰「南及淮」也。岱、濟之間，與兗分界，蓋在東平、汶上、鉅野之西。濟、淮之間，與豫分界，蓋在金鄉、碭山、宿州、懷遠之西。

淮、沂其乂，

【《錐指》】《正義》曰：「《地理志》云：沂水出泰山蓋縣臨樂子山，南至下邳入泗，過郡五，行六百里。淮出桐栢山，發源遠矣，於此州言之者，淮水至此而大，爲害尤甚，喜得其治，故於此記之。」渭案：桐栢山在南陽平氏縣東南，其故城在今南陽府桐栢縣西北四十里。蓋縣故城在今青州府沂水縣西北。

【《地理今釋》】沂水出今山東青州府沂水縣西北一百七十里雕崖山，接蒙陰縣界，南流至江南淮安府宿遷縣北，滙爲駱馬湖，又南入運河。

胡氏渭曰：「蔡《傳》引曾氏曰：『徐州水以沂名者非一，酈道元謂水出尼丘山西北，徑魯之雩門，亦謂之沂水。水出太山武陽之冠石山，亦謂之沂水。而沂水之大，則出於泰山也。』案《水經注》，出尼丘之沂水，流經魯縣故城南，北對稷門。稷門，一名高門，亦曰雩門，水即曾點所浴也，西入泗水，與經文之沂無涉。《水經注》有小沂水者三，曾僅舉其一。沂水出泰山郡之蓋縣，今但云『出於泰山』，非也，疑脱『蓋縣』二字。」

蒙、羽其藝。

【《錐指》】《正義》曰：「《地理志》云：蒙山在泰山蒙陰縣西南，羽山在東海祝其縣南。」渭案：今山東青州府蒙陰縣南有蒙陰故城，江南淮安府贛榆縣南有祝其故城，皆漢縣也。

胡氏渭曰：「蒙山在今蒙陰縣南四十里，西南接費縣界。《詩・魯頌》『奄有龜、蒙。』《論語》：『季氏將伐顓臾，孔子曰：昔者先王以爲東蒙主。』邢昺疏云：『山在魯東，故曰東蒙也。』《漢志》：蒙陰縣有蒙山祠，顓臾國在山下。《後魏志》：新泰縣有蒙山。宋省蒙陰，後魏以其地改置新泰縣。劉芳《徐州記》：『蒙山高四十里，長六十九里，西北接新泰縣界。』《元和志》：『蒙山在新泰縣東八十八里，費縣西北八十里。東蒙山在費縣西北七十五里。』是謂蒙與東蒙爲二山也。《齊乘》曰：『龜山在今費縣西北七十里，蒙山在龜山東，二山連屬，長八十里。《禹貢》之蒙、羽，《論語》之東蒙，正此蒙山也。後人惑於東蒙之説，遂誤以龜山當蒙山、蒙山爲東蒙，而隱没龜山之本名，故今定正之。』邑人公鼐論曰：『蒙山高峯數處，❶俗以在東者爲東蒙，中央者爲雲蒙，在西者龜蒙，其實一山。龜山自在新泰，其北有沃壤，所謂龜陰之田，亦非即龜蒙峰也。』參之以邢疏，東蒙即蒙山，非有二山明矣。

《漢志》：『祝其縣南有羽山。』杜預《左傳》注亦云『在祝其縣西南』。縣之故城在今贛榆縣界。而《隋志》朐山縣有羽山。《元和志》云：『羽山，在朐山縣西北一百里。』又云：『在臨沂縣東南一百十里，與朐山縣分界。』朐山，今海州。臨沂，今沂州也。近志郯城縣東北亦有羽

❶「山」，原脱，據《禹貢錐指》卷五補。

山，接贛榆界。《齊乘》云：『羽山，舊在朐山縣東北九十里，今屬沂州，在東南一百二十里。』時郯城未復，故在州境也。諸説不同，要之，此山在沂州之東南、海州之西北、贛榆之西南、郯城之東北，實跨四州縣之境也。《明一統志》云『在贛榆縣西北八十里』則誤矣。説者皆以此山爲舜殛鯀處，山下有羽潭，即《左傳》所云『其神化爲黄熊，入于羽淵』者也。愚謂此地太近，非荒服放流之宅。孔安國《舜典》傳云：『羽山，東裔，在海中。』今登州府蓬萊縣有羽山。《寰宇記》云『在縣東十五里，即殛鯀處。有鯀城，在縣南六十里。』以近殛鯀之地而名，此與孔傳謂『在海中』者合，當從之。《齊乘》：『九目山，東北二十里有龍山，又北即羽山。』《蓬萊新志》云：『在縣東南三十里。』《禹貢》之羽在徐域，《舜典》之羽在青域，不可以無辨。」

蕙田案：此辨蒙、羽二山是。

大野既豬，東原底平。

【《錐指》】傳曰：「大野，澤名。」《正義》曰：「《地理志》：大野澤在山陽鉅野縣北。東原，即今之東平郡。」蔡氏曰：「東原在徐之西北而謂之東者，以在濟東故也。漢東平國，景帝亦名濟東國，益知大野、東原所以志濟也。」渭案：今山東兖州府鉅野縣西有鉅野故城，何承天曰「鉅野，湖澤廣大，南通洙、泗，北連清、濟，舊縣故城，正在澤中」是也。漢東平國，治無鹽縣，其故城在今東平州東。《周禮》兖州澤藪曰大野。夏元肅云：「大野，在徐之西，兖之東。周無徐州，故以屬兖。」《爾雅》十藪，魯有大野。《左傳》哀十四年：「西狩于大野，獲麟。」杜注云：「在高平鉅野縣東北大澤是也。」秦漢之際，稱鉅野澤。《史記》：「彭越漁於鉅野澤中。」後又稱巨澤。《水經注》：「濟水，東北出巨澤。」是皆大野矣。《元和志》云：「大野澤，在鉅野縣東五里，南北三百里，東西百餘里。」近志云：鉅野澤，在縣城北。案鉅野故城，在今縣西。而何承天云「舊縣故城，皆在澤中」，則澤必不起自今縣之東北可知也。蓋此地屢遭河患。漢元光三年，河決濮陽瓠子，注鉅野，通淮、泗。後二十餘年始塞。自是之後，五代晉開運初、宋咸平三年、天禧三年、熙寧十年、金明昌五年，河皆決入鉅野，溢於淮、泗，或由北清河入海。自漢以來，衝決填淤，凡四五度，高下易形，久已非禹迹之舊。逮元至正四年，河又決入此地，鉅野、嘉祥、汶上、任城等縣皆罹水患。及河南徙，澤遂涸爲平陸，而畔岸不可復識矣。

又曰：「吴氏澄曰：『大野澤，俗稱梁山濼。』于欽《齊乘》亦云『澤即梁山泊也』。梁山在壽張縣東南七十里，東平州西南五十里，東接汶上縣界。汶水西南流，與濟水會於山之東北，迴合而成濼。志云大野澤之下流也，水常滙於此。金時河益南徙，梁山濼漸淤。」

羽畎夏翟，嶧陽孤桐。

【《錐指》】傳曰：「嶧山之陽。」《正義》曰：「《地理志》云：東海下邳縣西有葛嶧山，即此山也。」渭案：《後漢・郡國志》下邳東海縣「有葛嶧山，本嶧陽山」。劉昭補注云：「山出名桐。伏滔《北征記》曰：今槃根往往而存。」山在今淮安之邳州西北六里。林少穎云「嶧山，即《詩》所謂『保有梟、繹』」，非也。渭案：《漢志》東海下邳縣：「葛嶧山在西，古文以爲嶧陽。」魯國騶縣：「故邾國，嶧山在北。」嶧、繹，古字通。今兗州府鄒縣東南有嶧山，一名邾繹，亦曰鄒嶧，此皆「梟、繹」之繹。《左傳》「邾文公卜遷于繹」，《史記》秦始皇刻石頌功德者也。《水經注》：「泗水歷下邳縣，逕葛嶧山東，即奚仲所遷之邳繹。」《元和志》謂之嶧陽山，《邳州新志》云「俗名距山，以其與沂水相距也」。此乃《禹貢》之嶧陽。《漢志》極其分明，林氏混而一之，大謬。蔡傳主葛嶧，而黃文叔以爲在鄒縣，非唯不見《北征記》語，亦不知有《地理志》矣。

泗濱浮磬，

【《錐指》】泗濱，先儒但云「泗水之涯」，而不言在何縣。《水經注》：「泗水自彭城又東南過呂縣南，水上有石梁焉，故曰呂梁。《晉太康地記》曰水出磬石，《書》所謂『泗濱浮磬』者也。」《括地志》亦云「泗水至彭城呂梁，出磬石」。今徐州東南六十里有呂梁洪。高誘《淮南子》注云：「呂梁在彭城呂縣，石生水中，禹決而通之。」蓋即磬石之所出也。金元以來，泗彌爲河。明嘉靖中，惡其石破害運舡，鑿之使平，而浮磬愈不可問矣。

淮夷蠙珠暨魚。

胡氏渭曰：「淮南北近海之地，皆爲淮夷。《書序》曰：『武王崩，三監及淮夷叛。』又曰：『成王東伐淮夷，遂踐奄。』《費誓》曰：『徂茲淮夷、❶徐戎並興。』《詩

❶「徂」，原作「維」，據庫本改。

序》：『宣王命召公平淮夷。』《常武》曰：『率彼淮浦，省此徐土。』又曰：『截彼淮浦，王師之所。』《魯頌》曰：『奄有龜蒙，遂荒大東。至于海邦，淮夷來同。』《左傳》僖十三年：『淮夷病杞。』此皆淮北之夷在徐州之域者也。《江漢》之詩曰：『江漢浮浮，武夫滔滔。匪安匪遊，淮夷來求。』《春秋》昭公四年：『楚子召諸侯及淮夷，會于申。』此皆淮南之夷在揚州之域者也。經所稱『淮夷』，乃淮北之夷。漢臨淮郡有淮浦縣，今爲安東縣，屬淮安府，淮水從此入海，即《詩》所謂『淮浦』矣。淮夷蓋在東方荒服之内，故亦謂之東夷，今淮、揚二府近海皆是也。」

浮于淮、泗，達于河。

【《錐指》】金氏曰：「達于河，古文《尚書》作『達于菏』，《説文》引《書》亦作『菏』，今俗本誤作『河』耳。菏澤與濟水相通，而泗水上可以通菏，下可以通淮，徐州浮淮入泗，自泗達菏也。青州書『達于濟』，則達河可知。故徐州書『達于菏』，則達濟可知。」渭案：菏謂菏澤，在今兖州府定陶縣東北。《説文》「菏」字下云：「《禹貢》『浮于淮、泗，達于菏』。从水苛聲。」徐鉉音古俄切。隸从艸作「菏」，俗遂訛爲「荷」，❶又訛爲「河」也。許慎時經猶作「菏」，而《史記》、《漢書》並作「河」，蓋後人傳寫之誤。濟水豬爲菏澤，此經蒙青之文曰「達于菏」，則由濟入漯可知矣。以今輿地言之，泗水出泗水縣，歷曲阜、滋陽、濟寧、鄒縣、魚臺、滕縣、並屬山東兖州府。沛縣、徐州、沛縣屬徐州，隸江南。邳州、

❶「荷」，原作「菏」，據庫本改。

宿遷、桃源，至清河縣入淮。並屬淮安府。此禹迹也。今其故道自徐城以南，悉爲黄河所占，而淮不得擅會泗之名矣。胡氏渭曰：「徐州有古大庭、少皞之虚，《左傳》：「梓慎登大庭氏之庫。」注云：「大庭，古國名，在魯城内。」或曰：大庭即炎帝也。劉楨《魯都賦》云：「戢武器于有炎之庫。」有緡、大彭、奄、邳之封皆在焉。春秋時可考者，魯、滕、茅、薛、徐、邾、莒、蕭、郯、遂、任、宿、須句、顓臾、鄫、鄅、陽、鄣、郳、後爲小邾。向、極、牟、鑄、鄟、邿、偪陽、根牟、鍾吾、甲父，凡二十九國。戰國時屬魯，而宋、齊、楚亦兼得其地。秦并天下，置泗水、琅邪、西境是。薛郡。漢改置東海郡，復以其地爲徐州。領郡國四。後漢、魏、晉並因之。魏、晉領郡國七。唐爲河南道之彭城、徐州。臨淮、泗。魯郡、兖。東海、海。琅邪沂。等郡。案以上《通典》所列，唯魯郡乾封、萊蕪之北境當往屬青。其當來屬者，兖域東平之須昌、鉅野、宿城、及壽張之東境，濟陽、平陰之南境，青域高密之莒縣及諸城之南境是也。以今輿地言之，江南徐州及鳳陽府之懷遠、五河、虹縣、泗州、宿州、靈璧，淮安府之桃源、清河、安東、邳州、宿遷、睢寧、海州、贛榆，山東兖州府則滋陽、曲阜、寧陽、鄒縣、泗水、滕縣、嶧縣、金鄉、魚臺、濟寧、嘉祥、鉅野、東平、汶上、沂州、郯城、費縣及平陰之南境，濟南府則新泰及泰安、萊蕪之南境，青州府則蒙陰、沂水、莒州、日照及諸城之南境，皆古徐州域也。」

淮、海惟揚州。

【《錐指》】傳曰：「北據淮，南距海。」渭案：海岸雖自東北迤西南，而經云「東漸于海」，則青、徐、揚之海皆主東言可知也。傳於青兼言北，既爲失之，而於揚專言南，則失之愈甚。《通典》曰：「揚州，北距淮，東南距海。舊曰『南距海』，今改爲『東南』。」自晉以後，歷代史皆云五嶺之南至于海，並是揚州之地。案《禹貢》物産貢賦，《職方》山藪川浸，皆不及五嶺之外。❶且荆州南境，至衡山之陽，若五嶺之南，在九州封域，則以鄰接，宜屬荆州，豈有捨荆而屬揚，此近史之誤也。杜氏此言良是，改「南」爲「東南」，視傳爲優。其所距者，即秦、漢南海郡之揭陽縣，唐潮陽郡，今潮州府是也。南海郡治番禺，其極東界爲揭陽縣，王莽改縣曰南海亭。蓋至此始爲南海，而揭陽以北猶爲東海，故知揚州之海，經亦主東言也。淮水自今河南汝寧府息縣南東流，經光山縣北，是爲揚域。又東經光州北，又東經固始縣北，又東北經江南鳳陽府潁州北，又東經霍丘縣北、潁上縣南，又東經壽州北，與豫分界。又東北經五河縣東南，又東經泗州南、盱眙縣北，又東北經淮安府清河縣南，又東經山陽縣北，又東經安東縣南，而東北注于海，與徐分界。海自山陽縣東北折而東南，歷鹽城、興化、如皋縣東，又南至通州東，爲江水入海之口，其南岸則太倉州也。自州東又東南，歷上海縣、金山衞東，又南歷浙江鎮海、象山縣，折而西，歷寧海縣東，又西南歷黄巖、太平、樂清、瑞安、平陽縣東，又南歷福建福寧州東，又西南歷羅源、連江、長樂、福清縣東，又西南歷莆田、惠

❶「外」，原作「州」，據庫本改。

安、同安縣南，又西南歷海澄、漳浦、詔安縣東南，又西歷廣東澄海縣南，又西至潮陽縣南，揚州之海，於斯極矣。昔周宣王命召公平淮夷，帥師自江、漢循流而下，故其詩曰：「江漢浮浮，武夫滔滔。」又曰：「于疆于理，至于南海。」淮夷，淮南之夷。南海，即揚東南所距之海。韓退之《南海神廟碑》云：「廣州治東南海道八十里，扶胥之口，黄木之灣。」此番禺之海也。《潮州刺史謝上表》云：「州南近界，漲海連天。」此揭陽之海也。《詩》所謂「至於南海」者，亦至揭陽而止耳，豈必踰嶺以至番禺哉！《左傳》僖四年，楚子使屈完言於齊侯曰：「君處北海，寡人處南海。」注云：「楚界猶未至南海，因齊處北海，遂稱所近。」蓋夸大之辭。其襄十三年子囊述共王之德曰：「撫有蠻夷，奄征南海。」「征」與「處」不同。蓋楚至悼王時，吴起爲楚南收揚、越，楚地始踰嶺而瀕南海，共王則征之而已。此却非夸大之辭。

揚之南界，經無可見。據《通典》，以潮陽隸古揚州。蓋自江西大庾嶺東南，羣山緜亘，以達于廣東潮州府之揭陽，即揚之南界也。大庾嶺在南安府大庾縣南八十里，縣本漢豫章郡南壄縣地。南接廣東南雄府保昌縣界，縣亦南壄縣地。《水經注》以爲「五嶺之最東，亦名東嶠」，《漢書》謂之「塞上」。南越相吕嘉破漢將軍韓千秋于石門，送漢節至于塞上，即此地也。《後漢志》名臺領山，唐以後又稱梅嶺。其西爲聶都山，贛水所出，與湖廣郴州宜章縣接界。裴淵《廣州記》曰：「五嶺，大庾、始安、臨賀、桂陽、揭陽也。」此與《水經注》小異。桂陽，即騎田，而無都龐，有揭陽。顔師古云：「嶺者，西自衡山之南，東窮于海，一山之限耳，而别標名則有五。」蓋依裴氏。五嶺訖揭陽。揭陽山，一名揭嶺，在今揭陽縣西北百五十里，南北二支，直抵惠州府興寧、海豐二縣界。山南揭陽故城，漢縣也。今西自越城、騎田，萌渚，陂陁相屬，直趨大庾嶺。又循脊而下，東包揭陽，屬之海壖，與江西、福建分險。唐一行所謂「南戒，山河至衡陽，東循嶺徼，達東甌、閩中，以限蠻夷」者是也。

揚之西界，經亦無可見。今據《通典》所隸郡縣約略言之，蓋自河南光山縣，與豫分界，其南爲湖廣之羅田、蘄水、蘄州、廣濟，踰江而南，則爲江西之瑞昌，又西南爲武寧、寧州、萬載、萍鄉、永新、永寧，又東南爲龍泉、崇義、大庾，皆與荆分界處也。

彭蠡既豬，陽鳥攸居。

【《錐指》】傳曰：「彭蠡，澤名。」吴氏曰：「彭蠡澤跨豫章、鄱陽之境，廣數百里，受歙、信、饒、撫之水及洪東境之水，豬名鄱陽湖，流出名揚瀾、左蠡，虔、吉、袁、筠之水及洪西境之水皆會，過南康，至湖口縣入江。」渭案：《地理志》豫章彭澤縣西有彭蠡澤。今江西湖口、彭澤、都昌三縣，皆漢彭澤縣地。湖口、彭澤屬九江府，都昌屬南康府。《吕覽》云：「禹爲彭澤之障，乾東土。」謂斯役也。彭蠡澤，後稱彭蠡湖，在今江西南昌府城東北一百五十里，饒州府城西四十里，南康府城東五里，九江府城東南九十里，周迴四百五十里，浸四郡之境，亦曰鄱陽湖，以中有鄱陽山而名。俗因號在都昌者爲東鄱湖，在南昌者爲西鄱湖。湖又隨地而異名。其在星子縣東南接南昌界者曰宫亭湖。《水經注》云：「廬山南嶺下有神廟，號曰宫亭廟，故彭湖亦有宫亭之稱。湖有落星石，周迴百餘步，高五丈。」其在都昌縣西南者曰揚瀾湖，又北曰左里湖。《通典》云：「地在章江之左，因名。」《元和志》云：「揚瀾湖，北曰左里，一作左蠡。」今縣西南九十里有左里城是也。其在餘干縣西北者曰擔石湖，《通典》云「鄱陽郡，西百七十里至擔石湖」是也。《輿程記》云：「自湖口縣入彭蠡湖，經大孤山，至南康府百二十里，又二百五十里至南昌府。自縣而東，南渡湖，抵饒州，凡三百七十里。」鄱陽山，本名力士山，亦名石印山，東南去鄱陽縣百五十里，漢爲歷陵縣地。湖中又有康郎山，在餘干縣北八十里，爲風帆之表幟。大孤山在九江府德化縣東南四十里，與南康分界。《水經注》云：「有孤石介立湖中，❶周迴一里，竦立百丈，矗然高峻，特爲瓌異。」疑謂此山。唐顧況詩：「大孤山盡小孤出。」蓋彭澤縣之小孤山與此遥相望也。鄱蠡所受有九水，劉歆云「湖漢等九水入彭蠡」是也。或曰十川。酈道元云：「贛水總納十川。」《漢志》豫章郡贛縣下云「豫章水出西南，北入大江」，雩都縣下云「湖漢水東至彭蠡入江」。又有鄱水、餘水、脩水、盱水、蜀水、南水、彭水、廬水，皆入湖漢水。湖漢水與豫章水，源異而流同，彭水即豫章水之上源，非有二水。

❶「介」，原作「界」，據《禹貢錐指》卷六改。

是湖漢、豫章與鄱、餘、脩、盱、蜀、南、廬爲九水也。《水經注》則湖漢、豫章總謂之贛水，出豫章南野縣西，一名豫章水。以今輿地言之，贛水自湖廣郴州、宜章縣流入江西崇義縣界，歷上猶、南康、贛縣、萬安、泰和、廬陵、吉水、永豐、峽江、新淦、清江、豐城，至南昌入彭蠡湖。又北歷星子、都昌、德化、湖口，注于大江。春夏時，彭蠡浩蕩無涯，霜降水涸，則贛川如帶而已。此水自昔有南江之稱，鄭康成説「三江」云「右會彭蠡爲南江」。《南史・王僧辯傳》陳霸先自嶺南起兵討侯景，出南江，行至湓口。胡三省云：「贛水謂之南江。」唐張九齡都督洪州，有《望南江入始興郡路詩》。

三江既入，震澤底定。

【《錐指》】《正義》曰：「《地理志》云：會稽吴縣，故周泰伯所封國也。具區在西，古文以爲震澤。」蘇氏曰：「豫章江入彭蠡而東至海，爲南江。岷江，江之經流，會彭蠡以入海，爲中江。漢自北入江，會彭蠡，爲北江。三江入海，則吴越始有可宅之土，而水所鍾者，獨震澤而已。」曾氏曰：「具區之水，多震而難定，故謂之震澤。震即『三川震』之震，若今湖翻。底定者，言底于定而不震蕩也。」易氏曰：「三江自入于海，不通震澤，而經何以言『震澤底定』？蓋江、湖在今日雖無相通之勢，而當時洪水實有横流之理。想其際，震澤與江水莽爲一壑，自大禹疏導而三江入海，震澤乃底於定，自然之勢也。」見王天與《尚書纂傳》。渭案：蘇氏三江之説，人或疑之。及閲徐堅《初學記》引鄭康成《書注》以證三江曰：「左合漢，爲北江。右會彭蠡，爲南江。岷江居其中，則爲中江。故《書》稱東爲中江者，明岷江至彭蠡與南北合，始得稱中也。」始知蘇氏所説，東漢時固已有之。馬中錫云：「斯言也，百世以俟聖人可也。」

【《地理今釋》】三江，孔安國、班固、鄭康成、韋昭、桑欽、郭璞、顧夷諸説不一，惟鄭康成曰「左合漢，爲北江；右合彭蠡，爲南江；岷江居其中，則爲中江。故書稱東爲中江者，明岷江至彭蠡，并與南北合，始得稱中也。」融洽前後經文，確不可易。宋蘇軾實宗其説。蔡傳專主庾仲初吴都賦注，以松江、婁江、東江爲三江，力排蘇説。且曰：「大江合漢與彭蠡之後，又千餘里而入海，不復可指爲三。」不知「三江」云者，因上流有中江、北江、南江而言之，非截然指爲三也。蔡傳又云：「《禹貢》無施勞者，雖大亦略。揚州大江，無俟濬治，故在不書。」不知《禹貢》所紀成功，而施功即在其中。當洪水氾濫之後，大江自彭蠡以東，至入海處，其間豈無泥沙壅塞？謂之「無施勞」可乎？况《管子》、《荀子》、《淮南子》皆云「禹疏三江」可證也。

胡氏渭曰：「《禹貢》『三江』之不明，誤自班固始。《漢志》會稽吴縣下云：『南江在南，東入海。』毗陵縣下云：『北江在北，東入海。』今本《漢書》脱上一「北」字。此據宋本增入。《後漢志》亦云「北江」。丹陽蕪湖縣下云：『中江出西南，東至陽羨入海，皆揚州川也。』蓋北江爲經流，至江都入海，中江由吴松入海，南江合浙江入海，皆北江之枝瀆也。導水明言漢自彭蠡東爲北江，江自彭蠡東爲中江。誠如班氏所言，則蕪湖之中江，何以知爲江水之所分？毗陵之北江，何以定爲漢水之所獨乎？以此當《禹貢》三江之二，雖愚者亦知其非矣。

《職方氏》荆州曰『其川江、漢』，揚州曰『其川三江』，此正與《禹貢》同。蓋荆州未會彭蠡，故但稱江、漢。及至揚州，則江、漢與彭蠡參會，故有三江之目。二經若合符節。或因《職方》與『五湖』連舉，又《班志》以蕪湖之中江、吴縣之南江爲揚州川，遂以三江口當之，大非。

三江，孔穎達主班固，陸德明兼舉韋昭、顧夷而無所專主，蔡沈主庾仲初，歸有光主郭璞。今有要言不煩，可以折聚訟之紛紛者。富順熊過云：『黄帝正名百物，未嘗假借，後世乃通之耳。』竊謂禹主名山川亦然。南方流水，通呼爲江；北方流水，通呼爲河。故傳記多隨俗之稱，而《禹貢》無所假借。唯水之出自河者衆，不可勝名，則總其數而謂之河，九河是也。衆水之會而入於江者，混爲一川，大小相敵，則亦總其數而謂之江，三江、九江是也。然漯亦河之别而不名河，江之别曰沱，漢之别曰潛，則其名有所不輕與矣。而況松江爲震澤之下流，錢唐、浦陽之出自浙東者哉？夫江、河者，百川之宗也。非江而被以江名，是猶吴、楚僭王，《春秋》之所誅絶也，《禹貢》、《職方》豈有是與？總之，三江紀其合，不紀其分，苟以派别者當之，則必與導水之義有礙，故或以爲錯誤，或以爲衍文，而聖經亦不足信矣。諸説唯蘇軾同鄭康成，爲無病，以其非異派也。先儒曾旼、程珌、易祓、夏僎、程大昌、黄度、陳普、王充耘皆主蘇説。近世蔡傳單行，而鄭曉、周洪謨、馬中錫、邵寳、張吉、章潢、郝敬、袁黄亦以蘇説爲是，此心此理之同，終不容泯也。

觀承案：「三江既入」句，當另爲一條。三江者，以經証經，當是北江、中江、九江耳。《禹貢》諸水俱不稱江，惟此三水獨有江名，故至揚入海，雖合流已久，而尚别之爲三，所以存其源也。舊惟連「震澤底定」爲節，故蔡氏泥之，而取庾仲初婁江、東江、松江俱震澤下流之三水以解三江耳。不知《禹貢》規一州全勢以立文，非專作蘇州一郡志也。故當逐句讀斷，則先曰「彭蠡既豬」，而揚州西偏之水寧矣；次曰「三江既入」，而揚州北偏之水順矣；乃曰「震澤底定」，而揚州東偏之水亦平矣。三方循軌，而其南浙江諸水，則地偏勢急，而本無水患，而揚州全局，不了然在目也耶！似此説爲長也。

孔傳云：『震澤，吴南太湖名。』《山海經》：『浮玉之山，北望具區。』注云：『太湖也。』《爾雅》十藪，『吴越之間曰具區』，注云：『具區，今吴縣西南太湖，即震澤也。』今案《周禮》『揚州澤藪曰具區』，班固以爲即震澤。蓋澤自吴西南境東出爲松江，一名笠澤，在今吴江縣界，北去吴五十里。《水經注》云：『笠澤，在吴南松江左右。《國語》「越伐吴，吴禦之笠澤。越軍江北、吴軍江南」者是也。』❶孔、郭指

❶「越軍江北吴軍江南」，《水經注》卷二九作「越軍江南吴軍江北」，與《國語·吴語》合。

此爲太湖，則誤矣。《越絶書》曰：『太湖周三萬六千頃。』《水經注》引韋昭曰：『方員五百里。』盧熊《蘇州府志》引顔真卿《石柱記》曰：『四萬八千頃。』王鏊《姑蘇志》曰：『東西二百餘里，南北一百二十里，占蘇、湖、常三州。』今案：蘇之吴、吴江，湖之烏程、長興，常之宜興、武進、無錫，此七縣者皆瀕太湖。楊脩《五湖賦》云：『頭首無錫，足蹄松江，負烏程於背上，懷大吴以當胸。』數言可作圖經也。湖中有七十二山，其最著者，曰包山、夫椒山、胥母山、大雷山、小雷山、三山。其上源，西北有宣、歙、金陵、九陽江之水，由常州之百瀆以下；西南有苕、霅諸水，由湖州之七十二漊以入焉。其下流爲松江，江水東北流，岐分爲三江口。《史記正義》云：『震澤在蘇州西南四十五里。三江者，在蘇州東南三十里，名三江口。一江西南上七十里至太湖，名曰松江，古笠澤江；一江東南上七十里至白蜆湖，名曰上江，亦曰東江；一江東北下三百餘里入海，名曰下江，亦曰婁江。於其分處，號曰三江口。』松江，東歷夏駕浦，又東爲青龍江，至南蹌浦口入海。而太湖枝津則有崑山之劉家河，常熟之白茆港。兩縣境中，又有三十六浦，在常熟者二十四，水入揚子江；在崑山者十二，水入于海。皆所以決壅滯而防泛濫，使民田無漂没之憂者也。今東壩堅固，宣、歙、金陵、九陽江之水雖不入太湖，而東江久已淤塞，松江日漸淺隘，諸港浦亦多陻廢，湖水不能速達于海，事與禹時不同。此籌水利者所以汲汲於下流之疏瀹與！《周禮》『揚州浸曰五湖』，據《國語》、《史記》、《吴越春秋》，則即是太湖，東通松江，南通霅溪，西通荆溪，北通滆湖，東連韭溪，《吴郡俗圖經》云在嘉興。凡有五道，故名五湖。韋昭曰：『五湖者，胥湖、蠡湖、洮湖、滆湖，就太湖而五，實一湖也。』前説較長。張勃、酈道元、張守節、陸龜蒙、李宗諤諸家之説，雖名稱各殊，道里互别，然皆在太湖上下二三百里之間。唯李善以洞庭、彭蠡、震澤、巢湖、鑑湖，司馬貞以具區、洮、滆、彭蠡、青草爲五湖。夫洞庭、青草在荆域，而以爲五湖之一，則顯與《職方》相背矣，不可從。《韓非子》謂洞庭爲五湖，猶言五渚耳。此洞庭自爲五湖，與揚之五湖無涉。具區、五湖，明是兩處，而孔傳謂太湖名震澤，《正義》爲之辭曰：『餘州浸、藪各異而揚州浸、藪同處，論其水謂之浸，指其澤謂之藪。』此説非也。葉少藴云：『凡言藪者，皆人所資以爲利，故曰藪以富得民。而浸則但水之所鍾也。揚州之藪爲震澤，今平望、八赤、震澤之間，平望鎮在吴江南四十五里，八赤市在縣南二十里，震澤鎮在縣西南八十五里。水瀰漫而極淺，其蒲魚蓮芡之利，人所資者甚廣，亦或可隄而爲田，與太湖異，所以謂之澤藪。然積潦暴至，無以洩之，則溢而爲害，所以謂之震澤。』黄子鴻申其義曰：『今土人自包山以西謂之西太湖，水始淵深。自莫釐武山以東謂之南湖，水極灘淺，蓋即古之震澤，止以上流相通，後人遂混謂之太湖，誤矣。』渭案：此辨《周官》之藪浸，極明晰。蓋自莫釐武山以東至平望、八赤之間，松江左右，笠澤之地，皆古具區，《禹貢》謂之震澤者也。」鄭莒畦曰：「烏程有震澤，上下二鄉，今南潯上林乾村濱湖一帶數十里皆是，亦即古具區，《禹貢》所謂震澤者也。故顔魯公作《石柱記》，其辭甚簡，必以震澤、太湖兩處見之。」

【《禹貢長箋》】朱氏長孺曰：「案《職方》具區，即《禹貢》震澤，孔氏《書傳》、鄭氏《周禮注》所云在『吴南』者是也，但以爲即五湖，則未然。《職方氏》諸州皆有澤藪，不應揚州水國，反獨無之，而與浸同處。孔、鄭所云『吴南』者，漢吴縣治之南也。吴縣治之南，爲今吴江至嘉興一帶，禹時懷襄未平，三吴一壑，具區當於其地求之。若五湖，即今太湖，自環吴縣境之西北，豈可合之爲一哉！具區之源，當與太湖俱來苕、霅，而水草所鍾，淺而易溢。太湖水西來氾濫，則澤水奔騰震蕩，自底定之後，始可陂障沮洳，數十百里，民仰其利。故《爾雅》謂之藪，《職方》謂之澤藪，而五湖則别之曰浸。迨乎日久填淤，生殖漸繁，遂成沃壤。漢後諸儒，求其地而不得，遂合五湖而一之，《正義》又曲爲之説，豈知三代以前，固有澤浸不同者哉！」

蕙田案：黄氏、朱氏、胡氏具區、震澤之辨，確不可易。

島夷卉服，

【《錐指》】蘇氏曰：「島夷績草木爲服，如今吉貝、木棉之類。」渭案：《地理志》「樂浪海中有倭人，分爲百餘國」，又「會稽海外有東鯷人，❶分爲二十餘國，皆以歲時來獻見」，蓋即此之島夷已。

觀承案：卉即花也，乃木棉之正名。後人知自六朝時傳種中土，故所在

❶「外」，原作「州」，據《禹貢錐指》卷七、《漢書·地理志下》改。

多有，不知禹時島夷已製以爲服，故特別之曰「卉服」，而取其木棉之精者爲織貝，以入於貢篚也。

胡氏渭曰：「揚州有古汪芒氏之封，春秋時可考者，蓼、六、越、楚、東境是。吴、蔣、弦、黄、舒、宗、巢、舒庸、舒鳩、英、桐、鍾離、濮，《左傳》昭元年：「吴、濮有釁。」杜註云：「吴在東，濮在南。今建寧郡南有濮夷。」凡十七國。戰國時，初屬越，後楚滅越而有其地。秦并天下，置九江、鄣郡、會稽、閩中、南海。東境今潮陽郡是。漢復置揚州。領郡國七。後漢、魏、晉並因之。晉領郡國二十二。唐爲淮南道之廣陵、揚州。淮陰、楚。鍾離、濠。壽春、壽。永陽、滁。歷陽、和。廬江、廬。同安、舒。蘄春、蘄。弋陽光。等郡，江南東道之丹陽、潤。晉陵、常。吴郡、蘇。吴興、湖。餘杭、杭。新定、睦。新安、歙。會稽、越。餘姚、明。臨海、台。縉雲、處。永嘉、温。東陽、婺。信安、衢。建安、建。長樂、福。清源、泉。漳浦、漳。臨汀、汀。潮陽潮。等郡，江南西道之豫章、洪。鄱陽、饒。潯陽、江。臨川、撫。廬陵、吉。宜春、袁。南康虔。等郡。案以上《通典》所列，無可更定者。以今輿地言之，浙江、江西、福建皆是，江南則江寧、揚州、廬州、安慶、池州、太平、寧國、徽州、鎮江、常州、蘇州、松江十二府，滁、和、廣德三州，其鳳陽府則鳳陽、臨淮、定遠、壽州、霍丘、盱眙、天長，淮安府則山陽、鹽城，河南則汝寧府之光州、光山、固始，湖廣則黄州府之羅田、蘄水、蘄州、廣濟、黄梅，廣東則潮州府，皆古揚州域也。」

荆及衡陽惟荆州。

【《錐指》】傳曰：「北據荆山，南及衡山之陽。」《正義》曰：「以衡之南，無復有名山大川可以爲記，故言『陽』見其境過山南也。」渭案《地理志》：《禹貢》南條荆山在南郡臨沮縣東北，衡山在長沙國湘南縣東南。今湖廣襄陽府南漳縣有荆山，本漢臨沮地；衡州府衡山縣有衡山，本漢湘南地也。

荆之北界，判自南漳縣之荆山，山在縣西北八十里，漳水所出。其西爲遠安、興山，北與梁接界。荆山之西百餘里爲景山。《水經》：「沮水出漢中房陵縣。」注云：「出沮陽縣西北景山，即荆山首也。故《淮南子》曰『沮出荆山』。」《元和志》云：「沮水出房州永清縣西南景山。永清，本漢房陵縣地也。縣南一百一十三里有建鼓、馬騣二山，並高峻。又竹山縣西南三十五里有白馬塞山，孟達歎爲金城千里。」蓋皆景山之餘脈矣。南漳以東，爲荆門、鍾祥、京山《元和志》：「大洪山在京山縣西北二百里，孤秀爲衆山之傑。」及隨州之南境廢光化縣地。光化故城在今隨州東南三十餘里。唐隨州管縣四。《通典》云：「唯光化爲荆域，餘皆屬豫。」又東爲應山縣。縣北有義陽三關：一曰平靖關，一曰黄峴關，一曰武陽關，即古之大隧、直轅、冥阸也。《左傳》定四年：吴伐楚，自淮涉漢，楚左司馬戌請「還塞大隧、直轅、冥阸，自後擊之」。大隧即武陽，直轅即黄峴，冥阸即平靖也。三關又總名曰城口，楚史皇所謂「塞城口而入」也。冥，亦作「黽」，又作「鄳」，皆讀若盲。又東爲黄安縣，有大活關、白沙關。又東爲麻城縣，有穆陵關、陰山關。諸關依山爲阻，與荆山東西準望相直，皆荆、豫接界處。

荆之南界，越衡山之陽，大抵及嶺而止。《史記》曰「秦有五嶺之戍」，《晉地理志》

曰：「自北徂南，入越之道，必由嶺嶠，時有五處，故曰五嶺。」據《水經注》，五嶺，大庾最東，爲第一，嶺在揚域，餘皆屬荆；第二騎田嶺，在郴州南；即黄岑山，亦名黄箱山，今謂之臘嶺，郴水所出，高千餘丈。南接廣東陽山縣界，北寒南燠，氣候頓殊。第三都龐嶺，在衡州府藍山縣南；亦稱都龐嶠，即黄檗山。龐，音龍。《水經注》作「部龍」。南接廣東連州界。鄧德明謂都龐在九真，大謬。第四萌渚嶺，在永州府江華縣南；亦稱萌渚嶠，即古臨賀嶺，又名白芒嶺，今名桂嶺。高三千餘丈，南接廣西平樂府賀、富川二縣界。第五越城嶺，在桂林府興安縣北，五嶺之最西嶺也。亦稱越城嶠，又名始安嶠。嶺北一百三十里，接寶慶府城步縣界。經曰「衡陽」，未知所極。然酈氏有言：「古人云五嶺者，天地以隔内外。」見《水經·温水》注。韓退之曰：「衡之南，八九百里，地益高，山益峻，水清而益駛，其最高而横絶南北者嶺，中州清淑之氣，于是焉窮。」藉此表界，差爲近理耳。

荆之東界，準揚約略言之，蓋自麻城、黄岡踰江而南，爲武昌縣，又西南，爲通山、咸寧、崇陽、通城，又南爲瀏陽、醴陵、攸縣、茶陵，又東南爲興寧、桂東、桂陽，又西南爲宜章，皆揚分界處也。❶ 荆之西界，經無可見。今據戰國時巴、楚分地約略言之，蓋自巴東踰江而南，爲建始、施州、麻陽、沅州，又東南爲黔陽、靖州、通道以訖於興安，與貴州、廣西接界。

江、漢朝宗于海。

【《錐指》】傳曰：「二水經此州而入海。」

渭案：揚之三江，入海無壅，故禹於此州

❶ 「皆」下，《禹貢錐指》卷七有「與」字。

疏江決漢，至大别合流，雖去海尚遠，而有朝宗之勢。説者謂紀此以該彼，非也。江水自四川夔州府雲安縣東流，經奉節、巫山，又東出巫峽，至巴東縣入荆域。又東經歸州、夷陵、宜都、枝江、松滋、江陵、公安、澧州、華容，至安鄉，會洞庭之水。又東經巴陵、沔陽、臨湘、嘉魚，又東北至江夏，西與漢陽分界。漢水從西北來注之。漢水自襄陽府宜城縣南流入荆域。又南經鍾祥、荆門，又東南經潛江、景陵、沔陽，又東經漢川，又南至漢陽，與江水會。又東歷武昌、大冶至興國，其北岸爲黄州府之麻城，與揚接界。此禹在荆時所治也。

九江孔殷。

【《錐指》】孔傳云：「江于此州分爲九道。」《正義》曰：「傳以江是此水大名，謂大江分而爲九，猶大河分爲九河也。《潯陽記》有九江之名，雖名起近代，義或當然。」陸氏《釋文》曰：「九江，《尋陽地記》云：『一曰烏白江，二曰蚌江，三曰烏江，四曰嘉靡江，五曰畎江，六曰源江，七曰廩江，八曰提江，九曰箘江。』張須元《緣江圖》云：『一曰三里江，二曰五州江，三曰嘉靡江，四曰烏土江，五曰白蚌江，六曰白烏江，七曰箘江，八曰沙提江，九曰廩江。參差隨水長短，或百里，或五十里，始于鄂陵，終于江口，會于桑落洲。』《太康地記》曰：『九江，劉歆以爲湖漢九水入彭蠡澤也。』」渭案：秦始皇滅楚，以其都壽春置九江郡。太史公曰：「余南登廬山，觀禹疏九江。」《淮南子》曰：「禹鑿江而通九路。」《地理志》廬江尋陽縣下云：「《禹貢》九江在南，皆東合爲大江。」王莽改豫章曰九江郡，柴桑縣曰「九江亭」，應劭曰：「江自尋陽分爲九。」郭璞《江賦》曰：「流九派乎尋陽。」自西漢以迄東晉，皆言大江至尋陽分爲九江，禹之所疏鑿，而《尋陽記》、《緣江圖》又備列其名。《元和志》云：「江州尋陽郡，禹貢揚、荆二州之境。揚州云『彭蠡既豬』，今州南五十二里彭蠡湖是也。荆州云『九江孔殷』，今州西北二十五里九江是也。彭蠡以東爲揚州界，九江以西爲荆州界。」此亦遵舊説。九江，孔、鄭異義，而不言其處所，諸家皆謂在尋陽。其以洞庭爲九江者，自宋初胡旦始，而晁以道、曾彦和皆從之。朱子《九江辨》曰：「九江，若曰派别爲九，則江流上下，洲渚不一。今所計以爲九者，若必首尾短長，均布如一，則横斷一節，從别爲九，一水之間，當有一洲，九江之間，沙水相間，乃爲十有七道，于地將無所容。若曰參差取之，不必齊一，則又不知斷自何許而數其九也。況洲渚出没，其勢不常。江陵先有九十九洲，後乃復生一洲，是豈可以爲地理之定名乎？此不可通之妄説也。若曰旁計横入小江之數，則自岷山以東，入于海處，不知其當爲幾千百江矣。此又不可通之妄説也。且經文言『九江孔殷』，正以見其吐吞壯盛，浩無津涯之勢，決非尋常分派小江之可當。又繼此而後，及夫沱、潛、雲夢，則又見其決非今日江州甚遠之下流，此又可以証前二説者爲不可通之妄説也。」九江即洞庭。既有《山》、《水》二經爲根據，而又得朱子此辨，其不在尋陽亦明矣。曾氏説九江，一曰沅，二曰漸，三曰無，四曰辰，五曰叙，六曰酉，七曰湘，八曰資，九曰澧。朱子考定九江，去無、澧二水而易以瀟、蒸，一曰瀟江，二曰湘江，三曰蒸江，四曰澬江，五曰沅江，六曰漸江，七曰叙江，八曰辰江，九曰酉江。案朱子據導江文，江先合澧，而後過九江，故不數澧。然澧實會南江以東注洞庭，非上流自入江也，安得而不數？「無」字誤作「元」，朱子以爲亡是水，故置之。古無瀟水，酈道元云：「瀟者，水清深也。《湘中記》曰：湘川清照五六丈，下見底，石如樗蒲，❶是納瀟湘之名矣。」然則，瀟湘猶言清湘，非别有瀟源。隋唐以後，始謂瀟水出九疑山，北合湘水，是曰瀟湘耳。武陵、零陵、長沙之水，皆入沅、湘，如蒸水者頗多。金吉甫云：「郴水亦入湘，舊不列九江，未知與漸、叙二水大小若何。」然則，朱子所更定，亦未有以見其爲必然也。善乎林少穎之言曰：「九江之名與其地，世久遠，不可强通。然各自别源而下，流入江，則可以意曉也。」斯真通人之見。傅同叔云：「九江不必求其有九，如太湖一湖而得名五湖，昭餘祁一澤而得名九澤，皆不可以數求也。」此説本程泰之，恐又不然。當時必實有九水會同，故以爲名。但水道通塞離合，古今不常，自戰國時，唯有湘、沅、資、微、澧而名之五渚矣，況後世乎！

❶「蒲」下，《水經注》卷三八有「矣」字，疑是。樗蒲矢，即玩樗蒲戲時的骰子。

與其出此入彼，不若闕疑之爲得耳。

王氏鳴盛曰：「宋儒所據以辨尋陽之九江者，其一則《水經》云：『江水東至長沙下雋縣北，澧水、沅水、資水合，東流注之。』酈道元云：『凡此諸水，皆注于洞庭之陂。』然據桑、酈説，不足九數，彦和乃益以漸、無、辰、敘、酉、湘，無論雜湊杜撰，且道元明云：『是乃湘水，非江川也。』是湘又爲澧、沅、資等之經流。今欲成九數，强之使與齊列。朱子又去無、澧二水，易以瀟、蒸。澧乃《水經》所有，因與經『又東至于澧，過九江』之文不合，遂爲删去。無水，因其字可疑，亦并遭删。至于古無瀟水，瀟湘猶言清湘，而蒸水金吉甫亦疑之，九峰又去瀟、蒸，益以澧、元。偏檢羣書，別無元水。《漢志》武陵無陽縣，無水首受故且蘭，南入沅。或有作「潕」、「㵲」者。當因「無」轉爲「无」，「无」轉爲「元」。是宋儒所説，彼一九江，此一九江，迄無定論。林少穎、傅同叔、程泰之則儱侗泛指，不列九名，朏明遂謂『不若闕疑之爲得』。夫因九江之無考，欲舉而歸之洞庭。因洞庭之九水不可定，遂欲舉而歸之闕疑，何如仍用注疏之爲安也！其一則《山海經》云：『洞庭之山，帝之二女居之，是常遊于江淵。澧、沅之風，交瀟湘之淵，是在九江之間。』似可引據。然郭景純傳引《地理志》：『九江，今在尋陽南。江自尋陽而分爲九，皆東會于大江。《書》曰「九江孔殷」是也。』景純《江賦》云『流九派于尋陽』，正指此，則安知所謂九江者，非神女出遊所至之地，而遽違景純舊説乎？又彦和引《楚地記》：『巴陵瀟湘之淵，在九江之間。』偏檢《隋・經籍》、《唐・藝文》及鄭氏《藝文略·地理門》，如《豫章記》、《尋陽記》、《九江新舊録》、《洞庭譜》、《巴陵古今記》等書，無不備載，獨無所謂《楚地記》者，特取《山經》之文，隱其名，别撰《楚地記》之目而又妄加『巴陵』二字耳。朏明未審，疑《楚地記》本之《山經》者，非也。是則彦和等説之所據，細爲紬繹，皆成子虚亡是，又何足依據哉！導江文云『過九江，至于東陵』，案《漢志》廬江郡：『金蘭西北有東陵鄉，淮當作「灌」。水出。』《水經》：『江水又東逕西陵縣故城南。』❶《括地志》：「西陵故城在黄州黄岡山西二里。」酈注：『《史記》秦昭王遣白起伐楚取西陵者也。』下云：『又東過蘄春縣南，又東過下雉縣北，刊水從東陵西南注之。』酈注：『水出廬江郡東陵鄉。江夏有西陵縣，故是言「東」矣。《尚書》云「江水過九江，至于東陵」者也。』又云：『灌水導源廬江金蘭縣西北東陵鄉大蘇山，緒先生所謂「神龜出于江灌之間」，《書》「九江納錫大龜」，謂此。』廬江郡常歲生龜長尺二寸者二十枚，輸太卜官。朏明以蓼縣在光州、固始北，灌水出金蘭西北東陵鄉，東北至蓼縣，入決水，則金蘭在固始西南，直黄梅之北。其説頗精，乃欲從宋儒説，復以三事折之：『東陵去江太遠，一非也；江自巴陵至沙羨，即迆北，使東陵在金蘭，則是先迆北而後至東陵，二非也；「江漢朝宗」，盡之矣，復出「九江孔殷」，不亦贅乎！三非也。』案溯源而論，以黄梅西北推之，似東陵去江本遠。然江過下雉北，

❶ 「江水又東逕西陵縣故城南」，庫本《水經注》校語云：「案：此十一字，原本及近刻並訛作經。」

而刊水即從東陵西南注江，則去江固不甚遠也。至古人書法，原無一定，先言至『東陵』而後總之以『迤北』，先言『朝宗』而繼言『九江孔殷』，無所不可。若先言入海，而其下復言洞庭，不更顛倒乎！胐明又以九江即春秋江南之夢，而下云『雲土、夢作乂』，不更複叠乎！是可知廬江東陵與江夏西陵相爲東西，亦確有可據矣。彦和云『巴陵與夷陵相爲東西，夷陵亦曰西陵，則巴陵爲東陵可知』。案『巴陵爲東陵』，此言經史所無，固不足辨。況巴陵之名，晉太康元年所立，而沈休文《宋書・州郡志》云：『夷陵，漢舊縣，吴改曰西陵。』則禹時尚不知後世有西陵、巴陵之名，而以此證巴陵即東陵，可乎？」

蕙田案：九江有三説：一以爲在尋陽，一以爲湖漢九水，一以爲洞庭湖。主湖漢者，始於劉歆，而《太康地記》引之。夫湖漢受鄱、餘、修、淦、盱、蜀、南、彭八水，由彭蠡以入江，與江之經流，本不相涉。且經云「過九江」，而後云「東迤北會于滙」。如歆所云，則九江即滙矣，其非《禹貢》之九江，不待辨也。主尋陽者，出于《漢書・地理志》，自唐以前，儒者皆從之。主洞庭者，出于胡旦、晁説之、曾旼，而朱子、蔡傳皆用其説，胡胐明亦篤信之。兩説相持，迄無定論。今以經文證之。經云「江、漢朝宗于海，九江孔殷」，江、漢合而東流，至尋陽始别爲九。經所云「朝宗」者，荆江之上流；所云「孔殷者」，荆江之下流；而後云「沱、潛既道」，則江、漢之支流也。先後次第，經文歷歷不紊。若洞庭又在漢口之上游，不得先云「朝宗」，後云「孔殷」也。經云「九江納錫大龜」，《通典》云：「廣濟縣蔡山出大龜，《書》云『九江納錫』即此。」褚先生亦云「神龜出于江、灌之間」，灌水出東陵鄉而南距大江，故云「江、灌之間」，而洞庭不聞有之也。經云「過九江，至于敷淺原」，《漢志》以豫章歷陵縣之傅陽山當之。胡朏明引孫放《廬山賦》「臨彭蠡之澤，接平敞之原」，以爲即廬山東南之麓，瀕于彭蠡澤者，其地與尋陽不遠，亦當爲尋陽之九江也。經云「過九江，至于東陵」，攷《水經》「江水東逕下雉縣北，刊水從東陵西南注之」，酈注云：「江夏有西陵縣，故是言『東』矣。《尚書》『過九江，至于東陵』者也。」漢西陵縣在今黄州府蘄州西，下雉縣在今武昌府興國州東，然則東陵直蘄州之東，當在今廣濟縣境，而與隔江興國州東境南北相直也。《漢書·地理志》廬江郡：「金蘭西北有東陵鄉，淮當作「灌」。水出。」《水經注》：「灌水導源廬江金蘭縣西北東陵鄉大蘇山。」金蘭故縣，今雖無考，然東陵在蘄州之東，而金蘭又在其東南，其地當近黄梅，去東陵不遠也。胡朏明以金蘭在固始西南，既屬臆測，而又謂「金蘭之東陵，去江六百餘里」，不更誣乎！宋儒主洞庭者，以東陵爲巴陵。然巴陵之名，古所未有。指爲東陵，更屬附會。且經云「又東至于澧，過九江」，澧水東注洞庭，爲九水之一，而又别云「九江」，不已複叠乎！至于九江之名，《尋陽記》、《緣江圖》所載不同，大率起于後代，固未可盡信。然《緣江圖》云「始于鄂陵，終于江口，會于桑落洲」，鄂陵，今武昌縣。武昌縣非武昌府治。桑落洲，今在九江府城東北。是則今之武昌縣以東、九江以西，皆古九江故道矣。《淮南子》「禹鑿江而通九路」，《説苑》「禹鑿江而通九派」，太史公曰：「余登廬山，觀禹疏九江。」而孔安國亦云：「江于此州，分爲九道。」在漢以前，九江故道尚存，故言之鑿鑿如此。夫大江分而爲九，猶大河分爲九河也。九河、九江，其故道俱無存者，論者不以疑九河，而獨疑九江之難信，何哉？宋儒主洞庭者，以山水二經爲根據。《水經》云九江地在長沙下雋縣西北，東陵地在廬江金蘭縣西北。今武昌府蒲圻、通城二縣，漢下雋縣地，洞庭湖乃在其西南，不得云「西北」也。至于東陵，則又不從《水經》，而别以巴陵當之。然巴陵在下雋之上游，即以東陵爲巴陵，當先云東陵，而後云九江矣。《山海經》之文，説經者所不道，其云「澧、沅之風，交瀟湘之淵，是在九江之間」，郭景純注云「九江，今在尋陽南」，又引《禹貢》「九江孔殷」以證之，則郭亦不以洞庭爲九江矣。《山經》又云：「湘水出，舜葬東南陬，入洞庭，下沅水，入下雋西，合洞庭中。」則洞庭自洞庭，九江自九江，在

《山海經》亦未嘗合而爲一也。然則宋儒所據二經之文，又惡足信哉！總之，以九江爲洞庭，於古既無可據，又與導江之文不合，自當從古注疏，以在尋陽者爲是。或疑尋陽爲揚州之境，不屬荆州。案《元和志》云：「江州尋陽郡，《禹貢》揚、荆二州之境，彭蠡以東爲揚州界，九江以西爲荆州界。」則二州分界，固自截然。況漢之尋陽，本在江北蘄春郡界，而九江之分，始於鄂陵，尚在尋陽以西，其在荆州之境明甚，又何疑焉！胡朏明《錐指》于水道極爲精核，獨此一條，尚有遺議。今備載諸説，復爲辨正如右，後之言九江者，庶有考云。

沱、潛既道，

【《錐指》】傳云：「沱，江別名。」《正義》曰：「導江言『東別爲沱』，是沱爲江之別名也。《釋水》云：『水自江出爲沱，漢出爲潛。』」渭案：《詩·召南》曰「江有沱」，荆州之沱也。一在江北，《寰宇記》「江自枝江縣百里洲首派別，北爲内江」者是。一在江南，《水經注》「夷水出魚復縣江，至夷道縣北東入江」者是。潛水，或云在今安陸府鍾祥、潛江二縣境。然漢東之地，津渠交通，未知孰爲古潛水。黄文叔云：「自後世通渠漢川、雲夢之際，禹跡固多湮没。」誠然。

《水經注》：「江水自夷道縣北，今宜都縣西有夷道故城。又東逕上明城北，晉荆州刺史桓沖築此城，移州治焉。在今松滋縣界。江汜枝分，東入大江。縣治洲上，故以枝江爲稱。今枝江縣東北六十里有百里洲，延袤百里，與江陵分轄。

枝江故城在縣東。《地理志》曰「江沲出西南，東入江」是也。《志》無「南」字，疑此衍。 江水又東會沮口，又南逕江陵縣南，縣北有洲，❶號曰枚迴洲。洲在縣西南六十里。枚，或作「枝」。 江水自此兩分而爲南北江。」《寰宇記》云：「百里洲首派別，南爲外江，北爲内江。」王晦叔云：「枝江縣百里洲，夾江、沱二水之間，其與江分處，謂之上沱，與江合處，謂之下沱。」渭案：南江，在古時爲岷江之經流，北江爲沱。 南江自枝江縣南，又東逕公安縣西，又東南流爲涔水。《隋志》松滋縣有涔水，蓋東與公安接界。 《九歌》：「望涔陽兮極浦，横大江兮揚靈。」❷王逸註云：「涔陽，江碕名，附近郢。」即此水之北也。 涔水入澧州界爲四水口，歷州之東北，又東南合澧水，經華容縣南，入赤沙湖。 又東南逕安鄉縣西，而東南入洞庭湖，與北江會。 此即禹導江「東至于澧，過九江，至于東陵」之道也。 北江，自枝江縣北又東逕松滋縣北，又東逕江陵縣南，又東逕公安縣北，又東逕石首縣北，又東逕監利縣南，夏水出焉。 北江又東至巴陵縣西，北會洞庭之水。 此即江北之沱，《寰宇記》所謂「内江」者也。其後，北江之流漸盛，而南江日微，世反以南爲沱、北爲江，説者遂謂「東至于澧」不可解，以澧水北去江二百餘里故也。

【《地理今釋》】荆州之沱有二説，《漢書·地理志》云：「南郡枝江縣，今屬湖廣荆州府。江沱出西，東入江。」顔師古曰：「沱即江別出者也。」《水經》：「江水東逕上明城

❶ 「北」，原作「江」，據庫本《水經注》批校改。

❷ 「横」，原作「接」，據庫本改。

北。」注云：「其地夷敞，北據大江，江汜枝分，❶東入大江。縣治洲上，故以枝江爲稱。」是古枝江縣有沱水也，今不可考。又孔穎達《正義》引鄭注云：「華容有夏水，首出江，尾入沔，此所謂沱也。」夏水自今荆州府江陵縣東南首受江水，曰中夏口，經監利縣、沔陽州界入漢水。以其冬竭夏流，故名夏水。其在梁州者，則今四川成都府郫縣沱江是，江在縣北六里，一名郫江，至瀘州入大江。其上流爲成都府灌縣，蔡傳所謂「永康軍導江縣」也。潛水，一在今安陸府潛江縣東，由蘆洑腦分流，遶城東南。一支通順河，入沔陽州境，今淤。一支南流至拖舡埠，入漢水。此荆州之潛也。《禹貢錐指》曰：「《韻會》：『潛水，伏流也。』荆州之潛，雖不如龍門石穴之奇，亦必漢水伏流，從平地涌出，故謂之潛。今漢水之分流者名蘆洑，宜取伏流之意，以爲古潛水，庶幾得之。蓋禹時本自伏流涌出，復入于漢。及乎後世，通渠漢川、雲夢之際，則開通上源，以資舟楫之利，禹迹遂不可知耳。」一在今四川保寧府廣元縣，亦名龍門水，自朝天驛北穿穴而出，入嘉陵江。此梁州之潛也。郭璞《爾雅音義》云：「有水從漢中沔陽縣南流，至梓潼、漢壽，入大穴中，通峒山下，西南潛出，一名沔水，舊俗云即《禹貢》潛也。」又四川順慶府渠縣東有潛水。渠縣，蔡傳所謂「渠州流江縣」也。

雲土夢作乂。

【《錐指》】傳曰：「雲夢之澤，其中有平土丘，水去可爲耕作畎畝之治。」《正義》

❶「江」，原作「之」，據《尚書地理今釋》改。

曰：「此澤既大，其內平土有高丘也。」渭案：「雲土夢」，《漢書》作「雲夢土」，《史記》、《水經注》並作「雲土夢」。沈括《筆談》云：「石經倒『土夢』字，唐太宗得古本《尚書》，乃『雲土夢作乂』，詔改從古本。」雲夢，澤名也，方八九百里之中，❶有澤有湖有土，而江、沱、潛、漢，亦灌注于其間。《職方》主藪澤，《禹貢》主土田。雲夢，經傳諸書，有合稱者，有單稱者。《周禮》「荆州藪澤曰雲夢」，《爾雅》十藪，「楚有雲夢」，《吕覽》、《淮南子》同。《戰國策》：「楚王遊於雲夢，結駟千乘。」宋玉《高唐賦》曰：「楚襄王與宋玉遊於雲夢之臺。」司馬相如《子虛賦》曰：「雲夢者，方八九百里。」此合稱雲夢者也。《左傳》定四年：「楚子涉睢濟江，入于雲中。」此單稱「雲」者也。宣四年「邧夫人棄子文于夢中」，昭三年「楚子以鄭伯田江南之夢」，宋玉《招魂》曰「與王趨夢兮課後先」，此單稱夢者也。單稱，特省文耳。雲可該夢，夢亦可該雲。故杜元凱注「夢中」云：「夢，澤名。江夏安陸縣東南有雲夢城。」則夢在江北。注「雲中」云：「入雲夢澤中，所謂江南之夢。」則雲在江南。注「江南之夢」云：「楚之雲夢，跨江南北。」則南雲北夢，單稱合稱，無所不可，絶無「江北爲雲，江南爲夢」之說。自唐太宗詔改此經爲「雲土夢作乂」，❷而穎達引《左傳》以爲之説曰：「此澤亦有單稱『雲』，單稱『夢』，經之『土』字在二字

❶「方」，原作「古」，據《禹貢錐指》卷七改。

❷「唐太宗」，阮元《尚書注疏校勘記》曰：「按《筆談》所謂太宗，乃宋太宗，胡朏明《禹貢錐指》乃以爲唐太宗，殆誤矣。」

之間，蓋史文兼上下也。」司馬貞《史記索隱》亦云：「雲、夢本二澤，人以其相近，或合稱雲夢。」宋沈括、羅泌、易祓、郭思、鄭樵、洪邁、洪興祖等襲其説，而爲之辯曰：「雲在江北，夢在江南。」而古注棄若塵羹矣。蘇子瞻申疏意云：「雲與夢，二土名也，而云『雲土夢』者，古語如此，猶曰『玄纖縞』云爾。」此於文義頗不順，故王氏更爲之解曰：「雲之地，土見而已；夢之地，則非特土見，草木生之，人有加功乂之者矣。」蔡氏云：「雲夢之澤，地勢有高卑，故水落有先後，人工有早晚也。」自後無不遵此説。今案《史記·賈誼傳》云：「長沙卑濕。」巴陵，故長沙下雋地也，諸湖萃其西南，安得爲特高？江北雖亦有湖澤，然楚都及漢東諸國皆在焉，豈反卑於江南？此事理之難信者。若從石經本，則傳云「澤中有土，可以耕作」，義甚愜當。愚嘗反復于斯，而覺太宗此一改，殊多事，不若仍舊之爲得也。

【《地理今釋》】《漢書·地理志》云：「南郡華容縣，見前沱水注。雲夢澤在南，荆州藪。」編縣，今安陸府荆門州。有雲夢宮。」又：「江夏郡西陵縣，今黄州府麻城縣。有雲夢宫。」《水經注》云：「雲杜縣今安陸府京山縣。東北有雲夢城。」又：「夏水東逕監利縣今屬荆州府。南，縣土卑下，澤多陂陁。西南自州陵，今安陸府沔陽州。東逕于雲杜、沌陽，今漢陽府漢陽縣。爲雲夢之藪。」杜預云：「枝江縣、今屬荆州府。安陸縣今屬德安府。有雲夢。」蓋跨川亘隰，兼包勢廣矣。《元和志》云：「雲夢澤，在安陸縣南五十里。」又云：「雲夢澤在雲夢縣今屬德安府。西七里。」然則，東抵蘄州，西抵枝江，京山以南，青草以北，皆爲古之雲夢，《正義》所謂「雲夢一澤，而每處有名」者也。胡氏渭曰：「荆州之建國，春秋時可考者，楚、夔、聃、權、邔、與「鄖」同。州、《左傳》桓十一年：「州、蓼伐楚師。」杜註云：「州國在南郡華容縣東南。」今爲監利縣地。羅、貳、軫，凡九國。戰國時屬楚，而韓、秦亦少得其地。秦并天下置，南郡、黔中、長沙、南陽。東境是。漢復置荆州。領郡國八。後漢、魏、晉並因之。晉領郡十九。唐爲山南東道之江陵、荆州。竟陵、復。富水、郢。齊安、黄。漢陽、沔。夷陵、峽。巴東歸等郡，江南西道之江夏、鄂。巴陵、岳。長沙、潭。衡陽、衡。零陵、永。江華、道。桂陽、郴。邵陽、邵。武陵、朗。澧陽澧等郡，黔中道之黔中、黔。寧夷、思。涪川、費。盧溪、辰。盧陽、錦。靈溪、溪。潭陽、巫。清江、施。播川、播。夜郎、珍。義泉、夷。龍標、業。溱溪溱。等郡，又淮南道之安陸、安。義陽，申。及嶺南道之連山連。等郡。案以上《通典》所列，連山郡，當出隸古南越。騎田嶺北爲桂陽，嶺南爲連山。連山亦古南越地，不當入荆域。黔中、寧夷、涪川、播川、夜郎、義泉、溱溪七郡，皆梁南徼外蠻夷，非古黔中地，不在九州之限。《元和志》云：「黔州，本漢涪陵縣理。晉永嘉後，地没蠻夷。經二百五十六年，至周保定四年，涪陵蠻帥田思鶴以地内附，因置奉州。建德三年，改爲黔州。大業三年，又改爲黔安郡。因周、隋州郡之名，遂與秦、漢黔中地，犬牙難辨。其秦黔中郡所理，在今辰州西二十里黔中故郡城是。漢改黔中爲武陵郡，移理義陵，即今辰州叙浦縣是。後魏移治臨沅，❶即今州是。今辰、錦、叙、獎、溪、澧、朗、施等州，寔秦、漢黔

❶「後魏」，《元和郡縣志》卷三一作「後漢」，證以司馬彪《續漢書·郡國志四》，作「後漢」是。

中之地。而今黔中及夷、費、思、播，隔越峻嶺，東有沅江水及諸溪，並合東注洞庭湖；西有延江水，一名涪陵江，自牂柯北歷播、費、思、黔等州，北注岷江。以山川言之，巴郡之涪陵，與黔中故地，炳然分矣。」然則此五州及珍、臻二州，皆梁南徼外蠻夷，亦叙、瀘、重、夔之江南諸縣及遵義府是也。其東有峻嶺爲限，荆不當越此而西斗入六七百里，總因黔中名亂，嶺東嶺西諸州，混而爲一道，杜氏遂有此誤。叙州即巫州，獎州即業州也。又有當來屬者，豫域襄陽之南漳，漢東之光化及南越始安郡全義縣嶺北之地是也。全義，今爲興安縣，屬廣西桂林府。《文獻通考》云：「自荔浦以北爲楚，以南爲越。今静江有中州清淑之氣，荔浦相距纔百餘里，遂入瘴鄉，是天所以限楚、越也。」此蓋就當時風氣言之，近志遂以桂林、平樂二府爲《禹貢》荆州之域，恐未必然。杜氏以始安、平樂屬古南越爲是，唯全義縣嶺北之地當入荆域。以今輿地言之，湖廣武昌、漢陽、安陸、荆州、岳州、長沙、衡州、常德、辰州、寶慶、永平十一府，郴、靖二州，施州衛，其襄陽府則唯南漳縣，德安府則安陸、雲夢、孝感、應城、應山及隨州之南境廢光化縣地，黄州府則黄岡、麻城、黄陂、黄安，四川則夔州府之建始，廣西則桂林府之全州，本漢零陵縣，屬零陵郡。隋改置湘源縣，唐屬永州。五代晉改曰清湘，于縣置全州。明省縣，入又改屬桂林。及興安縣嶺北之地，縣在府東北一百二十里，越城嶺在縣北三里。皆古荆州域也。」

右《禹貢》徐、揚、荆三州。

五禮通考卷第二百二

淮陰吴玉搢校字

五禮通考卷第二百三

内廷供奉禮部右侍郎金匱秦蕙田編輯
太子太保總督直隸右都御史桐城方觀承同訂
翰林院編修嘉定錢大昕
按察司副使元和宋宗元　參校

嘉禮七十六

體國經野

【《書·禹貢》】荆、河惟豫州。

【《錐指》】傳曰：「西南至荆山，北距河水。」曾氏曰：「臨沮之荆山，其陰爲豫州，其陽爲荆州。」渭案：河，南河也。其不言南者，蒙上「至于南河」，省文也。荆山主南言，傳不當兼西，亦猶青之岱主南言，不當兼西也。豫之南界，亦判自南漳縣之荆山，西起保康，歷宜城、棗陽及隨州之北境故隨縣地，州之南境，廢光化縣境，入荆域。❶又東爲信陽、羅山，皆與荆接界處也。豫，北濱冀之南河，其西與華陰接。華陰，雍域也。案《職方》：「豫州，山鎮曰華山。」《通典》云：「即今華陰郡山，連延東出，故屬豫州。」《九域志》云：「華山，四州之際，東北冀，東南豫，西南梁，西北雍，十字分之，四隅爲四州也。」豫之北界，由華山而東，爲閿鄉、靈寶、陝州、澠池、新安、洛陽、孟津、鞏縣、汜水、河陰、

❶「域」，原作「城」，據庫本改。

滎陽、滎澤，又東北爲陽武、延津，皆在南河之南。陽武，自元時河從原武決而東南流，始爲河北地。又東北抵濬縣大伾山，冀、兖、豫三州之交也。豫東接兖、徐、揚三州之界，自封丘而東爲長垣、東明，又東爲考城、定陶、曹縣、城武、單縣，與兖接界。又南爲夏邑、永城、亳州、潁州，又東爲潁上、蒙城，皆在淮北，與徐接界。自潁州以西爲商城、息縣、真陽，踰淮而南爲信陽，與揚接界。豫，西自閿鄉以南爲盧氏、鄖縣及鄖西之東境故鄖縣地，與雍、梁接界。豫居中央，爲輻輳之地，接界者七州，唯青爲兖、徐所隔，與豫不相接云。

伊、洛、瀍、澗既入于河，

【《錐指》】傳曰：「四水合流而入河。」《正義》曰：「《地理志》云：伊水出弘農盧氏縣熊耳山，東北入洛。洛水出弘農上洛縣冢領山，東北至鞏入河。瀍水出河南穀城縣潛亭北，東南入洛。❶「城」，《志》作「成」；「潛」，《志》作「暨」。澗水出弘農新安縣，東南入洛。伊、瀍、澗三水入洛，合流而入河。傳氏曰：『導洛言「東北會于澗、瀍，又東會于伊」，序水之次第。此言伊、洛、瀍、澗，乃治水之先後。』」渭案：漢上洛縣，即今陝西西安府商州治。盧氏、新安二縣，今屬河南府。穀城故縣，在今洛陽縣西北。今盧氏、嵩縣、伊陽、伊陽屬汝州，以伊水與嵩縣分界。洛陽界中，皆伊水之所經也。商州、盧氏、永寧、宜陽、洛陽、偃師、鞏縣界中，皆洛水之所經也。近世乃過汜水縣北入河，則洛口又移于東矣。

【《地理今釋》】伊水出今河南河南府盧氏

❶「南」，原脱，據《禹貢錐指》卷八補。

縣熊耳山，《縣志》謂「伊水出悶頓嶺之陽」者，古熊耳盤基甚廣，悶頓亦熊耳也。至偃師縣南入洛。洛水出今陝西西安府雒南縣冢嶺山，至河南鞏縣東北入河。瀍水出今河南府洛陽縣西北穀城山，至縣東入洛。澗水出今河南府澠池縣東北白石山，至洛陽縣西南入洛。

胡氏渭曰：「《洛誥》周公曰『我乃卜澗水東，瀍水西，惟洛食』，謂王城也；『我又卜瀍水東，亦惟洛食』，謂下都也。《漢志》：『瀍水出河南穀城縣暜亭北，東南入雒。』《後漢志》：『瀍水出河南穀城縣。』劉昭引《博物記》曰『出暜亭山』。《括地志》云：「故穀城在河南縣西北十八里苑中。」西臨穀水。《左傳》定八年「周大夫儋翩叛，單子伐穀城」，❶即此。漢穀城縣，魏省入河南縣。自故縣西北又三十二里，有穀城山，東連孟津縣界，即《博物記》所謂暜亭山也。《水經》：『瀍水出河南穀城縣北山，東與千金渠合。又東過洛陽縣南，又東過偃師縣，又東入于洛。』注云：『縣北有暜亭，瀍水出其北梓澤中，歷澤東而南，水西有一原，其上平敞，古舊「暜」訛爲「舊」。亭之處，潘安仁《西征賦》所謂「越街郵」者也。瀍水又東南流，注于穀。穀水自千金堨東注，謂之千金渠也。』渭案：王城，即郟邑，漢爲河南縣，其故城在今洛陽縣西北。《後漢志》云：「河南，周公所城雒邑也，春秋時謂之王城。」下都，即成周，漢爲洛陽縣，河南郡治，其故城在今洛陽縣東北二十里。《後漢志》云：「雒陽，周時號成周。」二城東

❶ 鄭逸麟整理本《禹貢錐指》校勘記云：按《左傳》，周大夫儋翩叛，事在定公七年二月；單子伐穀城，事在定公八年二月。兩事不在同一年。

西相去四十里，而今洛陽縣居其中。隋大業初，營新都，始移二縣于都城内。金又省河南入洛陽。古時，澗水經河南故城西入洛，瀍水經河南故城東入洛，故澗水東、瀍水西爲王城，而瀍水東爲下都，《洛誥》之文，甚明也。自周靈王壅穀水，使東出於王城之北，則其勢必入于瀍水而合流，歷王城之東，以南注于洛。時二水猶未經洛陽城也。迨東漢建都於此，自河南縣東十五里之千金堨，引水繞都城南北以通漕，而瀍水始與穀水俱東注矣。古時瀍不合澗，亦不過洛陽縣南而東至偃師也。」

滎波既豬，

【《錐指》】《正義》曰：「沇水入河，溢爲滎。滎是澤名。鄭云：『今塞爲平地，滎陽民猶謂其處爲滎澤，在其縣東。』馬、鄭、王本皆作『滎播』，謂此澤名滎播。」渭案：《地理志》：「沇水出河東垣縣王屋山，東南至武德入河，軼出滎陽北地中。」蓋即滎澤，經所謂「溢爲滎」也。今河南開封府滎澤縣，本漢滎陽縣地，隋分置滎澤縣，澤在其縣南，而班云「出縣北」，鄭云「在縣東」者，蓋滎陽故城在今縣西南，班、鄭據以爲言。澤起縣北，歷其東也。滎澤故城在今縣北五里，隋置。明洪武八年爲河水所圮，移今治。

【《地理今釋》】滎波，即滎澤，在今河南開封府滎陽縣南三里古城村。案孔安國傳云：「滎澤波水，已成遏豬。」《正義》曰：「鄭云『今塞爲平地，滎陽民猶謂其處爲滎澤，在其縣東』。」蓋濟水伏流地中，絶河而南，溢爲巨澤。《禹貢錐指》云：「閻百詩云：案馬、鄭、王本『波』並作『播』，伏生今文亦然。孔安國解作一水，非二水。以爲二水，自顏師古始。宋林之奇本之，引《周・職方》『豫州，其川滎、雒，其浸波、溠』，《爾雅》『水自洛出爲波』，别滎、波爲二水，蔡氏因之。然案圖究義，一爲濟之溢流，一爲洛之支流，以滎、波爲二水，終無是處。傅氏寅曰：『上文言導洛，此則專主導濟言，不當又泛言洛之支水。《職方》所記山川，非治水次第，不必泥也。』《山海經》：『婁涿之山，波水出於其陰，北流至於穀水。』今本作『陂』，郭璞云：『世謂之百答水。』非屬波水，證一。惟酈注引作『波』，然亦出於山，不出於洛，非屬波水，證二。《水經》：『洛水又東，門水出焉。』注云：『《爾雅》所謂洛别爲波也。』惟此堪引，然余考門水下流爲鴻關水，今謂之洪門堰，在商州洛南縣東北，至靈寶縣而入河，何曾見水豬爲澤乎？非屬波水，證三。」百詩此論精覈。且《職方》豫州之波出魯山縣，鄭注「謂即滎播」固非，而洛南之波水，則與滎澤相距五六百里，中隔大山，豈可總撮而言之曰「滎波既豬」乎！其説極詳，引之以証林氏之失。

導菏澤，被孟豬。

【《錐指》】《正義》曰：「《地理志》云：『菏澤在濟陰定陶縣東，孟豬在梁國睢陽縣東北。』《左傳》、《爾雅》作『孟豬』，《周禮》作『望諸』，聲轉字異，正是一地也。」《周禮》「青州澤藪曰望諸」，此乃屬豫者，周無徐，徐并於青，青在豫東，故得兼有孟豬。定陶，今屬山東兗州府之曹州，其故城在今縣西北四里。睢陽，今爲商丘縣河南歸德府治，其故城在今治南二里。《通典》云菏澤在曹州濟陰東北九十里故定陶城東北，宋州虞城縣有孟豬澤。《元和志》云：「孟諸澤，在虞城西北十里，周迴五十里。今在商丘東北接虞城界也。」

【《地理今釋》】菏澤，古濟水所滙，當在今山東兖州府曹州東南及定陶縣界。孟豬，《周禮》作「望諸」，《史記》作「明都澤」。今河南歸德府商丘、虞城二縣界有孟諸臺。《寰宇記》云：「虞城孟諸澤，俗呼爲湄臺，蓋澤中有臺也。」

胡氏渭曰：「《周禮》『青州澤藪曰望諸』。《爾雅》十藪，宋有孟豬。《左傳》僖十八年：『楚子玉夢河神賜以孟諸之麋。』文十年：『宋道楚子田孟諸。』杜預曰：『宋大藪也。』《水經注》云：『《尚書》曰：「導菏澤，被孟豬。」孟豬在睢陽縣東北。闞駰《十三州記》曰：「不言入而言被者，明不常入也。水盛方乃覆被矣。」』《寰宇記》云：『虞城孟豬澤，俗呼爲湄臺，蓋澤中有臺也。』渭案：今虞城縣西北十里有孟諸臺，接商丘縣界，即此。《爾雅》：『水草交曰麋。』麋，古湄字。臺蓋以孟諸之麋得名也。自元至元二十三年以後，歸德府城南北屢被黄河衝決，禹迹不可復問。然余考《漢書·梁孝王傳》『築東苑方三百里』，則孟諸澤皆在其中矣。孝王大治宫室臺榭，陂池高高下下，澤形盡失，故酈元於睢陽故城絶不言孟諸，而叙臺池甚詳。蓋澤之畔岸，蕩夷無存久矣。《元和志》云『周迴五十里』，亦彷彿言之耳。」

又曰：「豫州有古太皥、祝融之虚，及帝嚳、成湯所都，虞、舜後，即少康所都。戈、邳、封、葛、三鬷諸國皆在焉。春秋時可考者，管、蔡、郜、曹、鄭、東虢、西虢、凡、蔣、祭、杞、宋、焦、申、許、蓼、《左傳》哀十七年，楚子穀曰「武王克州、蓼」，即此。一作「廖」。《漢志》南陽縣故廖國。密、隨、厲、唐、戴、沈、息、房、《周語》：「内史過曰：昭王娶于房。」《後漢志》：「汝南吴房縣，故房國，楚靈王所滅。」滑、鄶、鄀、穀、鄧、賴、項、頓、胡、江、黄、道、栢、州來、絞、蠻、陸渾凡四十一國。戰國時屬宋、魏、韓，而秦、楚亦兼得其地。秦并天下，置三川、碭郡、潁川、南陽、東境北境是。南郡。北境是。漢復置豫州。領郡國五。其今河南府、陝郡、弘農之地則屬司隸，陳留、濟陰之地則屬兖州。後漢爲司隸、治河陽。豫州。治譙，領郡國六。魏因之。晉分置司州。領郡十一。豫州領郡國十。唐爲都畿之河南府、洛州。陝郡、陝南境。臨汝、汝。滎陽鄭。等郡，河南道之陳留、汴。睢陽、宋。濟陰、曹。譙郡、亳。潁川、許。淮陽、陳。汝陰、潁。汝南豫。等郡，山南東道之淮安、唐。南陽、鄧。襄陽、襄。漢東、隨。武當均。等郡，及河東道之弘農郡。虢。案以上《通典》所列，濟陰之乘氏，當往屬兖；襄陽之南漳、漢東之光化，當往屬荆。又有當來屬者：兖域靈昌之匡城，梁域上洛之上津東境廢長利縣地是也。以今輿地言之，河南則河南、開封、歸德、南陽、汝寧五府及汝州，直隸則大名府之東明、長垣，山東兖州府之定陶、曹縣、城武、單縣，江南則鳳陽府之潁州、潁上、太和、亳州、蒙城，湖廣則襄陽府之襄陽、光化、宜城、棗陽、穀城、均州，鄖陽府之鄖縣、保康及鄖西之東境，德安府隨州之北境，皆古豫州域也。」

華陽、黑水惟梁州。

【《錐指》】傳曰：「東據華山之南，西距黑水。」曾氏曰：「華山之陰爲雍州，其陽爲梁州，則梁州之北，雍州之南，以華爲畿。《周禮》注：「畿，限也。」而梁實在雍州之南矣。」薛氏曰：「梁州，北界華山，南距黑水。黑水，今瀘水也。酈道元説黑水，亦曰瀘水、若水、馬湖江，出姚州徼外吐蕃界中，東北至叙州宜賓縣入江也。」渭案：華，即西岳華山。《地理志》「京兆華陰縣南有太華山」，在今陝西西安府華陰縣南八里。華陽，今商州之地是也。黑水，諸家遵孔傳，謂出雍、歷梁、入南海，爲二州之西界，故其説穿鑿支離，不可得通。唯韓汝節疑梁州自有黑水爲界，與導川之黑水不相涉，而不謂薛士龍已先得之。蓋古之若水，即《禹貢》梁州之黑水，漢時名瀘水，唐以後名金沙江，而黑水之名遂隱。然古記間有存者。《地理志》滇池縣有黑水祠，一也；《山海經》黑水之間有若水，❶二也；《水經注》自朱提音殊時。至僰道有黑水，三也；《輿地志》黑水至僰道入江，四也。今瀘水，西連若水，南界滇池，東經朱提、僰道，其爲梁州之黑水無疑矣，故斷從薛氏。以南北易《孔傳》之東西，亦甚明確也。姚州，本漢弄棟、青蛉、遂久三縣地，弄棟屬益州郡，青蛉、遂久屬越巂郡。今爲雲南之姚安府。宜賓，本漢僰道縣，犍爲郡治。今爲四川叙州府治。

孔疏云「《周禮·職方氏》華山在豫州界内。此梁州境，東據華山之南，不得其山，故言『陽』。山之西，則雍州境也」。

❶ 「黑水之間有若水」，《禹貢錐指》卷九同。按《山海經》卷一八云：「南海之内，黑水、青水之間，有木名曰若木，若水出焉。」然則「黑水」下當有「青水」二字。

竊謂《職方》九州之山川，與《禹貢》不同。雍既有嶽山爲鎮，故華屬豫。今以《禹貢》之太華爲豫州山，彼兖之鎮曰岱，亦將以《禹貢》之岱爲兖州山乎？其不可也明矣。蓋境上之山，非一州所得專。青、徐共是岱，荆、豫共是荆，而太華則雍、梁、豫共之。華北爲雍，華南爲梁，華東爲豫。豫雖不言西界，觀雍、梁可見也。《九域志》云：「華山，四州之際，東北冀，東南豫，西南梁，西北雍，十字分之，四隅爲四州。」此言實獲我心。然冀境三面距河，華山在河外，冀又與三州微別耳。

《漢志》：「若水出蜀郡旄牛縣徼外，南至大莋入繩。今黎大所南有旄牛故城，即漢縣。師古曰：「西南之徼，猶北方塞也。」繩水出越巂郡遂久縣徼外，東至僰道入江，行千四百里。」巂，先蕊反。今建昌衛治，即漢越巂郡邛都縣也。遂久，蜀漢改屬雲南。《水經注》：「若水出蜀郡旄牛徼外，東南至故關爲若水。《司馬相如傳》曰：「略定西南夷，邊關益斥，西至沬若水。」又曰關沬若，是若水故有關也。《山海經》曰：『南海之内，黑水之間，❶有木名曰若木，若水出焉。』若水沿流，間關蜀土。黄帝長子昌意降居斯水爲諸侯，娶蜀山氏女，生顓頊於若水之野。若水東南流，鮮水注之，一名州江大度。《漢志》：「鮮水出旄牛徼外，南入若水。」又南逕越巂邛都縣西，有巂水，漢武帝置越巂郡，治邛都縣。言越此水，以章休盛也。縣故邛都國，越巂水即繩、若矣。又有温水，冬夏常熱。昔李驤敗李流于温水是也。案此温水源流不遠，非《漢志》牂柯鐔封縣下之温水，東至廣鬱入鬱者。金吉甫謂「《漢

❶「黑水之間」，疑當作「黑水青水之間」。詳前條校勘記。

志》以『瀘』爲『温』，字從省誤」，非也。邛都，唐爲巂州越巂縣，今建昌衛四川行都司治，領營四：會川、鹽井、冕山、越巂。又南逕大莋縣入繩，繩水出徼外。《山海經》曰：「巴遂之山，繩水出焉。」東南流逕髦牛道，至大莋與若水合。自下亦通謂之繩水。又南逕會無縣，《元和志》：「會川縣，北至巂州三百七十里。本漢會無縣也。」今爲會川營地。與孫水合。孫水出臺登縣，一名白沙江，南流逕邛都縣。司馬相如定西夷，橋孫水，即此。又南至會無入若水也。《漢志》：「臺登縣，孫水南至會無入若，行七百五十里。」《元和志》：「巂州臺登縣，正南微西，至州一百七十里。念諸水，本名繩水，流入瀘水，在縣西北七百里，自羌戎界流入長江。水本名孫水，出縣西北胡浪山下。」今冕山營東北有孫水。繩水南經雲南郡之遂久縣，蜻蛉水入焉。縣本屬越巂，蜀漢建興三年，分益州永昌置雲南郡，以遂久來屬。蜻蛉水出蜻蛉縣西，東逕其縣下，又東注于繩水。《漢志》：「蜻蛉縣，禺同山有金馬、碧雞。」又逕三絳縣西，三絳，一曰小會無。又逕姑復縣北，對三絳縣。淹水注之。淹水出遂久徼外，東南至蜻蛉縣，又東過姑復縣南，東入于若水。案《漢志》，會無、臺登、遂久、蜻蛉、三絳、姑復並屬越巂郡。又東與毋血水合，《漢志》：「益州郡弄棟縣，東農山，毋血水出，北至三絳南入繩，行五百一十里。」毋，音無。又東涂水注之。《漢志》：「牧靡縣，南臘，涂水所出，西北至越巂入繩，過郡二，行千二十里。」又東北至犍爲朱提縣西爲瀘江水。《後漢書》建武十九年：「武威將軍劉尚擊西夷反者棟蠶，度瀘水入益州郡。」❶注云：「瀘水，一名若水，出旄牛徼外，經朱提至僰道入江。在今巂州南。」朱提，山名。應劭曰：『在縣西南，以氏焉。』犍爲，屬國也，在郡南千八百許里。建安二十年，立朱提郡治縣故城。尋廢。諸葛亮南征復置。自梁、陳已來，不復賓屬。隋開置恭州，唐改爲曲州。《元和志》云：「曲州，南北四百里，東

❶「益」，原作「孟」，據《禹貢錐指》卷九改。

西七百里，窮年密霧，未嘗覩日月輝光，樹木皆衣毛深厚，時時多水濕，晝夜沾洒，上無飛鳥，下絶走獸，惟夏月頗有蝮蛇，土人呼爲漏天也。」郡西南二百里，得所綰堂琅縣。西北行，上高山，羊腸繩屈八十餘里，或攀木而升，或繩索相牽而上，緣陟者，若將階天。案《後漢志》無堂琅，蓋省入朱提也。劉昭曰：「朱提，縣西南有堂琅山，多毒草，盛夏之月，飛鳥過之，不能得去。」有瀘津，東去縣八十里，水廣六七百步，深十數丈。晉明帝大寧二年，李驤等侵越嶲，攻臺登縣。寧州刺史王遜遣將軍姚岳擊之，戰于堂琅，驤軍大敗，追之至瀘水，赴水死者千餘人。兩岸皆山，高數百丈，瀘峰最爲高秀，孤高三千餘丈。是山晉大康中崩，震動郡邑。水之左右，馬步之徑裁通。而時有瘴氣，三月四月，經之必死。非此時，猶令人悶吐。五月以後，行者差得無害，故諸葛亮《表》言『五月渡瀘』也。自朱提至僰道，有水步道，有黑水、羊官水，三津之阻，行者苦之。又有牛叩頭、馬搏頰坂，其艱嶮如此也。若水逕越嶲之馬湖縣，又謂之馬湖江，馬湖縣，今爲四川之馬湖府。繩水、瀘水、孫水、淹水、大渡水，隨決入而納通稱。是以諸書録記羣水，或言入若，又言注繩，亦咸言至僰道入江，《華陽國志》云：「僰道治馬湖江，會水通越嶲。」正是異水沿注，通爲一津，更無別川可以當之。」今案府縣圖志，若水在建昌衛，俗名打沖河，自冕山營西徼外，營，故寧番衛，在建昌衛東北。東南流，至衛西鹽井營東南，與雲南金沙江合。營在衛西。《元和志》：「嶲州昆明縣，東北至州三百里，本漢定筰縣也。出鹽鐵，夷皆用之。漢將張嶷殺其豪率，遂獲鹽鐵之利。鹽井在縣城中，取鹽，先積柴燒之，以水洗上，即成黑鹽。凡言筰者，夷人于大江、水上置藤橋，謂之筰。其大筰、定筰，皆是近水置筰橋處。」筰，與「笮」同。金沙江，源出吐蕃界，至共龍山犛牛石下，南流漸廣，本名犛水，後訛爲麗水，東南流，經麗江府北，又東經姚安府北，即鹽井衛東南。合打沖河，又東合瀘水，又東經會川營南，❶《通典》：「會川縣，有瀘水，『五月渡瀘』即此。」《元和志》：「嶲州，南至瀘渡四百五十里。」又東至東川府西，折而東北，經烏蒙府西北，又東北經馬湖府南，又東經叙州府南，而北入大江。雲南無水路，行者以爲艱。惟由蜀浮金沙江，可以直達南中。明正統、嘉靖、隆慶時，屢議開通，而不果行。至天啟時，安酋倡亂，貴陽道阻，復議開通。按察使莊祖誥議云：「自金沙江巡檢司開，由白馬口歷普隆、紅巖石、剌鮓至廣翅塘，皆禄勸州地，其下有三灘，水溢没石，乃可放舟。涸則躋岸纜空舟以行，又歷直勒村、罵刺、土色，皆會禮州地，其下有雞心石，石如堆者三，纍纍江中，舟者相水勢緩急可行。又歷踏照、亂得、頭峽、剌鮓，至粉壁灘甚駛，皆東川地。又歷驛馬河、新灘至虎跳灘、陰溝洞，皆巧家地。虎跳湍瀉陡石，不可容舟。陰溝二山頹集，水行山腹中，皆從陸過灘，易舟而下。又歷大小流灘，爲蠻夷司地。又歷黃郎、木舖、貴溪寨、業灘至南江口，爲烏蒙府地，始安流。自廣翅塘至南江，木商行之可十日，又至文溪、鐵索、江邊數灘，歷麻柳灣、教化巖，爲馬湖府地。又歷洩灘、蓮花三灘、會溪石角灘至叙州府。」其説甚詳晰。鹽井營東南，蓋即漢大筰縣界，繩、若合流處。若爲建昌衛西之打沖河，繩則姚安府北之金沙江也。此水禹無可致力，不用循行，故所道惟雍州之黑水。

瀘，本作「盧」，如盧弓、盧矢、盧橘之類，皆訓黑。劉熙《釋名》：「土黑曰盧。」沈括《筆談》云：「夷人謂黑爲盧。」漢中山盧奴縣有盧水，酈道元云：「水黑曰盧，不流曰奴。」尤盧水爲黑水之切證也。《牧誓》八國，有盧人，疑即居盧水上者。其字後加水作「瀘」。章懷太子注《後漢

❶「會」，原作「衛」，據《禹貢錐指》卷九改。下同。

書》云：「瀘水，一名若水。」則瀘、若似非異源。而酈元引《益州記》曰：「瀘水，源出曲羅舊，下三百里曰瀘水，兩峰有殺氣，暑月舊不行，故武侯以夏渡爲艱。瀘水又下合諸水，而總其目焉，故有瀘江之名矣。」據此，則瀘水自出曲羅舊，其地當在若水之東，下流合若水，故若水兼瀘水之目，所謂「隨決入而納通稱」者也。《元和志》云：「嶲州西瀘縣，東北至州二十七里，本漢邛都縣地，瀘水在縣西一百十二里，水峻急而多石，土人以牛皮作船而渡，一船勝七八人。」蓋即曲羅舊出之瀘水也。考其源流，不出漢越嶲、犍爲二郡界。而杜氏《通典》云：「吐蕃有可跋海，去赤嶺百里，方圓七十里，東南流入西洱河，合流而東，號漾濞水，又東南出會川，爲瀘水。」瀘水即黑水也。程大昌、金履祥之説，皆出於此。漾濞水，見《唐書》，在今大理府西百里。西洱河，即葉榆河也，出大理鄧川州點蒼山，滙爲巨湖，周三百里，亦曰西洱海。今案《水經注》：「葉榆河出益州郡葉榆縣，縣東有葉榆澤，葉榆水之所鍾也。其水自縣南枝分，東北流，逕遂久縣東、姑復縣西，與淹水合。」淹水雖合繩、若入蜀江，而葉榆初無黑水之名也，何以知爲黑水之源。其經流則自邪龍縣東南流，逕滇池縣南，又東與盤江合，又東南至交趾麋泠縣入海。此與會川相去懸絶，並不合繩、若入蜀江，安得謂樣濞水東南出會川爲瀘水，即滇池縣所祠之黑水哉！杜説非是。又案《水經注》：「永昌郡有蘭蒼水，出博南縣。漢武帝時，通博南山道，渡蘭倉津，土地絶遠，行者苦之，歌曰：『漢德廣，開不賓。度博南，越倉津。』其水東北流逕不韋縣，與類水合；又東與禁水合，又北注瀘津水。」然則此蘭倉水，仍東北合瀘水入蜀江也。若今之所謂闌滄江，元人指以爲《禹貢》之黑水者，則東南流至交趾入海，與梁州絶無交涉影響。附會之談，殊不足信。

《漢志》：「滇池澤在滇池縣西北，有黑水祠。」《後漢志》：「縣北有黑水祠。」或以爲武帝開置益州郡始立之，非也。使帝知郡界有黑水而立此祠，則班史必知其所在而能言之矣。竊謂此祠，蓋彼中相承已久，黑水即金沙江，東經會無縣南，南直滇池縣，縣故滇王國，於其北立祠祭之，宜矣。自周衰以迄漢初，聲教阻絶，故《尚書》家莫能言梁州黑水之所在，千載而下，尚賴有此祠可以推測而得之。語云「天子失官，學在四夷」，又云「禮失而求之野」，此亦其一端也。

杜佑以樣濞水經會川縣者爲黑水，樊綽以麗水合瀰渃江者爲黑水，程大昌以西洱河貫葉榆澤者爲黑水，元人則以闌滄江至交趾入海者爲黑水，而明李元陽引張立道之事以爲證。此皆轉相附會，以求合于「入南海」之文，非實有所驗也。以是爲雍界之黑水，吾不敢知。如謂梁界之黑水亦即斯川，則梁州奄有雲南，極於交趾，以一州而兼數州之地，何至若是之廣遠，此可以理斷之，而信其必不然者也。

【《地理今釋》】梁州黑水，即今雲南之金沙江，其源發於西蕃諾莫渾五巴什山分支之東，曰阿克達毋必拉，南流至塔城關，入雲南麗江府境，亦曰麗水。東南流至姚安府大姚縣之左却鄉即苴却營。北，打沖河自鹽井衛來會之。打沖河，出自西蕃界，在崑崙東南百里。二源同發，名查褚必拉，蒙古謂之七察兒哈那，平地水泉數十泓，沮洳觱沸，散若列星，滙而南流，有支河十二道，左右流入之。至占對安撫司，入四川界，南流東折，繞鹽井衛之東北，又南至烏喇猓果入金沙江。又東入四川，逕會川衛南，又東至東川府，西折而東北流，逕烏蒙府西北、馬湖府南，又東逕叙州府，南入岷江。

胡氏渭曰：「梁，北自洛南、商州、鎮安，並屬西安府。以西爲洋縣、城固、褒城、鳳縣、並屬漢中府。兩當、徽州、成縣，並屬鞏昌府。及唐宕、疊二州之地。北與今岷州、洮州二衛接界。衛屬臨洮府。又西爲西傾山南，唐松州徼外羈縻之地，貞觀二年，於松州置都督府，督羈縻二十五州。其後多至百有四州，悉生羌都落。皆與雍接界。其間大山長谷，遠者或數百里。終南山東連二華，竦峙長安之南，有子午道直達漢中，岡巒綿亘，歷盩厔至武功、郿縣爲太一山，亦名太白山，駱谷、斜谷之口皆當其地。又西過寶雞，訖於隴首山之深處，高而長大者曰秦嶺。《西京記》云『長安正南，山名秦嶺。東起商、洛，西盡汧、隴，東西八百里』是也。關中指此爲南山，漢中指此爲北山，斯實雍、梁之大限矣。寶雞西南爲鳳縣，即漢故道縣，屬武都郡。縣東北大散嶺與寶雞分界，嶺上有大散關，當秦、隴之會，扼南北之交，雍、梁有事，在所必争。又西爲徽州，州東南有鐵山，懸崖萬仞，《劉子羽》曰『蜀口有鐵山棧道之隘』是也。州西有木皮嶺，甚高險。唐黄巢之亂，王鐸置關於此，以遮秦、隴。又西爲成縣，縣有鷲峽、羊頭峽、龍門戍，皆在仇池山北。北兵攻仇池，必由此入。又西爲洮州衛之西傾山，山東北去衞四百餘里，屬雍州，其南則屬梁州，所謂『西傾因桓是來』者也。以上諸山，皆隴、蜀阸塞，西傾與華陽，東西準望相直。曾彦和云：❶『梁北雍南，以華爲畿。』不兼言東，最得經旨。而林少穎以爲華山在梁、雍之東，當云『梁之東北，雍之東南，以華爲畿』。夫兼言東則不足以該其西，是謂欲密而反疎。林氏蓋習聞西南距岱之説而不知其非，故有此論。

梁，東自洛南、商南以南，二縣並屬西安府。爲鄖西之西境，故上津縣地。上津，唐屬商州，其故城在今鄖西縣西北一百十里。又南爲房縣，鄖西、房縣並屬鄖陽府。與豫接界；又南爲竹山縣，屬鄖陽府。又南爲巫山縣，屬夔州府。與荆接界。

梁，南自宜賓以西至會川諸州縣，凡在瀘水、馬湖江之北者，皆梁域。宜賓以東至巫山諸州縣，凡在大江之北者，皆梁域。蓋大江既合瀘水，亦得互受通稱。故隋改江陽縣曰瀘川，置瀘州治焉。其縣南大江，《寰宇記》謂之瀘江。瀘水，即黑水。則梁左之南鄙，亦當以此水表界也。或曰：梁州之水，莫大於江，經曷不界以江？曰：江自岷山導源，大勢皆南行，至叙州，始折而東，苟界以江，則江右之地，悉遺之域外矣。故言黑水可以見左界，而言江則不可以該右界也。

梁，西自西傾山，歷唐羈縻州以南爲當州、奉州、柘州，又西南爲始陽鎮，又南爲雅州、黎州，又西南爲嶲州，皆與蠻夷接界。今松潘衞、威州、天全六番招討司、

❶ 「曾」，原作「曹」，據《禹貢錐指》卷九改。

雅州、黎大所及越嶲冕山營之北境、鹽井營之西境是也。唐當州在今松潘衛西南三百里，州治通軌縣。《隋志》縣有甘松山。《元和志》云：「甘松嶺在嘉誠縣西南十五里。」❶唐開元十九年，吐蕃請互市於甘松，宰相裴光庭曰：『甘松嶺，中國之阻，不如許赤嶺。』即此也。赤嶺，在今陝西西寧衛界。奉、柘二州在今疊溪、威州之西。奉州西七十里有的博嶺。韋皋嘗分兵出此圍維州。柘州西北百里有大雪山，一名蓬婆山，杜甫詩『已收滴博雲間戍，欲奪蓬婆雪外城』，是蓬婆又在滴博之西也。威州北有高碉山，山上有薛城廢縣，唐維州治，亦曰姜維城。《邊略》云：『自松達茂，不三百里，夷碉棊布，山巖如蜂房。』《宋史》有碉門，元有碉門宣撫司，即今天全六番招討司也。蓋夷碉起自松州，訖於始陽，故謂之碉門矣。《廣韻》無「碉」字，不知其音。今案《後漢書》：「冉駹夷皆依山居止，累石爲室，高者至十餘丈，爲邛籠。」注云：「今彼土夷人呼爲彫也。」蓋「碉」本作「彫」，後改从石作碉耳，音當與彫同。唐雅州治嚴道縣，領羈縻吐蕃四十六州；黎州治漢源縣，管羈縻州五十七：並蠻夷部落。《寰宇記》云：『雅州，西去大渡河五日程，羌蠻混雜，連山接野，鳥路沿空，不知里數。黎州，西至廓清縣一百八十里，其城西臨大渡河，河西則生羌蠻界，高山萬重，更無郡縣。』今黎大所北有邛來山、九折坂，後漢永平中，白狼、槃木、唐菆等百餘國，舉種奉貢，越山坂繦負而至，皆旄牛徼外蠻夷也。嶲州，即今建昌衛，《通典》云：『南至姚州界五百六十里，西至

❶「誠」，原作「城」，據《禹貢錐指》卷九改。

磨迷生蠻六百六十里。』昔司馬相如略定西南夷，關沫若，徼牂牁，鏤靈山，橋孫水，蓋皆在此地矣。」

岷、嶓既藝，

【《錐指》】傳曰：「岷、嶓，皆山名。」《地理志》云：「岷山，在蜀郡湔氐道西徼外，江水所出。」縣有蠻夷曰道。　今四川松潘衛即漢湔氐道也，山在衛西北。《後魏・地形志》華陽郡嶓冢縣有嶓冢山，漢水出焉。《括地志》云：「嶓冢山，在梁州金牛縣東二十八里。」今在陝西漢中府寧羌州北九十里，州本漢廣漢郡葭萌縣地也。

【《地理今釋》】嶓冢有二，一在陝西漢中府寧羌州北九十里東，漢水所出；即導漾之嶓冢。　一在鞏昌府秦州西南六十里西，漢水所出。　二山南北相去三四百里，而支脈隱然聯屬，《郡縣志》所謂「隴東之山皆嶓冢」是也。

沱、潛既道，

【《錐指》】《正義》曰：「鄭注『梁州』云：『二水，亦謂自江、漢出者。』」郭璞《爾雅音義》云：「沱水，自蜀郡都安縣湔山與江別而東流。」又云：「有水從漢沔陽縣南流，至梓潼漢壽入大穴中，通峒山下，西南潛出，一名沔水，舊俗云即《禹貢》潛也。」渭案：《地理志》：「《禹貢》江沱在蜀郡郫縣西，東入大江。」此即今之郫江，郭氏所謂沱也。《括地志》云：「潛水，一名復水，❶今名龍門水，源出綿谷縣東龍門大石穴下。」《元和志》云：「龍門山，在利州綿谷縣東北八十二里，潛水所出。」此即郭氏所謂潛也。　今成都府灌縣東有都

❶「復」，《禹貢錐指》卷九注云：「復，當作澓，與洑同。」

安故城，漢中府沔縣東南有沔陽故城。漢壽，晉改曰晉壽，其故城在今保寧府昭化縣東南。綿谷，亦晉壽地，今爲廣元縣。

《河渠書》：「蜀守冰鑿離碓，辟沫水之害，穿二江成都之中。」《溝洫志》同，「碓」作「崔」。注引杜預《益州記》云：「二江者，郫江、流江也。」《隋經籍志》有《益州記》三卷，李氏撰，而無杜預之書。李氏者，李膺也，梁益州別駕。《初學記》引任豫《益州記》曰：「郫江者，大江之支也，亦曰涪江，亦曰湔水。在蜀與洛水合。」❶又劉逵《蜀都賦》注「丙穴」下、劉昭注補《郡國志》「廣都縣」下並引任豫《益州記》。此杜預，當是任豫。豫，通作預。「任」與「杜」，字形相似而誤。揚雄《蜀都賦》曰：「兩江珥其前。」應劭《風俗通》曰：「李冰開成都兩江，溉田萬頃。」左思《蜀都賦》曰：「帶二江之雙流。」常璩《華陽國志》曰：「李冰壅江作堋，穿郫江、檢江，即流江。別支流雙過郫下。」蓋自漢以來，皆以郫江爲沱水，流江爲大江。《水經》所叙江水自都安以至成都者，攷其原委，皆流江也。然流江實非大江。江原縣鄗水，江原，今崇慶州。應劭曰：「鄗，音壽。」近世謂之大皁江者，《元和志》鄗江，一名皁江。蓋「壽」音轉爲「皁」。則岷江之正流也。而班氏以爲首受江，故鄭康成云「沱之類」。鄗與郫俱爲沱，而流江於是乎爲大江矣。推尋事理，李冰所穿之二江，一是流江，乃冰所創造；一是郫江，即《禹貢》之沱。時必淤淺，冰復從而濬之，遂并數爲二江。茲二江者，或稱内江、外江，或稱南江、北江，彼此參錯，未知誰是。其湔水不經成都

❶「洛」，原作「落」，據庫本改。

縣界。《元史・河渠志》以郫、湔爲冰所穿之二江，大謬。郫江之爲沱水無疑矣。然世皆以灌縣西南至廣都北岸合流江者，爲郫江之起止，今成都城東南岸曲有合江亭，郫江入流江處也。則所行不過三百餘里。今案《漢志》：「緜虎縣，湔水東南至江陽入江，江陽，今瀘州。行千八百九十里。」《水經注》云：「緜、雒二水與湔水合，亦謂之郫江。」郫江者，沱水也。既與湔水渾濤，則直至瀘州入江矣，安得以五城水口之枝津爲沱水西合大江之正道哉！《水經注》云：「湔水，東絶緜、洛，逕五城界，至廣都北岸南入于江，謂之五城水口。」蓋禹治梁州，特紀沱、潛。潛自廣元至巴縣入江，行千餘里。沱自灌縣至瀘州入江，行千五百里。羣流湊集，源遥波濬，雖江、漢之別，而實爲州界兩大川。荒度之功，不遺餘力，此沱、潛所以與岷、嶓並志也。

蔡、蒙旅平，

【《錐指》】傳曰：「蔡、蒙，二山名。」《正義》曰：「《地理志》云：蒙山，在蜀郡青衣縣，順帝改曰漢嘉縣。蔡山，不知所在。」蘇氏曰：「蒙山，今曰蒙頂。」渭案：今雅州北有青衣廢縣，蒙山在州南。

【《地理今釋》】蔡山，宋葉少蘊謂即周公山，在今四川雅州東五里。蒙，在今雅州名山縣西五里，接雅州及蘆山縣界。

蕙田案：蔡山，《正義》云「不知所在」，胡朏明謂當是今之峨嵋山。以爲周公山者，葉少蘊及《明一統志》也。

和夷厎績。

【《錐指》】《正義》曰：「和夷，平地之名。」蘇氏曰：「和夷，西南夷名也。」渭案：《水經注》引鄭説云：「和夷，和上夷所居之地。」和水即涐水，和、涐聲相近，字從而變。《地理志》云：「青衣縣，《禹貢》蒙山谿大渡水東南至南安入渽。渽水出汶江縣徼外，南至南安東入江，過郡三，行三千四十里。」渽乃「涐」字之誤。《説文》：「涐，水出蜀汶江徼外，東南入江。从水我聲。」徐鉉音五何切。故知「渽」當作「涐」。和夷者，涐水南之夷也。汶江，今茂州。南安，今嘉定州。

【《水經》】江水東南過犍爲武陽縣，故城在今眉州北。新津、仁壽、井研三縣，皆武陽地。❶青衣水、沫水從西南來合而注之。此即二水會涐水入江處也。酈注云：「江水自武陽東至彭亡聚，曰外水。又東南逕南安縣西，有熊耳峽，連山競險，接嶺爭高。縣治青衣江會，衿帶二水矣。縣南有峨眉山，有濛水，❷即大渡水也。水發蒙溪，東南流，與涐水合。水出徼外，逕汶江道。吕忱曰：『涐水出蜀。』許慎以爲涐，水也，從水我聲。南至南安入大渡水，大渡水又東入江也。」班固謂大渡入涐，道元謂涐入大渡。然涐水源長，當以《漢志》爲正。道元叙涐水甚略，自《漢志》涐誤作渽，而師古曰「音哉」，世遂不知有涐水，且不知渽水之所在，徒以其下流與南安之沫水號爲大渡者合而入江，因目涐水曰大渡河。《元和志》云：「黎州，西至廓清城一百八十里。其城，西臨大渡河，河西生羌蠻界。」黎州本漢沈黎郡旄牛縣地，唐置黎州，治漢源縣，今黎大所南三十里漢源廢縣是也。又云：「通望縣，北至黎州九十里，大渡

❶「地」，原作「也」，據《禹貢錐指》卷九改。

❷「濛」，原作「蒙」，據《禹貢錐指》卷九、《水經注》卷三三改。

水經縣北二百步。」通望，本漢旄牛縣，隋爲大渡戍，尋置陽山縣，唐改曰通望，今黎大所東南通望故城是也。旄牛故城在所南。《牧誓》有髳人，蓋國于此地。❶李膺《益州記》云：「羊膊嶺，水分二派，一南流爲大江，一西南流爲大渡河。」王應麟《地理通釋》云：「大渡河，一名羊山江，源出鐵豹嶺。」嶺即岷山羊膊嶺之異名也。大渡河即涐水，羊膊嶺即汶江徼外之山，涐水所出。以今輿地言之，涐水自茂州徼外南流，經黎大所西，舊有黎州所、大渡所，❷本朝并爲一，曰黎大所，附屬雅州。折而東，經所南，又東經建昌衞越嶲營北，南去營二百二十里，歷鬼皮落野夷界，水勢浩大，煙瘴特甚。又東經峨眉縣南，又東至嘉定州南，合青衣、沬水，又東入大江。此水之南，蓋即經所謂「和夷」也。禹導和水使入江，而其地已厎績矣。或曰：何以知不在水北？❸曰：古者「桓」有「和」音，故鄭康成破「和」爲「桓」。《晉地道記》云：「梁州，自桓水以南爲夷，《書》所謂『和夷厎績』。」此說是也，但不當破「和」爲「桓」耳。《方輿勝覽》云：「大渡河，於黎州爲南邊要害之地。唐時，大渡之戍一不守，則黎、雅、邛、嘉、成都皆擾。建隆三年，王全斌平蜀，以圖來上。議者欲因兵威復越嶲，藝祖以玉斧畫此河曰：『外此，吾不有也。』於是爲黎之極邊。曩時河道平廣，可通漕舟。自玉斧畫河之後，河之中流忽陷下五六十丈，河流至此，澎湃如瀑，從空而落，舂撞怒號，波濤洶湧，船筏不通，名爲噎口。殆天設險以限羌蠻

❶「地」，原作「也」，據《禹貢錐指》卷九改。

❷「大渡所」，原脱，據庫本補。

❸「水北」，原作「山北」，據《禹貢錐指》卷九改。

也。」政和末，大理通貢。有上書乞於大渡河外置城邑，以便互市。詔問得失。知黎州宇文常言：「太祖觀地圖，畫大渡河爲境，歷百五十年無恙。今若於河外建城邑，開邊隙，非中國之福也。」議遂寢。以是知大渡河南，當爲《禹貢》外薄之地。唐韋皋拒吐蕃，李德裕拒南詔，皆扼此水爲險要。和夷在大渡河南、馬湖江北，爲宋祖玉斧畫而棄之者無疑矣。馬湖江，即古若水、漢瀘水，《禹貢》梁州之黑水也。

【《地理今釋》】和夷，案《水經注》引鄭説云「和夷所居之地」。和即和川水，在今四川雅州滎經縣，《寰宇記》謂滎經縣北九十里有和川水，從羅巖古蠻州來也。《蔡傳》以夷爲嚴道今滎經縣，宋曰嚴道。以西之夷道，滎經以西無夷道。非是。時瀾《書説》云：「嚴道以西，地名和川，夷人所居。」乃爲得之。

觀承案：「和夷」之解極是，與「島夷」、「萊夷」、「淮夷」一例，是《禹貢》之書法也。蔡氏以夷爲嚴道以西之夷道者，即令果有其地，亦不足据矣。

西傾因桓是來，

【《錐指》】傳曰：「西傾，山名。桓水自西傾山南行，因桓水是來，浮于潛。」《地理志》云：「西傾山，在隴西臨洮縣南。」夏氏曰：「西傾，後世所謂嵹臺山，其南，桓水出焉，一名白水。」渭案：今陝西洮州衛，本漢臨洮縣地，唐爲臨潭縣，屬洮州。《括地志》云：「西傾山，在臨潭縣西南三百三十六里。」西傾之戎，在山之西南，唐爲吐蕃地，北連吐谷渾，西接党項。党項，故析支也。《山海經》曰：「白水出蜀，而東南注于江。」郭璞云：「色微白濁。今在梓潼白水縣，從臨洮之西西傾山來，經沓中，東流過陰平，至漢壽縣入潛。」酈道元云：「桓水自西傾至葭萌入于西漢，即鄭玄之所謂潛水者也。」今白水自洮州衞流經文縣、平武、龍安府治。劍州，至昭化縣東，入西漢水。此即《禹貢》之桓水，西傾之戎所因以來者也。

【《地理今釋》】西傾山，一名强臺山，在今陝西鞏昌府洮州衞西蕃界，延袤千里，外跨諸羌。桓水，一名白水，出今陝西岷州衞東南分水嶺，至四川保寧府昭化縣東入西漢水。西漢水出秦州嶓冢山，上流爲犀牛江，下流爲嘉陵江。

浮于潛，逾于沔，入于渭，亂于河。

【《錐指》】傳曰：「漢上曰沔。越沔而北入渭，浮東渡河。正絶流曰亂。」《正義》曰：「下傳云『泉始出山爲漾水，東南流爲沔水，至漢中東行爲漢水』，是『漢上曰沔』也。」渭案：《地理志》：「渭水出隴西首陽縣西南鳥鼠同穴山，東至船司空入河。」河，謂西河。《水經注》云：「西漢，即潛水，自西漢遡流而屆于晉壽界，阻漾枝津，南歷岡穴，迆邐而接漢，沿此入漾，《書》所謂『浮潛而逾沔』矣。歷漢川至南鄭縣，屬于褒水，遡褒暨于衙嶺之南，溪水支灌于斜川，「水支」，本作「川皮」，字之誤也。届于武功，而北達于渭水。此乃水陸之相關，川流之所經，復不乖《禹貢》入渭之宗，實符《尚書》『亂河』之義也。」林、蔡所引，皆有脱誤，謹依原文，備録于此。南鄭，今爲漢中府治，其故城在縣東北。武功故城，在鳳翔府郿縣東四十里渭水之南。

《漢志》：右扶風武功縣下云：「斜水出衙

嶺山北，至郿入渭。褒水亦出衙嶺，至南鄭入沔。」案衙嶺山，在今郿縣西南三十里，俗呼馬鞍山。褒斜，本谷名，李善《西都賦》注引《梁州記》云：「萬石城，泝漢上七里有褒谷，萬石城，在今漢中府褒城縣東。南口曰褒，北口曰斜，長四百五十里。」《溝洫志》曰「作褒斜道五百餘里」，曹孟德以此谷爲五百里石穴，孔穎達云「漢在渭南五百餘里」，皆與《梁州記》合。程大昌謂「漢中北距斜口八九百里」，妄也。《水經注》：「漢水自西樂城北，城在今沔縣東南，漢水南岸。又東合褒水。水東北出衙嶺山，東南經大石門，歷故棧道下谷，又東南逕三交城，城在褒城縣西北，以三水之會名。❶又東南得丙水口，水上承丙穴，穴出嘉魚，故左思稱「嘉魚出于丙穴，良木攢于褒谷」。又東南歷小石門，門，穿山通道，六丈有餘。《蜀都賦》曰「岨以石門」，即此。門在漢中之西，褒中之北。案今褒城縣西北十五里箕谷口有石如門，曰石門。又東南歷褒口，即褒谷之南口。北口曰斜，所謂北出褒。又南逕褒縣故城東，褒中縣也。本褒國。案褒中故城在褒城縣南。又南流入于漢。渭水自郿縣故城南，城在今郿縣東北十五里，渭水之北。又東逕武功縣北，斜水自南注之。水出縣西南衙嶺山，北歷五丈原東，原在郿縣西三十里，渭水南。亦謂之武功水。諸葛亮《表》云『臣遣虎步監孟琰據武功水東』是也。」以今輿地言之，褒谷口在褒城縣北十里，斜谷口在郿縣西南三十里。褒水自衙嶺南流，經褒城縣東，又南入于漢。斜水自衙嶺北流，經郿縣東，又東北入于渭。褒之流長，而斜之流短，兩谷高峻，中間褒水所

❶「三」，原作「山」，據《禹貢錐指》卷九、《水經注》卷二七改。

經，皆穴山架木而行，名曰連雲棧，陸贄所云「緣側徑於嶺崑，綴危棧於絶壁」者也。酈元云「自西漢泝流而至晉壽，阻漾枝津南」❶，枝津，即郭璞所云「水從沔陽縣南流至漢壽」，《寰宇記》所謂「三泉故縣南，大寒水西流」者也；「歷岡穴，迤邐而接漢」，岡穴，即郭璞所謂峒山，《括地志》所謂「龍門山大石穴」者也。以今輿地言之，浮嘉陵江至廣元縣北龍門第三洞口，舍舟從陸，越岡巒而北，至第一洞口，出谷乘舟，至沔縣南，經所謂「浮潛而逾沔」也。自沔入南鄭縣界，抵襃城東，歷襃水、斜水，至郿縣東北入渭，沿流而東，歷武功、興平、盩厔、鄠縣、咸陽、長安、高陵、咸寧、臨潼、渭南、華州、朝邑至華陰縣之渭口，絶河流而東抵蒲州，經所謂「入渭而亂河」也。自蒲州並東岸而行，至滎河縣北，泝汾水而上，歷河津、稷山、絳州、太平、襄陵至臨汾縣，是爲平陽，堯之所都。此梁州及西傾之貢道也。❷

【《地理今釋》】沔水，一名沮水，《漢書·地理志》：「武都郡沮縣：沮水出東狼谷。」沮縣，即今陝西漢中府略陽縣也。東南至沔縣西，南入漢水，名曰沮口。

胡氏渭曰：「梁州有古蜀山氏、蠶叢氏之國，又玄囂、昌意所封。及《牧誓》所稱庸、蜀、羌、髳、微、盧、彭、濮諸國皆在焉。春秋時可考者，庸、巴、濮、麋、襃凡五國。戰國時屬秦，而楚亦兼得其地。秦并天下，置漢中、巴郡、蜀郡、隴西、南境是。內

❶「阻」，庫本《水經注》卷三六作「沮」，其校勘記曰：「案：沮，近刻訛作阻。」

❷「及」，原作「入」，據《禹貢錐指》卷九改。

史。南境是。漢改置益州。領郡八。《漢志》云：「改梁曰益。」魏分置梁州。晉初因之，益、梁二州並領郡八。後又分益州南境置寧州。領郡四。唐爲山南西道之漢中、梁州。洋川、洋。通川、通。潾山、渠。南平、渝。清化、巴。始寧、壁。咸安、蓬。符陽、集。巴川、合。河池、鳳。順政、興。益昌利。等郡，山南東道之房陵、房。南賓、忠。南浦、萬。雲安夔。等郡，劍南道之蜀郡、益。唐安、蜀。濛陽、彭。德陽、漢。通義、眉。梓潼、梓。巴西、綿。普安、劍。閬中、閬。資陽、資。臨邛、邛。通化、茂。交川、松。越巂、巂。南溪、戎。遂寧、遂。仁壽、陵。犍爲、嘉。盧山、雅。瀘川、瀘。陽安、簡。安岳、普。江源、當。陰平、文。同昌、扶。油江、龍。臨翌、翌。歸誠、悉。静川、静。蓬山、柘。恭化、恭。維川、維。雲山、奉。和義、榮。盛山、開。南充、果。洪源、黎。雲南姚。等郡，又京畿之上洛、商。安康，金。隴右道之武都、武。同谷、成。懷道、宕。合川，叠。黔中道之涪陵、涪。南川南。等郡。案以上《通典》所列，雲南、涪陵、南川三郡，乃梁南徼外蠻夷，不在九州之限。其雲安之建始縣，當往屬荆；上洛之上津東境廢長利縣地，當往屬豫；而黔中、寧夷、涪川、播川、夜郎、義泉、溱溪七郡，列在荆域者，雖附近蜀江之南，亦係徼外蠻夷，不在九州之限。以今輿地言之，陝西漢中府、興安州及西安府之商州、洛南、❶山陽、鎮安、商南，鞏昌府之鳳縣、兩當、徽州、成縣、階州、文縣，湖廣鄖陽府之房縣、竹山、竹溪及鄖西縣之西

❶「南」，原作「陽」，據庫本改。

境，四川則成都、保寧、順慶、龍安、馬湖五府，潼川、嘉定、邛、眉、雅五州，及叙州、瀘州、重慶、夔州之江北諸州縣，松潘衛、叠溪營、天全六番招討司、黎大所、建昌衛，皆古梁州域也。其遵義府、永寧衛及東川、烏蒙、鎮雄故烏撒。三府，並在瀘水之外；雲南郡，唐於昆明之弄棟川置，即今姚安府，其非梁域，又不待言矣。」

黑水、西河惟雍州。

【《錐指》】傳曰：「西距黑水，東據河。龍門之河在冀州西。」《正義》曰：「河在雍州之東而謂之西河者，以冀州西界。故《王制》云：『自東河至於西河，千里而近。』是河相對而爲東西也。」渭案：黑水，《水經注》云：「出張掖雞山，南流至燉煌，過三危山，南流入于南海。」《括地志》云：「源出伊州伊吾縣北百二十里，南流絶三危山，在沙州燉煌縣東南四十里。」二説未知孰是。《通典》云：「孔、鄭通儒，莫知其所，或是年代久遠，遂至湮涸，無以詳焉。」河經龍門而南至於華陰，爲西河。《左傳》昭公十三年：「晉叔魚謂季孫曰：將爲子除館于西河。」《禮記》：「子夏退而老于西河之上。」《史記》：「魏武侯浮西河而下，封吳起爲西河守。」皆此水也。

【《地理今釋》】雍州黑水，出陝西、甘肅塞外，南流至河州，入積石河，今俗名大通河是也。案《括地志》云：「黑水出伊州伊吾縣北，東南流，至鄯州，又東南至河州入黃河。」今黑水上源爲流沙壅塞，已無遺跡可考。其下流爲大通河，在瓜州之南，歷西寧衛，東南至河州入河。❶西寧，即唐之鄯州，

❶「州」，原作「川」，據庫本改。

則《括地志》之説與今圖合。又案：河之積石，北則大通河入之，南則大夏河注之，二水入河之口，南北相值，後人或遂指大夏爲黑水絶河而南之跡，不知大夏雖在黄河之南，實仍在南山之北，且其源自南而北，與山南入海之水絶不相通。

胡氏渭曰：「黑水，今不可得詳。據《括地志》言，出伊吾南流，絶三危山。則當自燉煌北大磧外流入郡界，南經白龍堆東、三危山西，又南經吐谷渾界中，又南經吐蕃界中，繞出河源之外，而入于南海。梁州之黑水，别是一川，非爲雍西界者也。西河，東與冀分界，自今榆林衛故勝州東北，折而南，且西經府谷、神木，又西南經葭州、吴堡，又南經綏德、清澗、延川、延長，又東南經宜川，並屬延安府。又南經韓城、郃陽、朝邑，以至于華陰，並屬西安府。與豫接界。河行凡一千七百餘里。雍之南界，自華陰太華山以西，爲華州、渭南、藍田、鄠縣、盩厔、並屬西安府。郿縣、寳雞，並屬鳳翔府。皆以南山與梁分界。又西爲鳳縣，有大散嶺，又西爲徽州，有鐵山、木皮嶺，又西爲成縣，有鷲峽、羊頭峽、龍門戍。並屬鞏昌府。又西爲岷州衛，又西爲洮州衛，有西傾山，皆與梁分界處也。詳見梁州。自西傾又西歷吐谷渾，南至大積石。自積石又西歷吐谷渾南，党項、白蘭之北，至於黑水。吐谷渾，本遼東鮮卑種也，東晉初，徙居枹罕。宋景平中，其子孫有阿豺者，升西彊山，觀墊江源，則其地南至西傾矣。又數傳爲夸吕，始自號可汗，治伏俟城，在青海西十五里。據有甘松之南，洮水之西，南極於白蘭，其地東西三千里，南北千餘里。党項羌，在古析支之地，漢時燒當羌亦嘗居之。

白蘭者，羌之別種也，其地皆與吐谷渾接。吐谷渾在河、湟之間，即先零、燒當諸羌故地。積石在其西南，南枕賜支河曲，禹導河自此始。則湟水之南，積石之北，西傾之西，其爲雍州之域無疑矣。

雍之北界，經無可見。約略言之，自今塞外東受降城之西，與冀分界。《元和志》云：「東受降城，在勝州榆林縣東北八里。」又西四百里，爲中受降城。《元和志》云：「南至麟州四百里。」又西四百餘里，爲西受降城。《元和志》云：「在豐州西北八十里。」唐景龍二年，張仁愿所築。南直今榆林衞，黄河經三城之南，謂之北河。河北有陰山，爲華夷大限。侯應曰『北邊塞至遼東外，有陰山，東西千餘里』是也。又西爲高闕山，戰國時趙築長城，並陰山下至高闕爲塞。及秦始皇斥逐匈奴，城河上爲塞，又使蒙恬度河，取高闕、陶山、❶北假中，築亭障以逐戎人是也。其地又有光禄塞、雞鹿塞、漢受降城，皆雲中、五原二郡境也。又西爲河西四郡之北鄙。漢太初中，收匈奴休屠、渾邪王地，置武威、張掖、酒泉、敦煌以通西域，隔絶羌胡往來。武威姑臧縣北三百里有白亭軍，《元和志》云：『在馬城河東岸。天寶十年，哥舒翰置，因白亭海爲名也。』張掖東北一千五百餘里，有地曰居延。元狩二年，霍去病出北地二千餘里，過居延。太初三年，使路博德築居延澤上。今甘州衞塞外居延故城是也，亦曰居延塞。元爲亦集乃路，《地理志》云：『在甘州北一千五百里。』城東北

❶「陶」，中華書局校點本《史記·秦始皇本紀》改作「陽」。

有大澤，西北俱接沙磧，乃漢居延故城。』明洪武初，馮勝拔肅州，進至掃林山亦集乃路是也。合黎山在張掖縣西北二百里。弱水由此東北入居延澤。遮虜障在肅州酒泉縣北二百四十里。李陵與單于戰處。敦煌，即今廢沙州衛，衛北抵大磧，磧外即古伊吾盧地。唐置伊州，今爲廢哈密衛也。自雲中至敦煌六郡，皆古雍州之域，後爲戎翟所據，至秦漢始收復者。其北皆臨大磧，大磧即沙幕，漢人謂之幕，唐人謂之磧。東西數千里，南北遠者千里，無水草，不可駐牧，雖禽獸亦不能居之。」

弱水既西，

【《錐指》】傳曰：「導之西流，至于合黎。」渭案：《地理志》：張掖删丹縣，桑欽以爲道弱水自此，西至酒泉合黎。今陝西行都司之山丹衛，故删丹縣也。

【《地理今釋》】弱水，今陝西山丹衛漢删丹縣。城西有山丹河，古弱水也。法顯《佛國記》謂之流沙河。出衛西南窮石山，正流西至合黎山，與張掖河合。又東北至甘州衛北，迤邐流至塞外，入居延澤。其餘波，溢入流沙也。

涇屬渭汭。

【《錐指》】傳曰：「屬，逮也。水北曰汭。」言治涇水入于渭。」《地理志》云：「涇水，出安定涇陽縣西笄頭山，東南至馮翊陽陵縣入渭，行千六十里。」渭案：涇陽故城，在今陝西平涼府平涼縣西南，笄頭山在縣西一百里。陽陵故城，在今西安府高陵縣西南二十里。《說文》：「汭，水相入也。」《左傳》閔公二年：「虢公敗犬戎于渭汭。」杜預曰：「水之隈曲曰汭。」

【《地理今釋》】涇水，出今陝西平涼府平涼縣西南笄頭山，亦名崆峒山，東至西安府高陵縣西南入渭水。渭水，出今陝西臨洮府渭源縣西鳥鼠山東，至西安府華陰縣東北入河。汭水，出今平涼府華亭縣，有二源。北源出湫頭山之朝那湫，南源出齊山，至縣東與北河合，又東至涇州西北入涇水。

胡氏渭曰：「《蔡傳》云：『涇、渭、汭，三水名。屬，連屬也。涇水連屬渭、汭二水也。』❶黄東發非之曰：『古説涇入於渭水之内，而「漆、沮既從，灃水攸同」，皆主渭言之，文意俱協。若以汭爲一水而入涇，則涇屬渭汭者，是涇既入渭，汭又入涇，下文「漆、沮之從，灃水之同」，孰從孰同耶？』《職方氏》『其川涇、汭』，易氏解云：『汭，非《禹貢》之汭。《禹貢》言汭，皆水内，此川名。』鄒季友亦曰：『涇水先會汭水，後入渭水，則經當言「涇屬汭、渭」，不當先渭而後汭。况下文即有「渭汭」字，不可異説。』一言破的，蔡説可以永廢矣。」

漆沮既從，

【《錐指》】傳曰：「漆沮之水，已從入渭。」顔氏曰：「漆沮，即馮翊之洛水。」渭案：《地理志》：「沮水，出北地直路縣西，東入洛。洛水至馮翊褱懷同。德縣東南入渭。」直路縣，自後漢已廢，其故城在今延安府鄜州中部縣西北二百里。褱德，今西安府同州之朝邑縣也，縣西南四十三里有懷德故城。《水經注》云：「渭水東過華陰縣北，洛水入焉。闞駰以爲漆沮

❶「二」，原作「三」，據《禹貢錐指》卷一〇改。

之水。」華陰縣北，即懷德縣南也。導渭，傳云：「漆、沮，二水名，亦曰洛水，出馮翊北。」《正義》云：「《地理志》：『漆水，出扶風漆縣。』依《十三州記》，漆水出岐山，東入渭，則與漆沮不同矣。此云『會于涇』，又東過漆沮，是漆沮在涇水之東，故孔以爲洛水，一名漆沮。《水經》：『沮水出北地直路縣東入洛。』又曰：鄭渠在太上皇陵東南，濁水入焉，俗謂之漆水，又謂之漆沮，其水東流，注于洛水。《志》云在馮翊懷德縣東南入渭，以水土驗之，與《毛詩》古公『自土沮漆』者别也。彼漆，即扶風漆水。彼沮，則未聞。」渭案：此説是也。本疏引扶風漆水，蓋未定之論，失於刊正耳。《詩・大雅》：「民之初生，自土沮、漆。」❶傳云：「沮水、漆水也。」《周頌》：「猗與漆、沮，潛有多魚。」傳云：「漆、沮，岐周二水也。」此皆謂扶風之漆、沮。而林少穎以「猗與漆、沮」釋「漆沮既從」，恐非。《小雅》「瞻彼洛矣」，傳以爲「宗周溉浸之水」，亦不言洛即漆沮。謂漆沮亦曰洛水，實自安國《書傳》始，而闞駰、酈道元從之，孔穎達復援以釋《詩》，于是洛與漆沮合而爲一水矣。其濁水上承雲陽大黑泉，名漆沮水者，乃土俗之稱。而洛水之爲漆沮，則先儒皆以爲然。故顔師古注《漢書》，亦用其説。然直路之沮，自櫟陽縣界合濁水，❷分爲二水，一循鄭渠而東注洛，其間二百餘里，實鄭國之所鑿。《漢志》云「沮入洛」，亦據既有鄭渠後言之耳。自鄭渠

❶ 「沮漆」，原作「漆沮」，據《禹貢錐指》卷一〇改。

❷ 「濁」，原作「蜀」，據《禹貢錐指》卷一〇改。

一廢，而濁水絶于三原，沮水不抵富平，可見此水在古時元合濁水，至櫟陽入渭，而不與洛通也。程大昌《雍録》謂《禹貢》漆沮，惟富平石川河正當其地，確不可易。

【《地理今釋》】漆水，源出陝西西安府同官縣北高山，流經縣城東，合同官水，西南至耀州屬西安府。與沮水合。沮水，出陝西延安府中部縣，西南流經宜君、屬延安府。同官二縣境，至耀州城南會漆水，東南流入富平縣屬西安府。界，名石川河。又南流至臨潼縣屬西安府。北交口鎮，入渭水。

灃水攸同。

【《錐指》】傳曰：「灃水所同，同之於渭。」《地理志》：「灃水出扶風鄠縣東南，北過上林苑入渭。」渭案：鄠縣，今屬陝西西安府，其故城在今縣北二里。上林苑，在今長安縣西南。灃水至咸陽縣西南入渭。《詩》曰：「豐水東注，維禹之績。」言同於渭也。

灃，一作「豐」，又作「酆」。《漢志》：「扶風鄠縣，古國。有扈谷亭。扈，夏啟所伐。酆水出東南，又有潏水，皆北過上林苑入渭。」《水經》無灃水之目，其附見《渭水》篇中者曰：「渭水自槐里縣故城南，槐里，今爲興平縣，在西安府西少北一百里。又東合甘水，水出南山甘谷，北流至鄠縣，合澇水入渭。《甘誓》云：「大戰于甘。」即此地。又東，豐水從南來注之。《地説》云：『渭水與豐水會于短陰山内。水會無他高山異巒，所有唯原阜石激而已。』」《漢書音義》張揖曰：「酆水出鄠縣南山酆谷，北入渭。」《長安志》：「豐水出長安縣西南五十五里終南山豐谷，其源闊一十五步，其下闊六十步，水深三尺。自鄠縣界來，終縣界，❶由馬坊村入咸陽，合渭水。咸陽縣在西安府西北五十里。昔文王作豐，武王治鎬，《詩》詠其事，鄭康成云：『豐在豐水之西，鎬在豐水之東。』」

【《地理今釋》】灃水，源出今陝西西安府鄠縣東南終南山，自紫閣而下，❷至咸陽縣東南入渭水。

荆、岐既旅，終南、惇物，至于鳥鼠。

【《錐指》】傳曰：「此荆在岐東，非荆州之荆。終南、惇物、鳥鼠，三山名。」《正義》曰：「治水從下，自東而西，先荆後岐，荆在岐東也。《地理志》云：『《禹貢》北條荆山，在馮翊懷德縣南。三山空舉山名，不言治意，蒙上「既旅」之文也。』《地理志》云：『扶風武功縣有太一山，古文以爲終南。垂山，古文以爲惇物。皆在縣東。』」渭案：鳥鼠在今陝西臨洮府渭源縣西，渭水出焉。

【《地理今釋》】終南山，在今陝西西安府長安縣南五十里，東至藍田縣，西至鳳翔府郿縣，綿亘八百餘里。惇物山，《漢書·地理志》「右扶風縣武功」注：「大壹山，古文以爲終南。垂山，古文以爲惇物。皆在縣東。」武功，今陝西鳳翔府郿縣。考圖志不載是山，胡渭《禹貢錐指》以爲太乙之北峰在縣東四十里者是也。

原隰厎績，至于豬野。

【《錐指》】傳曰：「下濕曰隰。豬野，地名。」《正義》曰：「《地理志》云：『武威縣東北有休屠音除。澤，古文以爲豬壄澤。』

❶「終」，原作「絡」，據庫本改。

❷「紫」，原作「柴」，據《尚書地理今釋》改。

鄭玄以爲《詩》云『度其隰原』，即此原隰是也。原隰，豳地。從此致功，西至豬野之澤也。」渭案：今西安府邠州及三水縣皆豳地。漢武威縣屬武威郡，今爲陝西行都司鎮番衞地。休屠澤在衞東北。

三危既宅，三苗丕叙。

【《錐指》】傳曰：「西裔之山已可居，三苗之族大有次叙。」《正義》曰：「《左傳》稱『舜去四凶，投之四裔』，《舜典》云『竄三苗于三危』，是三危爲四裔之山也。《地理志》：杜林以爲敦煌郡即古瓜州。昭九年《左傳》云：『先王居檮杌于四裔，故允姓之姦居於瓜州。』杜預云：『允姓之祖，與三苗俱放于三危。瓜州，今敦煌也。』」傅氏曰：「三危既宅，此治黑水之成功也。」渭案：漢敦煌，唐分爲瓜、沙二州。《水經注》云：「三危山，在敦煌縣南。」《括地志》云：「在沙州敦煌縣東南四十里。山有三峰，故名。亦名卑羽山。」今爲嘉峪關外廢沙州衞地，衞本屬行都司，後弃之化外。治黑水及三危而止，兼有濬畎澮之事，故言山以包之。自豬野至黑水，中隔弱水。弱水先已治，故豬野功畢，即繼以黑水也。三苗，今爲湖廣岳州府地。吴起曰「三苗之國，左洞庭，右彭蠡」是也。舜臣堯，竄其君及民於三危，至是禹安定之。

《正義》云：「三危山必是西裔，未知山之所在。鄭玄引《地記書》曰：『三危之山，在鳥鼠之西，南當岷山，則在積石之西南。』《地記》乃妄書，其言未必可信。要知三危之山，必在河之南也。」渭案：《水經注》兩引《山海經》以證《尚書》之三危。一云：「三危之山，三青鳥居之，廣圓百里，在鳥鼠山西。」見第四十卷末。一云：「三危在燉煌，南與岷山相接，山南帶黑水。」見第三十一卷《江水》。《輿地記》略同。鳥鼠之西，南當岷山，則在今臨洮府南、岷州衞北矣。又云「在積石之西南」，殊不可曉。山南帶黑水，蓋以扶州之黑水出素嶺山入白水者當之也。妄言無疑。三危山自當以在沙州者爲是。《後魏書》太平真君六年：「討吐谷渾，杜豐追被囊，度三危，至雪山。」即沙州之三危也。《肅州舊志》云：「白龍堆沙，東倚三危，北望蒲昌，是爲西極要路。」推其地望，可以得三危之形勢矣。

浮于積石，至於龍門西河，會于渭汭。

【《錐指》】傳曰：「積石山在金城西南，河所經也。沿河順流而北，千里而東，千里而南，龍門山在河東之西界。」《正義》曰：「《地理志》云：『積石山，在金城河關縣西南羌中。龍門山，在馮翊夏陽縣北。』」渭案：漢河關縣，在今陝西西寧衞西南塞外。夏陽，今西安府之韓城縣也。會於渭汭，今韓城縣北龍門山南，是其地也。

【《地理今釋》】積石山在今河州北一百二十里，《水經注》謂之唐述山。《括地志》云：「山勢峭拔，下臨黄河。」其西五十里有積石關，唐置積石軍於此。《山海經》云：「積石山在金城河門關西南境中。」漢之河關縣，今之河州。杜佑《通典》云：「禹施功，自積石山而東。今西平郡龍支縣今西寧衞地與河州接界。界山是也。」案諸家言積石者，多以此爲小積石。別有大積石，去此尚千餘里。其説蓋本於《漢書·西域傳》，謂「河源出于闐，北流與葱嶺河合，東注蒲昌海，潛行地下，南出于積石，爲中國河」之文。其實禹施功之始，即此積石，更無所謂大積石也。歐陽忞《輿地廣記》云：「班固所載張騫窮河源事，乃意度之，非實見蒲昌海與積石通流。」其言甚正。蓋河源在吐蕃境，漢時吐蕃未通中國。武帝以于闐山出玉，案古圖書，乃名河所出爲崑崙。後人遂并積石亦失其實耳。于闐東流之水，古名玉河。葱嶺之水，名新頭河。見法顯《佛國記》，總與河源無涉。至《水經》，并云「積石在葱嶺之北」，則又失之遠矣。或議杜佑主龍支之積石，謂因唐置積石軍于澆河故城而誤考。《後漢書·郡國志》：「隴西郡河關縣，積石山在西南。」又《桓帝紀》：「燒當羌叛，段熲追擊于積石。」注：「即《禹貢》『導河積石』，在鄯州龍支縣南。」是河州積石之名，非始于唐矣。蔡氏據杜氏説釋經最當。龍門山，在今陝西西安府韓城縣東北五十里大河之西，東與壺口隔水相望。

織皮崑崙、析支、渠搜，西戎即叙。

【《錐指》】顏氏曰：「崑崙、析支、渠搜，三國名也。」渭案：三國皆西戎，而西戎不止于三國。三國乃西戎之大者，皆來入貢，則其餘無不賓服，故曰「西戎即叙」。

【《地理今釋》】崑崙，西戎國，蓋附近崑崙山者。案鄭康成云：「衣皮之民，居此崑崙、析支、渠搜三山之野者。」是崑崙、析支、渠搜，皆本山名，而因以爲國號也。析支，今西蕃，在陝西臨洮府河州西。應劭曰：「《禹貢》析支屬雍州，在河關之西，東去河關千餘里，羌人所居，謂之河曲羌也。」《唐書·党項傳》曰：「党項，漢西羌别種。其地古析支，東距松州，西葉護，南春桑、迷桑等羌，北吐谷渾。」渠搜，《涼土異物志》云：「古渠搜國，在大宛北界。」《隋書・西域傳》云：「鏺汗國，《文獻通考》云：「鏺汗國，東去瓜州五千五百里。」都葱嶺之西五百餘里，古渠搜國。」渠搜當在西域，非朔方也。傅寅《禹貢集解》云：「陸氏曰：『《漢志》朔方郡有渠縣，《武紀》云北發渠搜是也。』然考漢朔方之渠搜，非此所謂渠搜。此亦當是金城以西之戎也。後世種落遷徙，故漢有居朔方者。當禹時，渠搜居朔方，則不應浮積石。陸説非也。」

胡氏渭曰：「雍州爲奥區神臯，后稷始封於邰，一作「駘」，又作「斄」。公劉處豳，太王徙岐，文王作豐，武王治鎬，及扈、崇、密、須之封，皆在焉。春秋時可考者，虢、文王弟所封曰西虢。周、召、畢、豐、鄭、初封咸林之地，漢爲鄭縣，屬京兆，今華州是。秦、芮、梁、崇、密、驪戎、白狄、晉，西境是。凡十四國。戰國時屬秦，而魏、趙亦兼得其地。秦并天下，置内史、上郡、北地、九原、隴西、雲中。西南境唐榆林郡是。漢以其地之西偏，置涼州，領郡十，《漢志》云「改雍曰涼」。而三輔則領於司隸。後漢並因之。魏分置秦州。晉又分置雍州。領郡國七，治京兆。涼州領郡國八，治武威。秦州領郡六，治上邽。唐爲京畿之京兆府、雍州。華陰、華。馮翊、同。扶風、岐。新平、邠。等郡，關内道之汧陽、隴。安定、涇。彭原、寧。安化、慶。平涼、原。靈武、靈。五原、鹽。寧朔、宥。洛交、鄜。中部、坊。延安、延。咸寧、丹。上郡、綏。銀川、銀。新秦、麟。朔方、夏。九原、豐。榆林、勝。安北大都護府，分豐、勝二州界置。等郡，隴右道之天水、秦。隴西、渭。金城、蘭。會寧、會。安鄉、河。臨洮、洮。和政、岷。寧塞、廓。西平、鄯。武威、凉。張掖、甘。酒泉、肅。晉昌、瓜。燉煌、沙。伊吾、伊。交河、西。北庭、庭州，後爲都護府。安西都護府。等郡。案以上《通典》所列，伊吾、交河、北庭、安西，自古爲戎狄，不在《禹貢》九州之限。又河、湟之間，吐谷渾故地，未嘗爲郡縣，故不入雍域。以今輿地言之，陝西臨洮、平凉、慶陽、延安、鳳翔五府，其西安則唯商州、洛南、山陽、鎮安、商南，鞏昌府則唯鳳縣、兩當、徽州、成縣、階州、文縣爲梁域，餘皆屬雍。又榆林衛、寧夏衛、寧夏中衛，及靖遠、岷州、洮州三衛，行都司所領甘州、莊浪等諸衛所，其在化外者，南至西傾、積石，西踰三危，北抵沙漠，皆古雍州域也。」

右《禹貢》豫、梁、雍三州。

五禮通考卷第二百三

淮陰吳玉搢校字

五禮通考卷第二百四

内廷供奉禮部右侍郎金匱秦蕙田編輯
太子太保總督直隸右都御史桐城方觀承同訂
翰林院編修嘉定錢大昕
按察司副使元和宋宗元　參校

嘉禮七十七

體國經野

【《書・禹貢》】導岍及岐，至于荆山，逾于河。

【《錐指》】傳曰：「三山皆在雍州。河，謂梁山龍門西河。」《正義》曰：「《地理志》云：吴岳在扶風汧縣西，古文以爲汧山。岐山在美陽縣西北。荆山在馮翊懷德縣南。」蔡氏曰：❶「逾者，禹自荆山而過於河也。孔氏以爲荆山之脉逾河而爲壺口、雷首者，非是。」渭案：導者，循行之謂。導山，猶曰隨山。蔡氏云「自此以下至敷淺原，皆隨山之事」是也。導山時尚未施功，先儒皆以此爲通水，曰導山之澗谷而納之川，殊失經旨。汧縣，今爲鳳陽府之隴州。州南三里有汧縣故城。岍、岐、荆並在河西、渭北。禹首導此三山，而逾河以抵壺口，則冀州之所先治者，其規畫早定于胸中矣。

岍，一作「汧」。《説文》有「汧」字而無「岍」字。汧

❶「蔡」，原作「蘇」，按此爲蔡《傳》文，據《禹貢錐指》卷一一上改。下一「蔡」同。

縣，唐爲汧源縣，隴州治，明省縣入焉。《周禮》：「雍州山鎮曰嶽山。」《漢志》以吴山爲雍州山，是吴山即嶽山也。《爾雅》：「河南華，河西嶽，河東岱，河北恒。」朱長孺云：「商周之世，疑以岍爲西嶽，故《爾雅》、《職方》皆名嶽山。」❶吴山，《漢志》雖云在縣西，而岡巒綿亘，延及其南，與嶽山只是一山。自周尊岍山曰嶽山，俗又謂之吴山，或又合稱吴嶽。《史記》遂析嶽山與吴嶽爲二山，而岍山之名遂隱。其實，此二山者，《周禮》總謂之嶽山，《禹貢》總謂之岍山，當以《漢志》爲正。蔡《傳》引晁氏説，❷又謂今隴山、天井、金門、秦嶺，皆古之岍山，不知何據。《漢志》美陽縣下云：「《禹貢》岐山在西北。中水鄉，周太王所邑。」《詩》曰「率西水滸，至於岐下」，又曰「彼徂矣，岐有夷之行」是也。《水經注》：「岐水逕周城南，城在岐山之陽而近西，所謂『居岐之陽』也。非直因山致名，亦指水所稱矣。又歷周原下，北則中水鄉成周聚，故曰有周也。水北，即岐山矣。」今案：岐山，一名天柱山，其峰高峻，狀若柱然。《國語》：「周之興也，鸑鷟鳴於岐山。」故俗呼爲鳳凰堆。山之南，周原在焉，《詩》所稱「周原膴膴」者也。東西横亘，肥美寬平，在今岐山縣東北四十里。

荆山有三：一在雍域裒德，北條之荆，大禹鑄鼎處也；一爲荆豫界臨沮，南條之荆，卞和得玉處也；一在豫域，與《禹貢》無涉。《漢郊祀志》公孫卿曰：「黄帝采

❶「故」下，原有「也」字，據庫本删。
❷「蔡」，原作「蘇」，據《禹貢錐指》卷一一上改。

首山銅，鑄鼎於荆山下。」案《唐志》虢州湖城縣有覆釜山，一名荆山。《元和志》：「山在縣南，即黄帝鑄鼎處。」晉灼以爲在馮翊懷德縣，非也。湖城，元省入閿鄉縣，山今在縣南二十五里。縣屬河南府陝州。韓愈詩云：「荆山已去華山來，日照潼關四扇開。」李商隱詩云：「楊僕移關三百里，可能全是爲荆山。」即此山也。蘇《傳》以此爲北條之荆，因晉灼而誤。

壺口、雷首，至於太岳。

【《錐指》】傳曰：「三山在冀州。太岳，上黨西。」《正義》曰：「《地理志》云：『壺口在河東北屈縣東南，雷首在河東蒲坂縣南，太岳在河東彘縣東，是三山在冀州。以太岳東近上黨，故云在上黨西也。』」渭案：漢上黨郡，今山西潞安府是。蒲坂，今爲平陽府之蒲州，其故城在州東南，漢縣舜所都也。餘見《冀州》。

胡氏渭曰：「雷首山在今蒲州南，一名首陽山。《詩·唐風》：『采苓采苓，首陽之顛。』《論語》：『伯夷、叔齊餓于首陽之下。』馬融曰：『首陽山，在蒲坂河曲之中。』《寰宇記》云：『首陽，即雷首之南阜也。』或稱首山。《漢地理志》蒲反有首山祠。《郊祀志》黄帝采首山銅即此。亦稱獨頭山，闞駰曰：『首陽山，一名獨頭山，夷齊所隱也。』又名襄山。《穆天子傳》云：『東巡自河首襄山。』又名薄山。《穆天子傳》云『登薄山寘軨之隥』，《史記·封禪書》云『薄山者，襄山也』。又名堯山。《漢地理志》蒲反有堯山。《水經注》云：『雷首山，臨大河，北去蒲坂三十里，俗亦謂之堯山也。』又名中條山。《元和志》云：『雷首，一名中條，在河東縣南十五里，永樂縣北三十里。』《寰宇記》云：『中條山，在芮城縣北十五里，亦曰薄山也。』又名陑山。《寰宇記》云：『堯山在河東縣南二十八里，即雷首山。山有九名，亦即陑山。湯伐桀，升自陑，注：在河曲之南。』即此也。《括地志》云：『此山西起雷首，東至吴坂，長數百里，隨地異名。』《通典》云：『雷首在今河東縣。此山凡有八名：歷山、首陽山、薄山、襄山、甘棗山、中條山、渠豬山、獨頭山也。』《蒲州新志》：『首陽山，在州南四十五里。又，中條山，在州東南十五里。山狹而長，西起雷首，迤邐而東，直接太行。南跨芮城、平陸，北跨臨晉、解州、安邑、夏縣、聞喜、垣曲諸境，凡數百里。中條之北有數峰，攢立拱對。州城在州南十五里，中高旁下，俗名爲筆架山。又南五里爲八盤山。又南十里爲麻谷山。又南爲鳳凰山，去州七十里，與潼關相對，爲中條南麓盡處。』今據雷首之脉爲中條，東盡於垣曲，王屋在焉。禹至此顧不東行，而北抵太岳，蓋以帝都爲急也。

太岳，即霍山，又名霍太山，在平陽府霍州東三十里，及岳陽縣西北九十里，趙城縣東北四十五里。《周禮》：『冀州山鎮曰霍山。』《漢志》『河東彘縣有霍太山在東，冀州山』是也。《爾雅》：『西方之美者，有霍山之珠玉。』亦稱景霍。《晉語》宰孔曰：『景霍以爲城。』韋注云：『景，大也。大霍，晉山名，今在河東彘。』《史記》：『周武王滅殷，飛廉先爲紂使北方，還，無所報，乃爲壇於霍太山而致命焉。』《水經注》：『汾水南過永安縣西，故彘縣也。又東與彘水合，水出東北太岳山，

《禹貢》所謂岳陽，即霍太山矣。山有岳廟，甚靈。汾水又南逕霍城東，故霍國也。又逕趙城西南，穆王以封造父，趙氏自此始。』《元和志》：『霍山，一名太岳，在霍邑東三十里。』今州治即霍邑故城也。《新志》云：『山高百餘丈，長八十里，周二百餘里。南接趙城、岳陽，北跨靈石，今謂之中鎮。』渭案：隋開皇十四年，詔以霍山爲冀州鎮，歷代因之，號曰中鎮，蓋即古之中岳也。降而爲鎮，爲嵩高所壓耳。閻百詩云：『「崧高維嶽」，謂崧然而高者，維是四嶽之山，非以太室山爲嶽，名曰崧高也。《爾雅》撰於三百篇後，緣此遂實指嵩高爲中嶽。太史公又出《爾雅》後，并補注《堯典》曰：中嶽，嵩高也。是殆忘却《禹貢》之太岳矣。將堯有二中岳邪？漢武登禮太室，易曰崈高，中岳名益顯，皆爲《爾雅》所誤者。或曰：然則周竟無中嶽乎？予曰：周仍以唐虞時太岳爲中岳矣。觀《職方》「河内曰冀州，鎮曰霍山」可知。蓋自有宇宙，便有此山。黄帝正名百物，蚤已定五嶽之稱。禹主名山川，又從而奠之。下迄周秦，悉不敢移，豈有如武帝以衡山遠，移南嶽之祀于灊霍山者乎？予最愛鄭康成注《大司樂》四鎮五嶽，取諸《職方》九州之山而徧足，少嫌其以嶽山爲西嶽，而不以霍山爲中嶽，又嫌其《大宗伯》注乃襲《爾雅》，雜以嵩高，忘却《大司樂》注，殆由未善讀《崧高》之詩也哉。』」

蕙田案：閻氏以太岳即古之中岳，其説甚辨。

厎柱、析城，至於王屋。

【《錐指》】傳曰：「此三山在冀州南河之

北，東行。」《正義》曰：「《地理志》云：析城在河東濩澤縣西，王屋在河東垣縣東北。《地理志》不載厎柱。厎柱在大陽關東、析城之西。」渭案：濩澤，今爲山西澤州之陽城縣，其故城在縣西三十里。垣縣，今爲平陽府絳州之垣曲縣，其故城在縣西四十里。大陽，今爲解州之平陸縣，其故城在縣東北。皆漢縣也。大陽關在今河南府陝州東。王屋山在今懷慶府濟源縣西北。唐王屋縣地，西與垣曲接界。

【《地理今釋》】厎柱山，在今河南河南府陝州東四十里大河中，西北去山西平陽府平陸縣五十里。析城山，在今山西澤州陽城縣西南七十里。王屋山，在今河南懷慶府濟源縣西北九十里，接山西平陽府垣曲縣及澤州陽城縣界，山有三重，其狀如屋。

太行、恒山，至於碣石，入於海。

【《錐指》】傳曰：「此二山連延，東北接碣石而入滄海。」《正義》曰：「《地理志》云：太行山在河內山陽縣西北，恒山在常山上曲陽縣西北。太行去恒山太遠，恒山去碣石又遠，故云此二山連延，東北接碣石而入滄海也。」渭案：山陽，今爲河南懷慶府之修武縣，其故城在縣西北。上曲陽，今爲直隸真定府定州之曲陽縣，其故城在縣西。《地理志》：「河內壄王縣西北有太行山，❶山陽縣北有東太行山。」壄王，今爲河內縣，其故城即今懷慶府治。孔疏引山陽而遺壄王，非也。恒山，北岳，在今曲陽縣西北。碣石，見冀州。海在碣石之東，「逾河」爲禹渡河，則「入

❶「内」，原作「南」，據庫本改。

海」亦禹涉海也。

【《地理今釋》】太行山延袤千餘里，起於河南懷慶府濟源縣，迤而東北，跨山西河南直隸界。

胡氏渭曰：「太行，《列子》作太形，則『行』讀如字亦可，故陸氏兼存之。太行，一名五行山。《淮南子》：『武王欲築宮於五行之山。』高誘注云：『太行山也。』《河圖括地象》曰：『太行，天下之脊。』《漢志》以在壄王者爲太行，而在山陽者爲東太行，其太行之支峰乎？又案《金史·地理志》云：『濟源縣有太行山，以沁水爲界，西爲王屋，東爲太行。』則此山實起於濟源。蓋自河南懷慶府入山西澤州，迤而東北，跨陵川、壺關、平順、潞城、黎城、武鄉、遼州、和順、平定、樂平以及河南之輝縣、武安，直隸之井陘、獲鹿諸州縣界中，皆有太行山，延袤千餘里焉。林少穎曰：『太行在今懷州之北，連亘數州，爲河北脊，以接恒岳。程子謂太行千里片石，衆山皆石上起爾。』《朱子語録》曰：『太行山一千里，河北諸州皆旋其趾。潞州上黨在山脊最高處，過河便見太行在半天，如黑雲然。』

《舜典》：『十有一月朔，巡狩至於北岳。』傳云：『北岳，恒山。』《周禮》：『正北曰并州，其山鎮曰恒山。』注云：『在上曲陽。』《爾雅》恒山爲北嶽。《管子》曰：『恒山北臨代，南俯趙。』《漢書》：『恒山，北岳，在常山郡上曲陽縣西北有祠，并州山。』張晏曰：『恒山在西，避文帝諱，故改曰常山。』

大同府渾源州南二十里亦有恒山。《水經注》云：『崞縣南面玄嶽。』即此山也。

州本漢雁門郡繁畤、崞二縣。古北岳恒山，歷代史志皆云在上曲陽，並無異論。自宋世以恒山没於遼，從曲陽望祀之，因廢曲陽之恒山，而指此爲禹迹。近志謂與在曲陽西北者實一山。然州距大茂約三百餘里，雖或峰巒相接，未可强合爲一也。北岳在曲陽，又何疑焉。閻百詩云：『後之建都于燕者，以爲曲陽在南，渾源少北，於方位宜。』余案孔氏《詩・崧高》疏曰：『若必據所都以定方位，則五岳之名，無代不改。何則？軒居上谷，處恒山之西；舜居蒲阪，在華陰之北。豈當據已所在改岳祠乎？』此名儒之言也。金世宗大定間，或言今既都燕，當別議五岳名，不得仍前代，太常卿范洪輒援《崧高》疏數語以對，事遂寢。明弘治六年，兵部尚書馬文升建言北岳當改祠渾源，下禮部議。侍郎倪岳持不可，乃止修渾源州舊廟，而祭祀仍在曲陽。神宗十六年，大同巡撫胡來貢疏請改北岳，沈文端鯉爲宗伯，覆疏詳駁，議者口塞。」

西傾、朱圉、鳥鼠，至于太華。

【《錐指》】傳曰：「西傾、朱圉、鳥鼠三者，雍州之南山，至于太華，相首尾而東。」《正義》曰：「《地理志》云：朱圉在天水冀縣南，鳥鼠東望太華太遠，故傳云『相首尾而東』也。」曾氏曰：「岍與西傾皆北條山，故西傾不言導，其文蒙於導岍。」渭案：今鞏昌府伏羌縣南有冀縣故城，❶即漢縣也。西傾、鳥鼠、太華，並見前。西傾在鳥鼠之西南。鳥鼠，渭水所出。朱圉、太華皆在渭水之南。

❶「冀縣」，原作「冀州」，據庫本改。

【《地理今釋》】朱圉山在今陝西鞏昌府伏羌縣西南三十里。

熊耳、外方、桐栢，至于陪尾。

【《錐指》】傳曰：「四山相連，東南在豫州界。」《正義》曰：「《地理志》云：熊耳山在弘農盧氏縣東；嵩高山在潁川崈高縣，❶古文以爲外方；桐栢山在南陽平氏縣東南；横尾山在江夏安陸縣東北，古文以爲陪尾。是四山接華山而相連，東南皆在豫州界也。」朱氏鶴齡曰：「凡言至于者，以相去之遠也。太華去鳥鼠遠，故曰至于。則陪尾亦應遠。觀經文導淮，自桐栢東會于泗、沂，其爲徐州之陪尾明矣。」渭案：盧氏，今屬河南府。崈高，今爲登封縣地。平氏，今爲南陽府桐栢縣，其故城在縣西北四十里。安陸，今屬湖廣德安府。泗水，今屬山東兖州府，本漢魯國卞縣，陪尾山在縣東也。

【《地理今釋》】熊耳山在今河南府盧氏縣西南七十里，接陝西西安府商州晉上洛縣界。熊耳雖有東西異名，其實一山。故郭璞云在上洛，班固云在盧氏，蔡傳以班固爲非，非也。外方，今中嶽嵩山，在河南河南府登封縣北十里，西接洛陽縣，北接鞏縣，東接開封府密縣界，綿亘一百五十里。桐栢山，在今河南南陽府桐栢縣東一里，東南接湖廣德安府隨州，西接襄陽府襄陽縣界。陪尾山，在今山東兖州府泗水縣東五十里。案孔傳云：「淮出桐栢，經陪尾。」今德安府安陸縣北有横山，《漢志》所謂「横尾山，古文以爲陪尾」者也。淮水不經此山下，吴澄《書纂言》

❶「川」，原作「州」，據庫本改。

曰：「《唐志》泗水縣有陪尾山，泗水出焉。蓋此是也。以横尾爲陪尾者，非是。」胡氏渭曰：「《漢書・武帝紀》：『元封元年，登禮嵩高，置奉邑，名曰崇高。』《地理志》：『潁川崈高縣，武帝置，以奉太室山，是爲中岳。有太室、少室山廟。古文以崈高爲外方山也。』《左傳》昭四年：『司馬侯曰：四嶽三塗，陽城太室。』太室即嵩高也。於四嶽外別言之，亦可見嵩高時不爲嶽矣。《爾雅》『嵩高爲中嶽』，蓋後人所附益耳。《後漢書》：『熹平五年，復崈高爲嵩高。』韋昭曰：『嵩高有太室、少室之山。山有石室，故名。』戴延之《西征記》曰：『東曰太室，西曰少室，相去十五里。嵩高，其總名也。』《元和志》云：『嵩高山在告成縣西北二十三里，唐改陽城縣曰告成，其故城在今登封縣東南四十里。登封縣北八里，高二十里，周一百三十里。少室山在告成縣西北五十里，登封縣西十里，高六十里，周三十里。』渭案：『古時皆指嵩高爲太室，而韋昭、戴延之則兼二室並稱。然前賢題咏，猶以太室稱嵩山，而少室則仍其本名，故有嵩少之目。其山東跨密縣，西跨洛陽，北跨鞏縣，綿亘百五十里。太室中爲峻極峰，左右列峰各十二，凡二十四。少室峰三十六。先儒皆以嵩高爲外方。』金吉甫曰：『嵩高，世名中嶽，安得與江夏内方相爲内外哉？據《唐志》，陸渾山，一名方山，蓋古外方云。』此説非是。嵩高當禹時未爲中嶽，即爲中嶽而仍名外方，與東岱、西華、南衡、北恒一例，理無可疑。且陸渾方山亦何以知其爲外方乎？《詩・大雅・崧高》：『維嶽峻極于天。』兼五嶽言之。

《爾雅・釋山》曰：『山大而高，崧。』郭璞注云：『今中嶽嵩高山，蓋依此名。』邢昺疏云：『李巡曰：「高大曰崧。」此則山高大者自名嵩，本不指中嶽。今之中嶽名嵩高，或取此文以立名乎？無正文，故云蓋以疑之。』是亦不以《詩》之崧高爲中嶽也。自劉熙《釋名》云：『嵩，字或爲崧。』則二字通作一字，世遂以降神生甫，專歸之中嶽。文士錯解，貽誤至今。間有能正之者，反以爲非也。」

導嶓冢，至於荊山，

【《錐指》】傳曰：「漾水出嶓冢，在梁州。經荊山，荊山在荊州。」《正義》曰：「梁州云『岷、嶓既藝』，是嶓冢在梁州也。」渭案：《後魏・地形志》：「華陽郡嶓冢縣有嶓冢山，漢水出焉。」《唐六典》：「山南道名山曰嶓冢。」嶓冢縣故城在今陝西漢中府沔縣西南四十里，西南接寧羌州界。山今在州北九十里。荊山在今湖廣襄陽府南漳縣西。《通典》云：「南漳，漢臨沮地，❶有荊山也。」

嶓冢山，孔傳不言所在之郡縣，而《正義》引《地理志》以實之，曰：「隴西郡西縣嶓冢山，西漢水所出。」夫此水即嘉陵水之上源，非《禹貢》之所謂「嶓冢導漾，東流爲漢」者也。而班固以西縣之嶓冢爲《禹貢》之嶓冢，謬矣。自是以後，言嶓冢者，率依班氏。如張衡《西京賦》云：「終南、太一，連岡乎嶓冢。」潘岳《西征賦》云：「面終南而背雲陽，跨平原而連嶓冢。」玩其辭意，皆主隴西而言。司馬彪《郡國志》亦云「漢陽郡西縣有嶓冢山」，無異議

❶「漳漢」，原作「漢漳」，據庫本乙正。

也。自後魏正始中，析沔陽地置嶓冢縣，以表其山，而名始著。酈道元卒於孝昌二年，上距正始置縣之時，凡二十餘歲。本朝典故，生所親見，而注《水經》不言，豈事在成書之後，不及追改，抑亦因其晚出而疑之乎？然《漾水》注引《漢中記》曰：「嶓冢以東，水皆東流。嶓冢以西，水皆西流。故俗以嶓冢爲分水嶺。」作者亦似知《班志》之謬而以《禹貢》嶓冢爲當在漢中也者。不然，於《漢中記》奚爲詳及隴西之山邪？由此觀之，則魏收以前，已有知嶓冢在漢中者，不待《地形志》出而後知也。穎達豈未之考乎？然《班志》雖以西縣嶓冢爲《禹貢》之山，而養水則自繫氐道之下，不言出某山。「養」與「漾」通，或作「瀁」。自《水經》云「漾水出氐道縣嶓冢山」，而氐道亦有嶓冢矣。常璩《華陽國志》云：「東源出武都氐道縣漾山爲漾水。」而氐道之嶓冢且有漾山之目矣。郭璞注《山海經》云：「嶓冢，今在武都氐道縣南。」酈道元注《水經》云：「東西兩源，俱出嶓冢，而同爲漢水。」則似一山跨二縣之境，而在西縣者爲西源，在氐道者爲東源矣。輾轉迷惑，愈久愈謬。說經者不能出其窠臼，而《禹貢》之嶓冢幾不可問矣。西縣故城，在今秦州西南。❶氐道，今不知所在。蓋自晉永嘉之亂，隴西没於氐羌，郡縣荒廢。常璩、郭璞皆云氐道屬武都，而《晉志》武都郡無之，則此縣之不可考久矣。要之，二縣在隴西，皆古雍州域也。而《禹貢》嶓冢乃梁州之山，不應闌入雍域，故唯魏收所言爲得其實。

❶「秦」，原作「壽」，據庫本改。

秦州之嶓冢，與寧羌之嶓冢，南北相距五六百里。

【《地理今釋》】荆山，在今湖廣襄陽府南漳縣西少北八十里。昭四年《左傳》「荆山九州之險」，指此。

内方至於大别，

【《錐指》】傳曰：「内方、大别，二山名，在荆州，漢所經。」《正義》曰：「《地理志》云：章山在江夏竟陵縣東北，古文以爲内方山也。《地理志》無大别。鄭玄云：『大别在廬江安豐縣。』杜預解《春秋》云：『大别闕，不知何處。』或曰大别在安豐縣西南。《左傳》云：『吴既與楚夾漢，然後楚乃濟漢而陳，自小别至於大别。』然則二别近漢之名，無緣得在安豐。如預所言，雖不知其處，要與内方相接，漢水所經，必在荆州界也。」蘇氏曰：「二别山皆在漢上。」蔡氏曰：「内方在今荆門軍長林縣，大别在今漢陽軍漢陽縣。」渭案：《地理志》「六安國安豐縣」下云：「《禹貢》大别山在西南。」鄭、杜説所自出。《正義》謂《志》無大别，何也？安豐，後漢屬廬江郡，其故城在今江南廬州府霍山縣西北。竟陵故城在今湖廣安陸府鍾祥縣南。長林故城在今荆門州東。漢陽縣即今漢陽府治，大别山在其東北，《水經注》所謂翼際山也。

《左傳》定四年：「自小别至于大别。」杜預云：「《禹貢》：漢水至大别南入江。」然則此二别在江夏界，《水經注》云江水東經魯山南古翼際山也。《元和志》：「魯山，一名大别山。」

【《地理今釋》】内方山在今湖廣安陸府鍾祥縣西，周迴百餘里，接荆門州界。大别山，一名魯山，在今湖廣漢陽府漢陽縣東北半里，漢水西岸。

岷山之陽，至於衡山，

【《錐指》】傳曰：「岷山，江所出，在梁州。」《正義》曰：「梁州云『岷、嶓既藝』，是岷山在梁州也。《地理志》云：衡山在長沙湘南縣東南。」曾氏曰：「岷、嶓皆南條山，故岷山不言導。其文蒙於『導嶓冢』也。」吴氏曰：「蜀以西近江源者皆爲岷山，連峰接岫，青城、天彭諸山之所環繞，皆岷也。岷山之陽，其山非一。衡山，南岳也，在衡州衡陽縣北七十里，南一峰曰岣嶁山。自縣西北以至湘南縣東南，皆衡山也。」渭案：岷山，《地理志》云「在蜀郡湔氏道徼外」。湔氏道，今爲四川松潘衛，山在衛西北。衡山縣，本漢湘南縣，今屬湖廣衡州府。《唐志》衡山縣有南岳祠。《元和志》云：「岳廟在縣西三十里。衡陽，今府治也。」

古今言岷山者凡四處：一在今四川松潘衛，衛東南去布政司七百六十里。《史記》作汶山。《封禪書》云：自華以西，名山七，有瀆山，蜀之汶山也。《漢書·地理志》云：「岷山在湔氏道西徼外，江水所出。」《蜀志》：「秦宓曰：蜀有汶阜之山，江出其腹。」《華陽國志》云：「岷山，一名沃焦山。其跗曰羊膊，江水所出。」任豫《益州記》云：「大江泉源，始發羊膊嶺下，東南下百餘里，至白馬嶺，而歷天彭闕。」《水經注》云：「岷山在蜀郡氏道縣，即瀆山也。」又謂：「汶阜山在徼外，江水所導。」《隋志》：「汶山在汶山郡左封縣。」唐悉州治，東至冀州一百九十里。今疊溪營西有廢冀州。此皆謂在松潘者也。一在今成都府之茂州。州本冉駹國，漢以其地置汶山郡，治汶江縣。晉改曰廣陽，隋又改曰汶山。《山海經》注云：「岷山在廣陽縣。」《水經注》云：「汶水出汶江道徼外嶓山玉輪坂下。」《元和志》云：「汶山縣有汶山，即岷山，去青城山百里。天色晴明，望見成都，即隴山之南首。」❶張栻《西岳碑》云：「岷山在茂州列鵞村，其跗曰羊膊也。」《輿地廣記》云：「岷山在汶山縣西北，俗謂之鐵豹嶺。」王氏《地理通釋》云：「大渡河，一名羊山江，源出鐵豹嶺，嶺即羊膊之異名也。」此皆謂在茂州者也。

一在成都府之灌縣。縣本漢緜虒、郫、江原三縣地。周武帝分江原置青城縣，因山爲名。《元和志》云：「青城山，在蜀州青城縣西北三十二里。」杜光庭《成都記》云：「岷山，連峰接岫，千里不絕。灌縣青城山，乃其第一峰也。」《縣志》云：「汶山在縣北三十里，蓋即青城矣。」

一在今陝西岷州衛。衛本漢隴西郡地，西魏置溢樂縣，今衛治即其故城。《括地志》云：「岷山，在岷州溢樂縣南，連綿至蜀，幾二千里，皆名岷山。」《元和志》云：「山在溢樂縣南一里。」此皆謂在岷州衛者也。

然則岷山最大，志家各就其所在言之。陸游曰：「自蜀郡之西，大山廣谷，谽谺起伏，西南走蠻箐中，皆岷山也。」薛季宣曰：「今自岷、洮、松、疊以南，其大山峻嶺，班班可考者，皆岷山之隨地立名者耳。」此說是也。觀《漢志》云「山在徼外」，則固不可以湔氐一縣限之矣。大抵岷山北起於溢樂，實跨古雍州之境。而

❶「隴」，原作「龍」，據庫本改。

南則訖於青城，綿地千餘里，與太行伯仲。或專指在松潘，亦非篤論。然大江所出，則必直氐道西徼外者也。

《舜典》：「五月南巡守，至於南岳。」傳云：「衡山也。」《後漢志》「長沙郡湘南縣」下云：「衡山在東南。」劉昭曰：「郭璞云：山別名岣嶁。」《湘中記》云：「遥望衡山如陳雲，沿湘千里，九向九背，迺不復見。」水經注云：「湘水北逕衡山縣東。山在西南有三峰，一名紫蓋，一名容峰。此處恐有脱誤。盛弘之《荆州記》云：「衡山有三峰，一名紫蓋，一名石囷，一名芙蓉。」容峰最爲竦傑，自遠望之，蒼蒼隱天。故羅含云：『望若陳雲，非清霽素朝，不見其峰。』丹水湧其左，醴泉流其右。《山經》謂之岣嶁山，爲南嶽也。山下有舜廟，南有祝融冢。衡山東南二面，臨映湘川，自長沙至此七百里中，有九向九背，故漁者歌曰：帆隨湘轉，望衡九面。山上有飛泉，下映青林，直注山下，望之若幅練矣。」徐靈期《南岳記》云：「南岳周回八百里，回雁爲首，嶽麓爲足。」嶽麓在長沙，故《唐志》潭州湘潭縣有衡山。《長沙記》云：「衡山軒翔，聳拔九千餘丈，尊卑差次，七十二峰，最大者五：芙蓉、紫蓋、石廪、天柱、祝融。祝融爲最高。」韓退之曰：「五岳於中州，衡山最遠。南方之山，巍然高而大者以百數，獨衡爲宗。」顧璘《遊衡山記》云：「登祝融之巔，俯視四極，蒼然一色，山川雜陳，瑣細莫辨，風自遠來，其力甚勁，候與地下絶殊。比曉觀日出海，體象洞見，近若疆中，東餘游氛，浩漫無際。」

過九江，至於敷淺原。

【《錐指》】傳曰：「敷淺原，一名傅陽山，在揚州豫章界。」《正義》曰：「《地理志》：豫章歷陵縣有傅陽山，古文以爲敷淺原。」渭案：《漢志》傅昜山，傅讀曰敷，今注疏本作「博」，字之誤也。晁以道云：「饒州鄱陽縣界中有歷陵故縣及傅陽山。」其説蓋近是。

《通典》云：「江州潯陽縣有蒲塘驛，即漢歷陵縣也。驛前有敷淺原，原西數十里有敷陽山。」渭案：唐武德八年於潯陽縣置蒲塘驛，後改爲塲。五代時，楊吴升爲德安縣。今治，故驛也。杜佑以驛爲漢歷陵縣，不知何據，豈因王莽改歷陵曰蒲亭，而遂以蒲塘附會邪？黄子鴻深疑之，嘗爲之辨曰：「《漢志》豫章郡領歷陵縣。《晉志》歷陵與餘汗、鄡陽俱割屬鄱陽郡，而柴桑則屬武昌郡，不應歷陵反出柴桑之西也。因謂晁氏云歷陵在鄱陽者爲是。且曰《吴志》歷陵有石印山，即今饒州府之鄱陽山，亦歷陵在鄱陽之一證也。」今案鄱陽山在府治鄱陽縣西北一百五十里鄱陽湖中，亦名石印山。鄱陽縣故城在今府城東六十三里，三國吴至隋皆爲鄱陽郡治，唐移於今所。然則府城西當即爲故歷陵地，敷淺原蓋在鄱湖之西落星之畔也。《説文》：「原，高平之野，人所登。」原固有山體，故謂之傅陽山。猶彊梁原亦稱華原山。❶杜氏析山與原爲二處，非也。

朱子《九江彭蠡辨》曰：「今之所謂敷淺原者，爲山甚小而庳，不足以有所表見。而其全體正脈，遂起而爲廬阜，則甚高且大，以盡乎大江、彭蠡之交，而所以識夫衡山東過一支之所極者，唯是乃爲宜

❶「彊」，原作「疆」，據庫本改。

耳。」又《答程泰之書》曰：❶「詳經文敷淺原是衡山東北一支盡處，意即今廬山。若如晁氏説，以爲江入海處，所過之水，又非特京口而已，是其意以廬阜爲敷淺原也。然此山高峻，似不可名之曰原。」金吉甫云：「敷，古文作『傅』。傅陽山在廬阜之西南，則是敷淺原之陽也。蓋廬山雖高，而其中原田連亘，人民奠居，所以有敷淺原之名。」是亦善解矣。然原田連亘，要不過山中高平之地耳。若此者，不一而足，安得舉體而名之曰原？王耕野云：「敷淺原，恐非廬山。高平曰原，而又名敷淺，則必平曠之地，不爲高山可知。」近朱長孺亦曰：「傅陽山，《漢志》得之古文，可據也。朱子疑庫小不足表識，繹敷淺之名，正不當求之高大。蓋傅陽在古本高平之地，後人名之爲山耳。導江、漢之山至大别、敷淺原而即止者，以江、漢至此合流赴海，不煩殫力隨刊。況導水合舉，源流可以互見，豈必求之山脈盡處邪！」此説是也。今案：《水經注》引孫放《廬山賦》曰：「潯陽郡南有廬山，臨彭蠡之澤，接平敞之原。」是廬山下固有平原也。山今跨德化、星子二縣之境。南唐改尋陽縣曰德化，今爲九江府治。宋升德化之星子鎮爲縣，今爲南康府治。縣以落星石得名。《水經注》云：「廬山之南湖中有落星石，周迴百餘步，高五丈。今在城南五里湖中。」《梁書》王僧辯破侯景于落星灣，即此地。星子，舊以爲漢鄡陽地。然鄡陽故城在今鄱陽縣西北一百二十里，鄱湖之東北，則都昌爲是，星子似非其地。竊疑星子地本歷陵，而敷淺原即孫

❶「程」，原作「陳」，據庫本改。

放所謂「平敞之原」，乃廬山東南之麓瀕于彭蠡澤者。蓋柴桑故城在德化縣南九十里。故蒲塘驛今爲德安縣，在德化縣西南一百五十里，此必漢柴桑地，西連武昌郡界，故晉以柴桑屬焉。而歷陵與鄡陽俱屬鄱陽郡，歷陵在柴桑之東，鄡陽之西，則唯星子可以當之。歷陵故治當在湖西，今星子縣地。其境則跨湖而東，宋元嘉初廢歷陵，蓋舉石印以東併入鄱陽，而其西則併入柴桑，故星子鎮屬德化耳。廬山盤基廣大，其陽必有平敞之原，但曠衍無奇，選勝者所不道，而志家又因仍舊説，不能詳考，指言其狀耳。以此求之，庶不失朱子之意，而又不即以高山爲平原，犯學者之所疑。準諸地望，揆諸經旨，視晁氏爲少優云。

【《地理今釋》】敷淺原，《蔡傳》遵用師説，指廬阜爲敷淺原，而復以無可考據爲疑，何也？廬阜在今江西九江府德化縣南，山北隸南康府星子縣。

蕙田案：敷淺原，《漢志》以爲豫章歷陵縣之傅陽山，《水經》亦云在歷陵縣西南。後世求歷陵者，或于德安，或於鄱陽，皆無定論。獨朱子欲以廬山當敷淺原。蔡九峰《書傳》主德安而兼存朱子之説，蓋疑而未決。胡朏明《錐指》前後亦有兩説，然當以後説爲長。蓋以星子當歷陵，既與《漢志》相合，而孫放《廬山賦》亦云「臨彭蠡之澤，接平敞之原」，則敷淺原實當爲匡廬之支隴。朱子之説，本非無據。至德安之傅淺原，出於後人附會，而鄱陽則又無山可以當之，皆不足信。

導弱水，至於合黎，

【《錐指》】傳曰：「合黎，水名，在流沙東。」《正義》曰：「顧氏云：《地記書》：❶『合黎，山名。』但此水出合黎，因山爲名也。鄭玄亦以爲山名。《地理志》張掖郡删丹縣，桑欽以爲導弱水自此，西至酒泉、合黎。又居延縣有居延澤在東北，古文以爲流沙。如《志》之言，酒泉郡在張掖郡西，居延屬張掖，合黎在酒泉，則流沙在合黎之東，與此傳不合。案經弱水西流，水既至於合黎，餘波入於流沙，當如傳文合黎在流沙之東，不得在其西也。」蘇氏曰：「合黎，山名。」易氏曰：「甘州，即漢張掖郡。弱水出删丹縣南山下，合黎山在張掖縣西北二百里，俗名要塗山。」薛氏曰：「弱水出吐谷渾界窮石山，自删丹西至合黎山，與張掖河合。」渭案：導亦循行之謂，與「導菏澤」之導異。禹治水，或躬親其事，或遣官屬往治之。及九州功畢，其水之大而切於利害者有九，禹舟行，從源至委，核其治否，故謂之「導」，非疏瀹決排之謂。先儒皆以導爲治。夫治河先積石，治江先岷山，有是理乎？經旨鬱而不明，可歎也。張掖郡，今爲甘州衛，陝西行都司治。酒泉郡，今爲肅州衛。删丹縣，即今山丹衛。居延故城在甘州衛東北塞外，其澤曰居延海。弱水正流出合黎峽口，而東北注之，非經所謂流沙也。

【《地理今釋》】合黎山，亦名要塗山，在今陝西甘州衛西北四十里，縣延而西，接高臺、鎮彝二所界。

❶「記」，原作「説」，據孔穎達《尚書正義》改。

餘波入於流沙。

【《錐指》】傳曰：「弱水餘波，西溢入流沙。」顏氏曰：「流沙在燉煌西。」林氏曰：「弱水溢其餘波以被於流沙，猶『導菏澤，被孟豬』也。」薛氏曰：「流沙，大磧也。在沙州西八十里，其沙隨風流行，故名。」陳氏曰：「弱水之正者入合黎，其餘則入于流沙也。」金氏曰：「大抵西北之地，多是沙磧，史書所謂河沙諸國，佛書所謂沙界恒河沙是也。沙則水滲而下，如沙州以西，山北之地，即連流沙。弱水滲其下也。」鄭氏曉曰：「弱水正派，至於合黎，過此無事，疏鑿矣。其餘波入于流沙，聽其流衍耳。志合黎見其經流有所歸，志流沙見其支流有所洩。」渭案：弱水入流沙而謂之餘波，蓋時遇衍溢，則分泄於流沙，不常入也。其正流自合黎山峽口東北入居延澤，故此云餘波。

【《地理今釋》】流沙，在今陝西嘉峪關外索科鄂模即居延澤，《漢志》：「古文以爲流沙。」以北，東至賀蘭山，西至廢沙州界，幾南北千餘里，東西數百里。其沙隨風流行，隨處有之。

導黑水，至於三危，入於南海。

【《錐指》】林氏曰：「三危距南海凡數千里，禹導黑水至三危，即得其故道，遂從此以達南海。蓋其間數千里，不加人功修治，故經載此水『至於三危』，即曰『入於南海』也。」薛氏曰：「黑水至沙州燉煌縣，經三危山，流出徼外。書謂南流入海，其當時之所見邪？夏之西境，極於流沙，而知黑水之所歸，則當時即叙之戎，大略爲可知也。」渭案：黑水、三危，並見雍州。梁之黑水，別是一川，非界雍之西者。黑水自三危以北，杜氏謂今已堙涸。自三危以南，則水行徼外，不可得詳，亦莫知其從何處入南海也。南海，自揭陽以西至象林皆是。經所謂海，盡東海也。唯黑水所入爲南海，故言南以別之。

【《地理今釋》】三危山在大河南，今陝西岷州衛塞外古疊州西西蕃界中，雲南麗江府北。《河圖括地象》云：「三危在鳥鼠西南，與汶山相接，黑水出其南。」鄭玄云「南當岷，則在積石西南」是也。案今雲南大理府雲龍州西有三崇山，一名三危。瀾滄江經其麓，有黑水祠，或以爲即古三危也。然其地太南，似未爲的。姑存備考。導川黑水，即今雲南之瀾滄江。其源發於西蕃諸莫渾五巴什山分支之西，曰阿克必拉，南流至你那山，入雲南界。東岐一支爲漾備江，即程大昌所謂葉榆河。東南流，分注大理府之西洱海，經流入順寧府境。其正支南行，絕雲龍江而東南，至雲州屬順寧府。北之分水嶺，仍與漾備江合，又南流至阿瓦國，入南海。案金沙、瀾滄，一爲梁州之黑水，一爲導川之黑水，然皆非四大水之黑水也。昔人謂蕃名山川，皆以形色。西南夷地，水色多黑，故悉蒙黑名。如打沖、金沙、瀾滄，俱得稱黑水也。而真黑水之源，去瀾滄之西三百餘里，蕃名哈拉烏蘇色禽，經蒙蕃怒彝猓猓界，由緬甸入南海，即佛書所謂黑水出阿耨達山即大崑崙山，在今達賴喇嘛界。東是也。禹迹之所不至。蓋中國在阿耨達之東，故名震旦，所入大水，唯黃河一支可見。黑水出阿耨達之東，實在中國之西南，未嘗流入內地，故從古無人知其源委也。

黑水之辨，諸家紛如。今考地圖，《禹貢》之黑水有三，正不必强合。《水經注》所謂黑水出張掖雞山，今甘州。至於燉煌，今廢沙州。此雍州之黑水也。《漢書·地理志》「犍爲郡縣南廣」注云：「汾關山，符黑水所出，南廣，今南溪縣。北至僰道入江。今叙州府。」唐樊綽亦以麗江爲古黑水，云羅些城北有三危山。羅些城在今麗江府北境。其水從山南行，上出吐蕃界。薛季宣謂瀘水爲黑水，今打沖河。引酈道元説黑水亦曰瀘水，即若水，出姚州徼外吐蕃界中，《山海經》黑水之間有若水是也。以麗江之説爲非。不知打沖河至大姚縣即合金沙江會流入岷江。薛氏之説，原與《漢志》相合。此梁州之黑水也。宋程大昌以瀾滄江爲黑水。李元陽《黑水辨》亦云隴蜀無入南海之水，唯滇之瀾滄足以當之。而《元史》載勸農官張立道使交趾，並黑水以至其國。吴任臣《山海經注》亦以瀾滄爲古黑水。此導川之黑水也。蓋雍州之黑水，其源在黄河之北，梁州及導川之黑水，其源皆在黄河之南，有截然不相紊者。第以張掖、燉煌尚在内地，可以尋源而求而推其委，而不得遂託爲越河伏流之説。夫崑崙爲地軸，其山根連延起頓，包河南，接秦隴，直達長安，爲南山。黑水自燉煌而南，縱可越大河之伏流，其不能越河以南之南山也明矣。若狃于雍州「三危既宅」之説，此是言雍州分域以内，今終南、鳥鼠皆在河之南，而三危更在鳥鼠之南，《書疏》鄭康成引《地記》云：「三危在鳥鼠之西，南當岷山。」要知《禹貢》導川之三危，必在河之南，非竄三苗之三危也。其與雍州之黑水又何涉邪？然主瀘水、麗江、瀾滄之説者，亦皆以意度，未能確指水之分合。不知瀘水、麗江源異而流同，麗江、瀾滄源近而流别。分合言之，梁州之黑水有兩支，而與導川之黑水實出一地也，而古未有及之者。蓋以二水僻在蕃界，隔蔽南山阻奥，從古未通中國，即魏之法顯，唐之玄奘，元世祖之南征，邱處機之西遊，皆繞出崑崙以外，歷西域諸國，至於滇南，總未嘗經其地，但從入中國之支流，以古今分域配之，料約爲某水某水而已。今海内一統，西南徼外，咸入版圖。爰遣使臣，徧歷其地，究源討委，寫圖以誌，支派經絡，瞭如指掌，諸家浮説，有折衷矣。

【李氏紱《黑水攷》】禹貢之水，不趨東海者二：弱水西行，而黑水入南海也。程氏論黑水三條，未能得黑水之實。其駁隋志扶州黑水是矣。扶州黑水，既合白水注嘉陵江以入岷江，與《禹貢》「入南海」之文全異，自不得指爲《禹貢》之黑水也。其駁孔氏穎達所引酈氏《水經注》，則實未審漢四郡之形勢與黄河經行之地。孔氏之説雖有可駁，而所駁之者，未中其窾。則孔固失矣，而程亦未爲得也。《水經》謂黑水出張掖雞山，南流至燉煌，過三危山，南流入於南海。程氏謂其説雖出許慎，而道元增益以「入南海」句。「入南海」乃《禹貢》本文，增無害也。杜佑誤合於南海之符黑水，則佑自失耳，酈不失也。孔氏疑黑水不能越黄河而南，謂自積石以西，河多伏流，故得越河入南海。程氏詆其巧而駁其誤，謂張掖者，甘州；而燉煌者，沙州；甘、沙之水，皆入積石河。河流既東，已非南向。又河源出于闐南山之北，是山岡麓東行，南接秦隴，直達長安，幾近萬里，何理可以越之而入南海？至河之下流，與甘、沙對岸，爲秦河南地，其大川爲洮。洮既北入於河，縱有伏流，不能逆行南上。其説似辯而實非也。

考漢武所開四郡，並在黄河之西。惟武威爲今凉州，與黄河稍近。由凉州西北行，至甘州，去黄河已一千四百餘里。又西行四百餘里，爲肅州，則漢之酒泉也，去黄河近二千里。由肅州出嘉峪關，西北行千三百餘里，而後至哈密。由哈密西北行八百里，而至吐魯番。吐魯番西二百餘里爲玉門關，又西二百餘里爲陽關。考《漢書》燉煌郡所屬龍勒縣，陽關、玉門關在其地。杜林以燉煌爲古瓜州地，生美瓜，則舜竄三苗之地，所謂與允姓之戎同居瓜州者也。瓜州之西爲沙州。唐書稱沙州燉煌郡，黑水所經之三危山在焉。今《方輿路程圖》，河源當西十九度，而陽關當西二十六七度之間，是黑水所經，在河源崑崙西偏千六百里之遠，距黄河東北行之道已二三千里。若洮河在陝西内地，則相距六七千里矣。蓋黑水在甘州發源時，已與黄河下流相遠，其流至三危，則繞出河源崑崙之西，河流已無庸度越，況洮水與秦隴諸山又豈能限之也哉！至謂甘、沙之水，並入積石河，則甚不然。沙州之水，距黄河絶遠，固無入黄河之理。即甘、肅之水，亦無入黄河者。攷古地圖，甘、凉之間，惟浩亹水由湟水入河。今方輿圖所載，惟凉州以南有大通河及莊浪河，由苦水堡入於黄河而已。若凉州以北，則皆西北流，無入黄河者，況甘、沙二州之水絶遠者哉！

古今山川異名，固難求其必合，然方隅形勢，猶可尋也。張掖雞山之水，漢唐諸史，俱無其名。以今《方輿路程圖》攷之，甘州惟有一大川，名曰黑河，發源於馬營墩堡山中，西北行四百餘里，至古城堡，抱甘州城東北，歷黑泉諸堡，西北行六百餘里，至金塔寺堡，出長城外。北行四百里，至都崑崙河。又百餘里，入於索科鄂謨。鄂謨者，池澤之名，疑即舊圖所謂蒲昌海者。其地在哈密之南，瓜州之東，甘州之水，無大於此者。既有黑河之名，所歷又以黑泉名堡，豈即許慎所謂雞山黑水者耶？或疑其水既西北行，又入於沙澤，無入於南海之跡，未敢遽指爲《禹貢》之黑水。然三危之山，《漢書》、《唐書》咸以爲在燉煌。燉煌爲古瓜州地，三苗所居，實生美瓜。今瓜之美，無出哈密右者。蓋哈密，即古瓜州也。其西有大鳴沙山。至唐武德二年，始分爲沙州，而以燉煌爲之屬縣。三苗三危，既在其地，則舍甘州黑河，别無所謂《禹貢》之黑水矣。其水雖入於沙澤，無南行之跡。然甘、肅、瓜州之地數千里，皆沙也。地稍低者，即滙爲澤，而水入焉。案舊輿圖，西番之西，大流沙之南，湧出一澤，名曰嘉河。南流爲潞江，至永昌、騰越境内，稱爲南金沙江，由阿瓦、緬甸入於南海。其水盛大深黑，人有稱爲黑水河者。以今《方輿路程圖》考之，則嘉湖即今西番大池，名哈拉努爾色楞格者。其水流爲大川，南行千九百里，經鄂欺拉達巴罕，名黑水江。入怒彝境，又南行六百里，入雲南境。經怒山之西，更名怒江。又南行八百里，經永昌府西境，更名潞江。又南行三百里，至潞江安撫司，其地當騰越州正東三百餘里，皆雲南内地，土人稱爲南金沙江。自騰越西南行三百里，入阿瓦界，經緬甸，凡千餘里，入於南海。若以甘州黑河爲黑水之源，此黑水江爲黑水之委，則北起雍州之西北，南盡梁州之西南，其爲二州之界，可無遺憾，而三危三苗，俱在瓜、沙二州，更無疑竇。若疑甘州黑河既西北流，其入沙之地，當經度之四十一度，而嘉湖當三十一二度，中間相距近二千里，入彼出此，恐難確定。然沇水逾河，至溢爲滎澤，又出陶邱北，東西相距六七百里，其水無色可辨，神禹尚能定其爲沇水所溢，況黑水與他水不同，顔色深黑，南北相望，禹豈不能確定其源流乎！

程氏大昌以葉榆水指爲黑水，謂榆葉漬水而黑，固出臆揣。數千里大川，豈木葉所能黑？滇池黑水祠，去勞、廣諸水甚遠。考《水經》，葉榆澤在漢益州郡葉榆縣，經不韋縣入牂牁郡，過交趾麊泠縣入海。自源竟委，無一字及於黑水，似難憑信。不韋爲古哀牢國，以今《方輿路程圖》考之，蓋即所謂瀾滄江也。其水發源西番阿克必拉，疑即古之勞水，南行千六百里，始名瀾滄江。迤蒙番東境，又南行千里，入雲南小甸。又南行八百里，經永昌府西境，則哀牢山在焉。又南行千六百里，經永順、威遠二府，至車里宣慰司，名九龍江，入阿瓦、老撾二國境，入於南海。其水源委甚長，似足以當黑水。然自發源以至雲南，行三千餘里，並無黑水之名。至西洱河來會，洱河之源，始稱黑水。其源近出雲南，與雍州絶遠，中隔岷、峨諸山，亦無與甘州黑水相通之理，必非《禹貢》之黑水。程氏乃以爲足界兩州，誤亦甚矣。程氏又謂葉榆在蜀正西，東北距宕昌不遠。宕昌，即三苗種類，以爲與三危之叙三苗相應，則其誤尤甚。夫三危之在燉煌，三苗之在瓜州，自古訖今，别無異説。燉煌瓜州，在雍州西北；宕昌在雍州西南，相去二千餘里，妄指宕昌以爲三苗，又用三苗以影附三危，豈有當哉！《禹貢》謂「黑水、西河惟雍州」，西河者，龍門之河，以其在冀州之西也。然西河僅足界雍州東面，若以葉榆瀾滄爲黑水，遠在雍州西南境外，是雍州西北南三面俱無疆界，必不然矣。如以絶無黑水之名之瀾滄江爲足以當黑水，又不如徑指潞江爲黑水，其源流既與瀾滄相等，又實有黑水江之名，尚略有依據也。

右《禹貢》隨山濬川。

五禮通考卷第二百四

淮陰吴玉搢校字

五禮通考卷第二百五

内廷供奉禮部右侍郎金匱秦蕙田編輯
太子太保總督直隸右都御史桐城方觀承同訂
翰林院編修嘉定錢大昕
按察司副使元和宋宗元 參校

嘉禮七十八

體國經野

【《書·禹貢》】導河積石，至于龍門，

【《錐指》】傳氏曰：「自積石至于龍門，計應三千餘里。龍門而上，積石而下，禹功所不加也。」

南至于華陰，

【《錐指》】傳曰：❶「河自龍門南流，至華州北而東行。」易氏曰：「河自龍門口又二百里，至陝州之西北，對河爲華州華陰縣。」蔡氏曰：「華陰，華山之北也。」

東至于厎柱，

【《錐指》】傳曰：「厎柱，山名。河水分流，包山而過，山見水中若柱然。在西虢之界。」渭案：西虢，今河南府之陝州是也。厎柱，在州東四十里黄河中。

又東至于孟津；

【《錐指》】傳曰：「孟津，地名。在洛北，都道所湊，古今以爲津。」《正義》曰：「在孟地置津，謂之孟津。傳云地名，謂孟爲地名耳。杜預云：孟津，河内河陽縣南

❶「傳曰」，原脱，據《禹貢錐指》卷一三中之上補。

孟津也。在洛陽城北，都道所湊，古今常以爲津。武王渡之。」渭案：河陽本晉邑，漢置縣，屬河内郡，其故城在今河南懷慶府孟縣西南三十里。

東過洛汭，至于大伾；

【《錐指》】傳曰：「洛汭，洛入河處。山再成曰伾。至於大伾而北行。」《正義》曰：「洛入河處，河南鞏縣東也。鄭玄云：『大伾在修武、武德之界。』張揖云：『成皋縣山也。』《漢書音義》有臣瓚者，以爲修武、武德無此山也。成皋縣山又不一成。今黎陽縣山臨河，豈不是大伾乎？瓚言當然。」程氏曰：「黎陽山，在大河垂欲北趨之地。經之於河，方其自南而東，當即華陰以記折東之始。今其流東已遠，垂欲折北，亦當以地之極東者記之。參揣其叙，則黎陽實爲愜當，而成皋則爲太早也。」渭案：鞏縣，漢屬河南郡，其故城在今河南府鞏縣西南三十里。修武、武德，漢屬河内郡。修武故城在今衛輝府獲嘉縣西北，武德故城在今懷慶府武陟縣東。成皋，漢屬河南郡，其故城在今開封府鄭州汜水縣西北。黎陽，漢屬魏郡，其故城在今大名府濬縣東北。大伾山在縣東南二里。

【《地理今釋》】大伾山，亦名黎山，在今直隸大名府濬縣東南二里，周五里。

北過降水，至於大陸；

【《錐指》】傳曰：「降水，水名。入河。」渭按：宋張洎云降水即濁漳也，字或作「絳」。《地理志》「上黨屯留縣」下云：「桑欽言絳水出西南，東入海。」酈道元引此文作「入漳」，云：「絳水發源屯留，下亂漳津，與漳俱得通稱也。」《通典》云：

「漳水横流而入河，在今廣平郡肥鄉縣界。」大陸，地名。見冀州。《河渠書》云：「禹道河至於大伾，以爲河所從來者高，水湍悍，難以行平地，數爲敗。乃厮二渠以引其河。北載之高地，過降水，至於大陸。」二渠，其一爲漯川，自黎陽大伾山南，東北流，至千乘入海。其一則河之經流，自大伾山西南，折而北爲宿胥口，又東北逕鄴縣東，至列人、斥章縣界合漳水，是爲北過降水。《溝洫志》王横曰：「禹之行河水，本隨西山下，東北去。」《周譜》云：「定王五年，河徙。」則今所行，非禹之所穿。宜更開空，使緣西山足，乘高地，而東北入海。即此道也。《水經》所叙漳水，自平恩以下，皆禹河之故道。河自斥漳，又東北逕平恩、曲周，以至鉅鹿，其西畔爲大陸也。漢鉅鹿縣，唐爲平鄉、鉅鹿二縣，屬邢州，今屬順德府。鉅鹿，故城即今平鄉縣治。

【《地理今釋》】降，今本作「洚」。水出今山西潞安府屯留縣西南八十里盤秀嶺，至潞安府潞城縣入濁漳水，而濁漳水由是亦名降矣。

胡氏渭曰：「禹河自汲縣東北流入黎陽縣界，至大伾山西南，折而北爲宿胥口。蘇代曰：『決宿胥之口，魏無虚、頓丘。』虚在朝歌界，今濬縣西南有古朝歌城，本殷虚。頓丘在黎陽界。今濬縣西有頓丘故城，本衛邑。時河已徙而東，宿胥口塞，故秦欲決之，以灌二邑。《水經·河水》注云：『自淇口東至遮害亭，亭在濬縣西南五十里。又有宿胥口，舊河水北入也。』《淇水》注云：『淇水東流逕枋城南，在今濬縣西南，即淇門渡也。右合宿胥故瀆。瀆受河於頓丘縣遮害亭東、黎山西，句。北會淇水處，立石堰遏水，令更東北注。魏武開白溝，因宿胥故瀆而加功。故蘇代曰「決宿胥之口，魏無虚、頓丘」，即指是瀆也。淇水又東北逕雍榆城南，在濬縣西南。又東北逕同山東，在濬縣西南四十五里。又北逕其城東，東北逕帝嚳冢西，《元和志》：「帝嚳陵在澶州頓丘縣北三十里。」又北逕白祠山東，歷廣陽里，逕顓頊冢西，《元和志》：「顓頊陵在頓丘縣西北三十五里。」又北逕頓丘縣故城西，在濬縣西。又東北逕枉人山東、牽城西，《湯陰縣志》云：「枉人山在縣東南二十五里，與濬縣接界。」又東北逕石柱岡，枉人山北連跨巨岡，石柱之類也。又東過内黄縣南爲白溝也。』即《漢志》清河。今案：宋李垂上《導河形勢書》『請自汲郡東推禹故道，出大伾、上陽三山之間，❶復西河故瀆』，即酈元所謂宿胥故瀆也。《濬縣舊志》：『故瀆在縣西十里，亦曰西河。』蓋禹迹漢時則流經縣東，又縣北四十里有齊村，相傳亦黄河故道也。然淇水自東過内黄縣南爲白溝，而向北之河道，不可得聞。據本注云：内黄縣故城右對黄澤，即賈讓所見内黄界中，有澤方數十里環之有隄者也。内黄故城在今縣西北，澤大方數十里，當接安陽縣界。疑此地亦禹河之所經，河徙乃鍾爲黄澤耳。昔殷王河亶甲居相，其子祖乙圮焉，而又遷。《書序》：「仲丁遷於囂，河亶甲居相，祖乙圮於耿。」傳云：「相，地名，在河北。祖乙，亶甲子，圮於相，遷於耿。河水毁曰圮。」《通典》：『相州，治安陽縣，殷王河亶甲居相，即其地。』《元和

❶「大伾上陽三山」，校本及《禹貢錐指》同，《續資治通鑑長編》卷七真宗大中祥符五年正月丁酉載李垂《導河形勢書》在「上陽」下有「太行」二字。

志》：『相州内黄縣東南十三里有故殷城，河亶甲居相築此。』則禹河出内黄、安陽之間明矣。自此而北，則爲鄴東之故大河。《洹水》注云：『洹水出山，逕鄴縣南，殷墟北。《竹書紀年》曰：「盤庚即位，自奄遷於此，遂曰殷也。」』據《書序》，盤庚所遷之殷在河南，與《竹書》異。孔穎達云：『盤庚後王或有從河南亳地遷於洹水之南者，非盤庚也。』今案《楚語》白公子張曰：『昔殷武丁，能聳其德，至於神明，以入於河，自河徂亳。』韋昭云：『從河内徙都亳也。』此必盤庚後王有自亳遷於奄者，又有自奄遷於鄴南之殷者，故武丁即位時，殷都仍在河北，尋復徂亳，蓋亦圮而遷焉。《殷本紀》曰：「武乙復去亳徙河北。」即紂都朝歌也。武丁自鄴南復遷於亳，至武乙則又自亳遷於朝歌。《淇水》注引《晉書地道記》謂武丁遷居沬邑，蓋誤以武乙爲武丁耳。禹河行臨漳之東又明矣。自此東北歷成安至肥鄉而合漳，是爲『北過降水』也。漳、絳至此，并爲河矣。及河南徙，漳、絳循河故道而下。故東川復有漳、絳之目。《水經注》漳水自斥漳縣南至銅馬祠東，《寰宇記》：「銅馬祠在鉅鹿北七里。」皆漢鉅鹿縣境也。昔殷王祖乙遷於邢，杜佑云即邢州。今爲順德府。蓋亦瀕河之地，故其後盤庚又圮，而遷於亳、殷。《書序》：「祖乙圮於耿，作《祖乙》。」傳云：「圮於相，遷於耿。」《殷本紀》云：「祖乙遷於邢。」其説不同。按耿在漢河東皮氏縣，今爲河津縣地。傳直以圮爲遷，未安，從《史記》較長。抑或《序》「圮於耿」下脱「遷於邢」三字。《皇極經世》云：「祖乙踐位，圮於耿，徙居邢。」此説是也。仲丁、河亶甲、盤庚皆爲遷事作書，祖乙但圮而不遷，何用作書？其爲遷邢而作無疑矣。禹河行鉅鹿之東又明矣。以今輿地言之，河自濬縣西南，折而北歷内黃、並屬直隸大名府。湯陰、安陽、臨漳、並屬河南彰德府。魏縣、屬直隸大名府。成安、肥鄉、曲周、並屬廣平府。平鄉、廣宗、至鉅鹿縣，並屬順德府。大陸澤在焉。此即禹河『北過降水，至於大陸』之故道也。」

又北播爲九河，

【《錐指》】傳曰：「北分爲九河，以殺其溢，在兖州界。」渭案：徒駭與冀分水，八枝皆在兖域。

同爲逆河，入于海。

【《錐指》】傳曰：「同合爲一大河，名逆河，而入于渤海。」蘇氏曰：「逆河者，既分爲九，又合爲一，以一迎八，而入于海，即渤海也。」薛氏曰：「河入海處，舊在平州石城縣，東望碣石。其後大風逆河，皆漸于海，舊道堙矣。」渭案：石城縣，唐初析平州盧龍縣地置，其故城在今直隸永平府灤州南三十里。

蕙田案：「東過洛汭，至於大伾；北過洚水，至於大陸；又北播爲九河，同爲逆河，入于海」，此廿九字中，盡豫、兖、冀三州境内河所經行處矣。洛汭在孟津之東，即今鞏縣洛水從南來入河處也。大伾在今濬縣。洚水，即清濁二漳水，肥鄉、曲周之境，漳水入河處也。大陸，地名，亦澤名，在今鉅鹿縣。河從此東北行，即分而爲九。九河，在周已無其跡，今著書家旁稽博考，略得其概，終不能一一實指其地。惟北爲徒駭，即經流。南爲鬲津，當不謬耳。逆河，即九河會爲一河入海處，以海潮逆上，故名，當在今天津以東，久爲海水所没，無其地矣。禹河初行之地，此止就孟津以下言之。在當時爲冀、豫、兗三州之境。以今地理言之，則洛陽、鞏縣、原武、陽武、胙城皆在河之南，濬縣、内黄、魏縣、元城、南宮、冀州皆在河之東，衡水、武邑、交河、滄州又在河之南，武陟、獲嘉、新鄉皆在河之北，衞輝、湯陰、彰德、臨漳、成安、肥鄉、曲周、鉅鹿、新河皆在河之西，束鹿、深州、武强、獻縣、大城、青縣、天津皆在河之北，此神禹初平水土，大河所行境界也。

附黄河考

河源發于崑崙，

《禹貢》曰：「導河自積石。」司馬遷云：「言九州山川，《尚書》近之矣。今曰河源發於崑崙者，從其可信者言之也。」《爾雅》：「河出崑崙虚。」《淮南子》：「崑崙之墟，河水出其東北陬。」《水經注》亦曰：「崑崙墟，河水所出。」自古言河源者，皆推本于崑崙。《史記·大宛傳》：「漢使窮河源，河源出于闐。天子按古圖書，名河所出山曰崑崙。」《漢書·西南夷傳》：「河兩源，一源葱嶺，一出于闐。」鄭樵遂謂河有三源，一出葱嶺，一出于闐南山，其正源自崑崙。又《山海經》、《洛書緯》及《扶南傳》皆曰河出崑崙。《唐史》長慶中，劉元鼎爲盟會使，言「河之上流，由洪濟橋亦曰洪濟城，在陝西西寧衞。西南行千三里，❶水益狹，冬春可涉，夏秋乃勝舟。其南三百里，有三山，中高而四下，曰紫山，直大羊同國，今在西番朶甘衞。

❶「千三」，《新唐書·吐蕃傳下》作「二千」。

古所謂崑崙者也，虜曰悶摩黎山，東距長安萬五千里。❶河源其間，流澄緩下，稍合衆流，水色赤，行益遠，他水并注則濁。河源東北直莫賀延磧尾，今西番火州境有莫賀城。隱測其地，蓋劍南之西」。《元志》：「至元十七年，命招討使都實求河源。實還報，謂河源出吐蕃朶甘思西鄙，有泉百餘泓，沮洳散渙，弗可逼視，方可七八十里，登高望之，如列星然，是爲星宿海也。番名火敦腦兒。羣流奔湊，連滙二澤。番名阿剌腦兒。東流曰赤賓河，益引而東，凡二三百里，羣川次第流合焉，其流浸大，遂名黃河。然水淺可涉。又東一二百里，岐爲九渡河，通廣五七里。又東五百里，水益濁，土人抱革囊、乘馬以渡。自是經兩山峽間，廣可一里二里或半里，其深叵測。至朶甘思東北，有大雪山。番名亦耳麻不剌，譯言騰乞里塔。其山最高，多積雪，即崑崙也。自九度水至崑崙，約二十日程。崑崙山麓，綿亘五百里，河隨山足而東。《河源考》：「河水北行，至崑崙，轉西北流，又折而過崑崙北，乃折而東北流。」又東北流千餘里有細黃河自西南來注之。番名納鄰哈剌。又東北四五百里，至貴德州。在西寧衛西南。又四百餘里，至積石州，即《禹貢》導河之處矣。自發源入中國，計六千餘里。南北溪澗，絡繹灌注，莫知紀極。崑崙之西，人鮮少，山平水漫，其東益高，地漸下，至積石，方林木暢茂。世言河九折，彼地有二折焉。」

❶「萬」，《新唐書·吐蕃傳下》無。

王氏鏊嘗言：「天下之山，起于崑崙。天下之水，亦宜出于崑崙。漢張騫歷西域諸國甚久。東漢之世，大秦、條支、安息，至于海濱，四萬里分，❶重譯貢獻。甘英嘗窮臨西海而還。皆未覩所謂崑崙者，元使所言，何崑崙之近乎？恐未可以一人之言廢千古之論也。夫張騫固已鑿空，甘英亦非專使，考劉元鼎之説，參以都實所見，河源庶幾可攷。」又曰：「河源本在西南，張騫求之西北，所謂『差之毫釐，謬以千里』者歟！」

【《地理今釋》】崑崙山在今西蕃界，有三山：一名阿克坦齊禽，一名巴爾布哈，一名巴顔喀拉，總名枯爾坤，譯言崑崙也。在積石之西，河源所出。案《漢書·地理志》：「金城郡臨羌縣，西北至塞外，有西王母石室。西有弱水，崑崙山祠。」此蔡《傳》所據，以爲崑崙在臨羌者也。然《漢志》言「西有崑崙山祠」，非言山在縣界。漢臨羌縣，在今陝西西寧衛西，崑崙山不當若是之近。《通典》云：「吐蕃自云崑崙山在國中西南，河之所出。」《唐書·吐蕃傳》云：「劉元鼎使還，言自湟水入河處，西南行二千三百里，有紫山，直大羊同國。古所謂崑崙，蕃曰悶摩黎山。東距長安五千里，河源其間。」蓋即今之枯爾坤也。《元史·河源附録》云：「吐蕃朶甘思東北有大雪山，名亦耳麻不莫剌，其山最高，譯言騰乞里塔，即崑崙也。」案此即今蕃語所稱阿木你馬

❶「分」，王鏊《震澤集》卷三四《河源辨》作「外」，疑是。

勒産母孫大雪山也，在星宿海東，其山緜亘三百餘里，上有九峯，最爲高大。黄河經其南，又遶其東北，梁寅所謂「河遶山之三面，如玦然者」。但如其言，則崑崙轉在河源下流，似未爲的。案地圖，河出今西番巴顔喀拉山東，名阿爾坦河，東北流三百餘里，合鄂敦塔拉諸泉源，大小千百泓，錯列如星，《元史》所謂火敦腦兒，即星宿海也。滙爲查靈、鄂靈二海子。各周三百餘里，東西相距五十餘里，《元史》所謂滙二巨澤，名阿剌腦兒也。折而北，經蒙古托羅海山之南，轉東南流千餘里，南北受數十小水。經烏藍莽乃山下，有多毋打禿昆多倫河、多拉昆多倫河自東南來入之。《元史》所謂納鄰哈剌、乞兒馬出二水也。自此折而西北流三百餘里，前後小水奔注不可勝計。繞阿木你馬勒産母孫山之東，即《元史》所謂崑崙山也。流百五十餘里，有齊普河、呼呼烏蘇河自西來入之。又迤邐東北流三百餘里，會踏克圖衮、俄羅濟諸水。歷歸德堡，《元史》作「貴德州」。經積石山，至陝西臨洮府河州入中國界。過蘭州，又折而東北，經寧夏衛流出塞外。河以内爲河套地。又東南至延安府府谷縣入塞，河以東爲山西界。南流至潼關衛，又折而東，由河南、山東界至江南淮安府安東縣入海。

胡氏渭曰：「崑崙，國名，蓋附近崑崙山者。傳記言崑崙凡四處。一在西域。《山海經》云：『崑崙墟在西北，河水出其東北隅。』釋氏《西域記》謂之阿耨達山。《水經注》云：『按《山海經》自崑崙至積石一千七百四十里。』又引《涼土異物志》曰：『葱嶺之水，分流東西。西入大海，東爲河源，《禹紀》所云崑崙者是也。』一在海外。《大荒經》云：『西海之南，流砂之濱，有大山，名曰崑崙。其下有弱水之淵環之。此山與條支、大秦國相近，《禹本紀》云去嵩高五萬里者是也。』一在酒泉。《漢志》：『金城臨羌縣西北有西王母石室。西有弱水，崑崙山祠。』崔鴻《十六國春秋》云：『張駿時，酒泉太守馬岌上言：酒泉南山，即崑崙之體。周穆王見西王母，樂而忘歸，謂此山也。上有石室、王母堂，珠璣鏤飾，焕若神宮，《禹貢》崑崙在臨羌之西，即此明矣。』《括地志》云：『在酒泉縣西南八十里，今肅州衛西南崑崙山是也。』一在吐蕃。《通典》云：『吐蕃自云崑崙山在國中西南，河之所出。』《唐書·吐蕃傳》云：『劉元鼎使還，言自湟水入河處西南行二千三百里，有紫山，直大羊同國，古所謂崑崙，虜曰悶摩黎山，東距長安五千里，河源其間是也。』渭按：酒泉在雍州之域，不可謂西戎。西海距玉門、陽關四萬餘里，而崑崙更在西海之南，去積石太遠，其非《禹貢》之崑崙國甚明。西域、吐蕃，未知孰是。吐蕃悶摩黎山，以劉元鼎言計之，東北距大積石不過千餘里，浮河甚便。然自唐以前未有言崑崙在羌中者，何可深信。西域之崑崙，據《山海經》云至積石一千七百餘里，則浮河亦不難。蓋崑崙與析支、渠搜皆在雍州之外，禹治雍，身歷其境，三國聞風慕義，争先入貢，其過化存神之妙，有如此也。」

蕙田案：崑崙國，見于《禹貢》，而崑崙山爲河源，見于《山海經》、《爾雅》、《淮南子》、《凉土異物志》、桑欽《水經》。若其得之目擊者，則《唐書·吐谷渾傳》載「任城王道宗、侯君集次星宿川，望積石，覽觀河源」；《吐蕃傳》「劉元鼎使還，言自湟水入河處西南行二千三百里，有紫山，直大羊同國，古所謂崑崙，虜曰悶摩黎山，東距長安五千餘里，河源其間」；《元史·地理志》載「招討使都實求河源，在土番朵甘思西鄙有泉百餘泓，名火敦腦兒，譯言星宿海。東北有大雪山，名亦耳麻不莫剌，譯言騰乞里塔，即崑崙也」。《地理今釋》：「崑崙山在今西番界，有三山。一名阿克坦齊禽，一名巴爾布塔，一名巴顏喀拉，總名枯爾坤，譯言崑崙也。在積石之西，河源所出。劉元鼎所見悶摩黎山，蓋即今之枯爾坤也。」由此觀之，則崑崙山當以《唐書·吐蕃傳》爲定，蓋在西域之西南明矣。夏西戎，即唐吐番，今之西番也。《禹貢》崑崙、折支、渠搜，顏氏云：「崑崙國，蓋附近崑崙山者。」崑崙即在雍州之外，則劉元鼎所云東距長安五千餘里者近是，而非如《山海經》、《水經》所云矣。案《山海經》之言崑崙也，一曰「槐江之山，丘時之水出焉。西南四百里曰崑崙之丘」；又曰「海内崑崙之墟在西北」；又曰「西海之南，流沙之濱，赤水之後，黑水之前，有大山，名曰崑崙墟，在西北，去嵩高五萬里地之中也」。蓋《山海經》多出僞撰，止因《禹貢》有崑崙之名，而附以荒誕不經之語。《水經》則又因《山海經》而附會之，與《史記·禹本紀》去嵩高五萬里者，皆與《大荒經》相類。乃胡朏明一一求其地以實之，愚矣。觀承案：《爾雅》：「河出崑崙墟。」此言原不謬。崑崙、析支、渠搜，本見於《禹貢》，所謂河源於崑崙者，即此崑崙也。導河只云「自積石」者，就施功之始言之，非以爲源也。西戎在崑崙之域者，即以山名其國。但崑崙甚大，綿地甚遠，後人窮河源而以爲是星宿海，非崑崙，不知仍在崑崙之域耳。崑崙，第統言之；星宿，則別言之：其實一也。故《唐書·吐谷渾傳》及《吐蕃傳》劉元鼎所言爲得其實。而《元史·地理志》都實求河源，亦隱與之合也。蓋崑崙即在雍州之外，劉元鼎所云東距長安五千餘里者近是。若《山海經》及《史記·禹本紀》去嵩高五萬里者，皆荒誕不經之論，而《禹貢錐指》更一一求其地以實之，亦穿鑿附會之甚已。

至積石而入中國。

積石山在西寧衛西南百七十里，大河經其下，即禹迹所陟。

胡氏渭曰：「河自大積石山東北流，逕陝西西寧衛西南塞外，至河州西七十里入塞。」衛在行都司東南七百餘里，黄河西自塞外流入，經衛之東南，與河州分水。州在臨洮府西一百八十里，西至生番界七十里。有小積石山，兩崖如削，河流其中，西南去大積石山千餘里。

又東經河州城北，

《元志》「大河自積石州東流，循河而行，五日至河州安鄉關」關在州西北百里。是也。今大河經州北六十里，有大夏河經州東三十里，又北入于河。大夏河，或云即灕水，至蘭州境入河。

又東北流經蘭州城，又東經金縣北；

大河自河州東北流，至蘭州境，其西則湟水，合浩亹河流入焉。其南則洮河流入焉。又東北經州城境二里，金城關在焉，爲河津之要隘。又東北經金縣北六十里，流入亂山中，危湍仄澗，凡二百餘里，而入靖虜衛界。

又東北經靖虜衛北，又東北經寧夏中衛南；

大河自金城亂山中而來，瀉落平川，奔流洶湧，烏蘭橋之險在焉。又東北出衞城北一里，山峽險隘，河經其中，懸流數仭。又東北二百餘里，經寧夏中衞南十五里，地勢稍平，而河流益盛矣。

又東北經靈州所北，又東北經寧夏衞東南；

大河自中衞而東幾三百里，經靈州所城北，其地亦謂之河曲。蓋河自積石至中衞，大抵東北流，中衞至靈州所，正東流，由靈州至寧夏，則益折而北，故曰河曲也。經寧夏衞東南四十里，益引而北，入廢豐州界。

又東北入榆林西境，出塞，經三受降城南，又東折而南，經榆林之東；

大河在榆林衞北千餘里，自寧夏衞東北流六百餘里，經古豐州之西，又北折，而東經三受降城南，三城相距凡八百里，至廢東勝州西，廢東勝州，在山西大同府西境，大河之濱，與榆林東故勝州隔河相望，正當大河折旋之處。乃折而南。其西則榆林之東境，其東則山西大同府朔州之西境也。又南至黃甫川，黃甫川，僅在榆林東境。西爲延安府府谷縣境，東爲太原府河曲縣境，其間回環曲折，幾三千里，古爲朔方地，今謂河套。

又南經府谷縣東，又經神木縣南而入葭州境。經州城東。河之東岸爲山西河曲縣及保德州暨興縣之境。

大河在府谷縣城東百步西南流入神木縣境，經縣南三十里，又南經葭州城東一里，而山西之河曲縣，北去黃甫川二十餘里。隔河相望也。西南去府谷百餘里。縣濱河爲險，而保德州西臨大河，與府谷縣隔河相對。府谷在黄河東北岸，保德州在黄河西南岸，河自黄甫川而下，皆迤邐西南流也。又南百五十里，則岢嵐州興縣也。縣西去大河五十里，與葭州濱河爲界。

又南經吳堡縣東，又南經綏德州東。河之東岸爲山西臨縣及永寧州寧鄉縣之境。

大河自葭州而南八十里，經吳堡縣城東一里，又南百六十里，經綏德州東境。西去州城百二十里。而山西之臨縣，北去大河二十里。與吳堡縣接界。永寧州則西去大河百十里。《志》云：「自州城渡河至綏德州，二百五十里。」寧鄉縣西去黄河七十里，皆綏德州，濱河爲境也。

又南經青澗縣東，又南經延川縣及延長縣東。河之南岸爲山西石樓縣及永和縣、大寧縣之西境。

大河在青澗縣東百里，無定河自西北流入焉。又南經延川縣東四十五里，又南經延長縣東三十餘里。而山西之石樓縣西距大河百里，永和縣西距大河五十里，西北接延川縣境。大寧縣西距大河七十五里。西北接延長縣境。津流相通，一葦可航也。

又南經宜川縣東。河之東岸爲山西吉州及寧鄉縣之西境。

大河在宜川縣東八十里。而山西之吉州，西距大河七十里。與宜川接界。孟門山、壺口山皆在其地，爲河津險要。又南爲寧鄉縣，西距大河八十里。又西南接韓城縣界。緣河兩岸，羣山列峙，稱險固焉。

又南經韓城縣東，又南經郃陽縣東。河

之東岸爲山西河津縣及滎河縣、臨晉縣之西境。

大河在韓城東北八十里，龍門山在焉。《大事記》：「周威烈王十三年，晉河岸傾壅，龍門至于底柱。」呂氏云：「自春秋以後，河患之見于史傳，蓋始于此。」又南流經梁山東。山在韓城縣南十九里。《春秋》成五年「梁山崩，壅河三日不流」，即此矣。又南經郃陽縣東南四十里，而山西之河津縣，即古耿邑也。商祖乙都耿，圮于河水，《書》有《盤庚》之誥是矣。今縣西去大河三十里，亦有龍門山，與韓城之龍門對峙，所謂「禹鑿龍門，河經其中」者，非與！又南經滎河縣城西，城去大河不及一里，汾水自西北流入焉。又南經臨晉縣西三十里。渡河而西，又三十餘里，即郃陽縣也。臨晉有吴王渡，郃陽有茶峪渡，俱河津濟處。胡氏渭曰：以上禹「導河積石，至于龍門」之所經也。

又南經朝邑縣東，❶又南經華陰縣東北，而渭水入焉。河之東岸爲蒲州城西，又南過雷首山西，乃折而東也。

大河自郃陽縣南百二十里，而經朝邑縣東三十五里，河濱有臨晉關。又南五十餘里，至華陰縣境，則華山當其衝，潼關在焉。關西去華陰縣四十里。又渭水流經華陰縣北，至縣東北五十里而入于河，即《禹貢》導渭入河處也。而山西之蒲州，大河自臨晉縣境南流五十餘里，經其西門外，有蒲津關，亦曰

❶「南」，《讀史方輿紀要》卷一二五作「西」。

臨晉關，與朝邑縣臨晉關夾河相對，❶爲自古設險之處。又沐水流入焉。經雷首山西，山在蒲州原南二十五里。折而東，其地亦謂之河曲，春秋時秦晉戰于河曲是也。河流自東勝州折而南幾千八百里，自壺口、龍門以至于潼關，兩岸重山，翼帶深險，而華山復横亘其南，岡巒盤固。河於是復折而東，河山之勝，甲天下矣。

胡氏渭曰：「此河水南至華陰之所經，雍州文所稱龍門西河者也。」

又曰：「穿渠引水，非古也。自溝洫之制廢，而灌溉之事興，利於田而河則病矣。關中引水溉田，自鄭國渠始。及漢武時用鄭當時言，穿渠引渭以漕，且溉南山下。用番係言，引汾溉皮氏、汾陰下，引河溉汾陰、蒲坂下。又用嚴熊言，引洛溉重泉以東，爲龍首渠。宣房既塞，用事者益争言水利。朔方、西河、河西酒泉，皆引河及川谷以溉田。關中則有靈軹渠、成國渠、漳渠、六輔渠、白渠，皆溉田各萬餘頃。它小渠及陂山通道者，❷不可勝言。故王莽時大司馬長史張戎議曰：❸『水性就下，行疾則自刮除成空而稍深。❹河水重濁，號爲一石水而六斗泥。今西方諸郡，以至京師東行，民皆引河、渭山川溉田。春夏乾燥，少水時也。故使河流遲，貯淤而稍淺；❺雨多水暴至，則溢

❶「晉」，原作「津」，據庫本改。
❷「渠」，原作「築」，據庫本改。
❸「長史」，《漢書·溝洫志》作「史長安」。
❹「稍深」，原作「消除」，據庫本改。
❺「稍」，原作「消」，據庫本改。

決。而國家數隄塞之，稍益高於平地，猶築垣而居水也。可各順從其性，毋復灌溉，則百川流行，水道自利，無溢決之害矣。』蓋河水多泥，急則通利，緩則淤澱。今滎陽之下既有鴻溝，華陰以上復有諸渠，分水太多，則河流日遲，河身日高，故水暴至不能容。漢人知此者鮮，唯戎知之。」

又東經閿鄉縣北，❶又東經靈寶縣北。河之北岸爲芮城縣南境。

大河在閿鄉縣北七里，又東經靈寶縣北十里，而山西之芮城縣負山面河，南距大河二十里，與閿鄉縣夾河相望三十里。蓋河自雷首西麓而南，經芮城西二十里稍南，即折而東，芮城當其曲折之間，而閿鄉縣亦爲大河東折之衝。東至靈寶縣七十餘里，西距潼關六十里，踞高臨深，爲險塞。

又東經陝州城北，又東經澠池縣及新安縣北。河之北岸爲平陸及垣曲縣境。

大河在陝州城北，自靈寶縣東流六十里，至州城西北三里，大陽津在焉，亦曰茅津。河津要地也。又東四十餘里爲底柱山，控扼中流，波濤怒湍，舟船經此，稱爲艱阻。又東百餘里，經澠池縣北境。大河南去縣城六十餘里。又東百里爲新安縣境。大河南去縣城四十餘里。陵阪陂陀，津途遥隔，故二邑無濱河之稱也。而山西之平陸縣城，去大河東南，距陝州不過五十六里，南北往來，常爲津逕。又東二百餘里，至垣曲縣南二十里，岡阜逶迤，與河南岸兩相倚阻，皆

❶「北」，原脱，據庫本補。

利涉之所也。

胡氏渭曰：「以上河水東至底柱之所經也。」

又東經河南府北，河之北岸爲濟源縣南境。

大河在河南府城北二十里，繞北邙山之麓。北邙山在府城北十里。層巒叠阜，屹然保障。《志》云大河自芮城、閿鄉縣而東，河之北岸則中條以接王屋，南岸則崤函以接北邙，夾河翼帶，並趨而東，雖底柱扼塞中流，而旁無潰決之患，則以崗陵包絡，有自然之險固耳。而濟源縣南距大河七十里，西鄰垣曲，南衞洛陽。《唐史》聖曆二年，河溢，湮濟源民舍千餘家。或以爲山水暴發，非河患也。

又東經孟津縣北，河之北岸爲孟縣南境。

大河在孟津縣北五里，北岸至孟縣三十里，今孟縣西南至孟津縣五十餘里，蓋嘉靖中孟津益徙而西也。即古之孟津也。河橋在焉。河陽三城置于此。《宋史》：「乾德二年，孟州水漲，壞中潬橋。」《金史》：「大定十一年，河決王村，南京、孟、衞州界多被其害。」王村，今山東濮州治也。孟州即今孟縣，南京即今開封府。蓋下流壅，故倒灌上流也。明嘉靖十七年，河漲孟津，縣圮于水。蓋河自孟津而上，多循山麓，行至孟津，兩岸平闊，河勢漸張，潰溢之患，于是乎見端矣。夫決在下流，河之患猶淺；決在上流，河之患乃深。孟津，河行平陸之上流也。河患及此，下流之壅閼必日甚，橫決必且益多矣。

胡氏渭曰：「以上河水又東至孟津之

所經也。」

又東經鞏縣北，洛水入焉。河之北岸爲温縣之境，濟水入焉。

大河在鞏縣北十里，西去孟津縣八十里。洛水自西南流入焉。又東經温縣南二十里，濟水入焉。《導川里道紀》：「自鞏縣東北至温，凡四十里。」宋太平興國二年，河決孟州之温縣。蓋河既出險就平，復南納洛川之注，北并濟水之流，縱橫震盪，勢不能已，疏道無方，鞏、洛而下，《禹貢》舊迹，安得不月異而歲不同哉！

又東經汜水縣北，又東經滎陽縣北。河之北岸爲武涉縣之南境。

大河在汜水縣北一里，《里道紀》：「渡河，西北至温縣二十五里。」又東經滎陽縣北二十五里。洪武十五年，河決滎陽，命修塞之。正統十三年，河復決滎陽，經曹、濮，衝張秋，在山東東阿縣。潰沙灣東堤，沙灣在山東壽張縣。奪濟、汶入海。尋自開封西南經陳留，自亳入渦河，又經蒙城至懷遠縣入淮。陳留縣屬河南開封府。亳州蒙城縣、懷遠縣俱屬鳳陽府。而開封城遂在河北，久之始復故道。而武涉南去大河五十里，西南與滎陽縣接境，沁水自北來，至縣南入于大河。沁水入河之處，舊名沁黄口，今曰南賈口。宋熙寧十年，河溢懷州黄沁口，即其地也。

又東經河陰縣北，又東經滎澤縣北。河之北岸爲獲嘉縣之南境。

大河在河陰縣北十五里。《里道記》：「自河陰縣渡河，至武涉縣五十六里。」縣西二十里有石門，即古之滎口。秦始皇二十三年，攻魏，引河溝灌大梁。漢王横言

「秦攻魏，決河灌其都，決處遂大，不可復補」，即此也。後漢初，河自滎陽決入汴。河陰，故滎陽地。永平十三年，詔修汴渠隄，自滎陽東至千乘海口千餘里。蓋始功于此。自河陰而東三十里，經滎澤縣北五里。滎澤地稍下，古滎水所鍾也。唐開成三年，河決，浸鄭州外城。五代漢乾祐三年，河決鄭州。周廣順二年，河復決于鄭州。説者曰：自滎澤縣決而南也。《五代史》云：「河決原武。或曰當古滎澤。」顯德初，遣使修塞決河。又《五代史》：「周廣順中，河決河陰。」宋太平興國二年，河決于滎澤。熙寧十年，河復決滎澤。元延祐十年，河決滎澤之塔海莊東堤，塔海莊在縣東南七里。久之始塞。明正統十三年，河決滎陽。既而自孫家渡決而南，孫家渡在縣東南五十里。河南徙，久之始塞。弘治五年，河大決于封丘，撫臣徐恪請開孫家渡，從之。既而復塞。《河渠考》：「先是，弘治二年，河決原武，命户部侍郎白昂治之。昂于滎澤縣楊橋開支渠，引中牟、尉氏決河由陳、潁至壽州達淮。楊橋在縣東南，與孫家渡相近。蓋引決河，使入正統時南決舊道也。至是，河流横潰，張秋決口，塞而復決。恪上言：『決河湍悍之勢，未可遽回。今自滎澤孫家渡口舊河，東經朱仙鎮，下至項城南頓，猶有涓涓之流。若疏之，由泗入淮，可殺上流之勢。又黄陵岡有賈魯舊河，南經曹縣梁靖口，下通歸德丁家道口。❶今梁靖以北，淤塞將平，計功力之施，八十餘里。若疏而濬之，使由徐入淮，以殺下流之勢，則決口可塞，運道可完也。』時多從其策。」而衛輝府之獲嘉縣，南去大河六十里，與滎澤、河陰接壤。宋太平興國三年，河決

❶「丁」，原作「下」，據《明史紀事本末》卷三四改。

懷州之獲嘉，蓋亦隄防之處矣。

又東經原武縣北、陽武縣南，

大河在原武縣北二十里。五代周廣順中，河決原武，尋遣使修塞。又顯德六年，鄭州奏河決原武。宋元豐元年，河復決於此。五年，又決，下流納梁山濼。梁山濼在山東壽張縣。《宋志》：「河決原武埽，溢入利津河、陽武溝、刀馬河，歸納梁山濼。」利津等河皆在陽武以東。明洪武十四年，河決原武及祥符、中牟。二十四年，河決原武黑陽山，在縣北二十里。東經開封城北五里，又南行至項城，經潁州潁上縣東，至壽州正陽鎮，正陽鎮在壽州西六十里。全入于淮。而河之故道淤塞，疏久之，乃復舊。弘治三年，河復決原武，支流爲三：一決封丘金龍口，亦作荆隆口。漫祥符及長垣，北直長垣縣。下曹、濮，衝張秋長隄。一出中牟，下尉氏。一汜濫于蘭陽、儀封、考城、歸德，入宿州。詔白昂修塞之。《河渠考》：「昂爲户部侍郎，奉命治河，築陽武長堤，以防張秋之決。引中牟決河出滎澤陽橋，下達于淮，濬宿州古汴河達泗州，❶又濬睢河自歸德飲馬池，中經符離橋至宿遷縣入漕河。上築長隄，下修減水閘。又疏月河十餘，以殺其勢。塞決口三十六。由河入汴，汴入睢，睢入泗，泗入淮，淮達海。水患少息。昂又以河南入淮，非正道，恐不能容。乃復自魚臺，歷德州至吴橋，修古河隄。又自東平北至興濟鑿小河十二道，引水入清河及古黄河入海。河口各作石堰，以時啓閉。昂意蓋欲于東北分其流，于南東疏其淤也。未幾，河復決徙，昂所規畫，一時皆廢。」吴橋、興濟，今北直屬縣也。而陽武南距大河十餘里，舊時大河經城北，與衛輝府之新鄉、汲縣接境。自決塞不時，河遂徙而南。周廣順二年，

❶「汴」，原作「卞」，據《讀史方輿紀要》卷一二五改。

河決陽武，尋修塞之。時又決常樂驛。或曰驛在陽武西。宋乾德三年，河決陽武。開寶五年，復決陽武。金大定十年，河決陽武之白溝。白溝在縣東南三里。明昌五年，河決陽武故堤，決口地名光禄村。灌封丘而東。元至元二十五年，陽武諸處河決。泰定三年，河決陽武，漂居民萬六千五百餘家。尋復塞治。明洪武一十五年，河決陽武。天啟元年，河決陽武縣脾沙堌，在縣東南二十里。由封丘、曹單至考城，復入舊河。自河出陽武之南，而新鄉、汲縣、胙城之境皆去河漸遠，禹迹之益不可問也，自陽武之決塞始也。

大河舊道在陽武縣北，又東經延津縣北，又東經胙城縣北。河之北岸，爲新鄉縣及汲縣之境。此大河舊道也。《舊志》云：「河在陽武縣北二十三里。河之北岸爲新鄉縣境。縣南去大河三十里。明昌中，河決陽武，入封丘，于是河益東南下。《金史》：「貞祐四年，延州刺史溫撒可喜言：『近世河離故道，自衛東南流，❶由徐、邳入海，以此，河南之地爲狹。臣竊見新鄉縣西，河水可決，使東北流，其南有舊堤，水不能溢，行五十餘里，與清河合。則由濬州、大名、觀州、清河、柳口入海，此河之舊道也，皆有古堤，補其罅漏足矣。如此則山東、大名等路，皆在河南，而河北諸郡，亦得其半，退足以爲備禦之計，進足以壯恢復之圖。』❷議者以河流東南已久，決之非計，遂寢。」清河，謂水口，柳口，即今古直河也。元至元九年，河決新鄉。《元史》云：「河決新鄉廣盈倉南河北岸。」蓋是時河猶出陽武、新鄉間也。由陽武而東二十里，

❶「衛」，原脱，據庫本補。

❷「壯」，原作「杜」，據《讀史方輿紀要》卷一二五改。

逕延津城北十七里。延津，古酸棗也。漢文帝後元年，河決酸棗，東潰金隄，東郡大興卒，塞之。五代周廣順二年，河決酸棗。顯德初，遣使修塞。明成化一十四年，河溢延津。明年，復自縣南流入封丘。其舊流則自延津折而東北，經汲縣東南十七里，又北逕胙城縣北一里。《里道記》：「延津縣東北至縣城四十五里。」宋熙寧四年，河溢衛州王供埽。《舊志》云：「在州東三十里。」十年，復溢王供埽及汲縣上下埽。金大定一年，河決衛州及延津縣，瀰漫至歸德府。二十六年，河決衛州堤，壞其城，泛濫及于大名。先是，胙城隸開封府。泰和八年，以限大河，改屬衛州。貞祐三年，徙州治于宜封新城，以胙城爲倚郭。胙城爲河北縣，自金始也。

又東北經濬縣之南，滑縣之北；

大河舊在濬縣城南一里，河之南岸即滑縣界。《里道記》：「滑縣西北至濬縣四十里，濬縣南至胙城縣五十里。」大河經其間，北曰黎陽津，南曰白馬津。自昔津濟之要，今變爲平陸矣。漢建始四年，河決東郡金隄。顔氏曰：「在今滑州界。」唐元和八年，河溢瓠子，東泛滑，距城十二里。鄭滑帥薛平、魏博帥田宏正共發卒，鑿黎陽山東，復入故瀆。故瀆在黎陽西南。時河流南徙，薛平請于田宏正共發卒鑿古河十四里，逕黎陽山，東會于故瀆，自是滑無水患。開成三年，河決，浸滑州外城。乾寧三年，河漲，將毁滑州。朱全忠決爲二河，夾城而東，爲害滋甚。石晉天福五年，滑州河決。九年，滑州河決，侵汴、曹、單、濮、鄆五州之境，環梁山，合于汶。大發數道丁夫塞之。五代漢乾祐元年，河決滑州之魚池店。在州西。周廣順一年，河決滑州靈河諸處，靈河廢縣，在今滑縣東南六十里。《五代史》：「廣順中，河決靈河、魚池、六明鎮。」諸處蓋皆在今滑縣境内。命王浚修塞之。三年，義成帥白重贊奏塞決河。宋乾德四年，滑州河決，壞靈河大堤。太平興國三年，河又決滑州之靈河。八年，大河決滑州之韓村，在州東北。泛澶、濮、曹、濟，東南流至彭城，入于淮。九年，河復決滑州之房利。亦在州東北。既而巡河官梁睿言：「滑州土脉疏，岸善隤，每歲河決南岸，害民田。請于迎陽埽鑿渠引水，凡四十里，至黎陽合河，以防暴漲。從之。既而渠成，又命鑿河開渠，自韓村埽至州西鐵狗廟，五十餘里，❶復合于河，以分水勢。」迎陽，在州東北，大河北岸。大中祥符四年，河決通利軍，今濬縣。合御河，壞州城田廬。州城，即濬州城。天禧三年，滑州河溢城西北天臺旁，俄復潰于城西南岸，漫溢州城，歷澶、濮、曹、鄆，注梁山泊；又合清水、古汴渠，此清水謂泗水也。東入于淮，州邑罹患者三十二。詔發丁夫塞治。四年，河復決于天臺山。天聖五年，塞河成。以其近天臺山麓，名曰天臺埽。自是以後，滑州之患，大抵移于澶州矣。元符三年，河復決于蘇村，在濬縣東北。然其爲害甚鮮。重和初，詔于滑州、濬州界萬年堤廣植林木，以護堤岸，以壯地勢。河自大伾以上，猶《禹貢》時大河經流也。大伾山在濬縣東二里。漢賈讓欲決黎陽遮害亭，亭在濬縣西南五十里。放河使北入海，西薄大山，東薄金堤，勢不能遠泛濫。此即司馬遷《河渠

❶「五十」，《宋史·河渠一》作「凡十五」。

書》所稱「禹以爲河所從來者高，水湍悍，難以行平地，數爲敗，乃釃二渠以引其河，北載之高地」之説也。其後，王横亦言：「禹行河水，本隨西山下東北去，宜更開空，使緣西山足乘高地而東北入海，廼無水災。」宋李垂祖其説，欲引河自大伾而北載之高地。其後，孫民先亦主是説。元豐中，陳祐甫亦請修復禹故道。夫滑州河患，莫甚于宋之天禧以前。於此時引河去北，未爲不可。其後河亦益徙而北，出于信都、勃海間，故道庶幾可復矣。乃謀國者方且人持一説，非迂踈拂逆之計，則因循苟且之見而已矣。

胡氏渭曰：「以上河水『東過洛汭，至于大伾』之所經也。」

又曰：「凡二水並行，一盛則一微，自然之勢也。宋元祐初，蘇轍上疏有云：『黄河之性，急則通流，緩則淤澱，既無東西皆急之勢，安有兩河並行之理。』此格言也。蓋上流宜合而不宜分，合則流急而沙去，分則流緩而沙停。而禹顧於大伾之南釃爲漯川者，則以河勢欲東，不得不分之以泄其怒。以漯川一道，分河流十之一二，不使指大如股，亦未爲害耳。及周之衰，王政不修，水官失職，諸侯各擅其山川以爲己利。於是滎陽下引河爲鴻溝者，❶自是以後，日漸穿通，枝津交絡，宋、鄭、陳、蔡、曹、衛之郊，無所不達。至定王五年，河遂南徙，無他，河水之入鴻溝者多，則經流遲貯，不能衝刷泥沙故

❶「是」下，《禹貢錐指》卷一三中之上有「有」字，義長。

也。宿胥之塞，寔鴻溝致之。不然，禹功歷千歲而不敝，何獨至春秋一旦變遷也哉！」

又東北經開州南，長垣縣及東明縣之北；大河舊在開州城南，漢之濮陽，宋之澶州，皆其地也。漢元光三年，河水徙，從頓丘東南流。既而決瓠子，在今州西南二十五里。東南注鉅野，鉅野澤在山東鉅野縣。通于淮、泗。此爲黄河入淮之始。丘氏以宋熙寧十年爲黄河入淮之始，誤也。上使汲黯、鄭當時興人徒塞之，輒復壞。元封二年，自臨決河塞之，作《瓠子之歌》是也。五代周廣順三年，澶州河溢。宋乾德三年，河決澶州。開寶四年，河復決澶州，東滙于鄆、濮，壞民田舍。五年，河復決濮陽，命潁州團練使曹輪往塞之。❶淳化四年，河復決澶州，陷北城，壞廬舍七千餘區。景德元年，河決澶州横隴埽。在州東。自是遂爲故道，所謂横隴河也。四年，又壞澶州王八埽。在州西南。大中祥符七年，河決澶州大吴埽。在州東。天聖六年，又決州之王楚埽。在州西南。景祐元年，復決于横隴埽。慶曆八年，又決州之商胡埽。在州東北三十里。自是遂爲故道，所謂商胡河也。《宋志》：「商胡決河自魏北，至恩、冀、乾寧入海爲北流。其二股河，自魏、恩東至德、滄入海，爲東流。」嘉祐元年，河復決于六塔河。六塔河在州東北十七里。自商胡東南通横隴河之渠也。先是，❷皇祐二年，河決館陶縣之郭固。四年，塞郭固而河勢猶盛，議者請于澶州開六塔河以披其勢。于是遣使相度，詣銅城鎮海口，以約古道高下之勢。歐陽修以塞商

❶「曹」，《宋史·河渠一》作「翰」，疑是。
❷「是」，原作「自」，據《讀史方輿紀要》卷一二五改。

胡，開橫隴，回大河于故道，計一千餘里，役鉅費煩，速宜停罷。李仲昌等固謂開六塔河，使歸橫隴。時橫隴湮塞已二十年，商胡復決數歲矣。賈昌朝等又欲移決河于京東故道。歐陽修曰：「六塔止是別河下流，已爲濱、棣、德、博諸州患，若全回大河，其害必甚。故道不可復，不待智者而知也。」至是，遂塞商胡北流，入六塔河，河不能容，是夕遂決，河北被患者數千里。銅城鎮在濱州海口。熙寧四年，河溢澶州之曹村。在州西南。十年，大決于曹村，澶淵北流斷絶，河道南徙，東滙于梁山、張澤濼。梁山濼，見前。張澤濼，或曰即今山東汶上縣之南旺湖。分爲二派，一合南清河入淮，一合北清河入海。南清河，今泗水也。北清河，大清河也。灌郡縣四十五，濮、濟、鄆、徐更甚。元豐元年，決口塞，改曹丘埽曰靈平。❶築堤斷河，流復歸北。三年澶州孫村、陳埽及大吴、小吴埽復決。孫村等埽，俱在州東。四年，小吴埽復大決，自澶注入御河，恩州危甚。五年，河溢内黄，決大吴埽，以紓靈平水患。放之使北也。蓋自河入御河之後，而宋澶州之患稍緩。至金大定以後，河益徙而南，澶州之流遂絶。明正統十三年，河決滎陽，自陽武衝入故道，直至州治南，又東抵濮州，壞張秋隄，入海。後復塞治。蓋瓠子、靈平之舊迹，皆不可復識矣。

開州之東北，爲清豐縣之西，内黄縣之東。

大河舊道在内黄縣東南及清豐縣西南。《水經注》「大河故瀆東北逕戚城西，又經繁陽故城東，陰安故城西」是也。戚城在開州，繁陽在内黄，陰安在清豐縣。漢時，河皆經此。元光三年，河徙，從頓丘東南流。頓丘，今清豐

❶「丘」，《宋史·河渠二》作「村」。

縣境是也。後決塞不時，故道廢。宋時，澶州河屢決，河復行北道。開寶八年，河決澶州之頓丘。太平興國二年，河復決于頓丘。元祐八年，河溢内黄埽。元符二年，河決内黄口，灌邢、洺諸州，而東道之流遂絶。

又東北經南樂縣及大名縣、元城縣之東；

《水經注》「大河故瀆經昌樂故城東」，即南樂也。宋時大河亦逕此。嘉祐五年，韓贄請分浚二股、五股諸河于縣境，以減下流恩、冀之患。治平元年，始命都水監浚治。熙寧初，河自恩、冀北注，議者請開二股河，漸閉北流。三年，張鞏等奏：「大河東徙，北流淺小，請閉北流。」從之。未幾，河自其南四十里許家港東北，❶汎濫大名、恩、德、滄、永静五州軍境。詔遣官相度。六年，王安石奏自大名之東南開修直河，狹大河還二股故道。於是河勢增漲。十年，河遂大決于澶州。此即宋人回河之誤也。而大名、元城縣亦皆大河所經也。唐開元十四年，魏州河溢。宋嘉祐七年，河決大名第五埽。元豐七年，河溢元城埽，決横堤，冀、洺、北京皆被其害。八年，河決大名之小張口。宋時以大名爲北京，隄防障遏，無歲不講也。

又東經館陶縣西，又北經臨清州及高唐州之境，又北經清河縣南；

大河故道，自元城、冠縣間入館陶界。冠縣、館陶，俱山東屬縣。《漢溝洫志》：「自塞宣房即瓠子河，在開州。後，河復北決于

❶「北」，《宋史·河渠一》作「決」，疑是。

館陶，分爲屯氏河，東北經魏郡、清河、信都、勃海入海，廣深與大河等。」因其自然，不隄塞也。屯氏河在館陶縣。元帝永光五年，河決清河靈鳴犢口，而屯氏河絶。廢靈縣鳴犢口，今在北直清河縣。❶成帝建始二年，河復決于館陶所決之河亦名屯氏別河。及東郡金隄，泛濫兗、豫，入平原、千乘、濟南，凡灌四郡三十二縣。又鴻嘉四年，勃海、❷信都河水溢溢，灌縣邑三十一。新莽始建國三年，河決魏郡，泛清河以東數郡。漢所稱魏郡，大約主館陶以北言之。《漢書》：「先是，莽恐河決爲元城冢墓害。及決東去，元城不憂水災，故遂不隄塞。」《水經注》：「大河故瀆經甘陵故城南，甘陵亦在清河縣。又東北經靈縣故城南，今廢靈縣在博平縣境，似不在甘陵東北也。河瀆于縣，別出爲鳴犢河，又東逕鄃縣故城東。」鄃縣，今高唐州夏津縣也。《漢志》云「鄃居河北」，即此。此即漢時河所出之道。宋皇祐二年，河決館陶縣之郭固。在縣東北。四年塞之。即《宋史》所稱「郭固塞而河勢猶盛，議者請開澶州六塔河」。熙寧四年，北京新隄第四、第五埽決，漂溺館陶、永濟、清陽以北。永濟廢縣在今臨清州西。仁宗皇祐元年，河合永濟渠注乾寧軍。縣以永濟渠而名也。清陽廢縣亦在清河縣。下屬恩、冀，合于御河。五年，河溢于夏津。而清河即宋之恩州也。熙寧元年，河溢恩州烏欄堤。在州東。是年，又決冀州棗强埽，北注瀛州。既又溢瀛州樂壽埽。元祐四年，又溢冀州南宮等五埽。時都水

❶「北直」，庫本作「直隸」。下同。

❷「海」下，《漢書·溝洫志》有「清河」二字。

監言：「前二年河決南宮下埽，三年決上埽，今四年決宗城中埽。」蓋皆自恩州決而北也。政和二年，河決冀州棗强埽。都水孟揆言：「棗强東堤決溢，其漫水行流，多鹹鹵及積水之地，不犯州軍，止經數縣地分，迤邐接御河，歸納黄河。今欲自決口上恩州之地水堤爲始，增補舊堤，接續御河東岸，簽合大河。」從之。宣和三年，河決恩州清河埽。蓋自内黄決後，河出清河之北，至此下流漸壅，故上流復決，河又從瀛、冀而西南矣。

又東經德州西，又東北經景州及滄州之境，入于海。

德州，漢平原郡界也。河之故道，本在平原以北。漢以前，大概從魏郡、清河、信都、勃海界入海，皆與平原接境，不徑至平原也。武帝建元三年，河水溢于平原。成帝建始三年，河決館陶，遂溢入平原、千乘、濟南界中。河平三年，河復決平原，流入濟南、千乘。復堤塞之。東漢永平中，河流合汴，泛濫兗、豫，明帝使王景治之。絶水立門，河、汴分流，自滎陽東至千乘海口千餘里，十里立一水門，令更相回注，無復潰漏之患。然則河經平原以南，自漢建始中始。而永平以後，嘗爲河之經流矣。後漢以及南北朝時，大河決塞，史多失于記注。《水經注》：「大河故瀆逕平原故城西，又北逕修縣故城東。修縣在今北直景州。又東北至東光縣故城西，東光，今北直屬縣。而合于漳水。」此亦約言西漢時大河所經之處也。元時，河仍自千乘入海，不至東光合漳也。宋自熙寧以後，主回河之説，滄、景常多水患。元豐四年，河溢滄州南皮上下埽，又溢清池，又溢永静軍阜城下埽。既而河流益北。大抵合御河西山諸水，自深州、武强、瀛州、樂壽埽至清州獨流砦三叉口，而入于海。

開州之東爲觀城縣及朝城縣南，河之南岸，濮州之北。

《水經注》：「大河逕衛國縣南，衛國縣即今觀城縣。鄄城縣北。」鄄城舊縣，濮州治也。疑東漢以後，大河故道即出於此。五代晉開運三年，河決澶州、臨黄。漢天福十二年，河決觀城界楚里村堤，在縣西南。東北經臨黄、觀城二縣。臨黄廢縣，今在觀城縣。宋開寶五年，河決濮陽。濮陽，即今濮州。明道二年移朝城縣于社婆村，移而北也。避河患也。明正統十三年，河決滎陽，衝曹、濮。弘治三年，河復決原武，衝曹、濮。濮州蓋舊道所經，常爲東下之衝矣。

又東經范縣北、莘縣及聊城縣之南；

大河故道在范縣之北，倉亭津在焉。津在今縣東北。舊經云「自范縣渡河而北六十里即莘縣」是也。而聊城，故博州治，今東昌府治焉。開元十年博州河決，五代晉天福四年，河決博州，即此也。

又東經東阿縣北、博平縣及茌平縣南；

東阿，自昔大河之衝也。南漲則渰東平，東溢則浸濟南。五代梁末，唐遣李嗣源取鄆州，守楊劉。今在東阿縣。梁人攻楊劉，決河口以限晉兵。決口益大，連年爲曹、濮患。同光二年，命婁繼英督汴、滑兵塞之。未幾復壞。晉天福二年，河決鄆州。自東阿決而南。開運三年，河決楊劉，西入莘縣，廣四十里，自朝城北流。自東阿決而西也。周顯德初，命宰相李穀治隄，自陽穀抵張秋口，遏塞之。宋乾德二年，河決鄆州之竹村。在州西北。三年，鄆州河決。太平興國七年，河漲凌，鄆州城將陷。咸平三年，河決鄆州王陵埽，在州西。浮鉅野，入淮、泗，水勢悍激，侵迫州城。明道二年，廢鄆州土橋渡，❶以避水。渡在州東。是時河流漲入小清河，濟南、淄川皆被其患。後河勢益趨而北，鄆州之患始少。此五代及宋鄆州水患也，而博平、茌平爲大河東出之道矣。

又東經長清縣北、禹城縣南；

長清以西，古大河所經也，碻磝津在焉。南北朝時，大河皆經此矣。大抵東阿以東，往往挾濟而流，又東北以達于海也。

又東經歷城縣北、臨邑縣南；

臨邑東有四瀆津，大河故道所經。《唐五行志》「永徽六年齊州河溢」，即此地也。

又東北經商河縣北、武定州南；

此昔時大河所經也。唐長壽二年，河溢棣州。又開元十年，棣州河決。太和二年，河決壞棣州城。宋祥符四年，河決棣州聶家口。在今武定州西南二十里，舊州之西南。五年，又決于州東南李氏灣。六年，徙州治而北，以避河患。自是，澶、滑之間，大河屢溢，而棣州之流，漸絶矣。

❶「土」，《宋史・河渠一》作「王」。

又東經濱州境，合清河以入海。

《水經注》：「河水東逕漯沃津，❶今蒲臺縣。又東經千乘城北，又東過利城北。利城，今博興縣，謁爲黎城。又東北，濟水從西來注之。又東北，入于海。」夫水流變遷，其詳不可得而知。今大清河自蒲臺、利津縣東北入海，惟小清河則經青州府博興、樂安縣境而後入于海。或謂宋初大河東行，大抵從濱州境，合于大清河。或謂大清河，即東漢以來大河經流之處。《水經注》有南北二濟，無大小清河之名。其所言北濟者，大概與小清河相參錯。或大清河即大河故瀆，河遷而濟水注其中與？夫自東漢至隋唐，水之侵齧漲溢，豈能盡免，而由平原、千乘間以入海，則未經變異也。然則治河如王景，其成法詎不足遵與？自梁、晉夾河之戰，苟且目前，橫挑大釁，梁段凝決河引水，以限晉兵，❷謂之護駕水。此五代以後，潰決之患所由致也。延及宋季，橫決無已。金元河患，皆與國爲終始。《水經》諸書，既未能條貫源流，兼綜終始，史家紀載，又往往參差同異。茲略舉往迹，爲之差次，古今之變，覽者亦可知其梗概矣。

右古大河終。

大河，今自陽武縣南，又東逕開封府城北、封丘縣南；

大河今在開封府城北十里。宋元符三年，河決開封之蘇村。《舊志》云：「府西三十餘里有蘇村。」元至元二十三年，河決開封、祥符等郡縣十五處。皇慶三年，河

❶「漯沃」，原作「濕沃」，據《水經注》卷五《河水》改。

❷「晉兵」，《資治通鑑》卷二七二後唐同光元年胡注作「唐兵」。

決開封、陳留等縣。延祐七年，河決開封縣蘇村及七里寺諸處。泰定二年，河溢汴梁。三年，復壞汴梁樂利隄，發民夫築塞。明洪武七年，河決開封隄。十六年，又決開封東隄，自陳橋至陳留。陳橋，在府東北一十里。二十年，河復決開封城。三十年，河溢開封。正統十三年，河決滎陽。尋自滎澤縣孫家渡決而東南，❶開封遂在河北。景泰中始復。《河渠考》：「國初，開封城北去大河四十里。洪武二十四年，河決原武而東經城北五里，至此遂出府南。築塞以後，大河經城北不過十數里。」天順五年，河溢，決開封府北門。弘治三年，河決開封，南入淮。成化十四年，河決開封府西杏花營。在府西二十里。神宗十七年，河決府西北劉獸醫等隄十餘處。劉獸醫隄，在府西北三十五里。四十四年，河決開封陶家店、張灣，陶家店在府西北二十里。張家灣在府西北十五里。由護城隄下，經陳留等處入亳州渦河。❷是冬，決口淤河復舊道。崇禎十五年，賊決開封西北朱家寨，在城西北十七里。城陷，大河自陳、潁諸州漫入淮、泗。蓋大河出陽武之南，開封城外，皆爲漫淫沮洳之場矣。而河北之封丘縣，南去大河五十一里。舊時大河在縣西北四十餘里。金明昌五年，河決陽武，灌封丘而東，此封丘、陽武在河北之始也。元至大二年，河決封丘。順帝至元初，河復決于封丘。弘治二年，河決原武，其支流決封丘荊隆口，在縣西南三十餘里。

❶「孫」，原脱，據庫本補。
❷「渦」，原作「湯」，據庫本改。

漫祥符，下曹、濮，衝張秋。五年，河復決于荆隆口，濱儀封之黄陵岡，更犯張秋，壞會通河。尋命劉大夏治之。《志云》：「縣東南有陳橋集。在縣東南四十餘里，與祥符縣接界。東連馬家口，西抵荆隆口，爲大河衝要。」神宗十五年，河復決于荆隆口，長垣、東明幾于陷溺，堤防切焉。

自陽武而入封丘，河益東南流荆隆口，直東則經長垣、東明，出曹、濮，直趨大清河矣。較之出徐、沛，合淮、泗以入海者，道爲經易。夫河行之道，宜直不宜紆；入海之口，宜近不宜遠。河之兩岸宜闊，而歸流宜深。歸流，即俗語所謂落槽也。渾水則宜置斗門，且多置之，用王景更相迴注之意，使不至旁溢，河未必不可東也。雖然，大河東則會通河廢，會通河不廢則大河不可得而東，兩者不並立矣。

又東經陳留縣及蘭陽縣之北。河之北岸，爲長垣縣之境。

大河在陳留縣北三十里。《河防考》：「大河北岸有陳留寨、銅瓦廂，爲黄河衝激之處。」屬陳留界内。又東三十五里，至蘭陽縣縣北，去大河十五里。大河舊在縣北三十餘里。《志》云：「大河經陳留、蘭陽而東，水流溢溢，衝激曹、鄆。」嘉靖七年，于縣北開趙皮寨白河一帶，以分殺水勢。十三年，河決趙皮寨口，南入淮。既而河流遷徙，趙皮寨口復塞。十九年，兵部侍郎王以旂于縣東開李景高支河，在縣東北十里。引河由蕭縣出徐州小浮橋，凡六百餘里，以濟二洪之涸。時河決睢州而南也。未幾復淤。神宗十七年，河決李景高口，入睢、陳故道。決河故道也。尋塞之。而長垣縣南數里有河隄，舊爲大河所經。即弘治中劉大夏所築大行隄也。《河防考》：「長垣縣南，隄長九十七里，而與封丘縣新豐村接界。隄外有淘北河，相傳即黄河故道。」今縣大河六十里而遥矣。

又東經儀封縣北。河之北岸爲東明縣界。

大河今在儀封縣北二十里。元至元二十三年以後，河屢決汴梁路，河出蘭陽、儀封之南。大德元年，河決杞縣蒲口。儀封西南至杞縣九十五里。蒲口在杞縣東北。二年，蒲口復決，漂溺歸德屬縣田廬。三年，復決蒲口，歸德郡縣皆罹水災。明洪武十六年，河決開封東隄，尋決杞縣，入于巴河。弘治二年，河決原武，分流泛濫于儀封、考城、歸德，趨宿州。五年，河決封丘荊隆口，潰儀封黄陵岡，在縣東十里。衝張秋。而河北之東明，西接長垣，東南舊有長堤，爲河流所逕。今河益引而東南，東明去河遠矣。

又東南逕睢州及考城縣之北，又東南逕歸德府北。河之北岸爲曹縣界。

大河南至睢州七十里。明嘉靖十九年，河決睢州野雞岡，在州北六十餘里。其旁決處曰孫繼口。由渦河逕亳州入淮。徐州呂梁、百步二洪皆涸，尋修塞之。又逕考城縣南，去縣三里。縣境右爲河流之衝也。《河防考》：「大河北岸有芝麻庄、陳隆口，爲縣境隄防要地。」又東南逕歸德府北，南去府城三十里。自元以前，歸德去河遠，患頗少。元至元二十三年，河衝決河南郡縣，歸德始被其患。大德二年，河決蒲口。三年，復決蒲口，侵歸德郡縣。至大二年，河決歸德。是時河南徙，歸德常在河北。至順以後，河漸決而北，歸德仍在河南。明洪武二十三年，河決歸德，命修塞之。自正統以後，河決而南，歸德又在河北。正德以後，則仍在河南。其新集口及丁家道口，皆河濱衝要也。新集口在府北三十里，稍東即丁家道口。嘉靖三十七年，新集河淤，河流於是一變。四十四年，河淤益甚，而運河大受其病。未幾，河復決新集，塞龐家屯，在府東北。東出飛雲橋。神宗二十九年，河決蒙城集東南蕭家口，蒙城集在府東北三十里，以故蒙城而名。河復南徙。而曹縣在歸德府西北百里，南至大河五十餘里。縣爲河流南下之衝，一有潰決，縣輒當其患。金大定八年，河決李固渡，在縣西。水潰曹州城，分流于單州之境。今曹縣，故曹州也。單縣，故單州也。自宋時大河北決以後，尋復徙而南。《金史》所載河患，始見于此。二十九年，河復溢于曹州小堤之北。元至順元年，河決曹州北魏家道口。至正四年，河北決白茅堤。在曹縣西北七十餘里，與東明縣接界。又北決金堤。在濮州西南，亦曰老堤。五年，河復決濟陰。即曹州。九年，白茅河東注沛縣，遂成巨浸。乃命賈魯治之。疏塞並舉，河復故道，南滙于淮，又東入于海。二十六年，河復自州境北徙，東明、曹、濮，下迄濟寧，民皆被害。明洪武元年，河決曹州，從雙河口入魚臺。正德四年，河決曹縣楊家口，在縣西。犇流曹、單二縣境，東達王子河，故河在單縣東，接豐縣境。抵豐、沛，舟楫通行，遂爲大河。七年始塞之。河臣劉愷築大隄，自縣西北魏家灣，東至雙堌集，亘八十里。趙瓚繼其職，復增築三十里，曹、單始平。八年，河復決曹縣。嘉靖七年，河復決曹縣楊家口。二十六年，河決曹縣，衝魚臺之谷亭。三十七年，河復自曹縣境東北出，衝單縣之東南。蓋歸德府北之新集淤，而河流四溢也。自嘉靖以前，曹縣河患，稱爲首衝，幾與宋之澶、鄆同一轍矣。曹縣河患，論者謂始于金之大定中，非也。後漢永平中，詔書稱「河、汴分流，復其舊迹，陶丘之北，漸就壤墳」，然則曹州于漢世，已曾爲沮洳之場矣。大約濬、滑、澶、濮、曹、單數州縣間，大河東出，實爲要膂之地。疏濬無方，病必先見。自古及今，其得免于墊溺者幾希矣。

又東爲虞城縣及夏邑縣之北。河之北岸爲單縣之境。

大河在虞城縣北三十里，又東逕夏邑縣北二十二里。嘉靖十三年，河自蘭陽趙皮寨南決入淮，運河淤，二洪涸，繼而自夏邑縣太丘、白村等集，❶太丘集在縣東北三十里，接永城縣界。又西，即回村集。衝激數口，轉向東北，流經蕭縣城南，出徐州小浮橋，濟二洪之涸，運道得以不阻。趙皮寨尋塞。而單縣南去大河二十餘里，去夏邑縣八十餘里，亦河流之衝也。嘉靖六年，河決單縣，衝入沛縣。九年，河由單縣侯家村在縣東南。決魚臺塌場口，衝谷亭。決而東北也。塌場口在魚臺縣南四十里。神宗二十一年，河決單縣西南黃堌口，近虞城縣界。一出徐

❶「白」，《明史·河渠一》作「回」，疑是。

州小浮橋，一出舊河，達鎮口閘。舊河，沛縣南舊運河也。鎮口閘在徐州之茶城。二十五年，河復大決于黄堌口。二十九年，河決單縣之蒙牆寺。三十年，河復決單縣之蘇庄。在縣東南。沖魚臺、豐、沛。明年，復決蘇庄，衝入沛縣太行堤，在縣西北。灌昭陽湖，入夏鎮，横衝運道。于是泇河之議起。蓋河患之劇，曹、單其最矣。

又東爲碭山縣之北。又東流經豐縣之南。大河在碭山縣北二十里，爲豐沛上游。縣西北有堅城集，爲單縣接境之處。舊築斜壩于其東，以防墊溢。又西，劉霄等口，亦爲河流衝要。《志》云：「大河舊經縣南三十里。嘉靖三十八年，河流北徙，始出縣北。」又東經豐縣南二十里，又東入蕭縣界。

又東逕沛縣之南、蕭縣之北；大河在沛縣南五十餘里。此隆、萬間河流也。初，大河自豐、碭間，經蕭縣、沛，去河遠，雖有衝決之虞，而非經流之所也。正德四年，河決曹縣，直達豐、沛。既又決城南飛雲橋，入運河。嘉靖二年，河決沛縣。六年，河自曹、單境衝縣東北雞鳴臺。七年，河決而南，縣北廟道口在縣西北三十里。淤三十餘里。八年，飛雲橋之水，北徙魚臺縣之谷亭，舟行閘面。九年，沛縣北境之水決魚臺塌塲口，衝谷亭。水經三年不去。十三年，廟道口復淤。三十七年，歸德新集口淤，大河散溢，支流衝入飛雲橋。四十四年，大河淤塞，自蕭縣趙家圈泛濫而北，至曹縣南棠林集復分二股。南股遶沛縣戚山、在縣西南三十里。楊家集，亦在縣西南。入秦溝，在徐州東北三十里。至徐。北股遶豐縣華山，在縣東南三十八里。由山東其村集漫入秦溝，接大小溜溝，大溜溝在徐州北五十里，亦曰南溜溝。小溜溝在州北六十里，亦曰北溜溝。溢入運河，至徐。其北股又自華山而東北，分爲一大股，出飛雲橋，散爲十二股，縱横以入漕河，至湖陵城口。在沛縣北五十里。又逾河漫入昭陽湖，從沙河灌二洪，浩渺無際，而河變極矣。明年，河復決沛縣南一二三等鋪，衝入運河，亦由湖陵城口入湖陂。是時，河臣朱衡、潘季馴方改濬新河，既而縣東馬家橋堤成，馬家橋在沛縣東南四十里。障水南趨，横流復定。而蕭縣在大河南五十里，亦隆、萬間河流也。舊時大河自縣西六十里之趙家圈，經冀門集，在今縣北西十三里。出徐州之小浮橋，皆安流無恙。嘉靖三十七年，大河北徙。其後，東西靡定，一變爲溜溝，再變爲濁河，濁河在徐州西北二十餘里。又變爲秦溝。嘉靖末，大抵自縣西北崔家口、石城集、❶雁門集北，陳溝、梁樓溝、胡澱溝東，下小浮橋，逕行陸地，水深或僅一二尺，比之故道，高三尺有餘。停阻泛濫，蕭縣境内，一望瀰漫，城内城外，皆爲澤國。隆慶四年，決溢崔家口。五年，河臣潘季馴上言：「大河原自新集口，經虞城、夏邑之北，碭山之南，至蕭縣冀門，出小浮橋。其後河流遷徙，行水之處，俱係民間，住址陸地，水不能刷，衝不成槽，雖一望茫然，而深不及尺。且大勢盡趨濁河，出小浮橋者，不過十之

❶「石」，原作「右」，據明潘季馴《兩河經略》卷二改。

一二。決裂之患，正恐不免。日者臣由夏鎮歷豐、沛，至崔家口，復自崔家口歷河南至新集口，則見黄河大勢，已直趨潘家口。鄉老言：『去此十二三里，自丁家道口以下二百二十餘里，舊河形跡見在，可開。』臣即自潘家口歷丁家道口、馬牧集、韓家道口、司家道口、牛黄堌、趙家圈至蕭縣一帶，皆有河形，中間淤平者，四分之一。河底俱係漫沙，見水即可衝刷。莫若修而復之。河之復，其利有五：從潘家口小浮橋，❶則新集迤東河道俱爲平陸，曹、單、豐、沛，永無昏墊，一利也；河身深廣，受水必多，每歲可免汎溢之患，虞、夏、豐、沛之民，皆得安居，二利也；河從南行，去會通河甚遠，閘渠無虞，三利也；來流既深，建瓴之勢，導滌自易，則徐州以下河身，亦必因而深刷，四利也；小浮橋來流既遠，❷則秦溝可免復衝，茶城永無淤塞，五利也。」報可。既而季馴以言去，遂中止。神宗五年，河衝蕭縣。三十二年，河臣李化龍言：「河自開封、歸德而下，合運入海，其路有三。由蘭陽出茶城、徐、邳，名濁河，爲中路；由曹、單、豐、沛，出飛雲橋、秦溝，名銀河，爲北路；由潘家口入宿遷，出小河口，名符離河，爲南路。南路近陵，北路近運，惟中路既遠于陵，亦濟于運。前興役未竣，❸今

❶「口」下，潘季馴《河防一覽》卷八有「出」字，於義爲長。

❷「遠」，潘季馴《河防一覽》卷八作「安」。

❸「役未竣」，原作「浚未竣」，據《讀史方輿紀要》卷一二六改。

自堅城以至鎮口，河形宛然，宜仍舊開濬。」從之。三十四年，河工成。自碭山朱旺口至小浮橋袤百七十里，河歸故道。自是蕭縣去大河十五里而近，而沛縣去河益遠。

又東經徐州之北，又東南經靈壁縣之北；

大河在徐州城東北，今爲漕、黃交會之衝，咽喉重地也。嘉靖八年，河決州北大溜溝。三十二年，河決州東南之房村。在州東南五十里。旋塞之。四十四年，河由秦溝衝茶城，運道大阻。神宗元年，河決房村。三十三年，河決州北境之蘇家莊，❶淹豐、沛。黃水逆流，灌濟寧、魚臺、單縣，而魚臺尤甚。于是，呂梁河溢。明年復故。三十九年，河決狼矢溝。在州東二十里。塞之。明年，又決三山，在州東南二十里。灌睢寧諸處。出白洋小河，復合正河。尋塞之。四十四年，復決狼矢溝。由蛤、蝘、周、柳等湖蛤湖、蝘湖與周湖、柳湖俱在邳州西北。入泇河，出直口，直河口也。復與黃會。既而復故。天啟三年，河決徐州青田大龍口，尋塞之。四年，黃水大漲，灌州城，乃遷州治于雲龍山。而靈壁縣亦大河所經也。大河在縣東北五十餘里。隆慶四年，河決縣西北之雙溝。神宗十七年，河又決雙溝、單家口。四十二年，河決靈壁縣之陳鋪。決口旋淤，河流復故。天啟元年，河決雙溝、黃鋪，水由永姬湖在睢寧縣境。出白小河口，仍與黃會。白洋河在宿遷縣。故道湮涸，復築塞之。

❶「莊」，原作「左」，據庫本改。

又東南經睢寧縣北、邳州城南；

大河在睢寧縣西北五十里。隆慶四年，河決睢寧之曲頭集。曲頭集、王家口、馬家淺、新安集一帶，皆縣北境之要口。築塞之。而邳州尤大河之襟要也。大河在州城南二里。城北有沂河，從山東沂州界南流，逕城下，分東西流，南入大河。又州西北有泇河，亦自山東嶧縣界流入境，會沂水，入于河。隆慶六年，邳州河決。神宗二年，河決邳州。三年，邳州河溢。是時河決崔鎮，逆灌邳、徐。既而潘季馴濬塞之，河復舊道。十七年，季馴于河南岸睢寧界上築洋山至土山横堤，以防横溢。河安流。三十二年，泇河成，而黄、運分爲兩途矣。

又東逕宿遷縣南，又東逕桃源縣北；

大河在宿遷縣南十里，東流爲小河口，睢水入大河之道也。又東逕桃源縣城北，西北四十里曰崔鎮口。隆慶五年，河決，運河淺阻。神宗六年，河臣潘季馴始修塞之。神宗二十六年，于縣境開新河，分導黄河入海。既而復塞。

又東南經清河縣南，而淮河來合焉。

大河在清河縣治南一里，淮水自西南來合焉。縣當淮、黄交會之衝，形勢特重。《志》云：「黄河經流，即泗水舊道也。泗水，亦名南清河，縣因以名。縣西三十里有三汊河口，泗水至此分爲大小二清河。大清河逕縣治東北入淮，俗謂爲老黄河，今湮。其小清河，在縣治西南入淮，即今之清口也。」

又東逕淮安府城北，又東經安東縣南，而入于海。

河、淮合流，經淮安府城北五里。永樂十四年，平江伯陳瑄經理漕渠于北河南岸，淮人謂黄河爲北河，淮河爲南河，亦曰外河，而漕河爲裏河。築堤四十餘里。隆慶三年，河溢，自清河抵淮安城西，淤三十餘里，決方、新二壩二壩在府城西北三十里，清江浦隄之東。出海，平地水深尺餘。四年，淮決高堰，河決崔鎮。在桃源縣。横流四溢，連年不治。神宗六年，河臣潘季馴培高堰以障淮水之東，塞崔鎮以防大河之北，而黄、淮復合。是時，亦增築清江浦新城及鉢池山、柳浦灣迤東堤岸，稱爲完固。十四年，河決范家口，在府城東北。水灌淮城，全河幾奪。又決天妃壩，即清江浦口舊壩也。淤福興等閘。尋塞治之。二十三年，河、淮決溢，邳、泗、高、寶諸處皆患水災。按臣牛應元言：「治河在闢清口浮沙，次疏草灣下流，達伍港、灌口，廣其渡入海。❶治淮在開周家橋達芒稻河入江。」河臣楊一魁亦議先分黄，次導淮。分黄則開黄家嘴新河，分洩黄水。導淮則闢清河積沙數十里。又于高堰旁若周家橋、武家墩，稍引淮支流，分入江海，水患稍息。天啟元年，河決王公堤。堤在清江浦北岸，逼鄰大河。《志》云：「自淮安西門外抵清江浦，約三十里。内外二河，僅隔一堤，相距不過尋丈。王公堤勢最危急，二瀆南徙，衝刷日甚，捲埽堤壩，不可不密也。」《河渠攷》：「天啟元年，淮安淫雨連旬，黄、淮暴漲，水灌淮安城，小民蟻城而居，郡守宋統殷等力塞王公堤，患始殺焉。」三年，復決磨盤庄。在城西二十餘里。蓋淮郡爲漕、淮、黄綰轂之口也。而安東城在黄、淮北岸，海口漸近，上流無壅，水自犇趨，以赴海矣。

❶「渡」，《明史紀事本末》卷三四作「途」。

右今大河。

【《地志》】大河之流，自漢至今，流移變異，不可勝紀。然孟津以上，則禹跡宛然，以海爲壑，則千古不易也。由孟津而東，由北道以趨于海，則澶、滑其必出之途。由南道以趨于海，則曹、單其必經之地。衛澶、滑必由陽武之北，而出汲縣、胙城之間；衛曹、單必由陽武之南，而出封丘、蘭陽之下。此河變之託始也。由澶、滑而極之，❶或出大名，歷邢、冀，道滄、瀛以入海；或歷濮、范，趨博、濟，由濱、棣以入海。由曹、單而極之，或溢鉅野，浮濟、鄆，謂濟寧、東平。挾汶、濟以入海；或經豐、沛，出徐、邳，奪淮、泗以入海。此其究竟也。要以北不出漳、衛，南不出長淮，中間數百千里，皆縱横糜爛之區矣。又自古大河深通，獨爲一瀆。今九河故道，既湮滅難知，即歷代經流，亦填淤莫據。大抵決而北則掩漳、衛，決而東則侵清、濟，決而南則陵淮、泗。昔人謂河不兩行，余謂自漢以來，河殆未嘗獨行矣。

胡氏渭曰：「河一過大伾而東，不決則已，決則東南注于淮，其勢甚易。丘文莊以宋熙寧十年河決爲入淮之始，非也。先是天禧三年河決滑州，歷澶、濮、曹、鄆，注梁山濼，合清水、古汴渠東入于淮矣。又先是咸平三年河決鄆州，浮鉅野入淮、泗矣。又先是太平興國八年，河大決滑州，泛澶、濮、曹、

❶「滑」，原作「鄆」，據《禹貢錐指》卷一三下引《山居贅論》改。

濟，❶東南流至彭城，入于淮矣。溯而上之，則漢元光三年，河決濮陽瓠子，東南注鉅野，通于淮、泗矣。但皆未幾即塞，其歷久而不變，至今五百餘歲，河、淮并爲一瀆，則自金明昌五年始。」

蕙田案：此言淮、河合瀆之始。

又曰：「元末，河復北徙，自東明、曹、濮下及濟寧而運道壞。明洪武初，命徐達自曹州東引河至魚臺入泗以通運。永樂九年，又命宋禮自曹疏河經濮州東北入會通河，是北流猶未絶也。迨遷都之後，仰給於會通者重，始畏河之北，北即塞之。弘治中，兩決金龍口，直衝張秋。議者爲漕計，遂築斷黄陵岡支渠，而北流於是永絶。始以清口一綫，受萬里長河之水。陽武以下，河之所經，繕完故隄，增卑倍薄，但期不害於漕，而漢之下策，轉爲明之上策矣。至於黄、淮既合，則唯以堰閘爲務。堰者，高家堰；家，一作「加」。閘者，淮南諸湖閘口也。堰閘以時修固，則淮不南分，助河衝刷黄沙，使海口無壅。潘氏季馴論治河之要曰：『河之性，宜合不宜分，宜急不宜緩。合則流急，急則蕩滌而河深；分則流緩，緩則停滯而沙淤。』此以隄束水，借水攻沙，爲以水治水之良法也。又曰：『通漕於河，則治河即以治漕。會河於淮，則治淮即以治河。合河、淮而同入於海，則治河、淮即以治海。』自漢以來，治河者莫不以分水爲長策。唯張戎之論不然，潘公深得其意。

觀其所言，若無赫赫之功。然百餘

❶「濟」，原作「鄆」，據庫本改。

年來，治河之善，卒未有如潘公者。蓋會通必不可廢，則河唯宜注淮以入海，雖有賈魯之才智，亦無所施。故邵文莊有『治之以不治，乃所以深治之』之說。古語云：『守病不治，常得中醫。』此之謂也。」

【《地志》】自古及今，治河之說，亦紛如矣，然終未有奇策秘計也。其稍異者，亦曰移河而北，載之高地耳。夫宋人回河而東，爲千古之誚。今遽欲回河而北，不復蹈前轍乎？或曰別穿漕渠，無藉于河，河必無如我何。夫漕渠縱無藉于河，河可任其橫決乎？淮、濟諸州之民，何罪而盡委之谿壑乎？且自《禹貢》以至于今，大河常爲轉輸之道，置河而言漕，不猶因咽而廢食乎？或曰棄地以畀河，使遂其游蕩。夫九州之內，莫大於海，乃舍其歸宿之地，而于都邑閭井間別求一貯水之壑，此更不通之論也。然則治河者將如何？曰：人事修舉而已矣。所謂人事者，疏也，濬也，隄也，塞也，無不可用也。

上流利用疏，暴漲利用疏。漢桓譚《新論》曰：「河水濁，一石水，六斗泥。而民僅引河溉田，令河不通利。至三月桃花水至則決，以其噎不利也，可禁民勿復引河。」❶此即後人「河不兩行」之左証也。賈讓以多開水門爲中策，而說者非之，似矣。然今榆林、寧夏以西皆引河灌溉，有沃饒之利，誠上流多爲

❶「桓譚《新論》曰」至「引河」，按：此數語不見桓譚《新論》，乃《水經注》卷一引王莽時大司馬史張戎之語。

支分，稍殺其悍激之勢，未必非利也。至漫漶四出之日，濬塞之功，茫然莫措，于是多爲支派，平其泛濫，而後隨宜致功，軌之于正，疏可偏廢乎？

歸流宜用濬，農隙水涸時宜用濬。河出險就平，中土夷曠，孟、鞏而東，曾無崇山巨陵爲之防，重陂大澤爲之節，惟恃河身深闊，庶幾順流無阻，安可不察其壅障，急爲蕩滌。又北方土阜，水流迅直，霜降水涸，往往曾不容舫；及伏秋淫潦，百川灌輸，澒洞之勢，一瀉千里。使不于淺涸無事時預爲經理，使深廣如一，忽然犇潰，而後圖之，其有濟乎？

河流散漫，宜用堤。地勢卑薄，宜用堤。蓋河流易遷，任其浸淫，無以約之，則變且不測。隄以束之，使順隄直趨，無從旁溢，所謂因其勢而爲之防，非逆其流而爲之障也。若其沙土疏薄，形勢卑窪，則必當規其遠近，隨其夷險，多方以制其侵嚙，禦其犇衝。若以勞費爲虞，是厝火于積薪之下也。故道當因，則新口宜塞，正流欲利，則旁支宜塞。歐陽子謂故道不可復，亦謂故道之湮滅難返者耳。若源流未改，而忽以一時之衝溢，遂棄舊道于不問，將隨其決裂，何所抵止？又水之横潰，多在上流。惟下流淤，然後上流潰；亦必上流緩，然後下流淤。此上流，謂近海口之上流。近海之處，正當厚其力而迸其勢，不當多爲之途以弱其力也。如草灣河、新黄河之類，非治河勝策也。所謂塞亦可用者，非乎？要以與時變通，因端順應，本之以已饑已溺之心，揆之于行所無事之智，河未必終于不可治也夫。

蕙田案：以上兩條論治河之要。

胡氏渭曰：「《天官書》曰：『中國山川東北流，其維首在隴、蜀，尾没於勃、碣。』《漢書·天文志》云：「勃海、碣石。」一行言山河兩戒，以河、濟爲北紀，江、淮爲南紀。由此觀之，禹河從勃、碣入海，上應天文，下協地理，漢武帝所謂『聖人作事，爲萬世功，通於神明，恐難改更』者也。《殷本紀》載《湯誥》之言曰：『東爲江，北爲濟，西爲河，南爲淮，四瀆已修，萬民乃有居。』四瀆之由來尚矣。《爾雅》：『江、河、淮、濟爲四瀆。四瀆者，發源注海者也。』劉熙《釋名》曰：『瀆，獨也。各獨出其所而入海也。』自王莽時河徙，從千乘入海，而北去碣石遠矣，然猶未離乎勃海也。自金明昌中河徙，而河半不入勃海矣。元至正中又徙，而河全不入勃海矣。河南之濟久枯，河或行其故道。今又與淮渾濤而入海，淮不得擅瀆之名，四瀆亡其二矣。世習爲固然，恬不知怪。愚嘗爲杞人之憂，萬一清口不利，海口愈塞，加之以淫潦，而河、淮上流一時並決，挾阜陵、洪澤諸湖，衝蕩高堰，人力倉卒不能支，勢必決入山、鹽、高、寶諸湖，而淮南海口沙壅更甚於曩時，怒不得泄，則又必奪邗溝之路，直趨瓜洲，南注于江，至通州入海，四瀆并爲一瀆，拂天地之經，奸南北之紀，可不懼與！欲絶此患，莫如復禹舊迹。然河之南徙，日以遠矣，濬、滑、汲、胙之間無河，新鄉、獲嘉亦無河矣。賈讓、李垂之策，將安所用之？ 或曰：金温撒可喜請於新鄉縣西決河水，使東北合清河，至清州柳口入海，其説不可行乎？ 曰：今新鄉流絶，欲自武陟之東濬其故道，約一百三四十里，更於新鄉縣西決河，使東北流，鑿生地五十里，勞費不訾，民何以堪？ 且滎陽以下，每決必潰右隄，未聞有決左隄而北者。疑此地北高南下，新鄉縣西之故道去清河雖近，未必能導之使北也。」

蕙田案：此言河不可使北。

又案：爲淮揚籌水患者，皆言挽河北行，使淮自淮，而河自河，則無潰決之患。不知自周至金，河未嘗與淮合，而河患不已，則河之善決，豈待與淮合而後其勢始暴哉？ 今竟移河北去，淮離河則淮害息，而河之爲害於他處，必有如前代者。其費水衡之錢，貽赤子之患，如故耳。況今日之河，必不可遷之使北者，以其爲運道所關也。國家數百萬漕糧，豈可一悮！ 倘引河入海，必穿運河而東，河一入運，則運道必廢，其利害有什百于河決者，豈可輕議！ 況河之故道，自禹至金，其跡有五，將盡舍不用而別開一道耶？ 抑即就此五道之中擇而復之耶？ 復禹時故道，則必開武陟、原武、獲嘉、陽武、新鄉之地，使成河，而後引河入衛，衛河即清水。禹時清但入河，在今日，則必由衛河以達漳河矣。由衛入漳，東由天津入海矣。復周時故道，則自衛輝以東，必更開濬、滑、開州之地，使成河，鑿宋商胡故道，過大名入衛河以北矣。復漢時故道，則自開州以東，必更開清豐、觀城、范縣、東阿、平原、德州之地，使成河，引河至蒲臺、利津以入海矣。宋與周，二路相去不遠，故不另出。復金時北流故道，則必開新鄉、胙城、長垣、曹、鄆、壽張之地，使成河，引河至東平入大清河，以入海矣。掘地則數千百里，歷州郡以數十計，無論人力必不能勝，即使能勝，能保河之必如人意，驅之即行，行之無變乎？即衛河、漳河、大清河，皆今日之巨川也。問其身之寬深，隄岸之堅固，能容全河之水而不虞其氾濫乎？此大禹值此，亦不敢毅然爲之而略無所顧慮也。禹之治河也，自積石、龍門，以至洚水、大陸，必當時河形本屬如是，禹特因而疏浚利導之。必非河欲東而挽之使西，河既南而遏之使北也。河之南徙，已非一日，又安能另尋一路，使之安流順軌而北去哉！

右《禹貢》隨山濬川。

五禮通考卷第二百五

淮陰吴玉搢校字

五禮通考卷第二百六

内廷供奉禮部右侍郎金匱秦蕙田編輯
太子太保總督直隸右都御史桐城方觀承同訂
翰林院編修嘉定錢大昕
按察司副使元和宋宗元 參校

嘉禮七十九

體國經野

【《書·禹貢》】嶓冢導漾，東流爲漢，

【《錐指》】傳曰：「泉始出山爲漾水，東南流爲沔水，至漢中東流爲漢水。」易氏曰：「漾水東流百八十里，經興元之南鄭縣，名漢水。」黄氏曰：「漢有沔、漾之名，皆東漢水也。《地理志》：『西漢水出西縣嶓冢山，南入廣漢白水。』蓋潛漢也，經不著其所出。自古皆以爲東西兩漢，俱出嶓冢，則或然矣，而西漢固無沔、漾之名。《地理志》：『漾水出隴西氐道，至武都爲漢。武都東漢水受氐道水名沔。』是則沔、漾俱爲東漢也。獨氐道、武都，脈絡不通，川渠阻隔，武都受漾，爲不可據。而桑欽遂徙氐道漾水爲西漢之源，由是愈紛錯。酈道元委曲遷就，通之以潛伏之流，證之以難驗之論，更覺齟齬。故當盡廢諸説，而一之以經文。杜佑《通典》：『秦州上邽縣嶓冢山，西漢水所出，經嘉陵曰嘉陵江，經閬中曰閬江。漢中金牛縣嶓冢山，禹導漾水，東流爲漢水，亦曰沔水。』其説爲可據。」渭按：嶓冢，見導山。《魏地形志》：「華陽郡嶓冢縣有嶓冢山，漢水出焉。」《元和志》：「嶓冢山在興元府金牛縣東二十八里，漢水出焉。」經南鄭縣南，去縣一百步，《禹貢》「嶓冢導漾，東流爲漢」是也。南鄭，今陝西漢中府治，其故城在今府城東北。嶓冢故城，在今沔縣白馬城東南五里。上邽故城，在今鞏昌府秦州西南。金牛舊縣，在今漢中府寧羌州西北。其嶓冢山，在今沔縣西南，接寧羌州界。

《漢郊祀志》：「秦祠沔於漢中。」《地理志》：漢中有沔陽縣，武都下云：「東漢水，一名沔。」則沔、漢互稱，其來已久。而沮縣下又云：「沮水出東狼谷，南至沙羨南入江，荊州川。」案《周禮》，荊州川曰江、漢，而無沮，是沮即沔也。《水經注》：「沔水出武都沮縣東狼谷中，一名沮水。闞駰曰：「以其初出沮洳然，故曰沮水。縣亦受名焉。導源南流，泉街水注之。水出河池縣，東南流入沮，會于沔。」《元和志》：「沮水出興州順政縣東北八十二里。」按沮縣故城在今漢中府略陽縣界，晉永嘉後，没于氐羌，縣廢。後魏改置武興縣，又僑置略陽縣。西魏改略陽曰漢曲，隋改曰順政。唐爲興州治。宋復改順政曰略陽。今在寧羌州北二百二十里。河池，今徽州，屬鞏昌府。泉街水，在略陽縣北。東南逕沮水戍，在略陽縣東南。《沔縣志》云：「沮水在縣西七十里，與略陽接界。」又東南流注漢，所謂沔漢者也。《尚書》曰：『嶓冢導漾，東流爲漢。』《山海經》所謂漢出鮒嵎山也。東北流，得獻水口，庾仲雍云：「是水南至關城，合西漢水。」又東北合沮口，漢水自寧羌州東北流，逕沔縣故大安軍南，又東北至青羊驛，沮口在焉。宋開禧二年，金人陷大散關，叛將吴曦退屯罝口，旋還興州。罝口，即沮口也。同爲漢水之源。故孔安國曰『漾水東流爲沔』，蓋與沔合也。至漢中爲漢水，是互相通稱矣。」班固曰：「東漢水，一名沔。」鄭康成曰：「或謂漢爲沔。」如淳曰：「北方人謂漢水爲沔水。」以今輿地言之，漾水出寧羌州北嶓冢山，寧羌在漢中府西北三百八十里。東北流，逕沔縣西南，合沔水，又東逕沔縣南，沔縣在府西少北九十里。又東逕褒城縣南，在府西北四十里，沔水去縣二十四里。又東逕南鄭縣南，爲漢水，水去縣三里。經所謂「嶓冢導漾，東流爲漢」者也。

陸氏游曰：「嘗登嶓冢山，有泉涓涓出山間，是爲漢水之源。」此務觀入蜀，塗歷金牛，目驗而得之。涓涓細流，安國傳所謂「泉始出山爲漾水」者也。新城王尚書士禎，昔典試四川，撰《蜀道驛程記》，其言嶓漢，最爲詳覈。記曰：「出沔縣西門，曲折行亂山中，沔水流經其中，略如棧道，但山庳無林木，沔流舒緩，不及褒水湍悍耳。西涉沮水，抵大安驛，有土城廢址，宋置大安軍。沔、沮之間，闊者未丈許，狹者才二三尺，沙石磷磷，深不没踝。自大安西南，亂山益稠，至金牛驛，北望見嶓冢山，峩然雲表，一小水自西東流，即所謂『嶓冢導漾』者也。水纔濫觴，不没鳧鴈，合五丁峽水，東流爲沔，其流始大。金牛驛西三里，稍南入五丁峽，一名金牛峽。在寧羌州北二十里。❶峽口懸崖萬仭，陰風颯然，水自峽中噴薄而出。寧羌州在亂山中，無城堞，本沔縣羊鹿坪地。明洪武中，以山寇作亂，置寧羌衛于此。成化中，即衛建州治。自州行十里，渡水過百牢關，關下有分水嶺。嶺東水皆北流，至五丁峽，北合漾水入沔。嶺西水皆

❶「二」，《禹貢錐指》卷一四上作「三」。

南流，逕七盤關、龍洞，合嘉陵水爲川江。」常璩言「沔出嶓冢，合白水爲西漢」，明與導漾之文相悖。按《通典》嶓冢山有二：一在天水上邽，一在漢中金牛。《雍大記》云：「西漢水在西和縣，源出嶓冢山，西流與馬池水合。」此乃上邽之嶓冢，在今秦州。又云：「漢江源出沔縣嶓冢山，東流入金州。」此乃金牛之嶓冢，《禹貢》嶓冢導漾，乃沔縣之嶓冢，非秦州之嶓冢。知嶓冢有二，則東西二漢源流，各自了然。漾之與沔，本爲一流，與隴西之嶓冢都無交涉。常氏之誤，可不辯而明矣。公使車閱歷，較陸氏所得更備，且大有裨于經學，故掇其要，著於篇。

《禹貢》以嶓冢繫梁州，而《漢志》嶓冢在雍域之隴西，一誤也。《禹貢》云「嶓冢導漾」，而《漢志》嶓冢所出爲西漢水，其漾水則出氐道，二誤也。《禹貢》之潛，乃漾水枝津，西出爲西漢水，而《漢志》西漢水出西縣之嶓冢，三誤也。《漢志》不言漾水出何山，而《水經》云出氐道縣嶓冢山，是氐道亦有嶓冢，四誤也。漾者，東漢之源，而續《水經》者，以西漢接漾水爲一川，五誤也。漾、沔枝津，皆自東入西，而酈注從舊説，云西漢水至葭萌入漢，六誤也。川流離合，地上灼然可見，而酈注惑闞駰之説，以爲原始要終，潛流或一，故東西俱受漢漾之名，七誤也。羣言殽亂，學者靡所折衷。今説漢水，當排棄諸家，專主《禹貢》，以沮、沔爲漢之别源，以西漢爲漾之枝津，而氐道水則存而不論，是亦理亂絲、解連環之術也。

【《地理今釋》】漾水出今陜西漢中府寧羌州北嶓冢山，東至漢中府南鄭縣南爲漢水，亦名東漢水。東流至白河縣，入湖廣界。又東流經鄖縣至均州，又東南流，歷光化、穀城二縣，至襄陽縣東津灣，折而南流，經鍾祥縣至潛江縣大漢口，復東流，經漢川縣至漢陽縣漢口，合岷江。

又東爲滄浪之水，

【《錐指》】林氏曰：「張平子《南都賦》云：『流滄浪而爲隍，廓方城而爲墉。』李善注引《左氏傳》屈完所謂楚國方城以爲城，漢水以爲池，則是滄浪即漢水也。蓋漢水至于楚地，則其名爲滄浪之水也。」易氏曰：「漢水自興元南鄭縣，又七十二里至城固縣北，又三百里至洋州興道縣南，又五百里至金州西城縣北，又六百八十里至均州武當縣西北四十里，水中有滄浪洲，又名滄浪水。」渭案：武當漢屬南陽郡，今爲均州，屬湖廣襄陽府。地説曰：「水出荆山，東南流，爲滄浪之水。是近楚都，故漁父歌曰：『滄浪之水清兮，可以濯我纓。滄浪之水濁兮，可以濯我足。』」余案《尚書·禹貢》言導漾水東流爲漢，又東爲滄浪之水，不言「過」而言「爲」者，明非他水決入也。蓋漢沔水自下有滄浪通稱耳。纏絡鄢、鄀，地連紀、郢，咸楚都矣。以今輿地言之，漢水自南鄭縣南，又東逕城固縣南，城固在漢中府東少北七十里，水去縣四里。《舊志》云：「縣東二里有飲馬灘，每子午二時，潮響如雷。又五里爲上濤、下濤。龍亭廢縣在縣東龍亭山下。即龍下也。」又東逕洋縣南，洋縣在府東南一百二十里，水去縣二里。又東逕西鄉縣東北，西鄉在府東南二百二十里。又東南逕石泉縣南，石泉在興安州西二百五十里。水去縣五十步。又東逕漢陰縣南，漢陰在州西少北一百六十里。水去縣八十里。又東逕紫陽縣南，紫陽在州西南一百八十里。《州志》云：「有怯灘，在縣西十五里，水陡如鬬。又大力灘在縣西八里，兩岸夾石，左右有兩石觜，最爲舟楫患。又石梁灘在縣西，當任河水口。中宫灘在縣東南一里，極高險，中流有柱石，怒濤之聲如雷。長灘在縣東四里，近汝河灘，不甚險，商舟停集，漁火絡繹。皆漢水所經也。」又東北逕興安州北，《州志》云：「州境漢江多灘，麸灘、串灘、二郎灘爲險，而神灘尤甚。明成化十三年，知州鄭福於冱冬時用火燒石，疏鑿以殺其勢，舟行利焉。神宗十一年，漢水溢，壞州城，公私廬舍皆盡溺，死者數千人。州東一里有長春隄，成化八年，爲水衝壞。十五年，鄭福增築高堅。神宗二十年，復加修築。」又東逕洵陽縣南，洵陽在州東一百二十里。水在縣南門外。又東逕白河縣北，白河在州東南二百七十里。又東逕鄖西縣南，鄖西在湖廣鄖陽府西一百四十里。水去縣五十里。又南逕鄖縣南，明成化十二年，置鄖陽府，治鄖縣。《舊志》云：「漢江自城西遶城南，竇蓋、天馬諸山皆錯列漢濱。」又東逕均州北，均州在襄陽府西北三百九十里。水去州四十里。經所謂「又東爲滄浪之水」者也。

【《地理今釋》】滄浪水，湖廣襄陽府均州北四十里。

過三澨，至于大別，南入于江，

【《錐指》】傳曰：「三澨，水名，入漢。大別，山名，觸山迴南入江。」易氏曰：「漢水自滄浪洲東南流三百六十里，至襄陽府襄陽縣，又三百二十里，至郢州長壽縣，又三百里，至復州景陵縣，又東至漢陽縣大別山之東北入江。」渭按：《説文》：「澨，埤增水邊土，人所止也。」大別，見導山。

《水經》第四十卷末，言《禹貢》山水澤地所在，曰三澨池之南，在邔縣之北。池，今作「地」爲是。然自酈元時已譌，觀注云「池流可見」，傳寅《集解》引此亦作「池」。明「地」字乃近世所改。「之南」上恐有脱文。酈注云：「《尚書》曰：『道漢水，過三澨。』《地説》曰：『沔水東行，過三澨，合流觸大別山陂。』故馬融、鄭玄、王肅、孔安國等咸以爲『三澨，水名也』。許慎言『澨者，埤增水邊土，人所止也』。案《春秋傳》文公十六年，『楚軍次于句澨，以伐諸庸』；宣公四年，『楚令尹子越師于漳澨』；定公四年，『左司馬戌敗吴師于雍澨』；昭公二十三年，『司馬薳越縊于蓬澨』。今《左傳》本作「薳澨」，蓋以上有「薳」字而誤。服虔或謂之邑，或謂之地。京相璠曰：『杜預亦云水際及邊地也。』今南陽、淯陽二縣之間，淯水之濱，有南澨、北澨矣。而諸家之論，水陸相半，又無山源出處之所，津途關路，唯鄭玄、劉澄之言在竟陵縣界。經云『邔縣北池』，然池流多矣，論者疑焉，而不能辨其所在。」渭按：《左傳》澨有五。睢澨，宋地，故酈注不引。今就其所引者論之，不知何者可當《禹貢》三澨之目。蔡傳以漳澨、薳澨與汉水爲三澨，而句澨、雍澨，其地皆有可攷，却不數。韓汝節宗之，以汉澨、漳澨、薳澨爲三澨。汉澨，古無此名。薳澨，不知所在，紛紛推測，終無定論。所可知者，三澨爲漢水之三大防，其地當有名川來入漢，上不越滄浪，下不踰大别而已。愚意三澨當在淯水入漢處，一在襄城北，即大隄；一在樊城南，一在三洲口東，皆襄陽縣地，在邔縣之北也。言在竟陵者，非是。

以今輿地言之，漢自均州北，又東南逕光化縣西南，光化在襄陽府西北一百八十里。水去縣十五里。又東南逕穀城縣東北，穀城在府西一百二十里。水去縣二十五里。又東南逕襄陽縣北，縣爲襄陽府治，東南三十里漢水中有龍尾洲。《縣志》云：「漢水重濁，與大河相似。襄陽實當其衝，爲患最劇。自唐以來，皆築隄遶城，以防潰決。明正統、嘉靖間，兩被漂溺，皆以大隄廢損故也。」又云：「嘉靖四十五年，漢水溢，樊城城北舊有大隄，❶城南面江一帶，皆甎城，盡潰決。議者謂樊城潰則襄城無患，於是疏塞不蚤，樊城之富庶漸衰。」又東南逕宜城縣東，宜城在府東南一百二十里。水去縣二里。又南逕鍾祥縣西，鍾祥爲安陸府治。又南逕荆門州東，荆門在府西九十里。水去州一百二十里。又東南逕京山縣西南，京山在府東一百五十里。又東逕潛江縣北，潛江在府南少東二百十里。水去縣二十里。又東逕景陵縣南，景陵在府東南二百十里。水去縣五十里。又東逕沔陽州北，沔陽在府南少東三百三十里。水去縣一百里。《州志》云：「漢水由荆門州界折而東，大小羣川，咸滙焉。勢盛流濁，浸淫盪決，爲患無已。而潛江地居汙下，遂爲衆水之壑，一望瀰漫，無復涯際。漢水經其間，重湖浩渺，經流支川，不可辨也。蓋漢水爲湖北之害，而襄、郢二州爲甚。潛江又承襄、郢之委流，當漢江曲折迴合之處，瀦爲大澤，勢不能免矣。而景陵、沔陽又潛江之委流也。今沔陽四境，唯湖陂連亘，❷幾數百里，皆爲漢水所滙。蓋漢水性曲，往往十里九灣。語曰：『勁莫如濟，曲莫如漢。』郢、沔之間，波流迴盪，自必豬爲藪澤。小民見填淤之利，復從而隄防之。爲民牧者，又不講于節宣之宜，疏瀹之理，歲月之間，苟幸無事，大水時至，則委之洪濤中耳。」又東逕漢陽縣北，縣爲漢陽府治。水去縣三里。又東至大別山，折而南，是爲漢口，經所謂「過三澨，至大別，南入于江」者也。《隄防考》云：「舊時漢水從黃金口入排沙口，❸東北折抱牯牛洲，至鵞公口，又西南轉，北至郭師口，對岸曰襄河口，約長四十里，然後下漢口。成化初，忽于排沙口下，郭師口上，直通一道，約長十里，漢

❶「城北」，原作「之北」，據庫本改。
❷「連」，原脱，據庫本補。
❸「排」，原作「桃」，據庫本改。下同。

水徑從此下，❶而故道遂淤。今魚利略存，不通舟楫，俗呼爲襄河，以上流自襄陽來也。按漢水本東行，觸大別之陂而南回入江。今則自郭師口以上，決而東，逕大別山後入江，❷非復古之夏汭矣。」《漢志》云：「東漢水，一名沔。過江夏，謂之夏水，入江。」又云：「沮水南至沙羨南入江，過郡五，武都、漢中、南陽、南郡、江夏。行四千里。」蓋曲莫如漢，故其所行有若是之遠也。

【《地理今釋》】三澨，案《説文》云：「澨，埤增水邊土，人所止也。」王逸注「西澨」，杜預注「漳澨」，或云水涯，或云水邊。蔡傳以三澨爲水名，恐非。

東滙澤爲彭蠡，東爲北江，入于海。

【《錐指》】傳曰：「滙，迴也。以東迴爲彭蠡大澤。」朱子曰：「彭蠡之爲澤，實在大江之南。然以地勢北高而南下，故其入于江也，反爲江水所遏，而不得遂，因却而自瀦，以爲是瀰漫數十百里之大澤。」程氏曰：「通《禹貢》一書，水之以小注大則爲入，水力稍相參配則爲會，而滙之爲義，唯此有之。以其力大而相衝蕩，其狀回復宛轉，無有此受彼聽之別，故與他水合併爲一者不同也。」傅氏曰：「三江相會而南，不能以敵中北西來之勢，中北遏南而南，相與迴旋而爲一大澤者，其來久矣。今禹本其有澤之因，故歸之于漢，曰東滙澤爲彭蠡，而于江，亦曰會于滙也。」黃氏潤玉曰：「叙江、漢皆言東者，主岷、嶓居西而云，非指曲折所向爲文也。」吳氏曰：「漢既入江，與江混爲一水，而又曰『東爲北江，入于海』，有似別爲一水

❶「徑」，原作「經」，據庫本改。
❷「後」，原作「復」，據《禹貢錐指》卷一四上改。

然，何也？ 蓋漢水源遠流大，可亞于江，兩相匹配，與他小水入大水之例不同，故於荆州言『朝宗于海』，必以江、漢並稱，蓋曰江之入海，非獨江水，實兼漢水。江固爲江，漢亦爲江也。故漢得分江之名而爲北江，記其入海者，著其爲瀆也。三瀆皆自爲一瀆，惟江與漢共爲一瀆。導水九條，始之以二水，終之以二水，而中間記四瀆，其一，河一瀆也；其二，漢與江一瀆也；其三，濟瀆；其四，淮瀆。河瀆非無它水入之，然皆小水入大水，故河得以大併小而專爲瀆。江、漢體勢均敵，二水合流，所以如此其大，不以漢附于江而泯其入海之實，故于漢于江並言入海而同爲瀆也。若漢不爲瀆，則『東爲北江，入于海』七字衍文，而其序當殿導洛之後矣。」

傳云：「自彭蠡江分爲三，入震澤，遂爲北江而入海。」下傳又云：「有北，有中、南可知。」是以北江、中江、南江爲三江也。今按《禹貢》，三江只是一江，而昔之言三江者不一。《漢志》毗陵之北江，蕪湖之中江，吴縣之南江，皆曰「揚州川」。蓋主《職方》而爲言。然周之三江，與古之三江，豈容有二？ 羣言淆亂，班固襍採入《志》耳。《吴越春秋》所謂三江之口者，酈元言「雖稱相亂，不與《職方》同」，可以正班固之失。夫《職方》之三江，即《禹貢》之三江也。既不與《職方》同，則亦與《禹貢》異。而蔡傳專主庾仲初之三江，不已謬乎！ 諸言北江者，皆謂由毗陵縣北入海，此即湔氏道下所謂「東南至江都入海」者也。安國傳乃言江入彭蠡分爲三，入震澤，自震澤遂爲北江而入海。則北江直是松江，吾不知其爲何説矣。總之，大江與震澤本不相通，説者據後世溝通江湖之遺跡，命之曰中江、南江，而以大江爲北江，與此二水，並列而爲三。班固不察，遂以爲《職方》之三江，而《禹貢》之三江亦從此訛矣。郭璞以岷江、松江、❶浙江爲三江，視班固差長。然異源各派，即與導漾、導江之義有礙，求合於《禹貢》，舍康成、子瞻，無可從者矣。

【李氏紱《三江考》】三江者，中江、北江、九江也。江本水名，中江是也。漢水入江以後，曰北江。彭蠡上流，九水相會曰滙，而入江以後則曰九江。皆因江得名者也。故《禹貢》諸水，皆直稱水名，無稱某江某河者。桑欽《水經》則稱某水，江曰江水，河曰河水，各爲水中之一名，而他水不得而冒稱也。《水經》所載水名，百一十有九，惟沿江、漸江、斤江三水有江字，❷然亦稱曰某江水，未嘗直以爲江也。孔氏穎達傅會鄭氏之説，謂江南人呼水無大小皆曰江。程氏大昌駁之云：「南人呼小水爲江，特後世語耳，古何嘗有是？」由程氏言之，是《禹貢》無其水者，固不得列於三江。《禹貢》雖有其水而未嘗有江名者，亦不得列於三江，斷然而無疑者也。韋氏昭以三江爲南松江、錢塘江、浦陽江。近日吴中如顧氏炎武，知辯江爲水名矣，其釋三江，亦依傍韋氏之説。不知此皆《禹貢》所無之水，又不得以江名者，不當列於三江也。孔氏安國謂自彭蠡，江分爲三，以入震澤，遂迤

❶「松江」，原脱，據庫本補。

❷「沿江」，據《水經注》目録，疑爲「瀘江」之誤。

北而入海。班氏固謂南江自震澤東南入海，中江自蕪湖東至陽羨入海，又一江自毘陵北東入海。三家之説，皆與今水道不合。雖古今之水，間有遷徙，然荆、揚塗泥之地，與北方不同，斷不至參差如是。故程氏大昌譏爲「全不知東南地理」。且彭蠡無江名，南江亦臆説，所謂《禹貢》雖有其水而未嘗以江名，則亦不得列於三江者也。王氏安石之説，誤會「既」字之義，牽連震澤。竊意後人有用韋氏説，妄指婁、淞、浙三水爲三江者，亦由「既」字誤之耳。不知程氏引「弱水既西」、「彭蠡既豬」二「既」字駁之，確知下文不相聯綴。此蓋無庸辯者。惟顔氏師古以爲中江、南江、北江，蘇氏軾因之，以北江、中江之文推彭蠡爲南江。程氏亦亟取之，謂「於地則有考，以經則相應，最爲愜當」，然猶疑南江之説，「求之經文之外，故學者信而不堅」。

余直斷以九江入之，則三江皆出於經文，學者可以堅信而無疑矣。然九江之説未定，則猶恐其信而不堅也。謂江至荆州而分爲九渚，孔氏安國之説，然鄭康成已不用之矣。《水經注·贛水》下引劉氏歆謂「湖、漢九水，入於彭蠡，故言九江」。班氏《地理志》與應氏劭之釋《漢志》，則皆謂江至廬江尋陽分爲九派。至張僧監《尋陽記》始列九名：曰申，曰烏蜯，曰烏白，曰嘉靡，曰畎，曰源，曰廩，曰提，曰菌。樂史《寰宇記》、李宗諤《九江圖》皆本僧監之説。程氏則曰「九不必實指其數，如五湖實一湖也，九澤實一澤也」；又謂：「班氏《地理志》於廬江之尋陽曰《禹貢》之九江在南，皆東合爲大江。而司馬遷之觀九江，亦於廬山乎？求之合漢世，知古者其書多同，故九江之在尋陽，後世主信者多。」衆論雖不同，然皆以九江在尋陽之地。故吾以爲劉氏歆説可用，而程氏之駁非也。九江會於彭蠡則曰滙，既入於江則曰九江，猶漢水未入江則曰漢，既入江則曰北江也。中江、北江、九江，三者皆見於經，則三江之名可定矣。而《蔡傳》據《楚地記》，以洞庭爲九江；晁氏説之雜引《山海經》、《博物志》、《水經》、《地記》以助之，然後九江之名亂。彼以經文「過九江，至於東陵」爲證，然經不又云「過九江，至於敷淺原」乎？程氏謂東陵，今世無有定地，曾氏以巴陵爲東陵，絶無根據。而敷淺原在今德安。按《水經》云：「江水東過下雉縣北，刊水從東陵西南注之。又東，左得青林口。」注云：「水出廬江郡之東陵鄉。《尚書》云江水過九江至於東陵者也。」東陵在廬江，則九江爲尋陽九江無疑矣。世之左袒洞庭之説者，❶謂「九江孔殷」之文，在荆而不在揚，廬江則屬揚，不知尋陽在荆、揚之交者也。故晉人割廬江之尋陽、武昌之柴桑，合爲尋陽郡，是九江在荆之極東而未絶乎荆也。且洞庭在漢水入江之上，凡叙水者，先上游而後及末，故先曰「江漢朝宗于海」，而後曰「九江孔殷」，則九江爲尋陽之九江亦明矣。九江之説明，然後三江之説定，故因論三江而併及之。

【張氏吉《江漢辨》】江、漢二條，朱、蔡皆以彭蠡乃江西湖、漢所豬，無仰江、漢之

❶「袒」，原作「祖」，據庫本改。

滙。江、漢並持東下，又不見北江、中江。執是以疑經之誤，說甚備。愚嘗親歷其地，以經文證之，始知無誤也。夫滙本訓迴，乃下流汎濫，他水勢不得泄，于是迴旋渟蓄，豬而爲澤之謂也。今春夏之間，江、漢水漲，則彭蠡之水，鬱不得流，而逆注倒積，漭爲巨浸。雖無仰于江、漢之入，然實因其下流充牣，故湖水壅淤阻抑而不能出，方能成其澤爾。非謂江、漢之水截入澤内而爲滙也。若其截入爲澤，則但如他條曰「至」曰「入」可也，何必變文言「滙」哉？此「東滙澤爲彭蠡」，東迤北會爲滙，本無悮矣。漢水不言「會」者，爲江水所隔，與彭蠡不相接也。江水不言「彭蠡」者，與漢互見也。迨夫二水漸消，則彭蠡之水溢出大江，循南岸而行，與二水頡頏趨海，所謂其北則江漢之濁流，其南則彭蠡之清漲是也。第江水濬發，最在上流，其次則漢水自北岸而入，三水並持東下，則江爲中江，漢爲北江，而彭蠡入江並流爲南江者，不言可知。非判然異派之謂也。此東爲北江、東爲中江入於海，亦無悮。朱、蔡皆不能無疑于斯，何歟？況經文簡奥，其言「南入于江」、「東滙爲澤」，蓋亦無遠不包。而曰南，曰東，與今水道曲折迤邐，勢正相符，今却云經文與今水道全然不合。此不可曉也。又江水自東陵而下，漢水自漢陽而下，其勢皆漸趨東北。湖口爲江、漢所滙之處，正在東陵、漢陽東北，與經文亦合。今却云于漢水宜改「南滙彭蠡」，于導江宜改「南會于滙」，此又不可曉也。若夫所謂横截而南，入于鄱陽，又横截而北，流爲北江，又謂至此而後，一先一後，而入彭蠡，既滙之後，又復循次而出，以爲二江。此自説者之悮，非經文悮也。蓋經意以爲漢雖入江，自循北岸，以達于海，故有「東滙」、「北江」、「入海」之文。朱子偶未之思，以爲二水既合，則有江無漢。故既疑其悮，而復取鄭樵之説，以「東滙澤爲彭蠡，東爲北江，入于海」十三字爲衍文。蔡氏篤信朱子，不復別求其説，遂立論以疑經，皆非也。或曰：南之有江，猶北之有河也。渭水、洛水皆入河，不曰中河、北河，安知中江、北江之説不爲誤乎？是不然。河源遠出閼磨黎山，自積石、龍門而下，氣勢雄猛，流波洶激，而渭、洛近出鳥鼠、熊耳，不數百里遂達河，幾不自見，安得與河爲敵？若漢源出嶓冢，與江源既不甚相遠，而其通流之地，大小雖殊，終不相遠，則漢雖入江，猶得紀其爲滙、爲江、入海之實，夫豈過乎？河可以包渭、洛，而江不得以包漢。故兗州則曰「九河既道」，不兼言渭、洛；荆州則曰「江、漢朝宗」，對舉二水言之。經之立義，精矣！

【張氏叙《九江三江辨》】《禹貢》三江、九江之聚訟也久矣。自朱子作《九江彭蠡辨》，而九江之爲洞庭，已確乎可信，惟三江之名尚未折中爾。於是説者羣然争勝，三江之名遂有五，而九江之名亦有三。夫山川名號，古今每多重襲，九江何妨有三？然以豫章與尋陽之水爲九江，縱証据紛羅，終是漢人之九江，而非《禹貢》之九江也。九江既非，而欲以是合之江、漢爲三江，或別援他水爲三江，雖其數適符，亦是後人之三江，而非《禹貢》之三江也。何也？《禹貢》「九江孔殷」、

「九江納錫大龜」，俱在荊州，則是荊州之九江矣。夫荊州之九江，則非洞庭之九水，而有何水足當其名者哉？若豫章則屬揚州，尋陽雖在揚之極西，亦究是揚而非荊也。或乃恐其説之戾於經，因并割此一隅之地强而委之於荊。即如其説，亦祇荊之末梢下流而已。《禹貢》聖筆，宜規全勢以立文，豈有方序荊州，置其上流莫大之水不記，反記其末梢下流、可荊可揚、幾同甌脱之地以備數者哉？且其説尋陽之九水也，不過曰大江至此，分而爲九，蓋即是江、漢之水也。夫如是，則「江漢朝宗于海」一語已足包之矣，何煩重累其詞，豈復成聖經之體耶？夫江、漢之水，跨越三州，綿歷四千餘里，非荊一州之所可擅也。惟洞庭九江，圓周八百餘里，乃一州中權，絶大之水，而爲荊州之所獨。後世荊湖南北路由之而分，今之湖廣分省亦以湖而別。彼震澤、彭蠡之小于洞庭多矣，而揚州尚兩序之，而不一漏。乃序荊州而反遺此水，可乎哉？顧朱子直以洞庭爲九江，則其意雖是，而源流尚未分明耳。洞庭者，九江之委，乃湖也，而非江也。九江，應是湘江云爾。湘水發源于桂林之耶薑山，合辰、沅、濱、澧、漵、酉、蒸、郴之八水而爲江。此余曾目驗而定者，與《記》、《志》所分九水，小異而大同也。會其全則曰九江，統於一則曰湘江。導山云「岷山之陽，至于衡山」，夫衡山去洞庭且八九百里矣，以其在湘江西岸，爲湘所隔，故東行者必須渡湘而過，經乃直曰「過九江」，而不曰湘江，是九江即湘江之明証也。蓋言湘江不足以包洞庭，言洞庭亦無以見湘江，故經惟稱九江。導水云「又東至于澧，過九江」，澧即今澧州之地，以水名地，而非水也。洞庭即在澧之東，故至澧而曰「過九江」，已包洞庭在内，是九江之下流也。則此之衡山、九江者，湘江即在衡之麓，故至衡而曰「過九江」，明指湘江而言，是九江之上流也。由此觀之，「至于東陵」之陵或可移至澧，而過之九江不可移也；「至于敷淺原」之原或可移至衡，而過之九江不可移也。苟衡、澧所過之九江不可移，則孔殷、納錫之九江獨可移乎哉？聖人若預知後世必將有迷于九江之源流者，故于此兩條已舉九江之源流，鑿然注明所在以示人。而後來膚學，尚欲曲引《山經》、《地志》之雜説以汩亂聖經，不亦舛乎！且夫九江既失其真，則南江之名，先不得其實。而乃别尋經外之三江，固臆測而杜撰。即彼自謂以經証經，而引北江、中江、九江爲三江者，亦貌是而神非也。彼亦知夫三江之名，雖總見于揚州之川，而三江之源，實已並列于荆州之域耶！其曰「江漢朝宗于海」，則自西而東，而中江、北江兩源已合；又曰「九江孔殷」，則自南而北，而南江之源，亦已來同。下文「沱潛既道」，是江、漢之别流俱安瀾矣；「雲土夢作乂」，是九江之餘波不旁溢矣。只四語，而荆之四際已周，三江之源，亦已了然在目。此其所以爲聖筆也。而或者尚有所疑，則更以導水之文證之。夫「嶓冢導漾，至于大别」，而曰「南入于江」，則已與江同行而「東滙澤爲彭蠡」矣。然漢自循北岸而東，故爲北江以入海耳，不與江混也。「岷山導江，東至于澧」，而曰「過九江」，則九江亦隨之同至于東陵，而東迤北會于滙矣。然江亦不混，故特東爲中江以入海也。既有北江、中江，又區彭蠡爲澤，則九江之爲南江，尚何疑哉？其所以不著南江之名者，九江先與岷江合流于巴陵，則江水在北，而九江之爲南江舊矣；至漢陽，而漢自北來，尚未名江，故宜别之爲北江，而江乃改稱中江。則九江之在南，自如而不待言爾。聖經簡括，自可互證而得。故序揚州而曰「彭蠡既瀦」，明其瀦而爲澤，則非江矣。下乃書「三江既入」，則彭蠡之不得雜于其内也不從可知乎！故五説之中，惟漢人据北江、中江者爲近，而配以彭蠡及尋陽則失之。不知江之可並爲三者，必其源遠流長而大小相敵者耳。漢源嶓冢，江源岷山，至荆已二三千里。九江源出粤西，亦二千餘里，而與江、漢會于岳鄂之間，則略足相當。雖岷江勢雄，獨据中流，而二水亦非甚弱，故一南一北，滔滔東注，不爲岷江所没，而並爲三江以入海也。夫九江既行南岸，則抵揚後，即豫章尋陽諸水亦將挾之以行而同入于海耳。然是乃九江之末流所會，而非江也。以是爲九江，已數典而忘其祖；并欲以是爲南江而配三江，則大小長短，相去遼絶，不且來婢作夫人之誚乎！然則紛紛旁引曲証，以爲之説者，辨之蓋不勝辨，實亦不足辨已。

蕙田案：張氏以九江爲荆州之川，意與朱子同。然朱子直以洞庭爲九江，而張氏則以導江之至澧「過九江」，即包洞庭在内，而曰九江之下流；導山之至于衡山「過九江」爲湘江，而爲九江之上流。其説又與朱子小異。張氏以三江之名雖總見揚州，三江之源實列荆州之域。蓋亦指經文中江、北江、九江爲三江，而以九江爲南江。其説與李氏同。特李氏之南江在揚，而張氏之南江在荆，爲小異耳。古今變更，名實互異，未知孰是，存之以備參考。

岷山導江，東別爲沱，

【《錐指》】林氏曰：「自江水溢出，別爲支派者，皆名爲沱。梁、荆二州皆有之也。」渭按：《荀子》云：「江出汶山，其始發源，可以濫觴。」《地理志》云：「《禹貢》岷山在蜀郡湔氐道西徼外，江水所出。」沱，謂梁之郫江、荆之夷水也。詳見梁、荆二州。東別爲沱者，謂江水東流，而別爲沱。以大勢言之，江自梁而荆，皆東也。傳云「江東南流，沱東行」，非是。

附論江源

【《華陽國志》】岷山，一名沃焦山，其附曰羊膊，江水所出。

【李膺《益州記》】羊膊嶺水分二派，一東南流爲大江，一西南流爲大渡河。

【《太平寰宇記》】羊膊山在平康縣。縣屬松州。《隋志》：「平康縣有羊腸山。」腸，蓋「膊」字之誤。山下有二神湫，大江始發之所。

【范成大《吴船録》】江自西戎來，由岷山澗壑中出，而合于都江。今世所云，止自中國言耳。

【陸游《入蜀記》】嘗登岷山，欲窮江源而不可得。蓋自蜀郡之西，大山廣谷，谽谺起伏，西南走蠻箐中，皆岷山也，則江所從來遠矣。

【王氏應麟《通鑑地理通釋》】大渡河，一名羊山江，源出鐵豹嶺，嶺即羊膊之異名也。

【金氏履祥《書注》】岷山數百峰，大西山爲最大，雪山三峰闖其後，冬夏如爛銀。一谷名鐵豹嶺者，有西岳廟。廟下名羊膊石，江水正源也。其西南分一源，又爲大渡河矣。

【錢謙益《徐霞客傳》】霞客，名弘祖，江陰人。平生好遠遊。《紀江源》一篇，言《禹貢》「岷山導江」，乃汎濫中國之始，非發源也。中國入河之水爲省五，入江之水爲省十一。計其吐納，江倍于河。按其發源，河自崑崙之北，江亦自崑崙之南。非江源短而河源長也。又辨三龍大勢。北龍夾河之北，南龍抱江之南，中龍中界之特短。北龍祇南向半支入中國。惟南龍磅礴半宇内，其脈亦發于崑崙，與金沙江相並南下環滇池，以達五嶺。龍長則源脈亦長，江之所以大于河也。

【李氏紱《江源攷》】江爲南條大水，與北條之河並稱。河自發源，至積石入中國境。以今《方輿路程圖》考之，已七千餘里。而歷來溯江源者，悉本《禹貢》「岷山導江」之文，止就岷山言之。雖博奥如桑氏《水經》酈氏注，精詳如程氏《禹貢論》，亦無異辭。余獨疑江水廣與河等，深則數倍，並横亘中國，江尤有天塹之名。而岷山在陝西廢叠州，爲中國境内，何其源之近而小耶？竊以爲《禹貢》言「岷山道江」，猶「道河積石」，止就神禹施功之地言之。江源不始于岷山，猶河源不始於積石也。昔人嘗有以北金沙江爲江源者，其源出在西番境内，莫得其詳。後閱

《方輿路程圖》，則北金沙江，源委井然。既開方以計里，又測極以準度，其法爲古來所未有。按圖考之，岷江與金沙江會合於四川之敘州。各自敘州逆溯其源。岷江源出岷山，當北三十四度，西十二度。行五百餘里，過黄勝關，至松潘衛入四川境。又南行五百里，至茂州之長寧堡，有黑水河來會。又南行六百里，經成都府西境至嘉定州，青衣、嘉定二江來會。又二百餘里，至敘州，與金沙江合。自發源至此，僅一千八百餘里。若北金沙江，則發源西番之河克達毋必拉。必拉者，河也。當北三十二度半，當西二十度。經毋魯斯烏蘇之拜圖都渾，共南行千八百里。過裹雍河屯，始名金沙江。又東南行九百里，過塔城關，至雲南麗江府。又南行四百里，至陶營巡檢司。又東北行千里，至雪山入四川境。又北行千二百里，有打冲河來會。又東行三百里至凉水井，折而北行七百里，又東行四百里，至馬湖府。又東行二百里，至敘州府，與岷江合。自發源至此，已六千九百餘里。較岷江之源，遠三四倍。凡水，以原遠者爲主，而原近者附之。今自敘州會合之處逆溯二江之源，修短懸殊如此，乃不以行六千九百餘里者爲江源，而以行一千八百里者爲江源，此理之必不可者也。按黄河發源，北三十六度，當西十九度，與金沙江南北相距僅三度半，東西則止偏西一度。而河源之南，金沙江源之北，皆高山聳峙，蓋即所謂崑崙山也。河源在崑崙之陰，江源在崑崙之陽而特微偏西二百餘里也。又有一源，名鴉礲江，即所謂打冲河，與金沙江會合於馬湖西境者也。鴉礲亦發源於西番北境，與青海南境接壤，當北三十四度，西十八度，與河源南北相距僅二度，東一度。❶中阻高山，蓋亦崑崙之陽而微偏東二百餘里者也。其源從平地湧出，源泉百十道，與星宿海相同。西番人名以查楚必拉，蒙古人名以七察爾哈那。衆泉會流爲大川，南行二千里，沿途納東西大水十餘處。經四川西境，始名鴉礲江。又南行六百里，入四川境，過三渡水，始名打沖河。又西行三百里，又南行五百里，與北金沙江合。又一千六百里，至叙州。自發源計之，共行五千里，較岷江之源，亦幾於三倍，而水勢盛大，亦倍於岷江。以源之遠論，當至金沙江；以源之大論，當至鴉礲江。然不如金沙爲確。蓋金沙較鴉礲又遠千九百里，源遠則流無不盛者。若岷江，則斷斷不得指爲江源也。又按江、河並發源於崑崙，河源在其北者已東趨陝西，又折而北，直趨塞外鄂爾多斯，又東行千餘里，然後折而南，由延安入陜，再折而東，以入於海。江源在崑崙南，亦東南行，已與四川相近，復南行，直趨雲南，東行千餘里，然後折而北，由雪山入川，再折而東，以入於海。兩大川，始而相背，繼而相向，有若黻文「亞」字，亦天地之奇觀。江源者，亦可以無憾矣。

蕙田案：徐、李二氏論江源，一得之遠遊，一得之圖象，其言皆信而有徵，可補前人所未備。惟察於地理，通乎山川大原者始知之。

❶「東」下，據上下文，疑脱「西」字。

又案：《唐六典》云：「江河自西極達東溟，中國之大川也。」據此，則以江源出于西極，其來已久，是不止范氏約略之詞，迨徐、李二家昌言之而後明也。古人學問深廣，非後人所及，特世人留心者少，故其學漸微耳。

觀承案：江源金沙，徐、李二説誠辨。然要而論之，終以岷山爲江之正源，金沙江特爲叙江之源，至叙州而亦入於江，乃小水入大水之例耳。蓋源雖以遠者爲宗，而亦以大者爲正。江自岷山至叙，行千八百里，已自成江，舟楫通利，其爲大江也，無藉於金沙來入而始成。故叙江之自南而北入於江，亦如漢江之自北而南入於江，後人斷不以漢亦入江而遂改江源於嶓冢，豈可以叙亦入江而竟改江源於金沙哉？蓋既論正偏，則不必更計其修短矣。況金沙盤曲於萬山中，細流斷續，巨石横亘，從古不通。近乾隆初年，雲南督臣按圖開濬，董其事者云：「鑿山壍石，不知凡幾，始有逕可通。今雖亦行舟楫，畢竟崎嶇屈折於側徑巉巖中，危險特甚，未能通行無礙也。」則徐、李二説雖新奇可喜，特足廣人聽聞，終不可改爲江之正源也。

又東至于澧，過九江，至于東陵；

【《錐指》】傳曰：「澧，水名。東陵，地名。」

【《地理今釋》】澧水出今湖廣永定衛西歷山，至岳州府安鄉縣南，會赤沙河入洞庭湖。

蕙田案：九江、東陵，説見前。

觀承案：澧乃以水名地，而非水也。導水文，凡書「過」、書「入」、書「會」者，皆水名；書「至」者則係地名。如「至於東陵」、「至於大別」、「至於敷淺原」之類，可見。

東迆北會于滙，

【《錐指》】蘇氏曰：「迆，迆邐也。」林氏曰：「迆者，斜出之辭。」邵氏曰：「江、漢水漲，彭蠡鬱不流，逆爲巨波，無仰其入，而有賴其遏。彼不遏則此不積，所謂滙者如此，故曰『北會于滙』，蓋實志也。」

東爲中江，入于海。

【《錐指》】傳曰：「有北，有中、南可知。」曾氏曰：「豫章九江合于湖漢，東至彭蠡入江，此九水蓋南江也。南江乃江之故迹，非禹所導。禹導漢水入焉，與舊江合流，而水之派分爲南北，故漢爲北江。又導岷山之江入焉，其流介乎二江之中，故爲中江。南江乃故道，故經不志。」程氏曰：「經云『東滙澤爲彭蠡』、『東迆北會于滙』，是二語者，附著直略切。❶南江，以概其所不書者也。彭蠡爲南江無疑。禹之行水，嘗經疏導，則雖小而見録，無所致力，則雖大而不書。南江源派，誠大且長。正以不經疏導，故自彭蠡而上，無一山一水得見於經。然於其合并江、漢，而以滙會名之，使天下因鼎錯之實，參北中之目，而南江隱然在二語中，此聖經之書法也。」邵氏曰：「江水濬發，最在上流，其次則漢自北入，其次則彭蠡自南入，三江並持而東，則江爲中江，漢爲北江，彭蠡所入爲南江可知已，非判然異派之謂

❶「直」，原作「自」，據庫本改。

也。且江、漢之合，茫然一水，唯見其爲江也，不見其爲漢也，故曰中江，曰北江，然其勢則相敵也，故曰『江漢朝宗』，凡《集傳》謂經誤者，非是。」餘干張克修云寶亦云。渭按：三江之説，自康成、子瞻以後，得三氏而愈明。江、漢共爲一瀆，而其入海也，則漢爲北江，江爲中江，即「朝宗于海」，並舉二川，已爲之張本矣。南江無所致力，不用循行，故導水無文。

蕙田案：胡氏三江之説與李氏合，但南江之名不見于經，❶不如竟指九江爲直截也。

觀承案：邵氏所云「江水最在上流，其次則漢自北入」，殊謬。江水固在上流，而其次當曰「洞庭自南入」乃可。云「其次則漢自北入」，至彭蠡則已屬揚州之界，又不當於荆州條内序列矣。蓋洞庭乃湘江之委，發源嶺表，自南而北，行二千餘里，至巴陵而先入於江。其爲南江也久矣。漢水則在巴陵之下五百餘里，始自漢口而南入於江，故爲北江也。邵氏直以江爲上流，即次以漢，若不知漢口上流之有洞庭者，是荆州全勢猶未辨，而欲核論三江乎！

【《地理今釋》】江水出今四川松潘衛北西蕃界。源有三支。正支自浪架嶺岷山之隨地異名者。南流，❷東支自弓槓口至漳臘營合正支，西支自殺虎塘至黄勝關合正支，

❶「南江」，原作「江南」，據庫本改。

❷「正支」，原脱，據《尚書地理今釋》補。

南經茂州、威州汶川縣以至灌縣離堆，岐爲數十股，滂沱南下，左抱成都府，西環崇慶州，衆流以次會于新津縣南。又南行，逕眉州、嘉定州至叙州府東南，合金沙江，折而東北流，至重慶府，❶嘉陵江、發源陝西鳳翔府寶雞縣之大散嶺，至鞏昌府徽州，合西漢水，入四川界。涪江發源松潘衛東雪欄山東南，流至合州，與嘉陵江會。自北來合，流入之。又東北逕夔州府巫山縣，入湖廣界。東流至彝陵州東，南流至枝江縣，又東流至荆州府，折而南流，至石首縣，又東流，至監利縣，又南流，至岳州府，折而東北流，至武昌府，與漢江合。又東流至黄州府，又東南流，入江西界。至湖口縣，與南江合。即贛江。又東北流，入江南界，經江寧府通州入海。

范氏成大曰：「江出岷山，其源實自西戎萬山來。至嘉州，而沫水合大渡河以會之；至叙州，而馬湖江出自夷中以會之；又十五里而南廣江會之；至瀘州，而内江自資、簡等州會之；至恭州，而嘉陵江自利、閬、果、合等州會之；至涪州，而黔江又自黔州合南夷諸水會之；至萬州，而開江水自開、達等州會之。夫然後總而入于峽。是江自峽而西，受大水凡八。及出峽而下岳陽，則會之者，洞庭湖所受湖南北諸郡水也；又自是而下鄂渚，則會之者，漢口所受興元諸郡水也；又自是而下黄州東四十里，則會之者，巴河也；又自是而下江州，則會之者，彭蠡，今名鄱陽湖，所受江東西諸郡水也；又自是而下，則會之者，皖水所受淮西諸水

❶「府」，原作「州」，據庫本改。

也。夫然後總而入于海。是江自峽而東，又受大水凡五。略計天下之水會于江者，居天地間之半，其名稱之大而可考者，凡十有三，故曰：江源其出如甕，而能滔滔萬里以達海，所受者衆也。嗚呼，問學者可以觀矣！」

導沇水，東流爲濟，入于河，

【《錐指》】傳曰：「泉源爲沇。流去爲濟，在温西北平地。」《正義》曰：「《地理志》云：『濟水出河東垣縣王屋山，東南至河内武德縣入河。』見今濟水所出在温之西北七十餘里。」渭按：漢垣縣故城在今山西平陽府垣曲縣西四十里。温縣故城今在河南懷慶府温縣西南。武德故城在今武陟縣東。黄河在縣南，與開封府河陰縣分水。

【《地理今釋》】沇水，即濟水之上流。蔡傳所謂「發源爲沇，既東爲濟」是也。濟水出今河南懷慶府濟源縣王屋山，既見而伏，至濟源縣西北五里重源顯發。有東西二池，合流至温縣東南入河。

胡氏渭曰：「《水經注》：❶濟水故瀆，即《漢志》所謂『東南至武德入河』者，蓋禹迹也。第五卷《河水》注云：『成皋大伾山，在河内修武、武德之界，濟、沇之水與滎播澤，出入自此。即經所謂「濟水從北來注之」者。今濟水自温縣入河，不於此也。所入者，奉溝水耳，即濟、沇之故瀆矣。』《沁水篇》云：「沁水東過武德縣南，積爲陂，有朱溝水注之。其水上承沁水於沁水縣西北，自方口東南流，奉溝水右出焉。又東南流，右泄爲沙溝水，東逕隰城北、殷城南，而東南注于陂。陂水又東南流入河。先

❶「水經注」，《禹貢錐指》卷一五無。

儒亦咸謂是爲泲渠，故班固及闞駰並言『泲水至武德入河』。按沙溝即奉溝之下流，古濟水由此入河，故謂之泲渠。沙溝當在今武陟縣界也。」正與此相發明。濟水於武德入河，南直成皋，今汜水、河陰之界是也。其後由温縣入河，則南直鞏縣，所謂津渠勢改，不與昔同者也。今其故道又盡陷河中，濟水唯從枝津之合溴水者，至孟縣東南入河，見《懷慶府志》。南直孟津縣，其流益短矣。由大禹而來，濟水入河之道凡再變。」

溢爲滎，

【《錐指》】曾氏曰：「《職方》云其川滎雒者，禹時爲滎澤而已，至周則爲川。《穆天子傳》『浮于滎水，乃奏廣樂』是也。」黄氏曰：「經『溢爲滎』、『導菏澤，❶被孟豬』，皆一字之工，足以觀禹迹。」吴氏曰：「濟既入河，其伏者潛行地下，絶河而南，溢爲滎澤，再出于陶丘北。溢者，言如井泉，自中而滿，非有來處。如菏澤被孟豬之被，出者言在平地，自下而涌，非有上流，如某水至某處之至。滎澤後既填塞，陶丘亦無竇，濟瀆故道，不可復尋矣。」渭按：書「溢」書「出」僅一見，乃《禹貢》特筆，當與他水導源首受者不同。吴氏義最精。《地理志》云：「濟水自垣縣，東南至武德入河，軼出滎陽北地中。」即經所謂「溢爲滎」也。曰軼出地中，則重源顯發，不與河通可知矣。說者以滎播，河、濟，往復經通，爲禹之舊迹，非也。焦弱侯云：「伏見不常，而識其爲濟，此禹之所以爲神。」旨哉言乎！滎澤至周時已導爲川，與陶丘復出之濟

❶「菏」，原作「荷」，據《禹貢錐指》卷一五改。

相接，然河、濟猶未通波。及周之衰，有於滎陽下引河東南爲鴻溝，與濟、汝、淮、泗會者，而河始與濟亂。以今輿地言之，滎澤、原武、陽武、封丘、祥符、陳留、蘭陽、並屬河南開封府。曹州屬山東兖州府。諸州縣界中，皆滎瀆之所經也。自鴻溝既開，滎瀆爲河水所亂，已非其舊。逮東漢之世，滎澤亦塞，而禹迹蕩然無存矣。

東出于陶丘北，又東至于菏，

【《錐指》】傳曰：「陶丘，丘再成。」《正義》曰：「《釋丘》云：『再成爲陶丘。』李巡云：『再成，其形再重也。』郭璞云：『今濟陰定陶城中有陶丘。』」《地理志》云：「定陶縣西脱「南」字。有陶丘亭。」渭按：「出」字，義見上文。今山東兖州府定陶縣西南有定陶故城，漢濟陰郡治也。陶丘亦在西南，去縣七里。菏即菏澤。《地理志》濟陰郡下云：「《禹貢》菏澤在定陶東。」唐省定陶入濟陰，故《通典》濟陰縣下云：「菏澤在縣東北九十里，故定陶城東北。」今曹州東南三十里與定陶接界處是也。

濟水有三伏三見之説，或謂出于近世之俗學，殊不可信。王綱振云：「如時以東流爲濟，溢爲滎爲見，則漾東流爲漢，滙爲彭蠡，亦可爲見乎？又若以入于河爲伏，則渭入於河，洛入于河，亦可爲伏乎？況經明言『浮于濟、漯，達于河』，河、濟本通，而此曰流、曰溢、曰入、曰出、曰至、曰會，亦並無間斷，不知三伏三見何據。但沿襲既久，爲之曲解，非本注也。」渭按：伏見之説，二孔無之，然有所自來。泰澤一伏，東丘一見，本《水經注》；武德入河，再伏，滎陽軼出，再見，本《地理志》；滎東又洑爲三伏，出曹、濮爲三見，本《唐書・許敬宗傳》。此豈創自近世，但以入河爲伏，義有未安耳。滎澤自周以前，已導爲滎川，與陶丘復出之濟相接。故《漢志》于「軼出滎陽地中」下，即繼之曰「又東至琅槐入海」，而定陶縣下亦止云「《禹貢》陶丘在西南」，不引東出之文。蓋三見之迹，不可得見久矣。鴻溝既開，滎瀆爲濁河所亂，陶丘之竇，日就填淤，而滎澤之澄泓如故。其後滎澤亦塞，則河南由是無濟水，而再見之迹亦亡。《水經》以河、濟合流，分入滎瀆者爲濟水，京相璠謂之出河之濟，酈道元宗之，而班固之所謂「軼出地中」者，絶口不談矣。或以爲河中截流而過，孔安國。或以爲河底穴地而來，蔡沈。或以爲河、濟相亂，南出還清，孔穎達。或以爲適會河滿，溢出南岸。程大昌。各持所見，終非定論。余竊謂河南之濟，即奮自河南之地中，未必與入河之濟爲一脈。譬如人之鼻息，總出丹田氣海中，呼者豈必其吸者之復出邪？沈括云：「歷下凡發地皆是流水，世傳濟水經過其下，東阿之井乃濟水所爲。」曾鞏云：「泰山諸谷之水，自渴馬崖潛流地中，至歷城西復出爲趵突，旁溢十數泉。」蔡傳引以證濟之伏見、重源、顯發，所在多有。《元和志》云：「鄭州管城縣，京水出縣南平地。新鄭縣，溱水出縣西北三十里平地。」二處並在河南，密邇滎澤，尤爲明驗。蓋濟瀆所經之地，其下皆有伏流，遇空竇即便涌出。故一見于滎澤，再見于陶丘，不必以入河之濟爲上源，亦不必并泰澤、東丘數之爲三伏三見也。草廬之說，雖聖人復作，無以易之矣。

又東北會于汶，

【《錐指》】傳曰：「濟與汶合。」渭按：《地理志》：汶水出泰山萊蕪縣西南入濟。詳見青州。

又北，東入于海。

【《錐指》】傳曰：「北折而東。」茅氏曰：「秦繼宗云：『又東，北會于汶』，當於『東』字一讀。『又北，東入于海』，當於『北』字一讀。」渭按：《地理志》：「濟水自滎陽東至琅槐入海，過郡九，行千八百四十里。」今青州府樂安縣東北一百十里有琅槐故城，漢縣，屬千乘郡也。以今輿地言之，自東平會汶以下，東阿、平陰、並屬山東兖州府。長清、齊河、歷城、章丘、鄒平、長山、新城、並屬濟南府。高苑、博興、樂安並屬青州府。諸縣界中，皆《禹貢》濟水入海之所經也。濟水自東平以下，唐人謂之清河。按《戰國策》：「燕王謂蘇代曰：『齊有清濟、濁河以爲固。』」郭緣生曰：「清河首受洪水，北流濟，或謂清則濟也。」酈道元曰：「濟水通得清之目，亦水色清深，用兼厥稱矣。」此清河之名所自來也。至宋又有南、北清河之名。《河渠志》云：「熙寧十年，河決澶州，徙而南，東滙于梁山、張澤濼。分爲二派，❶一合南清河入于淮，一合北清河入于海。」南清河即泗水，北清河即濟瀆也。南渡後，北清河又有大小之分。蓋自劉豫導濼東行始，《齊乘》以大清河爲古濟水，小清河爲豫所創。志家皆沿其說，黃

❶「派」，原作「脈」，據庫本改。

子鴻非之，曰：「以《水經注》、《元和志》、《寰宇記》諸書考之，濟水最南，漯水在中，河水最北。今者小清所經，自歷城以東，如章丘、鄒平、長山、新城、高苑、博興、樂安諸縣，皆古濟水所行。而大清所經自歷城以上至東阿，固皆濟水故道，而自歷城東北，如濟陽、齊東、青城諸縣，則皆古漯水所行。蒲臺以北，則故河水所經。蓋宋時河嘗行漯瀆，及河去，則大清兼行河、漯二瀆，其小清所行，則斷爲濟水故道也。」渭按：子鴻此言，正三百餘年積傳之謬。蓋清河所行本濟瀆，不知何時從歷城東北決而北，入濟陽縣界，與漯水合，而清河之名遂被于漯。據《水經》，漯水逕著縣故城南，著即今濟陽，而縣南有大清河，是知大清即漯。其水自歷城入濟陽，乃近世之所決，非唐清河入海之故道也。濟陽之流日盛，則章丘之流日微。故劉豫堰濼水使東以益之，《齊乘》云：「大清河自齊河縣，又北經歷城上濼橋北，濼水分響河入焉。又東北逕華不注山陰，又東逕下濼堰，濼水舊入濟處，堰南即小清河。」按響河，即聽水也。此大清河，猶是濟之故瀆。其所行者，實濟水故道，而志家反以濟陽之大清河爲古濟，舛錯殊甚。不有子鴻，其誰正之！然大清自歷城入濟陽，及濱州以東入海之道，不知決于何年。意者宋熙寧時，河嘗合北清河入海，始開此道。其後金明昌五年河復由此入海，久而後去，流益深廣，此大清河之所以浩浩，而小清河之所以屢潳屢塞也與！

濟瀆之水，自周以來凡數變。初爲濟，及導滎爲川，則滎與濟合。鴻溝既開，滎瀆爲河所亂，及滎澤又塞，則所行者唯河水矣。汴渠不通，則鉅野以北所行唯菏、❶汶。戴村已築，則東阿以下所行唯山泉溝澤之水，其號爲濟者，襲舊名而已。濟瀆入海之道，自唐以來，亦數變。初經高苑縣北，又東北至博昌入海。其後則不由博昌。《通典》云：「舊濟合在今博昌縣界，今無。」《元和志》蒲臺縣下云：「海在縣東一百四十里，海畔有一沙阜，俗呼爲鬬口淀，是濟水入河之處。海潮與濟相觸，故名。」蓋其時濟水改道，從蒲臺東北與河渾濤而入海也。宋南渡後，劉豫導濼水東行，入濟水故道爲小清河，仍經高苑縣北至樂安入海。及金皇統中，縣令高通改由縣南長沙溝至博興合時水，又東北至樂安由馬車瀆入海。瀆在縣東北五十里，今爲高家港。其後小清之上流堙塞，鄒平、長山、新城界中故瀆，皆爲漯河所行。漯河即楊渚溝水，《寰宇記》所稱獺河者也。《歷城新志》云：「小清河，自明永樂以後，漸至堙塞。成化九年，嘗濬治之。嘉靖十二年又塞，乃復濬博興以西達於歷城幾三百里。久之，復淤。」蓋小清唯恃濼水爲源，堰東有阻，則濼水仍自華不注東北入大清河，屢濬屢塞，職是故也。《水經》所叙，瀆同而水異。水異，故李弘憲云河南無濟水；瀆同，故黄文叔云禹迹賴此而猶存。言非一端，各有所當。今與人論濟水，苟以爲無，則羣指七十二泉、大小清河以相難；若以爲有，則又據杜佑之説詆《水經》不當襲舊名爲濟。明道謂與公言如扶醉人，扶得一邊起，又倒却一邊，真可笑又可憎也。

❶「菏」，原作「荷」，據《禹貢錐指》卷一五改。

導淮自桐柏，

【《錐指》】傳曰：「桐柏山在南陽之東。」《正義》曰：「《地理志》云：『桐柏山在南陽平氏縣東南，淮水所出。』《水經》云：『出胎簪山，東北過桐柏山。』胎簪，蓋桐柏之旁小山也。」傅氏曰：「胎簪山，即桐柏也，後世又別名之耳。禹謂『導淮自桐柏』，不應桐柏非淮所出。今其山在唐州桐柏縣。」渭按：桐柏見導山，今河南南陽府桐柏縣西北四十里有平氏故城，漢縣也。胎簪山，《寰宇記》云在桐柏縣三十里。❶

東會於泗、沂，東入于海。

【《錐指》】傳曰：「與泗、沂二水合入海。」蔡氏曰：「沂入於泗，泗入於淮。此言會者，以二水相敵故也。入海在今淮浦。」吴氏曰：「二水均敵，不以沂既入泗而没其名，如朝宗並稱江、漢之例。」金氏曰：「淮出桐柏，初甚湧，復潛流三十里，然後東馳，亦尚淺。其深處爲十四潭，至并汝、潁，始大。汝、潁，禹時不費治導，故不書。自桐柏至海，凡千七百里。」渭按：泗、沂二水，並見徐州。淮浦，漢屬臨淮郡，其故城在今江南淮安府安東縣西。《地理志》云：「淮水至淮陵入海。」注疏本訛爲「睢陵」。唯《水經》云「至淮浦縣入海」，蔡氏從之。淮浦，隋改曰漣水縣。宋置漣水軍。淮浦之名久絶，今字謬，當云「入海在漢淮浦縣」，今漣水軍。

以今輿地言之，淮水自桐柏縣南，東逕信陽州北，信陽在汝寧府西南二百七十里。水去州四

❶「縣」下，《禹貢錐指》卷一六有「西北」二字。

十五里。又東逕羅山縣北、真陽縣南，羅山在州東一百二十里。真陽在府南一百二十里。水去縣八十里。淮水舊自確山縣南，流入二縣界。《元和志》云「淮水在朗山縣南一百二十里」是也。今不入其界。又東逕息縣南，息縣在光州西北九十里。春秋息國地。水去縣五里。又東逕光山縣北，光山在州西四十五里，本春秋弦國。水去縣八十里。又東逕光州北，光州在汝寧府東南二百七十里，本春秋黃國。水去州六十七里。又東北逕固始縣北，固始在州東北一百二十里。水去縣七十里。縣東南四十里有茹陂，後漢末揚州刺史劉馥所築，爲耕屯之地。其後鄧艾等嘗修治之。今故址僅存。又東北逕潁州南，潁州在江南鳳陽府西四百二十里。水去州一百十里。又東十餘里合汝水。南岸即霍丘縣界。又東逕霍丘縣北，霍丘在壽州西南一百二十里。水去縣四十五里。其渡處曰安風津。又東逕潁上縣南，潁上在潁州東一百二十里。水去縣二十五里。西南與霍丘分界。又東三十五里，與壽州分界。潁水在縣南門外，亦曰沙河，東南流，至正陽鎮入淮，謂之潁口，即《春秋》之潁尾也。鎮在縣東南七十里，淮水之西。又東逕壽州西北，壽州在鳳陽府西少南一百里。水去州二十五里。芍陂在州南，亦曰期思陂。《淮南子》曰：「孫叔敖決期思之水，灌雩婁之野。」即此。又東逕懷遠縣南，懷遠在府西北七十里。水去縣一里，流至城東，稍折而北，渦水來注之，謂之渦口。又東逕鳳陽縣北，縣爲鳳陽府治。水去城十里。又東逕臨淮縣北，臨淮在府北少東二十里。水去縣一里。又東北逕五河縣南，五河在府東北九十里，本漢虹縣，屬沛郡，音貢。後漢爲虹縣。淮水在縣東南二里，有澮、沱、漴、潼四水，與淮會爲五河口，縣取名焉。又東逕泗州南、盱眙縣北，泗州在府東少北二百十里。水去州一里，有浮橋，爲南北要道。潘季馴曰：「淮挾汝、潁、肥、濠等處七十二溪之水，至泗州下流，龜山橫截河中，故至泗則湧，譬咽喉間，湯飲驟下，吞吐不及，一時阨塞，其勢然也。」明神宗十九年，泗州大水，淮流泛濫，高於城，溺人無算，浸及祖陵。季馴上言：「水性不可拂，河堤不可弛，地形不可强，治理不可鑿。人欲棄舊以爲新，而臣謂故道必不可失。人欲支分以殺勢，而臣謂濁流必不可分，霖淫水漲，久當自消也。」盱眙在州南五里。水去縣二里，有長沙洲，長二里，淮水泛漲，賴以捍禦。縣西南一里有上龜山，縣東北三十里有下龜山，爲龜山鎮。其下有運河，一名新河。宋初發運使許元自淮陰開新河，屬之洪澤，避長淮之險，凡四十九里。久而堙澀。熙寧四年，發運副使皮公弼修泗州洪澤河六十里，以避漕運涉淮風濤之患。元豐六年，發運使羅拯復欲自洪澤而上，鑿龜山裏河，以達于淮。會發運使蔣之奇入對，建言：「上有清汴，下有洪澤，中間風波之險，不過百里。宜自龜山蛇浦下屬洪澤，鑿左肋爲複河，取淮爲源，不置牐堰，可免風濤覆溺之虞。」議者以爲便，遂成之，亘五十七里有奇，廣十五丈，深丈有五尺。南渡後寖廢。《川瀆異同》曰：❶「泗州與盱眙兩城相距凡七里，自昔爲淮流襟束之處。汴水自河南界流經州城東，而合於淮，謂之汴口。宋時以此爲漕運要衝，今唯涓流可辨耳。由州城而東三十里，龜山峙焉。淮流至此，乃益折而北。又二十餘里，而洪澤、富陵、泥墪、萬家等湖環滙于淮之東岸，淮水泛濫，恒在于此，州逼淮而地下故也。」渭按：古汴水東流經彭城縣北，而東入于泗。唐貞元中，韓愈佐徐州幕，有詩云「汴水交流郡城角」，是其時汴水猶于州城東北隅合泗入淮也，不知何年改流從夏邑、永城、宿州、靈璧、虹縣至泗州兩城間而入于淮。宋時東南之漕，率由此以達京師。南渡後漸堙。元泰定初，河行古汴渠，仍于徐州合泗水，至清口入淮，而泗州之汴口遂廢。**又東北逕清河縣南，與泗水合，謂之清口。**清河在淮安府西少北五十里。淮水去縣五里。洪澤湖在縣南六十里，洪澤鎮西，長八十里，接盱眙縣界，《新志》謂之富陵湖。夏允彝曰：「清河縣北有老黄河，本沂、泗東趨，合淮入海故道。開此則河之赴海必勇，雲梯關下，淤塞葦場，當自蕩滌，而海口廓矣。」渭按：此必近世決河入海之故道，非淮水東會泗、沂之舊迹也。《水經·泗水》注云：「下邳縣爲沂、泗之會。」《沂水》注云：「於下邳縣北西南入泗。」是沂、泗合流入淮也。今沂水挾泇、武、防、浚諸水至邳州

❶「異同」，原作「説」，據庫本改。

入黄河，即古沂水入泗處。黄河是泗水故道。邳州本秦下邳縣。《新志》云：「沂水舊在州西一里，今爲黄流淤塞，改道自郯城入運河矣。」又東北逕山陽縣北，山陽，淮安府治。射陽湖，古射陂也，在縣東南八十里，與鹽城、寶應分水。高家堰在縣西南四十里。後漢建安中，太守陳登防淮，此其故址也。明永樂初，平江伯陳瑄始爲築治，長六十里。清江浦在縣西，即新運河也。舊名沙河。《宋志》：「楚州北有山陽灣，淮流迅急，每致沉溺。雍熙中，漕臣劉幡議開沙河，避淮水之險。喬維岳繼之，自楚州至淮陰，開導凡六十里，舟行便之。」其後淤塞。明永樂中，陳瑄修治運河，乃鑿清江浦，引水由管家湖至鴨陳口達海。又東北逕安東縣南，又東北入於海。安東在府東北六十里，本漢淮浦縣。水去縣二里。海在縣東五十餘里。自鹽城縣東北經山陽縣東，折而西北，爲淮水入海之口。其北岸則安東也。《縣志》云：「自縣西三十里顔家河渡直下過縣南，東流五十里，又東北過雲梯關，折旋入海。」此導淮會泗、沂東入海之故道也。自元時河奪汴泗以入淮，而兩瀆并爲一瀆，清口以東，淮悉成河矣。

【《地理今釋》】淮水發源河南南陽府桐柏縣桐柏山。山下有淮井，泉源所出。《水經》云：「出胎簪山者，即桐柏之支峰也。」東流至光州東，北會汝水。出河南汝寧府遂平縣西六十里洪水。又東由固始縣入江南鳳陽府潁州界，又東流至潁上縣東南，淠水入之。又東北至懷遠縣，合渦河。又東徑長淮衞至五河縣，❶合澮河。又東徑泗州城南、盱眙城北，漫衍入洪澤湖。東北出淮安府清河縣之清口，與黄河會。東則刷黄河以入海，南則入運河以濟漕，歷揚州府寶應縣高郵州，抵江都縣入揚子江。胡氏渭曰：「自禹導淮之後，淮常由淮浦入海，其東南溢而注高、寶諸湖者，變

❶ 「淮」，原作「懷」，據庫本改。

也，非正道也。既非正道，則高堰必不可無。故自漢魏間，已有是防，後世不過增修之耳。黄、淮合流，欲東淮以刷河沙，堰固不可廢。藉令河一旦歸北，亦豈容恣其南奔，使淮南郡縣盡化爲大壑邪！」

蕙田案：漕運之通，必藉黄、淮二水。故古之治河，耑治河以除其害；今之治河，兼治淮以收其利。案黄河經豐、碭出徐州，會泗、沂諸水，蜿蜒至清河縣之口，乃并淮水，東經安東，出雲梯關而達于海。淮水自鳳、泗而下，會洪澤、阜陵諸湖之水，併力出清口，以敵强黄，遂與黄水並經安東出雲梯關入海。自黄之南北岸決，而水勢散析，不能刷沙，河底日高，海口亦因之淤淺。則河病自淮之上流不東，下流力弱，不能暢出清口，以敵黄。黄水反乘虚而入，以至淤漕渠，泛湖河，則淮病而黄亦病。故治河者，必先治淮。夫淮水自古不爲患。自盱眙東來，以至清口，本一河耳。其北岸爲泗州，爲虹縣，其南岸爲盱眙。盱眙之東，舊有洪澤鎮。鎮之東南爲洪澤、富陵、泥墩三湖。三湖之南爲陳公塘。即今高加堰。塘距淮甚遠，即三湖亦不甚大。由盱眙至清口。二百里中，郵市田廬，星羅棊布，非止一處。陳公塘爲三國時陳登所築，護堰東之水留灌田畝，使不得西洩。非懼堰西之水能挾淮爲害，使不得東侵也。至金、元以後，河水入淮，以兩大水行一渠中。渠不加闢，而水益日增。

河强淮弱，又善淤墊。淮日騰不能速下泗州，漸沈水底。自盱眙以東，淮河南岸盡没，滙洪澤等三湖與淮爲一，然後統名爲洪澤湖。湖水直抵陳公塘之根，塘日加高以拒湖水之東溢，而高加堰之名漸著。然河之所以不得更南者，實以淮水撑拒之故。淮雖力不能勝河，而猶足以抗河。河至清口，亦順流東去，不至掉臂南行，則皆淮之力也。故昔人必堅築高堰，懼淮洩於腰膂之間，即無以拒河於門户之外。然必存天然諸壩者，留一退著，以爲竈底抽薪之計耳。古人成法，具有深意。苟能實心調劑，蓄洩以時，未嘗不可治也。乃今人有畏湖漲則堰傾者，遂洞開諸壩，任其流洩，以致敵黄無力，反引黄内灌，馴至湖口填淤，水流不暢。此其失在洩之太過。又有深信蓄淮敵黄之説，盡閉一切旁洩之路，使湖水涓滴無所滲漏，以冀收敵黄之功。不知值淮水暴漲時，張福、王簡二口既不能頓出，則崩潰決裂。此其失在蓄之太堅。此皆司河者之過耳。

導渭自鳥鼠同穴，

【《錐指》】傳曰：「鳥鼠共爲雌雄，同穴處此山，遂名山曰鳥鼠，渭水出焉。」《正義》曰：「《釋鳥》云：『鳥鼠同穴，其鳥爲鵌，音徒。其鼠爲鼵。徒忽反。』李巡曰：『鵌、鼵，鳥鼠之名，共處一穴，天性然也。』郭璞曰：『鼵如人家鼠而短尾，鵌如鵽而小，黄黑色，穴入地三四尺，鼠在内，鳥在外。今隴西首陽縣有鳥鼠同穴山。』《尚書》孔傳云：『共爲雌雄。』張氏《地理記》云：『不爲牝牡。』璞並載此言，未知誰爲實也。」渭按：「鳥鼠同穴」四字，爲一山之名。上文從省曰「鳥鼠」，此全舉四字，蓋屬辭之體，詳略各有所宜也。

《地理志》隴西首陽縣下云：「《禹貢》鳥鼠同穴山在西南，渭水所出。」《水經注》：「渭水出隴西首陽縣渭谷亭南鳥鼠山，東南流逕其縣南。」以今輿地言之，渭水出陝西臨洮府渭源縣西鳥鼠山，縣在府東一百三十里，本漢首陽縣，西魏改曰渭源。東流逕其縣北，縣徙而南，故水逕其北。《漢志》云山在首陽縣西南，而今在縣西，亦因是也。又東入鞏昌府隴西縣界也。《元和志》：「渭州渭源縣鳥鼠山，❶一名青雀山，在縣西七十六里，渭水所出，有三源並下。」而《縣志》謂鳥鼠在縣西二十里，又西五里爲南谷山，恐非，當以《元和志》爲正。林少穎云：「渭水出首陽南谷，禹之導渭，唯自鳥鼠同穴而始。」蔡傳從之。愚謂此說大謬。凡名山，巖壑必多，故大川之發源，必非一處。酈注所列諸源，皆出鳥鼠同穴者也。南谷即其枝峰，後人別爲之名耳。禹導水，唯志其大端。渭水出是山，則曰「導渭自鳥鼠同穴」，豈若後世《地記》必究其爲某嶺某谷也哉！此與言淮出胎簪，不出桐柏，洛出冢嶺，不出熊耳者，皆妄也。

東會於灃，又東會於涇，

傳曰：「灃水自南，涇水自北，而合渭。」

胡氏渭曰：「以今輿地言之，渭水自渭源縣北，又東逕隴西縣北，隴西鞏昌府治。水去

❶「州」，原作「川」，據庫本改。

縣一里。又東逕通渭縣北，通渭在府東北六十里。又東逕寧遠縣北，寧遠在府東九十里。又東南逕伏羌縣北，伏羌在府東一百八十里。又東逕秦安縣南，秦安在秦州西北九十里。又東南逕秦州北，秦州在府東三百里。州東五十里有渭水渡。又東南逕清水縣西，清水在州東一百五十里。《州志》云：「州東五十里有東柯谷橋，跨渭水上，與清水縣接界。」又東南逕隴州南，隴州在鳳翔府西一百八十里。渭水在清水縣界東南流，繞隴坂南麓，入州境，又東逕州南，去州一百四十里。又北逕寶雞縣南，寶雞在府西南九十里。水去縣一里，有渭河橋跨其上。又東逕岐山縣南，岐山縣在府東五十里。水去縣三十五里。又東南逕扶風縣西南、郿縣北，扶風在府東南一百十里。水去縣二十里有漳渠。郿縣在府東南一百四十里。水去縣三里。又東逕武功縣南、盩厔縣北，武功在西安府乾州西南六十里。水去縣二十里。盩厔在府西南一百六十里。水去縣五里。又東逕興平縣南，興平在府西北一百里。又東逕咸陽縣南、鄠縣北，咸陽在府西北五十里。水去縣一里。鄠縣在府西南七十里。水去縣九十里。灃水東北流，逕故長安城西，又北至咸陽縣東南三里，而注於渭，經所謂『東會於灃』也。渭水又東逕長安縣北，長安與咸寧並爲陝西布政司西安府治。咸寧治東偏，長安治西偏。渭水去城三十里。又東逕咸寧縣北、高陵縣南，咸寧，本唐萬年縣。《元和志》渭水在縣北五十里。高陵在府北八十里。水去縣二十里。涇水自涇陽縣界東南流，至高陵縣西南三十里，與渭水合，經所謂『又東會於涇』也。」

又東過漆沮，入於河。

【《錐指》】傳曰：「漆沮，二水名，亦曰洛水，出馮翊北。」黄氏曰：「今漆沮之洛入河處，與渭稍離，亦水道改矣。」渭按：漆沮，見雍州。《地理志》：「渭水東至船司空，入河。」船司空，縣名，屬京兆尹，其故城在今西安府華陰縣東北五十里。以今輿地言之，渭水自高陵、咸寧縣界，又東逕臨潼縣北，❶臨潼在西安府東少北六十里。水去縣十五里。又東逕渭南縣北，渭南在府東一百四十里。《元和志》：「渭水南去渭南縣四里。」又東逕同州南、華州北，同州在府東北二百八十里，渭水北去州三十五里。華州在府東一百九十里，渭水南去州十二里。又東北逕華陰縣北，華陰在華州東七十里，東至潼關衛四十里。渭水南去縣十五里。又東入於河，是曰渭口，經所謂「又東過漆沮，入于河」也。

先儒皆云灃、涇水大，故曰會；漆沮水小，故曰過。由今觀之，涇水則誠大矣，灃水源流頗短，而漆沮合洛入渭，洛源甚遠，似不可謂小於灃也。或云灃、涇大，與渭相敵，❷而實小於渭。愚竊謂三水之大小，即以本水論，未必以渭之所受多寡相較量以爲大小也。嘗考渭南本周之舊都，西漢因之。其後，隋、唐復建都於此，歷代相承，鑿引諸川，以資汲取，便轉輸，溉民田，灌苑囿，津渠交絡，離合不常。凡《地志》、《水經》所言，類非禹迹之舊。《詩》曰：「豐水東注，維禹之績。」則渭南諸川，唯灃爲大。自漢鴻嘉中，王商穿長安城，引内灃水注第中，而其流漸微。逮唐貞觀中，堰灃、鎬入昆明池，二水於是斷流。又於京城西北引灃水爲漕渠，合鎬水，北流，由禁苑入渭，而灃水之流愈

❶「北」，原脱，據庫本補。

❷「敵」下，《禹貢錐指》有「既會灃、涇，則渭益大，故漆沮雖與灃、涇相敵」十七字。

微矣。又鄭當時所開漕渠及靈軹、富民、昆明諸渠，皆横絶灃、鎬等水，水脈益亂，不可尋究。霸、滻舊合流入渭，自隋堰滻水爲渠，而二水亦離故道。澇、潏舊各自入渭，今澇水下流亦合潏水入渭。大抵渭南六川，盡失其舊。亦猶洛陽爲東漢、魏、晉相繼作都之地，穿鑿滋多，而西澗、東瀍，皆非禹迹也。竊疑灃西之澇，灃東之鎬、潏、霸、滻，禹時悉合灃以入渭，故灃水得成其大。且《詩》言「東注」而《漢志》云「北過上林苑入渭」，則是北流而非東注矣。禹導渭「東會於灃」，當在漢霸陵縣北霸、滻入渭處也。若夫漆沮之爲洛，語出《安國傳》。闞駰因以洛至華陰入渭者爲漆沮之水，而酈元從之。然渭北之水爲鄭、白二渠所亂，漆沮本不合洛，亦未可知。其濁水上承雲陽大黑泉者，❶俗謂之漆水，東南流，合沮至櫟陽入渭，俗又謂之漆沮水。源流頗短，禹所治者，恐不過如此，故漆沮視灃水爲小。傳曰：禮失而求之野。土俗所稱，傳自古老，❷未必不確於儒者之言也。禹時洛水不爲害，未嘗施功，故導渭不志。

導洛自熊耳，

【《錐指》】傳曰：「在宜陽之西。」王氏樵曰：「『導洛自熊耳』一節，有兩熊耳。郭璞謂伊水出上洛之熊耳。《山海經》《地志》謂伊水出盧氏之熊耳。《地志》謂洛水出上洛冢領山，據經則洛出熊耳。上洛亦有熊耳，與冢領同在一縣，則洛出熊耳明矣。」渭按：《漢志》上洛縣東北有熊

❶「黑」，原作「里」，據庫本改。

❷「老」，原作「世」，據《禹貢錐指》卷一七改。

耳山。《括地志》云熊耳山在商州上洛縣西。詳見導山。

以今輿地言之，洛水出陝西西安府商州西熊耳山，東北流，逕州東，商州在府東南三百里。春秋晉上洛邑，漢爲縣。又東北逕洛南縣北，洛南在州東北九十里，本漢上洛縣地。經所謂「導洛自熊耳」者也。

東北會於澗、瀍，

【《錐指》】傳曰：「會於河南。」渭按：河南，即王城。❶洛水至其城西南，澗水側城西來注之。又東至其城東南，瀍水側城東來注之。周公所謂「澗水東，瀍水西」者也。二水入洛處，相去甚近，故連言之。

以今輿地言之，洛水自洛南縣北，又東逕河南府盧氏縣南，盧氏在府西南三百四十里。又東北逕永寧縣南，永寧在府西南二百里，本漢澠池縣之南境。又東北逕宜陽縣北，宜陽在府西南七十里。又東入洛陽縣界，逕河南故城南，經所謂「又東會于澗、瀍」也。自周靈王壅穀水，使東出王城北，合瀍水，南入洛，而城西之澗水遂爲死穀。及漢明帝復堨澗、瀍二水，使出洛陽故城北爲千金渠，又東過偃師縣南，東入于洛。偃師在府東七十里。而《禹貢》「東會澗、瀍」之舊迹，無復有存焉者矣。

又東會於伊，

【《錐指》】傳曰：「會於洛陽之南。」渭按：伊水，見豫州。洛陽，謂故洛陽城，周之下都也。在今洛陽縣東北二十里。

【《水經注》】洛水自河南縣南，又東逕洛陽縣南，伊水從西來注之。洛陽，周公所營洛

❶「王」，原作「五」，據庫本改。下同。

邑也。故《洛誥》曰：「我卜瀍水東，亦惟洛食。」其城南繫于洛水，北因于郟山。《春秋》昭公二十三年，「晉合諸侯大夫戍成周之城」是也。《元和志》：「洛水在洛陽縣西南三里，西自苑内上陽之南，瀰漫東流，宇文愷斜堤東令東北流，當水衝，捺堰九折，形如偃月，謂之月坡。今雖漸壞，尚有存者。」按《伊水篇》云：「伊水自闕東北流，至洛陽縣南，逕員丘東，又東北注于洛。」員丘，在今洛陽縣東三十里委粟山下，曹魏郊天之所。以今輿地言之，洛水自河南故城南，又東北逕洛陽縣東南，又東至洛陽故城南，伊水從偃師縣西來注之，經所謂「又東會于伊」也。

又東北入於河。

【《錐指》】傳曰：「合於鞏之東。」渭按：鞏，周邑，漢置縣，屬河南郡。其故城在今鞏縣西南二十餘里。以今輿地言之，洛水自洛陽故城南會伊水，又東逕偃師縣南，北去縣五里。又東逕鞏縣故城南，今縣在河南府東一百二十里，隋所遷也。又東北至洛口入河。洛口在鞏縣故城東北三十里，今縣北少東八里。經所謂「又東北入于河」也。今洛水自鞏界，東過汜水縣北，汜水，故成臯，西至鞏縣界十五里，又二十五里爲縣治。又東從滿家溝入河，而洛口乃移于東，非復古之什谷矣。《漢志》弘農上雒縣下云：「《禹貢》雒水出冢領山，東北至鞏入河，過郡二，弘農、河南。行千七十里。」金吉甫曰：「北方諸水，雖大河亦冰，唯洛水不冰。所以謂之温洛，一是天地之中；二是其北連山，以障北風；三則前人謂其中有礜石。」

九州攸同，四隩既宅，九山刊旅。九川滌源，九澤既陂，四海會同。

【《錐指》】此總序水土之功，而先舉其凡曰「九州攸同」。下文「四隩既宅」至「四海會同」，皆其目也。

【《春秋》襄公四年《左氏傳》】芒芒禹迹，畫爲九州。【疏】言畫地分之，以爲竟也。

【《漢書・地理志》】堯遭洪水，懷山襄陵，天下分絶，爲十二州，使禹治之。水土既平，更制九州，列五服，任土作貢。

【《竹書紀年》】帝舜三十三年，夏后受命於神宗，遂復九州。

胡氏渭曰：「古字『州』與『洲』通。《爾雅》：『水中可居者曰洲。』《説文》：『堯遭洪水，民居水中，爲高土，故曰九州。』今按《禮記・祭法》曰：『共工氏之伯九州也，其子曰后土，能平九州，故祀以爲社。』韋昭云：『共工氏伯者，在戲、農之間。』《管子》曰：『神農作，殖五穀，九州之民，乃知穀食。』《地理志》曰：『黄帝畫野分州，得百里之國萬區。』陸氏《釋文》引《周公職録》曰：『黄帝受命，風后授圖，割地布九州。』《帝王世紀》曰：『顓帝、帝嚳，建萬國而制九州。』杜氏《通典》曰：『顓帝置九州，帝嚳受之。』州之爲州也尚矣，誠如許氏所言，豈羲、農之時亦嘗有洪水乎？《舜典》疏云：『天地之勢，四邊有水。鄒衍書説：「九州之外，有瀛海環之。」是九州居水内，故以州爲名。共在一州之上，分之爲九耳。』此説近是。蓋自羲、農以迄帝堯，並爲九州。但其州名與疆域，容有不同。故黄帝、顓頊，亦稱建置。《日知録》云：『夏商之後，沿上世九州之名，各就其疆理所及而分之，故每代小有不同。《周禮・量人》「掌建國之法，以分國爲九州」，曰分，則不循於其舊可知矣。』」

《洪範》曰：「鯀則殛死，禹乃嗣興。」而《堯典》殛鯀，次「肇十二州」之下。故《地理志》云：「堯遭洪水，懷山襄陵，天下分絶，爲十二州。使禹治之，水土既平，更置九州，列五服。」蓋漢人之説如此，故王莽據之爲奏。《帝王世紀》云：「堯遭洪水，分爲十二州，今《虞書》是也。及禹平水土，還爲九州，今《禹貢》是也。」説本班固。今按：禹告成在堯時。堯崩三年，喪畢，舜即位。其命官曰「咨十有二牧」，則九分爲十二，實在告成之後。使先十二而後九，則舜之命官，不當復言十二牧。肇者，始也。使前此已爲十二州，至是後分九爲十二，則亦不得言肇矣。且因懷襄而分絶，其所蕩析者，不應獨在冀、青之北，是皆可疑。愚竊謂古史記之體，有以年爲經者，《春秋》是也。有以事爲經者，《尚書》是也。二典所載諸事，不繫年月，封山與巡狩爲一類，四罪與恤刑爲一類，故相繼言之。吴才老云：「史泛舉舜所行之大事，初不計先後之序。」林少穎云：「殛鯀竄苗，當在洪水未平之前。肇十二州，當在禹平水土之後。史因言舜之恤刑，遂舉四凶事繫於下耳。」二説允當。《左傳》：「王孫滿曰：昔夏之方有德也，貢金九牧。」杜預以爲在禹之世。孔穎達亦云「禹登王位，還置九州」，近是。《竹書紀年》曰：「帝舜三十三年，夏后受命于神宗，遂復九州。」殆未可信。

【《地理通釋》】夏都，《皇王大紀》：「禹都于安邑。」《世紀》：「鯀封崇伯國，在秦、晉之間。《左氏傳》「趙穿侵崇」是也。禹受封爲夏伯，在《禹貢》豫州外方南，於秦、漢屬潁川。本韓地，今河南陽翟是也。《地理志》：「陽翟，夏禹國。」今潁昌府陽翟縣有禹山。《輿地志》：「宿州虹縣，本夏丘縣。堯封禹爲夏伯，邑於此。」受禪都平陽，或在安邑。今陝州夏縣，本夏禹之都，漢爲安邑，屬河東。後魏改爲夏縣。《郡縣志》：「夏縣東北十五里，安邑故城，禹所都也。」或在晉陽。」《左傳》【注】夏虚，大夏，今太原晉陽。《世本》言「夏后居陽城」，本在大梁之南，今陳留浚儀是也。劉熙云：「潁川陽城，今屬河南。」按經傳，夏與堯、舜，同在河北冀州之域，不在河南。居陽城者，自謂禹避商均時，非都也。《外紀》：「禹都安邑。或云平陽，亦云晉陽。及韓啟筮，享神於大陵之上，是爲鈞臺之享。又筮於晉之墟，作璿臺於水之陽。」《寰宇記》：「禹自安邑都晉陽。桀徙安邑。」相徙帝丘，於周爲衛。《左傳》：「衛遷于帝丘。衛成公夢康叔曰：相奪予享。」【注】相居帝丘。今濮陽。《外紀》：「相爲羿所逐，失國，居商丘，依夏同姓諸侯斟灌、斟鄩。」今按：商丘，當作「帝丘」，蓋《世紀》之誤也。《地理志》「北海壽光縣」【注】古斟灌，禹後，今灌亭是。「平壽縣」【注】故斟尋，禹後，今斟城是。《左傳》【注】壽光東南有灌亭。平壽東南有斟亭。《括地志》：「斟灌故城在青州壽光縣東五十四里。斟尋故城，今青州北海縣是也。」《水經注》：「《地理志》北海有斟縣，京相璠曰故斟尋國，禹後，西北去灌亭九十里。」少康中興，復還舊都。《通典》：宋州虞城縣有綸城，即少康邑，在縣東南三十五里。《戰國策》稱：「桀之居，左天門之險，上黨天井關，即天門也。右天谿之陽，成皋在其北，伊、洛出其南。」吴起對魏武侯亦言：「桀之居，左河、濟，右太華，伊闕在其南，羊腸在其北。」羊腸坂在太原晉陽西北九十里。《史記正義》：「《汲冢古文》云：『太康居，斟尋、羿亦居之，桀又居之。』《書》云：『太康失邦，兄弟五人，須于洛汭。』此即太康居近洛也。臣瓚云：『斟尋在河南，蓋後遷北海也。』《周書·度邑篇》『武王問太公：吾將因有夏之居』，即河南是也。《括地志》：『故鄩城在洛州鞏縣西南五十八里，蓋桀所居。夏亭故城在汝州郟城縣東北五十四里，❶蓋夏后所封。』」《書·湯誓》【注】桀

❶「郟」，原作「郊」，據庫本改。

都安邑。鳴條之野，地在安邑之西鳴條陌。服虔曰：「陶唐、虞、夏之都，大率相近，不出河東之界。」

右《禹貢》隨山濬川。

五禮通考卷第二百六

淮陰吴玉搢校字

五禮通考卷第二百七

内廷供奉禮部右侍郎金匱秦蕙田編輯
太子太保總督直隸右都御史桐城方觀承同訂
翰林院編修嘉定錢大昕
按察司副使元和宋宗元 參校

嘉禮八十

體國經野

【《詩·商頌·玄鳥》】奄有九有。【傳】九有，九州也。【疏】言分天下以爲九分，皆爲己有，故知九有，九州也。

【《長發》】帝命式於九圍。【傳】九圍，九州也。【疏】謂九州爲九圍者，蓋以九分天下，各爲九處，如規圍然，故謂之九圍也。

【《書·咸有一德》】以有九有之師。

【《爾雅·釋地》】兩河間曰冀州。【注】自東河至西河。河南曰豫州。【注】自南河至漢。河西曰雝州。【注】自西河至黑水。漢南曰荆州。【注】自漢南至衡山之陽。江南曰揚州。【注】自江南至海。濟、河間曰兖州。【注】自河東至濟。濟東曰徐州。【注】自濟東至海。燕曰幽州。【注】自易水至北狄。齊曰營州。【注】自岱東至海。此蓋殷制。

【疏】此釋九州之名及其界域也。李巡曰：「兩河間其氣清，厥性相近，故曰冀。冀，近也。河南其氣著密，厥性安舒，故曰豫。豫，舒也。河西其氣蔽壅，厥性急凶，故曰雍也。兼得梁州之地，西北之位，陽所不及，陰壅也。漢南其氣燥剛，稟性强梁，故曰荆。荆，强也。」江南其氣燥動，厥性輕揚，《太康地記》云：「以揚州漸太陽位，天氣奮揚，履正含文，故取名焉。」李巡曰：「濟、河間其氣專質，厥性信謙，故曰兖。兖，信也。淮、海間其氣寬舒，稟性安徐，故曰徐。徐，舒也。」營州則青州之地也。《太康地記》云：「東方少陽，其色青，其氣清，歲之首，事之始，故以青爲名。」云「此蓋殷制」者，以此文上與《禹貢》不同，下與《周禮》文異。禹九州有青、徐、梁而無幽、并、營，此夏制也。周有青、并、幽而無徐、梁、營，是周制也。此有徐、幽、營而無青、梁、并，疑是殷制也。

【《漢書・地理志》】殷因於夏，無所變改。

王氏應麟曰：《爾雅》九州，孫炎云「此蓋殷制」。孔氏云：「孫炎以《爾雅》之文與《禹貢》不同，於《周禮》又異，故疑爲殷制耳。」亦無明文言殷改夏也。《地理志》云：「殷因於夏，無所變改。」陸氏曰：「《禹貢》有青、徐、梁而無并、幽、營，《爾雅》有徐、幽、營而無青、梁、并；《職方》有青、幽、并而無徐、梁、營，三代不同故也。」陳氏云：「《商書》言「九有之師」，《商頌》言「奄有九有」、「式于九圍」，《王制》於商亦言「九州千七百七十三國」，則商之九州，蓋亦襲夏而已。」《通典》云：「塗山之會萬國，四百年間，遞相兼并，殷湯受命，其能存者，❶三千餘國，亦爲九州。」冀州在兩河之間，西則龍門之河，東則降水、大陸之河。降水、大陸，今冀、貝二州界。

胡氏渭曰：「《爾雅》之九州，有冀、幽而無并，郭璞以爲殷制。『兩河間曰冀州』，注云『自東河至西河』；『燕曰幽州』，注云『自易水至北狄』。蓋殷分夏冀州之東北以爲幽，而正北并州之地仍屬冀，視虞之冀則大矣。《爾雅》『河南曰豫州』，『漢南曰荊州』。蓋荊、豫二州，《禹貢》以荊山爲界，《爾雅》則以漢水爲界。故郭注豫州云『自南河至漢』也。殷割淮南、江北之地以益徐，故《爾雅》云『江南曰揚州』，

❶「者」，原作「名」，據《通鑑地理通釋》卷一改。

蓋視夏之揚爲小。然其西又得《禹貢》荆州之地。何以知之？按導水文，漢至大别入江，而《爾雅》云『漢南曰荆州』。蓋漢水之名，至大别山而止。其曰漢南者，謂大别以西、漢水之南也。荆、揚之界，當于此分。然則殷揚州之境，縮于北而贏于西，與夏之揚廣狹適相當矣。殷有荆而無梁。《爾雅》『漢南曰荆州』，注云『自漢南至衡山之陽』。漢水出嶓冢，梁州山也。自嶓冢以東至大别，凡在漢水之南者，皆爲荆州。然則《禹貢》梁州之地，荆亦兼之，不盡歸于雍。自大别以東，江南之地，爲揚所侵，而大别以西，漢東之地，亦皆入于豫。荆州之境，縮于東北而贏于西南。殷因于夏，所損益可知也。《爾雅》『濟、河間曰兖州』，注云『自河東至濟』，與《禹貢》同。其徐州自濟東至海，亦與《禹貢》同。『齊曰營州』，注云『自岱東至海』。邢昺疏云：『營州，即青州地也。《博物志》云：「營與青同海，東有青丘，齊有營丘，豈是名乎？」』蓋殷改青曰營，青地入營，未嘗并于徐也。林少穎謂《爾雅》不言青州者，青并于徐也。蔡傳取之。不知攷矣。《爾雅》『濟東曰徐州』，郭注云『自濟東至海』，似爲《禹貢》徐州之舊域。然堯時揚州之境，跨江北至淮。而《爾雅》云『江南曰揚州』，蓋殷割淮南、江北之地以益徐，視堯時之徐則大矣。《爾雅》『河西曰雝州』，則華山以南不在界中可知。殷之雍，實小于《禹貢》也。詳見《周・職方》。」

【《詩・商頌・玄鳥》】邦畿千里，惟民所止。

【《地理通釋》】商都。《世紀》：「契始封商，在《禹貢》太華之陽，上洛商是也。」《括地志》：「商州東八十里商洛縣，本商邑，古之商國，禼所封、漢弘農郡商縣。」《世本》曰：「契居番。」《水經注》：「渭水東逕繼都城北，故潘邑，契所居。」闞駰曰：「蕃，鄭西，今繼城。」《世本》：「昭明居砥石。」《荀子·成相》云：「契玄王，生昭明，居於砥石，遷于商。」【注】砥石，地名，未詳所在。或曰即底柱也。至相土，乃遷商丘。

相土徙商丘，故陶唐氏之火正閼伯之所居也。《春秋傳》曰：「閼伯居商丘，祀大火，相土因之，故商主大火，謂之辰。故辰爲商星。」杜預云：「今梁國睢陽，宋都。」《括地志》：「宋州城，古閼伯之墟，即商丘也。」今應天府宋城縣。相土，昭明子也。

《書序》：湯始居亳，從先王居。《史記正義》：「《括地志》云：『宋州穀熟縣西南三十五里南亳故城，即南亳，湯都也。宋州北五十里蒙城爲景亳，湯所盟地，因景山爲名。河南偃師爲西亳，帝嚳及湯所都，盤庚亦都之。湯即位，居南亳。後徙西亳。』」孔安國云：「帝嚳都亳，湯自商丘遷，故從先王居。」《通典》：「曹州考城有北亳，亦曰景亳。」《詩·正義》：皇甫謐云：「學者咸以亳在河、洛之間，今河南偃師西二十里有尸鄉亭是也。謐考《孟子》稱『湯居亳，與葛爲鄰』。案《地理志》，葛，今梁國寧陵之葛鄉，即今拱州之寧陵。今梁國寧陵去偃師八百里，而使亳衆爲耕，非其理也。自有二亳，南亳在穀熟，即今南京之穀熟。北亳在蒙，即今拱州之考城，古謂之蒙，漢謂之薄，非偃師也。殷有三亳，二在梁國，一在河、洛之間。穀熟爲南亳，即湯都也。蒙爲北亳，即景亳，是湯所受命地。偃師爲西亳，即《盤庚》所徙也。《立政》曰『三亳阪尹』是也。」鄭康成注《立政》云：「三亳者，湯舊都之民分爲三邑，其長居險，故曰阪尹。蓋東成皋，南轘轅，西降谷也。」是鄭以三亳爲分亳民於三處，非三處有亳地也。杜預以景亳爲周地。河南鞏縣西南有湯亭，或說即偃師也。《漢書音義》：「臣瓚案：湯居亳，今濟陰薄縣。」以經無正文，各爲異説。地名變易，難得而詳。林氏曰：「鄭氏云亳在河南偃師。鄭説可從。蓋偃師在河南，其地與周洛邑相近，乃四方朝覲、貢賦道里取中之地。《商頌》曰：『古帝命武湯，正域彼四方。』邦畿千里，維民所止。商邑翼翼，四方之極。』使非河南，則《頌》未必如此。」《周禮疏》曰：「堯治平陽，舜治安邑。唯湯居亳，得地中。」《通志》：「亳，故京兆杜縣有亳亭是也。杜城，今在長安南。故太史公云『禹興西羌，湯起亳』也。及湯有天下，始居宋地，復命以亳，今南京穀熟是也。」《書・正義》：「契至湯八遷。契居商，昭明居砥石，相土居商丘，湯居亳。有此四遷。其餘四遷，未詳聞也。」

仲丁遷于囂，《世紀》：「今河南之敖倉是也。」《史記》：「遷于隞。」《正義》：「《括地志》：『滎陽故城在鄭州滎澤縣西南十七里，殷時敖地也。』」《世紀》云：「仲丁自亳徙都敖，周時名北制，在敖山之陽，後屬韓，爲滎陽縣。」

河亶甲居相，在河北。《括地志》：「故殷城在相州内黄縣，今屬大名府，東南十三里，即河亶甲所築都之，故名殷城。相州安陽，本盤庚所都，即北冢殷墟，南去朝歌城百四十六里。《竹書紀年》『盤庚自奄遷于北冢，曰殷墟，南去鄴四十里』，是舊都城西南三十里有洹水，南岸三里有安陽城，西有城名殷墟，所謂北冢也。」安陽城，即相州外城。《水經注》：「洹水逕殷墟，項羽與章邯盟于此地。」《類要》：「安陽縣本殷墟，所謂北冢者。亶甲城在西北五里四十步，洹水南岸。後魏天平四年，立相州。取河亶甲居相之義，治鄴。」

祖乙圮于耿。爲河所毀。《地理志》：「河東皮氏縣耿鄉，故耿國。」《括地志》：「絳州龍門縣東南十二里耿城，故耿國。」《史記》：「祖乙遷于邢。」《皇極經世》：「祖乙圮于耿，徙居邢。」《通典》：「邢州，祖乙遷於邢，即此地，亦邢國也。」《括地志》：「邢國故城在邢州外城内西南角。」《地理志》：「襄國縣，故邢國。」今信德府龍岡縣。《書・正義》：「《汲冢古文》云：『盤庚自奄遷于殷。』蓋祖乙圮於耿，遷於奄。」《括地志》：兖州曲阜縣，奄國之地。

盤庚五遷，將治亳殷。盤庚遷于殷，曰：「先王不常厥邑，于今五邦。」馬氏曰：「五邦，謂商丘、亳、囂、相、耿也。」林氏曰：「序言五遷，自湯至盤庚併數之。此言五邦，又言『今不承于古』，則是盤庚之前遷者有五。考之前序，但有亳、囂、相、耿之四者。併盤庚數之，則盤庚歸亳，不應謂之五邦。太史公謂祖乙自耿遷邢，《汲冢紀年》謂祖乙遷奄。此與序戾，不可據。意者更有遷而史失之。」《皇極經世》：「盤庚五遷，復歸于亳，改號曰殷。」《三代世表》云：「徙河南。」《世紀》：

「盤庚復南居亳之殷地，今偃師是也。」周氏曰：「商人稱殷，自盤庚始。自此以前，惟稱商而已。自盤庚遷都之後，於是殷商兼稱，或只稱殷。」《通志》：「溵水出陽城，東至西華、汝陽，入于潁水，與潁水合流。古人并謂潁爲溵，故命以殷焉。」《詩補傳》曰：「殷以溵水得名。溵、濦同音。古溵水縣，今陳州之商水縣也。殷商，兼商山溵水而言之。」

《史記》武乙徙河北。

《三代世表》：「武丁徙河北。」《世紀》：「武丁徙居朝歌。」隋改爲衛縣，隸衛州。朝歌故城在縣西二十二里。衛縣，熙寧中省爲鎮，入黎陽。《戰國策》：「殷紂之國，左孟門而右漳、釜，前帶河，後被山。」《史記》：「吴起曰：『左孟門，右太行，常山在其北，大河經其南。』」《括地志》：「紂都朝歌，在衛州東北七十三里朝歌故城是也。本妹邑，武丁始都之。《世紀》云：『帝乙復濟河北，徙朝歌，其子紂仍都焉。』」《地理志》：「河内本殷之舊都，周既滅殷，分其畿内爲三國，《詩》風邶、鄘、衛國是也。」【注】自紂城而北謂之邶，南謂之庸，東謂之衛。《左傳》【注】殷虚，朝歌也。《世紀》：「紂自朝歌北築沙丘臺。沙丘在鉅鹿東北七十里。」《括地志》：「在邢州平鄉東北二里。」《史記·貨殖傳》：「昔唐人都河東，殷人都河内，周人都河南。夫三河在天下之中，若鼎足，王者所更居也。」

何氏楷曰：「自契初封商，魯連子云在大華之陽，皇甫謐云今上雒商是也。即今陝西西安府之商州，以地有商山，故得商名。契生昭明，遷砥石，事見《世本》，其地不知所在。昭明生相土，遷商丘。《竹書》載『夏帝相十五年，商侯相土作乘馬，遂遷于商丘』。《左傳》所云『陶唐氏之火正閼伯，居商丘，相土因之』是也。唐爲宋州，宋爲睢陽郡，在今爲河南歸德府商丘縣。季本云：『地稱商丘者，其亦因契本封而以名丘與？』相土生昌若，昌若生曹圉，曹圉生冥。《竹書》載夏少康十一年，使商侯冥治河。至帝杼十三年，商侯冥死于河。中間計三十四年。《魯語》及《祭法》所謂冥勤其官而水死者。冥生振，《竹書》以爲『殷侯子亥』，蓋振名而子亥其字也。實始遷殷，計三十七年，而爲有易之君綿臣所殺，國統幾絶。振生微，字上甲，乃殺綿臣，而以殷興，仍居殷地。是則殷之遷雖在子亥，而昌殷緒以基王業者，乃在上甲，故殷人報之也。皇甫謐謂：『微字上甲，其母以甲日生故也。』商家生子，以日爲名，蓋自微始。《白虎通》亦云：『殷道尚質，故直以生日名子。』而譙周則謂『死稱廟主曰甲』。蓋謂生稱其名，死則以其生之名爲廟主也。于理或然。微生報丁，報丁生報乙，報乙生報丙，報丙生主壬，主壬生主癸，主癸生天乙，是爲成湯。《竹書》載『帝孔甲九年，殷侯復歸于商丘』，上距微殺綿臣之歲，凡一百單三年。不知所謂殷侯者何名也。自歸商丘之後，又二十五年，則爲桀在位之十五年，實成湯爲商侯之元年。於是復自商丘歸於亳，《書序》謂：『自契至於成湯，八遷，湯始居亳，從先王居，作《帝告》、《釐沃》。』今案所謂八遷者，契始居商，一也；昭明居砥石，二也；相土居商丘，三也；冥離商丘，往河治水，四也；子亥遷殷，五也；孔甲之時，復歸商丘，六也；及湯自商丘遷亳，不過七遷耳。然古今相傳，皆謂偃師、穀熟，皆湯所都，而景亳則湯會諸侯之處，是謂三亳。皇甫謐云：『蒙，北亳也。穀熟，南亳也。偃師，西亳也。』蒙即景亳，與穀熟相近。果湯曾都二亳，則信有八遷矣。然二亳遷居之先後，則經傳無文。嚴粲謂湯自南亳遷西亳，似爲可信。蓋三亳中，南亳、北亳，相去甚近。北亳在今商丘北五十里，地有景山，故謂之景亳。南亳在今商丘東南四十五里,《竹書》載湯于桀十五年遷亳,又書二十八年,『昆吾氏伐商,商會諸侯于景亳』,實在商封内,不然國既被伐,何得越境以會諸侯乎!《水經注》云:『闞駰曰湯都偃師。皇甫謐以爲,考之事實,學者失之。如《孟子》之言「湯居亳,與葛爲鄰」,是即亳與葛比也。湯地七十里,葛又伯耳,封域有限。而寧陵去偃師八百里,不得童子饋餉而爲之耕。今梁國自有二亳,南亳在穀熟,北亳在蒙,非偃師也。』愚謂寧陵與商丘接壤,皇甫解湯居亳之義是矣,若謂湯未嘗都偃師,則又不然。以《書序》『從先王居』之文觀之,先王,孔安國以爲指帝嚳也。今按其書篇名曰《帝告》、《釐沃》。『告』,當是通作『嚳』。釐之言來,蓋謂從帝嚳而來居于沃土云耳。孔説非謬。而《水經注》言帝嚳之墟在《禹貢》豫州河、雒間,今河南偃師城西二十里尸鄉亭是也。使湯不都偃師,何得云『從先王居』?又孔穎達引《中候格予命》云:『天乙在亳,東觀在雒。』鄭玄亦云今河南偃師縣有湯亭,《地理志》又謂尸鄉殷湯所都,然則湯之居偃師明矣。偃師乃周名,以周武王克商,偃息師徒于此。其初名爲西亳,當是成湯命之。湯之創業,實始于亳,故曰『朕哉自亳』。後雖遷居嚳墟,而不忘其所自始,故亦呼之爲亳耳。三亳惟亳爲本名,地在商丘。故湯有天下,尚仍商舊號。若景亳,則本名殷地,在北蒙,特以其近亳,故曰景亳,又曰北亳。當上甲父子之世,所謂『遷于殷』者,即景亳也。以《竹書》證之,自成湯居亳之後,歷外丙、仲壬、太甲、沃丁、小庚、小甲、雍己、大戊八君，皆仍居亳。至仲丁，始遷于囂，歷外壬。而河亶甲自囂遷于相，繼之祖乙元年自相遷于耿，二年圮于耿，自耿遷于庇。歷祖辛、沃甲、祖丁，皆居庇。及南庚二年，遷于奄，歷陽甲。而盤庚至十四年，自奄遷于北蒙，曰殷。《書·盤庚篇》所謂『先王恪謹天命，不常厥邑，于今五邦』者，合囂、相、耿、庇、奄而言也。自相以下，疑皆在河北。至盤庚始遷河南，《書》所謂『惟涉河以民遷』者。《史記》惟言仲丁遷隞、河亶甲居相、祖乙遷邢，與《竹書》小異，然要之《竹書》爲覈矣。《竹書》稱北蒙曰殷，于此始知殷之所在。殷，又名北亳。故《書序》言『盤庚五遷，將治亳殷』。孔安國謂『殷者，亳之別名』是也。而後人皆言盤庚所遷在河南偃師，誤矣。湯在殷以會諸侯，而不都殷，故不更國號。盤庚遷都殷，實上甲、微舊蹟，因而更號曰殷。其後歷小辛、小乙以及武丁，又傳四世，至庚丁，皆居殷。及庚丁之子武乙，始去殷遷河北也。武丁修政行德，天下咸驩，殷道復興。故于斯時，追上甲絕而復續之功，而行報祭之禮，斯則《玄鳥》之詩之所爲作。故晰乎商，殷變更之故，則經傳史書，若合符節。古人重稽古之力，夫豈誣乎！」

【《都邑考》】「契始封商」，今陝西西安府商州。「相土遷商丘」，今河南歸德府附郭商丘縣。「湯居亳」，歸德府東南廢穀熟縣是。亦曰南亳，府北四十里有大蒙城，爲北亳。皇甫謐曰：「湯始興地，景山在焉。」亦曰景亳。又河南府偃師縣曰西亳，湯即位，居南亳，後徙西亳也。「仲丁遷囂」，亦曰敖，今開封府鄭州滎陽縣。「河亶甲居相」，今彰德府城西北五里洹水南岸有亶甲城。「祖乙圮于耿」，今山西平陽府蒲州河津縣。「遷于邢」，今直隸順德府附郭邢臺縣。「盤庚遷于殷」，即西亳也。

「武乙徙朝歌」，今直隸大名府濬縣西七十里廢衛縣是。閻氏若璩曰：「余嘗讀《貨殖列傳》，至『唐人都河東，殷人都河内，周人都河南。夫三河在天下之中，若鼎足，王者所更居也』，不覺歎曰：『異哉！三河皆不出殷家邦畿之内，而世或未知。蓋自湯居南亳以後，紂居朝歌以前，凡六百四十五年，都河南者三焉，都河北者四焉。三者何？一《括地志》云「南亳故城在宋州穀熟縣西南三十五里」，即湯所都是。一滎陽故城在鄭州滎澤縣西南十七里，殷時敖地也，即仲丁所遷是。一亳邑故城在洛州偃師縣西四十里，即盤庚所遷是。四者何？一故殷城在相州内黄縣東南十三里，即河亶甲所築而都者是。一耿城，故耿國，在絳州龍門縣東南十二里，祖乙時圮，是自祖乙前已爲都矣。一邢國，故城在邢州外城内西南角，即祖乙所遷是。一朝歌故城，在衛州東北七十三里，本妹邑。或曰武乙遷焉，或曰武丁始都者是。計南亳在極東，耿城在極西，相距雖未二千里，要實不止千餘里。則殷家之邦畿，若是其遼廓乎？余曰：以周家鎬京方八百里，顔師古云八八六十四，爲方百里者六十四也。雒方六百里，顔師古云六六三十六，爲方百里者三十六也。二都共得方百里者百。故《詩》云「邦畿千里」，然則周所謂千里，乃指國言，豈如今路程之里數乎！竊以周既然，殷何獨不爾。』」

右商九有。

【《周禮·天官》】惟王建國，辨方正位，體國經野。【注】建，立也。周公居攝而作六典之禮，謂之《周禮》。營邑于土中，七年，致政成王，使居雒邑治天下。《司徒職》曰：「日至之景尺有五寸，謂之地中，天地之所合也，四時之所交也，風雨之所會也，陰陽之所和也。然則百物阜安，乃建王國焉。」《考工》：「匠人建國，水地以縣，置槷以縣，視以景，爲規識日出之景與日入之景。晝參諸日中之景，夜考之極星，以正朝夕。」是别四方。《召誥》曰：「太保朝至于雒，卜宅，厥既得卜，則經營。太保乃以庶殷攻位于洛汭。越五日甲寅，位成。」體猶分也。經，謂爲之里數。鄭司農云：「營國方九里，國中九經九緯，左祖右社，面朝後市，野則九夫爲井，四井爲邑之屬是也。」

【《夏官·量人》】掌建國之法，以分國爲九州。【疏】掌建國之法者，以建國當先知遠近、廣長之數也。分國爲九州，謂分諸侯之國爲九州。

【《日知録》】顧氏炎武曰：「夏商以後，沿上世九州之名，各就其疆理所及而分之，故每代小有不同。《周禮·量人》『掌建國之法，以分國爲九州』，曰『分』，則不循於其舊可知矣。」

【《職方氏》】掌天下之圖，以掌天下之地。

東南曰揚州，【疏】自此以下，陳九州之事。分爲三道，先從南方起。周改《禹貢》，以徐、梁二州合于雍、青，分冀州地以爲幽、并。

易氏祓曰：「《禹貢》揚州之域，東距海，北距淮。殷人以淮入徐，故揚州止謂之江南。周人復以入揚，循禹之舊。」

胡氏渭曰：「周揚州澤藪川浸不殊于《禹貢》，特未知與殷制異同何如耳。」

其山鎮曰會稽，其澤藪曰具區，其川三江。

易氏祓曰：「會稽，《漢志》屬會稽之山陰縣，山在東南二十里。今州曰紹興府。」

【《欽定義疏》】三江之目，言人人殊。曰松江、婁江、東江者，此吴之一隅。曰浙江、錢清江、剡江者，此越之一隅。浦陽江與剡溪合，下流爲曹娥江。皆士人因其支別有三而名之，不足當三江之正。揚州之域，北跨大江，南踰會稽，則岷江在北，浙江在南，而松江居其中。此説無以易矣。韋昭分浦陽與浙爲二，而浦陽特浙之支耳。若《禹貢》「東爲北江」、「東爲中江」，則專就岷江而別之，且在揚州之上流，要非《職方》所指也。

歸氏有光曰：「古今論三江者，班固、韋昭、桑欽之説近之。但固以蕪湖東至陽羡入海，昭分錢塘江、浦陽江爲二，桑欽謂南江自牛渚，上桐水，過安吉，歷長瀆，爲不習地勢。程大昌辨之詳矣。然孔安國、蘇軾所論，亦未必然也。今從郭璞以岷江、松江、浙江爲三江。蓋自揚州斜轉東南，揚子江、吴松江、錢塘江三處入海，而皆以江名，其爲三江無疑。直學邊實修《崑山志》，言大海自西沖分南北，由轉斜而西朱陳沙，謂之揚子江口；由徘徊頭而北黄魚垛，謂之吴松江口；浮子門而上，謂之錢塘江口。以此驗之，禹迹無改。」

蕙田案：郭璞三江之説，先儒多未敢從之。因浙江、松江，不見《禹貢》爲疑。但《周禮·職方》與《禹貢》不同，故並存焉。

其浸五湖。【注】浸，可以爲陂灌溉者。

【《欽定義疏》】張勃、陸龜蒙輩皆謂五湖即太湖。或云以周行五百里，故名。或云上稟咸池、五車之氣。或云環湖。隨地異稱，有菱湖、莫湖、游湖、貢湖、胥湖之別。若然，則經既言澤藪具區，不必更言其浸五湖矣。且揚州地域遼闊，湖浸繁多，胡舍其可紀者而必複舉具區之一以當二乎？是則具區縱有五湖之名，而必非《職方》之五湖也。虞翻曰滆湖、洮湖、射湖、貴湖及太湖爲五。韋昭曰胥湖、蠡湖、洮湖、滆湖就太湖而五。李圖以彭蠡、巢湖、鑑湖、洞庭并太湖而五。柯山以射陽湖、丹陽湖、彭蠡湖、青草湖并太湖而五。洞庭、青草，當屬荆州，非揚域也。大抵楚州之射陽，洪州之彭蠡，巢縣之巢湖暨洮、滆、鑑等，皆爲南方之浸，或當數其尤大之五者。而具區既列澤藪，則不復數之與？每州澤藪一，舉其尤大者以表之，猶山之有鎮也。川與浸則或二或三或五，以包其餘。山一而川澤多者，舟楫灌溉之利，其用廣也。

正南曰荆州。

易氏袚曰：「《禹貢》：『荆及衡陽惟荆州。』其北境曰漢南。以《地理志》考之，荆山在南郡臨沮縣，漢水又在其北，正屬襄陽。言漢南，則跨荆山之北。至周復以荆門之北屬豫州，復禹封域。」

其山鎮曰衡山，其澤藪曰雲夢，其川江、漢，其浸潁、湛。【注】潁出陽城，宜屬豫州，在此非也。湛，未聞。【疏】據《地理志》，合在豫州。又昭元年《左傳》王使劉定公勞趙孟于潁，亦在豫州。

易氏祓曰：「襄十六年《左傳》：『楚公子格帥師及晉師戰于湛阪。』杜注：『襄城昆陽縣北有湛水，東入海。』案《地志》，襄城即今汝州之襄城縣。昆陽故城在今汝州之葉縣。皆古豫州之地。經以爲荊州之浸，必有脱誤處。」

黄氏度曰：「鄭氏言潁宜屬豫州，據《禹貢》也。然周人畫地，或有所更革。湛水，酈道元《水經注》出犨縣魚齒山西北，東南流，歷魚山下，爲湛浦。注云『未聞』，疎也。案今汝州魯山縣即漢之犨縣，魚齒山在龍興縣，連接梁縣，是則周荊州界自隨、巴、唐、鄧東北至汝、潁與豫州分界。而荊牧治宛。宣王封申伯。」

胡氏渭曰：「《周禮》正南曰荊州。衡山、雲夢、江、漢，皆《禹貢》荊州之山水。唯其浸潁、湛，則有可疑。鄭云『潁出陽城，宜屬豫州，在此非也。湛未聞。』今按《漢志》潁水出潁川陽城縣陽乾山，至下蔡入淮。湛水見杜預《左傳注》，襄十六年『晉楚戰于湛阪』，注云：『襄城昆陽縣北有湛水，東入汝。』《水經注》：『湛水出犨縣北魚齒山，東南流，歷山下爲湛浦。春秋襄公十六年，晉伐楚，楚公子格及晉師戰于湛阪，楚師敗績，遂侵方城之外。今水北山有長阪，蓋即湛水以名阪，故有湛阪之名。湛水又東南，逕昆陽縣浦城北而東入汝。杜預亦以是水爲湛水。』《周禮》『荊州其浸潁、湛』，鄭玄云『未聞』，蓋偶有不照也。今考地則不乖其土，言水則有符經文矣。然湛與潁實皆在河南、淮北之地，若割以屬荊，則斗入豫域七八百里，略似後世郡國犬牙相制之形，非帝王分疆建牧之意。『潁、湛』二字，或古文傳寫譌謬，如兖州盧、維之類，未可知也。」

河南曰豫州，其山鎮曰華山。

易氏祓曰：「《禹貢》『荊、河豫州』，其封在大河之南，南條荆山之北，故曰『荆、河』。殷之豫州，則南境距漢，北境接河，故曰『河南』。周人于豫亦曰『河南』，而南境則仍《禹貢》之舊。」

其澤藪曰圃田。【注】圃田在中牟。

易氏袚曰：「圃田澤，《漢志》在河南郡中牟縣西。唐以縣屬鄭州，今屬開封府。圃田澤，一名原圃。」

其川滎、雒，其浸波、溠。【注】波，讀爲播。《禹貢》：「滎播既豬。」《春秋傳》：「楚子除道梁溠，營軍臨隨。」則溠宜屬荆州，在此非也。

胡氏渭曰：「《周禮》：『河南曰豫州。其山鎮曰華山，其澤藪曰圃田。其川滎、雒，其浸波、溠。』華山、圃田、滎、雒，皆在《禹貢》豫州之域，唯波、溠可疑。鄭注云：『波，讀爲播。《禹貢》曰：「滎播既豬。」《春秋傳》曰：「楚子除道梁溠，營軍臨隨。」則溠宜屬荆州，在此非也。』今案：滎即滎澤，至周而已道爲川，故曰『其川』。波則别是一水，非滎播也。《水經·滍水》注云：『波水出霍陽西川大嶺東谷，俗謂之歇馬嶺。霍陽故縣在今汝州東南二十里霍山下。即應劭所謂「孤山，波水所出」也。馬融《廣成頌》曰：「浸以波、溠。」其水南逕蠻城下，又南分三川於白亭東，而俱南入滍水。滍水自下，兼波水之通稱也。』蓋洛别百答之外，又有此波水。道元以爲豫州之浸，浸可以爲陂灌溉者也。章懷注《馬融傳》云：『波水出歇馬嶺，在汝州魯山縣西北。』汝州，今屬河南，州西四十里廣成澤，一名黄陂，周百里，有灌溉之利。後漢於其地置廣成苑，爲遊獵之所。澤水出狼皋山，東南流，合温泉水，波水自西來注之，又東南合滍水入汝。此即波、溠之波也。馬融精于《周官》，其頌廣成，明言『浸以波、溠』。鄭違其義，非是。《禹貢》之『滎波』，自當作『播』；《職方》之『波、溠』，當讀如字，不可牽合。溠水，杜預云：『在義陽厥縣西，東南入鄖。』《水經注》：『溠水出隨縣西北黄山，南經㵐西縣西，又東南逕隨縣故城西。《春秋》莊公四年楚武王伐隨，「除道梁溠」，謂此水也。又南流，注于溳。』溠水流短。溳水出蔡陽縣大洪山，一名清發水，東南逕隨縣，至安陸入于沔。溠既合溳，自下可以通稱。經所謂溠，蓋即溳也。豫州南界至漢，殷時已然。周人因之。《吕氏春秋》云：『河、漢之間曰豫州。』溠水在漢北，其爲豫浸，又何疑焉？」

正東曰青州。

胡氏渭曰：「《周禮》：『正東曰青州。』其疆域與《禹貢》大異。鄭注云：『青州，則徐州地也。』蓋以『其山鎮曰沂山，其川淮、泗，其浸沂、沭』知之。《禹貢》曰『海岱及淮惟徐州』，又曰『淮、沂其乂』，又曰『浮于淮、泗』，是知徐并于青也。賈疏云：『周之青州，於《禹貢》侵豫州之地。』蓋以『其澤藪望諸』知之。望諸即孟豬。《禹貢》于豫州曰『導菏澤，被孟豬』，是知侵豫之地也。疏又云：『周時幽州南侵徐州之地。』蓋以『其澤藪曰豯養』知之。《地理志》琅琊長廣縣西有奚養澤。琅琊郡屬徐州，是知侵徐之地也。渭案：長廣故城在今登州府萊陽縣東，漢屬徐州，實古青州域。幽之所侵乃青地，非徐地也。不但此也，『其川河、濟，其浸菑、時』，皆青地爲幽所侵而賈不言，何其疎也！蓋今青、登、萊三府之地在青域者，周時皆割入幽，其西又爲兖所侵，而損豫之東南境以益之。徐則岱山、大野皆入于兖，是青亦不全得徐也。鄭云『青州即徐州』，亦言其大略而已。」

又曰：「《周禮》：『正東曰青州。』《禹貢》徐州之山水皆在焉。蓋以徐爲青，青地大半入幽，而徐之西則又入于兖云。《吕氏春秋》：『泗上曰徐州。』鄭漁仲釋之曰：『泗水出陪尾山，至下邳入淮。源委皆在徐州，❶非若淮之與揚共、濟之與兖共也。故不韋亦得以爲説焉。』」

其山鎮曰沂山。【注】沂山，沂水所出也，在蓋。

【疏】沂水出沂山，水乃取名於山。《地理志》沂水出今太山郡蓋縣。

易氏祓曰：「唐沂州沂水縣，本漢東莞縣，屬琅琊郡。沂山在縣北一百二十四里。」

【《欽定義疏》】《漢志》沂水出泰山郡蓋縣。《唐志》沂州沂水縣有沂山。實一山也，延亘兩地耳。在今山東青州府臨朐縣南百五十里。

其澤藪曰望諸。【注】望諸，明都也，在睢陽。【疏】案《禹貢》：「導菏澤，被明都。」《禹貢》無望諸，故從明都。又案《春秋》宋藪澤有孟諸。明都，即孟諸也。

易氏祓曰：「孟諸澤，《唐志》在宋州虞城縣西北十里。漢屬沛郡。今屬南京應天府。孟諸，俗號盟諸，故書謂之孟諸，《周官》謂之望諸，《漢志》謂之孟都，《史記》謂之明都，其實一也。」

其川淮、泗。【疏】案《禹貢》：「海、岱及淮惟徐州。」又云：「淮、沂其乂。」此在青州者，周以《禹貢》徐州地爲青故也。又《禹貢》淮出桐柏。泗水在魯國，出濟陰乘氏東，又至睢陵入淮，行千二百一十里。江、河、淮、泗、漢、洛等，注不釋所出者，以《禹貢》有成文，如「導洛自熊耳」、「導渭自鳥鼠」、「導河自積石」、「導江自岷山」、「導淮自桐柏」、「導漢自嶓冢」是也。

【《欽定義疏》】淮水發源河南南陽府桐柏縣桐柏山，東流至光州、固始、潁上、懷

❶ 「委」，原脱，據鄭樵《六經奥論》卷二、《禹貢錐指》卷五補。

遠、五河、泗州、盱眙入洪澤湖，出淮安府清河縣之清口與黄河會。東則刷黄河以入海，南則入運河以濟漕，歷揚州府之寶應縣、高郵州，抵江都縣入揚子江。案江、淮本未通，春秋時吴伐齊，於廣陵城東南築邗城，城下掘深溝謂之邗江，東北通射陽湖，而北至末口屬淮。此溝通江、淮之故道也。至晉永和中，江都水斷，乃於歐陽埭在江都縣西南。引江至廣陵城而北，出白馬湖，合中瀆以至淮，謂之山陽瀆。隋時又開廣之，以通戰艦。明初陳瑄循故瀆開新運河以通漕，即今之運道也。泗水出山東兖州府泗水縣東五十里陪尾山，四源並發，故名。西南流，至兖州府城東金口壩分爲二派，一越壩西南流，至濟寧州界爲泗河，又西南至魯橋入運河；一從壩上西流，至兖州府城西爲府河，又西南至濟寧州東合洸水，又西南至天井牐入運河。

其浸沂、沭。【注】沭出東莞。【疏】沭出東莞，屬琅琊，南至下邳入泗。

蔡氏沈曰：「沂水，《地志》云出泰山郡蓋縣艾山。今沂州沂水縣也。」

易氏祓曰：「沂水，《漢志》在泰山郡蓋縣，南至下邳入泗。蓋縣在唐及今，皆兖州之境。下邳，唐屬泗州。今爲淮揚軍。沂水經下邳爲二，一於城北西南入泗，一經城東亦注泗，謂之小沂水。沭水，《漢志》在琅琊郡東莞縣，南至下邳入泗。案《唐志》，沂州沂水縣，本漢東莞縣地，沭水所出，東南至泗州下邳縣，又東北至泗州漣水縣，今爲漣水軍，至此與泗水合而入淮。」

【《欽定義疏》】沂水出山東沂州府沂水縣西北一百七十里雕崖山，鄭康成云：「沂水出沂山。或云臨樂山。」酈道元云：「沂水出艾山。」蓋雕崖、臨樂、艾山，皆沂山支阜之異名也。接蒙陰縣界，南流至江南淮安府宿遷縣北，滙爲駱馬湖。又南入運河。沭水出沂水縣北大弁山❶，東南流，逕莒州、蘭山、郯城界，至江南沭陽縣，逕桑漚湖爲漣水。

河東曰兖州。其山鎮曰岱山。其澤藪曰大野。其川河、濟。

胡氏渭曰：「《爾雅》：『濟、河間曰兖州。』注云：『自河東至濟。』《周禮》：『河東曰兖州。』而賈疏以爲侵《禹貢》青、徐之地者，蓋以其山鎮爲岱山，其澤藪曰大野知之。殷之兖州，自河東至濟，與《禹貢》同。其徐州自濟東至海，亦與《禹貢》同。而周則言河不言濟，蓋其境越濟而東得岱矣。岱南爲徐，岱北爲青。徐州曰大野既豬，是知侵《禹貢》青、徐之地也。兖界跨濟，唯周制有然。以言乎《禹貢》之兖州，則悖矣。」

其浸盧、維。【注】盧、維，當爲「雷、雍」，字之誤也。《禹貢》：「雷夏既澤，雍、沮會同。」雷夏在城陽。【疏】《禹貢》及《地理志》無盧維，又字類「雷雍」，故從之。易氏祓曰：「注『盧維』當爲『雷雍』，蓋以濮州雷澤縣雷夏澤在其北，又灉、沮二水源俱出雷夏澤，正兖州之境也。」

【《欽定義疏》】雷夏今山東曹州府濮州東南，有雷澤，接菏澤縣界。《水經注》云：「雷澤在大城陽故城西北十餘里。其陂東西二十餘里，南北十五里，即舜所漁也。」《元和志》：「灉水、沮水俱出濮州雷澤縣西北平地，去縣四十里。」《九域志》「濮州有沮溝，即《禹貢》『灉、沮會同』」是也。宋時河決曹、濮間，灉、沮之源適當其衝，久而泥滓填淤，二水遂涸。蔡氏沈以汳睢當之，非是。韓汝節云：「汳睢在豫、徐之境，無預於兖州，而兖自有灉、沮也。」

❶「出沂水」，原脱，據《欽定周官義疏》卷三三補。

顏師古曰：「盧水在濟北盧縣，康成讀爲雷，非也。」唐以盧縣屬鄆州，今廢入陽穀。今濟南府長清縣西有廢盧縣。

蔡氏沈曰：「濰水，《地志》云出琅邪郡箕縣，今密州莒縣案：莒縣，今沂州府莒州。東北濰山，北至都昌入海。今濰州昌邑也。」按：濰州，今濰縣，屬萊州府。

黄氏度曰：「濰水出密州莒縣濰山，北至濰州昌邑縣入海。盧水，《水經注》出密州諸城縣盧山，即久台水也，西北入濰。」

【《欽定義疏》】案康成以「盧、維」爲「雷、雍」，解自明白。師古以盧縣水當之。❶而黄氏度又謂即久台水。久台水下流入濰水，《水經注》謂之盧水，較師古説又似易曉。然究地之浸，俱在青州何也？濰水出今山東沂州西北九十里箕屋山，即濰山也，土人名爲淮河，淮即「濰」字，通作「維」、「惟」，並見《漢書・地理志》。其「淮沂」，淮從隹，與此異。東流，逕諸城縣西，折而北，至萊州府昌邑縣東北五十里入海。

正西曰雍州。其山鎮曰嶽山。

易氏袚曰：「《禹貢》有雍有梁，故梁爲正西，而雍爲西北。殷、周皆省梁入雍，故雍州爲正西。」

胡氏渭曰：「《爾雅》：『河西曰雍州。』注云：『自西河至黑水。』疏引李巡云：『兼得梁州之地。』《周禮》：『正西曰雍州。』疏云：『周之雍、豫，於《禹貢》兼梁州之地。』案梁併于雍，説本《漢志》。然雍州西北二邊，世有戎翟之患。自夏桀時，畎夷入居邠、岐之間。成湯既興，伐而攘之。及殷室中衰，諸夷皆叛。至于武丁，征西戎、鬼方，三年乃克。故其《詩》曰：

❶「盧」，原脱，據《欽定周官義疏》卷三三補。

『昔有成湯，自彼氐羌。莫敢不來享，莫敢不來王。』言武丁能繼湯之烈也。及武乙暴虐，犬戎寇邊，周古公踰梁山而避於岐下。及太丁之時，季歷伐燕京之戎，戎人大敗周師。文王爲西伯，西有昆夷之患，北有玁狁之難，遂攘戎翟而戍之，莫不賓服。厲王無道，戎狄寇掠，乃入犬丘，殺秦仲之族。宣王承厲王之後，玁狁孔熾，整居焦穫，侵鎬及方，至於涇陽。雍州之域，爲戎翟所侵陵如此，則其疆埸未必能悉如《禹貢》。《禹貢》梁州之山水，❶無一入《職方》者。故杜氏言梁州當夏殷之間爲蠻夷之國，蓋即《牧誓》所稱庸、蜀、盧、彭等是也。雍之併梁，亦虚名耳。今据《周禮》言之，正東曰青州，其南則有揚，其北則有幽，而西則不然。自雍州以正西，其西北、西南兩隅皆缺焉。然則梁地爲羈縻之國，固不待言。而雍之西境，如西傾、積石、豬野、流沙、三危、黑水之區，皆没於戎翟。《禹貢》之舊疆，不可復問矣。《爾雅》目雝州以河西，則華山以南，不在界中可知。其西北亦當虧損，殷、周之雍，寔小於《禹貢》。或因併梁之説，而反以爲大。此耳食之學，未可與道古也。

殷有徐而無青，營即青也。周有青而無徐，青即徐也。青、徐二州，迭爲有無。獨梁則二代皆無之，其故何也？余按武王伐紂，誓于牧野，諸侯會師者，稱之曰『友邦冢君』，而庸、蜀、羌、髳、微、盧、彭、濮八國，則稱之曰『人』，不以諸侯待之。傳曰：『八國皆蠻夷戎狄屬文王者。』正

❶「禹貢」，原脱，據《禹貢錐指》卷一〇補。

義曰：『此皆西南夷也。』《通典》曰：『梁州當夏、殷之間，爲蠻夷之國，所謂巴、賨、彭、濮之人。』由是觀之，殷、周之世，梁地大半變於夷，故此州遂廢。先儒多言梁併于雍，唯賈公彦云雍、豫皆兼梁地。而林少穎又云江、漢發源梁州，而《職方》爲荆州川，則荆亦兼梁地。此言尤爲精核。蓋殷、周之荆、豫，皆以漢水爲界。梁州之地，自嶓冢以東分屬荆、豫，而嶓冢以西，則雍兼之。其地皆爲蠻夷，雖併於雍，而《禹貢》梁州之山川，無一入《職方》者，大抵如唐、宋之羈縻州，元明以來之土司，簡其政令，寬其賦斂，以柔擾之，使爲不侵不叛之臣而已。建州設牧，非其所宜，故終殷周之世，梁州不復置也。」

其澤藪曰弦蒲。【注】弦蒲在汧。【疏】案《地理志》吳嶽山在汧縣，西有弦蒲之藪，汧水出焉，西北入渭。

易氏祓曰：「弦蒲，《漢志》：『扶風汧縣北有蒲谷鄉弦中谷，雍州藪也。』今屬隴州汧源縣。」

其川涇、汭。【注】涇出涇陽，汭在豳地。《詩·大雅·公劉》篇：「汭泦之即。」

蔡氏沈曰：「涇水，《地志》出安定郡涇陽縣西，今原州百泉縣岍頭山也。東南至馮翊陽陵縣入渭，今高陵縣也。汭水，《地志》作芮，扶風汧縣弦蒲藪。芮水出其西北，東入涇。今隴州汧源縣弦蒲藪有汭水焉。」

易氏祓曰：「涇水，《漢志》安定郡涇陽縣幵頭山在其西，涇水所出。唐以涇陽縣爲平涼，屬原州。今屬渭州。又東南流，至涇州臨涇、保定二縣，又東南至邠州之宜禄、新平、永壽三縣，又東北流至京兆府之醴泉、高陵、雲陽三縣以入渭。汭水者，非《禹貢》所謂芮也。《禹貢》言芮，渭水之北。此汭則雍州之川名，《漢志》出右扶風汧縣之西北，東流入涇。此正公劉居豳之地，《詩》所謂『芮鞫之即』也。徐廣曰：『古豳城在邠州東北二十九里三水縣界。』《唐志》涇州臨涇縣有汭水，西自隴州華亭縣流入，一名宜禄川。涇、隴二州在邠州之西，則非即邠州之汭。然要皆雍州之川也。」

【《欽定義疏》】涇水出陝西平凉府平凉縣西南笄頭山，亦名崆峒山。東至西安府高陵縣西南入渭。汭水出平凉府華亭縣，有二源。北源出湫頭山之朝那湫，南源出齊山，至縣東與北河合，又東至涇州西北入涇。

其浸渭、洛。【注】洛出懷德。【疏】洛，即《詩·瞻彼洛矣》之洛，與《禹貢》「導洛自熊耳」者别。

蔡氏沈曰：「渭水，《地志》出隴西郡首陽縣西南，今渭州渭源縣鳥鼠山西北南谷山也。東至京兆船司空縣入河，今華州華陰縣也。」

易氏祓曰：「渭水，《漢志》出隴西郡首陽縣西南之鳥鼠同穴山。唐省首陽入渭源，今置渭源堡，屬熙州。渭水有三源，正東微南流，至州之襄武縣，❶又東流至鞏州之隴西縣，又東流至秦州上邽縣，又東流至隴州南田縣，今省入吴山，又東流至鳳翔府岐山縣，又東流至京兆府萬年縣，又東流至華州華陰縣東北入於河，謂之渭口，《禹貢》所謂『汭』是也。洛水别是雍州一浸，非《禹貢》『導洛自熊耳』之洛。」

【《欽定義疏》】康成注「洛出懷德」，本《漢志》。其實北地郡之歸德縣乃洛水上源，《漢志》所謂「洛水出北蠻夷中，入河」是也。《漢志》於歸德但曰洛水，於懷德曰「雍州浸」，原是一水，歸德其源，懷德其委耳。入河，即謂入渭也。關中諸水，自西而東者，莫大於渭。自北而南者，莫大於洛。易氏因鄭注而疑出慶州洛源者之别爲一水，非也。漢歸德縣，唐宋之洛源縣，其下流曰洛川縣，曰洛交縣，皆因此水得名。洛源，今合水縣也。

東北曰幽州。

易氏祓曰：「舜十二州，本有幽州。水土既平，因冀爲帝都，省幽入冀。殷人南都河南之亳，復舜幽州之名。

❶「至」下，宋易祓《周官總義》卷二〇有「本」字。

周人又以幽州兼殷之營州，實《禹貢》青州隔海東北之境，故曰東北。」

其山鎮曰醫無閭。【注】醫無閭在遼東。

易氏祓曰：「醫無閭，《漢志》在遼東郡無慮縣。」無慮即醫無閭，在今錦州府廣寧縣北。

其澤藪曰貕養。【注】貕養在長廣。杜子春讀「貕」爲「奚」。【疏】長廣，縣名。《地理志》長廣屬徐州琅邪郡，有萊山，周時幽州南侵徐州之地也。

易氏祓曰：「貕養，《漢志》在琅邪郡長廣縣西，幽州藪。唐萊州昌陽，本漢縣，屬東萊郡。今爲萊陽縣貕養澤，在縣東北四十里。蓋澤介乎東萊、琅邪兩郡之間。」

其川河、泲。

易氏祓曰：「經于兖州言『其川河、泲』，蓋兖州北距河而南據泲。《禹貢》言『濟、河惟兖州』，則爲兖州之川宜也。幽州遠在東北，於河泲何與？蓋幽州雖跨有遼水爲東北，而實西南越海兼有青州之東北境，所以琅邪郡之貕養澤、泰山郡之淄水、千乘郡之時水，皆幽州之域。光武十三年，以遼東屬青州。二十四年，還屬幽州。是幽州實可以有青州。王璜、張揖云九河陷海中，是九河未陷之前，凡登、萊海岸及濱、滄二州之東境，皆在幽州之地，與兖州東西分界，故其州同列河、泲。」

其浸菑、時。【注】菑出萊蕪。時出般陽。

蔡氏沈曰：「淄水，《地志》云出泰山郡萊蕪縣原山。今淄州淄川縣淄川縣今屬濟南府。東南七十里原山也。東至博昌縣入濟，今青州壽光縣也。」

黄氏度曰：「淄水出淄州淄川縣原山，北至博興縣入濟。時水在臨淄縣齊城西，平地出泉，南北凡二十五里，❶亦謂之源水，東北至千乘縣入淄。」

易氏祓曰：「淄水，《漢志》出泰山郡萊蕪縣原山，至博昌入泲，幽州浸。攷《輿地記》則襲慶府萊蕪縣有原山，淄水所出。其地即漢之泰山郡。東北流入淄川縣。漢萊蕪故城在其東北。過臨淄縣東，又東北入於海。與《漢志》入泲不同者，蓋入泲乃禹迹之舊。自泲之上流

❶「時水」至「二十五里」，疑有脱誤。本書卷二百八云：「時水出今臨淄縣西南二十五里。蓋伏淄所發，亦謂之耏水。平地出泉曰耏。」

既涸，故淄水入海。時水在今青州臨淄縣，本漢千乘郡之地。《漢志》千乘郡博昌縣有時水，東北至鉅定縣入馬車瀆，幽州浸。」

【《欽定義疏》】淄水出青州府益都縣西南顔神鎮東南二十五里岳陽山，即原山也。其山接濟南府章丘、淄川、泰安府萊蕪三縣。淄水出於山之東谷，東北流，至青州府壽光縣北，由清水泊入海。時出般陽，《漢地理志》濟南郡般陽縣不言時水出，而千乘郡博昌縣言時水東北至鉅定入馬車瀆，志言其委耳。今《山東通志》時水即烏河，出青州府臨淄縣西南槐樹村，北流受澅水、系水，逕新城縣之索鎮口，東南入博興縣界，下注麻大泊。

河内曰冀州。

易氏祓曰：「舜時十有二州，有幽有并有冀，水土既平之後，以冀爲帝都，省幽并入焉。以餘州準之，則知《禹貢》冀州東西南三面距河，而北境則越乎常山，今之燕、雲、營、平諸州，皆其地也。殷人以冀州北境復舜之幽州，而東西南皆禹跡之舊。蓋東河之西，西河之東，南河之北也，故曰『兩河間』。周人又分冀而復舜之并州，故曰河内而已。」

其山鎮曰霍山。【注】霍山在彘。【疏】厲王流于彘，後爲縣名。漢改爲永安縣。

易氏祓曰：「霍山，《漢志》霍太山在河東郡彘縣東。唐及今晉州霍邑，本漢彘縣。霍山，一名太岳，在縣東三十里。」

【《欽定義疏》】霍山，一名霍太山，亦名太岳。今爲中鎮，在山西平陽府霍州東三十里。山周二百餘里，南接岳陽、趙城二縣，北接靈石縣，東接沁源縣界。

其澤藪曰楊紆。【注】楊紆，所在未聞。

其川漳。其浸汾、潞。【注】汾出汾陽。潞出歸德。【疏】汾陽、歸德，縣名。

蔡氏沈曰：「汾水出於太原，經於太岳，東入於河。」

易氏祓曰：「汾水，《漢志》出太原郡汾陽縣北山，西南至汾陰入河，冀州浸。攷唐嵐州静樂縣，今屬澤州，即漢汾陽縣之地。汾水東南流，入太原府之交城、陽曲、太原、清源、文水五縣，又東南流至汾州之温城、介休、靈石、汾西四縣，又東南流入晉州之霍邑、趙城、洪洞、臨汾四縣，又東南流至絳州之正平、積山、龍平三縣，又南流至河中府之寶鼎縣北，入於河。唐潞州潞城縣，本漢潞縣，屬上黨郡。漳水，一名潞水，在縣北。闞駰曰：『潞水在縣北，爲冀州浸，即漳也。』蓋周以濁漳爲潞，清漳爲漳。」

黄氏度曰：「鄭注潞水出歸德。今慶州華池縣無潞水。杜佑曰：『潞出密雲郡密雲縣。』密雲，今檀州。《水經》鮑丘水從塞外來，經密雲戍，過幽州潞縣西。酈道元曰：鮑丘水入潞，通得潞稱，俗稱東潞。此殆杜佑所謂『密雲之潞』也，是在幽界，非冀浸矣。酈道元謂他川無可爲浸者，巨浪長湍，惟漳水耳。又案今潞城縣爲春秋赤狄潞子嬰兒之國，是則潞之得名已久。漳水至潞爲浸，可以灌溉，或以是也。」

【《欽定義疏》】潞水有二：其一即濁漳，乃一水而二名。闞駰謂潞水即漳水，今潞安府潞城縣因水得名者也。其一自塞外經密雲至天津入海者，即今京東之北運河，名爲白河，亦曰潞河，杜佑《通典》所指也。諸儒皆以濁漳當之，則一水而既謂之川，復謂之浸，豈其流者謂之川，而瀦者謂之浸與？又漢時兩歸德縣，一屬汝南，一屬北地，皆與河内冀州無涉。《漢志》於北地郡歸德縣言洛水出，非潞水也。以康成之精博，寧當以洛水爲潞水乎！顔師古注《漢書》亦依鄭説，不可曉也。北地歸德，今慶陽府東北，雍州之域，豈可以言冀州邪？易氏、黄氏以濁漳爲潞，正在冀州之地，但川與浸同是一水，可疑耳。

正北曰并州。

易氏祓曰：「舜時有并州。《禹貢》以并入冀，殷因之。

周復分冀立并州。以天下之勢言之，冀州在西河之東，雍州在西河之西，而并州之北，❶故曰正北。」

其山鎮曰恒山。【注】恒山在上曲陽。

易氏袚曰：「恒山，一名常山。《漢志》恒山郡上曲陽縣，恒山北谷在西北，并州山。按唐定州恒陽縣有北嶽。今改州爲中山府，縣爲曲陽，即漢之舊也。」

蕙田案：恒山詳見前。

其澤藪曰昭餘祁。【注】昭餘祁在鄔。

黄氏度曰：「昭餘祁在汾州介休縣。《水經注》汾水於大陵縣左迤爲鄔澤。《地理志》太原郡鄔縣，九澤在北，是爲昭餘祁，并州藪也。《吕氏春秋》謂之大昭。又侯甲水逕大谷，謂之大谷水。經祁縣故城南，自縣連延，西接鄔澤，是謂祁藪。樂史《寰宇記》昭餘祁，俗名鄔城泊。祁屬太原，漢故縣也。昭餘祁在今山西太原府祁縣東七里。」

其川虖池、嘔夷。【注】虖池出鹵城。嘔夷，祁夷與？出平舒。

易氏袚曰：「虖池河，《漢志》：『代郡鹵城縣，虖池河東至參合入虖別，❷從河東至文安入海，并州川。』其河自雁門縣西南流入崞與唐林二縣，又西南流，至忻州秀容縣，又西南流入定襄縣，又南流至太原府之盂縣，又東流至恒州之靈壽、真定、九門、藁城、鼓城五縣，又東流至定州之無極縣，又東流入深州之饒陽、鹿城、安平三縣，又東南流入瀛州之高陽、河間二縣，又東流入莫州之唐興及莫縣，以至任丘、文安，即《漢志》所謂『至文安入海』者也。嘔夷，鄭注疑即祁夷，出平舒。攷《漢志》代郡平舒縣有祁夷水，北至桑乾入沽。唐蔚州興唐縣，本代郡地。嘔夷，一名滱水，出縣西北之高氏山，東北流至興唐縣，又東流至瀛州之博野，東入於河。」

【《欽定義疏》】虖池水在今山西代州繁峙縣東北泰戲山，至直隸天津府静海縣小直沽入海。嘔夷水在今大同府蔚州靈丘縣西北高氏山，一名唐河，至直隸保定府安州北，合於易水。又案鄭注疑嘔夷爲祁

❶「而并州之北」，《周官總義》卷二〇作「并州介乎雍冀之間」。

❷「合」，中華書局點校本《漢書》校改作「户」。

夷。酈道元注《水經》，以嘔夷即滱水。師古注《漢書》則以并州之川爲滱，與鄭注不同。據《水經注》，滱水出代郡靈丘縣高氏山，至長城入于易。祁夷水出平舒縣，至桑乾縣入濕水。則祁夷之流短于滱，不足概一州之川，似當以道元、師古二説爲是。但鄭説未必無據，並存之。

其浸淶、易。【注】淶出廣昌。易出故安。

易氏祓曰：「淶水，《漢志》代郡廣昌縣：『淶水東南至容城入河，并州浸。』案唐蔚州飛狐縣，即漢廣昌縣地，有飛狐口，淶水所出，東南流至易州易縣，又東北流至淶水縣，又南流入容城縣，即《漢志》所謂『東南至容城入河』者也。❶易水，《漢志》：『易水出涿郡故安縣閻鄉，東至范陽入濡，并州浸。』此言易出故安，則近幽州之境。按唐蔚州飛狐縣，周屬并，自縣北入嬀州之懷戎，即古飛狐口，易水所出，東南流至易州易縣至北方，是漢涿郡故安縣之地；又東流至涿州之歸義縣，又東北流入涿州范陽縣之南界，即《漢志》所謂『至范陽入淶』者也。」

黄氏度曰：「易水有三，皆出易州易縣。《寰宇記》：北易，一名安國河，出縣西北窮獨山，《水經注》所謂濡水也。中易出閻鄉城寬中谷，東南流至古易京城，與北易合流入巨馬河。《水經注》易水與濡水互攝通稱。南易出縣東南即山燕王仙臺東石虎罡，東流與雹河會，又東至霸州容城縣，南流入高陽縣，合滱水。《水經注》又云易水至文安縣，與虖池合。班固、闞駰皆以此爲南易。文安，今霸州縣，并之極東界。」

【《欽定義疏》】淶水即拒馬河，發源直隸易州廣昌縣，流入紫荆關，過易州西北界，至房山縣境，分爲二支。一東流涿州，經固安縣東南入桑乾河；一南流淶水縣，經定興、新城入白溝河。易水在易州南三十里，發源易州寬中谷，流至定興縣北河村，合拒馬河入白溝河。

❶「南」，原脱，據《周官總義》卷一補。

【《地理通釋》】周九州：揚、荆、豫、青、兖、雍、幽、冀、并。鄭氏注：「揚、荆、豫、兖、雍、冀，與《禹貢》略同。青州則徐州地也，幽州則青、冀之北也。無徐、梁。」《晉地理志》云：「成王時，改作《禹貢》，徐、梁入於青、雍，冀野析於幽、并。」王氏云：「九州之序，《禹貢》始於冀，次以兖，而終於雍；《職方氏》則始於揚，次以荆，而終於并者，蓋《禹貢》言治水之序也，《職方》言遠近之序也。治水則自帝都而始，然後順水性所便，自下而上，故由兖至雍而止也。以遠近言之，則周之化自北而南爲遠，故《關雎》、《鵲巢》之詩分爲二南，《漢廣》亦言文王之道，被於南國。德化之所及，以遠爲至也。始於揚，則以揚在東南；次以荆，則以荆在正南；終於并州，以并在正北：先遠而後近也。《左傳》：『王使詹桓伯辭於晉曰：我自夏以后稷，魏、駘、芮、岐、畢，吾西土也。及武王克商，蒲姑、商、奄，吾東土也；巴、濮、楚、鄧，吾南土也；肅慎、燕、亳，吾北土也。』漢賈捐之曰：『武丁、成王，殷、周之大仁也，然地東不過江、黄，西不過氐羌，南不過蠻荆，北不過朔方。』」

【《爾雅·釋地》】魯有大野。【注】今高平鉅野縣東北大澤是也。【疏】此下至「周有焦護」，釋十藪之名也。《禹貢》徐州云：「大野既豬。」晉有大陸。【注】今鉅鹿北廣河澤是也。【疏】《禹貢》冀州云「大陸既作」是也。秦有楊陓。【注】今在扶風汧縣西。【疏】《周禮》冀州云「其澤藪曰楊陓」，鄭注云：「所在未聞。」又雍州云「其澤藪曰弦蒲」，鄭注云：「在汧。」今注亦云「在汧」。然則《周禮》弦蒲即此楊陓也。宋有孟諸。【注】今在梁國睢陽縣東北。【疏】《周禮》：「青州，其澤藪曰望諸。」鄭注云：「望諸，明都也。」《禹貢》豫州「導菏澤，被孟豬」。《左傳》亦作「孟諸」。 楚有雲夢。【注】今南郡華容縣東南巴丘湖是也。 【疏】《周禮》荆州云「其澤藪曰雲夢」。《禹貢》云「雲土夢作乂」。昭三年《左傳》：「楚子與鄭伯田於江南之夢。」定四年：「楚子涉睢濟江，入于雲中。」雲夢一澤，而每處有名者，司馬相如《子虛賦》云：「雲夢者方九百里。」則此澤跨江南北，亦得單稱雲，單稱夢。 吴越之間有具區。【注】今吴縣南太湖即震澤是也。 【疏】《周禮》揚州云「其澤藪曰具區」，《禹貢》揚州云「三江既入，震澤厎定」是也。 齊有海隅。【注】海濱廣斥。 燕有昭余祁。【注】今太原鄔陵縣北九澤是也。 【疏】《周禮》：「并州，其澤藪曰昭余祁。」鄭有圃田。【注】今滎陽中牟縣西圃田澤是也。 【疏】《周禮》豫州云：「其澤藪曰圃田。」僖三十三年《左傳》云：「鄭之有原圃，猶秦之有具囿也。」周有焦護。【注】今扶風池陽縣瓠中是也。 【疏】《詩·六月》云「玁狁匪茹，整居焦護」是也。

陳氏曰：「九州山川澤藪，各在《職方》，不屬諸侯之版。觀《詩》不以圃田繫鄭，《春秋》不以沙麓繫晉，略可覩矣。周季，諸侯始擅不肦之利，齊斡山海，而桃林之塞、郇瑕之地，晉實私之。此諸侯所以僭侈，王室所以衰微也。」

【《詩·大雅·生民》】即有邰家室。【傳】堯見天因邰而生后稷，故國后稷于邰。 【箋】堯改封于邰，就其成國之家室無變更也。❶ 【疏】《世本》云：「有邰氏女曰姜嫄。」故知邰是姜嫄之國也。傳以此言封之于邰，下言祭天之事，故解其意云：堯見天因邰而生后稷，謂使邰國之女生后稷也，故國后稷于邰，謂封爲邰國之君。后稷以前未有國，於此始封之也。此邰爲后稷之母家，其國當自有君，所以得封后稷者，或時君絶滅，或遷之他所也。

【《公劉》】篤公劉，匪居匪康，迺埸迺疆，迺積迺倉。迺裹餱糧，于橐于囊，思輯用光。弓矢斯張，干戈戚揚，爰方啓行。【傳】公劉居于邰，而遭夏人亂，迫逐公劉。公劉乃避中國之難，遂平西戎，而遷其民邑於豳焉。蓋諸侯之從者，十有八國。

❶「變更」，原作「更變」，據庫本乙正。

度其夕陽，豳居允荒。【傳】山西曰夕陽。荒，大也。【箋】夕陽者，豳之所處也。【疏】夕陽者，總言豳人一國之所處也。其界在山之西，不知是何山也。《譜》云「豳在岐山之北」，《書傳》説「太王去豳，踰梁山」，註云「梁山在岐山東北」。然則豳國之東有大山者，其唯梁山乎。

篤公劉，于豳斯館。【傳】館，舍也。

【《緜》】緜緜瓜瓞，民之初生，自土沮、漆。【傳】興也。緜緜，不絶貌。民，周民也。沮水、漆水也。【箋】喻后稷乃帝嚳之冑，封于邰，其後公劉失職，遷于豳，居沮、漆之地。至太王而德益盛，故本周之興，云于沮、漆也。【疏】鄭于《生民》之箋以姜嫄爲高辛氏世妃而生后稷，經云「即有邰家室」。《周本紀》云：「舜封棄于邰，號曰后稷。」是「稷爲帝嚳之冑，封于邰」也。《公劉》云：「篤公劉，于豳斯館。」是「公劉失職遷于豳」也。《周語》云：「昔我先世后稷，以服事虞、夏，及夏之衰也，棄稷不務，我先王不窋，用失其官，而自竄于戎狄之閒。」韋昭云：「不窋失官，去夏而遷于豳。豳西近戎，北近狄。」然則失職遷豳，自不窋始矣。言公劉遷豳者，案《公劉》之篇，説公劉避亂適豳，其言甚詳，不可得而改。而《外傳》、《史記》皆言不窋奔于戎狄，蓋不窋之時，已嘗失官逃竄豳也，猶尚往來邰國，未即定居于豳。公劉者，不窋之孫，至公劉而盡以邰民遂往居焉。豳有漆、沮之水，故言居漆、沮之地。公劉以下，常居沮、漆。古公亶父，陶復陶穴，未有家室。

古公亶父，來朝走馬。率西水滸，至于岐下。爰及姜女，聿來胥宇。【傳】率，循也。滸，水厓也。胥，相。宇，居也。【箋】循西水厓，沮、漆水側也。【疏】古公避狄之難，其來以早朝之時，疾走其馬，循西方水厓，漆、沮之側，東行而至于岐山之下。

【《文王有聲》】文王受命，有此武功。既伐于崇，作邑于豐。【箋】作邑者，徙都于豐，以應天命。

考卜維王，宅是鎬京。維龜正之，武王成之。【疏】此章言武王之事而并言文王作邑于其傍者，以二邑皆在豐傍，舉豐而言，可以并及文王，欲連言之。《帝王世紀》云：「豐、鎬皆在長安之西南。」言豐邑在豐水之西，鎬京在豐水之東，以時驗而知之。

【《文王》】周雖舊邦，其命維新。【箋】太王聿來胥宇，而國于周，王迹起矣，而未有天命。至文王而受命。

閻氏若璩曰：「『周雖舊邦』，鄭箋云：『大王聿來胥宇而國於周。』周字貼大王，不若《詩集傳》以周受封始自后稷爲真舊。《左傳》：『我自夏以后稷，魏、駘、芮、岐、畢，吾西土也。』言受此五國，世爲西土之長。《釋例·土地名》曰：『魏，河東河北縣。芮，馮翊臨晉縣芮鄉是。畢在京兆長安縣西北。駘在武功，岐在美陽。』孔穎達曰：『今案其地，芮在魏之西南百餘里耳，岐在駘之西北無百里也，《詩》稱后稷封邰，與岐、畢相近，爲之長可矣。計魏在邰東六百餘里，而令邰國與魏爲長，道路太遥，公劉居豳，又在岐西北四百餘里，此傳極言遠竟而辭不及豳，並不解其故。』余謂穎達每好依阿康成、元凱，莫敢是正。茲獨上攻及傳之正文，殊可喜也，宜亟標出之。但云豳距岐四百餘里，四，當作二。」

【《地理通釋》】周都。《世紀》「周后稷始封邰」，今扶風斄是也。《地理志》：「右扶風斄縣，后稷所封。」《括地志》：「故斄城，一名武功城，在雍州京兆府武功縣西南二十二里，古邰國，有后稷及姜嫄祠。」及公劉徙邑於豳，《詩》稱「于豳斯館」，今新平漆之東有豳亭是也。后稷生不窋。《周語》：「不窋失其官，自竄戎狄之間。」《括地志》：「不窋故城在慶州弘化縣南三里，即不窋在戎狄所居之城也。豳州新平縣，即漢漆縣，《詩》豳國，公劉所邑之地。」《郡縣志》：「古豳城在邠州三水縣西三十里。公劉始都之處。」《通典》：「慶州安化縣尉李城，在白馬兩川交口，亦曰不窋城。豳州，開元十三年改豳爲邠。豳，故栒邑是。」《地理志》：「右扶風栒邑有豳鄉，《詩》豳國，公劉所都。」栒邑故城在三水縣東北二十五里。至太王避狄，循漆水，在鳳翔府普潤縣東入渭。《地理志》在右扶風漆縣西。踰梁山，《括地志》：「在雍州好畤縣西北十八里。」鄭康成云：「岐山西南好畤。」熙寧中，屬鳳翔府。徙邑於岐山之陽，西北岐城舊址是也。《詩》稱「率西水滸，至於岐下」。康成云：「循西水涯，沮、漆水側也。」南有周原，故始改號曰周。康成云：「周原在岐山之南。《詩·閟宮》曰：『居岐之陽。』」《地理志》：「岐山在右扶風美陽西北中水鄉，周太王所邑。」《括地志》：「故周城，一名美陽城，在雍州武功縣西北二十五里，即太王城也。」《通典》：「美陽縣故城在武功縣北七里。」《輿地廣記》：「鳳翔府扶風縣岐陽鎮，漢美陽縣地，周太王邑於岐山之下即此，《詩》所謂『居岐之陽』也。文王始亦治焉。唐岐陽縣，元和三年，省入扶風。」《郡縣志》：「岐山亦名天柱山，在鳳翔府岐山縣東北十里。」《孟子》：「文王生於岐周。」

王季徙程，《書序》曰「維周王季宅程」是也。《孟子》：「文王卒於畢郢。」《史記正義》：「《周書》云：『惟周王季宅郢。』郢故城在雍州咸陽縣東二十一里，周之郢邑也。」《詩正義》：「《周書》稱文王在程，作《程寤》、《程典》。皇甫謐云：『文王徙宅於程，蓋謂此也。』」《地理志》「右扶風安陵」，闞駰以爲本州之程邑也。

文王受命，徙都於酆，在今京兆之西。《詩》：「既伐于崇，作邑于豐。」《説文》：「酆，文王所都，在京兆杜陵西南。」《括地志》：「周豐宮，文王宮也，在雍州京兆府鄠縣東三十五里。」鄭康成云：「豐邑在豐水之西，鎬京在豐水之東。」徐廣云：「豐、鎬相去二十五里，皆在長安南數十里。」《地理志》：「酆水出右扶風鄠縣東南。」《通典》：「岐州鳳翔府岐山縣，文王徙於岐，即此縣也。」《孟子》曰：「文王治岐。」《尚書大傳》：「春子曰：文王治岐。」《詩・皇矣》曰：「度其鮮原，居岐之陽，在渭之將。」鄭氏箋：「在岐山之南，居渭水之側，後竟徙都於豐。」《正義》云：「太王初遷，已在岐山。岐山之陽，去舊都不遠。豐則岐之東南三百里。」蘇氏云：「文王既克密須，於是相其高原而徙都焉，所謂程邑是歟？」《通典》：「周文王作酆，今京兆府長安縣西北靈臺鄉豐上是也。殷有崇國，在鄠縣界。」

武王徙都鎬，封文王子於酆。《括地志》：「鎬在雍州西南三十二里。滈水源出長安縣西北滈池。」《長安志》：「在縣西北十八里。」《通典》：「今長安縣昆明池北鎬陂是也。」《詩》：「宅是鎬京。」《後漢志》：「鎬在京兆上林苑中。」孟康云：「長安西南有鎬池。」《水經注》：「鎬水上承鎬池於昆明池北。」《郡縣志》：「周武王宮，即鎬京也。在長安縣西北十八里。自漢武帝穿昆明池於此，鎬京遺趾淪陷焉。」《穆天子傳》：「之于宗周。」【注】鎬京也。《通志》：「周地西迫戎俗，自岐之豐，自豐之鎬，是西遠戎而東即華也。」程氏曰：「伐商作洛，皆步自宗周，而往以其事告于豐廟。康有酆宮之朝，康王雖仍都鎬，其受朝仍在豐地。」及伐紂營洛邑而定鼎焉。今洛陽西南洛水之北有鼎中觀是也。《史記・周紀》：「王曰：『自洛汭延于伊汭，居易毋固，其有夏之居。我南望三塗，北望嶽鄙，顧詹有河，粵陽雒、伊，毋遠天室。』營周居于雒邑而後去。」太史公曰：「學者皆稱周伐紂，居洛邑。綜其實不然。武王營之，成王使召公卜居，居九鼎焉，而周復都豐、鎬。」《周書・度邑》曰：「武王問太公曰：『吾將因有夏之居，南望過于三塗，北詹望于有河。』」周公相成王，以酆、鎬偏處西方，乃使召公卜居洛水之陽，以即土中。遂築新邑，營定九鼎，以爲王之東都洛邑。《書》：「我乃卜澗水東、瀍水西，惟洛食。」【注】今河南城也。是爲王城，名曰東周。《公羊傳》：「王城者何？東周也。」《地理志》：「王城本郟鄏之地。」或謂之郟鄏，《春秋傳》「成王定鼎于郟鄏」，河南是也。今東門名鼎門，蓋九鼎所從入也。郟，山名。鄏，邑名。桓七年：「王遷盟向之民于郟。」襄二十四年：「齊人城郟。」郟，王城。《括地志》：「故王城，一十二王皆居此城，至敬王乃遷都成周，赧王又居王城。」洛陽故城，在洛陽縣東北二十六里，周公所築，即成周城也。《書》：「我又卜瀍水東，亦惟洛食。」注：「今洛陽也。將定下都。遷殷頑民。故并卜之。」《周語》：「靈王二十二年，穀、洛鬬，將毀王宮。」韋昭曰：「洛水在王城南，穀水在王城北，東入于瀍。」婁敬曰：「成王營成周都洛，以爲天下中，諸侯四方納貢職，道里鈞矣。」呂氏曰：「孔子序《洛誥》曰：『周公往營成周。』則成周乃東都總名。河南，成周之王城也；洛陽，成周之下都也。王城，非天子時會諸侯則虛之；下都，則保釐大臣所居治事之地。周人朝夕受事，習見既久，遂獨指以爲成周矣。」《通典》：「郟鄏，陌名。」成王既卜營洛邑，建明堂，朝諸侯，復還酆鄗。故《書序》曰：「還歸在豐。」歸于宗周。至懿王徙犬丘，秦謂之廢丘。今京兆槐里是也。《世本》：「懿王居犬丘。」《地理志》：「右扶風槐里縣，周曰犬丘，懿王都之。」《括地志》：「犬丘故城，一名慶丘，在雍州始平縣東南十里，即周懿王所都。漢高祖三年，更名槐里。」今京兆府興平縣。《秦紀》：「非子居犬丘。」厲王出于彘，今河東永安是也。《通典》：「晉州霍邑縣，漢彘縣。」《詩序》：「宣王復會諸侯于東都。」王氏曰：「成王於洛，時會諸侯而已。宣王時會諸侯於東都，而《車攻》謂之『復古』。」平王徙居洛，《洛誥》所謂「新邑」也。呂氏曰：「平王定都王城。」《地理志》：「初，雒邑與宗周通，封畿東西長而南北短，短長相覆，爲千里。至襄王以河内賜晉文公，又爲諸侯所侵，故其分墜小。」《郡國志》：「河南，周公所城雒邑也。春秋時謂之王城。東城門名鼎門，北城門名乾祭。」【注】《博物記》：「王城方七百二十丈，郛方七十里，南望雒水，北至陝山。」《地道記》：「去雒城四十里。」及敬王避子朝之亂，東居成周。子朝居王城，曰西王。敬王居狄泉，在王城之東，曰東王。《春秋》曰：「天王入于成周。」後六年，王室定，遂徙都成周。晉率諸侯之徒，修繕其城。以成周城小，不受王都，故壞翟泉以廣焉。翟泉，地在成周東北。《郡國志》：「雒陽，周時號成周，有狄泉在城中。」【注】摯虞曰：「古之周南，今之雒陽。」《世紀》曰：「城東西六里十一步，南北九里一百步。」《通典》：「狄泉在今洛陽城東三十餘里。」呂氏曰：「洛都雖有二城，而成周則其總名。杜預、孔穎達皆以下都爲成周，謂敬王繼子朝亂，自王城徙都之。其説不然。大可以包小，小不可包大。苟成周信爲下都之名，則凡書之言洛，皆謂之成周，是以下都之名而包王城，其不可信一也。《左氏》未嘗有敬王自王城遷成周之明文，第言『子朝既逐，王入于成周』而已。敬王請城成周之辭，亦謂成王合諸侯城成周以爲東都，則成周者洛邑之總名明矣。其不可信二也。」至赧王，又徙居西周。呂氏曰：「平王東遷之後，所謂西周者，豐鎬也；東周者，東都也。威烈王之後，所謂西周者，河南也；東都者，洛陽也。」《周紀》：「考王封其弟于河南，是爲桓公，以續周公之官職。惠公封其少子於鞏以奉王，號東周惠公。」【注】於是有東、西二周。《世本》：「西周桓公揭居河南，東周惠公班居洛陽。赧王時，東西周分治。西周，河南也。東周，鞏也。」《趙世家》：「成侯八年，與韓分周以爲兩。」徐廣曰：「顯王二年，《周紀》無此。」呂氏曰：「東、西周各爲列國，不復相關。自是而後，稱東、西周君者，皆謂二周君也。《本紀》云赧王時東西周分治，非也。赧王特徙都西周耳，當以《趙世家》爲正。」

《白虎通》：「夏曰夏邑，殷曰商邑，周曰京師。」《詩·公劉》：「京師之野。」朱文公曰：「京師高丘而衆居之也。」董氏曰：「所謂京師者起於此，其後世因以所都爲京師。『曰嬪于京』，依其在京，則岐周之京也。『王配于京』，則鎬京也。《春秋》所書『京師』，則洛邑也。皆仍其本號而稱之。猶晉之云新絳、故絳也。洛邑亦謂之洛師，正京師之意也。」林氏曰：「岐在郃西北無百里，豳又在岐西北四百餘里，豐在岐山東南二百餘里，鎬在豐東二十五里。」方氏曰：「豐、鎬，宗廟所在，故謂之宗周。洛邑以王道成於此，故謂之成周。」

【《都邑考》】后稷始封邰，今陝西西安府乾州武功縣西南二十里蘩城是。公劉遷豳，今西安府邠州三水縣西三十里古豳城是。太王居岐，今鳳翔府扶風縣西北岐陽鎮是。南有周原，始號曰周。王季宅程，亦曰郢，今西安府咸陽縣東二十一里安陵城是。文王遷豐，今西安府附郭長安縣西北靈臺鄉豐水上。武王徙都鎬，今長安縣西北十八里昆明池北鎬陂是。鄭康成曰：「豐邑在豐水西，鎬京在豐水東，相去蓋二十五里。」成王營洛邑，名曰東周，今河南府治是。至懿王徙犬丘，今西安府興平縣東南十里槐里城是。平王避犬戎之難，東遷于洛，即洛邑也。

右周職方。

【顧氏棟高《春秋大事表》】周都：洛邑王城，今河南府洛陽縣城内西偏，即王城故址。周公營洛邑，澗水東，瀍水西，南繫乎洛水，北因乎郟山。自平王東遷至景王，十一世皆居此。敬王遷成周，王城廢。至赧王，復居之。郟鄏，即郟山，北邙山也。在洛陽縣城北二里，亦謂之郟。桓七年「遷盟向之民于郟」，杜注：「郟，王城。」知郟鄏即王城之別名矣。遷於成周，在今河南府洛陽縣城東二十里。周公營王城，併營下都，處殷頑民。在瀍水之東，與王城相去十八里，亦謂之成周。昭二十六年，子朝奔楚，其餘黨多在王城，敬王畏之，徙都成周。成周狹小，乃請諸侯城之。自是迄春秋之末，凡書京師者，皆指成周。翟泉。杜注：「城内太倉西南池水也。」鄭氏曰：「狄泉本在下都城北，城成周時，乃繞翟泉於城內。」昭二十三年「天王居於狄泉」，二十六年「始入於成周」。此時，狄泉與成周猶爲兩地。**周邑**：**鄔**，隱十一年「王取鄔、劉、蔿、邘之田於鄭」，杜注：「鄔邑，河南緱氏縣西南有鄔聚。」今在河南府偃師縣西南。**劉**，杜注：「劉邑，緱氏縣西北有劉亭。」《後漢書》周大夫劉子邑也。今在偃師縣。劉子始封爲匡，王少子劉康公。**蔿**，東周大夫子國之食邑，謂之蔿國。**邘**，在今懷慶府城北三十里有邘臺村。地後屬晉。**温**，王與鄭人蘇忿生之田：温、原、絺、樊、隰郕、攢茅、向、盟、州、陘、隤、懷。在今懷慶府温縣西南三十里。後襄王更以賜晉，晉以狐溱爲温大夫。**原**，今懷慶府濟源縣西北有原鄉，後賜晉，晉以趙衰爲原大夫。**絺**，今懷慶府河内縣西三十二里有故絺城。❶**樊**，一名陽樊。今懷慶府濟源縣東南二十里有古陽城。東遷後，仲山甫子孫所封。莊二十九年，「樊皮叛王」，即此。後賜晉，晉以予陽處父爲食邑。**隰郕**，今懷慶府城西三十里有期城，即其地。一名隰城。僖公二十五年，「殺太叔于隰城」，即此。**攢茅**，今懷慶府脩武縣西北二十里有攢城。**向**，今懷慶府濟源縣西南有向城。**盟**，今懷慶府孟縣西南三十里有古河陽城，武王合諸侯于孟津，即此地。後歸晉，謂之河陽。僖二十八年，「天王狩于河陽」是也。**州**，在今懷慶府東南五十里。後屬晉，初爲郤稱邑，後爲欒豹邑。昭三年，晉人以賜鄭豐施。七年，子産歸州田于韓宣子。宣子更以賜宋樂大心。後宣子自徙居之。**陘**，即太行陘，在今懷慶府西北三十里。連山中斷曰陘。太行首始河内。北至幽州。中有八陘。此其一也。**隤**，在懷慶府修武縣北。**懷**，今懷慶府武陟縣西南十一里有懷城。後屬晉。宣六年赤狄伐晉圍懷，即此。**酒泉**，莊二十一年：「王與虢公酒泉。」杜注：「周邑。」今陝西同州府澄城縣有甘泉，出匱谷中，造酒尤美，名曰酒泉。**甘**，僖二十四年：「甘昭公有寵于惠后。」杜注：「王子帶食邑。」河南縣西南有甘水。西二十五里有故甘城。今俱在河南府洛陽縣西南。**毛**，

❶「内」，原作「南」，據庫本改。

「狄伐周，獲毛伯」，杜注：「毛伯采邑，在今河南府宜陽縣界。」郩田，成十一年，郤至與周爭郩田，杜注：「温別邑。懷縣西南有郩人亭。」在今懷慶府武陟縣界。要、餞，昭二十二年，子朝帥要、餞之甲以逐劉子，杜注：「周二邑。」《水經注》畛水出新安縣青要山。《新唐書》河南郡諸府有餞濟。揚，劉子奔揚，杜注：「周邑。」《路史》謂即山西之揚，侯國，宣王子尚文所封。今山西平陽府洪洞縣東有揚城。案傳云「壬戌，劉子奔揚。癸亥，如劉」。劉爲今偃師縣劉亭。浹日即至其地，當不出百里外。山西洪洞距偃師絶遠，且地已屬晉，決當爲僖十年揚、距、泉、皋之揚，❶而非山西之揚侯國也。前城，王師敗績于前城，杜注：「子朝所得邑。」服虔曰：「前，讀爲泉。即泉戎，地在伊闕南。」京相璠曰：「在今洛陽西南五十里伊闕外。」解，「王師軍於氾，于解，于任人」，杜注：「王師分在三邑。」氾即鄭州氾水縣，本鄭地，王時駐軍於此。解有大解、小解。《後漢書》：大解城在今洛陽縣南，小解城在縣西南也。任人，地闕。鄩，昭二十三年：「郊、鄩潰。」杜注：「郊、鄩二邑，皆子朝所得。」《括地志》：「故鄩城在河南府鞏縣西南五十八里。」《史記》「塞什谷之口」，徐廣曰：「即鄩邑。」澤邑，王師在澤邑，賈逵曰：「即翟泉。」牆人，劉子取牆人、直人。《路史》曰：「今河南府新安縣東北有白牆村。」直人，杜注：「子朝邑。」直伯柄國。尹，王入于尹，杜注：「尹氏邑。」今山西汾州有尹吉甫墓，即古尹城。唐，尹辛敗劉師于唐，杜注：「周邑。」《後漢志》有唐聚，在今河南府洛陽縣。鞏，昭二十五年：「尹文公涉于鞏。」杜注：「于鞏縣涉洛水。」周鞏伯邑，即今鞏縣。後西周惠公封少子班于此，爲東周。今縣西南三十里有鞏王城。萑谷，昭二十六年：「王次于萑谷，于胥靡，于滑。」杜注：「皆周邑。」萑谷在洛陽縣東。胥靡，杜注：「本鄭邑。」今河南府偃師縣東南四十里有胥靡城。滑，杜注：「本鄭邑。」今偃師縣南緱氏故城，即古滑地。高氏曰：「滑本國名，秦滅之而不能有，爲晉所得。然其地近鄭，在所必爭。成十七年，鄭人所以侵晉虛滑也。是時則歸王室。

❶「十」，據《左傳》，當作「十一」。

逮定六年，『鄭伐周馮、滑、胥靡』，此鄭人爭滑之驗也。」莒，陰忌奔莒，杜注：「周邑。」按莒國之外，又有三莒：周莒、齊莒、魯莒父。此周莒也，其地未詳。馮，定六年：「鄭伐馮、滑、胥靡、負黍、狐人、闕外」，杜注：「周邑。」《東觀記》曰：「魏之別封曰華侯，華侯孫長卿食采于馮城。」即此。負黍，杜注：「周邑。陽城西南有負黍亭。」在今河南府登封縣。狐人，杜注：「周邑。」《後漢志》：「潁陰縣有狐宗鄉，古狐人亭也。」在今許州府臨潁縣。闕外，杜注：「周邑，即伊闕外之邑也。」在今河南府洛陽縣南闕塞山下。穀城，定八年，「單子伐穀城，單子伐簡城，劉子伐盂」，杜注：「在河南縣西。」在今河南府洛陽縣西北。《水經注》：「城西臨穀水，故名。」簡城，杜注：「周邑。」周有簡師父，簡城蓋其采地。盂。杜注：「周邑。」今懷慶府河南縣西北有邘臺鎮，爲古盂國。周地：伊川，僖二十二年：「辛有適伊川。」杜注：「周地。」今爲河南府嵩縣。坎欿，僖二十四年：「王遂出，及坎欿。」杜注：「周地。」在今河南府鞏縣東。郲垂，文十七年：「甘歜敗戎于郲垂。」杜注：「垂亭在新城縣北。」今爲汝州伊陽縣地。湨梁，襄十六年：「會于湨梁。」《爾雅》：「梁莫大于湨梁。」湨梁，水堤也。湨水源出懷慶府濟源縣西北，至温縣入河。轘轅，襄二十一年：「使候出諸轘轅。」杜注：「轘轅，關名。」在今河南府鞏縣西南七十里。雒汭，昭元年：「趙孟館于洛汭。」《水經注》：「洛水入河之處。亦名什谷。張儀謂『下兵三川，塞什谷之口』是也。」在今河南府鞏縣三十里。❶ 潁，昭元年：「景王使劉定公勞趙孟于潁。」九年：「晉梁丙、張趯率陰戎伐潁。」杜注：「潁水出陽城縣。」《方輿紀要》云：「陽城廢縣，本周之潁邑，在今河南府登封縣東南四十里。戰國時屬鄭，謂之陽城。後入韓。秦亦爲陽城縣。陳勝，陽城人。」甘鹿，昭十七年：「陸渾衆奔甘鹿。」杜注：「周地。」今河南府宜陽縣有鹿蹄山，甘水所出。榮錡氏，昭二十二年：「王崩于榮錡氏。」杜注：「河南鞏縣

❶ 「鞏縣三十里」，本書卷二一〇「虢山川」下言洛汭「鞏縣東北三十里」。

西有滎錡澗。」《方輿紀要》：「《括地志》云在縣西，澗蓋在邑旁。」**皇**，二十二年：「王猛居于皇。」杜注：「河南鞏縣西南有黄亭。」今在河南府鞏縣西北。**東圉**，「單氏伐東圉」，《路史》：「周地。」杜注：「洛東面有圉鄉。」**社**，「前城人敗陸渾于社」，杜注：「周地。」黄河西自偃師界至鞏縣，洛水入之，有五社渡，又有五社津。光武幸懷，遣耿弇等軍五社津，備滎陽以東，即此。**陰**，「晉籍談軍于陰」，漢平陰縣地，今爲河南府孟津縣治。**侯氏**，「荀躒軍于侯氏」，杜注：「周地。」即緱氏，今河南府偃師縣東南二十里有廢緱氏城。**谿泉**，「賈辛軍于谿泉」，杜注：「鞏縣西南有明谿泉。」**平陰**，昭二十三年：「晉師在平陰。」即陰，漢爲平陰縣地。見前。**訾**，「單子取訾」，《路史》曰：「訾有二：西訾在洛，東訾在鞏。」此蓋西訾也。二十四年：「河津人得子朝用于河之寶珪，陰不佞拘之，王定而獻，與之東訾。」二十七年：「尹文公焚東訾。」始爲鞏縣之訾。杜氏混而一之，則傳文「東」字爲贅矣。**蒯**，「尹辛攻蒯」，杜注：「河南縣西南蒯鄉。」今在河南府洛陽縣西南。**尸氏**，昭二十六年「劉人敗王城之師于尸氏」，即尸鄉，在河南府偃師縣西三十里，田横自剄處。**渠**，「劉子以王出，次于渠」，杜注：「周地。」即陽渠也，周公所鑿，在河南鞏縣，西通洛陽。**堤上**。「遂軍圉澤，次于堤上」，杜注：「周地。」《漢書》：「河決酸棗，東潰金隄。」《寰宇記》：「金堤在洛陽縣西南二十三里。」❶時漢興未四十年，河道始決，金隄係三代時物明矣。所云「堤上」，疑即此。**周山川**：**轘轅**，襄二十一年：「使侯出諸轘轅。」杜注：「轘轅關在緱氏縣西南。」轘轅，山名，在今河南府鞏縣西南七十里。其坂有十二曲，將去復還，故名。**闕塞**，昭二十六年：「晉知躒、趙鞅納王，使女寬守闕塞。」杜注：「洛陽西南伊闕口也。」闕塞山，在今河南府治洛陽縣城南三十里，一名龍門山，一名伊闕，一名闕口。《志》云：「山之東曰香山，西曰龍門。大禹疏以通水，兩山對峙，石壁峭立，望之若闕，伊水歷其間，故名伊闕。」**北山**，昭二十二年：「王田于北山。」杜注：「北芒也。」一作邙山。北邙山在今河南府治洛陽

❶「洛陽」，《太平寰宇記》卷二作「酸棗」，是。

縣城北十里。山連偃師、孟津、鞏三縣，綿亘四百里，在城之北，故曰北山。一名郟山。成王定鼎于郟鄏，即此。亦謂之郟，王城之别名。桓七年「遷盟向之民于郟」，襄二十四年「齊人城郟」，杜注皆云：「郟，王城也。」今府城西有郟鄏陌，亦曰郟山，亦曰邙山。東漢諸陵及唐宋諸名臣墓多在此。三塗，昭四年傳「四嶽、三塗、陽城、太室、九州之險」，杜注：「三塗，在河南陸渾縣南。」三塗山，在今河南府嵩縣南。《水經注》曰：「伊水歷崖口，山峽也。❶翼崖深高，壁立如闕，伊水穿峽北流，即古三塗山。武王所謂『南望三塗』是也。」《金志》嵩縣有三塗山。服虔以三塗爲道觀。《春秋》「晉伐陸渾，有事於三塗」，即知是山明矣。陽城，杜注：「在陽城縣地。」❷陽城山在今河南府登封縣北三十八里。《志》云：「城中有測景臺。周公定此地爲土中，立圭測景。漢、唐因之。」太室，杜注：「在陽城縣西南。」❸太室山在今河南府登封縣北十里。《漢志》：「武帝置崇高縣以奉太室，是爲中嶽。」《詩譜》即外方山也。嵩山三十六峯，東曰太室，西曰少室，嵩高其總名。施谷，昭二十六年：「王城人、劉人戰于施谷。」萑谷；「丁丑，王次于萑谷。」按大谷在今洛陽縣東。《後漢書》孫堅進軍大谷，距洛九十里。其谷連亘至潁陽縣。何進設八關，大谷其一也。周之萑谷、施谷，蓋皆大谷之支徑。河，昭二十四年：「王子朝用成周之寶珪於河。」大河經河南府洛陽縣北境，《禹貢》「東過洛汭」，正當王城之東北。故子朝用珪于河，以求福也。洛水，昭元年：「趙孟館于雒汭。」杜注：「洛水在鞏縣南。水曲流爲汭。」雒汭在今河南府鞏縣東北三十里。《後漢書》「鞏縣」注：「夏太康五弟，徯於洛之汭。」即此。《水經注》：「洛水入河之處，清濁異流，亦名什谷。」隋于此置洛口倉。以洛水東逕洛汭，北對瑯琊渚，入河謂之洛口。伊水，僖二十二年：「辛有適伊川。」伊源有二。《水經注》：「伊水出南陽蔓渠山，逕陸渾縣三塗山，東注虢略，其地即辛有過伊川見被髮而野祭處。」《後漢書》則云：「伊水出盧氏。」近志因之，謂伊川

❶「峽也」，原脱，據《水經注》卷一五補。

❷「地」，《左傳》昭公四年杜注作「東北」。

❸「南」，《左傳》昭公四年杜注作「北」。

出盧氏悶頓嶺，東流經嵩縣、洛陽、偃師入洛水。蓋原有二水合流，諸家各言所見耳。**穀水**，襄二十四年傳注：「穀、洛鬭，毀王宮。」穀水在今河南府洛陽縣王城北門外。昭二十四年：「士景伯立于乾祭。」杜注：「乾祭，王城北門。」《水經注》：「穀水又東繞乾門北，子朝之亂，晉所開也。其東即千金堨，又東爲東谷水，水之西北即金墉城。」**湟水**，昭二十二年：「王猛居于皇。」杜注：「河南鞏縣西南有黄亭。」按《後漢志》湟水即皇也。《水經注》：「雒水合於谿泉，又東，濁水注之，即古湟水。京相璠曰：『黄亭在訾城北三里。』」今在鞏縣西北。**湨水**，襄十六年：「會于湨梁。」杜注：「湨水出河内軹縣，東南至温入河。」案《爾雅》：「梁莫大于湨梁。」湨梁，水隄也。湨水，源出懷慶府濟源縣西北，俗呼白澗水。**翟泉**，昭二十二年：「天王居狄泉。」亦曰翟。杜注：「洛陽城内大倉西南池水也。」案敬王初居狄泉，時尚在城外。至昭公三十二年，合諸侯于狄泉，以其地大成周之城，乃繞狄泉於城内。今乾無水。**酒泉**，莊二十一年：「王與虢公酒泉。」杜注：「周邑。」今陝西同州府澄城縣有温泉，西注于洛。又有甘泉，出匱谷中，造酒尤佳，名曰酒泉。蓋虢地，跨河東西，後入於晉。**平陰**。昭二十二年：「晉師在平陰。」杜注：❶「今河陰縣。」按平陰古爲津濟處。陳平降漢王，使參乘，監諸將南渡平陰津至洛陽是也。後置平陰縣。以縣在平津、大河之間，故名。魏晉改曰河陰縣。唐改曰河清縣。至金，移治于河南岸，改曰孟津縣。即今河南府之孟津縣治也。杜注之河陰縣，與鄭州之河陰縣有别。

右春秋周都邑山川。

五禮通考卷第二百七

淮陰吴玉搢校字

❶「杜注」，原脱，據文例補。

五禮通考卷第二百八

內廷供奉禮部右侍郎金匱秦蕙田編輯
太子太保總督直隸右都御史桐城方觀承同訂
翰林院編修嘉定錢大昕
按察司副使元和宋宗元 參校

嘉禮八十一

體國經野

【《地志》】禹會諸侯于塗山，執玉帛者萬國。成湯之時，有三千餘國。武王觀兵，有千八百國。東遷之初，尚存千二百國。迄獲麟之末，二百四十二年，見于《春秋》經傳者，惟百有餘國。而會盟征伐，章章可紀者，約十四君：魯，都曲阜。衛，都朝歌。戴公廬曹，今北直大名府滑縣也。文公遷楚丘，今滑縣東七十里廢衛南縣是。成公徙帝丘，亦曰濮陽，即大名府開州也。至元君徙野王而祀絶。野王，今河南懷慶府附郭河內縣是。齊，太公封營丘。今青州府臨淄縣。胡公徙薄姑，今青州府博興縣東北十五里薄姑城是。獻公徙臨淄，即太公營丘也。晉，叔虞封唐，今山西平陽府翼城縣東二十五里唐城是。子爕徙晉，今太原府太原縣是。穆侯徙絳，孝侯改絳爲翼，亦曰故絳，今翼城縣東南十五里古翼城是。景公遷新田，仍稱絳，今平陽府絳州絳縣也。宋，都商丘。鄭，都新鄭。今開封府禹州新鄭縣。又陝西西安府華州西北有故鄭城，其始封邑也。陳，都宛丘。即開封府陳州。蔡，都上蔡。今河南汝寧府上蔡縣。平侯徙新蔡，今汝寧府新蔡縣也。昭侯徙州來，亦曰下蔡，今南直鳳陽府壽州北三十里下蔡城是。曹，都曹。今兗州府曹州定陶縣。許，都許。今開封府許州是。靈公遷葉，今南陽府裕州葉縣。悼公遷夷，❶今鳳陽府亳州東南七十里廢城父縣是。旋還葉。又遷于白羽，今南陽府鄧州淅川縣是。❷許男斯又遷于容城，今荆州府東廢華容縣是。蓋皆爲楚所遷也。秦，非子封秦城，今陝西鞏昌府秦州清水縣是。莊公居犬丘。文公卜居汧、渭間，今鳳翔府郿縣東北十五里故郿城是。寧公徙平陽，今鳳翔府岐山縣西四十六里有平陽鄉。德公徙居雍，今鳳翔府治是。獻公徙櫟陽，今西安府臨潼縣北五十里故萬年縣是。孝公作咸陽，今西安府咸陽縣東三十里咸陽故城是也。楚，熊繹封丹陽。今湖廣荆州府歸州東北七里丹陽城是。文王始都郢，今荆州府城北十里紀南城是。至平王，更城郢，今荆州府東北三里郢城是也。昭王遷都，在襄陽府宜城縣南境，旋還郢。至襄王，東北保陳城，即開封陳州也。考烈王遷鉅陽，在陳州東境。又東遷壽春，今鳳陽府壽州也。最後懷王孫心都盱眙，即鳳陽府泗州盱眙縣。又徙長沙郴縣而亡，今湖廣郴州也。吴，都勾吴。《正義》：「太伯居梅里。」今常州府無錫縣東南四十里有太伯城。至闔閭始築吴郡城，都之，即今蘇州府城也。越，都會稽。今浙江紹興府治是。又勾踐嘗徙瑯邪，今山東青州府諸城縣東南百四十里瑯邪城是。皆大國也。其餘子男、附庸之屬：滕，山東兖州府滕縣是。薛，滕縣南四十里有薛城。邾，兖州府鄒縣是。文公遷繹，在鄒縣東南二十五里繹山下。小邾，亦曰郳。在滕縣境内。鄫，兖州府嶧縣是。偪陽，嶧縣西南五十里有偪陽城。郜，兖州府城武縣東南有郜國城。茅，兖州府金鄉縣東舊有茅鄉。鑄，兖州府曹州定陶縣境有鑄鄉城。遂，《括地志》：「定陶縣有遂鄉，古遂國也。」任，兖州府濟寧州是。邿，濟寧州南六十里廢亢父縣有邿亭。邿，讀曰詩。須句，兖州府東平州是。郚，東平州東六十里有郚城。宿，東平州東三十里無鹽城是。郕，東平州汶上縣北二十里郕國城是。鄅，兖州府沂州北開陽故縣是。郯，沂州郯城縣。顓臾，沂州費縣西北九十里有顓臾城。於餘丘、極、鄣，已上未詳。凌氏曰：「俱在兖州府境。」譚，濟南府城

❶「夷」，原作「奚」，據庫本改。

❷「淅」，原作「析」，據《大清一統志》改。

東七十里有譚城。牟，濟南府泰安州新泰縣東南廢牟縣是。紀，青州府壽光縣西南三十里紀城是。莒，青州府莒州是。向，莒州南七十三里向城是。根牟，今莒州沂水縣東南牟鄉是。陽，未詳。凌氏曰：「在青州府境。」介，萊州府膠州高密縣西六十里黔陬城是。彝，膠州即墨縣西廢壯武縣是。萊，亦曰郲。今登州府黃縣東二十里有萊子城。齊侯遷萊子于郳，今萊州府治是。共，河南衛輝府輝縣是。凡，輝縣西南二十里有凡城。南燕，衛輝府胙城縣是，故胙國也。雍，懷慶府修武縣西有雍城。邘，懷慶府城西北三十里有邘城。温，亦曰蘇。今懷慶府温縣是。原，今懷慶府濟源縣西北十五里原鄉是。甘，河南府城西南甘水上，舊有甘城。鞏，河南府鞏縣。滑，河南府偃師縣南二十里廢緱縣是。劉，廢緱縣有劉亭。虢，在河南府陝州者曰北虢，在開封滎陽者曰東虢。又陝西鳳翔府寶雞縣東二十里虢國城，曰西虢。焦，陝州南二里徽伯壘是。又南直鳳陽府亳州亦古焦國。尹，或曰在河南府城東北。毛、聃、單、成，俱未詳。周畿内國也。凌氏曰：「皆在河南府境内。」杞，開封府杞縣是。又杞遷于緣陵，或曰在杞縣西北百里。又遷于淳于，或曰即今杞縣。密，開封府禹州密縣。項，開封府陳州項城縣。頓，項城縣境有南頓城。祭，開封府鄭州東北十五里有祭城。葛，歸德府寧陵縣北十五里有葛城。戴，歸德府睢州考城縣。沈，今汝寧府城東平輿故城是。柏，汝寧府西平縣。房，汝寧府遂平縣是。黄，汝寧府光州西十二里有黄城。息，光州息縣。弦，光州光山縣。蔣，光州固始縣西北七十里期思城是。江，汝寧府信陽州確山縣。道，確山縣北有道城。申，南陽府附郭南陽縣是。蓼，南陽府唐縣南廢湖陽縣是。又鳳陽府壽州南六十里廢安豐縣亦古蓼國。鄧，今南陽府鄧州。鄀，鄧州内鄉縣西南百二十里丹水城是。又湖廣襄陽府宜城縣南境亦有鄀城。《記》曰：「自商密遷于此。」商密，即丹水也。應，今汝州東南廢父城縣是。黎，山西潞安府黎城縣。揚，平陽府洪洞縣。魏，平陽府蒲州東南百二十里永樂城是。耿，蒲州河津縣。冀，河津縣有冀鄉。荀，亦曰郇。蒲州猗氏縣。霍，平陽府霍州。賈，未詳。凌氏曰：「在平陽府西境。」崇，今陝西西安府鄠縣。酆，在鄠縣東境。畢，今西安府咸陽縣西北有畢原。芮，西安府同州是。又山西平陽府解州芮城縣西有古芮國城。本魏國地，芮伯萬出居此，因名。韓，同州韓城縣。梁，韓城縣南二十里少梁城是。召，鳳翔府城南有召亭。或曰春秋時召亦遷于河南。穀，湖廣襄陽府穀城縣是。唐，襄陽府棗陽縣上唐鄉是。羅，襄陽府南漳縣東南八十里有羅國城。又荆州府枝江縣亦故羅國，其所遷處也。岳州府平江縣又有羅國城，楚文王自枝江徙羅于此。鄾，襄陽府城東北十二里有鄾城。鄖，亦作䢵。今德安府治。隨，德安府隨州是。厲，隨州北有厲鄉。賴，在隨州東北境。又楚遷賴于鄢，今襄陽府宜城縣也。貳，隨州應山縣境。絞、軫，未詳。凌氏曰：「俱近隨州境。」庸，鄖陽府竹山縣。州，荆州府監利縣是。又山東萊州府高密縣東北有廢淳于縣，亦古州國。夔，荆州府歸州東二十里有夔子城。權，今承天府當陽縣東南有權城。又楚遷權于那處。今承天府荆門州西廢編縣有那口城。麇，岳州府境有東西二麇子城。又鄖陽府附郭鄖縣亦故麇國也。徐，鳳陽府泗州北五十里徐城是。又楚遷徐于奚，即許國所嘗遷者。蕭，今徐州蕭縣。鍾吾，今淮安府邳州宿遷縣是。舒，廬州府舒城縣。巢，廬州府無爲州巢縣。六，廬州府六安州。英氏，在六安州境。桐，安慶府桐城縣。舒鳩，凌氏曰：「在安慶府境。」邢，北直順德府治是。又遷于夷儀，❶今東昌府附郭聊城縣有夷儀聚。北燕，保定府易州東南故燕國城是。巴，四川重慶府附郭巴縣是。不羹，羹，音郎。河南開封府許州襄城縣西南有不羹城。又南陽府裕州舞陽縣北境亦有此城。皆悉索幣賦，以奉大國之命者也。外此者戎蠻，河南汝州西南有蠻中聚，即戎蠻子邑。陸渾，河南府嵩縣北三十里陸渾廢縣是。鮮虞，北直真定府城東北四十里新市故

❶「夷」，原作「奚」，據庫本改。下同。

城，鮮虞國都也。無終，北直順天府薊州玉田縣是。山戎，北直永定府是。北翟，山西大同府是。潞氏，亦曰赤翟。今潞安府潞城縣。白翟，陝西延安府是。驪戎，西安府臨潼縣是。鄋瞞，在山東濟南府北境。淮彝，南直徐、邳等州境。肥，山西太原府平定州樂平縣東五十里昔陽城，其國都也。又北直真定府藁城縣西南有肥纍城，山東濟南府有肥城縣，皆其種屬。北直永平府境又有肥如城，《志》曰：「晉滅肥，肥子奔燕，受封於此。」鼓，真定府晉州是。盧，在湖廣襄陽府境。濮，亦曰百濮。在湖廣常德府辰州府境。則九州異裔，參錯于列國之中者也。莫不弱者先滅，强者後亡。凌遲至於戰國，存者惟有七君，而田齊、三晉，又非春秋之舊。

顧氏棟高《春秋大事表》：魯都：曲阜，今爲山東兖州府曲阜縣治。應劭曰：「曲阜在魯城中，委曲長七八里。」自春秋至戰國，魯世世都之。」党氏溝，哀十一年：「季孫使冉求佽于党氏之溝。」杜注：「朝中地名。」棘下地，定八年：「公斂處父與陽虎戰于棘下。」杜注：「城内地名。」蒲圃，襄四年：「季孫樹六檟於蒲圃東門之外。」杜注：「塲圃名。」定八年「陽虎將享季氏於蒲圃而殺之」即此。五父之衢，襄十一年：「季武子將作三軍，詛于五父之衢。」白褒《魯記》：「在魯東門外二里。」郰。❶襄十年：「郰人紇抉之，以出門者。」杜注：「郰邑，魯縣東南莝城。」孔子還轅息鄹，即此。今曲阜縣與鄒縣相接處。

魯邑：郎，隱元年：「費伯帥師城郎。」杜注：「魯邑，高平方與縣東南有郁郎亭。」在今兖州府魚臺縣東北九十里。桓十年：「齊侯、衛侯、鄭伯來戰于郎。」莊十年：「齊師、宋師次于郎。」蓋魯之邊邑，故數受兵。費，見上。魯大夫費庈父之食邑。讀如字，與季氏費邑讀曰「秘」者有别。在今兖州府魚臺縣西南。棠，隱五年：「公觀魚于棠。」棠，濟上之邑。杜注：「高平方與縣北有武唐亭，魯侯觀魚臺。」《水經注》：「菏水又

❶「郰」，原作「聊」，據庫本改。下同。

東經武唐亭，有高臺二丈許，下臨水。昔魯侯觀魚處。」在今魚臺縣東北十二里。「棠」與「唐」，古通用。即二年公與戎盟之唐也。中丘，隱七年：「城中丘。」《公羊》云：「内之邑也。」杜注：「在瑯琊臨沂縣東北。」今沂州府東北三十里有中丘城。防，隱九年：「公會齊侯于防。」杜注：「在瑯琊華縣東南。」案：魯有兩防，此所謂東防也。在今沂州府費縣東北六十里，世爲臧氏食邑。襄二十三年「臧紇自邾如防」，即此。防，隱十年：「敗宋師于菅。辛巳，取防。」此所謂西防也。杜注：「高平昌邑縣西南有西防城。」宋防既爲魯有，欲别于臧氏之防，故謂之西防。在今兖州府金鄉縣西北。菟裘，隱十一年：「吾使營菟裘。」杜注：「魯邑，在泰山梁父縣南。」在今兖州府泗水縣西北。許田，桓元年：「鄭伯以璧假許田。」《寰宇記》：「許昌城南四十里有魯城，在今河南許州府東境，爲魯朝宿邑。鄭伯請以泰山之祊易之而祀周公。」《公羊》云：「田多邑少稱田。邑多田少稱邑。」成，桓六年：「公會紀侯于成。」杜注：「在泰山鉅平縣東南。」在今兖州府寧陽縣東北九十里。莊三十年「次于成，備齊也」，襄十五年「齊人圍成，公救成」。于是城成郛，後爲孟氏邑。定十二年，「仲由爲季氏宰，將墮成。公斂處父曰：墮成，齊人必至於北門」，是魯之北境近齊之邑。郿，莊二十八年：「冬，築郿。」杜注：「魯下邑。」在兖州府壽張縣東南五十里。諸，莊二十九年：「城諸及防。」杜注：「今城陽諸縣。」在今青州府諸城縣治西南三十里。小穀，莊三十二年：「城小穀。」孫氏復謂之宜從《穀梁》注，爲魯邑。曲阜縣西北有小穀城。《左傳》杜注謂爲齊邑，爲管仲城之，非也。費，世爲季氏邑。在今沂州府費縣治西南七十里。賈逵、《索隱》俱以爲魯懿公子費伯之食邑者，非是。昌衍，僖二十九年：「介葛盧來舍于昌衍。」杜注：「魯縣東南有昌平城。」在今曲阜縣東南八十里。郚，文七年：「城郚。」杜注：「魯邑。卞縣南有郚城。城郚，備邾難也。」在今兖州府泗水縣東南。鄆，文十二年：「季孫行父帥師城諸及鄆。」杜注：「城陽姑幕縣南有鄖亭。鄖，即鄆。」在今沂州府沂水縣治東北四十里。此爲東鄆，莒、魯所争者。平陽，宣八年：「城平陽。」杜注：「泰山有平陽縣。」在今泰安府新泰縣西北四里。案魯有兩平陽，此係東平陽也。西平陽在兖州府鄒縣西三十里，本邾邑，爲魯所取。見哀二十七年。**龍**，成二年：「齊人伐我北鄙，圍龍。」杜注：「魯邑，在泰山博縣西南。」今在泰安府城西南。**棘**，成三年：「叔孫僑如帥師圍棘。」杜注：「汶陽田之邑，在濟北蛇丘縣。」今當爲泰安府肥城縣地。**台**，襄十二年：「莒人伐我東鄙。」杜注：「瑯琊費縣南有台亭。」在今沂州府費縣東南。**桃**，襄十七年：「齊侯伐我北鄙，圍桃。」杜注：「魯邑。卞縣東南有桃墟。」在今兖州府泗水縣東南。昭七年，晉人來治杞田，季孫以成與之，而遷孟氏之邑于桃，即此。**陽關**，襄十七年：「師自陽關逆臧孫。」魯邑，杜注：「在泰山鉅平縣北。」❶後屬齊。定七年「齊人歸鄆、陽關」，即此。在今兖州府寧陽縣東北。**武城**，襄十九年：「城武城。」魯邑。杜注：「泰山南武城縣。」子游爲武城宰，即此。在今沂州府費縣西南九十里。**高魚**，襄二十六年：「齊烏餘以廩丘奔晉，遂襲我高魚。」魯邑。杜注：「廩丘東北有高魚城。」❷今其地在曹州府鄆城縣東北，北與范縣接界。

陽州，襄三十一年：「齊閭丘嬰伐陽州。」齊魯境上邑，在今泰安府東平州西北。昭二十五年：「公孫于齊次于陽州。」杜注云：「未敢直前，故次于竟。」定八年：「公侵齊門于陽州。」則此時陽州當爲齊有矣。**郈**，昭二十五年：「臧會奔郈。」叔孫氏邑。杜注：「郈在東平無鹽縣東南。」在今泰安府東平州東南十里。定十二年，仲由將墮三都，叔孫氏墮郈，即此。**東野**，定五年：「季平子行東野，還，卒于房。」杜注：「季氏邑。」今《闕里志》：「周公後有東野氏，蓋以邑爲氏。東野及房，皆近費之邑。」**龜陰田**，定十年：「齊人來歸鄆、讙、龜陰田。」杜注：「三邑皆汶陽田。泰山博縣北有龜山。」案博縣爲今之泰安府，龜山在新泰縣之西南，泗水縣之東北，與泰安府境相接。**莒父**，定十四年：「城莒父及霄。」杜注：「魯邑。」莒係以父，魯人語，音如梁父、亢父、單父是也。子夏爲莒父宰，即此。今爲沂州

❶「北」，《左傳》襄公十七年杜注作「東」。

❷「廩丘東北有高魚城」，《左傳》襄公二十六年杜注作「今東郡廩丘縣故城是」。

府莒州地。**霄**，見上。杜注：「魯邑。」在今莒州境。**漆**，定十五年：「冬，城漆。」杜注：「邾庶其邑。」南平陽縣東北有漆鄉，今在兗州府鄒縣北。**啟陽**，哀三年：「叔孫、季孫城啟陽。」杜注：「瑯琊開陽縣。」今沂州府治北十五里有開陽故城，本鄅國，後屬魯。**邾瑕**，哀六年：「城邾瑕。」杜注：「任城亢父縣有邾婁城。」今在兗州府濟寧州南二十里。**負瑕**，哀七年：「公伐邾，以邾子益來，囚諸負瑕。」杜注：「魯邑，南平陽縣西北有瑕丘城。」在今兗州府滋陽縣西二十五里。❶**闡**，哀八年：「齊人取讙及闡。」杜注：「在東平剛縣北。」戰國時爲齊之剛邑，故剛城在今兗州府寧陽縣東北三十五里。**東陽**，哀八年：「吴伐我，克東陽。而進舍于五梧。明日，舍于蠶室。」杜注：「三邑，魯地。」東陽在今沂州府費縣西南七十里。**五梧**，見上。在費縣西。**蠶室**。今兗州府滕縣東三十里有蠶母山。

魯地：蔑，隱元年：「盟于蔑。」杜注：「魯地。」即姑蔑也。魯國卞縣南有姑城，在今兗州府泗水縣東北四十五里。定十二年費人攻公，仲尼命申句須、樂頎下伐之。費人北，國人追之，敗諸姑蔑。即此。**潛**，隱二年：「公會戎于潛。」杜注：「魯地。」潛地蓋近戎。戎在今曹州府曹縣故戎城，潛當在魯兗州府西南境。**唐**，隱二年：「公及戎盟于唐。」杜注：「魯地。高平方與縣北有武唐亭。」在今兗州府魚臺縣東十二里。**鄧**，隱十年：「盟于鄧。」杜注：「魯地。」黄帝臣鄧伯温國，與南陽子姓之鄧有别，當在今兗州府境。**讙**，桓三年：「齊侯送姜氏于讙。」杜注：「魯地。濟北蛇丘縣西有下讙亭。」在今濟南府肥城縣西南。**祝丘**，桓五年：「城祝丘。」杜注：「魯地。」莊四年：「夫人姜氏享齊侯于祝丘。」即此。是齊魯兩境上之邑，在今沂州府東南五十里。**咸丘**，桓七年：「焚咸丘。」杜注：「魯地。高平鉅野南有咸亭。」在今曹州府鉅野縣南。**闞**，桓十一年：「公會宋公于闞。」杜注：「魯地。在東平須昌縣東南。」魯先公墓所在。自隱、桓以下皆葬此。今兗州府汶上縣西南三十五里有南旺湖，湖中有闞亭。其地蓋

❶「滋」，原作「嵫」，據庫本改。下同。

阜六七，即魯先公葬處。定元年：「季孫使役如闞。」即此。**曲池**，桓十二年：「盟于曲池。」杜注：「魯地。魯國汶陽縣北有曲水亭。」在今曲阜縣東北四十里。**趡**，桓十七年：「盟于趡。」杜注：「魯地。」當在今兖州府泗水、鄒縣之間。**奚**，桓十七年：「戰于奚。」杜注：「魯地。」今兖州府滕縣南奚公山下有奚邑。《水經注》：「夏車正奚仲之國也。」**蒍**，莊九年：「公及齊大夫盟于蒍。」杜注：「魯地。琅琊繒縣北有蒍亭。」在今兖州府嶧縣東八十里。**生竇**，莊九年：「殺子糾于生竇。」杜注：「魯地。」在今曹州府曹縣東北三十里，濮水所逕，爲齊、魯交界。**長勺**，莊十年：「公敗齊師于長勺。」杜注：「魯地。」《路史》曰：「成王以商民六族錫魯，有長勺氏、尾勺氏。」此蓋商民所居。**乘丘**，莊十年：「公敗宋師于乘丘。」杜注：「魯地。」西漢泰山郡有乘丘縣，顏師古曰即《春秋》乘丘也。《括地志》：「乘丘在瑕丘縣西北三十五里。」今兖州府治嵫陽縣西有古瑕丘城。**郚**，莊十一年：「公敗宋師于郚。」杜注：「魯地。」當在兖州府境。與元年「齊遷紀郱、鄑、郚」之郚在都昌縣西者爲二地。**濟西**，莊十八年：「公追戎于濟西。」杜注：「公逐戎于濟水之西。」❶莊三十年：「公及齊侯遇于魯濟。」杜注：「濟水歷齊、魯界，在齊界爲齊濟，在魯界爲魯濟。蓋魯地。」宣元年：「齊人取濟西田。」杜注：「故曹地。」僖三十一年，晉人以分魯濟西。約在今曹州府曹縣、鄆城、鉅野三縣之地。**洮**，莊二十七年：「公會杞伯姬于洮。」杜注：「魯地。」在今曹州府濮州西南五十里。**薛**，莊三十一年：「築臺于薛。」杜注：「魯地。」今兖州府滕縣東南有薛城。**秦**，莊三十一年：「築臺于秦。」杜注：「東平范縣西北有秦亭。」在今曹州府范縣南三里。**梁丘**，莊三十二年：「齊侯、宋公遇于梁丘。」杜注：「在高平昌邑縣西南。」今曹州府城武縣東北三十里有梁丘城，蓋齊、宋接界處。《穀梁》：「云梁丘在曹、邾之間，❷去齊八百里。」其地近宋。見齊桓之能執謙。**密**，閔二年：「共仲歸及密，乃縊。」杜注：「魯地。琅琊費縣北有密如亭。」在今沂

❶「水」，原作「泉」，據庫本改。

❷「穀梁」，原作「公羊」，據庫本改。

州府費縣北。汶陽，僖元年：「公賜季友汶陽之田及費。」杜注：「汶水北地。」定十年：「齊人取鄆、讙、龜陰田。」三邑皆汶陽也，其地在今兖州府寧陽縣境。甯母，僖七年：「盟于甯母。」杜注：「魯地。高平方與縣東有泥母亭，讀如甯。」在今兖州府魚臺縣東二十里。卞，僖十七年：「夫人姜氏會齊侯于卞。」杜注：「魯國卞縣。」在今兖州府泗水縣東五十里。升陘，僖二十二年：「及邾人戰于升陘。」杜注：「魯地。」重館，僖三十一年：「臧文仲如晉，宿于重館。」杜注：「高平方與縣東北有重鄉城。」在今兖州府魚臺縣西北十一里。鹹，文十一年：❶「叔孫得臣敗狄于鹹。」杜注：「魯地。」《後漢志》濮陽縣，春秋時有鹹城，濮水之北。當在今曹州府曹縣境。蜀，成二年：「公會楚公子嬰齊于蜀。」杜注：「博縣西北有蜀亭。」今兖州府汶上縣西南四十里有蜀山，其下有蜀山湖，與南旺湖東西相對，爲泰安府接境。陽橋，成三年：「楚侵及陽橋。」杜注：「魯地。」在今泰安府泰安縣西北。壞隤，成十六年：「公往會晉，出于壞隤。」杜註未詳所在，第據成十六年傳云「公待于壞隤，申宮儆備，設守而後行」，意其地當去公宮不遠。又昭公之喪，送君者自壞隤而反，當在曲阜境内。貍脤，成十七年：「公孫嬰齊卒于貍脤。」舊説云魯地，杜駁之曰：「傳稱『庚午圍鄭。還自鄭。壬申，至于貍脤』。由庚午至壬申纔二日，未得及魯竟也。又大夫卒其境内，則經不書地，益明貍脤非魯地矣。但不知是何國之地耳。」劉，襄十五年：「及宋向戌盟于劉。」孔氏穎達曰：「《釋例》地闕，蓋魯城外之近地。」庚宗，昭四年：「穆子去叔孫氏，及庚宗。」高氏曰：「時穆子適齊。又哀八年：『吴伐我，舍于庚宗，次于泗上。』當在魯北竟。此時吴師自武城而來也。今兖州府泗水縣有庚宗亭。」塞關，昭五年：「豎牛奔齊，孟仲之子殺諸塞關之外。」杜注：「齊魯界上關。」亦六關之一。紅，昭八年：「大蒐于紅。」杜注：「蕭縣西有紅亭。」今爲江南徐州府蕭縣。蕭爲宋邑，蕭叔所封邑。傳云「自根牟至于商、衛，革車千乘」，商即宋也，豈魯蒐于近宋之鄙，而蕭縣魯亦有其地歟？當更考。祲

❶「一」，原作「二」，據《左傳》文公十一年改。

祥，昭十一年：「會邾子，盟于祲祥。」杜註闕，當在今兖州府滋陽縣境。拔，定三年：「及邾子盟于拔。」《左傳》作「郯」，杜注：「郯即拔也。」當在兖州府滋陽縣境。蛇淵囿，定十三年：「築蛇淵囿。」京相璠曰：「濟水有蛇丘城，城下有水，魯囿也。」在今濟南府肥城縣南。丘輿。哀十四年：「司馬牛卒于魯郭門之外，葬諸丘輿。」杜注：「泰山南城縣西北有輿城。」在今兖州府費縣西。

魯山川：泰山，隱八年：「鄭伯請以泰山之祊易許田。」❶泰山在今山東泰安府城北五里。《史記·貨殖傳》：「其陽則魯，其陰則齊。」防山，僖十四年：「季姬及鄫子遇于防。」蓋魯國之防山也。防山在兖州府曲阜縣東二十里。孔子父母合葬于防，即此。龜山，定十年：「齊人來歸鄆、讙、龜陰田。」杜注：「泰山博縣北有龜山，田在其北。」龜山在今泰安府新泰縣西南四十里。詩云「奄有龜、蒙」，即此龜山也。又夫子去魯，作《龜山之操》。萊柞；昭七年：「季孫以桃易孟氏之成，其臣謝息辭以無山，與之萊柞。」萊柞，在今泰安府萊蕪縣。應劭曰：「魯之萊柞邑。」蓋邑有二小山也。萊、柞，二山名。濟水，莊十八年：「公追戎于濟西。」杜注：「逐之于濟水之西。」案莊三十年：「公及齊侯遇于魯濟。」杜注：「濟水歷齊魯界，在齊界爲齊濟，在魯界爲魯濟。」《水經註》：濟水過定陶西，東流濟陰乘氏縣西，分爲二瀆。其南瀆爲菏水，東南流至山陽湖陸縣，與泗水合而入淮。其東北流入鉅野澤，又東北過東郡壽良縣西界，北逕須昌、穀城，又東北逕盧縣、華不注山，臺縣，菅縣，梁鄒、臨濟、樂安而入於海。杜氏所謂「歷齊魯界」者，即東北分流一支。其在鉅野、壽良、須昌，則穿曹、魯之境，謂之魯濟；其在穀城以下，則穿齊、衛之境，所謂齊濟也。鉅野，今亦爲縣，屬曹州府。壽良，即今兖州府之壽張縣。須昌，在今東平州。穀城，在今東阿縣。俱屬泰安府。此齊魯分界也。汶水，僖元年：「公賜季友汶陽之田。」杜注：「汶水北地。」汶水出泰山萊蕪縣，西入濟。汶水西南入兖州府寧陽縣境，至東平州東，會坎河諸泉，流至此而分。其西流者入大清河，大清河即濟水也。洙水，莊九年：

❶「祊」，原作「枋」，據庫本改。

「冬，浚洙。」杜注：「洙水在魯城北，下合泗。浚，深之爲齊備。」《水經注》：「洙水西南至魯縣東北，分爲二流。北爲洙瀆，南即泗水。」孔子設教于洙、泗水之間，闕里是也。**泗水**，襄十九年：「諸侯次于泗上。」案：此魯城北之泗也。哀八年：「吴伐魯，深入魯地，舍于庚宗，次于泗上。」《從征記》：「洙、泗二水，交于魯城東北十七里。」今在曲阜縣東北八里，自泗水縣流入境，入滋陽縣界。**沂水**，昭二十五年：「季孫請待于沂上以察罪。」杜注：「魯城南自有沂水。」沂水在今曲阜縣南二里雩門，源出尼山，西流經此。《論語》所謂「浴乎沂，風乎舞雩」者也。又有雩水，亦曰泮水。《魯頌》「思樂泮水」，即此。水側有雩壇，亦名舞雩，雩門因此而名。雩門，魯南城之西門也。沂水西入滋陽縣境，合于泗水。杜註云云，蓋以别于沂州之沂水也。沂州之沂水，見齊地。**漷水**，襄十九年：「取邾田，自漷水。」杜注：「漷水西經魯國，下入泗。」漷水在今滕縣南十五里。哀二年：「季孫斯伐邾，取漷東田及沂西田。」即此。漷水出鄒山東，則流于邾、魯之間。正義云：「邾在漷南，田在漷北，此魯取邾田之境也。」**淄水**，昭二十六年：「成人伐齊師之飲馬于淄者。」杜注：「淄水出泰山梁父縣，西北入汶。」兖州府寧陽縣東北舊有淄水，今涸。**逵泉**，莊三十二年：「公子牙歸，及逵泉卒。」《寰宇記》云：「逵泉在曲阜縣東南十里，源出平澤，合沙溝共流數里，以入于沂。」《漕河志》云：「縣境之泉凡二十二，其五入泗，其十六入沂，其一入洸。」**大野**，哀十四年：「西狩于大野，獲麟。」杜注：「高平鉅野縣東北大澤是也。」大野在今曹州府鉅野縣東十二里，兼涉兖州府嘉祥縣之地。舊爲大澤，東西百里，南北三百里。《禹貢》：「大野既豬。」《職方》十藪，魯有鉅野，即此也。隋後，濟流枯竭，鉅野漸微。元末河徙，涸爲平陸矣。今爲鉅野縣。案晉太和四年，桓温自兖州伐燕。六月，至金鄉。天旱水絶，使將軍毛虎生鑿鉅野三百里，引汶會于清，引舟自清入河。郄超曰：「清水入河，難以通運。」即此。清水即濟水，是鉅野、濟至晉時猶存，《綱目》注謂漢有鉅野，誤矣。**黄池**。哀十三年：「公會晉侯及吴子于黄池。」杜注：「陳留封丘縣有黄亭，近濟水。」案《地名考》從胡《傳》，以黄池列諸衛地，非也。《公羊傳》曰：「吴在是，則天下諸侯莫敢不至。」

趙伯循云：「黃池，魯地，故魯獨會之耳。若更有諸侯，不當不序。」是時吳闕爲深溝于商、魯之間，商即宋，魯會而宋不會，故吳王歸，欲伐宋，殺其丈夫，而囚其婦人。則趙氏之言，爲有據矣。《國語》稱：「北屬之沂，西屬之濟，以會晉公午于黃池。」沂水出蓋縣臨樂山，入于泗。而濟水在封丘縣南。今河南開封府封丘縣西南有黃池，東西廣三里，春秋時爲宋地。

衛都：朝歌，在今河南衛輝府之淇縣。《漢書·地理志》曰：「河内本殷舊都，周既滅殷，分其畿内爲三：邶以封紂子武庚，庸管叔尹之，衛蔡叔尹之，以監殷民，謂之三監。武王崩，三監畔，周公誅之，盡以其地封康叔，遷邶、鄘之民于洛邑。」今淇縣東北有朝歌城。張洽《集傳》以爲在淇縣北關西社是也。邶城在府治汲縣東北。鄘城在新鄉縣西南三十二里。自衛遷楚丘，河内殷虚，更屬于晉。**遷楚丘**，今爲河南衛輝府之滑縣。閔二年，衛懿公爲狄所滅，遺民渡河，立戴公以廬于漕。至僖二年，齊桓公封衛于楚丘，漕近楚丘，俱在滑縣。**又遷帝丘**，今爲北直大名府之開州。僖三十一年：「狄圍衛，衛成公遷于帝丘。」杜注：「今東郡濮陽縣，故帝顓頊之虚，故曰帝丘。」又曰：濮陽以地在濮水北也。故城在今開州治西南三十里。**豚澤**，定六年：「魯侵鄭，不假道于衛。陽虎使季、孟自南門入，出自東門，舍于豚澤。」蓋東門外城之地。**死鳥**昭二十年：「公如死鳥。」蓋郭門外之地。據傳云「公遂出，華寅閉郭門，踰而從公。析朱鉏宵從竇出，❶徒行從公」，必去郭門不遠。又「齊公孫青來聘，從諸死鳥，親執鐸，終夕與於燎」，當是郭門外東向適齊之地也。**馬路之衢**。「褚師子申遇公于馬路之衢，遂從，過齊氏」，此當爲城門内之衢路。

衛邑：清，隱四年：「公及宋公遇于清。」杜注：「衛邑。濟北東阿縣有清亭。」❷《水經注》：「濟水自魚山而北，逕清亭東。京相璠曰：『今東阿縣東北四十里有清亭，濟水通，得清之目焉。』」在今山東泰安府東阿縣東北。**蒲**，桓三年：「齊侯、衛侯胥命于蒲。」杜注：「衛地。在陳留長垣縣西南。」後爲甯氏邑，在衛。西與

❶ 「宵」，原作「霄」，據庫本及《春秋左傳正義》改。
❷ 「東阿」，原作「清河」，據庫本改。

晉、楚接界。衛靈公曰：「蒲，衛之所以待晉、楚也。」甯殖以蒲出獻公。甯氏誅，繼受蒲者爲公叔氏。出於獻公，復以蒲叛，是蒲爲衛之巖邑矣。今爲直隸大名府長垣縣治。宋紹定十三年，金主珣自黄陵岡向河北，行至蒲城東，登舟渡河，遇風，蒙古兵追至南岸，後軍皆敗。蓋當時大河尚在今縣北。**鄄**，莊十四年：「會于鄄。」杜注：「衛地。今東郡鄄城。」後爲齊豹邑。昭二十年：「衛公孟彄與齊豹狎，奪之司寇與鄄。」即此。鄄，讀絹。漢末爲兖州治。曹操創業于此。《水經注》：「鄄城在河南岸十八里，河上之邑，最爲險固。」今山東曹州府濮州東二十里舊城集，故鄄城也。**共**，閔二年：「狄滅衛。衛之遺民七百有三十人，益之以共、滕之民，立戴公，以廬于曹。」杜注：「共及滕，衛别邑。」共國，今汲郡共縣。」案《漢志》：「共縣，故國。北山，淇水所出。」孟康曰：「共伯入爲三公者。」❶蓋其地偪近衛都，故先爲國，而後并于衛也。古共城爲今衛輝府輝縣治。**曹**，杜注：「衛下邑。」《正義》云：「當在河東，近楚丘。」今爲滑縣。見衛都。**匡**，僖十五年：「諸侯盟于牡丘，遂次于匡。」杜注：「匡在陳留長垣縣西南。」文八年：「晉侯使解揚歸匡、戚之田于衛。」杜注：「匡本衛邑，中屬鄭。孔達伐不能克，今晉令鄭還衛。」《論語》：「子畏于匡。」即此。《史記》：「孔子自匡至蒲。」《括地志》：「蒲城在匡城縣北十五里。」今俱在直隸大名府長垣縣境。**訾婁**，僖十八年：「邢狄伐衛。衛師于訾婁。狄師還。」杜注：「衛地。」今河南衛輝府滑縣西南六十里有訾婁城，西北與直隸大名府長垣縣接界。**五鹿**，僖二十八年：「晉侯侵曹，伐衛，取五鹿。」杜注：「衛縣西北有地名五鹿，陽平元城縣東亦有五鹿。」蓋兩注以存疑。晉之衛縣，今爲山東東昌府觀城縣，元城縣即今大名府治也。案五鹿爲衛邑，晉文取之，而仍屬衛。襄二十五年：「衛獻公自齊還國，齊崔杼止其帑以求五鹿。」此時蓋屬衛。哀十四年：「齊、衛救范氏，圍五鹿。」杜注：「晉邑。」則又屬晉。其迭屬晉、衛，且地近邯鄲、中牟、鄴城，則元城之説爲長。今大名府有五鹿城二，屬元城縣者即沙鹿城；屬開州者，衛地五鹿是也。開州東與東昌、觀城縣接界。**戚**，文元年：「公

❶「公」，原作「邑」，據庫本改。

孫敖會晉侯于戚。」杜注：「衛邑。在頓丘衛縣西。」世爲孫氏邑，會盟要地。孫林父出獻公後，以戚如晉，晉人爲之疆戚田，蒯聵自戚入衛。蓋其地瀕河，西據中國之要樞，不獨衛之重地，亦晉、鄭、吴、楚之孔道也。今開州北七里有古戚城，亦曰戚田。晉衛縣爲今東昌府觀城縣，在開州東接界。桑中，成二年：「夫子有三軍之懼，而又有桑中之喜。」高氏曰：「桑中，衛邑之小者。在今衛輝府淇縣。」夷儀，襄二十五年：「衛侯入於夷儀。」杜注：「本邢地，衛滅邢而爲衛邑。晉慜衛衎失國，使衛分之一邑。」又定九年：「齊伐晉夷儀，爲衛討也。」則又爲晉地。蓋寔衛之邊邑，與齊、晉皆連壤。今直隸順德府西南四十里有夷儀城。懿氏，襄二十六年：「晉取衛西鄙懿氏六十以與孫氏。」杜注：「戚城西北五十里有懿城，因姓以名城。取田六十井。」正義云：「上世有大夫姓懿氏，食邑于此。」今戚城在開州北七里。戚城西北二十五里有懿城。羊角，襄二十六年：「齊烏餘以廩丘奔晉，襲衛羊角。」杜注：「廩丘縣所治羊角城是。」今山東曹州府范縣東南之莪東保有羊角城。平丘，昭十三年：「會于平丘。」杜注：「在陳留長垣縣西南。」《寰宇記》：「在封丘縣東四十里。蓋縣與封丘接境。《陳留風俗傳》云：『衛靈公所置邑。』」平壽，昭二十年：「齊豹之亂，衛侯在平壽。」杜注：「衛下邑。」犂，哀十一年：「太叔疾誘其初妻之娣置于犂。」杜注：「衛邑。」當在今山東曹州府濮州東南。外州，「太叔疾淫于外州」，杜注：「衛邑。」平陽，哀十六年：「衛侯飲孔悝酒于平陽。」杜注：「東郡燕縣東北有平陽亭。」今衛輝府滑縣東南有葦城，葦城南有平陽城。案下文云：「使貳車反祏于西圃。」注云：「還取廟主。西圃，孔氏廟所在。」則平陽蓋孔氏之宗邑。泠。哀二十五年：「衛侯出奔，將適泠。」杜注：「近魯邑。」衛地：牧，隱五年：「鄭人侵衛牧。」杜注：「衛地，即商之牧野。」杜佑曰：「汲郡，古牧野地。」在今衛輝府治汲縣西南二十五里。垂，隱八年：「宋公、衛侯遇于垂。」杜注：「衛地。」《左傳》作犬丘，一地兩名。❶「濟

❶「左傳作犬丘一地兩名」，檢視《左傳》隱公八年杜預注，無此九字。

陰句陽縣東北有垂亭。」今山東曹州府曹縣北三十里句陽店是其地。**越**，桓元年：「公及鄭伯盟于越。」杜注：「近垂地名。」當在山東曹州府曹縣附近。**桃丘**，桓十年：「公會衛侯于桃丘，弗遇。」杜注：「衛地。濟北東阿縣東南有桃城。」今山東泰安府東阿縣西五十里有桃城舖，旁有一丘，高可數仞，即桃丘也。**莘**，桓十六年：「衛宣公使急子于齊，使盜待諸莘，將殺之。」杜注：「衛地。陽平縣西北有莘亭，道阨險，自衛適齊之道。」《輿地志》云：「陽平之莘，有衛宣公二子争死處。」今山東東昌府莘縣北莘亭故城是也。成二年戰鞌，《傳》「師從齊師于莘」，即此地。《左傳》云至衛地，即指下文之莘而言。**首止**，桓十八年：「齊侯師于首止。」杜注：「衛地。陳留襄邑縣東南有首鄉。」僖五年「會王世子於首止」，即此。在今河南歸德府睢州治東南，接寧陵縣境。**城濮**，莊二十七年：「公會齊侯于城濮。」杜注：「衛地。」將討衛之立子頹，是時王命齊桓爲侯伯。僖二十八年：「晉文敗楚于城濮。」即此。今山東曹州府濮州南七十里有臨濮城。**鹹**，僖十三年：「會于鹹。」杜注：「衛地。東郡濮陽東南有鹹城。」在今直隸大名府開州東南六十里。文十一年：「得臣敗狄于鹹。」自爲魯地別見。**斂盂**，僖二十八年：「齊侯、衛侯盟于斂盂。」杜注：「衛地。」今直隸大名府開州東南有斂盂聚，是其地。**襄牛**，「衛侯出居于襄牛」，杜注：「衛地。」秦置襄邑縣，明初省縣，併入睢州。今屬河南歸德府。**鄐**，「楚師背鄐而舍」，杜注：「丘陵，險阻名。」《正義》曰：「楚所舍之處有丘陵名鄐，其地有險阻也。」**有莘之墟**，「晉侯登有莘之墟以觀師」，杜注：「故國名。」《元和志》：「汴州陳留縣東北三十五里有故莘城，爲古莘國地。又曹州濟陰縣，今曹縣南三十里有莘仲故城，爲伊尹所耕地。」案城濮之戰，晉侯所登有莘之墟，是曹州，而非汴州。**宛濮**，「甯武子與國人盟于宛濮」，杜注：「陳留長垣縣西南有宛亭，近濮水。」今在直隸大名府長垣縣北。**清丘**，宣十二年：「同盟于清丘。」杜注：「衛地。在濮陽縣東南。」今大名府開州東南七十里有清丘，高五丈。**新築**，成二年：「衛孫良夫及齊師戰于新築。」杜注：「衛地。」今大名府魏縣南二十里有新築城。**鞫居**，「齊師次于鞫居」，杜

注：「衛地。」《後漢志》封丘有鞫亭，即古鞫居也。封丘縣今屬河南開封府。馬陵，成七年：「同盟于馬陵。」杜注：「衛地。陽平、元城縣東南有地名馬陵。」戰國時孫臏射殺龐涓處。宋人河北漕運，往往于黎陽或馬陵道口裝卸，蓋津要之地。今大名府治東南十五里有馬陵道，又有馬陵城。柯，襄十九年：「叔孫豹會晉士匄于柯。」杜注：「魏郡内黄縣東北有柯城。」《後漢志》：「内黄有柯城。」在今河南彰德府内黄縣境。莊十三年：「公會齊侯，盟于柯。」乃齊阿邑，在今山東兖州府陽穀縣東北五十里，曰阿城鎮。本兩國地，高氏《地名考》混爲一，謂地相接者，非是。商任，襄二十一年：「會于商任。」杜注闕。或曰在今彰德府安陽縣境。茅氏，襄二十六年：「晉戍茅氏。」杜注：「戚東鄙。」圉，「孫蒯敗衛師于圉」，杜注：「衛地。」今開州東有圉城。戲陽，昭九年：「晉荀盈如齊逆女，還，卒於戲陽。」杜注：「魏郡内黄縣北有戲陽城。」《郡國志》：「内黄有弗陽聚。」今屬河南彰德府。厥憖，昭十一年：「會于厥憖。」杜注闕。或曰在今衛輝府新鄉縣境。沙，定七年：「齊侯、衛侯盟于沙。」《左傳》作「瑣」。杜注：「即沙也。陽平元城縣東南有沙亭。」在今大名府元城縣東。瓦，定八年：「公會晉師于瓦。」杜注：「衛地。東郡燕縣東北有瓦亭。」今衛輝府滑縣東南瓦岡集，古瓦亭也。垂葭，定十三年：「齊侯、衛侯次于垂葭，實郹氏。」杜注：「高平鉅野縣西南有郹亭。」鉅野縣，今屬山東曹州府。牽，定十四年：「會于牽。」杜注：「魏郡黎陽縣東北有牽城。」《路史》：「内黄西南三十里有故牽城。」今在内黄之西南、濬縣之北。二縣本連壤。内黄今屬河南彰德府，濬縣屬衛輝府。鐵，哀二年：「晉趙鞅、鄭罕達戰于鐵。」杜注：「鐵，丘名。在戚城南。」今大名府開州北有戚城，其南爲王合里，即鐵丘也。❶巢。哀十一年：「衛莊公復，太叔疾，使處巢，死焉。」杜注：「衛地。」《寰宇記》：「巢亭在襄陵縣南二十里。」今歸德府睢州巢亭是也。

衛山川：案《左傳》，衛地無山。僖十四年：「沙

❶「鐵」，原作「戚」，據庫本改。

鹿崩。」杜注：「沙鹿，山名。陽平元城縣東有沙鹿土山。」❶此時當屬衛。晉惠公時，封域安得到此？卜偃之言，乃因明年韓原之敗，適與之會而附會之耳。《穀梁》亦以爲晉山。此因後日之晉而追言之，非實録也。《公羊》以爲「爲天下記異」者，得之。**河**，閔二年：「狄滅衛，宋桓公逆諸河，宵濟。」衛都朝歌，在今衛輝府淇縣，在河北。僖二年「遷楚丘」，爲今衛輝府滑縣。僖三十一年「遷帝丘」，爲今北直大名府開州。俱在河之南。**濟水**，定八年：「齊與衛地，自濟以西。」《毛詩》鄭箋云：「衛自河以東，夾于濟水。」孔穎達云：「濟自河北而南入於河，又出而東，楚丘在其間，西有河，東有濟，故曰夾於濟水。」齊所與衛地，蓋齊、衛分境之濟也。又濟水，亦謂之清水。隱四年「公及宋公遇于清」，杜注：「清，衛邑。濟北清河縣有清亭。」《水經注》：「濟水自魚山而北，逕清亭東。京相璠曰：『濟水通，得清之目。』」清亭在今山東東阿縣東北四十里。**濮水**，定八年：「齊侯、鄭伯盟于曲濮。」濮渠首受濟水，東流至祭城，分爲二瀆，北濮出焉，又東逕須城北，《詩》云「思須與漕」者也。又北迤邐而東入乘氏縣，由鉅野以入濟。曲濮爲濮水曲折處，在今山東曹州府濮州境。**洹水**，成十七年：「聲伯夢涉洹。」杜注：「洹水出汲郡林慮縣，東北至魏郡長樂縣入清水。」洹水在今彰德府治安陽縣北四里，亦名安陽河，源出林縣西北林慮山中，東流入内黄縣界，入於衛河。**彭水**，昭二十年：「公與北宫喜盟于彭水之上。」《詩》「清人在彭」，孔疏：「彭，河上邑。」《水經注》：「清池水逕清陽亭南，即故清人城也。」**澶淵**，襄二十年：「盟于澶淵。」杜注：「在頓丘縣南。今名繁淵。此衛地，又近戚田。」《水經注》曰：「浮水故瀆，上承大河，于頓丘縣而北出，東逕繁陽故城南，故應劭曰『縣在繁水之陽』，張晏曰『縣有繁淵』。春秋襄公二十年，『公會晉侯、齊侯，盟于澶淵』。杜預曰：『在頓丘縣南，今名繁淵。』澶淵即繁淵也，亦謂之浮水焉。」《彙纂》云：「繁陽故城在内黄縣東北二十七里，古頓丘約略在濬縣之南。漢元光三年，河水徙頓丘，東南流。既而決瓠子。今瓠子故城在開州西南二十五里，則澶淵之地，當在内黄之南、開州之

❶「陽平」，原作「平陽」，據庫本乙正。下同。

西北也。」案《水經注》發明杜氏之説，最有根據。而《後漢書・郡國志》乃云：❶「杼秋，故屬梁國，有澶淵聚。《左傳》襄二十年：盟于澶淵。」《南畿志》云：「杼秋故城在今蕭縣西七十里。」案江南徐州府蕭縣去直隸大名府開州，千有餘里，《後漢志》誤也。**阿澤**，襄十四年：「孫氏追敗公徒于阿澤。」杜注：「濟北東阿縣西南有大澤。」阿澤在今山東泰安府東阿縣東北六十里，有七級，上下二閘，爲今運河所經。古阿澤，是其處。**南河**，僖二十八年：「晉侯伐曹，自南河濟。」杜注：「曹在衛東，從汲縣南渡，出衛南而東。」黄河故道，自新鄉東流，經衛輝府汲縣南七里，謂之棘津，亦曰南河，係衛地。昭十七年，晉伐陸渾，亦于此渡。蓋此時汲縣已屬晉矣。又東二十里爲延津，即廪延之津，係鄭地，今爲縣，乃此津之下流。**滎澤**。閔二年：「狄伐衛，戰于滎澤。」杜注：「此滎澤當在河北。」杜註以別于鄭州之滎澤也。鄭州之滎澤係鄭地。《正義》曰：「《禹貢》：『導沇水入于河，溢爲滎。』是滎在河南。此時衛都河北，爲狄敗，乃東徙渡河，故知此滎澤當在河北。但沇水入河，乃泆被河南多，故專得滎名；其北雖少，亦稱滎也。」

齊都：**臨淄**故齊城今在山東青州府臨淄縣城北。班固曰：「臨淄，名營丘，師尚父所封。」以地臨淄水而名。齊世世都此。城周五十里，有十三門。**城内之里曰莊**，襄二十八年：「陳桓子曰：得慶氏之木百車于莊。」孔穎達曰：「六達謂之莊。」又昭十年：「陳鮑與欒高戰，敗諸莊。」莊在鹿門之内。**曰嶽**，襄二十八年：「慶封伐西門，弗克。還，伐北門，克之。入，伐内宫，弗克。反陳于嶽。」杜注：「嶽，里名。」是在宫門之外，北門之内。合莊與嶽，即《孟子》所謂「莊嶽之間」也。**又有魚里**，「陳、鮑圉人爲優，慶氏之士觀優至于魚里」，杜注：「里名。」當近在宫門之外。**城西祀后稷之處曰稷**，❷昭十年：「陳、鮑伐欒高，戰于稷。」杜注：「稷，祀后稷之處。」今臨淄縣西南十三里有稷山。**其西北有地名棘**，「陳桓子召子山而反棘

❶「郡國」，原作「地理」，據庫本改。
❷「后」，原作「西」，據庫本改。

焉」，杜注：「西安縣東有棘里亭。」今在臨淄縣西北。西南有狹道名弇中，襄二十五年：「崔杼弑莊公，閭丘嬰與申鮮虞乘而出，及弇中，遂來奔。」哀十四年：「子我失道于弇中。」即此。《志》云：自臨淄縣西南至萊蕪有長峪，界兩山間，長三百里，爲齊魯往來之道。《齊乘》所云馬陘，亦即此。成二年：「晉師入自丘輿，擊馬陘。」蓋晉師自魯來也。豈弇中爲峪之總名，而馬陘爲峪中之一地與？西五十里有地名葵丘。莊八年：「連稱、管至父戍葵丘。」杜注：「在臨淄縣西。」京相璠曰：「齊西五十里即雍廩之渠丘。」二人蓋以久戍而怨，非以遠戍而怨也。

齊邑：盧，隱三年傳：「齊、鄭盟于石門，尋盧之盟也。」杜注：「齊地。」後爲齊公子高傒邑。成十七年高弱以盧叛，即此。今盧城在濟南府長清縣西南二十五里。嬴，桓三年：「公會齊侯于嬴。」杜注：「齊邑。今泰山嬴縣。」在今泰安府東南五十里。禚，莊二年：「夫人姜氏會齊侯于禚。」杜注：「齊地。」實邑也。定九年：「齊侯致禚、媚、杏于衛。」杜注：「三邑皆齊西界。」據此，當爲齊、魯、衛三國分界之地。鮑，莊八年傳：「鮑叔牙奉公子小白奔莒。」今濟南府歷城縣東三十里有鮑城。《齊乘》曰：「禹後有鮑叔，仕齊，食采于鮑，因以爲氏。叔牙其後。」柯，莊十三年：「公會齊侯，盟于柯。」杜注：「齊之阿邑。」齊威王烹阿大夫即此。今故城在兖州府陽穀縣東北五十里曰阿城鎮，有阿城，上下二閘，爲運道所經。周首，文十一年傳：「齊王子成父獲長狄僑如弟榮如，埋其首于周首之北門。」杜注：「齊邑。濟北穀城東北有周首亭。」在今泰安府東阿縣東，近濟南府長清縣界。晏，宣十四年：「晏桓子。」今濟南府齊河縣北有晏城。《志》云：「晏嬰采邑。」石窌，成二年：「齊侯以辟司徒之妻有禮，予之石窌。」杜注：「邑名。濟北盧縣東有地名石窌。」在今濟南府長清縣城東南三十里，以清水在城南爲名。丘輿，「晉師入自丘輿，擊馬陘」，杜注：「齊邑。」當在今青州府治益都縣界。❶馬陘，杜注：「齊邑。」《史記》作「馬

❶「都」，原作「州」，據庫本改。

陵」。《齊乘》：「淄水出益都岳陽山，北經萊蕪谷，又北經長峪道，亦曰馬陵。」即郤克追齊侯處，所謂弇中狹道，亦即此。在益都縣西南，近臨淄，蓋已直逼齊都矣。**上鄍**，「公會晉師于上鄍」，杜注：「地闕。」當在今兖州府陽穀縣境。蓋齊、衛境上之邑。**清**，成十七年：「齊侯使國勝告難。」❶杜注：「陽平樂平縣。」今東昌府堂邑縣東南有清城。**東陽**，襄二年：「晏弱城東陽以逼萊子。」杜注：「齊境上邑。」今青州府臨朐縣東有東陽城。**郲**，襄十四年：「衛獻公奔齊，齊人以郲寄衛侯。」杜注：「齊東鄙邑。」哀五年，齊置羣公子于萊，即此。即齊所滅之萊國是也。今登州府之蓬萊縣、黄縣，皆故萊國之地。**平陰**，襄十八年：「諸侯伐齊。齊侯禦諸平陰。」杜注：「齊邑，在濟北盧縣東北。」故平陰城在今泰安府平陰縣東北三十五里。**防門**，杜注：「平陰城南有防，防有門。于門外作塹防，横行廣一里。」案此即齊築長城之始。戰國時七國皆有長城。齊城即托始于此。《郡縣志》：「故長城首起平陰縣，二十九里。」**京兹**，「荀偃、士匄以中軍克京兹」，杜注：「在平陰城東南。」今在泰安府平陰縣東南。**邿**，「魏絳、欒盈以下軍克邿」，杜注：「平陰西有邿山。」在今平陰縣西。**郵棠**，「齊侯將走郵棠」，杜注：「齊邑。故萊邑也。北海即墨縣有棠鄉。」今膠州府即墨縣南八十里有甘棠社，即古棠鄉。**祝柯**，襄十九年：「諸侯盟于祝柯。」杜注：「祝柯縣，今屬濟南郡。」今濟南府長清縣豐齊鎮北二里有故祝柯城。**高唐**，襄十九年：「夙沙衛入於高唐以叛。」杜注：「在祝柯縣西北。」案襄二十五年：「祝佗父祭于高唐。」杜注：「高唐有齊別廟。」蓋齊之宗邑也。穆孟姬爲陳無宇請之，陳氏始大。故城在今濟南府禹城縣北四十里。**棠**，襄二十五年：「齊棠公之妻。」杜注：「邑名。」《孟子》勸齊王發棠，即此。後譌爲「堂」。今爲東昌府之堂邑縣。**廩丘**，襄二十六年：「齊烏餘以廩丘奔晉。」杜注：「東郡廩丘故城是也。」在今曹州府范縣東南七十里，介乎齊、晉、宋、魯、衛之間。**崔**，襄二十七年：「崔成

❶ 「難」下，《左傳》成公十七年有「待命於清」四字。

請老于崔。」杜注：「濟南東朝陽縣西北有崔氏城，崔之宗邑也。」今在濟南府章丘縣西北二十五里。**邶殿**，襄二十八年：「與晏子邶殿其鄙六十。」杜注：「齊別都。以邶殿邊鄙六十邑與晏嬰。」高氏曰：「案《晏子春秋》景公封晏子于都昌，辭不受。都昌古城在今萊州府昌邑縣西，舊以爲即邶殿。然古者增封，每因其原封而附益之。晏子本封于晏，在今濟南府齊河縣境，邶殿當亦在此。都昌之説，不可通。」余謂高氏之言非也。《皇輿表》以高密爲晏子封邑，高密縣屬萊州府。蓋以晏弱滅萊棠之故，太史公亦謂晏子爲萊之濰夷人。昌邑與高密爲接壤，則其增封非無據。晏城之爲晏，或其未封高密時所食邑耳。**夫于**，昭十年：「陳桓子召子周，與之夫于。」杜注：「濟南於陵縣西北有于亭。」案於陵，齊邑，陳仲子所居。今故城在濟南府長山縣南二十里。**莒**，「陳桓子請老于莒」，陳私邑，在齊東境。昭三年「齊侯田于莒」，即此。高氏曰：「取地於莒，遂謂之莒。如鄭取許田而謂之許，楚取沈邑而謂之沈，魯有薛地而謂之薛耳。」**聊攝**，昭二十年：「晏子曰：聊攝以東。」杜注：「齊西界。聊城縣東北有攝城。」案聊城，齊邑，爲今東昌府治。治城自石晉、汴宋，以河患再徙。古聊城在今府治十五里。❶攝，一作聶。《水經注》：「聊城縣西二十五里有古聶邑。」僖元年次于聶，北救邢，即此。蓋齊之西界，近邢地也。**媢**，定九年：「齊侯致禚、媢、杏于衛。」杜注：「齊西界。」當在今濟南府禹城縣。禚近魯，見前。**杏**，杜注：「齊西界。」當在今東昌府博平縣。**賴**，哀六年：「公子陽生入齊，使胡姬以安孺子居賴，又遷之于駘。」杜注：「齊邑。」哀十年：「晉趙鞅伐齊，毁高唐之郭及賴而還。」即此。今濟南府治，東近章丘縣界有賴亭。**駘**，杜注：「齊邑。」或曰在今青州府臨朐縣界。**犂**，哀十年：「晉趙鞅伐齊，取犂及轅。」杜注：「犂，一名隰。濟南有隰陰縣。」大夫隰氏之采邑，在今濟南府臨邑縣西十里。**轅**，杜注：「祝阿縣西有轅城。」在今濟南府禹城縣西北。**博**，哀十一年：「公會吴，伐齊，及博，至于嬴。」杜注：「齊邑。」故城在今泰安府泰安縣東南。嬴，見桓三年。**舒**

❶「治」下，《春秋地名攷略》卷三有「西北」二字。

州，哀十四年：「陳恒執公于舒州」，《史記》作「徐州」，今兖州府滕縣東南薛城是。本薛地，爲齊陳氏邑。案春秋末薛尚存，當是齊侵其近郊之地，別置舒州以封陳氏耳。**蒙**。哀十七年：「公會齊侯，盟于蒙。」杜注：「東莞蒙陰西有故蒙陰城。」在今沂州府蒙陰縣東十里。

齊地：**石門**，隱三年：「齊、鄭盟于石門。」杜注：「齊地。盧縣故城西南濟水之門也。」在今濟南府長清縣西南。**艾**，隱六年：「公及齊侯盟于艾。」杜注：「泰山牟縣東南有艾山。」不言齊地，尚疑地在齊、魯之間。在今沂州府蒙陰縣西北。又哀十一年：「及齊師戰于艾陵。」孔氏曰：「在博縣南六十里。」在今泰安府泰安縣東南，與此自別。張守節謂艾與艾陵爲一地者，誤。**姑棼**，莊八年：「齊侯游于姑棼，遂田于貝丘。」杜注：「齊地。即薄姑，一名蒲姑。樂安博昌縣北有薄姑城。」周成王時，薄姑與四國作亂，成王滅之，以益太公之封。後胡公徙都于此。在今青州府博興縣東北十五里。**堂阜**，莊九年：「管仲請囚，鮑叔受之，及堂阜而稅之。」杜注：「齊地。東莞蒙陰縣西北有夷吾亭。」今在沂州府蒙陰縣西北。**北杏**，莊十三年：「會于北杏。」杜注：「齊地。」當在今泰安府東阿縣境。**落姑**，閔元年：「盟于落姑。」杜注：「齊地。」在今泰安府平陰縣界。**陽穀**，僖三年：「齊侯、宋公、江人、黄人會於陽穀。」杜注：「齊地，在東平須昌縣北。」今兖州府陽穀縣東北三十里陽穀故城是也。縣治南有會盟臺，即齊桓公會江、黄處。**穆陵**，僖四年：「管仲對楚子曰：南至于穆陵。」杜注：「齊境。」穆陵關在青州府臨朐縣東南一百五里。**無棣**，杜注：「齊境。」杜氏《通典》：「鹽山，《春秋》之無棣邑也。」元於其地分置兩無棣縣。今北直天津府之慶雲，山東武定府之海豐，皆元所分無棣之地，皆以無棣溝得名。詳見山川。案無棣是齊西北邊境，其地廣莫，今現跨兩省。春秋置邑，安得如此之大？《通典》失之。**牡丘**，僖十五年：「盟于牡丘。」杜注：「地闕。」今東昌府治聊城縣東北七十里有牡丘，或云即春秋會盟處。**甗**，僖十八年：「宋敗齊師于甗，立孝公而還。」杜注：「齊地。」在今濟南府治歷城縣界。**酅**，僖二十六年：「公追齊師，至酅，弗及。」杜

注：「齊地。濟北穀城縣西有地名鄗下。」❶在今泰安府東阿縣西南。趙氏曰：「鄗，齊之附庸，紀季之邑。」鄎，文十六年：「公子遂及齊侯盟于鄎。」杜注：「齊地。」當在今泰安府東阿縣境。平州，宣元年：「公會齊侯于平州。」杜注：「齊地。在泰山牟縣西。」今泰安府萊蕪縣西有平州城。垂，宣八年：「仲遂卒于垂。」杜注：「齊地。」非魯竟，故垂地當在今泰安府平陰縣境。鞌，成二年：「齊、晉戰于鞌。」杜注：「齊地。」《通典》云：「鞌在平陰縣東。」今從高氏之説，取近志，謂鞌即古之歷下城，即今濟南府治之歷城縣。袁婁，成二年：「秋，及齊國佐盟于袁婁。」杜《釋例·地名》闕，注第引《穀梁》曰袁婁去齊五十里。且《公》、《穀》二傳並爲近郊之辭。張氏洽因曰臨淄縣西有袁婁，蓋亦約略之語耳。或曰在淄川境。莘，「師從齊師于莘」，杜注：「齊地。」桓十六年：「衛公子伋使于齊，使盜待諸莘。」即此。今爲東昌府莘縣。杜註一云衛地，一云齊地。高氏以莘去鞌四百餘里，齊侯既親遇晉師境上，即當遏勿使進，何爲不戰引退，縱敵入境四百里而後戰，疑莘亦當爲近鞌之地。今細案《左傳》本文，莘確是東昌府之莘縣，專屬衛地，與齊無預。徐關，「齊侯自徐關入」，今濟南府淄川縣有徐關。大隧，襄十九年：「齊及晉平，盟于大隧。」杜注：「地闕。」或曰在今東昌府高唐州境。重丘，襄二十五年：「同盟于重丘。」杜注：「齊地。」今東昌府聊城縣東北跨茌平縣界有古重丘，爲諸侯會盟處。《彙纂》云：「濟南府德州亦有重丘城，或云會盟處。」以經文考之，公會諸侯于夷儀，同盟于重丘，夷儀爲今北直順德府地，去東昌爲近。自夷儀涉齊境，則其地當在聊城。寧風，昭五年：「孟仲之子殺豎牛，投其首于寧風之棘上。」杜注：「齊地。」野井，昭二十五年：「齊侯唁公于野井。」杜注：「濟南祝阿縣東有野井亭。」在今濟南府齊河縣東，濟河北岸。夾谷，定十年：「公會齊侯于夾谷。」杜注：「即祝其。」舊以濟南淄川縣西南三十里有夾山，上有夾谷臺，爲定公會齊侯處。案齊魯兩君相會，不應去齊若此之近，去魯若此之遠。今泰安府萊蕪縣有夾谷峪，《名勝志》以

❶「濟」，原作「齊」，據庫本改。

爲萊兵刼魯侯處，庶幾近之。安甫，定十年：「會于安甫。」杜註闕。張洽傳曰：齊地。郿，哀十年：「公會吴，伐齊南鄙，師于郿。」杜注：「齊地。」清，哀十一年：「齊伐我，及清。」杜注：「齊地。濟北盧縣東有清亭。」今爲濟南府之長清縣。又隱四年：公及宋公遇于清。杜注：「衛地。濟北東阿縣有清亭。」❶東阿今屬泰安府，蓋當時濟水流于二邑之間，而清池跨占其左右，故二國皆得有清也。顧，哀二十一年：「公及齊侯盟于顧。」杜注：「齊地。」《詩》云：「韋顧既伐。」即此。今曹州府范縣東南有顧城。留舒。哀二十七年：「齊陳成子救鄭，及留舒，違穀七里，穀人不知。」杜注：「齊地。」今泰安府東阿縣西南有留舒城，與東平州接壤。

齊山川：泰山，史遷曰：「自泰山北被于海，膏壤二千里。」靡笄，成二年戰鞌傳：「師至于靡笄之下。」杜注：「靡笄，山名。」靡笄山在今濟南府治歷城縣南十里，亦曰歷山。《史記》晉平公元年伐齊，齊靈公戰于靡下。徐廣曰：「靡，當作歷。」《左傳》作「靡笄之下」，省文而爲「靡下」，又譌「靡」而爲「歷」也。漢三年，韓信襲破齊歷下軍，即此。鄭康成云：「歷山，即雷首山。山有九名，歷下其一也。」《三齊記》：「歷下城南對歷山，城在山下，因名。」華不注，成二年：「晉逐齊侯，三周華不注。」杜注：「山名。」華不注山在濟南府城東北十五里，下有華泉。伏琛云：「不，音跗。與《詩》『鄂不韡韡』之『不』同，謂花蒂也。言此山孤秀，如花跗之着于水云。」巫山，襄十八年：「齊侯登巫山以望晉師。」杜注：「巫山在盧縣東北。」今濟南府肥城縣西北七十五里，即齊侯望晉師處。格馬山，襄十八年：晉師伐齊，齊師遁。殖綽、郭最代夙沙衛殿，衛殺馬于隘以塞道，二子獲于晉。後人因以名山。在今濟南府長清縣東南六十里。《水經注》：「漢賓水出南格馬山，北流盧縣故城北。」山即夙沙衛殺馬塞道處也。艾山，隱六年：「公及齊侯盟於艾。」杜注：「泰山牟縣東南有艾山。」高氏曰：「今沂州府蒙陰縣西北百二十里有艾山。」漢牟縣屬泰山郡，晉因之。在今萊蕪縣東二十里，蒙陰正在萊蕪東南。又桑氏《水經》沂水出。海，僖

❶「北」，原作「南」，據庫本改。

四年：「管仲對楚子曰：賜我先君履，東至于海，西至于河。」蘇秦曰：「齊北有渤海。」《韓非子》：「齊景公遊于少海。」今自平州碣石南至登州沙門島，皆爲渤海，即少海也。孔穎達曰：「齊地當盡樂安北海之東界。」今濟南東北境皆濱海，青州之博興、壽光濱渤海，沂州之日照濱大海，登、萊二府，三面距海：當其北者，爲渤海；當其東南者，大海也。桓公時，未能有登、萊之地，故曰東至于紀酅，後滅萊，則東盡於海矣。**河**，古九河故道，大抵在河間、成平以南，平原、鬲縣以北。九河，徒駭最西，以次而東。計桓公之時，齊之東境，當在最西，徒駭是其西界耳。又《尚書禹貢彙纂》曰：「九河故道，春秋時已湮廢遷徙。然大勢當在山東德州以上及直隸河間府數百里之地。」則齊之東境，當亦止此。**無棣**，又，「管仲曰：北至于無棣」《水經注》：「清河入南皮縣界，分爲無棣溝，流逕高城入海。」隋改高城爲鹽山，屬滄州。杜氏《通典》：「鹽山，《春秋》之無棣邑也。」自後廢置不一。至元，分其地置兩無棣縣：一仍舊治，❶屬河間路之滄州；一屬濟南路之棣州。明改河間之無棣爲慶雲，屬滄州；改濟南之無棣爲海豐，屬武定州。今海豐、滄州之境皆有無棣溝。舊合高津河，東入海。唐世嘗疏之，以通濱海魚鹽之利。亦曰無棣河，今淤。**濟水**，隱三年：「齊、鄭盟于石門。鄭伯之車僨于濟。」濟，即今之大清河，在濟南府長清縣界二十五里，自平陰縣流入境，又東北入齊河縣界，即鄭伯車僨處。**濼水**，桓十八年：「公會齊侯于濼。」杜注：「濼水在歷城縣西北入濟。」濼即今之小清河。《志》云：「濟之南源也。源發趵突泉，在濟南府城西南濟水伏流重發處，經城北而東，大明湖自城北水門流入焉。又東北經華不注山陽，合華泉，又東北入大清河，即濟瀆也。宋南渡時，濼水分流入章丘縣界，謂之小清河。行五百餘里，至馬車瀆入海。明永樂後，屢濬屢塞。」今小清河仍自華不注東北入大清河。**濰水**，襄十八年：「晉師東侵，及濰南及沂。」杜注：「濰水在東莞東北，至北海都昌縣入海。」濰水出今沂州府莒州西北九十里之箕屋山，即濰山也，土人名爲淮河。昭十三年：

❶「治」，原作「冶」，據文意改。

「中行穆子曰：有酒如淮，有肉如坻。」劉焯曰「淮，❶當作潍」是也。東流歷諸城、高密、安丘、潍縣，至昌邑之東北五十里入海。昌邑縣，即古都昌境。**沂水**，沂水出今沂州府沂水縣西北一百七十里雕崖山，接蒙陰縣界，南流至江南淮安府宿遷縣北，匯爲駱馬湖。又南入運河。曾氏曰：「水以沂名者非一。出尼丘山西北，經魯之雩門者，亦謂之沂水。出太山武陽之冠石山者，亦謂之沂水。而沂水之大，則出於泰山也。哀二年『取沂西田』，係小沂水，與此又別。」**淄水**，太公始封營丘，孔穎達曰：「營丘臨淄水上，故曰臨淄。」臨淄今亦爲縣，屬青州府。淄水出今青州府益都縣西南顏神鎮東南二十五里之原山，經臨淄縣東，東北流至壽光縣北入海。田單馳騁于淄、澠之間，蓋淄水在城南，澠水在城北也。易牙能別淄、澠，即此。**澠水**，昭十三年：「晉侯與齊侯宴。齊侯曰：有酒如澠。」杜注：「澠水出齊國臨淄縣，北入時水。」澠水在今青州府臨淄縣西，源出故城西南之申池，至博興縣界，入於時水。**時水**，莊九年：「及齊師，戰于乾時。」杜注：「時水旱則乾竭，故名時水。」出今臨淄縣西南二十五里。蓋伏淄所發，亦謂之耏水。平地出泉曰耏。襄三年：「齊侯與晉士匄盟于耏外。」即此。《水經注》：「今樂安、博昌縣南界有時水，西通濟，其上源在盤陽北高苑，下有死時。」即春秋之乾時。亦謂之時澠水，以下流與澠水合也。**姑水、尤水**，昭二十年：「晏子曰：聊攝以東，姑、尤以西。」杜注：「姑、尤，齊東界二水。皆在城陽郡東南入海。」姑水，今曰大姑河，發源于登州府黄縣西南三十里之蹲狗山東南福山界，又折而西南，歷招遠、萊陽，以至于平度州南故即墨城。尤水，今曰小姑河，發源于萊州府東南三十里之馬鞍山，亦東南流，至平度州與大姑河合，通名沽河，至膠州即墨縣入海。二水起北海，至南海，行三百餘里，繞齊東界。**申池**。文十八年：「齊懿公遊于申池。」杜注：「齊南城西門名申門，齊城無池，惟此門左右有池。」申池在今臨淄縣西，即系水源也。襄十八年，晉及諸侯伐齊，「焚申池之竹木」，即此。**華泉**，成二年戰鞌傳：「丑父使公下如華泉取飲。」華泉，華不注山下之泉水也。在濟南府城北。

❶「焯」，據《左傳》昭公十二年孔疏，疑當作「炫」。

晉都：絳，今爲山西平陽府之翼城縣。成王封叔虞于唐，在河汾之東方百里，今太原府之太原縣。四世至成侯，南徙曲沃。又五世至穆侯，復遷于絳。亦曰翼。自桓叔封曲沃，其子莊伯浸强，時謂晉侯爲翼侯。桓八年，武公遂滅翼，自曲沃徙都之，王命爲晉侯。至莊二十六年，武公子獻公命士蔿城絳，以深其宫。翼即絳也。鄭氏《詩譜》言「穆侯遷都于絳，孝侯改絳曰翼，獻公又北廣其城方二里，命之曰絳」。則翼、絳之爲一地明矣。僖十三年，秦輸粟于晉，自雍及絳。成六年，遷新田後，謂之故絳。皆指此。古翼城在今縣治東南十五里。**曲沃爲晉別都**，今爲山西絳州之聞喜縣。曲沃自穆侯徙絳後，爲晉大邑。昭侯封桓叔于曲沃，師服曰：「晉甸侯也而建國。」言大邑不當以封也。自桓叔初封曲沃，至武公并晉，歷三世，凡六十七歲。武公既徙絳，曲沃復爲大邑。驪姬使言于公：「曲沃，君之宗也，不可以無主。」於是獻公城曲沃，使太子申生居之，亦謂之新城，亦謂之下國。新城以城曲沃而名，下國以桓叔至武公，國之三世，爲晉之舊國也。僖二十四年，晉公子入于曲沃，朝于武宫。❶ 蓋武公廟所在，後爲欒氏食邑。襄二十三年，晉欒盈入于曲沃以叛，即此。晉亡入魏，秦謂之左邑。《水經注》：「左邑，故曲沃，《詩》所謂『從子于鵠』者也。」漢武帝分置聞喜縣。今左邑故城在今聞喜縣治東。**遷于新田**，今爲山西平陽府之曲沃縣。成六年：「晉人謀去故絳，韓獻子曰：『新田土厚水深，居之不疾，有汾澮以流其惡。』公從之，遷于新田。」自此以後，命新田爲絳，以舊都爲故絳。自襄二十三年，欒盈晝入絳，至定十三年趙鞅歸晉入于絳，皆指新田之絳矣。絳故城在今縣治西南二里。**大夏爲晉陽，爲晉舊都**，今爲山西太原府之太原縣，古唐國，叔虞始封時所都也。昭元年：「子産曰：昔高辛氏有二子，伯曰閼伯，季曰實沈，不相能，日尋干戈。帝遷實沈于大夏，主參，唐人是因。及成王滅唐而封太叔，故參爲晉星。」杜注：「大夏，晉陽也。」曰大夏，曰太原，曰大鹵，曰夏墟，曰唐，曰晉，曰鄂，《左傳》所稱凡七名，皆指晉陽一地。後爲趙氏食邑。定十三年，趙鞅入于晉陽以叛，即此。古唐國在今縣治北。

❶「宫」，原作「公」，據庫本改。

古晉陽城在縣治東北。**諸浮**，文十三年：「六卿相見于諸浮。」杜注：「晉地。」《正義》曰：「六卿在朝，旦夕聚集，而特云相見于諸浮者，將欲密謀，慮其漏泄，故出就外野，屏人私議。諸浮，當是城外之近地耳。」**長樗**，襄三年：「公及晉侯盟于長樗。公至自晉。」杜注：「晉侯出其國都，與公盟于外。」《正義》曰：「長樗，蓋近城之地。盟訖，還入於晉，故公歸書『至自晉』也。文三年，盟于晉都。此盟出城外者。悼公謙以待人，不敢使國君就己，出盟于外，若似相就然。」**翼東門**，成十八年：「欒書、中行偃弑厲公，以車一乘葬之于翼東門之外。」案此是故絳之東門也。晉以成六年遷新田，以新田爲絳，故謂故絳爲翼，在平陽府翼城縣。**聚**，莊二十五年，晉士蔿城聚以處羣公子。冬，晉侯圍聚，盡殺之。明年，命士蔿城絳，以深其宮。此時之絳都爲翼城縣，而聚在今絳州絳縣東南十里有車箱城，相傳爲晉置羣公子之所。是城絳城聚非一地，亦非一時。《史記》謂「城聚都之，命曰絳，始都絳」，混而一之，誤矣。**絳市**，宣八年：「晉人獲秦諜，殺諸絳市，六日而蘇。」案此時未遷新田，蓋故絳之市也。**絳縣**，襄三十年：「晉悼夫人食輿人之城杞者。絳縣老人，無子而往，與于食。趙文子召而謝過，以爲絳縣師。」《正義》曰：「絳，晉國都也。此時晉已遷，蓋指新田之絳矣。」**絳郊**，昭二十九年：「龍見于絳郊。」蓋曲沃縣之郊也。**固宮**，襄二十三年：「晉欒盈以晝入絳，范宣子奉公以如固宮。」杜注：「宮之有臺觀備守者。」正義曰：「《晉語》云：『范宣子以公入於襄公之宮。』蓋襄公有別宮牢固，故謂之固宮。下傳云『范氏之徒在臺後，欒氏乘公門』，則臺可守禦，若漢宮之漸臺矣。」**銅鞮之宮**，襄三十一年：「子產曰：銅鞮之宮數里。」杜注：「晉離宮。」在上黨羊舌氏食邑，在宮北二十里，漢置銅鞮縣。《水經》曰：「銅鞮水出覆釜山。」酈氏注云：「鞮水出銅鞮之山石磴山，與專池、女諫諸水亂流，以注于銅鞮。」今銅鞮故城在沁州南十里。**虒祁之宮**。昭八年：「晉築虒祁之宮。」杜注：「虒祁，地名。在絳西四十里，臨汾水。」《水經注》：「汾水西逕虒祁宮北，有故梁，截汾水中，凡三十柱，柱逕五尺，裁與水平。」蓋晉平公時物也。其宮面汾背澮，西則兩川之交會。今平陽府曲沃縣西四十九里有虒祁宮址，地連絳州之聞喜縣界。

晉邑：隨，隱五年：「翼侯奔隨。」杜注：「晉地。」後爲士會食邑，號隨武子。今山西汾州府介休縣東有隨城。陘庭，桓二年：「哀侯侵陘庭之田。陘庭南鄙啟曲沃伐翼。」杜注：「翼，南鄙邑。」翼爲今平陽府翼城縣，縣東南七十五里有熒庭城，《志》云即陘庭也。襄二十三年，齊侯伐晉，張武軍於熒庭，即此。欒，桓二年傳：「靖侯之孫欒賓。」杜注：「晉地。」晉大夫欒氏之封邑。今直隸真定府欒城縣是也。案欒賓傅桓叔，在春秋前，晉疆未得到真定。當存疑。蒲，莊二十八年：「驪姬使梁五、東關五言于公曰：蒲與二屈，君之疆也。」二，或云當作「北」。杜注：「今平陽蒲子縣。」今山西隰州東北有蒲子故城。二屈，見上杜註。平陽北屈縣，今山西吉州東北二十一里有北屈廢縣。韓，僖十年：「帝許我罰有罪矣，敝于韓。」古韓國，春秋前。晉文侯二十四年，滅韓，後爲桓叔子韓萬封邑，亦曰韓原。在今陝西同州府韓城縣東南二十里。陰，僖十五年：「陰飴甥會秦伯。」杜注：「呂甥食采于陰。」今山西平陽府霍州西南十里有呂城，蓋以呂甥所居得名。後以賜魏錡，復有呂錡、呂相之稱。狐厨，僖十六年：「狄侵晉，取狐厨、受鐸，涉汾，及昆都。」杜注：「晉邑。」平陽臨汾縣西北有狐谷亭。今屬平陽府襄陵縣。❶受鐸，杜注：「晉邑。」昆都，杜注：「晉邑。」今平陽府臨汾縣南有昆都聚。是時狄自西來，薄平陽境。狐厨、受鐸在汾西，而昆都在汾東，故涉汾而及昆都也。今平陽府治臨汾縣城西二里即逼汾水。郇，僖二十四年：「咎犯與秦晉之大夫盟于郇。」杜注：「解縣西北有郇城。」案郇，國名。《詩》所謂「郇伯勞之」者。亦曰荀，《汲郡古文》：「晉武公滅荀，以賜大夫原氏黯，是爲荀叔。」今在蒲州府臨晉縣東北十五里。原，僖二十四年傳：「文公妻趙衰，生原同、屏括、樓嬰。」杜注：「原、屏、樓，三子之邑。原即周襄王所賜邑，趙衰嘗爲原大夫。」今河南懷慶府濟源縣西北十五里有原鄉。屏，《路史》曰：「炎帝臣屏翳封屏國。」趙括采邑，

❶「陵」，原作「陽」，據庫本改。

當在其處。**樓**，今隰州永和縣南十里樓山城。隋置樓山縣。**冀**，僖二十五年：「遷原伯貫于冀。」案冀本國名，地并于虞，虞亡歸晉，惠公與郤芮爲食邑，謂之冀芮。僖二十四年，芮謀殺文公，被誅，邑入晉。其子缺，因臼季舉，命爲卿，復與之冀。杜注：「平陽皮氏縣東北有冀亭。」在今絳州河津縣東。又縣東十五里有如賓鄉。**河陽**，僖二十八年：「天王狩于河陽。」本周盟邑，後歸晉，謂之河陽。古河陽城在今河南懷慶府孟縣西南三十里。**焦**，僖三十年：「燭之武曰：許君焦、瑕。」杜注：「焦、瑕，晉河外五城之二邑。」宣二年，秦圍焦，杜注：「晉河外邑。」案焦本國名，晉之同姓，司馬侯所謂虞、虢、焦、滑，皆晉所滅者。今陝州南二里有故焦城。**瑕**，文十三年：「晉使詹嘉處瑕。」以曲沃之官守之，故瑕亦名曲沃。《戰國策》每以焦、曲沃並稱，如《左傳》之言焦、瑕，知瑕即曲沃矣。今陝州西南三十二里有曲沃城，即詹嘉所處瑕邑。桃林在靈寶縣，蓋相近之地也。《晉地道記》：「猗氏縣東北有瑕城。」今屬蒲州府。乃郇瑕氏之瑕在河北，此在河南，舊混而一之，誤。**箕**，僖三十三年：「晉人敗狄于箕。」杜注：「太原陽邑縣南有箕城。」昭二十二年：「叔孫婼如晉，士伯曰：將館子于都。乃館諸箕。」杜注：「都，别都，謂箕邑。」今太原府太谷縣東南三十五里有箕城。**先茅之縣**，「以先茅之縣賞胥臣」，杜注：「先茅絶後，故取其縣以賞胥臣。」猶言蘇忿生之田也。**甯**，文五年：「晉陽處父聘于衛，反，過甯。」杜注：「晉邑，汲郡修武縣。」今河南衛輝府獲嘉縣西北有修武故城，古甯邑。秦置縣。**郫**，文六年：「晉賈季使迎公子樂于陳，趙孟使殺諸郫。」襄二十三年：「齊侯伐晉，入孟門，登太行。張武軍于熒庭，戍郫邵。」杜注：「取晉邑而戍之。」即此郫也。蓋郫邵在太行之南，界接鄭、衛，戍之防追襲耳。今河南懷慶府濟源縣西一百里有郫亭，與山西絳州垣曲縣接界。蓋逼近晉都之地。**陽**，文六年：「晉殺其大夫陽處父。」陽爲處父食邑，漢陽邑縣是也。今太原府太谷縣東南十五里有陽城。**羈**，文十二年：「秦伯伐晉，取羈。」杜注：「晉邑。」今蒲州府治南三十六里有羈馬城。**懷**，宣六年：「赤狄伐晉，圍懷及邢丘。」❶即

❶「邢」，原作「都」，據庫本改。

周之懷邑，今河南懷慶府武陟縣西南十一里有懷城。❶邢丘，杜注：「今河内平皋縣。」今懷慶府河内縣東南七十里有平皋故城、平皋陂，周圍二十五里，多産茭蒲，民賴其利。陂南即大河。向陰，宣七年：「赤狄伐晉，取向陰之禾。」向即周之向邑，今懷慶府濟源縣西南有向城。瓜衍之縣，宣十五年：「晉賞士伯以瓜衍之縣。」吴氏曰：「今汾州府孝義縣北十里有瓜城。晉滅虞、虢，遷其民於此。」苗，宣十七年：「苗賁皇使見晏桓子。」杜注：「賁皇食邑于苗。」今河南懷慶府濟源縣西十五里有苗亭。邢，成二年：「楚申公巫臣奔晉。晉人使爲邢大夫。」故邢國，衛滅之後入於晉，爲邑。哀四年：「齊國夏伐晉取邢。」即此。今爲直隸順德府邢臺縣。銅鞮，成九年：「鄭伯如晉，執諸銅鞮。」杜注：「晉別縣，在上黨。」後爲羊舌赤之食邑。昭二十八年，滅羊舌氏，以樂霄爲銅鞮大夫。漢置銅鞮縣，屬上黨郡。晉因之。故城在今沁州南十里。桑田，成十年：「晉公召桑田巫。」杜注：「晉邑。」故虢地，後入晉。僖二年：「虢公敗戎于桑田。」即此。今河南陝州閿鄉縣東三十里有稠桑驛。郜，成十三年：「吕相絶秦，焚我箕、郜，我是以有輔氏之聚。」高氏曰：「今太原府祁縣西七里有郜城，俗呼其地曰高城村。舊以爲即此郜。考是役秦次于輔氏，晉侯方略狄土，遣魏顆禦却之。又襄十一年：『秦伐晉，濟自輔氏。』其爲濱河之邑無疑。今陝西朝邑縣西北十三里有輔氏城，其地東接蒲津，理可通也。或者但見箕在太谷，遂謂郜在祁縣。夫太原與蒲津，相去數百里，秦師何由至此乎？存以俟考。」苦，成十七年：「苦成叔。」王符曰：「郤犨食采于苦，曰苦成。」《路史》曰：「苦成故城在今山西解州鹽池東。」虚，成十七年：「鄭子駟侵晉虚、滑。」杜注：「晉二邑。」滑，故滑國，爲秦所滅。時屬晉，後屬周。在河南府偃師縣東二十里。又偃師東南有虚城。雞澤，襄三年：「同盟于雞澤。」杜注：「在廣平曲梁縣西南。」今曲梁故城在今直隸廣平府治永年縣東北，即《國語》所謂「雞丘」。若今雞澤縣，乃隋析廣平縣所置，非春秋時雞澤也。霍人，襄十年：「晉滅偪陽，使周内史選

❶「陟」，原作「涉」，據庫本改。

其族嗣納諸霍人。」杜注：「霍，晉邑。」案霍本周霍叔處所封，晉獻公滅之，以爲邑。後以賜先且居爲霍伯。今悼公以偪陽之罪，不合絶祀，故歸之天子，使周内史選其宗族賢者，令居晉之霍邑以奉祀。言納諸霍人者，此霍邑或稱霍人，猶如晉邑謂之柏人也。今平陽府霍州西十六里有霍城。《正義》又引班固《漢書·樊噲傳》云「攻霍人」，此係秦、漢以來別有霍人縣，《漢地理志》謂之葰人縣，在今代州繁峙縣北，相去數百里，不可混。**櫟**，襄十一年：「秦晉戰于櫟。」高氏曰：「今陝西西安府臨潼縣北三十里有櫟陽城，相傳即晉之櫟邑，非也。傳稱是役『秦庶長武濟自輔氏，與鮑交伐晉師。戰於櫟，晉師敗績』。則櫟爲河上之邑明矣。《史記》：『晉悼公十二年，秦取我櫟。』杜氏《釋例》云『櫟在河北』，此爲差近。若櫟陽，則古驪戎國，秦獻公所都，且去河絶遠，必非此櫟也。」**長子**，襄十八年：「晉執衛行人石買于長子，孫蒯于純留。」杜注：「長子、純留，二縣，今皆屬上黨郡。」案：長子周初爲辛甲所封邑，後歸晉。今爲潞安府長子縣。**純留**，本春秋時留吁國，赤狄之別種也。宣十六年，晉滅之爲邑，謂之純留，亦曰屯留。《史記》：「始皇八年，王弟長安君成蟜將軍擊趙反，死屯留。」即此。今潞安府屯留縣東南十里有純留城。**梗陽**，襄十八年：「中行獻子見梗陽之巫臯。」杜注：「晉邑，在太原晉陽縣南。」昭二十八年：「魏戊爲梗陽大夫。」即此。今太原府清源縣有梗陽故城。**祁**，襄二十一年：「叔向曰：必祁大夫。」杜注：「祁奚食邑于祁，因以爲氏。祁縣屬太原。」今太原府祁縣東南八里有古祁城，《志》以爲晉祁氏之邑。又縣東七里有祁藪，即《爾雅》所謂昭餘祁矣。祁縣以藪得名。**范**，襄二十四年：「范宣子曰：在周爲唐杜氏。晉主夏盟，爲范氏。」杜注：「杜伯之子隰叔奔晉，四世及士會，食邑于范，復爲范氏。」今山東曹州府范縣東三里有士會墓。季氏《私考》疑濮州衛地，晉不應以封其大夫。愚嘗考狄嘗滅衛，衛之遺壤，入于狄者甚多。至宣十五年，晉復滅狄。而士會于宣十二年，傳稱隨武子；于十七年請老，稱范武子。以後，終春秋之世，稱范不稱隨。蓋士會以十六年與于滅狄之功，滅留吁甲氏，晉得狄之土，以爲士會賞功之邑耳。其後范復入齊，孟子自范之齊，即此。蓋春秋之季，范氏叛晉即齊，齊、衛助之，而范遂入齊爲邑。其地之去來，固甚明也。鄗，襄二十六年：「蔡聲子曰：雍子奔晉，晉與之鄗，以爲謀主。」杜注：「晉邑。」昭十四年：「邢侯與雍子爭鄗田。」蓋亦近邢臺之地。邢臺縣，今屬直隸順德府。木門，襄二十七年：「衛侯之弟鱄出奔晉，托於木門。」杜注：「晉邑。」在直隸河間府城西北三里，城中古有大樹，謂之木門城。漢置參户縣。武帝封河間獻王子免爲侯邑。宋元符三年，張商英請開木門口泄徒駭東流，即此地。任，襄三十年：「鄭羽頡奔晉，爲任大夫。」杜注：「晉邑，屬廣平郡。」哀四年：「齊國夏伐晉，取任。」即此。後爲趙邑。漢因置任縣。故城在今直隸順德府任縣東南。中都，昭二年：「晉人執陳無宇于中都。」杜注：「晉邑，在西河介休縣東南。」今汾州府平遥縣西北十二里有中都古城，西南至介休五十里。良，昭十三年：「晉侯會吴子于良。」《後漢書志》：「良成縣，故屬東海。春秋時曰良。」《漢書志》：「良成縣。」註：「侯國。」師古曰：「《左氏傳》『晉侯會吴子于良』，即此。」今爲江南徐州府邳州。乾侯，昭二十八年：「公如晉，次于乾侯。」杜注：「晉境内邑，在魏郡斥丘縣。」闞駰曰：「地多斥鹵，故曰斥丘。」歷代皆爲斥丘縣，高齊始改置成安。今直隸廣平府成安縣東南有斥丘古城。鄔，昭二十八年：「晉分祁氏之田爲七縣，司馬彌牟爲鄔大夫。」杜注：「太原鄔縣。」今鄔城故址在汾州府介休縣東北二十七里。平陵，「司馬烏爲平陵大夫」，亦曰大陵，後屬趙。漢置大陵縣。隋改爲文水。今太原府文水縣東北二十里有大陵故城。塗水，「知徐吾爲塗水大夫」，杜注：「太原榆次縣。」今太原府榆次縣西南二十里有塗水故城。馬首，「韓固爲馬首大夫」，《元和郡縣志》：「馬首故城在壽陽縣東南十五里。」漢爲榆次之東境。隋置壽陽縣。今屬平定州。縣東南十五里有馬首村。盂，「盂丙爲盂大夫」，杜注：「太原盂縣。」哀四年：「齊國夏伐晉，取盂。」即此。盂縣今屬平定州。平陽，「分羊舌氏之田爲三縣，趙朝爲平陽大夫」，杜注：「平陽，平陽縣。」堯所都。春秋時晉邑。後韓武子都此。歷代皆爲平陽縣。隋改曰臨汾。今爲平陽府治。楊氏，「僚安爲楊氏大夫」，杜注：「平陽楊氏縣。」今平陽府洪洞縣南二里有古楊城，一名范城，叔向所築。五氏，定九年：「齊侯、衛侯次于五氏。」杜注：「晉大夫邯鄲午之私邑。亦曰寒氏。」十年傳：「午以徒七十人門于衛西門，曰請報寒氏之役。」即此。今直隸廣平府邯鄲縣有五氏城。邯鄲，定十三年：「趙鞅殺邯鄲午。」杜注：「邯鄲，廣平縣。」故衛邑，後屬晉。戰國時，趙肅侯都此。今直隸廣平府邯鄲縣西南三十里，邯鄲故城。河内，定十三年：「齊邴意茲曰：鋭師伐河内。」杜注：「汲郡。」故爲衛之邶邑。衛遷楚丘後，河内殷虚，更屬于晉。今爲河南衛輝府治汲縣。晉陽，「秋，趙鞅入於晉陽以叛」，即今太原府之太原縣。唐叔始封時故都也。見晉都。朝歌，「冬，荀寅、士吉射入于朝歌以叛」，即今河南衛輝府之淇縣。衛康叔始封時故都也。後屬晉。詳衛都。臨，哀四年：「趙稷奔臨。」杜注：「晉邑。」今直隸趙州臨城縣有古臨城，即春秋時臨邑。欒，哀四年：「齊國夏伐晉，取邢、任、欒、鄗、逆時、陰人、盂、壺口，會鮮虞，納荀寅于柏人。」杜注：「欒至壺口八邑，皆晉地。欒在趙國平棘縣西北。」本欒武子封邑，其後南徙。漢於其故地置關縣。後漢改曰欒城縣。今屬直隸真定府。又直隸趙州之北境，皆古欒邑地。鄗，杜注：「即高邑縣也。」鄗本晉邑，後屬趙。漢置鄗縣。光武改曰高邑。北齊移治于房子縣東北，去舊城三十里，即今直隸趙州之高邑縣也。古鄗城在今趙州柏鄉縣北十二里。逆時，《水經注》：「濡水回湍曲復，亦謂之曲逆水。《春秋》『齊國夏伐晉，取曲逆』是也。」是直以逆時爲曲逆矣。秦置縣。漢封陳平爲曲逆侯。今曲逆故城在直隸保定府完縣東南二十里。壺口，杜注：「潞縣東有壺口關。」《舊志》：「壺關山在山西潞安府壺關縣西北二里。」今在府治長治縣東南十三里。詳見山川。柏人，杜注：「晉邑，趙國柏人縣也。」哀五年：「晉圍柏人。」《史記》：趙王遷元年，置柏人縣，屬趙國。漢高祖八年過趙，問縣名，不宿而去。今柏人故城在直隸順德府唐山縣西十二里。冠氏。哀十五年：「齊伐晉，取冠氏。」杜注：「陽平館陶縣。」案冠氏晉邑。隋因分館陶界，析置冠氏縣。今山東東昌府冠縣北有冠氏故城。

晉地：條，桓二年傳：「晉穆侯以條之役生太子。」杜注：「晉地。」舊以直隸河間府景州古條爲晉條地。漢周亞夫所封。《皇輿表》亦從其説。今案其地太遠，穆侯時疆土疑不到此。今山西解州安邑縣有中條山，縣北三十里有鳴條岡。《孟子》曰：「舜卒于鳴條。」《尚書大傳》：「湯伐桀，戰於鳴條。」此爲晉之條地，當近是。**千畝**，「其弟以千畝之戰生」，杜注：「西河介休縣南有地名千畝。」今汾州府介休縣南有千畝原。**汾隰**，桓三年：「曲沃伐翼，逐翼侯于汾隰。」杜注：「汾水邊。」《史記》作「汾旁」。蓋翼地之近汾者。**屈産**，僖二年：「晉以屈産之乘與垂棘之璧，假道于虞。」《公羊》謂屈産爲地名，今汾州府石樓縣東南四里有屈産泉，牧馬川上，多産名駒，接隰州界。**垂棘**，杜注：「地闕。」**高梁**，僖九年：「齊侯以諸侯之師伐晉，及高梁。」杜注：「晉地。在平陽楊縣西南。」僖二十四年：「晉公子使殺懷公于高梁。」即此。今平陽府臨汾縣東北三十七里高梁都，地名梁虚是也。與洪洞縣接界。**虢略**，僖十五年：「晉侯許賂秦伯，東盡虢略，内及解梁城。」杜注：「從河南而東盡虢界。」見山川。**解梁城**，杜注：「河東解縣。」今山西蒲州府臨晉縣東南十八里有解城。**令狐**，僖二十四年：「晉公子濟河，圍令狐，入桑泉，取臼衰。」文七年：「晉敗秦師于令狐。」即此。闞駰曰：「令狐即猗氏也。」今蒲州府猗氏西十五里有令狐城。**桑泉**，杜注：「在河東解縣西。」今蒲州府臨晉縣東十三里有桑泉城。**臼衰**，杜注：「解縣東南有臼城。」今在解州西北。**廬柳**，「晉師軍于廬柳」，今蒲州府猗氏縣西北有廬柳城。**緜上**，僖二十四年：「介之推隱而死，晉侯以緜上爲之田。」杜注：「西河介休縣南有地名緜上。」襄十三年：「晉侯蒐于緜上以治兵。」即此。今沁州沁源縣北八十里有緜上城。**南陽**，僖二十五年：「王與陽樊、温、原、攢茅之田。」晉于是始啟南陽。」杜注：「晉山南河北，故曰南陽。」又文元年：「晉使告于諸侯而伐衛，及南陽。」杜注：「今河內地。」然則南陽地極寬大，兼涉衛境，不止晉有矣。蓋本周圻內地，文公始受之，故曰啟。馬融曰：「晉地自朝歌以北至中山爲東陽，朝歌以南至軹爲南陽。」應劭曰：「河内殷國也。周謂之南陽，後又爲魏、鄭、衛三國之地。」魏即分晉地，應蓋本其後而言之耳。徐廣曰：「河内郡修武縣，古名南陽。」劉原父曰：「修武有古南陽城。」蓋南陽其統名，而修武則魏之南陽邑也。今懷慶府修武縣北有南陽故城。**清原**，僖三十一年：「晉蒐于清原。」杜注：「河東聞喜縣北有清原。」在今絳州稷山縣西北二十里。**王官**，文三年：「秦伯伐晉，取王官及郊。」杜注：「晉地。」今蒲州府臨晉縣東南七十里王官谷有廢壘，即王官城也。**郊**，杜注：「晉地。」《史記》：「取王官及鄗。」《正義》曰：「鄗，音郊。」當爲臨晉、平陽間小邑。」**董**，文六年：「改蒐于董。」杜注：「河東汾陰縣有董亭，晉汾陰。」今爲蒲州府滎河縣。又聞喜縣東北四十里接絳州界，有董氏陂，中產楊柳，可以爲箭，即《左傳》所謂「董澤之蒲」也。疑爲一地。**堇陰**，文七年：「趙盾禦秦師于堇陰。」杜注：「晉地。」疑亦當在蒲州府滎河縣。蓋蒲州界接潼關，與秦以大河爲限。秦、晉戰，爭刳首、令狐、河曲、羈馬，俱在今永濟、臨晉、滎河、猗氏之地。**刳首**，文七年：「晉敗秦師于令狐，至于刳首。」杜注：「令狐在河東，當與刳首相近。」案令狐，今蒲州府猗氏縣地。《水經注》：「刳首在西三十里。」當在今滎河、臨晉間也。**武城**，文八年：「秦人伐晉，取武城。」杜注闕。《史記》秦厲公二十一年，晉取武城。漢置武城縣，屬左馮翊。**北徵**，文十年：「秦伐晉，取北徵。」今陝西同州府澄城縣西南二十一里有北徵古城。**河曲**，文十二年：「晉人、秦人戰于河曲。」杜注：「在河東蒲坂縣南。」今蒲州府治永濟縣東南五里有蒲坂故城。**黄父**，文十七年：「晉侯蒐于黄父。」杜注：「一名黑壤，晉地。」宣七年會于黑壤，傳云「盟于黄父」，杜注：「黄父，即黑壤。」蓋二名爲一地矣。黑壤山在今澤州府沁水縣西北四十里，澮水所出。後周宇文泰小字黑獺，諱之，改曰烏嶺。**陰地**，宣二年：「趙盾自陰地率諸侯之師以侵鄭。」杜注：「晉河南山北，自上洛以東至陸渾。」哀四年：「蠻子赤奔晉陰地。」即此。晉上洛，今陝西商州雒南縣；陸渾，今河南府嵩縣。其地南阻終南，北臨大河，所謂「河南山北」也。又陝州盧氏縣有陰地城，即命大夫屯戍之所。猶夫南陽爲河内之總名，而別有南陽城則在修武也。**曲梁**，宣十五年：「荀林父敗赤狄于曲梁。」杜注：「廣平曲梁縣。」襄三年：「晉侯之弟楊干亂行于曲梁。」即此。故城在今直隸廣平府治永年縣是也。**黎氏**，伯宗曰：「狄棄仲章而奪黎氏地。」杜注：「黎侯國，上黨壺關縣有黎亭。」❶今潞安府治長治縣西三十里黎侯亭是也。又山東曹州府范縣有黎城，則黎侯失國寓衛時所居之地。**稷**，宣十五年：「晉侯治兵于稷。」杜注：「晉地。」今山西絳州稷山縣南五十里有稷神山，山下有稷亭，即晉侯治兵處也。**斷道**，宣十七年：「同盟於斷道。」杜注：「晉地。」《傳》云「卷楚」。一地二名。今沁州東有斷梁城。**野王**，「晉人執晏弱于野王」，杜注：「野王縣，屬河内。」今爲河南懷慶府治河内縣。**赤棘**，成元年：「盟于赤棘。」杜注：「晉地。」**交剛**，成十二年：「晉人敗狄于交剛。」杜注闕。或云在今隰州境。**保城**，成十三年傳：「吕相絶秦，伐我保城。」杜注無之。高氏曰：「杜不言保城何地，蓋非地名，不過完守入保之城耳。」**苕丘**，成十六年：「晉人執季孫行父，舍之于苕丘。」杜注：「晉地。」《公羊》作「招丘」。**台谷**，成十八年：「晉侯師於台谷，以救宋。」杜注闕。或曰在今澤州府治界。**瓠丘**，襄元年：「晉人以宋五大夫在彭城者寘諸瓠丘。」杜注：「河東垣縣東南有壺丘。」在殽谷之北岸，亦曰陽壺。《寰宇記》曰：❷「古陽壺城南臨大河。」今絳州垣曲縣東南陽壺城是也。**著雍**，襄十年：「晉悼公還自宋，及著雍，疾。」杜注：「晉地。」襄十九年：「晉荀偃伐齊，歸，濟河，及著雍，病。」十三年：「會于平丘。荀吴自著雍侵鮮虞。」蓋晉適齊、宋，河以内之地，約當在直隸河間府境。**雍榆**，襄二十三年：「叔孫豹救晉。次于雍榆。」杜注：「晉地。汲郡朝歌縣東有雍城。」《郡邑志》：「黎陽縣有雍城，即古雍榆也。」故城在今河南衛輝府濬縣西南十八里。**東陽**，襄二十三年：「齊侯伐晉，取朝歌。趙勝帥東陽之師以追之，獲晏氂。」杜注：「晉之山東，魏郡廣平以北。」昭二十二年：「荀吴略東陽，遂襲鼓，滅之。」杜注「東陽」與此同。孔穎達曰：「鼓在鉅

❶「亭」，原作「城」，據庫本改。
❷「記」，原作「志」，據庫本改。

鹿，居山之東。山東曰朝陽，知東陽是寬大之語，總謂之山東，故爲魏郡廣平以北。」王氏曰：「自漢以前，東陽大抵爲晉太行山東地，非有城邑也。楚漢之間，始置東陽郡。漢置東陽縣。今山東東昌府恩縣西北六十里有東陽城，猶南陽爲河内之總名而別有南陽城則在脩武也。」**雍**，昭元年：「冬，晉趙武適南陽，烝于温，卒。鄭伯如晉弔，及雍，乃復。」故雍國，地入于晉。今河南懷慶府修武縣西有雍城。**魏榆**，昭八年：「石言于晉魏榆。」杜注：「晉地。」今太原府榆次縣西北有榆次故城，《通典》曰晉魏榆邑也。**汝濱**，昭二十九年：「晉趙鞅、荀寅帥師城汝濱。」杜注：「晉所取陸渾地。」陸渾，今河南府嵩縣，汝水在縣南。**適歷**，昭三十一年：「季孫意如會晉荀躒于適歷。」杜注：「晉地。」**大陸**，定元年：「魏獻子田于大陸，焚焉。」杜注：「《禹貢》大陸在鉅鹿北，疑此田在汲郡吴澤，荒蕪之地。」《正義》曰：「鉅鹿城去成周千餘里，魏子不應往彼田獵。吴澤在脩武縣北，還卒于甯，甯即修武城是也。」案吴澤陂在今河南懷慶府修武縣北，東入衛輝府獲嘉縣界，爲太白陂，與《禹貢》之大陸自別。**平中**，定三年：「鮮虞人敗晉師于平中。」杜注：「晉地。」案昭十二年：「晉荀吴帥師侵鮮虞，及中人。」杜注：「中山望都縣西北有中人城。」在今直隸保定府唐縣西北十三里。此平中，當亦相近。**中牟**，定九年：「晉車千乘在中牟。」杜注：「滎陽有中牟，縣迴遠，疑非也。」《索隱》曰：「此中牟當在河北，非鄭之中牟。」《正義》：「蕩陰縣西有牟山，中牟蓋在其山之側。」今河南彰德府湯陰縣西有中牟城，在牟山下，正當衛走邯鄲之道。**百泉**，定十四年「晉人敗范氏之師于百泉」，故衛地，今河南衛輝府輝縣西北七里有蘇門山，一名百門山，有百門泉，《衛風》所謂「泉源在左」者也。定公時，已屬晉。衛水源于此。**棘蒲**，哀元年：「師及齊、衛、鮮虞取棘蒲。」杜注：「晉邑。」漢封功臣柴武爲侯邑。今直隸趙州城中有棘蒲社。**上雒**，哀四年：「蠻子赤奔晉陰地。楚起豐、析與狄戎以臨上雒。左師軍于菟和。右師軍于倉野。」今陝西商州雒南縣。《水經注》：「丹水自蒼野，又東歷菟和山。」又東至商縣上洛。春秋時晉地。《竹書》「晉烈公三年，楚人伐南鄙，至于上洛」，即此。漢置上洛縣，至元始廢。其地即今商州治也。丹水在城南一里。**陰地**，「使謂陰地之命大夫士蔑」，杜注：「河南山北，自上雒以東至陸渾，命大夫別縣監尹。」《正義》曰：「河南山北，東西橫長，其間非一邑。若是典邑大夫，則當以邑冠之。傳言『陰地之命大夫』，則是特命大夫使總監陰地，故以爲別縣監尹也。以其去國遥遠，別爲置監。」**英丘**。哀二十三年：❶「荀瑤伐齊曰：齊取我英丘。」杜注：「晉地。」案是役以報英丘之怨。《傳》稱「戰于黎丘，齊師敗績」。犂丘在今山東濟南府臨邑縣，則英丘當亦相近之地。

晉山川：**華山**，僖十五年：「晉侯許賂秦伯，南及華山。」杜注：「華山在弘農華陰縣南。」❷華山在今陝西華陰縣南十里。華陰爲晉之陰，晉邑。潼關在華陰東北四十里，河南閿鄉縣西六十里。**二崤**，僖三十三年：「晉師及姜戎敗秦于殽。」杜注：「殽在弘農澠池縣西，亦曰二崤。」二崤在今河南府永寧縣北六十里，漢澠池之西界。自東崤至西崤，長三十五里。案《左傳》：「殽有二陵。南陵，夏后皋之墓。北陵，文王之所避風雨。」杜注：「南谷中谷深委曲，兩山相嶔，故可以避風雨。」《水經注》：「石崤山，山徑委深，峯阜交蔭，故可以避風雨。建安中，曹公西侵巴漢，惡其險，更開北山高道，後行旅皆由此。」北周復從南道。隋大業初，建東京，開菱册道，即北道也。大約出潼關，歷陝州，入永寧界，分爲二道。東南入福昌縣界，即南道。東北入澠池縣界，即北道。春秋時，秦師伐晉之道，其道在南，故杜曰「南谷中」。魏太和中，于其地置崤縣。唐廢爲石壕鎮。杜子美詩《石壕吏》即此。**桃林塞**，文十三年：「晉使詹嘉處瑕，以守桃林之塞。」杜注：「在弘農華陰縣東潼關。」桃林在今河南陝州靈寶縣南十一里。隋置桃林縣。唐天寶初，得寶符于關旁，改名靈寶。關在谷中，絶岸壁立，深險如函，因名潼關。自魏武西征馬超，始見于史。今陝西同州府華陰縣東四十里。蓋自華而虢，而陝，而河南，中間千里，古立關塞有三。在華陰者，潼關也。自潼關東二百里至陝州靈寶縣，則秦函谷關也。自靈寶縣東三百餘里至河南府新安縣，則漢函谷關也。王氏曰：「自靈寶以西，潼關以東，皆曰桃林。」

❶「三」，原作「二」，據庫本改。
❷「南」，《左傳》僖公十五年杜注作「南」。

自崤山以西，潼津以東，通稱函谷。」然則桃林、函谷，同實異名。新安漢關，與桃林無與。自秦關以西，皆詹父所守矣。秦孝公始于其地置關。以前則但謂之桃林。**孟門**，襄二十三年：「齊侯伐晉，取朝歌，爲二隊，入孟門，登太行。」杜注：「孟門，晉隘道。」孟門在今河南衛輝府輝縣。司馬貞謂在朝歌東北。高氏曰：「《元和郡縣志》：『太行首始河内，北至幽州，連亘十三州之界，凡有八陘。第一軹關陘，第二太行陘，第三白陘。此三陘在河内。第四滏口陘，即鄴。第五井陘，第六飛狐陘，第七蒲陰陘。此四陘在中山。第八軍都陘，在幽州。』合以今日之地，軹關在濟源縣，太行陘在懷慶府城北，白陘在輝縣。輝縣界連淇縣，淇縣即古朝歌。齊之入孟門，蓋入白陘也。殷紂之國，左孟門，右太行，蓋以紂都朝歌，太行如屏，擁其西北二陘，分別左右，可恃以爲固也。是時，齊輕兵深入，既取朝歌，則分兵爲二部，一入白陘，由朝歌而隳其險阨；一登太行，由河内以瞰其腹心。朝歌，故衛都，此時屬晉。」**太行**，太行即太行陘，在懷慶府城北，亦名羊腸坂。闊三步，長四十里。羊腸所經，瀑布懸流，實爲險阻。曹孟德詩云：「北上太行山，艱哉何巍巍。羊腸坂詰屈，車輪爲之摧。」即此也。八陘隨地異名，獨此稱其本號，蓋險要尤在此。**壺口**，哀四年：「齊國夏伐晉，取邢、任、欒、鄗、逆時、陰人、盂、壺口。」杜注：「潞縣有壺口關。」壺口在今山西潞安府城東南十三里，延袤百餘里，東接相州，山形險狹，形如壺口。亦謂之崞口，地形險要，自昔爲襟喉之地。**首山**，宣三年：「趙宣子田于首山。」杜注：「首山在河東蒲坂縣東南。」首山，即首陽山，在今山西蒲州府城東南。山有九名，亦曰陑山，亦曰雷首山，《禹貢》：「壺口、雷首，至于太岳。」《尚書大傳》：「湯放桀，升自陑。」皆此也。**霍太山**，閔元年：「晉獻公滅霍。」杜注：「永安縣東北有霍太山。」霍太山，一名霍山。《周・職方》：「冀州，其山鎮曰霍山。」《地志》謂即霍太山是也。《史記》：「晉滅霍，霍哀公奔齊。晉大旱，卜之曰：『霍太山爲祟。』使趙夙召霍君奉祀。」山在今山西平陽府霍州東三十里，周二百餘里，南接岳陽、趙城二縣，北接靈石縣，東接沁源縣界。亦曰太岳，亦曰岳陽。《禹貢》「既修太原，至于岳陽」、「壺口、雷首，至于太岳」，皆此也。今爲中鎮。**梁山**，成五年：「梁山崩。」杜注：「在馮翊夏陽縣北。」梁山在今陝西同州府韓城縣西北九十里。《詩》「奕奕梁山，惟禹甸之」。❶本爲韓國鎮山，晉滅韓，其地屬晉。《水經注》：「河水又南逕梁山原。」《公羊傳》：「梁山，河上之山也。梁山崩，壅河，三日不流。」**沙鹿**，僖十四年：「沙鹿崩。」杜注：「山名。陽平元城縣東有沙鹿土山。」今北直大名府元城縣東四十五里有沙麓山。《穀梁傳》：「沙鹿，晉山。林屬于山爲鹿；沙，山名也。」《水經注》：「元城縣有沙丘堰，大河所經，以沙鹿山而名。」**綿山**；僖二十四年：「介之推隱而死，晉侯求之不獲，以綿上爲之田。」杜注：「在西河介休縣南。」今山西汾州府介休縣東南二十五里有介山，以介之推得名。山南跨靈石，西跨沁源，盤踞深厚。亦名綿山，亦名綿上。襄十三年，晉侯蒐于綿上以治兵，即此。**河**，文十二年：「晉人、秦人戰于河曲。」杜注：「河曲在河東蒲坂縣南。」《水經》云：「河水南至華陰、潼關，渭水自西來會之。」蓋河水自此折而東，故謂之河曲，即蒲阪也。今蒲阪故城在山西蒲州府城東南五里。**汾水**，成六年傳：「韓獻子曰：不如新田，有汾、澮以流其惡。」杜注：「汾水出太原，經絳縣北，西南入河。」汾水出太原静樂縣北百四十里之管涔山，自臨汾經絳縣故城北，至蒲州府之滎河縣北，折而入於大河。新田，晉所遷，今絳州絳縣也。**澮水**，杜注：「澮水出平陽絳縣南，西入汾。」澮水有二源。一出平陽府翼城縣之烏嶺山，一出絳縣東北，俱西流，過平陽府曲沃縣，入絳州之王澤，合於汾。亦曰少水。襄二十三年，齊侯伐晉，封少水而還，即此。案新田在汾、澮二水之間。蓋古者建國，必居于水之交會，所以固其風氣，流其疢疾，資其灌溉。汾、澮之于晉，猶洙、泗之于魯，淄、澠之于齊，澗、瀍之于周王城耳。皆環會都城之水也。齊莊公伐晉，至爲京觀于少水，直逼國都之側，晉亦危矣。是時晉之君臣疑懼，恐有欒氏之人爲内應，故且案兵以待之。厥後積怒欒氏，一再錮之。蓋深恨其召外兵，以幾至不測也。**涑水**，成十三年：「吕相絶秦，伐我涑川。」杜注：「涑水出河東聞喜縣西南，至蒲坂縣入河。」今山西蒲州府城東北二十六里有涑水城，即秦所伐之

❶「甸」，原作「奠」，據庫本改。

涑川也。《水經注》：「涑水出聞喜縣東山，至周陽，與洮水合。」又曰：「河水南至雷首山西，涑水注之。」案雷首去蒲坂三十里，即杜氏所云入河處也。**洮水**，昭元年傳：「子産曰：臺駘能業其官，宣汾、洮。」《後漢志》：「聞喜有洮水。」聞喜縣，今屬山西平陽府。《水經注》：「洮水東出清野山，西合涑川。」然則涑水亦洮水之兼稱矣。**塗水**，昭二十八年：「魏獻子分祁氏、羊舌氏之田爲十縣，以知徐吾爲塗水大夫。」杜注：「塗水出太原榆次縣。」塗水有二。一曰大涂水，發源太原府榆次縣東南八縛嶺下，西北流入洞渦水。一曰小涂水，源出鷹山，西流入大涂水。**汝水**，昭二十九年：「晉趙鞅、荀寅帥師城汝濱。」杜注：「汝濱，晉所取陸渾地。」陸渾在今河南府嵩縣，汝水源于汝州魯山縣，地相接。**盟津**，即河陽。僖二十八年：「天王狩于河陽。」在今河南懷慶府孟縣西南三十里。武王會諸侯于盟津，即此地。後歸晉，謂之河陽。晉泰始中，杜預于此造舟爲橋，名曰河橋，亦曰富平津。**茅津**，文三年：「秦師自茅津濟，封殽尸而還。」杜注：「茅津在河東大陽縣西。」今山西解州平陸縣東南有茅城，河水經其南，即茅津也。南對陝州，州治距河僅三里，乃黄河津濟處。亦謂之大陽津。唐貞觀十一年，于茅津造浮梁曰大陽橋，長七十六丈，廣二丈，架大河之上，尋廢。今亦曰大陽關。蓋東則富平津，西則大陽津，寔大河之衝要也。**棘津**，昭十七年：「晉荀吴帥師涉自棘津，用牲于雒，遂滅陸渾。」杜注：「河津名。」棘津在今河南衞輝府胙城縣北。《水經注》：「河水經東燕故城北，則有濟水北來注之，有棘津之名，亦謂之石濟津。」僖二十八年，晉將伐曹，假道于衞，衞人不許，還自南河濟。即此。**采桑津**，僖八年：「晉里克敗狄于采桑。」杜注：「北屈縣西有采桑津。」采桑津在今山西吉州寧鄉縣西，大河津濟處也。《水經注》：「河水又南爲采桑津。」《史記》作「齧桑」。《瓠子之歌》所云「齧桑浮兮淮泗滿」者，此在梁與彭城之間，與此又別。**董澤**，宣十二年：「厨武子曰：董澤之蒲。」杜注：「聞喜縣東北有董池陂。」今山西絳州聞喜縣東北三十五里有董氏陂，中産楊柳，可以爲箭。又云豢龍池，即舜封董氏豢龍之所。下流入涑水。《水經注》：「涑水西經董澤陂，南即古池，東西四里，南北三里。文六年，蒐于董澤，即此。」**鹽池**，成六年：「晉人謀去故絳，諸大夫皆曰：必居郇瑕氏之地，❶沃饒而近盬。」盬，鹽也。猗氏縣鹽城是也。鹽池在今山西蒲州府猗氏縣南，許氏謂之盬鹽池。池長五十一里，廣六里，周一百一十四里，紫色澄渟，渾而不流，水出石鹽，自然凝成。《宋志》：「鹽之類有二。引池而化者，《周官》所謂盬鹽也；煮海煮井煮鹻而成者，《周官》所謂散鹽也。」《孔叢子》：「猗頓以盬鹽起。」漢于其地置猗氏縣。百泉，定十五年：「晉人敗范氏之師于百泉。」今河南衞輝府輝縣西北七里有蘇門山，山有百門泉，泉通百道，《衞風》所謂「泉源在左」者也。衞水源于此。故屬衞，定公時已屬晉。曲逆水。哀四年：「齊國夏伐晉，取逆時。」酈道元以爲即曲逆也。《水經注》：「濡水出蒲陰縣西昌安郭南，枉渚廻湍，率多曲復，亦謂之曲逆水。《春秋》齊國夏伐晉取曲逆是也。」是直以逆時爲曲逆矣。在今北直保定府完縣東南二十里。

右春秋列國都邑山川上。

五禮通考卷第二百八

淮陰吴玉搢校字

❶「地」，原作「池」，據庫本改。

五禮通考卷第二百九

内廷供奉禮部右侍郎金匱秦蕙田編輯
太子太保總督直隸右都御史桐城方觀承同訂
翰林院編修嘉定錢大昕
按察司副使元和宋宗元 參校

嘉禮八十二

體國經野

顧氏棟高《春秋大事表》：宋都：商丘，今爲河南歸德府之商丘縣。❶ 初，成王既殺武庚，命微子啓代殷後，國號宋，亦曰商。昭八年：「魯蒐于紅，革車千乘，自根牟至于商、衛。」《釋例》曰「商、宋一地」是也。今城西南有商丘，❷周三百步，世稱閼臺。蒙澤，莊十二年：「宋萬弑閔公于蒙澤。」杜注：「宋地。梁國有蒙縣。」今商丘縣北有蒙澤。案高氏謂蒙爲宋邑，非也。下文云「遇仇牧于門，批而殺之。遇太宰督于東宫之西，又殺之」，則蒙澤尚在宫門之内。意蒙水之引入宫牆内，爲遊觀之所，亦如齊桓公乘舟于囿之類耳。❸《公羊》云「婦人皆在側」，則此爲宫中燕私之地可知。逢澤。哀十四年：「宋皇野語向巢，迹人來告，逢澤有介麇焉。」杜注：「《地理志》言『逢澤在滎陽開封縣東北』，遠，疑非。」《正義》曰：「宋都睢陽，計去開封四百餘里，非輕行可到，故杜以遠疑。蓋于宋都之旁，别有近地名逢澤耳。」宋邑：黄，隱元年傳：「惠公之季年，敗宋師于黄。」杜注：「宋邑。陳留外黄縣東有黄城。」《寰宇記》：「歸德府考城縣西三十六里有黄溝，西距外黄城四里，即魯

❶「今」上，庫本有「陶唐氏遷閼伯於商丘即此」十一字。
❷「今」上，庫本有「按商丘漢爲睢陽縣劉宋爲壽春縣隋改曰宋城明置曰商丘縣」二十五字。
❸「之所亦」，原無，據庫本補。

惠公敗宋師處。**郜**，隱十年：「辛未，取郜。」杜注：「濟陰成武東南有郜城。」案郜有北郜，有南郜。北郜爲郜國。桓二年「取郜大鼎于宋」，杜注「郜國所造器」是也。又有南郜，爲宋邑，在北郜城南二里，今山東曹州府城武縣東南二十里有郜城。**亳**，莊十二年：「宋萬弑閔公，羣公子奔蕭，公子御説奔亳。」杜注：「宋邑。蒙縣西北有亳城。」在今商丘縣西北。案《周書·立政》有三亳阪尹。皇甫謐曰：「蒙爲北亳，穀熟爲南亳，偃師爲西亳。」此蓋北亳也。湯始興時所居。《孟子》曰：「湯居亳，與葛爲鄰。」亦名薄。僖二十一年：❶「公會諸侯，盟于薄，釋宋公。」哀十四年：「桓魋請以鞌易薄，公不可，曰：薄，宗邑也。」即此。穀熟之亳，湯所遷也。伊尹曰：「天誅造攻自牧宫，朕載自亳。」即此。今商丘縣東南四十里有穀熟故城。偃師之亳，湯伐夏時所居也。❷《書序》：「湯居亳，從先王居。」孔安國曰：「契父帝嚳居亳，湯自商丘遷焉。」以二亳俱在商丘境，故曰自商丘遷也。在今河南府偃師縣城西二十里。春秋時係鄭地。襄十一年「同盟于亳城北」，即此。**蕭**，杜注：「宋邑，沛國蕭縣。」今江南徐州府蕭縣北十里有蕭城。光武封蕭王，即此。案蕭本宋邑。是年，蕭叔大心殺南宫牛，立桓公，有功，宋封之，以爲附庸。自是遂爲國。莊二十三年：「蕭叔朝公。」《穀梁》云：「微國之君，未爵命者。」至宣十二年，楚莊王滅蕭。然楚雖滅之而不能有，還爲宋邑。襄十年：「楚子囊、鄭子耳伐我西鄙，還，圍蕭，克之。」定十一年：「宋公之弟辰入于蕭以叛。」是仍爲宋邑之明証也。**緡**，僖二十三年：「齊侯伐宋，圍緡。」杜注：「宋邑。高平昌邑縣東南有東緡城。」古緡國。昭四年：「椒舉曰：桀爲仍之會，有緡叛之。」即此。今在山東兖州府金鄉縣東北三十里。**彭城**，成十八年：「楚、鄭伐宋。宋魚石復入于彭城。」杜注：「宋邑，今彭城縣。」舊爲大彭氏國，春秋時爲宋地。項羽都此，爲西楚霸王。時號江陵爲南楚，陳爲東楚，彭城爲西楚。晉立徐州，東晉時嘗爲重鎮。明亦爲徐州，直隸南京。今陞府，治銅山縣。**夷庚**，「西鉏吾曰：今將崇諸侯之姦而披其地，以塞夷庚，毒諸侯而懼

❶「二」，原作「三」，據庫本改。
❷「夏」，原作「商」，據庫本改。

吴、晉。」杜注：「吴、晉往來之要道。」案吴、晉往來，必由彭城。襄十年：「晉悼公會吴于柤，遂滅偪陽，以予宋。」柤爲楚地，偪陽爲楚與國，俱在徐州府沛縣與山東兖州府嶧縣南接界，亦所以通吴、晉往來之道也。**吕、留**，襄元年：「楚子辛救鄭，侵吕、留。」杜注：「吕、留，二縣，今屬彭城郡。」即宋之二邑。吕縣，漢置。泗水至吕城，積石爲梁，故曰吕梁。今吕梁城在徐州府治北五十里，中河分司駐焉。留縣，秦置。張良遇漢高于此，因封留侯。《水經注》：「濟水過沛縣東北，又東南過留縣北，即春秋吕、留也。」今屬徐州府，爲運道所經。**犬丘**，襄元年：「鄭子然侵宋，取犬丘。」杜注：「譙國酇縣東北有犬丘城。迂廻，疑。」案犬丘地不近鄭，故杜以爲疑。然是時楚方侵宋，取吕、留，鄭蓋爲楚取也。今歸德府永城縣西北三十里有太丘集，與夏邑接界。大河經此，東北流入碭山境。酇縣，漢屬沛郡，音嵯，非蕭何所封邑。**雍丘**，哀九年：「宋皇瑗取鄭師于雍丘。」❶杜注：「雍丘縣，屬陳留。」❷案杞封雍丘，杞遷東國，地屬宋。今爲開封府杞縣治。**城鉏**，哀十一年：「衛太叔疾奔宋，臣向魋，納美珠焉，與之城鉏。」杜注：「宋邑。」今衛輝府滑縣東十五里有鉏城，其後更屬衛。哀二十五年：「衛侯出奔宋，適城鉏。」杜注：「城鉏，衛之近宋邑。」二十六年「衛悼公立，以城鉏與越人。出公在城鉏，以弓問子貢」是也。**户牖**，哀十三年：「會于黄池，吴人囚子服景伯而還。及户牖，歸之。」杜注：「户牖，陳留外黄縣西北東昏城是。」今東昏故城在開封府蘭陽縣東北二十里。**窐**，哀十四年：「向魋請以窐易薄。」杜注：「向魋邑。」**曹**，「向魋入于曹以叛」，杜注：「哀八年宋滅曹，以爲邑。」曹國，即今山東曹州府之曹縣。**空澤**，哀二十六年：「宋景公遊于空澤，卒于連中。大尹興空澤之士千甲，奉公自空桐入。」杜注：「宋邑。」在今歸德府虞城縣東。《水經注》所謂「獲水又東南逕空桐澤北」是也。**空桐**，杜注：「梁北虞縣東南有地名空桐。」今虞城縣空桐澤有空桐亭。**連中**，杜注：「館名。」《名勝志》：「連中館在空澤後，遺址高二丈。」

❶「鄭」，原作「宋」，據《左傳》哀公九年改。
❷「屬」，原脱，據《左傳》哀公九年杜注補。

宋地：老桃，隱十年：「公會齊侯、鄭伯于老桃。」杜注：「宋地。」《戰國策》高誘注曰：「任城有桃聚。」今山東兖州府濟寧州城北有桃鄉城。菅，「公敗宋師于菅」，杜注：「宋地。」當在今山東曹州府單縣北境。稷，桓二年：「會于稷，以成宋亂。」杜注：「宋地。」當在今歸德府境。穀丘，桓十二年：「公會宋公、燕人盟于穀丘。」杜注：「宋地。」《左傳》云「句瀆之丘」，杜注「即穀丘也」。《方輿紀要》云「在今山東曹州府曹縣北三十里」。虚，「公會宋公于虚」，杜注：「宋地。」疑在睢州境。龜，「公會宋公于龜」，杜注：「宋地。」疑在睢州境。袲，桓十五年：「會于袲，伐鄭。」杜注：「宋地。」沛國相縣西南有袲亭。」今在江南鳳陽府宿州。幽，莊十六年：「同盟於幽。」杜注：「宋地。」當在今歸德府考城縣界。梁丘，莊三十二年：「齊侯、宋公遇于梁丘。」杜注：「在高平昌邑縣西南。」《穀梁傳》：「梁丘在曹、邾之間，去齊八百里。」張氏曰：「齊不以伯主自居，以梁丘近宋而先之也。」今山東曹州府城武縣東北三十里有梁丘山，山南有梁丘城，與兖州府金鄉縣接界。

檉，僖元年：「會于檉。」杜注：「宋地。陳國陳縣西北有檉城。」《公羊》作「朾」，《左傳》作「犖」。今陳州府西北有犖城，即檉也。貫，僖二年：「齊、宋、江、黄盟于貫。」杜注：「宋地。梁國蒙縣西北有貰城。」「貰」與「貫」，字相似。在今山東曹州府曹縣西南十里。多魚，「齊寺人貂始漏師於多魚」，杜注闕。高氏曰：「時爲貫澤之盟，蓋在宋境也。❶當在今歸德府虞城縣界。」葵丘，僖九年：「會于葵丘。」杜注：「宋地。陳留外黄縣東有葵丘。」今在歸德府考城縣東三十里。次睢之社，僖十九年：「宋公使邾子用鄫子于次睢之社。」杜注：「睢水次有妖神，東夷人皆祀之。」蓋殺人而用祭。《後漢志》臨沂縣有叢亭。《博物志》：「縣東界次睢有大叢社，民謂之食人社。」今在山東沂州府治蘭山縣境。鹿上，僖二十一年：「宋、齊楚盟于鹿上。」杜注：「宋邑。汝陰有原鹿縣。」今江南潁州府太和縣西有原鹿城。盂，僖二十一年：「宋公、楚子盟于盂。」

❶「在」，原作「相」，據《春秋大事表》卷七之二改。

杜注：「宋地。」今歸德府睢州有盂亭。**承筐**，文十一年：「叔仲、彭生會晉郤缺于承筐。」杜注：「宋地。在陳留襄邑縣西。」今歸德府睢州西三十里有故承筐城。**長丘**，文十一年傳：「初，宋武公之世，鄋瞞伐宋，宋敗之于長丘。」❶杜注：「宋地。」在今開封府封丘縣南八里，即白溝也。音轉爲翟。孟康曰：「《春秋》『敗翟于長丘』，今翟溝是。」**新城**，文十四年：「公會諸侯及晉趙盾于新城。」杜注：「宋地。在梁國穀熟縣西。」今商丘縣西南有新城亭。**大棘**，宣二年：「宋、鄭戰于大棘。」杜注：「在陳留襄邑縣南。」今歸德府睢州西曲棘里有棘城。又寧陵縣西南七里有大棘城，亦與睢相近。《水經注》云：後其地爲楚莊所併。大棘有楚太子建墳，伍員釣臺。**沙隨**，成十六年：「會于沙隨。」杜注：「宋地。梁國寧陵縣北有沙隨亭。」今沙隨城在歸德府寧陵縣西六里。**汋陵**，成十六年：「鄭子罕伐宋，敗宋師于汋陵。」杜注：「宋地。」今歸德府寧陵縣南二十五里有汋陵城。**朝郟**，成十八年：「鄭會楚子伐宋，取朝郟。楚子辛、鄭皇辰侵城郜，取幽丘。」杜注：「宋地。」當在今歸德府夏邑縣界。**城郜**，杜注：「宋地。」當在今江南徐州府蕭縣界。**幽丘**，杜注：「宋地。」當在蕭縣界。**靡角之谷**，成十八年：「晉侯遇楚師于靡角之谷。」杜注：「宋地。」案彭城之役，晉楚遇于靡角之谷。晉將遁矣，用雍子謀，楚師宵潰。晉降彭城而歸諸宋，則靡角之谷當爲近彭城地。**虛朾**，「諸侯同盟于虛朾」，杜注闕。或云即宋之虛也。**訾母**，襄十年：「楚伐宋，師于訾母。」杜注：「宋地。」當在歸德府鹿邑縣境。**楊梁**，襄十二年：「楚子囊、秦庶長無地伐宋，師于楊梁。」杜注：「梁國睢陽縣東有地名楊梁。」今在歸德府城東南三十里。**合**，襄十七年：「合左師。」《彭城古蹟志》：「徐州沛縣有合鄉。」近志合鄉在嶧縣西北。晉滅偪陽，以封向戌。是就其初封益之也。二縣本接壤。**鬼閻**，昭二十年：「宋八公子之徒與華氏戰于鬼閻。」杜注：「潁川長平縣西北有閻亭。」

❶「敗之于」，據《左傳》文公十一年以及此處下文「音轉爲翟」，當作「敗狄于」。

今陳州府西華縣東北閻倉城是也。鴻口，昭二十一年：「齊師、宋師敗吴師于鴻口。」杜注：「梁國睢陽縣東有鴻口亭。」今在歸德府商丘、虞城二縣界。赭丘，「與華氏戰于赭丘」，杜注：「宋地。」《後漢志》：「陳國長平縣有赭丘。」城舊在今陳州府西北境。曲棘，昭二十五年：「宋公卒于曲棘。」杜注：「宋地。陳留外黄縣城中有曲棘里。」當在今開封府杞縣境。老丘，定十五年：「鄭罕達敗宋師于老丘。」杜注：「宋地。」今開封府陳留縣東北四十五里有老丘城。蘧蒢。「鄭伐宋，齊侯、衛侯次于蘧蒢。」杜注：「宋地。」今無考。

宋山川：案宋都商丘，係河南之歸德府，合境無山。宋又兼彭城。彭城爲今徐州府之銅山縣，現今有山，而不見于《左傳》，故宋之山險無可考。泓水，僖二十二年：「宋、楚戰于泓。」杜注：「泓，水名。」《寰宇記》：「鄢城北里許有泓水，即宋、楚戰處。」鄢城在今河南歸德府柘城縣北三十里。孟諸。僖二十八年：「楚子玉爲瓊弁玉纓，夢河神謂己曰：畀余！余賜女孟諸之麋。」杜注：「孟諸，宋藪澤。水草之交曰麋。」今歸德府治東北有孟諸澤，接虞城縣界。《周禮》謂之望諸。《爾雅》十藪，宋有望諸是也。又虞城縣北有孟諸臺，俗謂之湄臺，即杜預所謂「水草之交曰麋」矣。

鄭都：新鄭，今爲河南許州府之新鄭縣。初，宣王封弟桓公友于鄭，居咸林，爲今陝西同州府之華州。幽王時，桓公寄帑于虢、檜。子武公與平王東遷，卒定其地，號曰新鄭，以别于初封之鄭。故城在今縣治西北。櫟爲鄭别都，桓十五年：「鄭伯突入于櫟。」杜注：「鄭别都，河南陽翟縣。」今爲許州府禹州。李氏曰：「《春秋》書『突入櫟』，而不書其入鄭，所以著彊都之害，如書『晉滅下陽』之義。」櫟後屬楚。高氏，成十七年：「衛北宫括侵鄭，至于高氏。」杜注：「在陽翟縣西南。」即今禹州。上棘。襄十八年：「楚伐鄭，右師城上棘，遂涉潁，次于旃然。」杜注：「將涉潁，故于水邊權築小城以爲進退之備。」《郡縣志》：「陽翟有上棘城。」今在禹州南。

鄭邑：鄢，隱元年：「鄭伯克段于鄢。」杜注：「今潁川鄢陵縣。」成十六年，晉楚戰于鄢陵，即此。在今河南開封府鄢陵縣西南四十里。制，「制，巖邑也」，杜注：

「鄭邑。」今河南成皋縣，一名虎牢。故城在今開封府汜水縣西。京，「請京，使居之。」杜注：「鄭邑。今滎陽京縣。」在今開封府滎陽縣東南二十里。祭，「祭仲」，杜注：「陳留長垣縣東北有祭城。」高氏曰：「人但知長垣近衛，鄭不能有，因不取杜説。而《括地志》遂以管城之祭爲祭仲邑。或又疑爲周祭伯之采地，鄭并之以封仲，非也。祭伯、祭仲，同見于隱元年，至莊二十三年，尚有祭叔來聘，鄭安得取以封仲乎？列國錯壤甚多，祭仲省留，取道于宋而被執，則留亦錯入宋境矣。長垣之旁有滑，鄭、衛日争之，然則長垣亦鄭、衛相接之地耳。今長垣縣屬北直大名府，南至開封府蘭陽縣九十里。」廩延，「至于廩延」，杜注：「鄭邑。陳留酸棗縣北有延津。」一名酸棗。襄三十年：「游吉奔晉，駟帶追之，及酸棗。」即此。故城在今衛輝府延津縣北十五里。潁谷，「潁考叔爲潁谷封人」，孔穎達曰：「鄭邊邑。」《水經注》：「潁水出陽城陽乾山之潁谷。」在今河南府登封縣。長葛，隱五年：「宋人伐鄭，圍長葛。」杜注：「潁川長社縣北有長葛城。」在今許州府長葛縣北十二里。牛首，桓十四年：「宋以諸侯伐鄭，伐東郊，取牛首。」杜注：「鄭邑。」今開封府陳留縣西南十一里有牛首城。新城，僖六年：「伐鄭，圍新城。」杜注：「鄭新密，滎陽密縣。」今許州府密縣東南三十里有故密城。汜水，僖二十四年：「王適鄭，處于汜。」杜注：「鄭南汜也，在襄城縣南。」襄城，今屬許州府。鄶城，僖三十三年：「公子瑕葬鄶城之下。」杜注：「故鄶國，在滎陽密縣東北。」案鄭取鄶，不居其都，故别有鄶城。今在許州府密縣東北五十里。管，宣十二年：「晉師救鄭，楚子次于管以待之。」杜注：「滎陽京縣東北有管城。」在今開封府鄭州北二里，即管叔鮮所封國，管除屬檜，檜滅屬鄭。鄤，成三年：「諸侯伐鄭，鄭公子偃使東鄙覆諸鄤。」《路史》曰：「春秋鄭邑。商武丁封季父于河北曼，曰曼侯，優鄧其出也。」汜、祭，成四年：「晉伐鄭，取汜、祭。」吴氏曰：「此爲二邑。汜即成皋之汜，祭即中牟之祭亭。」今俱屬開封府。虚、滑，成十七年：「鄭子駟侵晉虚、滑。」杜注：「晉二邑。滑，故滑國，爲秦所滅，時屬晉。」案成十三年，吕相絶秦，曰「殄滅我費滑」，孔疏：「滑即費，《春秋》更無費國。蓋國邑並舉也。」自後更歷晉，歷鄭，歷周，秦滅之而不能有，爲晉得。然其地近鄭，在所必争。是年所以侵晉虛滑也。時蓋屬晉。襄十八年，楚公子格帥師侵鄭費滑、胥靡，此時滑又屬鄭。至定六年，鄭伐周馮滑、胥靡，此時滑又屬周。鄭之始終不忘情于滑，可知矣。周人又謂之侯氏。今緱氏故城在今河南府偃師縣南二十里。梧，襄十年：「晉師城梧及制。」杜注：「鄭舊地。」嚴氏啟隆曰：「梧與制，皆虎牢之旁邑。城之，所以翼虎牢。」案《隋書》滎陽縣有梧桐澗，疑即梧也。制即北制，杜注「鄭邑，河南成皋縣」，在今開封府鄭州之北。舊許，襄十一年：「諸侯伐鄭，東侵舊許。」杜注：「許之舊國，鄭新邑。」案成十五年：「許遷于葉。」則許舊地爲鄭所有，故謂之舊許。故許城在今許州府東三十里。胥靡，襄十八年：「楚蒍子馮帥師侵費滑、胥靡、獻于、雍梁。」杜注：「鄭邑。」獻于，杜注：「鄭邑。」雍梁，杜注：「鄭邑。河南陽翟縣東北有雍城。」襄三十年，伯有奔雍梁，即此。在今許州府禹州東北。宛，襄二十四年：「晉求御于鄭。鄭人卜宛射犬，吉。」《水經注》：「濮水自長社故城逕皇臺，又東南逕宛亭，即鄭大夫宛射犬之食邑。」城麇，襄二十六年：「楚侵鄭，至于城麇。」杜注：「鄭邑。」犨，昭元年：「楚城犨、櫟、郟。」杜注：「犨縣，屬南陽。本鄭邑。」此時已入楚。《史記》沛公與秦南陽守莊齕戰于犨東，即此。今汝州魯山縣東南有犨縣故城。郟，杜注：「郟縣，屬襄城。本鄭邑。」此時已入楚。二世元年，陳勝將鄧龍居郟，章邯破之，即此。今爲汝州郟縣。彌作六邑，哀十二年：「宋、鄭之間，有隙地焉，曰彌作、頃丘、玉暢、嵒、戈、錫。子產與宋人爲成，曰：勿有是。」杜注：「凡六邑。」玉暢，今開封府杞縣東北三十里有玉帳，或云古玉暢。案杞縣爲春秋宋地，北與陳留接壤。傳曰「宋鄭之間」，或即是也。戈，故夏國，即豷所封。杜云「戈在宋、鄭之間」，故知即是邑矣。錫。《路史》：「商末錫疇子斯，其先爲御姓國，在宋、鄭之間。鄭滅之，以處宋元公之孫，即錫邑也。」餘未詳。

鄭地：城潁，「遂寘姜氏于城潁」，杜注：「鄭地。」孔穎達曰：「即臨潁縣也。」故城在今許州府臨潁縣西北十五里。時來，隱十一年：「公會鄭伯于時來。」杜注：「鄭地。滎陽縣東有釐城。」在今開封府祥符縣東四十里。狐壤，隱十一年傳：「公與鄭人戰于狐壤，止焉。」杜注：「鄭地。」《後漢志》潁陰縣有狐宗鄉，疑即此。武父，桓十三年：「公會鄭伯，盟于武父。」杜注：「鄭地。陳留濟陽縣東北有武父城。」《水經注》：「濟陽縣，故武父城也。」今在直隸大名府東明縣西南，與河南開封府蘭陽縣接界。滑，莊三年：「公次于滑。」杜注：「鄭地。在陳留襄邑縣北。」案《後漢志》襄邑有滑，此杜氏所本也。今歸德府睢州有滑亭。大陵，莊十四年：「鄭厲公自櫟侵鄭，及大陵，獲傅瑕。」杜注：「鄭地。」京相璠曰：「潁川臨潁縣東北有故巨陵亭，古大陵也。」在今許州府臨潁縣北三十里。弭，莊二十一年：「鄭虢胥命于弭。」杜注：「鄭地，近西鄙。」在今許州府密縣境。扈，莊二十三年：「盟于扈。」杜注：「鄭地，在滎陽卷縣西北。」《後漢志》卷縣有扈城亭，今原武縣西北扈亭是也。原武向屬開封府，今改屬懷慶府。桐丘，莊二十八年：「鄭人將奔桐丘。」杜注：「許昌東北有桐丘城。」❶今陳州府扶溝縣西二十里有桐丘亭，即此。柯澤，僖二十二年：「鄭文夫人勞楚子于柯澤。」杜注：「鄭地。」襄十四年：「衛孫氏敗公徒于阿澤。」《水經注》作「柯澤」。此在東阿，非鄭之柯澤也。踐土，僖二十八年：「晉文公還至衡雍，作王宮于踐土。」杜注：「鄭地。」《括地志》：「滎澤縣西北十五里有王宮城，城內東北隅有踐土臺，去衡雍三十餘里。」滎澤，今屬開封府。衡雍，杜注：「鄭地，今滎陽卷縣。」今懷慶府原武縣西北五里有衡雍城，即衡雍也。氾南，僖三十年：「晉、秦圍鄭，晉軍函陵，秦軍氾南。」杜注：「此東氾也，在滎陽中牟縣南。」中牟今屬開封府。函陵，見山川。垂隴，文二年：「盟于垂隴。」杜注：「鄭地。滎陽縣東有隴城。」今在開封府滎澤縣東北。匡，文元年：「衛孔達侵鄭，取綿、訾及匡。」杜注：「匡在潁川新汲縣東北。」本衛地，中屬鄭。今陳州府扶溝縣西有匡城。定六年：「公侵鄭，取匡。」

❶「城」，原作「亭」，據《左傳》杜注改。

此鄭國之匡也。在今開封府洧川縣東南。申，文八年：「晉致鄭公壻池之封，自申及虎牢之境。」杜注：「鄭地。」當在今開封府汜水縣界。棐，文十三年：「鄭伯會公于棐。」即棐林。宣元年：「諸侯會晉師于棐林。」杜注：「鄭地。滎陽宛陵縣東南有林鄉。」❶今開封府新鄭縣東二十五里林鄉城，是其地也。北林，宣元年：「諸侯伐鄭，楚蔿賈救之，遇於北林。」杜注：「鄭地。滎陽中牟縣西南有林亭。」在鄭北，今屬開封府。邲，宣十二年：「晉、楚戰于邲。」杜注：「鄭地。」今開封府鄭州東六里有邲城。郔，「楚子北師次于郔。」杜注：「鄭北地。」或云即廩延。蟲牢，成五年：「同盟于蟲牢。」杜注：「鄭地，陳留封丘縣北有桐牢亭。」在開封府封丘縣北三里。繞角，成六年：「晉欒書救鄭，與楚師遇於繞角。」杜注：「鄭地。」杜佑《通典》：「汝州魯山縣東南有繞角城。」脩澤，成十年：「鄭子然與晉盟于脩澤。」杜注：「滎陽卷縣東有脩武亭。」今在懷慶府原武縣北。訾，成十三年：「鄭公子班自訾求入於大宫。」杜注：「鄭地。」高氏曰：「此即周之訾，在河南府鞏縣西南。」鳴雁，成十六年：「晉侯伐鄭，至于鳴雁。」杜注：「在陳留雍丘縣西北。」今開封府杞縣北四十里有白雁亭。督揚，成十六年：「諸侯伐鄭，我師次于督揚，不敢過鄭。」杜注：「鄭東地。」案襄十九年：「諸侯自沂上盟于督揚。」杜以督揚即祝阿，係齊地。在今山東濟南府長清縣北，與此不同。制田，「諸侯遷于制田」，杜注：「滎陽宛陵縣東有制澤。」在今開封府新鄭縣東北。戲童，成十七年：「諸侯伐鄭，自戲童至于曲洧。」《水經注》：「汜水出浮戲之山。」在今開封府汜水縣南四十里，襄九年諸侯盟于戲，即此。曲洧，杜注：「今新汲縣治曲洧城，臨洧水。」在今開封府洧川縣南。柯陵，成十七年：「同盟于柯陵。」杜注：「鄭西地。」汝上，「楚師于汝上」，汝水出汝州魯山縣，蓋鄭、楚之界。鄫，襄元年：「諸侯之師次于鄫。」杜注：「鄭地。在陳留襄邑縣東南。」襄邑今爲歸德府睢州。城棣，襄五年：「諸侯會于城棣以救陳。」杜注：

❶「宛」，原作「菀」，據庫本改。下同改。

「鄭地。陳留酸棗縣西南有棣城。」《寰宇記》有南棣城。北棣城在陽武北十里。二棣城之間，有博浪沙亭，即子房擊始皇處。陽武縣今屬開封府。**鄢**，襄七年：「會于鄢，以救陳。」杜注：「鄭地。」**鄵**，「鄭伯卒于鄵」，杜注：「鄭地。」**陰坂**，襄九年：「諸侯濟于陰坂，次于陰口而還。」杜注：「陰坂，洧水津。陰口，鄭地名。」在今開封府洧川縣北。**陽陵**，襄十年：「諸侯伐鄭，至于陽陵。」杜注：「鄭地。」在今許州府西北。**瑣**，襄十一年：「諸侯次于瑣，圍鄭，觀兵于南門。」杜注：「滎陽宛陵縣西有瑣侯亭。」在今許州府新鄭縣北。**向**，襄十一年：「諸侯會于北林，師于向。」❶杜注：「鄭地。」十四年：「會吴于向。」即此。今開封府尉氏縣西南四十里有向城。**亳城**，「同盟于亳城北」，杜注：「鄭地。」當在今河南府偃師縣西二十里。**蕭魚**，「會于蕭魚」，杜注：「鄭地。」**斗城**，襄三十年：「子產葬伯有于斗城。」杜注：「鄭地。」今開封府陳留縣南三十五里有斗城。**菟氏**，昭五年：「鄭伯勞屈生于菟氏。」杜注：「鄭地。」《寰宇記》：「菟氏城在開封府尉氏縣西北四十里。」**索氏**，「鄭勞韓宣子于索氏」，杜注：「河南成皋縣東有大索城。」今開封府滎陽縣東北三十里有京城。大索城在京城西二十里。其東北四十里爲小索城。楚、漢戰于京、索間，即此。**圉**，「韓宣子自楚反，鄭伯勞諸圉」，杜注：「鄭地。」《陳留風俗傳》曰：「圉，故陳地。鄭取之，苦楚之難，修干戈以虞患，故曰圉。」在今開封府杞縣南五十里。**柤**，昭六年：「鄭伯勞楚公子棄疾于柤。」杜注：「鄭地。」襄十一年「會吴于柤」，此係楚地。蓋有二柤。**臯鼬**。定四年：「盟于臯鼬。」鄭氏曰：「鄭地成皋也。」杜注：「繁昌縣懷東南有城臯亭。」❷今在許州府臨潁縣。❸

鄭山川：敖山，宣十二年戰邲傳：「晉師在敖、鄗之間。」杜注：「二山在滎陽縣西北敖山。」在今河南鄭州河陰縣西二十里。晉爲滎陽縣地。唐開元二十年始

❶「師于向」，原脱，據《左傳》襄公十一年及上下文意補。

❷「南」，原作「北」；「亭」，原作「縣」，據庫本及《春秋釋例》改。

❸「縣」下，原衍「亭」，據庫本删。

析置河陰縣。周宣王狩于敖，即此。秦于其地臨河置倉，名曰敖倉，北臨汴水，所謂「敖倉之粟」是也。**梅山**，襄十八年：「楚師伐鄭，右回梅山，侵鄭東北。」杜注：「梅山在滎陽密縣東北。」今河南開封府鄭州西南三十里有梅山。《路史》云：「梅，伯爵，紂所滅。河南密縣有梅山。武王封伯元孫于黄梅，在楚、鄭之間，子孫以梅爲氏。」**魚陵**，襄十八年：「楚師伐鄭，次于魚陵。」杜注：「魚陵，魚齒山下，在南陽犨縣北。」魚齒山在今河南汝州東南五十里。「子庚門于純門，涉于魚齒之下」，以山下有湛水，故言涉。《水經注》：「湛水源于魚齒山。」**函陵**，僖三十年，「晉、秦圍鄭，晉軍函陵」，函陵在今河南許州府新鄭縣北十三里，洧水流逕其北。山形如函，故名函陵。**河**，今河南原武縣西北大河，即晉師敗而濟河、楚莊王祀河告成處。原武縣向屬開封府，今屬懷慶府。係鄭地。又廩延，即今延津縣。《水經》曰：「河水又東北流，通謂之延津，廩延之津也。」**濟水**，襄十一年：「諸侯圍鄭，觀兵于南門，西濟于濟隧。」《水經注》：「濟水伏流，自河而出，陰溝上源，濟隧絶焉，世謂之十字溝。」京相璠曰：「滎澤在滎陽東南，與濟隧合。」**邲**，宣十二年：「晉、楚戰于邲。」今河南開封府鄭州東六里有邲城。亦爲邲水，即今之汴河。濟水于此又兼名邲，即晉、楚戰處。明季爲河所奪，❶今湮。**潁水**，宣十年：「晉士會逐楚師于潁北。」杜注：「潁水出河南陽城，至下蔡入淮。」《水經注》：「潁水出潁川陽城縣西北少室山，又東南過陽翟縣北。」陽翟，今禹州。潁北當在禹州之北。成十五年「諸侯師于潁上」，襄十年「晉師與楚夾潁而軍，鄭人宵涉潁，與楚盟」，亦禹州之潁也。**汝水**，成十七年：「楚師於汝上。」汝水出河南汝州魯山縣東北，經伊陽至汝州南，又東南經寶、郟，南入南陽之裕州，歷許州府之襄城、郾城。襄城、郾城皆鄭地。成十六年，「楚以汝陰之田求成于鄭」。汝水蓋在鄭、楚之界。**洧水**，襄元年：「晉伐鄭，敗其徒兵于洧上。」杜注：「洧水出密縣東南。」洧水出許州府密縣馬嶺山，又東過新鄭縣南，即晉敗鄭徒兵處。又昭十九年：「龍鬬于時門之外洧淵。」蓋古鄭城在今新鄭縣治西北。溱水在北，洧水在南，亦鄭環衛

❶「所」，原作「今」，據庫本改。

國都之水也。旃然水，襄十八年：「楚師涉潁，次于旃然。」杜注：「旃然水出滎陽成臯縣，東入汴。」旃然水，即索水，在今開封府滎陽縣南三十五里，北流入京水。後唐同光二年，詔蔡州刺史米勍濬索水通漕。宋人每濬京、索二水，以爲金水河之源，即此水也。黄水，襄二十八年：「公如楚，伯有勞于黄崖。」杜注：「滎陽西有黄水，西南至新鄭城西入洧。」今許州府新鄭縣東南二十里有黄水。滎澤，宣十二年：「楚潘黨逐之，及滎澤。」《禹貢》：「濟水入于河，溢爲滎。」孔傳：「濟水入河，並流十數里而南，截河，又並流十數里，溢爲滎澤。」自王莽時，濟水但入河，不復過河，滎澤已枯。鄭玄曰：「自平帝以後，滎澤塞爲平地。」隋于其地置廣武縣，尋改滎澤縣，屬開封府。古滎澤在今縣治南。棘澤，襄二十四年：「次于棘澤。」棘澤在今開封府新鄭縣東南。《水經注》：「龍淵水出長社縣，又東南逕棘城北，即傳之棘澤也。又東左注洧。」圃田澤，僖三十三年：「皇武子曰：鄭之有原圃。」杜注：「原圃，即圃田。」圃田澤在今開封府中牟縣西北七里。《周禮》豫州藪曰圃田。《爾雅》十藪，鄭有圃田澤。多産麻黄，《詩》所謂「東有甫草」也。東西五十里，南北二十六里，高者可田，窪者成匯。今爲澤者八，若東澤、西澤之類，爲陂者二十六，若大灰、小灰之類。其實，一圃田澤耳。狼淵，文九年：「楚子師于狼淵以伐鄭。」杜注：「潁川潁陰縣西有狼陂。」《寰宇記》謂之狼溝。潁陰，今屬河南許州府。萑苻之澤，昭二十年：「鄭多盜，取人于萑苻之澤。」杜注：「澤名。」此即中牟之圃田澤。南氾水，僖二十四年：「王適鄭，處于氾。」杜注：「鄭南氾也，在襄城縣南。」在今許州府襄城縣南。京相璠曰：「南氾水出襄城縣浮城山，至鄭州氾水縣入河。以周襄王出居于此，故名襄城。」成七年：「楚子重伐鄭，師于氾。」襄二十六年：「楚伐鄭，涉于氾。」昭五年：「楚令尹子蕩如晉逆女，過鄭，鄭伯勞諸氾。」皆此氾也。東氾水。僖三十年：「晉秦圍鄭，秦軍氾南。」杜注：「此東氾也，在滎陽中牟縣南。」在今開封府中牟縣南，入官渡水，今涸。秦軍氾南，在此水之南。又襄九年：「晉會諸侯伐鄭，師于氾。」亦在此。

陳都：宛丘，今爲河南陳州府治。孔穎達曰：「《樂記》：『武王克殷，未及下車，封黄帝之後于薊，帝堯之後于祝，帝舜之後于陳。』《左傳》所謂以備三恪者也。鄭玄以薊、祝、陳爲三恪，杞、宋爲二王之後。杜氏以陳、杞、宋爲三恪。鄭説爲優。」虞閼父爲周陶正，其子曰胡公滿，武王配以元女大姬而封諸陳。今府城南三里有宛丘，高二丈。又城内東北隅有池，即《詩》所謂東門之池也。**夏封舜後曰虞**，今爲河南歸德府虞城縣。杜注：「梁國有虞縣。」案《堯典》：「嬪于虞。」虞在河東大陽縣西，山上有虞城，今爲山西解州平陸縣，舜因以爲有天下之號。周興，封仲雍之後爲虞國，正是其地。而禹受舜禪，封商均于虞，却在梁國虞縣。虞思妻少康以二姚而邑諸綸，是其後也。今縣西三十五里有綸城，即夏時綸邑。周武王封陳時，虞絶封已久。**殷封舜後曰遂**。今山東兖州府寧陽縣西北十里有遂鄉，杜氏以爲殷所封。昭八年傳：「舜重之以明德，寘德于遂，遂世守之。及胡公不淫，故周賜之姓，使祀虞帝。」杜注：「殷之興，存舜之後而封遂。胡公滿，遂之後，武王賜姓曰嬀，封諸陳。」蓋胡公自以選建明德而封。遂本國能世守，至周時尚存，特微，不克振耳。莊十三年爲齊桓公所滅，《春秋》齊人殲于遂是也。

陳邑：焦、夷，僖二十三年：「楚伐陳，取焦、夷。」杜注：「陳邑譙縣也。」襄元年：「晉以諸侯之師伐陳，遂侵楚焦、夷。」蓋其時已屬楚矣。秦爲譙縣。《史記》：「葛嬰攻譙，下之。」曹操，譙縣人。于譙東五十里築精舍，往往治兵于此，以擊孫權。曹丕改建五都，譙其一也。至後周，始改爲亳。今爲江南潁州府亳州治。《通典》乃云「亳州理譙縣，周武王封神農之後于焦，❶即其地」。案《史記·周本紀》注、《地理志》弘農陝縣有焦城，古焦國，爲晉所滅，所謂「許君焦、瑕，朝濟而夕設版」者也，與亳州之譙無預。夷見楚地，即城父。**壺丘**，文九年：「楚侵陳，克壺丘。」杜注：「陳邑。」在今陳州府南境。**鳴鹿**。成十六年：「知武子以諸侯之師侵陳，至于鳴鹿。」杜注：「陳國武平縣西南有鹿邑。」今河南歸德府鹿邑縣西十三里有古鹿邑城。

陳地：厥貉，杜注：「地闕。」當在今陳州府項城縣界。**辰陵**，宣十一年：「楚子、陳侯、鄭伯盟于辰陵。」

❶「之後」，原脱，據庫本補。

杜注：「陳地。潁川長平縣東南有辰亭。」今陳州西南四十里有辰陵亭。故長平城在府西北四十里。大冥，哀六年：「吴伐陳，楚昭王救陳，攻大冥，卒于城父。」杜注：「陳地。」吴師所在，當在今陳州府項城縣境。濮。隱四年：「衛人殺州吁于濮。」杜注：「陳地水名。」在今陳州府北境，即濮水。❶

蔡都：上蔡，今爲河南汝寧府上蔡縣。《左傳》：「蔡仲封淮、汝之間。」今縣西南十里有古蔡國城。遷新蔡，爲今汝寧府新蔡縣。昭十一年，楚滅蔡，使公子棄疾爲蔡公。十二年，平王立，復蔡封。于是隱太子之子廬歸于蔡，是爲平侯。《漢地理志》「新蔡縣，蔡平侯徙此」，當在此時也。其事不見經傳，惟杜氏《釋例》嘗言之。又遷州來。今爲江南鳳陽府壽州。哀元年：「楚子圍蔡，使蔡疆于江、汝之間而還。蔡請遷于吴，後中悔。」二年：「吴洩庸如蔡聘，因襲之。蔡侯哭而遷墓。冬，蔡遷于州來。」謂之下蔡。在淮水之北，與壽春夾淮爲固。今州北三十里有下蔡城。蔡邑：郹陽。❷昭十九年：「楚子在蔡，郹陽封人之女奔之，生太子建。」杜注：「蔡邑。」在今汝寧府新蔡縣境。蔡地：莘，莊十年：「荆敗蔡師于莘。」杜注：「蔡地。」在今汝寧府汝陽縣境。桑隧。成六年：「晉師侵蔡，楚公子申公子成以申、息之師救蔡，禦諸桑隧。」杜注：「汝南朗陵縣東有桑里，在上蔡東南。」朗陵，漢縣，在今汝寧府確山縣西南三十里。又縣東有桑里亭。

曹都：陶丘。今爲山東曹州府曹縣。鄭氏曰：「曹在濟陰定陶，去王城八百里，在畿外，故稱甸服。」《詩譜》云：「在雷夏、菏澤之野，夾于魯、衛。」《通釋》云：「濟陰曹北三十七里，即定陶故城。曹所都。」宋濟陰縣，在今曹縣西南六十里。曹邑：重丘，襄十七年：「衛孫蒯田于曹隧，飲馬于重丘，毁其瓶，重丘人閉門而詢之。衛伐曹，取重丘。」杜注：「曹地。」《寰宇記》：「重丘在乘氏縣東北三十一里。」漢乘氏故城，在今曹州府曹縣東北五十里。又襄二十五年：「同盟于重丘。」杜注：「齊地。」在今東昌府城東南，跨在平縣

❶「濮」，原作「渼」，據庫本改。

❷「郹」，原作「郥」，據《春秋左傳正義》改。下同。

界。漢置重丘縣，杜氏明註兩國，乃《方輿紀要》混而一之，謂東昌府之重丘，爲曹北竟之邊邑，「同盟于重丘」，即衛所取者，似誤。　**鄟**，昭二十年：「曹公孫會自鄟出奔宋。」杜注：「曹邑。」《寰宇記》：「濟陰乘氏縣西北有大鄉城，曹之鄟邑也。」一作大鄉，在今曹州府曹縣北。　**郊**，定十一年：「衛公孟彄伐曹，克郊。」杜注：「曹邑。」在今曹州府菏澤縣界。　**黍丘**，哀七年：「宋人伐曹，築五邑于其郊，曰黍丘、揖丘、大城、鍾、邗。」杜注：「梁國下邑縣有黍丘亭。」案：下邑即今之夏邑也，屬河南歸德府。黍丘亭在縣西南。　**揖丘**，當在今曹縣界。　**大城**，當在今府治菏澤縣界。　**鍾**，當在今曹州府定陶縣界。　**邗**。當在今定陶縣界。　**曹地：洮**，僖八年：「齊桓公盟諸侯于洮。」杜注：「曹地。」僖三十一年：「晉文公分曹地，自洮以南，東傅于濟。」即此。今曹州府濮州西南五十里有洮城。　**曹南**。僖十九年：「宋公、曹人、邾人盟于曹南。」范氏曰：「曹南，曹之南鄙。」今曹縣東南八十里有曹南山。　**曹山川：曹南山**，僖十九年：「宋公、曹人、邾人盟于曹南。」《詩·曹風》：「薈兮蔚兮，南山朝隮。」毛傳云：「南山，曹南山也。」今曹縣南八十里有曹南山，范氏謂「曹之南鄙」是也。孔疏以會于曹南謂在曹之都者，❶非是。　**濟水**。僖三十一年：「分曹地，自洮以南，東傅于濟。」杜注：「濟水自滎陽東，過魯之西。」《禹貢》：「濟水東出于陶丘北。」鄭氏曰：「曹在濟陰定陶。」是在濟水之南。其地夾于魯、衛之間。曹在衛東，魯更在曹東，故在曹則曰「東傅于濟」，而杜注則曰濟水「過魯之西」也。曹、魯分境之濟在鉅野、壽良、須昌之間。鉅野縣，今分屬曹州府。壽良，即今兖州府壽張縣。須昌在泰安府東平州，今曹州府治，即古曹國，與魯之東鄆、鉅野相接，所争濟西田，蓋在此。

許都：許，今爲河南許州府治石梁縣。隱十一年，公及齊侯、鄭伯入許，鄭莊公使許叔居許西偏。莊公卒，鄭亂，許叔乃復入于許。後屢受兵于鄭，遂遷楚境，鄭因有其地，謂之舊許。今府治東三十里有故許城。　**遷于葉**，今爲河南南陽府葉縣，成十五年：「許畏鄭，

❶「孔」，原作「杜」，據庫本改。

請遷于楚。楚遷許于葉。」襄二十六年：「許靈公如楚請伐鄭，既而卒于楚。楚爲之伐鄭，而後葬許靈公。」蓋許雖遷，猶在方城之外，鄭患未已。昭四年，楚欲遷許于賴，卒不行。至昭九年，遷許于夷，葉仍入楚。十一年，靈王滅蔡，遷六小國于荆山，許亦與焉。十三年，平王復封陳、蔡，許亦復居于葉。十八年，楚王子勝曰：「葉在楚，方城外之蔽也，土不可易。」楚子乃遷許于析，葉復入楚，以封葉公。今縣治東有古葉城。**又遷于夷**，今爲江南潁州府亳州。昭九年：「楚公子棄疾遷許于夷，寔城父。」今州東南七十里有城父城。❶**又遷于白羽**，今爲河南南陽府内鄉縣。昭十八年：「楚使王子勝遷于析，實白羽。」杜注：「自葉遷也。」**又遷于容城**。在今南陽府葉縣西。應劭以漢華容縣爲許所遷之容城，非也。定四年，許遷于容城。後二年，鄭即滅許。傳云「因楚敗也」。漢華容爲今荆州府監利縣，在郢都之側，鄭豈能至此？又哀元年：「許復從楚圍蔡。」似未嘗滅。或云楚復封之，則不可考其何地矣。**許邑：鉏任、泠敦**。成四年：「鄭伯伐許，取鉏任、泠敦之田。」俱在今許州府治境。**許地：展陂**，成四年：「鄭公孫申帥師疆許田，許人敗諸展陂。」杜注：「許地。」在今許州府治西北。**棫林**，襄十六年：「晉伐許，次于棫林。」杜注：「許地。」案此許即葉也。昭九年：「遷許于夷。遷方城外于許。」杜注「許遷于葉，因謂之許」是也。棫林在今葉縣東北。**函氏**。「又伐許，次于函氏」，杜注：「許地。」亦在今葉縣北。

秦都：雍，今爲陝西鳳翔府治鳳翔縣。《史記》：德公元年，初居雍城，大鄭宫。時魯莊公十七年也。至僖十三年，輸粟于晉，自雍及絳，杜注：「雍，秦國都。」始見于《春秋》。孔穎達曰：「周初爲召穆公采邑，有召亭。東遷時，陷于戎。平王賜襄公岐以西之地，曰：能攻逐戎，即有之。至文公十六年，伐戎，戎敗走，遂收周餘民，地至岐。岐以東，獻之周。」鄭氏《詩譜》云：「秦襄公横有周西都畿内八百里之地。」非是。今縣南七里有古雍城，秦德公所居大鄭宫城也。**平陽爲秦舊**

❶「父」，原作「武」，據庫本改。

都。今爲陝西鳳翔府之郿縣。《史記》秦寧公二年，徙居平陽。是爲魯隱公之九年。至桓四年，「秦師圍魏，執芮伯萬以歸」，秦始見經，則寧公徙平陽後之七年矣。秦邑：彭衙，文二年：「戰于彭衙。」杜注：「郃陽縣西北有彭衙城。」《史記》：「秦武公元年，伐彭戲氏。」《正義》曰：「彭戲，戎號，即彭衙。」秦文公于其地置泉縣，在今陝西同州府白水縣東北六十里。汪，文二年「晉伐秦，取汪及彭衙而還」，當亦在白水縣界。邧，文四年：「晉侯伐秦，圍邧、新城。」杜注：「秦邑。」當在同州府澄城縣境。新城，杜注：「秦邑。」即梁國之新里也。秦取之，謂之新城。今同州府澄城縣東北二十里有古新城。少梁。文十年：「晉人伐秦，取少梁。」杜注：「馮翊夏陽縣。」故梁國也，秦取其地以爲邑，曰少梁。今同州府韓城縣南二十里有古少梁城。秦地：王城，僖十五年：「晉陰飴甥會秦伯，盟于王城。」杜注：「晉地，馮翊臨晉縣東有王城。」在陝西同州府朝邑縣東。僖二十四年：「晉侯潛會秦伯于王城，瑕甥、郤芮不獲公，乃如河上。」成十一年：「秦、晉將會于令狐。秦伯不肯涉河，次于王城。」則王城爲河以西臨河之地。《史記》：「厲共公十六年，塹河旁，攻大荔，取其王城。」蓋春秋末，地失于戎，而復取之也。河西，文十三年：「秦伯師于河西。」杜注：「今河北縣，于秦爲在河之西。」在今陝西同州府及華州之境。麻隧，成十三年：❶「晉、秦戰于麻隧，秦師敗績，師遂濟涇，及侯麗而還。迓晉侯于新楚。」杜注：「秦地。」在今陝西西安府涇陽縣西南。侯麗，杜注：「秦地。」劉伯莊云：「在今涇陽縣境。」新楚，杜注：「秦地。」當在今同州府朝邑縣境。棫林。杜注：「秦地。」即舊鄭咸林，宣王母弟友所封也。今爲陝西同州府華州。秦山川：中南；昭四年傳：「司馬侯曰：荊山、中南，九州之險。」杜注：「中南在始平、武功縣南。」中南，一名終南山，亦曰太白山。在今陝西西安府長安縣南五十里，亘鳳翔、岐山、郿縣、武功、盩厔、鄠縣、長安、咸寧、藍田九縣之境。程氏大昌曰：「終南山，橫亘關中南

❶「三」，原作「二」，據庫本改。

面，西起秦隴，東徹藍田，凡雍、岐、郿、鄠、長安、萬年，相去且八百里。」**河**，文十三年：「秦伯師于河西，魏人在東。」杜注：「今河北縣，于秦爲在河之東。」河西在今陝西同州府及華州之境。秦初起岐、雍，未能以河爲界。晉强，遂跨河而滅西虢，兼舊鄭，以汾、澮爲河東，故以華陰爲西。至僖九年，秦穆公援立夷吾，夷吾請割河外列城五，東盡虢略。河外，即河之西。虢略，故虢國地，即今閿鄉、靈寶，在河之東。逮背約不與，而戰韓見獲。僖十五年十一月，秦歸晉侯，始征晉河東，而河外五城，不必言矣。十七年，晉太子圉爲質于秦，秦復歸晉河東，而河西五城大抵終爲秦有。自是秦地始東至河，秦在河西，晉在河東，判然若兩戒。秦孝公初立，下令曰：「穆公東平晉亂，以河爲界。」此其證也。秦地至河，自穆公始。**涇水**。成十三年：「晉師伐秦，濟涇，及侯麗而還。」涇水出今陝西平涼府平涼縣笄頭山，亦名崆峒山，東至西安府高陵縣西南入渭水。高陸，即高陵也。《寰宇記》：「涇陽有睢城渡，即諸侯濟涇、秦人毒涇上流處，舊爲漢、唐之通津。」

楚都：郢，今爲湖廣荆州府治江陵縣。《史記》：「文王熊貲始都郢。」孔穎達曰：「《世本》及《譜》皆云武王都郢。」又《左傳》沈尹戌曰：「若敖、蚡冒，至于武、文，土不過圻，猶不城郢。」則楚之都郢，並不始于武王。蓋經營之數世，至武、文而始定耳。初時未有城郭。文十四年，公子燮、子儀因城郢作亂，事未得訖。襄十四年，子囊將死，遺言謂子庚：「必城郢！」楚于是始城之。至昭二十三年，囊瓦畏吴，復增修以自固，即杜預所云「江陵縣北紀南城」也。今紀南城在荆州府治北十里。**遷于鄀**，今爲湖廣襄陽府之宜城縣，所謂鄢郢也。以江陵爲紀郢，故謂此爲鄢郢。《史記》：「昭王十二年，吴伐楚，取鄱，楚恐，北去，徙都鄀。」實當《春秋》定公之六年。吴入郢後之二年矣，因仍謂之郢。故《左傳》曰「遷郢于鄀」也。今縣西南九十里有故鄀城。又《史記》：「頃襄王二十一年，秦白起拔郢，燒夷陵，楚王東北保陳城。」即故陳國，今爲河南陳州府治，號曰郢陳。考烈王二十二年，又遷壽春，仍謂之郢，即今江南鳳陽府之壽州。又三世，至負芻而亡。**丹陽爲楚故都**，在今湖廣歸州東南七里，北枕大江，亦曰秭歸。《史記》：「周成王封熊繹于楚，居丹陽。」章懷太子曰

「丹陽在秭歸東南」，袁崧謂「屈原有賢姊，聞原放逐，亦來歸，因名秭歸」。又枝江亦名丹陽者，不知楚何時所遷。杜佑《通典》曰：「楚初都丹陽，爲今秭歸。後徙枝江，亦曰丹陽。」蓋諸侯遷都，常仍舊名，故有兩丹陽。後世猶因之。晉王濬伐吴，破丹陽，遂克西陵。此歸州之丹陽也。西魏伐江陵，曰爲蕭氏計，席捲渡江，直據丹陽。此枝江之丹陽也。枝江，漢縣，今屬荆州府。《水經注》云：「北據大江，江汜枝分，東入大江，縣治洲上，故名。」所謂江陵有九十九洲是也。班固《地理志》謂「楚封在丹陽郡丹陽縣」者，大謬。丹陽郡，爲今江南鎮江府。**鄢爲楚別都**，今襄陽府宜城縣西南九里有古鄢國。桓十三年：「楚屈瑕伐羅，及鄢，亂次以濟。」杜注：「鄢水在襄陽宜城入漢。」昭十三年：「靈王沿夏，將欲入鄢。」夏即漢之別名，杜注云：「順漢水入鄢也。」本爲楚別都，故靈王欲入。後昭王徙郢于鄀，兼稱鄢郢。以鄢與鄀俱在宜城縣，地相近，故稱鄢以別于江陵之紀郢也。楚又嘗自鄀徙鄢，踰年而復。《史記·六國表》：「頃襄王二十年，秦白起拔郢。二十一年，拔郢，王亡走陳。」高誘曰：「秦兵出武關則臨鄢，下黔中則臨郢。」**渚宮**，即今荆州府治江陵城也。文十年：「子西爲商公，沿漢泝江，將入郢。王在渚宮，下，見之。」孔穎達曰：「商在漢水北，漢水東流而南入江。子西自商縣沿漢水順流而下，至江乃泝流逆上。渚宮當郢都之南，故王在渚宮，下，見之。」《水經注》：「今江陵城，楚船官地，即春秋時渚宮也。」**荒谷、冶父**，在今荆州府治江陵縣西。桓十三年：「莫敖縊于荒谷，羣帥囚于冶父，以聽刑。」案《荆州記》：「州東三里餘有三湖，湖東有水名荒谷，又西北有小城曰冶父。」《水經注》：「揚水逕郢城南，又東北，路白湖注之。湖在大港北，港南曰中湖，下曰昏官湖，三湖合爲一水，東逕荒谷，荒谷東岸有冶父城。水盛則南通大江，否則南迄江隄，皆當在郢都之側。羣帥囚于此以聽刑。」今冶父城在江陵縣東。**脾洩**，定五年：「王在隨，子西爲王輿服，國于脾洩。」杜注：「楚邑。」近郢都，當在今荆州府江陵縣境。**鄂爲楚熊渠時別都。**今爲湖廣武昌府武昌縣，在府東北八十里。《史記》：「熊渠，當周夷王時，興兵伐庸、揚粵，至于鄂。立其長子康爲句亶王，中子紅爲鄂王。」句亶即今江陵，鄂即武昌也。熊渠卒，長子康蚤死，子熊摯紅立，即鄂王紅也。其弟弑而代立，曰熊延。又《鄭語》孔晁注云：「熊繹玄孫曰熊摯，有疾，楚人廢之，立其弟熊延。熊摯自棄于夔。子孫有功，王命爲夔子。」與《史記》云弑少異。案夔，即歸，即楚始封之丹陽。熊摯自竄，不過遜居國都之側。蓋熊渠當日，仍都丹陽。分立兩子，各啟土宇。逮武王定都江陵，夔乃獨爲一國，世守宗祀，爲附庸，而武昌亦世爲別都耳。楚邑：湫，莊十九年：「楚子伐黄，還及湫，有疾。」杜注：「南郡鄀縣東南有湫城。」今在襄陽府宜城縣西南。楚靈王時，爲伍舉采邑。《國語》有湫舉，子湫鳴。析，僖二十五年：「秦、晉伐鄀，過析隈，入而係輿人，以圍商密。人懼，曰：秦取析矣。」杜注：「楚邑。一名白羽，南鄉析縣。」昭十八年，楚還許于此。今河南南陽府鄧州内鄉縣即其地，近武關。戰國時，秦昭王發兵下武關，攻楚取析是也。商，文十年：「子西爲商公。」杜注：「楚邑，上雒商縣。」今陝西商州東九十里有上洛廢縣。又河南鄧州内鄉縣西有商於城，爲商鞅封邑。張儀以商於地誑楚。裴駰曰：「有商城在于中，故曰商於。」酈道元曰：「丹水經内鄉、丹水二縣，間隔于中，故曰商於。」或謂商即商州，於即内鄉。至商州凡六百里，皆古商於地矣。期思，文十年：「楚子田孟諸，期思公復遂爲右司馬。」杜注：「弋陽期思縣。」故蔣國，楚滅之，以爲邑。在今河南光州固始縣西北七十里。大林，文十六年：「楚大饑，戎伐其西南，師于大林。又伐其東南，至于陽丘，以侵訾枝。」杜注：「楚邑。」考今安陸府荆門州西北有長城，城北有櫟林長坂，横木修竹，隱天蔽日，即曹操追先主處。胡氏曰：「長坂在當陽縣東南百二十里。」長林城北，蓋自當陽之北，而接長林之境，皆長坂也。訾枝，杜注：「楚邑。」當在安陸府治鍾祥縣境。廬，文十六年：「自廬以往，振廩同食。」故盧戎國，伐羅傳所謂「羅與盧戎，兩軍之」者也。楚滅之，爲廬邑。孔疏曰：「盧，與廬通。」漢置中廬縣。今爲中廬鎮，在襄陽府南漳縣東五里。而應劭謂「廬州，古廬子國」，《通典》因之，而復云《左傳》「自廬以往」即此地。又廬州，古蹟有同食館，唐元和中，刺史路應求建，亦採《左傳》「自廬以往，振廩同食」之義爲名，誤甚矣。魚，文十六年「滅庸」傳：「惟裨、鯈、魚人逐之。」杜注：「裨、鯈、魚，庸三邑。」魚即魚復縣，漢爲益州都尉治。公孫述號曰白帝城，先主改曰永安。今爲四川夔州府治。奉節縣東有魚復浦。**葉**，宣三年：「鄭文公生公子士朝于楚，楚人酖之，及葉而死。」杜注：「南陽葉縣。」楚遷許于葉，王子勝曰：「葉在楚，方城外之蔽也。」楚子乃使遷許于析，而更以葉封沈諸梁，號曰葉公。東魏置襄州。其地險隘，高齊保此以備周。今河南南陽府葉縣南三十里有古葉城。**轑陽**，宣四年：「子越圄伯嬴于轑陽而殺之，遂處烝野，將攻王。」杜注：「楚邑。」**烝野**，杜注：「楚邑。」俱當在荆州府境。**沂**，宣十一年：「令尹蔿艾獵城沂。」杜注：「楚邑。」定五年「大敗夫概王于沂」即此。**九縣**，宣十二年：「鄭行成于楚，曰：請改事君，夷于九縣。」杜注：「楚滅九國以爲縣。」《正義》曰：「莊十四年滅息，十六年滅鄧，僖五年滅弦，十二年滅黄，二十六年滅夔，文四年滅江，五年滅六、滅蓼，十六年滅庸。傳又稱楚武王滅庸，文王縣申、息，凡十一國，不知何以言九。」高氏曰：「楚人拓地，始于北境，次及于東。欒貞子曰：『漢陽諸姬，楚實盡之。』杜謂姬姓之國在漢北者。夷考姬姓國之近楚者，曰隨，曰息，曰蓼，曰穀。隨，終春秋不滅。穀在漢南，息、蓼在淮壖，又非漢北。蓋楚所吞滅姬姓國甚多，皆不見于經傳也。鄭所謂九縣者，未知何所指。」**沈**，宣十二年：「戰于邲，沈尹將中軍。」杜注：「沈，或作寢。寢，縣也，今汝陰固始縣。」案此沈國之别邑，楚取之以爲重鎮，故沈尹見于《春秋》甚詳。時爲沈尹者，莊王之子公子貞也。靈王時有沈尹射，平王時有沈尹赤，昭王時有沈尹戌，惠王時有沈尹朱。邑本名寢，楚人因取之于沈，遂謂之沈。至光武時，改名固始。今屬河南光州。又沈，本國，定四年爲蔡所滅，後入楚，爲平輿邑，在今汝寧府沈丘縣。《後漢地理志》汝南郡有平輿，有沈亭故國。《輿圖備考》于河南沈丘下注云：「古沈子國，漢平輿。」合諸《後漢志》平輿有沈亭之説相符，則沈國之在沈丘信矣。**州來**，成七年：「吴入州來。」杜注：「楚邑，淮南下蔡縣。」今爲江南鳳陽府壽州，即壽春也。自成七年吴入州來，至昭二十三年雞父之戰，楚師大奔，州來遂入吴，自是入郢之禍兆矣。吴蓋争之七十餘年而後得。哀二年，吴遷蔡于州來，謂之下蔡。由是壽春城在淮之南，下蔡城在淮之北，相去三十里，夾淮爲固。歷東漢至六朝，常爲重鎮。汴宋南渡，亦謂之南北壽春。今壽州治即古壽春縣城，爲楚考烈王所築。州北三十里有蔡國城，即下蔡矣。呂，成七年：「子重請申、呂爲賞田。」呂爲虞夏時國。《國語》：「史伯曰：當成周者，南有申、呂。」後并于楚，今南陽府城西三十里有呂城。鍾離，成十五年：「諸國大夫會吴于鍾離。」杜注：「楚邑，淮南縣。」昭四年：「楚箴尹宜咎城鍾離以備吴。」二十四年：「楚子爲吴師以略吴疆。師還，吴踵楚，遂滅巢及鍾離。」南北朝時爲重鎮，今江南鳳陽府鳳陽縣東四里有鍾離舊城。新石，成十五年：「鄭子罕侵楚，取新石。」杜注：「楚邑。」當在河南南陽府裕州葉縣境。巢，成十七年：「吴人圍巢，伐駕，圍釐、虺。」杜注：「巢、駕、釐、虺，楚四邑。」巢即薳啟疆城之以備吴者，今爲江南廬州府巢縣。駕、釐、虺，襄三年：「吴伐楚，取駕。駕，良邑也。」駕、釐皆在無爲州境，虺在廬江縣境，俱屬廬州府。棠，襄十四年：「楚子囊師于棠以伐吴。」昭二十年，伍奢長子曰棠公尚。《寰宇記》：「六合，古棠邑。」今爲江南江寧府六合縣。棘，襄二十六年：「聲子曰：吴于是伐巢，取駕，克棘。」杜注：「楚邑，譙國酇縣東北有棘亭。」今在河南歸德府永城縣南。櫟，昭四年：「吴伐楚，入棘、櫟、麻。」杜注：「楚東鄙邑。汝陰新蔡縣東北有櫟亭。」今河南汝寧府新蔡縣北二十里有野櫟店，即古櫟城也。若鄭之櫟邑，則今河南禹州，與此不同。麻，杜注：「楚東鄙邑。」魏收《志》：「碭郡安陽縣治麻城。」今江南徐州府碭山縣有安陽城，即故麻城也。以楚東鄙言之，安陽之説近是。城父，昭九年：「楚公子棄疾遷許于夷，實城父。」杜注：「城父縣，屬譙郡。」案楚有兩城父，此所謂夷城父，取諸陳者也。僖二十三年：「楚伐陳，取焦、夷。」杜注：「夷，一名城父。」即此。焦邑，别見陳地。昭三十年，楚城夷，以處徐子章羽。三十一年，吴人侵楚，伐夷。蓋夷、城父二名兼用矣。今江南潁州府亳州東南七十里有城父城。又有北城父。昭十九年：「費無極言于楚子，大城城父而寘太子焉，以通北方。故太子建居于城父。」杜注：「今襄城城父縣。」此又一城父也。哀六年：「昭王攻大冥，卒于城父。」即此。漢置父城縣。王莽末，馮異爲父城長，光武屯巾車鄉獲馮異處也。今河南汝州郟縣西四十里有城父城。**不羹**，昭十一年：「楚子城陳、蔡、不羹。」杜注：「襄城縣東南有不羹城，定陵西北有不羹亭。」案：羹，音郎。有東西二不羹。今河南許州府襄城縣東南有西不羹城。定陵故城在河南府舞陽縣北，縣西北有東不羹城。**中犨**，昭十三年：「王奪鬭韋龜中犨田。」杜注：「邑名。」疑當在南陽府境。**州屈**，昭二十五年：「楚子使薳射城州屈，復茄人焉。」在今江南鳳陽府治鳳陽縣西。**茄**，近淮小邑。**丘皇**，「城丘皇，遷訾人焉」，在今河南汝寧府信陽州境。**訾**，亦在信陽州境。昭十三年，楚靈王師及訾梁而潰，即此。訾水之梁也。**卷**，「使熊相郭巢，季然郭卷。」杜注：「使二大夫爲巢、卷二邑築郭也。」卷城在南陽葉縣南。《後漢志》葉有卷城。在今河南南陽府葉縣西南。巢，見前。**潛**，昭二十七年：「吳師圍潛。」杜注：「楚邑。」在廬江六縣西南。昭三十一年，「吳人侵潛、六，楚沈尹戌帥師救潛，吳師還。楚遷潛于南岡」，即此。漢置灊縣，屬廬江郡。晉因之。今江南六安州霍山縣東北三十里有灊城南岡，即漢置縣處也。**養**，昭三十年：「吳公子掩餘、燭庸奔楚，楚子大封而定其徙，逆吳公子，使居養。莠尹然、左司馬沈尹戌城之，取于城父與胡田以與之。」❶杜注：「養，即楚封吳公子之邑。胡田，故胡子之地。」今河南陳州府沈丘縣東有養城，春秋時楚養邑也。杜雖不言養所在，然他處注云：「城父，屬譙郡。汝陰西北有胡城。」譙郡，今爲江南亳州；汝陰，今爲潁州府，沈丘與之逼近，正在吳、楚境上，言養邑在此，理可通矣。**豐**，哀四年：「司馬起豐、析與狄戎。」杜注：「楚邑。析南有豐鄉。」今河南南陽府淅川縣西南有豐鄉城，其地與鄖陽相接。**析**，杜注：「楚邑。析縣屬南鄉郡。」今淅川縣及內鄉縣之西北境皆析地。**白**，哀十六年：「子西召故太子建之子勝于吳，使處吳境，爲白公。」杜注：「楚邑。汝陰褒信縣西南有白亭。」今河南光州息縣東有白城，東北七十里有褒信城。**慎**，「吳人伐慎，白公敗之。」杜注：「汝陰慎縣也。」今江南潁州府潁上縣西北有慎城。《水經注》「潁水經慎縣故城」，是其地。《文獻通考》云白公勝邑。案《左傳》「子

❶「與」，原作「益」，據《左傳》昭公三十年改。

西召勝使處吴境爲白公」，杜注：「白，楚邑也。汝陰郡褒信縣西南有白亭。」是勝之封邑在褒信矣。白公敗吴于慎，非封慎也。慎自是楚邑，但非白公所封之邑耳。

楚地：沈鹿，桓八年：「楚子合諸侯于沈鹿。」杜注：「楚地。」今湖廣安陸府治鍾祥縣東六十里有鹿湖，地深不可測，相傳有白鹿入此，因名。今涸爲上腴。**郊郢**，桓十一年：「鬭廉謂屈瑕曰：君次于郊郢，以禦四邑。」杜注：「楚地。」今安陸府治鍾祥縣郢州故城，是其地也。前代置郢州，蓋以楚郊郢故。案府治旁控石城，下臨漢水，蓋險固地。當時四國，隨在隨州，蓼在固始，州在監利，絞在鄖陽，遼遠不能遽集，而此居中扼要，故欲據之，以離其黨羽，因以伐鄖之孤軍耳。鄖國，今德安府治安陸縣與？溳、邔二字通用。《水經注》：「溳水經安陸故城，古鄖國也，若敖娶邔子之女生子文，即此。」**樠木之下**，莊四年：「楚武王卒于樠木之下。」今安陸府治鍾祥縣東一里有樠木山。一名武陵，以楚武王卒于此，因名。**那處**，莊十八年傳：「楚武王遷權于那處。」杜注：「楚地。南郡編縣東南有那口城。」《史記》：「文王少子季載封于冉。」孔氏曰：「冉，一作郝，或作那，皆讀曰然。即那口也。」今安陸府荆門州東南有口故城。❶ **津**，莊十九年：「楚子禦巴人，大敗于津。」杜注：「楚地。」《水經注》：「枝江縣西三里有津鄉。」枝江縣今屬荆州府。後漢建武四年，岑彭謀伐蜀，引兵屯津鄉，當荆門要會。十一年，「自津鄉攻田戎于荆門，克之」是也。**陘**，僖四年：「齊伐楚，次于陘。」杜注：「楚地。潁川召陵縣南有陘亭。」在今河南許州郾城縣召陵城南。**召陵**，「盟于召陵」，杜注：「潁川縣也。」今郾城縣東四十五里有召陵故城。**武城**，僖六年：「許僖公見楚子于武城。」杜注：「楚地，在南陽宛縣北。」今南陽府治南陽縣北有武延城，故爲申國地，申滅屬楚。**選**，文十六年：「麇人率百濮聚于選，將伐楚。楚謀徙于阪高。」杜注：「楚地。」當在荆州府枝江縣南境。**阪高**，杜注：「楚險地。」當在今襄陽府西境。**句澨**，「楚次于句澨，使廬戢黎侵庸，及庸方城。」杜注：「楚西界地。」當在襄陽府均州西。**庸方**

❶ 「口故」，《春秋大事表》卷六下作「那口」。

城，杜注：「庸地，上庸縣東有方城亭。」今鄖陽府竹山縣東四十五里有方城，山上平坦，四面險固，山南有城，周十餘里，即春秋時庸方城也。**陘隰**，「先君蚡冒，所以服陘隰也。」杜注：「地名。」荆州府以東多山谿之險，因名。**臨品**，「楚子會師于臨品，子越自石溪，子貝自仞以伐庸。」杜注：「地名。」當在襄陽府均州界。**石溪**，杜注：「入庸道。」當在均州界。**仞**，杜注：「入庸道。」當在均州界。**皋滸**，宣四年：「楚子與若敖氏戰于皋滸。」杜注：「楚地。」《路史》：「英、六、貳、軫，皆皋地，陶之所封也。」後皆屬楚。滸，水邊地名。案傳上文云「若敖師于漳澨」，漳水在荆州府枝江縣北四十里，此亦當在其境。**郔**，宣十一年：「楚左尹子重侵宋，王待諸郔。」杜注：「楚地。」當在河南陳州府項城縣境。**夏州**，宣十一年：「楚入陳，鄉取一人焉以歸，謂之夏州。」杜注：「州，鄉屬。示討夏氏所獲。」《地理通釋》云：「大江中州也。」今在湖廣武昌府江夏縣。**鄧**，成九年：「鄭伯會楚公子成于鄧。」桓二年：「蔡侯、鄭伯會于鄧。」《穀梁傳》曰：「鄧，某地。不知其國。」《公羊傳》曰：「鄧與會爾。」又賈逵、服虔並以鄧爲國。而《正義》駁之云：「蔡、鄭懼楚，始爲此會，不應就近楚小國，故知非鄧國也。」昭十三年，「楚蔡公召子干、子晳盟于鄧」，杜注：「潁川召陵縣西南有鄧城。」推知桓二、成九兩會皆在此矣。戰國時，楚懷王伐秦，敗于藍田。韓、魏聞之，南襲楚，至鄧。即此。今河南許州府郾城縣東南三十五里有鄧襄城。**汝陰之田**，成十六年：「楚使公子成以汝陰之田求成于鄭。」杜注：「汝水之南，近鄭地。」楚文王封畛于汝，楚地止于汝水之南，田蓋在汝州陜縣及裕州葉縣間。**瑕**，成十六年：「鄢陵之戰，楚師還，及瑕。」杜注：「楚地。」《水經注》：「肥水逕山桑縣故城南，又東積而爲陂，謂之瑕陂。又東南逕瑕城南，《春秋》楚師還及瑕，即此城也。」山桑，漢縣，在今江南潁州府蒙城縣北。**繁陽**，襄四年：「楚師爲陳叛，故猶在繁陽。」杜注：「楚地，在汝南鮦陽縣南。」今河南汝寧府新蔡縣有繁陽亭。**柤**，襄十年：「會吳于柤。」杜注：「楚地。」今山東兗州府嶧縣東南有渣口戍，即今泇河入氶水之泇口。又汪氏克寬曰：「偪陽國及柤地，皆在沛縣，蓋地相接云。」**庸浦**，襄十三年：「吳侵楚，子庚與吳戰于庸浦。」杜注：「楚地。」在今江南廬州府無爲州南濱江之浦也。雩婁，襄二十六年：「楚子、秦人侵吳，及雩婁。」《淮南子》：「楚相孫叔敖決期思之陂，灌雩婁之野。」期思陂，即芍陂。今雩婁縣在江南潁州府霍丘縣西南，期思城在河南光州固始縣境，二邑相鄰並也。《水經注》：「雩婁，故吳地。」此悮。本傳原云「知吳有備而還」，是不入吳境也。又爲叔敖陂水所溉，其爲楚地明矣。《史記》：「吳王餘祭十二年，楚伐吳，至雩婁。」服虔亦曰：「雩婁，楚之東邑。」夏汭，昭四年：「楚沈尹射奔命于夏汭。」杜注：「漢水曲入江，今夏口也。」《荆州記》：「夏口入江處，謂之夏汭。蓋夏水之尾。漢末謂之夏口，亦曰漢口，亦曰沔口。沔之下流爲漢，夏水亦會，三水共出此口也。」今在湖廣武昌府治江夏縣。瑣，昭五年：「楚伐吳，楚大夫常壽過帥師會楚子于瑣。」杜注：「楚地。」當在今江南潁州府霍丘縣東。鵲岸，「聞吳師出，薳啟疆帥師從之，遽不設備，吳人敗諸鵲岸」，杜注：「廬江舒縣有鵲尾渚。」高氏曰：「《志》云今廬江府舒城縣西北有鵲亭，即杜預所云也。然薳射自夏汭出，薳啟疆別從江道，交戰不應在楚之内地。杜佑曰：『南陵大江中有鵲尾洲，即古鵲岸也。』」此説可通。今江南太平府繁昌縣西南大江中有鵲尾洲。又池州府銅陵縣北十里有鵲頭山，高聳臨江，故江曰鵲江，岸曰鵲岸。南懷，昭五年：「薳射帥繁陽之師先入南懷，及汝清，吳不可入。」汝清，杜注：「皆楚界。」俱應在今江、淮間。豫章，「昭六年，楚使薳洩伐徐，吳人救之。令尹子蕩帥師伐吳師于豫章，而次于乾谿。吳人敗其師于房鍾。」豫章凡六見于《左傳》，杜註始云「在江北淮水南，蓋後徙江南豫章。」至柏舉之戰，又云：「豫章，漢東江北地名。」與前文小異，由是諸説紛然，至求之湖廣德安府之章山。施諸吳、楚，夾漢則可，以解定二年之「見舟豫章」、昭十三年「楚師還自徐，吳人敗諸豫章，獲其五帥」，則相距千餘里，求諸傳文前後，斷不可合。愚嘗考之，豫章，寬大之語，自江西之饒州、南康二府，西抵九江府之德化，盡鄱陽湖之境，隔江爲江南安慶府之宿松，北接潁、亳、廬、壽，西接光、黄，皆爲楚之豫章。地跨大江南北，以及淮南。蓋鳳陽以西，壽、霍、光、固之境，皆近淮壖，爲吳楚日交兵處。今日但以江西爲豫章，乃漢豫章郡，非春秋豫章地也。秦滅楚，置九江郡。漢分九江，置豫章郡，乃遥取《春秋》之豫章爲名。如會稽本在浙東，而秦漢之會稽郡則盡浙西之境也。《皇輿表》以南昌爲吴豫章地，尤非。南昌乃漢豫章郡治，如秦會稽都尉治蘇州，其地統隸極遠，今日豈求會稽于蘇州乎！且南昌始終爲楚地，于吴無涉。考《史記》闔閭十一年：「吴伐楚，取番。」番即今鄱陽縣，爲饒州府治。而闔閭十一年，爲定公六年，在柏舉之後，則當柏舉戰時，吴尚未有饒州之地，又安得越南康、九江二府而先有南昌也哉！由是知《左傳》舍舟淮汭自豫章，與楚夾漢豫章，斷非今日之南昌。案淮汭爲今壽州，在淮之南。杜氏所云豫章，在江北淮水南者，正當即指淮汭而言。蓋舍舟于此，遵陸亦當由此耳。至漢東之説，高氏辨之甚明，不論可也。**乾谿**，杜注：「在譙國城父縣南，楚東境。」今江南潁州府亳州東南七十里有乾谿，與城父村相近，即漢城父縣也。**夷濮西田**，昭九年：「然丹遷城父人于陳，以夷濮西田益之。」杜注：「夷田在濮水西者。」《水經注》：「夏肥水，上承沙水，東南流，逕城父縣故城，《春秋》所謂夷田在濮水西者也。」蓋濮水亦稱沙水，在潁州府亳州西境，今堙。**潁尾**，昭十二年：「楚子狩于州來，次于潁尾。」杜注：「潁水之尾，在下蔡西。」蓋潁水入淮處也。亦謂之潁口，歷南北朝，至唐宋，皆爲戰争地。今在江南鳳陽府壽州西北四十里。**魚陂**，昭十三年：「楚公子比爲王，公子黑肱爲令尹，次于魚陂。」杜注：「竟陵縣城西北有甘魚陂。」《戰國策》「冷向曰：楚南有符離之塞，北有甘魚之口」是也。今在湖廣安陸府天門縣西北。天門縣即古竟陵縣。**訾梁**，「師及訾梁而潰」，梁名，在河南汝寧府信陽州界。**宗丘**，昭十四年：「楚子使然丹簡上國之兵于宗丘。」杜注：「楚地。」當在今湖廣宜昌府歸州境。上國，在國都之西，西方居上流，故謂之上國。**長岸**，昭十七年：「楚人及吴戰于長岸。」杜注：「楚地。」今江南太平府當塗縣西南三十里有西梁山，與和州南七十里之東梁山夾江相對，如門之闕，亦曰天門山。《郡國志》云：「《春秋》楚獲吴乘舟餘皇處也。」歷代爲建康西偏之要地。**下陰**，昭十九年：「楚工尹赤遷陰于下陰。」杜注：「陰縣屬南鄉郡。」《水經注》：「沔水逕穀城東，又南逕陰縣故城西，故下陰也。《春秋》遷陰于下陰，即此。」今湖廣襄陽府光化縣西漢水西岸有古陰縣城。**雞父**，昭二十三年：「戰于雞父。」杜注：「楚地，安豐縣南有雞備亭。」今江南鳳陽府壽州西南六十里有安豐故城，雞備亭又在其城西南。**圉陽**，昭二十四年：「楚子爲舟師以略吴疆，及圉陽而還。」杜注：「楚地。」應在江南廬州府巢縣南境。**柏舉**，定四年：「吴楚戰于柏舉。」杜注：「楚地。」《名勝志》云：「湖廣黄州府麻城縣東北三十里有柏子山，縣東南有舉水。柏舉之名，蓋因柏山舉水而得。」今案傳文，「子常濟漢，自小别至于大别」，又「三戰，而陳于柏舉」，是在漢之東北，其地應在麻城縣境也。**大隧、直轅、冥阸**，「左司馬戌謂子常曰：子沿漢而與之上下，我悉方城外以毁其舟，還塞大隧、直轅、冥阸。」杜注：「三者，漢東之隘道。」又城口是三隘道之總名，所謂義陽與三關之塞也。三關之中，冥阸最著，在河南汝寧府信陽州東南九十里，湖廣德安府應山縣北六十五里，一名平靖關。其關因山爲障，不營濠湟，故以平靖爲名。亦曰冥塞。莊辛對楚襄王「穰侯填黽塞之内，投已乎冥塞之外」是也。大隧，一名武陽關，在信陽州東南一百五十里，西南至應山縣一百三十里，地名大寨嶺。薛氏云「三關之險，大寨嶺爲平易」是也。直轅，一名黄峴關，又謂之九里關。在信陽州南九十里，南至應山亦九十里。義陽城與三關，勢如首尾。南北朝時，最爲重鎮，得失不常。侯景之亂，三關爲齊有，南國之勢益弱。春秋之世，楚所恃以爲國者，申、息之間，方城之外，扼要惟此也。**稷**，定五年：「秦子蒲使楚人先與戰，而自稷會之，大敗夫概王于沂。」杜注：「楚地。」當在河南南陽府桐柏縣境。**軍祥**，「薳射子從子西敗吴師于軍祥」，杜注：「楚地。」當在湖廣德安府隨州西南。**堂谿**，「夫概王奔楚，爲堂谿氏。」杜注：「楚地。」《水經注》：「瀙水出汝南吴房縣，吴房西北有堂谿城，即此也。」吴房，本房子國。楚封夫概于此，故曰吴房。今河南汝寧府遂平縣西吴房故城，北有堂谿城，與西平縣及許州府郾城縣相接。**麇**，「吴師居麇。」杜注：「楚地。」今湖廣岳州府治巴陵縣東有麇城。案麇本小國，其地爲今鄖陽府治鄖縣。文十一年，楚子伐麇，後尋爲楚滅。高氏謂：「吴師敗楚師于雍澨，吴師居麇，雍澨在安陸府京山縣境，麇地不能至此，當是麇滅之後，楚人遷之以來，如羅、鄀類耳。」竊謂麇之爲麇國，不可知。而《彙纂》謂在岳州巴陵縣，此斷非也。細案前後傳文，定四年「戰于柏舉」，係黄州府麻城縣；「吴從楚師及清發」，係德安府附郭安陸縣；繼「敗諸雍澨，五戰及郢」，雍澨係安陸府京山縣；楚子遂棄其國都奔隨，隨爲德安府之隨州，近河南。蓋吴師從淮右陸路來，與楚夾漢，在漢水之北，交戰只在楚之北境，楚亦倉皇向北走，未嘗一涉洞庭湖之南也。且傳云「敗諸雍澨，五戰及郢」，是年左司馬戌及息而還，敗吴師于雍澨，三戰皆傷。五年秋，吴師又敗楚師于雍澨，則雍澨爲戰之地，所謂「父兄親暴骨焉」者也。子期欲焚麇，而子西不可，則麇即爲雍澨無疑。案：麇，亦作麋。宋白曰：「楚伐麋。」今安陸府當陽縣東南六十里有麋城，與京山接壤，此爲較近。竊意水草之交爲麋，麋即雍澨水邊，吴師偶屯駐其地耳。如此纔與傳文脗合。若岳州巴陵，遠在湖南，吴、楚未嘗一戰其地，何暴骨之有？且郢爲今荆州江陵縣，在湖之北，王已出奔隨州，何用更涉楚之南，入楚之内地乎？必不然矣。**負函**，哀四年：「楚人謀北方，致蔡于負函。」杜注：「楚地。」在今河南汝寧府信陽州境。**繒關**，「致方城之外于繒關」，杜注：「楚地。」在今邵州境。**倉野**，「右師軍于倉野」，杜注：「在上洛縣。」今陝西商州東南有倉野聚。**三户**。「楚執蠻子與其五大夫，以畀楚師于三户。」杜注：「丹水縣北有三户亭。」今河南南陽府淅川縣西南有三户城。

楚山川：**荆山**，昭四年傳：「荆山、中南，九州之險。」杜注：「荆山在新城沶鄉縣南。」荆山在今湖廣襄陽府南漳縣西少北八十里。昭十三年：「楚遷許、胡、沈、道、房、申于荆。」杜注：「荆，荆山。」是荆山之爲地廣矣。子革曰：「昔我先君熊繹，辟在荆山。」則以地近四境爲言耳。**塗山**，昭四年：「穆有塗山之會。」杜注：「塗山在壽春東北。」塗山在江南鳳陽府懷遠縣東南八里。《水經注》：「荆、塗二山，本相連爲一脈。禹以桐柏之流泛濫爲害，乃鑿山爲二以通之，兩山間有斷接谷。」**大别**，定四年：「楚師濟漢而陳，自小别至于大别。」大别山在今湖廣漢陽府漢陽縣東北半里，漢江西岸。江水逕其南，漢水從西北來會之。山之左，即沔口。《地説》曰：「漢水東行，觸大别之陂，南與江合。」

是已。亦名魯山，有魯肅祠，因名。**小別**，小別山在今漢陽府漢川縣南十里，山形如甑，亦名甑山。漢川在漢陽之西北百七十里，則小別當在大別之西。孔穎達謂「在大別之東」，謂「楚師退而至大別，自東漸西」者，非是。**方城**，僖四年：「屈完曰：楚國方城以爲城。」杜注：「方城山在南陽葉縣南。」方城，山名，在今河南南陽府裕州東北四十里，葉正在州北。楚人因山爲固，築連城東向，以拒中國。則屈完所謂「方城以爲城」也。今自葉縣之方城山至唐縣連接數百里，一曰長城山，即古方城舊蹟。**少習**，哀四年：「將于少習以聽命。」杜注：「少習，商縣武關也。」少習，山名，在今陝西西安府商州東，武關在少習山下，故亦名少習。京相璠曰：「武關，楚通上雒阨道也。」春秋時，蓋嘗爲晉有，以其近陰地。穆公之世，秦伐鄀，與楚爭商密，近武關地。至是云將通少習，而杜釋之如此，是楚已得武關矣。今由河南之南陽，湖廣之襄鄖入長安者，必道武關。自武關至長安四百九十里，多從山中行。至藍田，始出險就平。蓋自古爲險阨矣。**菟和**，哀四年：「左師軍于菟和。」杜注：「菟和山，在上雒東。」菟和，山名，今陝西商州東有菟和山，通襄漢往來之道。**析隈**，僖二十五年：「秦、晉伐鄀，秦人過析隈，入而係輿人，以圍商密。」杜注：「析，今南鄉析縣。」析隈，山名，在今河南南陽府鄧州南七十里，俗訛爲厮隈山。**汾陘之塞**，《戰國策》：「蘇秦曰：楚北有汾陘之塞。」鮑彪注曰：「陘，召陵陘亭。汾在襄城。」陘山在今河南許州府郾城縣南。又新鄭亦有陘山，在縣南三十里。蓋陘塞緜亘甚遠。蘇秦説楚曰「北有汾陘」，説韓曰「南有陘山」，蓋二國皆恃此爲險。在楚爲北塞，在韓則爲南塞也。徐廣曰：「陘，山絶之名。」**汾**，襄十八年：「楚子庚治兵于汾。」杜注：「襄城東北有汾丘城。」汾丘在今河南許州府襄城縣東北。《史記》：「秦昭王四十三年，攻韓汾陘，拔之。」蓋與新鄭陘山，俱爲南北隘道。**阜山**，文十六年：「戎伐楚西南，至于阜山。」阜山，在今湖廣鄖陽府房南五十里。**萊山**，昭五年：「沈尹赤會楚子于萊山。」今河南光州光山縣南百五十里有天臺山，或云即萊山。**坻箕之山**，昭五年：「楚子觀兵于坻箕之山。」今江南廬州府巢縣南三十七里有踟蹰山，《輿地志》以爲即柢箕山。**樠木山**；莊四年：「楚武王卒于樠木之下。」今湖廣安陸府治東一里有樠木山，上有青泥池，一名青泥山。《三國志》魏樂進與關羽相拒于青泥山，祝穆曰：「即樠木山也。」亦名武陵。以楚武王卒于此而得名。**大江**，宣十二年：「鄭行成于楚，曰：其俘諸江南，以實海濱，亦唯命。」江水自四川夔州府巫山縣流入楚境，經湖廣宜昌府巴東縣及歸州之北，爲楚始封之丹陽。又東歷夷陵州、荆州府、岳州府，又北至漢陽府城東、武昌府城西，而會于漢水。復北折，而東歷武昌府北，又東歷黄州府南，又東南歷廣濟縣、黄梅縣之南，而入江南安慶府宿松縣界。江之南岸，即江西九江府德化縣界矣。迂迴千八百餘里，皆當時楚境也。初都丹陽，在枝江，居江南。後徙郢都，在荆州府，居江北。别都鄂，即武昌府，亦在江之南。自荆州以南，皆楚所謂江南也。楚遷權于那處，遷六小國于荆山，在江北；遷羅于枝江，遷許于華容，在江南。鄭蓋欲自比此屬耳。春秋時，未知有南海。屈完之對齊桓公，蓋漫爲侈大之詞，實非楚境也。鄭請實海濱，亦自貶損以悦之耳。**漢水**，莊四年：「莫敖以王命入盟隨侯，且請爲會于漢汭而還。濟漢而後發喪。」杜注：「汭，内也，謂漢西。」漢水自襄陽府城北，折而東南，經宜城縣之東，又經安陸府城之西，荆門州之東，復東南出，經潛江縣北及景陵縣西，又東歷沔陽州北及漢川縣南，至漢陽府城東北，大别山下，會于大江。此漢汭，乃襄陽以南至安陸之漢水也。自襄陽至安陸府七百里，自安陸至沔陽州七百里，安陸爲楚之郊郢，是時王卒于樠木之下，在安陸府治東一里。莫敖懼隨人邀襲，故以王命請隨侯爲會于此，示以整暇，待隨侯濟漢歸國而後發王喪也。此時楚尚未能有漢，隨在漢東，楚在漢西，故杜註漢汭爲漢西。**淮水**，桓八年：「楚武王侵隨，軍于漢、淮之間。」淮源出桐柏山，在今河南南陽府桐柏縣東一里，東南接湖廣德安府隨州，隨州即春秋時隨國，正當漢之東、淮之南，故曰「軍于漢、淮之間」。是時南陽之境，猶未爲楚有。逮後，文王縣申、息，封畛于汝，則淮爲楚境内之水矣。《彙纂》曰：「楚軍于漢、淮之間，當在今安陸府應山縣境。」**汝水**，成十六年：「楚以汝陰之田求成于鄭。」杜注：「汝水之南，近鄭地。」汝水出河南汝州魯山縣東北，經伊陽至汝州南，又東南經寶郟南，入南陽府裕州，歷許州府之襄城、郾城，南至汝寧府西平境，又東南流至潁州南而入于淮。其自南陽以下，皆楚境也。楚文王封畛于汝，蓋楚地止于汝水之南。其在汝州郟縣及裕州葉縣間者，汝陰田也。**潁水**，昭十二年：「楚子狩于州來，次于潁尾。」杜注：「潁水之尾，在下蔡西。」潁水出陽城山，東至下蔡入淮，在今江南潁州府潁上縣與鳳陽府壽州接界。潁水入淮處在壽州西北四十里，所謂潁尾也。亦謂之潁口。《荀子》曰：「楚汝、潁以爲險。」**溠水**，莊四年：「除道梁溠，軍臨于隨。」杜注：「溠水在義陽厥縣西。」梁，橋也。」溠水在今隨州北八十五里，《周禮·職方》：「豫州，其浸波、溠。」是時王薨于行，若歸國則虛實立見，若進兵臨漢，復恐隨人阻漢而守。故用奇兵，別開新道，橋溠水，出不意而直壓隨都。隨既懼而行成，計從漢還，又恐隨人乘半渡而邀擊，復以王命請隨侯爲會于漢汭，而我乃還國。蓋欲隨人以好會之禮送楚師至漢水之西。隨既會訖，濟漢東還，而後發王喪，始由奇道從溠東渡，繼由正道從漢西歸也。**彭水**，桓十二年：「楚伐絞，楚師分涉于彭。」《釋例》：「彭水至南鄉筑陽縣入漢。」❶彭水在今湖廣鄖陽府房縣西，南流入穀城縣界。**涌水**，莊十八年：「閻敖游涌而逸。」杜注：「涌水在南郡華容縣。」涌水在今湖廣荆州府監利縣東南，乃夏水支流。《水經注》：「江水當華縣東南，涌水出焉。」涌水自夏水南通于江，謂之涌口。閻敖游涌而逸于二水之間者也。**鄢水**，桓十三年：「及鄢，亂次以濟。」杜注：「鄢水在襄陽宜城縣入漢。」鄢水在今湖廣襄陽府宜城縣南。**滑水**，宣八年：「楚伐舒蓼，滅之。楚子疆之。及滑汭。」滑汭，當爲今江南廬州府東境。**雲中**，定四年：「楚子濟江，入于雲中。」**夢中**，宣四年：「邧夫人使棄諸夢中。」《周禮·職方》：「荆州藪曰雲夢。」今湖廣德安府雲夢縣南一里有雲夢橋。今澤已湮。昔時方九百里，雲澤跨江之南，夢澤跨江之北。今荆州府之監利、石首、枝江三縣，安陸府之荆門州、沔陽州，黄州府之蘄州及黄岡、麻城二縣，德安府之安陸縣，俱有雲夢之稱。蓋跨川亘隰，兼包勢廣矣。**睢水**，定四年：「楚子涉睢。」杜注：「睢水出新城昌魏

❶「筑」，原爲空格，據庫本補。

縣東，❶至枝江縣入江。是楚王西走處。」睢水入江處，在今荆州府枝江縣，當郢都之西，楚王避吳西走處也。睢，一作沮。　**漳水**，宣四年：「子越師于漳澨。」杜注：「漳水出新城沶鄉縣南，至當陽縣入沮。」漳水在今湖廣安陸府當陽縣北四十里，自南漳流入城，至縣東南五十里，與沮合，名合溶渡。　**湛水**，襄十六年：「晉、楚戰于湛阪，楚師敗績，晉師遂侵方城之外。」杜注：「昆陽縣北有湛水，東入汝。」湛水在河南南陽府葉縣北三十里。縣北二十里有昆陽城。《周禮》：「荆州，其浸潁、湛。」《水經注》「湛水出犨縣北魚齒山，東南流湛浦」，《春秋》晉、楚「戰于湛阪」，即此。　**泜水**，僖三十三年：「楚子上救蔡，與晉師夾泜而軍。」杜注：「泜水出魯陽縣，東經襄城定陵入汝。」泜水，即滍水，在今河南南陽府葉縣東北一里。光武大敗王邑、王尋于昆陽，士卒溺死，滍水爲之不流，即此。定陵在今南陽府舞陽縣界。　**夏水**，昭四年：「楚沈尹射奔命于夏汭。」杜注：「夏汭，漢水曲入江，今夏口也。」孔穎達曰：「漢水之尾，變爲夏水。」以冬竭夏流，故名夏汭。乃漢水入江處，其地在漢陽府城東、武昌府城西，正當大別山下，《禹貢》所謂「南入于江」者。莊四年「會于漢汭」，在安陸府治鍾祥縣北。去此七百里，泉始出山爲漾，南流爲沔，至漢中東流爲漢。尾稱夏。隨地立名。亦有全漢俱稱夏者。昭十三年：「王沿夏，欲入鄢。」杜注：「順流爲沿。順漢水南至鄢。」鄢在今襄陽府宜城縣，順流入鄢，則猶在宜城之北，漢水之上流。《左傳》遽稱夏者，是舉尾以該首，猶《水經》以全漢爲沔，是舉首以該尾也。　**羅水**，昭五年：「楚子以驛至于羅汭。」杜注：「羅，水名。」今河南汝寧府羅山縣舊有羅水，北入淮。楚子當至此。或言即汨羅。不應反過洞庭湖南，大謬。　**窮水**，昭二十七年：「楚與吳師遇于窮，令尹子常以舟師及沙汭而還。」《水經注》：「淮水又東，窮水入焉。窮水出安豐縣窮谷，即楚與吳師遇處。」在今江南潁州府霍丘縣西南八里。　**沙水**，《水經注》：「汴、沙到浚儀而分，汴東注，沙南流，至義城縣西南入于淮，謂之沙汭，楚東地也。」義城故城在今江南鳳陽府懷遠縣東北。　**臼水**，定五年：「王之奔隨也，將涉于成臼。」杜注：

❶「縣東」，《左傳》定公四年杜注作「縣東南」。

「江夏竟陵縣有臼水，西南入漢。」今湖廣漢陽漢川縣有臼水，亦名臼子河，西南與漢水合。清發，定四年：「吴從楚師，及清發。」杜注：「清發，水名。」《水經注》：「溳水過安陸縣西，又南逕石巖山北，亦謂之清水。即春秋時吴從楚師處。」今湖廣德安府附郭安陸縣城西八十里有石巖山，溳水經其下。雍澨。定四年：「吴從楚，敗諸雍澨。五戰，及郢。」今湖廣安陸府京山縣西南八十里有三澨水，通于漢江，《春秋》之雍澨，其一也。又縣境有汊澨、漳澨、薳澨，説者以爲即《禹貢》之三澨。昭二十三年，薳越縊于薳澨。今湮。

右春秋列國都邑山川中。

五禮通考卷第二百九

淮陰吴玉搢校字

五禮通考卷第二百十

内廷供奉禮部右侍郎金匱秦蕙田編輯
太子太保總督直隸右都御史桐城方觀承同訂
翰林院編修嘉定錢大昕
按察司副使元和宋宗元 參校

嘉禮八十三

體國經野

顧氏棟高《春秋大事表》：吴都：梅里，今爲江南常州府無錫縣。《吴地記》：「泰伯築城于梅李平墟，周三里二百步，外郭周三百餘里。」其地，漢爲無錫縣地。劉昭曰：「無錫縣東皇山有太伯冢，去墓十里即舊宅，井猶存。」杜氏《通典》：「無錫縣東南三十里有泰伯城，地曰梅李鄉，亦曰梅里村。城東五里有皇山，一名鴻山。自泰伯至闔閭，二十三君俱都此。」遷于姑蘇。今爲江南蘇州府治。《城邑考》：「周敬王六年，闔閭築大城，周四十二里三十步，小城八里二百六十步。開陸門八，水門八，名皆子胥所制：東曰婁曰匠，西曰閶曰胥，南曰盤曰蛇，北曰平曰齊。以地有姑蘇山，因曰姑蘇。山在府城西三十里。」案敬王六年爲吴闔閭元年，魯昭公之二十八年也。韋昭《國語》注曰：「姑蘇，臺名。」非也。姑蘇爲吴國都之地名。越伐吴，王率其賢士重禄以上姑蘇，猶夫越棲會稽耳，安有棄其國都而走保一臺乎？觀後范蠡入姑蘇之宫，遂滅吴，則姑蘇爲吴都無疑矣。

吴邑：鳩兹，襄三年：「楚子重伐吴，克鳩兹，至于衡山。」杜注：「吴邑，在丹陽蕪湖縣東。」今太平府蕪湖縣東四十里有鳩兹港，即此也。漢蕪湖縣，屬丹陽郡。以地卑蓄水，嘗生蕪藻，因名。孫權使陸遜屯兵于此。先主嘗謂權曰：「江東形勝，先有建業，次有蕪湖。」古蕪湖城在今縣東三十里。《輿地通考》：「今蕪湖縣德政鄉有句慈社，即鳩兹之訛也。衡山，即横望山，在當塗縣城東北六十里。衡、横，古通用。杜注云：『在烏程縣南。』太遠，非是。」朱方，襄二十八年：「齊慶封奔吴，吴與之朱方。」杜注：「吴邑。」顔師古曰：「丹徒，古朱方也。」秦始皇以其地有天子氣，使赭衣徒三千鑿京峴，以敗其勢，因名丹徒。漢置縣。有孫氏所築子城特堅，號鐵甕城。汴宋改名曰鎮江府。今爲鎮江府附郭丹徒縣。延陵，襄三十一年：「趙文子問曰：延州來季子其果立乎？」杜注：「季札邑。本封延陵，後復封州來，故曰延州來。」《公羊傳》：「季子去之延陵。」春秋時已有延陵之名，其曰延州來者，省文也。漢改毗陵。晉改晉陵，尋爲郡。隋廢郡，置常州府。唐增置武進縣，與晉陵俱附郭。明初并晉陵入武進。季札墓在今武進縣北七十里申浦之西。檇李，定十四年：「於越敗吴于檇李。」杜注：「吴郡嘉興縣南醉李城。」《吴越春秋》：「吴王夫差增越封，西至于醉李。」然則與闔廬戰時，檇李猶當爲吴地。杜氏《通典》：「吴國南百四十里，與越分境。吴伐越，越子禦之于檇李，則今嘉興縣之地也。」古檇李城在今浙江嘉興府嘉興縣南四十五里。艾。哀二十年：「吴公子慶忌出居于艾。」杜注：「吴邑。豫章有艾縣。」《水經注》：「涓水出豫章艾縣桓山西南，吴公子慶忌諫夫差不納，居于艾是也。」今江西南昌府寧州西一百里龍平岡有古艾城。

吴地：淮上，襄三年：「晉侯使荀會逆吴子于淮上。」淮水東流，由楚地入吴境入海。此淮上，當在臨淮、泗州之境。善道，襄五年：「會吴于善道。」杜注：「地闕。」《公》、《穀》皆作「善稻」。范甯注曰：「吴地。」阮勝之《南兖州記》云：「盱眙，本吴善道地。秦置盱眙縣。項羽尊楚懷王爲義帝，都盱眙。許慎曰：『張目爲盱，舉目爲眙。』城居山上，可以矚遠，故曰盱眙。」今屬江南泗州。皐舟之隘，襄十四年：「楚子囊師于棠以伐吴，吴人自皐舟之隘要而擊之。」杜注：「吴險阨之道。」或曰：水淺滯舟之處，非地名也。案傳云「師于棠」，棠爲今江寧府六合縣。又云「吴不出而還，子囊殿。吴人要而擊之，楚人不能相救」，蓋從濱江水淺之處邀其惰歸，使首尾斷絶也。約當近六合，在泗州、盱眙之間。房鍾，昭六年：「楚子蕩伐吴，吴人敗其師于房鍾。」杜注：「吴地。」或曰在今潁州府蒙城縣界。案傳云「子蕩師于豫章而次于乾谿」，乾谿在今潁州府亳州，則此蒙城縣當亦相近。**橐皋**，哀十二年：「會吴于橐皋。」杜注：「在淮南逡遒縣東南。」孟康曰：「橐皋，音拓姑。」漢置縣。宋紹興十一年，兀朮陷廬州，屯兵柘皋，爲劉錡等所敗。橐訛爲「拓」，又訛爲「柘」。今廬州府巢縣西北六十里有柘皋鎮，俗猶名會吴城。漢逡遒故城在今廬州府治合肥縣東，與巢縣相接壤。**鄖**，哀十二年：「公會衛侯、宋皇瑗于鄖。」杜注：「發陽也。廣陵海陵縣東南有發繇口。」案晉時海陵縣屬廣陵郡，今爲江南泰州。發陽無考。今通州如皋縣亦係海陵地，縣南十里有會盟原，相傳爲吴、楚會盟處。考春秋之世，吴、楚始終無盟會事，意必指此矣。**桐汭**，哀十五年：「楚伐吴，及桐汭。」杜注：「宣城廣德縣西南有桐水。」在今江南廣德州西南二十五里。**良**，哀十五年：「楚伐吴，陳侯使公孫貞子弔焉，及良而卒。」杜注：「吴地。」又昭十三年：「晉侯會吴子于良，水道不可，辭。」杜注：「下邳有良城縣。」即此良也。前漢于良地置良城縣，屬東海郡。師古曰：「即晉時會吴處。」後漢屬下邳國。晉改曰良城縣。今邳州北六十里有良城。**頯黄**，哀十六年：「楚白公之亂，王孫燕奔頯黄氏。」杜注：「吴地。」在今寧國府境。

吴山川：**夫椒**，哀元年：「吴敗越于夫椒。」杜注：「吴郡吴縣西南太湖中椒山。」《通典》：「包山，一名夫椒山，即西洞庭山也。在太湖中。」左思《吴都賦》：「指包山而爲期，集洞庭而淹留。」即此。山周迴百三十五里。在今江南蘇州府吴縣西南八十五里。或云在無錫縣西北，與馬跡山相近，似誤。**衡山**，襄三年：「楚子重伐吴，克鳩兹，至于衡山。」杜注：「在吴興烏程縣南。」案鳩兹在今江南太平府蕪湖，而烏程乃浙江湖州府之附郭縣，相去太遠，不可從。今太平府當塗縣東北六十里有横山，横與衡古通用，似爲近之。**海**，哀十年「吴徐承帥舟師自海入齊」，大江自江南通州入海，淮自淮安府安東縣入海。吴從此至山東登萊府界，即齊地。**大江**，哀九年：「吴城邗溝，通江、淮。」大江自西來，流入江南安慶府宿松縣界，南岸爲江西九江府德化縣界，楚地止此。從此入吴境，經安慶府、太平府、江寧府、鎮江府、常州府武進、江陰縣之北，靖江縣之南，又東至通州之狼山入海。經流千五百餘里，皆吴地。**淮水**，襄三年：「晉侯使荀會逆吴子于淮上。」淮水發源河南南陽府桐柏縣桐柏山，東流至光州東北，又東由固始縣入江南潁州府界，又東流至潁上縣東南，又東北至鳳陽府懷遠縣界，自發源至此，皆楚地。以下入吴，又東經長淮衛至五河縣，又東徑泗州城南、盱眙城北，漫衍入洪澤湖。盱眙，即吴之善道地。襄五年「會吴于善道」，即此。又東北出淮安府清河縣之清口，與黄河會。又刷河東流，經山陽縣，至安東縣雲梯關入海。淮上，當在臨淮泗州之境。**邗溝**，見上。杜注：「于邗江築城穿溝，東北通射陽湖，西北至末口入淮，通糧道也。今爲邗江。」亦曰漕河，起揚州府城東南二里，歷邵伯湖、高郵湖、寶應湖，北至黄浦，接淮安界爲山陽瀆。其合淮處曰末口，在淮安府北五里。自江達淮，南北長三百餘里。《淮安府志》云：「運河，古山陽瀆。隋開皇六年鑿。然吴王城邗溝，出于末口，即新城北辰方之北閘也。三國時以無運而塞。隋因平陳而廣之。五代亦以不運而湮。周以平南唐而濬之。元以兵阻而廢。洪永間，以漕運而復之。時已築新城，則又倣宋轉運使喬維嶽之制，自郡城西北，逶迤轉于西南，建閘通清河口，皆平江伯陳瑄之力也。」又云：「石閘在新城北，洪武十年建，今廢爲水關。末口，即北閘。北閘，即今新城之北水關。末口在淮安北五里，確有可據。射陽湖在淮安府東南七十里，長三百里。故時邗溝由此入淮後，人于此立堰曰北神堰。今漕運皆由淮安城西，而城東入淮之故道廢。北神堰不復治，而射陽湖亦僅成帶水矣。」《禹貢錐指》曰：「今山陽縣西有山陽瀆，即古邗溝。其縣北五里之北神堰，即古末口也。明永樂十三年，平江伯陳瑄總督漕運，故老爲瑄言，淮安城西有管家湖，自湖至淮河鴨陳口僅二十里，與清河口相直，宜鑿河引湖水入淮，以通漕。瑄以聞。遂發軍民開河，置四牐，以時啓閉。此即今日由城西入淮之運道也。」**笠澤**，哀十七年：「越伐吴，吴子禦之笠澤。」今太湖也。亦謂之五湖。《周禮·職方》：「揚州藪，具區。浸，五湖。」以周行五百里，故名。《吴志》：「東北則有建康、常、潤數郡之水，自百瀆注之，西南則宣、歙、臨、安、苕、霅諸水，自七十二漊注之，源多流盛，東西三百餘里，南北一百二十里，周五百里。」今江南蘇州府之吴、吴江二縣，常州府之武進、無錫、宜興三縣，浙江湖州府之烏程、長興二縣，皆其所分隸也。**桐水**。哀十五年：「楚伐吴，及桐汭。」杜注：「宣城廣德縣西南有桐水。」桐水在今江南廣德州西北二十五里，源出州南白石山，西北流經建平縣界，又西入宣城縣界，滙于丹陽湖，入大江。《南畿志》：「古郡名曰桐川，曰桐汭。」

越都：會稽。今爲浙江紹興府山陰縣。《史記》：「帝少康之庶子封于會稽以奉禹祀。」至周初，受封爲不成子。韋昭曰：「周禮，諸子之國，封疆方二百里。越不能成子，言其國小也。」昭五年，會楚伐吳，事始見于經。是時越地，南至于勾無，北至于禦兒，東至于鄞，西至于姑蔑。蓋跨有錢塘之東西。至勾踐歸吳，吳又增其封，東至于勾甬，西至于檇李，南至于姑末，北至于平原。縱横八百餘里。禦兒在今嘉興府石門縣東二十里。會稽越王城，在紹興府南十二里。越地：鄞，今浙江寧波府治鄞縣。禦兒，越地。一名語兒。在今浙江嘉興府石門縣東二十里。姑蔑，哀十三年：「越伐吳，王孫彌庸見姑蔑之旗。」杜注：「東陽大末縣。」案：越境西至姑蔑，即秦置大末縣，屬會稽郡。晉改屬東陽郡。今屬衢州府龍游縣。甬東，哀二十二年：「越使吳王居甬東。」杜注：「勾章縣東海中洲是也。」案：越境南至于勾無，即此。勾無，即勾章。越滅吳，因大城之，章霸功，以示子孫，故曰勾章。秦置縣。漢武帝遣横海將軍韓説出勾章，浮海擊閩越，是也。故城在今寧波府慈谿縣西南三十五里。海中洲，即舟山。本朝置定海縣，屬寧波府。其地在故定海縣東北，故定海縣錢氏置，今改爲鎮海縣地。冥。哀十九年：「楚公子慶、公孫寬追越師，至冥，不及。」杜注：「越地。」案江西饒州府之鄱陽縣爲楚，餘干縣爲越。餘干，即漢時餘汗，越之餘也。廣信府之弋陽、貴溪二縣，本餘干縣地。此冥地，當在饒州、廣信之間。越山川：會稽，哀元年：「吳王夫差入越，越子保于會稽。」會稽，山名。《史記》：「禹會諸侯于江南，計功而崩，因葬焉，命曰會稽。會稽者，會計也。」《水經注》謂之古防山。《周禮》所謂揚州之鎮也。在今浙江紹興府會稽縣東南十二里。海，哀二十二年：「越使吳王居甬東。」杜注：「勾章縣東海中洲也。」越地東至于鄞，今寧波府附郭鄞縣；南至于勾無，寧波府定海縣東南，皆邊海。范蠡曰：「我先君濱于東海之陂。」吳、晉黄池之會，范蠡、舌庸帥師，沿海泝淮，以絶吳路。大江，《史記》：「越兵横行于江淮東。」又《楚世家》：「越已滅吳而不能正江、淮北。」《正義》曰：「謂廣陵縣及徐、泗等州。」是越地僅至江也。**淮水**。《史記》：「勾踐已平，乃以兵北渡淮，與齊、晉諸侯會于徐州。周元王命爲伯。勾踐已去，渡淮南，以淮上地與楚。」

邾都：**邾**，今爲山東兖州府鄒縣。後改國號曰鄒，因山爲名。鄒山，周四十里，在縣東南。今鄒治爲宋時所徙。古邾城在縣東南二十六里。**遷於繹**。文十三年：「邾文公遷于繹。」杜云：「鄒縣北有繹山。」徙都于彼山旁，山旁尚有舊邑也。邾既遷都于此，境内應別有繹邑。宣十年：「公孫歸父帥師伐邾，取繹。」必非取其國都，當是取其別邑。至哀七年：「魯師入邾，處其公宮。邾衆保于繹。」則棄城而棲山矣。疏稱繹山在鄒縣北，❶而今之繹山在縣東南二十五里。蓋古時縣治在山南，而今則徙于山北也。文公徙都，不過稍北數里。**邾邑**：**訾婁**，僖三十三年：「公伐邾，取訾婁。」胡《傳》及薛氏、趙氏皆以爲邾邑，在兖州府濟寧州界。**漆**，襄二十一年：「邾庶其以漆、閭丘來奔。」杜注：「邾二邑，在高平南平陽縣，東北有漆鄉，西北有顯閭亭。」定十五年「城漆」即此。今鄒縣北有漆城。**閭丘**，在鄒縣南。**蟲**，昭十九年：「宋公伐邾，圍蟲。」杜注：「邾邑。」當在今兖州府濟寧州境。**離姑**，昭二十三年：「邾人城翼，還，將自離姑。❷武城人塞其前。」杜注：「邾邑。」孔穎達曰：「邾、魯境界相錯，邾人從翼邑還，先經魯之武城，然後始至離姑，而後至邾。」今其地在費縣故武城之南。**濫**，昭三十一年：「邾黑肱以濫來奔。」杜注：「東海昌慮縣。」今昌慮故城在滕縣東南六十里。**絞**，哀二年：「伐邾，將伐絞。」杜注：「邾邑。」在今滕縣境。**茅**。哀七年：「邾茅成子以茅叛。」杜注：「高平西南有茅鄉亭。」在今兖州府金鄉縣西北四十里。**邾地**：**翼**，隱元年：「公子豫及邾人、鄭人盟於翼。」杜注：「邾地。」在今山東沂州府費縣西南九十里。**偃**，僖元年：「公敗邾師于偃，虚丘之戍將歸者也。」杜注：「邾地。」在費縣南。**虚丘**，杜注：「邾地。」邾人戍虚丘，欲以侵魯，公要而取之。在費縣界。

❶「疏」，檢視《左傳》哀公七年杜注、孔疏，當是「注」。
❷「將」，原脱，據庫本補。

狐駘，襄四年：「臧孫紇侵邾，敗于狐駘。」杜注：「邾地。魯國番縣東南有目駘亭。」哀二十七年：「越子使后庸來聘，言邾田封于駘上。」即此。今狐駘山在兗州府滕縣東南二十里。漷東，哀二年：「魯伐邾，取漷東田及沂西田。」❶沂西，小沂水也。句繹。「及邾子盟于句繹」，杜注：「邾地。」當在今鄒縣東南境。哀十四年：「小邾射以句繹來奔。」即此。高氏列諸小邾地。邾山川：繹，文十三年：「邾文公卜遷于繹。」杜注：「魯國鄒縣北有繹山。」一名嶧山。在今兗州府鄒縣東南二十五里。郭璞曰：「繹山純石積搆，連屬如繹絲然，故名。」《水經注》：「嶧山東西二十里。」漷水，哀二年：「取漷東田及沂西田。」漷水出鄒山東，則流于邾、魯之間。今滕縣南十五里有漷水，❷即襄十九年取邾田自漷水者。前所取未盡，故邾復以賂魯。沂水。此小沂水也。出太山武陽之冠石山。今兗州府費縣爲邾之沂，此「沂西田」是也。出曲阜縣尼丘山西北，徑魯之雩門者，爲魯城南之沂。曾點浴沂，昭二十五年「季孫請待于沂上以察罪」是也。出沂州府沂水縣西北一百七十里者，爲齊之沂。襄十八年「晉師東侵及濰，南及沂」是也。《禹貢》「淮沂其乂」，係沂水縣之沂，與邾、魯之沂自别。

紀都：紀，在今山東青州府壽光縣。莊四年：「紀侯大去其國。」自是紀亡于齊矣。杜注：「紀國在東莞劇縣。」今縣東南三十里有劇城。又紀城亦在縣東南。後以酅入齊。在今青州府臨淄縣。莊二年：「紀季以酅入于齊。」紀于是乎始判。杜注：「齊欲滅紀，故季以酅入齊爲附庸也。」《國語》：齊桓公初立，正封域，東至于紀、酅，蓋特存之。案齊都臨淄，而酅即在臨淄之境，則知桓公初年，齊之東向地甚狹。管仲云「東至于海」，特夸詞耳。迨滅紀、滅郕後，復稍併莒、紀之地以自益，至襄六年，晏弱滅萊、棠，則盡有登、萊之地，東至于海矣。杜注：「酅，紀邑。在齊國東安平縣。」今臨淄縣東十九里有安平城。又酅亭亦在縣東。紀邑：浮來，隱八年：「公及莒人盟于浮來，成紀好也。」杜

❶「西」，原作「泗」，據庫本改。

❷「縣」，原作「間」，據庫本改。

注：「紀邑。東莞縣北有邳鄉，邳鄉西有公來山，號邳來間。」今沂州府蒙陰縣西北有浮來山，與莒州接界。郱，莊元年：「齊師遷紀郱、鄑、郚。」杜注：「紀邑。在東莞臨朐縣東南。」應劭曰：「一作駢。後爲齊大夫伯氏邑。」管仲奪伯氏駢邑三百，即此。今在青州府臨朐縣東南。　鄑，杜注：「紀邑。都昌縣西有訾城。」今在萊州府昌邑縣西北三十里。　郚。杜注：「紀邑。朱虛縣東南有郚城。」今青州府安丘縣西南六十里有郚山，四面險絶，其上寬平，約數百里，有古城遺址，即郚城也。晉朱虛縣在臨朐縣東六十里。

莒都：莒，今爲山東沂州府莒州，接江南界。武王初封兹輿期于計，不知何年徙都此。戰國時，楚簡王滅莒，地入于齊，爲莒邑。齊湣王走莒，即此。　初封介根。今爲山東萊州府高密縣，即計也。春秋初徙于莒，而介根爲莒邑。襄二十四年：「齊侯伐莒，取介根。」即此。漢置計斤縣，師古曰：「計斤，即介根。」今縣東南四十里有計斤城。　莒邑：密，隱二年：「紀子伯、莒子盟于密。」杜注：「莒邑。城陽淳于縣東北有密鄉。」今萊州府昌邑縣東南十五里有密鄉故城。疑此時之莒，尚都介根。　鄢陵，文七年：「公孫敖如莒涖盟，且爲仲逆己氏。及鄢陵，登城見之，美，自爲娶之。」杜注：「莒邑。」在今沂州府沂水縣。與鄭之鄢陵有別。　渠丘，成八年：「渠丘公立于池上。」杜注：「渠丘公，莒子朱也。渠丘，邑名。莒縣有蘧里。」漢北海安丘縣，孟康曰：「古渠丘也。」伏琛《齊記》亦云：「渠丘亭在安丘東北十里。」但非莒縣境，與杜不合，然地自相鄰。安丘縣，今屬青州府。　且于，襄二十三年：「齊侯襲莒，門于且于。明日復戰，期于壽舒。」杜注：「莒邑。」在今莒州境。　壽舒，杜注：「莒邑。」亦屬莒州。　蒲侯氏，「杞殖華還載甲，宿于莒郊。明日，先遇莒子于蒲侯氏。」杜注：「近莒之邑。」大龐，昭元年：「莒務婁、瞀胡以大龐及常儀靡奔齊。」常儀靡，杜注：「莒二邑。」當在莒州北境。　防，昭五年：「莒牟夷以牟婁及防、兹來奔。」杜注：「莒邑。城陽平昌縣西南有防亭。」今青州府安丘縣西南六十里有故平昌城，防亭亦在縣西南。　兹，杜注：「莒邑。姑幕縣東北有兹亭。」今青州府諸城縣西四十里有姑幕城，兹亭在其境。牟婁，見杞地。紀鄣，昭十九年：「齊人伐莒，莒子奔紀鄣。」杜注：「莒邑。東海贛榆縣東北有紀城。」案贛榆縣今屬江南海州，縣北七十五里有古紀鄣城。鄆。昭十年：「季孫意如伐莒，取鄆。」杜注：「莒邑。」當在今沂水縣界。莒地：向，僖二十六年：「公會莒子、衛甯速盟于向。」杜注：「莒地。」《寰宇記》曰：「莒州南七十里有向城，與沂州府治接界。」案向本小國，隱二年：「莒人入向。」杜注：「龍亢縣東北有向城。」龍亢故城在今江南鳳陽府懷遠縣西北八十五里，古向城在縣東北四十五里。《江南通志》收入臨淮縣，二縣本相接。壽餘。昭二十二年：「莒敗齊師于壽餘。」杜注：「莒地。」當在青州府安丘縣境。

虞都：夏墟。今爲山西解州之平陸縣，在河之北。《譜》云：「武王封虞仲之庶孫爲虞仲後，處中國，爲西吳。」《史記》：「武王封周章弟虞仲于周之北故夏墟，與荆蠻勾吴爲兄弟。」杜注：「虞在河東大陽縣。」唐改曰平陸。今縣東北四十里有古虞城。虞邑：鄍。僖二年：「晉荀息曰：冀爲不道，入自顛軨，伐鄍三門。」杜注：「虞邑。」今山西解州平陸縣東北二十五里有故鄍城。虞地：共池，杜注闕。今平陸縣西四十里許有共池，與讓畔城相近。《志》云虞公出奔地。顛軨，在平陸縣東北五十里。三門。在平陸縣東五十里，即砥柱之三門也。見山川。虞山川：顛軨，僖二年：「晉伐虢，假道於虞，曰：冀爲不道，入自顛軨，伐鄍三門。」杜注：「大陽縣東北有顛陵坂。」顛軨在今山西解州平陸縣東北五十里，自上及下，七山相重，東西絶澗，至爲險仄，亦曰虞坂。《戰國策》「騏驥止于虞坂而不能進」是也。三門；即《禹貢》之砥柱山。在今解州平陸縣東五十里。河流至此，山有三門，南曰鬼門，中曰神門，北曰人門。《水經注》：「禹破山以通河，謂之三門。」共池。桓十年：「虞公出奔共池。」杜注：「地名，闕。」今山西解州平陸縣西四十里許有共池，《志》云虞公出奔地。《山海經》曰：「甘棗之山，共水出焉，西流至于河。」

虢都：上陽。在今河南陝州東南。周文王弟虢叔始封在陝西鳳翔府寳雞縣東六十里，東遷後，爲秦之雍地。《漢書》「虢縣」注云「雍爲西虢」是也。隱元年：「鄭人以王師伐衛。」❶杜注：「弘農陝縣東南有虢城。」則從平王東徙後所封矣。 **虢邑：下陽。** 僖二年：「虞師、晉師滅下陽。」杜注：「虢邑。在河東大陽縣。」今大陽廢縣在山西解州平陸縣東五十里，又東北三十里爲故下陽城。 **虢地：玤，**莊二十一年：「王巡虢守，虢公爲王宫于玤。」杜注：「虢地。」在今河南河南府澠池縣界。 **莘，**莊三十二年：「有神降于莘。」杜注：「虢地。」今河南陝州硤石鎮西十五里莘原是也。 **渭汭，**閔二年：「虢公敗犬戎于渭汭。」杜注：「水之隈曲曰汭。」案渭水入河處在今陝西同州府華陰縣，乃虢之西境。 **桑田。** 僖二年：「虢公敗戎于桑田。」杜注：「虢地，在弘農陝縣東北。」今河南陝州靈寳縣西二十五里稠桑驛，即其地。 **虢山川：** 虢山不見傳。 僖十五年：「晉侯許賂秦伯，東盡虢略。」杜注：「從河南而東，盡虢界。」《元豐志》：「自河南府西南抵虢州界三百二十五里，稍南抵鄧州界六百里，皆高山深林，古虢略也。」據此，則晉桃林之塞，以前當屬虢，但傳無明文耳。 **渭汭。** 閔二年：「虢公敗犬戎于渭汭。」杜注：「渭水出隴西，東入河。」渭水出陝西臨洮府渭源縣界鳥鼠山西北谷，東流經盩厔、興平、咸陽、渭南，至華陰縣入河。渭水入河處，乃虢之西境也。 案昭二十三年：「萇弘曰：周之亡也，三川震。」杜注：「涇、渭、洛水也。」三川舊屬西周。 後涇水屬秦，渭水屬虢，旋屬晉。 惟洛水出陝西慶陽府北，其入河處，謂之洛汭，在今河南府鞏縣東北三十里，則猶爲周地耳。

杞都：淳于，在今山東青州府之安丘縣。 案淳于本州國地。 桓五年冬，經書「州公如曹」，傳曰：「淳于公度其國危，遂不復。」淳于本州國之都而杞居之，是亡州者杞也。 然隱三年，州未亡，莒人所取之牟婁，已在東土，與淳于爲鄰。 杞本弱小，不應立國雍丘，而遥屬小邑于千數百里之外，則知春秋之前，杞早居于東土矣。 女叔齊曰：「杞，夏餘也，而即東夷。」邾、莒以東皆夷，特未詳其何地耳。 今青州府安丘縣東北三十里有

❶ 「師」下，《左傳》隱公元年有「虢師」。

淳于故城。**遷於緣陵。**在今青州府之昌樂縣。亦曰營陵，路通登、萊。僖十四年：「諸侯城緣陵。」蓋是時淮夷病杞，齊桓遷之稍北以自近。如楚遷許于葉，吴遷蔡于州來。然杜注「杞地」，則仍爲杞地之錯入于齊者耳。至襄二十七年，杞復遷淳于。案是年晉合諸侯之大夫城杞，祁午數趙文子之功曰「城淳于」。蓋城杞即城淳于，是杞復遷淳于之証也。今縣東南三十里有營陵故城。**杞邑：牟婁，**隱三年：「莒人伐杞，取牟婁。」杜注：「杞邑。城陽諸縣東北有婁鄉。」自隱三年後，地屬莒。昭五年，莒牟夷以奔魯。今青州府諸城縣東北有婁鄉城，與安丘縣接境。**無婁。**宣十五年：「仲孫蔑會齊高固于無婁。」杜注：「杞邑。」《公羊》作「牟婁」。蓋即莒人所取。然此時已爲莒邑，杜注疑有誤。

庸都：上庸。今爲湖廣鄖陽府竹山縣。文十六年：「楚大饑，戎伐其西南。庸人率羣蠻以叛。楚麇人率百濮聚于選。楚使廬戢梨侵庸方城，又與之遇，七遇皆北，惟裨、鯈、魚人逐之。庸人遂不設備，楚人、秦人、巴人滅庸。」楚自此益彊。今縣東四十里有上庸故城。

庸邑：裨、鯈、魚。杜注：「庸三邑。」魚，魚復也，漢置魚復縣，公孫述改號曰白帝城，先主改曰永安。蕭梁置信州，唐改夔州。今爲四川夔州府治奉節縣。**庸地：庸方城，**杜注：「庸地。上庸縣東有方城亭。」今竹山縣東四十五里有方城，山上平坦，四面險固，山南有城，周十餘里，即春秋時庸方城也。

麇都：錫穴。今爲湖廣鄖陽府治鄖縣。文十一年：「潘崇伐麇，至錫穴。」杜注：「麇地。」蓋即麇之國都。錫，音陽。至十六年，楚伐庸，麇人率百濮聚于選，則麇猶存。蓋庸在上庸，爲今竹山縣。麇有錫穴及防渚，爲今之鄖縣、房縣，俱屬鄖陽府，爲接壤。庸滅而麇亦不復存矣。今與陝西、四川俱接界。**麇地：防渚。**文十一年：「楚子伐麇，成大心敗麇師于防渚。」杜注：「麇地。」杜佑曰：「房陵即春秋時麇國地，所謂防渚者也。」秦始皇徙趙王遷于房陵，即此。建安十四年，先主遣孟達攻下房陵，又使劉封自漢中乘沔水會達攻上庸，太守申耽降。後孟達據房陵降魏。蓋隴、蜀咽喉，蜀、魏所必争之地也。今爲鄖陽府房縣。明季流賊張獻忠居穀城，羅汝才居房縣，既降復叛，遂潰爛天下。

蓋幅員曠遠，接壤四川，爲藏慝伏奸之地。穀城屬襄陽府，今有鎮臣駐劄。

徐都：下邳。在今江南泗州。自兩漢迄南北朝，皆曰徐縣。《左傳》杜注：「徐國在下邳僮縣東南。」《漢書志》：「臨淮郡徐縣，春秋時徐國。昭三十年，徐子章禹爲吴所滅。」今泗州北八十里有古城，相傳爲徐偃王築，地與虹縣接。**徐地：婁林，**僖十五年：「楚敗徐于婁林。」杜注：「徐地。」在今江南泗州境。《後漢書志》下邳國徐縣有樓亭。或曰古蔞林。伏滔《北征記》曰：「縣北有大冢徐君墓，延陵解劍之處。」**蒲隧。**昭十六年：「齊師伐徐，至于蒲隧。」杜注：「徐地。取慮縣南有蒲姑陂。」在今鳳陽府虹縣北。

北燕山川：濡水。昭七年：「齊、燕盟于濡上。」杜注：「濡水出高陽縣東北，❶至河間鄚縣入易水。」《水經注》：「濡水出蒲陰縣南，枉渚迴湍，率多曲復，亦曰曲逆水。漢封陳平爲曲逆侯，即此。」曲逆縣，章帝改曰蒲陰縣。其故城在今直隸保定府完縣東南二十里，是濡水之上源矣。濡水在今安州、任丘間。

右春秋列國都邑山川下。

閻氏若璩《四書釋地》附

【康】《康誥》，《大學》引者四，《孟子》引者二。孔安國《書傳》以《康誥》之康爲圻内國名，遠勝鄭康成作謚號解。嘗證以二事。一定四年「命以《康誥》而封於殷墟」，當既有誥文，輒有篇名，豈待身後之謚，取以冠其篇乎？一《史記·衛世家》：「康叔卒，子康伯代立。」父謚康，子亦謚康，將兩代同一易名之典乎？故《世本》宋忠注曰：「封從畿内之康，徙封衛，衛即殷墟，畿内之康，不知所在也。」讀《括地志》云：「故康城在許州陽翟縣西北三十五里。」陽翟，今禹州，正周畿

❶「出」，原脱，據《左傳》昭公七年杜注補。

内地。

【淇竹】《詩集傳·淇奥篇》："淇上多竹，漢世猶然。」此自謂漢武帝下淇園之竹以塞決河，寇恂伐淇園之竹爲矢以給軍耳。酈道元云："「今通望淇川，無復此物。」又可證朱子止及漢之故。然未遡其所由始。惟晉戴凱之言："「淇園，衛地，殷紂竹箭園也。見班彪《志》。」今無此文。《毛詩》所詠「瞻彼淇澳，綠竹猗猗」，是北土寒冰，至冬地凍，竹根類淺，故不能植。惟篘音央。竹根深，故能晚生，故曰「根深耐寒，茂被淇苑」。然則《毛詩》之所謂「綠竹」者，乃篘竹，非常竹也。

【南山】《詩》詠南山，不必盡有指實，而可指實者二焉。一曹南之山，《郡縣志》在曹州濟陰縣東二十里，「南山朝隮」是也。今曹縣。一終南之山，《郡縣志》在京兆府萬年縣南五十里，「如南山之壽」、「幽幽南山」、「節彼南山」、「信彼南山」是也。今在長安、咸寧、藍田、盩厔四縣。

【秦誓】《秦誓篇》，史繫於封殽尸、爲發喪哭之後。《書序》則謂「敗崤還歸而作」。王伯厚亦莫能折衷，但云「二書各不同」。金仁山竟從史。余以《左氏傳》考之，誓當作於僖三十三年夏，秦伯素服郊次，鄉師而哭之日；不作於文三年夏，封殽尸，將霸西戎之時。蓋霸西戎，則其志業遂矣，豈復作悔痛之辭哉！殽，晉之南境，從秦嚮鄭，路必經之。《括地志》云："「二殽山："一名嶔崟，在洛州永寧縣西北二十里，即古之殽道。」蘇代謂之殽塞，淮南王安謂之殽阪，司馬遷謂之殽阸，馮異謂之殽底，孔穎達謂之殽關。《元和志》謂「東崤三十五里，在秦關之東，漢關之西」

是也。

【華嶽】《中庸》：「載華嶽而不重。」華，山名；嶽，亦山名。蓋舉二山，下故對以二水。在《禹貢》名岍，在《國語》名西吴，《管子》書作西虞，在《前漢志》名吴山，《後漢志》名吴嶽山：實一山也。《周禮》：「豫州，山鎮曰華。雍州，山鎮曰嶽。」《爾雅·釋山》：「河南曰華，河西曰嶽。」皆並配對舉，則《中庸》可知矣。

【杞】「杞不足徵」，此時之杞，非復周武王初封東樓公之杞國也。初封杞，即今開封杞縣。《索隱》曰：「至春秋時，杞已遷東國。」雖未知的都何所，要隱四年「莒人伐杞，取牟婁」，桓二年七月「杞侯來朝」，九月「伐杞入之」，與今之莒州及曲阜縣相鄰可知。逮桓六年，淳于公即經所稱州公者，其國亡，杞似并之。杜元凱曰：「遷都于淳于。」僖十四年：「杞辟淮夷，諸侯爲城焉。」杜元凱曰：「又遷于緣陵。」襄二十九年：「晉合諸侯以城杞。」即昭元年祁午數趙文子之功云「城淳于」者。杜元凱曰：「杞又遷都淳于。」淳于，漢置縣，屬北海郡。其故城，一名杞城，在今青州安丘縣東北三十里。其遺趾宛然。緣陵，杜止註「杞邑」。臣瓚曰：「漢北海之營陵縣，春秋謂之緣陵。」以余考，殆今昌樂縣東南五十里營丘城是。蓋杞當春秋，去初封已千有餘里，而顛沛流離，賴人之力以圖存。《史記》：「一則杞小微，其事不足稱述；再則，杞，微甚不足數也。」

【鄹人之子】鄹，魯邑名。今則在鄹縣界。鄹人之子，乃孔子少賤時之稱。《集註》：「此蓋孔子始仕之時，入而助祭也。」最當。始仕，即指孔子年二十爲委吏，二十一爲乘田吏。言方與少賤稱相闟合，或曰二者何等卑職，敢駿奔走於廟中？余曰：觀《祭統》：「煇者，甲吏之賤者也；胞者，肉吏之賤者也；翟者，樂吏之賤者也；閽者，守門之賤者也。」皆以有事于宗廟，尸以其餘畀之，則委吏若《周禮》之委人，共祭祀之薪蒸木材；乘田吏，《周禮》之牛人、羊人。牛人，凡祭祀，共其牛牲之互與其盆簝以待事。羊人，凡祭祀，飾羔；祭祀，割羊牲，祭其首者也。❶非無與於廟事，其應在羣有司之列可知。獨當祭時，魯君在前，卿大夫侍從，雝雝肅肅，安得容一少且賤者呶然致辭説哉！故顧瑞屏以爲「子入廟」，當是隔日宿齊，始可「每事問」者是。

【魯昌平鄉陬邑】太史公曰：「孔子生魯昌平鄉陬邑。」是以國統鄉，以鄉統邑。昌平本山，鄉蓋以山得名。《括地志》云：「在兖州泗水縣南六十里。故鄹城在泗水縣東南六十里，故闕里又在縣南五十里。」此則以曲阜之闕里名其地，非真闕里也。真闕里，伍緝之曰：「背洙面泗。」

【儀】孔子時，衛都濮陽，爲今大名府開州。生平凡五至衛焉。第一，去魯司寇，輒適衛。第二，將適陳，過匡過蒲，皆不出衛境而反衛。第三，過曹而宋，而鄭，而陳，仍適衛。第四，將西見趙簡子，未渡河而反衛。第五，如陳而蔡，而葉，復如蔡而楚，仍反乎衛。儀邑城在今開封府蘭陽縣西北二十里，乃衛西南境，距其

❶「祭」，《周禮·夏官·羊人》作「登」。

國五百餘里。不知孔子先至國而後儀邑，或由儀邑而國都，皆不可知，要爲第一次適衛時事則無疑。何則？封人曰：「二三子何患於喪乎？」喪，失位去國也。「天將以夫子爲木鐸」，使周流四方，以行其教。天生夫子，豈爲一魯國已乎！其語與情踪正合。

觀承案：「木鐸」二字，下得絶奇。《集註》原有兩説，然前説顢頇儱侗，反不如後説清切。得此閻氏一説，并「失位」二字亦有著落，而「天下」二字乃非泛然，更覺神理針鋒，一一相對，以補《集註》之缺可也。

【汶沂】曾氏曰：「汶有徐州之汶，有青州之汶。」余謂沂亦有徐州之沂，有青州之沂。《周禮》：「青州，其浸沂。」此用《周禮》。《論語》在汶浴沂，皆指徐州，言以魯事也。汶出泰山萊蕪縣原山，西南入泲，與出琅邪朱虚縣東泰山，即今東鎮沂山。至安丘入濰者别。沂出魯魯縣尼丘山，西北逕魯之雩門，注于泗水，與出泰山蓋縣艾山，南至下邳入泗，杜預所謂大沂水者别。

【葉】葉，楚縣名。故城距今南陽府葉縣治二十里，中有沈諸梁祠，有方城山。屈完曰：「楚國方城以爲城。」即此。越王無疆曰：「夏路以左。」劉氏注：「楚適諸夏，路出方城，人向北行，以西爲左，故云夏路以左。」《括地志》：「楚嘗争霸中國，連山累石，於此以爲固，號曰方城，一謂之長城。」蓋春秋時楚第一重地也，宜以沈諸梁填撫焉。

【互鄉】云「互鄉」所在者頗多，獨王伯厚引王無咎云：「亳州鹿邑縣外有互鄉城，邑人相傳，謂童子見孔子，即其處。前代因立互鄉縣，其城猶存。」余謂州縣建置，事關朝廷，名雖或革，跡猶可尋。因檢新舊《唐書》、杜氏《通典》、《隋地理志》，鹿邑名縣，始隋開皇十八年，此後未見有析置互鄉事。雖伯厚語，恐未足憑。

【荆蠻吴】《集注》：「仲雍與泰伯同竄荆蠻。」又云：「仲雍居吴。」不達者遂以吴與荆蠻爲二地，實則一地。《寰宇記》：「今常州無錫縣東南四十里有吴太伯城。」高忠憲所謂梅里平墟爲泰伯端委之地是也。下逮吴王僚，二十三君，並都此。惟闔閭元年，始築吴郡城，徙都之。今蘇州城，《通典》：「吴之都，其南百四十里，與越分境。」余謂此必指檇李。賈逵曰：「檇李，越地。」班固曰：「故就李鄉，吴越戰地。」今嘉興府西南有檇李城。越王勾踐既棲會稽，後《越語》紀其地曰「北至于禦兒」，此又指石門縣之語溪，殆《詩》所謂「今也日蹙國百里」乎！

【匡】《禮記·檀弓》疏曰：「陽虎嘗侵暴於匡，時又孔子弟子顔刻爲陽虎御車。後孔子亦使刻御車，從匡過，孔子與陽虎相似，故匡人謂孔子爲陽虎，因圍欲殺之。」與漢包咸注同，足解《孔子世家》「顔刻爲僕，以策指匡曰：昔吾入此，由彼缺也」一段不明處。匡，地名，今大名府長垣縣西南一十五里有匡城。

【川上】「子在川上」，相傳即泗水發源處。今之泉林寺，在泗水縣東五十里陪尾山下，四源並發。寺之左右，大泉十數，泓渟澄澈，互相灌輸，會而成溪，是爲泗水。

【長府】《左傳》昭二十五年：「公居於長府。」杜注：「長府，官府名。」九月戊戌，伐季氏，遂入其門。長府，今不知所在。

意其與季氏家實近，公居焉，出不意而攻之。《論語》鄭註：「長府，藏名也。藏財貨曰府。」又意公微弱，將攻權臣，必先據藏財貨之府，庶可結士心。亦一解。後反覆尋究，始得之。蓋應劭曰：「曲阜在魯城中，委曲長七八里。」酈道元曰：「阜上有季氏宅，宅有武子臺。臺西北二里爲周公臺。周公臺南四里許，爲孔廟，即夫子之故宅也。」然則今知得孔廟所在，則可以知季氏宮，由季氏宮，又可想像而得長府地。

【莒父】莒父，鄭康成謂：「舊説云：莒父，魯下邑。」明明見《春秋》定公十有四年秋經文「城莒父及霄」，何得但云「舊説」？杜氏注「公懼而城二邑」者，以叛晉，助范氏。故是時荀寅、士吉射據朝歌，晉人圍之，魯與齊、衛謀救之。朝歌在魯正西，將八百里，則莒父屬魯之西鄙。子夏爲宰邑，去其家密邇，要亦約略言之爾。

【駢邑三百】《集註》引《荀子》「與之書社三百，而富人莫之敢距」，以證「駢邑三百」，而三百字爲數方明。蓋《孔子世家》《索隱》曰：「古者二十五家爲里，里各立社。書社者，書其社之人名於籍。楚以七百里書社之人封孔子也。」則書社三百，乃七千五百家。駢邑，今臨朐縣是。管仲所食之邑，不止於此，此特其一爾。余因悟昭王將以書社地七百里封孔子。朱子疑七百里，恐無此理，不知里也社也一也，二十五家耳。七百二十五家，乃萬七千五百家。非如古者路程以三百步爲里之里。然孔子得之，即足以王，故子西以爲不可。今《論語序説》節其文爲「以書社地封孔子」，去「七百」字，書社將何所著？然則哀十五年「齊與衛地書社五百」，《晏子》「昔先君桓公以書社五百封管仲」，《吕氏春秋》「越以書社三百封墨子」，苟去却「五百」、「三百」字，其可得通乎？

【石門】《論語》：「子路宿於石門。」或曰：「石門，齊地。隱公三年齊鄭會處，即此。」非也。讀《太平寰宇記》，古魯城凡有七門。次南第二門名石門。案《論語》「子路宿於石門」，註云：「魯城外門，蓋郭門也。」因悟孔子轍環四方久，使子路歸魯視其家，甫抵城而門已闔，只得宿於外之郭門。次日晨興，伺門入。掌啟門者訝其太蚤，曰：「汝何從來乎？」若城門既大啟後，往來如織，焉得盡執人而問之。此可想見一。「自孔氏」，言自孔氏處來也。夫不曰孔某而曰孔氏，以孔子爲魯城中人，舉其氏，輒可識。不如答長沮之問爲「孔某」。此可想見二。「是知其不可而爲之者與」，分明是孔子正栖栖皇皇歷聘於外，若已息駕乎洙泗之上，不必作是語。此可想見三。總從「魯郭門」三字悟出情踪，誰謂地理不有助於經學與？

【闕黨、闕里】闕黨，黨名。亦猶達巷，亦黨名也。闕里，里名。亦猶《史記·孔子世家》有孔里，亦里名也。闕黨，案《兖州府志》，在府城東北一里。有泉，亦以此名。《荀子》稱「仲尼居於闕黨，闕黨之子弟以化」是也。闕里在曲阜縣城中至聖廟之東，梅福稱「今仲尼之廟，不出闕里」是也。然闕里亦有二：一在魯城中，一在泗水縣南五十里。以孔子生於此，遂以闕里名之。見《史記索隱》、《正義》。

【闕里】《家語》：「顔繇，字季路，少孔子六歲。孔子始教於闕里，而受學焉。」朱子引入《集注》作「孔子始教而受學焉」，削去「闕里」字。此朱子所以爲精于地理也。孔子時，無闕里之名。闕里首僅見《漢書・梅福傳》。東漢後，方盛稱之。蓋緣魯恭王徙魯，於孔子所居之里造宫室，有雙闕焉，人因名孔子居曰闕里。或曰：有徵乎？余曰：一徵於《水經注》：「孔廟東南五百步有雙石闕，即靈光之南闕。」一徵於《史晨饗孔廟後碑》：「以令日拜孔子，望見闕觀，式路虔跽，既至升堂。」爾時闕尚存，尚可得其名里之由。顧氏《肇域記》於曲阜縣則引《魯世家》「煬公築茅闕門」，謂已有闕之名。不知此自魯兩觀，魯象魏在雉門之旁者，《春秋》所謂雉門及兩觀灾是也。豈孔子士庶而敢居於外朝之地哉！比而同之，誤矣。讀《集注》者，要須心知其意，於此益悟《家語》果王肅私定，以難鄭玄，而非朱子所恨不見之古文《家語》。何則？古文《家語》那得有「闕里」字，而有之，應出王肅手，豈非知其意者，由於論其世也哉！朱子削而存之，有以夫！

【柳下】下，今泗水縣，莊子爲邑大夫，子路即其治民。武城，今在費縣，子路爲之宰，曾皙父子、澹臺滅明皆其治民。展禽爲魯公族，居應于曲阜，而食邑則在柳下。柳下，今不可的知所在。以顔斶言「秦攻齊，令有敢去柳下季壟五十步而樵採者，死不赦」證之，古人多葬於食邑，壟所在，即邑所在，則柳下者，自當在齊之南，魯之北，二國壤接處。方昔爲魯地，後爲齊有也。

【固而近於費】《前漢志》：顓臾國在泰山郡蒙陰縣蒙山下。費縣爲魯季氏邑，則屬東海郡。杜氏《通典》總收於沂州費縣下，曰「有蒙山，有東蒙山，有顓臾城，又有子游所宰之武城」。余讀酈注「沂水」條云：「沂水從臨沂縣東流逕蒙山下，又東南逕顓臾城北，又東南流逕費縣故城南。」案其里程，相距纔七十里，故曰「近」。

【東蒙】東蒙，山名。即《書》之「蒙、羽其藝」，《詩》之「奄有龜、蒙」之蒙也。自《元和志》誤析爲二，謂在沂州費縣西北八十里者蒙山，在費縣七十里者東蒙山，相距僅五里。覺《論語》與《書》、《詩》遂各有所屬。余舉《漢地理志》「蒙陰縣」注曰：「《禹貢》蒙山在西南，有祠。顓臾國在蒙山下。」證其爲一山也。

【首陽】《史記正義》首陽山凡五所。王伯厚攷《曾子》書，以爲在蒲阪舜都者得之。余謂莫徵信於酈注，然已兩説互存。既云河北縣雷首山今在蒲州。有夷齊廟，闞駰《十三州志》曰：「山一名獨頭山，夷齊所隱也。山南有古冢，陵柏蔚然，攢茂丘阜，俗謂之夷齊墓。」又云：「平縣故城有首陽山，今在偃師縣。《春秋》所謂首戴也，夷齊之歌，所以曰登彼西山，❶上有夷齊之廟。」蓋莫能定爾。總之，認餓爲失國而餓，兩地皆可遯跡；認餓爲恥食周粟，則寧死乎唐虞揖遜區。不知恥食周粟者，必無之事也。

【微、箕】微、箕，二國名。鄭康成以爲俱在圻内。今潞安府潞城縣東北一十五里

❶「所以」，原作「所矣」，據《水經注》卷五《河水》改。

有微子城，❶遼州榆社縣東南三十里有古箕城，皆其所封地，疑近是。余獨慨有周御世，文物一新，微子國于宋，箕子封於朝鮮，雖各待以不臣，而回首故封，頓成墟里。此他日微、箕二子咸有《麥秀》之悲也。

【河、河内】「大師摯適齊」章，《集注》：「河，河内。漢，漢中。海，海島也。」並本邢疏，緊貼「入」字作解，以爲妙矣。而「河内」之解，則大不可。蓋古所謂河内者，在冀州三面距河之内，非若漢郡之但以懷、汲爲河内。《史記正義》曰：「古帝王之都，多在河東、河北，故呼河北爲河内，河南爲河外。」又曰：「河從龍門，南至華陰，東至衛州，東北入海，曲繞冀州，故言河内。」豈此鼓方叔當日去魯，真入冀州河之北乎，抑不過居於河之濱？即曰入乎，且認煞入字，勢必如「關關雎鳩，在河之洲」，水中可居者曰洲；又必如「汎彼柏舟，在彼中河」中河之中也，然後可。此豈人所居處者哉！疏義至此鑿矣，拘矣！或來詰曰：《國語》：「昔殷武丁能聳其德，至於神明，以入於河，自河徂亳。」韋昭解「入於河」曰：「遷於河内。」「入」字不嘗作如是解邪！余獨以爲否否。蓋盤庚自河北而河南，都亳殷，皇甫謐以爲今偃師是，三傳至于武丁，仍都亳殷。白公所謂「以入於河，自河徂亳」者，乃武丁爲王子時，其父小乙欲其知民之艱苦，使居民閒，遷徙不常，故自河外入河内，復自河内往河外。此「入於河」却確指河内言，非同《魯論》。《孟子》

❶「里」，原作「名」，據庫本改。

謂「讀其書者當論其世」，余則謂并當論其地也。

【明堂、靈臺】《封禪書》：「初，天子封泰山，泰山東北阯，古時有明堂處。」是古明堂至漢武帝時猶有遺蹤。《括地志》：「辟雍、靈沼，今悉無復處。惟靈臺孤立，高二丈，周囬一百二十步。」是周靈臺至唐太宗時猶存。

【河東、河内】梁河東，今之安邑等縣。梁亦有河西，《六國表》「魏入河西地于秦」是也。梁河内，今之河内濟源等縣。梁亦有河外，《蘇秦傳》「大王之地，北有河外」，注云「謂河南地」是也。河東西，亦謂之河内外，《左傳》僖十五年「賂秦伯以河外列城五，内及解梁城」，《魏世家》無忌曰「所亡於秦者，河外河内」是也。至河内外，則梁之河北、河南地。蘇代曰：「秦正告魏：我陸攻則擊河内，水攻則滅大梁。」是。然則梁之地自河西逶迤而至河南，幾將二千里，何以蘇秦曰「魏地方千里」？蓋從長而横不足，絶長補短算耳。然已比韓猶大，比趙實小。是以文侯、武侯用之，則爲天下彊；惠王、襄王用之，則弱於天下：國勢固在於主德哉！

【文王囿七十里】從來説者皆以文王七十里之囿爲疑，曰：「那得有如許地大？」余亦疑者久之。近考得其説。蓋《三輔黄圖》云：「靈囿在長安縣西四十二里。」王伯厚以「文王之囿方七十里」注於下。余謂在今鄠縣東三十里，正《漢地理志》所謂「文王作酆，注：「今長安西北界靈臺鄉酆水上是。」杜氏《左傳》注：「酆在鄠縣東，有靈臺。」有鄠杜竹林，南山檀柘，號稱陸海，爲九州膏腴」者。文王當日，弛以與民，恣其芻獵以往，但有物以蕃界之，遂名之曰囿云爾。此實作邑於豐時事，非初岐山事也。豐去岐三百餘里。善乎《穀梁傳》云：「山林藪澤之利，所以與民共也，虞之非正也。」注：「虞，典禽獸之官。言規固而築之，又置官司以守之，是不與民共同利。」曾謂文王當日而如是乎！後漢武帝建元中，舉籍盩厔、鄠、杜，除以爲上林苑，屬之南山，即其處但武帝爲己之禽荒，較文王以利民者，異一。武帝爲己之行幸更衣，較文王以講武者，異二。武帝周袤三百里，中容千乘萬騎，且較文王三倍而贏矣，異三。武帝時，盡化爲腴産，其賈畝一金，規以爲囿，殊可惜，故來東方朔之諫；若文王則初闢土，亦猶「天作高山，大王荒之」者，縱民芻獵而不禁，豈不適相宜！異四。説者不察乎囿之所在，又不通古今情事之異，徒執以岐山國僅百里，不知文王由方百里起耳，豈終於是者哉！或曰：以《穀梁傳》所云里數計，今之六十二里，遂當古之百里。故《左傳》黄人謂「自郢及我九百里」，今自江陵至光州，僅七百里；邾子謂「吴二千里，不三月不至」，今自蘇州至鄒縣僅一千五百里。則周時七十里之囿，今僅四十三里。參以《毛詩傳》「囿，所以域養禽獸，諸侯四十里」恰合，此四十里，又與今合。古書籍所云里數，原具有兩説。此又一説云。

【雪宫】「齊宣王見孟子於雪宫」，解者謂雪宫，孟子之館，宣王就見於此，因誇其禮遇之隆。賢者，指孟子，與上文《梁惠王》賢者指人君言不同。果爾，孟子當正色而對，以明不屑，安得含胡曰「有」，而即引之與民同也。《元和郡縣圖志》：「齊雪宮，故址在青州臨淄縣，縣即其故都。東北六里，《晏子春秋》所謂齊侯見晏子於雪宮。」今《晏子春秋》無此語。然則先孟子雪宮又爲晏嬰館舍邪？蓋齊離宮之名，游觀勝迹。宣延見孟子於其地，非就見之謂。又管、晏，孟子羞稱，兹以與民樂，忽詳及晏子對景公一段故實，蓋亦以此地曾爲先齊君臣共游觀，以近事爲鑒則言易入，此又須會於言外。

【轉附朝儛】趙注：「琅邪齊東南境上邑。」《集注》因之。《漢郊祀志》作「在齊東北」，非也。今諸城縣東南一百五十里有琅邪山，山下有城，即其處。余曾徧考轉附、朝儛二山，杳不知所在。惟趙氏德，南宋人，有轉附「附」作「鮒」，屬萊州之說。殊無依據。妄意此二山當在海之東盡頭，如成山、召石山之類，登之可以觀海。惟至海盡頭，然後回轍，循海之濱西行，以南至琅邪，亦可觀海焉。計其自齊都臨淄一千三百里抵於海，復自海一千一百餘里至琅邪，凡二千四五百里。以春秋之侯封，而騁其雄心，肆其遠略如此，真從前所未有。後惟秦始皇二十八年，並讀曰傍。勃海以東，往東也。過黃、今黃縣、蓬萊縣。腄，今福山縣、棲霞縣。窮成山，在文登縣。《封禪書》：「成山斗入海。」登之罘，在福山縣。蓋回鑾也。南留琅邪三月。三十七年，自琅邪北至榮成山，《正義》曰：「即成山。」射巨魚之罘，遂並海西，至平原津。今平原縣。漢武帝太始三年，行幸琅邪，禮日成山，登之罘，浮大海。司馬相如賦曰：「齊東陼鉅海，南有琅邪，觀乎成山，射乎之罘。」正暗用秦皇之事。或曰：今青州爲齊地，若萊州則萊子國，登州則牟子國，皆非齊有，景固可以任其車轍馬跡所之乎？余曰：萊子城在黄縣東南二十五里，國已滅。❶靈公十五年，所以晏子對景公言聊、今聊城縣。攝今博平縣。以東，姑、尤以西。姑，大沽河；尤，小沽河。一出黄縣，一出掖縣，實齊之東界也。指畫明析如是。惟今寧海州文登縣尚屬牟子國，要亦不過蕞爾附庸，素服役於彊大者。晏子所謂「爲諸侯憂」，正指此等，何難登其山而臨其海乎？

【水滸】《孟子》：「太王去邠，踰梁山，邑于岐山之下，居焉。」云山而不及水。《詩》詠古公辟狄：「率西水滸，至于岐下。」云水而不及山。太史公生當後，合而作《周本紀》曰：「遂去豳，渡漆、沮，踰梁山，止於岐山。」將自邠抵岐東南，二百五十餘里，登山涉水，敘次如畫。然程大昌《雍録》謂渭水實在梁山下之南，循渭西上，可以達岐。則《詩》水字又與漆、沮無干，似益精確矣。

【梁山】雍州有二梁山，一在今韓城、郃陽兩縣境。《書》「治梁及岐」，《詩》「奕奕梁山」，《春秋》「梁山崩」，《爾雅》「梁山，晉望也」，皆是。於《孟子》之梁山無涉。《孟子》梁山，則在今乾州西北五里。其山横而長，自邠抵岐，二百五十餘里，山適界乎一百三十里之閒。太王當日，必踰此山，然後可遠狄患，營都邑，改國曰周。古諸侯國名，雖曰受之天子，傳之祖宗，而隨在易名，初不以爲嫌。如唐叔虞一傳而子燮改國爲晉，魏侯罃國于梁，韓

❶「滅」下，《經稗》卷一二引此有「於」字，則當與下連讀。

哀侯國於鄭曰鄭，無後代所爲同家異國之説。後秦始皇幸梁山宫，從山上見丞相車騎甚衆，弗善，亦此梁山也。

【齊滅薛】余向主孟子之滕，與文公言，當在赧王元二間，丁未戊申爾。時薛滅已久，非至是齊始取其地而城之也。《六國表》、《田齊世家》、《孟嘗君傳》並云：「湣王三年庚子，封田嬰於薛。」實《通鑑》顯王四十八年事。薛不滅，無由以薛封靖郭君；嬰不封，無由薛城中有靖郭君冢。此事理至易明者。薛滅已八九年，齊方於此築城。《戰國策》載靖郭君將城薛矣，以客海大魚之諫乃輟。城薛何妨，至是復欲城，且將之爲辭，事未定也。孟獻子城虎牢而鄭人懼，晏弱城東陽而萊子服，文公焉得而不恐哉。

【微仲】微，畿内國名。孔安國傳亦云。嘗思微子既國于此，其長子應曰微伯，蚤卒，有子名腯。次子曰微仲，名衍，即後國于宋者。以周禮，適子死，立適孫，次子不得干焉。微子則從其故殷之禮，舍己之長子之子腯，而立己次子衍，故微仲實微子之第二子，非其弟也。此與子服伯子引以況公儀仲子者脗合。其證一。班固《古今人表》於「微子」下注曰「紂兄」，「宋微中」下注曰「啟子」。其證二。啟既殷帝乙之元子，衍果屬次子，王畿千里，豈少閒土，斷無兄弟並封於一國之理。其證三。則知微仲也者，子襲父氏，上有伯兄，字降而次。氏者，胙之土而命之氏。字者，五十以伯仲之字也。不意包爾庚時文亦云：「微仲者，微子之次子也。無國邑而稱微，從父爵也。厥後襲封宋公，終身止稱微仲，忠孝之義也。」又云：「啟爲長兄，分稱元子；仲爲支庶，屬則王孫。」不覺擊節，如得一真珠船矣。

【歷山、河濱、雷澤】「舜耕于歷山」，歷山所在多有，以宋河東縣、今蒲州者爲是。「陶于河濱」，陶之所在，何必定陶？且定陶以丘名。以《括地志》陶城在河東縣北三十里爲是。「漁于雷澤」，雷澤與《禹貢》合，即宋雷澤縣，在今濮州之東南是。

【平陸】平陸爲齊邊邑。《六國表》、《田齊世家》：「康公貸十五年，魯敗我平陸。」徐廣曰：「東平陸縣。」余謂漢屬東平國，爲古厥國。孔子時爲魯中都邑地，爾時屬齊，即今汶上縣是。又「有陶、平陸，則梁門不開」，張守節曰：「平陸，唐兖州縣。」即中都在大梁東界，故曰「平陸，齊邊邑也」。

【靈丘】靈丘亦屬齊邊邑。《趙世家》：「敬侯二年，敗齊于靈丘。」《六國表》：「敬侯九年，魏武侯九年，韓文侯九年，因齊喪，共伐之，至靈丘。」又《趙世家》：「惠文王十四年，樂毅將趙、秦、韓、燕攻齊，取靈丘。明年，燕獨深入，取臨菑。」加以蚳鼃去王遠，無以箴王闕，特辭靈丘，請士師，足徵爲邊邑，但實不知其所在耳。時趙別有靈丘，以葬武靈王得名，即今靈丘縣。孝成王以靈丘封黃歇，絳侯擊破陳豨於靈丘，皆其地。注《史記》者以此之靈丘爲齊之靈丘，無論齊境不得至代北，而敬侯時安得國有靈丘？胡三省注齊靈丘又以漢清河郡之靈縣當之，抑出臆度，毋寧闕疑。

【蓋】《孟子》「蓋大夫王驩」與「兄戴蓋祿」之蓋同音，《集注》於前云「齊下邑」，後云「陳氏食采邑」，當是二邑。宋王伯厚謂

「漢泰山郡蓋縣故城在沂州沂水縣西北」，僅一處，無二地，頗不可解。後讀《左氏春秋傳》，趙衰爲原大夫，於時先軫亦稱原軫；子趙同爲原同，於時先穀亦稱原穀。唐孔氏曰：「蓋分原邑而共食之。」僖二十五年，狐溱爲温大夫。文六年，陽處父至自温。故成十一年，劉子、單子曰：「襄王勞文公而賜之温，狐氏、陽氏先處之。」亦共食一邑者。因悟蓋一也，以半爲王朝之下邑，王驩治之；以半爲卿族之私邑，陳氏世有之。然則當時蓋亦大矣。

【嬴】余嘗愛京山郝氏解《孟子》爲行三年之喪，但以誤認邑名，遂不合禮制，成《辨》一篇，曰：「或問：孟子歸葬於魯，時未幾也，充虞治木，言『前日』耳，輒反於齊，豈不終喪而遂復爲齊卿乎？ 案喪禮：『三日，成服杖，拜君命及衆賓。不拜棺中之賜。』禮，凡尊者有賜，則明日往拜。喪則孝子不忍遽死其親，故贈襚之賜，拜於葬後。孟子奉母仕于齊，母卒，王以卿禮含襚，及歸魯，三月而葬，反於齊，拜君賜也。其『止於嬴』何也？禮：衰絰不入公門。大夫去國踰竟，爲壇位，鄉國而哭。此喪禮也。故自魯越國至齊境上，爲壇位，成禮於嬴，畢將遂反也。解者不悉，謂孟子勸人行三年喪，而身違之，又罪萬章之徒脩文不善，可謂逐臭李觀，左袒臧倉者矣。」余考或問及解者二段，俱出郎瑛《七修類稾》，亦能疑人所未疑者，而特不能辨釋。郝氏從而辨釋之，可謂精矣，少錯解「止於嬴」句。嬴，齊南邑。《春秋》桓三年：「公會齊侯于嬴。」杜注云：「嬴，今泰山嬴縣。」案嬴縣故城在萊蕪縣西北四十里北，汶水之北，去齊都臨淄尚三百餘里，安有拜君賜於三百餘里之外者乎？且「衰絰不入公門」，未聞不入國門也。爲壇位而哭，乃出亡禮，非喪者所用。蓋孟子母殁于齊，及奉喪來歸，皆哀戚匆遽，無暇可語。惟至往齊拜賜，舍于逆旅，始得以一論匠事耳。以論匠事於止嬴日，故繫「止於嬴」，亦猶與公孫丑論不受禄於居休日，故繫以居休，豈必别有義在乎！禮：「斬衰，唯而不對；齊衰，對而不言。」孟子居母喪，正齊衰，故猶答充虞以言，而但不先發言於人耳。夫一唯一對，猶致謹不失如此，曾謂孟子奪喪復仕，若當時莫之行者一輩所爲哉？亦太誣矣！郝氏之亟正也固宜。

又曰：「或問子以孟子奉母仕於齊，其説亦有徵乎？」余曰：「徵之劉向《列女傳》。傳云『孟子處齊，有憂色，擁楹而歎。孟母見之』云云，則知母蓋同在齊。自齊葬於魯，則知母即殁於齊也。」「然則既殁而葬，宜終喪於家，曷爲而遽反於齊？」余曰：「此蓋終三年喪，復至齊而爲卿耳。非遽也。」「果爾，何以爲『前日』解？」余曰：「《孟子》之書，有以昔與今對言，昔似在所遠而有指昨日者，『昔者辭以疾』是也；以前日與今對言，前日似在所近而亦有指最遠者，『前日願見而不可得』是也。夫孟子久於齊而後去，去齊之日，上溯其未游齊之日，猶目之爲『前日』，安在僅三年者而不可目以前日邪？」或訝曰：「充虞蓄一疑於心，至三年始發之與？」余曰：「此尤足以見孟門弟子之好問也。陳臻從於齊，於宋，於薛，辭受之後而問；屋廬子從居鄒，處平陸，以至見季任不見儲子之後而問。其事之相距，誠非止一二年，而歷歷記憶，反覆以究其師之用心者，猶一日也。夫充虞亦猶是爾。且尤可證者，孝子之喪親，言不文。今也援古論今，幾於文矣。三年之喪，言而不語。語，爲人論説也。後魏孝文帝以與公卿往復，追用慟絶，曰：『朕在不言之地，不應如此喋喋。』然則孟子反喋喋邪？見顧出孝文下邪？故充虞問答，斷自於免喪之後者，爲得其實也。」或又訝曰：「向所稱郝氏之解非與？」曰：「非也。」「曷徵乎爾？」曰：「徵之於《儀禮》。《士喪禮》云：『三日，成服、杖，拜君命及衆賓。不拜棺中之賜。』注謂：『既殯之明日，全三日，始歠粥矣。禮，尊者加惠，明日必往拜謝之。棺中之賜，不施己也。』《既夕記》云：『主人乘惡車。』注謂：『拜君命，拜衆賓及有故，行所乘也。』然則當孟子母歿於齊，必赴於王，王使人弔，與成服後往謝，所謂棺中之賜，不施己者，禮明云不拜，況葬後邪？郝氏之誤解可足據邪！總之，孟子拜君命，非拜君賜；拜亦於殯後，非葬後。皆不出齊都城之事。丘文莊濬《家禮儀節》有云：『世俗親友來弔，其孝子必具衰絰，躬造其門，謂之謝孝。使居喪者，纍然衰絰，奔走道塗，信宿旅次，甚至浹旬彌月，考之古禮，無有也。』夫文莊謂『無有』，而孟子反有之邪？喪禮至近代不講，宜郝氏之説紛紛也。」

【晝】晝，當作「畫」，不待言。「齊西南近邑」，《集注》本趙氏、劉熙來。但《括地志》以晝即戟里城，在臨淄城西北三十里。一南一北，殊判然。余謂孟子去齊歸鄒，鄒實在齊之西南，上云「南」者是。又因悟樂毅初入齊，聞晝邑人王蠋賢，令軍中環晝邑三十里無入，則爾時齊都城西南隅無敢有闌出者矣。

【休】孟子致爲臣而歸，歸於鄒也。中間經過地名休者，少憩焉，與丑論在齊事，故曰居休。故休城在今兗州府滕縣北一十五里，距孟子家約百里。《路史・國名紀》：「休，在潁川。或云介休。介在膠西。」並非。

【河注海】禹於帝堯八十載癸亥告成功，河自右碣石入于海。碣石，山名，在今永平府昌黎縣。後一千六百七十六年爲周定王五年己未，《周譜》曰「河徙」，《水經注》曰「河徙故瀆」，並不言所在。惟《漢地理志》魏郡鄴縣下注云：「故大河在東北入海。」此河入海之一變也。鄴縣城在今彰德府臨漳縣西。逮漢武帝元封二年壬申，既塞宣房。後宣帝地節元年壬子，前此四十一年間，河復北決於館陶，分爲屯氏河，東北至章武入海。章武城在今河間府鹽山縣西北。此河入海又一變也。《宋史・河渠志》：「神宗熙寧十年丁巳，七月乙丑，❶河大決於澶州曹村，澶淵北流斷絶，河道南徙，東匯于梁山、張澤濼，分爲二派，一合南清河入于淮，一合北清河入于海。」北清河，濟水故道。南清河，即今泗水淮安府清河縣之清口是。此又一變矣。洪武二十四年辛未，河全入于淮，而故道遂淤。雖永樂九年辛卯，復疏入故道，而正統十三年戊辰終

❶「乙」，《宋史・河渠二》作「己」。

合并于淮，爲河入海之又一變。於是天壤間所謂四瀆者，僅有二瀆，殆非人力之所能爲矣。

【汝】或謂漢賈讓言：「大禹治水，辟伊闕，與鑿龍門、析厎柱、破碣石同。」而伊闕之山，《禹貢》不見。余曰：「伊、洛、瀍、澗，既入于河。」伊水能順流，非辟闕之功而何？此《禹貢》之簡處。或又謂「禹斷二渠，以引其河」，於《禹貢》亦不見。余曰：其一出貝丘，即河之經流。其一漯川。漯即兖州之貢道也。或又謂禹之行河水，本隨西山下，東北去。又河西薄大山，東薄金隄，則金隄者，乃禹作，亦隄也。余曰：「九澤既陂」，陂不謂禹復爾爾。方當泛濫時，鯀務多爲隄防以湮之，水性逆，故其患不息。禹導水由地中行，向鯀所爲隄防以障水者，皆可用之以輔水。事固有因敗以爲功者，存乎其人之善用耳。故曰禹能修鯀之功。惟汝水絶跡于《禹貢》，而《孟子》言「決汝」，得毋近鑿空？余曰：觀《爾雅》從《釋地》已下至「九河」，皆禹所制名。中有曰「水自汝出爲濆」，又曰「汝有濆」，此豈禹一無所事于汝而被以是名與？又豈汝自天然入于淮而無須禹力與？故「決汝」二字，正可補經文之不備。

【淮注江】淮水入江，自孟子一時誤記，朱子所謂「不必曲爲解説」最是。然鄭夾漈已曲爲之説曰：案《左傳》哀九年：「吴城邗，溝通江、淮。」自是江、淮始相通。孟子蓋據哀公後吴王夫差所掘之道以爲禹迹，而忘却《禹貢》。不知亦非然也。杜注明謂「於邗江築城穿溝，東北通射陽湖，西北至末口入淮」，乃引江達淮，與孟子排淮入江者不合。直至隋文帝開皇七年丁未，開山陽瀆，煬帝大業元年乙丑開邗溝，皆自山陽至揚子入江，水流與前相反。蓋至是，孟子言始驗。余嘗謂孟子説錯了淮入江，後九百餘歲，隋果引淮南入江，若孟子預爲之兆者，亦屬異事。

【濟】四瀆水之易變者莫若河，變而至于絶者莫若濟。余討論濟瀆，評以二言曰：「新莽後枯而復通，唐高宗前通而復枯。」咸出天數，夫豈人謀！蓋《後漢郡國志》曰「濟水，王莽時大旱，遂枯絶」者，此初絶也。酈注《濟水》條曰「其後水流逕通，津渠勢改」，故杜釋《春秋》，郭注《山經》，並云「今濟水至博昌入海」者，此復通也。章懷太子賢《循吏傳》注曰：「濟水，王莽末旱，因枯涸，但入河内而已。」似素不知中間有復通之事者，此終絶也。

【漯】《集注》：「漯，水名。」亦不核。當云：「漯者，河之枝流也。出東郡東武陽東北，至千乘入海。」不然，止云「水名」，安知非《漢地理志》高唐之漯水乎？

【宋滅滕】《漢地理志》：「滕，三十一世爲齊所滅。」杜氏《釋例》：「文王子錯叔繡之後，十七世至宣公，始見《春秋》。隱公以下，《春秋》後六世而齊滅之。」《水經注》並同。《竹書紀年》：「於越滅滕。」惟《戰國策》作「宋滅」，而《通鑑》繫之赧王二十九年乙亥，上距孟子勸行仁政甚遠。《集注》於宋初王時即曰「嘗滅滕」，無乃驟與？只當曰：「宋君偃立十一年，自稱王，敗齊、楚、魏之兵，欲霸天下，疑即此時云。」

【莊嶽】《炳燭齋隨筆》曰：「『引而置之莊

嶽之間』，注云：『莊嶽，齊街里名。』疏別無一語。案《左傳》襄二十八年：『得慶氏之木百車於莊。』昭十年：『又敗諸莊。』哀六年：『戰于莊。』即此『莊』也。襄二十八年：『慶封反陳于嶽。』即此『嶽』也。蓋皆齊城内街里之名。此繫經典正文，疏家全不引之，足見其疏。」余謂朱子言疏乃邵武士人作，不解名物制度，書不似疏，益爲信然。近刻《日知録》並同。

【於陵】顧野王《輿地志》：「齊城有長白山，陳仲子夫妻所隱處。」酈注：「魚子溝水南出長白山東抑泉口，❶山即陳仲子夫妻之所隱。」志長白山者，節去下「山」字，若以抑泉口即其家於陵，非也。唐張説《石泉驛詩》目下自注「於陵仲子宅」。漢於陵故城，章懷太子賢曰：「在今淄州長山縣南。」與《通典》合。張説詩云：「長白臨江上，於陵入濟東。我行弔遺跡，感歎石泉空。」石泉，非孟子所謂井者耶？江，繡江，發源長白山南，今章丘縣淯河是。計於陵仲子家離其母所居幾二百里矣。

【滄浪】《集注》：「滄浪，水名。」殊非，蓋地名也。當云：「武當縣西北四十里漢水中有洲名曰滄浪，漢水流經此地，遂得名滄浪之水云。」善乎宋葉夢得云：「大抵《禹貢》水之正名，可以單舉者，若漢、若濟之類是；不可單舉者，則以『水』足之，若黑水、弱水之類是；非水之正名，而因以爲名，則以水別之，若滄浪之水者是。」

【北海、東海】《齊世家》：「太公望呂尚

❶「抑」，陳橋驛《水經注校證》作「柳」。

者，東海上人。」注未悉。後漢琅邪國海曲縣，劉昭引《博物記》注云：「太公吕望所出，今有東吕鄉。又釣于棘津，其浦今存。」又於清河國廣川縣棘津城辯其當在琅邪海曲，此城殊非。余謂海曲故城，《通典》稱在莒縣東，則當日太公辟紂，居東海之濱，即是其家。漢崔瑗、晉盧無忌立《齊太公碑》，以爲汲縣人者，誤。伯夷，孤竹國之世子也。前漢遼西郡令支縣有孤竹城。《括地志》：「孤竹故城盧龍縣南十二里。」❶余謂今永平府治，河入海從右碣石，正古之北海，在今昌黎縣西北，亦是當日辟紂處，去其國都不遠。《通志》以居北海爲濰縣者，亦誤。

【畢郢】畢郢曰畢原，實有二處。在渭水南之畢原，一名畢郢，周文王墓在焉。周公薨，成王葬於畢。史稱畢在鎬東南杜中地，迫終南。韓愈《南山詩》「前尋徑杜墅，岔蔽畢原陋」，是。在渭水北之畢原，則名陌，秦惠文王陵在焉，悼武王陵亦在焉。隔僅一里。《元和郡國圖志》：「畢原，即咸陽縣所理也。原南北數十里，東西二三百里，無山川陂湖，井深五十丈，亦謂之畢陌。漢氏諸陵在其上。」故劉滄《咸陽懷古詩》「渭水故都秦二世，咸原秋草漢諸陵」是。至文王庶子高所封畢，《左氏》注云「在長安縣西北」是。畢郢，《通典》云在咸陽縣是。畢陌，兩杜氏之言，吾從預。

【溱洧】溱、洧，二水名。《説文》引《詩》溱與洧作「潧」，曰：「潧水，出鄭國。洧水

❶ 「故」，原作「古」，據《史記·周本紀》正義引《括地志》改。

出潁川陽城山，東南入潁。」《史記》注引《括地志》以爲「古新鄭城南，洧與溱合」。《水經》亦云。余讀酈道元注於洧水相鄰者，若丹水、汝水、潁水、潩水、渠水、沙水，皆不載有橋梁，獨洧水，一則曰「又東逕陰坂北，水有梁焉」，再則曰「又屈而南流，其水上有梁，謂之相門橋」。則洧水之宜置有梁，孟子言殊非無因。竊以諸葛武侯相蜀，好治官府、次舍、橋梁、道路，所至井竈藩溷，皆應繩墨。子産治鄭，何獨不然。此亦不過偶於橋有未修，以車濟人，而孟子遂即其事以深論之云。

【武城】「曾子居武城」，即《仲尼弟子列傳》之南武城，魯邊邑也，在今費縣西南八十里石門山下。吴未滅，與吴鄰；吴既滅，與越鄰。越王句踐嘗徙治琅邪，起館臺，又嘗與魯泗東地方百里，此豈待浮海入寇而後至武城邪？講義爲是説者，總緣朱子《集注》不詳及地理耳。然考魯哀十三年，吴會於黄池，越亦曾遣舟師浮海入淮以邀之，由吴之壤隔絶也。今越既并吴，商、魯之間，可以惟兵横行，寇之興也，何嘗之有！余因又悟《春秋》四書「穀」而一書「小穀」者，別于穀也，明其爲管仲之邑也。《史記》加「南」于「武城」上者，別于魯之北有東武城也，明曾子之爲費邑人也。

【幽州】《書》孔疏云：「流四凶在治水前，於時未作十二州，則無幽州之名，而云幽州者，史據後定言之。」非也。當流共工時，此地已名幽州，即今密雲縣是。《括地志》：「故龔城在檀州燕樂縣界。」故老傳云：舜流共工幽州，居此城。」幽州其地狹。及後肇十有二州，取顓頊「北至于幽陵」、帝堯「北方曰幽都」之幽，以名所分冀州東北地，即今順天府遼東廣寧衛以西是。幽州其地廣，大抵帝王廢置，理必相沿。舜立幽州，合因於古矣。

【崇山】《書》孔疏云：「《禹貢》無崇山，不知其處。蓋在衡嶺之南也。」亦非。《通典》澧州澧陽郡理澧陽縣，本漢零陽縣地，有崇山，即放驩兜之所。宋則在慈利縣。《路史》以爲今有驩兜墓是。然又引嶺外《驩州圖經》，合之《寰宇記》，並以驩州爲放所。頗疑其去崇山遠。後楊升菴引沈佺期長流驩州時，「嘗案《九真圖》，崇山至越裳四十里，杉谷起古崇山，竹谿從道明國來，於崇山北二十五里合。故詩云：『朝發崇山下，暮坐越裳陰。西從杉谷度，北上竹谿深。竹谿道明水，杉谷古崇岑。』」越裳，古國名，重九譯者。在秦爲象郡，兩漢爲九真郡。吴分置九德郡。梁曰德州。隋開皇十八年，改驩州。煬帝改日南郡。唐兩因之，理九德縣。佺期又有《移驩州廨詩》云：「古來堯禪舜，何必罪驩兜。」是真以州得名由驩兜也者。不知漢九真郡治胥浦縣，莽曰驩成，又領有咸驩縣。開皇十八年改州名，實本此。合之唐武德曾於咸驩縣置驩州，則驩與歡同，乃驩喜之驩，于驩兜了不相涉。

【三苗】三苗，國名。杜元凱闕其所在。惟張守節據吴起言：「昔三苗氏，左洞庭，右彭蠡。」洞庭，湖名，在岳州巴陵縣西南一里，南與青草湖連。彭蠡，湖名，在江州潯陽縣東南五十二里。以天子在北，故洞庭在西爲左，彭蠡在東爲右。今江州、鄂州、岳州，三苗之地也。杜氏《通典》則以潭州、岳州、衡州，皆古三苗國地。

【三危羽山】羽山，見《禹貢》，班固《志》載東海郡祝其縣，司馬彪《志》亦然。今贛榆縣西北八十里。唐崔國輔詩：「羽山一點青，海岸雜花碎。」❶是。三危山，亦見《禹貢》，班《志》失載，司馬《志》未補，此大闕。亦直至《隋地理志》敦煌郡敦煌縣有三危山，《括地志》：「三危山在沙州敦煌縣東南三十里。」舜殛鯀於此，以變東夷，即《禹貢》之「東漸于海」；遷三苗於此，以變西戎，即《禹貢》之「西被于流沙」矣：豈直刑加其身，蔽厥辜已乎！

【有庳】有庳之在今永州府零陵縣已成千古定所，而《集注》云「未知是否」。此最朱子妙處。蓋一以經文爲案也。經文「欲常常而見之，故源源而來」，不及待一年之貢期，五年之朝期，以伸吾親愛情。豈有兄居蒲坂，弟居零陵，陸阻太行，水絶洞庭，較諸驩兜放處尤遠千里之理。且果零陵之是國也，比歲一至，則往返幾將萬里，其勞已甚。數歲而數至，勢必日奔走於道路。風霜之中，而不少寧息。親愛弟者，固如是乎？蓋有庳之封，必近在帝都，而今不可考爾。或曰：然則今零陵曷爲傳有是名也？案《括地志》云：「鼻亭神在營道縣北六十里。故老傳言，舜葬九疑，象來至此，後人立祠，名爲鼻亭。窮崖絶徼，非人跡可歷，舜封象於有庳，蓋此地。」❷蓋者，疑辭，亦與《集

❶「花」，原作「光」，據《文苑英華》卷一六四引詩改。

❷「窮崖絶徼非人跡可歷舜封象於有庳蓋此地」十八字，據《水經注集釋訂訛》卷三八，非《括地志》文，乃宋《類苑》之文。

注》或曰同。

【咸丘】古人以所居之地得姓氏，不必定常於其地。如咸丘，魯地，而蒙則齊人是。咸丘二字，見《爾雅》：「左高曰咸丘。」見《春秋》桓公七年：「焚咸丘。」杜注：「咸丘，魯地。高平國鉅野縣南有咸亭。」咸丘複氏自以此。余最賞趙氏注此章，於「東」字妙有體會，曰：「東野，東鄙田野之人所言耳。咸丘蒙，齊人也，故聞齊野人之言。《書》曰『平秩東作』，謂治農事也。」不然，何不云「齊之西或北野人」乎？至今濟南府齊東縣，則置於元憲宗三年，以鎮而名，于孟子無涉。

【南河之南】古帝王之都，皆在冀州。堯治平陽，舜治蒲阪，禹治安邑。安邑在今夏縣西北十五里。三都相去，各二百餘里，在大河之北。其河之南則豫州地，非帝畿矣。舜避堯之子於南河之南，得毋亦如《左氏》所云「越竟乃免」乎！禹避於陽城，益避於箕山之陰，皆此意。

【陽城、箕山之陰】陽城，山名。漢潁川有陽城縣，以山得名。洧水所出。唐武后改曰告成，後又曰陽邑。五代周省入登封，故此山在今登封縣北三十八里，去嵩山幾隔三十里，安得即云「嵩山下之深谷」與？箕山爲嵩高之北，而張守節云：「箕山，一名許由山，在洛州陽城縣南十三里。」《括地志》遂云：「陽城縣在箕山北十三里。」守節又云：「陽城縣在嵩山南二十三里。」《括地志》遂云：「嵩山，一名外方山。在洛州陽城縣西北二十三里。」足互相證明，斷斷其非一山也。《集注》誤由趙氏，只觀酈道元注，先敘太室山，次五渡水，並屬崇高縣，又敘禹避商均於此，及周公測日景處，次箕山及上有許由冢，並屬陽城縣。雖同見潁水條内，而山固區以别矣。

【桐湯墓所在】《殷本紀》：「伊尹放太甲於桐宫。」注似引鄭康成注《書序》語曰：「桐，地名也。有王離宫焉。」初不指爲湯葬地。余以《後漢志》「梁國虞縣有空桐地，有桐地，有桐亭」，太甲所放處，應即在於此。虞，今歸德虞城縣，距湯都南亳僅七十里，方可伊尹既攝國政，復時時往桐訓太甲三年。不然，如人言湯亳爲偃師，偃師去虞城八百餘里，尹豈有縮地之術，分身以應乎？湯都，仍屬穀熟鎮爲是。至湯墓，劉向，博極羣書者也，告成帝云：「殷湯無葬處。」蓋直至哀帝建平元年，大司空御史長卿案行水灾，因行湯冢，始得之于汾陰亳疑衍。縣北東郭，去縣三里，冢四方，方各十步，高七尺，上平，處平地。馬端臨曰「今河中府」是。❶故宋太祖乾德四年著諸祀典，迄今不易。雖有杜預「湯冢在薄城中」，魏王泰又「在偃師縣東」兩説，吾未敢以爲據。《集注》云云，亦偶誤，本孔安國《書傳》。

【莘】「耕於有莘之野」，《集注》：「莘，國名。」未指其所在。余謂《元和郡縣志》：「故莘城在汴州陳留縣東北三十五里，古莘國地。」計其去湯都南亳，今商丘縣穀熟鎮。不過四百里，所以湯使可三往聘。若太姒所産之莘國，則在今西安府郃陽縣南二十里，道遥遠矣。

【虞虢】虞、虢二國，杜注：「虞國在河東大陽縣。」謂山西之平陸縣也。「虢，西虢

❶「今」，《文獻通考》卷一〇三作「在」。

國，弘農陝縣東南有虢城」，謂河南之陝州也。名雖二省而界相連。莫妙於裴駰引賈逵注曰：「虞在晉南，虢在虞南。」一言之下，而形勢瞭然。爾時爲晉獻公十九年，正都於絳。絳在太平縣之南，絳州之北，土人至今呼故晉城，遺址宛然。余嘗怪杜于莊二十六年「士蔿城絳」注「絳，今平陽絳邑縣」，成六年「不如新田」，又注「新田，今平陽絳邑縣」。竟爲一地乎？果爲一地，不應將遷新田之時，名獻公所都曰故絳矣。新田，《括地志》：「在絳州曲沃縣南二里，土呼王官城，距故晉城五十里。」《明一統志》平陽府古蹟載晉城在太平縣南二十五里，晉士蔿所築，獻公都焉。

【屈産之乘】《通典》：「慈州文城郡理吉昌縣，春秋時晉之屈邑，獻公子夷吾所居，漢河東北屈縣。《左傳》云：『晉有屈産之乘，此有駿馬。』」與劉昭注《後漢志》同。余謂今山西吉州是。樂史傳會爲石樓縣，《明一統志》本之。但石樓乃漢西河土軍縣，非北屈地。

【牛山】「牛山，齊之東南山也」，本趙氏，亦是岐在複壁中所注，方向少錯。無論今目驗在臨淄縣南一十里，亦在唐臨菑縣南二十一里。《括地志》所謂管仲冢與桓公冢連在牛山上，是。酈道元注：「牛山，一名南郊山，天齊淵出焉。齊此得名。」梁劉昭不知引何人《孟子注》云：「南小山曰牛山。」晉左思《齊都賦》云：「牛嶺鎮其南。」《列子》：「齊景公游於牛山，北臨其國城而流涕。」夫臨曰北，正以山實在其南。

【石丘】《集注》止云：「石丘，地名。」趙氏

注：「宋牼，宋人。」參以《荀子・非十二子篇》「宋鈃」注：「鈃，與牼同。宋人，與孟子、尹文子、彭蒙、慎到同時。」正合。孫奭疏遂云「石丘，宋國地也」。蓋宋牼者，宋人，將欲往楚，而孟子游宋，適相值於石丘之地。又《漢藝文志》「《尹文子》一篇」注云：「説齊宣王。劉向曰：『與宋牼俱游稷下。』」《宋子》十八篇，注云：「孫卿道宋子。」《荀子》：「宋子有見於少，無見於多。」注：「宋子名鈃，與孟子同時。」即見《漢藝文志》者。余因悟齊宣王喜文學游説之士，自如騶衍、淳于髡、田駢、接予、慎到、環淵之徒七十六人，皆賜列第，爲上大夫，不治而議論，是以齊稷下學士復盛。孟子固嘗與宋牼有雅故，於齊别去久之，忽邂逅石丘，呼以先生，請其所之，殆非未同而言者比也。

【任】任，國名，太皞之後，風姓。漢爲任城縣，後漢爲任城國。今濟寧州東任城廢縣是。去古鄒城僅百二三十里，宜屋廬子明日即可往問哉。

【淇河西】「王豹處淇，河西善謳」，《集注》略不及趙氏注之詳明，當采入。注曰：「王豹，衛之善謳者。淇，水名。《衛詩・竹竿》之篇：『泉源在左，淇水在右。』《碩人之篇》：『河水洋洋，北流活活。』衛地濱於淇水，在北流河之西，故曰『處淇水而河西善謳』，所謂鄭、衛之聲也。」

【葵丘】《春秋》有二葵丘。一齊地，近在臨淄縣西，連稱、管至父所戍者。一宋地，司馬彪云：「陳留郡外黄縣東有葵丘聚，齊桓公會此城中。」遠在齊之西南，故宰孔稱齊侯「西爲此會也」，又曰「東略之不知，西則否矣」。後果七年，「會于淮，謀鄫且東略也」。是孔之言驗。然先未幾，獻公卒，晉亂，齊侯以諸侯之師伐之，及高梁而還。高梁，晉地，又在葵丘西北幾千里，是宰孔之言亦不驗。

【南陽】《左傳》：「晉於是始啟南陽。」杜注：「在晉山南河北，故曰南陽。」余謂即今太行山之南，河内、濟源、修武、温縣地。《孟子》「遂有南陽」，趙注：「山南曰陽。岱山之南，謂之南陽也。」余謂史稱「泰山之陽則魯，其陰則齊」，南陽屬齊，必齊之地深插入魯界中者。魯故欲一戰有之。二南陽所指各不同。《公羊傳》：「齊桓使高子將南陽之甲立僖公而城魯。」注：「南陽，齊下邑。」

【傅巖】《集注》：「説築傅巖。」傅氏之巖，在虞、虢之間，今平陸縣東三十五里是，俗名聖人窟，爲説所傭隱止息處，非于此築也。巖東北十餘里，即《左傳》之顛軨坂，有東西絶澗，左右幽空，窮深地壑，中則築以成道，指南北之路，謂之爲軨橋也。説身負版築，爲人所執役，正於此地。至今澗猶呼沙澗水，去傅巖一十五里。《墨子》、《尸子》並以傅巖在北海之洲者，大非。説「操築於傅巖兮」爲騷辭，則可。

【孫叔敖海濱】趙氏注：「孫叔敖隱處，耕於海濱，楚莊王舉之以爲令尹。」此亦是隨文解之，事實無所徵。莊王時，楚南境，東境去海尚遠，而《史記》稱「孫叔敖，楚之處士」，《荀子》、《吕氏春秋》並以爲「期思之鄙人」。期思故城在今固始縣西北七十里。固始本寢丘，即莊王感優孟之言以封其子者，傳十世不絶。其得爲令尹也，或曰進自虞丘子，《史記》、《説苑》、《列女傳》。或曰沈尹莖力，《吕氏春秋》。或曰楚有善相人者招聘之,《新序》。皆無起家海濱説。蓋孟子所據之書籍,今不可考矣。余又考孫叔敖即宣十一年楚莊王十六年。令尹蔿艾獵。艾獵乃蔿賈之子。賈字伯嬴,宣四年楚莊王九年。官司馬,爲子越椒所惡,囚而殺之。意者子遂式微,竄處海濱,不七八年,莊知其賢,擢爲令尹與? 但蔿賈乃薳吕臣之子,吕臣繼子玉官令尹,出自公族,自應爲楚郢人,何得遠在期思之鄙? 意者叔敖子實不才,襄十五年「蔿子馮」,杜注:「叔敖從子。」徒世守封土,莫顯於朝,後人遂以其子孫之占籍,上繫諸先人與?

【東山】《集注》:「東山,蓋魯城東之高山。」蓋,疑詞。朱子生平足未至曲阜,故作此言。其實曲阜縣東二十里有防山,孔子父母合葬處。《世家》所謂「防山在魯東」,絶不高也。或曰費縣西北蒙山,正居魯四境之東,一名東山。《孟子》云「孔子登東山而小魯」指此,疑近是。

【范】今東昌府濮州范縣,本春秋晉大夫士會邑。《國語》「是以受隨、范」,是又半屬魯。《後漢志》「東郡范縣有秦亭」,即「莊三十一年『築臺于秦』」,《地道記》在縣西北」是也。孟子時則屬齊。趙注云:「范,齊邑,王庶子所封食也。」頗妙。蓋齊王之子,生長於深宫,賜第於康衢,貴仕於朝内,豈容遠在七八百里之下邑而爲孟子所見。其在范者,殆猶靖郭君、孟嘗君之薛乎! 既思《孟子》書法不曰「之齊見王子於范」,而曰「自范之齊,望見齊王子」,下一「望」字,意者當時最多交質,此以王子出質敵國,路經於范,遂與孟子適相值乎? 亦未可定。

【垤澤之門】三衢毛氏曰：「呼，唤也。凡歎息招呼則平聲。❶《小爾雅》烏呼吁嗟，醫書一呼一吸爲一息，杜甫詩『呼兒問煮魚』之類也。叫號而呼則去聲。《詩》『式號式呼』，《左傳》『蒼葛呼』之類也。」果爾，魯君於垤澤之門，自應如趙注云「以城門不自肯夜開，故君自發聲」之呼，爲平聲，不應如《集注》音「去聲」爲叫號之呼明矣。近《講義》又云「有作魯君自呼之聲者」，陋甚。試看「呼於門」於字，是呵護傳呼來於垤澤之門，尤非。人之聲音，關乎貴賤。呵護傳呼，乃賤者之役，聲可習之而能。若魯君與宋君，聲爲居高養優所移，豈他人能似？仍屬倉卒自呼，故爲監門者所疑。垤澤，即襄十七年築者謳曰之「澤門」，杜氏注「宋東城南門」是也。或曰：得毋以《禹貢》盟諸澤名其門乎？案盟諸澤在故宋國，微子所封之東北，此自爲南門耳。睢陽故城在今商丘縣南，東南門曰垤澤門。《括地志》所謂「宋東城南門曰澤門」是。

【棠】春秋三棠邑。一宋、魯之界上。隱公五年「春，矢魚于棠」《公羊》稱爲「邑」。是也。今魚臺縣。一楚邑。伍奢長子尚爲棠君是也。今六合縣。一齊邑。「齊棠公之妻」，杜注：「棠公，齊棠邑大夫。」不言所在。余謂棠，萊邑也。《後漢志》北海即墨縣有棠鄉。齊靈公十五年滅萊邑，故爲齊有。後孟子「爲發棠」即此是也。今即墨縣甘棠鄉。

右《四書釋地》附。

【《地志》】秦都咸陽。右隴、蜀，隴，鳳翔府隴州西

❶「歎」，原作「類」，據《四書釋地》改。

北六十里隴坻是。蜀，四川保寧府劍州以西皆古蜀地。左關、坂，關，函谷關。古關在河南府陝州靈寳縣南十里，今曰潼關，在西安府華州華陰縣東四十里。坂，崤坂，在河南府永寧縣北六十里。北有甘泉、谷口，甘泉山在西安府涇陽縣北百二十里。谷口在西安府醴泉縣東南四十里，亦曰寒門。南帶涇、渭。

韓韓武子封韓原，即故韓國也。宣子徙居州，今懷慶府城東南五十里武德城是。貞子徙平陽，即堯都也。哀侯滅鄭，徙陽翟，今開封府禹州治是。北有鞏洛、成皋之固，成皋，即虎牢。西有宜陽、商阪之塞，宜陽，今河南府宜陽縣。商坂，即商洛山，在西安府商州東南九十里。東有宛、穰、洧水，穰，今南陽府鄧州。洧水出禹州密縣境，至陳州西華縣北合于潁水。南有陘山。陘山在禹州新鄭縣南三十里，亦名陘塞。

魏畢萬封魏城，即永樂城也。悼子徙霍，即平陽霍州也。魏絳徙安邑，即禹都也。惠王徙大梁，遂稱曰梁，即今開封府。東有淮、潁，西有長城，《史記》：「惠王十九年，築長城，塞固陽。」以備秦及西戎。又《秦紀》：「魏築長城，自鄭濱洛以北，有上郡。」固陽，今陝西榆林衛北廢豐州境有稒陽古塞。鄭，今西安府華州。上郡，今延安綏德州北有古上郡城。蓋魏惠王時，河西之地猶爲魏有。南有鴻溝，《史記·河渠書》：「滎陽下引河東南爲鴻溝，以通宋、鄭、陳、蔡、曹、衛，與濟、汝、淮、泗會于楚。」蓋即故汴河矣。汴河舊自滎陽東南至鳳陽府泗州東西兩城間入于淮。北有河外。《正義》曰：「魏以河南爲河外。」

趙造父封趙城，今平陽府趙城縣是。趙夙邑耿，趙衰居原，簡子居晉陽，今太原府太原縣也。獻侯治中牟，今彰德府湯陰縣西五十里中牟城是。敬侯始都邯鄲，今北直廣平府邯鄲縣是。西有常山，南有河漳，東有清河，《水經》：「淇水東北過廣宗縣東爲清河。」廣宗，今順德府廣宗縣。又漢有清河郡，今爲廣平府清河縣，清河舊經其處云。北有燕國。

燕都薊，今順天府附郭大興縣。東有朝鮮、遼東，朝鮮，今遼東塞外國。北有林胡、樓煩，西有雲中、九原，九原，賈耽曰：「九原故城在中受降城北四十里。」今陝西榆林衛廢豐州東北境是。南有滹沱、易水。

齊都臨淄。南有泰山，東有琅邪，琅邪山在青州府諸城縣東南百五十里。西有清河，北有渤海。

楚都郢。西有黔中、巫郡，東有夏州、海陽，夏州，車胤曰：「夏口城北數里有洲，名夏州。」夏口城在今武昌府城西，亦曰魯口。海陽，劉伯莊曰：「楚并吴、越，地東至海。海陽，蓋謂楚之東南境。」南有洞庭、蒼梧，洞庭湖在岳州府城西南一里。蒼梧，《山海經》注云：「即九疑山也。」在今永州府道州寧遠縣南六十里。北有陘塞、郇陽。陘塞，即陘山。郇陽，今漢中府興安州洵陽縣縣東南有洵水，流入漢，曰洵口。

右戰國七雄。

五禮通考卷第二百十

淮陰吴玉搢校字

鳴謝

《儒藏》精華編惠蒙善助，共襄斯文；謹列如左，用伸謝忱。

本焕法師　壹佰萬元

智海企業集團董事長　馮建新先生　壹佰萬元

NE·TIGER 時裝有限公司董事長　張志峰先生　壹佰萬元

張貞書女士　壹佰萬元

北京大學《儒藏》編纂與研究中心

本册审稿人　方向東　王　鍔

本册責任編委　沙志利

圖書在版編目(CIP)數據

儒藏.精華編.六八/北京大學《儒藏》編纂與研究中心編.—北京：北京大學出版社，2020.7

ISBN 978-7-301-11786-6

Ⅰ.①儒… Ⅱ.①北… Ⅲ.①儒家 Ⅳ.①B222

中國版本圖書館CIP數據核字（2020）第027476號

書　　名	儒藏（精華編六八） RUZANG（JINGHUABIAN LIUBA）
著作責任者	北京大學《儒藏》編纂與研究中心　編
責任編輯	沈瑩瑩
標準書號	ISBN 978-7-301-11786-6
出版發行	北京大學出版社
地　　址	北京市海淀區成府路205號　100871
網　　址	http://www.pup.cn　　新浪微博：@ 北京大學出版社
電子信箱	dianjiwenhua@126.com
電　　話	郵購部 010-62752015　發行部 010-62750672　編輯部 010-62756449
印 刷 者	北京中科印刷有限公司
經 銷 者	新華書店
	787毫米×1092毫米　16開本　72.25印張　836千字
	2020年7月第1版　2020年7月第1次印刷
定　　價	1200.00元

ISBN 978-7-301-11786-6
9 787301 117866 >
定價:1200.00元